2024 中国上市公司创新发展指数报告

2024 Innovation and Development Index Report of Chinese Listed Companies

王竞达 王永贵 等 / 著

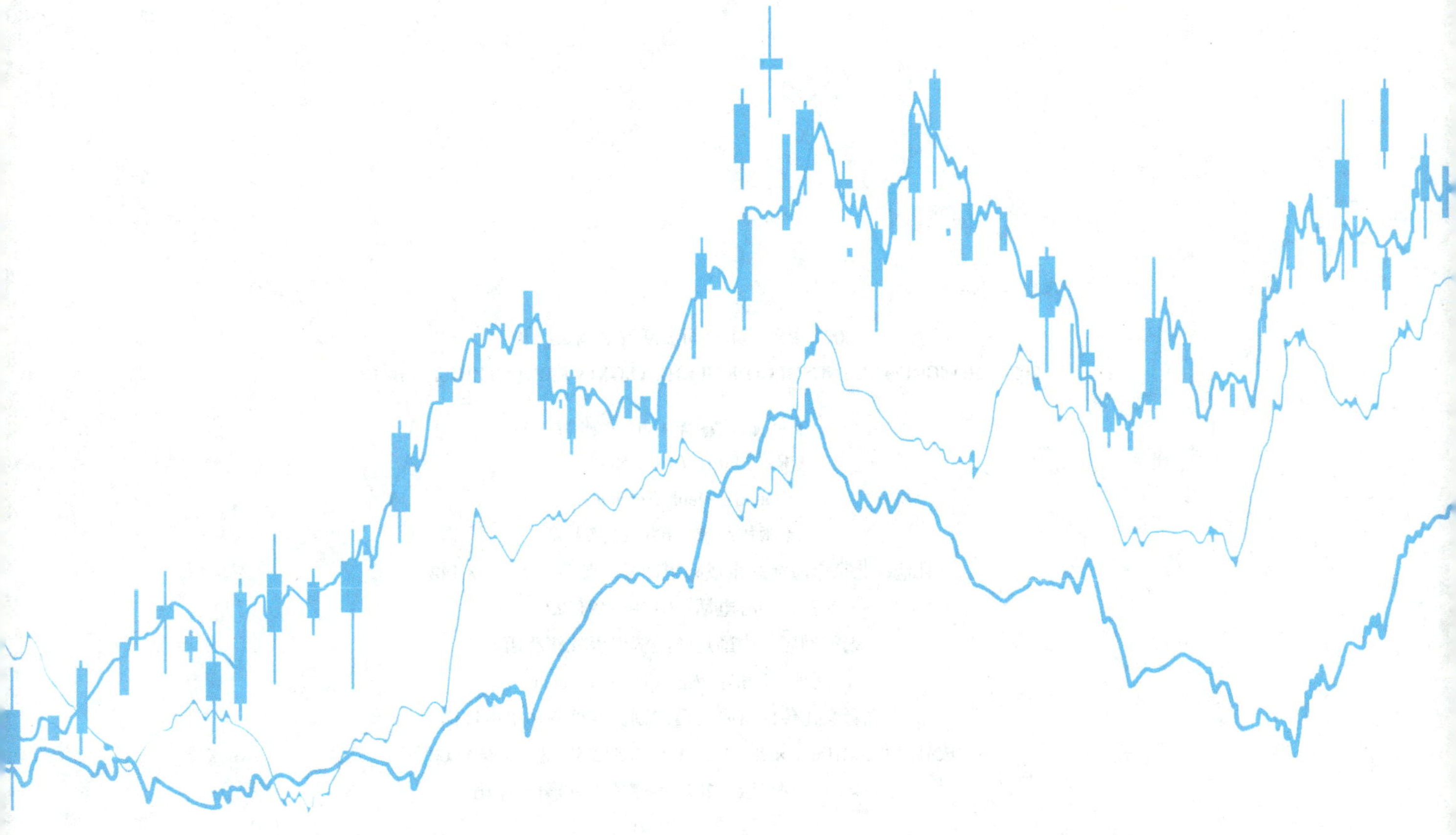

中国财经出版传媒集团
中国财政经济出版社
北京

图书在版编目(CIP)数据

2024中国上市公司创新发展指数报告/王竞达等著.
北京：中国财政经济出版社，2024.12. --ISBN 978-7-
5223-3405-9

Ⅰ.F279.246

中国国家版本馆CIP数据核字第2024560D1L号

责任编辑：王佳欣　彭洋洋　　　责任校对：张　凡
封面设计：卜建辰　　　　　　　责任印制：张　健

2024中国上市公司创新发展指数报告
2024 ZHONGGUO SHANGSHI GONGSI CHUANGXIN FAZHAN ZHISHU BAOGAO

中国财政经济出版社 出版

URL：http://www.cfeph.cn
E-mail：cfeph@cfemg.cn

(版权所有　翻印必究)

社址：北京市海淀区阜成路甲28号　邮政编码：100142
营销中心电话：010-88191522
天猫网店：中国财政经济出版社旗舰店
网址：https://zgczjjcbs.tmall.com
北京虎彩文化传播有限公司印刷　各地新华书店经销
成品尺寸：210mm×285mm　16开　51.25印张　1 164 000字
2024年12月第1版　2024年12月北京第1次印刷
定价：239.00元
ISBN 978-7-5223-3405-9
(图书出现印装问题，本社负责调换，电话：010-88190548)
本社图书质量投诉电话：010-88190744
打击盗版举报热线：010-88191661　QQ：2242791300

撰写单位和撰写人员

撰写单位 首都经济贸易大学资产评估研究院
浙江工商大学中国智能管理研究院

撰写人员 王竞达 王永贵 李 霞 马里斌 肖阳田
梅延拓 汪淋淋 尚 铎 曹 畅 祖广政
车洪雪 石伟汉 李 强 詹 雷 段海瑞
贾博坤 李雪儿 郭家琪 刘孟陶 张惠文
李富成 李高鉴 高博源 范婧宇 李好瑜
范宏达 雷 昊 段 岩 李博涵 周 阳
张晓慧 李 蕾 杨全社

学术顾问 马海涛 郝如玉 卢新华 崔 辉 程凤朝
黄青山 陈祥义 陈 劲 张玉利 解树江
汪 宁 李 明 李小荣 王玉涛 范黎波
王诚军 刘登清 崔 劲 朱 军 唐章奇
凌锦明 王 帅 文 峰 邓艳芳 文 豪
李红霞 王 军 范合君 姚东旭 杨全社
高杰英 张学平 顾奋玲 马丽萍 梁 春

RECOMMENDED ORDER
推荐者序

高质量创新发展是实现经济持续稳定增长和社会稳定的必然要求。党的二十大报告明确指出，要"坚持创新在我国现代化建设全局中的核心地位"、坚持"创新是第一动力""加快实施创新驱动发展战略"。上市公司在我国科技创新事业中发挥着重要的引领作用，持续稳定提升上市公司的高质量创新发展，已成为塑造发展新动能、新优势和支撑经济实现高质量发展的关键任务。

《2024中国上市公司创新发展指数报告》以"投入—产出"模型为基本框架，以技术创新理论、制度理论、系统理论、组织行为理论和核心竞争力理论等相关理论为基础，构建了由"创新资源支持、创新要素投入、创新科技成果、创新经济绩效"4个关键维度构成的创新发展评价指标体系，并综合运用大数据分析和人工智能等相关技术提取、清洗与分析数据，通过汇集专家智慧赋值权重和标准化处理等技术手段，科学计算了反映上市公司高质量发展水平的创新发展指数。同时，报告还同步评价、分析了上市公司创新发展过程中高度依赖的政府创新支持环境、区域创新发展硬环境、区域创新发展软环境及区域营商环境，从而更为全面地反映了上市公司创新发展所面临的环境支持及其影响。

《2024中国上市公司创新发展指数报告》所设计的指标体系及内容体现出如下鲜明特色：第一，"一体四翼"的上市公司创新发展评价体系特色鲜明。报告围绕公司创新资源支持、创新要素投入、创新科技成果和创新经济绩效4个关键维度，构建形成了一套由75个定量和定性指标组成的上市公司创新发展评价指标体系，其指标选取全面、内涵深刻，指标设计科学系统。第二，"三化视域"的上市公司创新发展评价理念特色鲜明。报告充分挖掘国家知识产权局、同花顺、政采网等30余个特色数据来源，设计了协同创新、研发持续性、科技和产品获奖成果等特色化二级指标，还设计了如研究阶段支出、开发阶段支出、合作申请专利数量等差异化和数字化三级指标。差异化、特色化、数字化的指标设计思路，可以更为系统、全面地对上市公司创新发展能力进行精准评价。第三，"四维互补"的上市公司创新发展环境评价科学合理。报告从政府创新支持环境、区域创新软环境、区域创新硬环境、区域营商环境4个主要维度，通过95个定量指标综合评价了不同区域及省份政府创新支持环境、区域创新的软、硬环境以及营商环境对上市公司创新发展表现的影响差异，为各地区结合资源禀赋、经济积累、制度基础等优势条件制定高质量创新发展政策提供依据。第四，"五维透视"的上市公司创新发展特征剖析多维特色明显。报告分别从行业、区域、省份、板块、产权性质五维视角，在揭示上市公司创新发展水平的微观表现基础上，对上市公司创新发展表现的行业间、区域间、省份间、板块间和产权间差异进行了透视和剖析，体现出宏观与微观相结合的多维分析特色。

报告对指导我国企业创新发展和制定创新支持政策建议具有重要意义，主要表现在：第一，有助于推动企业实现以技术创新为内核的高质量发展。报告系统构建的上市公司创新发展指标，除了科学、合理地评估出了上市公司的实际创新发展表现，也为上市公司开展高质量创新指明了发展目标、转型路径及保障举措，有助于支持上市公司对自身创新发展水平进行全面评估与系统诊断，明确创新优势及发展局限，管理层可以据此有效制定优化战略决策、改善经营效率的创新发展计划，促进上市公司实现以技术创新为核心的高质量发展。第二，有助于促进产业链可持续稳定发展及创新链的协同升级。通过对行业间、区域间、省份间、板块间和产权间的上市公司创新发展水平差异进行剖析，报告提供了微观、中观、宏观兼顾的创新发展图谱，所形成的分析观点及政策建议既有助于弥补制约产业链、供应链和创新链稳定发展的薄弱环节，促进产业链可持续稳定发展，也有助于推动上市公司明确发展方向，发挥其在中国制造产业链、供应链和创新链中补短板的特定使命，不断优化产业链整合与升级，切实促进产业链与创新链的深度融合发展。第三，有助于支持政府精准施策破解创新发展难题、提升创新发展质量。报告针对上市公司创新发展所面临的政府创新支持环境、区域创新软环境、区域创新硬环境、区域营商环境进行的深度系统分析，有助于识别出当前支持上市公司实现创新型高质量发展所面临的政策短板，也有助于各层级政府更有针对性地制定创新发展支持策略、更为系统性地运用财税金融等政策工具更加有效地部署落实创新支持需求，实现有为政府精准施策与有效市场创新转型的协同发展。

资本市场历来广受社会各界关注，广大市场参与者对上市公司创新发展表现和创新环境的关注度呈日益增高之势。我认真阅读了整篇书稿，获益良多，因而热情地向投资界、学术界、企业界、行业主管部门和政策部门的读者们推荐，愿您能在阅读本书中有所收获。

是为序！

清华大学经管学院　教授
清华大学技术创新研究中心　副主任
2024 年 10 月 8 日

PREFACE 前言

党的二十大报告指出，必须坚持科技是第一生产力、人才是第一资源、创新是第一动力，深入实施科教兴国战略、人才强国战略、创新驱动发展战略，开辟发展新领域新赛道，不断塑造发展新动能新优势。

创新驱动发展战略推动下，我国企业的创新发展水平不断提高，与国际先进企业的差距日益缩小，甚至在某些方面已经处于领跑位置。上市公司作为我国企业的领头羊和排头兵，其创新能力不断增强，在推动企业自身持续发展的同时，也对中国经济持续高质量发展作出了特别重要的贡献，成为中国实体经济的"基本盘"和经济发展动能的"转换器"。同时，伴随信息化、数字化、网络化、智能化转型升级的加速，现实也对上市公司的创新发展提出了一系列新挑战和新要求，迫切需要企业不断提升自己的创新发展水平，以便实现高质量可持续健康发展。

创新决定企业成败，创新是企业可持续发展和竞争优势的源泉。无论是公司创新发展战略优化，还是施行更加有效的政府创新支持政策以激励上市公司更好地创新发展，均离不开对上市公司实际创新发展水平的科学评价、准确诊断以及对创新支持效果的科学评估。基于此，《2024中国上市公司创新发展指数报告》立足于上市公司创新发展表现和创新支持环境影响，尝试搭建上市公司创新发展"内外汇聚"评价指标体系，不仅从上市公司本体构建了创新发展评价指标体系，多维度透视上市公司创新发展表现，并且从外部环境支持视角，构建了政府创新支持、区域软硬创新环境、区域营商环境评价指标体系，尝试对上市公司创新发展行为的影响因素及其经济后果进行全方位全链条阐释。在上市公司层面，《2024中国上市公司创新发展指数报告》创建了"四位一体"的上市公司创新发展评价指标体系，从公司创新资源支持、创新要素投入、创新科技成果和创新经济绩效4个关键维度，通过75个定量和定性指标综合评价上市公司创新发展质量及各维度上市公司创新发展表现，4个维度相辅相成、缺一不可。在创新环境层面，我们构造了"四维互补"的上市公司创新发展环境评价指标体系，从政府创新支持、区域创新软环境、区域创新硬环境、区域营商环境4个主要维度，通过95个定量指标综合评价省份间政府创新支持、区域创新环境以及营商环境对上市公司创新发展表现的异质影响，4个维度相生相成、不可偏废。创新发展指标体系构建过程中，本报告设计了协同创新、研发持续性、科技和产品获奖成果等特色化的二级指标，还设计了如研究阶段支出、开发阶段支出、合作申请专利数量等差异化和数字化的三级指标，以期能够更加精准地对上市公司创新发展能力进行评价。

从多截面、多角度并联分析上市公司创新发展表现可有助于广大市场参与者更好地解析上市公司业绩和发展前景。为细致评估我国上市公司创新发展的业绩表现，《2024中国上市公司创新发展指数报告》从行业、区域、省份、板块、产权性质"五维视角"对上市公司创新发展表现进行细致分析，探究上市公司创新发展在行业间、区域间、省份间、板块间和产权间的不同特征体现，以期让上市公司和广大市场参与者从多维角度对上市公司创新发展表现进行评价并进行科学决策。

《2024中国上市公司创新发展指数报告》共分12章，第1章是中国上市公司创新发展研究的背景和理论分析，第2章是中国上市公司创新发展指数评价总体框架和评价方法，第3章是中国上市公司2023年总体状况及其创新发展指数评价，第4章是政府创新发展支持力度评价，第5章是区域创新发展环境评价，第6章是区域营商环境评价，第7章是中国上市公司创新发展指数评价——行业维度，第8章是中国上市公司创新发展指数评价——区域维度，第9章是中国上市公司创新发展指数评价——省份维度，第10章是中国上市公司创新发展指数评价——板块维度，第11章是中国上市公司创新发展指数评价——产权维度，第12章是结论和政策建议。

《2024中国上市公司创新发展指数报告》的价值主要体现在通过构建全面系统的创新发展评价指标体系，从行业、区域、省份、板块和产权等多个维度深度解析上市公司的创新发展，有助于帮助上市公司从多维视角了解自身的创新发展情况，更加深入地总结自身的创新优势和不足，从而促进上市公司高质量发展。同时，本报告开发了由政府创新发展支持力度指标体系、区域创新发展环境指标体系和区域营商环境指标体系构成的创新发展评价体系并构造了相应的指数，从而有助于对不同区域、不同省份的创新发展支持资源和环境进行综合分析和评价，进而采取更为精准有力的措施，以便为上市公司的创新发展能力提升提供助力。

诚挚感谢多方在《2024中国上市公司创新发展指数报告》撰写过程中给予我们的大力支持和帮助。首先，本书得到了中国上市公司协会和中国资产评估协会的大力支持和帮助，我们由衷感谢！我们也非常感谢中央财经大学校长马海涛教授，清华大学高旭东教授和陈劲教授，南开大学张玉利教授，辽宁大学解树江教授，中国建材集团专职董事卢新华先生，深桑达股份有限公司监事崔辉先生，高能环境股份有限公司总经理凌锦明先生，北新建材股份有限公司财务总监王帅先生，西证创新投资公司董事长黄青山先生，北京注册会计师协会副会长汪宁先生，银河证券伍李明先生，华泰证券投资银行部刘晓宁先生，赛复投资公司李强先生，中企华资产评估公司总裁刘登清先生，天健兴业资产评估公司首席评估师崔劲先生，中联资产评估集团副总裁唐章奇先生，对外经济贸易大学范黎波教授，中央财经大学李小荣教授，首都经济贸易大学顾奋玲教授、张学平教授、孙喜副教授等专家，感谢他们百忙之中多次给我们提出了很多宝贵的建议和意见。此外，我们也特别感谢武威博士、王田力博士、李霞博士、汪琳淋博士、尚铎博士以及首都经济贸易大学和浙江工商大学的研究生马里斌、肖阳田、梅延拓、曹畅、祖广政、车红雪、石伟汉、雷昊、刘孟陶、李富成、李高鉴、范婧宇、李好瑜、高博源、万壮等同学在《2024中国上市公司创新发展指数报告》资料收集和撰写等方面所作出的贡献。

创新无极限，创新是推动企业发展、提高竞争力、实现可持续增长的关键要素，创新是企业乃至国家持续发展的保证，创新驱动高质量发展。期待上市公司勇于创新，持久创新，真正创新，更好地完善和提升自身的创新发展水平，实现高质量可持续健康发展。

2024年10月8日

CONTENTS 目录

第1章	中国上市公司创新发展研究的背景和理论分析	1
	1.1 上市公司创新发展研究的背景和意义	1
	1.2 上市公司创新发展研究的理论分析	6
	1.3 上市公司创新发展指数报告的整体架构和特色	16

第2章	中国上市公司创新发展指数评价总体框架和评价方法	18
	2.1 中国上市公司创新发展指数评价总体框架	18
	2.2 中国上市公司创新发展指数评价方法	21
	2.3 国内创新相关指数评述和报告指标体系的优势分析	24

第3章	中国上市公司2023年总体状况及其创新发展指数评价	30
	3.1 2023年中国上市公司总体分析	30
	3.2 2023年中国上市公司创新发展指数评价	34

第4章	政府创新发展支持力度评价	86
	4.1 七大区政府创新发展支持力度评价	86
	4.2 省份政府创新发展支持力度评价	94

第5章	区域创新发展环境评价	127
	5.1 七大区创新发展软环境评价	127
	5.2 省份创新发展软环境评价	135
	5.3 七大区创新发展硬环境评价	168
	5.4 省份创新发展硬环境评价	176

第6章	区域营商环境评价	209
	6.1 七大区营商环境评价	209

6.2	省份营商环境评价	217

第7章 中国上市公司创新发展指数评价——行业维度 251

7.1	传媒行业上市公司创新发展指数评价	251
7.2	电力设备行业上市公司创新发展指数评价	258
7.3	电子行业上市公司创新发展指数评价	265
7.4	纺织服饰行业上市公司创新发展指数评价	271
7.5	钢铁行业上市公司创新发展指数评价	278
7.6	公用事业行业上市公司创新发展指数评价	285
7.7	国防军工行业上市公司创新发展指数评价	292
7.8	环保行业上市公司创新发展指数评价	299
7.9	机械设备行业上市公司创新发展指数评价	306
7.10	基础化工行业上市公司创新发展指数评价	313
7.11	计算机行业上市公司创新发展指数评价	320
7.12	家用电器行业上市公司创新发展指数评价	327
7.13	建筑材料行业上市公司创新发展指数评价	334
7.14	建筑装饰行业上市公司创新发展指数评价	341
7.15	交通运输行业上市公司创新发展指数评价	348
7.16	煤炭行业上市公司创新发展指数评价	355
7.17	美容护理行业上市公司创新发展指数评价	362
7.18	农林牧渔行业上市公司创新发展指数评价	369
7.19	汽车行业上市公司创新发展指数评价	376
7.20	轻工制造行业上市公司创新发展指数评价	383
7.21	商贸零售行业上市公司创新发展指数评价	390
7.22	社会服务行业上市公司创新发展指数评价	397
7.23	石油石化行业上市公司创新发展指数评价	404
7.24	食品饮料行业上市公司创新发展指数评价	411
7.25	通信行业上市公司创新发展指数评价	418
7.26	医药生物行业上市公司创新发展指数评价	425
7.27	有色金属行业上市公司创新发展指数评价	432
7.28	综合行业上市公司创新发展指数评价	439

第8章 中国上市公司创新发展指数评价——区域维度 445

8.1	东北地区上市公司创新发展指数评价	445
8.2	华北地区上市公司创新发展指数评价	452
8.3	华东地区上市公司创新发展指数评价	459

8.4	华南地区上市公司创新发展指数评价	466
8.5	华中地区上市公司创新发展指数评价	473
8.6	西北地区上市公司创新发展指数评价	480
8.7	西南地区上市公司创新发展指数评价	487

第9章 中国上市公司创新发展指数评价——省份维度　　495

9.1	安徽省上市公司创新发展指数评价	495
9.2	北京市上市公司创新发展指数评价	502
9.3	重庆市上市公司创新发展指数评价	509
9.4	福建省上市公司创新发展指数评价	516
9.5	甘肃省上市公司创新发展指数评价	523
9.6	广东省上市公司创新发展指数评价	530
9.7	广西壮族自治区上市公司创新发展指数评价	537
9.8	贵州省上市公司创新发展指数评价	544
9.9	海南省上市公司创新发展指数评价	551
9.10	河北省上市公司创新发展指数评价	558
9.11	河南省上市公司创新发展指数评价	565
9.12	黑龙江省上市公司创新发展指数评价	572
9.13	湖北省上市公司创新发展指数评价	579
9.14	湖南省上市公司创新发展指数评价	586
9.15	吉林省上市公司创新发展指数评价	593
9.16	江苏省上市公司创新发展指数评价	600
9.17	江西省上市公司创新发展指数评价	607
9.18	辽宁省上市公司创新发展指数评价	614
9.19	内蒙古自治区上市公司创新发展指数评价	621
9.20	宁夏回族自治区上市公司创新发展指数评价	628
9.21	青海省上市公司创新发展指数评价	635
9.22	山东省上市公司创新发展指数评价	642
9.23	山西省上市公司创新发展指数评价	649
9.24	陕西省上市公司创新发展指数评价	656
9.25	上海市上市公司创新发展指数评价	663
9.26	四川省上市公司创新发展指数评价	670
9.27	天津市上市公司创新发展指数评价	677
9.28	西藏自治区上市公司创新发展指数评价	684
9.29	新疆维吾尔自治区上市公司创新发展指数评价	691
9.30	云南省上市公司创新发展指数评价	699

9.31 浙江省上市公司创新发展指数评价 ··· 706

第10章　中国上市公司创新发展指数评价——板块维度 ······························ 713
10.1 沪市主板上市公司创新发展指数评价 ··· 713
10.2 深市主板上市公司创新发展指数评价 ··· 724
10.3 创业板上市公司创新发展指数评价 ·· 734
10.4 科创板上市公司创新发展指数评价 ·· 744
10.5 北交所上市公司创新发展指数评价 ·· 754

第11章　中国上市公司创新发展指数评价——产权维度 ······························ 765
11.1 中央国有控股上市公司创新发展指数评价 ······································· 765
11.2 地方国有控股上市公司创新发展指数评价 ······································· 775
11.3 非国有控股上市公司创新发展指数评价 ·· 786

第12章　结论和政策建议 ·· 797
12.1 主要结论 ·· 797
12.2 主要政策建议 ·· 798
12.3 报告的局限性和未来研究方向 ·· 800

主要参考文献 ··· 801

第1章
中国上市公司创新发展研究的背景和理论分析

创新决胜未来，当今世界正在经历百年未有之大变局，只有坚持创新是第一动力，才能持续推动经济的高质量发展，塑造中国国际经济合作和竞争新优势。党的二十大报告指出，必须坚持"创新是第一动力""坚持创新在我国现代化建设全局中的核心地位""加快实施创新驱动发展战略"。

企业是科技和经济紧密结合的重要力量，是技术创新决策、研发投入、科研组织和成果转化的微观主体。随着改革开放持续深入，在创新驱动发展战略的推动下，中国企业的创新发展水平也不断提高，与国际先进企业的差距日益缩小，甚至在某些方面已经处在了领跑的位置。基于这一背景，上市公司的创新能力也在不断增强，在推动企业自身持续发展的同时，有效助力中国经济持续高质量发展，成为中国实体经济的"基本盘"和经济发展动能的"转换器"。[①] 同时，伴随信息化、数字化、网络化、智能化转型升级加速，也对上市公司的创新发展提出了一系列新的挑战和新的要求，迫切需要企业不断提升自己的创新发展水平，以便实现可持续的高质量发展。

1.1 上市公司创新发展研究的背景和意义

1.1.1 上市公司创新发展研究的背景

近年来，政府对创新的重视日益提升，各种创新创业政策不断出台，创新资源配置不断优化。具体来看，作为关键词之一，"创新"在每年的政府工作报告均高频出现。如表1-1所示，自2012年以来，历年政府工作报告多次强调企业在技术创新中的主体地位，并对如何引导、鼓励和支持企业创新投入，构建创新机制和体系，推动建设具有国际竞争力的创新型企业等给出了指导和要求。需要特别强调的是，对于企业的创新主体地位，政府工作报告的表述也在不断演化：从2012年提出"推动企业成为技术创新主体"，到2022年指出"强化企业创新主体地位"，再到2023年首次提出"支持和突出企业科技创新主体地位"以及2024年再次强调"强化企业科技创新主体地位"。"科技"二字的增加，体现了政府对企业创新发展所提出的新方向和新要求：企业不仅要作为技术创新主体解决技术问题，而且也要担负起科技创新的角色，对新现象、新技术、新领域等展开研究并将研究成果转化成可应用的技术。

表 1-1 年度政府工作报告中关于推动企业创新的主要表述一览表

年度	主要相关表述
2012	深化科技体制改革，推动企业成为技术创新主体，促进科技与经济紧密结合
2013	深入实施国家技术创新工程和知识创新工程，扎实推进国家科技重大专项，新建一批国家工程中心、重点实验室和企业技术中心

[①] 中国新闻网.中上协.推动上市公司数字化转型，为经济发展注入新动能. https://www.chinanews.com/cj/2022/07-04/9795511.shtml.

续表

年度	主要相关表述
2014	强化企业在技术创新中的主体地位，鼓励企业设立研发机构，牵头构建产学研协同创新联盟
2015	企业是技术创新的主体。要落实和完善企业研发费用加计扣除、高新技术企业扶持等普惠性政策，鼓励企业增加创新投入。支持企业更多参与重大科技项目实施、科研平台建设，推进企业主导的产学研协同创新
2016	创新是引领发展的第一动力，必须摆在国家发展全局的核心位置，深入实施创新驱动发展战略。启动一批新的国家重大科技项目，建设一批高水平的国家科学中心和技术创新中心，培育壮大一批国际竞争力的创新型领军企业
2017	鼓励大企业和科研院所、高校设立专业化众创空间，加强对创新型中小微企业支持
2018	以企业为主体加强技术创新体系建设，涌现一批具有国际竞争力的创新型企业和新型研发机构。深入开展大众创业、万众创新
2019	健全以企业为主体的产学研一体化创新机制，支持企业牵头实施重大科技项目。加快建设科技创新资源开放共享平台，强化对中小企业的技术创新服务
2020	提高科技创新支撑能力。稳定支持基础研究和应用基础研究，引导企业增加研发投入，促进产学研融通创新
2021	强化企业创新主体地位，鼓励领军企业组建创新联合体，拓展产学研用融合通道，健全科技成果产权激励机制，完善创业投资监管体制和发展政策，纵深推进大众创业万众创新
2022	加大企业创新激励力度，强化企业创新主体地位，持续推进关键核心技术攻关，深化产学研用结合，促进科技成果转移转化
2023	发挥好政府在关键核心技术攻关中的组织作用，支持和突出企业科技创新主体地位，加大科技人才及团队培养支持力度。强化科技创新对产业发展的支撑。持续开展产业强链补链行动，围绕制造业重点产业链，集中优质资源合力推进关键核心技术攻关，充分激发创新活力
2024	强化企业科技创新主体地位，激励企业加大创新投入，深化产学研用结合，支持有实力的企业牵头重大攻关任务。推动产业链供应链优化升级，促进中小企业专精特新发展。深入推进数字经济创新发展，制定支持数字经济高质量发展政策，积极推进数字产业化、产业数字化，支持平台企业在促进创新、增加就业、国际竞争中大显身手

资料来源：根据年度政府工作报告整理。

相应地，科技部、财政部、国资委和国家税务总局等单位也不断出台一系列政策，致力于为企业创新提供优惠政策和资金支持，提高企业的创新积极性和创新动力。如表1-2所示，鼓励企业创新的政策体系也在不断完善：从政策支持的内容看，主要涵盖技术创新能力及服务体系构建、财税金融支持、创新科技补贴、知识产权保护和人才队伍建设等领域，并在这些领域深入推进；从政策支持的对象来看，逐步从广义上的企业聚焦到中小企业、科技型中小企业、中央企业以及民营企业等；从政策支持的方式来看，更加注重以点带面，推动以大中小企业、产学研用和战略联盟等为主要形式的协同创新、融通创新和开放创新等。

表 1-2　鼓励企业创新政策一览表（部分）

序号	时间	发文机关	文号	标题	内容摘录
1	2000.01.09	国家经贸委	国经贸技术〔2000〕60号	《关于加速实施技术创新工程形成以企业为中心的技术创新体系的意见》	加大技术创新力度，加强技术创新体系、机制和能力建设，加速形成以企业为中心的技术创新体系
2	2000.07.19	国家经贸委	国经贸技术〔2000〕671号	《关于加强中小企业技术创新服务体系建设的意见》	建立面向中小企业的技术创新服务体系要在技术创新服务中心下，以中小企业为主、同时为大型企业技术创新服务，以点带面，引导其他城市发挥作用

续表

序号	时间	发文机关	文号	标题	内容摘录
3	2011.11.14	国务院办公厅	国办发〔2011〕51号	《国务院办公厅关于进一步支持企业技术创新的通知》	为强化企业在技术创新中的主体地位，加快建立以企业为主体的技术创新体系，要进一步加强企业技术创新能力建设；加快完善公共技术创新服务体系；加大新技术新产品应用推广的支持力度；引导科技创新人才向企业集聚
4	2013.01.28	国务院办公厅	国办发〔2013〕8号	《国务院办公厅关于强化企业技术创新主体地位全面提升企业创新能力的意见》	为全面提升企业创新能力，要进一步完善引导企业加大技术创新投入的机制；支持企业建立研发机构；支持企业推进重大科技成果产业化；大力培育科技型中小企业；以企业为主导发展产业技术创新战略联盟；依托转制院所和行业领军企业构建产业共性技术研发基地；强化科研院所和高等学校对企业技术创新的源头支持；加强企业创新人才队伍建设；推动科技资源开放共享；提升企业技术创新开放合作水平；完善支持企业技术创新的财税金融等政策
5	2015.01.10	科技部	国科发高〔2015〕3号	《关于进一步推动科技型中小企业创新发展的若干意见》	为培育壮大科技型中小企业群体，带动科技型中小企业走创新发展道路，要鼓励科技创业；支持技术创新；强化协同创新；推动集聚化发展；完善服务体系；拓宽融资渠道；优化政策环境
6	2018.04.19	科技部 国资委	国科发资〔2018〕19号	《关于进一步推进中央企业创新发展的意见》	为实施创新驱动发展战略，落实中央企业科技创新推进，加快推动中央企业创新发展，要鼓励和支持中央企业参与国家重大科技项目；鼓励中央企业增加研发投入；支持中央企业发挥创新主体作用；支持中央企业打造协同创新平台；共同推动中央企业科技人才队伍建设；共同指导和推动中央企业深入开展双创工作；支持中央企业参与北京、上海科技创新中心建设；共同开展创新创业投资基金合作；支持中央企业开展国际科技合作
7	2018.05.18	科技部 全国工商联	国科发资〔2018〕45号	《关于推动民营企业创新发展的指导意见》	为实施创新驱动发展战略，深化供给侧结构性改革、激发市场活力、加快建设创新型国家和实现经济社会持续创新发展，支持民营企业提高科技创新能力，要大力支持民营企业参与实施国家科技重大项目；积极支持民营企业建立高水平研发机构；鼓励民营企业发展产业技术创新战略联盟；力促民营企业推动大众创业、万众创新；加强优秀创新型民营企业家培育；加强民营企业创新人才培育；落实支持民营企业创新发展的各项政策；完善科技金融促进民营企业发展；推动民营企业参与军民协同创新；推动民营企业开展国际科技合作；引导民营企业支持基础研究和公益性研究
8	2018.08.08	财政部 工业和信息化部 科技部	财建〔2018〕408号	《关于支持打造特色载体推动中小企业创新创业升级工作的通知》	支持优质实体经济开发区打造不同类型的创新创业特色载体，着力提升各类载体市场化专业化服务水平，提高创新创业资源融通效率与质量，促进中小企业专业化高质量发展，推动地方构建各具特色的区域创新创业生态环境
9	2019.04.07	中共中央办公厅 国务院办公厅	中办发〔2019〕24号	《关于促进中小企业创新发展的指导意见》	为促进中小企业创新发展，要完善创新创业环境；切实保护知识产权；引导中小企业专精特新发展；为中小企业提供信息化服务

续表

序号	时间	发文机关	文号	标题	内容摘录
10	2019.08.05	科技部	国科发区〔2019〕268号	《关于新时期支持科技型中小企业加快创新发展的若干政策措施》	培育壮大科技型中小企业主体规模；强化科技创新政策完善与落实；加大对科技型中小企业研发活动的财政支持；引导创新资源向科技型中小企业集聚；扩大面向科技型中小企业的创新服务供给；加强金融资本市场对科技型中小企业的支持；鼓励科技型中小企业开展国际科技合作
11	2021.03.19	财政部办公厅 国家知识产权局办公室	财办建〔2021〕23号	《关于实施专利转化专项计划助力中小企业创新发展的通知》	为进一步深化知识产权运营服务体系建设，促进创新成果更多惠及中小企业，提升高校院所等创新主体知识产权转化率和实施效益，要求地方拓宽专利技术供需渠道；推进专利技术供需对接；完善配套政策和服务措施；要求中央扩大数据开放，提供绿色通道；给予资金奖补
12	2022.10.13	国家知识产权局 工业和信息化部	国知发运字〔2022〕38号	《关于知识产权助力专精特新中小企业创新发展若干措施的通知》	为深化实施中小企业知识产权战略推进工程，助力专精特新中小企业创新发展，推动更多中小企业走好"专精特新"发展之路，特制定以下措施：提升知识产权创造水平，增强企业创新能力；促进知识产权高效运用，提高企业核心竞争力；加强知识产权保护，护航企业创新发展；强化知识产权服务保障，提升助企惠企实效；加大协同推进力度，确保措施落地见效
13	2022.05.12	工业和信息化部 发改委 科技部 财政部 人社部 中国人民银行 国资委 国家市场监督管理总局 中国银行保险监督管理委员会 国家知识产权局 中华全国工商业联合会	工信部联企业〔2022〕54号	《关于开展"携手行动"促进大中小企业融通创新（2022—2025年）的通知》	为推动大企业加强引领带动，促进产业链上中下游、大中小企业融通创新，现就开展"携手行动"促进大中小企业融通创新有关事项通知如下：以创新为引领，打造大中小企业创新链；以提升韧性和竞争力为重点，巩固大中小企业产业链；以市场为导向，延伸大中小企业供应链；以数字化为驱动，打通大中小企业数据链；以金融为纽带，优化大中小企业资金链；以平台载体为支撑，拓展大中小企业服务链；以队伍建设为抓手，提升大中小企业人才链
14	2022.08.05	科技部 财政部	国科发区〔2022〕220号	《企业技术创新能力提升行动方案（2022—2023年）》	推动惠企创新政策扎实落地；建立企业常态化参与国家科技创新决策的机制；引导企业加强关键核心技术攻关；支持企业前瞻布局基础前沿研究；促进中小企业成长为创新重要发源地；加大科技人才向企业集聚的力度；强化对企业创新的风险投资等金融支持；加快推进科技资源和应用场景向企业开放；加强产学研用和大中小企业融通创新；提高企业创新国际化水平

资料来源：首经贸资产评估研究院和浙工商中国智能管理研究院整理。

此外，各省份也相继出台一系列鼓励企业创新的举措，企业创新的外部环境不断完善和优化。可以说，在多种创新政策的支持下，近年来我国企业的创新发展水平相当显著。"十三五"和"十四五"期间，我国企业创新投入持续加强，创新产出质量稳步提升，创新活力不断激发，整体创新能力建设成效十分显著。据统计，2023年我国研究与试验发展（R&D）经费投入保持稳定增长，投入强度持续提升，基础研究投入取得新进展，国家财政科技支出稳步增加。其中，2023年全国共投入研究与试验发展（R&D）经费33357.1亿元，比上年增加2574.2亿元，增长8.4%；研究与试验发展（R&D）经费投入强度（与国内生产总值之比）为2.65%，比上年提高0.09个百分点。具体而言，从研究与试验发展（R&D）活动类型来看，全国基础研究经费为2259.1亿元，比上年增长11.6%；应用研究经费为3661.5亿元，增长5.1%；试验发展经费为27436.5亿元，增长8.5%。从研究与试验发展（R&D）活动主体来看，各类企业研究与试验发展（R&D）经费为25922.2亿元，比上年增长8.6%；政府属研究机构经费为3856.3亿元，增长1.1%；高等学校经费为2753.3亿元，增长14.1%。从研究与试验发展（R&D）的地区分布来看，研究与试验发展（R&D）经费投入超过千亿元的省份有12个，分别为广东（4802.6亿元）、江苏（4212.3亿元）、北京（2947.1亿元）、浙江（2640.2亿元）、山东（2386.0亿元）、上海（2049.6亿元）、湖北（1408.2亿元）、四川（1357.8亿元）、湖南（1283.9亿元）、安徽（1264.7亿元）、河南（1211.7亿元）和福建（1171.7亿元）；研究与试验发展（R&D）经费投入强度（与地区生产总值之比）超过全国平均水平的省份有7个，依次为北京（6.73%）、上海（4.34%）、天津（3.58%）、广东（3.54%）、江苏（3.29%）、浙江（3.20%）和安徽（2.69%）。[①]

随着企业创新激励政策不断完善和我国企业对创新发展的日益重视，可以预期：未来必将有更多企业深入践行创新发展战略，创新发展活力定会不断提升，在创新投入、创新成果和创新绩效等方面取得更加骄人的成绩，进而推动中国经济的高质量发展。不过，我们也应该清楚地认识到：伴随着中国经济发展进入新阶段，数字化、智能化转型升级加速以及全球产业链供应链竞争深度调整，逆全球化的浪潮、技术创新复杂性的不断提升，势必会对中国企业创新发展提出更多新的挑战和新的要求。

1.1.2 上市公司创新发展研究的意义

2020年10月9日，国务院印发《关于进一步提高上市公司质量的意见》，强调提高上市公司质量是推动资本市场创新发展的内在要求，是新时代加快完善社会主义市场经济体制的重要内容。在这一重大决策部署下，上市公司及其创新发展得到进一步提升和优化。截至2023年底，中国上市公司总数增至5327家（沪深主板、创业板、科创板、北交所上市公司数量之和），总营业收入达72.69万亿元，占GDP总量比例高达57.66%；上市公司研发投入全年合计1.60万亿元，占全国企业研发投入（3.30万亿）近一半比例；国有控股上市公司研发投入突出，在排名前100的公司中所占比例超60%；民营上市公司研发投入强度达3.75%，显著高于市场平均水平。[②]可以说，上市公司在为中国经济增长作出重大贡献的同时，在引领技术创新方面也发挥着越来越重要的作用。尤其是以创新驱动为内在特征的高科技上市公司，凭借市场占有率高、创新能力强和成长性好等发展优势，正日益成为中国国家创新体系中的关键构成和主要力量。

基于此，对上市公司的创新发展进行研究有其独特的战略价值。如何更为科学地对上市公司的创新发展能力进行客观分析与评价，离不开合理的评价指标体系，需要系统分析现阶段在政府创新支持、区域创新软硬环境和营商环境等相关条件下，上市公司所获得的创新资源支持、投入的创新要素、产出的创新科技成果以及所形成的创新经济绩效。

概括而言，对上市公司创新发展状况进行研究并出版高质量的创新发展指数报告的意义和价值主要体现在以下几个方面：

[①] 国家统计局，科技部，财政部.2023年全国科技经费投入统计公报.https://www.stats.gov.cn/sj/zxfb/202410/t20241002_1956810.html.
[②] 中国上市公司协会.中国上市公司2023年经营业绩报告. https://www.capco.org.cn/sjfb/dytj/202405/20240517/j_20240517164603000171 59356838444606.html.

1.1.2.1 企业层面：助力上市公司实现高质量发展

通过构建全面、系统的创新发展评价指标体系，对上市公司创新发展能力进行科学评价，有助于深入了解中国上市公司创新发展的全貌。在此基础上，分别从区域、省份、板块和产权等多个维度深度解析上市公司的创新发展，有助于帮助上市公司从多维视角了解自身的创新发展情况，更加深入地总结自身的创新优势和不足，更好地完善和提升上市公司的创新经营水平，从而促进上市公司高质量发展。

1.1.2.2 产业层面：创新驱动产业链和供应链升级

通过对不同行业上市公司的创新发展能力进行深入分析，有助于梳理行业间上市公司在创新发展能力方面的差异，更好地发挥高科技公司在创新发展能力层面的导向作用，从而促进创新型公司更好地成长与壮大。同时，对细分行业内上市公司的创新发展能力的解析，还有助于挖掘电子、医药生物等重点产业链中各上市公司的创新发展优势，不断优化产业链整合和发展路径，以便更好地促进产业链升级和优势产业链、供应链与创新链的打造。

1.1.2.3 政府层面：精准发挥政策支持作用

通过开发由政府创新发展支持力度指标体系、区域创新发展环境指标体系和区域营商环境指标体系构成的创新发展评价体系并构造相应的指数，有助于对不同区域、省份的创新发展支持资源和环境进行综合分析。结合各区域内上市公司的创新发展表现，有助于分析区域和省份创新发展环境差异对上市公司创新发展能力的直接影响和间接影响，有利于各区域和省份更加深入地思考自身在支持上市公司创新发展方面的优势和欠缺之处，进而采取更为精准有力的措施，以便为上市公司创新发展能力的提升提供助力。

1.2 上市公司创新发展研究的理论分析

为合理构建上市公司创新发展能力及其支撑体系的评价指标体系，有必要首先厘清公司创新发展的理论基础、整体架构以及更为科学的公司创新发展能力评价指标体系结构。

1.2.1 公司创新发展研究的理论基础

创新是一项可以帮助企业获取核心竞争力和可持续竞争优势的系统工程，需要在一定的制度保障下，结合组织特定属性去组织人员参与、配置企业内外部资源，开展组织学习。结合已有关于创新主题的相关研究，本报告将选择以下几个主流核心理论，对公司创新发展的理论基础进行阐述。

1.2.1.1 技术创新理论

技术创新理论由经济学家Schumpeter在《经济发展理论》中首次提出，并在《经济周期》《资本主义、社会主义和民主主义》中对创新进行了理论研究和应用分析，最终形成系统的技术创新理论体系。[1] 作者认为创新是通过将生产要素和生产条件重新组合引入生产体系后，在破坏原有生产结构基础上创造新的结构，最终建立一个新的生产函数。基于这一理论，创新分为五种类型，分别为：产品创新、过程创新、市场创新、供应创新和组织创新。企业创新能通过一系列的量变，推动企业实现降低成本、提高效率或增加利润的质变，进而再循环往复，产生新的经济增长点。

---

[1] Schendel, D., Hofer, C. W. Strategic Management: A New View of Business Policy and Planning [M]. Boston: Little, Brown, 1979.

1.2.1.2 创新的制度理论

制度被认为是约束组织的正式或非正式的社会秩序、规则、类规则的总称。[①]制度理论指出制度是组织所处环境的关键组成部分，会对组织施加强制性、模拟性和规范性的同构压力。[②]当组织活动服从制度压力时，就能够获得利益相关者的接受和认可，也即获得合法性，并据此获得更多支撑企业发展以及塑造竞争优势的资源。[③]基于此，企业创新的过程少不了制度的支撑。可以说，制度环境构建了企业创新行为的合法性根基，激励着企业的创新战略导向。结合已有研究以及企业创新实践来看，企业知识产权制度[④]、激励制度[⑤⑥⑦]与决策制度[⑧⑨]关键制度都会对企业创新活动乃至创新绩效产生深远影响。

1.2.1.3 系统理论

系统论由生物学家Bertalanfi提出，是系统科学的一个理论分支。该理论着重于系统的理论分析，以把握系统的一般特性与规律，后被广泛应用于社会学和管理学领域。[⑩]其核心思想是一切自然和社会事物都可视为由一系列相互联系、相互协同的要素所组成的，具有一定的结构和功能的系统。其中，系统内部为有机集合的构成要素，系统外部是其所处的环境。系统内部要素以特定方式相互联系、相互制约，形成合理的、复杂的层次结构，并呈现出随时间变化的动态性。再者，这些要素还会通过一定的机制与相关的外部环境发生联动和交互（如物质、信息的交换）作用。基于此，外部环境会对系统内部产生影响。

1.2.1.4 组织行为理论

组织行为理论最早由Maslow和Mayo针对组织内部人的行为所提出，主要探究组织内部成员的行为、动机和互动，以及其对组织绩效和效率的影响[⑪⑫]。组织行为理论认为，在良好的组织环境之中，人作为组织中的个体存在，能够较为顺利地实现某种共同的行为、后果或目标。该理论的核心思想是组织行为会受到系列先决条件和外部环境的影响，外部环境如政策、社会和文化因素会对组织行为产生较大影响。具体来看，优良的外部环境会激励企业采取正向的经济行为，较差的外部环境会挫伤企业的积极性。

1.2.1.5 核心竞争力理论

核心竞争力理论由Prahalad和Hamel在《哈佛商业评论》首次正式提出，将其定义为"组织中的

---

① Greenwood, D.T., Holt, R. P. F. Institutional and Ecological Economics: The Role of Technology and Institutions in Economic Development [J]. Journal of Economic Issues, 2008, 42（2）: 445-452.

② DiMaggio, P.J., Powell, W.W. The Iron Cage Revisited: Institutional Isomorphism and Collective Rationality in Organizational Fields [J]. American Sociological Review, 1983, 48（2）: 147-160.

③ Oliver, C. Strategic Responses to Institutional Processes [J]. Academy of Management Review, 1991, 16（1）: 145-179.

④ Lin, Z., Peng M. W., Yang H., et al. How Do Networks and Learning Drive M&As? An Institutional Comparison Between China and the United States. Strategic Management Journal, 2009, 30（1）: 1113-1132.

⑤ 江诗松，何文龙，路江涌．创新作为一种政治战略：转型经济情境中的企业象征性创新 [J]．南开管理评论，2019（02）：104-113．

⑥ 刘诗源，林志帆，冷志鹏．税收激励提高企业创新水平了吗？——基于企业生命周期理论的检验 [J]．经济研究，2020（06）：105-121．

⑦ 王永贵，李霞．促进还是抑制：政府研发补助对企业绿色创新绩效的影响 [J]．中国工业经济，2023（02）：131-149．

⑧ 谭洪涛，陈瑶．集团内部权力配置与企业创新——基于权力细分的对比研究 [J]．中国工业经济，2019（12）：134-151．

⑨ 陈国青，曾大军，卫强，等．大数据环境下的决策范式转变与使能创新 [J]．管理世界，2020（02）：95-105+220．

⑩ Von Bertalanffy, L. The History and Status of General Systems Theory [J]. Academy of Management Journal, 1972, 15（4）: 407-426.

⑪ Maslow, A. H. A Theory of Human Motivation [J]. Psychological Review, 1943, 50: 370.

⑫ Mayo, E., Routledge. The Human Problems of an Industrial Civilization [M]. Macmillan, 2004.

共有性学识，特别是关于如何协调不同生产技能和有机整合多种技术流的学识"[1]。他们认为企业的成功不再归功于短暂或偶然的产品开发或灵机一动的市场战略，而是取决于企业的核心竞争力。作为企业获得商业利润的最终源泉，核心竞争力必须独树一帜，难以被竞争对手模仿和替代，以此支撑企业在激烈的市场竞争中能够处于不败之地。[2]针对企业核心竞争力，现有研究存在外生论与内生论的争辩。其中，外生论强调环境因素对核心竞争力的影响，内生论则强调企业内部知识、能力对核心竞争力的作用，这为企业在实践中提升核心竞争力提供了两种路径。

1.2.1.6 可持续竞争优势理论

可持续竞争优势理论最早由Schendel和Hofer提出，他们认为企业通过有效管理和保护其核心竞争力，以长期的、可持续的方式在市场中保持优势地位。[3]Porter（1985）将可持续竞争优势定义为具有长期盈利能力和高于平均水平的长期业绩。[4]可持续竞争优势对于企业实现可持续发展具有重要影响，企业维系竞争力以及长期生存需要拥有可持续竞争优势。根据该理论，企业可持续竞争优势的获得主要来源于企业所处的产业环境、拥有的战略资源以及持续性创新三个方面。尤其当企业面对动荡的市场环境时，除了依赖于良好的产业环境外，立足于战略资源进行持续性创新才是企业获得并保持持续竞争优势的关键。

1.2.1.7 资源依赖理论

资源依赖理论由Pfeffer和Salancik在1978年《组织的外部控制——资源依赖观》一书中首次提出并进行了系统阐述，他们认为：稀缺的、有价值的、难以被模仿或替代的、可供企业利用的资源使企业能够为客户提供独特的价值，是企业获取和维持竞争优势的关键。[5]但是，对于某些重要的战略性资源，组织几乎无法实现自给自足，必须依赖于外部的其他组织予以供应。[6]对外部资源的需求使企业对环境形成一定的依赖，并与环境中那些控制资源的行动者发生交往互动，这决定了企业的生存机会。[7]随着市场竞争全球化发展，企业生存发展的核心竞争力逐步突破企业边界的限制。对于企业尤其是新创企业而言，不应仅限于塑造内部异质性资源，更要注重对外部资源的获取和控制。

1.2.2 公司创新发展研究的整体架构

本报告拟以Hitt et al.（2011）所提出的"投入—产出"（Input-Output）模型[8]为框架，以技术创新理论、制度理论、系统理论、组织行为理论、核心竞争力理论、可持续竞争优势理论以及资源依赖理论等理论为基础，探究上市公司创新发展的资源获得和投入与产出过程，并搭建了如图1-1所示的整体架构。

---

[1] Prahalad, C. K., Hamel, G. The Core Competence of the Corporation [J]. Harvard Business Review, 1990（66）: 79–91.
[2] Prahalad, C. K. The Role of Core Competencies in the Corporation [J]. Research–Technology Management, 1993, 36（6）: 40–47.
[3] Schendel, D., Hofer, C. W. Strategic Management: A New View of Business Policy and Planning [M]. Boston: Litte, Brown, 1979.
[4] Porter, M. E. Competitive Advantage: Creating and Sustaining Superior Performance [M]. New York: Free Press, 1985.
[5] Pfeffer, J., Salancik, G. R. The External Control of Organizations: A Resource Dependence Perspective [M]. New York: Harper & Row, 1978.
[6] Roundy, P. T., Bayer, M. A. To Bridge or Buffer? A Resource Dependence Theory of Nascent Entrepreneurial Ecosystems [J]. Journal of Entrepreneurship in Emerging Economies, 2019, 11（4）: 550–575.
[7] Hillman, A. J., Withers, M. C., Collins, B. J. Resource Dependence Theory: A Review [J]. Journal of Management, 2009, 35（6）: 1404–1427.
[8] Hitt, M. A., Ireland, R. D., Sirmon, D. G., et al. Strategic Entrepreneurship: Creating Value for Individuals, Organizations, and Society [J]. Academy of Management Perspectives, 2011, 25（2）: 57–75.

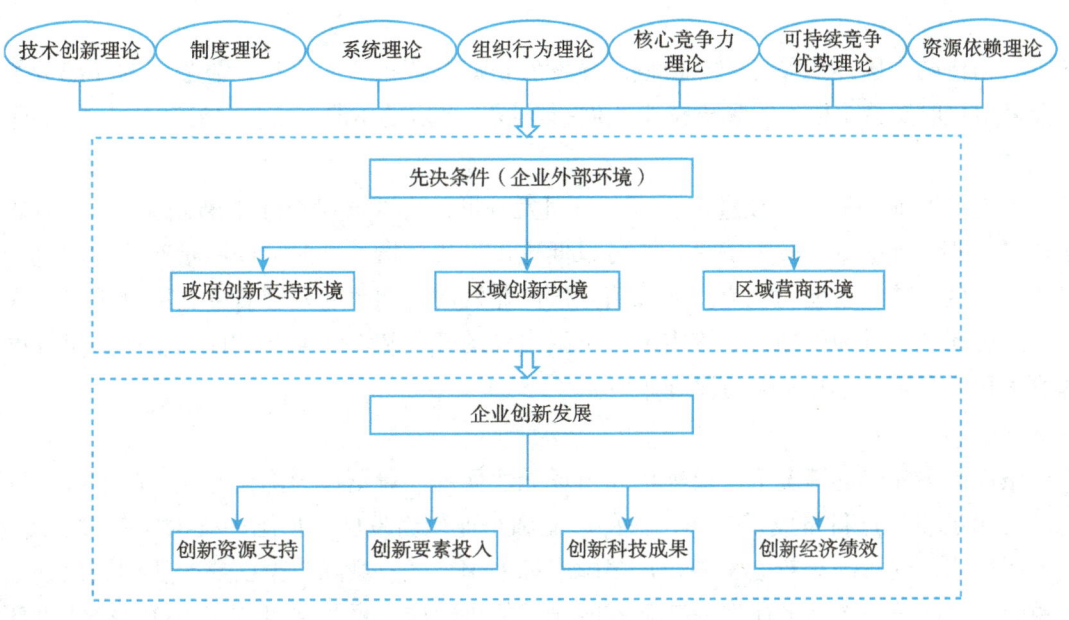

图 1-1 公司创新发展理论整体研究框架

资料来源：首经贸资产评估研究院和浙工商中国智能管理研究院整理。

具体来看，由制度理论、系统理论、组织行为理论和资源依赖理论等可知，企业创新系统内部既有其合理的层次结构，同时又通过一定的机制与相关的外部环境相联动。因此，企业创新活动必然受到其所处的外部环境的影响。此外，创新需要大量的前期投入，因此，企业创新活动需要在一定制度保障下的外部环境中汲取资源，利用资源构建新的生产函数。基于此，报告具体分析了影响企业创新活动的外部环境，主要包括：第一，政府创新支持环境。本报告具体分析了政府补助、税收优惠、金融支持、政府采购以及科研支持等直接激励企业创新活动的指标。第二，区域创新环境。本报告从互联网、软件和信息技术发展、专利与商标发展、技术市场交易等维度构建了创新发展软环境，从互联网连接能力、电信通信能力、科技创新孵化能力三个维度构建了区域创新发展硬环境。第三，区域营商环境。本报告从基础环境、政务环境、法律环境、人才环境、投资环境、金融环境这六个维度构建了区域营商环境。

再者，由技术创新理论、核心竞争力理论和可持续竞争优势理论等可知，企业创新活动包括产品创新、过程创新、市场创新等多种形式，通过以一系列基于企业内部知识、能力等资源投入的创新活动为载体的量变，能够促使公司实现降低成本、提高效率或增加利润的质变，并形成独特的核心竞争优势，实现企业的可持续发展。基于此，本报告依据中国上市公司创新的典型事实与理论基础，并基于投入和产出视角，拟从上市公司的创新资源支持、创新要素投入、创新科技成果以及创新经济绩效四维角度，分析中国上市公司创新发展的情况。

1.2.3 公司创新发展的外部环境因素

外部环境因素，如政府补助、税收优惠、科研支持、区域人才培养、法律和基础设施等因素对地区企业创新发展具有深刻复杂的影响。基于上文分析，这些外部环境因素可以归结为政府创新支持环境、区域创新环境和区域营商环境三个方面。

1.2.3.1 政府创新支持环境

立足于"构建国内国际双循环相互促进的新发展格局"背景下，面对日益激烈的外部竞争，大多数国家都会采用政府支持手段引导和支持企业创新发展。采取的手段主要体现在以下五个方面：

1. 政府补助

国家为了追求产业发展和科技进步，可通过研发补助的方式激励企业不断创新。[①]政府研发补助作为推动新兴产业发展的重要政策工具，既可以促进市场规模增长，又可以激励产业技术进步，从而使产业快速步入良性持续发展的轨道。如我国光伏产业发展初期政府采用研发补助等手段解决光伏技术与资金等发展问题，进而引导社会资本流入。国内外的理论和实践经验均证明政府研发补助对提升企业技术效率和创新发展具有积极的促进作用。

2. 税收优惠

在市场条件尚不完善的情况下，单纯依靠市场无法促进产业结构的优化升级，政府应当利用税收优惠和财政支出手段促进科技成果转换，扶持产业和企业创新发展。从国内外的实践数据可以发现，为了淘汰落后产能，促进新兴产业发展，很多国家都采用了税收激励政策引导产业创新发展。学者们研究发现税收优惠政策对企业的研发效率具有明显的促进效应，税收优惠政策不同，企业创新力度和效果也有所差异。[②][③]

3. 金融支持

高速度发展过程中企业创新需要大量的资金支持，企业自身往往难以承担如此庞大的投入，需要金融机构提供切实扶持和支撑。市场经济条件下金融机构可以发挥特定优势，通过提供风险投资、科技贷款和建立科技创新扶持专项基金等多种方式来支持企业进行科技创新，促进企业创新和发展。[④]金融支持是企业进行创新的关键因素，可以强力推动企业的科技创新，促使企业不断突破技术领域，获得更大更强的竞争优势。

4. 政府采购

政府采购作为需求侧财政政策工具，依托规模优势、运用市场机制、施加政策要求来应对企业创新风险的系统过程，为企业创新提供有效助力。[⑤]立足市场启动、升级及整合的基本功能定位，依托直接、合作与催化采购的具体实施方式，政府采购可以通过明确创新研发需求、提供创新孵化平台和优先采购创新产品等，使企业能够按照明确的创新需求引导目标合理投入研发资源、有序安排创新研发进程，切实化解创新开展风险，提高实际创新质量。

5. 科研支持

面对高质量发展阶段及双循环协调发展要求，强化创新科研支持，培育政产学研深度融合的创新体系，是提升国家创新体系整体效能、落实科技自立自强国家发展战略的重要支撑。通过加大创新科研支持，可以有效调动企业、大学和科研机构等各类创新主体的积极性和创造性，推动跨学科、跨部

---

① 王永贵，李霞.促进还是抑制：政府研发补助对企业绿色创新绩效的影响［J］.中国工业经济，2023（02）：131–149.
② 马靓，沈小燕.经济政策不确定性、税收优惠政策与创新绩效［J］.南京财经大学学报，2023（01）：12–22.
③ 詹新宇，于明哲.组合式财税政策何以有效推动中小企业科技成果转化？［J］.管理世界，2024，40（08）：191–208.
④ 闫俊周，齐念念，童超.政府补贴与金融支持如何影响创新效率？——来自中国战略性新兴产业上市公司的经验证据［J］.软科学，2020，34（12）：41–46.
⑤ 文聪，叶阳平，陈修德，等.政策"组合拳"更有效吗？我国创新政策组合对企业高质量创新的影响效应及其作用机制［J］.管理评论，2024，36（03）：60–72.

门、跨行业组织实施深度合作以及开展开放创新。①据此，企业作为科技创新的主体地位可以进一步凸显，创新链产业链资金链人才链融合程度可以进一步加深，科技力量转化为产业竞争优势得以进一步强化。

综上所述，本报告从政府补助、税收优惠、金融支持、政府采购和科研支持五个维度构建政府创新支持环境的框架，如图1-2所示。

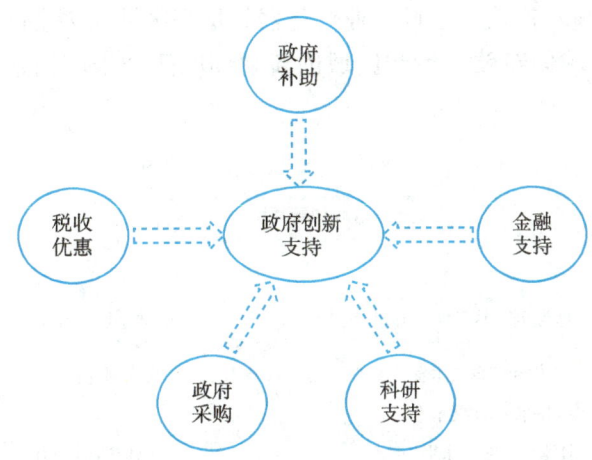

图1-2　政府创新支持环境理论框架图

资料来源：首经贸资产评估研究院和浙工商中国智能管理研究院整理。

1.2.3.2　区域创新环境

区域创新环境是企业创新发展不可或缺的环境支撑，是区域内行为主体之间通过正式或非正式关联所产生的相对稳定的系统。良好的区域创新环境可以促进区域内企业及相类似的行为主体不断创新和自我完善。从环境的组成看，区域创新环境可以分为创新软环境和创新硬环境，二者相辅相成、互相促进，缺一不可。

1. 区域创新软环境

区域创新软环境可以为企业创新发展提供持续动力。企业需要处在信息技术发达、知识产权申请和获批渠道通畅，技术市场交易水平较高、组织和营销水平较高，创新人才数量充足的软环境中，才有可能激发企业创新的动力和源泉，促进企业加大创新投入，产出优质创新成果和绩效。②基于此，本报告认为，区域创新软环境主要包含以下五个方面的要素：一是互联网、软件和信息技术发展水平，包含互联网和相关服务业收入及增速、区域软件业务收入及增速、电子信息制造业营业收入及增速、信息技术服务收入及增速等。二是区域专利和商标发展水平，包含区域专利申请、授权及维持年限、区域新增商标注册数及比例等。三是区域技术市场交易水平，包含区域技术市场成交合同数、区域技术市场成交额、区域技术国外引进数、区域高技术产业新产品数量、区域高技术产业新产品销售收入等。四是区域组织和营销水平，包括区域实施组织变革创新的企业数、区域信息化和数字化企业数、区域电子商务销售额等。五是区域创新人才培养水平，包含区域普通高等学校数、区域研究生招生增长率、区域教育经费投入等。

---

① 温兴琦，孙凯新，李诗瑶. 产学研合作、知识吸收能力与企业创新绩效——高管学术背景与政府创新补贴的调节作用[J]. 科技进步与对策，2024，41（15）：55-64.
② 王智新，辛文锦，安迪，等. 研发国际化对创新绩效的影响：评述与展望[J]. 科学管理研究，2020，38（04）：164-168.

2. 区域创新硬环境

区域创新硬环境是指区域内可以有效支持企业创新的基础设施条件。[①]互联网时代下，企业需要具备良好通畅的互联网硬件和电信通信基础设施，因而可以认为，区域创新硬环境主要包含三个方面的要素：一是区域互联网连接能力，包括区域互联网宽带接入端口数、区域移动互联网活跃用户数、区域互联网域名数、区域互联网网站数等。二是区域电信通信能力，包含区域光缆线路长度和密度、区域移动电话交换机容量、区域移动电话基站个数等。三是区域科技创新孵化能力，包括区域软件园数量和产值、区域科技园数量和产值、区域产业孵化器数量和区域众创空间数量等。

综上所述，本报告从区域创新软环境和区域创新硬环境两个维度构建的区域创新环境框架如图1-3所示。

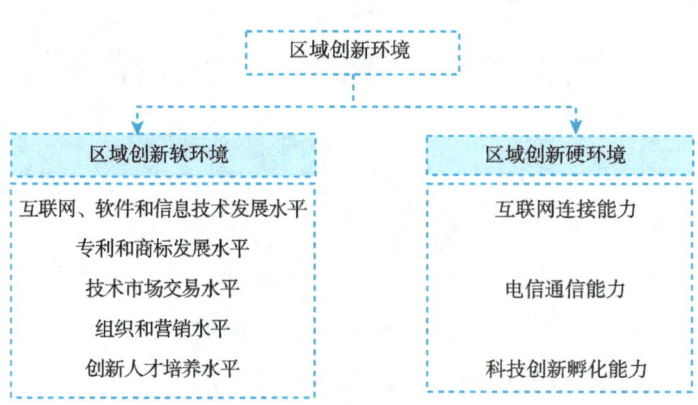

图1-3　区域创新环境理论框架图

资料来源：首经贸资产评估研究院和浙工商中国智能管理研究院整理。

1.2.3.3　区域营商环境

习近平总书记在党的二十大报告中强调"营造市场化、法治化、国际化一流营商环境"。2023年政府工作报告中也明确指出，加快建设全国统一大市场，建设高标准市场体系，营造市场化、法治化、国际化营商环境。营商环境是促进我国经济实现高质量发展的制度基础，是企业创新发展的重要环境要素[②]。基于对世界银行、国家发展和改革委员会等披露的营商环境报告，结合我国上市公司的创新发展实际，本报告认为区域营商环境主要包含以下六个基本要素：

1. 区域基础环境

区域内提供的公共服务水平，如水电气供应、医疗卫生服务水平等是保障企业创新的基础要件和必要支撑[③]。区域基础环境包括供水、供电、供气能力，医疗卫生服务，城市道路面积，区域货运总量等基本要素。

2. 区域政务环境

区域内高效便捷的政务服务，如简化的审批权限、优化的办事流程、统一高效的政府网上办事平

---

① 赵彦飞，李雨晨，陈凯华.国家创新环境评价指标体系研究：创新系统视角[J].科研管理，2020，41（11）：66-74.
② "中国城市营商环境评价研究"课题组，李志军，张世国，等.中国城市营商环境评价的理论逻辑、比较分析及对策建议[J].管理世界，2021，37（05）：98-112+8.
③ 国务院发展研究中心课题组，马建堂，袁东明，等.持续推进"放管服"改革　不断优化营商环境[J].管理世界，2022，38（12）：1-9.

台等，对于吸引和留住企业，提高企业创新效率具有重要影响。区域政务环境包括电子政务水平、政府透明度、政府支出、企业税收负担等基本要素。

3. 区域法律环境

法治化是优良营商环境的根本保障，区域内完善稳定、公平有序的法律环境可以为市场主体营造公平透明、稳定可预期的投资兴业营商环境，保障创新知识产权和公平竞争，提升企业创新的积极性。区域法律环境包括知识产权保护力度、司法信息公开度、司法服务、司法文明指数、社会治安水平等。

4. 区域人才环境

人才是创新的载体，是支撑企业创新发展的重要资源。人才不仅是再生型可持续资源，而且是资本性资源。目前企业间的竞争已经由产业技术含量和管理水平的竞争演变成了人才的竞争，高素质人才是创新能力最关键因素，区域人才环境是决定区域内企业创新是否可持续的核心要素。区域人才环境包括高等院校在校生数、人口净流入、平均工资水平、财政教育支出等。

5. 区域投资环境

良好的投资环境是企业创新发展的重要条件，可以吸引更多外来资金和投资者，减少本地资金的外流，促进区域内企业追求创新式发展。较差的投资环境则会使得外来资金和投资者撤离，阻碍企业的创新发展。区域投资环境包括人均GDP、居民消费率、企业机构数量、外资企业比、固定资产投资等。

6. 区域金融环境

创新活动需要大量的资金投入，良好的金融环境可以为创新活动提供充裕的资金支持，可以增强区域内企业的创新能力。脆弱的金融生态环境会降低或阻碍企业的创新能力。区域金融环境包括金融从业人员、金融机构贷款余额、金融机构数量、社会融资增量等。

综上所述，本报告从基础环境、政务环境、法律环境、人才环境、投资环境、金融环境六个维度构建的区域营商环境框架如图1-4所示。

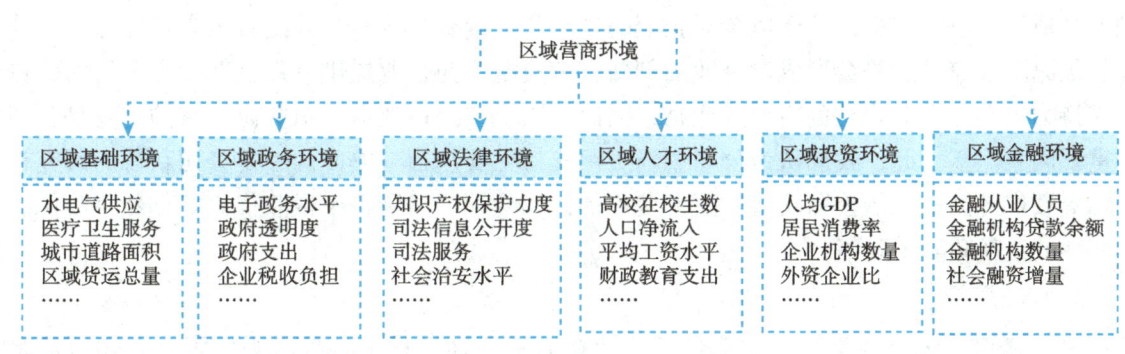

图1-4 区域营商环境理论框架图

资料来源：首经贸资产评估研究院和浙工商中国智能管理研究院整理。

1.2.4 公司创新发展内部投入产出要素

公司创新能力包含了公司在产品创新、过程创新、市场创新、供应创新和组织创新方面的能力，是支持并促进公司创新战略实现的一系列组织资源的综合反映，是公司创新发展的内驱动力。[①]全面

---

① 陈力田，赵晓庆，魏致善. 企业创新能力的内涵及其演变：一个系统化的文献综述[J]. 科技进步与对策，2012，29（14）：154-160.

准确地评价公司的创新能力，不仅有助于外界了解公司的成长潜力和发展的可持续性，同时也为公司客观认知自身优劣势，为企业制定竞争战略、培育竞争优势和提升竞争能力提供必要支持。

多年来，理论界和实务界对公司创新发展的内涵进行了很多探讨，有学者认为技术创新能力包括研究开发、制造、市场营销、资金投入和组织能力。[①]也有学者认为创新能力可分为投入、研究开发、制造（生产）、营销和管理能力。[②]亦有学者认为企业创新能力可分为创新资源投入、研究开发、制造、营销、管理和决策及创新产出能力。[③]综合来看，从投入和产出视角来分析创新发展已形成普遍共识。

对于如何评价企业的创新能力，理论界和实务界也存在多种见解，且逐渐形成了基于能力要素结构的指标体系和基于企业过程的创新能力指标体系。基于能力要素视角，部分学者认为可以从企业潜在的技术创新资源、企业技术创新投入（人员投入和经费投入）、企业技术创新组织、企业技术创新产出四个方面评价企业的创新能力；部分学者认为可以从技术创新投入（资源）、技术创新产出（效率）、技术创新实现（效益）三类指标评价企业的创新能力；还有学者认为可以从创新势力和创新效率两类指标来评价企业的创新能力，或者是用创新资源投入、创新管理、创新倾向、研究开发、生产制造和市场营销六个要素来评价企业的创新能力。基于过程的企业创新能力指标体系构建中，有学者认为可以从创新投入能力、创新管理能力、研究开发能力、产品生产能力、创新营销能力和创新产出能力六个维度综合评价企业的创新能力，或者从战略创新能力、智力资源能力、信息资源能力、创新组织能力和创新基础能力五个维度评价企业的创新能力。与此同时，实务部门也设计了多个较为完整的创新能力评价体系，如提出可以用潜在技术创新资源、技术创新活动、技术创新产出和技术创新环境四个维度评价企业自主创新能力等。多种指标体系构建方法不一一赘述。

本报告以国内外理论界和实务界对公司创新能力体系的阐释和分析为基础，结合管理理论和行为理论，基于创新影响因素—创新投入—创新结果的过程链条视角，认为公司创新发展可从以下四个方面进行评价：

1.2.4.1 公司创新资源支持

如上文所述，政策支持创新环境会对企业的创新产生重要影响，尤其是政策支持环境中的政府补贴、税收优惠和政府采购等会形成对企业的创新支持资源，为企业提供有效创新助力。公司获得的创新资源支持力度高低会对公司创新形成激励，因而可以说，公司获得创新资源支持的力度是公司创新发展的重要因素。基于此，我们认为公司创新资源支持主要包括三方面：一是公司获得的研究补贴和开发补贴等政府补助；二是公司获得的研发费用加计扣除和公司所得税税收优惠等创新税收优惠；三是公司获得的创新政府采购等。

1.2.4.2 公司创新要素投入

从广义上来讲，创新要素投入主要包括企业在创新活动过程中各种人力、资金、知识资源和技术的投入；从狭义上来讲，创新要素投入主要指企业在创新活动中的资金投入，一般使用企业研发支出代表创新投入。我们认为，创新要素投入应为系列投入的综合，人力、资本和投入持续性非常关键，同时，企业是否具有协同创新能力，是新时代企业是否能够融合各方力量实现高质量创新的重要条件，且不仅应考虑创新投入的规模，还应考虑创新投入的组合和比例关系。基于此，应采用广义角度，从四个方面来衡量公司的创新要素投入：一是研发经费投入，包括研发支出金额、研究阶段支出、开发阶段支出等；二是研发人员投入，包括研发人员数量、研发人员占比、高学历研发人员占比

[①] 刘海兵，杨磊.后发高新技术企业创新能力演化规律和提升机制[J].科研管理，2022，43（11）：111–123.
[②] 何琼，曲立.数字化发展水平对企业创新能力影响的实证[J].统计与决策，2022，38（13）：174–178.
[③] 万幼清，张妮.我国产业集群协同创新能力评价综述[J].当代经济管理，2014，36（08）：73–78.

等；三是协同创新投入，包括员工创新培训支出、协同创新科研平台、技术采购支出等；四是创新投入持续性，包括研发支出增长率、研发人员增长率和研发支出占营业收入比的增长率等。

1.2.4.3 公司创新科技成果

创新成果一般指单位创新投入所带来的创新产出，可通过企业创新活动所取得的技术成果进行反映，表现为创新投入经过创新过程而转化成的新技术或新专利。理论界和实务界对OECD推荐的创新能力7指标测度体系认可度较高，包括专利数、创新数量、新产品销售比例以及创新支出占销售比例等定量指标，但不同的研究对于具体指标的选取仍存在一定的差别。我们认为，测度创新成果不仅应包含专利等创新成果，还应包含新产品和创新获奖等成果。基于此，可以从三方面测度公司创新科技成果：一是公司专利成果，包括公司当年新增专利数、专利申请增长率、发明专利占比、PCT国际专利申请数等；二是公司科技和产品获奖成果，包括国家级和省部级科技和产品获奖等；三是公司新产品和品牌成果，包括公司新产品、公司新增商标和商标增长率等。

1.2.4.4 公司创新经济绩效

企业的创新活动价值最终应体现为公司能够获得的创新经济绩效。鉴于创新形成的新专利和新技术需要通过市场化转换才能为企业带来经济利润和企业价值，因而创新成果需转化为企业成长机会和经营业绩，进而形成公司的创新经济绩效。我们认为，创新成果应转化为企业的创新资产，并通过市场运营形成企业的财务绩效，且创新专利成果可以通过专利许可、专利转让等形成经济绩效。基于此，创新经济绩效可以从四方面测度：一是创新资产转化绩效，即创新形成的技术型无形资产占比、研发资本化率、专有技术账面值等；二是公司创新财务绩效，包括研发利润率、公司营业收入、研发利润率增长率等；三是公司创新活动绩效，包括专利许可次数、专利被引次数等；四是公司创新市场影响绩效。

综上所述，从公司创新资源支持、公司创新要素投入、公司创新科技成果、公司创新经济绩效四个维度构建公司创新发展能力理论框架如图1-5所示。

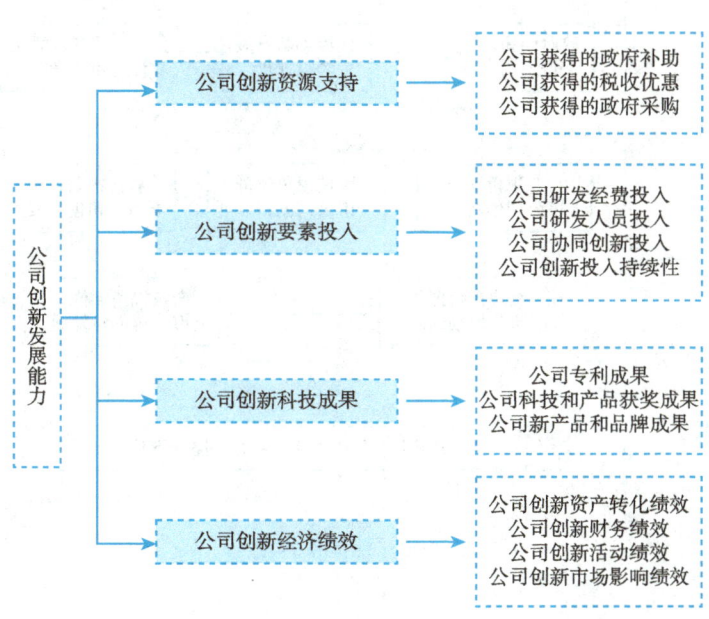

图1-5 公司创新发展能力理论框架图

资料来源：首经贸资产评估研究院和浙工商中国智能管理研究院整理。

1.3 上市公司创新发展指数报告的整体架构和特色

1.3.1 上市公司创新发展指数报告的整体架构

本报告通过构建上市公司创新发展指数，探究科学、严谨、有效评价上市公司创新发展的理论框架。具体而言，本报告基于企业创新和管理理论构建企业创新发展评价维度，采用专家打分法计算上市公司创新发展指标权重，采用量纲法测算上市公司创新发展指数，并基于环境理论，细致剖析政府政策支持、区域环境、区域营商环境等因素对上市公司创新发展表现的影响。

报告共分12章，第1章是中国上市公司创新发展研究的背景和理论分析，第2章是中国上市公司创新发展指数评价总体框架和评价方法，第3章是中国上市公司2023年总体状况及其创新发展指数评价，第4章是政府创新发展支持力度评价，第5章是区域创新发展环境评价，第6章是区域营商环境评价，第7章是中国上市公司创新发展指数评价——行业维度，第8章是中国上市公司创新发展指数评价——区域维度，第9章是中国上市公司创新发展指数评价——省份维度，第10章是中国上市公司创新发展指数评价——板块维度，第11章是中国上市公司创新发展指数评价——产权维度，第12章是结论和政策建议。

报告的整体架构如图1-6所示。

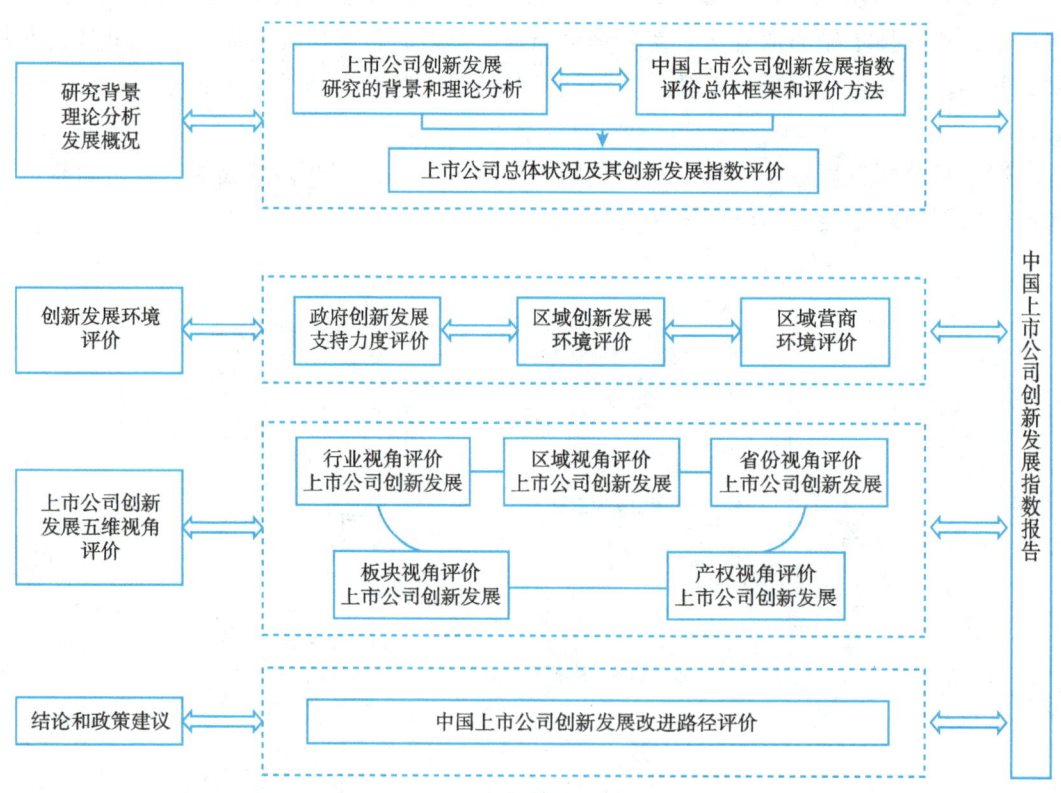

图1-6 整体架构图

1.3.2 上市公司创新发展指数报告的主要特色

概括而言，本报告的特色主要表现在以下五个方面：

1.3.2.1　搭建上市公司创新发展"内外汇聚"评价指标体系

研究报告不仅从上市公司本体构建了创新发展评价指标体系，多维度透视上市公司创新发展表现，并且从外部环境支持视角，构建了政府创新支持环境、区域软硬创新环境、区域营商环境评价指标体系，对上市公司创新发展行为的影响因素及其经济后果进行全方位全链条充分阐释。

1.3.2.2　创建上市公司创新发展"四位一体"的评价指标体系

研究报告从公司创新资源支持、创新要素投入、创新科技成果和创新经济绩效四个关键维度，运用大数据分析和云计算等数字技术，通过75个定量和定性指标综合评价上市公司创新发展质量及各维度上市公司创新发展状况，为研究如何科学量化上市公司创新发展表现提供理论借鉴。

1.3.2.3　构造上市公司创新发展"四维互补"的环境支持评价指标体系

研究报告从政府创新支持环境、区域创新软环境、区域创新硬环境、区域营商环境四个主要维度，通过95个定量指标综合评价省份政府创新支持、区域创新环境以及营商环境对上市公司创新发展表现的异质影响，为各区域和省份提升上市公司创新发展支持力度提供经验证据。

1.3.2.4　深探行业、地区、省份、板块、产权性质"五维视角"上市公司创新发展特征

研究报告从行业、地区、省份、板块、产权性质5个视角对上市公司创新发展表现进行细致分析，探究上市公司创新发展在行业间、地区间、省份间、板块间和产权间的不同特征体现，以期让上市公司和广大市场参与者从多维角度对上市公司创新发展表现进行评价并做出科学决策。

1.3.2.5　详解差异化、特色化、数字化"三化视域"上市公司创新发展指标和数据

研究报告从国家知识产权局、同花顺、政采网等多种数据源收集了上市公司创新科技成果、创新资产转化、创新政府采购等30余个上市公司特色数据，设计了协同创新、研发持续性、科技和产品获奖成果等特色化二级指标，还设计了如研究阶段支出、开发阶段支出、合作申请专利数量等差异化和数字化三级指标，以期能够更加精准地对上市公司创新发展能力进行评价。

第 2 章
中国上市公司创新发展指数评价总体框架和评价方法

通常而言，指数是指某一经济现象的数值和另一个作为比较标准的数值的比值，应用指数可以测定某种经济现象的综合变动。[①] 经济社会发展过程中，经常需要测度某种经济现象的综合变动情况。指数评价作为一种量化研究方法，已成为对经济现象和趋势进行评价的重要手段，其应用范围已经深入到管理学和经济学等各个领域。鉴于此，本章对中国上市公司创新发展评价的总体框架、创新发展指数评价方法、国内创新相关指数和报告指标体系优势进行分析，从总体上对创新发展指数的构建及其评价方法进行阐释。

2.1 中国上市公司创新发展指数评价总体框架

基于第 1 章中提出的"公司创新发展整体架构"和"外部环境要素驱动—企业创新投入—企业创新产出"的逻辑思路，本报告尝试构建中国上市公司创新发展指数和创新支持环境指数的指标体系，并采用科学规范的方法对上市公司创新发展指数和创新环境支持指数进行评价。

2.1.1 中国上市公司创新发展指数评价总体设计思路

中国上市公司创新发展是外部环境要素和内部"投入—产出"要素共同作用的结果。具体而言，政府创新支持环境、区域创新软硬环境和区域创新营商环境是上市公司创新发展的重要外部环境要素，这些外部环境要素对上市公司获得的创新资源产生影响，进而会影响到上市公司的创新投入、创新成果和创新绩效。而如前所述，创新资源支持、创新要素投入、创新科技成果和创新经济绩效是上市公司创新发展的重要内部"投入—产出"要素。鉴于此，本报告在尝试构建了中国上市公司创新发展指数评价指标体系的基础上，综合考虑了政府创新支持环境、区域创新软环境、区域创新硬环境和区域营商环境 4 个外部环境要素对上市公司创新发展的影响。基于此，本报告绘制了中国上市公司创新发展指数评价总体设计思路图，如图 2-1 所示。

2.1.2 中国上市公司创新发展指数评价体系设计

基于"逻辑严谨、层次清晰、数据充分、评价准确"的指标体系构建原则，本报告尝试构建了中国上市公司创新发展指数指标评价体系。如表 2-1 所示，中国上市公司创新发展指数评价指标体系共分 4 个一级指标、14 个二级指标、75 个三级指标（表中略），最终形成上市公司创新发展综合指数。其中，具体的一级指标包括公司创新资源支持、公司创新要素投入、公司创新科技成果、公司创新经济绩效。

---

① 国家统计局：统计指数的概念. http://www.stats.gov.cn/zs/tjll/tjzs/202302/t20230215_1905782.html.

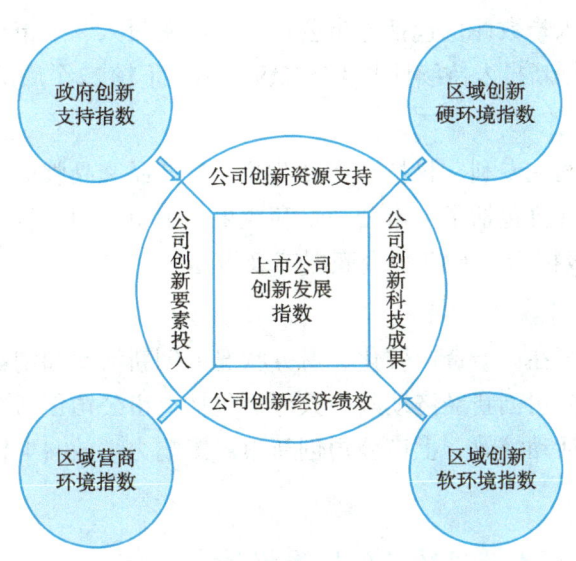

图2-1 中国上市公司创新发展指数评价总体设计思路图

资料来源：首经贸资产评估研究院和浙工商中国智能管理研究院整理。

表2-1 中国上市公司创新发展指数评价指标体系一览表

一级指标	二级指标
公司创新资源支持	上市公司获得的创新补助
	上市公司获得的创新税收优惠
	上市公司获得的创新政府采购
公司创新要素投入	上市公司研发经费投入
	上市公司研发人员投入
	上市公司协同创新投入
	上市公司创新投入持续性
公司创新科技成果	上市公司专利成果
	上市公司科技和产品获奖成果
	上市公司新产品和品牌成果
公司创新经济绩效	上市公司创新资产转化绩效
	上市公司创新财务绩效
	上市公司创新活动绩效
	上市公司创新市场影响力绩效

2.1.2.1 公司创新资源支持

创新资源支持是公司能够进行创新的基础，是保障公司创新发展的重要中枢。报告涉及的公司创新资源支持指数评价包括上市公司获得的创新补助、上市公司获得的创新税收优惠、上市公司获得的创新政府采购共3个二级指标，下辖13个底层三级指标。

2.1.2.2 公司创新要素投入

创新要素投入反映了公司的创新经费和人员等要素投入，是确保公司能够创新发展的重要条件。

报告涉及的公司创新要素投入指数评价包括上市公司研发经费投入、上市公司研发人员投入、上市公司协同创新投入、上市公司创新投入持续性共4个二级指标，下辖22个底层三级指标。

2.1.2.3 公司创新科技成果

创新科技成果反映了公司在专利、科技和产品获奖、新产品和品牌成果方面的产出能力。报告涉及的公司创新科技成果指数评价包括了上市公司专利成果、上市公司科技和产品获奖成果、上市公司新产品和品牌成果共3个二级指标，下辖20个底层三级指标。

2.1.2.4 公司创新经济绩效

创新经济绩效体现了公司在创新资产转化、财务状况、创新活动和创新市场影响力等方面所形成的核心竞争力。报告涉及的公司创新经济绩效指数评价包括上市公司创新资产转化绩效、上市公司创新财务绩效、上市公司创新活动绩效、上市公司创新市场影响力绩效共4个二级指标，下辖20个底层三级指标。

2.1.3 上市公司创新环境支持指数评价体系设计

考虑到上市公司创新发展的外部环境要素，报告还尝试构建了中国上市公司创新环境支持指数评价指标体系。如表2-2所示，中国上市公司创新环境支持评价指标体系共分政府创新支持、区域创新软环境、区域创新硬环境、区域营商环境4个一级指标、19个二级指标、95个三级指标（表中略），最终形成创新发展环境支持总体评价。

表 2-2 上市公司创新发展环境支持评价指标体系一览表

一级指标	二级指标
政府创新支持	创新政府补助
	创新税收优惠
	创新金融支持
	创新政府采购
	创新科研支持
区域创新软环境	区域互联网、软件和信息技术发展
	区域专利与商标发展
	区域技术市场交易
	区域组织和营销创新
	区域创新人才培养
区域创新硬环境	区域互联网连接能力
	区域电信通信能力
	区域科技创新孵化能力
区域营商环境	区域基础环境
	区域政务环境
	区域法律环境
	区域人才环境
	区域投资环境
	区域金融环境

2.1.3.1 政府创新支持指数

政府创新支持是政府提供给区域内公司的创新政府补助、税收优惠、金融支持等，是鼓励公司不断进行创新的基础。报告涉及的政府创新支持指数评价包括创新政府补助、创新税收优惠、创新金融支持、创新政府采购、创新科研支持共5个二级指标，下辖14个底层三级指标。

2.1.3.2 区域创新环境指数

区域创新环境反映了公司所在区域的互联网、软件和信息技术发展水平、区域科技孵化能力等软硬环境，是确保公司能够顺利实施创新发展的重要保障。区域创新环境包括区域创新软环境和区域创新硬环境2个一级指标。报告涉及的区域创新软环境指数评价包括区域互联网、软件和信息技术发展、区域专利与商标发展、区域技术市场交易、区域组织和营销创新、区域创新人才培养共5个二级指标，下辖36个底层三级指标。报告涉及的区域创新硬环境指数评价包括区域互联网连接能力、区域电信通信能力和区域科技创新孵化能力共3个二级指标，下辖17个底层三级指标。

2.1.3.3 区域营商环境指数

区域营商环境反映了区域在基础设施、政务、法律、人才、金融和投资方面的整体环境，是保障公司能够顺利实施创新发展的基本条件。报告涉及的区域营商环境指数评价包括区域基础环境、区域政务环境、区域法律环境、区域人才环境、区域投资环境、区域金融环境共6个二级指标，下辖28个底层三级指标。

2.2 中国上市公司创新发展指数评价方法

在明确了上市公司创新发展指标体系的基础上，本报告采用科学合理的方法对创新发展指数进行了评价。

2.2.1 多渠道获取创新发展相关数据

创新发展指数评价指标体系中的三级指标来源于证监会网站、国家知识产权局、同花顺、万得和政府招标采购网等大数据资源库。报告采用多渠道获取上市公司结构化和非结构化的各类数据，包括但不限于国内外宏观经济数据、区域数据、行业数据以及上市公司特色数据，如年报、公司公告（包括定期公告与临时公告）、公司专利申请和专利获批数据等。其中，对于非结构化数据的获取，主要通过文本爬取以及机器学习等人工智能技术来实现。

2.2.2 汇集专家智慧为指标赋权重

上市公司创新发展指数、政府创新支持指数、区域创新环境指数和区域营商环境指数等的赋权包括一级指数赋权、二级指数赋权和三级指标赋权。其中，对于一级指数和二级指数，因不同指数对上市公司创新发展状况和创新环境支持创新发展的影响程度不同，因此，报告按照德尔菲法进行指数赋权。因三级指标数量较多，故经过专家团队商讨后决定采用等权法确定标准权重，即在每个单独的二级指数维度下设的三级指标选取相等权重。

一级和二级指数进行专家打分赋权时，针对每个指数的特点组织理论和实务专家，运用德尔菲法对每个层级的各项指标进行横向对比，判定其重要性并予以赋权，具体步骤如下：

第一步：课题组向所有专家介绍上市公司创新发展评价指标体系和赋权规则。
第二步：第一轮专家打分。专家根据上市公司创新发展评价指数体系和创新环境支持指数体系对每个层级的各项指标进行匿名打分，得到初始赋权结果。

第三步：第二轮专家打分。将第一轮所有专家打分结果反馈给各个专家，专家根据其他专家意见重新打分或进行修改或确定不变，从而得到第二轮结果。

第四步：第三轮专家打分。将第二轮结果反馈给各个专家，专家根据其他专家意见重新打分或进行修改或确定不变。

第五步：根据第三轮专家打分结果，汇总全部专家意见得到指标赋权权重。

在选取专家团队时，本报告充分考虑了专家的专业性、多元性、独立性和实践性，邀请高校相关领域的知名教授、上市公司高管、并购重组委员会委员和中介机构资深合伙人等共25名专家对指标进行赋权。所遴选的25名专家皆具备深厚的理论功底，熟悉上市公司创新实践经验。依托专家经验和判断，本报告将诸多指标按照重要性程度进行赋权，以期有效避免主观性偏差，确保赋权结果具备实用性、科学性和专业性。

2.2.3 采用标准化法计算创新发展和创新环境支持指数

上市公司创新发展指数和创新环境支持指数均包括三级指标、二级指数、一级指数和综合发展指数4个层级。其中，三级指标的计算采用全市场标准化法，其他层级的创新发展指数则采用加权平均法进行测算。

2.2.3.1 基于全市场标准化法和赋值法的三级指标创新发展指数计算

因上市公司创新发展指数三级指标反映了5060家上市公司的创新情况，创新环境支持指数三级指标反映了31个省份的创新支持环境情况，二者含义和数据源不同，故采用了不同的测算方法。

1. 上市公司创新发展指数三级指标的计算方法

（1）数值型指标和"是/否"类型指标采用不同的方法进行分值测算。上市公司创新发展指数中大部分三级指标均为数值型指标，少量三级指标为"是/否"类型指标。对于连续数值类型的指标，本报告采用全市场标准化方法，具体公式为：$Index=(Rank/Rank\_max)\times 100$。其中，$Rank$是指公司某个三级指标原始值在全市场中的排序分值，数值排名越靠前，排序分值越高，取值范围为0至$Rank\_max$。$Rank\_max$是指证券市场中该指标$Rank$值的最大值，$Rank\_max=N-1$，其中N为行业中的公司数量。连续数值类型的三级指标创新发展指数在一定程度上反映了特定公司的该项指标在全市场中所处的排序水平，而非传统意义上的分数。也即创新发展指数60并非传统意义上的60分"及格线"，创新发展指数低于60并不表示"不及格"。对于"是/否"类型的三级指标，则依据指标原始值的"是"或"否"，直接将三级指标赋值为1或0。[①]

（2）处理反向指标。对于反向指标需要进行特殊处理，即指标原始值越大，计算的创新发展指数应该越小。本报告反向指标的处理规则为：反向指标创新发展指数=1-初始创新发展指数。

（3）合理设计指标最低分值。针对数值型指标和"是/否"类型指标，在进行分值测算时设定了指标的最低值，大部分指标的最低分值设计为40，即所有上市公司各三级指标的分值均处于40~100。如某上市公司2023年创新资产转化绩效其原始分值为30，考虑40为最低分值后，该上市公司2023年创新资产转化绩效的分值为$Score=30/100\times 60+40=58$。

2. 政策创新支持、区域创新软硬环境和营商环境指数三级指标的计算方法

由于政策创新支持、区域创新软硬环境和营商环境三级指标的基础数据具有不同的量纲和单位，

[①] 程凤朝，王竞达，张秋生. 中国上市公司健康指数报告（2022）. 中国财政经济出版社，2022.

无法直接进行数据分析或比较。为了消除指标之间的量纲影响，确保数据指标之间的可比性，本报告进行了数据归一化处理，即将原始数据进行归一化处理以使各指标处于同一数量级，从而进行综合对比分析。

（1）利用归一法得到三级指标分值。本报告所采用的归一化处理方法为min-max标准化方法（min-max normalization）。其中，min-max标准化方法也称为离差标准化，是对原始数据进行线性变换，以便使结果值映射到［0，1］之间，具体计算方法如下：

$$X^* = \frac{x\text{-}min}{max\text{-}min}$$

其中，max为样本数据的最大值，min为样本数据的最小值，x为需要处理的原始样本值，X^*为经过min-max标准化处理后的样本值。

（2）处理反向指标。对于反向指标需要进行特殊处理，即指标原始值越大、计算的创新发展指数反而应该越小。本报告反向指标的处理规则为：反向指标创新环境支持指数=1-初始创新环境支持指数。

（3）合理设计指标最低分值。为了将三级指标的评分转化为百分制，并进一步缩小样本间三级指标评分的差异分布情况，本报告在进行分值测算时设定了指标的最低值为40，即所有三级指标的分值均处于40~100。具体的计算方法如下：

$$Score = \left(\frac{x\text{-}min}{max\text{-}min}\right) \times 60 + 40$$

其中，max为样本数据的最大值，min为样本数据的最小值，x为需要处理的原始样本值，$Score$为经过min-max标准化处理和百分化的样本值，即报告所用的三级指标。

例如，以某地区2023年获得政府研发补助的上市公司数量占比为例简要说明：2023年政府研发补助的上市公司数量占比为44.58%，七大区中政府研发补助的上市公司数量占比的最大值为49.72%，七大区中政府研发补助的上市公司数量占比的最小值为30.41%，该地区获得政府研发补助的上市公司数量占比指标分值为Score=（49.72%-44.58%）/（49.72%-30.41%）×60+40=84.02。

值得注意的是，运用上述方法所计算的三级指标分值在一定程度上反映了该地区与其他地区在政府创新政府补助支持的范围上的差异和排序水平，而非传统意义上的分数。因此，三级指标分值60并非传统意义上的60分"及格线"，三级指标分值低于60不能代表某地区处于"不及格"的水平。

2.2.3.2 基于加权法的其他层级创新发展指数计算

其他层级的创新发展指数计算采用了加权法，也即上一级创新发展指数指标等于该维度下子级指标创新发展指数的加权总和。

如前所述，创新发展指数的一级、二级指数是由专家打分赋权，三级指标则为等权。以某公司2023年数据为例：一级指标创新要素投入共设置上市公司研发经费投入、上市公司研发人员投入、上市公司协同创新投入、上市公司创新投入持续性共4个二级指标。其中上市公司研发经费投入设置8个三级指标，其8个三级指标的分值分别为80、82、85、87、80、79、82、78。由于三级指标是等权，所以二级指数"上市公司研发经费投入"的创新发展指数=80×1/8+82×1/8+85×1/8+87×1/8+80×1/8+79×1/8+82×1/8+78×1/8=81.63。创新发展指数一级指数和综合创新发展指数使用加权平均的方法进行计算。

2.3 国内创新相关指数评述和报告指标体系的优势分析

指数评价作为一种量化研究方法，已广泛应用于对经济现象和趋势的评价。围绕创新发展相关问题，国内有不少研究采用指数评价方法，构造了一系列与创新相关的评价指数。

2.3.1 国内创新相关指标评述

本报告在确定一套自己的创新发展指数之前，率先对国内现有的与创新相关的指数研究进行了系统梳理，具体如表2-3所示。概括而言，目前国内与创新相关的指数研究大致分为三类：第一类是以区域为研究对象的宏观指数，分别对国家、地区、省份、城市、乡村等不同方面进行评价，如全球创新指数、京津冀协同创新指数、2023山东省区域科技创新能力评价报告、中国城市科技创新指数、中国乡村创新创业指数等；第二类是以企业为研究对象的微观指数，如中国上市公司创新指数、中国上市公司研发指数和企业创新税收指数等；第三类则是聚焦资源、产业等研究领域的指数，如国家海洋创新指数及全球人工智能创新指数等。

表 2-3 国内现有与创新相关的指数一览表（部分）

序号	指数	发布单位	对象	维度	指标
1	中国上市公司创新指数	浙江大学管理学院与深圳报业集团深新传播智库	企业	2个维度：创新势力、创新效率	创新势力包含研发投入规模、研发人员规模、专利规模数据、平均销售利润率4个指标；创新效率包含研发强度指标、技术效率、商业模式新颖性3个指标
2	上市公司无形资产评价指数	天津财经大学无形资产评价协同创新中心	企业	3个维度：创新能力、市场竞争力、可持续发展能力	创新能力包含人力投入、资金投入、专利水平、专利效率等12个指标；市场竞争力包含产业政策扶持、行业集中度、上下游的议价能力等8个指标；可持续发展能力包含员工素质、员工工资、员工稳定性、保留盈余等9个指标
3	中国上市公司研发指数	首都经济贸易大学	企业	4个维度：创新投入、创新产出、技术水平、创新环境	创新投入包括研发强度和研发投入增长率；创新产出包括知识资产比率、研发资本化强度、发明类专利比率和发明类专利寿命；技术水平包括技术员工占比、收入优势和净利优势；创新环境包括自由现金、资本成本和行业竞争压力等指标
4	中国医药企业研发指数	北京交通大学、中国医药会计学会、中兴新云公司	企业	4个维度：研发投入、研发成果、研发质量、研发支持	研发投入包括研发投入总额、研发投入占销售收入比例、人均研发投入；研发成果包括发明专利授权数、创新药上市获批数、非创新药获批数；研发质量包括发明专利授权数占总授权数比例、专利被引用量、PCT专利数、国际资质认证数目；研发支持包括国家重大专项支持项目、国家级研发平台数目、省部级研发平台数目等指标
5	中国互联网企业综合实力指数	中国互联网协会	企业	6个维度：企业规模、盈利能力、创新能力、成长性、风险防控能力、社会责任	包含营收规模、营业利润、研发投入、发明专利比例等20余个指标
6	专精特新企业专利创新指数	中国专利信息中心	企业	3个维度：创新产出数量、创新活跃程度、创新产出结构	包括发明专利授权量、平均发明专利授权量、拥有发明专利授权的企业数量占比、制造业企业发明专利授权量占比等7个指标
7	汽车企业专利创新指数	中国汽车技术研究中心有限公司情报所	企业	3个维度：技术、法律、经济	包含有效专利数量等指标

续表

序号	指数	发布单位	对象	维度	指标
8	中国钢铁企业专利创新指数	冶金工业信息标准研究院	企业	3个维度：专利创造、专利运用、专利保护	包含专利申请量、发明专利占比、专利价值度等指标
9	大湾区创新发展专利指数	中国科学院文献情报中心	企业	4个维度：技术活跃度、技术开创度、技术引领度、产业贡献度	包含发明专利申请量、有效专利数量、有效发明专利、海外专利数量、共同申请专利数量等指标
10	广东工业互联网创新指数	南方日报和广州大学	企业	1个维度：数字经济相关专利数据	包含有效授权专利和发明专利申请数量指标
11	全国科技创新百强指数	八月瓜创新研究院、北京市科学技术研究院科技情报研究所和21世纪创新智库	企业、高校和研究机构	3个维度：创新能力、创新价值、创新影响	9个二级指标，83个三级指标，其中企业类24个指标、高校类31个指标、研究机构28个指标
12	地级市创新创业指数	北京大学企业大数据研究中心	区域	3个维度：企业创建、企业投资、企业创新产出	包含企业数量、风险投资、外来投资、专利的授权数量、商标注册量等指标
13	中国城市科技创新发展指数	首都科技发展战略研究院	区域	4个维度：创新资源、创新环境、创新服务、创新绩效	包含居民中大专以上学历人数比重、万名从业人口中科学技术人员数、地方财政科技投入占地方财政支出比重、每万人吸引外商投资额、孵化器数量、每万人专利申请量、城镇居民人均可支配收入等指标
14	中国城市科技创新指数	北京航空航天大学、北京科技创新中心研究基地和国家科技资源共享服务工程技术研究中心	区域	2个维度：科技创新总量指数、科技创新效率指数	科技创新总量指数包含科学研究规模、产业创新规模、知识产权规模；科技创新效率指数包含产创科研比值、知识产权精度、产业创新精度、科学研究精度等指标
15	中国创新人才指数	清华大学	区域	4个维度：人才规模、人才结构、人才效能、人才环境	人才规模包含基础规模和人才引进与流动；人才结构包括学历结构、技能结构；人才效能包含科技效益、经济效益；人才环境包含人才吸引、人才培养和创新支持等指标
16	长三角区域协同创新指数	浙江省科技信息研究院、上海市科学学研究所、江苏省科技情报研究所（江苏省科技发展战略研究院）、安徽省科技情报研究所	区域	5个维度：成果共用、资源共享、创新合作、产业联动、环境支撑	包含研发投入强度、财政科技拨款占政府支出比重、科技人才跨区域流动、国际科技论文合作数量、专利转移数量、合作发明专利、高技术产业利润、上市公司异地投资、获融资企业数等指标
17	中国区域科技创新评价报告	中国科学技术发展战略研究院	区域	5个维度：科技创新环境、科技活动投入、科技活动产出、高新技术产业化、科技促进经济社会发展	包含R&D经费投入强度、万人科技论文数、发明专利拥有量、技术市场输出技术成交额等指标
18	京津冀协同创新指数（2022）	北京大学首都发展研究院	区域	5个维度：创新能力、科研合作、技术联系、创新绩效、创新环境	包含研发经费支出占GDP比重、高科技论文发表量、专利申请数、京津冀论文合作关系总数、技术交易项数及成交额、京津冀法人单位在区域内跨省（市）的产业活动单位、专利合作数量等指标

续表

序号	指数	发布单位	对象	维度	指标
19	重庆科技创新指数报告2022	重庆生产力促进中心、重庆市科学技术情报学会	区域	5个维度：科技创新环境、科技创新投入、科技创新产出、高新技术产业化、科技促进经济发展	包含基础条件、科技意识、万人R&D（研究与试验发展）人员数、科学研究和技术服务业法人单位数等指标
20	中国新一线城市创新力报告	江苏省扬子江创新型城市研究院院长张鸿雁教授，首席专家、南京市社科院院长曹劲松研究员领衔的"创新力与高成长企业研究中心"	区域	5个维度：创新要素整合力、创新产业自主力、创新效益支撑力、创新开放辐射力、创新生态吸引力	包含国家杰出青年科学基金人才、每万人普通在校生和国家重点实验室数量、国家级科技企业孵化器、众创空间数量、劳动生产率、文化设施覆盖率、独角兽企业数、万人发明专利拥有量、万人学术论文发表量、人均地区生产总值指标、城市金融企业联系度、科创企业联系度、城市开放度、创新型城市建设的政策支持等指标
21	苏南国家自主创新示范区创新指数	江苏省科技发展战略研究院（江苏省科技情报研究所）	区域	6个维度：创新环境、创新资源、创新主体、创新绩效、创新辐射、创新国际化	包含研发经费投入、万人发明专利拥有量、高新技术产业产值占工业产值比重等指标
22	中国创新指数	国家统计局	区域	4个维度：创新环境、创新投入、创新产出、创新成效	包含经济活动人口中大专及以上学历人数、人均GDP、信息化指数、科技拨款占财政拨款的比重、享受加计扣除减免税企业所占比重；每万人R&D人员全时当量、R&D经费占GDP比重、基础研究人员人均经费、R&D经费占主营业务收入的比重、有研发机构的企业所占比重、开展产学研合作的企业所占比重；每万人科技论文数、每万名R&D人员专利授权数、发明专利授权数占专利授权数的比重；每百家企业商标拥有量、每万名科技活动人员技术市场成交额；新产品销售收入占主营业务收入的比重、高技术产品出口占货物出口额的比重、单位GDP能耗、劳动生产率、科技进步贡献率等指标
23	中国知识产权指数	中国知识产权指数报告课题组	区域	2个维度：专利、商标等发展现状和发展潜力	包含知识产权的流动水平、产出水平和综合绩效；知识产权的创造潜力等指标
24	科创指数——科技园区创新发展指数	国际科技创新中心	区域	3个维度：创新、产业、环境	包含企业研发投入、世界一流大学和科研机构、全球顶尖科学家、PCT专利申请、企业数量、全球领军型科技企业、企业营收、风险投资机构、本地营商环境、本地生活品质等指标
25	科创指数——中关村指数	国际科技创新中心	区域	5个维度：创新引领、双创生态、高质量发展、开放协同、宜居宜业	包含科技成果转化与孵化、资源引入、国际拓展、区域协同、营商环境、生活品质、创新投入、创新产出、创新经济、质量效益等指标
26	科技金融——战略性新兴产业指数	新华社中国经济信息社联合浦发银行	产业	4个维度：金融发展、科技创新、产业成效、环境支持	包含累计设立政府引导基金数量、省级以上企业孵化器数量、科技型中小企业贷款余额、科技型企业IPO数、获得风投规模、风投事件数量、新兴产业规模、营收、结构等指标
27	国家海洋创新指数报告2023—2024	自然资源部第一海洋研究所牵头，联合国家海洋信息中心、中国科学院西北生态环境资源研究院和崂山实验室	自然资源	4个维度：海洋创新资源、海洋知识创造、海洋创新绩效、海洋创新环境	包含海洋研究与发展经费和人力投入强度、海洋领域的发明专利申请数和授权数、科研机构和高等院校的科研水平和创新能力等指标

续表

序号	指数	发布单位	对象	维度	指标
28	2023全球人工智能创新指数报告	中国科学技术信息研究所联合北京大学	产业	3个维度：基础支撑、资源与环境、国际合作交流	包含人工智能的基础研究、基础设施、数据资源、人才资源、创新环境、科研成果、专利产出、高水平科研论文、人工智能企业的增长、风险投资、市场规模、数据资源的开放程度和质量等指标
29	国际科技创新中心指数2023	清华大学产业发展与环境治理研究中心和自然科研团队	企业	3个维度：科学中心、创新高地、创新生态	包含科技人力资源、科研机构、科学基础设施、知识创造、技术创新能力、创新企业、新兴产业、经济发展水平、开放与合作、创业支持、公共服务、创新文化等指标
30	中国区域创新能力评价报告2023	中华人民共和国科学技术部	区域	5个维度：创新环境、创新资源、企业创新、创新产出、创新绩效	包含博士毕业生数、国家级孵化器管理机构从业人员数、国家级示范生产力促进中心人员数、科技企业孵化器数、高技术产业R&D经费内部支出占主营业务收入比重、高技术产业新产品研发经费支出占新产品销售收入比重、企业引进技术经费支出、企业平均吸纳技术成交额、万人发明专利授权数、万人输出技术成交额、高新技术企业营业收入、空气达到二级以上天数所占比重等指标
31	国家高新区创新能力评价报告	工业和信息化部火炬高技术产业开发中心、中国科学院科技战略咨询研究院	区域	5个维度：科技创新生态、创新国际拓展、创新资源集聚、产业创新绩效、创新驱动发展	包含高新区企业R&D人员全时当量、企业研发经费投入、每万名从业人员中研发人员全时当量数、国家高新区省级及以上各类研发机构数量、国家高新区科技创新生态水平、专精特新企业数量、高新区高新技术产品竞争力、国家高新区创新国际环境等指标
32	国家创新型城市创新能力评价报告2023	科技部科学技术信息研究所	区域	5个维度：创新治理力、原始创新力、技术创新力、成果转化力、创新驱动力	包含财政科技支出占公共财政支出比重、R&D人员占就业人员比例、基础研究经费占R&D经费比重、"双一流"建设学科数、国家高新区营业收入与GDP之比、北交所上市企业数、国家级科技企业孵化器、双创示范基地数、高新技术企业营业收入与规模以上工业企业营业收入之比、城乡居民人均可支配收入之比等指标
33	中国城市科技创新发展报告	首都科技发展战略研究院课题组、中国社会科学院城市与竞争力研究中心和北京师范大学创新发展研究院	区域	4个维度：创新资源、创新环境、创新服务、创新绩效	包含创新人才、研发经费、政策环境、信息环境、创业服务、金融服务、科技产出、经济发展、绿色发展、辐射引领等指标
34	"中国100城"城市创新生态指数报告	苏州创新生态研究院协同中国科学院科技战略咨询研究院、南京审计大学、清华大学技术创新研究中心、南京邮电大学、江苏科技大学以及国务院发展研究中心、新华社中国财富研究院、上海科学院等团队	区域	3个维度：创新主体、创新协同、创新环境	包含创新主体规模、投入与产出；创新协同平台与互动；创新国际合作；创新投资环境与生活环境等指标

续表

序号	指数	发布单位	对象	维度	指标
35	中国乡村创新创业指数	浙大卡特—企研乡村产业研究团队	区域	2个维度：乡村创新、乡村创业	包含技术创新、品牌创新、绿色创新、数字创新、农业及相关产业创业、农民合作社创业、家庭农场创业等指标
36	企业创新税收指数	复旦大学公共绩效与信息化研究中心、厦门火炬高新区管委会和厦门火炬高新区税务局	企业	5个维度：创新投入、人才支撑、市场认可、政府支持、外部评价	包含研发费用、研发人员数量、研发项目数量、科技人员占企业职工总数比例、高新技术产品（服务）收入、技术输出合同成交额与GDP之比、财政科技支出占公共财政支出比重、国家级改革试验区数量、国家级科技成果奖数量、企业创新税收指数得分排名等指标
37	广州城市创新指数报告（2023）	中国科学技术发展战略研究院、广州生产力促进中心、广州市科学技术发展研究中心	区域	5个维度：科学发现、技术发明、产业发展、人才支撑、生态优化	包括ESI全球排名前1%的学科数量、每万常住人口发明专利拥有量、高新技术企业发展、高被引科学家数、企业研发费用加计扣除所得税减免额等指标
38	2023年杨浦区创新指数2.0报告	杨浦区统计局与上海数喆数据科技有限公司	区域	4个维度：创新要素、创新环境、创新成果、创新影响力	包含科创板挂牌上市企业累计数、每万人口高价值发明专利拥有量、高新技术企业数量、高层次人才数、每万人R&D人员全时当量、地方财政科技经费支出、省部级以上科技企业孵化器等指标
39	中国城市科创环境指数	西南财经大学科创环境与科创价值系列指数研究团队	区域	3个维度：科创资源、科创人文、科创支持	包含研发投入、科创孵化、人才资源、文化氛围、金融支持和政策支持等指标
40	2023山东省区域科技创新能力评价报告	山东省创新发展研究院	区域	5个维度：创新投入、创新产出、企业创新、创新环境、创新驱动	包含R&D经费支出、R&D人员、有研发活动的规上工业企业占比、技术合同成交额、规上高新技术产业产值占规上工业产值的比重、落实研发费用政策加计额等指标

资料来源：首经贸资产评估研究院和浙工商中国智能管理研究院整理。

在以上40类指数研究领域内，相较于以企业为研究对象的微观创新指数而言，以区域为研究对象的宏观创新指数相对较多，但其通常只适用于探究区域层面的相关创新问题，难以对微观企业的创新发展进行评价。现有聚焦企业层面的创新指数为如何评价企业创新发展提供了经验借鉴和有益参考，但总体而言仍存在一些需要优化或改进之处，具体如下：

（1）现有指数往往只关注到微观企业发展的局部问题，构建的评价指标相对较少，对影响企业创新发展水平与质量因素的考虑有所不足。

（2）现有指数虽结合外部环境与企业内部发展两层面进行测度，但针对外部环境中创新支持和创新环境等因素对企业创新发展的影响考虑仍不全面。

（3）现有指数在衡量企业创新成果时通常多考虑专利成果指标，但对成果获奖、产品和品牌成果等产出形式考虑不足。

（4）现有指数在测度创新绩效时未充分考虑企业创新所带来的资产转化，以及创新活动所产生的绩效。

2.3.2　上市公司创新发展指数评价体系的优势和特色

在借鉴和参考现有以企业为研究对象的微观创新指数的基础之上，首都经济贸易大学和浙江工商大学研究团队对上市公司创新发展指数进行了进一步优化和完善。具体来看，本报告基于创新发展的理论逻辑和思维，构建了可以合理反映企业创新发展能力的综合评价体系和指数模型，对企业创新发展环境和企业创新发展能力进行量化评价，为企业实现高质量创新发展提供客观可靠的评价依据和数据支持。具体而言，本报告所构建的指数评价体系的优势和特色主要表现在：

2.3.2.1 基于"创新影响因素—创新投入—创新成果—创新绩效"的过程链条视角，合理构建上市公司创新发展指数评价体系

本报告依据价值创造的理论逻辑，构建了"以创新资源为支持，创新投入为起点，创新成果为过程，创新绩效为产出"的四维指标体系。综合考虑上市公司所获得的政府研发补助、研发税收优惠和创新政府采购等资源以及上市公司投入的研发经费、研发人员和研发的持续性，同时考虑上市公司所取得的专利和专有技术等研发成果以及所获得的创新资产转化、财务绩效和创新活动绩效等，构建了由4个一级指标、14个二级指标、75个三级指标构成的综合评价指标体系，以期能够全面、客观、合理地反映和揭示上市公司的创新发展能力和发展潜力。

2.3.2.2 基于外部环境—组织行为的表里特征视角，全面度量区域和省份创新环境支持

本报告构建了更加完善的政府创新支持环境、区域创新软环境、区域创新硬环境和区域营商环境4个一级指标、19个二级指标、95个三级指标的综合测度指标体系，以便充分揭示七大区和各省份在创新政策支持、区域互联网条件、区域专利和商标发展、区域组织和营销创新、区域创新人才培养以及区域政务环境、区域法律环境、区域投资环境等方面所存在的差异，期望有助于从外在因素层面对上市公司创新发展的区域和省份差异逻辑进行全面解析。

2.3.2.3 基于创新行为和激励视角，适度增加差异化和特色化指标

为有效测度上市公司创新发展能力，本报告增加了特色二级指标，如在创新资源支持中增加了创新政府采购二级指标，在创新要素投入中增加了协同创新和创新投入持续性二级指标，在创新科技成果中增加了科技和产品获奖成果、新产品和品牌成果二级指标以及在创新经济绩效中增加了创新资产转化和创新活动等二级指标。相应地，本报告还设计了如研究阶段支出、开发阶段支出、高水平研发人员数量、公司协同创新支出、公司拥有的国家级和省部级科研平台数量、合作申请专利数量等特色化和差异化的三级指标，以期能够更加精准地对上市公司创新发展能力进行评价。

第3章
中国上市公司2023年总体状况及其创新发展指数评价

2023年，全球经济面临诸多挑战，国际政治经济格局经历深刻调整，不确定性和复杂性显著增加。中国经济在复杂严峻的国内外环境下，实现了稳步增长，GDP同比增长5.2%，整体经济回暖，尤其是高技术制造业和装备制造业的增长，为经济复苏提供了有力支撑。

A股上市公司作为企业的领头羊和排头兵，2023年积极进行创新发展和管理优化，整体业绩持续修复，内生动能不断集聚，高质量发展取得新成效。本章对2023年A股上市公司总体情况进行分析，并对A股上市公司创新发展综合指数和创新资源支持指数、创新要素投入指数、创新科技成果指数和创新经济绩效指数进行评价，为A股上市公司创新发展表现提供实证依据。

3.1 2023年中国上市公司总体分析

据分析，截至2023年末，A股上市公司总量为5060家（剔除房地产、银行、非银金融行业和2024年未披露年报的上市公司），总市值合计为70.91万亿元，年成交额达到194.99万亿元，营业收入总额为60.63万亿元，净利润总额为3.21万亿元。①

3.1.1 行业维度分析

从行业维度分析，机械设备行业、医药生物行业、电子行业、基础化工行业以及电力设备行业5个行业上市公司数量相对较多，合计占全部A股上市公司总数的45.26%。其中，机械设备行业共有566家上市公司，数量居各行业之首，占全部A股上市公司总数的11.19%；医药生物行业共有489家上市公司；电子行业共有456家上市公司；基础化工行业共有412家上市公司；电力设备行业共有367家上市公司。除此之外，石油石化行业、钢铁行业、煤炭行业、美容护理行业以及综合行业上市公司数量较少，5个行业上市公司数量合计占全部A股上市公司总数的3.62%。各行业上市公司总体情况如表3-1所示。

表3-1 2023年A股上市公司基本财务情况——行业维度

金额单位：亿元

行业	公司个数/家	总市值	年成交额	营业收入	净利润
传媒	130	14006.07	126075.21	5076.00	362.40
电力设备	367	54287.20	174958.43	36781.79	2501.52
电子	456	70662.67	248957.83	29154.09	958.13
纺织服饰	106	6254.80	15142.87	4726.29	302.14

---

① 数据来源：同花顺（iFinD），首经贸资产评估研究院和浙工商中国智能管理研究院整理。

续表

行业	公司个数/家	总市值	年成交额	营业收入	净利润
钢铁	45	8178.35	11464.96	22248.34	329.24
公用事业	133	30786.35	38911.73	23360.43	2280.71
国防军工	137	21182.44	64711.61	5742.16	318.76
环保	136	7165.96	18322.93	3562.03	276.18
机械设备	566	38193.60	126216.34	19073.84	1236.72
基础化工	412	33350.98	72442.88	21374.85	1218.34
计算机	353	38210.19	251112.02	11831.00	322.96
家用电器	101	15685.83	31571.47	15015.87	1150.50
建筑材料	74	7655.44	18150.81	7797.08	356.75
建筑装饰	165	17363.31	51073.60	90952.67	2531.04
交通运输	126	27710.80	34685.00	47053.03	1984.24
煤炭	37	17216.43	18284.52	14976.70	2325.72
美容护理	32	3549.85	8199.62	907.17	100.23
农林牧渔	109	13307.74	27738.43	12654.09	-56.71
汽车	285	35864.96	107462.92	36713.94	1401.63
轻工制造	160	9073.47	27816.80	6011.51	307.51
商贸零售	101	9032.80	32693.08	14095.50	191.00
社会服务	78	4773.61	25557.18	1786.23	121.67
石油石化	48	37106.82	19143.96	81774.21	4017.55
食品饮料	127	53177.72	66991.68	10455.22	2112.10
通信	130	40241.93	102363.99	24412.15	2060.03
医药生物	489	68987.17	157074.63	24855.39	1699.31
有色金属	136	24906.58	69840.67	32594.05	1775.48
综合	21	1130.75	2954.67	1296.08	-56.99

数据来源：同花顺（iFinD），首经贸资产评估研究院和浙工商中国智能管理研究院整理。

3.1.2 区域维度分析

从区域维度分析，华东地区共有上市公司2454家，华南地区共有上市公司889家，华北地区共有上市公司637家，华中地区共有上市公司388家，西南地区共有上市公司326家，西北地区共有上市公司192家，东北地区共有上市公司165家，其他地区共有9家。其中华东地区上市公司数量最多，占全部A股上市公司总数的48.50%。各地区上市公司总体情况如表3-2所示。

表3-2　2023年A股上市公司基本财务情况——区域维度

金额单位：亿元

地区	公司个数/家	总市值	年成交额	营业收入	净利润
东北地区	165	14984.97	48957.37	13984.43	329.49
华北地区	637	152372.06	379109.30	218782.60	10514.97
华东地区	2454	258946.15	808080.66	208615.67	9525.48
华南地区	889	109568.35	342150.53	76623.74	3606.85

续表

地区	公司个数/家	总市值	年成交额	营业收入	净利润
华中地区	388	40307.16	135192.85	27634.73	1366.67
西北地区	192	24491.76	70558.55	18314.40	1289.07
西南地区	326	68771.55	154062.30	27022.30	2915.75
其他	9	39621.80	11808.28	15303.82	2579.90

数据来源：同花顺（iFinD），首经贸资产评估研究院和浙工商中国智能管理研究院整理。

注：中国海油、中国移动、百济神州、华虹公司、华润微、诺诚健华、格科微、中芯国际、九号公司9家公司注册地均不在境内。

3.1.3 省份维度分析

从省份维度分析，广东省、浙江省、江苏省、北京市以及上海市5个省份的上市公司数量相对较多，合计占全部A股上市公司总数的59.07%。具体来看，广东省共有825家上市公司，浙江省共有676家上市公司，江苏省共有658家上市公司，北京市共有430家上市公司，上海市共有400家上市公司。其中，广东省拥有的上市公司数量居于全国各省份之首，占全部A股上市公司总数的16.30%；浙江省、江苏省、上海市均属于华东地区，其上市公司数量凸显华东地区经济发展在全国占据明显优势。除此之外，内蒙古自治区、海南省、西藏自治区、宁夏回族自治区、青海省上市公司数量较少，5个省份上市公司数量合计占全部A股上市公司总数的1.92%。各省份上市公司总体情况如表3-3所示。

表3-3 2023年A股上市公司基本财务情况——省份维度

金额单位：亿元

省份	公司个数/家	总市值	年成交额	营业收入	净利润
安徽	171	18261.16	63831.11	14541.61	771.72
北京	430	114446.96	280471.38	191822.32	8308.62
重庆	69	9641.60	30978.18	6339.00	303.12
福建	163	25228.14	73930.73	32153.92	1077.94
甘肃	33	2747.90	7767.58	2243.34	44.41
广东	825	104513.04	324423.54	71135.36	3515.29
广西	39	2544.26	8775.34	3521.85	57.37
贵州	34	24856.74	21799.17	3043.23	840.20
海南	25	2511.05	8951.65	1966.52	34.19
河北	74	10675.05	28911.95	9580.68	549.47
河南	106	13225.85	32631.17	9560.98	550.47
黑龙江	37	2828.88	8262.73	1785.29	19.05
湖北	141	13145.19	51088.54	9331.28	410.87
湖南	141	13936.12	51473.15	8742.47	405.33
吉林	46	3851.82	13666.49	2284.39	64.01
江苏	658	57537.52	204302.55	30249.99	1726.12
江西	86	8589.91	27631.26	11595.44	397.12
辽宁	82	8304.27	27028.15	9914.74	246.43

续表

省份	公司个数/家	总市值	年成交额	营业收入	净利润
内蒙古	26	6325.14	13288.89	4081.70	373.18
宁夏	16	1796.47	5015.79	597.13	61.33
青海	10	1996.90	3421.25	1029.17	176.79
山东	300	34649.32	96112.63	27638.54	1685.09
山西	40	8843.90	15998.12	5967.22	645.87
陕西	76	12072.49	35785.00	7785.49	676.55
上海	400	52190.18	140411.64	46175.13	1571.70
四川	166	25476.89	75598.63	11616.30	1377.84
天津	67	12081.01	40438.97	7330.68	637.84
西藏	20	1767.57	8450.68	545.18	54.25
新疆	57	5877.99	18568.93	6659.27	330.00
云南	37	7028.75	17235.64	5478.59	340.34
浙江	676	62489.93	201860.74	46261.05	2295.78
其他	9	39621.80	11808.28	15303.82	2579.90

数据来源：同花顺（iFinD），首经贸资产评估研究院和浙工商中国智能管理研究院整理。

注：中国海油、中国移动、百济神州、华虹公司、华润微、诺诚健华、格科微、中芯国际、九号公司9家公司注册地均不在境内。

3.1.4 板块维度分析

从板块维度分析，沪市主板共有1535家上市公司，深市主板共有1395家上市公司，创业板共有1325家上市公司，科创板共有566家上市公司，北交所共有239家上市公司。各板块中，沪市主板上市公司数量最多，占全部A股上市公司总数的30.34%。各板块上市公司总体情况如表3-4所示。

表3-4　2023年A股上市公司基本财务情况——板块维度

金额单位：亿元

板块	公司个数/家	总市值	年成交额	营业收入	净利润
沪市主板	1535	341026.32	620391.44	402177.24	22015.76
深市主板	1395	184059.53	643968.11	150073.43	7022.24
创业板	1325	111439.74	521994.81	38453.77	2232.89
科创板	566	68040.87	156318.14	13894.30	736.34
北交所	239	4497.34	7247.35	1682.95	120.93

数据来源：同花顺（iFinD），首经贸资产评估研究院和浙工商中国智能管理研究院整理。

3.1.5 产权维度分析

从产权维度分析，中央国有控股上市公司共有435家，地方国有控股上市公司共有893家，非国有控股上市公司共有3732家。从产权分布看，非国有控股上市公司数量最多，占全部A股上市公司总数的73.75%。中央国有控股、地方国有控股和非国有控股上市公司总体情况如表3-5所示。

表 3-5　2023 年 A 股上市公司基本财务情况——产权维度

金额单位：亿元

产权	公司个数/家	总市值	年成交额	营业收入	净利润
中央国有控股	435	176537.25	264178.02	251221.39	13439.84
地方国有控股	893	149514.90	345818.97	152751.38	7671.25
非国有控股	3732	383011.65	1339922.86	202308.93	11017.09

数据来源：同花顺（iFinD），首经贸资产评估研究院和浙工商中国智能管理研究院整理。

3.2　2023年中国上市公司创新发展指数评价

本节将从创新发展综合指数、创新资源支持指数、创新要素投入指数、创新科技成果指数和创新经济绩效指数5个方面分析2023年我国上市公司的创新发展总体成效。

本报告共分析了5060家上市公司2023年的创新发展状况。在上述分析过程中，本报告剔除了以下3类公司：

（1）申万行业分类中，房地产、银行和非银金融3个行业的上市公司。

（2）2024年新上市的上市公司。

（3）其他报告认为存在数据异常需要剔除的公司。

3.2.1　创新发展综合指数

报告对全市场5060家上市公司2023年的创新发展状况进行了分析，结果显示：全市场5060家上市公司创新发展综合指数平均水平为65.40，其中，创新资源支持指数平均水平为67.08，创新要素投入指数平均水平为66.07，创新科技成果指数平均水平为64.15，创新经济绩效指数平均水平为64.49。上市公司创新发展综合指数和四大创新指数总体情况如表3-6所示。

表 3-6　2023 年上市公司创新发展指数总览表

板块	创新发展综合指数	创新资源支持指数	创新要素投入指数	创新科技成果指数	创新经济绩效指数
沪市主板	66.27	67.60	65.76	65.40	66.67
深市主板	65.51	67.18	65.81	63.71	65.53
创业板	64.62	66.55	65.82	63.41	62.84
科创板	66.70	68.08	70.08	65.02	63.15
北交所	60.50	63.62	61.51	60.71	56.82
A股市场	65.40	67.08	66.07	64.15	64.49

数据来源：同花顺（iFinD），首经贸资产评估研究院和浙工商中国智能管理研究院整理。

3.2.1.1　整体分析

从全市场来看，5060家上市公司创新发展综合指数平均水平为65.40，高于平均水平的上市公司有2494家，占比49.29%。从创新发展综合指数区间上看，创新发展综合指数位于［80，100］的上市公司有41家，占比0.81%，这些公司在行业内甚至全市场中均属创新发展的优势企业；创新发展综合指数位于［70，80］的上市公司有1098家，占比21.70%，这些公司的创新发展水平较高；创新发展综合指数位于［60，70）的上市公司数量最多，共有2969家，占比58.68%；创新发展综合指数位于［0，60）的上市公司有952家，占比18.81%，这些上市公司的创新发展水平相对较差，如图3-1所示。

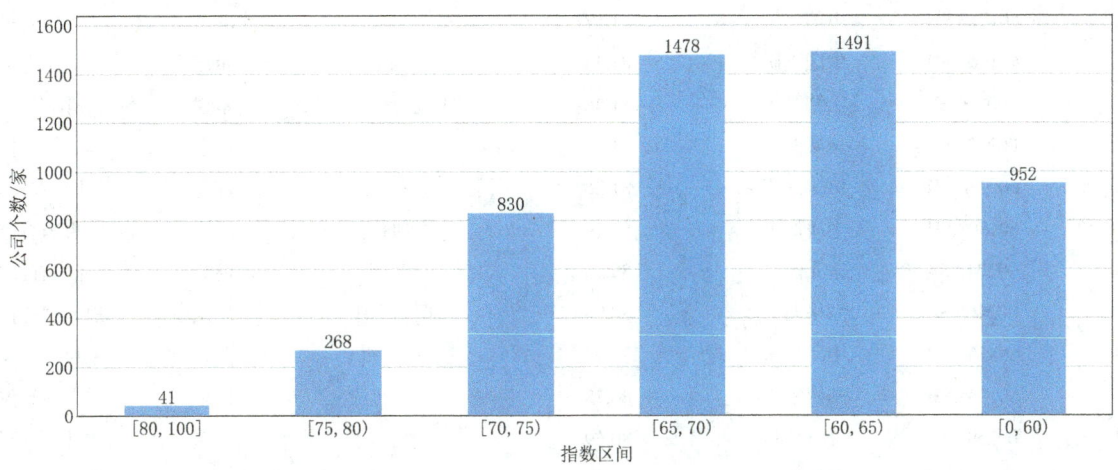

图3-1　2023年上市公司创新发展综合指数分布图

根据5060家上市公司的创新发展综合指数分布情况来看，排名前100的上市公司如表3-7所示。

表3-7　2023年上市公司创新发展综合指数前100排名表

排名	公司代码	公司名称	创新发展综合指数	一级行业	省份	产权性质
1	002371.SZ	北方华创	87.50	电子	北京	地方国有控股
2	000157.SZ	中联重科	87.18	机械设备	湖南	地方国有控股
3	000625.SZ	长安汽车	86.11	汽车	重庆	中央国有控股
4	000425.SZ	徐工机械	84.92	机械设备	江苏	地方国有控股
5	688187.SH	时代电气	84.73	机械设备	湖南	中央国有控股
6	002230.SZ	科大讯飞	84.72	计算机	安徽	非国有控股
7	601633.SH	长城汽车	84.34	汽车	河北	非国有控股
8	688271.SH	联影医疗	84.26	医药生物	上海	非国有控股
9	300316.SZ	晶盛机电	83.83	电力设备	浙江	非国有控股
10	002080.SZ	中材科技	83.80	建筑材料	江苏	中央国有控股
11	300760.SZ	迈瑞医疗	83.67	医药生物	广东	非国有控股
12	600406.SH	国电南瑞	83.34	电力设备	江苏	中央国有控股
13	000338.SZ	潍柴动力	83.09	汽车	山东	地方国有控股
14	600690.SH	海尔智家	82.58	家用电器	山东	非国有控股
15	600031.SH	三一重工	82.42	机械设备	北京	非国有控股
16	000977.SZ	浪潮信息	82.22	计算机	山东	地方国有控股
17	603019.SH	中科曙光	82.14	计算机	天津	中央国有控股
18	003816.SZ	中国广核	81.84	公用事业	广东	中央国有控股
19	000725.SZ	京东方A	81.82	电子	北京	地方国有控股
20	300122.SZ	智飞生物	81.77	医药生物	重庆	非国有控股

续表

排名	公司代码	公司名称	创新发展综合指数	一级行业	省份	产权性质
21	000999.SZ	华润三九	81.65	医药生物	广东	中央国有控股
22	601728.SH	中国电信	81.57	通信	北京	中央国有控股
23	601965.SH	中国汽研	81.53	汽车	重庆	中央国有控股
24	300750.SZ	宁德时代	81.46	电力设备	福建	非国有控股
25	002920.SZ	德赛西威	81.40	计算机	广东	地方国有控股
26	600276.SH	恒瑞医药	81.26	医药生物	江苏	非国有控股
27	601808.SH	中海油服	81.19	石油石化	天津	中央国有控股
28	002049.SZ	紫光国微	80.95	电子	河北	非国有控股
29	002465.SZ	海格通信	80.94	国防军工	广东	地方国有控股
30	688568.SH	中科星图	80.93	计算机	北京	中央国有控股
31	601238.SH	广汽集团	80.78	汽车	广东	地方国有控股
32	002594.SZ	比亚迪	80.69	汽车	广东	非国有控股
33	600893.SH	航发动力	80.58	国防军工	陕西	中央国有控股
34	300274.SZ	阳光电源	80.56	电力设备	安徽	非国有控股
35	002241.SZ	歌尔股份	80.29	电子	山东	非国有控股
36	000651.SZ	格力电器	80.22	家用电器	广东	非国有控股
37	688111.SH	金山办公	80.20	计算机	北京	非国有控股
38	002236.SZ	大华股份	80.19	计算机	浙江	非国有控股
39	688223.SH	晶科能源	80.18	电力设备	江西	非国有控股
40	300014.SZ	亿纬锂能	80.08	电力设备	广东	非国有控股
41	002415.SZ	海康威视	80.06	计算机	浙江	中央国有控股
42	002074.SZ	国轩高科	79.96	电力设备	安徽	非国有控股
43	000800.SZ	一汽解放	79.90	汽车	吉林	中央国有控股
44	000921.SZ	海信家电	79.84	家用电器	广东	地方国有控股
45	688041.SH	海光信息	79.83	电子	天津	非国有控股
46	600309.SH	万华化学	79.77	基础化工	山东	地方国有控股
47	600839.SH	四川长虹	79.74	家用电器	四川	地方国有控股
48	000708.SZ	中信特钢	79.62	钢铁	湖北	中央国有控股
49	600570.SH	恒生电子	79.62	计算机	浙江	非国有控股
50	688009.SH	中国通号	79.58	机械设备	北京	中央国有控股
51	000063.SZ	中兴通讯	79.54	通信	广东	非国有控股
52	600104.SH	上汽集团	79.47	汽车	上海	地方国有控股
53	301269.SZ	华大九天	79.46	计算机	北京	非国有控股
54	000100.SZ	TCL科技	79.44	电子	广东	非国有控股
55	688036.SH	传音控股	79.41	电子	广东	非国有控股
56	600498.SH	烽火通信	79.38	通信	湖北	中央国有控股
57	600166.SH	福田汽车	79.38	汽车	北京	地方国有控股
58	000963.SZ	华东医药	79.34	医药生物	浙江	非国有控股
59	600875.SH	东方电气	79.33	电力设备	四川	中央国有控股
60	600060.SH	海信视像	79.21	家用电器	山东	地方国有控股

续表

排名	公司代码	公司名称	创新发展综合指数	一级行业	省份	产权性质
61	688599.SH	天合光能	79.19	电力设备	江苏	非国有控股
62	300124.SZ	汇川技术	79.18	机械设备	广东	非国有控股
63	600582.SH	天地科技	79.06	机械设备	北京	中央国有控股
64	688012.SH	中微公司	78.99	电子	上海	地方国有控股
65	002340.SZ	格林美	78.88	电力设备	广东	非国有控股
66	601800.SH	中国交建	78.88	建筑装饰	北京	中央国有控股
67	000400.SZ	许继电气	78.87	电力设备	河南	中央国有控股
68	600153.SH	建发股份	78.74	交通运输	福建	地方国有控股
69	600845.SH	宝信软件	78.74	计算机	上海	中央国有控股
70	601186.SH	中国铁建	78.73	建筑装饰	北京	中央国有控股
71	300408.SZ	三环集团	78.71	电子	广东	非国有控股
72	601985.SH	中国核电	78.71	公用事业	北京	中央国有控股
73	600887.SH	伊利股份	78.69	食品饮料	内蒙古	非国有控股
74	000938.SZ	紫光股份	78.69	计算机	北京	非国有控股
75	600271.SH	航天信息	78.66	计算机	北京	中央国有控股
76	600066.SH	宇通客车	78.60	汽车	河南	非国有控股
77	300567.SZ	精测电子	78.59	机械设备	湖北	非国有控股
78	300782.SZ	卓胜微	78.58	电子	江苏	非国有控股
79	002028.SZ	思源电气	78.57	电力设备	上海	非国有控股
80	000661.SZ	长春高新	78.54	医药生物	吉林	地方国有控股
81	002179.SZ	中航光电	78.51	国防军工	河南	中央国有控股
82	600547.SH	山东黄金	78.50	有色金属	山东	地方国有控股
83	688208.SH	道通科技	78.43	计算机	广东	非国有控股
84	600699.SH	均胜电子	78.41	汽车	浙江	非国有控股
85	600487.SH	亨通光电	78.37	通信	江苏	非国有控股
86	600588.SH	用友网络	78.36	计算机	北京	非国有控股
87	300161.SZ	华中数控	78.31	机械设备	湖北	非国有控股
88	002050.SZ	三花智控	78.28	家用电器	浙江	非国有控股
89	600482.SH	中国动力	78.21	电力设备	河北	中央国有控股
90	688169.SH	石头科技	78.21	家用电器	北京	非国有控股
91	000301.SZ	东方盛虹	78.19	石油石化	江苏	非国有控股
92	002439.SZ	启明星辰	78.14	计算机	北京	中央国有控股
93	300433.SZ	蓝思科技	78.11	电子	湖南	非国有控股
94	600522.SH	中天科技	78.10	通信	江苏	非国有控股
95	688385.SH	复旦微电	78.08	电子	上海	地方国有控股
96	002001.SZ	新和成	78.04	基础化工	浙江	非国有控股
97	300454.SZ	深信服	78.00	计算机	广东	非国有控股
98	002475.SZ	立讯精密	77.99	电子	广东	非国有控股
99	601390.SH	中国中铁	77.96	建筑装饰	北京	中央国有控股

续表

排名	公司代码	公司名称	创新发展综合指数	一级行业	省份	产权性质
100	601669.SH	中国电建	77.96	建筑装饰	北京	中央国有控股

数据来源：同花顺（iFinD），首经贸资产评估研究院和浙工商中国智能管理研究院整理。

注：表中罗列的指数数值系原始数值保留小数点后两位（四舍五入）的结果，排名为按照原始数值进行排序的结果，因此存在指数数值相同但排名不同的情况，余同。

在报告分析的5060家上市公司中，排名前500的上市公司在行业、区域、省份、板块和产权方面的分布情况如图3-2至图3-6所示。

从排名前500的上市公司所属行业来看，计算机行业65家、电子行业63家、电力设备行业56家、医药生物行业46家、机械设备行业43家，合计占创新发展综合指数排名前500上市公司总数的54.60%，是创新发展的主力行业；除此之外，汽车行业35家、通信行业22家、建筑装饰行业22家、国防军工行业21家、有色金属行业19家、基础化工行业15家、家用电器行业12家、公用事业行业12家，其他行业均低于10家。

从排名前500的上市公司所属区域来看，华东地区203家、华北地区113家、华南地区79家，合计占创新发展综合指数排名前500上市公司总数的79.00%，凸显出华东、华北和华南地区是创新发展的主力区域；除此之外，华中地区40家、西南地区32家、西北地区17家、东北地区12家，其他地区4家。

从排名前500的上市公司所属省份来看，北京市86家、广东省76家、浙江省51家、江苏省49家、上海市42家，合计占创新发展综合指数排名前500上市公司总数的60.80%，是创新发展的主力大省；除此之外，山东省27家、湖北省15家、福建省14家、湖南省13家、四川省13家、安徽省12家、河北省12家、河南省12家、天津市11家、陕西省10家，其他省份均低于10家。

从排名前500的上市公司所属板块来看，沪市主板211家，深市主板151家，沪深两市主板合计占创新发展综合指数排名前500上市公司总数的72.40%；除此之外，创业板80家、科创板57家、北交所1家。

从排名前500的上市公司的产权性质来看，中央国有控股企业129家，地方国有控股企业91家，非国有控股企业280家。

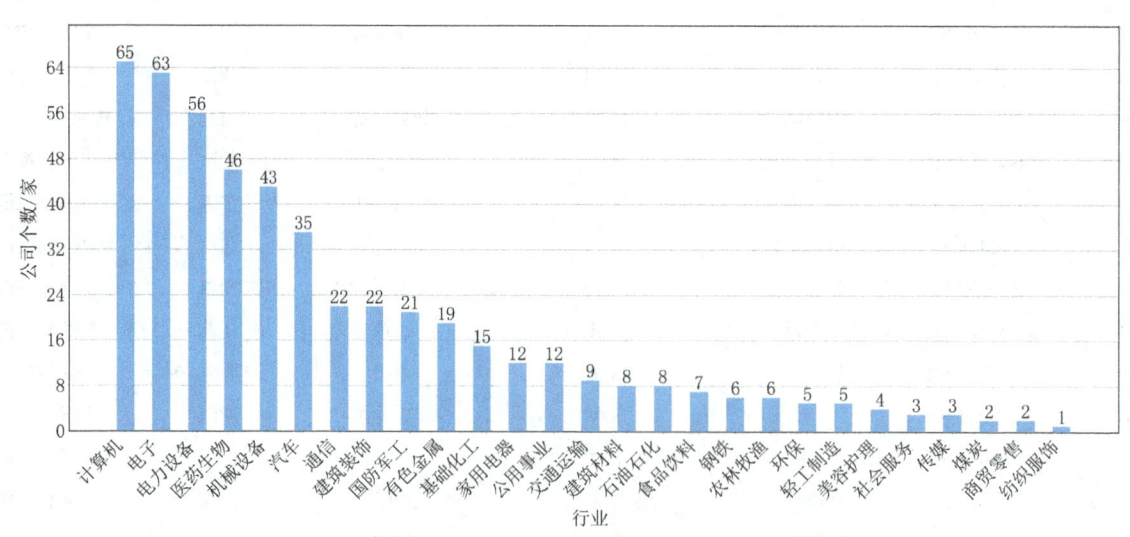

图3-2 创新发展综合指数排名前500上市公司行业分布

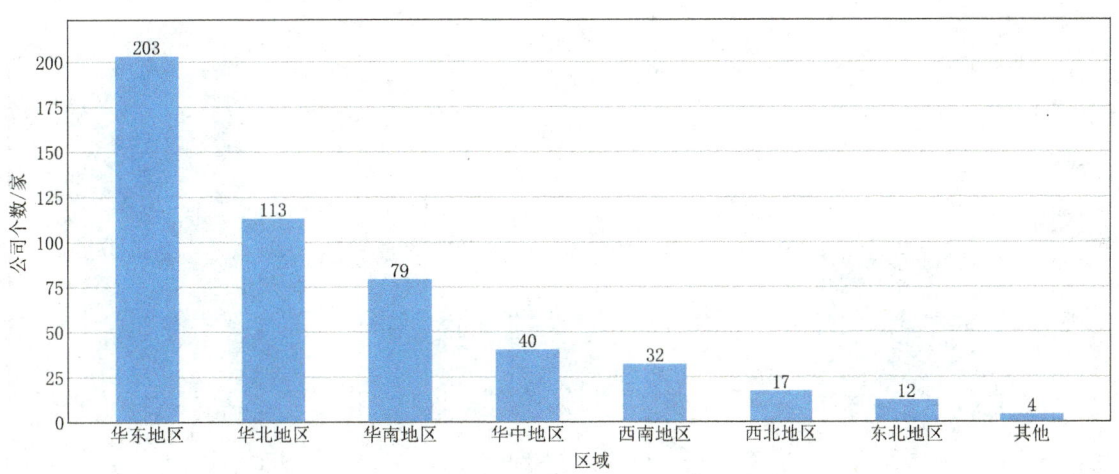

图3-3 创新发展综合指数排名前500上市公司区域分布

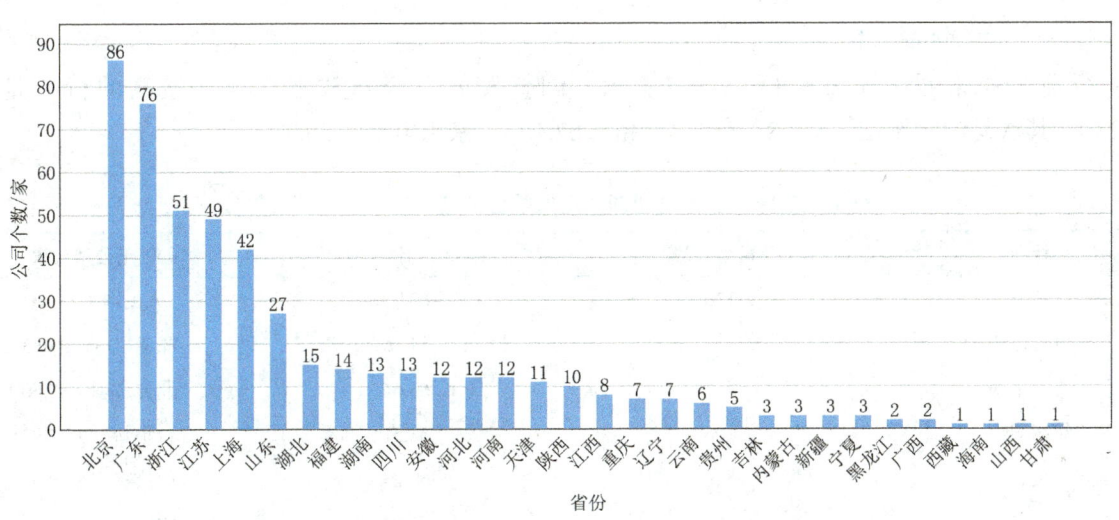

图3-4 创新发展综合指数排名前500上市公司省份分布①

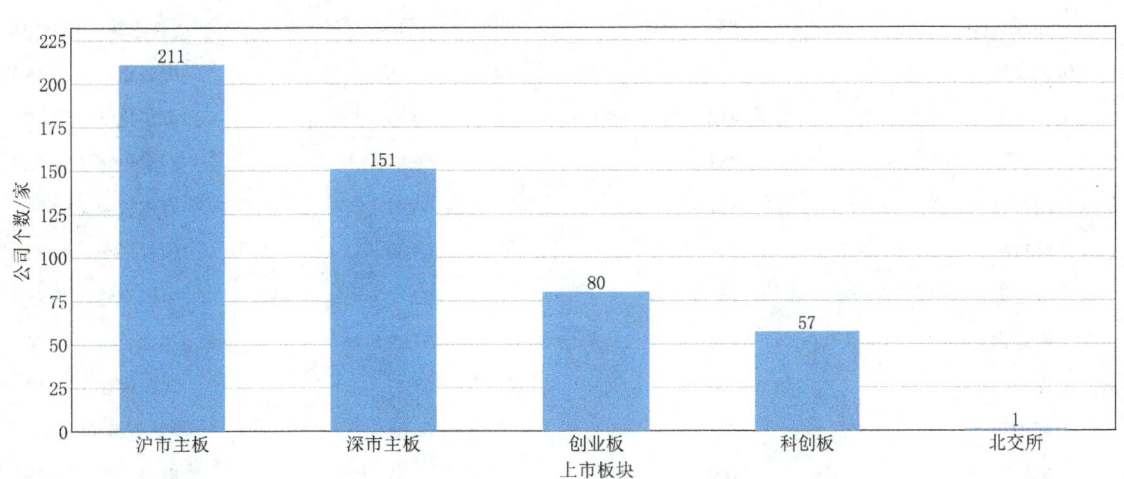

图3-5 创新发展综合指数排名前500上市公司板块分布

---

① 图中未包含注册地为境外的上市公司,下文同。

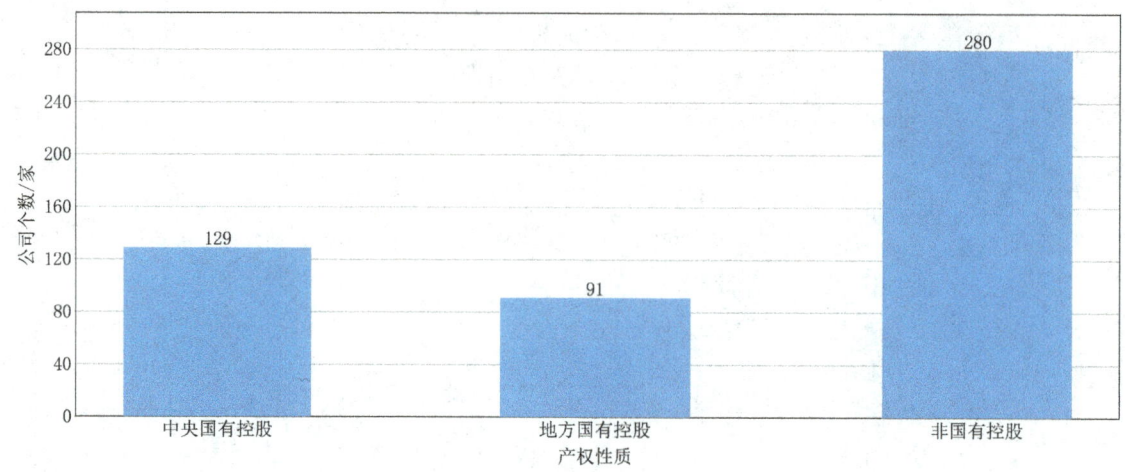

图3-6 创新发展综合指数排名前500上市公司产权分布

3.2.1.2 行业维度分析

从行业分布来看,如表3-8和图3-7所示,创新发展综合指数平均水平最高的行业是钢铁（68.23）,其次是国防军工（67.88）、电力设备（67.16）、家用电器（66.97）。

表3-8 2023年上市公司创新发展综合指数一览表——行业维度

行业	公司个数/家	均值	创新公司代表
传媒	130	63.70	人民网（76.86）
电力设备	367	67.16	晶盛机电（83.83）
电子	456	66.64	北方华创（87.50）
纺织服饰	106	63.51	台华新材（73.92）
钢铁	45	68.23	中信特钢（79.62）
公用事业	133	63.92	中国广核（81.84）
国防军工	137	67.88	海格通信（80.94）
环保	136	64.16	碧水源（76.00）
机械设备	566	65.16	中联重科（87.18）
基础化工	412	64.59	万华化学（79.77）
计算机	353	66.84	科大讯飞（84.72）
家用电器	101	66.97	海尔智家（82.58）
建筑材料	74	65.49	中材科技（83.80）
建筑装饰	165	63.82	中国交建（78.88）
交通运输	126	63.27	建发股份（78.74）
煤炭	37	65.47	陕西煤业（77.19）
美容护理	32	66.06	爱美客（77.46）
农林牧渔	109	63.87	瑞普生物（76.75）
汽车	285	66.63	长安汽车（86.11）
轻工制造	160	63.91	公牛集团（75.25）

续表

行业	公司个数/家	均值	创新公司代表
商贸零售	101	59.94	苏美达（74.12）
社会服务	78	61.56	广电计量（77.23）
石油石化	48	63.94	中海油服（81.19）
食品饮料	127	64.34	伊利股份（78.69）
通信	130	66.94	中国电信（81.57）
医药生物	489	66.17	联影医疗（84.26）
有色金属	136	65.91	山东黄金（78.50）
综合	21	59.94	南京新百（69.62）

数据来源：同花顺（iFinD），首经贸资产评估研究院和浙工商中国智能管理研究院整理。

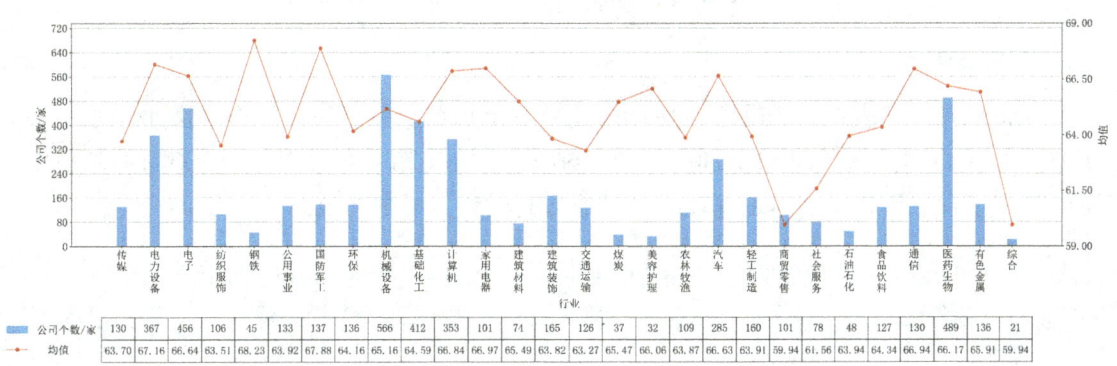

图3-7　2023年各行业上市公司创新发展综合指数均值分布图

3.2.1.3　区域维度分析

从区域分布来看，如表3-9和图3-8所示，华北地区上市公司创新发展综合指数平均水平最高，为67.04，其次是华中地区（65.38）和华东地区（65.30）。

表3-9　2023年上市公司创新发展综合指数一览表——区域维度①

区域	公司个数/家	均值	创新公司代表
东北地区	165	64.09	一汽解放（79.90）
华北地区	637	67.04	北方华创（87.50）
华东地区	2454	65.30	徐工机械（84.92）
华南地区	889	65.16	迈瑞医疗（83.67）
华中地区	388	65.38	中联重科（87.18）
西北地区	192	63.85	航发动力（80.58）
西南地区	326	65.08	长安汽车（86.11）

数据来源：同花顺（iFinD），首经贸资产评估研究院和浙工商中国智能管理研究院整理。

---

① 表中未包含注册地为境外的上市公司，下文同。

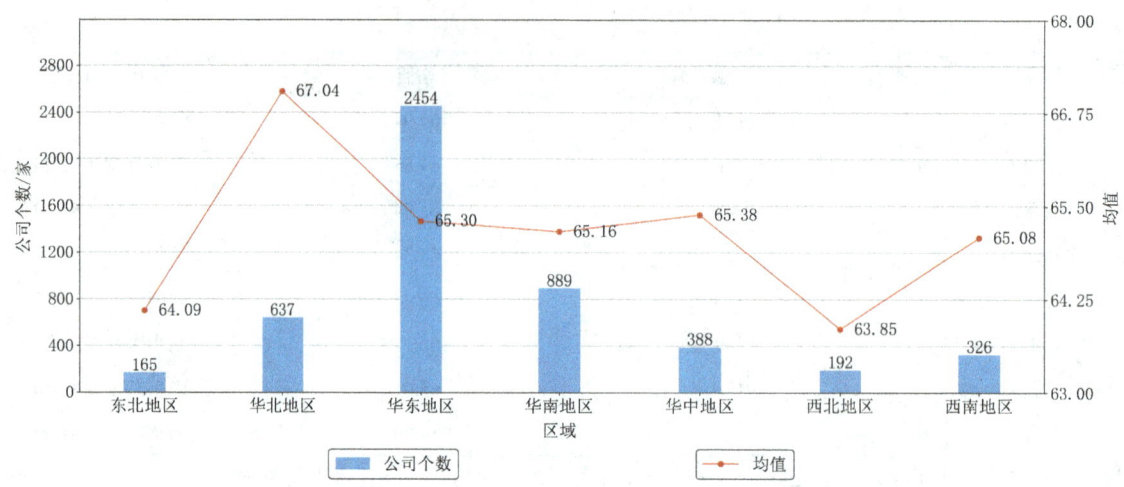

图 3-8　2023 年各区域上市公司创新发展综合指数均值分布图

3.2.1.4　省份维度分析

从省份分布来看，如表 3-10 和图 3-9 所示，北京市上市公司创新发展综合指数平均水平最高，为 67.49，其次是内蒙古自治区（66.81）和天津市（66.72）。在上市公司数量超过 300 家的省份中，北京市、上海市和广东省上市公司整体表现较好，是地区高质量发展的典范。

表 3-10　2023 年上市公司创新发展综合指数一览表——省份维度[①]

省份	公司个数/家	均值	创新公司代表
安徽	171	65.70	科大讯飞（84.72）
北京	430	67.49	北方华创（87.50）
重庆	69	65.14	长安汽车（86.11）
福建	163	65.09	宁德时代（81.46）
甘肃	33	64.23	山子高科（73.55）
广东	825	65.32	迈瑞医疗（83.67）
广西	39	63.61	柳工（76.12）
贵州	34	66.53	振华科技（77.94）
海南	25	62.23	中钨高新（75.12）
河北	74	66.16	长城汽车（84.34）
河南	106	66.25	许继电气（78.87）
黑龙江	37	64.62	东安动力（76.99）
湖北	141	65.03	中信特钢（79.62）
湖南	141	65.08	中联重科（87.18）
吉林	46	64.16	一汽解放（79.90）
江苏	658	65.03	徐工机械（84.92）
江西	86	64.57	晶科能源（80.18）
辽宁	82	63.82	国电电力（77.15）

---

①　表中未包含注册地为境外的上市公司，下文同。

续表

省份	公司个数/家	均值	创新公司代表
内蒙古	26	66.81	伊利股份（78.69）
宁夏	16	62.43	宁夏建材（75.03）
青海	10	63.56	西部矿业（72.51）
山东	300	65.40	潍柴动力（83.09）
山西	40	64.47	太原重工（74.65）
陕西	76	65.29	航发动力（80.58）
上海	400	65.73	联影医疗（84.26）
四川	166	64.94	四川长虹（79.74）
天津	67	66.72	中科曙光（82.14）
西藏	20	63.51	海思科（75.14）
新疆	57	62.16	特变电工（77.40）
云南	37	65.11	华能水电（76.52）
浙江	676	65.30	晶盛机电（83.83）

数据来源：同花顺（iFinD），首经贸资产评估研究院和浙工商中国智能管理研究院整理。

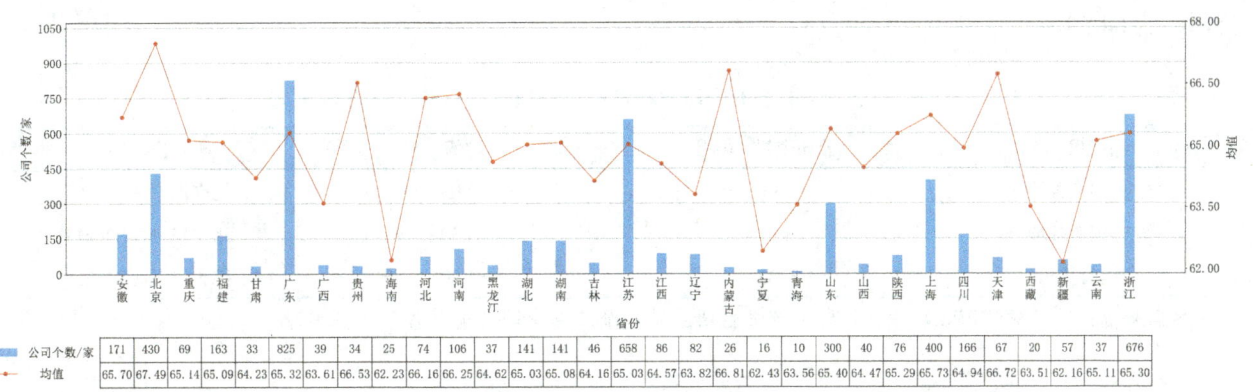

图3-9　2023年各省份上市公司创新发展综合指数均值分布图

3.2.1.5　板块维度分析

从板块分布来看，如表3-11和图3-10所示，科创板上市公司创新发展综合指数平均水平最高，为66.70，其次是沪市主板（66.27）和深市主板（65.51）。创业板（64.62）和北交所（60.50）上市公司的创新发展综合指数平均水平均低于全市场平均水平（65.40）。

表3-11　2023年上市公司创新发展综合指数一览表——板块维度

板块	公司个数/家	均值	创新公司代表
沪市主板	1535	66.27	长城汽车（84.34）
深市主板	1395	65.51	北方华创（87.50）
创业板	1325	64.62	晶盛机电（83.83）
科创板	566	66.70	时代电气（84.73）
北交所	239	60.50	连城数控（74.57）

数据来源：同花顺（iFinD），首经贸资产评估研究院和浙工商中国智能管理研究院整理。

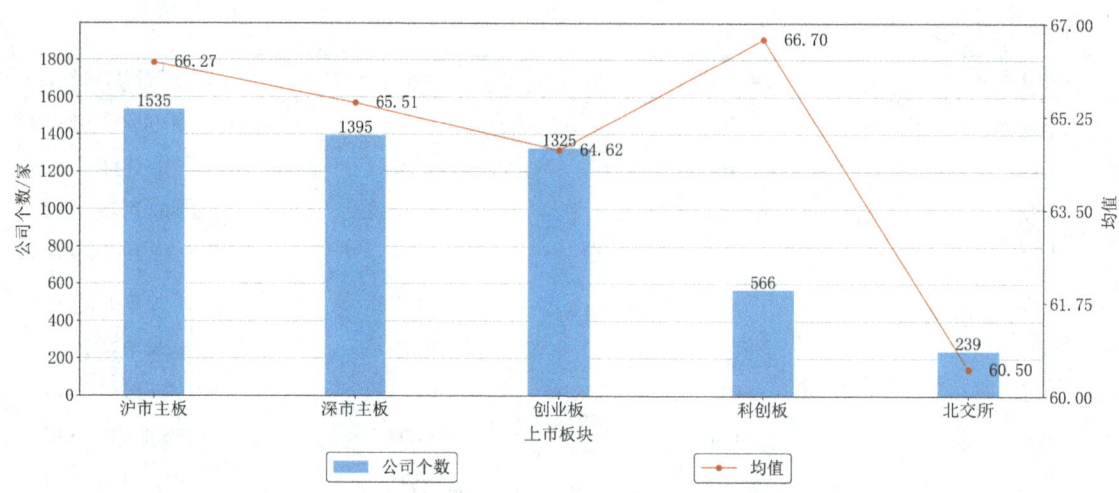

图3-10 2023年各板块上市公司创新发展综合指数均值分布图

3.2.1.6 产权维度分析

从产权分布来看，如表3-12和图3-11所示，中央国有控股上市公司创新发展综合指数平均水平最高，为70.03。地方国有控股与非国有控股上市公司的平均水平均低于全市场平均水平（65.40），其中地方国有控股上市公司平均水平为65.30，非国有控股上市公司平均水平略低于地方国有控股上市公司，为64.89。

表 3-12 2023 年上市公司创新发展综合指数一览表——产权维度

产权	公司个数/家	均值	创新公司代表
中央国有控股	435	70.03	长安汽车（86.11）
地方国有控股	893	65.30	北方华创（87.50）
非国有控股	3732	64.89	科大讯飞（84.72）

数据来源：同花顺（iFinD），首经贸资产评估研究院和浙工商中国智能管理研究院整理。

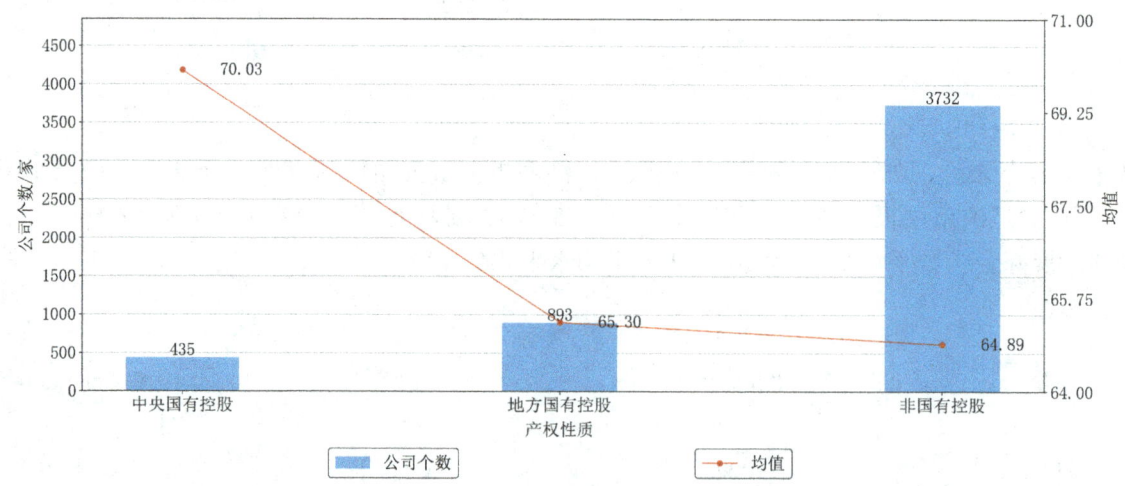

图3-11 2023年不同产权上市公司创新发展综合指数均值分布图

3.2.2 创新资源支持指数

3.2.2.1 整体分析

从全市场来看，5060家上市公司创新资源支持指数平均水平为67.08，高于平均水平的上市公司有2524家，占比49.88%。从创新资源支持指数区间上看，创新资源支持指数位于[80，100]的上市公司有290家，占比5.73%，这些公司在行业内甚至全市场中都是获得创新资源支持较多的企业；创新资源支持指数位于[70，80）的上市公司有1553家，占比30.69%，这些公司的创新资源支持水平较高；创新资源支持指数位于[60，70）的上市公司数量最多，共有2179家，占比43.06%；创新资源支持指数位于[0，60）的上市公司有1038家，占比20.52%，这些上市公司的创新资源支持水平相对较差，如图3-12所示。

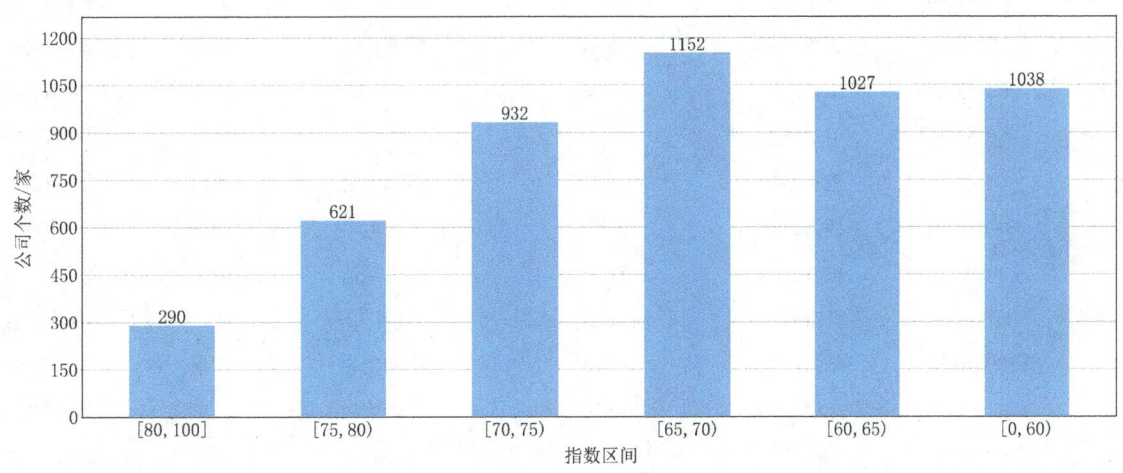

图3-12　2023年上市公司创新资源支持指数分布图

根据5060家上市公司的创新资源支持指数分布情况来看，排名前100的上市公司如表3-13所示。

表3-13　2023年上市公司创新资源支持指数前100排名表

排名	公司代码	公司名称	创新资源支持指数	一级行业	省份	产权性质
1	000157.SZ	中联重科	95.21	机械设备	湖南	地方国有控股
2	688271.SH	联影医疗	94.53	医药生物	上海	非国有控股
3	000977.SZ	浪潮信息	94.32	计算机	山东	地方国有控股
4	600686.SH	金龙汽车	93.37	汽车	福建	地方国有控股
5	000425.SZ	徐工机械	93.34	机械设备	江苏	地方国有控股
6	000938.SZ	紫光股份	92.82	计算机	北京	非国有控股
7	300627.SZ	华测导航	92.77	通信	上海	非国有控股
8	600066.SH	宇通客车	92.55	汽车	河南	非国有控股
9	601718.SH	际华集团	92.23	纺织服饰	北京	中央国有控股
10	688128.SH	中国电研	92.06	机械设备	广东	中央国有控股
11	300007.SZ	汉威科技	91.93	机械设备	河南	非国有控股
12	300026.SZ	红日药业	91.82	医药生物	天津	地方国有控股

续表

排名	公司代码	公司名称	创新资源支持指数	一级行业	省份	产权性质
13	601633.SH	长城汽车	91.08	汽车	河北	非国有控股
14	002573.SZ	清新环境	90.74	环保	北京	地方国有控股
15	002230.SZ	科大讯飞	90.71	计算机	安徽	非国有控股
16	600153.SH	建发股份	90.66	交通运输	福建	地方国有控股
17	000837.SZ	秦川机床	90.04	机械设备	陕西	地方国有控股
18	603019.SH	中科曙光	89.62	计算机	天津	中央国有控股
19	002152.SZ	广电运通	89.41	计算机	广东	地方国有控股
20	002439.SZ	启明星辰	89.10	计算机	北京	中央国有控股
21	600031.SH	三一重工	88.90	机械设备	北京	非国有控股
22	600079.SH	人福医药	88.81	医药生物	湖北	非国有控股
23	600845.SH	宝信软件	88.80	计算机	上海	中央国有控股
24	300253.SZ	卫宁健康	88.74	计算机	上海	非国有控股
25	300463.SZ	迈克生物	88.70	医药生物	四川	非国有控股
26	600839.SH	四川长虹	88.53	家用电器	四川	地方国有控股
27	600567.SH	山鹰国际	88.36	轻工制造	安徽	非国有控股
28	002415.SZ	海康威视	88.25	计算机	浙江	中央国有控股
29	300676.SZ	华大基因	88.08	医药生物	广东	非国有控股
30	603882.SH	金域医学	88.02	医药生物	广东	非国有控股
31	300454.SZ	深信服	87.88	计算机	广东	非国有控股
32	600271.SH	航天信息	87.82	计算机	北京	中央国有控股
33	002236.SZ	大华股份	87.79	计算机	浙江	非国有控股
34	002777.SZ	久远银海	87.59	计算机	四川	中央国有控股
35	600797.SH	浙大网新	87.57	计算机	浙江	中央国有控股
36	603588.SH	高能环境	87.53	环保	北京	非国有控股
37	002080.SZ	中材科技	87.39	建筑材料	江苏	中央国有控股
38	688126.SH	沪硅产业	87.05	电子	上海	地方国有控股
39	300525.SZ	博思软件	87.01	计算机	福建	非国有控股
40	600487.SH	亨通光电	86.89	通信	江苏	非国有控股
41	688147.SH	微导纳米	86.71	电力设备	江苏	非国有控股
42	600718.SH	东软集团	86.59	计算机	辽宁	非国有控股
43	301269.SZ	华大九天	86.49	计算机	北京	非国有控股
44	601869.SH	长飞光纤	86.47	通信	湖北	非国有控股
45	688120.SH	华海清科	86.46	电子	天津	地方国有控股
46	000801.SZ	四川九洲	86.28	家用电器	四川	地方国有控股
47	603568.SH	伟明环保	86.27	环保	浙江	非国有控股
48	601669.SH	中国电建	86.04	建筑装饰	北京	中央国有控股

续表

排名	公司代码	公司名称	创新资源支持指数	一级行业	省份	产权性质
49	300408.SZ	三环集团	85.94	电子	广东	非国有控股
50	002268.SZ	电科网安	85.90	计算机	四川	中央国有控股
51	002913.SZ	奥士康	85.90	电子	湖南	非国有控股
52	300024.SZ	机器人	85.72	机械设备	辽宁	中央国有控股
53	688568.SH	中科星图	85.68	计算机	北京	中央国有控股
54	300433.SZ	蓝思科技	85.60	电子	湖南	非国有控股
55	002644.SZ	佛慈制药	85.58	医药生物	甘肃	地方国有控股
56	002292.SZ	奥飞娱乐	85.56	传媒	广东	非国有控股
57	002460.SZ	赣锋锂业	85.50	有色金属	江西	非国有控股
58	600651.SH	飞乐音响	85.47	汽车	上海	地方国有控股
59	000498.SZ	山东路桥	85.44	建筑装饰	山东	地方国有控股
60	600363.SH	联创光电	85.39	电子	江西	非国有控股
61	603081.SH	大丰实业	85.31	机械设备	浙江	非国有控股
62	002243.SZ	力合科创	85.13	美容护理	广东	地方国有控股
63	688187.SH	时代电气	85.08	机械设备	湖南	中央国有控股
64	002171.SZ	楚江新材	85.07	有色金属	安徽	非国有控股
65	600499.SH	科达制造	85.05	机械设备	广东	非国有控股
66	688223.SH	晶科能源	84.95	电力设备	江西	非国有控股
67	600477.SH	杭萧钢构	84.95	建筑装饰	浙江	非国有控股
68	002465.SZ	海格通信	84.89	国防军工	广东	地方国有控股
69	002111.SZ	威海广泰	84.89	国防军工	山东	非国有控股
70	688396.SH	华润微	84.88	电子	—	中央国有控股
71	688111.SH	金山办公	84.87	计算机	北京	非国有控股
72	300014.SZ	亿纬锂能	84.86	电力设备	广东	非国有控股
73	600498.SH	烽火通信	84.74	通信	湖北	中央国有控股
74	301091.SZ	深城交	84.73	建筑装饰	广东	地方国有控股
75	300567.SZ	精测电子	84.72	机械设备	湖北	非国有控股
76	000925.SZ	众合科技	84.72	机械设备	浙江	非国有控股
77	600446.SH	金证股份	84.71	计算机	广东	非国有控股
78	300296.SZ	利亚德	84.66	电子	北京	非国有控股
79	300316.SZ	晶盛机电	84.62	电力设备	浙江	非国有控股
80	605020.SH	永和股份	84.50	基础化工	浙江	非国有控股
81	603055.SH	台华新材	84.49	纺织服饰	浙江	非国有控股
82	600298.SH	安琪酵母	84.48	食品饮料	湖北	地方国有控股
83	000035.SZ	中国天楹	84.47	环保	江苏	非国有控股
84	002254.SZ	泰和新材	84.46	基础化工	山东	地方国有控股

续表

排名	公司代码	公司名称	创新资源支持指数	一级行业	省份	产权性质
85	300232.SZ	洲明科技	84.41	电子	广东	非国有控股
86	600176.SH	中国巨石	84.40	建筑材料	浙江	中央国有控股
87	600522.SH	中天科技	84.32	通信	江苏	非国有控股
88	000999.SZ	华润三九	84.26	医药生物	广东	中央国有控股
89	600584.SH	长电科技	84.24	电子	江苏	非国有控股
90	002334.SZ	英威腾	84.23	机械设备	广东	非国有控股
91	600755.SH	厦门国贸	84.15	交通运输	福建	地方国有控股
92	000657.SZ	中钨高新	84.11	有色金属	海南	中央国有控股
93	002384.SZ	东山精密	84.09	电子	江苏	非国有控股
94	002601.SZ	龙佰集团	84.09	基础化工	河南	非国有控股
95	002338.SZ	奥普光电	84.09	国防军工	吉林	中央国有控股
96	000100.SZ	TCL科技	84.06	电子	广东	非国有控股
97	000913.SZ	钱江摩托	84.01	汽车	浙江	非国有控股
98	300982.SZ	苏文电能	83.94	建筑装饰	江苏	非国有控股
99	601390.SH	中国中铁	83.90	建筑装饰	北京	中央国有控股
100	603392.SH	万泰生物	83.84	医药生物	北京	非国有控股

数据来源：同花顺（iFinD），首经贸资产评估研究院和浙工商中国智能管理研究院整理。

在报告分析的5060家上市公司中，创新资源支持指数排名前500的上市公司在行业、区域、省份、板块和产权方面的分布情况如图3-13至图3-17所示。

从排名前500的上市公司所属行业来看，电子行业68家、计算机行业59家、机械设备行业56家、医药生物行业51家、电力设备行业45家、汽车行业26家、基础化工行业23家、建筑装饰行业21家，合计占创新资源支持指数排名前500上市公司总数的69.80%；除此之外，通信行业20家、国防军工行业18家、有色金属行业16家、环保行业14家、家用电器行业14家、轻工制造行业10家，其他行业均低于10家。

从排名前500的上市公司所属区域来看，华东地区226家、华南地区87家、华北地区79家，合计占创新资源支持指数排名前500上市公司总数的78.40%；除此之外，华中地区48家、西南地区28家、东北地区15家、西北地区13家、其他地区4家。

从排名前500的上市公司所属省份来看，广东省82家、浙江省71家、北京市60家、江苏省57家、上海市35家、山东省23家、湖北省19家，合计占创新资源支持指数排名前500上市公司总数的69.40%，是创新发展的主力大省；除此之外，福建省18家、河南省17家、安徽省15家、四川省13家、湖南省12家、辽宁省11家，其他省份均低于10家。

从排名前500的上市公司所属板块来看，沪市主板181家，深市主板145家，沪深两市主板合计占创新资源支持指数排名前500上市公司总数的65.20%；除此之外，创业板113家、科创板59家、北交所2家。

从排名前500的上市公司的产权性质来看，中央国有控股企业有76家，地方国有控股企业81家，非国有控股企业343家。

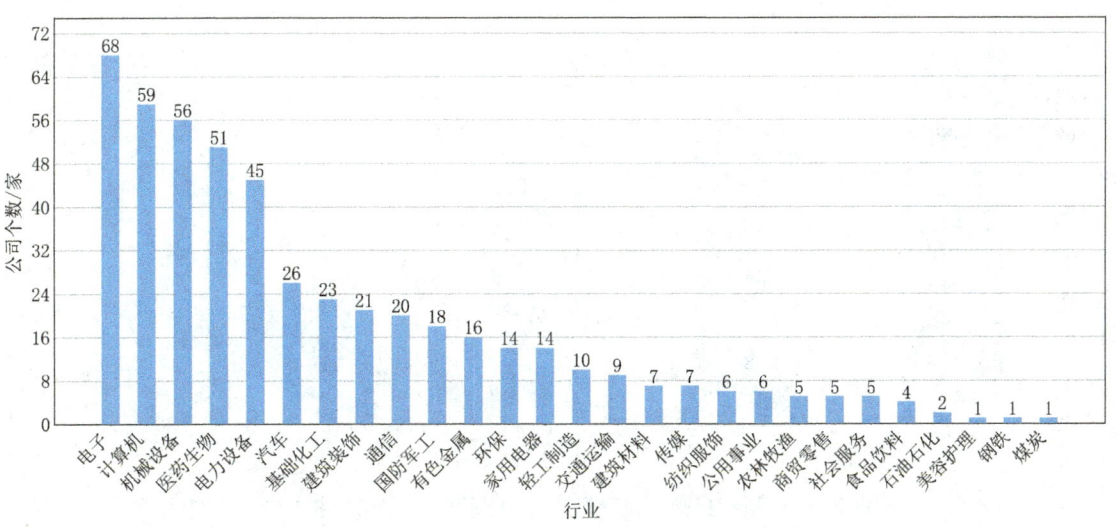

图 3-13　创新资源支持指数排名前 500 上市公司行业分布

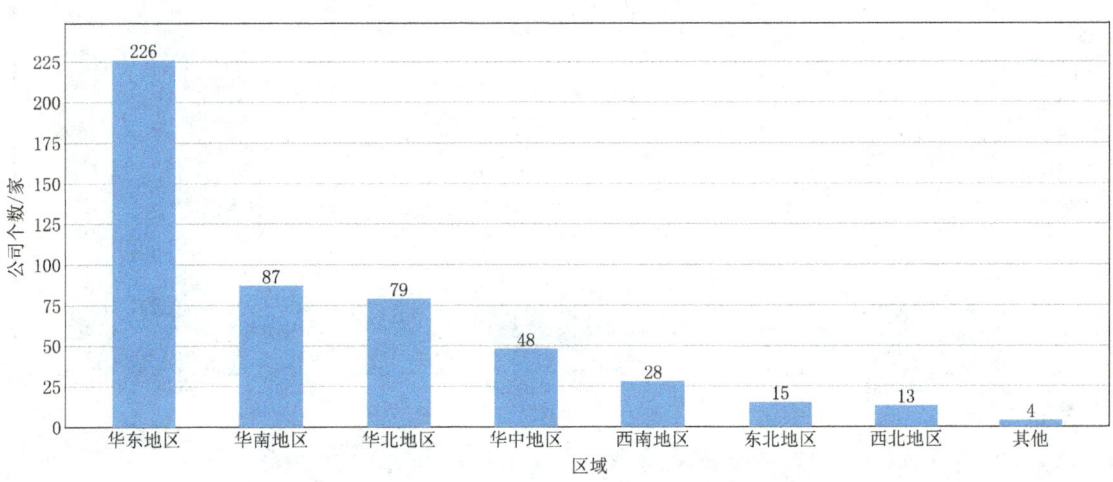

图 3-14　创新资源支持指数排名前 500 上市公司区域分布

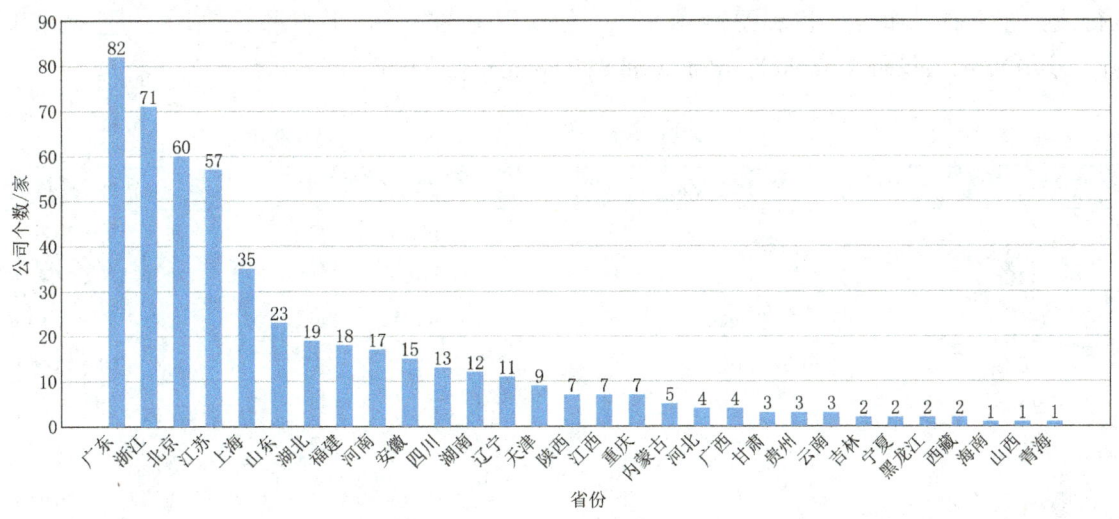

图 3-15　创新资源支持指数排名前 500 上市公司省份分布

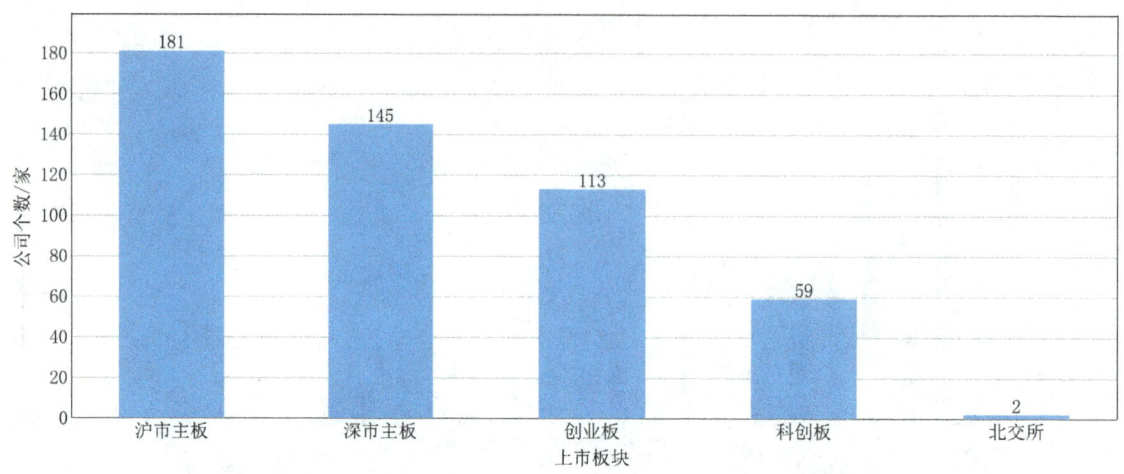

图 3-16　创新资源支持指数排名前 500 上市公司板块分布

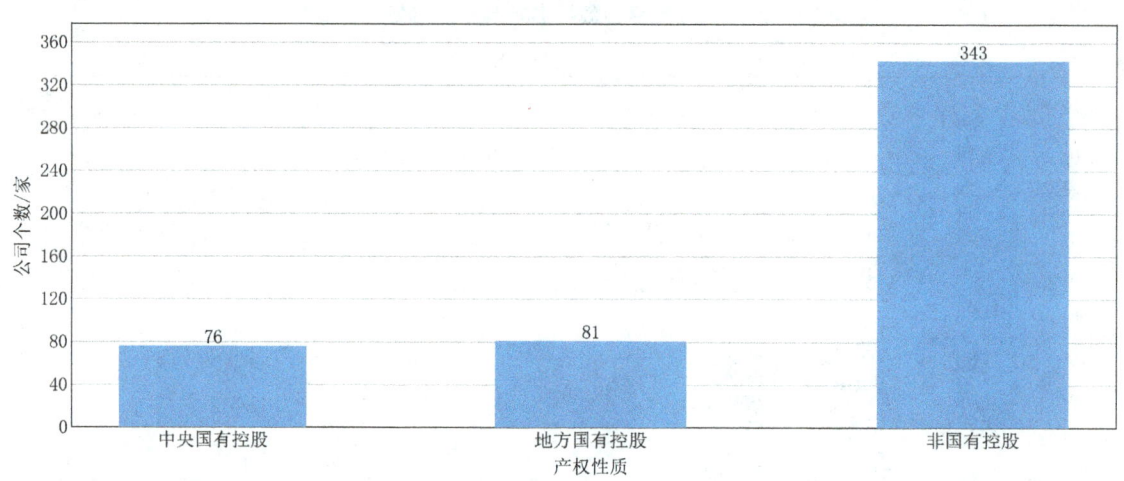

图 3-17　创新资源支持指数排名前 500 上市公司产权分布

3.2.2.2　行业维度分析

从行业分布来看，如表 3-14 和图 3-18 所示，创新资源支持指数平均水平最高的行业是家用电器（70.06），其次是电力设备（68.90）、电子（68.81）、国防军工（68.29）。

表 3-14　2023 年上市公司创新资源支持指数一览表——行业维度

行业	公司个数/家	均值	创新公司代表
传媒	130	65.68	奥飞娱乐（76.86）
电力设备	367	68.90	微导纳米（83.83）
电子	456	68.81	沪硅产业（87.50）
纺织服饰	106	65.25	际华集团（73.92）
钢铁	45	65.47	广大特材（79.62）
公用事业	133	66.03	浙能电力（81.84）
国防军工	137	68.29	海格通信（80.94）
环保	136	67.33	清新环境（76.00）

续表

行业	公司个数/家	均值	创新公司代表
机械设备	566	68.07	中联重科（87.18）
基础化工	412	66.41	永和股份（79.77）
计算机	353	67.99	浪潮信息（84.72）
家用电器	101	70.06	四川长虹（82.58）
建筑材料	74	66.64	中材科技（83.80）
建筑装饰	165	64.33	中国电建（78.88）
交通运输	126	65.35	建发股份（78.74）
煤炭	37	62.50	美锦能源（77.19）
美容护理	32	66.73	力合科创（77.46）
农林牧渔	109	65.14	瑞普生物（76.75）
汽车	285	68.03	金龙汽车（86.11）
轻工制造	160	66.28	山鹰国际（75.25）
商贸零售	101	62.03	苏美达（74.12）
社会服务	78	62.86	广电计量（77.23）
石油石化	48	62.16	恒逸石化（81.19）
食品饮料	127	64.62	安琪酵母（78.69）
通信	130	68.03	华测导航（81.57）
医药生物	489	67.59	联影医疗（84.26）
有色金属	136	67.85	赣锋锂业（78.50）
综合	21	61.02	泰达股份（69.62）

数据来源：同花顺（iFinD），首经贸资产评估研究院和浙工商中国智能管理研究院整理。

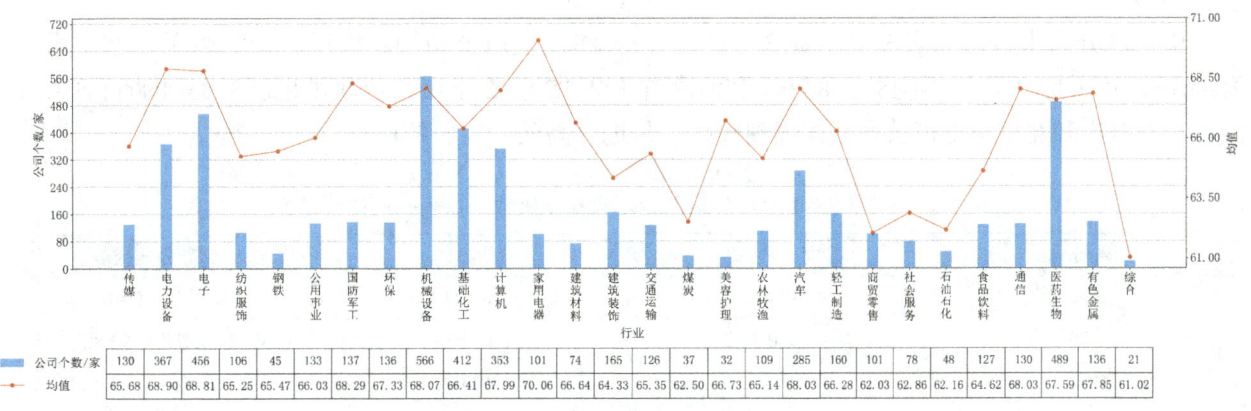

图3-18 2023年各行业上市公司创新资源支持指数均值分布图

3.2.2.3 区域维度分析

从区域分布来看，如表3-15和图3-19所示，华北地区上市公司创新资源支持指数平均水平最高，为67.42，其次是华东地区（67.31）和华南地区（67.02）。

表 3-15　2023 年上市公司创新资源支持指数一览表——区域维度

区域	公司个数/家	均值	创新公司代表
东北地区	165	65.34	东软集团（86.59）
华北地区	637	67.42	紫光股份（92.82）
华东地区	2454	67.31	联影医疗（94.53）
华南地区	889	67.02	中国电研（92.06）
华中地区	388	66.93	中联重科（95.21）
西北地区	192	65.72	秦川机床（90.04）
西南地区	326	66.46	迈克生物（88.70）

数据来源：同花顺（iFinD），首经贸资产评估研究院和浙工商中国智能管理研究院整理。

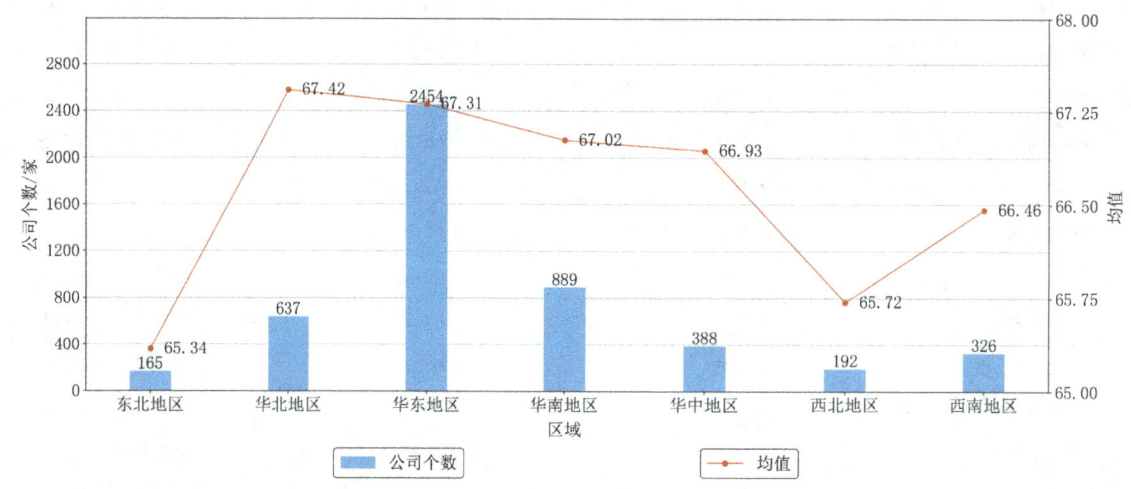

图 3-19　2023 年各区域上市公司创新资源支持指数均值分布图

3.2.2.4　省份维度分析

从省份分布来看，如表 3-16 和图 3-20 所示，天津市上市公司创新资源支持指数平均水平最高，为 68.79，其次是内蒙古自治区（68.26）和河南省（68.15）。在上市公司数量超过 300 家的省份中，浙江省、上海市和北京市上市公司整体表现较好，是地区高质量发展的典范。

表 3-16　2023 年上市公司创新资源支持指数一览表——省份维度

省份	公司个数/家	均值	创新公司代表
安徽	171	67.82	科大讯飞（90.71）
北京	430	67.55	紫光股份（92.82）
重庆	69	67.07	中国汽研（83.48）
福建	163	66.97	金龙汽车（93.37）
甘肃	33	66.08	佛慈制药（85.58）
广东	825	67.14	中国电研（92.06）
广西	39	66.21	润建股份（82.65）
贵州	34	66.86	勘设股份（82.67）
海南	25	64.15	中钨高新（84.11）
河北	74	67.28	长城汽车（91.08）

续表

省份	公司个数/家	均值	创新公司代表
河南	106	68.15	宇通客车（92.55）
黑龙江	37	65.35	东安动力（82.83）
湖北	141	66.77	人福医药（88.81）
湖南	141	66.18	中联重科（95.21）
吉林	46	64.14	奥普光电（84.09）
江苏	658	66.72	徐工机械（93.34）
江西	86	67.28	赣锋锂业（85.5）
辽宁	82	66.00	东软集团（86.59）
内蒙古	26	68.26	伊利股份（83.48）
宁夏	16	67.84	东方钽业（83.07）
青海	10	64.00	西部矿业（78.50）
山东	300	66.47	浪潮信息（94.32）
山西	40	63.49	美锦能源（79.10）
陕西	76	67.63	秦川机床（90.04）
上海	400	67.57	联影医疗（94.53）
四川	166	66.77	迈克生物（88.70）
天津	67	68.79	红日药业（91.82）
西藏	20	65.57	梅花生物（79.65）
新疆	57	62.65	金风科技（77.45）
云南	37	64.04	恩捷股份（80.76）
浙江	676	68.07	海康威视（88.25）

数据来源：同花顺（iFinD），首经贸资产评估研究院和浙工商中国智能管理研究院整理。

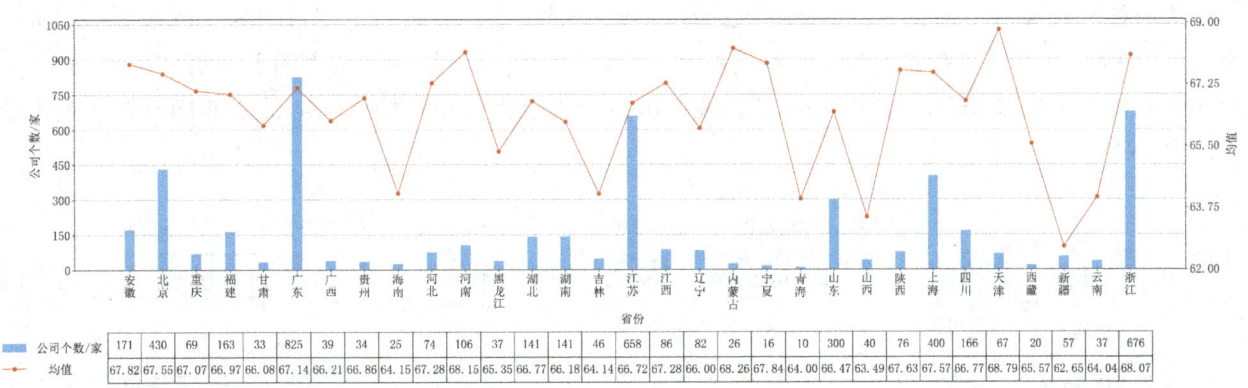

图3-20　2023年各省份上市公司创新资源支持指数均值分布图

3.2.2.5　板块维度分析

从板块分布来看，如表3-17和图3-21所示，科创板上市公司创新资源支持指数平均水平最高，为68.08，其次是沪市主板（67.60）和深市主板（67.18）。创业板（66.55）和北交所（63.62）上市公司的创新资源支持指数平均水平均低于全市场平均水平（67.08）。

表 3-17 2023 年上市公司创新资源支持指数一览表——板块维度

板块	公司个数/家	均值	创新公司代表
沪市主板	1535	67.60	金龙汽车（93.37）
深市主板	1395	67.18	中联重科（95.21）
创业板	1325	66.55	华测导航（92.77）
科创板	566	68.08	联影医疗（94.53）
北交所	239	63.62	连城数控（78.39）

数据来源：同花顺（iFinD），首经贸资产评估研究院和浙工商中国智能管理研究院整理。

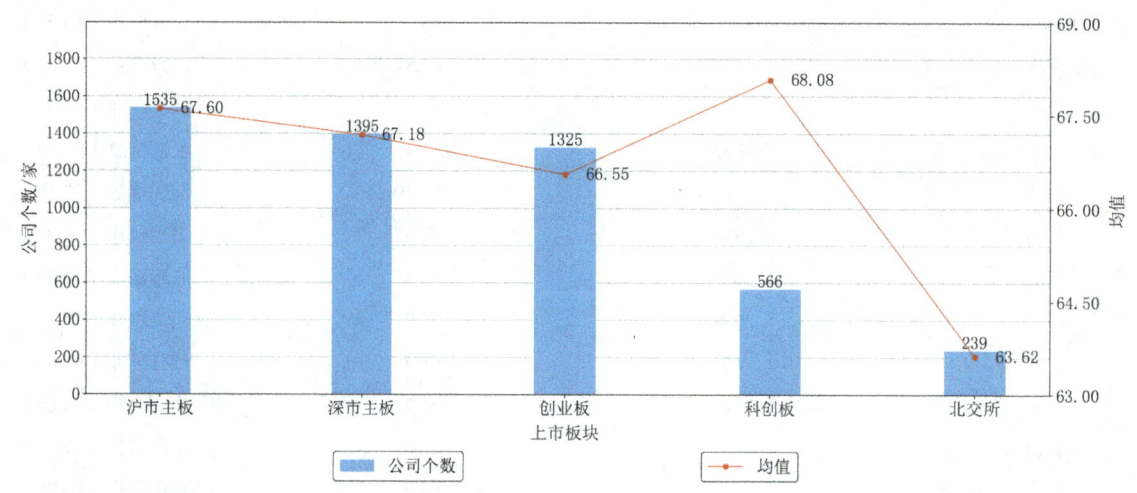

图 3-21 2023 年各板块上市公司创新资源支持指数均值分布图

3.2.2.6 产权维度分析

从产权分布来看，如表 3-18 和图 3-22 所示，中央国有控股上市公司创新资源支持指数平均水平最高，为 70.53。地方国有控股与非国有控股上市公司的平均水平均低于全市场平均水平（67.08），其中非国有控股上市公司平均水平为 66.80，地方国有控股上市公司平均水平略低于非国有控股上市公司，为 66.54。

表 3-18 2023 年上市公司创新资源支持指数一览表——产权维度

产权	公司个数/家	均值	创新公司代表
中央国有控股	435	70.53	际华集团（92.23）
地方国有控股	893	66.54	中联重科（95.21）
非国有控股	3732	66.80	联影医疗（94.53）

数据来源：同花顺（iFinD），首经贸资产评估研究院和浙工商中国智能管理研究院整理。

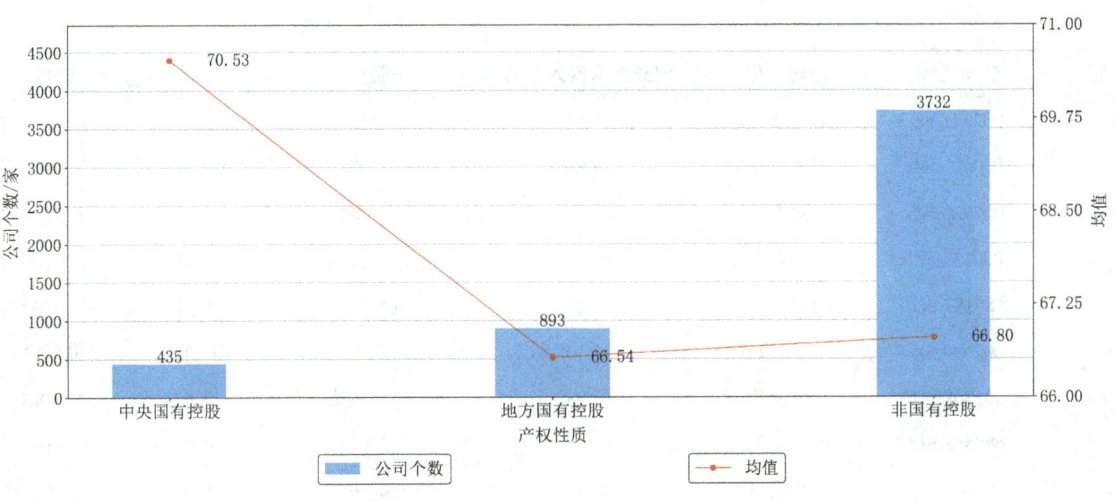

图3-22 2023年不同产权上市公司创新资源支持指数均值分布图

3.2.3 创新要素投入指数

3.2.3.1 整体分析

从全市场来看，5060家上市公司创新要素投入指数平均水平为66.07，高于平均水平的上市公司有2549家，占比50.38%。从创新要素投入指数区间上看，创新要素投入指数位于［80，100］的上市公司有198家，占比3.91%，这些公司在行业内甚至全市场中都是创新要素投入较多的优势企业；创新要素投入指数位于［70，80）的上市公司有1356家，占比26.80%，这些公司的创新要素投入水平较高；创新要素投入指数位于［60，70）的上市公司数量最多，共有2463家，占比48.68%；创新要素投入指数位于［0，60）的上市公司有1043家，占比20.61%，这些上市公司的创新要素投入水平相对较差，如图3-23所示。

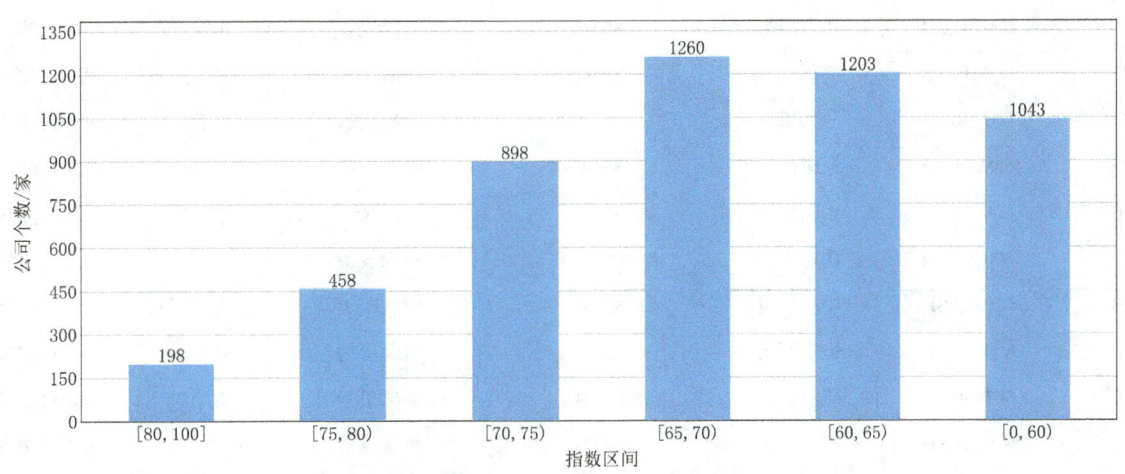

图3-23 2023年上市公司创新要素投入指数分布图

根据5060家上市公司的创新要素投入指数分布情况来看，排名前100的上市公司如表3-19所示。

表 3-19　2023 年上市公司创新要素投入指数前 100 排名表

排名	公司代码	公司名称	创新要素投入指数	一级行业	省份	产权性质
1	002371.SZ	北方华创	90.54	电子	北京	地方国有控股
2	000625.SZ	长安汽车	88.84	汽车	重庆	中央国有控股
3	002920.SZ	德赛西威	88.39	计算机	广东	地方国有控股
4	000157.SZ	中联重科	88.27	机械设备	湖南	地方国有控股
5	688187.SH	时代电气	88.27	机械设备	湖南	中央国有控股
6	002594.SZ	比亚迪	88.10	汽车	广东	非国有控股
7	601868.SH	中国能建	87.98	建筑装饰	北京	中央国有控股
8	688568.SH	中科星图	87.69	计算机	北京	中央国有控股
9	688041.SH	海光信息	87.49	电子	天津	非国有控股
10	002179.SZ	中航光电	87.42	国防军工	河南	中央国有控股
11	002049.SZ	紫光国微	87.40	电子	河北	非国有控股
12	688385.SH	复旦微电	87.36	电子	上海	地方国有控股
13	688012.SH	中微公司	86.57	电子	上海	地方国有控股
14	000063.SZ	中兴通讯	86.52	通信	广东	非国有控股
15	688326.SH	经纬恒润	86.51	计算机	北京	非国有控股
16	601800.SH	中国交建	86.48	建筑装饰	北京	中央国有控股
17	301269.SZ	华大九天	86.22	计算机	北京	非国有控股
18	000725.SZ	京东方A	86.18	电子	北京	地方国有控股
19	601238.SH	广汽集团	86.07	汽车	广东	地方国有控股
20	000066.SZ	中国长城	85.75	计算机	广东	中央国有控股
21	603019.SH	中科曙光	85.71	计算机	天津	中央国有控股
22	600588.SH	用友网络	85.62	计算机	北京	非国有控股
23	002414.SZ	高德红外	85.61	国防军工	湖北	非国有控股
24	002230.SZ	科大讯飞	85.51	计算机	安徽	非国有控股
25	688271.SH	联影医疗	85.50	医药生物	上海	非国有控股
26	300496.SZ	中科创达	85.43	计算机	北京	非国有控股
27	600406.SH	国电南瑞	85.31	电力设备	江苏	中央国有控股
28	600372.SH	中航机载	85.24	国防军工	北京	中央国有控股
29	600276.SH	恒瑞医药	85.12	医药生物	江苏	非国有控股
30	603986.SH	兆易创新	85.10	电子	北京	非国有控股
31	600031.SH	三一重工	84.90	机械设备	北京	非国有控股
32	600570.SH	恒生电子	84.68	计算机	浙江	非国有控股
33	601633.SH	长城汽车	84.58	汽车	河北	非国有控股
34	600072.SH	中船科技	84.57	电力设备	上海	中央国有控股
35	600460.SH	士兰微	84.50	电子	浙江	非国有控股
36	003816.SZ	中国广核	84.42	公用事业	广东	中央国有控股

续表

排名	公司代码	公司名称	创新要素投入指数	一级行业	省份	产权性质
37	300661.SZ	圣邦股份	84.38	电子	北京	非国有控股
38	002080.SZ	中材科技	84.33	建筑材料	江苏	中央国有控股
39	600875.SH	东方电气	84.31	电力设备	四川	中央国有控股
40	601985.SH	中国核电	84.24	公用事业	北京	中央国有控股
41	000963.SZ	华东医药	84.22	医药生物	浙江	非国有控股
42	000425.SZ	徐工机械	84.19	机械设备	江苏	地方国有控股
43	002268.SZ	电科网安	84.12	计算机	四川	中央国有控股
44	000988.SZ	华工科技	84.07	机械设备	湖北	地方国有控股
45	300604.SZ	长川科技	83.97	电子	浙江	非国有控股
46	300274.SZ	阳光电源	83.97	电力设备	安徽	非国有控股
47	600699.SH	均胜电子	83.89	汽车	浙江	非国有控股
48	600900.SH	长江电力	83.84	公用事业	北京	中央国有控股
49	002405.SZ	四维图新	83.68	计算机	北京	非国有控股
50	000338.SZ	潍柴动力	83.67	汽车	山东	地方国有控股
51	300782.SZ	卓胜微	83.67	电子	江苏	非国有控股
52	002074.SZ	国轩高科	83.67	电力设备	安徽	非国有控股
53	002410.SZ	广联达	83.66	计算机	北京	非国有控股
54	601991.SH	大唐发电	83.65	公用事业	北京	中央国有控股
55	600166.SH	福田汽车	83.65	汽车	北京	地方国有控股
56	300316.SZ	晶盛机电	83.60	电力设备	浙江	非国有控股
57	000800.SZ	一汽解放	83.58	汽车	吉林	中央国有控股
58	002202.SZ	金风科技	83.58	电力设备	新疆	地方国有控股
59	601390.SH	中国中铁	83.52	建筑装饰	北京	中央国有控股
60	601728.SH	中国电信	83.50	通信	北京	中央国有控股
61	601808.SH	中海油服	83.45	石油石化	天津	中央国有控股
62	000661.SZ	长春高新	83.45	医药生物	吉林	地方国有控股
63	002038.SZ	双鹭药业	83.42	医药生物	北京	非国有控股
64	002060.SZ	广东建工	83.23	公用事业	广东	地方国有控股
65	300750.SZ	宁德时代	83.19	电力设备	福建	非国有控股
66	002415.SZ	海康威视	83.19	计算机	浙江	中央国有控股
67	300124.SZ	汇川技术	83.16	机械设备	广东	非国有控股
68	601965.SH	中国汽研	83.13	汽车	重庆	中央国有控股
69	601608.SH	中信重工	83.13	机械设备	河南	中央国有控股
70	688009.SH	中国通号	83.13	机械设备	北京	中央国有控股
71	002063.SZ	远光软件	83.12	计算机	广东	中央国有控股
72	000651.SZ	格力电器	83.08	家用电器	广东	非国有控股

续表

排名	公司代码	公司名称	创新要素投入指数	一级行业	省份	产权性质
73	600498.SH	烽火通信	83.04	通信	湖北	中央国有控股
74	600019.SH	宝钢股份	83.04	钢铁	上海	中央国有控股
75	688111.SH	金山办公	83.00	计算机	北京	非国有控股
76	002396.SZ	星网锐捷	82.94	通信	福建	地方国有控股
77	601127.SH	赛力斯	82.90	汽车	重庆	非国有控股
78	300161.SZ	华中数控	82.86	机械设备	湖北	非国有控股
79	600131.SH	国网信通	82.86	计算机	四川	中央国有控股
80	601117.SH	中国化学	82.85	建筑装饰	北京	中央国有控股
81	301165.SZ	锐捷网络	82.84	通信	福建	地方国有控股
82	300672.SZ	国科微	82.76	电子	湖南	非国有控股
83	000400.SZ	许继电气	82.76	电力设备	河南	中央国有控股
84	000630.SZ	铜陵有色	82.69	有色金属	安徽	地方国有控股
85	002241.SZ	歌尔股份	82.61	电子	山东	非国有控股
86	600521.SH	华海药业	82.39	医药生物	浙江	非国有控股
87	002747.SZ	埃斯顿	82.38	机械设备	江苏	非国有控股
88	002028.SZ	思源电气	82.36	电力设备	上海	非国有控股
89	002036.SZ	联创电子	82.32	电子	江西	非国有控股
90	688082.SH	盛美上海	82.31	电子	上海	非国有控股
91	000547.SZ	航天发展	82.30	国防军工	福建	中央国有控股
92	300450.SZ	先导智能	82.30	电力设备	江苏	非国有控股
93	603501.SH	韦尔股份	82.28	电子	上海	非国有控股
94	002279.SZ	久其软件	82.23	计算机	北京	非国有控股
95	300825.SZ	阿尔特	82.17	汽车	北京	非国有控股
96	600118.SH	中国卫星	82.13	国防军工	北京	中央国有控股
97	300760.SZ	迈瑞医疗	82.11	医药生物	广东	非国有控股
98	601186.SH	中国铁建	82.11	建筑装饰	北京	中央国有控股
99	300014.SZ	亿纬锂能	82.10	电力设备	广东	非国有控股
100	688331.SH	荣昌生物	82.08	医药生物	山东	非国有控股

数据来源：同花顺（iFinD），首经贸资产评估研究院和浙工商中国智能管理研究院整理。

在报告分析的5060家上市公司中，创新要素投入排名前500的上市公司在行业、区域、省份、板块和产权方面的分布情况如图3-24至图3-28所示。

从排名前500的上市公司所属行业来看，计算机行业82家、电子行业65家、电力设备行业51家、医药生物行业50家、机械设备行业40家、国防军工行业32家、汽车行业31家，合计占创新要素投入指数排名前500上市公司总数的70.20%；除此之外，建筑装饰行业28家、通信行业22家、基础化工行业16家、有色金属行业14家、家用电器行业12家、公用事业行业11家、钢铁行业11家，其他行业均低于10家。

从排名前500的上市公司所属区域来看，华东地区198家、华北地区121家、华南地区76家，合计占创新要素投入指数排名前500上市公司总数的79.00%；除此之外，华中地区41家、西南地区28家、西北地区16家、东北地区14家、其他地区6家。

从排名前500的上市公司所属省份来看，北京市93家、广东省74家、上海市48家、浙江省44家、江苏省43家、山东省25家、安徽省18家，合计占创新要素投入指数排名前500上市公司总数的69.00%，是创新发展的主力大省；除此之外，湖北省17家、湖南省16家、福建省13家、四川省12家、河北省11家、天津市10家、陕西省10家，其他省份均低于10家。

从排名前500的上市公司所属板块来看，沪市主板188家，深市主板155家，沪深两市主板合计占创新要素投入指数排名前500上市公司总数的68.60%；除此之外，创业板87家、科创板69家、北交所1家。

从排名前500的上市公司的产权性质来看，中央国有控股企业有138家，地方国有控股企业91家，非国有控股企业271家。

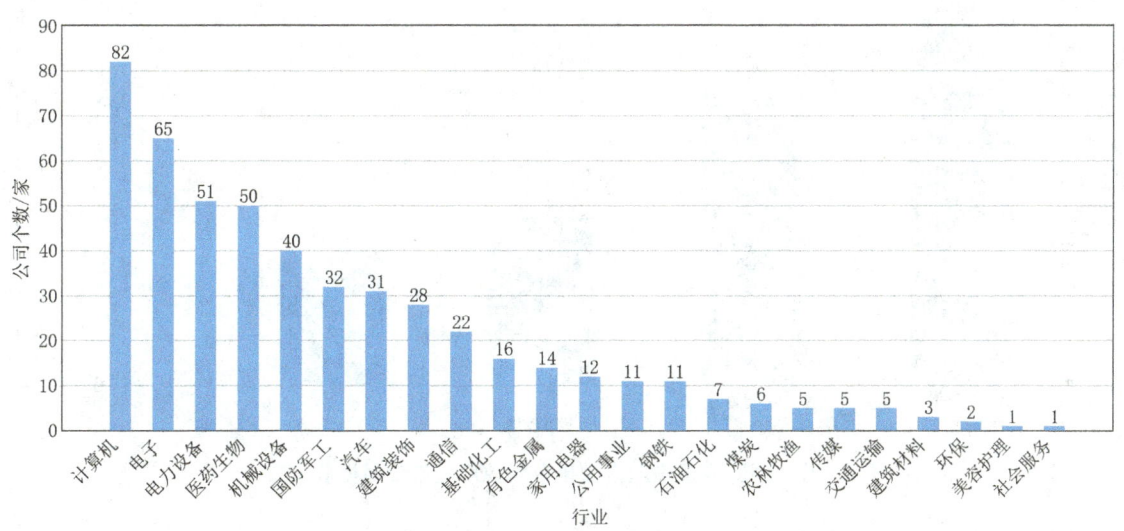

图3-24　创新要素投入指数排名前500上市公司行业分布

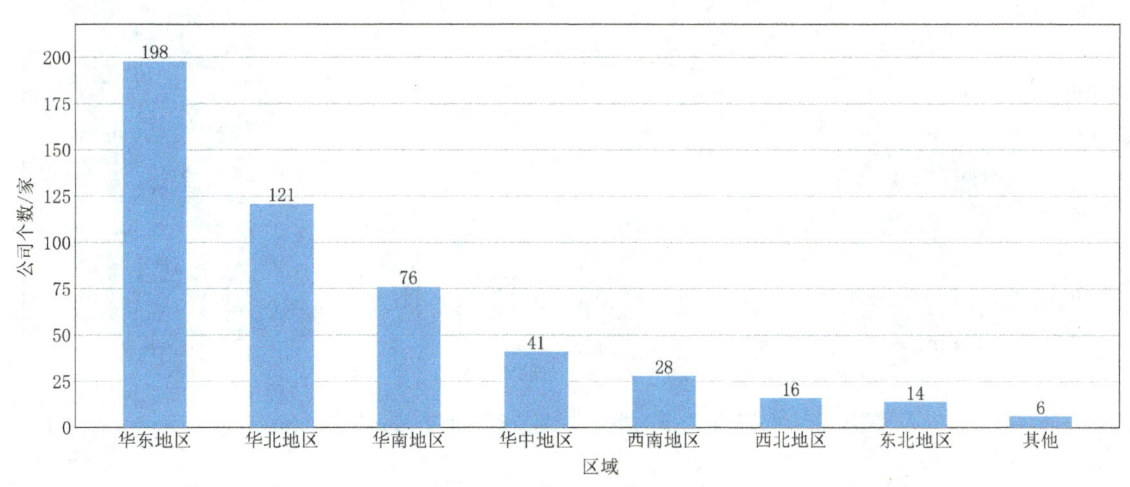

图3-25　创新要素投入指数排名前500上市公司区域分布

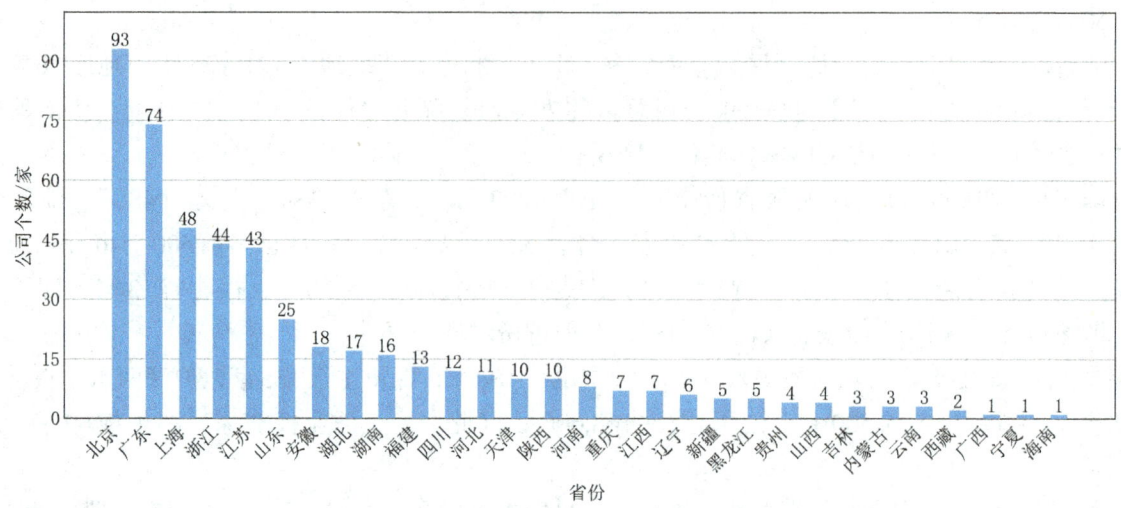

图3-26　创新要素投入指数排名前500上市公司省份分布

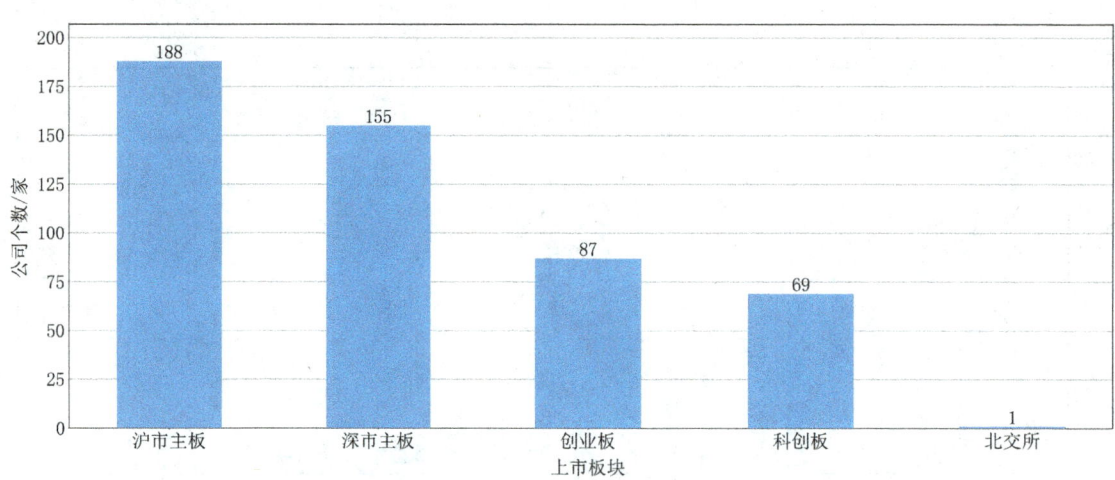

图3-27　创新要素投入指数排名前500上市公司板块分布

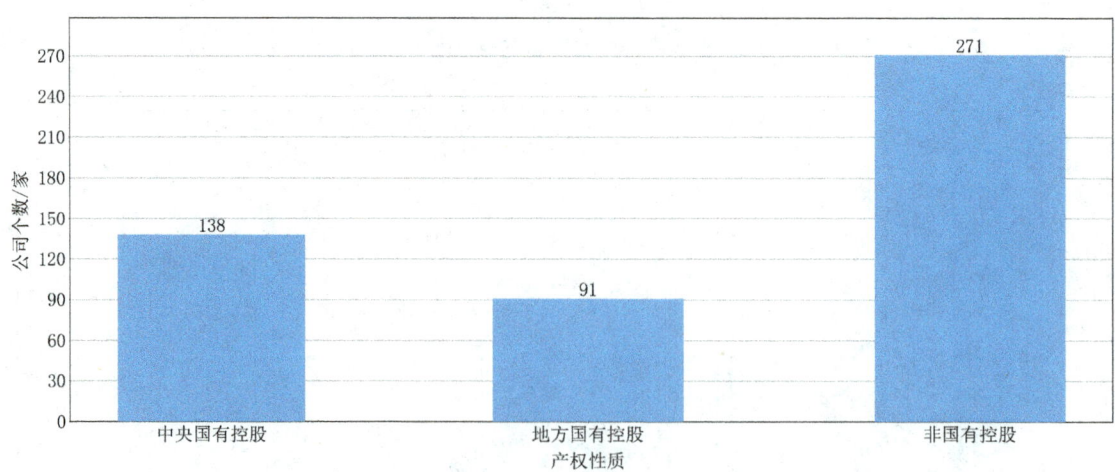

图3-28　创新要素投入指数排名前500上市公司产权分布

3.2.3.2 行业维度分析

从行业分布来看，如表3-20和图3-29所示，创新要素投入指数平均水平最高的行业是国防军工（71.37），其次是计算机（70.10）、钢铁（69.87）、通信（69.40）。

表3-20 2023年上市公司创新要素投入指数一览表——行业维度

行业	公司个数/家	均值	创新公司代表
传媒	130	61.59	完美世界（76.86）
电力设备	367	69.04	国电南瑞（83.83）
电子	456	68.67	北方华创（87.50）
纺织服饰	106	61.13	台华新材（73.92）
钢铁	45	69.87	宝钢股份（79.62）
公用事业	133	61.47	中国广核（81.84）
国防军工	137	71.37	中航光电（80.94）
环保	136	64.58	碧水源（76.00）
机械设备	566	66.39	中联重科（87.18）
基础化工	412	65.86	卫星化学（79.77）
计算机	353	70.10	德赛西威（84.72）
家用电器	101	66.62	格力电器（82.58）
建筑材料	74	65.67	中材科技（83.80）
建筑装饰	165	65.65	中国能建（78.88）
交通运输	126	59.17	招商公路（78.74）
煤炭	37	66.05	陕西煤业（77.19）
美容护理	32	65.04	爱美客（77.46）
农林牧渔	109	62.69	大北农（76.75）
汽车	285	67.41	长安汽车（86.11）
轻工制造	160	63.09	晨鸣纸业（75.25）
商贸零售	101	54.29	国联股份（74.12）
社会服务	78	58.83	华测检测（77.23）
石油石化	48	64.40	中海油服（81.19）
食品饮料	127	61.90	安琪酵母（78.69）
通信	130	69.40	中兴通讯（81.57）
医药生物	489	67.57	联影医疗（84.26）
有色金属	136	66.26	铜陵有色（78.50）
综合	21	57.71	南京新百（69.62）

数据来源：同花顺（iFinD），首经贸资产评估研究院和浙工商中国智能管理研究院整理。

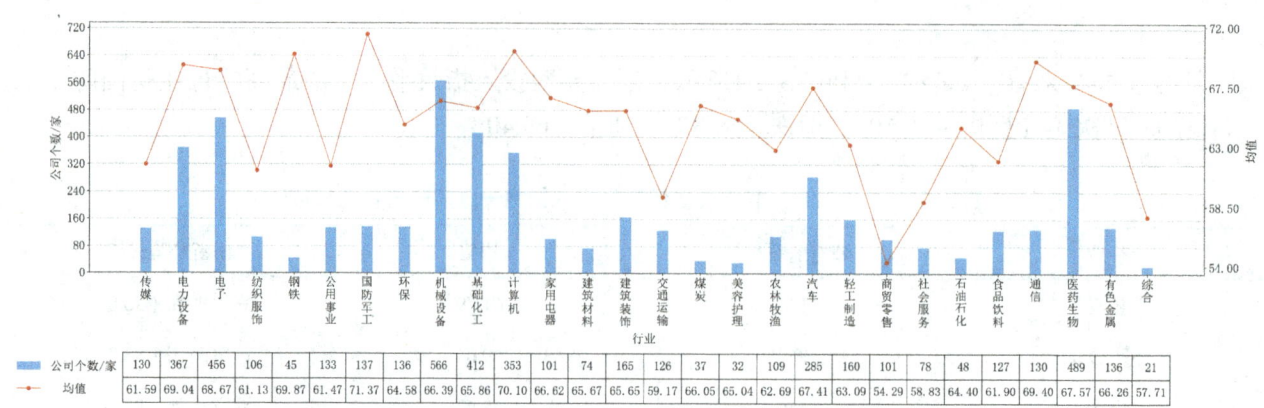

图 3-29　2023 年各行业上市公司创新要素投入指数均值分布图

3.2.3.3　区域维度分析

从区域分布来看，如表 3-21 和图 3-30 所示，华北地区上市公司创新要素投入指数平均水平最高，为 68.75，其次是华中地区（66.28）和华东地区（65.91）。

表 3-21　2023 年上市公司创新要素投入指数一览表——区域维度

区域	公司个数/家	均值	创新公司代表
东北地区	165	63.95	一汽解放（83.58）
华北地区	637	68.75	北方华创（90.54）
华东地区	2454	65.91	复旦微电（87.36）
华南地区	889	65.81	德赛西威（88.39）
华中地区	388	66.28	中联重科（88.27）
西北地区	192	63.15	金风科技（83.58）
西南地区	326	65.00	长安汽车（88.84）

数据来源：同花顺（iFinD），首经贸资产评估研究院和浙工商中国智能管理研究院整理。

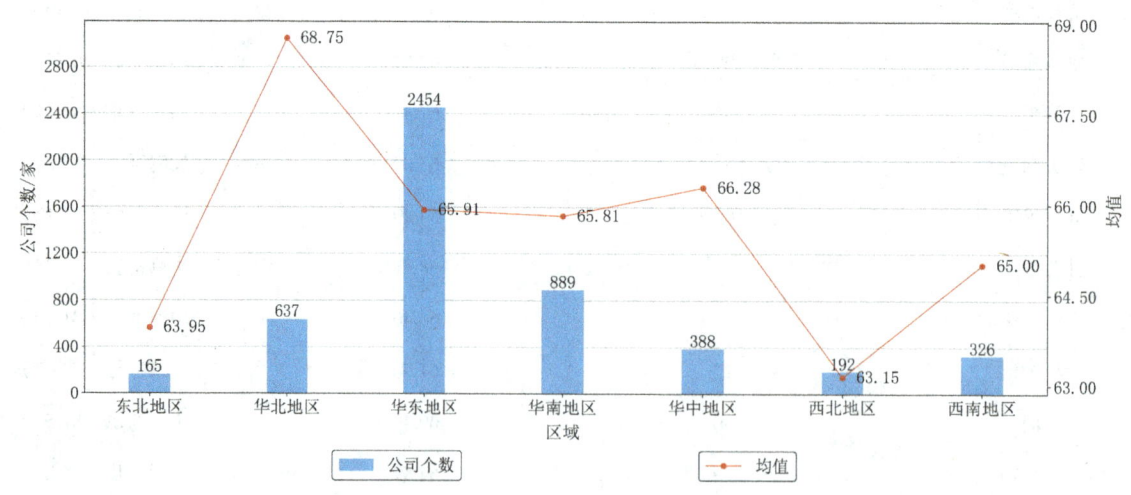

图 3-30　2023 年各区域上市公司创新要素投入指数均值分布图

3.2.3.4　省份维度分析

从省份分布来看，如表 3-22 和图 3-31 所示，北京市上市公司创新要素投入指数平均水平最高，为 69.64，其次是天津市（67.90）和河南省（67.59）。在上市公司数量超过 300 家的省份中，北京市、上海市和广东省上市公司整体表现较好，是地区高质量发展的典范。

表 3-22　2023 年上市公司创新要素投入指数一览表——省份维度

省份	公司个数/家	均值	创新公司代表
安徽	171	66.88	科大讯飞（85.51）
北京	430	69.64	北方华创（90.54）
重庆	69	64.76	长安汽车（88.84）
福建	163	65.05	宁德时代（83.19）
甘肃	33	62.90	山子高科（75.46）
广东	825	66.14	德赛西威（88.39）
广西	39	62.30	柳工（78.69）
贵州	34	67.13	中伟股份（79.73）
海南	25	60.52	中钨高新（77.5）
河北	74	67.24	紫光国微（87.4）
河南	106	67.59	中航光电（87.42）
黑龙江	37	64.35	佳电股份（81.54）
湖北	141	66.10	高德红外（85.61）
湖南	141	65.48	中联重科（88.27）
吉林	46	64.71	一汽解放（83.58）
江苏	658	65.93	国电南瑞（85.31）
江西	86	64.28	联创电子（82.32）
辽宁	82	63.35	国电电力（81.26）
内蒙古	26	65.80	生物股份（79.19）
宁夏	16	60.40	宝丰能源（77.94）
青海	10	62.82	西部矿业（76.11）
山东	300	65.94	潍柴动力（83.67）
山西	40	65.32	华阳股份（78.78）
陕西	76	65.47	陕西煤业（81.39）
上海	400	66.39	复旦微电（87.36）
四川	166	65.09	东方电气（84.31）
天津	67	67.90	海光信息（87.49）
西藏	20	62.49	海思科（78.15）
新疆	57	61.01	金风科技（83.58）
云南	37	64.46	南天信息（78.87）
浙江	676	65.78	恒生电子（84.68）

数据来源：同花顺（iFinD），首经贸资产评估研究院和浙工商中国智能管理研究院整理。

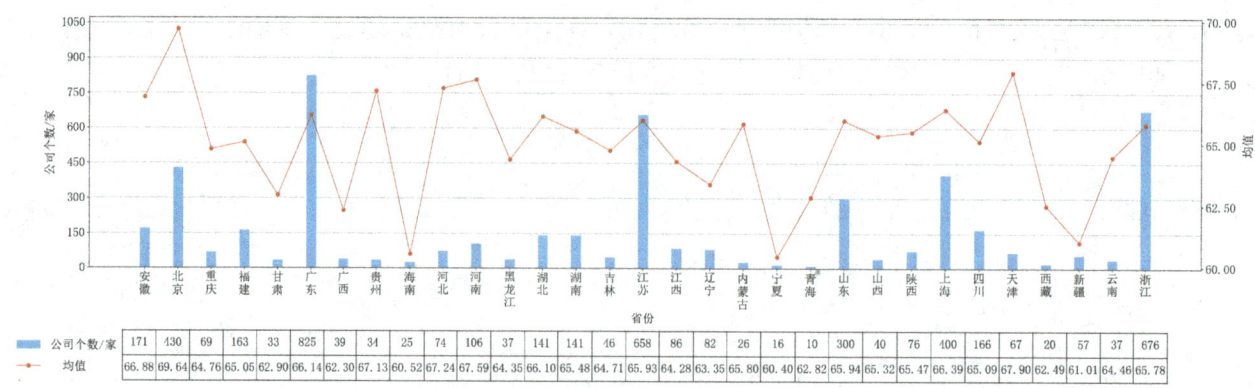

图3-31 2023年各省份上市公司创新要素投入指数均值分布图

3.2.3.5 板块维度分析

从板块分布来看，如表3-23和图3-32所示，科创板上市公司创新要素投入指数平均水平最高，为70.08。创业板（65.82）、深市主板（65.81）、沪市主板（65.76）和北交所（61.51）的创新要素投入指数平均水平均低于全市场平均水平（66.07）。

表3-23 2023年上市公司创新要素投入指数一览表——板块维度

板块	公司个数/家	均值	创新公司代表
沪市主板	1535	65.76	中国能建（87.98）
深市主板	1395	65.81	北方华创（90.54）
创业板	1325	65.82	华大九天（86.22）
科创板	566	70.08	时代电气（88.27）
北交所	239	61.51	连城数控（76.8）

数据来源：同花顺（iFinD），首经贸资产评估研究院和浙工商中国智能管理研究院整理。

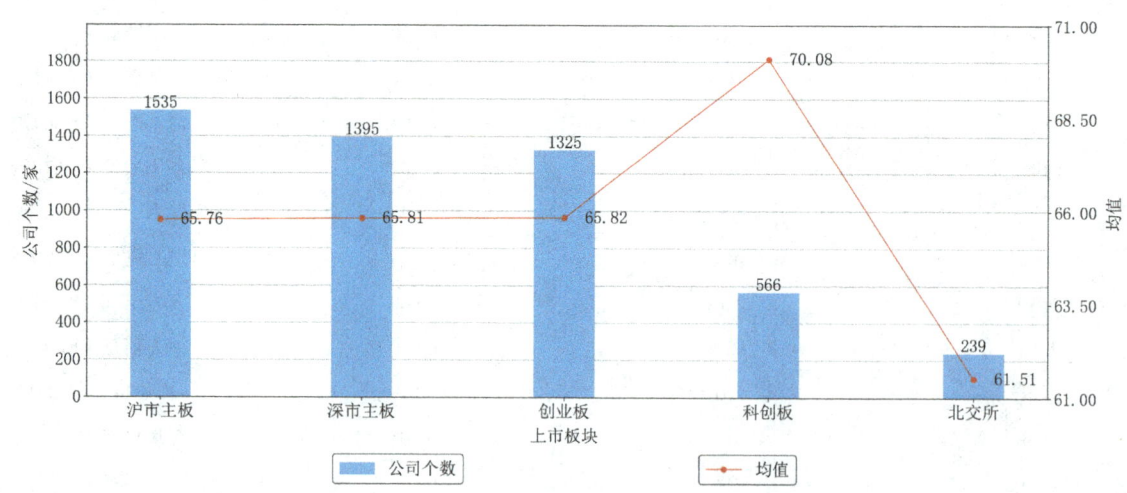

图3-32 2023年各板块上市公司创新要素投入指数均值分布图

3.2.3.6 产权维度分析

从产权分布来看，如表3-24和图3-33所示，中央国有控股上市公司创新要素投入指数平均水平最高，为71.55。地方国有控股与非国有控股上市公司的平均水平均低于全市场平均水平（66.07），其中非国有控股上市公司平均水平为65.69，地方国有控股上市公司平均水平略低于非国有控股上市公司，为64.99。

表3-24　2023年上市公司创新要素投入指数一览表——产权维度

产权	公司个数/家	均值	创新公司代表
中央国有控股	435	71.55	长安汽车（88.84）
地方国有控股	893	64.99	北方华创（90.54）
非国有控股	3732	65.69	比亚迪（88.1）

数据来源：同花顺（iFinD），首经贸资产评估研究院和浙工商中国智能管理研究院整理。

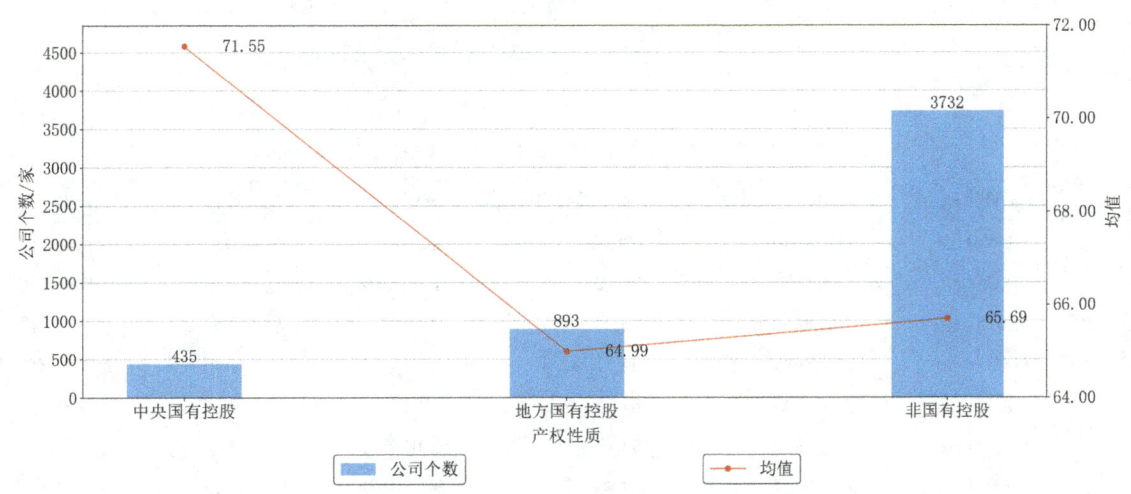

图3-33　2023年不同产权上市公司创新要素投入指数均值分布图

3.2.4　创新科技成果指数

3.2.4.1　整体分析

从全市场来看，5060家上市公司创新科技成果指数平均水平为64.15，高于平均水平的上市公司有2372家，占比46.88%。从创新科技成果指数区间上看，创新科技成果指数位于［80，100］的上市公司有18家，占比0.36%，这些公司在行业内甚至全市场中都是创新科技成果水平良好的优势企业；创新科技成果指数位于［70，80）的上市公司有610家，占比12.06%，这些公司的创新科技成果水平较高；创新科技成果指数位于［60，70）的上市公司数量最多，共有3575家，占比70.65%；创新科技成果指数位于［0，60）的上市公司有857家，占比16.93%，这些上市公司的创新科技成果水平相对较差，如图3-34所示。

根据5060家上市公司的创新科技成果指数分布情况来看，排名前100的上市公司如表3-25所示。

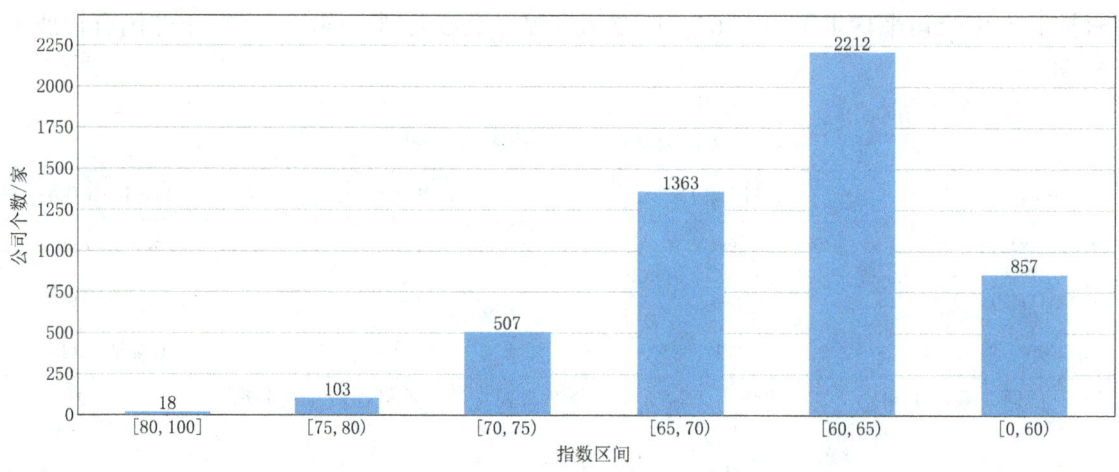

图 3-34　2023 年上市公司创新科技成果指数分布图

表 3-25　2023 年上市公司创新科技成果指数前 100 排名表

排名	公司代码	公司名称	创新科技成果指数	一级行业	省份	产权性质
1	600690.SH	海尔智家	90.24	家用电器	山东	非国有控股
2	000333.SZ	美的集团	86.62	家用电器	广东	非国有控股
3	000157.SZ	中联重科	85.94	机械设备	湖南	地方国有控股
4	000338.SZ	潍柴动力	84.77	汽车	山东	地方国有控股
5	000625.SZ	长安汽车	84.15	汽车	重庆	中央国有控股
6	002371.SZ	北方华创	84.14	电子	北京	地方国有控股
7	000921.SZ	海信家电	83.40	家用电器	广东	地方国有控股
8	300760.SZ	迈瑞医疗	83.11	医药生物	广东	非国有控股
9	000425.SZ	徐工机械	82.05	机械设备	江苏	地方国有控股
10	000708.SZ	中信特钢	81.52	钢铁	湖北	中央国有控股
11	600887.SH	伊利股份	80.97	食品饮料	内蒙古	非国有控股
12	688139.SH	海尔生物	80.79	医药生物	山东	非国有控股
13	000981.SZ	山子高科	80.75	汽车	甘肃	非国有控股
14	603121.SH	华培动力	80.53	汽车	上海	非国有控股
15	601877.SH	正泰电器	80.19	电力设备	浙江	非国有控股
16	600406.SH	国电南瑞	80.16	电力设备	江苏	中央国有控股
17	002241.SZ	歌尔股份	80.14	电子	山东	非国有控股
18	300316.SZ	晶盛机电	80.03	电力设备	浙江	非国有控股
19	603667.SH	五洲新春	79.91	机械设备	浙江	非国有控股
20	600582.SH	天地科技	79.77	机械设备	北京	中央国有控股
21	601238.SH	广汽集团	79.69	汽车	广东	地方国有控股
22	002080.SZ	中材科技	79.55	建筑材料	江苏	中央国有控股
23	300284.SZ	苏交科	79.48	建筑装饰	江苏	地方国有控股
24	601728.SH	中国电信	79.37	通信	北京	中央国有控股
25	002230.SZ	科大讯飞	79.37	计算机	安徽	非国有控股
26	601808.SH	中海油服	79.36	石油石化	天津	中央国有控股

续表

排名	公司代码	公司名称	创新科技成果指数	一级行业	省份	产权性质
27	688187.SH	时代电气	79.34	机械设备	湖南	中央国有控股
28	002372.SZ	伟星新材	79.24	建筑材料	浙江	非国有控股
29	002920.SZ	德赛西威	79.20	计算机	广东	地方国有控股
30	002254.SZ	泰和新材	79.17	基础化工	山东	地方国有控股
31	600362.SH	江西铜业	79.07	有色金属	江西	地方国有控股
32	688521.SH	芯原股份	78.98	电子	上海	非国有控股
33	601566.SH	九牧王	78.59	纺织服饰	福建	非国有控股
34	300042.SZ	朗科科技	78.58	计算机	广东	地方国有控股
35	000725.SZ	京东方A	78.58	电子	北京	地方国有控股
36	688126.SH	沪硅产业	78.57	电子	上海	地方国有控股
37	000810.SZ	创维数字	78.55	家用电器	四川	非国有控股
38	000651.SZ	格力电器	78.40	家用电器	广东	非国有控股
39	002461.SZ	珠江啤酒	78.33	食品饮料	广东	地方国有控股
40	688208.SH	道通科技	78.15	计算机	广东	非国有控股
41	600126.SH	杭钢股份	78.13	钢铁	浙江	地方国有控股
42	002465.SZ	海格通信	78.04	国防军工	广东	地方国有控股
43	300750.SZ	宁德时代	77.95	电力设备	福建	非国有控股
44	600183.SH	生益科技	77.83	电子	广东	非国有控股
45	300274.SZ	阳光电源	77.80	电力设备	安徽	非国有控股
46	000999.SZ	华润三九	77.74	医药生物	广东	中央国有控股
47	002082.SZ	万邦德	77.67	医药生物	浙江	非国有控股
48	002387.SZ	维信诺	77.66	电子	江苏	非国有控股
49	300957.SZ	贝泰妮	77.50	美容护理	云南	非国有控股
50	688599.SH	天合光能	77.38	电力设备	江苏	非国有控股
51	000733.SZ	振华科技	77.36	国防军工	贵州	中央国有控股
52	603348.SH	文灿股份	77.34	汽车	广东	非国有控股
53	002283.SZ	天润工业	77.31	汽车	山东	非国有控股
54	002635.SZ	安洁科技	77.26	电子	江苏	非国有控股
55	002521.SZ	齐峰新材	77.25	轻工制造	山东	非国有控股
56	002967.SZ	广电计量	77.21	社会服务	广东	地方国有控股
57	600104.SH	上汽集团	77.15	汽车	上海	地方国有控股
58	600879.SH	航天电子	77.13	国防军工	湖北	中央国有控股
59	600206.SH	有研新材	77.13	电子	北京	中央国有控股
60	300087.SZ	荃银高科	77.01	农林牧渔	安徽	中央国有控股
61	002180.SZ	纳思达	76.92	计算机	广东	非国有控股
62	600025.SH	华能水电	76.91	公用事业	云南	中央国有控股
63	001965.SZ	招商公路	76.91	交通运输	天津	中央国有控股
64	300122.SZ	智飞生物	76.78	医药生物	重庆	非国有控股
65	300782.SZ	卓胜微	76.62	电子	江苏	非国有控股
66	002600.SZ	领益智造	76.60	电子	广东	非国有控股

续表

排名	公司代码	公司名称	创新科技成果指数	一级行业	省份	产权性质
67	600900.SH	长江电力	76.56	公用事业	北京	中央国有控股
68	002413.SZ	雷科防务	76.51	国防军工	北京	非国有控股
69	000932.SZ	华菱钢铁	76.44	钢铁	湖南	地方国有控股
70	000039.SZ	中集集团	76.41	机械设备	广东	中央国有控股
71	300130.SZ	新国都	76.40	计算机	广东	非国有控股
72	002594.SZ	比亚迪	76.39	汽车	广东	非国有控股
73	688036.SH	传音控股	76.37	电子	广东	非国有控股
74	600336.SH	澳柯玛	76.37	家用电器	山东	地方国有控股
75	000977.SZ	浪潮信息	76.31	计算机	山东	地方国有控股
76	600449.SH	宁夏建材	76.29	建筑材料	宁夏	中央国有控股
77	688223.SH	晶科能源	76.12	电力设备	江西	非国有控股
78	300567.SZ	精测电子	76.00	机械设备	湖北	非国有控股
79	688271.SH	联影医疗	75.99	医药生物	上海	非国有控股
80	600178.SH	东安动力	75.99	汽车	黑龙江	中央国有控股
81	600600.SH	青岛啤酒	75.98	食品饮料	山东	地方国有控股
82	002843.SZ	泰嘉股份	75.98	机械设备	湖南	非国有控股
83	688363.SH	华熙生物	75.87	美容护理	山东	非国有控股
84	000063.SZ	中兴通讯	75.86	通信	广东	非国有控股
85	002139.SZ	拓邦股份	75.83	电子	广东	非国有控股
86	000100.SZ	TCL科技	75.82	电子	广东	非国有控股
87	002389.SZ	航天彩虹	75.78	国防军工	浙江	中央国有控股
88	600699.SH	均胜电子	75.78	汽车	浙江	非国有控股
89	300293.SZ	蓝英装备	75.69	机械设备	辽宁	非国有控股
90	000800.SZ	一汽解放	75.68	汽车	吉林	中央国有控股
91	688559.SH	海目星	75.66	机械设备	广东	非国有控股
92	000998.SZ	隆平高科	75.64	农林牧渔	湖南	中央国有控股
93	600556.SH	天下秀	75.62	传媒	广西	非国有控股
94	601869.SH	长飞光纤	75.56	通信	湖北	非国有控股
95	000629.SZ	钒钛股份	75.51	钢铁	四川	中央国有控股
96	600031.SH	三一重工	75.47	机械设备	北京	非国有控股
97	002049.SZ	紫光国微	75.47	电子	河北	非国有控股
98	300015.SZ	爱尔眼科	75.43	医药生物	湖南	非国有控股
99	600597.SH	光明乳业	75.37	食品饮料	上海	地方国有控股
100	603501.SH	韦尔股份	75.34	电子	上海	非国有控股

数据来源：同花顺（iFinD），首经贸资产评估研究院和浙工商中国智能管理研究院整理。

在报告分析的5060家上市公司中，排名前500的上市公司在行业、区域、省份、板块和产权方面的分布情况如图3-35至图3-39所示。

从排名前500的上市公司所属行业来看，机械设备行业55家、电子行业53家、电力设备行业50家、汽车行业39家、医药生物行业38家、计算机行业36家、基础化工行业30家、家用电器行业20家、建筑装饰行业17家、有色金属行业16家，合计占创新科技成果指数排名前500上市公司总数的

70.80%；除此之外，食品饮料行业15家、轻工制造行业15家、钢铁行业14家、国防军工行业12家、通信行业11家，其他行业均低于10家。

从排名前500的上市公司所属区域来看，华东地区226家、华南地区95家、华北地区85家，合计占创新科技成果指数排名前500上市公司总数的81.20%；除此之外，华中地区40家、西南地区26家、西北地区17家、东北地区10家、其他地区1家。

从排名前500的上市公司所属省份来看，广东省89家、北京市67家、江苏省59家、浙江省56家、山东省36家、上海市36家、湖南省21家，合计占创新科技成果指数排名前500上市公司总数的72.80%，是创新发展的主力大省；除此之外，福建省16家、安徽省14家、四川12家、湖北省10家，其他省份均低于10家。

从排名前500的上市公司所属板块来看，沪市主板217家，深市主板156家，沪深两市主板合计占创新科技成果指数排名前500上市公司总数的74.60%；除此之外，创业板81家、科创板46家。

从排名前500的上市公司的产权性质来看，中央国有控股企业有93家，地方国有控股企业94家，非国有控股企业313家。

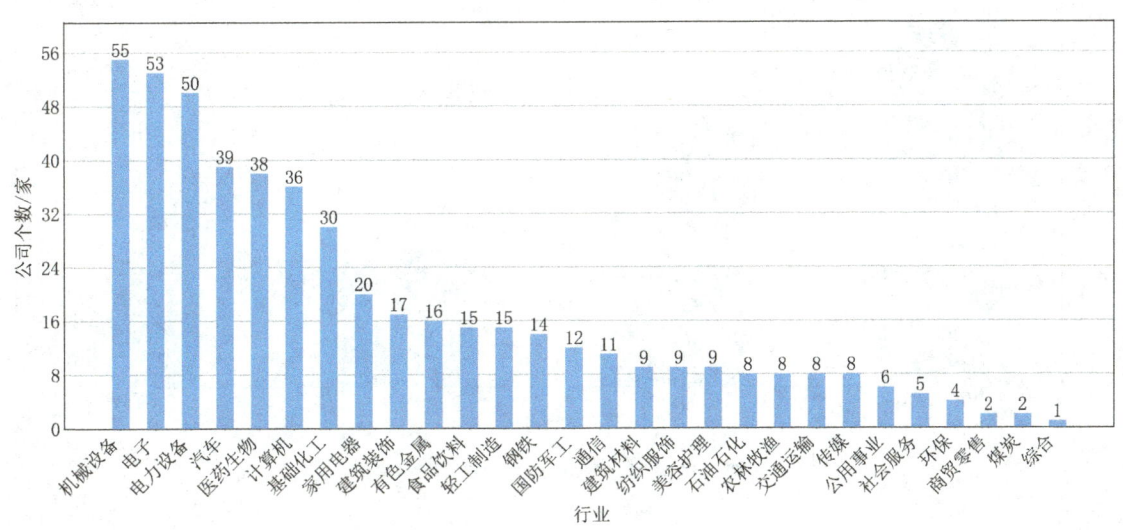

图3-35　创新科技成果指数排名前500上市公司行业分布

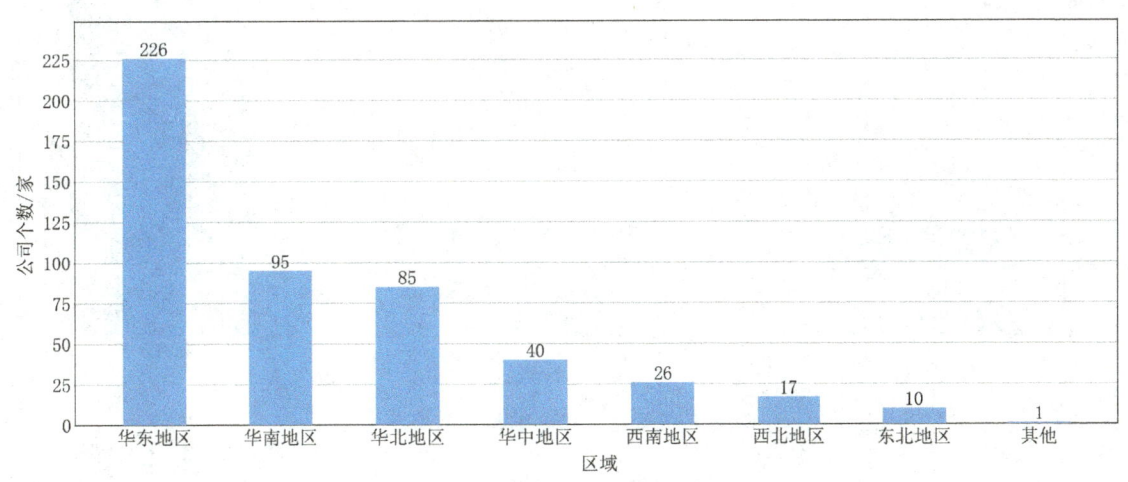

图3-36　创新科技成果指数排名前500上市公司区域分布

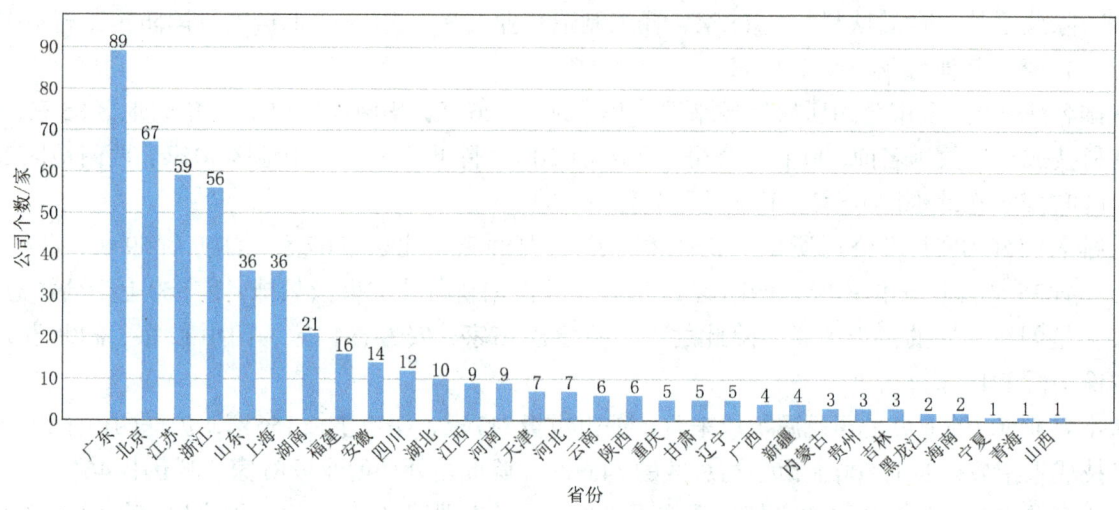

图3-37 创新科技成果指数排名前500上市公司省份分布

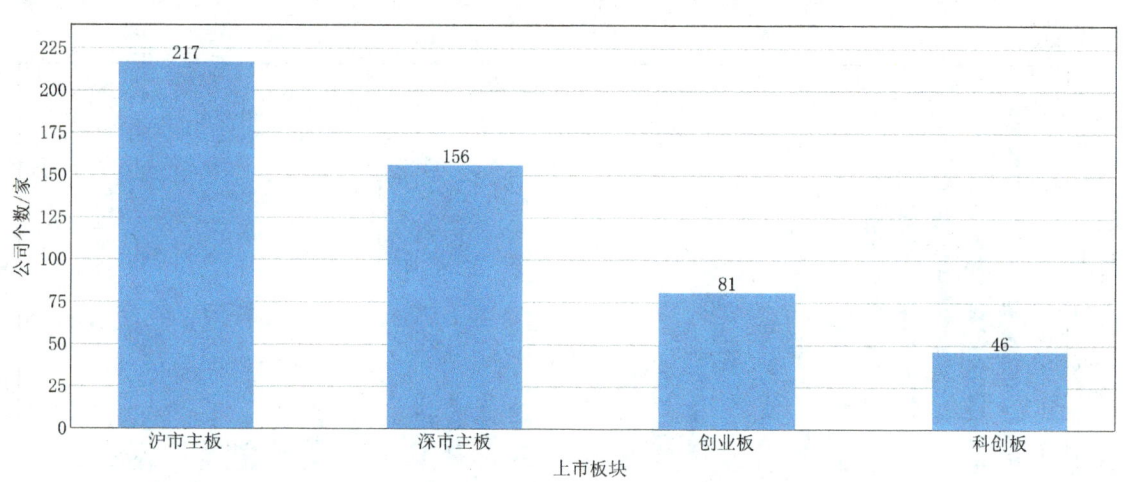

图3-38 创新科技成果指数排名前500上市公司板块分布

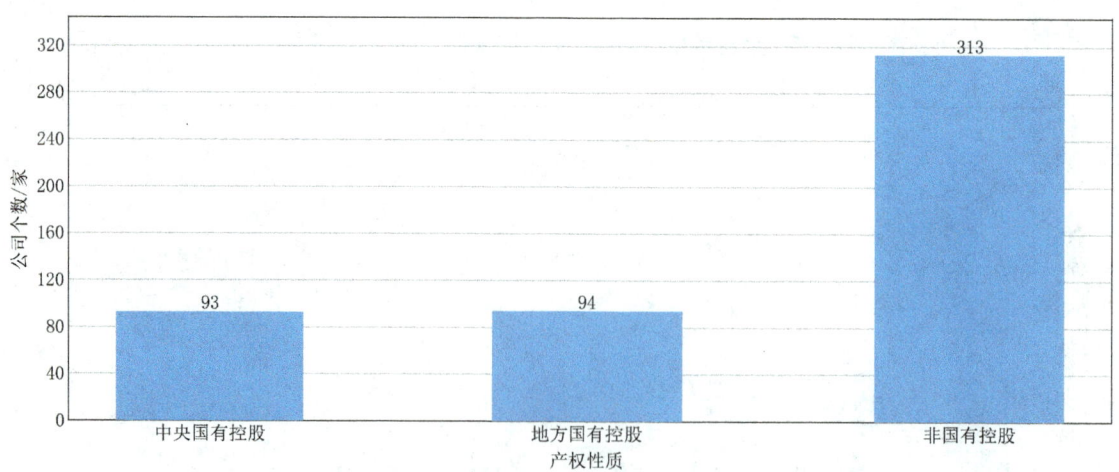

图3-39 创新科技成果指数排名前500上市公司产权分布

3.2.4.2 行业维度分析

从行业分布来看，如表3-26和图3-40所示，创新科技成果指数平均水平最高的行业是钢铁（68.21），其次是家用电器（65.81）、电子（65.41）、电力设备（65.38）。

表 3-26　2023年上市公司创新科技成果指数一览表——行业维度

行业	公司个数/家	均值	创新公司代表
传媒	130	61.86	天下秀（76.86）
电力设备	367	65.38	正泰电器（83.83）
电子	456	65.41	北方华创（87.50）
纺织服饰	106	63.71	九牧王（73.92）
钢铁	45	68.21	中信特钢（79.62）
公用事业	133	61.57	华能水电（81.84）
国防军工	137	64.84	海格通信（80.94）
环保	136	61.97	建工修复（76.00）
机械设备	566	64.18	中联重科（87.18）
基础化工	412	64.30	泰和新材（79.77）
计算机	353	65.06	科大讯飞（84.72）
家用电器	101	65.81	海尔智家（82.58）
建筑材料	74	64.72	中材科技（83.80）
建筑装饰	165	61.77	苏交科（78.88）
交通运输	126	61.98	招商公路（78.74）
煤炭	37	64.56	中煤能源（77.19）
美容护理	32	65.38	贝泰妮（77.46）
农林牧渔	109	63.76	荃银高科（76.75）
汽车	285	65.02	潍柴动力（86.11）
轻工制造	160	63.60	齐峰新材（75.25）
商贸零售	101	60.69	中信金属（74.12）
社会服务	78	60.55	广电计量（77.23）
石油石化	48	64.36	中海油服（81.19）
食品饮料	127	65.01	伊利股份（78.69）
通信	130	65.03	中国电信（81.57）
医药生物	489	64.27	迈瑞医疗（84.26）
有色金属	136	64.10	江西铜业（78.50）
综合	21	60.20	鲁银投资（69.62）

数据来源：同花顺（iFinD），首经贸资产评估研究院和浙工商中国智能管理研究院整理。

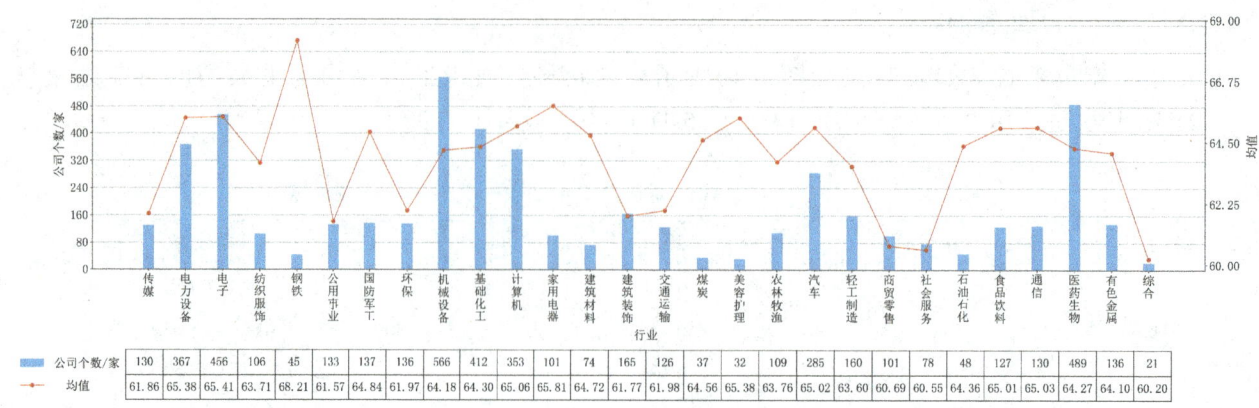

图 3-40 2023 年各行业上市公司创新科技成果指数均值分布图

3.2.4.3 区域维度分析

从区域分布来看，如表 3-27 和图 3-41 所示，华北地区上市公司创新科技成果指数平均水平最高，为 64.73，其次是华中地区（64.27）和华东地区（64.24）。

表 3-27 2023 年上市公司创新科技成果指数一览表——区域维度

区域	公司个数/家	均值	创新公司代表
东北地区	165	63.70	东安动力（75.99）
华北地区	637	64.73	北方华创（84.14）
华东地区	2454	64.24	海尔智家（90.24）
华南地区	889	63.79	美的集团（86.62）
华中地区	388	64.27	中联重科（85.94）
西北地区	192	63.00	山子高科（80.75）
西南地区	326	64.08	长安汽车（84.15）

数据来源：同花顺（iFinD），首经贸资产评估研究院和浙工商中国智能管理研究院整理。

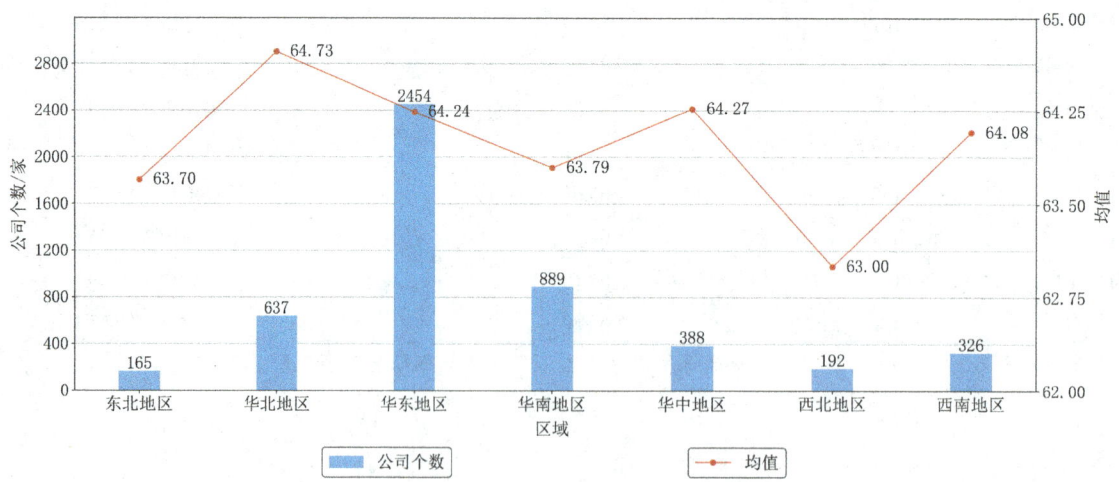

图 3-41 2023 年各区域上市公司创新科技成果指数均值分布图

3.2.4.4 省份维度分析

从省份分布来看，如表 3-28 和图 3-42 所示，云南省上市公司创新科技成果指数平均水平最高，为65.48，其次是北京市（65.04）和贵州省（64.86）。在上市公司数量超过300家的省份中，北京市、上海市和江苏省上市公司整体表现较好，是地区高质量发展的典范。

表 3-28 2023年上市公司创新科技成果指数一览表——省份维度

省份	公司个数/家	均值	创新公司代表
安徽	171	64.45	科大讯飞（79.37）
北京	430	65.04	北方华创（84.14）
重庆	69	63.83	长安汽车（84.15）
福建	163	63.89	九牧王（78.59）
甘肃	33	63.55	山子高科（80.75）
广东	825	63.85	美的集团（86.62）
广西	39	63.68	天下秀（75.62）
贵州	34	64.86	振华科技（77.36）
海南	25	62.12	京粮控股（72.05）
河北	74	64.59	紫光国微（75.47）
河南	106	64.36	中原内配（74.78）
黑龙江	37	64.07	东安动力（75.99）
湖北	141	63.98	中信特钢（81.52）
湖南	141	64.49	中联重科（85.94）
吉林	46	63.32	一汽解放（75.68）
江苏	658	64.21	徐工机械（82.05）
江西	86	64.00	江西铜业（79.07）
辽宁	82	63.74	蓝英装备（75.69）
内蒙古	26	64.49	伊利股份（80.97）
宁夏	16	61.75	宁夏建材（76.29）
青海	10	64.25	远东股份（70.94）
山东	300	64.69	海尔智家（90.24）
山西	40	62.73	潞安环能（70.8）
陕西	76	63.54	航发动力（74.59）
上海	400	64.43	华培动力（80.53）
四川	166	63.90	创维数字（78.55）
天津	67	64.20	中海油服（79.36）
西藏	20	62.51	卫信康（68.92）
新疆	57	62.08	卓郎智能（73.59）
云南	37	65.48	贝泰妮（77.5）
浙江	676	64.03	正泰电器（80.19）

数据来源：同花顺（iFinD），首经贸资产评估研究院和浙工商中国智能管理研究院整理。

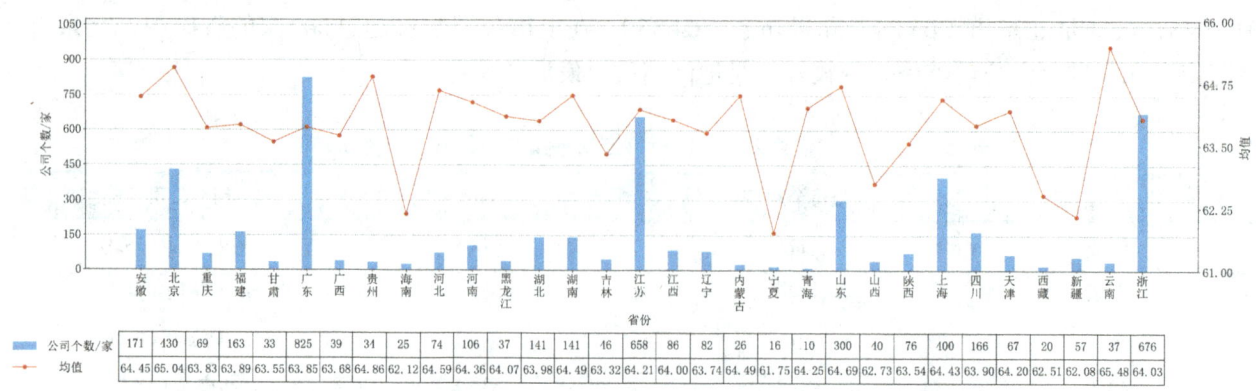

图3-42 2023年各省份上市公司创新科技成果指数均值分布图

3.2.4.5 板块维度分析

从板块分布来看，如表3-29和图3-43所示，沪市主板上市公司创新科技成果指数平均水平最高，为65.40，其次是科创板上市公司，为65.02。深市主板（63.71）、创业板（63.41）和北交所（60.71）上市公司的创新科技成果指数平均水平均低于全市场平均水平（64.15）。

表3-29 2023年上市公司创新科技成果指数一览表——板块维度

板块	公司个数/家	均值	创新公司代表
沪市主板	1535	65.40	海尔智家（90.24）
深市主板	1395	63.71	美的集团（86.62）
创业板	1325	63.41	迈瑞医疗（83.11）
科创板	566	65.02	海尔生物（80.79）
北交所	239	60.71	连城数控（69.39）

数据来源：同花顺（iFinD），首经贸资产评估研究院和浙工商中国智能管理研究院整理。

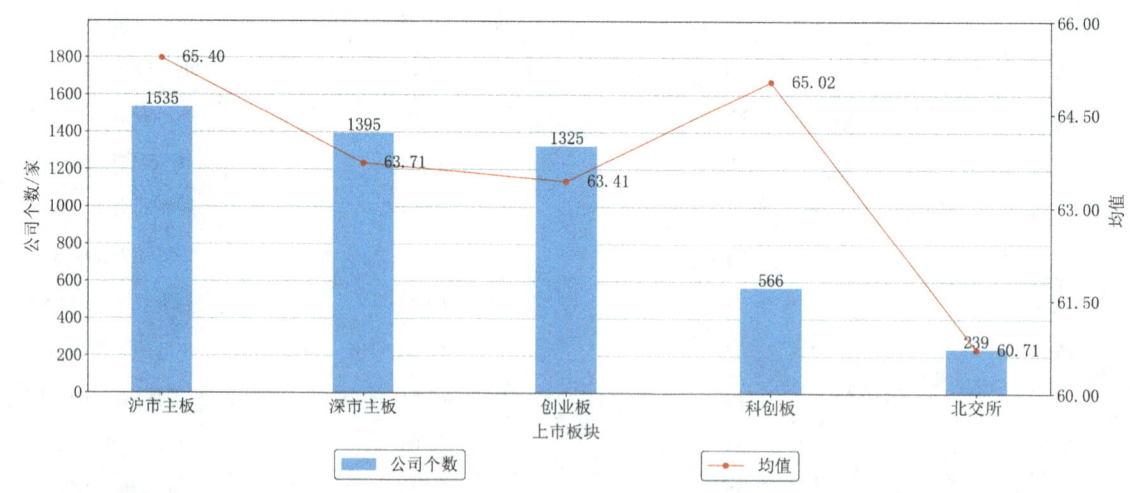

图3-43 2023年各板块上市公司创新科技成果指数均值分布图

3.2.4.6 产权维度分析

从产权分布来看，如表3-30和图3-44所示，中央国有控股上市公司创新科技成果指数平均水平最高，为66.70。地方国有控股与非国有控股上市公司的平均水平均低于全市场平均水平（64.15），其中地方国有控股上市公司平均水平为63.97，非国有控股上市公司平均水平略低于地方国有控股上市公司，为63.90。

表3-30 2023年上市公司创新科技成果指数一览表——产权维度

产权	公司个数/家	均值	创新公司代表
中央国有控股	435	66.70	长安汽车（84.15）
地方国有控股	893	63.97	中联重科（85.94）
非国有控股	3732	63.90	海尔智家（90.24）

数据来源：同花顺（iFinD），首经贸资产评估研究院和浙工商中国智能管理研究院整理。

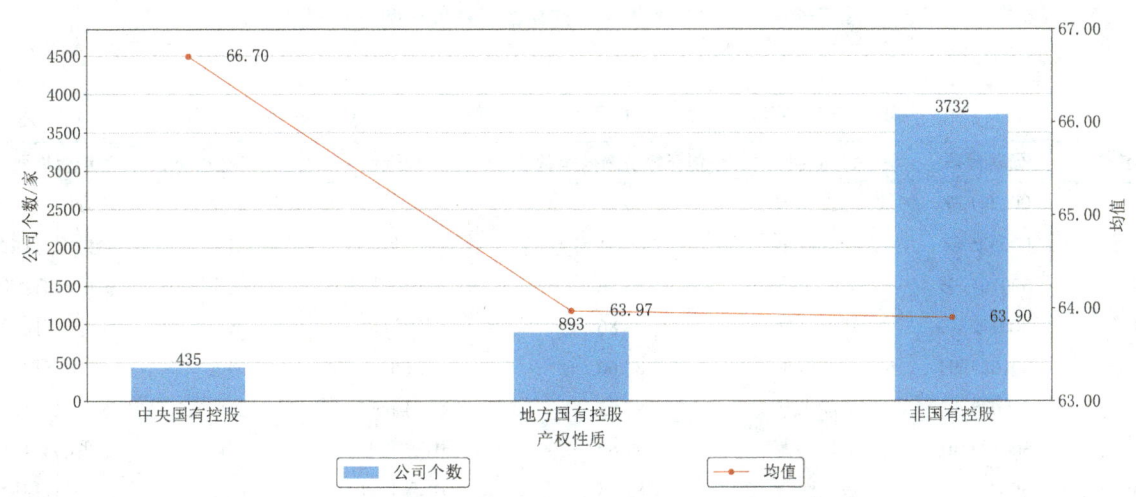

图3-44 2023年不同产权上市公司创新科技成果指数均值分布图

3.2.5 创新经济绩效指数

3.2.5.1 整体分析

从全市场来看，5060家上市公司创新经济绩效指数平均水平为64.49，高于平均水平的上市公司有2460家，占比48.62%。从创新经济绩效指数区间上看，创新经济绩效指数位于［80，100］的上市公司有159家，占比3.14%，这些公司在行业内甚至全市场中都是创新经济绩效水平良好的优势企业；创新经济绩效指数位于［70，80）的上市公司有1222家，占比24.15%，这些公司的创新经济绩效水平较高；创新经济绩效指数位于［60，70）的上市公司数量最多，共有2056家，占比40.63%；创新经济绩效指数位于［0，60）的上市公司有1623家，占比32.08%，这些上市公司的创新经济绩效水平相对较差，如图3-45所示。

根据5060家上市公司的创新经济绩效指数分布情况来看，排名前100的上市公司如表3-31所示。

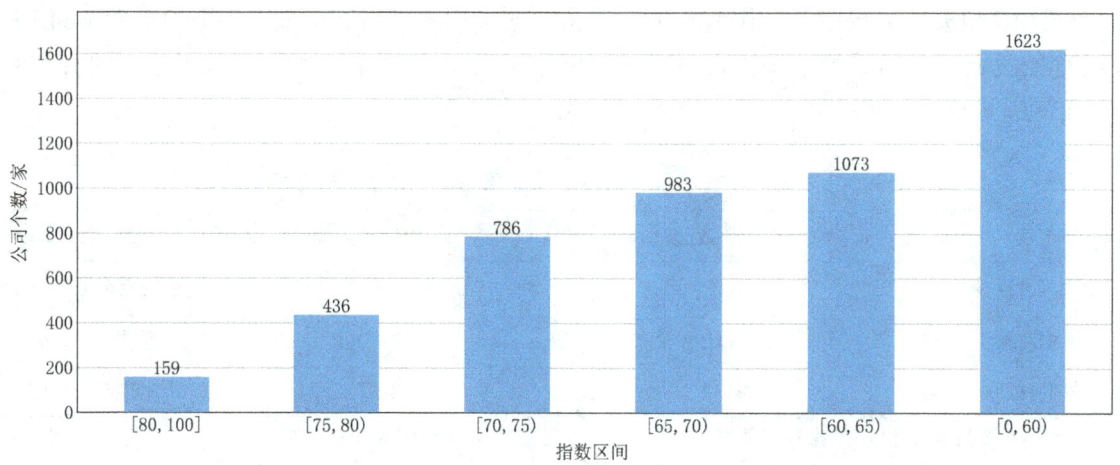

图 3-45 2023 年上市公司创新经济绩效指数分布图

表 3-31 2023 年上市公司创新经济绩效指数前 100 排名表

排名	公司代码	公司名称	创新经济绩效指数	一级行业	省份	产权性质
1	002371.SZ	北方华创	89.57	电子	北京	地方国有控股
2	000625.SZ	长安汽车	89.31	汽车	重庆	中央国有控股
3	600161.SH	天坛生物	88.86	医药生物	北京	中央国有控股
4	300122.SZ	智飞生物	88.86	医药生物	重庆	非国有控股
5	601633.SH	长城汽车	88.60	汽车	河北	非国有控股
6	600025.SH	华能水电	87.92	公用事业	云南	中央国有控股
7	600893.SH	航发动力	87.60	国防军工	陕西	中央国有控股
8	300760.SZ	迈瑞医疗	87.53	医药生物	广东	非国有控股
9	600406.SH	国电南瑞	87.26	电力设备	江苏	中央国有控股
10	688036.SH	传音控股	87.22	电子	广东	非国有控股
11	300316.SZ	晶盛机电	86.91	电力设备	浙江	非国有控股
12	600547.SH	山东黄金	86.85	有色金属	山东	地方国有控股
13	002920.SZ	德赛西威	86.81	计算机	广东	地方国有控股
14	003816.SZ	中国广核	86.44	公用事业	广东	中央国有控股
15	000338.SZ	潍柴动力	86.42	汽车	山东	地方国有控股
16	600519.SH	贵州茅台	86.30	食品饮料	贵州	地方国有控股
17	600415.SH	小商品城	86.27	商贸零售	浙江	地方国有控股
18	000538.SZ	云南白药	85.71	医药生物	云南	地方国有控股
19	601985.SH	中国核电	85.46	公用事业	北京	中央国有控股
20	601728.SH	中国电信	85.35	通信	北京	中央国有控股
21	601808.SH	中海油服	85.24	石油石化	天津	中央国有控股
22	688169.SH	石头科技	85.23	家用电器	北京	非国有控股
23	600803.SH	新奥股份	85.23	公用事业	河北	非国有控股
24	688187.SH	时代电气	85.06	机械设备	湖南	中央国有控股
25	000999.SZ	华润三九	85.03	医药生物	广东	中央国有控股
26	600795.SH	国电电力	84.99	公用事业	辽宁	中央国有控股

续表

排名	公司代码	公司名称	创新经济绩效指数	一级行业	省份	产权性质
27	002074.SZ	国轩高科	84.96	电力设备	安徽	非国有控股
28	603019.SH	中科曙光	84.76	计算机	天津	中央国有控股
29	600481.SH	双良节能	84.59	电力设备	江苏	非国有控股
30	300308.SZ	中际旭创	84.34	通信	山东	非国有控股
31	002080.SZ	中材科技	84.32	建筑材料	江苏	中央国有控股
32	600276.SH	恒瑞医药	84.27	医药生物	江苏	非国有控股
33	601965.SH	中国汽研	84.27	汽车	重庆	中央国有控股
34	600662.SH	外服控股	84.22	社会服务	上海	地方国有控股
35	002230.SZ	科大讯飞	84.18	计算机	安徽	非国有控股
36	600886.SH	国投电力	84.05	公用事业	北京	中央国有控股
37	300274.SZ	阳光电源	84.04	电力设备	安徽	非国有控股
38	688041.SH	海光信息	83.79	电子	天津	非国有控股
39	300413.SZ	芒果超媒	83.77	传媒	湖南	地方国有控股
40	600941.SH	中国移动	83.50	通信	—	中央国有控股
41	603883.SH	老百姓	83.46	医药生物	湖南	非国有控股
42	601019.SH	山东出版	83.31	传媒	山东	地方国有控股
43	300002.SZ	神州泰岳	83.26	传媒	北京	非国有控股
44	600104.SH	上汽集团	83.24	汽车	上海	地方国有控股
45	000963.SZ	华东医药	83.16	医药生物	浙江	非国有控股
46	603613.SH	国联股份	83.15	商贸零售	北京	非国有控股
47	601799.SH	星宇股份	83.13	汽车	江苏	非国有控股
48	600690.SH	海尔智家	82.98	家用电器	山东	非国有控股
49	000661.SZ	长春高新	82.91	医药生物	吉林	地方国有控股
50	300750.SZ	宁德时代	82.86	电力设备	福建	非国有控股
51	300729.SZ	乐歌股份	82.86	轻工制造	浙江	非国有控股
52	300014.SZ	亿纬锂能	82.78	电力设备	广东	非国有控股
53	000800.SZ	一汽解放	82.76	汽车	吉林	中央国有控股
54	002304.SZ	洋河股份	82.71	食品饮料	江苏	地方国有控股
55	688271.SH	联影医疗	82.62	医药生物	上海	非国有控股
56	601179.SH	中国西电	82.59	电力设备	陕西	中央国有控股
57	600060.SH	海信视像	82.55	家用电器	山东	地方国有控股
58	002625.SZ	光启技术	82.53	国防军工	广东	非国有控股
59	600085.SH	同仁堂	82.50	医药生物	北京	地方国有控股
60	600660.SH	福耀玻璃	82.47	汽车	福建	非国有控股
61	603939.SH	益丰药房	82.45	医药生物	湖南	非国有控股
62	600511.SH	国药股份	82.43	医药生物	北京	中央国有控股
63	600875.SH	东方电气	82.36	电力设备	四川	中央国有控股
64	601225.SH	陕西煤业	82.27	煤炭	陕西	地方国有控股
65	600956.SH	新天绿能	82.24	公用事业	河北	地方国有控股
66	600153.SH	建发股份	82.24	交通运输	福建	地方国有控股
67	601598.SH	中国外运	82.20	交通运输	北京	中央国有控股
68	000785.SZ	居然之家	82.18	商贸零售	湖北	非国有控股

续表

排名	公司代码	公司名称	创新经济绩效指数	一级行业	省份	产权性质
69	000425.SZ	徐工机械	82.17	机械设备	江苏	地方国有控股
70	600233.SH	圆通速递	82.10	交通运输	辽宁	非国有控股
71	600887.SH	伊利股份	82.02	食品饮料	内蒙古	非国有控股
72	000550.SZ	江铃汽车	81.96	汽车	江西	地方国有控股
73	600056.SH	中国医药	81.96	医药生物	北京	中央国有控股
74	600050.SH	中国联通	81.94	通信	北京	中央国有控股
75	000568.SZ	泸州老窖	81.83	食品饮料	四川	地方国有控股
76	600968.SH	海油发展	81.79	石油石化	北京	中央国有控股
77	601298.SH	青岛港	81.79	交通运输	山东	地方国有控股
78	600998.SH	九州通	81.78	医药生物	湖北	非国有控股
79	300450.SZ	先导智能	81.76	电力设备	江苏	非国有控股
80	688336.SH	三生国健	81.74	医药生物	上海	非国有控股
81	688012.SH	中微公司	81.73	电子	上海	地方国有控股
82	600309.SH	万华化学	81.61	基础化工	山东	地方国有控股
83	000733.SZ	振华科技	81.60	国防军工	贵州	中央国有控股
84	600166.SH	福田汽车	81.57	汽车	北京	地方国有控股
85	002262.SZ	恩华药业	81.50	医药生物	江苏	非国有控股
86	002049.SZ	紫光国微	81.49	电子	河北	非国有控股
87	300009.SZ	安科生物	81.48	医药生物	安徽	非国有控股
88	600809.SH	山西汾酒	81.48	食品饮料	山西	地方国有控股
89	605499.SH	东鹏饮料	81.44	食品饮料	广东	非国有控股
90	603000.SH	人民网	81.43	传媒	北京	中央国有控股
91	600132.SH	重庆啤酒	81.43	食品饮料	重庆	非国有控股
92	600398.SH	海澜之家	81.33	纺织服饰	江苏	非国有控股
93	601949.SH	中国出版	81.23	传媒	北京	中央国有控股
94	000768.SZ	中航西飞	81.22	国防军工	陕西	中央国有控股
95	600028.SH	中国石化	81.19	石油石化	北京	中央国有控股
96	603979.SH	金诚信	81.17	有色金属	北京	非国有控股
97	603298.SH	杭叉集团	81.17	机械设备	浙江	非国有控股
98	601061.SH	中信金属	81.16	商贸零售	北京	中央国有控股
99	603899.SH	晨光股份	81.15	轻工制造	上海	非国有控股
100	002050.SZ	三花智控	81.15	家用电器	浙江	非国有控股

数据来源：同花顺（iFinD），首经贸资产评估研究院和浙工商中国智能管理研究院整理。

在报告分析的5060家上市公司中，创新经济绩效排名前500的上市公司在行业、区域、省份、板块和产权方面的分布情况如图3-46至图3-50所示。

从排名前500的上市公司所属行业来看，医药生物行业61家、电力设备行业45家、电子行业35家、汽车行业31家、交通运输行业30家、公用事业行业28家、计算机行业26家、机械设备行业26家、食品饮料行业24家、基础化工行业19家、国防军工行业18家，合计占创新经济绩效指数排名前500上市公司总数的68.60%；除此之外，通信行业17家、有色金属行业16家、传媒行业16家、家用电器行业13家、农林牧渔行业13家、建筑装饰行业12家、商贸零售行业11家，其他行业均低于

10家。

从排名前500的上市公司所属区域来看，华东地区195家、华北地区113家、华南地区72家，合计占创新经济绩效指数排名前500上市公司总数的76.00%；除此之外，华中地区46家、西南地区35家、西北地区22家、东北地区16家、其他地区1家。

从排名前500的上市公司所属省份来看，北京市79家、广东省70家、浙江省51家、江苏省44家、上海市43家、山东省25家、湖南省19家、四川省17家，合计占创新经济绩效指数排名前500上市公司总数的69.60%，是创新发展的主力大省；除此之外，安徽省16家、湖北省16家、河北省12家、天津市11家、福建省11家、河南省11家，其他省份均低于10家。

从排名前500的上市公司所属板块来看，沪市主板233家，深市主板163家，沪深两市主板合计占创新经济绩效指数排名前500上市公司总数的79.20%；除此之外，创业板72家、科创板31家、北交所1家。

从排名前500的上市公司的产权性质来看，中央国有控股企业有123家，地方国有控股企业105家，非国有控股企业272家。

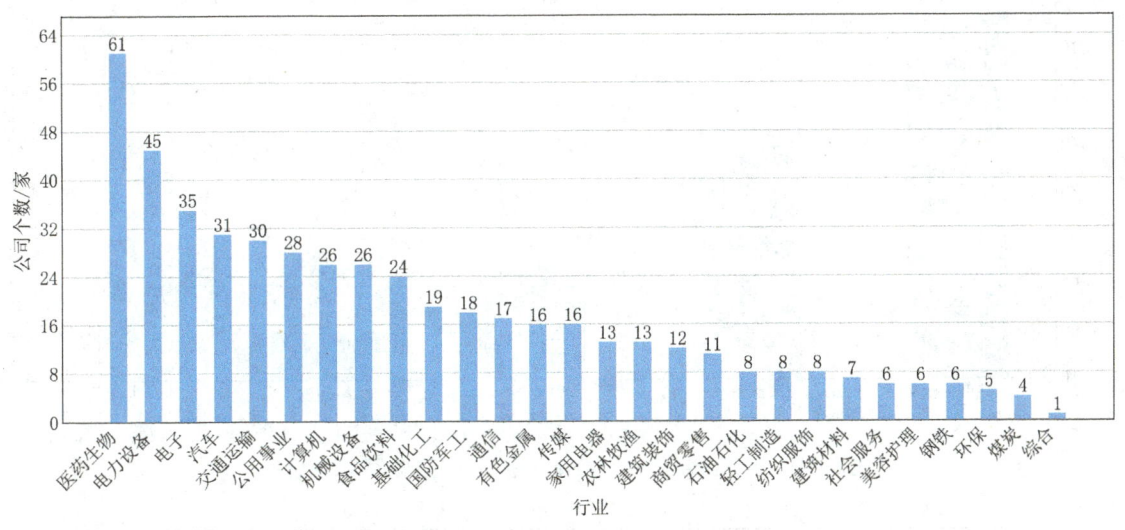

图3-46　创新经济绩效指数排名前500上市公司行业分布

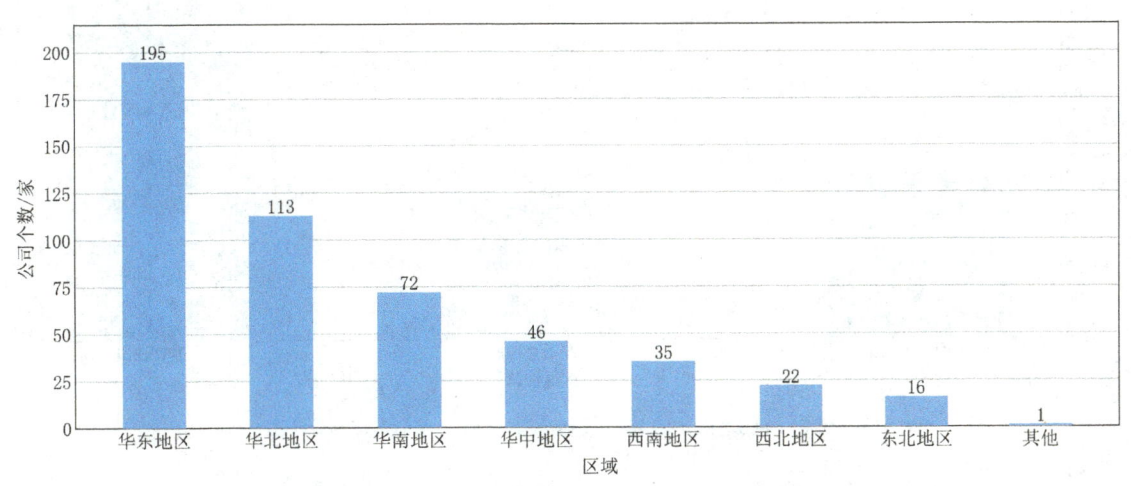

图3-47　创新经济绩效指数排名前500上市公司区域分布

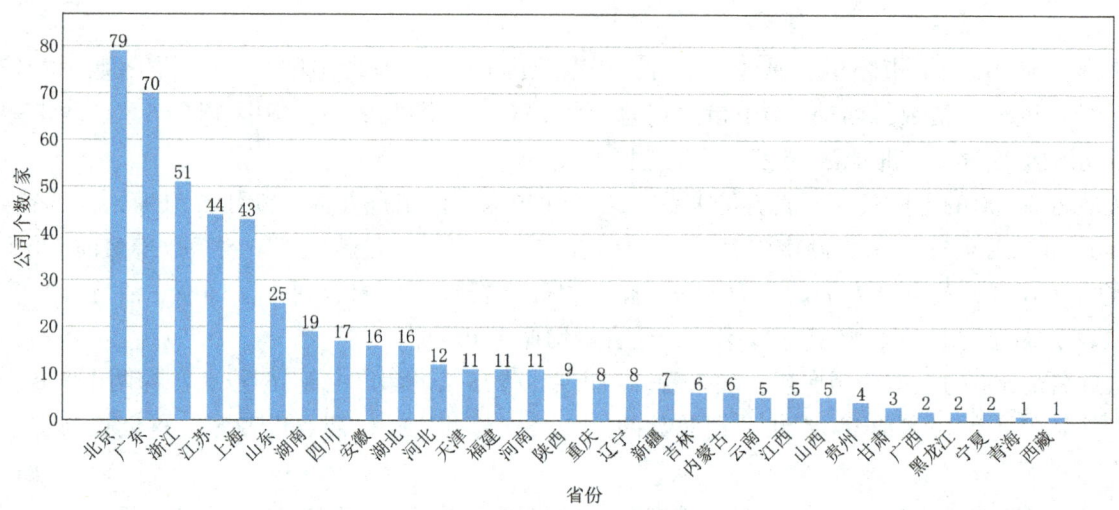

图3-48 创新经济绩效指数排名前500上市公司省份分布

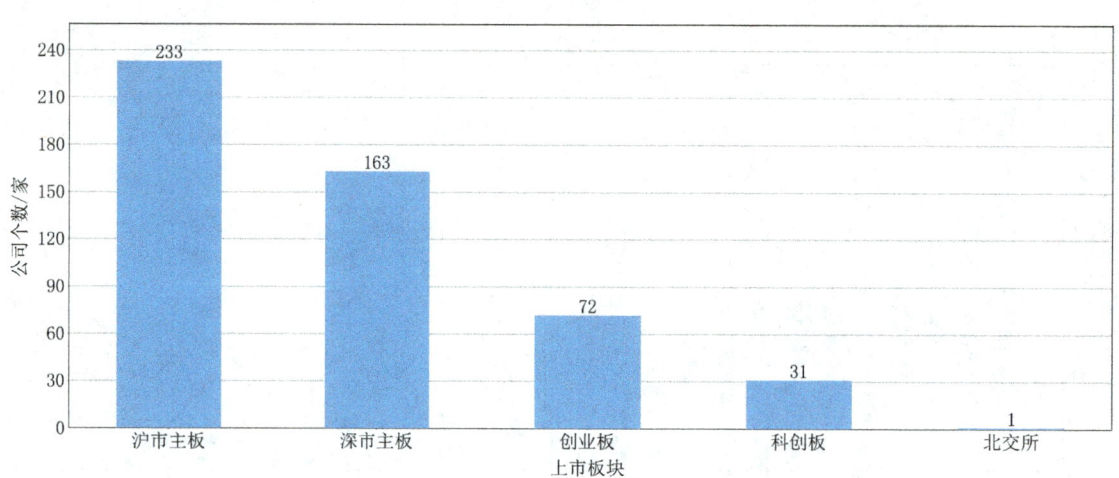

图3-49 创新经济绩效指数排名前500上市公司板块分布

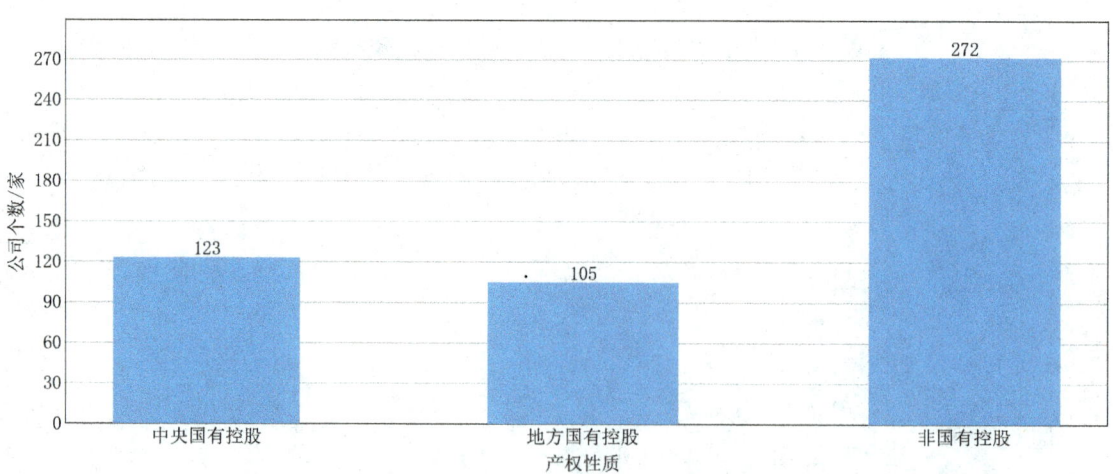

图3-50 创新经济绩效指数排名前500上市公司产权分布

3.2.5.2 行业维度分析

从行业分布来看，如表3-32和图3-51所示，创新经济绩效指数平均水平最高的行业是钢铁（68.33），其次是交通运输（67.80）、煤炭（67.75）、美容护理（67.39）。

表3-32 2023年上市公司创新经济绩效指数一览表——行业维度

行业	公司个数/家	均值	创新公司代表
传媒	130	66.42	芒果超媒（76.86）
电力设备	367	65.23	国电南瑞（83.83）
电子	456	63.74	北方华创（87.50）
纺织服饰	106	64.88	海澜之家（73.92）
钢铁	45	68.33	中信特钢（79.62）
公用事业	133	67.38	华能水电（81.84）
国防军工	137	66.12	航发动力（80.94）
环保	136	63.30	惠城环保（76.00）
机械设备	566	62.44	时代电气（87.18）
基础化工	412	61.98	万华化学（79.77）
计算机	353	63.71	德赛西威（84.72）
家用电器	101	66.16	石头科技（82.58）
建筑材料	74	65.11	中材科技（83.80）
建筑装饰	165	63.10	中国交建（78.88）
交通运输	126	67.80	建发股份（78.74）
煤炭	37	67.75	陕西煤业（77.19）
美容护理	32	67.39	爱美客（77.46）
农林牧渔	109	64.41	冠农股份（76.75）
汽车	285	66.12	长安汽车（86.11）
轻工制造	160	63.44	乐歌股份（75.25）
商贸零售	101	64.48	小商品城（74.12）
社会服务	78	64.77	外服控股（77.23）
石油石化	48	64.33	中海油服（81.19）
食品饮料	127	66.43	贵州茅台（78.69）
通信	130	64.93	中国电信（81.57）
医药生物	489	65.16	天坛生物（84.26）
有色金属	136	65.68	山东黄金（78.50）
综合	21	61.57	南京新百（69.62）

数据来源：同花顺（iFinD），首经贸资产评估研究院和浙工商中国智能管理研究院整理。

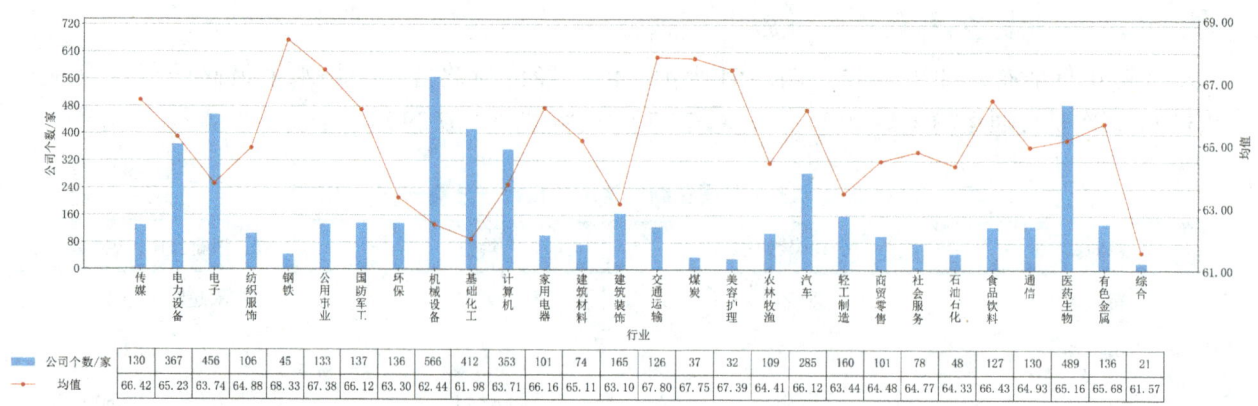

图 3-51　2023 年各行业上市公司创新经济绩效指数均值分布图

3.2.5.3　区域维度分析

从区域分布来看，如表 3-33 和图 3-52 所示，华北地区上市公司创新经济绩效指数平均水平最高，为 66.78，其次是西南地区（65.05）和华南地区（64.23）。

表 3-33　2023 年上市公司创新经济绩效指数一览表——区域维度

区域	公司个数/家	均值	创新公司代表
东北地区	165	63.70	国电电力（84.99）
华北地区	637	66.78	北方华创（89.57）
华东地区	2454	64.03	国电南瑞（87.26）
华南地区	889	64.23	迈瑞医疗（87.53）
华中地区	388	64.17	时代电气（85.06）
西北地区	192	64.08	航发动力（87.60）
西南地区	326	65.05	长安汽车（89.31）

数据来源：同花顺（iFinD），首经贸资产评估研究院和浙工商中国智能管理研究院整理。

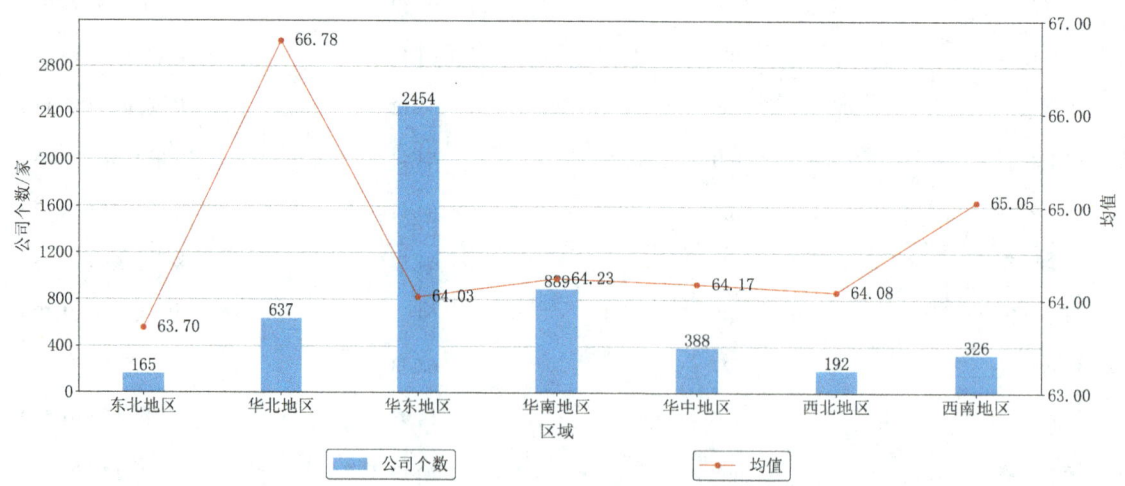

图 3-52　2023 年各区域上市公司创新经济绩效指数均值分布图

3.2.5.4 省份维度分析

从省份分布来看,如表 3-34 和图 3-53 所示,内蒙古自治区上市公司创新经济绩效指数平均水平最高,为 69.02,其次是北京市(67.09)和贵州省(67.06)。在上市公司数量超过 300 家的省份中,北京市、上海市和广东省上市公司整体表现较好,是地区高质量发展的典范。

表 3-34 2023 年上市公司创新经济绩效指数一览表——省份维度

省份	公司个数/家	均值	创新公司代表
安徽	171	63.84	国轩高科(84.96)
北京	430	67.09	北方华创(89.57)
重庆	69	65.35	长安汽车(89.31)
福建	163	64.83	宁德时代(82.86)
甘肃	33	65.05	中交设计(79.26)
广东	825	64.32	迈瑞医疗(87.53)
广西	39	63.20	北部湾港(80.12)
贵州	34	67.06	贵州茅台(86.3)
海南	25	62.93	葫芦娃(75.31)
河北	74	65.46	长城汽车(88.6)
河南	106	64.96	许继电气(80.84)
黑龙江	37	64.89	北大荒(79.28)
湖北	141	63.43	居然之家(82.18)
湖南	141	64.30	时代电气(85.06)
吉林	46	64.25	长春高新(82.91)
江苏	658	63.46	国电南瑞(87.26)
江西	86	63.43	江铃汽车(81.96)
辽宁	82	62.85	国电电力(84.99)
内蒙古	26	69.02	伊利股份(82.02)
宁夏	16	61.50	宝丰能源(77.99)
青海	10	63.50	盐湖股份(77.81)
山东	300	64.62	山东黄金(86.85)
山西	40	65.74	山西汾酒(81.48)
陕西	76	64.91	航发动力(87.6)
上海	400	64.75	外服控股(84.22)
四川	166	64.34	东方电气(82.36)
天津	67	66.06	中海油服(85.24)
西藏	20	64.13	海思科(77.23)
新疆	57	63.24	特变电工(80.89)
云南	37	66.36	华能水电(87.92)
浙江	676	63.83	晶盛机电(86.91)

数据来源:同花顺(iFinD),首经贸资产评估研究院和浙工商中国智能管理研究院整理。

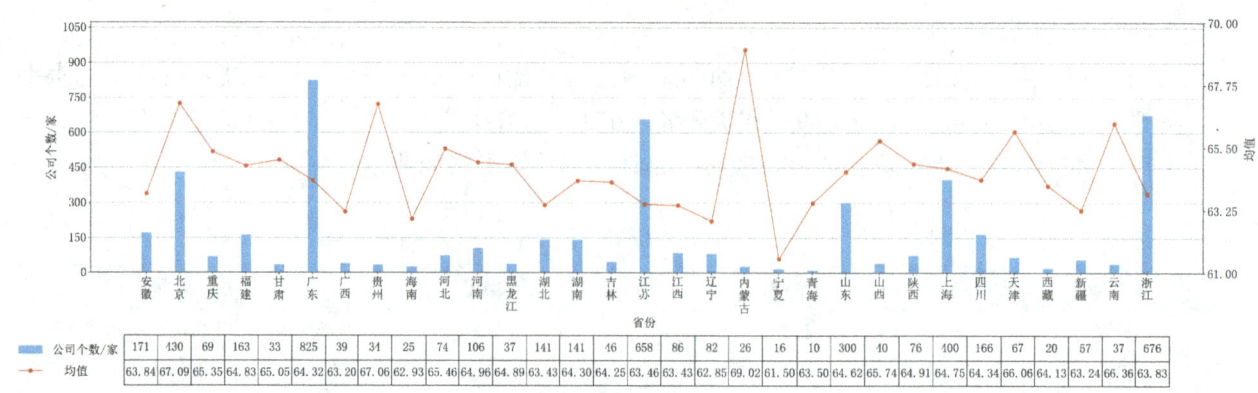

图 3-53　2023 年各省份上市公司创新经济绩效指数均值分布图

3.2.5.5　板块维度分析

从板块分布来看，如表 3-35 和图 3-54 所示，沪市主板上市公司创新经济绩效指数平均水平最高，为 66.67，其次是深市主板上市公司，为 65.53。科创板（63.15）、创业板（62.84）和北交所（56.82）上市公司的创新经济绩效指数平均水平均低于全市场平均水平（64.49）。

表 3-35　2023 年上市公司创新经济绩效指数一览表——板块维度

板块	公司个数/家	均值	创新公司代表
沪市主板	1535	66.67	天坛生物（88.86）
深市主板	1395	65.53	北方华创（89.57）
创业板	1325	62.84	智飞生物（88.86）
科创板	566	63.15	传音控股（87.22）
北交所	239	56.82	锦波生物（78.03）

数据来源：同花顺（iFinD），首经贸资产评估研究院和浙工商中国智能管理研究院整理。

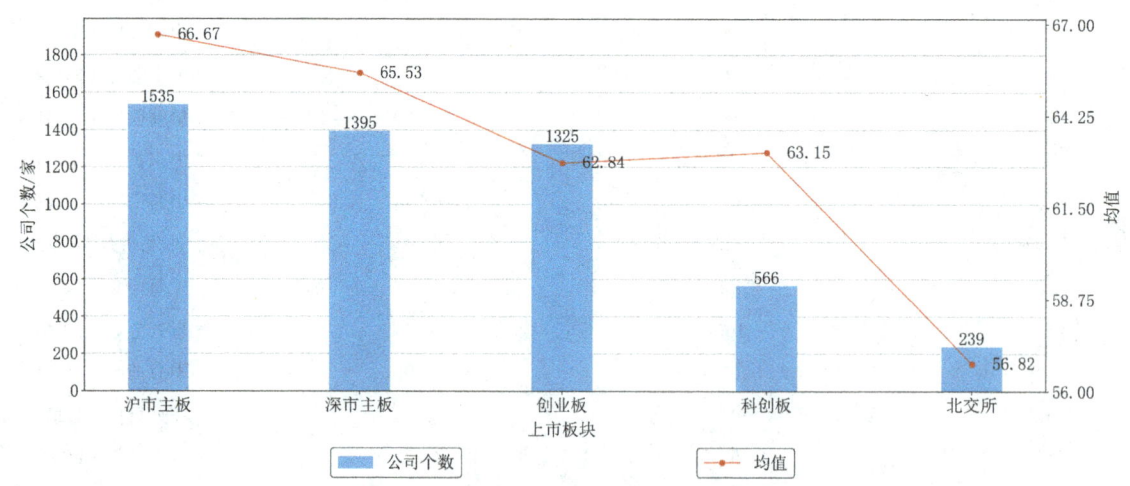

图 3-54　2023 年各板块上市公司创新经济绩效指数均值分布图

3.2.5.6　产权维度分析

从产权分布来看，如表 3-36 和图 3-55 所示，中央国有控股上市公司创新经济绩效指数平均水平最高，为 70.84，其次是地方国有控股上市公司，为 65.94。非国有控股上市公司平均水平均低于全市场平均水平（64.49）。

表 3-36　2023 年上市公司创新经济绩效指数一览表——产权维度

产权	公司个数/家	均值	创新公司代表
中央国有控股	435	70.84	长安汽车（89.31）
地方国有控股	893	65.94	北方华创（89.57）
非国有控股	3732	63.41	智飞生物（88.86）

数据来源：同花顺（iFinD），首经贸资产评估研究院和浙工商中国智能管理研究院整理。

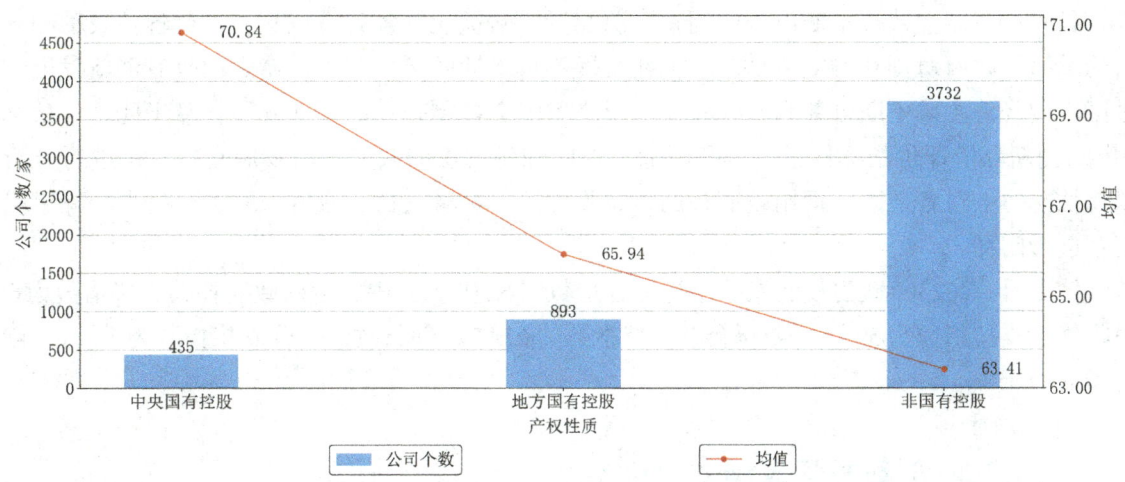

图 3-55　2023 年不同产权上市公司创新经济绩效指数均值分布图

第4章
政府创新发展支持力度评价

近年来，在全面贯彻新发展理念、加快构建新发展格局的要求指引下，我国政府对创新的重视日益提升，各种创新创业政策不断出台，创新资源配置不断优化，各省份也不断出台各种鼓励和支持企业创新的举措。政府对创新的支持是企业创新发展不可或缺的环境支撑，良好的政府创新发展支持可以促进区域内经济主体不断创新和自我完善，反之可能会抑制企业的创新发展。鉴于此，本章基于第2章提出的创新环境评价指标体系，对我国七大地区和各省份的政府创新发展支持水平进行分析和评价，以期从总体上对各地政府运用政府补助、税收优惠、金融支持、政府采购、科研支持等手段支持企业创新进行阐释。

从整体上看，2023年政府创新发展支持综合指数为62.07。其中，创新政府补助支持指数为68.15，创新税收优惠支持指数为59.15，创新金融支持指数为65.97，创新政府采购支持指数为50.67，创新科研支持指数为65.31。

4.1 七大区政府创新发展支持力度评价

2023年，政府运用多种政策支持企业创新转型体现出较为明显的协同性和系统性特征，在针对性破解企业创新发展难题方面发挥出了显著的政策实施优势。根据披露的创新政府补助、创新税收优惠、创新金融支持、创新政府采购和创新科研支持数据，报告分析了我国东北、华北、华东、华南、华中、西北和西南七大地理区域的政府创新发展支持力度。区域政府创新发展支持综合指数水平如图4-1所示。

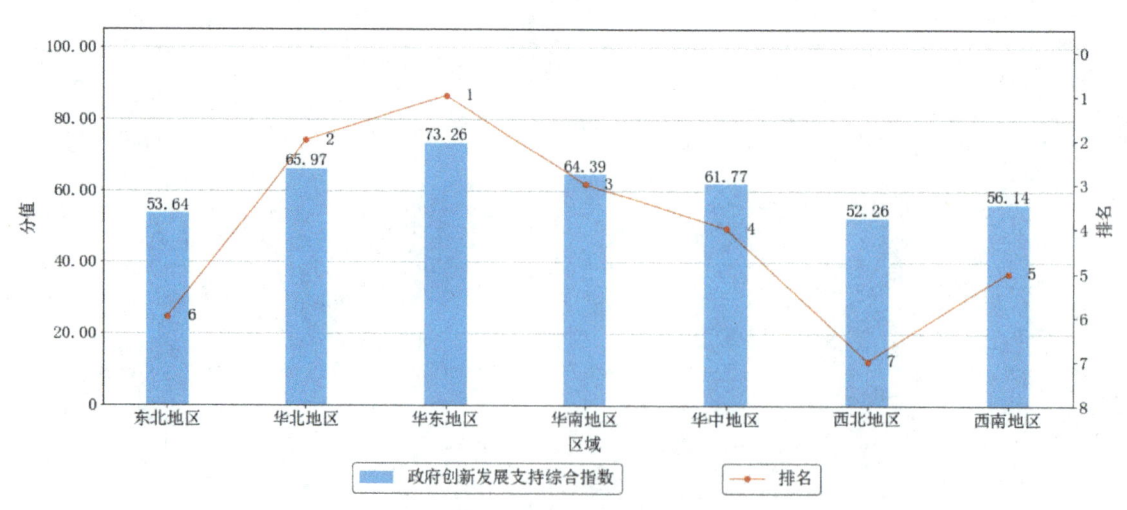

图4-1 政府创新发展支持综合指数——区域维度

总体来看，东北、华北、华东、华南、华中、西北和西南七大地理区域的政府创新发展支持综合指数依次为53.64、65.97、73.26、64.39、61.77、52.26和56.14。其中，政府创新发展支持综合指数平均水平最高的是华东地区，其次是华北地区，最低的是西北地区，凸显出华东地区和华北地区的创新发展支持力度具有明显的优越性。从细分维度来看，创新政府补助支持指数分值最高的为华东地区；创新税收优惠支持指数分值最高的为华东地区；创新金融支持指数分值最高的为华东地区；创新政府采购支持指数分值最高的为华北地区；创新科研支持指数分值最高的为华东地区。区域政府创新发展指数具体情况如表4-1所示。

表4-1 政府创新发展指数一览表——区域维度

区域	政府创新发展支持综合指数		创新政府补助支持指数		创新税收优惠支持指数		创新金融支持指数		创新政府采购支持指数		创新科研支持指数	
	分值	排名	分值	排名	分值	排名	分值	排名	分值	排名	分值	排名
东北	53.64	6	63.18	5	53.44	5	51.07	7	46.31	5	54.24	6
华北	65.97	2	70.30	3	60.43	3	65.88	4	56.33	1	76.84	2
华东	73.26	1	79.59	1	70.28	1	81.12	1	55.41	2	77.62	1
华南	64.39	3	70.72	2	65.74	2	69.39	2	54.14	3	60.30	4
华中	61.77	4	69.71	4	56.67	4	68.37	3	48.47	4	64.32	3
西北	52.26	7	56.13	7	51.88	6	53.87	6	44.99	7	53.66	7
西南	56.14	5	62.50	6	50.52	7	62.41	5	45.93	6	58.41	5

数据来源：同花顺（iFinD），首经贸资产评估研究院和浙工商中国智能管理研究院整理。

4.1.1 东北地区

2023年东北地区政府创新发展支持综合指数为53.64，如图4-2所示，与全国平均水平62.07相比，处于全国平均水平之下，体现出该地区政府创新发展综合支持力度相对偏弱。

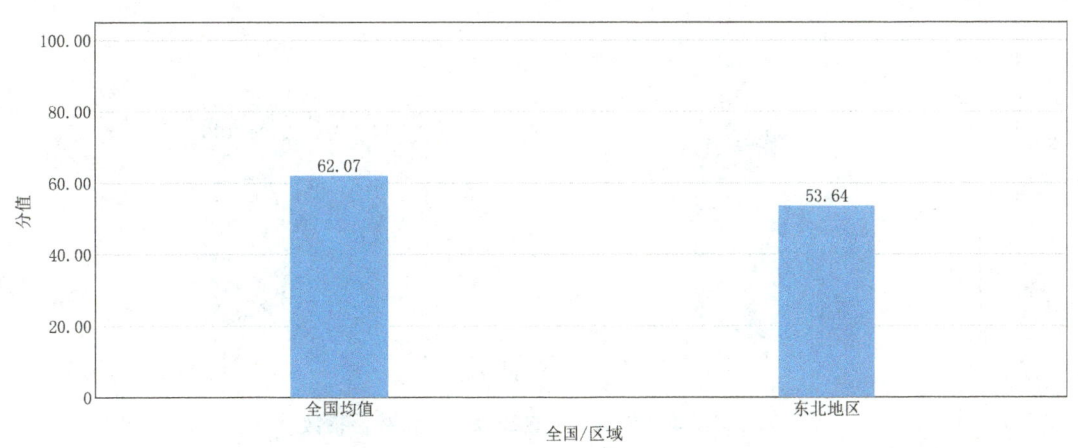

图4-2 东北地区政府创新发展支持综合指数

具体细分维度来看，如4-3所示。2023年东北地区创新政府补助支持指数为63.18，与全国平均水平68.15相比，处于全国平均水平之下，体现出相对偏弱的政府补助政策支持力度。2023年东北地区创新税收优惠支持指数为53.44，与全国平均水平59.15相比，处于全国平均水平之下，体现出相对偏弱的税收优惠政策支持力度。2023年东北地区整体创新金融支持指数为51.07，与全国平均水平65.97相比，处于全国平均水平之下，体现出相对偏弱的金融政策支持力度。2023年东北地区创新政府采购支持指数为46.31，与全国平均水平50.67相比，处于全国平均水平之下，体现出该地区偏弱的需求侧政策支持力度。2023年东北地区创新科研支持指数为54.24，与全国平均水平65.31相比，处于全国平均水平之下，体现出相对偏弱的科研支持力度。

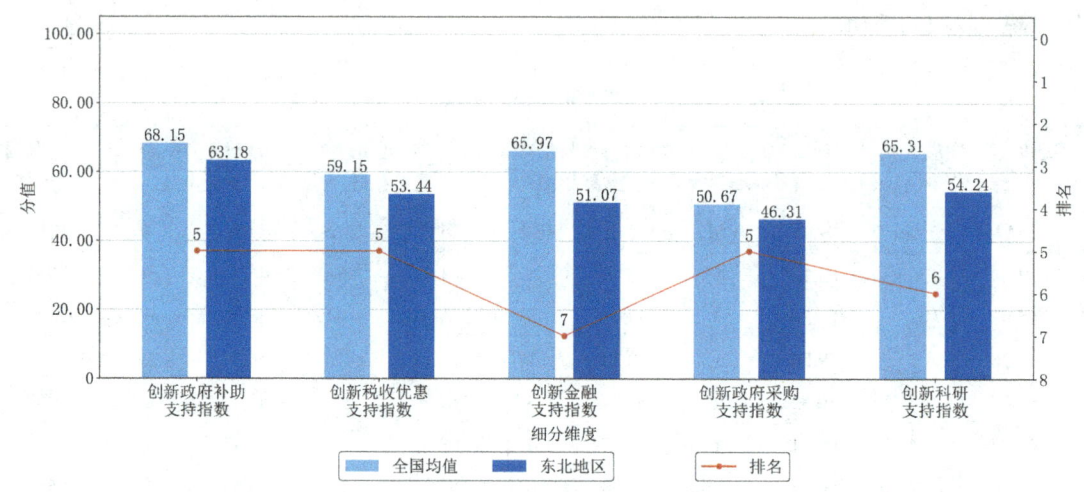

图4-3　东北地区政府创新发展支持指数——细分维度

4.1.2　华北地区

2023年华北地区政府创新发展支持综合指数为65.97，如图4-4所示，与全国平均水平62.07相比，处于全国平均水平之上，体现出该地区政府创新发展综合支持力度相对较强。

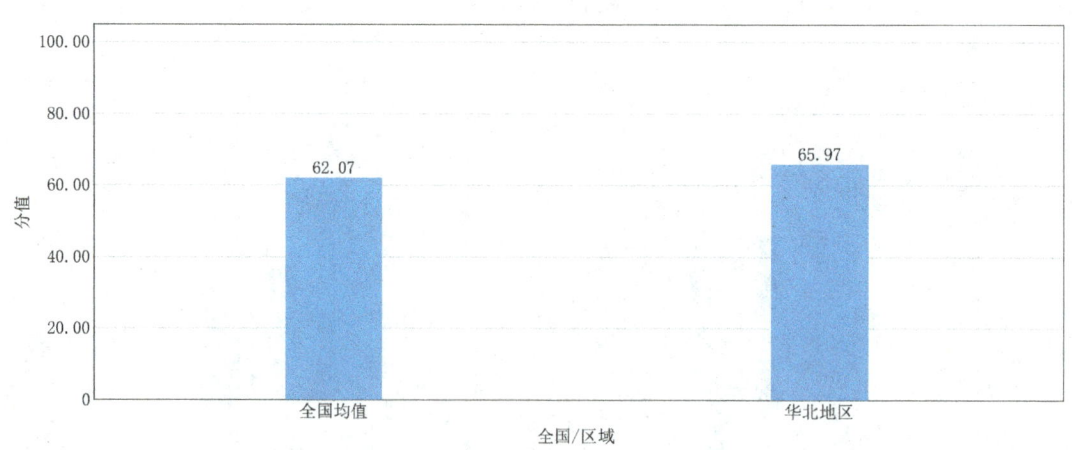

图4-4　华北地区政府创新发展支持综合指数

具体细分维度来看，如4-5所示。2023年华北地区创新政府补助支持指数为70.30，与全国平均水平68.15相比，处于全国平均水平之上，体现出相对较强的政府补助政策支持力度。2023年华北地区创新税收优惠支持指数为60.43，与全国平均水平59.15相比，处于全国平均水平之上，体现出相对较强的税收优惠政策支持力度。2023年华北地区整体创新金融支持指数为65.88，与全国平均水平65.97

相比，处于全国平均水平之下，体现出相对偏弱的金融政策支持力度。2023年华北地区创新政府采购支持指数为56.33，与全国平均水平50.67相比，处于全国平均水平之上，体现出该地区较强的需求侧政策支持力度。2023年华北地区创新科研支持指数为76.84，与全国平均水平65.31相比，处于全国平均水平之上，体现出相对较强的科研支持力度。

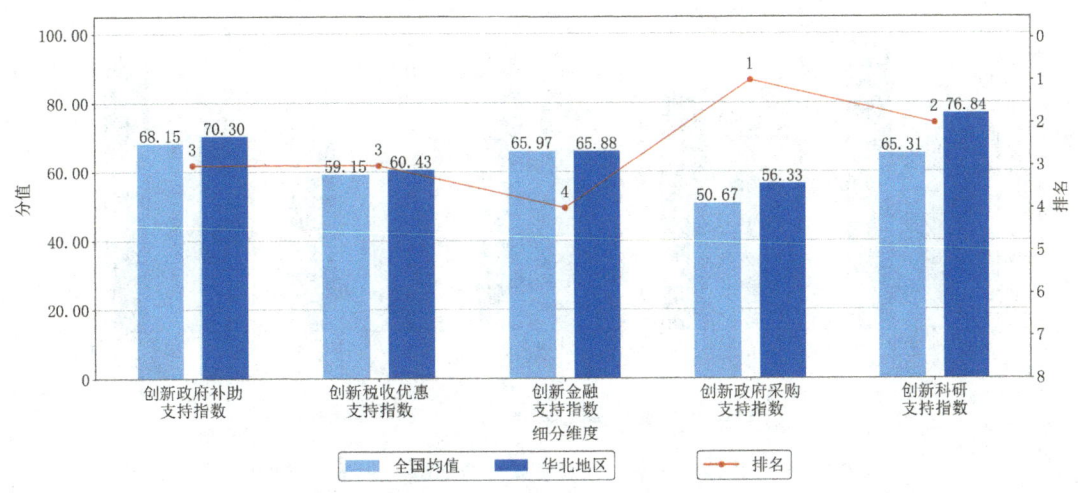

图4-5 华北地区政府创新发展支持指数——细分维度

4.1.3 华东地区

2023年华东地区政府创新发展支持综合指数为73.26，如图4-6所示，与全国平均水平62.07相比，处于全国平均水平之上，体现出该地区政府创新发展综合支持力度相对较强。

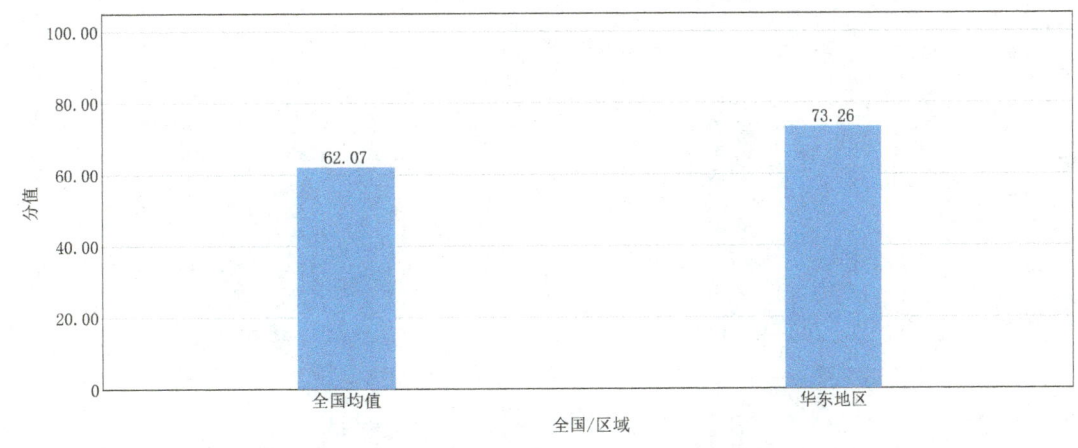

图4-6 华东地区政府创新发展支持综合指数

具体细分维度来看，如4-7所示。2023年华东地区创新政府补助支持指数为79.59，与全国平均水平68.15相比，处于全国平均水平之上，体现出相对较强的政府补助政策支持力度。2023年华东地区创新税收优惠支持指数为70.28，与全国平均水平59.15相比，处于全国平均水平之上，体现出相对较强的税收优惠政策支持力度。2023年华东地区整体创新金融支持指数为81.12，与全国平均水平65.97相比，处于全国平均水平之上，体现出相对较强的金融政策支持力度。2023年华东地区创新政府采购支持指数为55.41，与全国平均水平50.67相比，处于全国平均水平之上，体现出该地区较强的需求侧政策支持力度。2023年华东地区创新科研支持指数为77.62，与全国平均水平65.31相比，处于全国平均水平之上，体现出相对较强的科研支持力度。

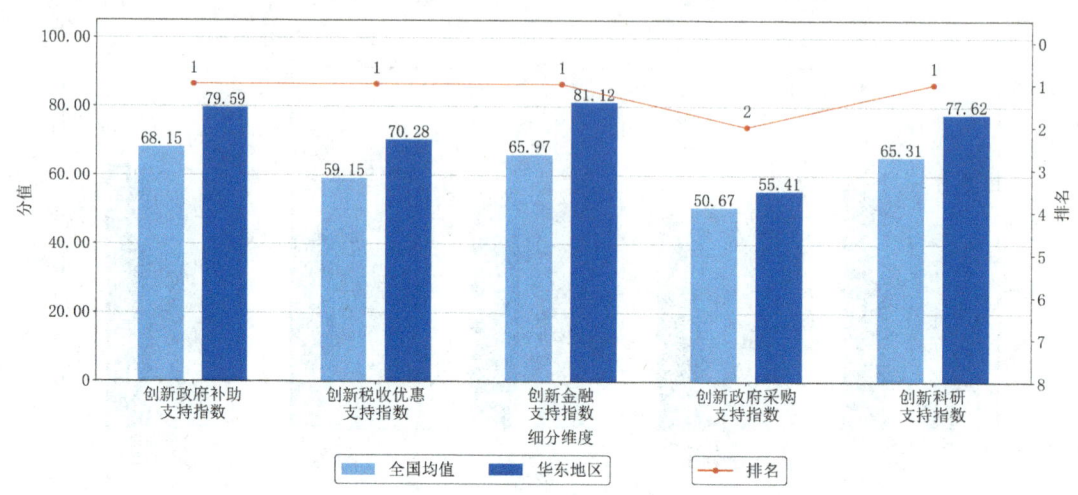

图4-7　华东地区政府创新发展支持指数——细分维度

4.1.4　华南地区

2023年华南地区政府创新发展支持综合指数为64.39，如图4-8所示，与全国平均水平62.07相比，处于全国平均水平之上，体现出该地区政府创新发展综合支持力度相对较强。

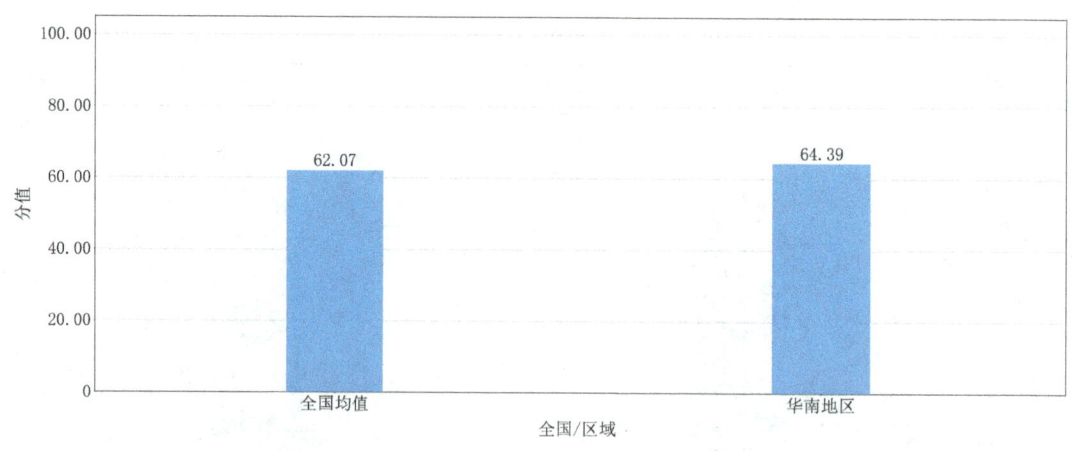

图4-8　华南地区政府创新发展支持综合指数

具体细分维度来看，如4-9所示。2023年华南地区创新政府补助支持指数为70.72，与全国平均水平68.15相比，处于全国平均水平之上，体现出相对较强的政府补助政策支持力度。2023年华南地区创新税收优惠支持指数为65.74，与全国平均水平59.15相比，处于全国平均水平之上，体现出相对较强的税收优惠政策支持力度。2023年华南地区整体创新金融支持指数为69.39，与全国平均水平65.97相比，处于全国平均水平之上，体现出相对较强的金融政策支持力度。2023年华南地区创新政府采购支持指数为54.14，与全国平均水平50.67相比，处于全国平均水平之上，体现出该地区较强的需求侧政策支持力度。2023年华南地区创新科研支持指数为60.30，与全国平均水平65.31相比，处于全国平均水平之下，体现出相对偏弱的科研支持力度。

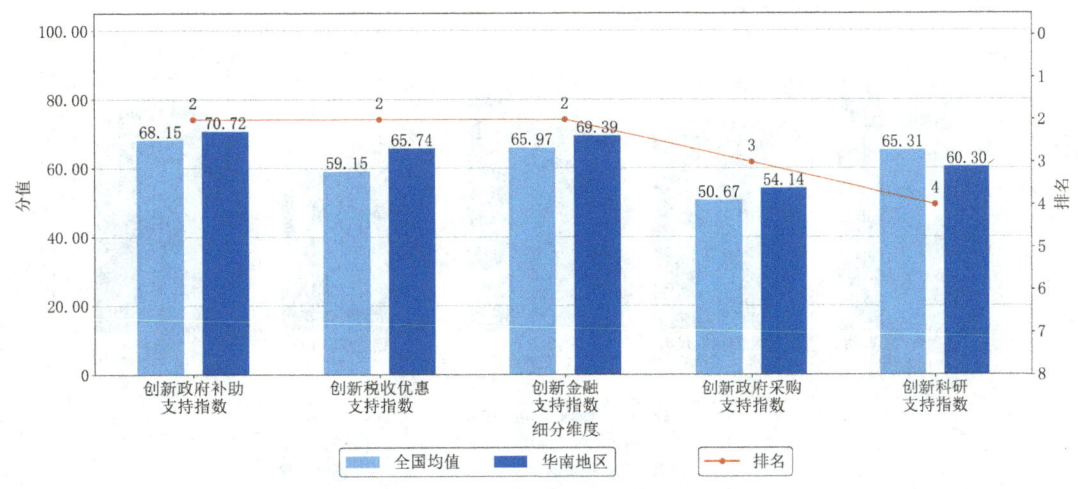

图4-9 华南地区政府创新发展支持指数——细分维度

4.1.5 华中地区

2023年华中地区政府创新发展支持综合指数为61.77，如图4-10所示，与全国平均水平62.07相比，处于全国平均水平之下，体现出该地区政府创新发展综合支持力度相对偏弱。

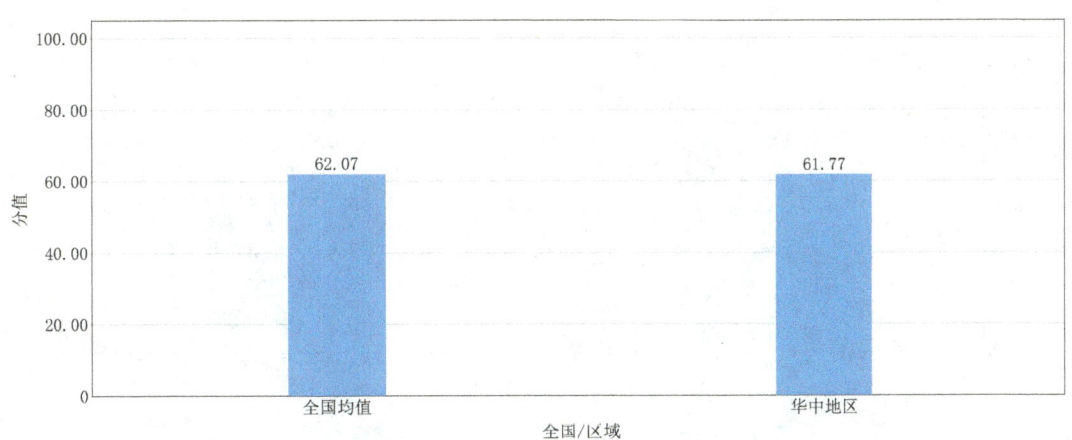

图4-10 华中地区政府创新发展支持综合指数

具体细分维度来看，如4-11所示。2023年华中地区创新政府补助支持指数为69.71，与全国平均水平68.15相比，处于全国平均水平之上，体现出相对较强的政府补助政策支持力度。2023年华中地区创新税收优惠支持指数为56.67，与全国平均水平59.15相比，处于全国平均水平之下，体现出相对偏弱的税收优惠政策支持力度。2023年华中地区整体创新金融支持指数为68.37，与全国平均水平65.97相比，处于全国平均水平之上，体现出相对较强的金融政策支持力度。2023年华中地区创新政府采购支持指数为48.47，与全国平均水平50.67相比，处于全国平均水平之下，体现出该地区偏弱的需求侧政策支持力度。2023年华中地区创新科研支持指数为64.32，与全国平均水平65.31相比，处于全国平均水平之下，体现出相对偏弱的科研支持力度。

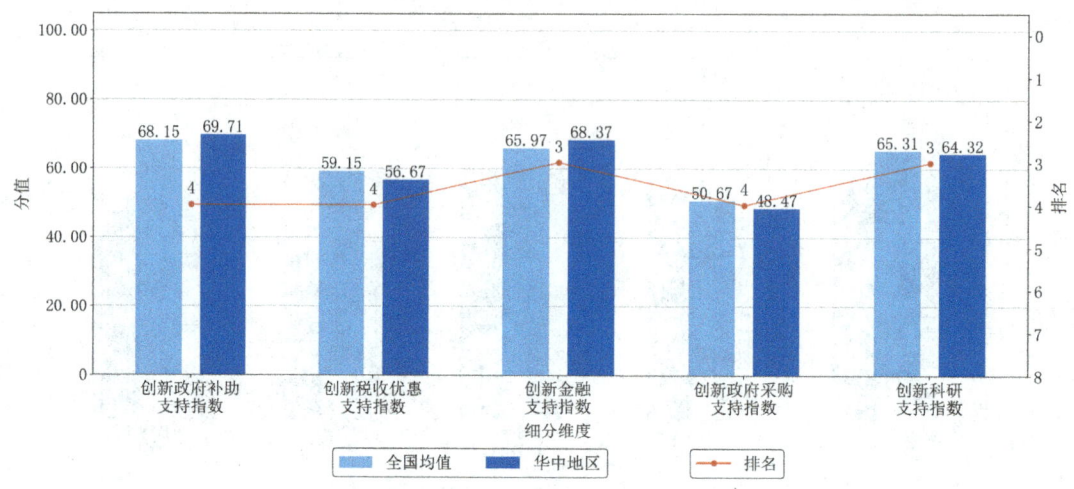

图 4-11　华中地区政府创新发展支持指数——细分维度

4.1.6　西北地区

2023年西北地区政府创新发展支持综合指数为52.26，如图4-12所示，与全国平均水平62.07相比，处于全国平均水平之下，体现出该地区政府创新发展综合支持力度相对偏弱。

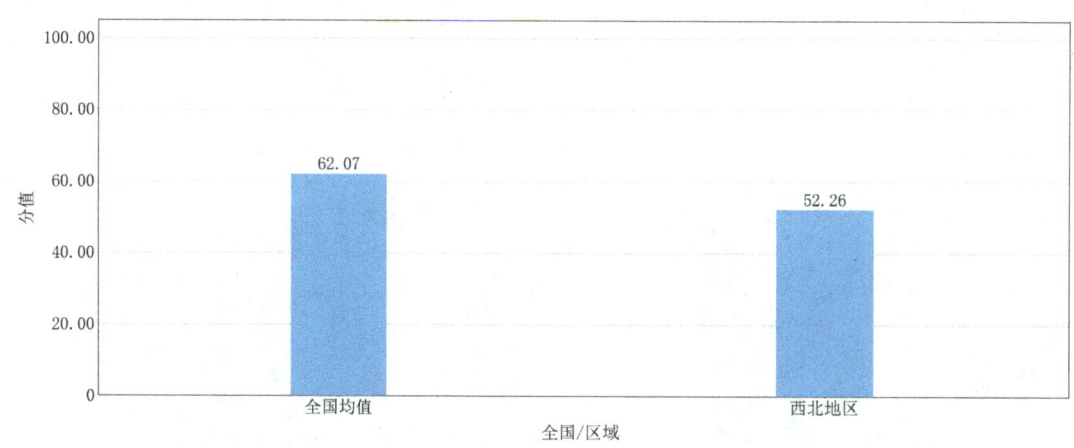

图 4-12　西北地区政府创新发展支持综合指数

具体细分维度来看，如4-13所示。2023年西北地区创新政府补助支持指数为56.13，与全国平均水平68.15相比，处于全国平均水平之下，体现出相对偏弱的政府补助政策支持力度。2023年西北地区创新税收优惠支持指数为51.88，与全国平均水平59.15相比，处于全国平均水平之下，体现出相对偏弱的税收优惠政策支持力度。2023年西北地区整体创新金融支持指数为53.87，与全国平均水平65.97相比，处于全国平均水平之下，体现出相对偏弱的金融政策支持力度。2023年西北地区创新政府采购支持指数为44.99，与全国平均水平50.67相比，处于全国平均水平之下，体现出该地区偏弱的需求侧政策支持力度。2023年西北地区创新科研支持指数为53.66，与全国平均水平65.31相比，处于全国平均水平之下，体现出相对偏弱的科研支持力度。

第4章 政府创新发展支持力度评价

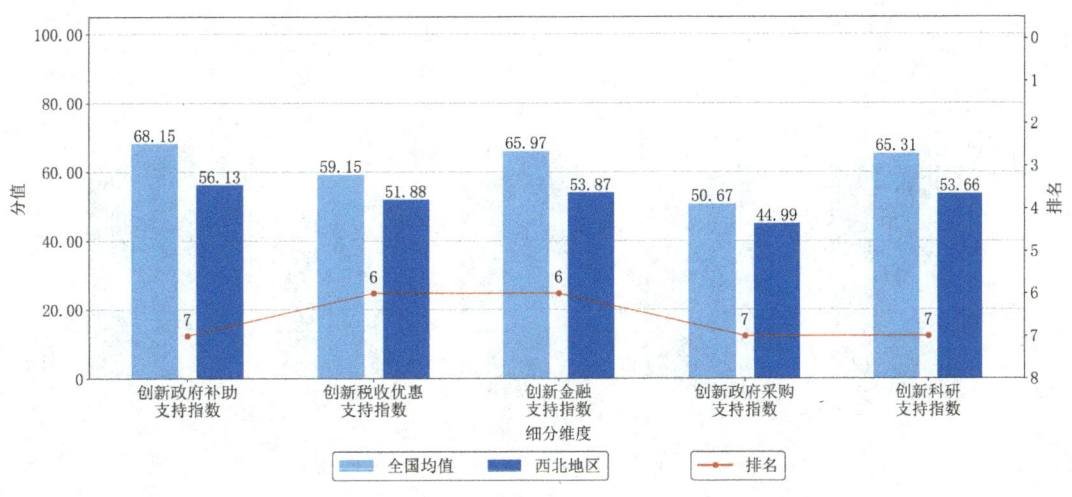

图4-13 西北地区政府创新发展支持指数——细分维度

4.1.7 西南地区

2023年西南地区政府创新发展支持综合指数为56.14，如图4-14所示，与全国平均水平62.07相比，处于全国平均水平之下，体现出该地区政府创新发展综合支持力度相对偏弱。

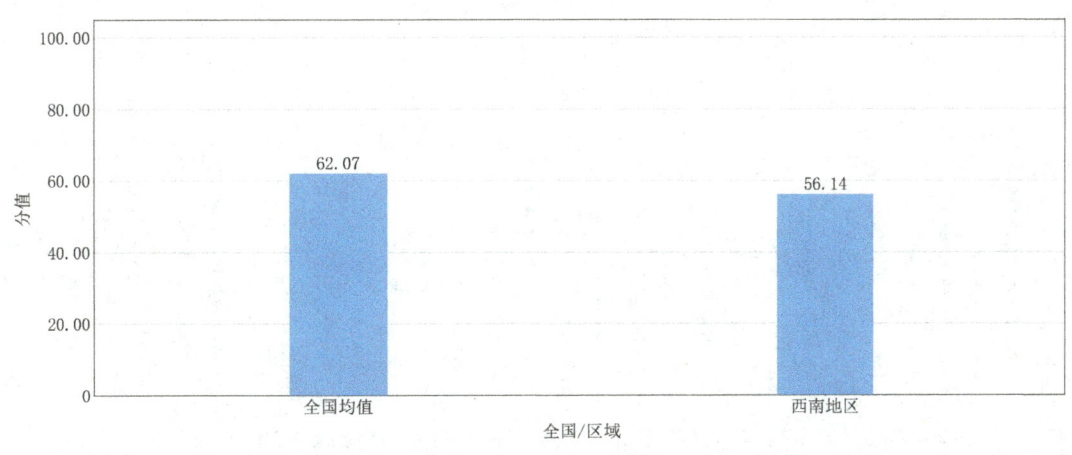

图4-14 西南地区政府创新发展支持综合指数

具体细分维度来看，如4-15所示。2023年西南地区创新政府补助支持指数为62.50，与全国平均水平68.15相比，处于全国平均水平之下，体现出相对偏弱的政府补助政策支持力度。2023年西南地区创新税收优惠支持指数为50.52，与全国平均水平59.15相比，处于全国平均水平之下，体现出相对偏弱的税收优惠政策支持力度。2023年西南地区整体创新金融支持指数为62.41，与全国平均水平65.97相比，处于全国平均水平之下，体现出相对偏弱的金融政策支持力度。2023年西南地区创新政府采购支持指数为45.93，与全国平均水平50.67相比，处于全国平均水平之下，体现出该地区偏弱的需求侧政策支持力度。2023年西南地区创新科研支持指数为58.41，与全国平均水平65.31相比，处于全国平均水平之下，体现出相对偏弱的科研支持力度。

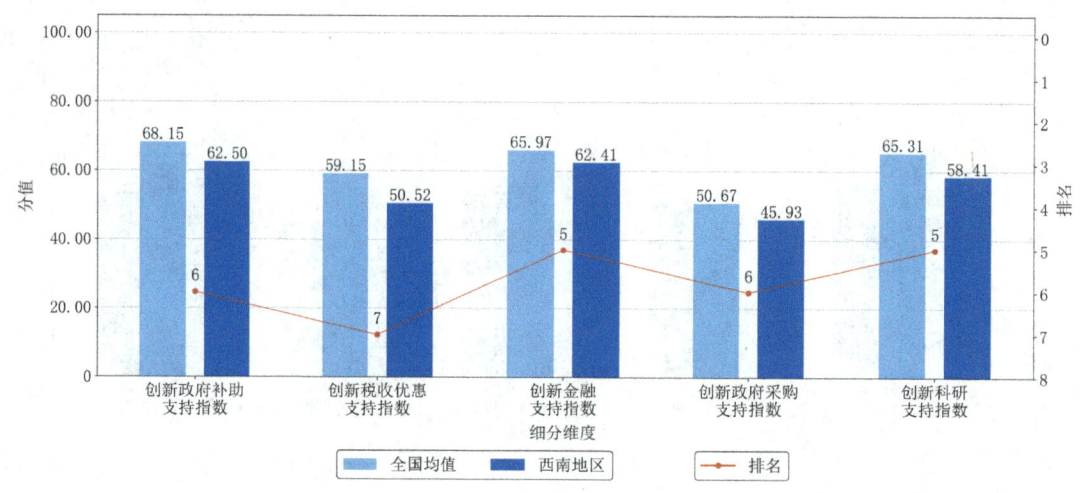

图 4-15　西南地区政府创新发展支持指数——细分维度

4.2　省份政府创新发展支持力度评价

根据披露的创新政府采购、创新政府补助、创新税收优惠、创新金融支持和创新科研支持数据，报告同时分析了我国31个省份的政府创新发展支持力度。省份政府创新发展支持综合指数，如图4-16所示。

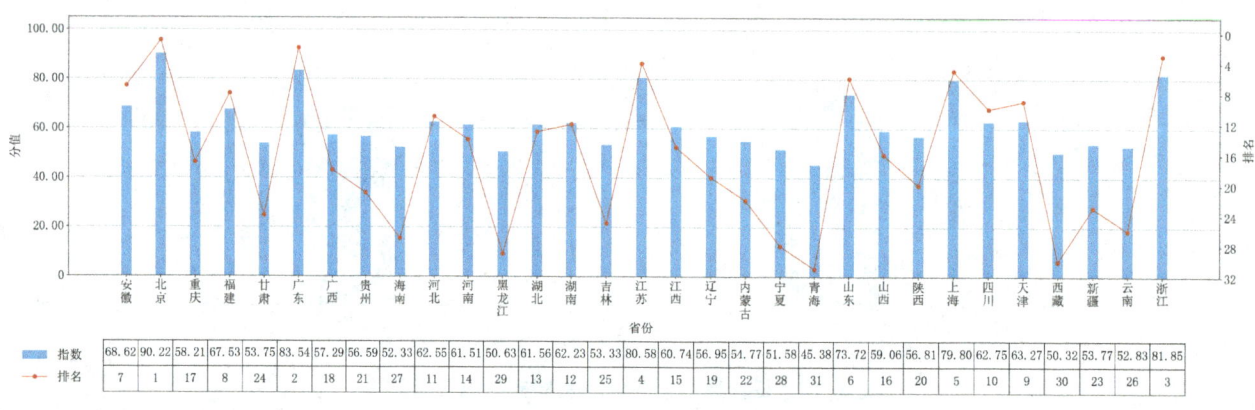

图 4-16　政府创新发展支持综合指数——省份维度

总体来看，安徽省、北京市、重庆市、福建省、甘肃省、广东省、广西壮族自治区、贵州省、海南省、河北省、河南省、黑龙江省、湖北省、湖南省、吉林省、江苏省、江西省、辽宁省、内蒙古自治区、宁夏回族自治区、青海省、山东省、山西省、陕西省、上海市、四川省、天津市、西藏自治区、新疆维吾尔自治区、云南省和浙江省的政府创新发展支持综合指数依次为68.62、90.22、58.21、67.53、53.75、83.54、57.29、56.59、52.33、62.55、61.51、50.63、61.56、62.23、53.33、80.58、60.74、56.95、54.77、51.58、45.38、73.72、59.06、56.81、79.80、62.75、63.27、50.32、53.77、52.83和81.85。其中，政府创新发展支持综合指数平均水平最高的是北京市，最低的是青海省，政府创新发展支持综合指数存在明显的省份差异性。细分维度来看，创新政府补助支持指数分值最高的为广东省；创新税收优惠支持指数分值最高的为广东省；创新金融支持指数分值最高的为浙江省；创新政府采购支持指数分值最高的为北京市；创新科研支持指数分值最高的为上海市。省份政府创新发展指数具体情况如表4-2所示。

表 4-2 政府创新发展指数一览表——省份维度

省份	政府创新发展支持综合指数		创新政府补助支持指数		创新税收优惠支持指数		创新金融支持指数		创新政府采购支持指数		创新科研支持指数	
	分值	排名	分值	排名	分值	排名	分值	排名	分值	排名	分值	排名
安徽	68.62	7	74.75	7	61.30	7	78.94	6	50.44	9	75.56	8
北京	90.22	1	95.59	2	82.08	3	83.74	4	99.60	1	93.26	2
重庆	58.21	17	64.73	17	52.06	23	61.18	19	52.10	7	61.01	17
福建	67.53	8	72.13	8	59.92	8	77.72	8	48.18	10	77.43	5
甘肃	53.75	24	56.93	27	54.06	18	52.61	27	45.51	19	59.05	25
广东	83.54	2	97.88	1	98.01	1	86.62	3	69.70	3	62.45	12
广西	57.29	18	60.94	26	51.81	24	67.47	14	45.31	24	59.11	24
贵州	56.59	21	61.19	24	55.77	16	61.87	18	43.14	30	59.13	22
海南	52.33	27	53.34	29	47.40	30	54.06	24	47.41	14	59.35	21
河北	62.55	11	66.94	14	59.02	9	68.98	11	45.82	17	70.02	10
河南	61.51	14	67.69	13	56.73	14	65.77	15	46.18	15	69.87	11
黑龙江	50.63	29	61.11	25	49.30	27	48.66	30	45.35	23	49.08	30
湖北	61.56	13	71.35	9	55.22	17	71.07	10	47.76	13	60.92	18
湖南	62.23	12	70.09	10	58.08	12	68.26	13	51.46	8	62.16	13
吉林	53.33	25	61.86	21	53.49	20	52.98	26	45.42	21	52.52	27
江苏	80.58	4	82.60	5	79.66	4	90.31	2	71.83	2	76.45	7
江西	60.74	15	67.74	12	58.55	10	68.56	12	45.45	20	61.30	14
辽宁	56.95	19	66.58	15	57.54	13	51.56	29	48.16	11	61.11	15
内蒙古	54.77	22	61.30	23	52.27	22	55.36	22	45.37	22	59.12	23
宁夏	51.58	28	47.06	31	49.79	26	53.88	25	45.17	27	61.03	16
青海	45.38	31	49.17	30	48.42	28	43.08	31	43.07	31	43.04	31
山东	73.72	6	81.79	6	71.63	6	78.29	7	57.99	5	77.25	6
山西	59.06	16	61.89	20	50.55	25	61.96	17	45.17	26	75.06	9
陕西	56.81	20	64.08	18	54.03	19	65.63	16	45.89	16	52.75	26
上海	79.80	5	85.29	4	72.44	5	82.50	5	59.82	4	97.68	1
四川	62.75	10	69.38	11	56.19	15	77.41	9	47.97	12	60.35	19
天津	63.27	9	65.80	16	58.23	11	59.34	20	45.68	18	86.75	3
西藏	50.32	30	55.69	28	40.32	31	52.56	28	43.27	28	60.25	20
新疆	53.77	23	63.43	19	53.12	21	54.15	23	45.29	25	52.44	28
云南	52.83	26	61.51	22	48.24	29	59.01	21	43.17	29	51.33	29
浙江	81.85	3	92.81	3	88.45	2	91.54	1	54.20	6	77.64	4

数据来源：同花顺（iFinD），首经贸资产评估研究院和浙工商中国智能管理研究院整理。

4.2.1 安徽省

2023年安徽省整体政府创新发展支持综合指数为68.62，如图4-17所示，与全国平均水平62.07相比，安徽省政府创新发展支持综合指数处于全国平均水平之上，体现出安徽省政府创新发展综合支持程度相对较强。

具体细分维度来看，如图4-18所示。2023年安徽省创新政府补助支持指数为74.75，与全国平均水平68.15相比，处于全国平均水平之上，在全国各省份比较中排名第7位，体现出相对较强的政府补助政策支持力度。2023年安徽省创新税收优惠支持指数为61.30，与全国平均水平59.15相比，处于全国平均水平之上，在全国各省份比较中排名第7位，体现出相对较强的税收优惠政策支持力度。2023年安徽省整体创新金融支持指数为78.94，与全国平均水平65.97相比，处于全国平均水平之上，在全国各省份比较中排名第6位，体现出相对较强的金融政策支持力度。2023年安徽省创新政府采购支持指数为50.44，与全国平均水平50.67相比，处于全国平均水平之下，在全国各省份比较中排名第9位，体现出该地区偏弱的需求侧政策支持力度。2023年安徽省创新科研支持指数为75.56，与全国平均水平65.31相比，处于全国平均水平之上，在全国各省份比较中排名第8位，体现出相对较强的科研支持效果。

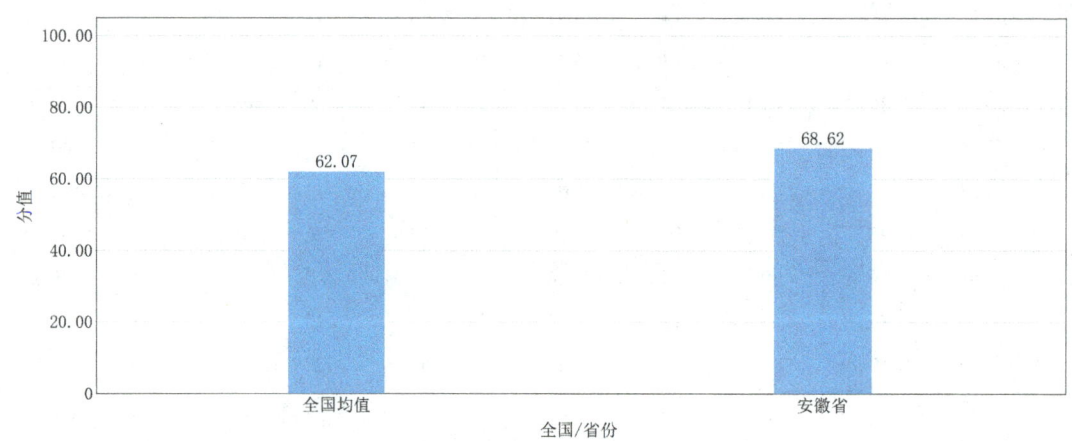

图4-17 安徽省政府创新发展支持综合指数

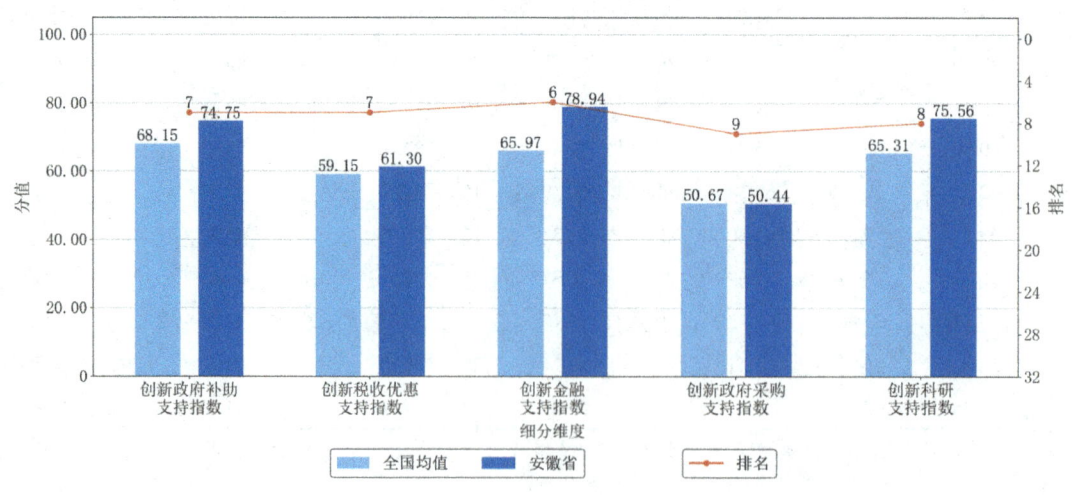

图4-18 安徽省政府创新发展支持指数——细分维度

4.2.2 北京市

2023年北京市整体政府创新发展支持综合指数为90.22，如图4-19所示，与全国平均水平62.07相比，北京市政府创新发展支持综合指数处于全国平均水平之上，体现出北京市政府创新发展综合支持程度相对较强。

具体细分维度来看，如图4-20所示。2023年北京市创新政府补助支持指数为95.59，与全国平均水平68.15相比，处于全国平均水平之上，在全国各省份比较中排名第2位，体现出相对较强的政府补助政策支持力度。2023年北京市创新税收优惠支持指数为82.08，与全国平均水平59.15相比，处于全国平均水平之上，在全国各省份比较中排名第3位，体现出相对较强的税收优惠政策支持力度。2023年北京市整体创新金融支持指数为83.74，与全国平均水平65.97相比，处于全国平均水平之上，在全国各省份比较中排名第4位，体现出相对较强的金融政策支持力度。2023年北京市创新政府采购支持指数为99.60，与全国平均水平50.67相比，处于全国平均水平之上，在全国各省份比较中排名第1位，体现出该地区较强的需求侧政策支持力度。2023年北京市创新科研支持指数为93.26，与全国平均水平65.31相比，处于全国平均水平之上，在全国各省份比较中排名第2位，体现出相对较强的科研支持效果。

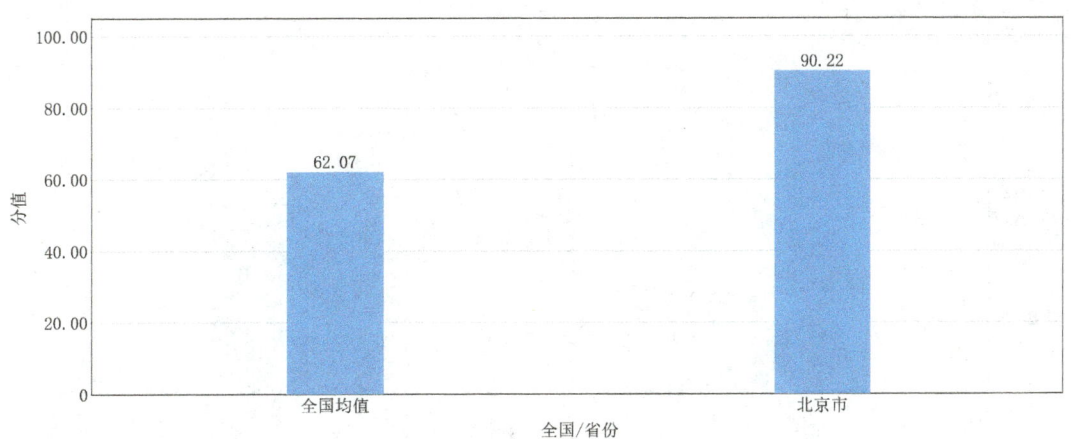

图4-19　北京市政府创新发展支持综合指数

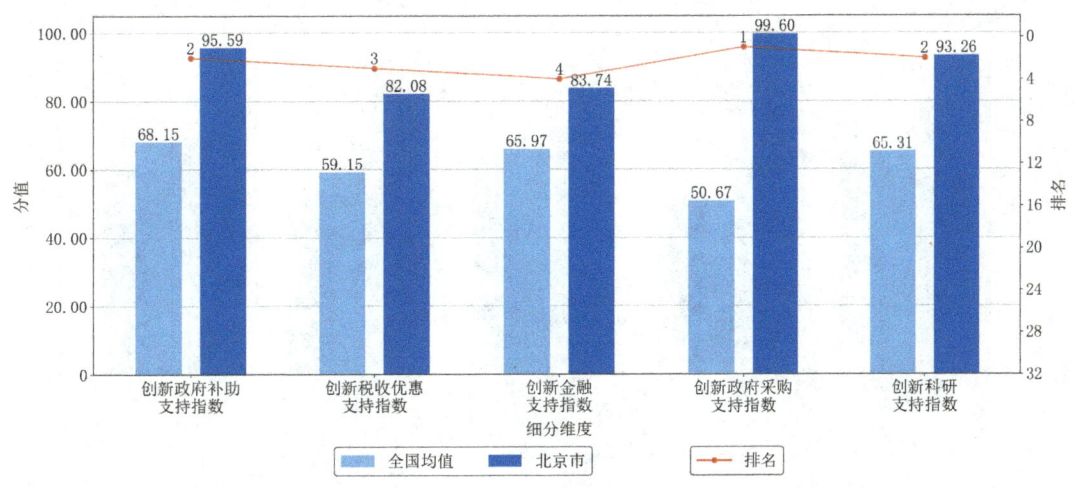

图4-20　北京市政府创新发展支持指数——细分维度

4.2.3 重庆市

2023年重庆市整体政府创新发展支持综合指数为58.21，如图4-21所示，与全国平均水平62.07相比，重庆市政府创新发展支持综合指数处于全国平均水平之下，体现出重庆市政府创新发展综合支持程度相对偏弱。

具体细分维度来看，如图4-22所示。2023年重庆市创新政府补助支持指数为64.73，与全国平均水平68.15相比，处于全国平均水平之下，在全国各省份比较中排名第17位，体现出相对偏弱的政府补助政策支持力度。2023年重庆市创新税收优惠支持指数为52.06，与全国平均水平59.15相比，处于全国平均水平之下，在全国各省份比较中排名第23位，体现出相对偏弱的税收优惠政策支持力度。2023年重庆市整体创新金融支持指数为61.18，与全国平均水平65.97相比，处于全国平均水平之下，在全国各省份比较中排名第19位，体现出相对偏弱的金融政策支持力度。2023年重庆市创新政府采购支持指数为52.10，与全国平均水平50.67相比，处于全国平均水平之上，在全国各省份比较中排名第7位，体现出该地区较强的需求侧政策支持力度。2023年重庆市创新科研支持指数为61.01，与全国平均水平65.31相比，处于全国平均水平之下，在全国各省份比较中排名第17位，体现出相对偏弱的科研支持效果。

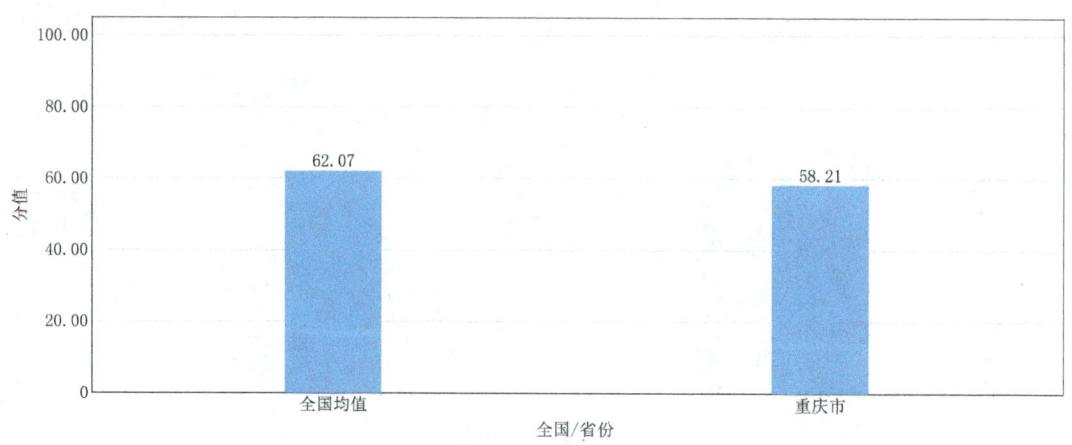

图4-21 重庆市政府创新发展支持综合指数

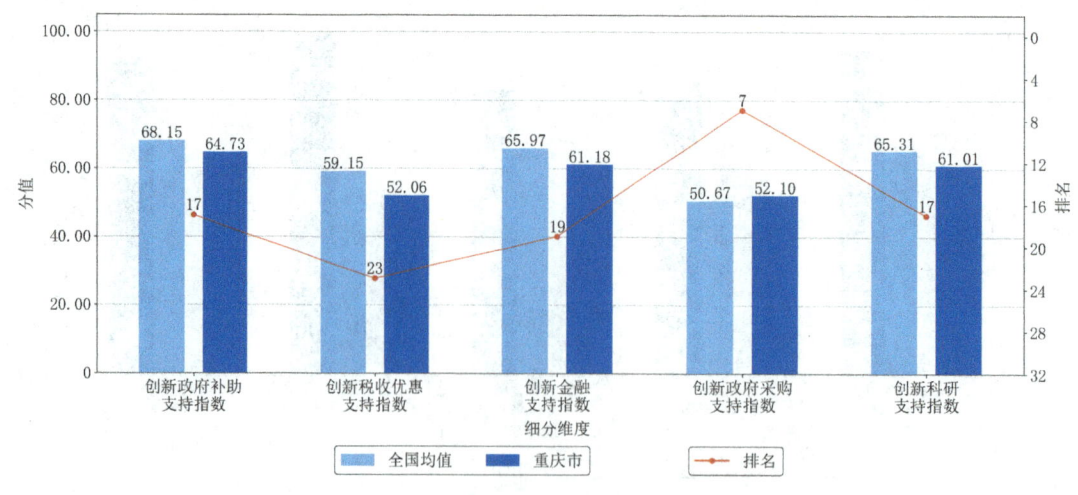

图4-22 重庆市政府创新发展支持指数——细分维度

4.2.4 福建省

2023年福建省整体政府创新发展支持综合指数为67.53，如图4-23所示，与全国平均水平62.07相比，福建省政府创新发展支持综合指数处于全国平均水平之上，体现出福建省政府创新发展综合支持程度相对较强。

具体细分维度来看，如图4-24所示。2023年福建省创新政府补助支持指数为72.13，与全国平均水平68.15相比，处于全国平均水平之上，在全国各省份比较中排名第8位，体现出相对较强的政府补助政策支持力度。2023年福建省创新税收优惠支持指数为59.92，与全国平均水平59.15相比，处于全国平均水平之上，在全国各省份比较中排名第8位，体现出相对较强的税收优惠政策支持力度。2023年福建省整体创新金融支持指数为77.72，与全国平均水平65.97相比，处于全国平均水平之上，在全国各省份比较中排名第8位，体现出相对较强的金融政策支持力度。2023年福建省创新政府采购支持指数为48.18，与全国平均水平50.67相比，处于全国平均水平之下，在全国各省份比较中排名第10位，体现出该地区偏弱的需求侧政策支持力度。2023年福建省创新科研支持指数为77.43，与全国平均水平65.31相比，处于全国平均水平之上，在全国各省份比较中排名第5位，体现出相对较强的科研支持效果。

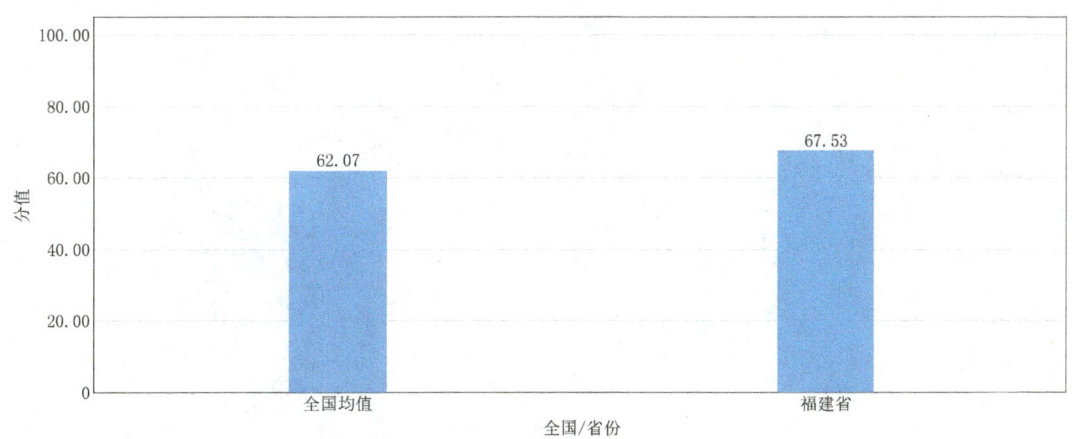

图4-23　福建省政府创新发展支持综合指数

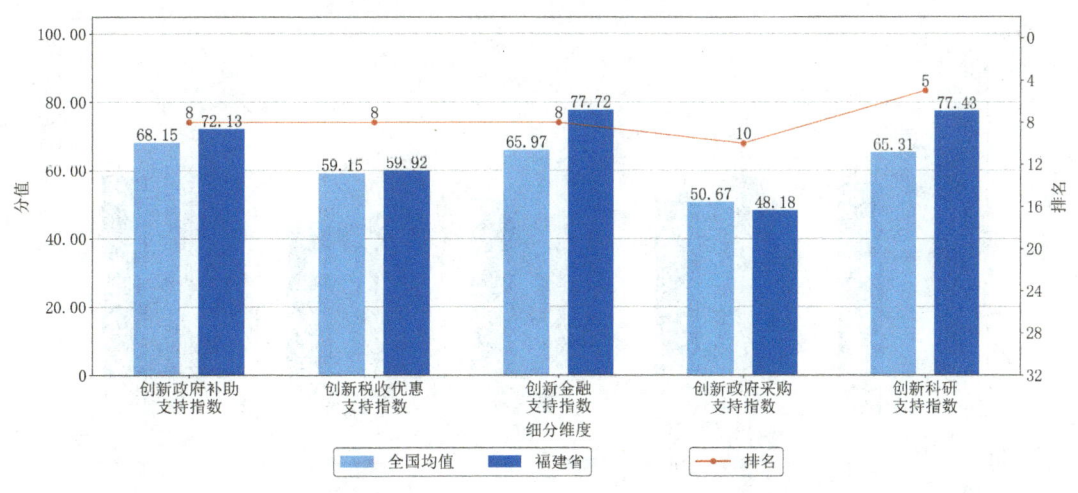

图4-24　福建省政府创新发展支持指数——细分维度

4.2.5 甘肃省

2023年甘肃省整体政府创新发展支持综合指数为53.75，如图4-25所示，与全国平均水平62.07相比，甘肃省政府创新发展支持综合指数处于全国平均水平之下，体现出甘肃省政府创新发展综合支持程度相对偏弱。

具体细分维度来看，如图4-26所示。2023年甘肃省创新政府补助支持指数为56.93，与全国平均水平68.15相比，处于全国平均水平之下，在全国各省份比较中排名第27位，体现出相对偏弱的政府补助政策支持力度。2023年甘肃省创新税收优惠支持指数为54.06，与全国平均水平59.15相比，处于全国平均水平之下，在全国各省份比较中排名第18位，体现出相对偏弱的税收优惠政策支持力度。2023年甘肃省整体创新金融支持指数为52.61，与全国平均水平65.97相比，处于全国平均水平之下，在全国各省份比较中排名第27位，体现出相对偏弱的金融政策支持力度。2023年甘肃省创新政府采购支持指数为45.51，与全国平均水平50.67相比，处于全国平均水平之下，在全国各省份比较中排名第19位，体现出该地区偏弱的需求侧政策支持力度。2023年甘肃省创新科研支持指数为59.05，与全国平均水平65.31相比，处于全国平均水平之下，在全国各省份比较中排名第25位，体现出相对偏弱的科研支持效果。

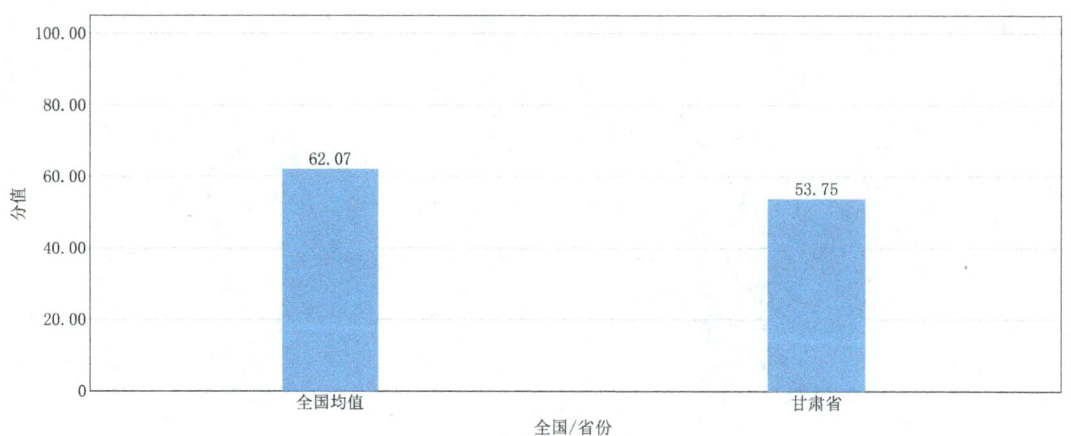

图4-25 甘肃省政府创新发展支持综合指数

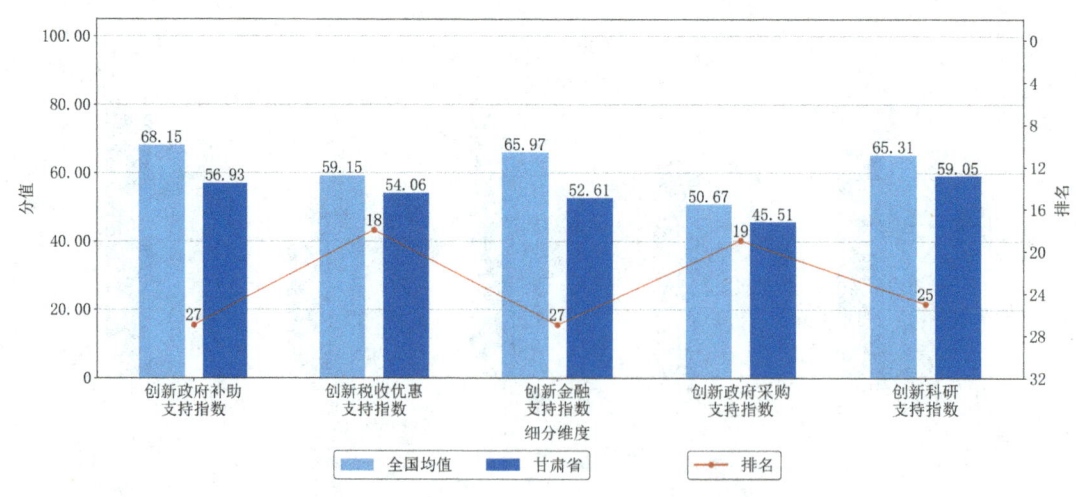

图4-26 甘肃省政府创新发展支持指数——细分维度

4.2.6 广东省

2023年广东省整体政府创新发展支持综合指数为83.54，如图4-27所示，与全国平均水平62.07相比，广东省政府创新发展支持综合指数处于全国平均水平之上，体现出广东省政府创新发展综合支持程度相对较强。

具体细分维度来看，如图4-28所示。2023年广东省创新政府补助支持指数为97.88，与全国平均水平68.15相比，处于全国平均水平之上，在全国各省份比较中排名第1位，体现出相对较强的政府补助政策支持力度。2023年广东省创新税收优惠支持指数为98.01，与全国平均水平59.15相比，处于全国平均水平之上，在全国各省份比较中排名第1位，体现出相对较强的税收优惠政策支持力度。2023年广东省整体创新金融支持指数为86.62，与全国平均水平65.97相比，处于全国平均水平之上，在全国各省份比较中排名第3位，体现出相对较强的金融政策支持力度。2023年广东省创新政府采购支持指数为69.70，与全国平均水平50.67相比，处于全国平均水平之上，在全国各省份比较中排名第3位，体现出该地区较强的需求侧政策支持力度。2023年广东省创新科研支持指数为62.45，与全国平均水平65.31相比，处于全国平均水平之下，在全国各省份比较中排名第12位，体现出相对偏弱的科研支持效果。

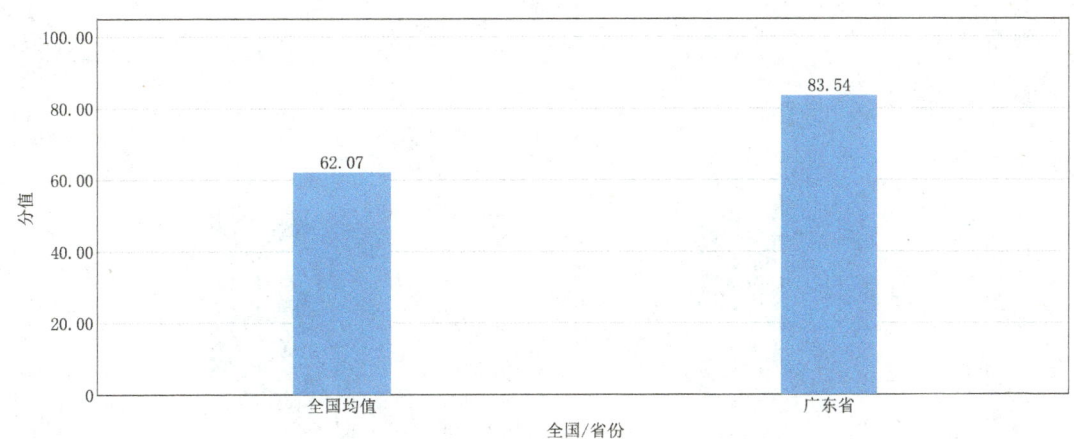

图4-27 广东省政府创新发展支持综合指数

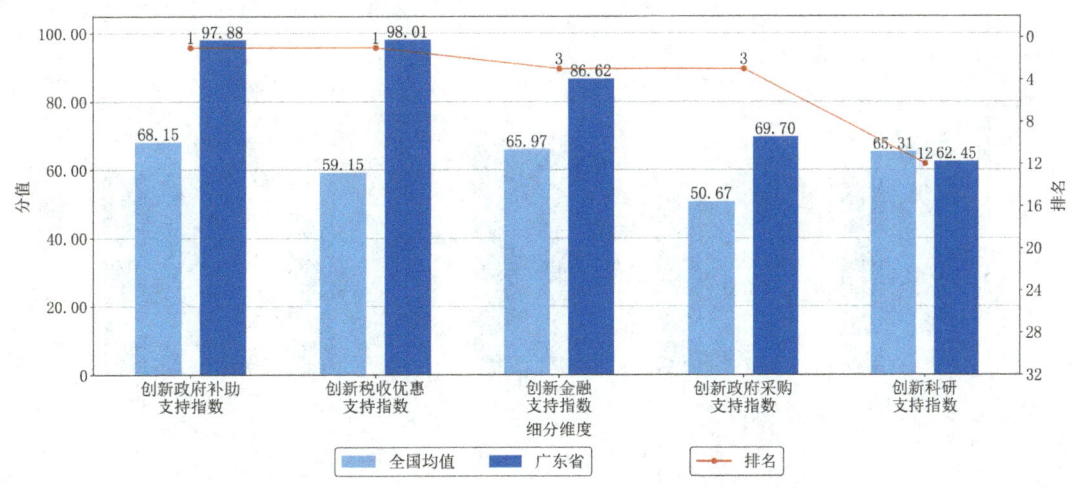

图4-28 广东省政府创新发展支持指数——细分维度

4.2.7 广西壮族自治区

2023年广西壮族自治区整体政府创新发展支持综合指数为57.29，如图4-29所示，与全国平均水平62.07相比，广西壮族自治区政府创新发展支持综合指数处于全国平均水平之下，体现出广西壮族自治区政府创新发展综合支持程度相对偏弱。

具体细分维度来看，如图4-30所示。2023年广西壮族自治区创新政府补助支持指数为60.94，与全国平均水平68.15相比，处于全国平均水平之下，在全国各省份比较中排名第26位，体现出相对偏弱的政府补助政策支持力度。2023年广西壮族自治区创新税收优惠支持指数为51.81，与全国平均水平59.15相比，处于全国平均水平之下，在全国各省份比较中排名第24位，体现出相对偏弱的税收优惠政策支持力度。2023年广西壮族自治区整体创新金融支持指数为67.47，与全国平均水平65.97相比，处于全国平均水平之上，在全国各省份比较中排名第14位，体现出相对较强的金融政策支持力度。2023年广西壮族自治区创新政府采购支持指数为45.31，与全国平均水平50.67相比，处于全国平均水平之下，在全国各省份比较中排名第24位，体现出该地区偏弱的需求侧政策支持力度。2023年广西壮族自治区创新科研支持指数为59.11，与全国平均水平65.31相比，处于全国平均水平之下，在全国各省份比较中排名第24位，体现出相对偏弱的科研支持效果。

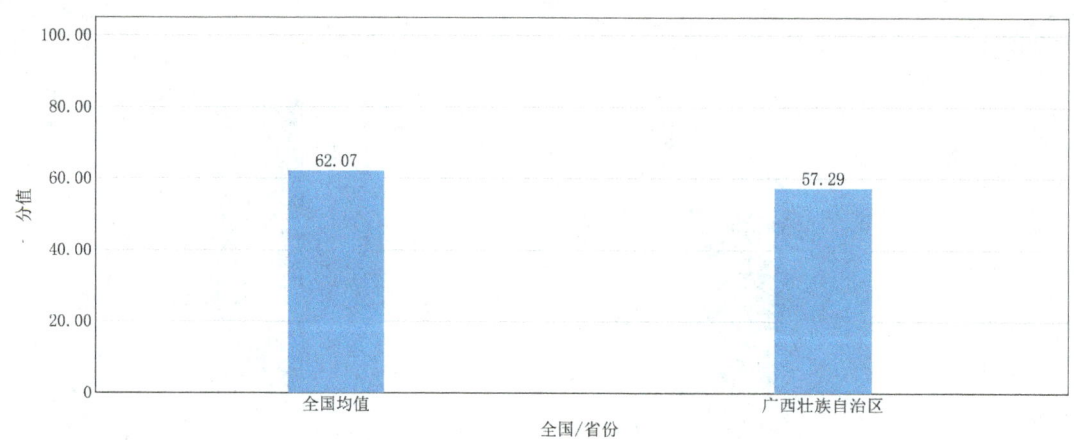

图4-29 广西壮族自治区政府创新发展支持综合指数

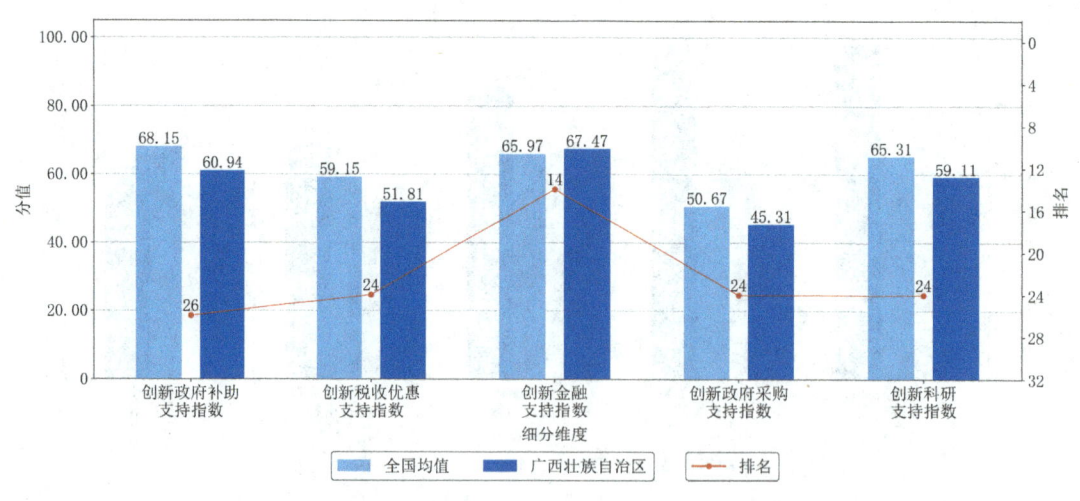

图4-30 广西壮族自治区政府创新发展支持指数——细分维度

4.2.8 贵州省

2023年贵州省整体政府创新发展支持综合指数为56.59，如图4-31所示，与全国平均水平62.07相比，贵州省政府创新发展支持综合指数处于全国平均水平之下，体现出贵州省政府创新发展综合支持程度相对偏弱。

具体细分维度来看，如图4-32所示。2023年贵州省创新政府补助支持指数为61.19，与全国平均水平68.15相比，处于全国平均水平之下，在全国各省份比较中排名第24位，体现出相对偏弱的政府补助政策支持力度。2023年贵州省创新税收优惠支持指数为55.77，与全国平均水平59.15相比，处于全国平均水平之下，在全国各省份比较中排名第16位，体现出相对偏弱的税收优惠政策支持力度。2023年贵州省整体创新金融支持指数为61.87，与全国平均水平65.97相比，处于全国平均水平之下，在全国各省份比较中排名第18位，体现出相对偏弱的金融政策支持力度。2023年贵州省创新政府采购支持指数为43.14，与全国平均水平50.67相比，处于全国平均水平之下，在全国各省份比较中排名第30位，体现出该地区偏弱的需求侧政策支持力度。2023年贵州省创新科研支持指数为59.13，与全国平均水平65.31相比，处于全国平均水平之下，在全国各省份比较中排名第22位，体现出相对偏弱的科研支持效果。

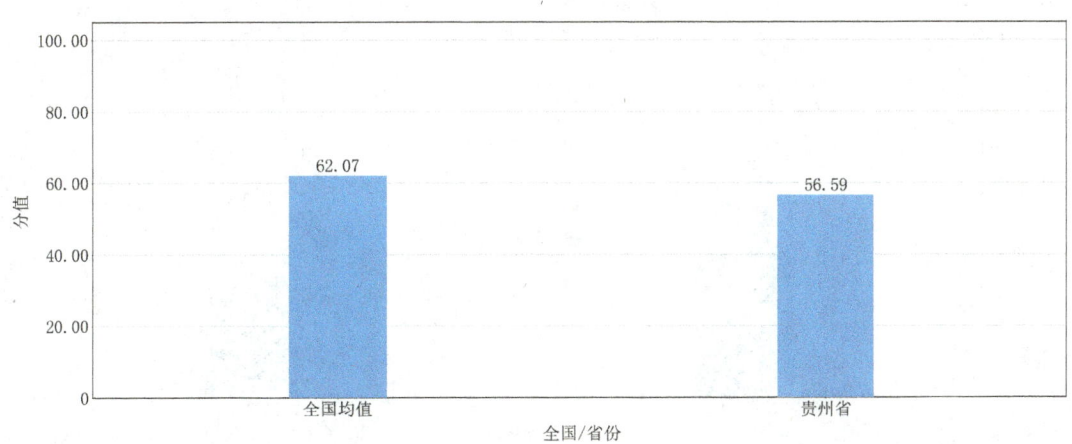

图4-31 贵州省政府创新发展支持综合指数

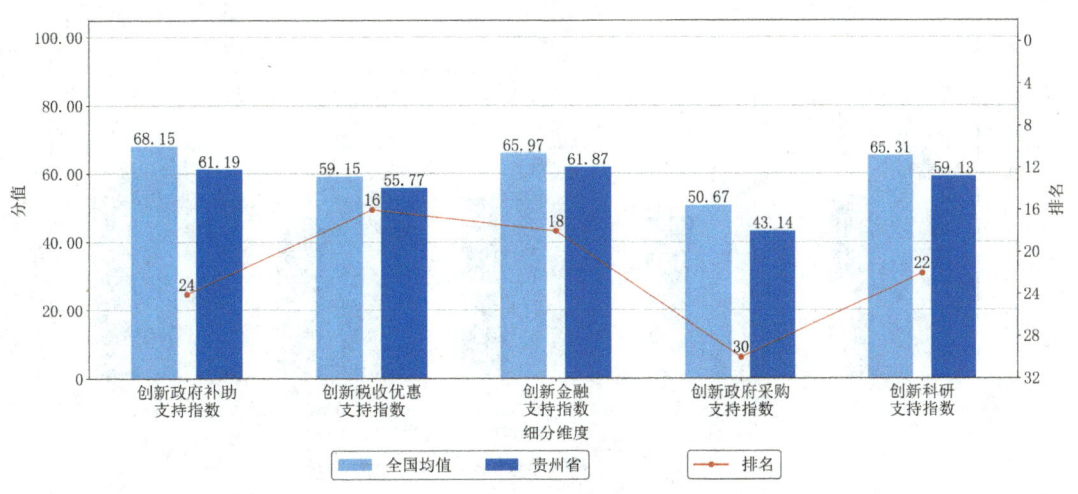

图4-32 贵州省政府创新发展支持指数——细分维度

4.2.9 海南省

2023年海南省整体政府创新发展支持综合指数为52.33，如图4-33所示，与全国平均水平62.07相比，海南省政府创新发展支持综合指数处于全国平均水平之下，体现出海南省政府创新发展综合支持程度相对偏弱。

具体细分维度来看，如图4-34所示。2023年海南省创新政府补助支持指数为53.34，与全国平均水平68.15相比，处于全国平均水平之下，在全国各省份比较中排名第29位，体现出相对偏弱的政府补助政策支持力度。2023年海南省创新税收优惠支持指数为47.40，与全国平均水平59.15相比，处于全国平均水平之下，在全国各省份比较中排名第30位，体现出相对偏弱的税收优惠政策支持力度。2023年海南省整体创新金融支持指数为54.06，与全国平均水平65.97相比，处于全国平均水平之下，在全国各省份比较中排名第24位，体现出相对偏弱的金融政策支持力度。2023年海南省创新政府采购支持指数为47.41，与全国平均水平50.67相比，处于全国平均水平之下，在全国各省份比较中排名第14位，体现出该地区偏弱的需求侧政策支持力度。2023年海南省创新科研支持指数为59.35，与全国平均水平65.31相比，处于全国平均水平之下，在全国各省份比较中排名第21位，体现出相对偏弱的科研支持效果。

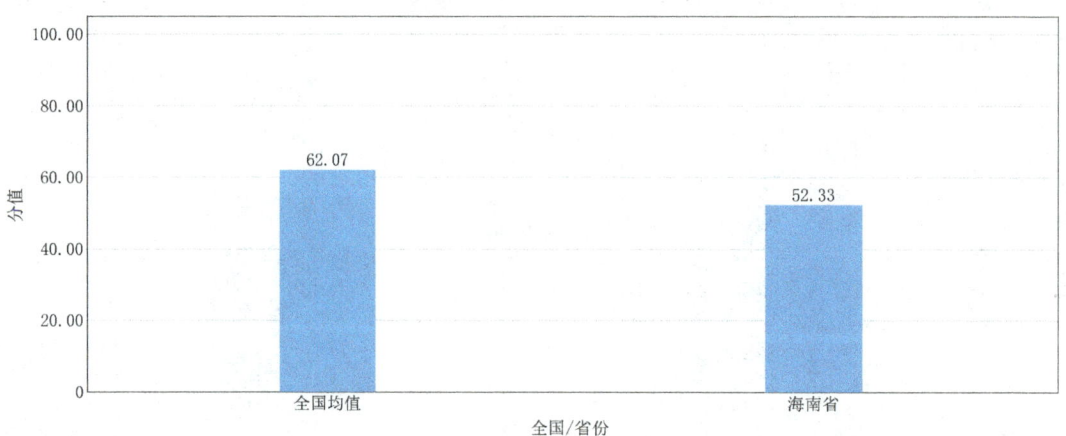

图4-33 海南省政府创新发展支持综合指数

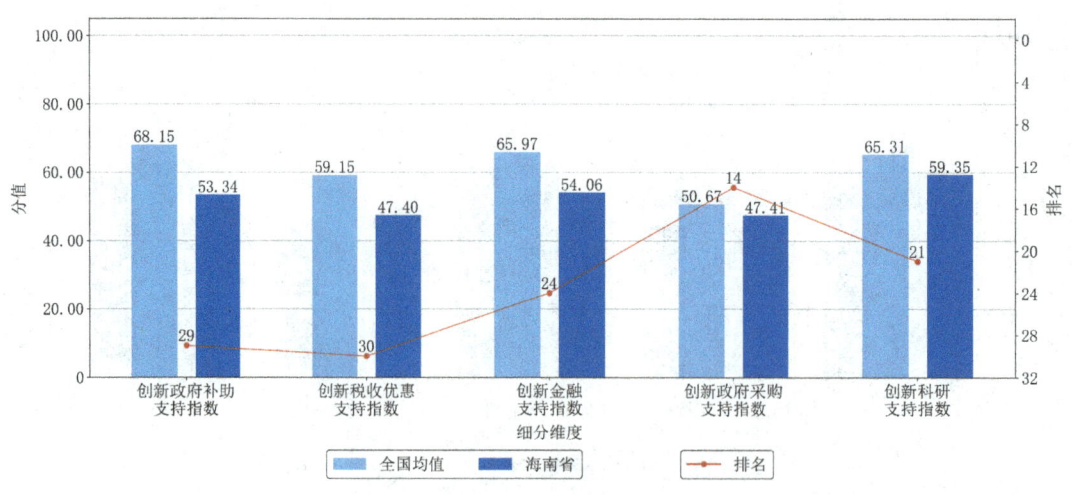

图4-34 海南省政府创新发展支持指数——细分维度

4.2.10 河北省

2023年河北省整体政府创新发展支持综合指数为62.55，如图4-35所示，与全国平均水平62.07相比，河北省政府创新发展支持综合指数处于全国平均水平之上，体现出河北省政府创新发展综合支持程度相对较强。

具体细分维度来看，如图4-36所示。2023年河北省创新政府补助支持指数为66.94，与全国平均水平68.15相比，处于全国平均水平之下，在全国各省份比较中排名第14位，体现出相对偏弱的政府补助政策支持力度。2023年河北省创新税收优惠支持指数为59.02，与全国平均水平59.15相比，处于全国平均水平之下，在全国各省份比较中排名第9位，体现出相对偏弱的税收优惠政策支持力度。2023年河北省整体创新金融支持指数为68.98，与全国平均水平65.97相比，处于全国平均水平之上，在全国各省份比较中排名第11位，体现出相对较强的金融政策支持力度。2023年河北省创新政府采购支持指数为45.82，与全国平均水平50.67相比，处于全国平均水平之下，在全国各省份比较中排名第17位，体现出该地区偏弱的需求侧政策支持力度。2023年河北省创新科研支持指数为70.02，与全国平均水平65.31相比，处于全国平均水平之上，在全国各省份比较中排名第10位，体现出相对较强的科研支持效果。

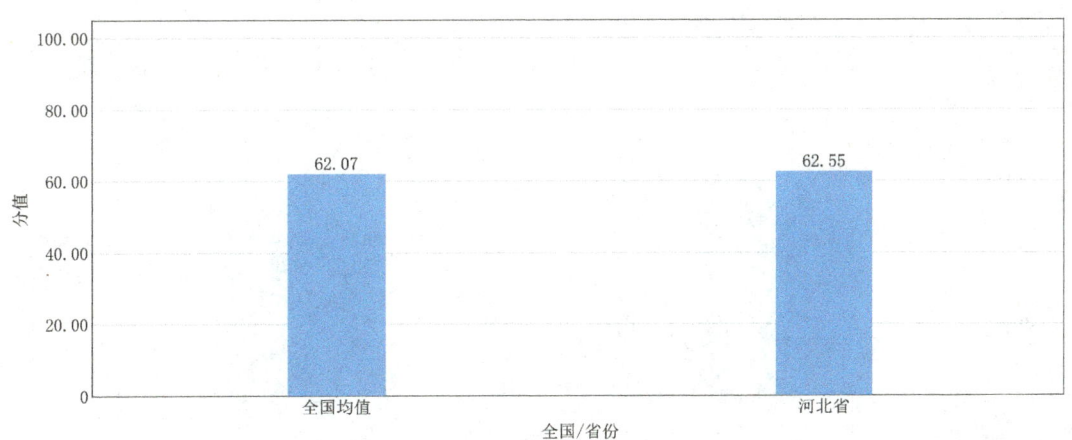

图4-35　河北省政府创新发展支持综合指数

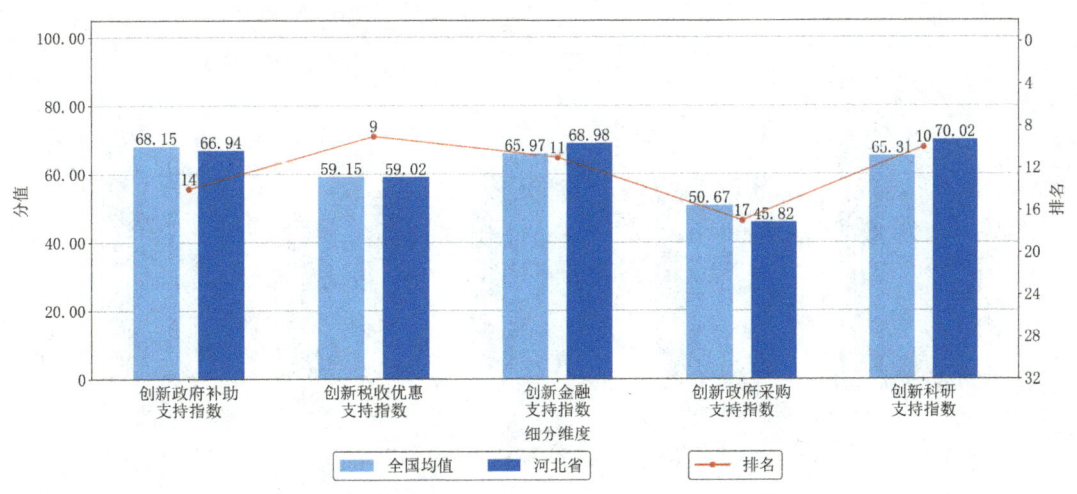

图4-36　河北省政府创新发展支持指数——细分维度

4.2.11 河南省

2023年河南省整体政府创新发展支持综合指数为61.51，如图4-37所示，与全国平均水平62.07相比，河南省政府创新发展支持综合指数处于全国平均水平之下，体现出河南省政府创新发展综合支持程度相对偏弱。

具体细分维度来看，如图4-38所示。2023年河南省创新政府补助支持指数为67.69，与全国平均水平68.15相比，处于全国平均水平之下，在全国各省份比较中排名第13位，体现出相对偏弱的政府补助政策支持力度。2023年河南省创新税收优惠支持指数为56.73，与全国平均水平59.15相比，处于全国平均水平之下，在全国各省份比较中排名第14位，体现出相对偏弱的税收优惠政策支持力度。2023年河南省整体创新金融支持指数为65.77，与全国平均水平65.97相比，处于全国平均水平之下，在全国各省份比较中排名第15位，体现出相对偏弱的金融政策支持力度。2023年河南省创新政府采购支持指数为46.18，与全国平均水平50.67相比，处于全国平均水平之下，在全国各省份比较中排名第15位，体现出该地区偏弱的需求侧政策支持力度。2023年河南省创新科研支持指数为69.87，与全国平均水平65.31相比，处于全国平均水平之上，在全国各省份比较中排名第11位，体现出相对较强的科研支持效果。

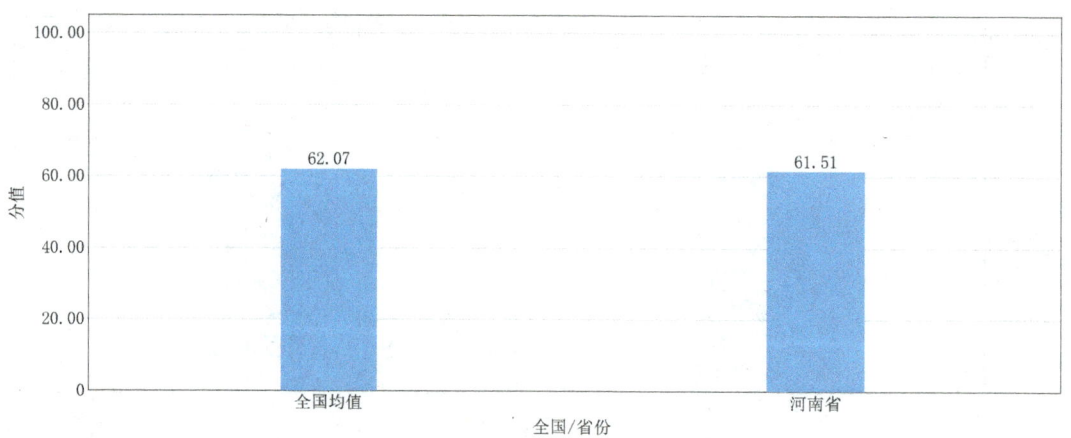

图4-37 河南省政府创新发展支持综合指数

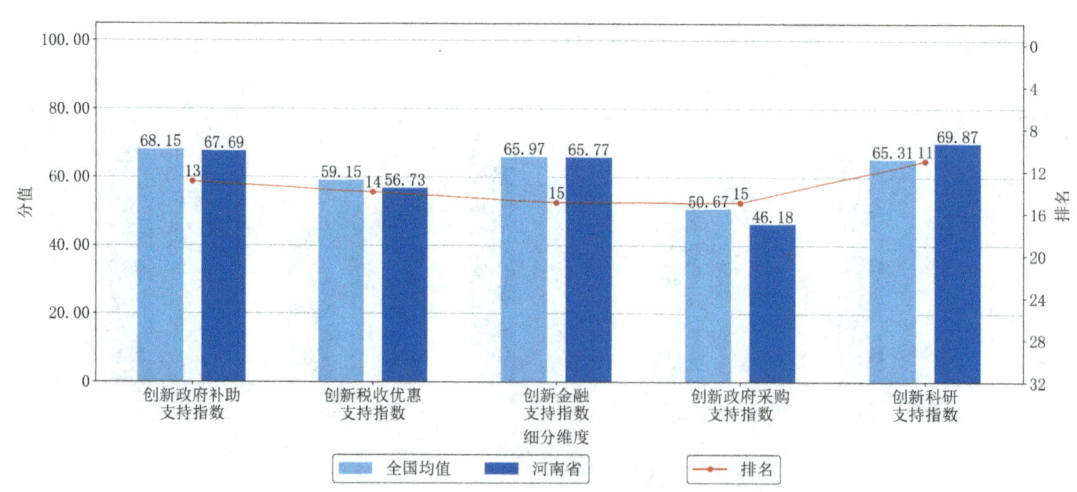

图4-38 河南省政府创新发展支持指数——细分维度

4.2.12 黑龙江省

2023年黑龙江省整体政府创新发展支持综合指数为50.63，如图4-39所示，与全国平均水平62.07相比，黑龙江省政府创新发展支持综合指数处于全国平均水平之下，体现出黑龙江省政府创新发展综合支持程度相对偏弱。

具体细分维度来看，如图4-40所示。2023年黑龙江省创新政府补助支持指数为61.11，与全国平均水平68.15相比，处于全国平均水平之下，在全国各省份比较中排名第25位，体现出相对偏弱的政府补助政策支持力度。2023年黑龙江省创新税收优惠支持指数为49.30，与全国平均水平59.15相比，处于全国平均水平之下，在全国各省份比较中排名第27位，体现出相对偏弱的税收优惠政策支持力度。2023年黑龙江省整体创新金融支持指数为48.66，与全国平均水平65.97相比，处于全国平均水平之下，在全国各省份比较中排名第30位，体现出相对偏弱的金融政策支持力度。2023年黑龙江省创新政府采购支持指数为45.35，与全国平均水平50.67相比，处于全国平均水平之下，在全国各省份比较中排名第23位，体现出该地区偏弱的需求侧政策支持力度。2023年黑龙江省创新科研支持指数为49.08，与全国平均水平65.31相比，处于全国平均水平之下，在全国各省份比较中排名第30位，体现出相对偏弱的科研支持效果。

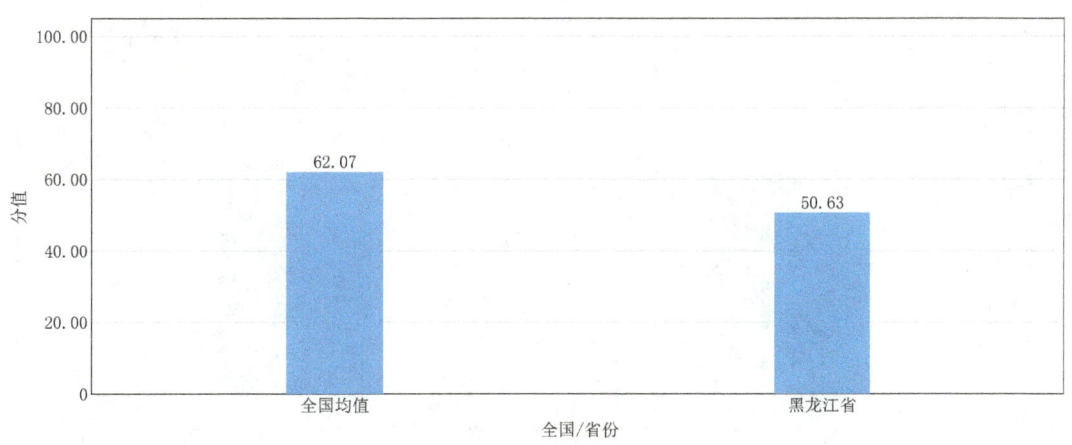

图4-39 黑龙江省政府创新发展支持综合指数

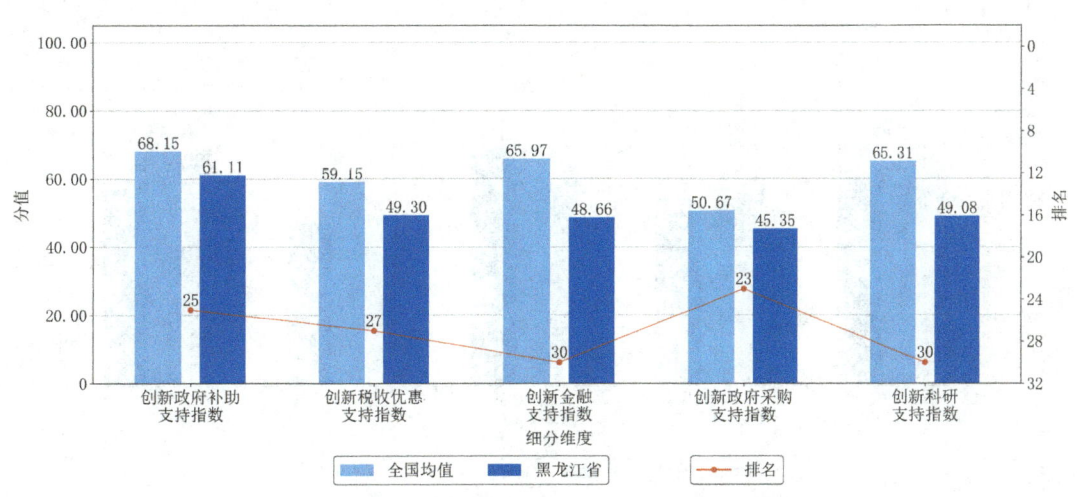

图4-40 黑龙江省政府创新发展支持指数——细分维度

4.2.13 湖北省

2023年湖北省整体政府创新发展支持综合指数为61.56，如图4-41所示，与全国平均水平62.07相比，湖北省政府创新发展支持综合指数处于全国平均水平之下，体现出湖北省政府创新发展综合支持程度相对偏弱。

具体细分维度来看，如图4-42所示。2023年湖北省创新政府补助支持指数为71.35，与全国平均水平68.15相比，处于全国平均水平之上，在全国各省份比较中排名第9位，体现出相对较强的政府补助政策支持力度。2023年湖北省创新税收优惠支持指数为55.22，与全国平均水平59.15相比，处于全国平均水平之下，在全国各省份比较中排名第17位，体现出相对偏弱的税收优惠政策支持力度。2023年湖北省整体创新金融支持指数为71.07，与全国平均水平65.97相比，处于全国平均水平之上，在全国各省份比较中排名第10位，体现出相对较强的金融政策支持力度。2023年湖北省创新政府采购支持指数为47.76，与全国平均水平50.67相比，处于全国平均水平之下，在全国各省份比较中排名第13位，体现出该地区偏弱的需求侧政策支持力度。2023年湖北省创新科研支持指数为60.92，与全国平均水平65.31相比，处于全国平均水平之下，在全国各省份比较中排名第18位，体现出相对偏弱的科研支持效果。

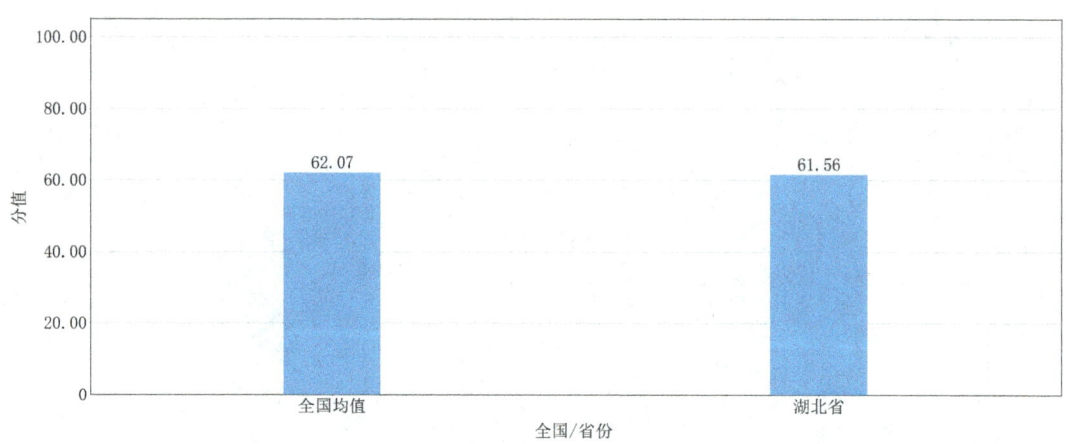

图4-41 湖北省政府创新发展支持综合指数

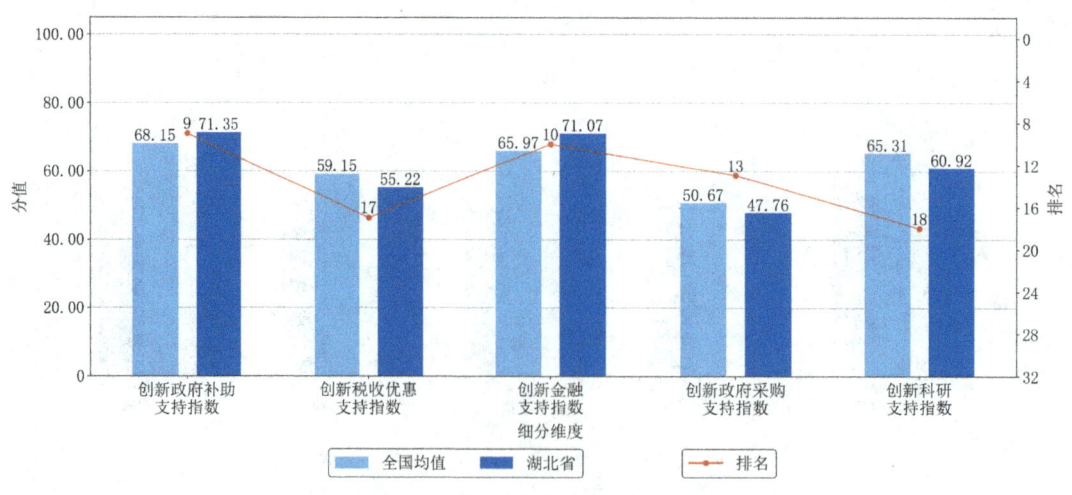

图4-42 湖北省政府创新发展支持指数——细分维度

4.2.14 湖南省

2023年湖南省整体政府创新发展支持综合指数为62.23，如图4-43所示，与全国平均水平62.07相比，湖南省政府创新发展支持综合指数处于全国平均水平之上，体现出湖南省政府创新发展综合支持程度相对较强。

具体细分维度来看，如图4-44所示。2023年湖南省创新政府补助支持指数为70.09，与全国平均水平68.15相比，处于全国平均水平之上，在全国各省份比较中排名第10位，体现出相对较强的政府补助政策支持力度。2023年湖南省创新税收优惠支持指数为58.08，与全国平均水平59.15相比，处于全国平均水平之下，在全国各省份比较中排名第12位，体现出相对偏弱的税收优惠政策支持力度。2023年湖南省整体创新金融支持指数为68.26，与全国平均水平65.97相比，处于全国平均水平之上，在全国各省份比较中排名第13位，体现出相对较强的金融政策支持力度。2023年湖南省创新政府采购支持指数为51.46，与全国平均水平50.67相比，处于全国平均水平之上，在全国各省份比较中排名第8位，体现出该地区较强的需求侧政策支持力度。2023年湖南省创新科研支持指数为62.16，与全国平均水平65.31相比，处于全国平均水平之下，在全国各省份比较中排名第13位，体现出相对偏弱的科研支持效果。

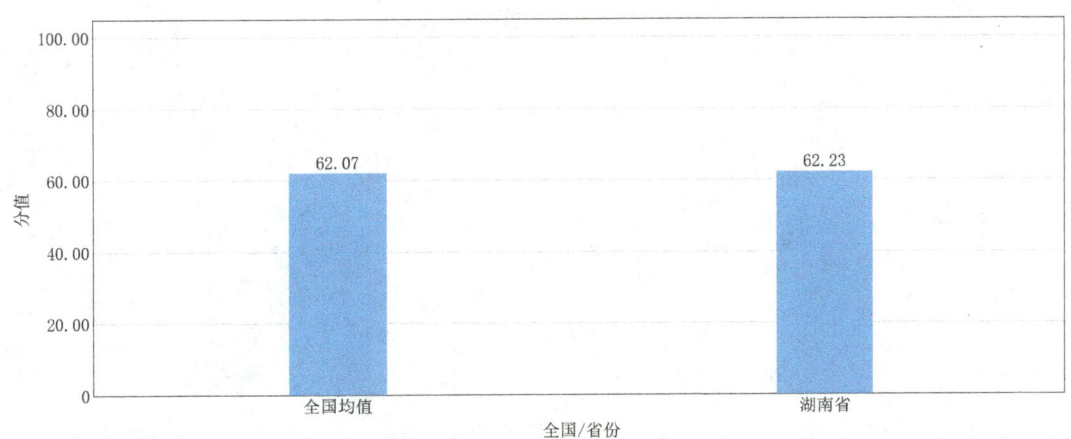

图4-43 湖南省政府创新发展支持综合指数

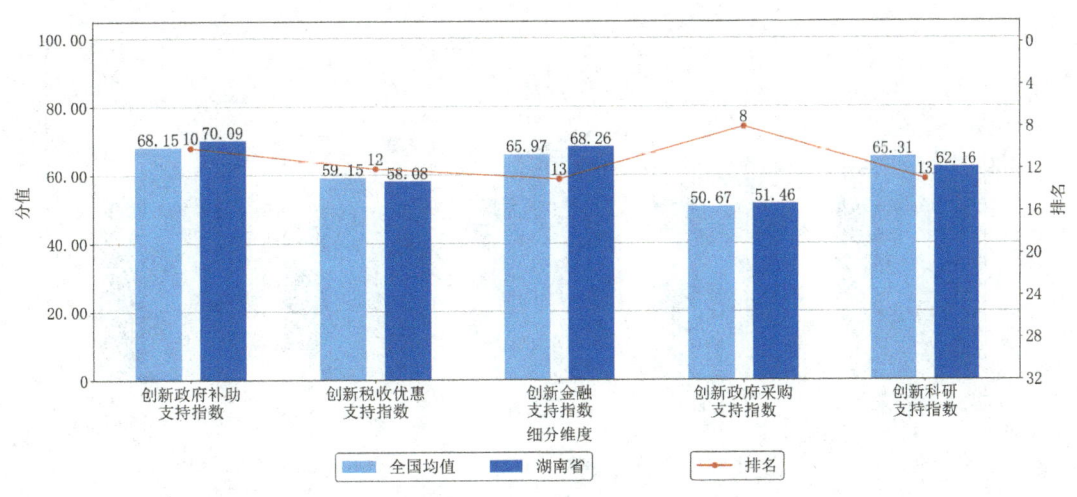

图4-44 湖南省政府创新发展支持指数——细分维度

4.2.15 吉林省

2023年吉林省整体政府创新发展支持综合指数为53.33，如图4-45所示，与全国平均水平62.07相比，吉林省政府创新发展支持综合指数处于全国平均水平之下，体现出吉林省政府创新发展综合支持程度相对偏弱。

具体细分维度来看，如图4-46所示。2023年吉林省创新政府补助支持指数为61.86，与全国平均水平68.15相比，处于全国平均水平之下，在全国各省份比较中排名第21位，体现出相对偏弱的政府补助政策支持力度。2023年吉林省创新税收优惠支持指数为53.49，与全国平均水平59.15相比，处于全国平均水平之下，在全国各省份比较中排名第20位，体现出相对偏弱的税收优惠政策支持力度。2023年吉林省整体创新金融支持指数为52.98，与全国平均水平65.97相比，处于全国平均水平之下，在全国各省份比较中排名第26位，体现出相对偏弱的金融政策支持力度。2023年吉林省创新政府采购支持指数为45.42，与全国平均水平50.67相比，处于全国平均水平之下，在全国各省份比较中排名第21位，体现出该地区偏弱的需求侧政策支持力度。2023年吉林省创新科研支持指数为52.52，与全国平均水平65.31相比，处于全国平均水平之下，在全国各省份比较中排名第27位，体现出相对偏弱的科研支持效果。

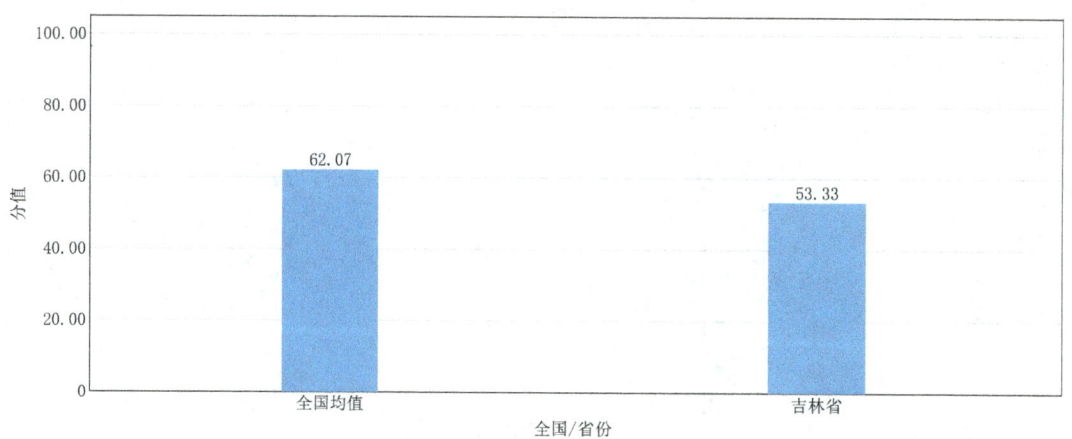

图4-45 吉林省政府创新发展支持综合指数

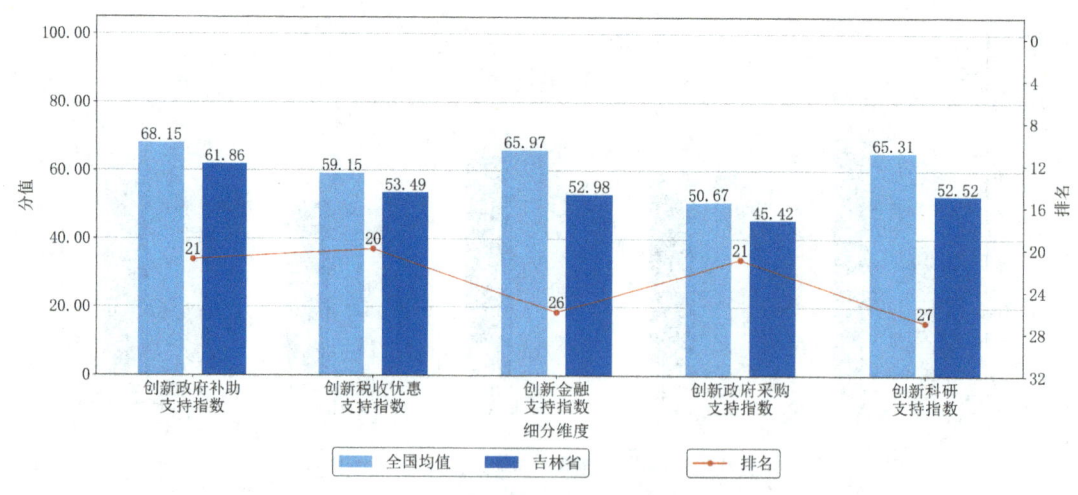

图4-46 吉林省政府创新发展支持指数——细分维度

4.2.16 江苏省

2023年江苏省整体政府创新发展支持综合指数为80.58，如图4-47所示，与全国平均水平62.07相比，江苏省政府创新发展支持综合指数处于全国平均水平之上，体现出江苏省政府创新发展综合支持程度相对较强。

具体细分维度来看，如图4-48所示。2023年江苏省创新政府补助支持指数为82.60，与全国平均水平68.15相比，处于全国平均水平之上，在全国各省份比较中排名第5位，体现出相对较强的政府补助政策支持力度。2023年江苏省创新税收优惠支持指数为79.66，与全国平均水平59.15相比，处于全国平均水平之上，在全国各省份比较中排名第4位，体现出相对较强的税收优惠政策支持力度。2023年江苏省整体创新金融支持指数为90.31，与全国平均水平65.97相比，处于全国平均水平之上，在全国各省份比较中排名第2位，体现出相对较强的金融政策支持力度。2023年江苏省创新政府采购支持指数为71.83，与全国平均水平50.67相比，处于全国平均水平之上，在全国各省份比较中排名第2位，体现出该地区较强的需求侧政策支持力度。2023年江苏省创新科研支持指数为76.45，与全国平均水平65.31相比，处于全国平均水平之上，在全国各省份比较中排名第7位，体现出相对较强的科研支持效果。

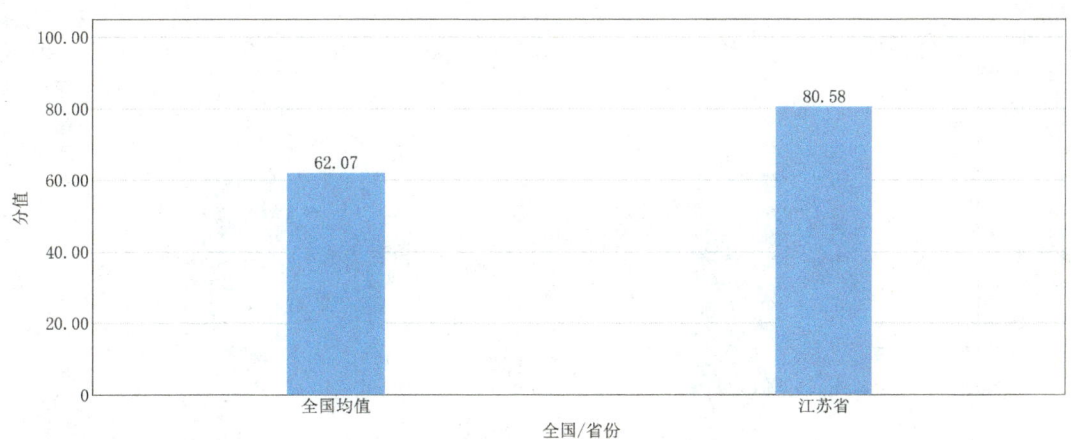

图4-47　江苏省政府创新发展支持综合指数

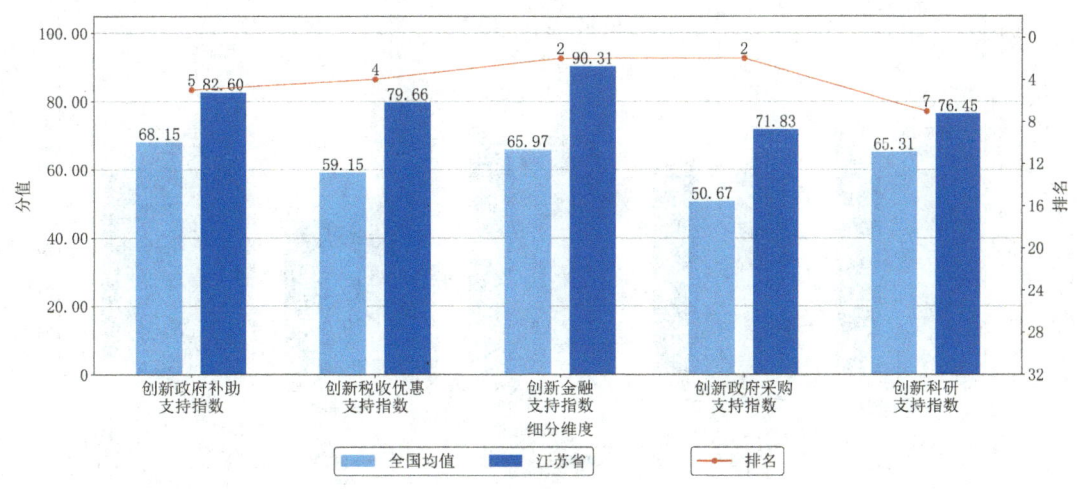

图4-48　江苏省政府创新发展支持指数——细分维度

4.2.17 江西省

2023年江西省整体政府创新发展支持综合指数为60.74，如图4-49所示，与全国平均水平62.07相比，江西省政府创新发展支持综合指数处于全国平均水平之下，体现出江西省政府创新发展综合支持程度相对偏弱。

具体细分维度来看，如图4-50所示。2023年江西省创新政府补助支持指数为67.74，与全国平均水平68.15相比，处于全国平均水平之下，在全国各省份比较中排名第12位，体现出相对偏弱的政府补助政策支持力度。2023年江西省创新税收优惠支持指数为58.55，与全国平均水平59.15相比，处于全国平均水平之下，在全国各省份比较中排名第10位，体现出相对偏弱的税收优惠政策支持力度。2023年江西省整体创新金融支持指数为68.56，与全国平均水平65.97相比，处于全国平均水平之上，在全国各省份比较中排名第12位，体现出相对较强的金融政策支持力度。2023年江西省创新政府采购支持指数为45.45，与全国平均水平50.67相比，处于全国平均水平之下，在全国各省份比较中排名第20位，体现出该地区偏弱的需求侧政策支持力度。2023年江西省创新科研支持指数为61.30，与全国平均水平65.31相比，处于全国平均水平之下，在全国各省份比较中排名第14位，体现出相对偏弱的科研支持效果。

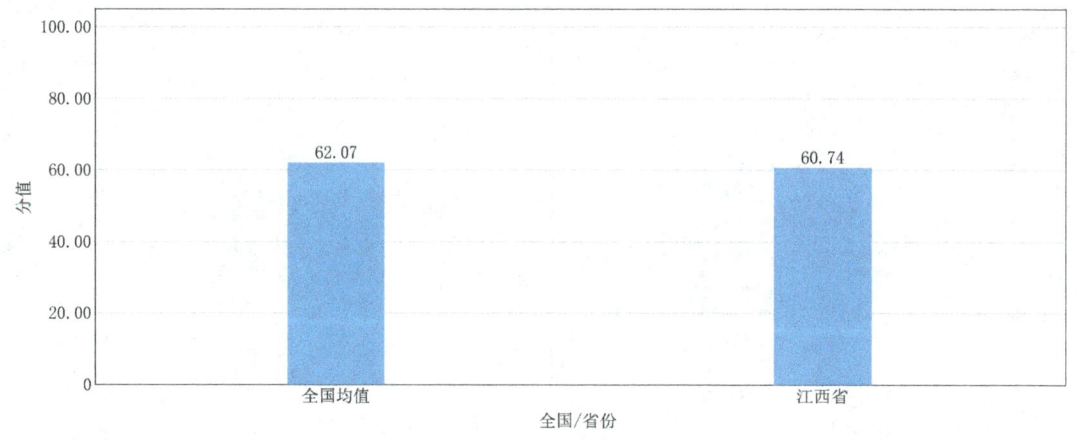

图4-49　江西省政府创新发展支持综合指数

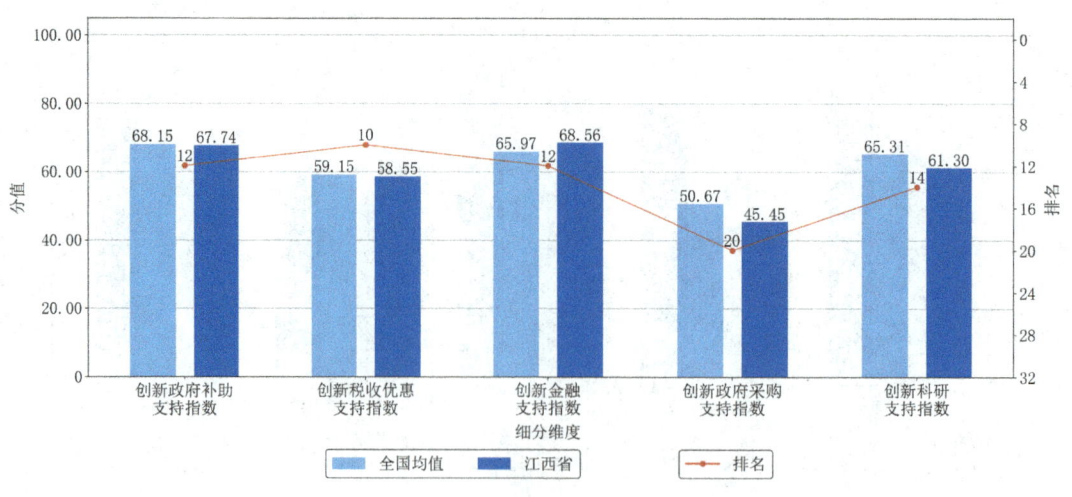

图4-50　江西省政府创新发展支持指数——细分维度

4.2.18 辽宁省

2023年辽宁省整体政府创新发展支持综合指数为56.95，如图4-51所示，与全国平均水平62.07相比，辽宁省政府创新发展支持综合指数处于全国平均水平之下，体现出辽宁省政府创新发展综合支持程度相对偏弱。

具体细分维度来看，如图4-52所示。2023年辽宁省创新政府补助支持指数为66.58，与全国平均水平68.15相比，处于全国平均水平之下，在全国各省份比较中排名第15位，体现出相对偏弱的政府补助政策支持力度。2023年辽宁省创新税收优惠支持指数为57.54，与全国平均水平59.15相比，处于全国平均水平之下，在全国各省份比较中排名第13位，体现出相对偏弱的税收优惠政策支持力度。2023年辽宁省整体创新金融支持指数为51.56，与全国平均水平65.97相比，处于全国平均水平之下，在全国各省份比较中排名第29位，体现出相对偏弱的金融政策支持力度。2023年辽宁省创新政府采购支持指数为48.16，与全国平均水平50.67相比，处于全国平均水平之下，在全国各省份比较中排名第11位，体现出该地区偏弱的需求侧政策支持力度。2023年辽宁省创新科研支持指数为61.11，与全国平均水平65.31相比，处于全国平均水平之下，在全国各省份比较中排名第15位，体现出相对偏弱的科研支持效果。

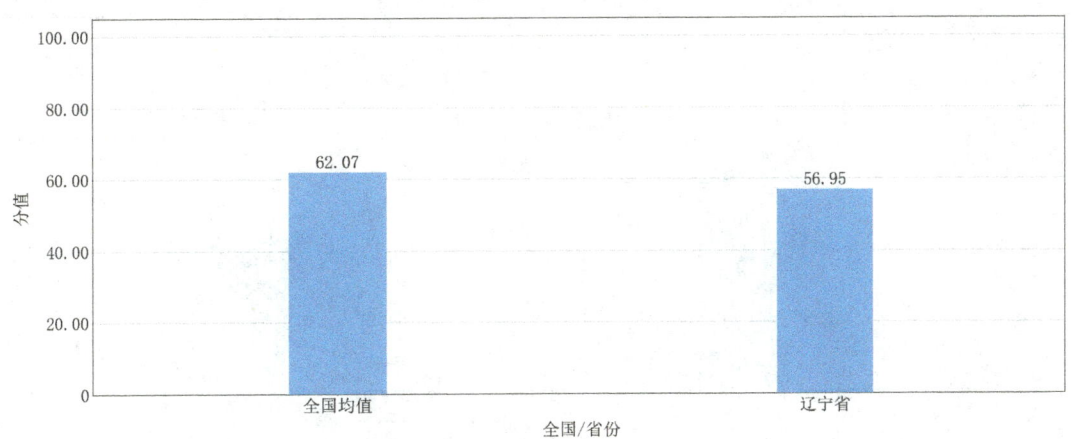

图4-51 辽宁省政府创新发展支持综合指数

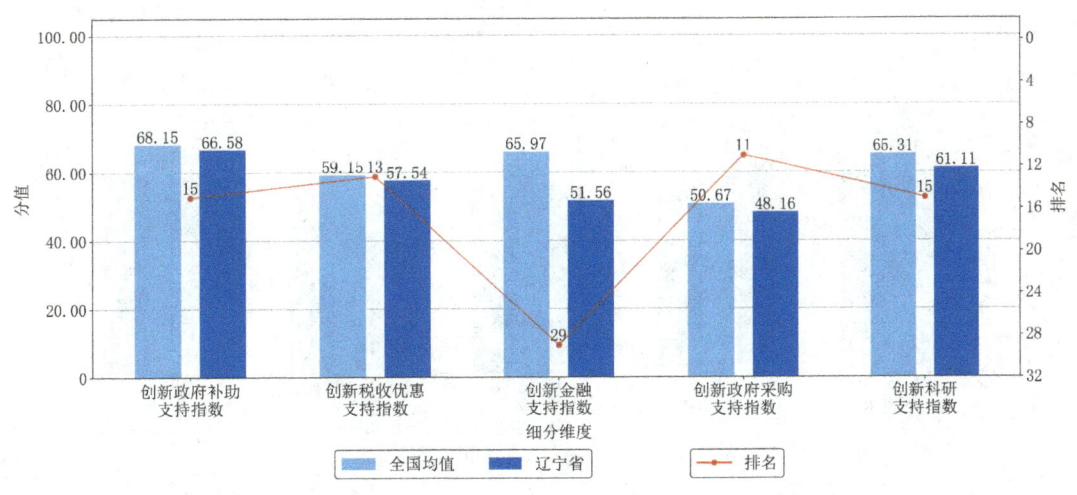

图4-52 辽宁省政府创新发展支持指数——细分维度

4.2.19 内蒙古自治区

2023年内蒙古自治区整体政府创新发展支持综合指数为54.77，如图4-53所示，与全国平均水平62.07相比，内蒙古自治区政府创新发展支持综合指数处于全国平均水平之下，体现出内蒙古自治区政府创新发展综合支持程度相对偏弱。

具体细分维度来看，如图4-54所示。2023年内蒙古自治区创新政府补助支持指数为61.30，与全国平均水平68.15相比，处于全国平均水平之下，在全国各省份比较中排名第23位，体现出相对偏弱的政府补助政策支持力度。2023年内蒙古自治区创新税收优惠支持指数为52.27，与全国平均水平59.15相比，处于全国平均水平之下，在全国各省份比较中排名第22位，体现出相对偏弱的税收优惠政策支持力度。2023年内蒙古自治区整体创新金融支持指数为55.36，与全国平均水平65.97相比，处于全国平均水平之下，在全国各省份比较中排名第22位，体现出相对偏弱的金融政策支持力度。2023年内蒙古自治区创新政府采购支持指数为45.37，与全国平均水平50.67相比，处于全国平均水平之下，在全国各省份比较中排名第22位，体现出该地区偏弱的需求侧政策支持力度。2023年内蒙古自治区创新科研支持指数为59.12，与全国平均水平65.31相比，处于全国平均水平之下，在全国各省份比较中排名第23位，体现出相对偏弱的科研支持效果。

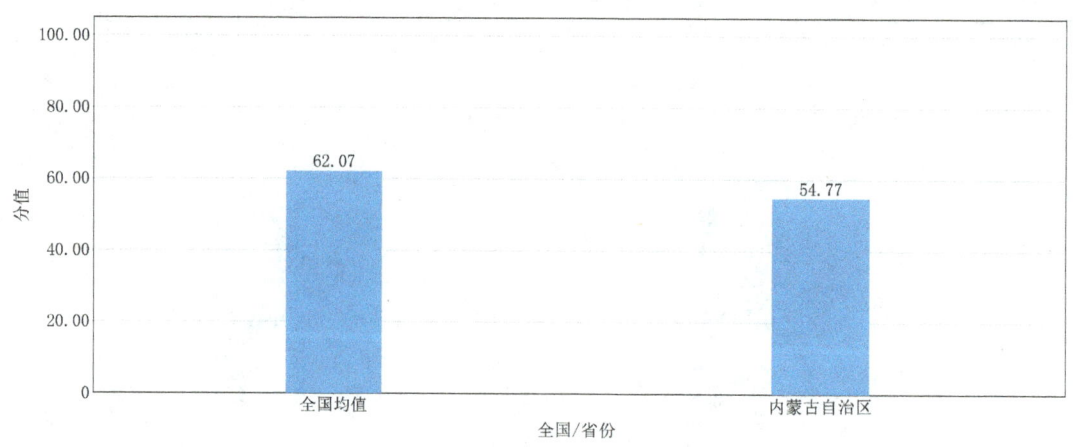

图4-53　内蒙古自治区政府创新发展支持综合指数

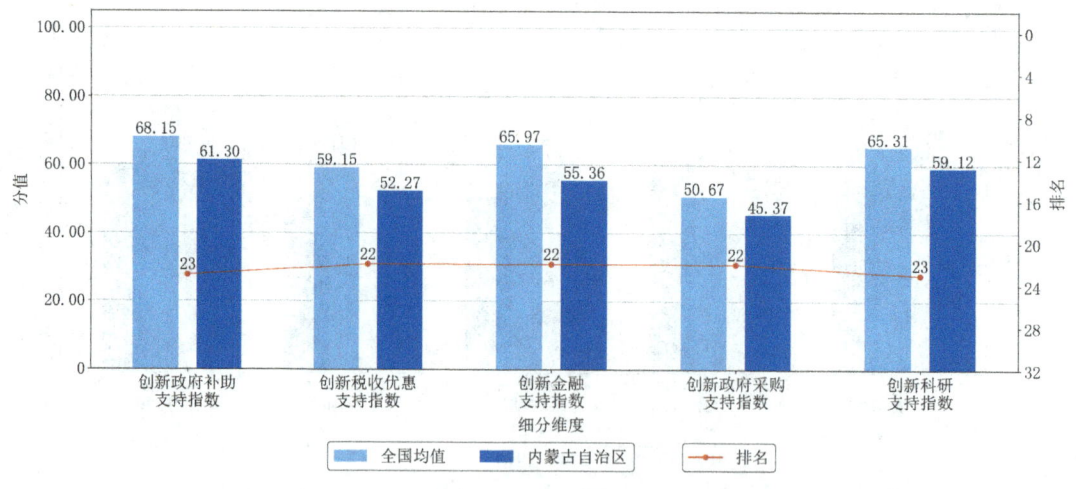

图4-54　内蒙古自治区政府创新发展支持指数——细分维度

4.2.20 宁夏回族自治区

2023年宁夏回族自治区整体政府创新发展支持综合指数为51.58，如图4-55所示，与全国平均水平62.07相比，宁夏回族自治区政府创新发展支持综合指数处于全国平均水平之下，体现出宁夏回族自治区政府创新发展综合支持程度相对偏弱。

具体细分维度来看，如图4-56所示。2023年宁夏回族自治区创新政府补助支持指数为47.06，与全国平均水平68.15相比，处于全国平均水平之下，在全国各省份比较中排名第31位，体现出相对偏弱的政府补助政策支持力度。2023年宁夏回族自治区创新税收优惠支持指数为49.79，与全国平均水平59.15相比，处于全国平均水平之下，在全国各省份比较中排名第26位，体现出相对偏弱的税收优惠政策支持力度。2023年宁夏回族自治区整体创新金融支持指数为53.88，与全国平均水平65.97相比，处于全国平均水平之下，在全国各省份比较中排名第25位，体现出相对偏弱的金融政策支持力度。2023年宁夏回族自治区创新政府采购支持指数为45.17，与全国平均水平50.67相比，处于全国平均水平之下，在全国各省份比较中排名第27位，体现出该地区偏弱的需求侧政策支持力度。2023年宁夏回族自治区创新科研支持指数为61.03，与全国平均水平65.31相比，处于全国平均水平之下，在全国各省份比较中排名第16位，体现出相对偏弱的科研支持效果。

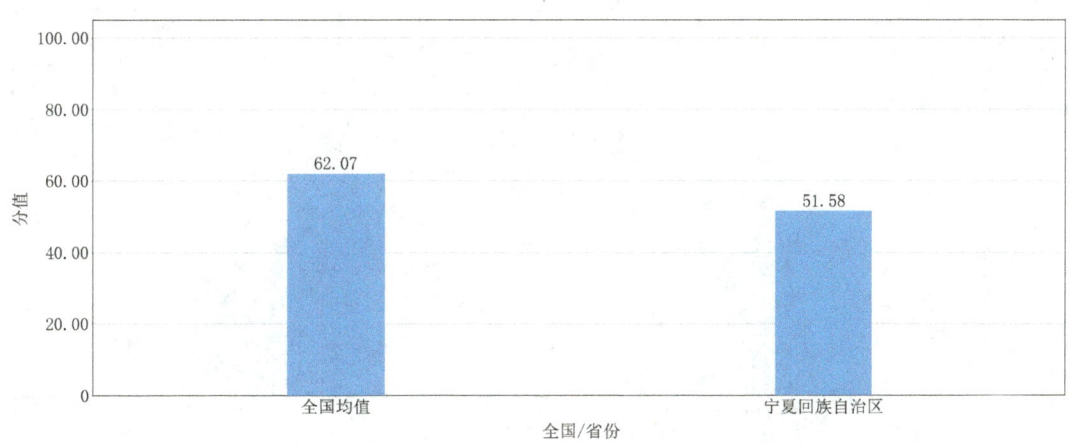

图4-55　宁夏回族自治区政府创新发展支持综合指数

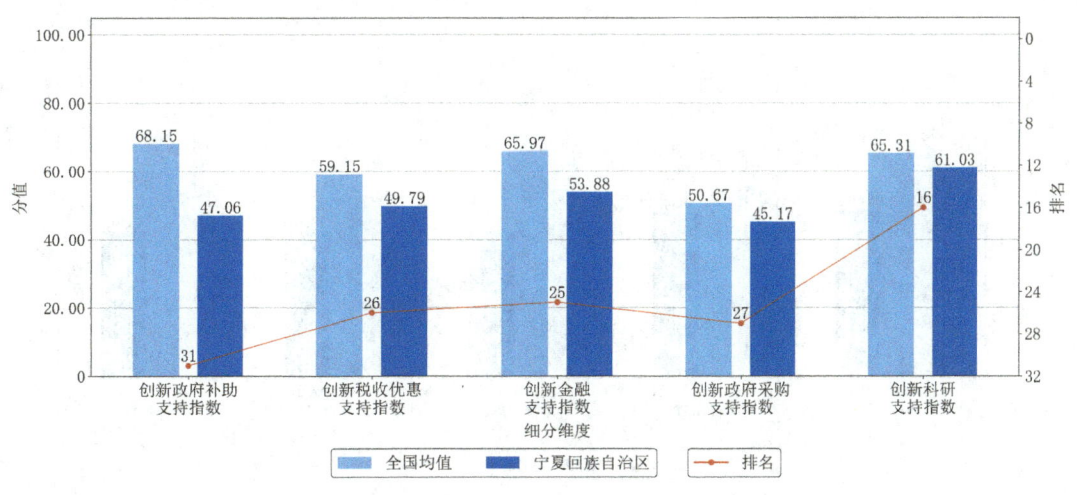

图4-56　宁夏回族自治区政府创新发展支持指数——细分维度

4.2.21 青海省

2023年青海省整体政府创新发展支持综合指数为45.38，如图4-57所示，与全国平均水平62.07相比，青海省政府创新发展支持综合指数处于全国平均水平之下，体现出青海省政府创新发展综合支持程度相对偏弱。

具体细分维度来看，如图4-58所示。2023年青海省创新政府补助支持指数为49.17，与全国平均水平68.15相比，处于全国平均水平之下，在全国各省份比较中排名第30位，体现出相对偏弱的政府补助政策支持力度。2023年青海省创新税收优惠支持指数为48.42，与全国平均水平59.15相比，处于全国平均水平之下，在全国各省份比较中排名第28位，体现出相对偏弱的税收优惠政策支持力度。2023年青海省整体创新金融支持指数为43.08，与全国平均水平65.97相比，处于全国平均水平之下，在全国各省份比较中排名第31位，体现出相对偏弱的金融政策支持力度。2023年青海省创新政府采购支持指数为43.07，与全国平均水平50.67相比，处于全国平均水平之下，在全国各省份比较中排名第31位，体现出该地区偏弱的需求侧政策支持力度。2023年青海省创新科研支持指数为43.04，与全国平均水平65.31相比，处于全国平均水平之下，在全国各省份比较中排名第31位，体现出相对偏弱的科研支持效果。

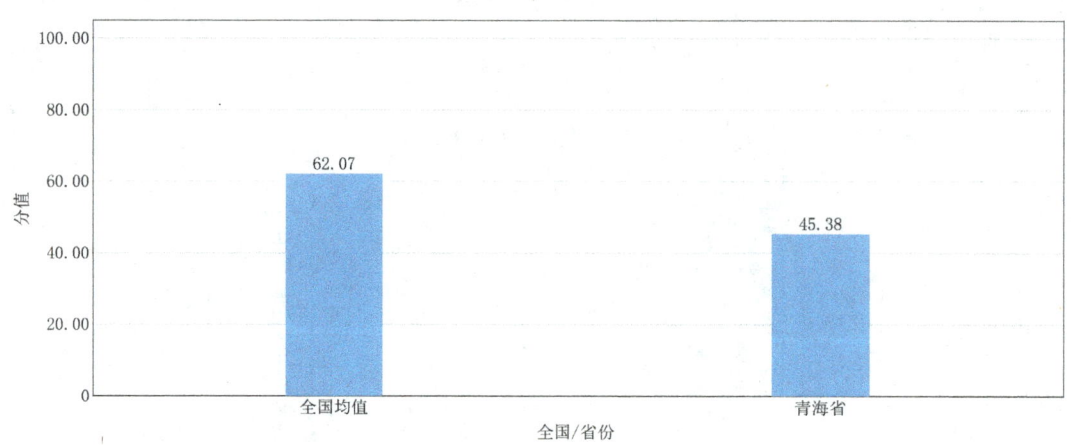

图4-57 青海省政府创新发展支持综合指数

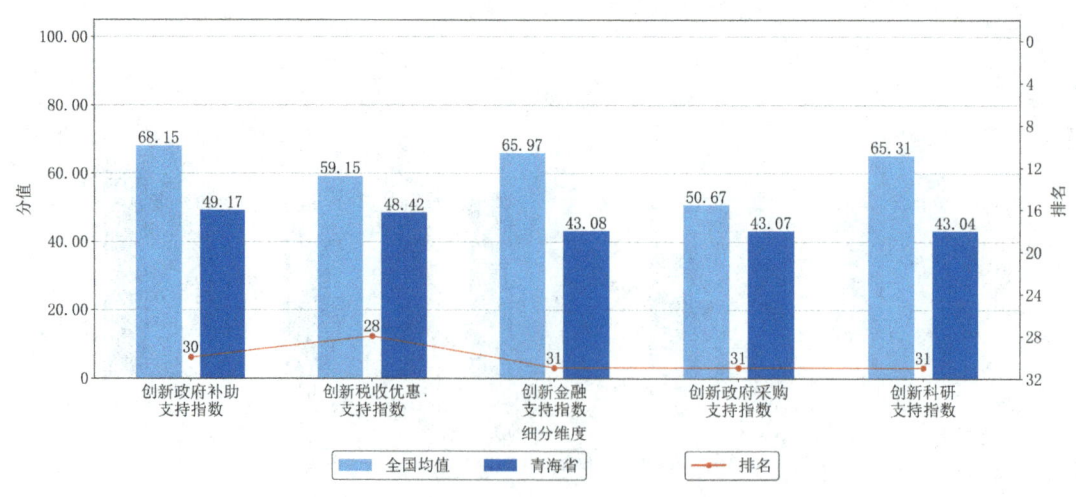

图4-58 青海省政府创新发展支持指数——细分维度

4.2.22 山东省

2023年山东省整体政府创新发展支持综合指数为73.72，如图4-59所示，与全国平均水平62.07相比，山东省政府创新发展支持综合指数处于全国平均水平之上，体现出山东省政府创新发展综合支持程度相对较强。

具体细分维度来看，如图4-60所示。2023年山东省创新政府补助支持指数为81.79，与全国平均水平68.15相比，处于全国平均水平之上，在全国各省份比较中排名第6位，体现出相对较强的政府补助政策支持力度。2023年山东省创新税收优惠支持指数为71.63，与全国平均水平59.15相比，处于全国平均水平之上，在全国各省份比较中排名第6位，体现出相对较强的税收优惠政策支持力度。2023年山东省整体创新金融支持指数为78.29，与全国平均水平65.97相比，处于全国平均水平之上，在全国各省份比较中排名第7位，体现出相对较强的金融政策支持力度。2023年山东省创新政府采购支持指数为57.99，与全国平均水平50.67相比，处于全国平均水平之上，在全国各省份比较中排名第5位，体现出该地区较强的需求侧政策支持力度。2023年山东省创新科研支持指数为77.25，与全国平均水平65.31相比，处于全国平均水平之上，在全国各省份比较中排名第6位，体现出相对较强的科研支持效果。

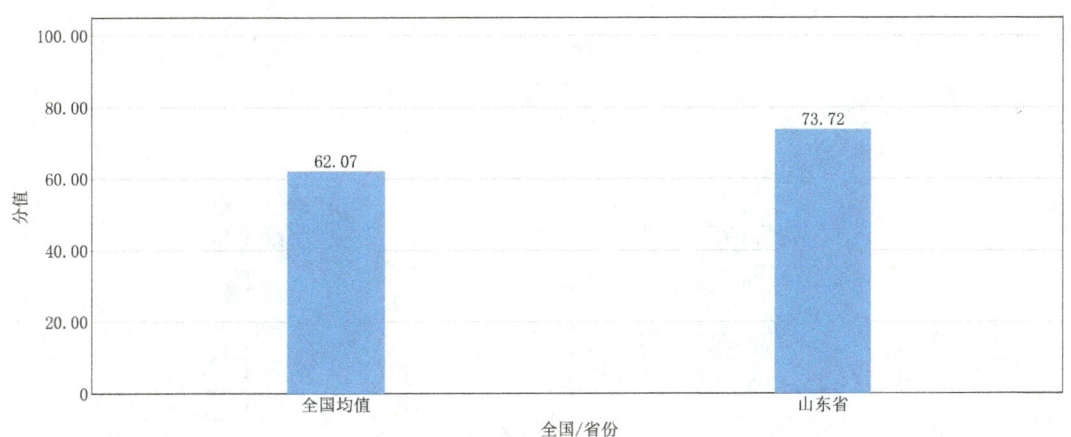

图4-59　山东省政府创新发展支持综合指数

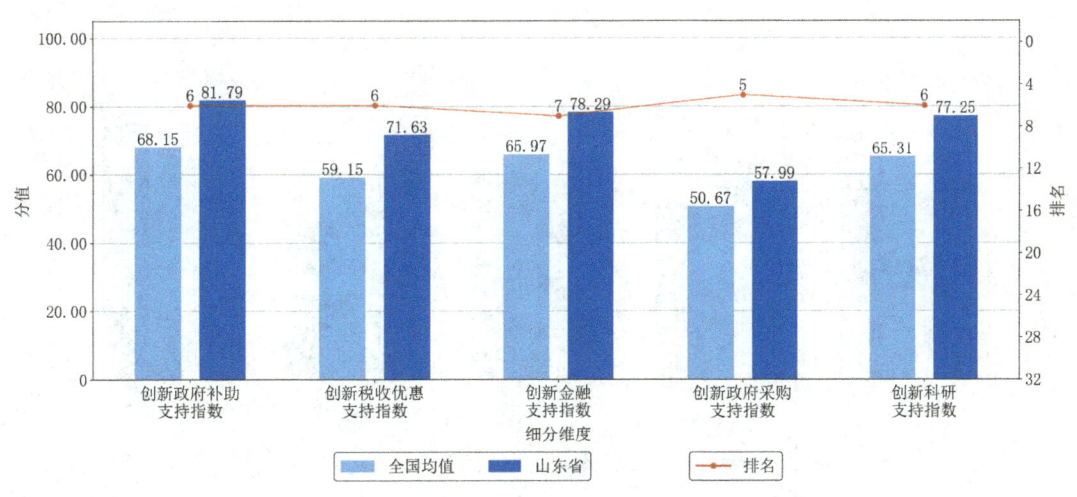

图4-60　山东省政府创新发展支持指数——细分维度

4.2.23 山西省

2023年山西省整体政府创新发展支持综合指数为59.06，如图4-61所示，与全国平均水平62.07相比，山西省政府创新发展支持综合指数处于全国平均水平之下，体现出山西省政府创新发展综合支持程度相对偏弱。

具体细分维度来看，如图4-62所示。2023年山西省创新政府补助支持指数为61.89，与全国平均水平68.15相比，处于全国平均水平之下，在全国各省份比较中排名第20位，体现出相对偏弱的政府补助政策支持力度。2023年山西省创新税收优惠支持指数为50.55，与全国平均水平59.15相比，处于全国平均水平之下，在全国各省份比较中排名第25位，体现出相对偏弱的税收优惠政策支持力度。2023年山西省整体创新金融支持指数为61.96，与全国平均水平65.97相比，处于全国平均水平之下，在全国各省份比较中排名第17位，体现出相对偏弱的金融政策支持力度。2023年山西省创新政府采购支持指数为45.17，与全国平均水平50.67相比，处于全国平均水平之下，在全国各省份比较中排名第26位，体现出该地区偏弱的需求侧政策支持力度。2023年山西省创新科研支持指数为75.06，与全国平均水平65.31相比，处于全国平均水平之上，在全国各省份比较中排名第9位，体现出相对较强的科研支持效果。

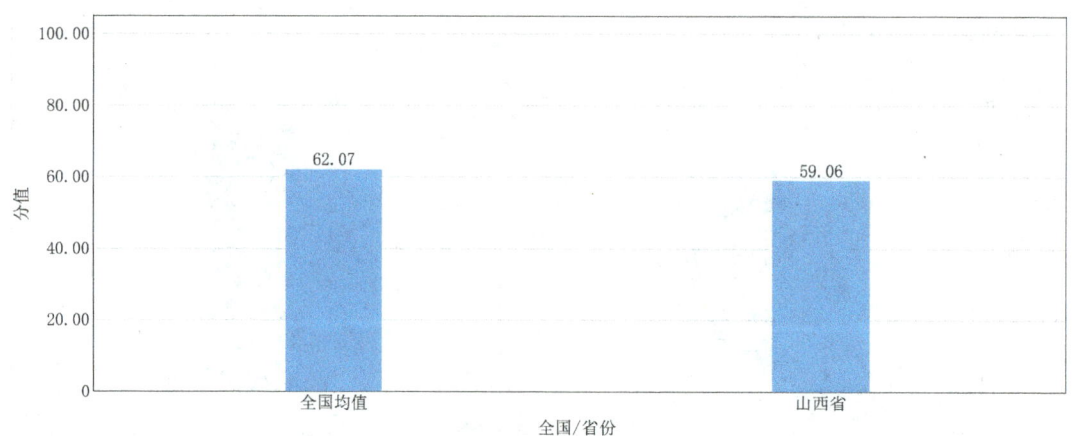

图4-61 山西省政府创新发展支持综合指数

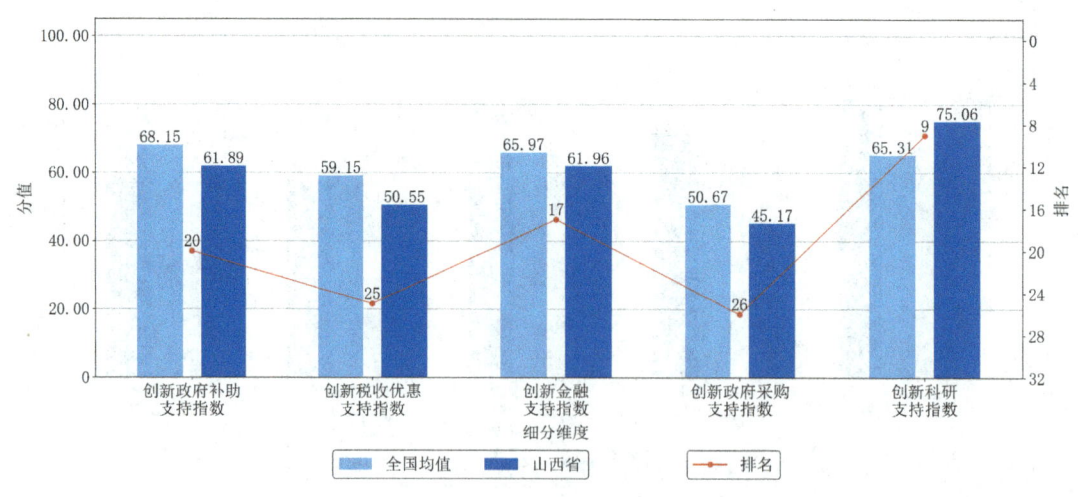

图4-62 山西省政府创新发展支持指数——细分维度

4.2.24 陕西省

2023年陕西省整体政府创新发展支持综合指数为56.81，如图4-63所示，与全国平均水平62.07相比，陕西省政府创新发展支持综合指数处于全国平均水平之下，体现出陕西省政府创新发展综合支持程度相对偏弱。

具体细分维度来看，如图4-64所示。2023年陕西省创新政府补助支持指数为64.08，与全国平均水平68.15相比，处于全国平均水平之下，在全国各省份比较中排名第18位，体现出相对偏弱的政府补助政策支持力度。2023年陕西省创新税收优惠支持指数为54.03，与全国平均水平59.15相比，处于全国平均水平之下，在全国各省份比较中排名第19位，体现出相对偏弱的税收优惠政策支持力度。2023年陕西省整体创新金融支持指数为65.63，与全国平均水平65.97相比，处于全国平均水平之下，在全国各省份比较中排名第16位，体现出相对偏弱的金融政策支持力度。2023年陕西省创新政府采购支持指数为45.89，与全国平均水平50.67相比，处于全国平均水平之下，在全国各省份比较中排名第16位，体现出该地区偏弱的需求侧政策支持力度。2023年陕西省创新科研支持指数为52.75，与全国平均水平65.31相比，处于全国平均水平之下，在全国各省份比较中排名第26位，体现出相对偏弱的科研支持效果。

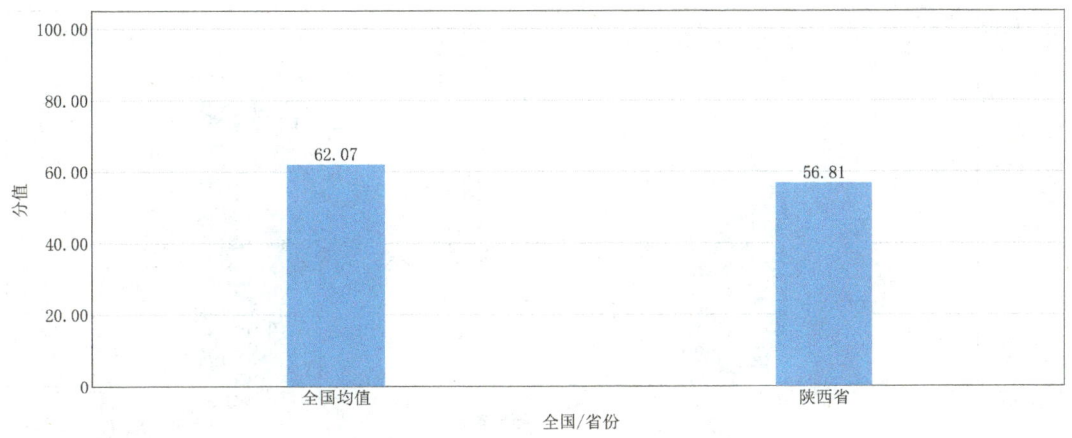

图4-63 陕西省政府创新发展支持综合指数

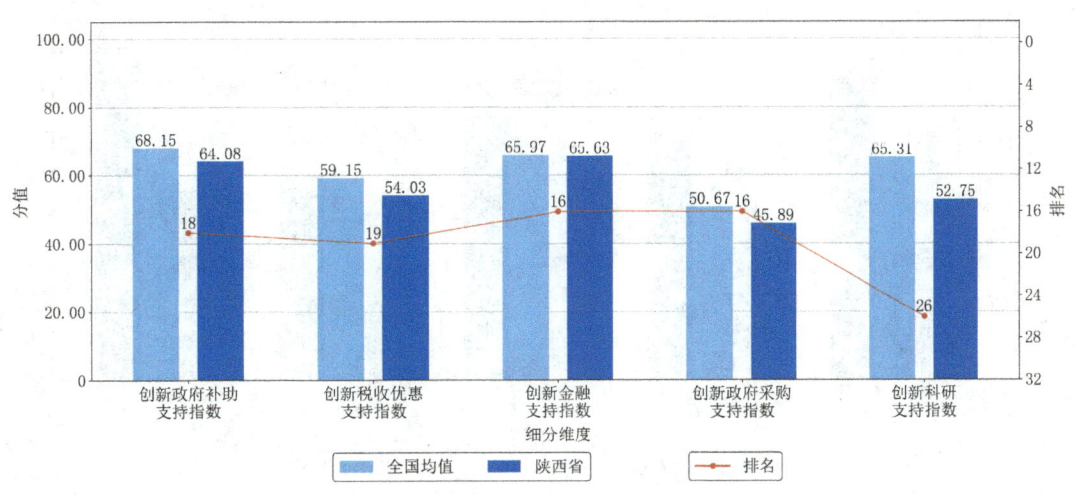

图4-64 陕西省政府创新发展支持指数——细分维度

4.2.25 上海市

2023年上海市整体政府创新发展支持综合指数为79.80，如图4-65所示，与全国平均水平62.07相比，上海市政府创新发展支持综合指数处于全国平均水平之上，体现出上海市政府创新发展综合支持程度相对较强。

具体细分维度来看，如图4-66所示。2023年上海市创新政府补助支持指数为85.29，与全国平均水平68.15相比，处于全国平均水平之上，在全国各省份比较中排名第4位，体现出相对较强的政府补助政策支持力度。2023年上海市创新税收优惠支持指数为72.44，与全国平均水平59.15相比，处于全国平均水平之上，在全国各省份比较中排名第5位，体现出相对较强的税收优惠政策支持力度。2023年上海市整体创新金融支持指数为82.50，与全国平均水平65.97相比，处于全国平均水平之上，在全国各省份比较中排名第5位，体现出相对较强的金融政策支持力度。2023年上海市创新政府采购支持指数为59.82，与全国平均水平50.67相比，处于全国平均水平之上，在全国各省份比较中排名第4位，体现出该地区较强的需求侧政策支持力度。2023年上海市创新科研支持指数为97.68，与全国平均水平65.31相比，处于全国平均水平之上，在全国各省份比较中排名第1位，体现出相对较强的科研支持效果。

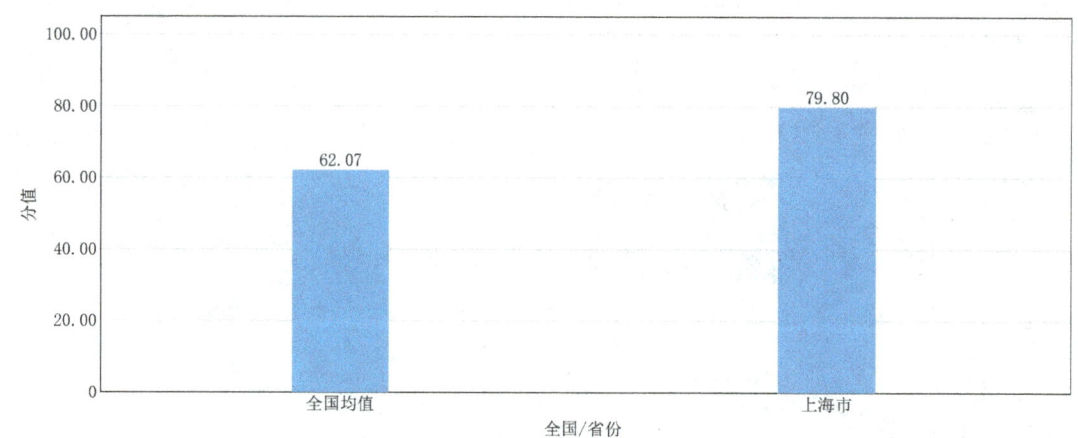

图4-65 上海市政府创新发展支持综合指数

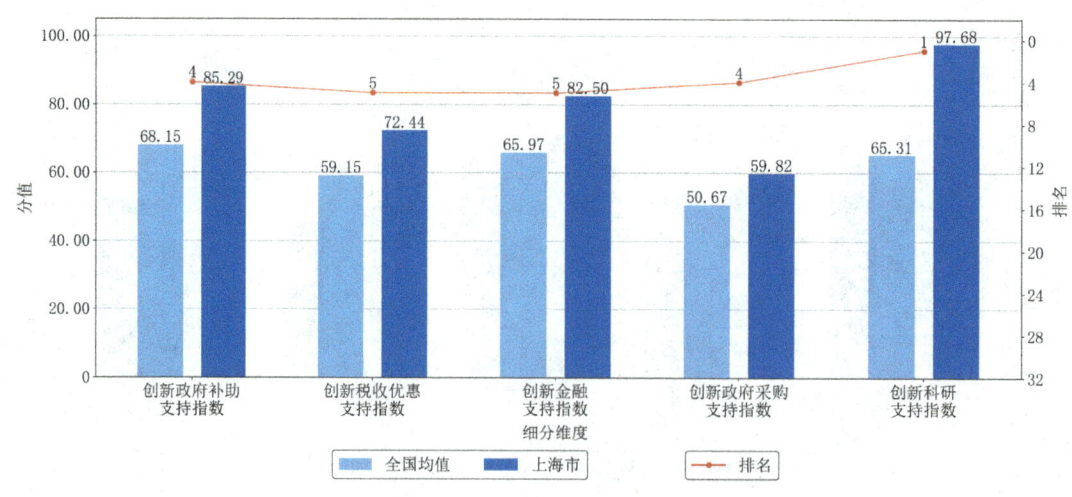

图4-66 上海市政府创新发展支持指数——细分维度

4.2.26 四川省

2023年四川省整体政府创新发展支持综合指数为62.75，如图4-67所示，与全国平均水平62.07相比，四川省政府创新发展支持综合指数处于全国平均水平之上，体现出四川省政府创新发展综合支持程度相对较强。

具体细分维度来看，如图4-68所示。2023年四川省创新政府补助支持指数为69.38，与全国平均水平68.15相比，处于全国平均水平之上，在全国各省份比较中排名第11位，体现出相对较强的政府补助政策支持力度。2023年四川省创新税收优惠支持指数为56.19，与全国平均水平59.15相比，处于全国平均水平之下，在全国各省份比较中排名第15位，体现出相对偏弱的税收优惠政策支持力度。2023年四川省整体创新金融支持指数为77.41，与全国平均水平65.97相比，处于全国平均水平之上，在全国各省份比较中排名第9位，体现出相对较强的金融政策支持力度。2023年四川省创新政府采购支持指数为47.97，与全国平均水平50.67相比，处于全国平均水平之下，在全国各省份比较中排名第12位，体现出该地区偏弱的需求侧政策支持力度。2023年四川省创新科研支持指数为60.35，与全国平均水平65.31相比，处于全国平均水平之下，在全国各省份比较中排名第19位，体现出相对偏弱的科研支持效果。

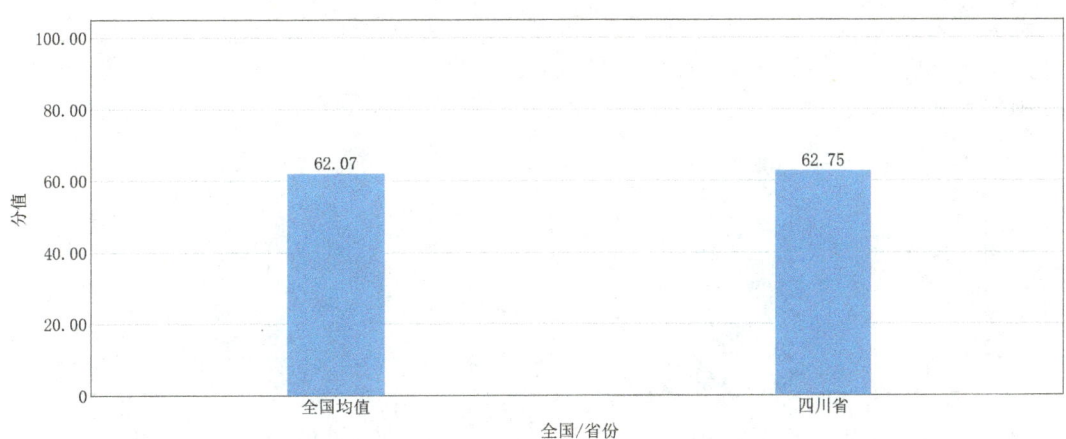

图4-67　四川省政府创新发展支持综合指数

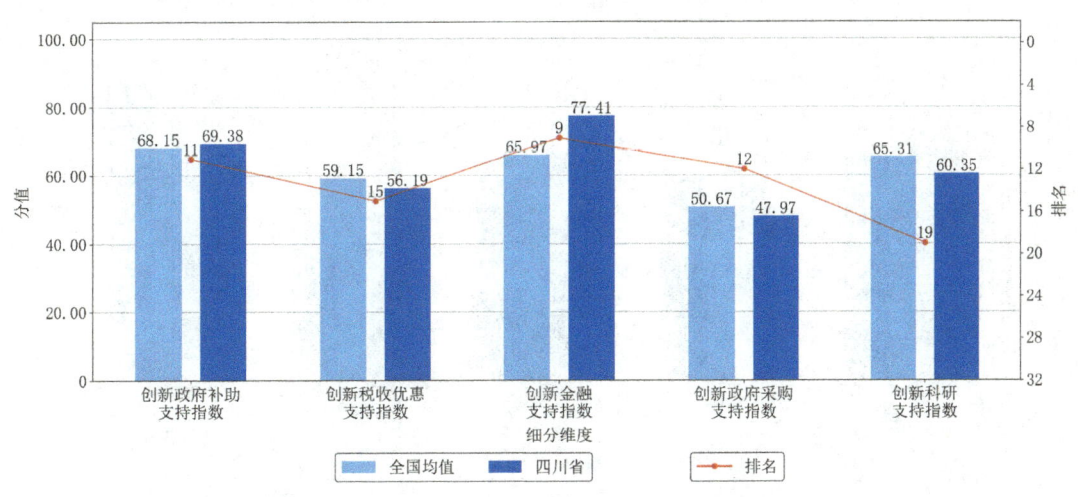

图4-68　四川省政府创新发展支持指数——细分维度

4.2.27 天津市

2023年天津市整体政府创新发展支持综合指数为63.27，如图4-69所示，与全国平均水平62.07相比，天津市政府创新发展支持综合指数处于全国平均水平之上，体现出天津市政府创新发展综合支持程度相对较强。

具体细分维度来看，如图4-70所示。2023年天津市创新政府补助支持指数为65.80，与全国平均水平68.15相比，处于全国平均水平之下，在全国各省份比较中排名第16位，体现出相对偏弱的政府补助政策支持力度。2023年天津市创新税收优惠支持指数为58.23，与全国平均水平59.15相比，处于全国平均水平之下，在全国各省份比较中排名第11位，体现出相对偏弱的税收优惠政策支持力度。2023年天津市整体创新金融支持指数为59.34，与全国平均水平65.97相比，处于全国平均水平之下，在全国各省份比较中排名第20位，体现出相对偏弱的金融政策支持力度。2023年天津市创新政府采购支持指数为45.68，与全国平均水平50.67相比，处于全国平均水平之下，在全国各省份比较中排名第18位，体现出该地区偏弱的需求侧政策支持力度。2023年天津市创新科研支持指数为86.75，与全国平均水平65.31相比，处于全国平均水平之上，在全国各省份比较中排名第3位，体现出相对较强的科研支持效果。

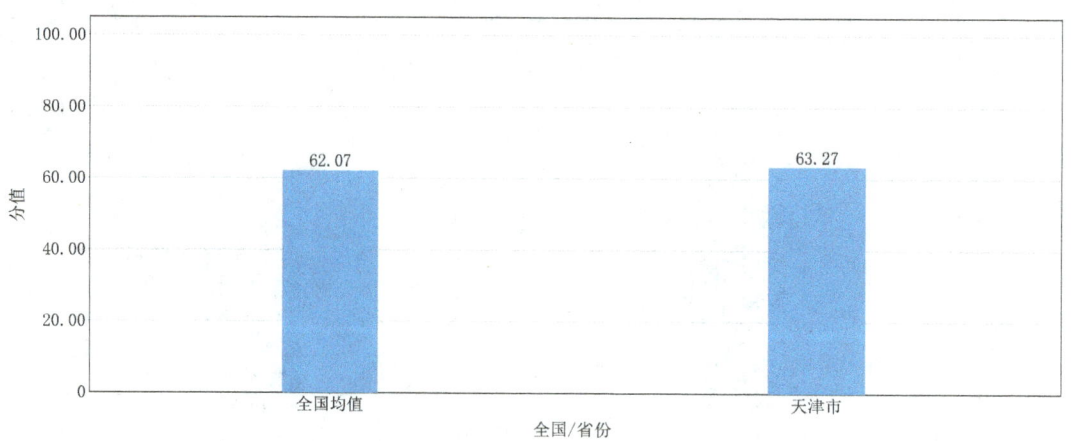

图 4-69　天津市政府创新发展支持综合指数

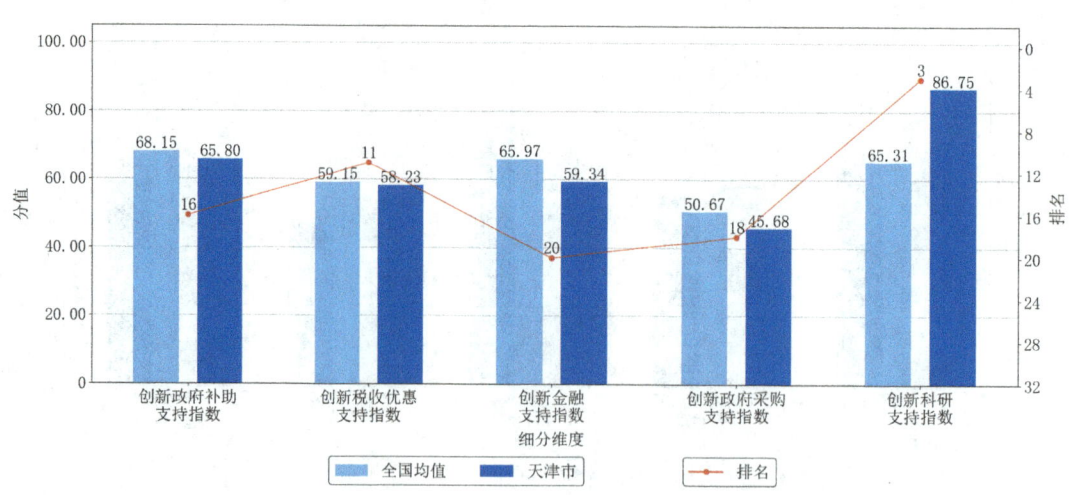

图 4-70　天津市政府创新发展支持指数——细分维度

4.2.28 西藏自治区

2023年西藏自治区整体政府创新发展支持综合指数为50.32，如图4-71所示，与全国平均水平62.07相比，西藏自治区政府创新发展支持综合指数处于全国平均水平之下，体现出西藏自治区政府创新发展综合支持程度相对偏弱。

具体细分维度来看，如图4-72所示。2023年西藏自治区创新政府补助支持指数为55.69，与全国平均水平68.15相比，处于全国平均水平之下，在全国各省份比较中排名第28位，体现出相对偏弱的政府补助政策支持力度。2023年西藏自治区创新税收优惠支持指数为40.32，与全国平均水平59.15相比，处于全国平均水平之下，在全国各省份比较中排名第31位，体现出相对偏弱的税收优惠政策支持力度。2023年西藏自治区整体创新金融支持指数为52.56，与全国平均水平65.97相比，处于全国平均水平之下，在全国各省份比较中排名第28位，体现出相对偏弱的金融政策支持力度。2023年西藏自治区创新政府采购支持指数为43.27，与全国平均水平50.67相比，处于全国平均水平之下，在全国各省份比较中排名第28位，体现出该地区偏弱的需求侧政策支持力度。2023年西藏自治区创新科研支持指数为60.25，与全国平均水平65.31相比，处于全国平均水平之下，在全国各省份比较中排名第20位，体现出相对偏弱的科研支持效果。

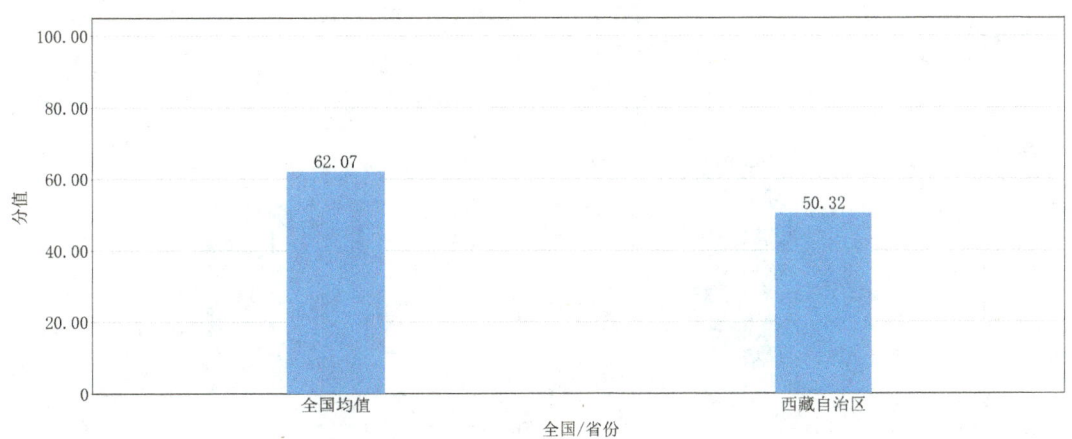

图4-71 西藏自治区政府创新发展支持综合指数

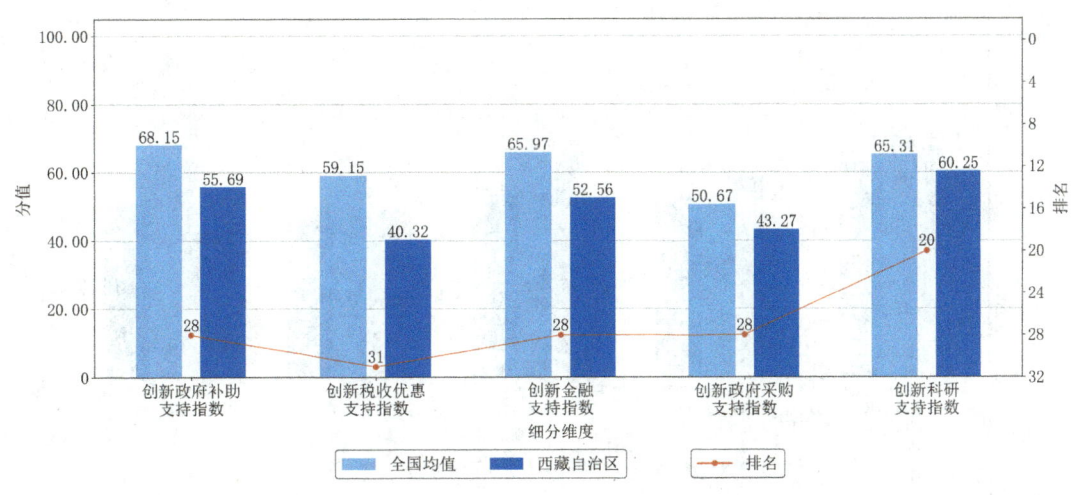

图4-72 西藏自治区政府创新发展支持指数——细分维度

4.2.29 新疆维吾尔自治区

2023年新疆维吾尔自治区整体政府创新发展支持综合指数为53.77，如图4-73所示，与全国平均水平62.07相比，新疆维吾尔自治区政府创新发展支持综合指数处于全国平均水平之下，体现出新疆维吾尔自治区政府创新发展综合支持程度相对偏弱。

具体细分维度来看，如图4-74所示。2023年新疆维吾尔自治区创新政府补助支持指数为63.43，与全国平均水平68.15相比，处于全国平均水平之下，在全国各省份比较中排名第19位，体现出相对偏弱的政府补助政策支持力度。2023年新疆维吾尔自治区创新税收优惠支持指数为53.12，与全国平均水平59.15相比，处于全国平均水平之下，在全国各省份比较中排名第21位，体现出相对偏弱的税收优惠政策支持力度。2023年新疆维吾尔自治区整体创新金融支持指数为54.15，与全国平均水平65.97相比，处于全国平均水平之下，在全国各省份比较中排名第23位，体现出相对偏弱的金融政策支持力度。2023年新疆维吾尔自治区创新政府采购支持指数为45.29，与全国平均水平50.67相比，处于全国平均水平之下，在全国各省份比较中排名第25位，体现出该地区偏弱的需求侧政策支持力度。2023年新疆维吾尔自治区创新科研支持指数为52.44，与全国平均水平65.31相比，处于全国平均水平之下，在全国各省份比较中排名第28位，体现出相对偏弱的科研支持效果。

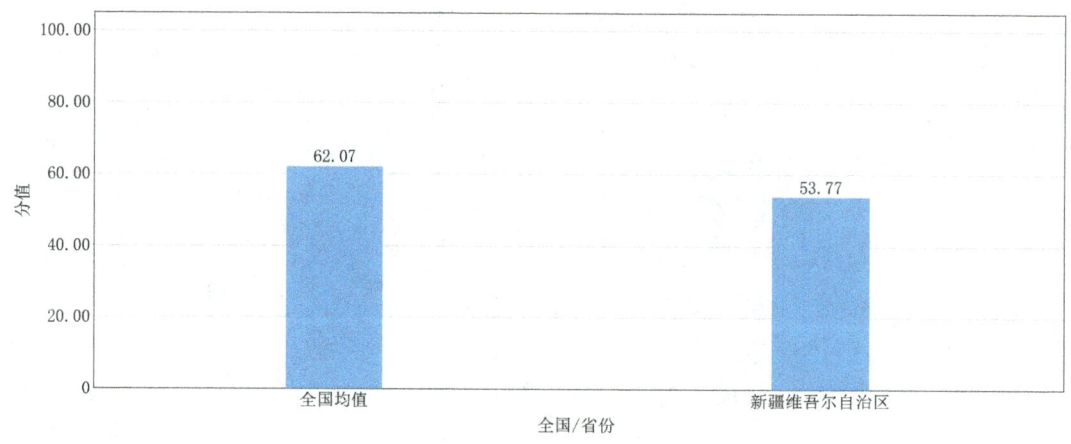

图4-73　新疆维吾尔自治区政府创新发展支持综合指数

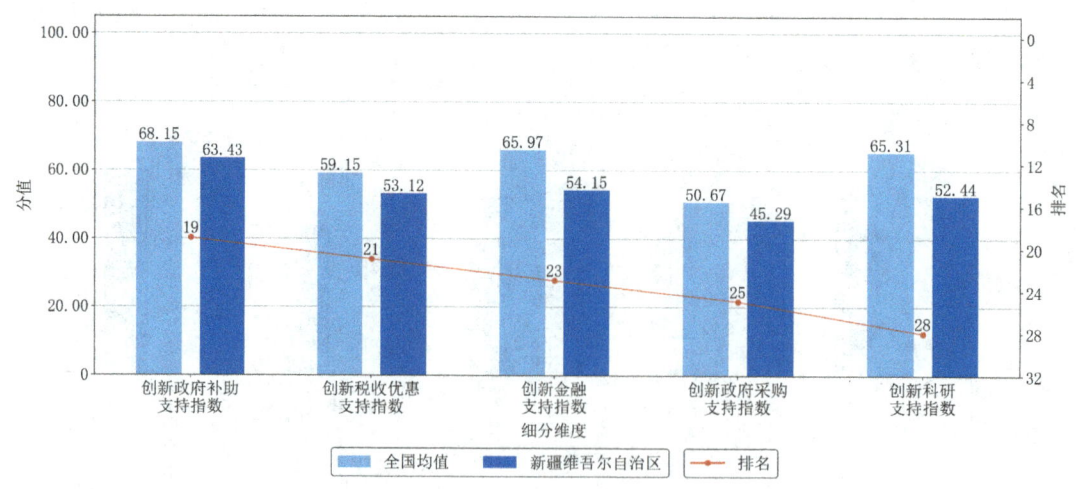

图4-74　新疆维吾尔自治区政府创新发展支持指数——细分维度

4.2.30 云南省

2023年云南省整体政府创新发展支持综合指数为52.83，如图4-75所示，与全国平均水平62.07相比，云南省政府创新发展支持综合指数处于全国平均水平之下，体现出云南省政府创新发展综合支持程度相对偏弱。

具体细分维度来看，如图4-76所示。2023年云南省创新政府补助支持指数为61.51，与全国平均水平68.15相比，处于全国平均水平之下，在全国各省份比较中排名第22位，体现出相对偏弱的政府补助政策支持力度。2023年云南省创新税收优惠支持指数为48.24，与全国平均水平59.15相比，处于全国平均水平之下，在全国各省份比较中排名第29位，体现出相对偏弱的税收优惠政策支持力度。2023年云南省整体创新金融支持指数为59.01，与全国平均水平65.97相比，处于全国平均水平之下，在全国各省份比较中排名第21位，体现出相对偏弱的金融政策支持力度。2023年云南省创新政府采购支持指数为43.17，与全国平均水平50.67相比，处于全国平均水平之下，在全国各省份比较中排名第29位，体现出该地区偏弱的需求侧政策支持力度。2023年云南省创新科研支持指数为51.33，与全国平均水平65.31相比，处于全国平均水平之下，在全国各省份比较中排名第29位，体现出相对偏弱的科研支持效果。

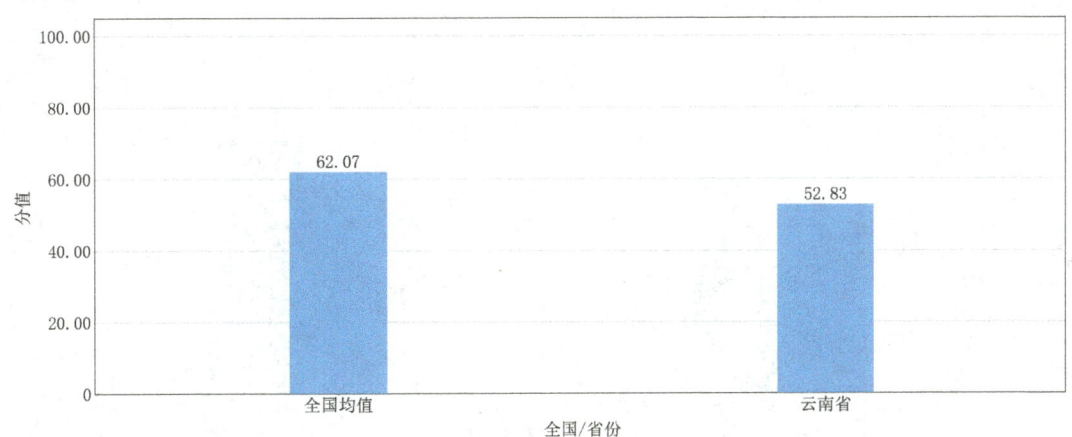

图4-75　云南省政府创新发展支持综合指数

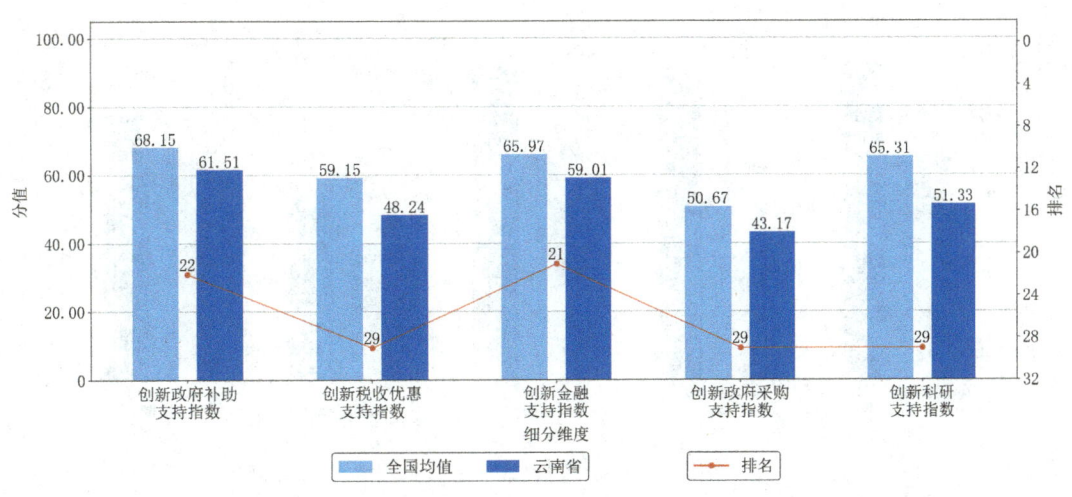

图4-76　云南省政府创新发展支持指数——细分维度

4.2.31 浙江省

2023年浙江省整体政府创新发展支持综合指数为81.85，如图4-77所示，与全国平均水平62.07相比，浙江省政府创新发展支持综合指数处于全国平均水平之上，体现出浙江省政府创新发展综合支持程度相对较强。

具体细分维度来看，如图4-78所示。2023年浙江省创新政府补助支持指数为92.81，与全国平均水平68.15相比，处于全国平均水平之上，在全国各省份比较中排名第3位，体现出相对较强的政府补助政策支持力度。2023年浙江省创新税收优惠支持指数为88.45，与全国平均水平59.15相比，处于全国平均水平之上，在全国各省份比较中排名第2位，体现出相对较强的税收优惠政策支持力度。2023年浙江省整体创新金融支持指数为91.54，与全国平均水平65.97相比，处于全国平均水平之上，在全国各省份比较中排名第1位，体现出相对较强的金融政策支持力度。2023年浙江省创新政府采购支持指数为54.20，与全国平均水平50.67相比，处于全国平均水平之上，在全国各省份比较中排名第6位，体现出该地区较强的需求侧政策支持力度。2023年浙江省创新科研支持指数为77.64，与全国平均水平65.31相比，处于全国平均水平之上，在全国各省份比较中排名第4位，体现出相对较强的科研支持效果。

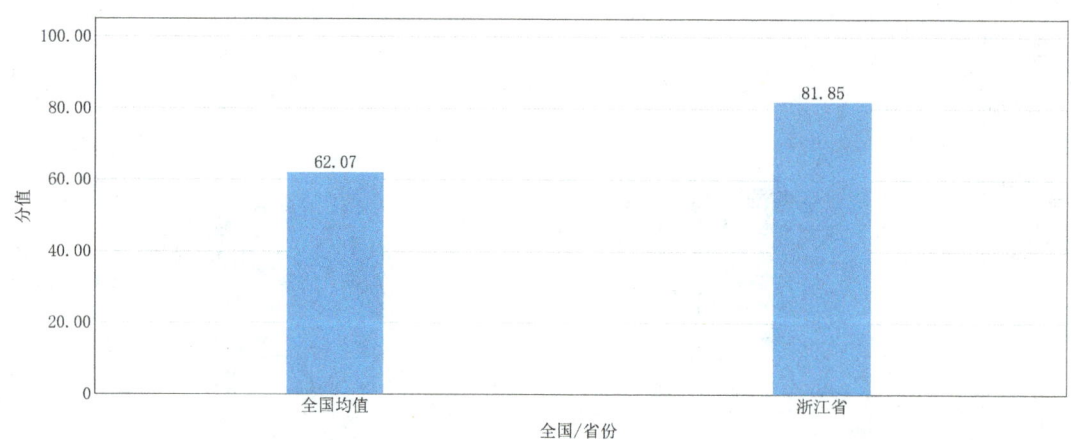

图4-77　浙江省政府创新发展支持综合指数

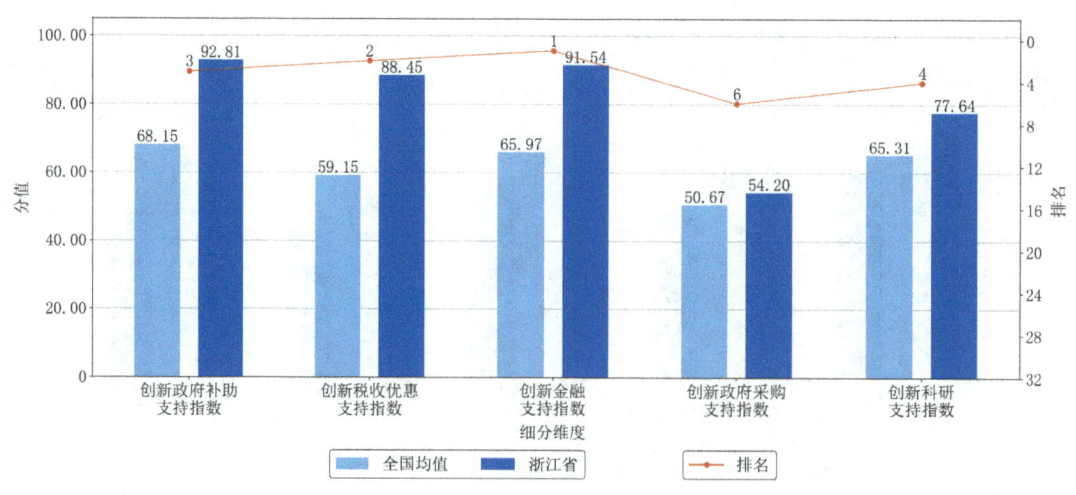

图4-78　浙江省政府创新发展支持指数——细分维度

第5章
区域创新发展环境评价

党的二十大报告提出,坚持创新在我国现代化建设全局中的核心地位,加快实现高水平科技自立自强,加快建设科技强国,并对完善科技创新体系、加快实施创新驱动发展战略等作出专门部署。建设有利于创新创业发展的软环境和硬环境是推动企业创新发展,提高自主创新能力的有效保障。良好的创新发展环境可以促进区域内经济主体不断创新和自我完善,反之可能会抑制企业的创新发展。近年来,我国政府积极营造激励企业创新的软环境和硬环境,引导和支持创新要素向企业集聚。鉴于此,本章基于第2章提出的创新环境评价指标体系,对我国七大地区和各省份的创新发展软环境和硬环境进行分析和评价,以期从总体上对各区域和省份的创新发展环境进行阐释。

从整体上看,2023年区域创新发展环境综合指数为59.58,创新发展软环境指数和创新发展硬环境指数分别为60.01和59.26。从创新发展软环境指数的二级指数看,其中,区域互联网、软件和信息技术发展指数为54.64,区域专利与商标发展指数为63.65,区域技术市场交易指数为55.97,区域组织和营销创新指数为60.27,区域创新人才培养指数为64.93。从创新发展硬环境指数的二级指数看,其中,区域互联网连接能力指数为61.56,区域电信通信能力指数为58.96,区域科技创新孵化能力指数为57.70。

5.1 七大区创新发展软环境评价

根据披露的区域互联网、软件和信息技术发展,区域专利与商标发展,区域技术市场交易,区域组织和营销创新,区域创新人才培养的相关数据,报告分析了我国东北、华北、华东、华南、华中、西北和西南地区的创新发展软环境综合指数。区域创新发展软环境综合指数水平如图5-1所示。

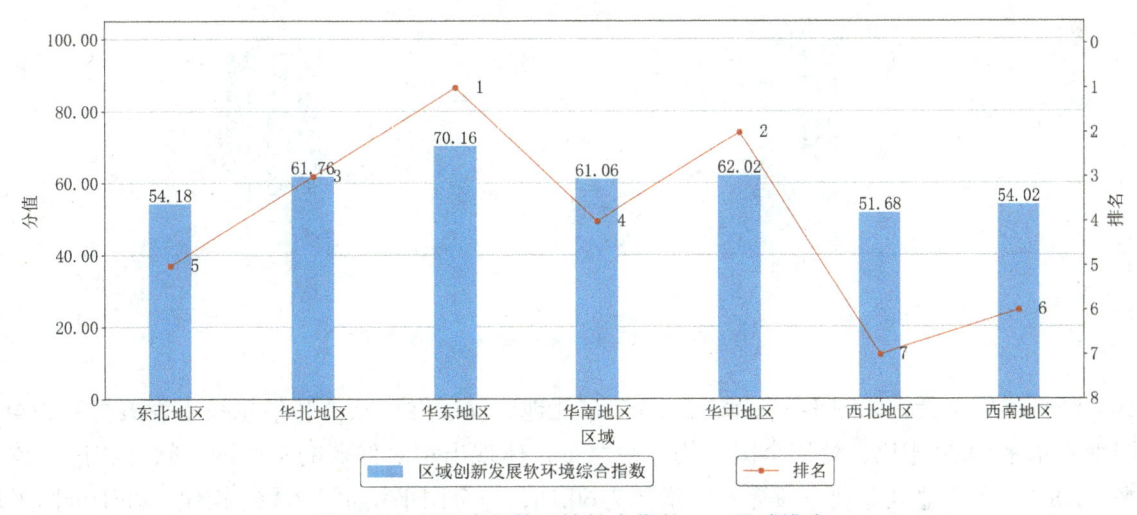

图5-1 创新发展软环境综合指数——区域维度

总体来看，东北、华北、华东、华南、华中、西北和西南地区的创新发展软环境综合指数依次为54.18、61.76、70.16、61.06、62.02、51.68和54.02。其中，区域创新发展软环境综合指数平均水平最高的是华东地区，其次是华中地区，最低的是西北地区，凸显出华东地区创新发展软环境建设优势明显。从细分维度来看，区域互联网、软件和信息技术发展指数，区域专利与商标发展指数，区域技术市场交易指数，区域组织和营销创新指数分值最高的区域均为华东地区；区域创新人才培养指数分值最高的为华中地区。区域创新发展软环境指数具体情况如表5-1所示。

表 5-1 创新发展软环境指数一览表——区域维度

区域	创新发展软环境综合指数		区域互联网、软件和信息技术发展指数		区域专利与商标发展指数		区域技术市场交易指数		区域组织和营销创新指数		区域创新人才培养指数	
	分值	排名	分值	排名	分值	排名	分值	排名	分值	排名	分值	排名
东北	54.18	5	48.23	6	60.16	5	46.78	7	48.95	7	63.72	5
华北	61.76	3	58.65	2	64.93	3	56.63	4	59.84	4	67.10	3
华东	70.16	1	63.51	1	75.46	1	69.29	1	76.80	1	69.13	2
华南	61.06	4	57.35	3	62.33	4	57.07	3	64.10	2	64.39	4
华中	62.02	2	50.97	4	65.36	2	60.94	2	60.85	3	70.92	1
西北	51.68	7	47.33	7	53.89	7	47.62	5	49.52	6	58.12	7
西南	54.02	6	49.96	5	57.46	6	46.88	6	52.46	5	61.17	6

数据来源：同花顺（iFinD），首经贸资产评估研究院和浙工商中国智能管理研究院整理。

5.1.1 东北地区

2023年东北地区创新发展软环境综合指数为54.18，如图5-2所示，与全国平均水平60.01相比，处于全国平均水平之下，体现出东北地区创新发展软环境建设相对偏弱。

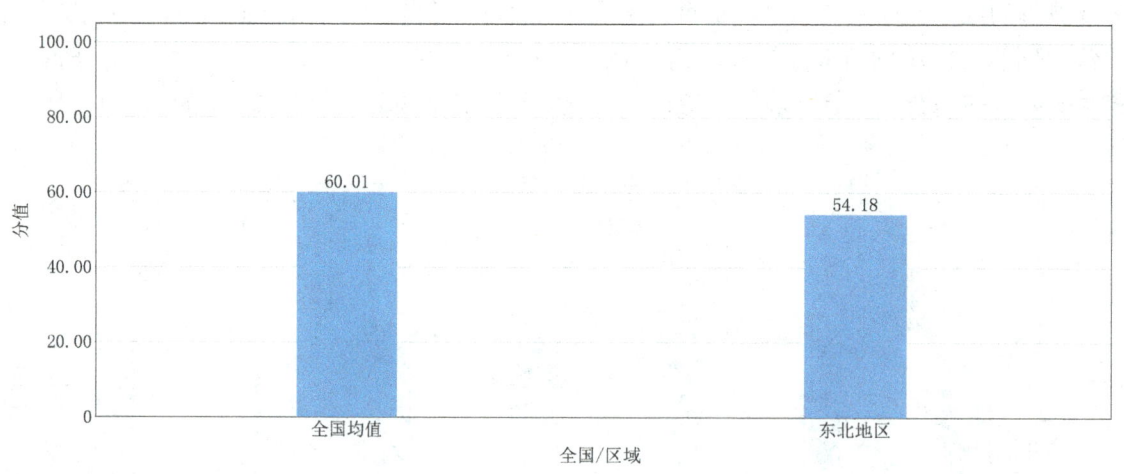

图 5-2 东北地区创新发展软环境综合指数

具体细分维度来看，如图5-3所示。2023年东北地区互联网、软件和信息技术发展指数为48.23，与全国平均水平54.64相比，处于全国平均水平之下，体现出相对偏弱的互联网、软件和信息技术发展水平。2023年东北地区专利与商标发展指数为60.16，与全国平均水平63.65相比，处于全国平均水平之下，体现出相对偏弱的专利与商标发展水平。2023年东北地区技术市场交易指数为46.78，与全国平均水平 55.97 相比，处于全国平均水平之下，体现出相对偏弱的技术市场交易水平。2023 年东北地区组织和营销创新指数为 48.95，与全国平均水平 60.27 相比，处于全国平均水平之下，体现出相对偏弱的组织和营销创新水平。2023 年东北地区创新人才培养指数为 63.72，与全国平均水平 64.93 相比，处于全国平均水平之下，体现出相对偏弱的创新人才培养水平。

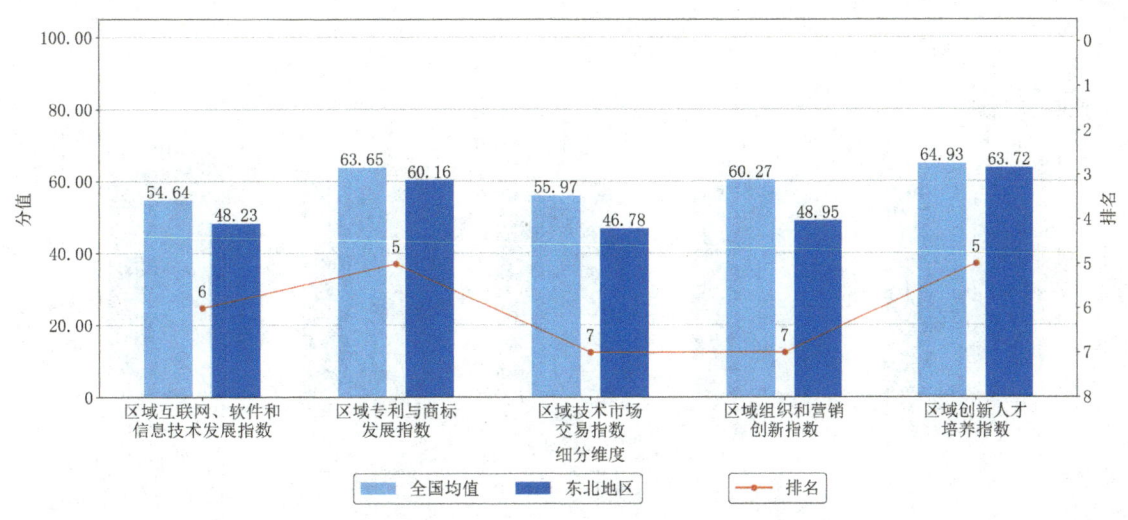

图 5-3 东北地区创新发展软环境指数——细分维度

5.1.2 华北地区

2023 年华北地区创新发展软环境综合指数为 61.76，如图 5-4 所示，与全国平均水平 60.01 相比，处于全国平均水平之上，体现出华北地区创新发展软环境建设相对较强。

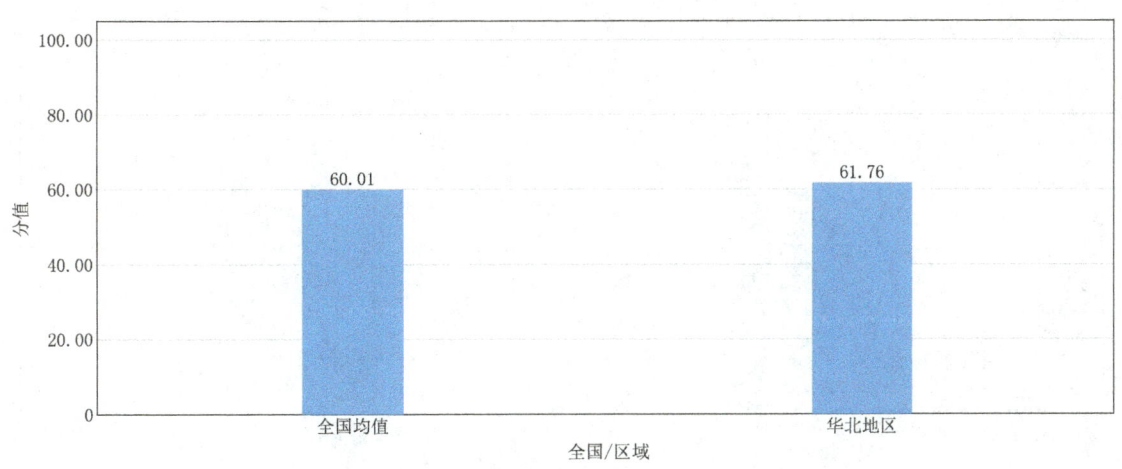

图 5-4 华北地区创新发展软环境综合指数

具体细分维度来看，如图 5-5 所示。2023 年华北地区互联网、软件和信息技术发展指数为 58.65，与全国平均水平 54.64 相比，处于全国平均水平之上，体现出相对较强的互联网、软件和信息技术发展水平。2023 年华北地区专利与商标发展指数为 64.93，与全国平均水平 63.65 相比，处于全国平均水平之上，体现出相对较强的专利与商标发展水平。2023 年华北地区技术市场交易指数为 56.63，与全国平均水平55.97相比，处于全国平均水平之上，体现出相对较强的技术市场交易水平。2023年华北地区组织和营销创新指数为59.84，与全国平均水平60.27相比，处于全国平均水平之下，体现出相对偏弱的组织和营销创新水平。2023年华北地区创新人才培养指数为67.10，与全国平均水平64.93相比，处于全国平均水平之上，体现出相对较强的创新人才培养水平。

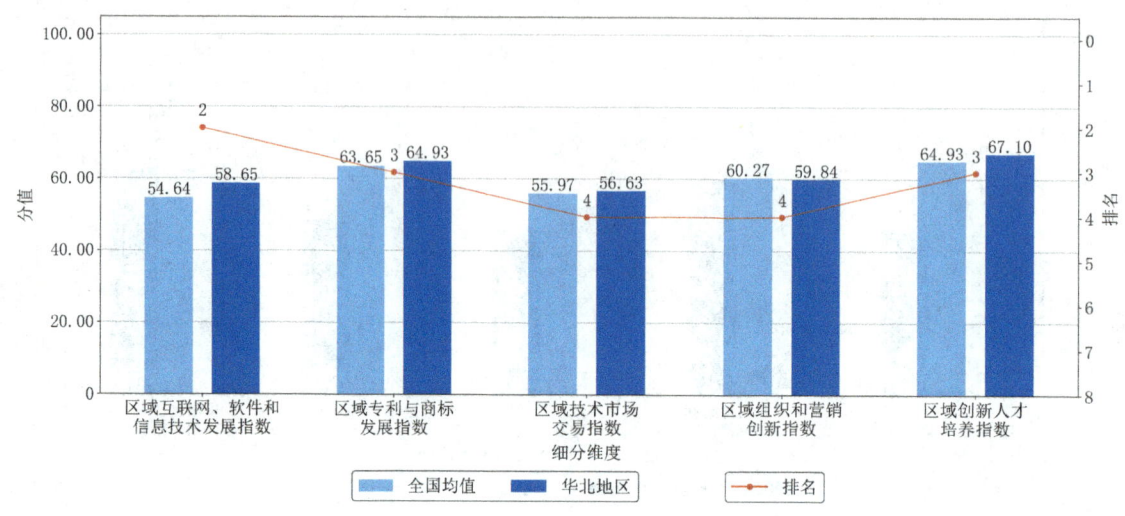

图5-5　华北地区创新发展软环境指数——细分维度

5.1.3　华东地区

2023年华东地区创新发展软环境综合指数为70.16，如图5-6所示，与全国平均水平60.01相比，处于全国平均水平之上，体现出华东地区创新发展软环境建设相对较强。

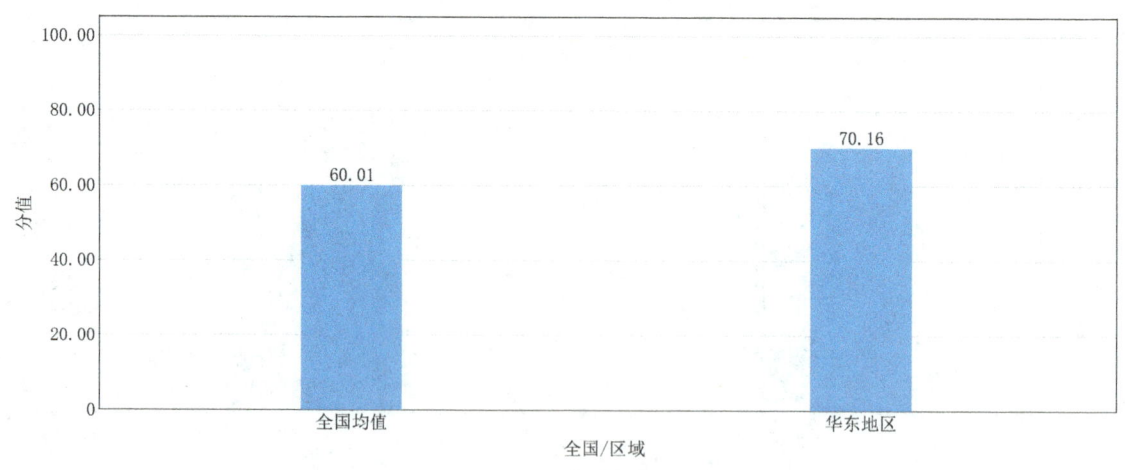

图5-6　华东地区创新发展软环境综合指数

具体细分维度来看，如图5-7所示。2023年华东地区互联网、软件和信息技术发展指数为63.51，与全国平均水平54.64相比，处于全国平均水平之上，体现出相对较强的互联网、软件和信息技术发展水平。2023年华东地区专利与商标发展指数为75.46，与全国平均水平63.65相比，处于全国平均水平之上，体现出相对较强的专利与商标发展水平。2023年华东地区技术市场交易指数为69.29，与全国平均水平55.97相比，处于全国平均水平之上，体现出相对较强的技术市场交易水平。2023年华东地区组织和营销创新指数为76.80，与全国平均水平60.27相比，处于全国平均水平之上，体现出相对较强的组织和营销创新水平。2023年华东地区创新人才培养指数为69.13，与全国平均水平64.93相比，处于全国平均水平之上，体现出相对较强的创新人才培养水平。

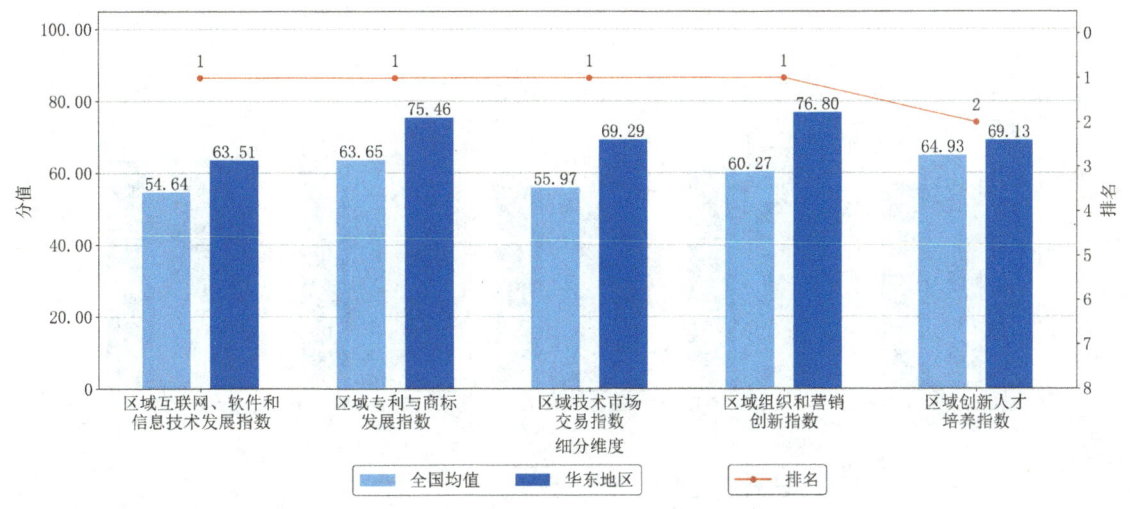

图5-7　华东地区创新发展软环境指数——细分维度

5.1.4　华南地区

2023年华南地区创新发展软环境综合指数为61.06，如图5-8所示，与全国平均水平60.01相比，处于全国平均水平之上，体现出华南地区创新发展软环境建设相对较强。

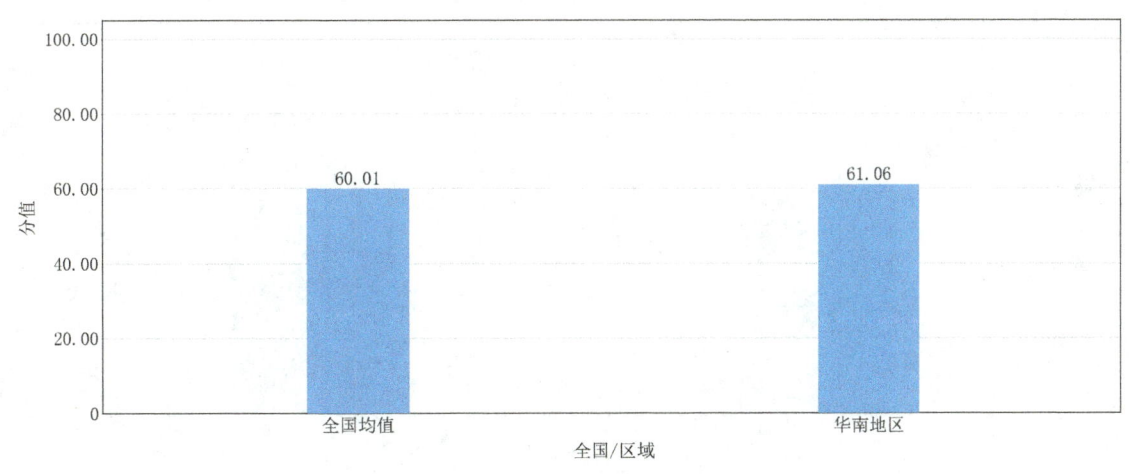

图5-8　华南地区创新发展软环境综合指数

具体细分维度来看，如图5-9所示。2023年华南地区互联网、软件和信息技术发展指数为57.35，与全国平均水平54.64相比，处于全国平均水平之上，体现出相对较强的互联网、软件和信息技术发展水平。2023年华南地区专利与商标发展指数为62.33，与全国平均水平63.65相比，处于全国平均水平之下，体现出相对偏弱的专利与商标发展水平。2023年华南地区技术市场交易指数为57.07，与全国平均水平55.97相比，处于全国平均水平之上，体现出相对较强的技术市场交易水平。2023年华南地区组织和营销创新指数为64.10，与全国平均水平60.27相比，处于全国平均水平之上，体现出相对较强的组织和营销创新水平。2023年华南地区创新人才培养指数为64.39，与全国平均水平64.93相比，处于全国平均水平之下，体现出相对偏弱的创新人才培养水平。

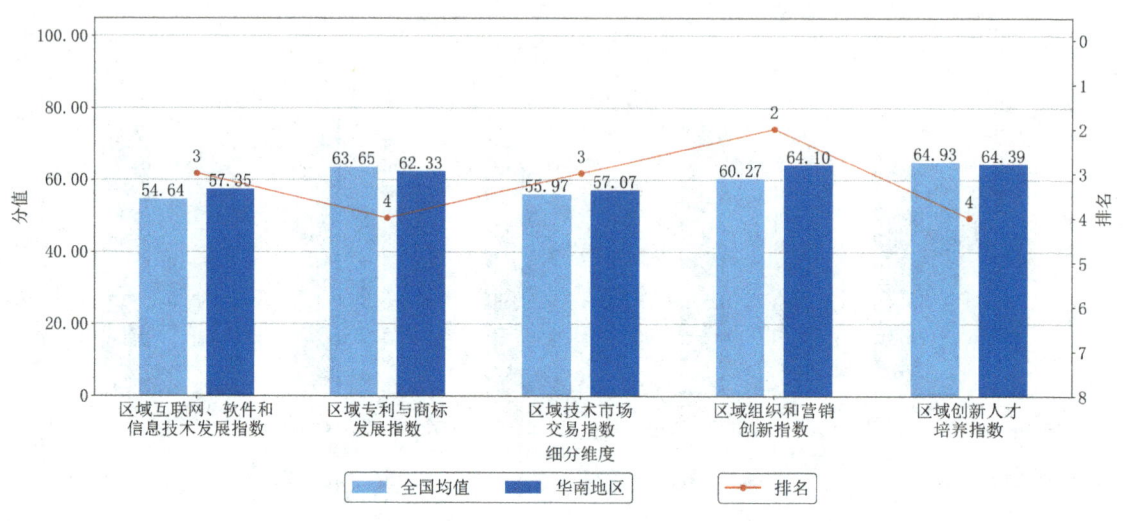

图5-9　华南地区创新发展软环境指数——细分维度

5.1.5　华中地区

2023年华中地区创新发展软环境综合指数为62.02，如图5-10所示，与全国平均水平60.01相比，处于全国平均水平之上，体现出华中地区创新发展软环境建设相对较强。

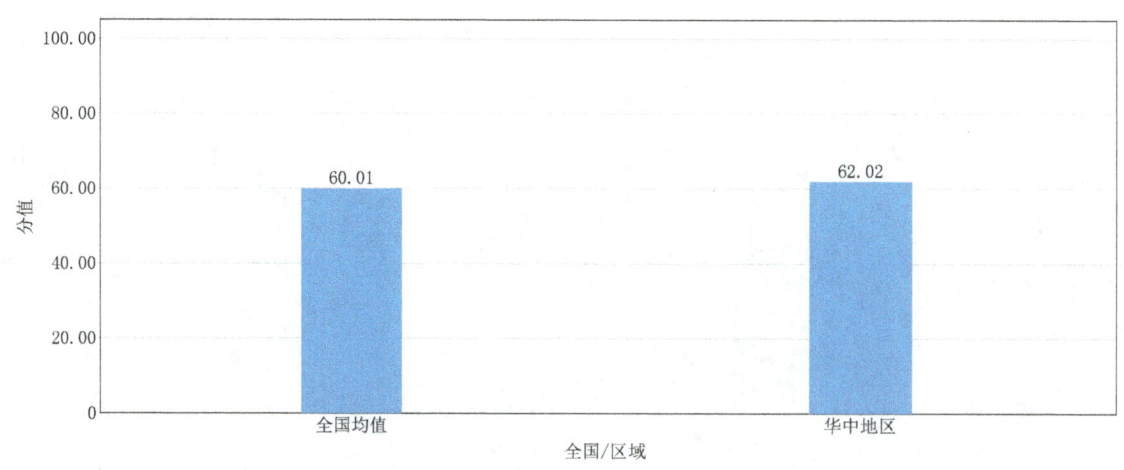

图5-10　华中地区创新发展软环境综合指数

具体细分维度来看，如图5-11所示。2023年华中地区互联网、软件和信息技术发展指数为50.97，与全国平均水平54.64相比，处于全国平均水平之下，体现出相对偏弱的互联网、软件和信息技术发展水平。2023年华中地区专利与商标发展指数为65.36，与全国平均水平63.65相比，处于全国平均水平之上，体现出相对较强的专利与商标发展水平。2023年华中地区技术市场交易指数为60.94，与全国平均水平55.97相比，处于全国平均水平之上，体现出相对较强的技术市场交易水平。2023年华中地区组织和营销创新指数为60.85，与全国平均水平60.27相比，处于全国平均水平之上，体现出相对较强的组织和营销创新水平。2023年华中地区创新人才培养指数为70.92，与全国平均水平64.93相比，处于全国平均水平之上，体现出相对较强的创新人才培养水平。

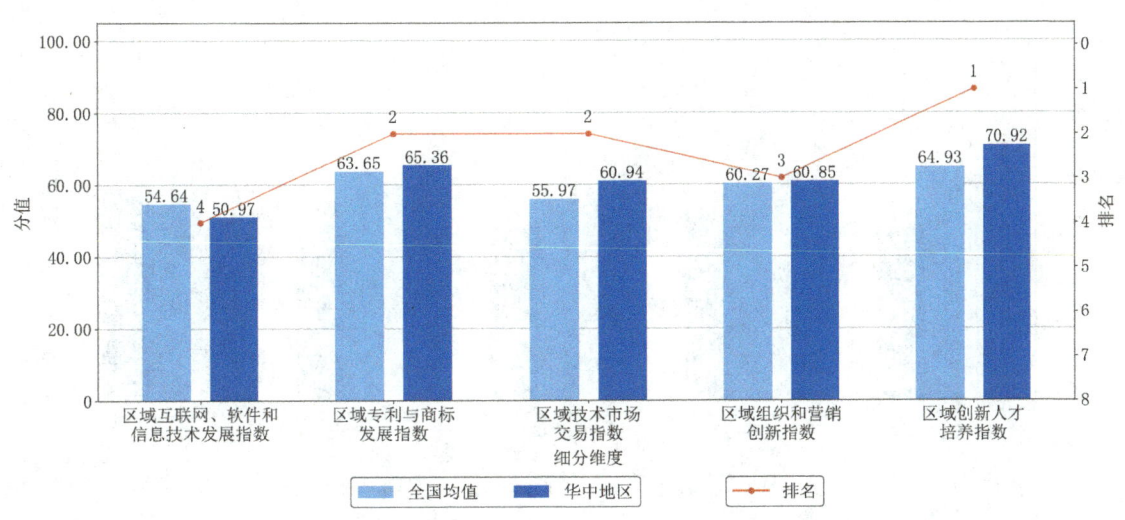

图5-11　华中地区创新发展软环境指数——细分维度

5.1.6　西北地区

2023年西北地区创新发展软环境综合指数为51.68，如图5-12所示，与全国平均水平60.01相比，处于全国平均水平之下，体现出西北地区创新发展软环境建设相对偏弱。

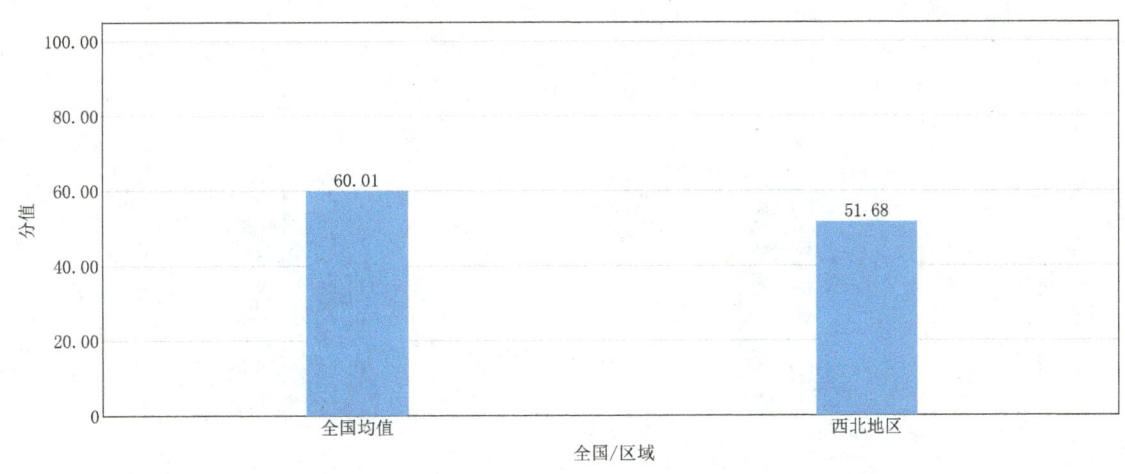

图5-12　西北地区创新发展软环境综合指数

具体细分维度来看，如图5-13所示。2023年西北地区互联网、软件和信息技术发展指数为47.33，与全国平均水平54.64相比，处于全国平均水平之下，体现出相对偏弱的互联网、软件和信息技术发展水平。2023年西北地区专利与商标发展指数为53.89，与全国平均水平63.65相比，处于全国平均水平之下，体现出相对偏弱的专利与商标发展水平。2023年西北地区技术市场交易指数为47.62，与全国平均水平55.97相比，处于全国平均水平之下，体现出相对偏弱的技术市场交易水平。2023年西北地区组织和营销创新指数为49.52，与全国平均水平60.27相比，处于全国平均水平之下，体现出相对偏弱的组织和营销创新水平。2023年西北地区创新人才培养指数为58.12，与全国平均水平64.93相比，处于全国平均水平之下，体现出相对偏弱的创新人才培养水平。

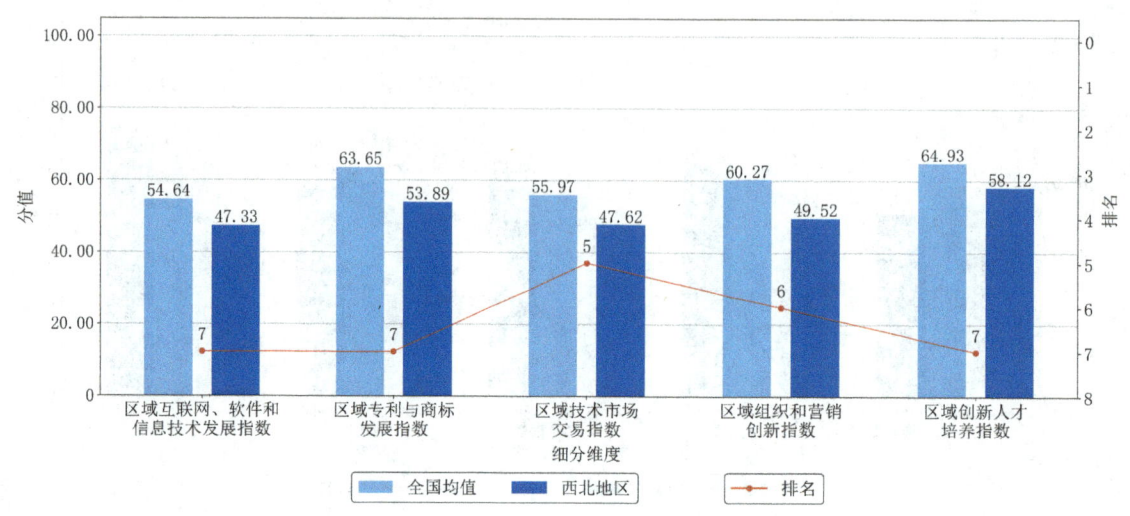

图5-13 西北地区创新发展软环境指数——细分维度

5.1.7 西南地区

2023年西南地区创新发展软环境综合指数为54.02，如图5-14所示，与全国平均水平60.01相比，处于全国平均水平之下，体现出西南地区创新发展软环境建设相对偏弱。

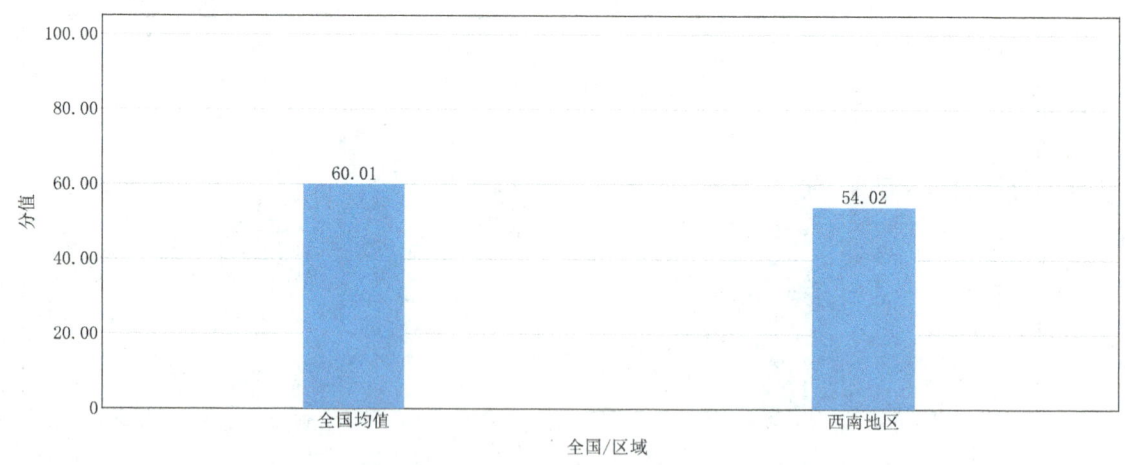

图5-14 西南地区创新发展软环境综合指数

具体细分维度来看，如图5-15所示。2023年西南地区互联网、软件和信息技术发展指数为49.96，与全国平均水平54.64相比，处于全国平均水平之下，体现出相对偏弱的互联网、软件和信息技术发展水平。2023年西南地区专利与商标发展指数为57.46，与全国平均水平63.65相比，处于全国平均水平之下，体现出相对偏弱的专利与商标发展水平。2023年西南地区技术市场交易指数为46.88，与全国平均水平55.97相比，处于全国平均水平之下，体现出相对偏弱的技术市场交易水平。2023年西南地区组织和营销创新指数为52.46，与全国平均水平60.27相比，处于全国平均水平之下，体现出相对偏弱的组织和营销创新水平。2023年西南地区创新人才培养指数为61.17，与全国平均水平64.93相比，处于全国平均水平之下，体现出相对偏弱的创新人才培养水平。

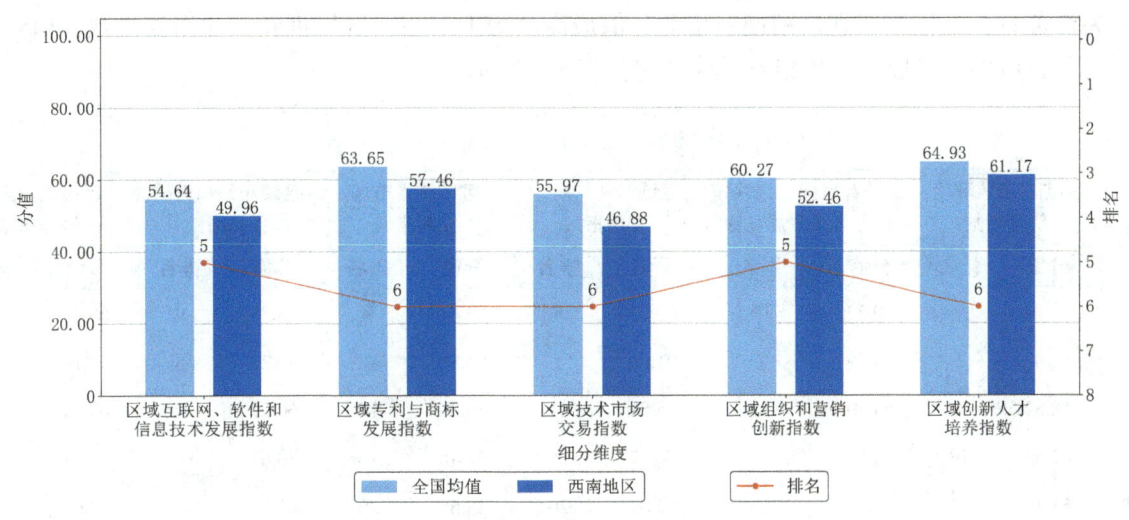

图 5-15　西南地区创新发展软环境指数——细分维度

5.2　省份创新发展软环境评价

根据披露的区域互联网、软件和信息技术发展，区域专利与商标发展，区域技术市场交易，区域组织和营销创新以及区域创新人才培养的数据，报告同时分析了我国31个省份的创新发展软环境综合指数，如图5-16所示。

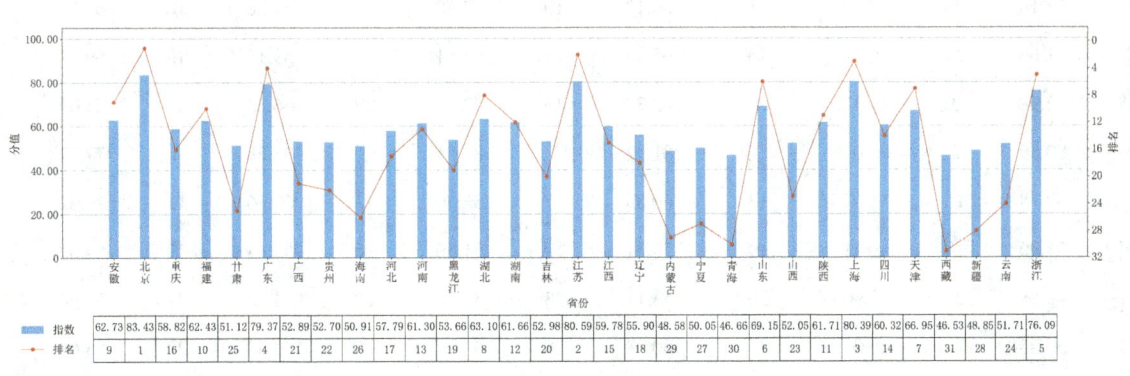

图 5-16　创新发展软环境综合指数——省份维度

总体来看，安徽省、北京市、重庆市、福建省、甘肃省、广东省、广西壮族自治区、贵州省、海南省、河北省、河南省、黑龙江省、湖北省、湖南省、吉林省、江苏省、江西省、辽宁省、内蒙古自治区、宁夏回族自治区、青海省、山东省、山西省、陕西省、上海市、四川省、天津市、西藏自治区、新疆维吾尔自治区、云南省和浙江省的创新发展软环境综合指数依次为62.73、83.43、58.82、

62.43、51.12、79.37、52.89、52.70、50.91、57.79、61.30、53.66、63.10、61.66、52.98、80.59、59.78、55.90、48.58、50.05、46.66、69.15、52.05、61.71、80.39、60.32、66.95、46.53、48.85、51.71和76.09。其中，创新发展软环境综合指数平均水平最高的是北京市，最低的是西藏自治区，区域创新发展软环境综合指数存在明显的省份差异性。细分维度来看，区域互联网、软件和信息技术发展指数分值最高的为上海市；区域专利与商标发展指数分值最高的为北京市；区域技术市场交易指数分值最高的为江苏省；区域组织和营销创新指数分值最高的为上海市；区域创新人才培养指数分值最高的为江苏省。省份创新发展软环境指数具体情况如表5-2所示。

表 5-2 创新发展软环境指数一览表——省份维度

省份	创新发展软环境综合指数		区域互联网、软件和信息技术发展指数		区域专利与商标发展指数		区域技术市场交易指数		区域组织和营销创新指数		区域创新人才培养指数	
	分值	排名	分值	排名	分值	排名	分值	排名	分值	排名	分值	排名
安徽	62.73	9	50.22	16	69.27	8	63.83	9	67.33	9	65.83	14
北京	83.43	1	85.29	2	91.98	1	84.86	2	80.21	5	77.14	2
重庆	58.82	16	53.30	10	65.82	11	50.76	17	60.39	12	63.69	18
福建	62.43	10	55.52	8	70.57	7	52.48	14	70.67	7	65.08	16
甘肃	51.12	25	47.61	27	52.02	26	45.65	20	48.40	26	58.99	25
广东	79.37	4	72.30	4	83.80	3	84.73	3	89.97	3	72.59	5
广西	52.89	21	49.26	21	53.99	22	43.31	24	52.26	18	62.34	20
贵州	52.70	22	51.20	12	51.64	27	45.05	21	49.06	23	62.18	21
海南	50.91	26	50.49	14	49.20	31	43.17	25	50.06	21	58.26	26
河北	57.79	17	49.77	18	60.27	18	49.89	18	56.48	17	69.41	10
河南	61.30	13	50.22	17	64.50	14	51.62	15	60.12	13	76.30	3
黑龙江	53.66	19	45.91	28	58.84	20	46.01	19	48.43	25	65.48	15
湖北	63.10	8	52.30	11	66.13	10	67.70	7	63.28	10	67.24	12
湖南	61.66	12	50.41	15	65.45	12	63.51	11	59.15	15	69.21	11
吉林	52.98	20	49.37	20	62.32	16	42.84	27	46.23	28	61.09	23
江苏	80.59	2	75.04	3	81.92	5	87.81	1	83.58	4	77.77	1
江西	59.78	15	51.07	13	60.83	17	53.70	13	60.76	11	70.32	8
辽宁	55.90	18	49.41	19	59.31	19	51.50	16	52.17	19	64.61	17
内蒙古	48.58	29	43.90	30	53.11	23	41.90	29	44.26	31	56.90	28
宁夏	50.05	27	49.01	22	50.78	28	43.14	26	49.40	22	55.66	29
青海	46.66	30	47.93	26	52.41	25	40.78	30	47.03	27	45.62	31
山东	69.15	6	60.57	7	73.05	6	70.34	6	71.85	6	71.63	6
山西	52.05	23	48.66	23	54.10	21	42.77	28	50.51	20	61.02	24
陕西	61.71	11	48.16	25	63.81	15	64.91	8	56.85	16	72.87	4
上海	80.39	3	86.15	1	89.96	2	77.53	5	92.84	1	63.60	19

续表

省份	创新发展软环境综合指数		区域互联网、软件和信息技术发展指数		区域专利与商标发展指数		区域技术市场交易指数		区域组织和营销创新指数		区域创新人才培养指数	
	分值	排名	分值	排名	分值	排名	分值	排名	分值	排名	分值	排名
四川	60.32	14	53.95	9	66.46	9	54.90	12	59.50	14	66.07	13
天津	66.95	7	65.61	6	65.18	13	63.72	10	67.76	8	71.02	7
西藏	46.53	31	42.93	31	50.48	29	40.30	31	44.64	30	52.52	30
新疆	48.85	28	43.95	29	50.45	30	43.61	22	45.91	29	57.45	27
云南	51.71	24	48.41	24	52.89	24	43.40	23	48.72	24	61.37	22
浙江	76.09	5	65.98	5	82.59	4	79.39	4	90.56	2	69.69	9

数据来源：同花顺（iFinD），首经贸资产评估研究院和浙工商中国智能管理研究院整理。

5.2.1 安徽省

2023年安徽省的整体创新发展软环境综合指数为62.73，如图5-17所示，与全国平均水平60.01相比，安徽省创新发展软环境综合指数处于全国平均水平之上，体现出安徽省创新发展软环境综合水平相对较强。

具体细分维度来看，如图5-18所示。2023年安徽省互联网、软件和信息技术发展指数为50.22，与全国平均水平54.64相比，处于全国平均水平之下，在全国各省份比较中排名第16位，体现出相对偏弱的互联网、软件和信息技术发展水平。2023年安徽省专利与商标发展指数为69.27，与全国平均水平63.65相比，处于全国平均水平之上，在全国各省份比较中排名第8位，体现出相对较强的专利与商标发展水平。2023年安徽省技术市场交易指数为63.83，与全国平均水平55.97相比，处于全国平均水平之上，在全国各省份比较中排名第9位，体现出相对较强的技术市场交易水平。2023年安徽省组织和营销创新指数为67.33，与全国平均水平60.27相比，处于全国平均水平之上，在全国各省份比较中排名第9位，体现出相对较强的组织和营销创新水平。2023年安徽省创新人才培养指数为65.83，与全国平均水平64.93相比，处于全国平均水平之上，在全国各省份比较中排名第14位，体现出相对较强的创新人才培养水平。

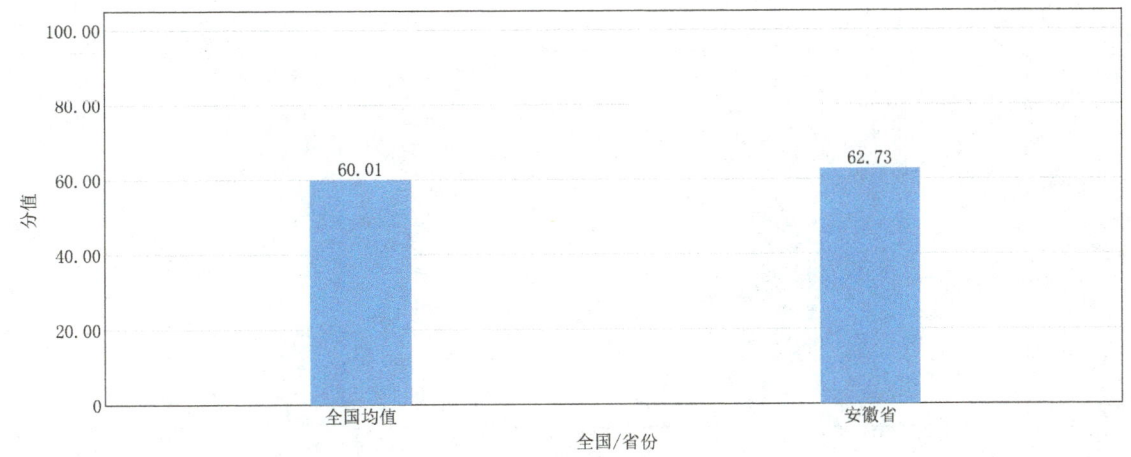

图5-17 安徽省创新发展软环境综合指数

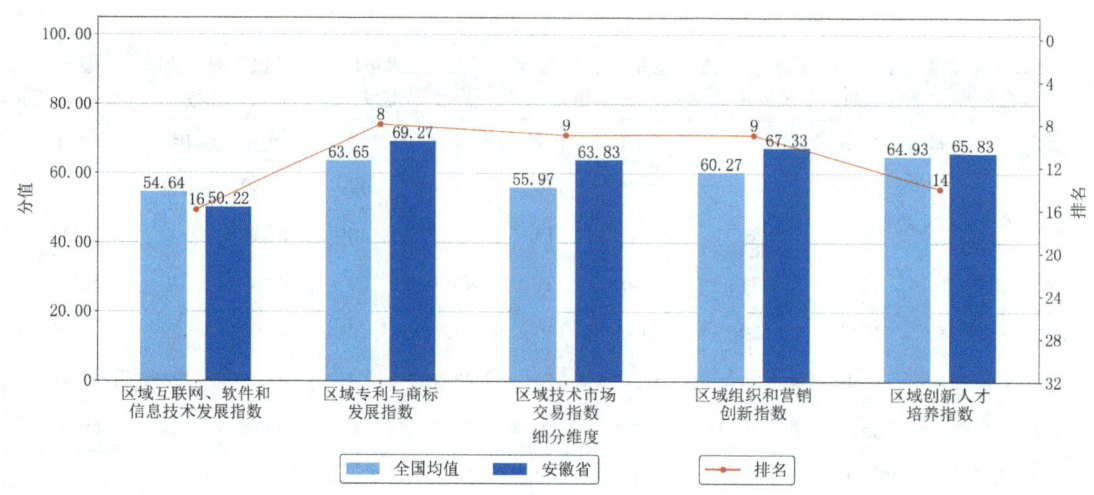

图 5-18　安徽省创新发展软环境指数——细分维度

5.2.2　北京市

2023年北京市的整体创新发展软环境综合指数为83.43，如图5-19所示，与全国平均水平60.01相比，北京市创新发展软环境综合指数处于全国平均水平之上，体现出北京市创新发展软环境综合水平相对较强。

具体细分维度来看，如图5-20所示。2023年北京市互联网、软件和信息技术发展指数为85.29，与全国平均水平54.64相比，处于全国平均水平之上，在全国各省份比较中排名第2位，体现出相对较强的互联网、软件和信息技术发展水平。2023年北京市专利与商标发展指数为91.98，与全国平均水平63.65相比，处于全国平均水平之上，在全国各省份比较中排名第1位，体现出相对较强的专利与商标发展水平。2023年北京市技术市场交易指数为84.86，与全国平均水平55.97相比，处于全国平均水平之上，在全国各省份比较中排名第2位，体现出相对较强的技术市场交易水平。2023年北京市组织和营销创新指数为80.21，与全国平均水平60.27相比，处于全国平均水平之上，在全国各省份比较中排名第5位，体现出相对较强的组织和营销创新水平。2023年北京市创新人才培养指数为77.14，与全国平均水平64.93相比，处于全国平均水平之上，在全国各省份比较中排名第2位，体现出相对较强的创新人才培养水平。

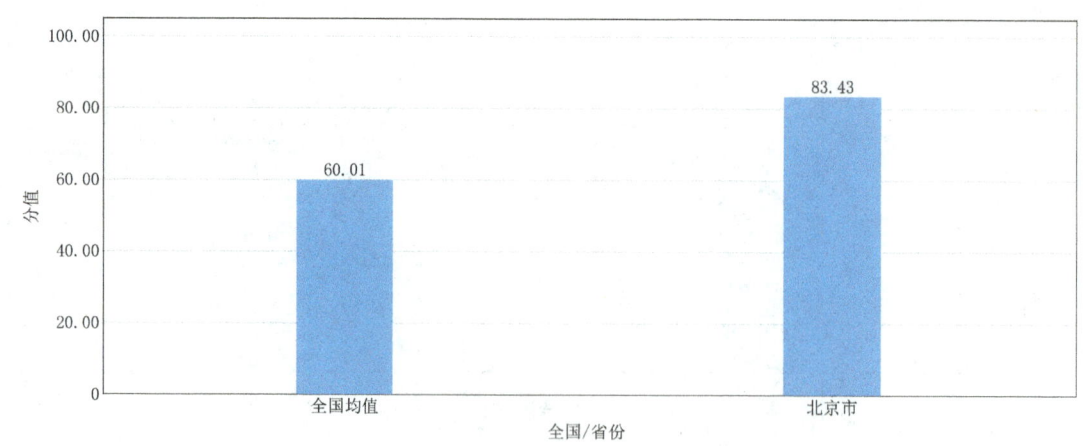

图 5-19　北京市创新发展软环境综合指数

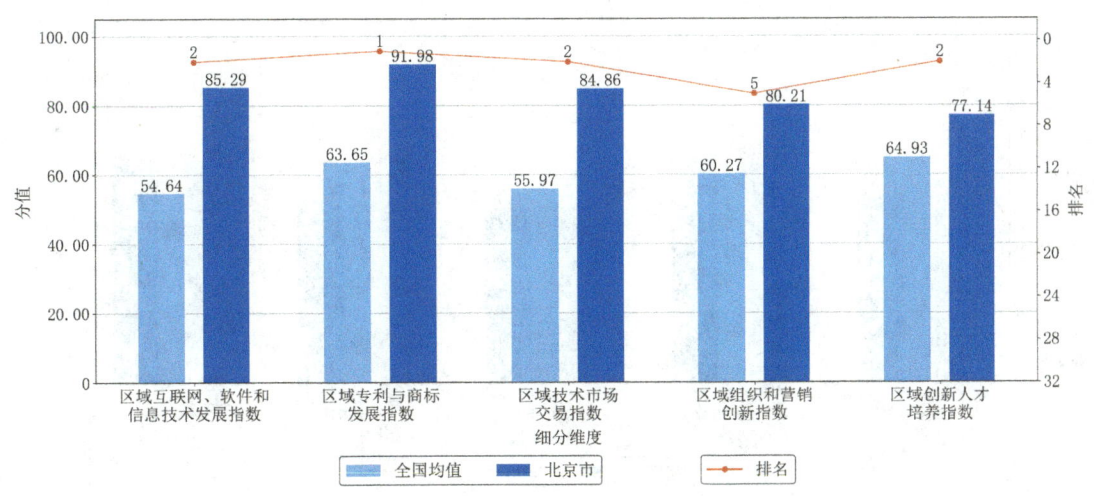

图 5-20　北京市创新发展软环境指数——细分维度

5.2.3　重庆市

2023年重庆市的整体创新发展软环境综合指数为58.82，如图5-21所示，与全国平均水平60.01相比，重庆市创新发展软环境综合指数处于全国平均水平之下，体现出重庆市创新发展软环境综合水平相对偏弱。

具体细分维度来看，如图5-22所示。2023年重庆市互联网、软件和信息技术发展指数为53.30，与全国平均水平54.64相比，处于全国平均水平之下，在全国各省份比较中排名第10位，体现出相对偏弱的互联网、软件和信息技术发展水平。2023年重庆市专利与商标发展指数为65.82，与全国平均水平63.65相比，处于全国平均水平之上，在全国各省份比较中排名第11位，体现出相对较强的专利与商标发展水平。2023年重庆市技术市场交易指数为50.76，与全国平均水平55.97相比，处于全国平均水平之下，在全国各省份比较中排名第17位，体现出相对偏弱的技术市场交易水平。2023年重庆市组织和营销创新指数为60.39，与全国平均水平60.27相比，处于全国平均水平之上，在全国各省份比较中排名第12位，体现出相对较强的组织和营销创新水平。2023年重庆市创新人才培养指数为63.69，与全国平均水平64.93相比，处于全国平均水平之下，在全国各省份比较中排名第18位，体现出相对偏弱的创新人才培养水平。

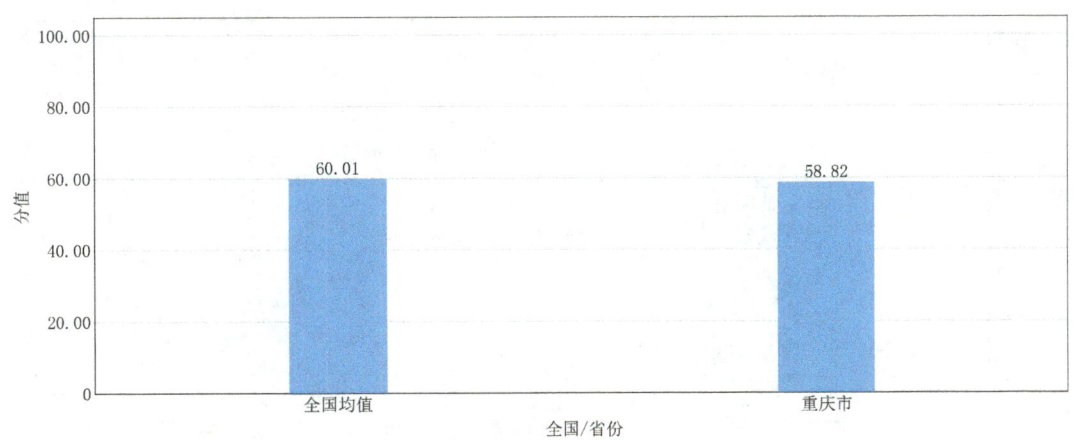

图 5-21　重庆市创新发展软环境综合指数

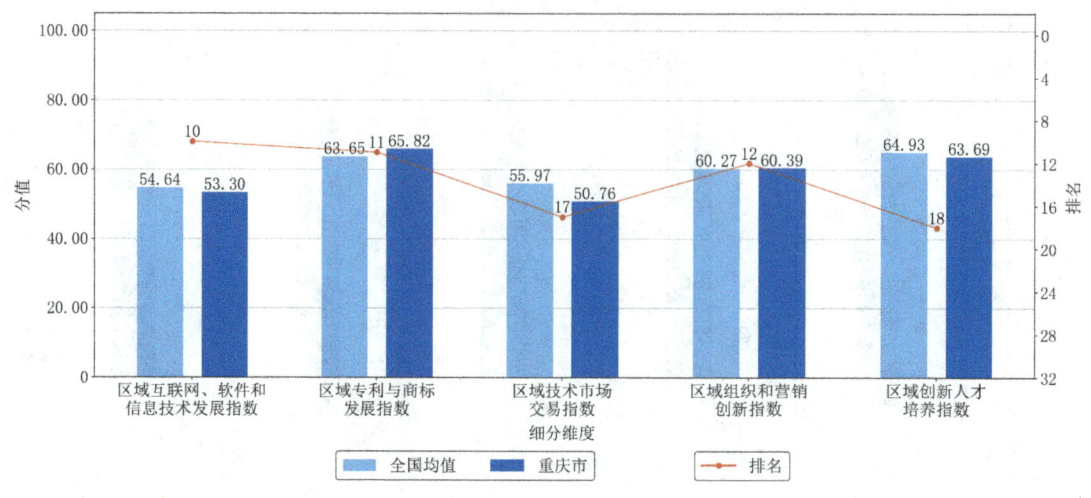

图 5-22 重庆市创新发展软环境指数——细分维度

5.2.4 福建省

2023年福建省的整体创新发展软环境综合指数为62.43，如图5-23所示，与全国平均水平60.01相比，福建省创新发展软环境综合指数处于全国平均水平之上，体现出福建省创新发展软环境综合水平相对较强。

具体细分维度来看，如图5-24所示。2023年福建省互联网、软件和信息技术发展指数为55.52，与全国平均水平54.64相比，处于全国平均水平之上，在全国各省份比较中排名第8位，体现出相对较强的互联网、软件和信息技术发展水平。2023年福建省专利与商标发展指数为70.57，与全国平均水平63.65相比，处于全国平均水平之上，在全国各省份比较中排名第7位，体现出相对较强的专利与商标发展水平。2023年福建省技术市场交易指数为52.48，与全国平均水平55.97相比，处于全国平均水平之下，在全国各省份比较中排名第14位，体现出相对偏弱的技术市场交易水平。2023年福建省组织和营销创新指数为70.67，与全国平均水平60.27相比，处于全国平均水平之上，在全国各省份比较中排名第7位，体现出相对较强的组织和营销创新水平。2023年福建省创新人才培养指数为65.08，与全国平均水平64.93相比，处于全国平均水平之上，在全国各省份比较中排名第16位，体现出相对较强的创新人才培养水平。

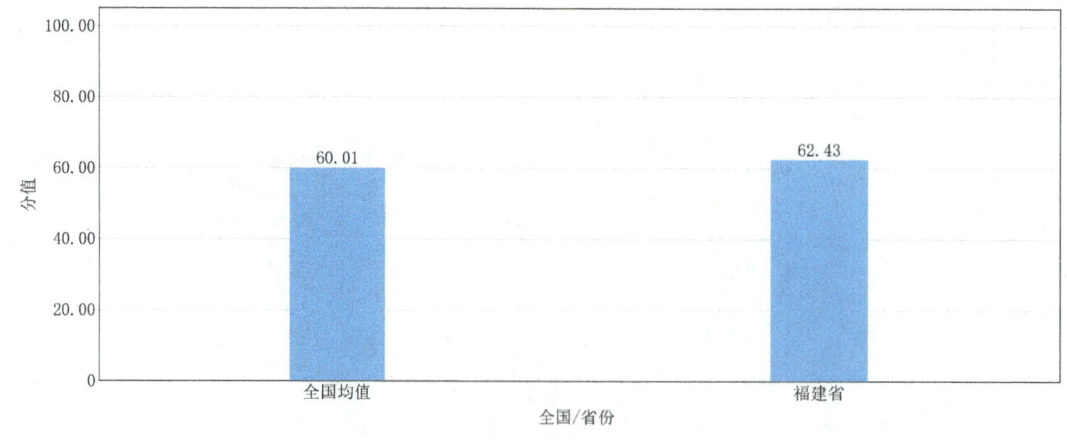

图 5-23 福建省创新发展软环境综合指数

第 5 章　区域创新发展环境评价

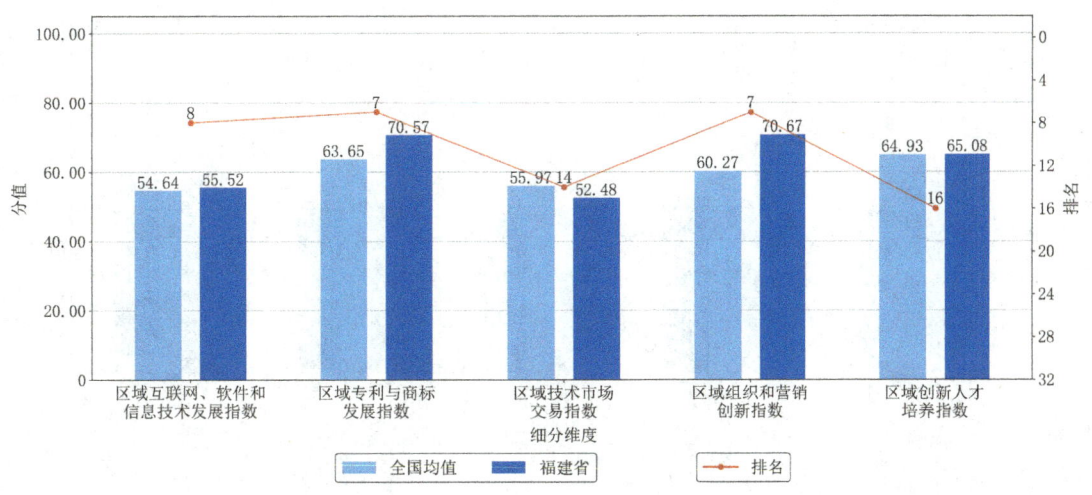

图 5-24　福建省创新发展软环境指数——细分维度

5.2.5　甘肃省

2023 年甘肃省的整体创新发展软环境综合指数为 51.12，如图 5-25 所示，与全国平均水平 60.01 相比，甘肃省创新发展软环境综合指数处于全国平均水平之下，体现出甘肃省创新发展软环境综合水平相对偏弱。

具体细分维度来看，如图 5-26 所示。2023 年甘肃省互联网、软件和信息技术发展指数为 47.61，与全国平均水平 54.64 相比，处于全国平均水平之下，在全国各省份比较中排名第 27 位，体现出相对偏弱的互联网、软件和信息技术发展水平。2023 年甘肃省专利与商标发展指数为 52.02，与全国平均水平 63.65 相比，处于全国平均水平之下，在全国各省份比较中排名第 26 位，体现出相对偏弱的专利与商标发展水平。2023 年甘肃省技术市场交易指数为 45.65，与全国平均水平 55.97 相比，处于全国平均水平之下，在全国各省份比较中排名第 20 位，体现出相对偏弱的技术市场交易水平。2023 年甘肃省组织和营销创新指数为 48.40，与全国平均水平 60.27 相比，处于全国平均水平之下，在全国各省份比较中排名第 26 位，体现出相对偏弱的组织和营销创新水平。2023 年甘肃省创新人才培养指数为 58.99，与全国平均水平 64.93 相比，处于全国平均水平之下，在全国各省份比较中排名第 25 位，体现出相对偏弱的创新人才培养水平。

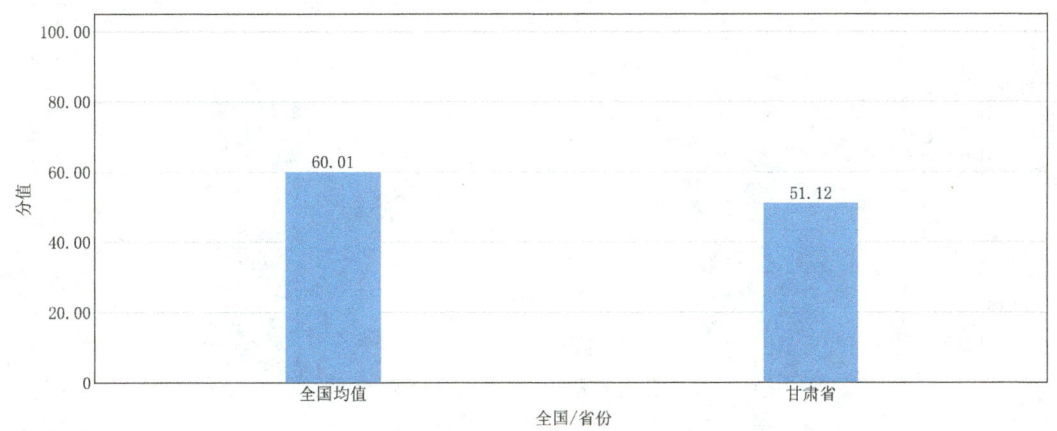

图 5-25　甘肃省创新发展软环境综合指数

141

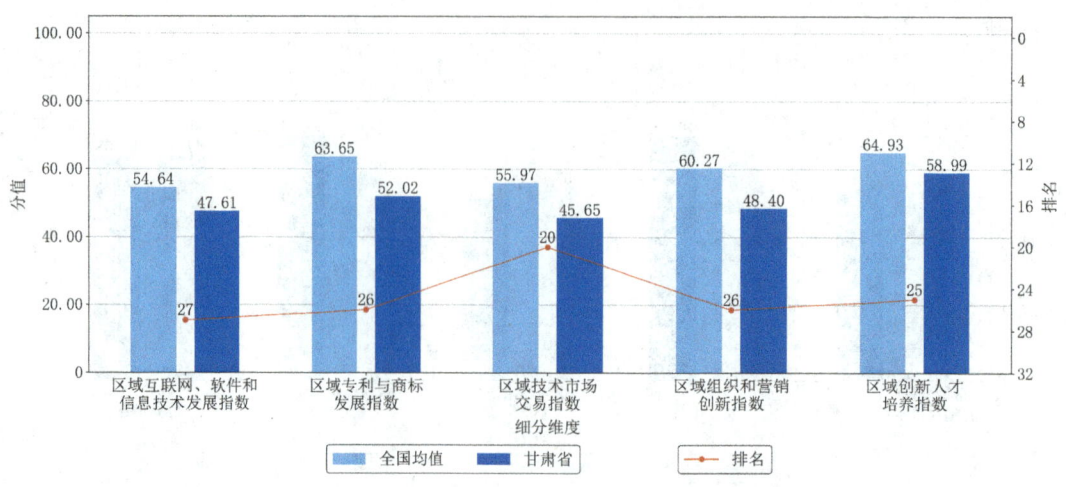

图 5-26　甘肃省创新发展软环境指数——细分维度

5.2.6　广东省

2023年广东省的整体创新发展软环境综合指数为79.37，如图5-27所示，与全国平均水平60.01相比，广东省创新发展软环境综合指数明显处于全国平均水平之上，体现出广东省创新发展软环境综合水平相对较强。

具体细分维度来看，如图5-28所示。2023年广东省互联网、软件和信息技术发展指数为72.30，与全国平均水平54.64相比，处于全国平均水平之上，在全国各省份比较中排名第4位，体现出相对较强的互联网、软件和信息技术发展水平。2023年广东省专利与商标发展指数为83.80，与全国平均水平63.65相比，处于全国平均水平之上，在全国各省份比较中排名第3位，体现出相对较强的专利与商标发展水平。2023年广东省技术市场交易指数为84.73，与全国平均水平55.97相比，处于全国平均水平之上，在全国各省份比较中排名第3位，体现出相对较强的技术市场交易水平。2023年广东省组织和营销创新指数为89.97，与全国平均水平60.27相比，处于全国平均水平之上，在全国各省份比较中排名第3位，体现出相对较强的组织和营销创新水平。2023年广东省创新人才培养指数为72.59，与全国平均水平64.93相比，处于全国平均水平之上，在全国各省份比较中排名第5位，体现出相对较强的创新人才培养水平。

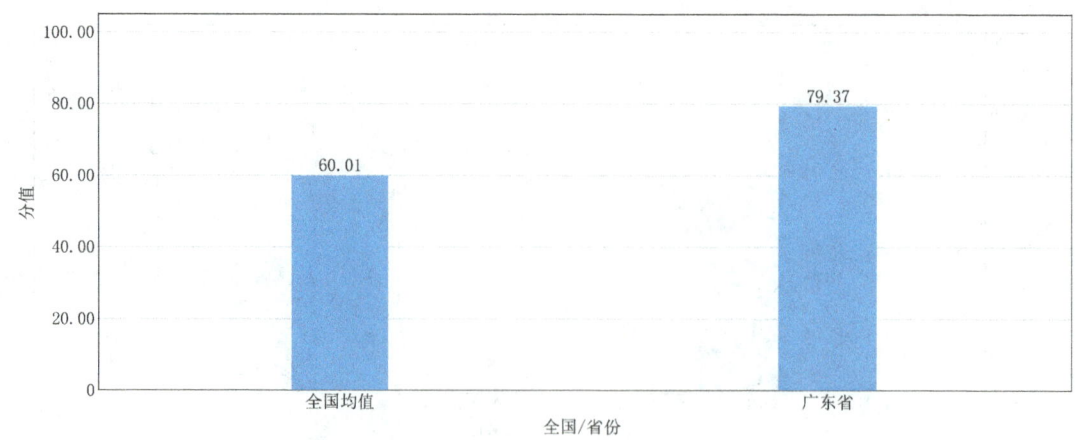

图 5-27　广东省创新发展软环境综合指数

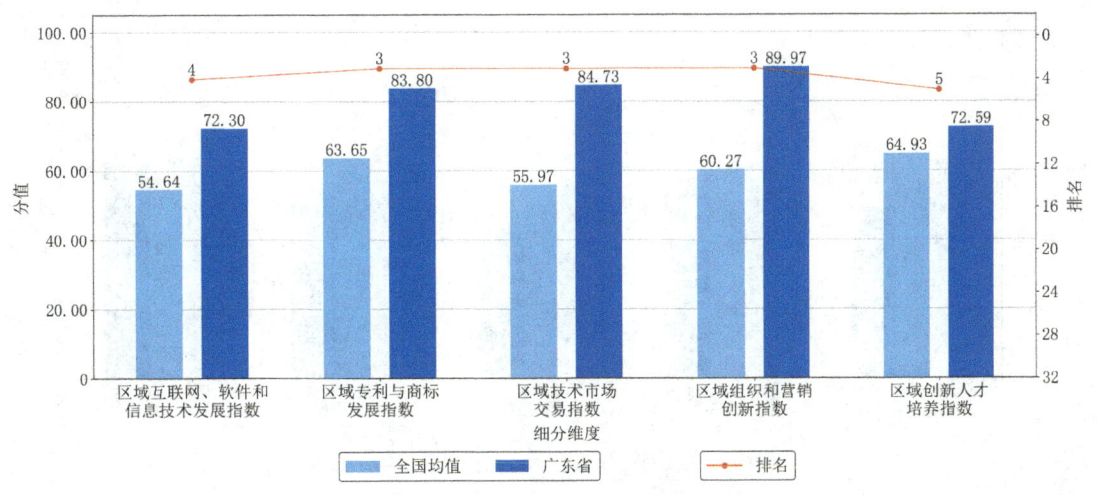

图 5-28　广东省创新发展软环境指数——细分维度

5.2.7　广西壮族自治区

2023年广西壮族自治区的整体创新发展软环境综合指数为52.89，如图5-29所示，与全国平均水平60.01相比，广西壮族自治区创新发展软环境综合指数处于全国平均水平之下，体现出广西壮族自治区创新发展软环境综合水平相对偏弱。

具体细分维度来看，如图5-30所示。2023年广西壮族自治区互联网、软件和信息技术发展指数为49.26，与全国平均水平54.64相比，处于全国平均水平之下，在全国各省份比较中排名第21位，体现出相对偏弱的互联网、软件和信息技术发展水平。2023年广西壮族自治区专利与商标发展指数为53.99，与全国平均水平63.65相比，处于全国平均水平之下，在全国各省份比较中排名第22位，体现出相对偏弱的专利与商标发展水平。2023年广西壮族自治区技术市场交易指数为43.31，与全国平均水平55.97相比，处于全国平均水平之下，在全国各省份比较中排名第24位，体现出相对偏弱的技术市场交易水平。2023年广西壮族自治区组织和营销创新指数为52.26，与全国平均水平60.27相比，处于全国平均水平之下，在全国各省份比较中排名第18位，体现出相对偏弱的组织和营销创新水平。2023年广西壮族自治区创新人才培养指数为62.34，与全国平均水平64.93相比，处于全国平均水平之下，在全国各省份比较中排名第20位，体现出相对偏弱的创新人才培养水平。

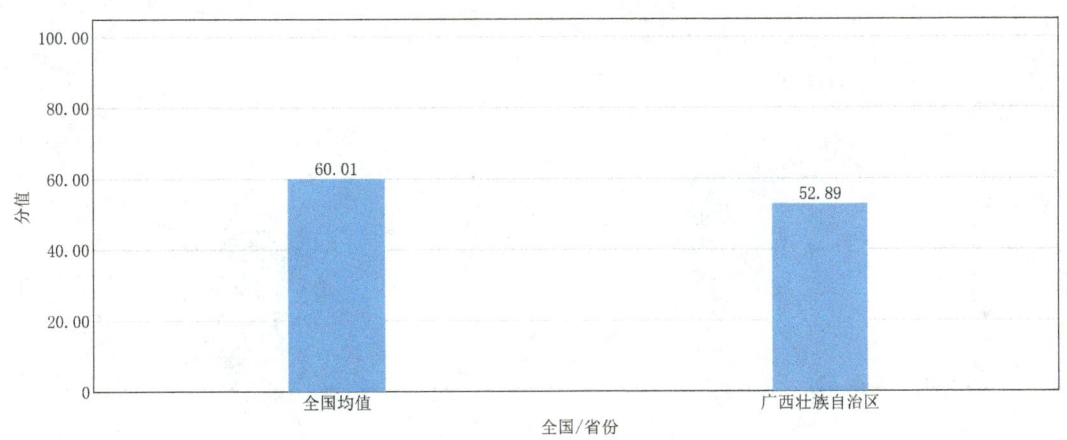

图 5-29　广西壮族自治区创新发展软环境综合指数

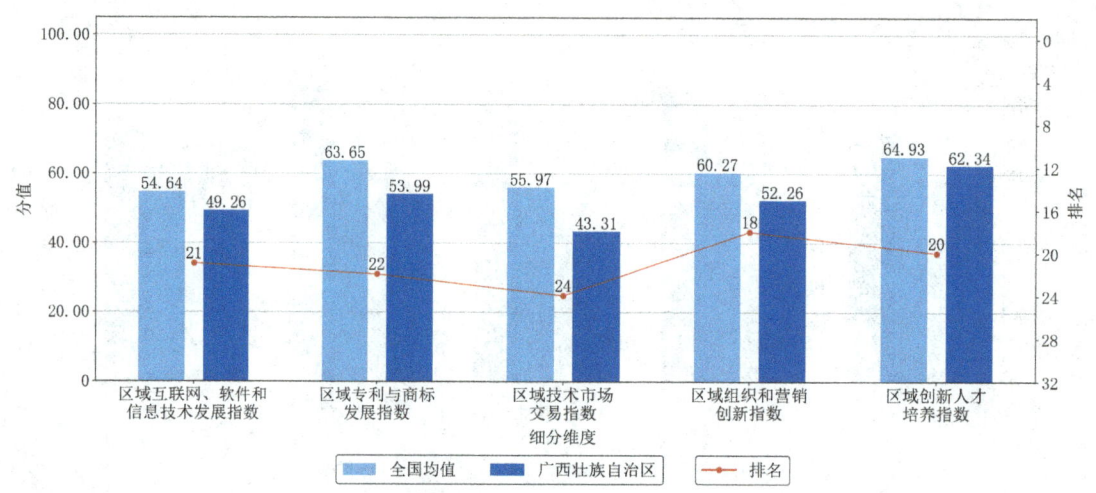

图 5-30 广西壮族自治区创新发展软环境指数——细分维度

5.2.8 贵州省

2023年贵州省的整体创新发展软环境综合指数为52.70，如图5-31所示，与全国平均水平60.01相比，贵州省创新发展软环境综合指数处于全国平均水平之下，体现出贵州省创新发展软环境综合水平相对偏弱。

具体细分维度来看，如图5-32所示。2023年贵州省互联网、软件和信息技术发展指数为51.20，与全国平均水平54.64相比，处于全国平均水平之下，在全国各省份比较中排名第12位，体现出相对偏弱的互联网、软件和信息技术发展水平。2023年贵州省专利与商标发展指数为51.64，与全国平均水平63.65相比，处于全国平均水平之下，在全国各省份比较中排名第27位，体现出相对偏弱的专利与商标发展水平。2023年贵州省技术市场交易指数为45.05，与全国平均水平55.97相比，处于全国平均水平之下，在全国各省份比较中排名第21位，体现出相对偏弱的技术市场交易水平。2023年贵州省组织和营销创新指数为49.06，与全国平均水平60.27相比，处于全国平均水平之下，在全国各省份比较中排名第23位，体现出相对偏弱的组织和营销创新水平。2023年贵州省创新人才培养指数为62.18，与全国平均水平64.93相比，处于全国平均水平之下，在全国各省份比较中排名第21位，体现出相对偏弱的创新人才培养水平。

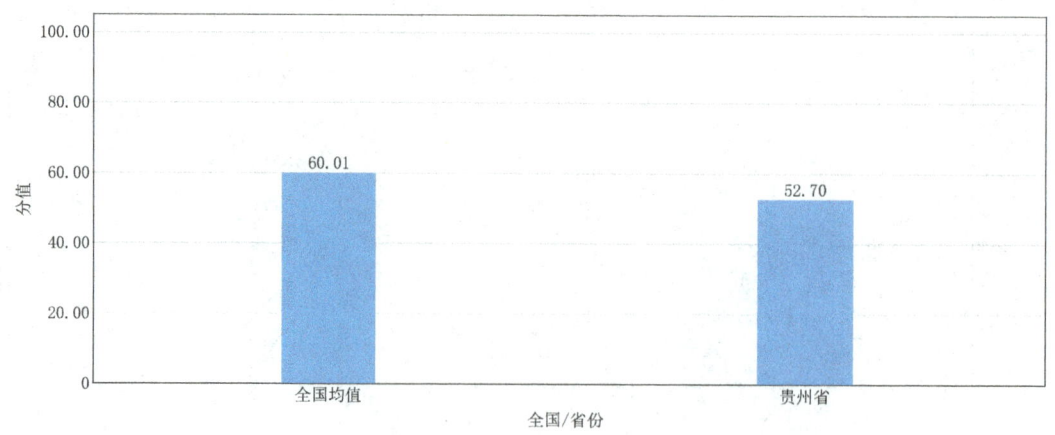

图 5-31 贵州省创新发展软环境综合指数

第 5 章 区域创新发展环境评价

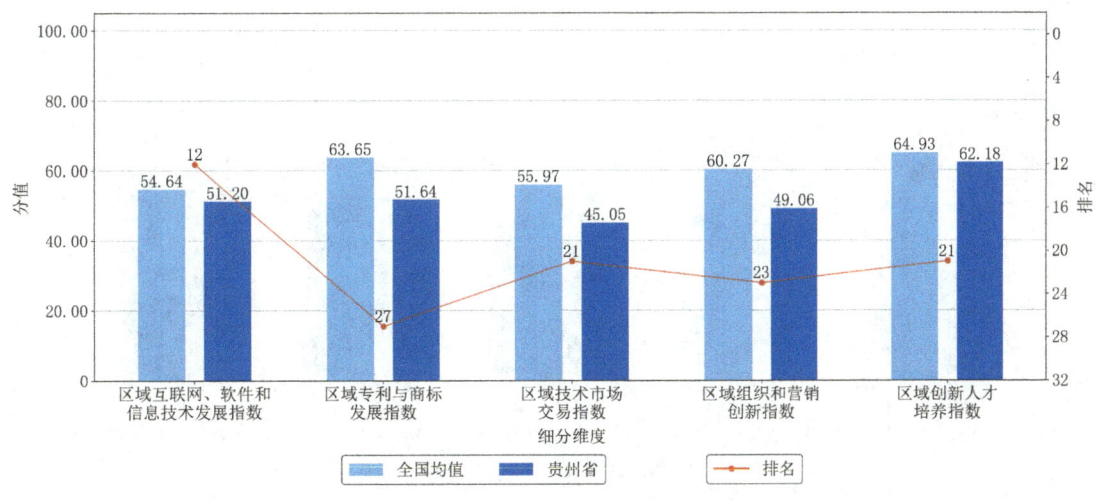

图 5-32　贵州省创新发展软环境指数——细分维度

5.2.9　海南省

2023年海南省的整体创新发展软环境综合指数为50.91，如图5-33所示，与全国平均水平60.01相比，海南省创新发展软环境综合指数处于全国平均水平之下，体现出海南省创新发展软环境综合水平相对偏弱。

具体细分维度来看，如图5-34所示。2023年海南省互联网、软件和信息技术发展指数为50.49，与全国平均水平54.64相比，处于全国平均水平之下，在全国各省份比较中排名第14位，体现出相对偏弱的互联网、软件和信息技术发展水平。2023年海南省专利与商标发展指数为49.20，与全国平均水平63.65相比，处于全国平均水平之下，在全国各省份比较中排名第31位，体现出相对偏弱的专利与商标发展水平。2023年海南省技术市场交易指数为43.17，与全国平均水平55.97相比，处于全国平均水平之下，在全国各省份比较中排名第25位，体现出相对偏弱的技术市场交易水平。2023年海南省组织和营销创新指数为50.06，与全国平均水平60.27相比，处于全国平均水平之下，在全国各省份比较中排名第21位，体现出相对偏弱的组织和营销创新水平。2023年海南省创新人才培养指数为58.26，与全国平均水平64.93相比，处于全国平均水平之下，在全国各省份比较中排名第26位，体现出相对偏弱的创新人才培养水平。

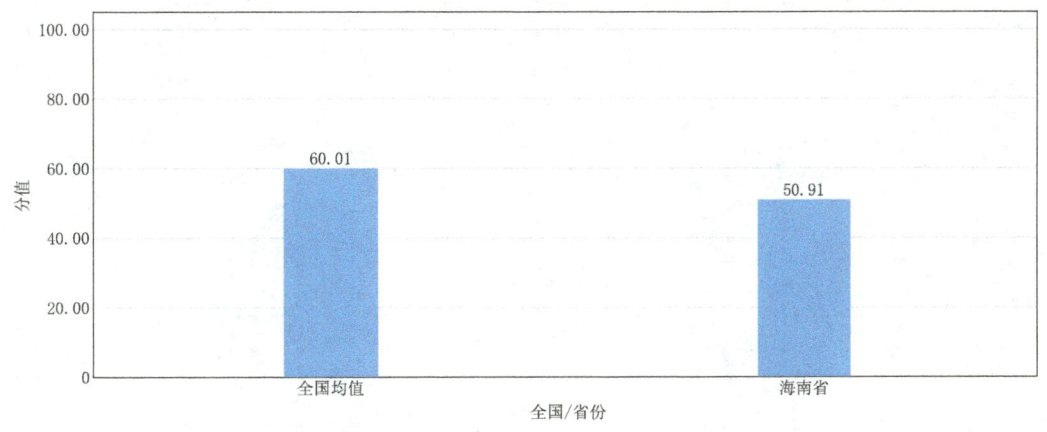

图 5-33　海南省创新发展软环境综合指数

145

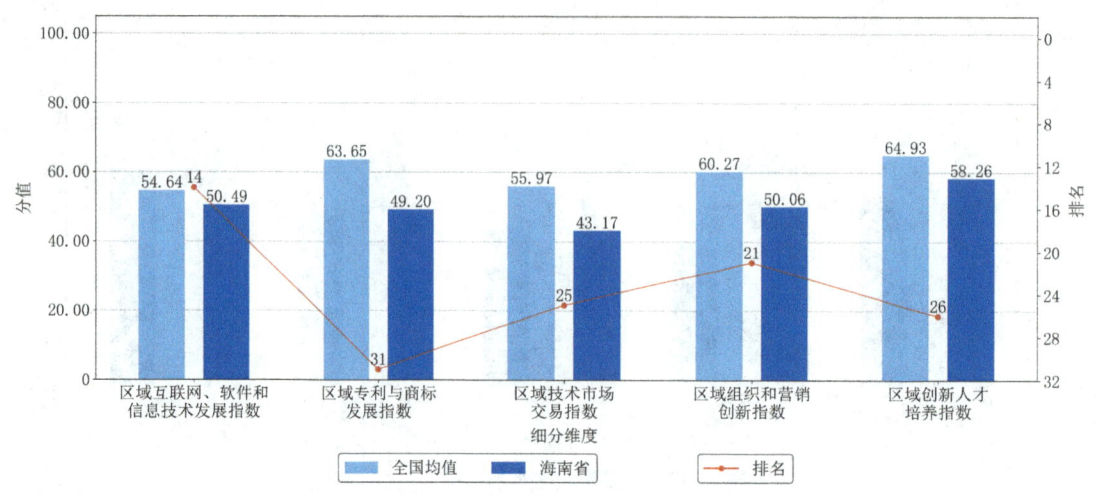

图 5-34　海南省创新发展软环境指数——细分维度

5.2.10　河北省

2023年河北省的整体创新发展软环境综合指数为57.79，如图5-35所示，与全国平均水平60.01相比，河北省创新发展软环境综合指数处于全国平均水平之下，体现出河北省创新发展软环境综合水平相对偏弱。

具体细分维度来看，如图5-36所示。2023年河北省互联网、软件和信息技术发展指数为49.77，与全国平均水平54.64相比，处于全国平均水平之下，在全国各省份比较中排名第18位，体现出相对偏弱的互联网、软件和信息技术发展水平。2023年河北省专利与商标发展指数为60.27，与全国平均水平63.65相比，处于全国平均水平之下，在全国各省份比较中排名第18位，体现出相对偏弱的专利与商标发展水平。2023年河北省技术市场交易指数为49.89，与全国平均水平55.97相比，处于全国平均水平之下，在全国各省份比较中排名第18位，体现出相对偏弱的技术市场交易水平。2023年河北省组织和营销创新指数为56.48，与全国平均水平60.27相比，处于全国平均水平之下，在全国各省份比较中排名第17位，体现出相对偏弱的组织和营销创新水平。2023年河北省创新人才培养指数为69.41，与全国平均水平64.93相比，处于全国平均水平之上，在全国各省份比较中排名第10位，体现出相对较强的创新人才培养水平。

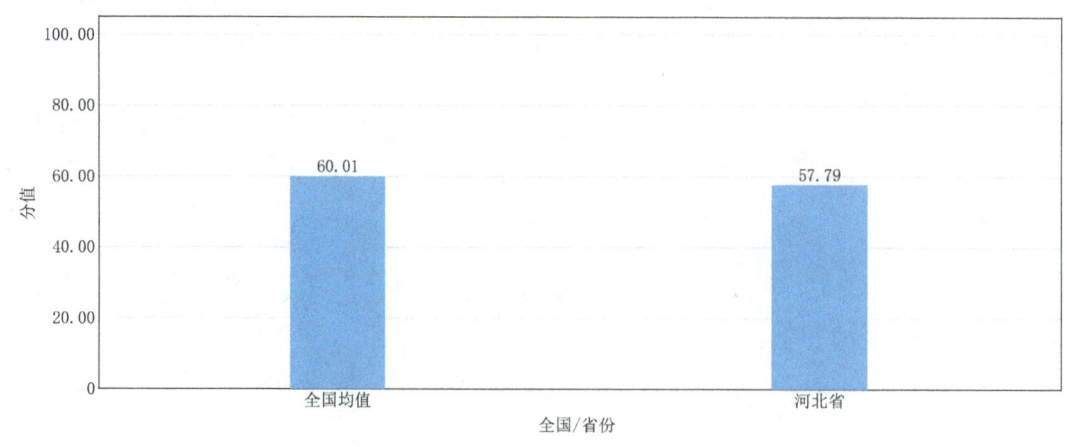

图 5-35　河北省创新发展软环境综合指数

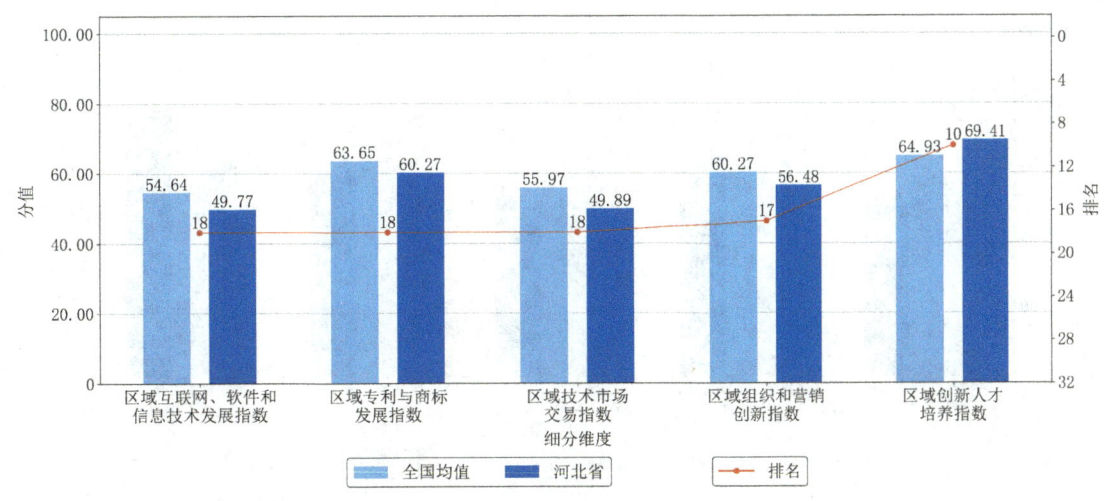

图 5-36　河北省创新发展软环境指数——细分维度

5.2.11　河南省

2023年河南省的整体创新发展软环境综合指数为61.30，如图5-37所示，与全国平均水平60.01相比，河南省创新发展软环境综合指数处于全国平均水平之上，体现出河南省创新发展软环境综合水平相对较强。

具体细分维度来看，如图5-38所示。2023年河南省互联网、软件和信息技术发展指数为50.22，与全国平均水平54.64相比，处于全国平均水平之下，在全国各省份比较中排名第17位，体现出相对偏弱的互联网、软件和信息技术发展水平。2023年河南省专利与商标发展指数为64.50，与全国平均水平63.65相比，处于全国平均水平之上，在全国各省份比较中排名第14位，体现出相对较强的专利与商标发展水平。2023年河南省技术市场交易指数为51.62，与全国平均水平55.97相比，处于全国平均水平之下，在全国各省份比较中排名第15位，体现出相对偏弱的技术市场交易水平。2023年河南省组织和营销创新指数为60.12，与全国平均水平60.27相比，处于全国平均水平之下，在全国各省份比较中排名第13位，体现出相对偏弱的组织和营销创新水平。2023年河南省创新人才培养指数为76.30，与全国平均水平64.93相比，处于全国平均水平之上，在全国各省份比较中排名第3位，体现出相对较强的创新人才培养水平。

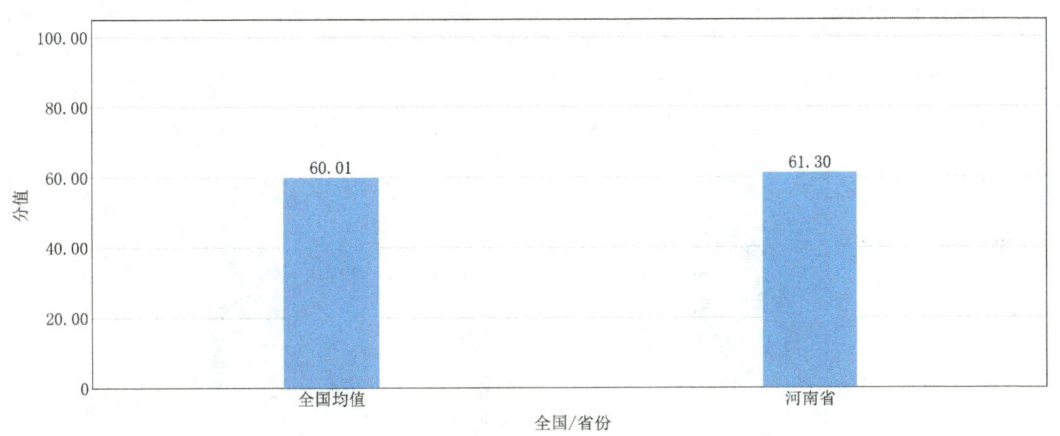

图 5-37　河南省创新发展软环境综合指数

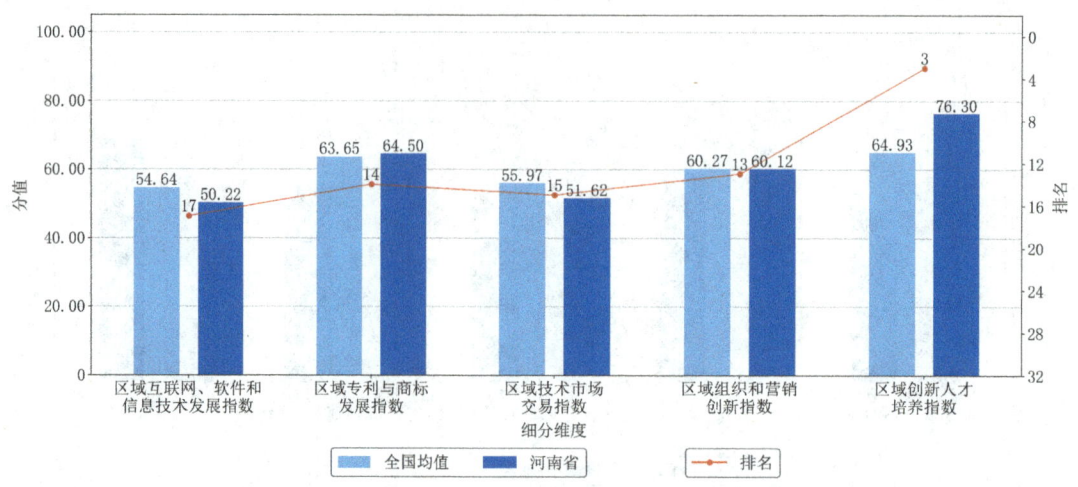

图 5-38 河南省创新发展软环境指数——细分维度

5.2.12 黑龙江省

2023年黑龙江省的整体创新发展软环境综合指数为53.66，如图5-39所示，与全国平均水平60.01相比，黑龙江省创新发展软环境综合指数处于全国平均水平之下，体现出黑龙江省创新发展软环境综合水平相对偏弱。

具体细分维度来看，如图5-40所示。2023年黑龙江省互联网、软件和信息技术发展指数为45.91，与全国平均水平54.64相比，处于全国平均水平之下，在全国各省份比较中排名第28位，体现出相对偏弱的互联网、软件和信息技术发展水平。2023年黑龙江省专利与商标发展指数为58.84，与全国平均水平63.65相比，处于全国平均水平之下，在全国各省份比较中排名第20位，体现出相对偏弱的专利与商标发展水平。2023年黑龙江省技术市场交易指数为46.01，与全国平均水平55.97相比，处于全国平均水平之下，在全国各省份比较中排名第19位，体现出相对偏弱的技术市场交易水平。2023年黑龙江省组织和营销创新指数为48.43，与全国平均水平60.27相比，处于全国平均水平之下，在全国各省份比较中排名第25位，体现出相对偏弱的组织和营销创新水平。2023年黑龙江省创新人才培养指数为65.48，与全国平均水平64.93相比，处于全国平均水平之上，在全国各省份比较中排名第15位，体现出相对较强的创新人才培养水平。

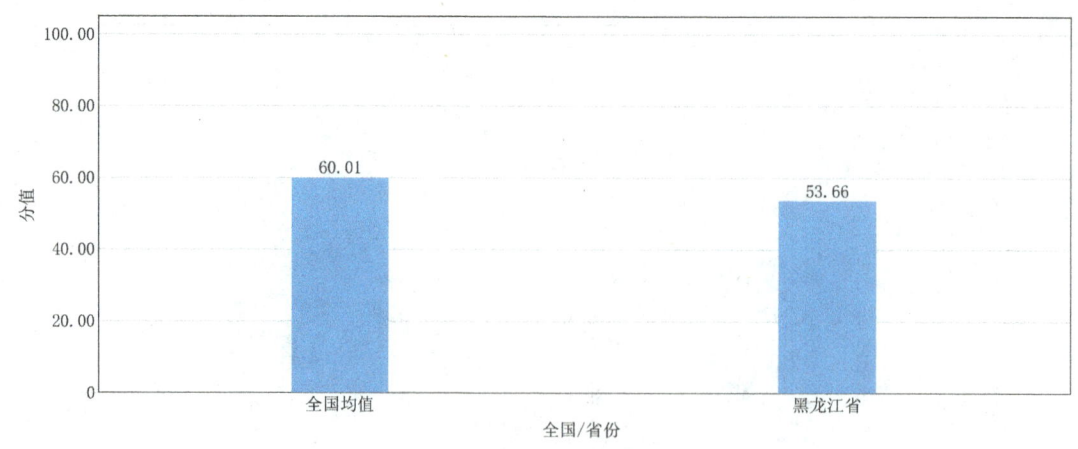

图 5-39 黑龙江省创新发展软环境综合指数

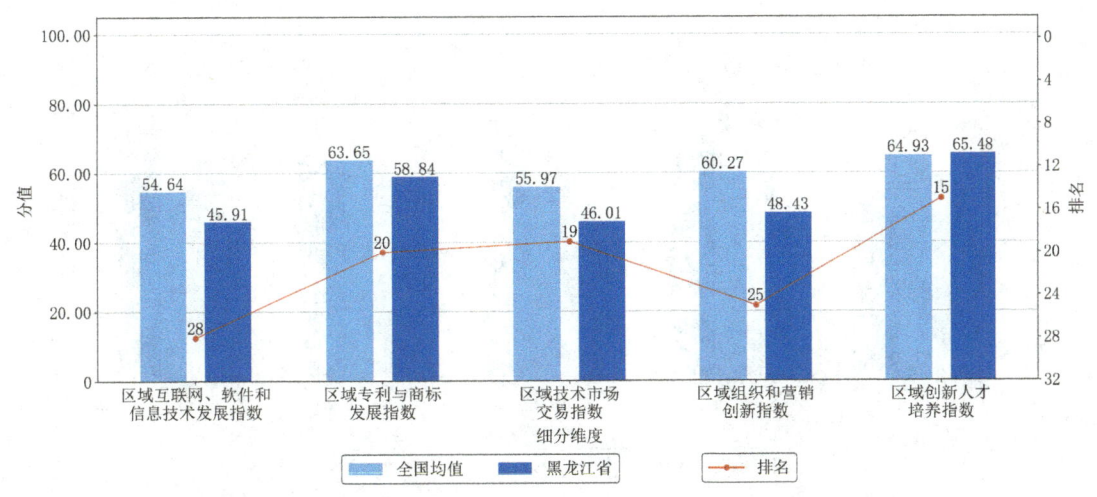

图 5-40　黑龙江省创新发展软环境指数——细分维度

5.2.13　湖北省

2023年湖北省的整体创新发展软环境综合指数为63.10，如图5-41所示，与全国平均水平60.01相比，湖北省创新发展软环境综合指数处于全国平均水平之上，体现出湖北省创新发展软环境综合水平相对较强。

具体细分维度来看，如图5-42所示。2023年湖北省互联网、软件和信息技术发展指数为52.30，与全国平均水平54.64相比，处于全国平均水平之下，在全国各省份比较中排名第11位，体现出相对偏弱的互联网、软件和信息技术发展水平。2023年湖北省专利与商标发展指数为66.13，与全国平均水平63.65相比，处于全国平均水平之上，在全国各省份比较中排名第10位，体现出相对较强的专利与商标发展水平。2023年湖北省技术市场交易指数为67.70，与全国平均水平55.97相比，处于全国平均水平之上，在全国各省份比较中排名第7位，体现出相对较强的技术市场交易水平。2023年湖北省组织和营销创新指数为63.28，与全国平均水平60.27相比，处于全国平均水平之上，在全国各省份比较中排名第10位，体现出相对较强的组织和营销创新水平。2023年湖北省创新人才培养指数为67.24，与全国平均水平64.93相比，处于全国平均水平之上，在全国各省份比较中排名第12位，体现出相对较强的创新人才培养水平。

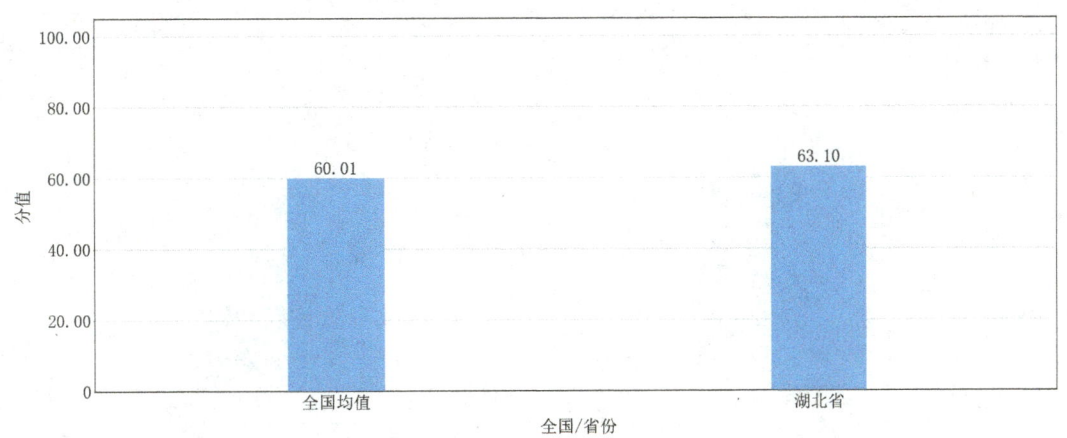

图 5-41　湖北省创新发展软环境综合指数

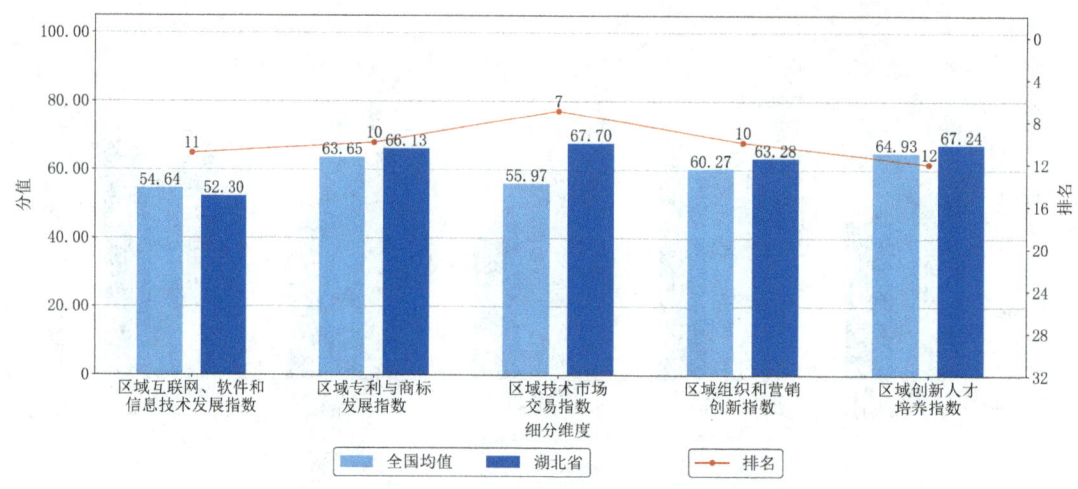

图 5-42　湖北省创新发展软环境指数——细分维度

5.2.14　湖南省

2023年湖南省的整体创新发展软环境综合指数为61.66，如图5-43所示，与全国平均水平60.01相比，湖南省创新发展软环境综合指数处于全国平均水平之上，体现出湖南省创新发展软环境综合水平相对较强。

具体细分维度来看，如图5-44所示。2023年湖南省互联网、软件和信息技术发展指数为50.41，与全国平均水平54.64相比，处于全国平均水平之下，在全国各省份比较中排名第15位，体现出相对偏弱的互联网、软件和信息技术发展水平。2023年湖南省专利与商标发展指数为65.45，与全国平均水平63.65相比，处于全国平均水平之上，在全国各省份比较中排名第12位，体现出相对较强的专利与商标发展水平。2023年湖南省技术市场交易指数为63.51，与全国平均水平55.97相比，处于全国平均水平之上，在全国各省份比较中排名第11位，体现出相对较强的技术市场交易水平。2023年湖南省组织和营销创新指数为59.15，与全国平均水平60.27相比，处于全国平均水平之下，在全国各省份比较中排名第15位，体现出相对偏弱的组织和营销创新水平。2023年湖南省创新人才培养指数为69.21，与全国平均水平64.93相比，处于全国平均水平之上，在全国各省份比较中排名第11位，体现出相对较强的创新人才培养水平。

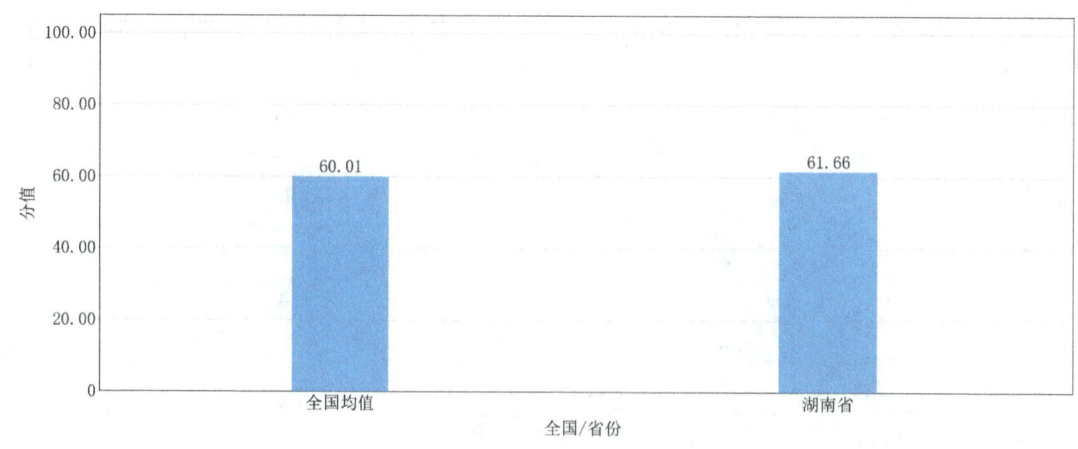

图 5-43　湖南省创新发展软环境综合指数

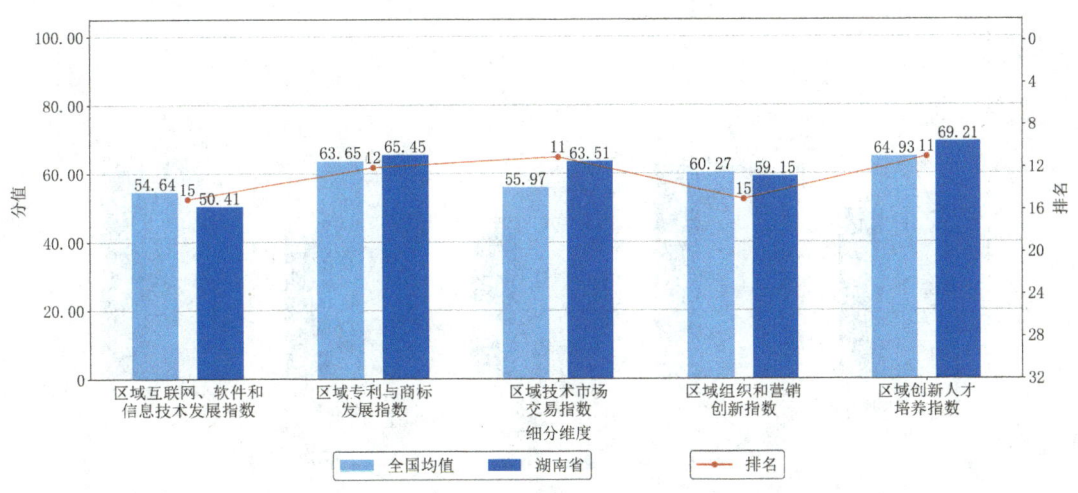

图 5-44　湖南省创新发展软环境指数——细分维度

5.2.15　吉林省

2023年吉林省的整体创新发展软环境综合指数为52.98，如图5-45所示，与全国平均水平60.01相比，吉林省创新发展软环境综合指数处于全国平均水平之下，体现出吉林省创新发展软环境综合水平相对较偏弱。

具体细分维度来看，如图5-46所示。2023年吉林省互联网、软件和信息技术发展指数为49.37，与全国平均水平54.64相比，处于全国平均水平之下，在全国各省份比较中排名第20位，体现出相对较偏弱的互联网、软件和信息技术发展水平。2023年吉林省专利与商标发展指数为62.32，与全国平均水平63.65相比，处于全国平均水平之下，在全国各省份比较中排名第16位，体现出相对偏弱的专利与商标发展水平。2023年吉林省技术市场交易指数为42.84，与全国平均水平55.97相比，处于全国平均水平之下，在全国各省份比较中排名第27位，体现出相对偏弱的技术市场交易水平。2023年吉林省组织和营销创新指数为46.23，与全国平均水平60.27相比，处于全国平均水平之下，在全国各省份比较中排名第28位，体现出相对偏弱的组织和营销创新水平。2023年吉林省创新人才培养指数为61.09，与全国平均水平64.93相比，处于全国平均水平之下，在全国各省份比较中排名第23位，体现出相对偏弱的创新人才培养水平。

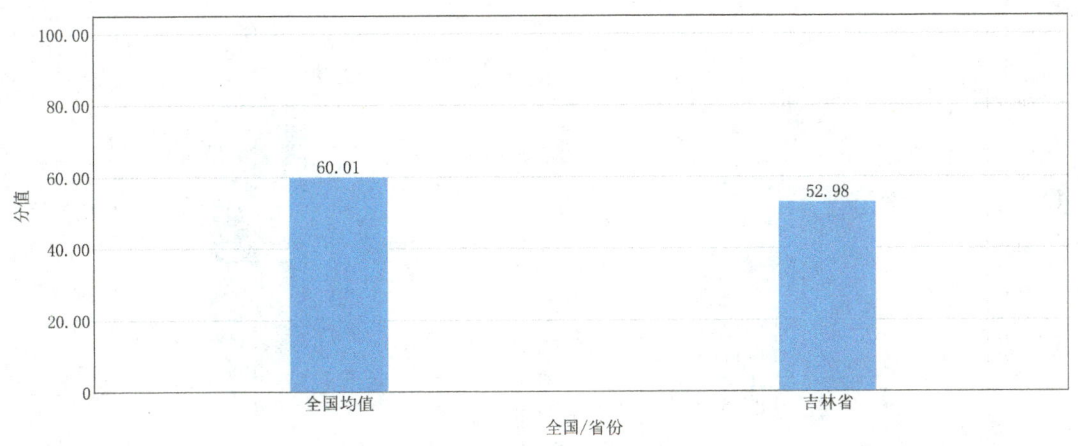

图 5-45　吉林省创新发展软环境综合指数

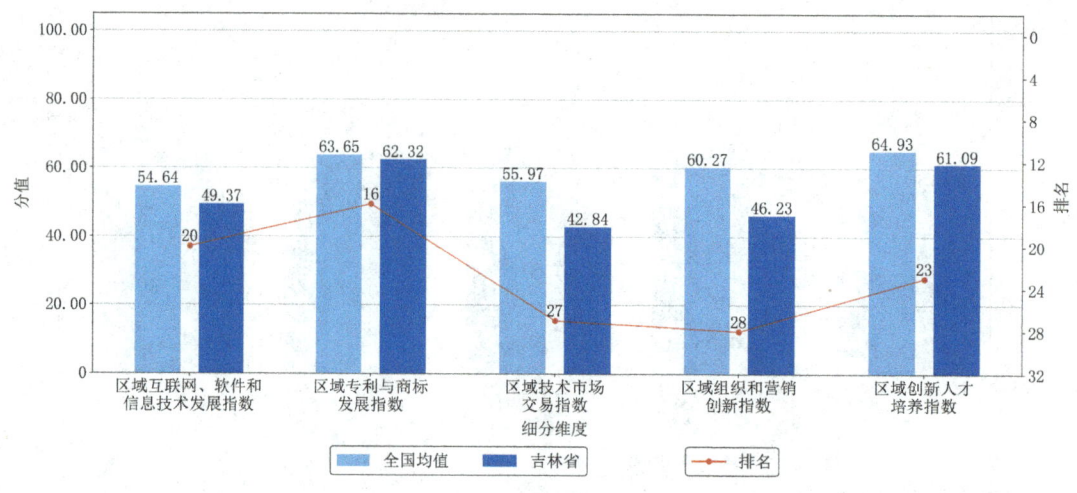

图 5-46 吉林省创新发展软环境指数——细分维度

5.2.16 江苏省

2023年江苏省的整体创新发展软环境综合指数为80.59，如图5-47所示，与全国平均水平60.01相比，江苏省创新发展软环境综合指数处于全国平均水平之上，体现出江苏省创新发展软环境综合水平相对较强。

具体细分维度来看，如图5-48所示。2023年江苏省互联网、软件和信息技术发展指数为75.04，与全国平均水平54.64相比，处于全国平均水平之上，在全国各省份比较中排名第3位，体现出相对较强的互联网、软件和信息技术发展水平。2023年江苏省专利与商标发展指数为81.92，与全国平均水平63.65相比，处于全国平均水平之上，在全国各省份比较中排名第5位，体现出相对较强的专利与商标发展水平。2023年江苏省技术市场交易指数为87.81，与全国平均水平55.97相比，处于全国平均水平之上，在全国各省份比较中排名第1位，体现出相对较强的技术市场交易水平。2023年江苏省组织和营销创新指数为83.58，与全国平均水平60.27相比，处于全国平均水平之上，在全国各省份比较中排名第4位，体现出相对较强的组织和营销创新水平。2023年江苏省创新人才培养指数为77.77，与全国平均水平64.93相比，处于全国平均水平之上，在全国各省份比较中排名第1位，体现出相对较强的创新人才培养水平。

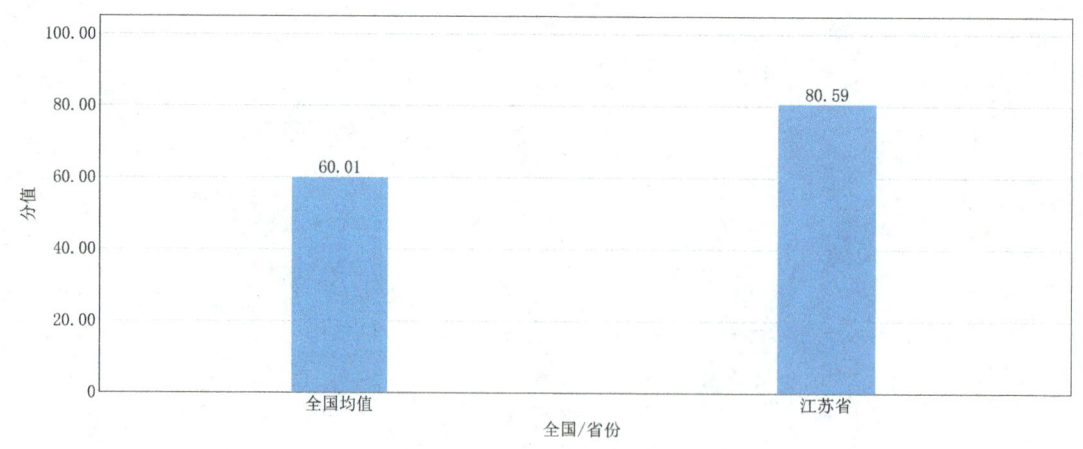

图 5-47 江苏省创新发展软环境综合指数

第5章 区域创新发展环境评价

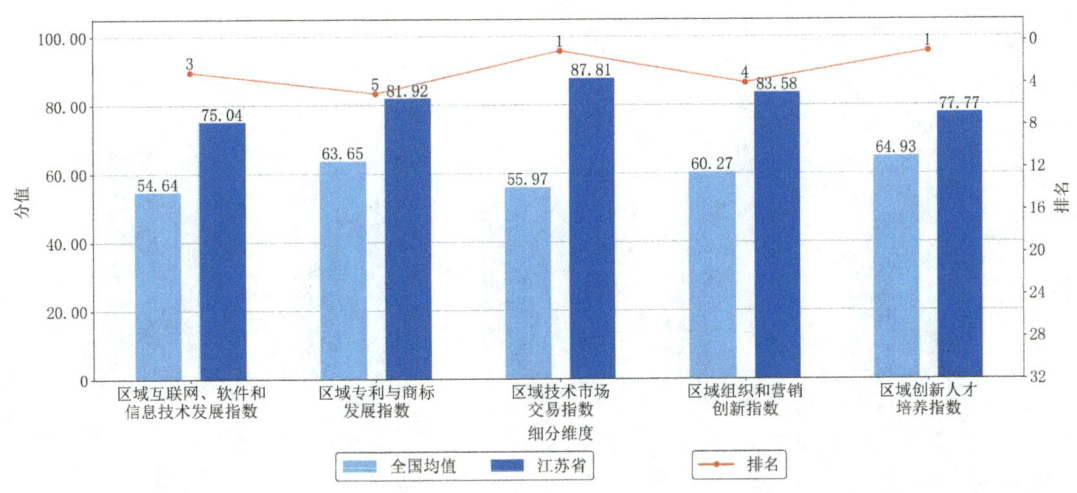

图 5-48　江苏省创新发展软环境指数——细分维度

5.2.17　江西省

2023年江西省的整体创新发展软环境综合指数为59.78，如图5-49所示，与全国平均水平60.01相比，江西省创新发展软环境综合指数处于全国平均水平之下，体现出江西省创新发展软环境综合水平相对偏弱。

具体细分维度来看，如图5-50所示。2023年江西省互联网、软件和信息技术发展指数为51.07，与全国平均水平54.64相比，处于全国平均水平之下，在全国各省份比较中排名第13位，体现出相对较偏弱的互联网、软件和信息技术发展水平。2023年江西省专利与商标发展指数为60.83，与全国平均水平63.65相比，处于全国平均水平之下，在全国各省份比较中排名第17位，体现出相对偏弱的专利与商标发展水平。2023年江西省技术市场交易指数为53.70，与全国平均水平55.97相比，处于全国平均水平之下，在全国各省份比较中排名第13位，体现出相对偏弱的技术市场交易水平。2023年江西省组织和营销创新指数为60.76，与全国平均水平60.27相比，处于全国平均水平之上，在全国各省份比较中排名第11位，体现出相对较强的组织和营销创新水平。2023年江西省创新人才培养指数为70.32，与全国平均水平64.93相比，处于全国平均水平之上，在全国各省份比较中排名第8位，体现出相对较强的创新人才培养水平。

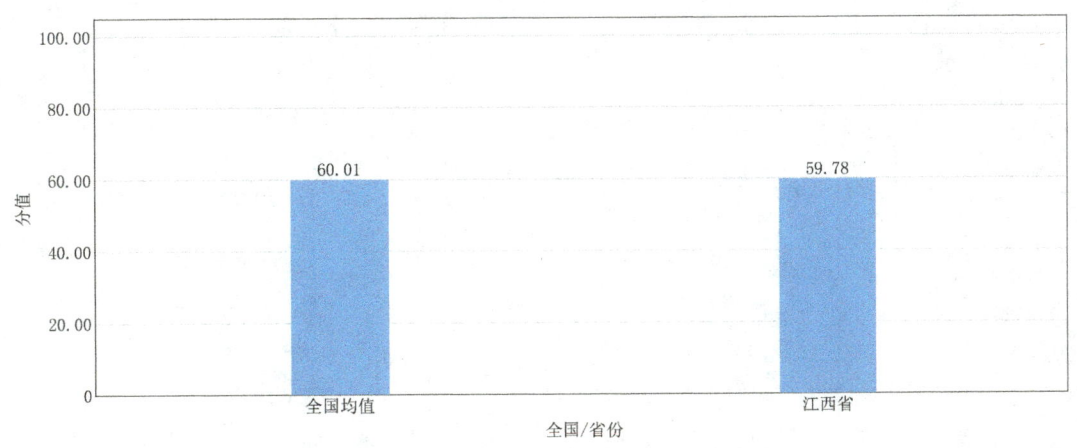

图 5-49　江西省创新发展软环境综合指数

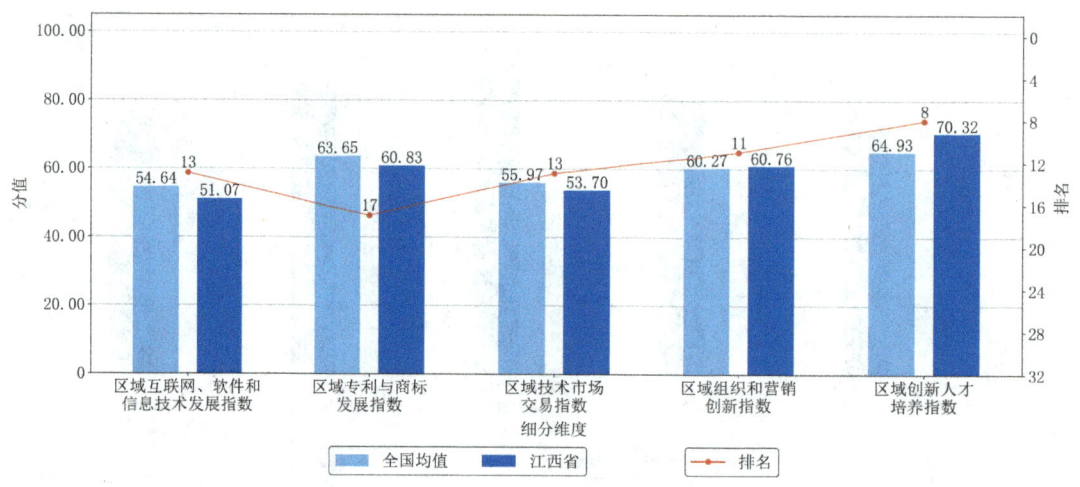

图 5-50　江西省创新发展软环境指数——细分维度

5.2.18　辽宁省

2023年辽宁省的整体创新发展软环境综合指数为55.90，如图5-51所示，与全国平均水平60.01相比，辽宁省创新发展软环境综合指数处于全国平均水平之下，体现出辽宁省创新发展软环境综合水平相对偏弱。

具体细分维度来看，如图5-52所示。2023年辽宁省互联网、软件和信息技术发展指数为49.41，与全国平均水平54.64相比，处于全国平均水平之下，在全国各省份比较中排名第19位，体现出相对偏弱的互联网、软件和信息技术发展水平。2023年辽宁省专利与商标发展指数为59.31，与全国平均水平63.65相比，处于全国平均水平之下，在全国各省份比较中排名第19位，体现出相对偏弱的专利与商标发展水平。2023年辽宁省技术市场交易指数为51.50，与全国平均水平55.97相比，处于全国平均水平之下，在全国各省份比较中排名第16位，体现出相对偏弱的技术市场交易水平。2023年辽宁省组织和营销创新指数为52.17，与全国平均水平60.27相比，处于全国平均水平之下，在全国各省份比较中排名第19位，体现出相对偏弱的组织和营销创新水平。2023年辽宁省创新人才培养指数为64.61，与全国平均水平64.93相比，处于全国平均水平之下，在全国各省份比较中排名第17位，体现出相对较偏弱的创新人才培养水平。

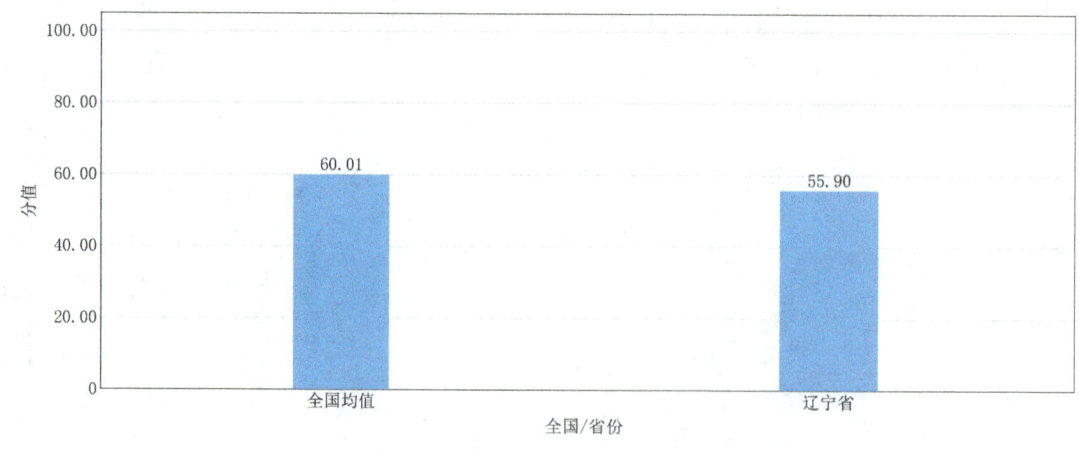

图 5-51　辽宁省创新发展软环境综合指数

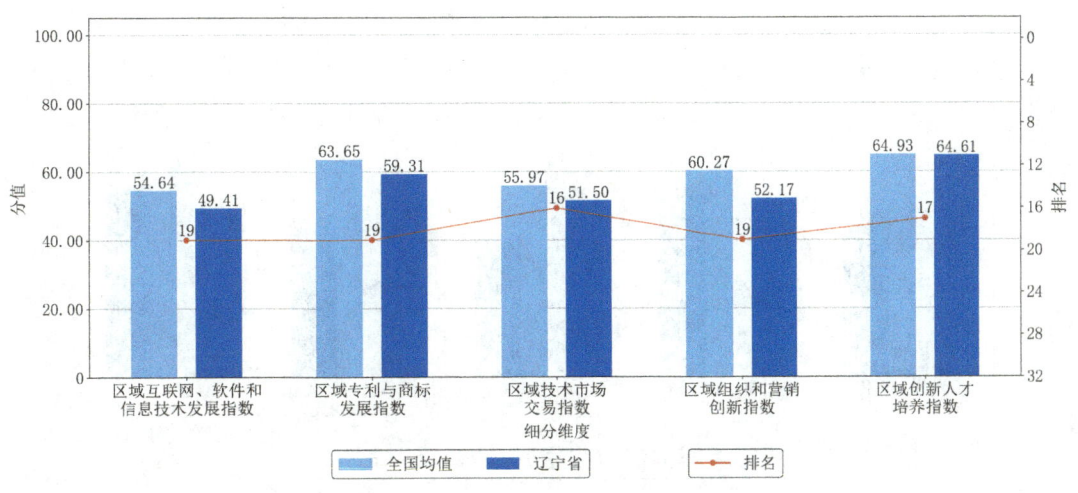

图 5-52　辽宁省创新发展软环境指数——细分维度

5.2.19　内蒙古自治区

2023 年内蒙古自治区的整体创新发展软环境综合指数为 48.58，如图 5-53 所示，与全国平均水平 60.01 相比，内蒙古自治区创新发展软环境综合指数处于全国平均水平之下，体现出内蒙古自治区创新发展软环境综合水平相对偏弱。

具体细分维度来看，如图 5-54 所示。2023 年内蒙古自治区互联网、软件和信息技术发展指数为 43.90，与全国平均水平 54.64 相比，处于全国平均水平之下，在全国各省份比较中排名第 30 位，体现出相对偏弱的互联网、软件和信息技术发展水平。2023 年内蒙古自治区专利与商标发展指数为 53.11，与全国平均水平 63.65 相比，处于全国平均水平之下，在全国各省份比较中排名第 23 位，体现出相对偏弱的专利与商标发展水平。2023 年内蒙古自治区技术市场交易指数为 41.90，与全国平均水平 55.97 相比，处于全国平均水平之下，在全国各省份比较中排名第 29 位，体现出相对偏弱的技术市场交易水平。2023 年内蒙古自治区组织和营销创新指数为 44.26，与全国平均水平 60.27 相比，处于全国平均水平之下，在全国各省份比较中排名第 31 位，体现出相对偏弱的组织和营销创新水平。2023 年内蒙古自治区创新人才培养指数为 56.90，与全国平均水平 64.93 相比，处于全国平均水平之下，在全国各省份比较中排名第 28 位，体现出相对偏弱的创新人才培养水平。

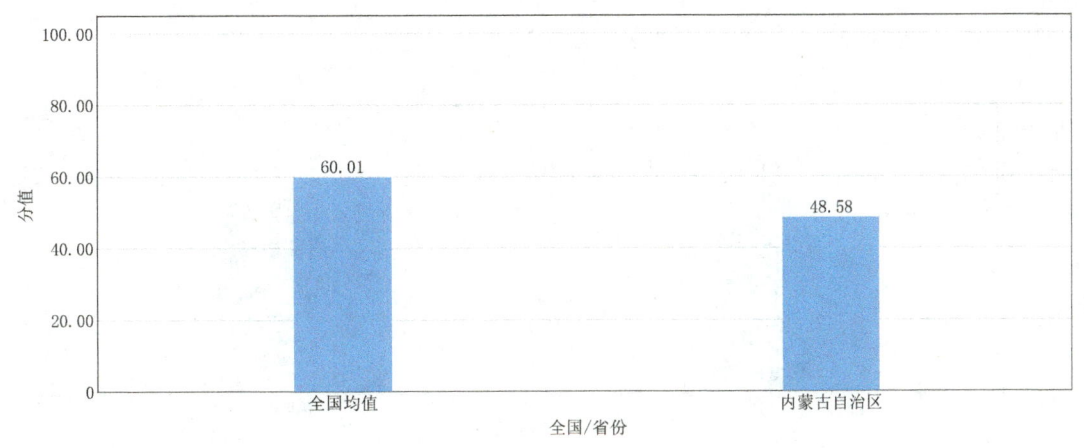

图 5-53　内蒙古自治区创新发展软环境综合指数

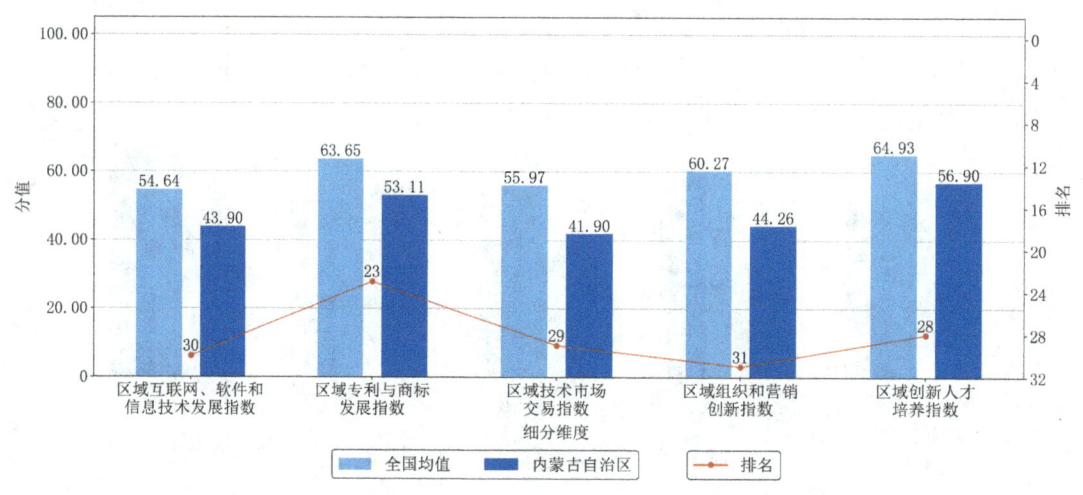

图5-54 内蒙古自治区创新发展软环境指数——细分维度

5.2.20 宁夏回族自治区

2023年宁夏回族自治区的整体创新发展软环境综合指数为50.05，如图5-55所示，与全国平均水平60.01相比，宁夏回族自治区创新发展软环境综合指数处于全国平均水平之下，体现出宁夏回族自治区创新发展软环境综合水平相对偏弱。

具体细分维度来看，如图5-56所示。2023年宁夏回族自治区互联网、软件和信息技术发展指数为49.01，与全国平均水平54.64相比，处于全国平均水平之下，在全国各省份比较中排名第22位，体现出相对偏弱的互联网、软件和信息技术发展水平。2023年宁夏回族自治区专利与商标发展指数为50.78，与全国平均水平63.65相比，处于全国平均水平之下，在全国各省份比较中排名第28位，体现出相对偏弱的专利与商标发展水平。2023年宁夏回族自治区技术市场交易指数为43.14，与全国平均水平55.97相比，处于全国平均水平之下，在全国各省份比较中排名第26位，体现出相对偏弱的技术市场交易水平。2023年宁夏回族自治区组织和营销创新指数为49.40，与全国平均水平60.27相比，处于全国平均水平之下，在全国各省份比较中排名第22位，体现出相对偏弱的组织和营销创新水平。2023年宁夏回族自治区创新人才培养指数为55.66，与全国平均水平64.93相比，处于全国平均水平之下，在全国各省份比较中排名第29位，体现出相对偏弱的创新人才培养水平。

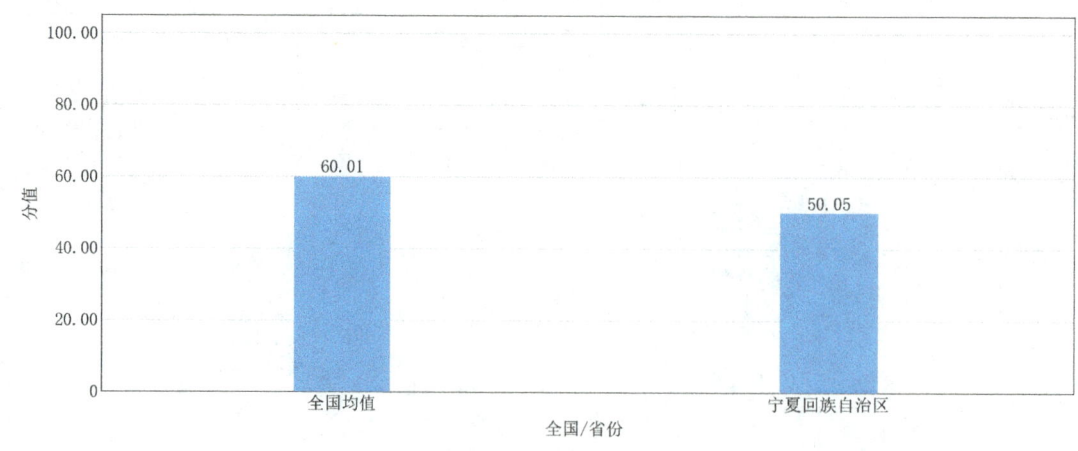

图5-55 宁夏回族自治区创新发展软环境综合指数

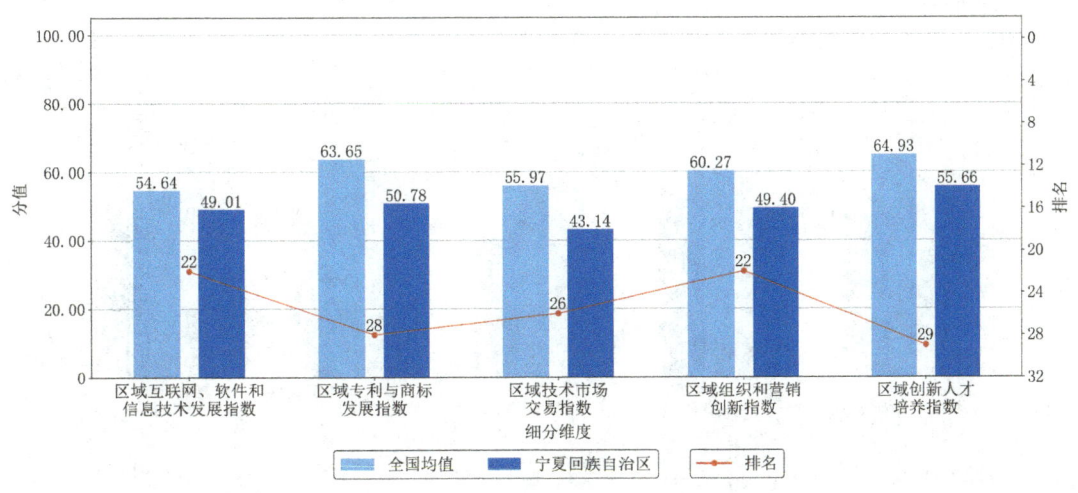

图 5-56　宁夏回族自治区创新发展软环境指数——细分维度

5.2.21　青海省

2023年青海省的整体创新发展软环境综合指数为46.66，如图5-57所示，与全国平均水平60.01相比，青海省创新发展软环境综合指数处于全国平均水平之下，体现出青海省创新发展软环境综合水平相对偏弱。

具体细分维度来看，如图5-58所示。2023年青海省互联网、软件和信息技术发展指数为47.93，与全国平均水平54.64相比，处于全国平均水平之下，在全国各省份比较中排名第26位，体现出相对偏弱的互联网、软件和信息技术发展水平。2023年青海省专利与商标发展指数为52.41，与全国平均水平63.65相比，处于全国平均水平之下，在全国各省份比较中排名第25位，体现出相对偏弱的专利与商标发展水平。2023年青海省技术市场交易指数为40.78，与全国平均水平55.97相比，处于全国平均水平之下，在全国各省份比较中排名第30位，体现出相对偏弱的技术市场交易水平。2023年青海省组织和营销创新指数为47.03，与全国平均水平60.27相比，处于全国平均水平之下，在全国各省份比较中排名第27位，体现出相对偏弱的组织和营销创新水平。2023年青海省创新人才培养指数为45.62，与全国平均水平64.93相比，处于全国平均水平之下，在全国各省份比较中排名第31位，体现出相对偏弱的创新人才培养水平。

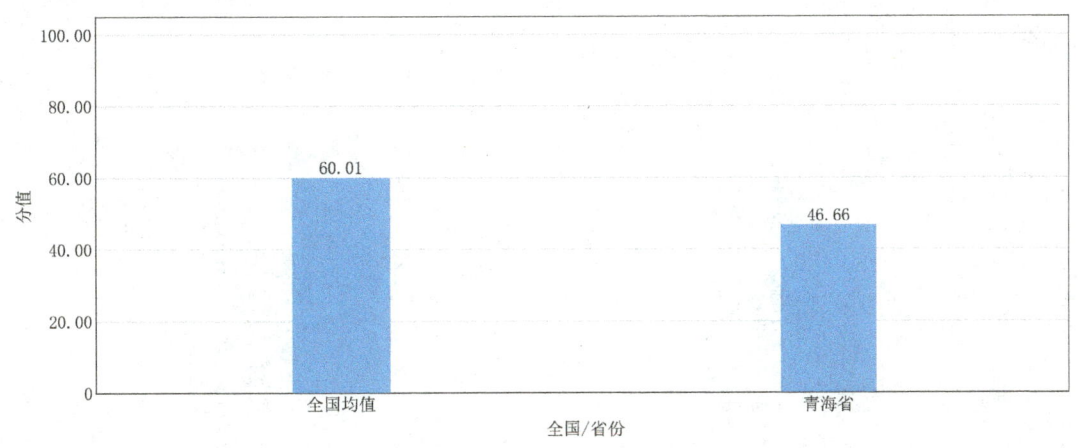

图 5-57　青海省创新发展软环境综合指数

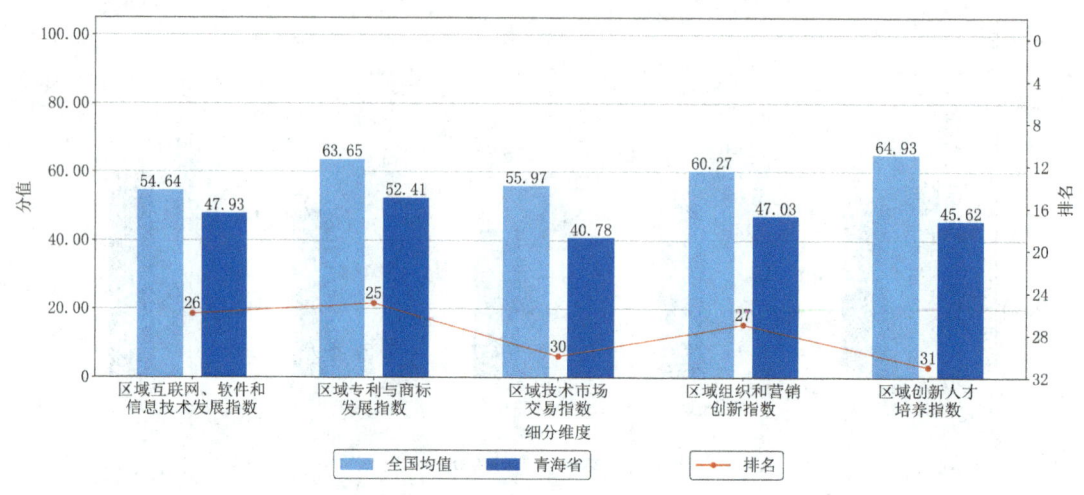

图 5-58 青海省创新发展软环境指数——细分维度

5.2.22 山东省

2023年山东省的整体创新发展软环境综合指数为69.15，如图5-59所示，与全国平均水平60.01相比，山东省创新发展软环境综合指数处于全国平均水平之上，体现出山东省创新发展软环境综合水平相对较强。

具体细分维度来看，如图5-60所示。2023年山东省互联网、软件和信息技术发展指数为60.57，与全国平均水平54.64相比，处于全国平均水平之上，在全国各省份比较中排名第7位，体现出相对较强的互联网、软件和信息技术发展水平。2023年山东省专利与商标发展指数为73.05，与全国平均水平63.65相比，处于全国平均水平之上，在全国各省份比较中排名第6位，体现出相对较强的专利与商标发展水平。2023年山东省技术市场交易指数为70.34，与全国平均水平55.97相比，处于全国平均水平之上，在全国各省份比较中排名第6位，体现出相对较强的技术市场交易水平。2023年山东省组织和营销创新指数为71.85，与全国平均水平60.27相比，处于全国平均水平之上，在全国各省份比较中排名第6位，体现出相对较强的组织和营销创新水平。2023年山东省创新人才培养指数为71.63，与全国平均水平64.93相比，处于全国平均水平之上，在全国各省份比较中排名第6位，体现出相对较强的创新人才培养水平。

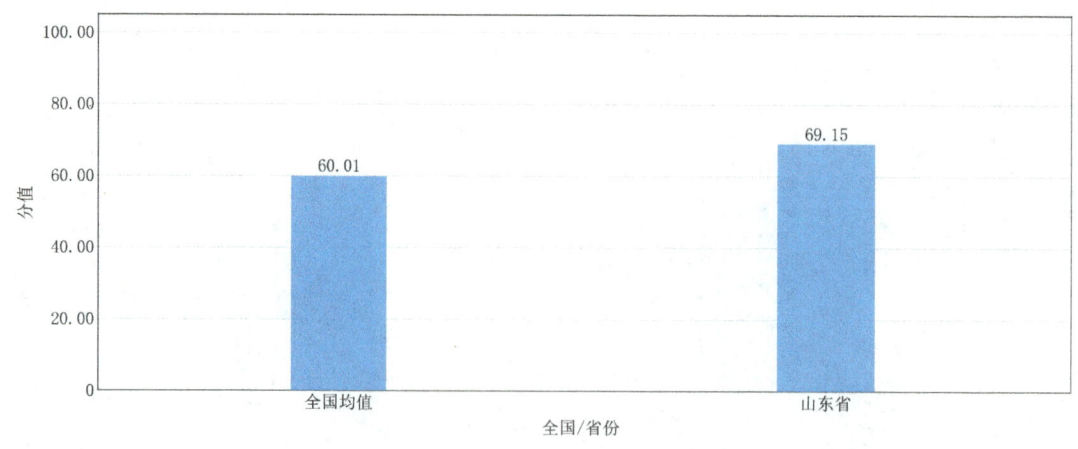

图 5-59 山东省创新发展软环境综合指数

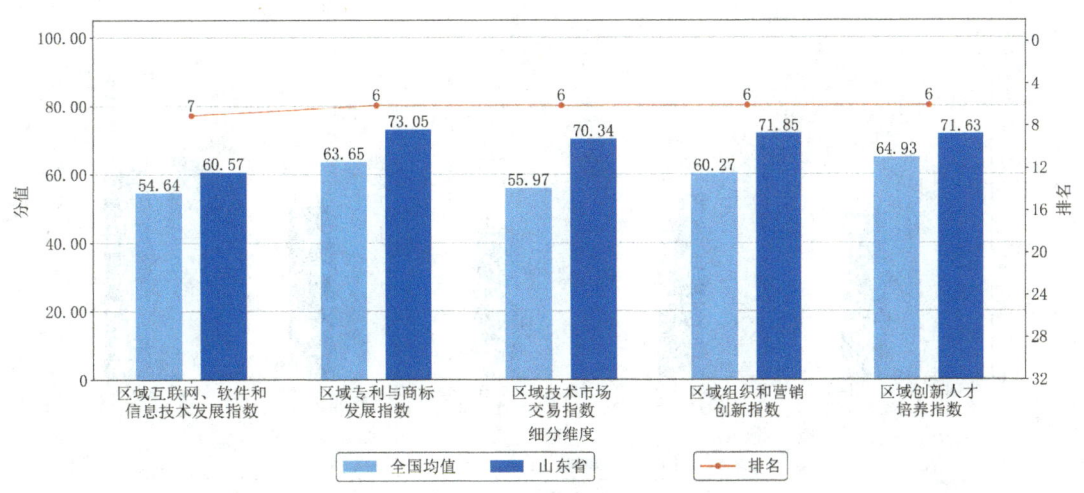

图 5-60　山东省创新发展软环境指数——细分维度

5.2.23　山西省

2023年山西省的整体创新发展软环境综合指数为52.05，如图5-61所示，与全国平均水平60.01相比，山西省创新发展软环境综合指数处于全国平均水平之下，体现出山西省创新发展软环境综合水平相对偏弱。

具体细分维度来看，如图5-62所示。2023年山西省互联网、软件和信息技术发展指数为48.66，与全国平均水平54.64相比，处于全国平均水平之下，在全国各省份比较中排名第23位，体现出相对偏弱的互联网、软件和信息技术发展水平。2023年山西省专利与商标发展指数为54.10，与全国平均水平63.65相比，处于全国平均水平之下，在全国各省份比较中排名第21位，体现出相对偏弱的专利与商标发展水平。2023年山西省技术市场交易指数为42.77，与全国平均水平55.97相比，处于全国平均水平之下，在全国各省份比较中排名第28位，体现出相对偏弱的技术市场交易水平。2023年山西省组织和营销创新指数为50.51，与全国平均水平60.27相比，处于全国平均水平之下，在全国各省份比较中排名第20位，体现出相对偏弱的组织和营销创新水平。2023年山西省创新人才培养指数为61.02，与全国平均水平64.93相比，处于全国平均水平之下，在全国各省份比较中排名第24位，体现出相对偏弱的创新人才培养水平。

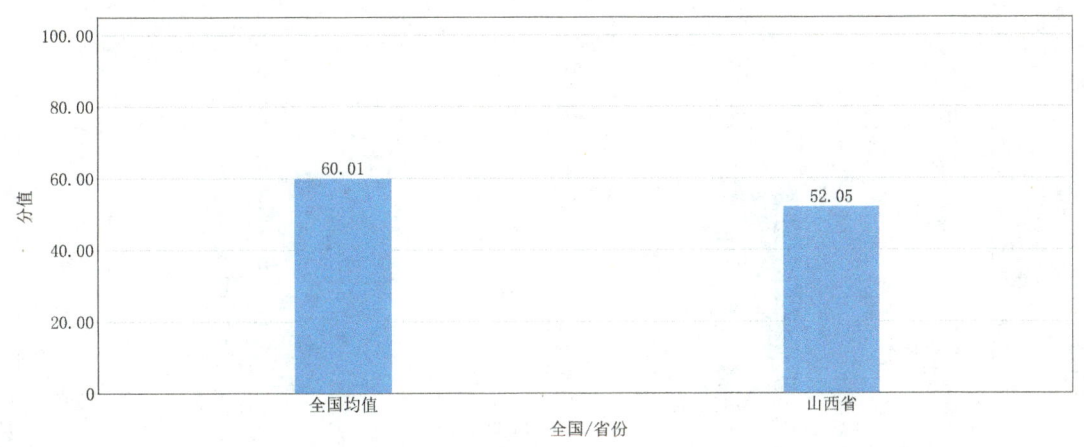

图 5-61　山西省创新发展软环境综合指数

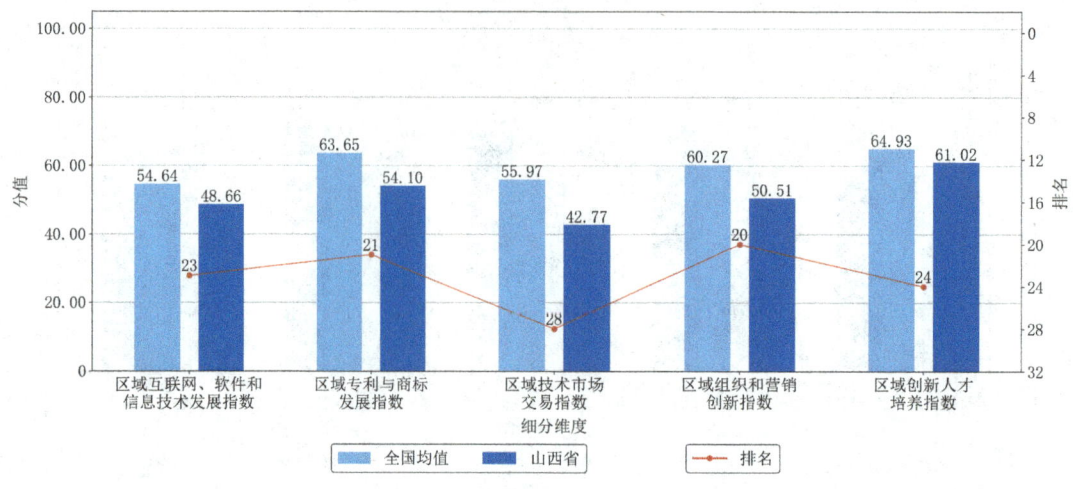

图 5-62　山西省创新发展软环境指数——细分维度

5.2.24　陕西省

2023年陕西省的整体创新发展软环境综合指数为61.71，如图5-63所示，与全国平均水平60.01相比，陕西省创新发展软环境综合指数处于全国平均水平之上，体现出陕西省创新发展软环境综合水平相对较强。

具体细分维度来看，如图5-64所示。2023年陕西省互联网、软件和信息技术发展指数为48.16，与全国平均水平54.64相比，处于全国平均水平之下，在全国各省份比较中排名第25位，体现出相对偏弱的互联网、软件和信息技术发展水平。2023年陕西省专利与商标发展指数为63.81，与全国平均水平63.65相比，处于全国平均水平之上，在全国各省份比较中排名第15位，体现出相对较强的专利与商标发展水平。2023年陕西省技术市场交易指数为64.91，与全国平均水平55.97相比，处于全国平均水平之上，在全国各省份比较中排名第8位，体现出相对较强的技术市场交易水平。2023年陕西省组织和营销创新指数为56.85，与全国平均水平60.27相比，处于全国平均水平之下，在全国各省份比较中排名第16位，体现出相对偏弱的组织和营销创新水平。2023年陕西省创新人才培养指数为72.87，与全国平均水平64.93相比，处于全国平均水平之上，在全国各省份比较中排名第4位，体现出相对较强的创新人才培养水平。

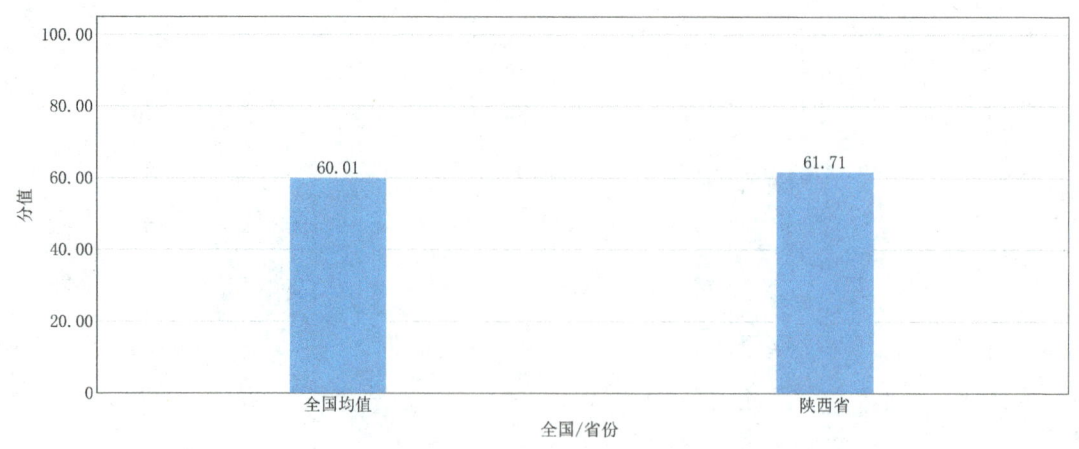

图 5-63　陕西省创新发展软环境综合指数

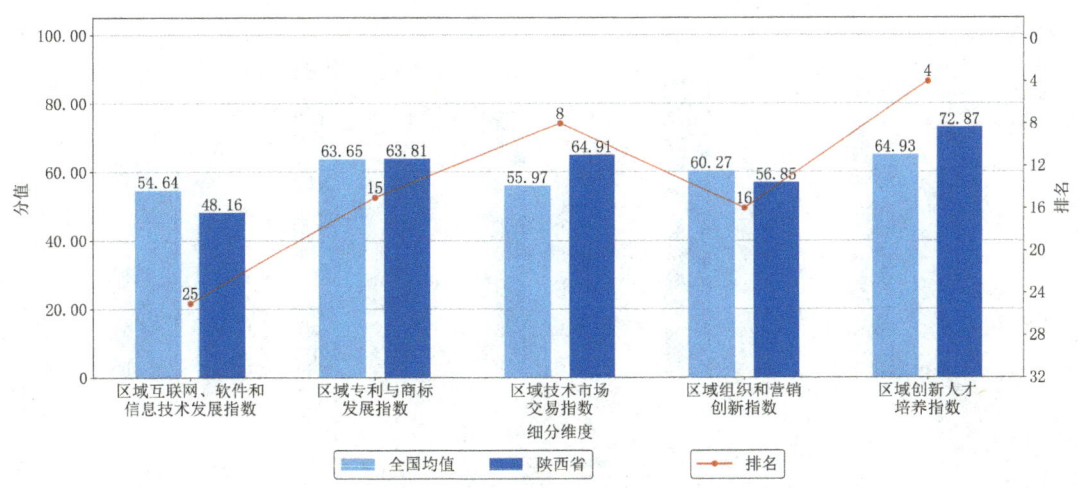

图 5-64　陕西省创新发展软环境指数——细分维度

5.2.25　上海市

2023年上海市的整体创新发展软环境综合指数为80.39，如图5-65所示，与全国平均水平60.01相比，上海市创新发展软环境综合指数处于全国平均水平之上，体现出上海市创新发展软环境综合水平相对较强。

具体细分维度来看，如图5-66所示。2023年上海市互联网、软件和信息技术发展指数为86.15，与全国平均水平54.64相比，处于全国平均水平之上，在全国各省份比较中排名第1位，体现出相对较强的互联网、软件和信息技术发展水平。2023年上海市专利与商标发展指数为89.96，与全国平均水平63.65相比，处于全国平均水平之上，在全国各省份比较中排名第2位，体现出相对较强的专利与商标发展水平。2023年上海市技术市场交易指数为77.53，与全国平均水平55.97相比，处于全国平均水平之上，在全国各省份比较中排名第5位，体现出相对较强的技术市场交易水平。2023年上海市组织和营销创新指数为92.84，与全国平均水平60.27相比，处于全国平均水平之上，在全国各省份比较中排名第1位，体现出相对较强的组织和营销创新水平。2023年上海市创新人才培养指数为63.60，与全国平均水平64.93相比，处于全国平均水平之下，在全国各省份比较中排名第19位，体现出相对偏弱的创新人才培养水平。

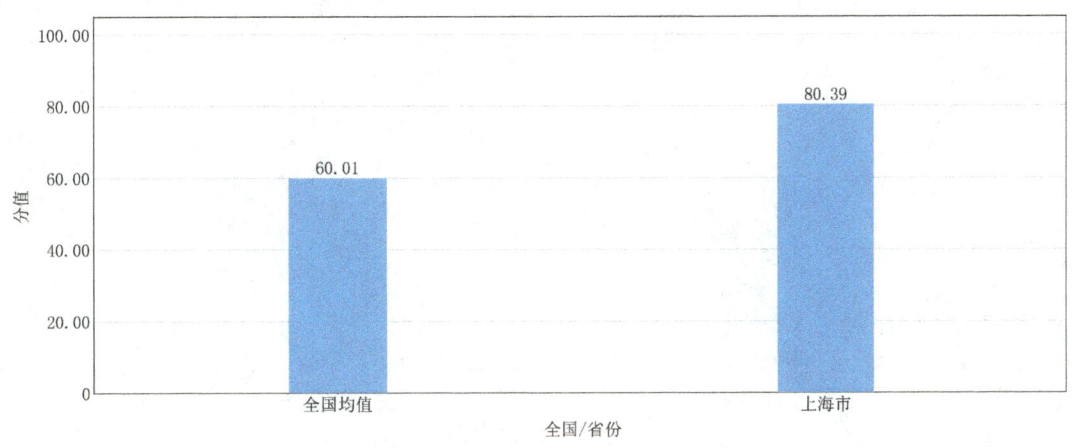

图 5-65　上海市创新发展软环境综合指数

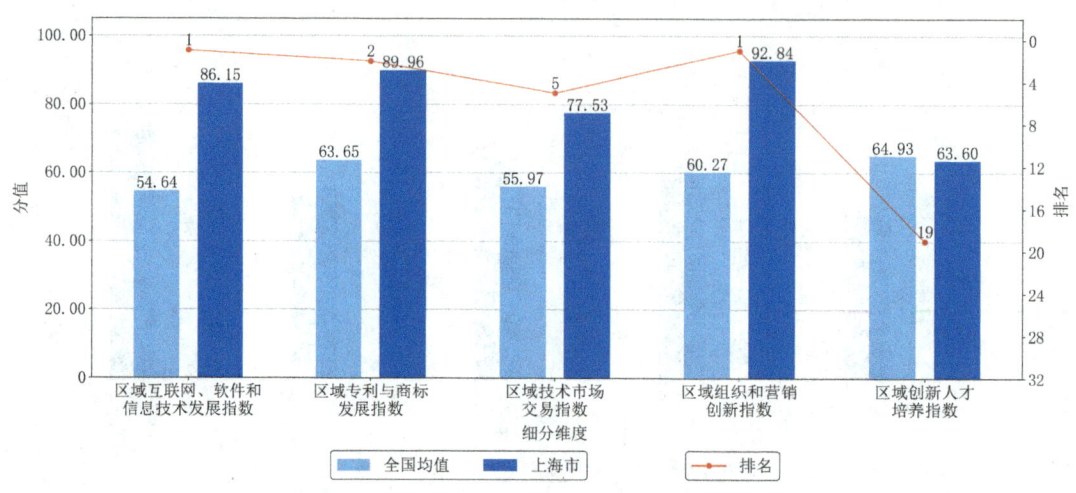

图 5-66 上海市创新发展软环境指数——细分维度

5.2.26 四川省

2023年四川省的整体创新发展软环境综合指数为60.32，如图5-67所示，与全国平均水平60.01相比，四川省创新发展软环境综合指数处于全国平均水平之上，体现出四川省创新发展软环境综合水平相对较强。

具体细分维度来看，如图5-68所示。2023年四川省互联网、软件和信息技术发展指数为53.95，与全国平均水平54.64相比，处于全国平均水平之下，在全国各省份比较中排名第9位，体现出相对较弱的互联网、软件和信息技术发展水平。2023年四川省专利与商标发展指数为66.46，与全国平均水平63.65相比，处于全国平均水平之上，在全国各省份比较中排名第9位，体现出相对较强的专利与商标发展水平。2023年四川省技术市场交易指数为54.90，与全国平均水平55.97相比，处于全国平均水平之下，在全国各省份比较中排名第12位，体现出相对偏弱的技术市场交易水平。2023年四川省组织和营销创新指数为59.50，与全国平均水平60.27相比，处于全国平均水平之下，在全国各省份比较中排名第14位，体现出相对偏弱的组织和营销创新水平。2023年四川省创新人才培养指数为66.07，与全国平均水平64.93相比，处于全国平均水平之上，在全国各省份比较中排名第13位，体现出相对较强的创新人才培养水平。

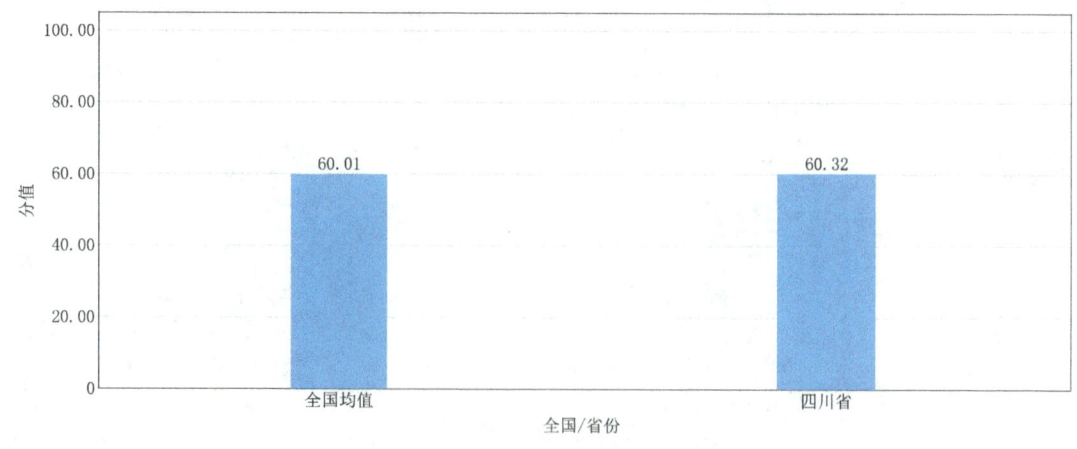

图 5-67 四川省创新发展软环境综合指数

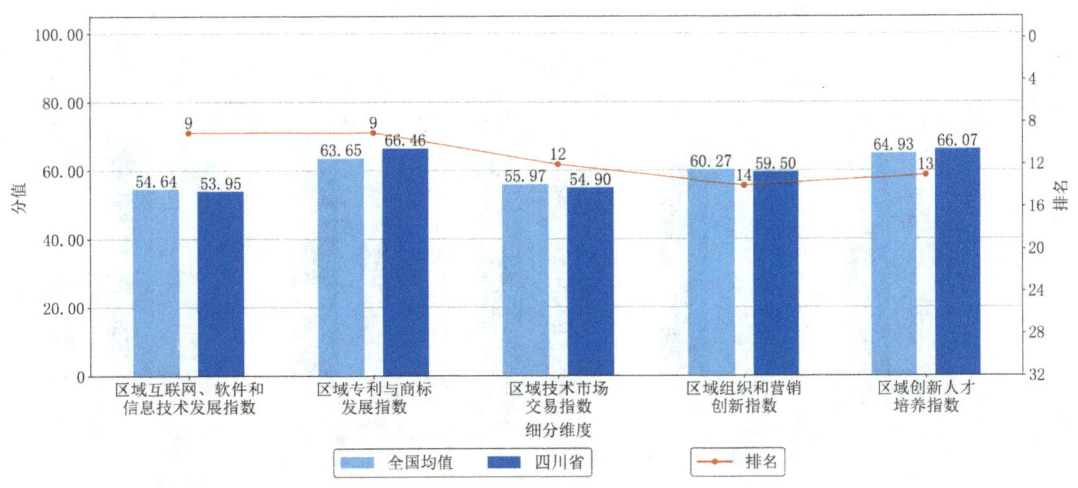

图 5-68　四川省创新发展软环境指数——细分维度

5.2.27　天津市

2023年天津市的整体创新发展软环境综合指数为66.95，如图5-69所示，与全国平均水平60.01相比，天津市创新发展软环境综合指数处于全国平均水平之上，体现出天津市创新发展软环境综合水平相对较强。

具体细分维度来看，如图5-70所示。2023年天津市互联网、软件和信息技术发展指数为65.61，与全国平均水平54.64相比，处于全国平均水平之上，在全国各省份比较中排名第6位，体现出相对较强的互联网、软件和信息技术发展水平。2023年天津市专利与商标发展指数为65.18，与全国平均水平63.65相比，处于全国平均水平之上，在全国各省份比较中排名第13位，体现出相对较强的专利与商标发展水平。2023年天津市技术市场交易指数为63.72，与全国平均水平55.97相比，处于全国平均水平之上，在全国各省份比较中排名第10位，体现出相对较强的技术市场交易水平。2023年天津市组织和营销创新指数为67.76，与全国平均水平60.27相比，处于全国平均水平之上，在全国各省份比较中排名第8位，体现出相对较强的组织和营销创新水平。2023年天津市创新人才培养指数为71.02，与全国平均水平64.93相比，处于全国平均水平之上，在全国各省份比较中排名第7位，体现出相对较强的创新人才培养水平。

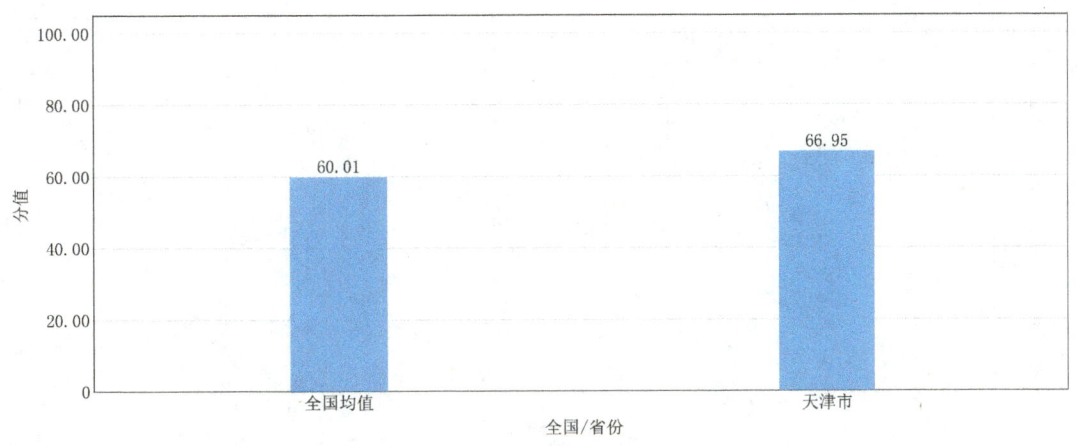

图 5-69　天津市创新发展软环境综合指数

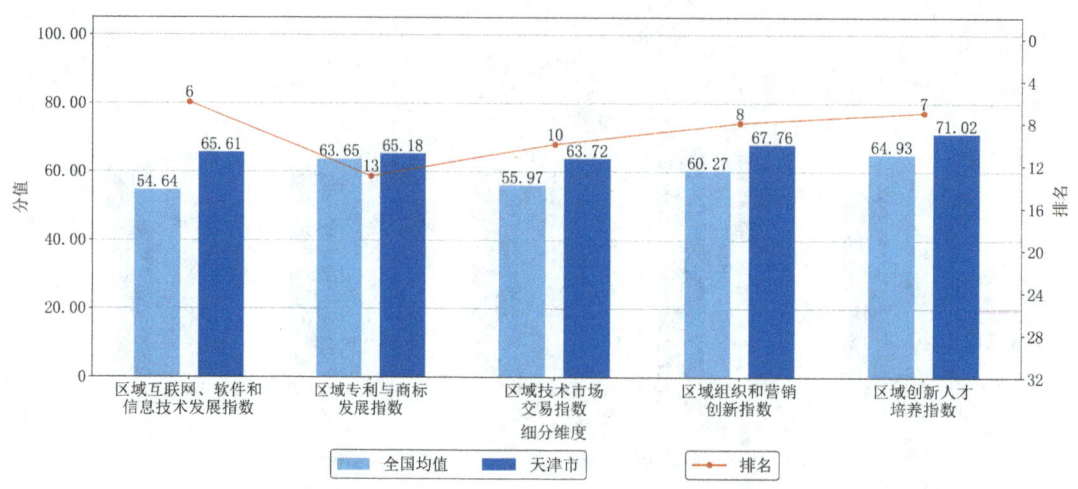

图 5-70　天津市创新发展软环境指数——细分维度

5.2.28　西藏自治区

2023年西藏自治区的整体创新发展软环境综合指数为46.53，如图5-71所示，与全国平均水平60.01相比，西藏自治区创新发展软环境综合指数处于全国平均水平之下，体现出西藏自治区创新发展软环境综合水平相对偏弱。

具体细分维度来看，如图5-72所示。2023年西藏自治区互联网、软件和信息技术发展指数为42.93，与全国平均水平54.64相比，处于全国平均水平之下，在全国各省份比较中排名第31位，体现出相对偏弱的互联网、软件和信息技术发展水平。2023年西藏自治区专利与商标发展指数为50.48，与全国平均水平63.65相比，处于全国平均水平之下，在全国各省份比较中排名第29位，体现出相对偏弱的专利与商标发展水平。2023年西藏自治区技术市场交易指数为40.30，与全国平均水平55.97相比，处于全国平均水平之下，在全国各省份比较中排名第31位，体现出相对偏弱的技术市场交易水平。2023年西藏自治区组织和营销创新指数为44.64，与全国平均水平60.27相比，处于全国平均水平之下，在全国各省份比较中排名第30位，体现出相对偏弱的组织和营销创新水平。2023年西藏自治区创新人才培养指数为52.52，与全国平均水平64.93相比，处于全国平均水平之下，在全国各省份比较中排名第30位，体现出相对偏弱的创新人才培养水平。

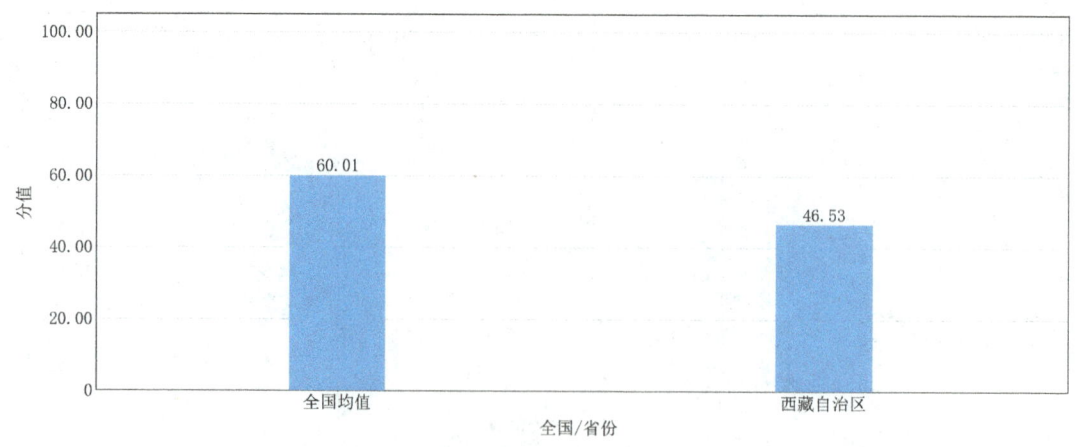

图 5-71　西藏自治区创新发展软环境综合指数

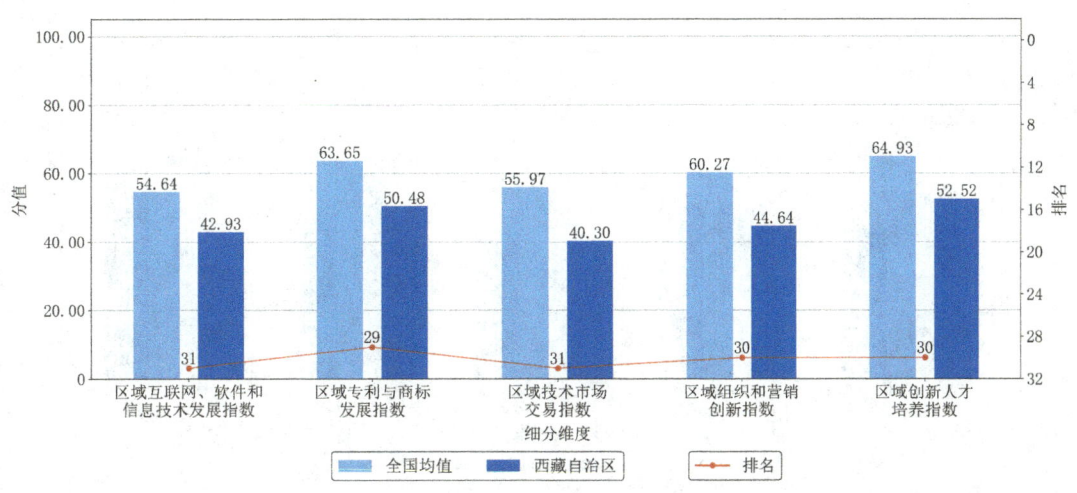

图5-72 西藏自治区创新发展软环境指数——细分维度

5.2.29 新疆维吾尔自治区

2023年新疆维吾尔自治区的整体创新发展软环境综合指数为48.85，如图5-73所示，与全国平均水平60.01相比，新疆维吾尔自治区创新发展软环境综合指数处于全国平均水平之下，体现出新疆维吾尔自治区创新发展软环境综合水平相对偏弱。

具体细分维度来看，如图5-74所示。2023年新疆维吾尔自治区互联网、软件和信息技术发展指数为43.95，与全国平均水平54.64相比，处于全国平均水平之下，在全国各省份比较中排名第29位，体现出相对偏弱的互联网、软件和信息技术发展水平。2023年新疆维吾尔自治区专利与商标发展指数为50.45，与全国平均水平63.65相比，处于全国平均水平之下，在全国各省份比较中排名第30位，体现出相对偏弱的专利与商标发展水平。2023年新疆维吾尔自治区技术市场交易指数为43.61，与全国平均水平55.97相比，处于全国平均水平之下，在全国各省份比较中排名第22位，体现出相对偏弱的技术市场交易水平。2023年新疆维吾尔自治区组织和营销创新指数为45.91，与全国平均水平60.27相比，处于全国平均水平之下，在全国各省份比较中排名第29位，体现出相对偏弱的组织和营销创新水平。2023年新疆维吾尔自治区创新人才培养指数为57.45，与全国平均水平64.93相比，处于全国平均水平之下，在全国各省份比较中排名第27位，体现出相对偏弱的创新人才培养水平。

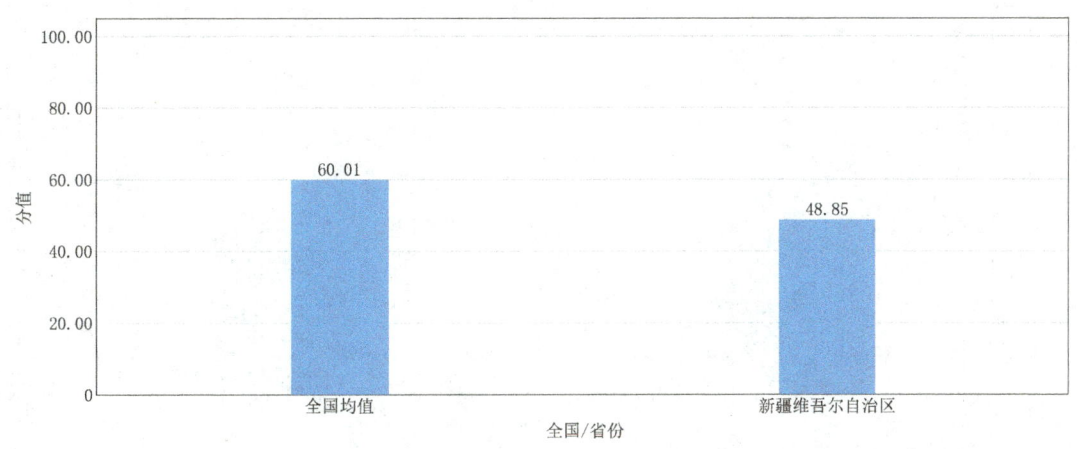

图5-73 新疆维吾尔自治区创新发展软环境综合指数

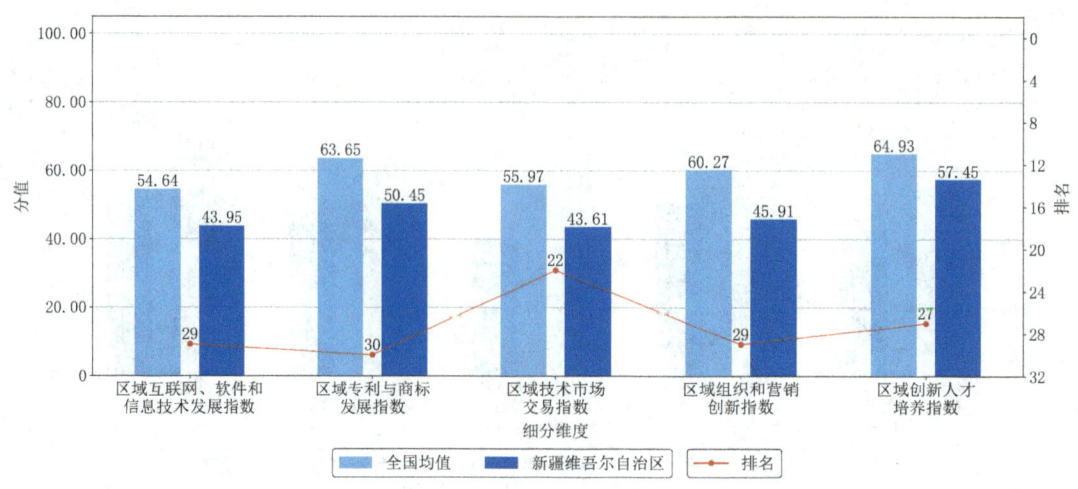

图 5-74　新疆维吾尔自治区创新发展软环境指数——细分维度

5.2.30　云南省

2023年云南省的整体创新发展软环境综合指数为51.71，如图5-75所示，与全国平均水平60.01相比，云南省创新发展软环境综合指数处于全国平均水平之下，体现出云南省创新发展软环境综合水平相对偏弱。

具体细分维度来看，如图5-76所示。2023年云南省互联网、软件和信息技术发展指数为48.41，与全国平均水平54.64相比，处于全国平均水平之下，在全国各省份比较中排名第24位，体现出相对偏弱的互联网、软件和信息技术发展水平。2023年云南省专利与商标发展指数为52.89，与全国平均水平63.65相比，处于全国平均水平之下，在全国各省份比较中排名第24位，体现出相对偏弱的专利与商标发展水平。2023年云南省技术市场交易指数为43.40，与全国平均水平55.97相比，处于全国平均水平之下，在全国各省份比较中排名第23位，体现出相对偏弱的技术市场交易水平。2023年云南省组织和营销创新指数为48.72，与全国平均水平60.27相比，处于全国平均水平之下，在全国各省份比较中排名第24位，体现出相对偏弱的组织和营销创新水平。2023年云南省创新人才培养指数为61.37，与全国平均水平64.93相比，处于全国平均水平之下，在全国各省份比较中排名第22位，体现出相对偏弱的创新人才培养水平。

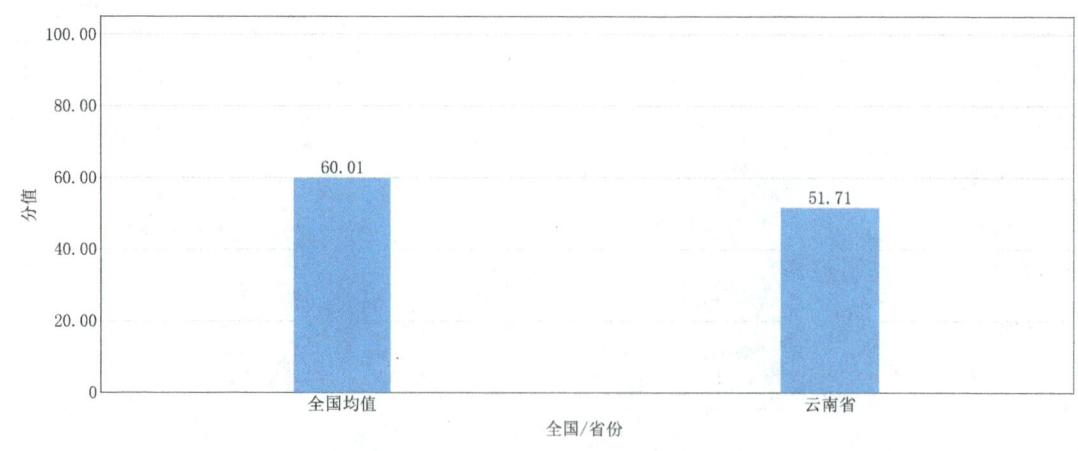

图 5-75　云南省创新发展软环境综合指数

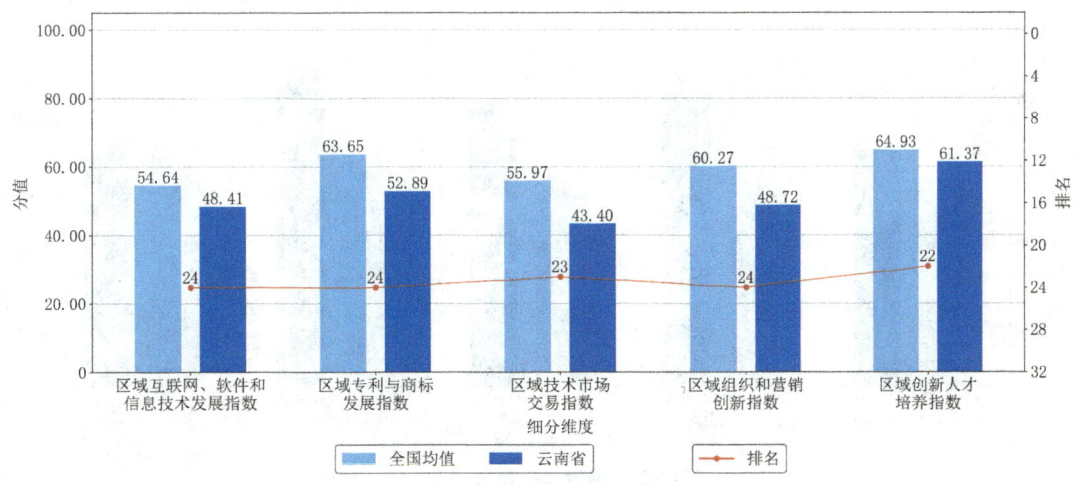

图 5-76　云南省创新发展软环境指数——细分维度

5.2.31　浙江省

2023年浙江省的整体创新发展软环境综合指数为76.09，如图5-77所示，与全国平均水平60.01相比，浙江省创新发展软环境综合指数处于全国平均水平之上，体现出浙江省创新发展软环境综合水平相对较强。

具体细分维度来看，如图5-78所示。2023年浙江省互联网、软件和信息技术发展指数为65.98，与全国平均水平54.64相比，处于全国平均水平之上，在全国各省份比较中排名第5位，体现出相对较强的互联网、软件和信息技术发展水平。2023年浙江省专利与商标发展指数为82.59，与全国平均水平63.65相比，处于全国平均水平之上，在全国各省份比较中排名第4位，体现出相对较强的专利与商标发展水平。2023年浙江省技术市场交易指数为79.39，与全国平均水平55.97相比，处于全国平均水平之上，在全国各省份比较中排名第4位，体现出相对较强的技术市场交易水平。2023年浙江省组织和营销创新指数为90.56，与全国平均水平60.27相比，处于全国平均水平之上，在全国各省份比较中排名第2位，体现出相对较强的组织和营销创新水平。2023年浙江省创新人才培养指数为69.69，与全国平均水平64.93相比，处于全国平均水平之上，在全国各省份比较中排名第9位，体现出相对较强的创新人才培养水平。

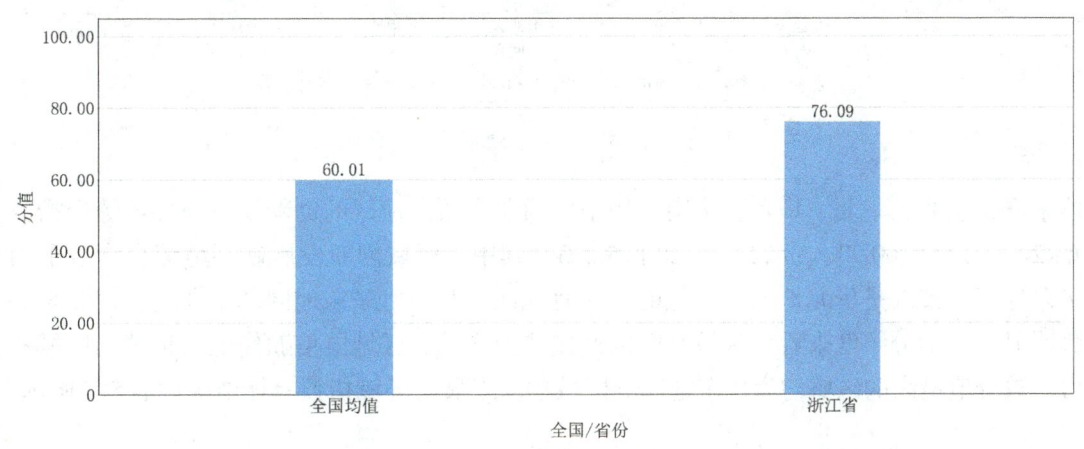

图 5-77　浙江省创新发展软环境综合指数

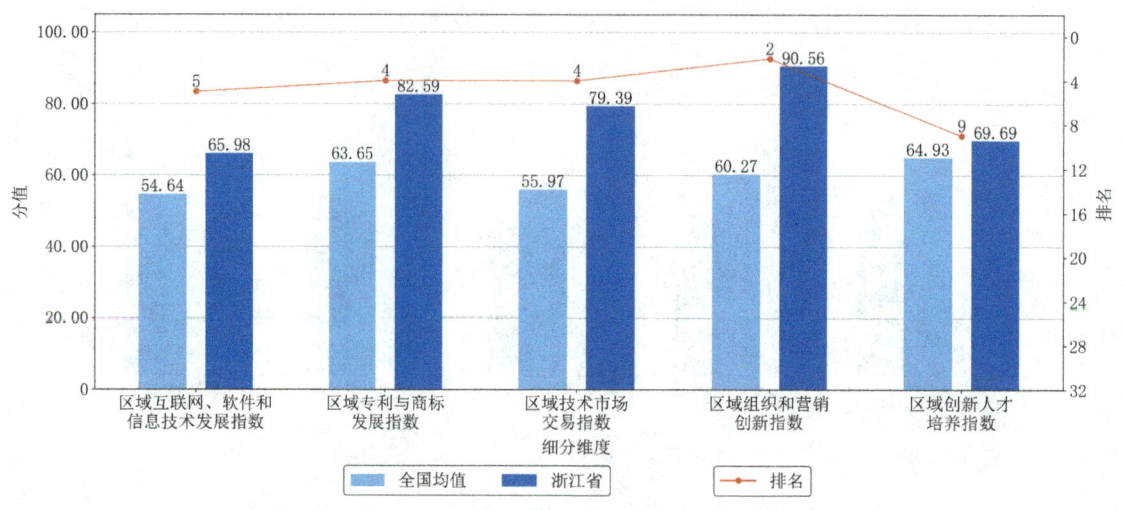

图 5-78　浙江省创新发展软环境指数——细分维度

5.3　七大区创新发展硬环境评价

根据披露的区域互联网连接能力、区域电信通信能力、区域科技创新孵化能力的相关数据，报告分析了我国东北、华北、华东、华南、华中、西北和西南地区的创新发展硬环境综合指数。区域创新发展硬环境综合指数如图5-79所示。

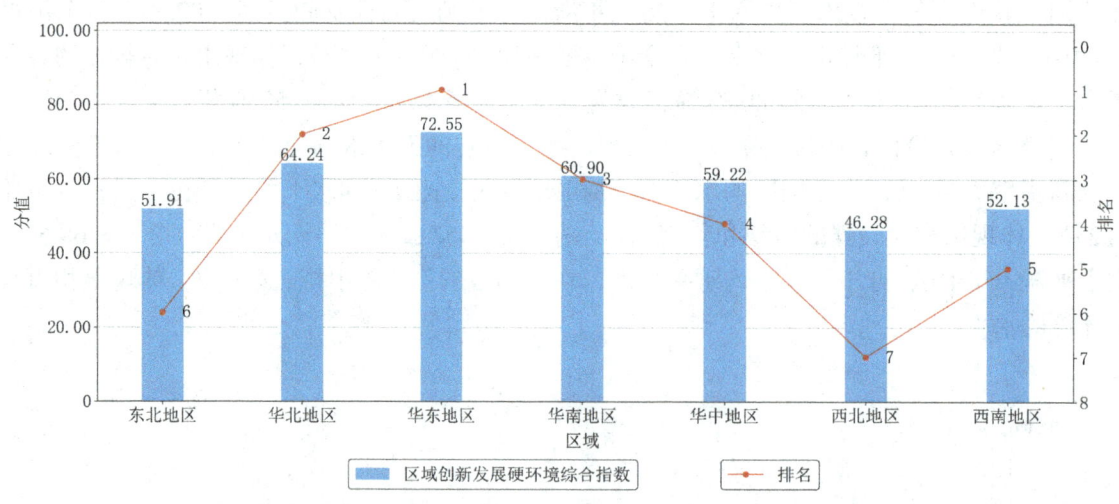

图 5-79　创新发展硬环境综合指数——区域维度

总体来看，东北、华北、华东、华南、华中、西北和西南地区的创新发展硬环境综合指数依次为51.91、64.24、72.55、60.90、59.22、46.28和52.13。其中，区域创新发展硬环境综合指数平均水平最高的是华东地区，其次是华北地区，最低的是西北地区，凸显出华东地区和华北地区创新发展硬环境建设优势明显。从细分维度来看，区域互联网连接能力指数、区域电信通信能力指数和区域科技创新孵化能力指数分值最高的区域均为华东地区。区域创新发展硬环境指数具体情况如表5-3所示。

第5章 区域创新发展环境评价

表 5-3 创新发展硬环境指数一览表——区域维度

区域	创新发展硬环境综合指数		区域互联网连接能力指数		区域电信通信能力指数		区域科技创新孵化能力指数	
	分值	排名	分值	排名	分值	排名	分值	排名
东北	51.91	6	51.34	6	48.48	6	54.70	5
华北	64.24	2	66.74	2	66.86	2	60.51	2
华东	72.55	1	74.37	1	73.01	1	70.82	1
华南	60.90	3	66.47	3	61.69	3	56.07	4
华中	59.22	4	61.68	4	59.00	4	57.46	3
西北	46.28	7	48.55	7	44.60	7	45.69	7
西南	52.13	5	54.55	5	50.41	5	51.44	6

数据来源：同花顺（iFinD），首经贸资产评估研究院和浙工商中国智能管理研究院整理。

5.3.1 东北地区

2023年东北地区创新发展硬环境综合指数为51.91，如图5-80所示，与全国平均水平59.26相比，处于全国平均水平之下，体现出东北地区创新发展硬环境建设相对偏弱。

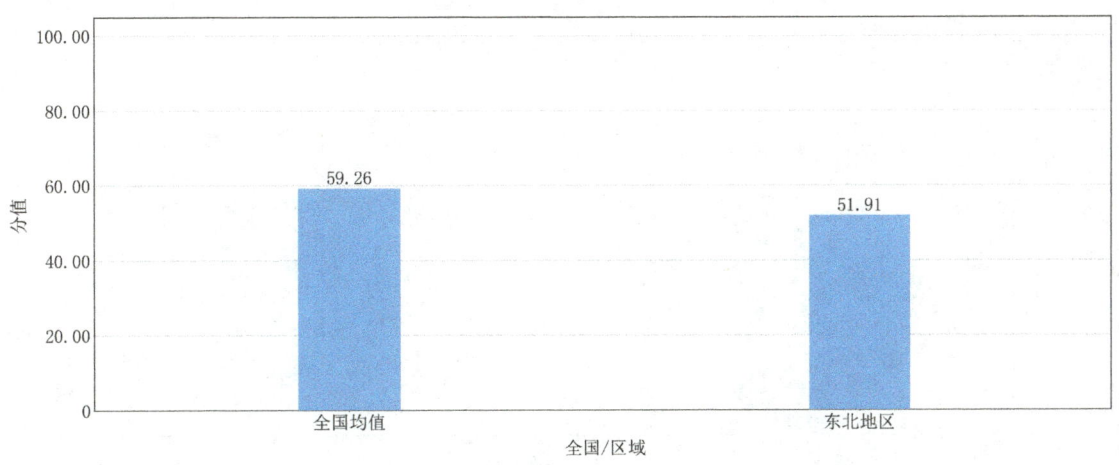

图 5-80 东北地区创新发展硬环境综合指数

具体细分维度来看，如图5-81所示。2023年东北地区互联网连接能力指数为51.34，与全国平均水平61.56相比，处于全国平均水平之下，体现出相对偏弱的互联网连接能力。2023年东北地区电信通信能力指数为48.48，与全国平均水平58.96相比，处于全国平均水平之下，体现出相对偏弱的电信通信能力。2023年东北地区科技创新孵化能力指数为54.70，与全国平均水平57.70相比，处于全国平均水平之下，体现出相对偏弱的科技创新孵化能力。

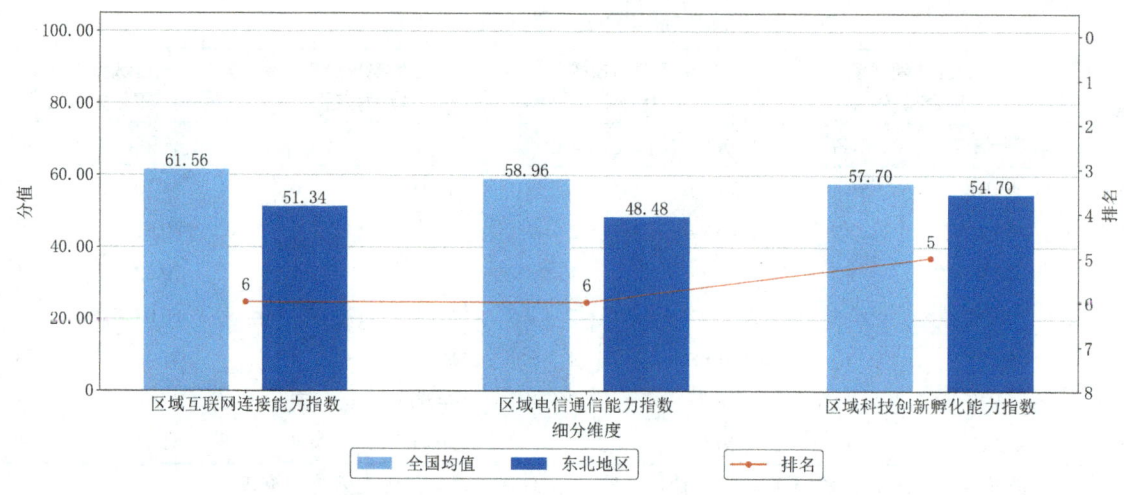

图 5-81 东北地区创新发展硬环境指数——细分维度

5.3.2 华北地区

2023年华北地区创新发展硬环境综合指数为64.24，如图5-82所示，与全国平均水平59.26相比，处于全国平均水平之上，体现出华北地区创新发展硬环境建设相对较强。

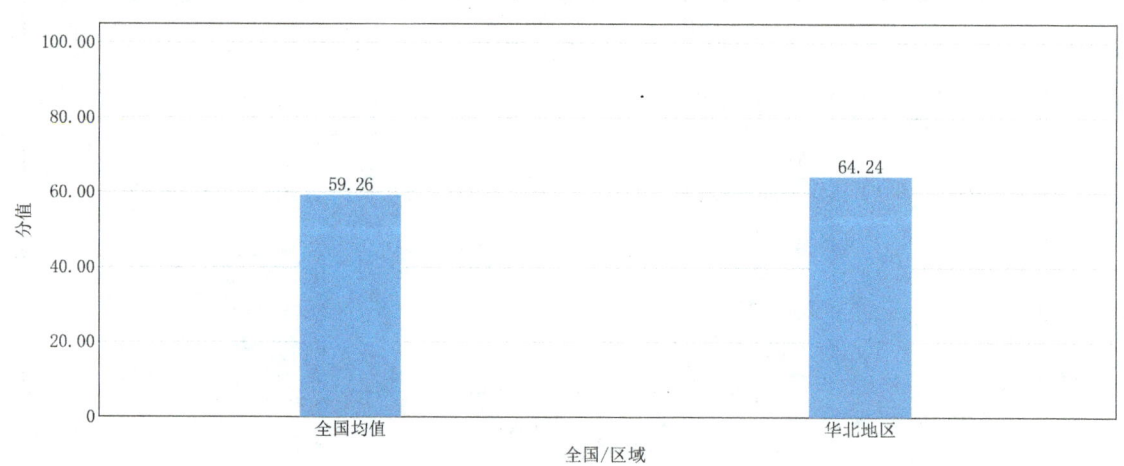

图 5-82 华北地区创新发展硬环境综合指数

具体细分维度来看，如图5-83所示。2023年华北地区互联网连接能力指数为66.74，与全国平均水平61.56相比，处于全国平均水平之上，体现出相对较强的互联网连接能力。2023年华北地区电信通信能力指数为66.86，与全国平均水平58.96相比，处于全国平均水平之上，体现出相对较强的电信通信能力。2023年华北地区科技创新孵化能力指数为60.51，与全国平均水平57.70相比，处于全国平均水平之上，体现出相对较强的科技创新孵化能力。

第5章 区域创新发展环境评价

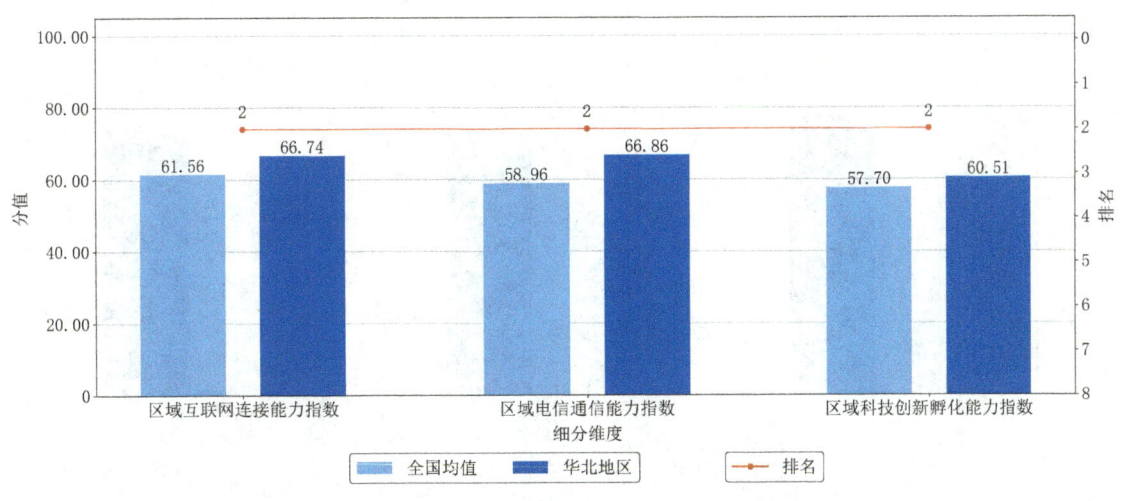

图5-83 华北地区创新发展硬环境指数——细分维度

5.3.3 华东地区

2023年华东地区创新发展硬环境综合指数为72.55，如图5-84所示，与全国平均水平59.26相比，处于全国平均水平之上，体现出华东地区创新发展硬环境建设相对较强。

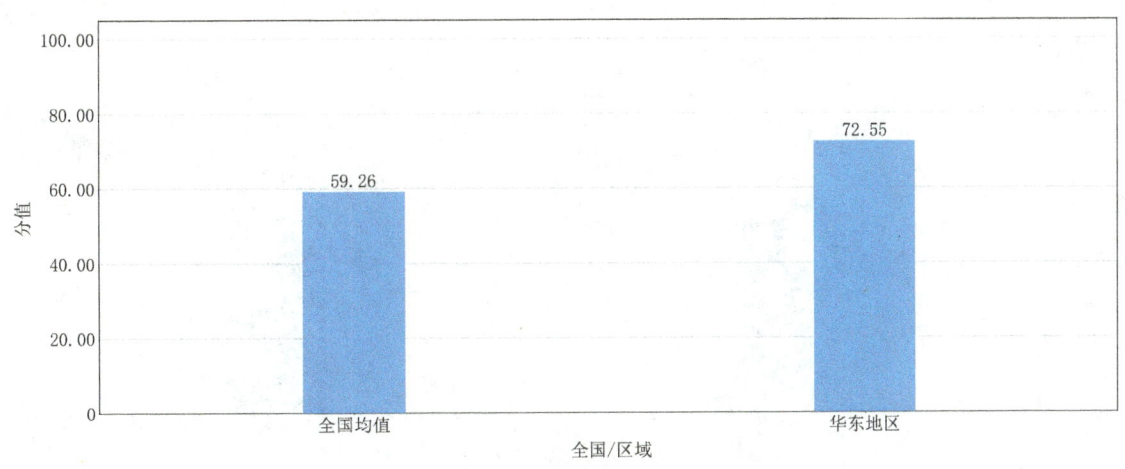

图5-84 华东地区创新发展硬环境综合指数

具体细分维度来看，如图5-85所示。2023年华东地区互联网连接能力指数为74.37，与全国平均水平61.56相比，处于全国平均水平之上，体现出相对较强的互联网连接能力。2023年华东地区电信通信能力指数为73.01，与全国平均水平58.96相比，处于全国平均水平之上，体现出相对较强的电信通信能力。2023年华东地区科技创新孵化能力指数为70.82，与全国平均水平57.70相比，处于全国平均水平之上，体现出相对较强的科技创新孵化能力。

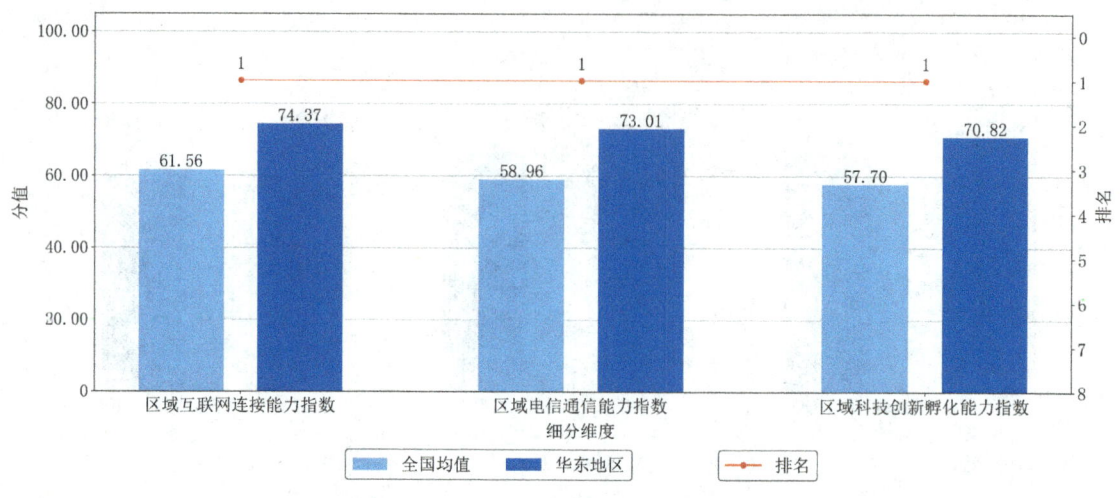

图 5-85　华东地区创新发展硬环境指数——细分维度

5.3.4　华南地区

2023年华南地区创新发展硬环境综合指数为60.90，如图5-86所示，与全国平均水平59.26相比，处于全国平均水平之上，体现出华南地区创新发展硬环境建设相对较强。

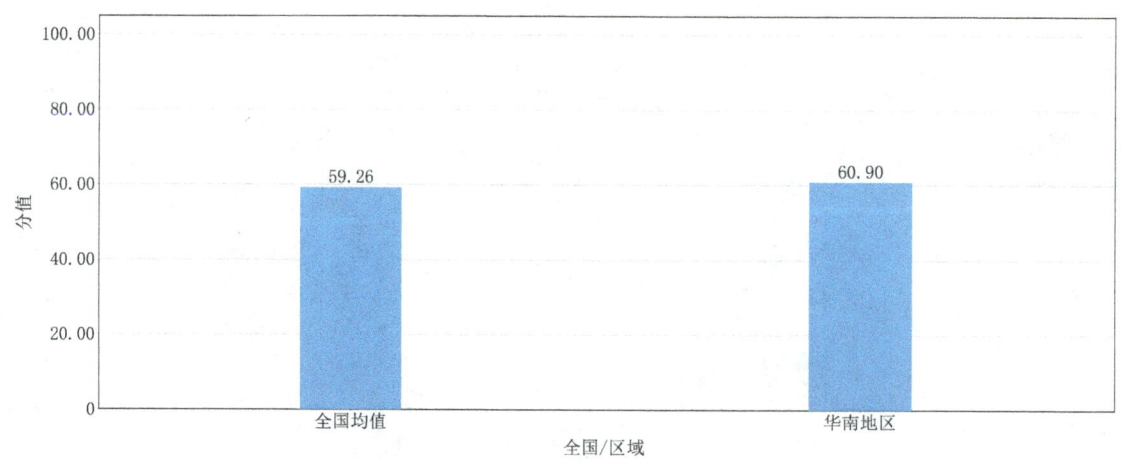

图 5-86　华南地区创新发展硬环境综合指数

具体细分维度来看，如图5-87所示。2023年华南地区互联网连接能力指数为66.47，与全国平均水平61.56相比，处于全国平均水平之上，体现出相对较强的互联网连接能力。2023年华南地区电信通信能力指数为61.69，与全国平均水平58.96相比，处于全国平均水平之上，体现出相对较强的电信通信能力。2023年华南地区科技创新孵化能力指数为56.07，与全国平均水平57.70相比，处于全国平均水平之下，体现出相对偏弱的科技创新孵化能力。

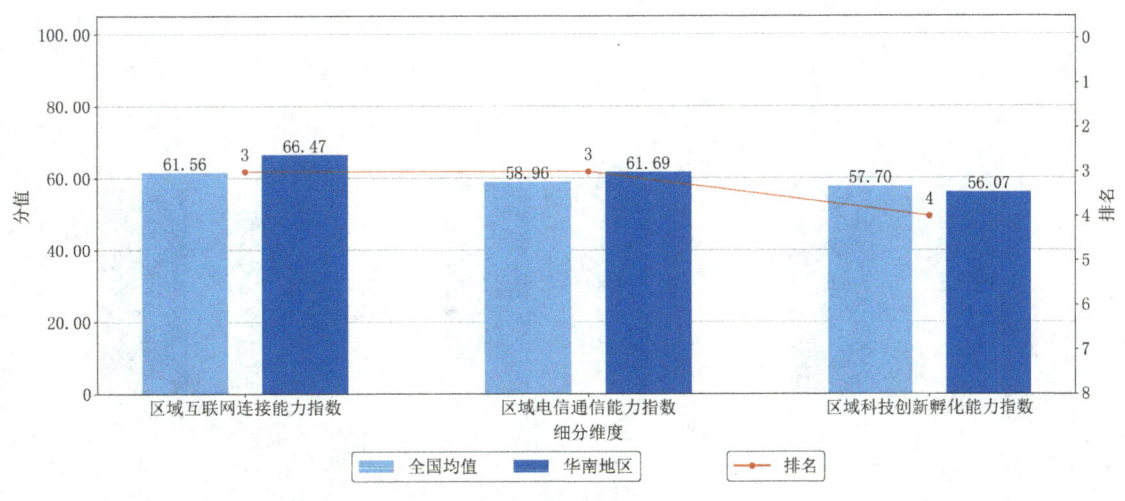

图 5-87　华南地区创新发展硬环境指数——细分维度

5.3.5　华中地区

2023年华中地区创新发展硬环境综合指数为59.22，如图5-88所示，与全国平均水平59.26相比，处于全国平均水平之下，体现出华中地区创新发展硬环境建设相对偏弱。

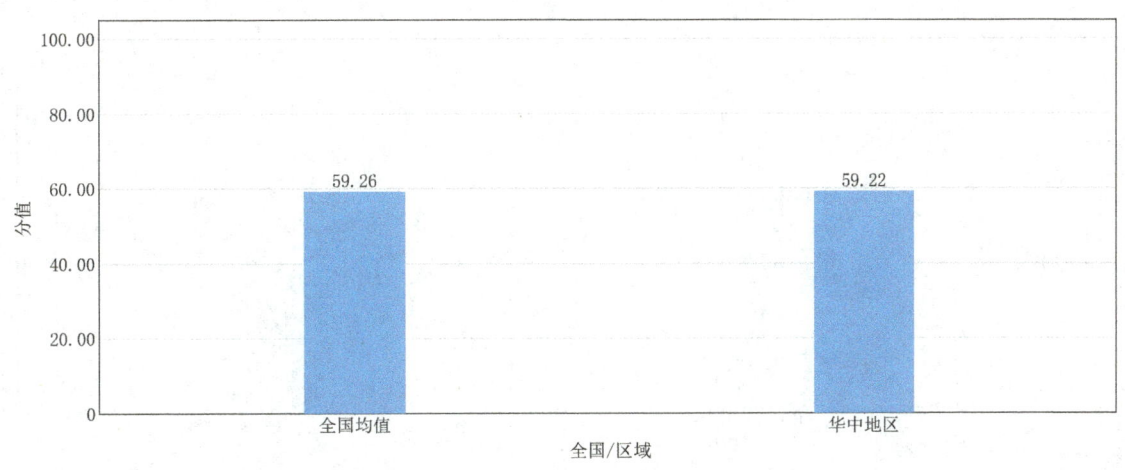

图 5-88　华中地区创新发展硬环境综合指数

具体细分维度来看，如图5-89所示。2023年华中地区互联网连接能力指数为61.68，与全国平均水平61.56相比，处于全国平均水平之上，体现出相对较强的互联网连接能力。2023年华中地区电信通信能力指数为59.00，与全国平均水平58.96相比，处于全国平均水平之上，体现出相对较强的电信通信能力。2023年华中地区科技创新孵化能力指数为57.46，与全国平均水平57.70相比，处于全国平均水平之下，体现出相对偏弱的科技创新孵化能力。

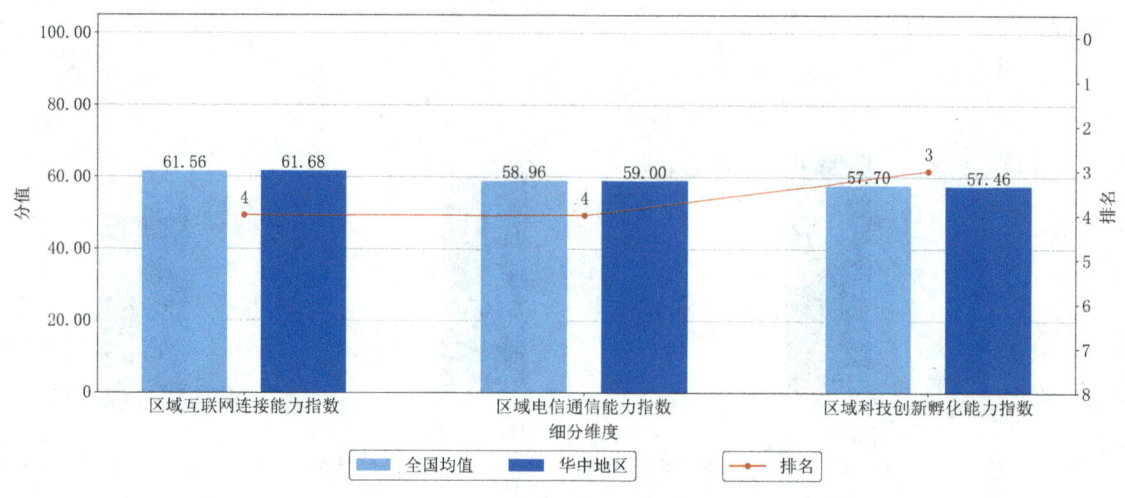

图 5-89　华中地区创新发展硬环境指数——细分维度

5.3.6　西北地区

2023年西北地区创新发展硬环境综合指数为46.28，如图5-90所示，与全国平均水平59.26相比，处于全国平均水平之下，体现出西北地区创新发展硬环境建设相对偏弱。

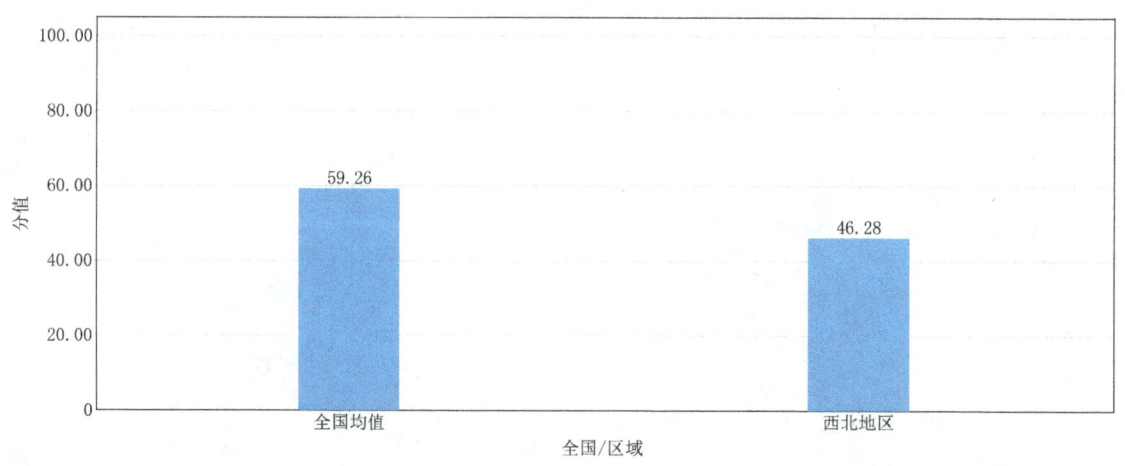

图 5-90　西北地区创新发展硬环境综合指数

具体细分维度来看，如图5-91所示。2023年西北地区互联网连接能力指数为48.55，与全国平均水平61.56相比，处于全国平均水平之下，体现出相对偏弱的互联网连接能力。2023年西北地区电信通信能力指数为44.60，与全国平均水平58.96相比，处于全国平均水平之下，体现出相对偏弱的电信通信能力。2023年西北地区科技创新孵化能力指数为45.69，与全国平均水平57.70相比，处于全国平均水平之下，体现出相对偏弱的科技创新孵化能力。

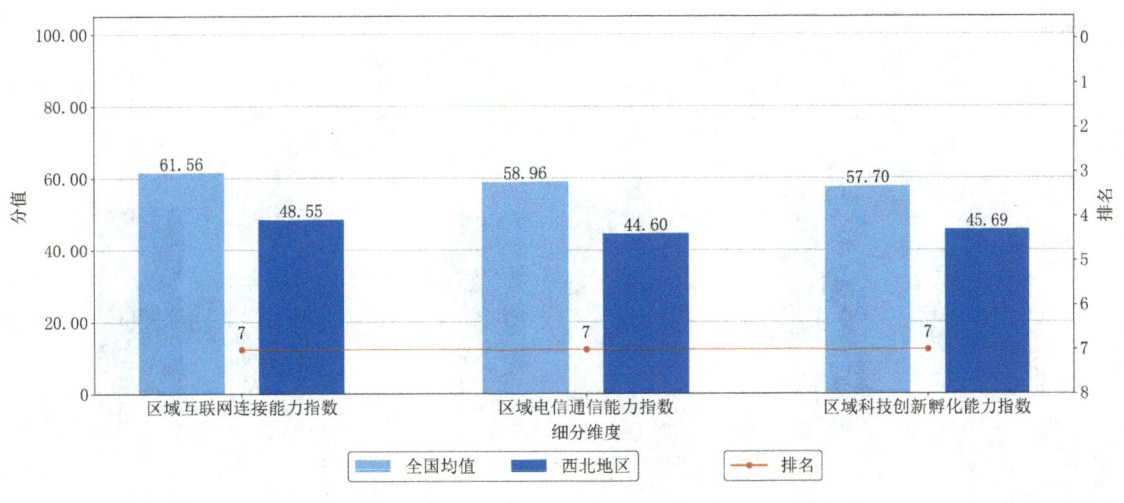

图 5-91　西北地区创新发展硬环境指数——细分维度

5.3.7　西南地区

2023年西南地区创新发展硬环境综合指数为52.13，如图5-92所示，与全国平均水平59.26相比，处于全国平均水平之下，体现出西南地区创新发展硬环境建设相对偏弱。

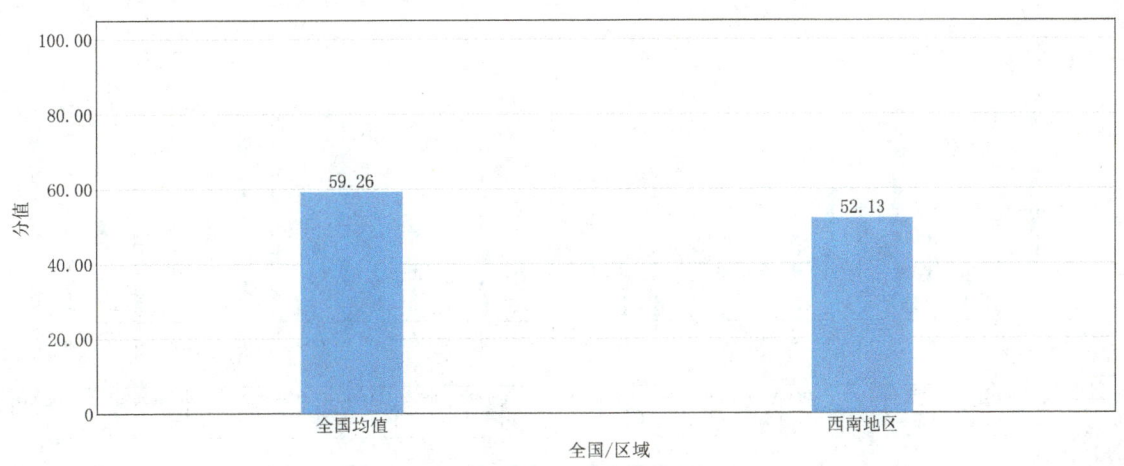

图 5-92　西南地区创新发展硬环境综合指数

具体细分维度来看，如图5-93所示。2023年西南地区互联网连接能力指数为54.55，与全国平均水平61.56相比，处于全国平均水平之下，体现出相对偏弱的互联网连接能力。2023年西南地区电信通信能力指数为50.41，与全国平均水平58.96相比，处于全国平均水平之下，体现出相对偏弱的电信通信能力。2023年西南地区科技创新孵化能力指数为51.44，与全国平均水平57.70相比，处于全国平均水平之下，体现出相对偏弱的科技创新孵化能力。

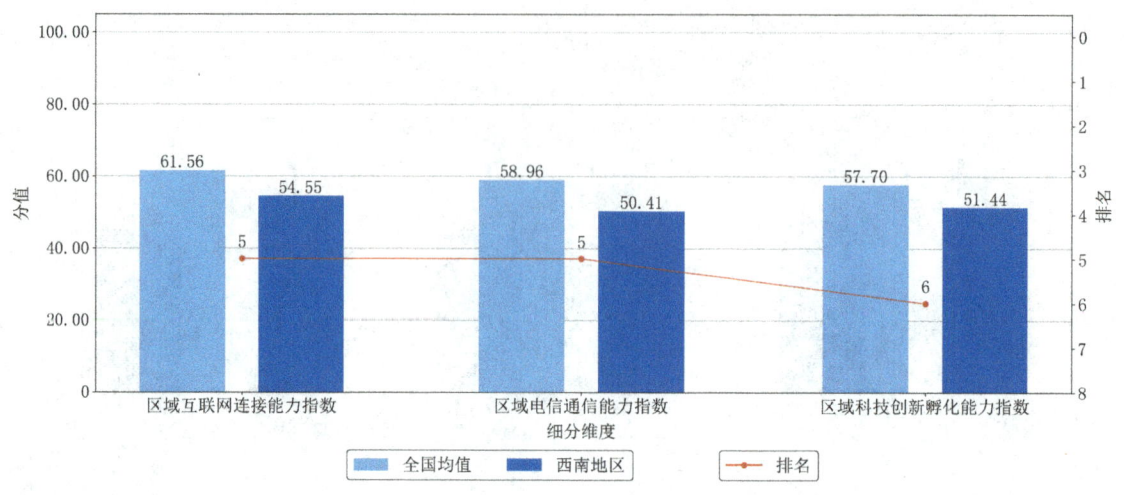

图 5-93　西南地区创新发展硬环境指数——细分维度

5.4　省份创新发展硬环境评价

根据披露的区域互联网连接能力、区域电信通信能力、区域科技创新孵化能力的相关数据，报告同时分析了我国 31 个省份的创新发展硬环境综合指数，如图 5-94 所示。

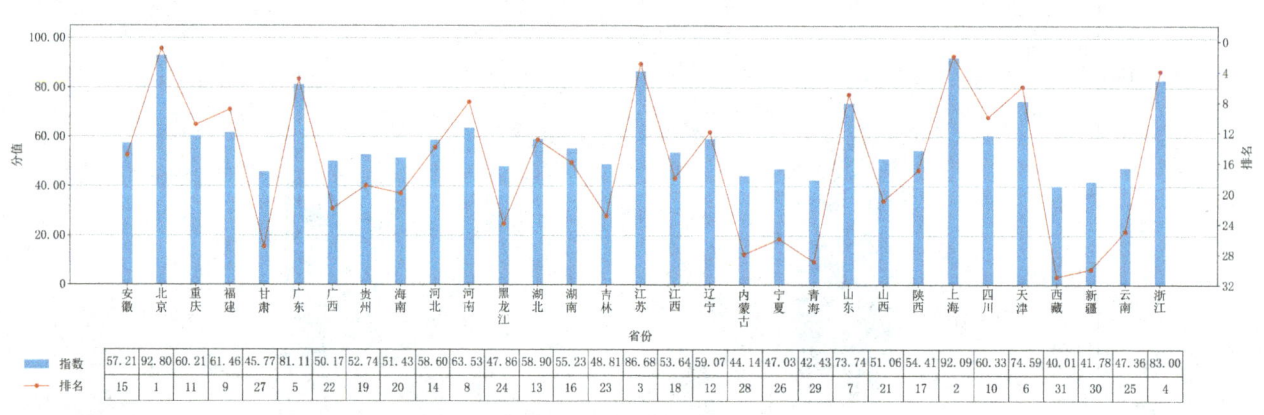

图 5-94　创新发展硬环境综合指数——省份维度

总体来看，安徽省、北京市、重庆市、福建省、甘肃省、广东省、广西壮族自治区、贵州省、海南省、河北省、河南省、黑龙江省、湖北省、湖南省、吉林省、江苏省、江西省、辽宁省、内蒙古自治区、宁夏回族自治区、青海省、山东省、山西省、陕西省、上海市、四川省、天津市、西藏自治区、新疆维吾尔自治区、云南省和浙江省的创新发展硬环境综合指数依次为 57.21、92.80、60.21、61.46、45.77、81.11、50.17、52.74、51.43、58.60、63.53、47.86、58.90、55.23、48.81、86.68、53.64、59.07、44.14、47.03、42.43、73.74、51.06、54.41、92.09、60.33、74.59、40.01、41.78、47.36 和 83.00。其中，创新发展硬环境综合指数平均水平最高的是北京市，最低的是西藏自治区，区域创新发展硬环境综合指数存在明显的省份差异性。细分维度来看，区域互联网连接能力指数分值最高的为北京市；区域电信通信能力指数分值最高的为上海市；区域科技创新孵化能力指数分值最高的为北京市。省份创新发展硬环境指数具体情况如表 5-4 所示。

表 5-4 创新发展硬环境指数一览表——省份维度

省份	创新发展硬环境综合指数		区域互联网连接能力指数		区域电信通信能力指数		区域科技创新孵化能力指数	
	分值	排名	分值	排名	分值	排名	分值	排名
安徽	57.21	15	62.29	12	61.17	10	50.58	19
北京	92.80	1	95.60	1	89.62	2	92.82	1
重庆	60.21	11	62.81	11	62.55	9	56.61	12
福建	61.46	9	68.62	9	60.52	11	56.59	13
甘肃	45.77	27	46.28	28	43.24	27	47.09	23
广东	81.11	5	86.44	3	76.13	6	80.40	4
广西	50.17	22	55.11	20	52.10	20	45.03	25
贵州	52.74	19	60.23	14	52.51	19	47.13	22
海南	51.43	20	57.86	15	56.83	14	42.78	28
河北	58.60	14	63.10	10	60.49	12	53.84	15
河南	63.53	8	70.66	8	63.44	8	58.08	11
黑龙江	47.86	24	47.43	26	43.74	26	50.99	18
湖北	58.90	13	57.04	18	57.70	13	61.15	10
湖南	55.23	16	57.34	16	55.87	15	53.15	17
吉林	48.81	23	49.26	24	46.08	25	50.32	20
江苏	86.68	3	84.41	4	80.70	5	92.52	2
江西	53.64	18	52.64	22	54.69	17	53.69	16
辽宁	59.07	12	57.33	17	55.61	16	62.79	9
内蒙古	44.14	28	47.17	27	41.25	28	43.77	26
宁夏	47.03	26	51.11	23	48.31	23	43.00	27
青海	42.43	29	45.91	29	40.24	30	41.23	29
山东	73.74	7	76.84	6	67.21	7	75.82	6
山西	51.06	21	52.93	21	53.67	18	47.83	21
陕西	54.41	17	55.97	19	50.38	21	55.96	14
上海	92.09	2	92.52	2	100.00	1	86.35	3
四川	60.33	10	61.28	13	50.23	22	66.51	7
天津	74.59	6	74.88	7	89.26	3	64.31	8
西藏	40.01	31	40.00	31	40.04	31	40.00	31
新疆	41.78	30	43.47	30	40.80	29	41.13	30
云南	47.36	25	48.46	25	46.70	24	46.96	24
浙江	83.00	4	83.30	5	86.74	4	80.21	5

数据来源：同花顺（iFinD），首经贸资产评估研究院和浙工商中国智能管理研究院整理。

5.4.1 安徽省

2023 年安徽省的整体创新发展硬环境综合指数为 57.21，如图 5-95 所示，与全国平均水平 59.26 相比，安徽省创新发展硬环境综合指数处于全国平均水平之下，体现出安徽省创新发展硬环境综合水平相对偏弱。

具体细分维度来看，如图5-96所示。2023年安徽省互联网连接能力指数为62.29，与全国平均水平61.56相比，处于全国平均水平之上，在全国各省份比较中排名第12位，体现出相对较强的互联网连接能力。2023年安徽省电信通信能力指数为61.17，与全国平均水平58.96相比，处于全国平均水平之上，在全国各省份比较中排名第10位，体现出相对较强的电信通信能力。2023年安徽省科技创新孵化能力指数为50.58，与全国平均水平57.70相比，处于全国平均水平之下，在全国各省份比较中排名第19位，体现出相对偏弱的科技创新孵化能力。

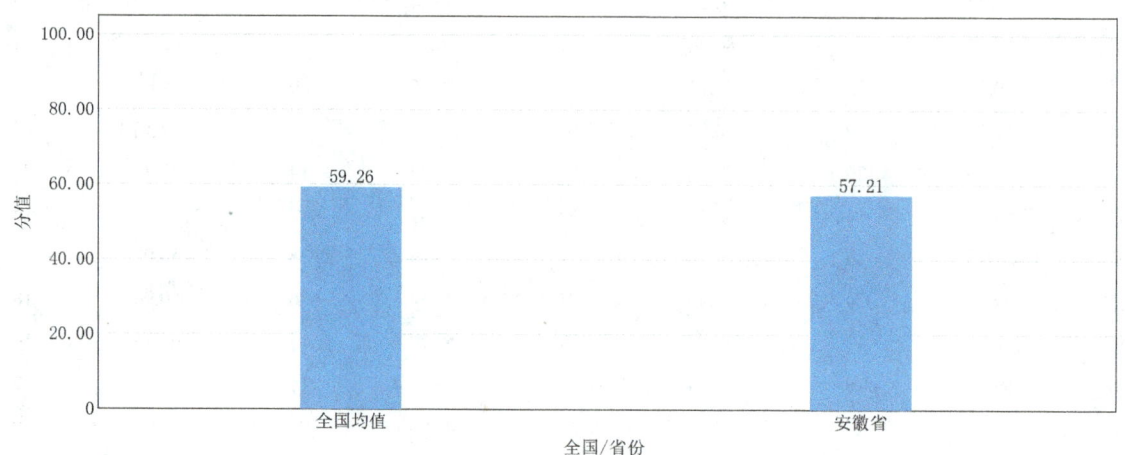

图5-95　安徽省创新发展硬环境综合指数

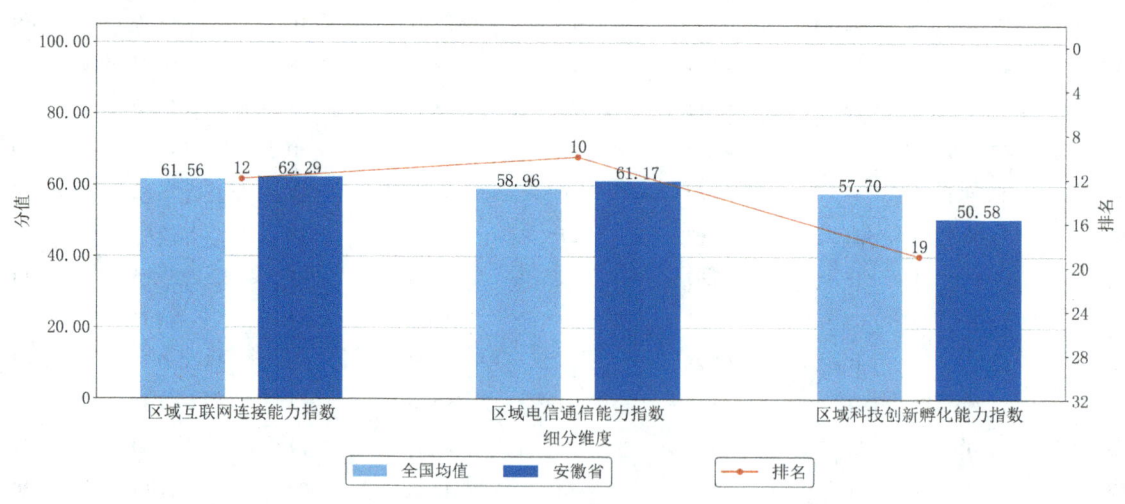

图5-96　安徽省创新发展硬环境指数——细分维度

5.4.2　北京市

2023年北京市的整体创新发展硬环境综合指数为92.80，如图5-97所示，与全国平均水平59.26相比，北京市创新发展硬环境综合指数处于全国平均水平之上，体现出北京市创新发展硬环境综合水平相对较强。

具体细分维度来看，如图5-98所示。2023年北京市互联网连接能力指数为95.60，与全国平均水平61.56相比，处于全国平均水平之上，在全国各省份比较中排名第1位，体现出相对较强的互联网连接能力。2023年北京市电信通信能力指数为89.62，与全国平均水平58.96相比，处于全国平均水平之上，在全国各省份比较中排名第2位，体现出相对较强的电信通信能力。2023年北京市科技创新孵化能力指数为92.82，与全国平均水平57.70相比，处于全国平均水平之上，在全国各省份比较中排名第1位，体现出相对较强的科技创新孵化能力。

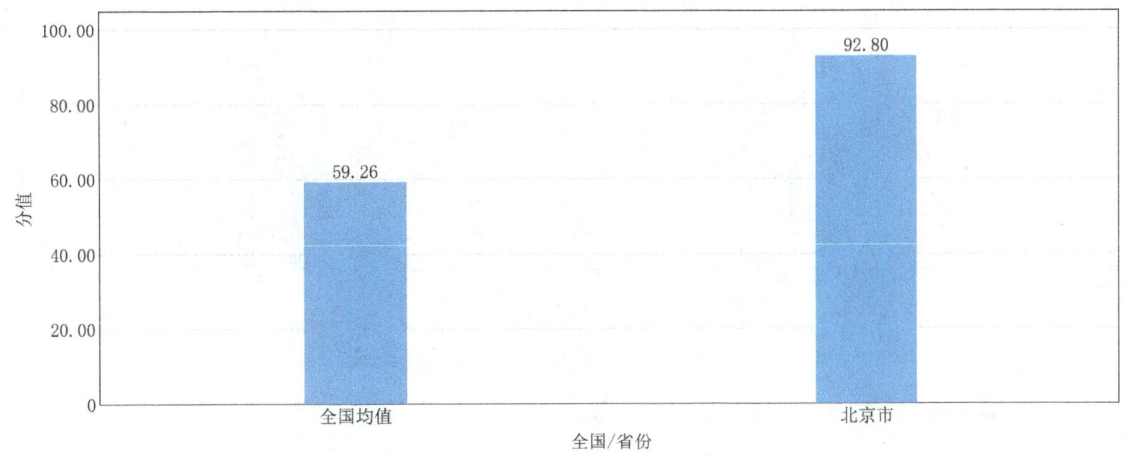

图5-97　北京市创新发展硬环境综合指数

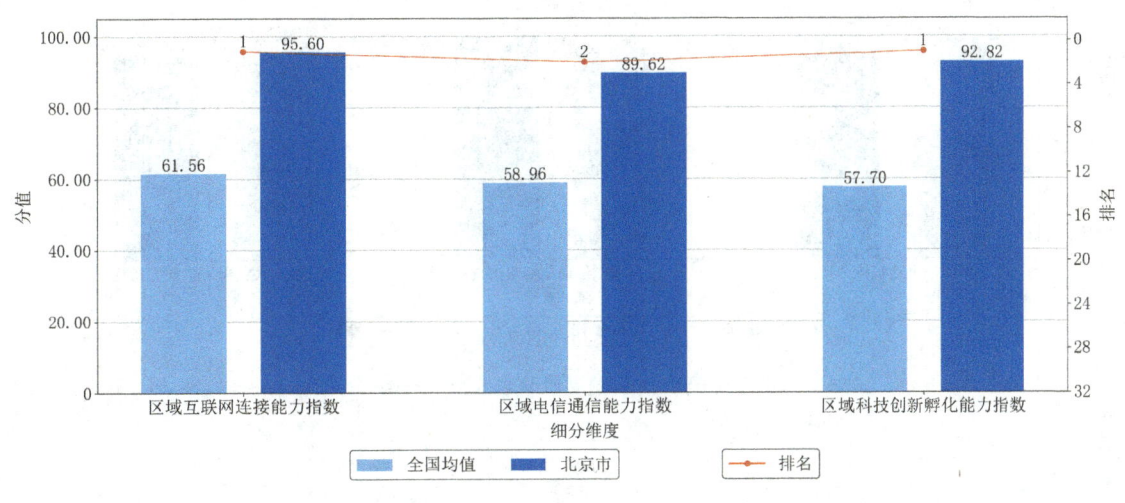

图5-98　北京市创新发展硬环境指数——细分维度

5.4.3　重庆市

2023年重庆市的整体创新发展硬环境综合指数为60.21，如图5-99所示，与全国平均水平59.26相比，重庆市创新发展硬环境综合指数处于全国平均水平之上，体现出重庆市创新发展硬环境综合水平相对较强。

具体细分维度来看，如图5-100所示。2023年重庆市互联网连接能力指数为62.81，与全国平均水平61.56相比，处于全国平均水平之上，在全国各省份比较中排名第11位，体现出相对较强的互联网连接能力。2023年重庆市电信通信能力指数为62.55，与全国平均水平58.96相比，处于全国平均水平之上，在全国各省份比较中排名第9位，体现出相对较强的电信通信能力。2023年重庆市科技创新孵化能力指数为56.61，与全国平均水平57.70相比，处于全国平均水平之下，在全国各省份比较中排名第12位，体现出相对偏弱的科技创新孵化能力。

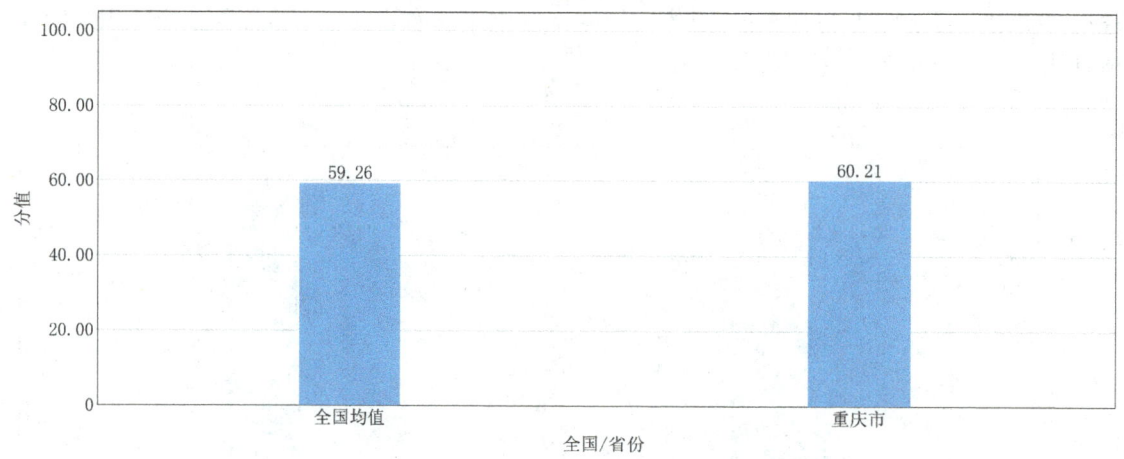

图 5-99 重庆市创新发展硬环境综合指数

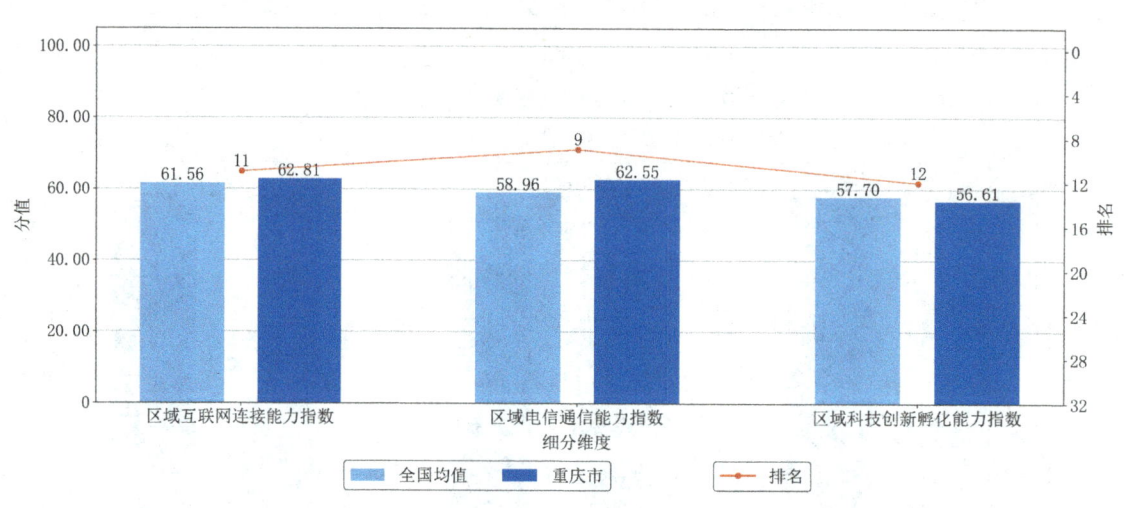

图 5-100 重庆市创新发展硬环境指数——细分维度

5.4.4 福建省

2023年福建省的整体创新发展硬环境综合指数为61.46，如图5-101所示，与全国平均水平59.26相比，福建省创新发展硬环境综合指数处于全国平均水平之上，体现出福建省创新发展硬环境综合水平相对较强。

具体细分维度来看，如图5-102所示。2023年福建省互联网连接能力指数为68.62，与全国平均水平61.56相比，处于全国平均水平之上，在全国各省份比较中排名第9位，体现出相对较强的互联网连接能力。2023年福建省电信通信能力指数为60.52，与全国平均水平58.96相比，处于全国平均水平之上，在全国各省份比较中排名第11位，体现出相对较强的电信通信能力。2023年福建省科技创新孵化能力指数为56.59，与全国平均水平57.70相比，处于全国平均水平之下，在全国各省份比较中排名第13位，体现出相对偏弱的科技创新孵化能力。

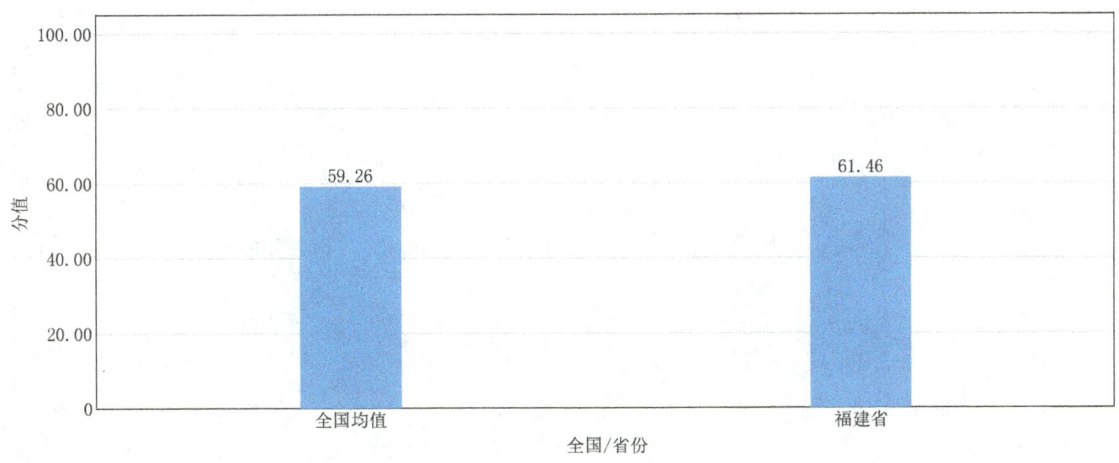

图5-101　福建省创新发展硬环境综合指数

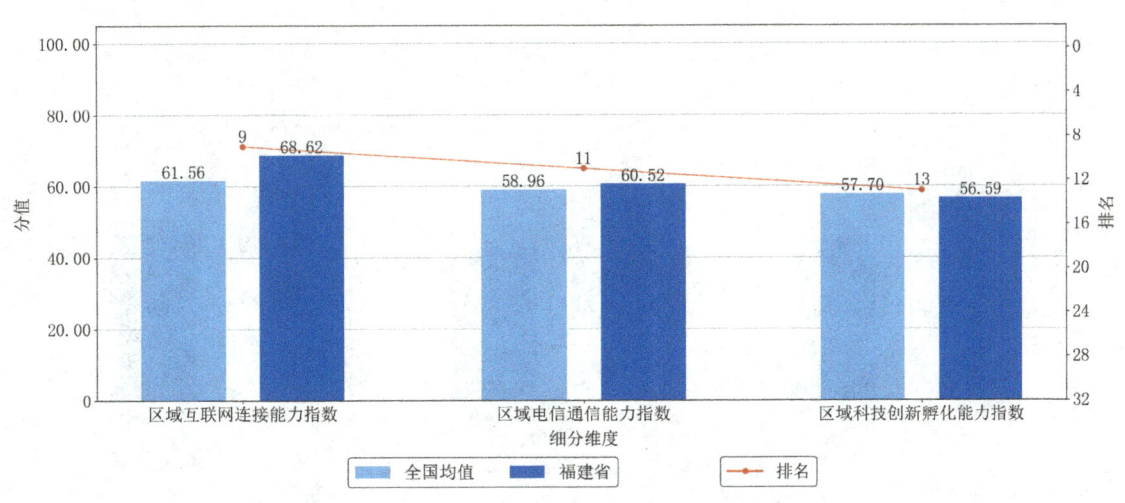

图5-102　福建省创新发展硬环境指数——细分维度

5.4.5　甘肃省

2023年甘肃省的整体创新发展硬环境综合指数为45.77，如图5-103所示，与全国平均水平59.26相比，甘肃省创新发展硬环境综合指数处于全国平均水平之下，体现出甘肃省创新发展硬环境综合水平相对偏弱。

具体细分维度来看，如图5-104所示。2023年甘肃省互联网连接能力指数为46.28，与全国平均水平61.56相比，处于全国平均水平之下，在全国各省份比较中排名第28位，体现出相对偏弱的互联网连接能力。2023年甘肃省电信通信能力指数为43.24，与全国平均水平58.96相比，处于全国平均水平之下，在全国各省份比较中排名第27位，体现出相对偏弱的电信通信能力。2023年甘肃省科技创新孵化能力指数为47.09，与全国平均水平57.70相比，处于全国平均水平之下，在全国各省份比较中排名第23位，体现出相对偏弱的科技创新孵化能力。

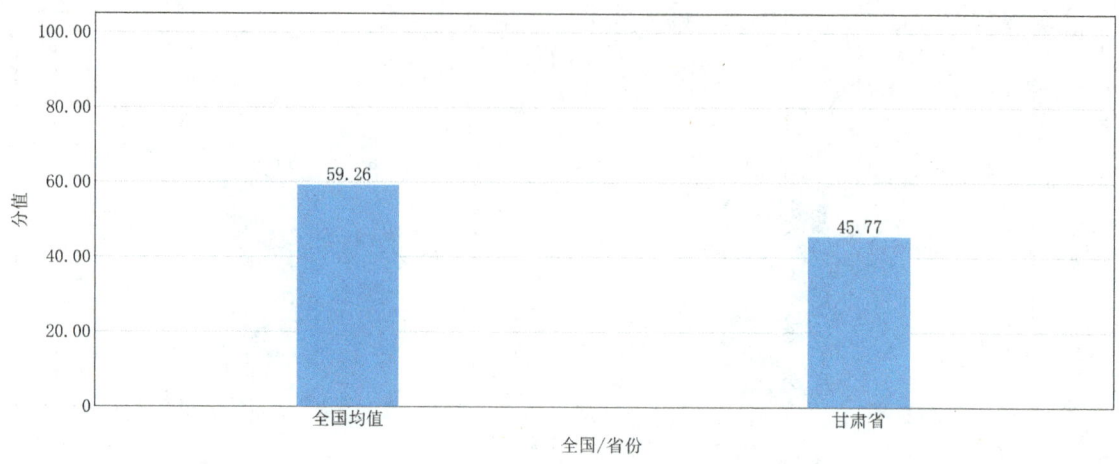

图5-103　甘肃省创新发展硬环境综合指数

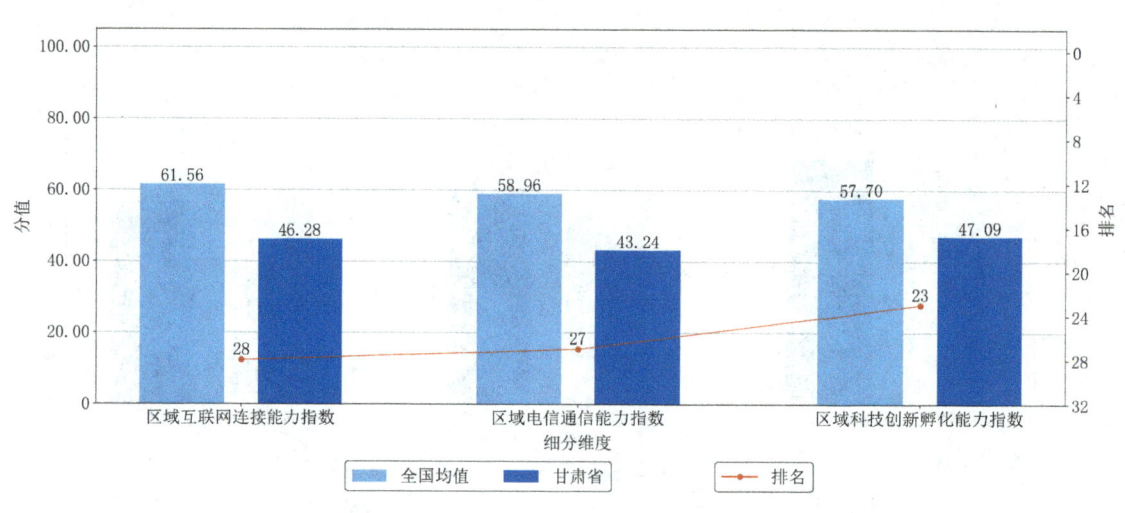

图5-104　甘肃省创新发展硬环境指数——细分维度

5.4.6　广东省

2023年广东省的整体创新发展硬环境综合指数为81.11，如图5-105所示，与全国平均水平59.26相比，广东省创新发展硬环境综合指数处于全国平均水平之上，体现出广东省创新发展硬环境综合水平相对较强。

具体细分维度来看，如图5-106所示。2023年广东省互联网连接能力指数为86.44，与全国平均水平61.56相比，处于全国平均水平之上，在全国各省份比较中排名第3位，体现出相对较强的互联网连接能力。2023年广东省电信通信能力指数为76.13，与全国平均水平58.96相比，处于全国平均水平之上，在全国各省份比较中排名第6位，体现出相对较强的电信通信能力。2023年广东省科技创新孵化能力指数为80.40，与全国平均水平57.70相比，处于全国平均水平之上，在全国各省份比较中排名第4位，体现出相对较强的科技创新孵化能力。

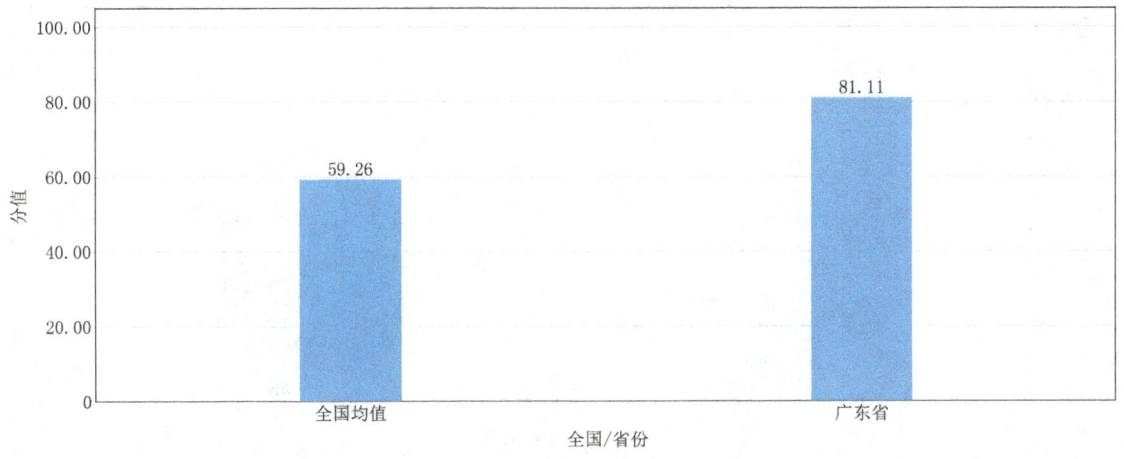

图5-105　广东省创新发展硬环境综合指数

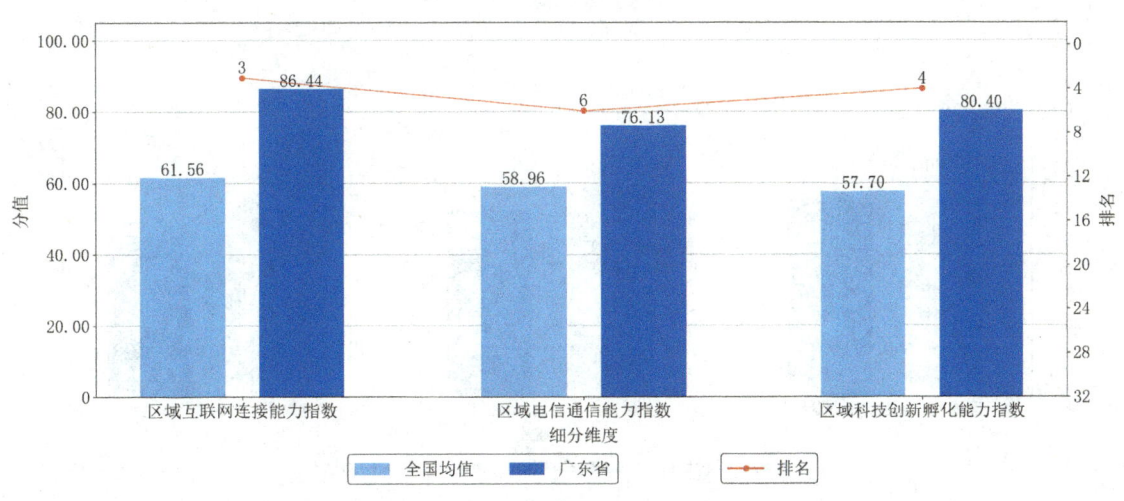

图5-106　广东省创新发展硬环境指数——细分维度

5.4.7　广西壮族自治区

2023年广西壮族自治区的整体创新发展硬环境综合指数为50.17，如图5-107所示，与全国平均水平59.26相比，广西壮族自治区创新发展硬环境综合指数处于全国平均水平之下，体现出广西壮族自治区创新发展硬环境综合水平相对偏弱。

具体细分维度来看，如图5-108所示。2023年广西壮族自治区互联网连接能力指数为55.11，与全国平均水平61.56相比，处于全国平均水平之下，在全国各省份比较中排名第20位，体现出相对偏弱的互联网连接能力。2023年广西壮族自治区电信通信能力指数为52.10，与全国平均水平58.96相比，处于全国平均水平之下，在全国各省份比较中排名第20位，体现出相对偏弱的电信通信能力。2023年广西壮族自治区科技创新孵化能力指数为45.03，与全国平均水平57.70相比，处于全国平均水平之下，在全国各省份比较中排名第25位，体现出相对偏弱的科技创新孵化能力。

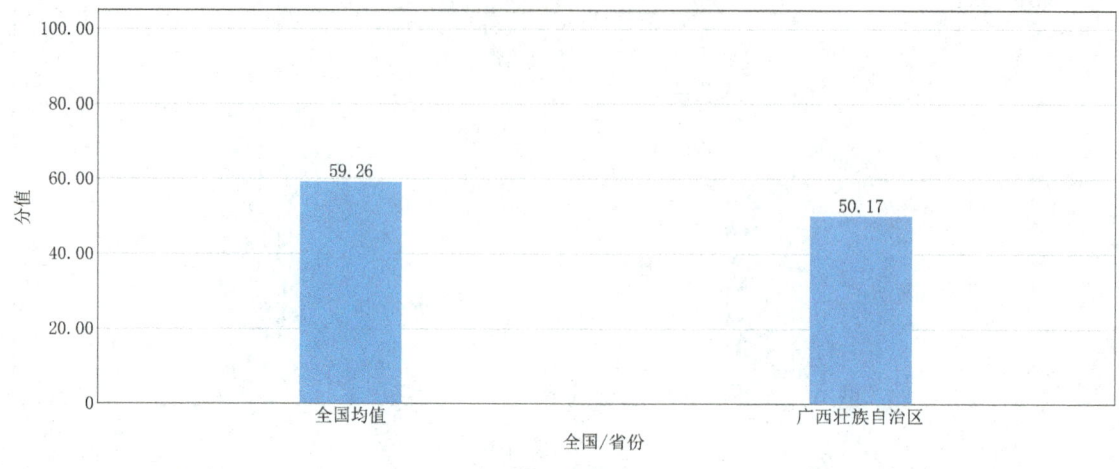

图5-107 广西壮族自治区创新发展硬环境综合指数

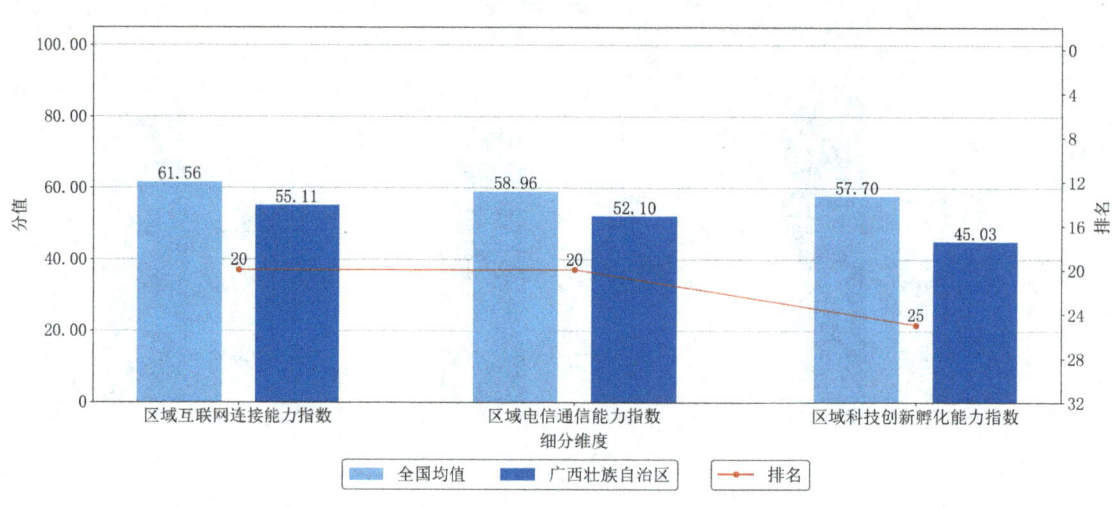

图5-108 广西壮族自治区创新发展硬环境指数——细分维度

5.4.8 贵州省

2023年贵州省的整体创新发展硬环境综合指数为52.74，如图5-109所示，与全国平均水平59.26相比，贵州省创新发展硬环境综合指数处于全国平均水平之下，体现出贵州省创新发展硬环境综合水平相对偏弱。

具体细分维度来看，如图5-110所示。2023年贵州省互联网连接能力指数为60.23，与全国平均水平61.56相比，处于全国平均水平之下，在全国各省份比较中排名第14位，体现出相对较弱的互联网连接能力。2023年贵州省电信通信能力指数为52.51，与全国平均水平58.96相比，处于全国平均水平之下，在全国各省份比较中排名第19位，体现出相对较弱的电信通信能力。2023年贵州省科技创新孵化能力指数为47.13，与全国平均水平57.70相比，处于全国平均水平之下，在全国各省份比较中排名第22位，体现出相对偏弱的科技创新孵化能力。

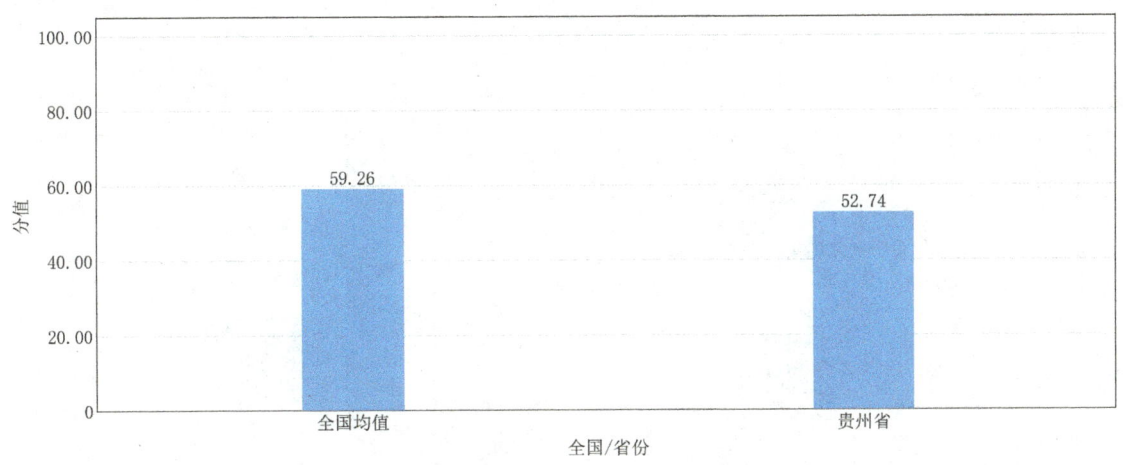

图 5-109　贵州省创新发展硬环境综合指数

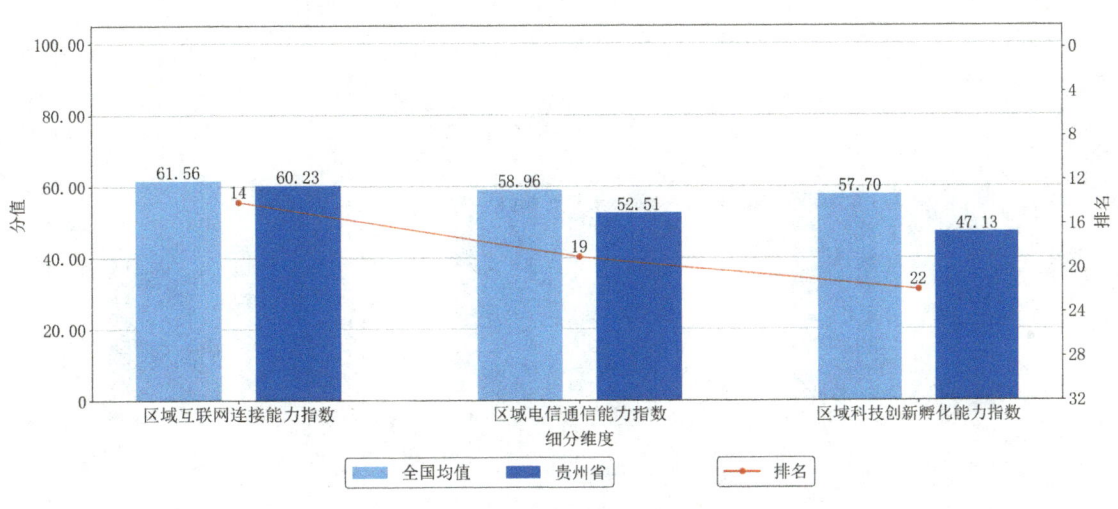

图 5-110　贵州省创新发展硬环境指数——细分维度

5.4.9　海南省

2023年海南省的整体创新发展硬环境综合指数为51.43，如图5-111所示，与全国平均水平59.26相比，海南省创新发展硬环境综合指数处于全国平均水平之下，体现出海南省创新发展硬环境综合水平相对偏弱。

具体细分维度来看，如图5-112所示。2023年海南省互联网连接能力指数为57.86，与全国平均水平61.56相比，处于全国平均水平之下，在全国各省份比较中排名第15位，体现出相对较弱的互联网连接能力。2023年海南省电信通信能力指数为56.83，与全国平均水平58.96相比，处于全国平均水平之下，在全国各省份比较中排名第14位，体现出相对较弱的电信通信能力。2023年海南省科技创新孵化能力指数为42.78，与全国平均水平57.70相比，处于全国平均水平之下，在全国各省份比较中排名第28位，体现出相对偏弱的科技创新孵化能力。

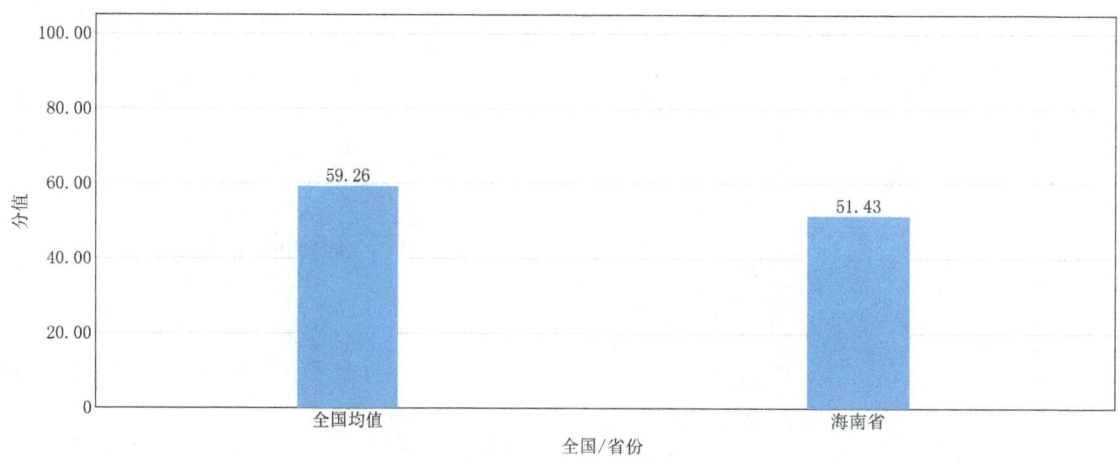

图5-111　海南省创新发展硬环境综合指数

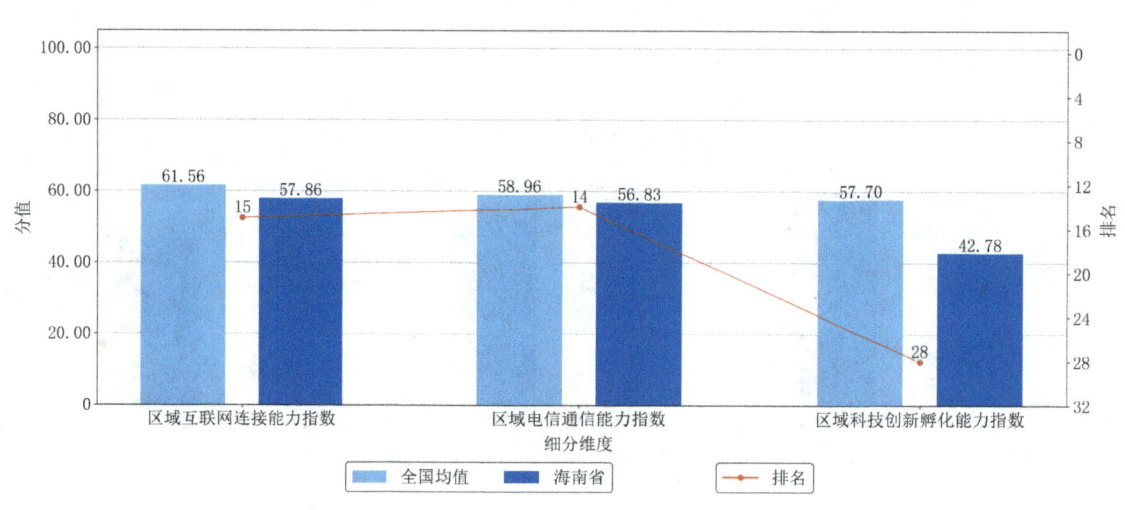

图5-112　海南省创新发展硬环境指数——细分维度

5.4.10　河北省

2023年河北省的整体创新发展硬环境综合指数为58.60，如图5-113所示，与全国平均水平59.26相比，河北省创新发展硬环境综合指数处于全国平均水平之下，体现出河北省创新发展硬环境综合水平相对偏弱。

具体细分维度来看，如图5-114所示。2023年河北省互联网连接能力指数为63.10，与全国平均水平61.56相比，处于全国平均水平之上，在全国各省份比较中排名第10位，体现出相对较强的互联网连接能力。2023年河北省电信通信能力指数为60.49，与全国平均水平58.96相比，处于全国平均水平之上，在全国各省份比较中排名第12位，体现出相对较强的电信通信能力。2023年河北省科技创新孵化能力指数为53.84，与全国平均水平57.70相比，处于全国平均水平之下，在全国各省份比较中排名第15位，体现出相对偏弱的科技创新孵化能力。

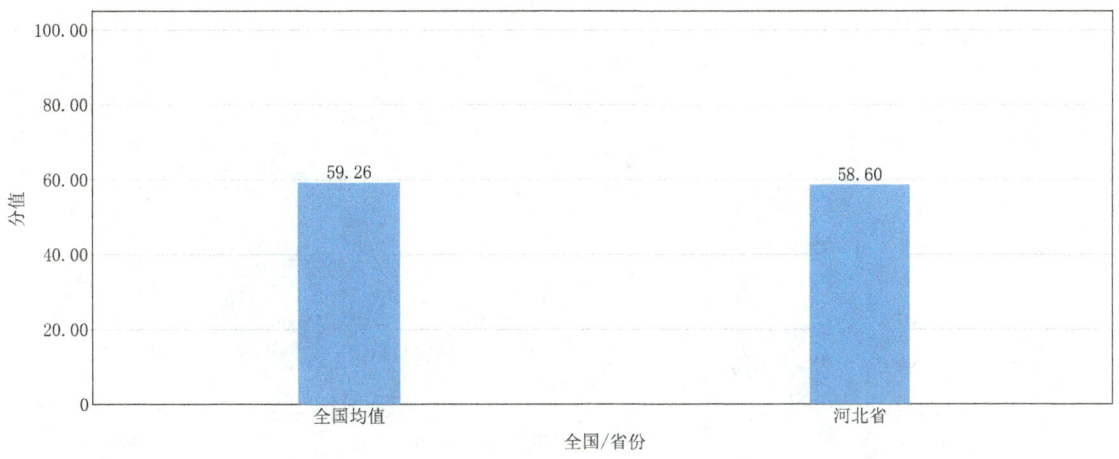

图5-113 河北省创新发展硬环境综合指数

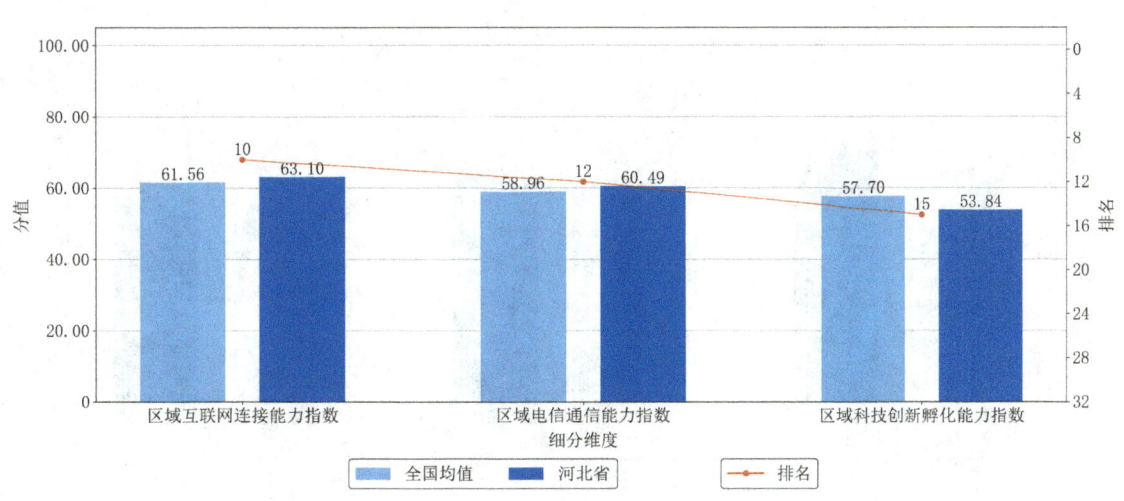

图5-114 河北省创新发展硬环境指数——细分维度

5.4.11 河南省

2023年河南省的整体创新发展硬环境综合指数为63.53，如图5-115所示，与全国平均水平59.26相比，河南省创新发展硬环境综合指数处于全国平均水平之上，体现出河南省创新发展硬环境综合水平相对偏强。

具体细分维度来看，如图5-116所示。2023年河南省互联网连接能力指数为70.66，与全国平均水平61.56相比，处于全国平均水平之上，在全国各省份比较中排名第8位，体现出相对较强的互联网连接能力。2023年河南省电信通信能力指数为63.44，与全国平均水平58.96相比，处于全国平均水平之上，在全国各省份比较中排名第8位，体现出相对较强的电信通信能力。2023年河南省科技创新孵化能力指数为58.08，与全国平均水平57.70相比，处于全国平均水平之上，在全国各省份比较中排名第11位，体现出相对偏强的科技创新孵化能力。

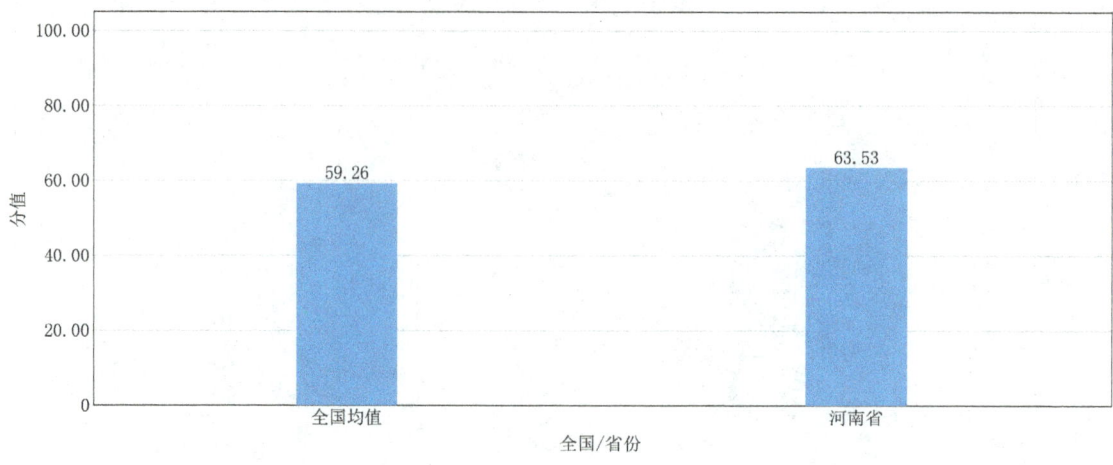

图5-115 河南省创新发展硬环境综合指数

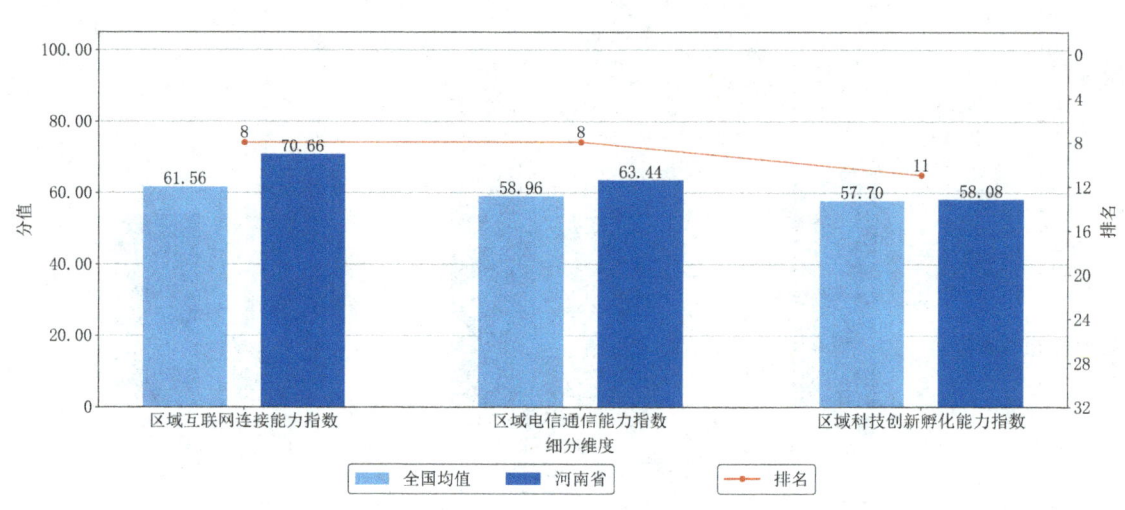

图5-116 河南省创新发展硬环境指数——细分维度

5.4.12 黑龙江省

2023年黑龙江省的整体创新发展硬环境综合指数为47.86，如图5-117所示，与全国平均水平59.26相比，黑龙江省创新发展硬环境综合指数处于全国平均水平之下，体现出黑龙江省创新发展硬环境综合水平相对偏弱。

具体细分维度来看，如图5-118所示。2023年黑龙江省互联网连接能力指数为47.43，与全国平均水平61.56相比，处于全国平均水平之下，在全国各省份比较中排名第26位，体现出相对较弱的互联网连接能力。2023年黑龙江省电信通信能力指数为43.74，与全国平均水平58.96相比，处于全国平均水平之下，在全国各省份比较中排名第26位，体现出相对较弱的电信通信能力。2023年黑龙江省科技创新孵化能力指数为50.99，与全国平均水平57.70相比，处于全国平均水平之下，在全国各省份比较中排名第18位，体现出相对偏弱的科技创新孵化能力。

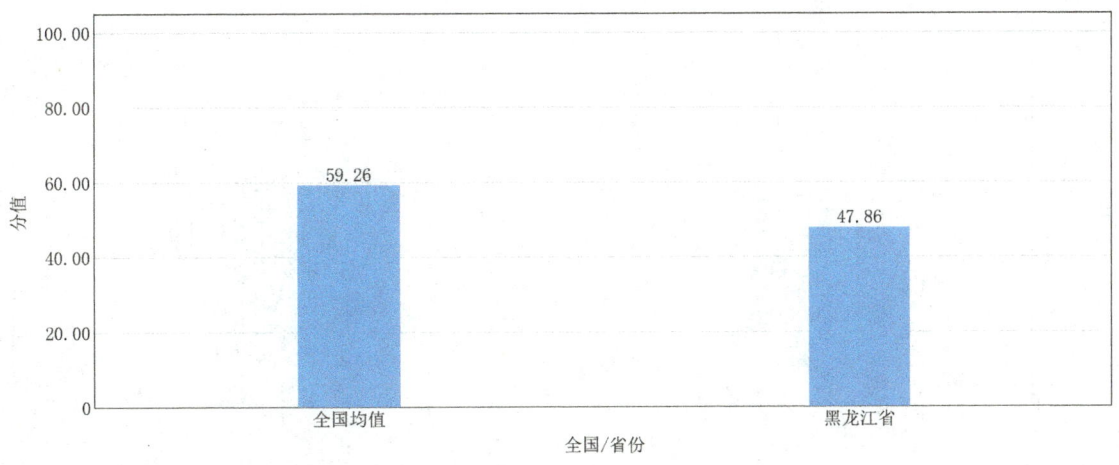

图 5-117　黑龙江省创新发展硬环境综合指数

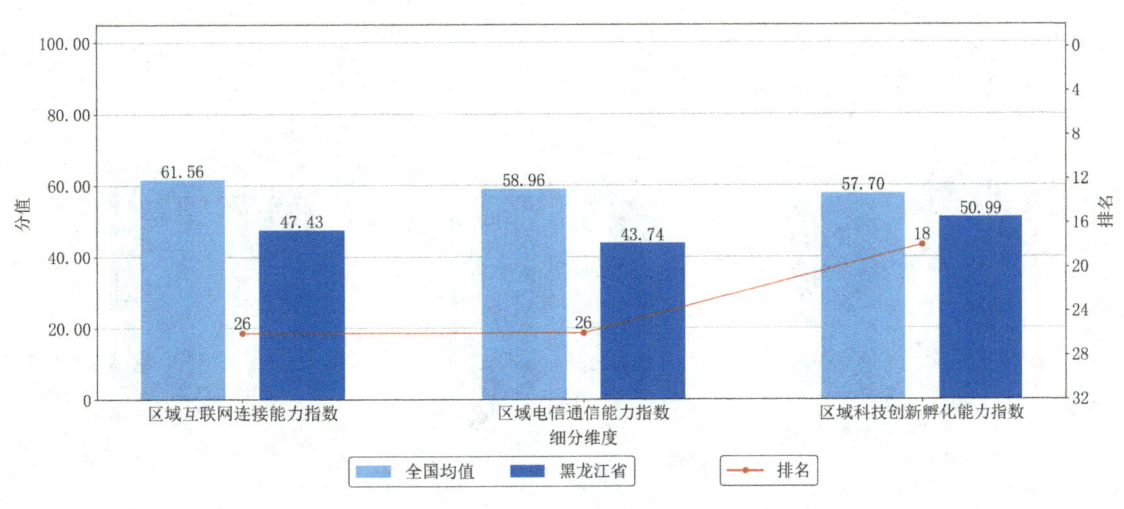

图 5-118　黑龙江省创新发展硬环境指数——细分维度

5.4.13　湖北省

2023年湖北省的整体创新发展硬环境综合指数为58.90，如图5-119所示，与全国平均水平59.26相比，湖北省创新发展硬环境综合指数处于全国平均水平之下，体现出湖北省创新发展硬环境综合水平相对偏弱。

具体细分维度来看，如图5-120所示。2023年湖北省互联网连接能力指数为57.04，与全国平均水平61.56相比，处于全国平均水平之下，在全国各省份比较中排名第18位，体现出相对较弱的互联网连接能力。2023年湖北省电信通信能力指数为57.70，与全国平均水平58.96相比，处于全国平均水平之下，在全国各省份比较中排名第13位，体现出相对较弱的电信通信能力。2023年湖北省科技创新孵化能力指数为61.15，与全国平均水平57.70相比，处于全国平均水平之上，在全国各省份比较中排名第10位，体现出相对偏强的科技创新孵化能力。

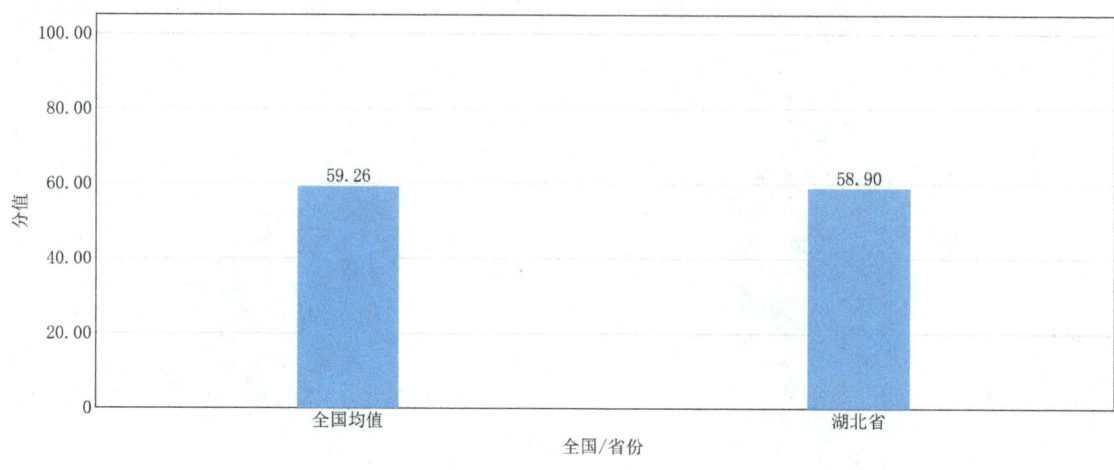

图 5-119　湖北省创新发展硬环境综合指数

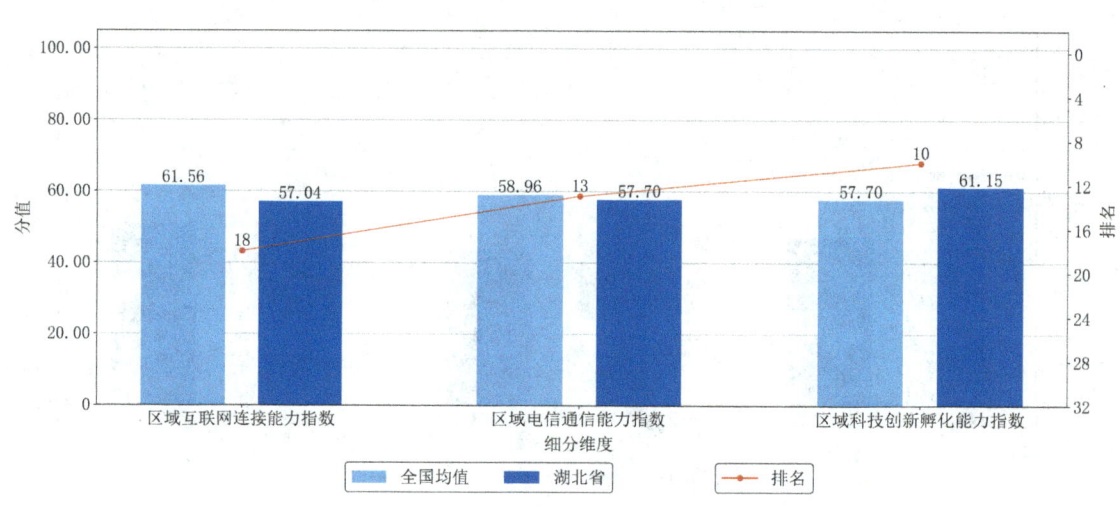

图 5-120　湖北省创新发展硬环境指数——细分维度

5.4.14　湖南省

2023年湖南省的整体创新发展硬环境综合指数为55.23，如图5-121所示，与全国平均水平59.26相比，湖南省创新发展硬环境综合指数处于全国平均水平之下，体现出湖南省创新发展硬环境综合水平相对偏弱。

具体细分维度来看，如图5-122所示。2023年湖南省互联网连接能力指数为57.34，与全国平均水平61.56相比，处于全国平均水平之下，在全国各省份比较中排名第16位，体现出相对偏弱的互联网连接能力。2023年湖南省电信通信能力指数为55.87，与全国平均水平58.96相比，处于全国平均水平之下，在全国各省份比较中排名第15位，体现出相对偏弱的电信通信能力。2023年湖南省科技创新孵化能力指数为53.15，与全国平均水平57.70相比，处于全国平均水平之下，在全国各省份比较中排名第17位，体现出相对偏弱的科技创新孵化能力。

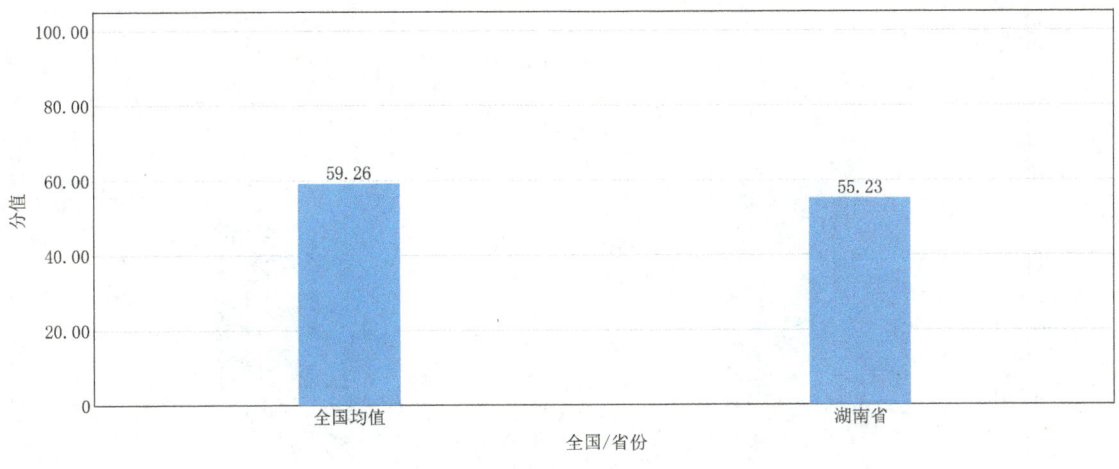

图5-121　湖南省创新发展硬环境综合指数

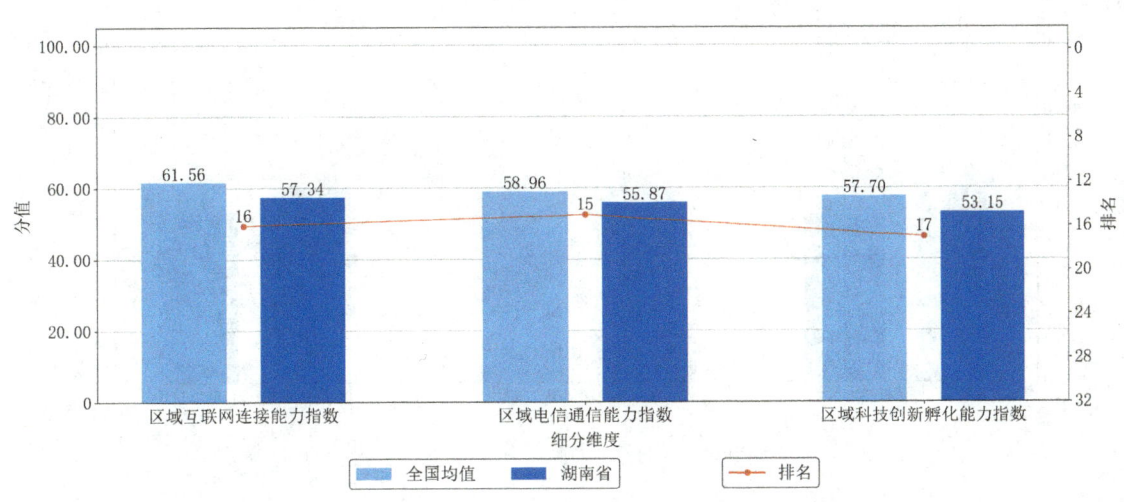

图5-122　湖南省创新发展硬环境指数——细分维度

5.4.15　吉林省

2023年吉林省的整体创新发展硬环境综合指数为48.81，如图5-123所示，与全国平均水平59.26相比，吉林省创新发展硬环境综合指数处于全国平均水平之下，体现出吉林省创新发展硬环境综合水平相对偏弱。

具体细分维度来看，如图5-124所示。2023年吉林省互联网连接能力指数为49.26，与全国平均水平61.56相比，处于全国平均水平之下，在全国各省份比较中排名第24位，体现出相对偏弱的互联网连接能力。2023年吉林省电信通信能力指数为46.08，与全国平均水平58.96相比，处于全国平均水平之下，在全国各省份比较中排名第25位，体现出相对偏弱的电信通信能力。2023年吉林省科技创新孵化能力指数为50.32，与全国平均水平57.70相比，处于全国平均水平之下，在全国各省份比较中排名第20位，体现出相对偏弱的科技创新孵化能力。

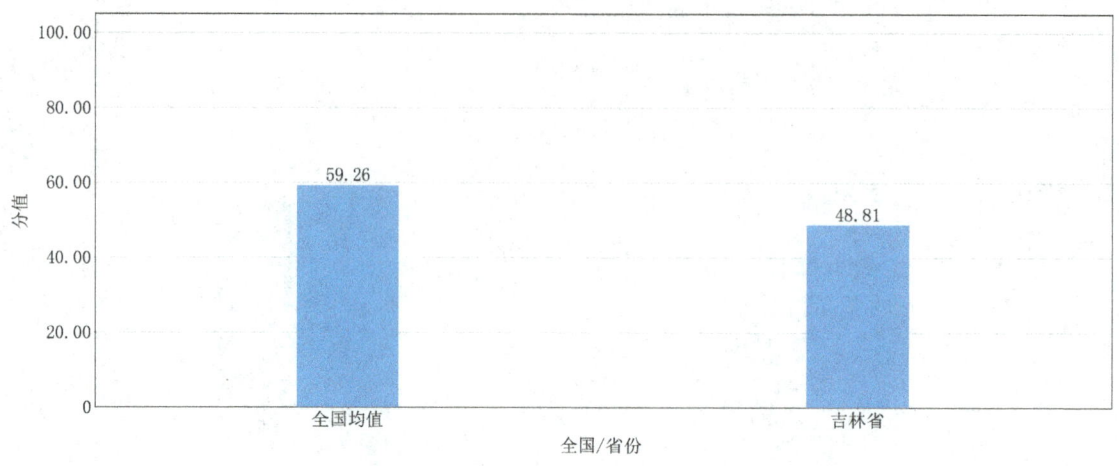

图5-123 吉林省创新发展硬环境综合指数

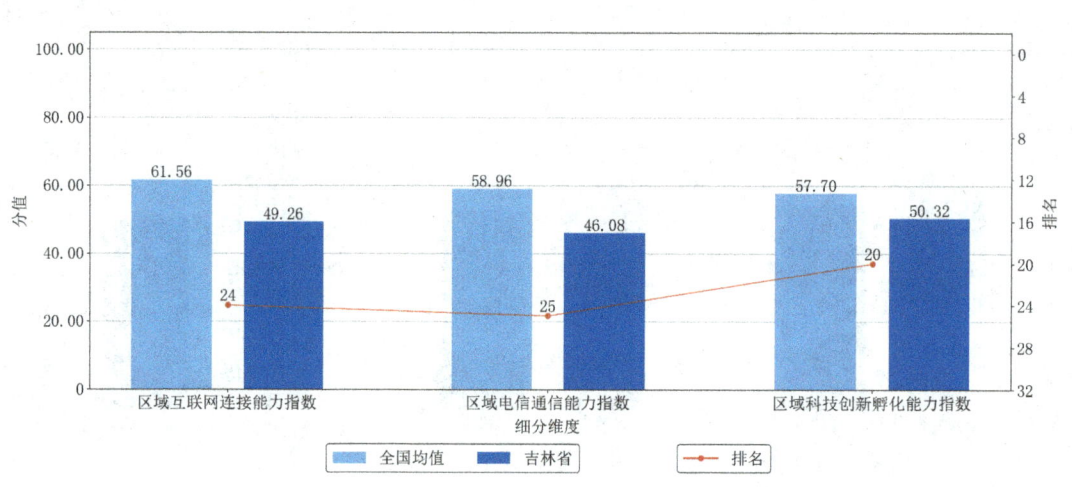

图5-124 吉林省创新发展硬环境指数——细分维度

5.4.16 江苏省

2023年江苏省的整体创新发展硬环境综合指数为86.68，如图5-125所示，与全国平均水平59.26相比，江苏省创新发展硬环境综合指数处于全国平均水平之上，体现出江苏省创新发展硬环境综合水平相对较强。

具体细分维度来看，如图5-126所示。2023年江苏省互联网连接能力指数为84.41，与全国平均水平61.56相比，处于全国平均水平之上，在全国各省份比较中排名第4位，体现出相对较强的互联网连接能力。2023年江苏省电信通信能力指数为80.70，与全国平均水平58.96相比，处于全国平均水平之上，在全国各省份比较中排名第5位，体现出相对较强的电信通信能力。2023年江苏省科技创新孵化能力指数为92.52，与全国平均水平57.70相比，处于全国平均水平之上，在全国各省份比较中排名第2位，体现出相对较强的科技创新孵化能力。

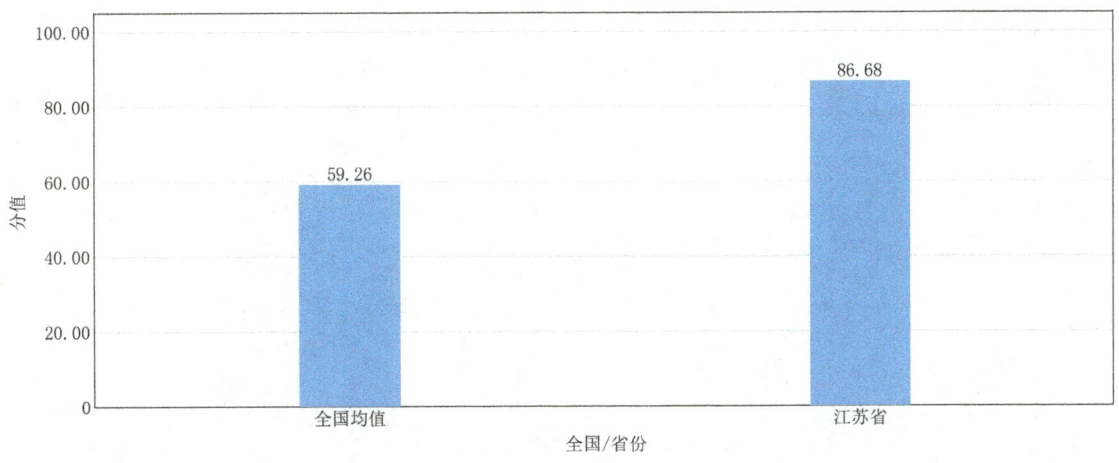

图5-125　江苏省创新发展硬环境综合指数

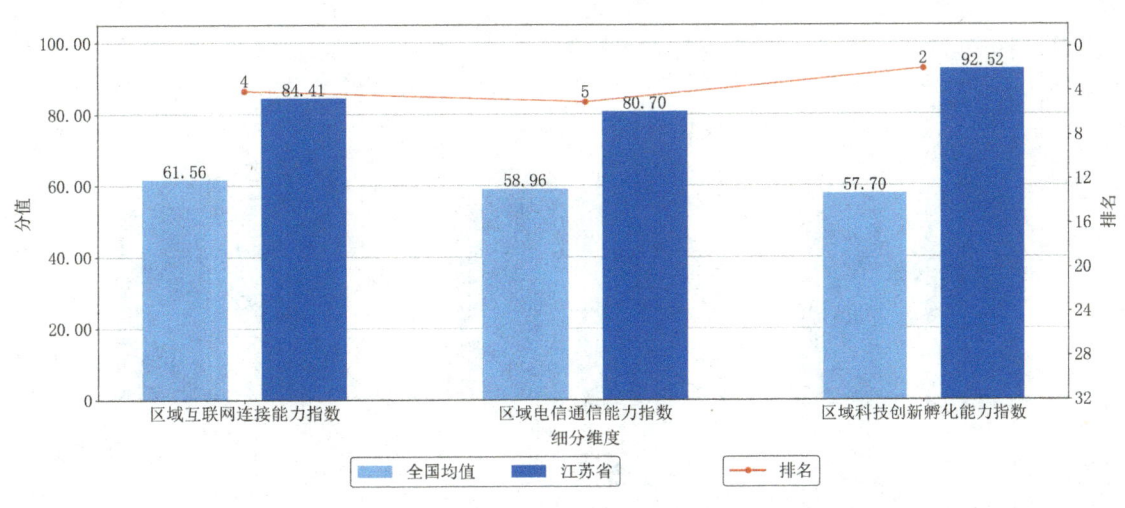

图5-126　江苏省创新发展硬环境指数——细分维度

5.4.17　江西省

2023年江西省的整体创新发展硬环境综合指数为53.64，如图5-127所示，与全国平均水平59.26相比，江西省创新发展硬环境综合指数处于全国平均水平之下，体现出江西省创新发展硬环境综合水平相对偏弱。

具体细分维度来看，如图5-128所示。2023年江西省互联网连接能力指数为52.64，与全国平均水平61.56相比，处于全国平均水平之下，在全国各省份比较中排名第22位，体现出相对偏弱的互联网连接能力。2023年江西省电信通信能力指数为54.69，与全国平均水平58.96相比，处于全国平均水平之下，在全国各省份比较中排名第17位，体现出相对偏弱的电信通信能力。2023年江西省科技创新孵化能力指数为53.69，与全国平均水平57.70相比，处于全国平均水平之下，在全国各省份比较中排名第16位，体现出相对偏弱的科技创新孵化能力。

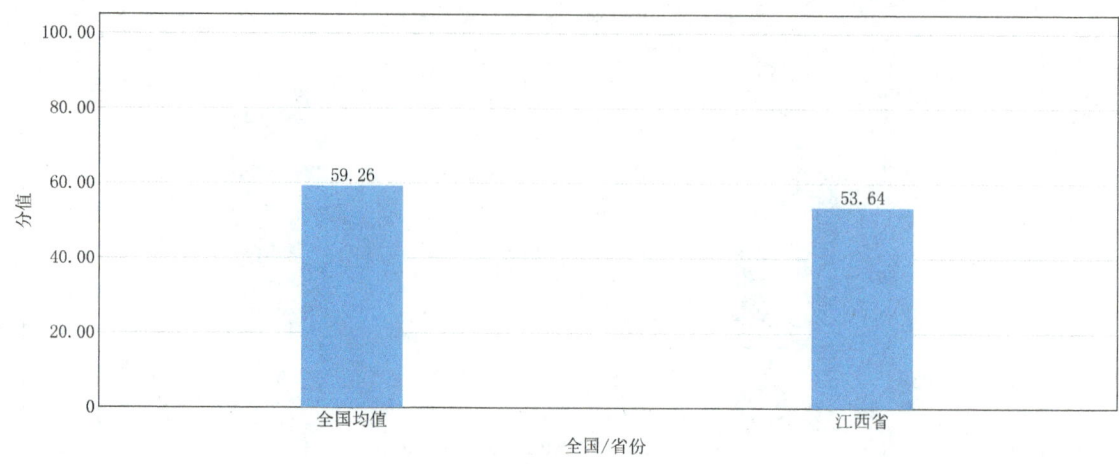

图5-127　江西省创新发展硬环境综合指数

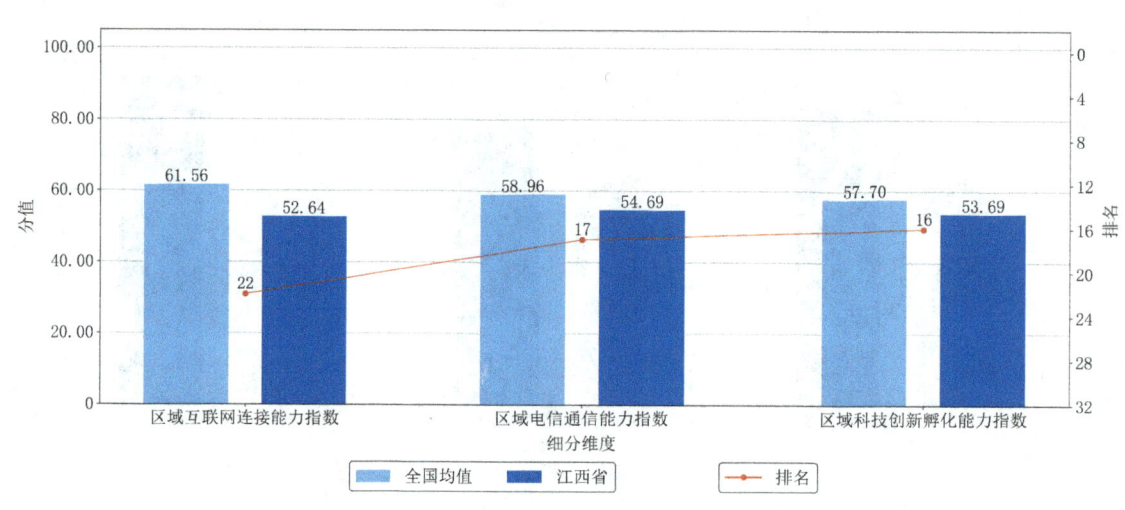

图5-128　江西省创新发展硬环境指数——细分维度

5.4.18　辽宁省

2023年辽宁省的整体创新发展硬环境综合指数为59.07，如图5-129所示，与全国平均水平59.26相比，辽宁省创新发展硬环境综合指数处于全国平均水平之下，体现出辽宁省创新发展硬环境综合水平相对偏弱。

具体细分维度来看，如图5-130所示。2023年辽宁省互联网连接能力指数为57.33，与全国平均水平61.56相比，处于全国平均水平之下，在全国各省份比较中排名第17位，体现出相对偏弱的互联网连接能力。2023年辽宁省电信通信能力指数为55.61，与全国平均水平58.96相比，处于全国平均水平之下，在全国各省份比较中排名第16位，体现出相对偏弱的电信通信能力。2023年辽宁省科技创新孵化能力指数为62.79，与全国平均水平57.70相比，处于全国平均水平之上，在全国各省份比较中排名第9位，体现出相对较强的科技创新孵化能力。

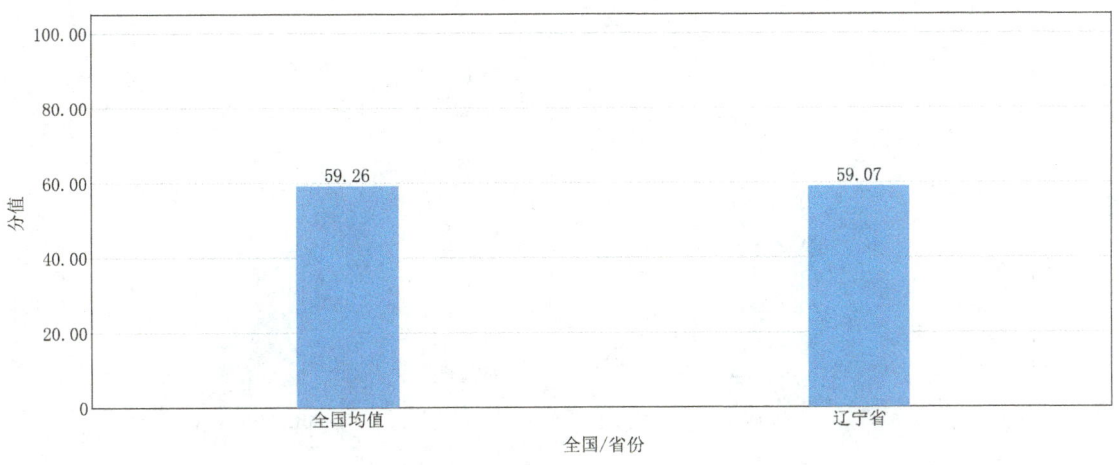

图5-129 辽宁省创新发展硬环境综合指数

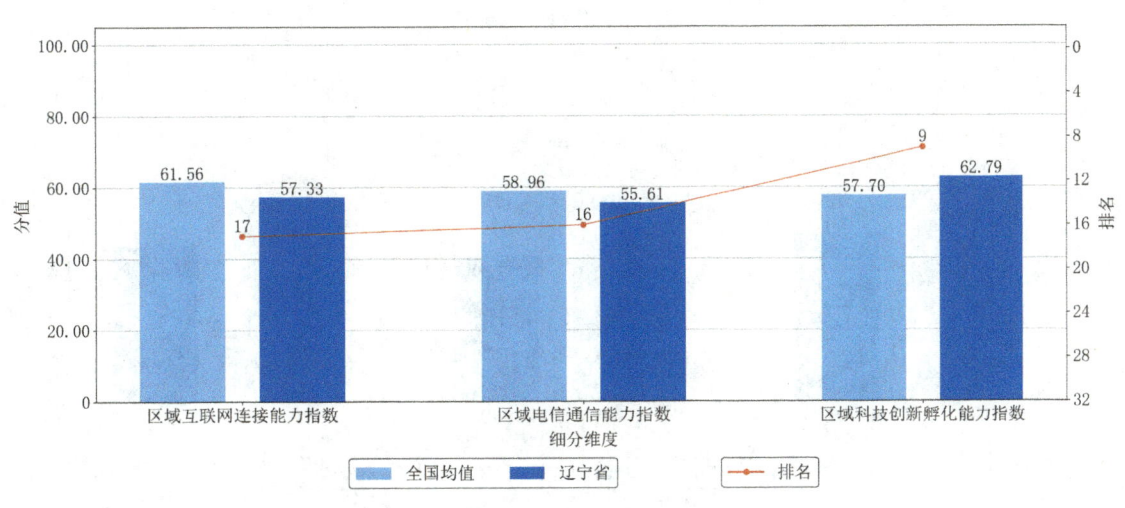

图5-130 辽宁省创新发展硬环境指数——细分维度

5.4.19 内蒙古自治区

2023年内蒙古自治区的整体创新发展硬环境综合指数为44.14，如图5-131所示，与全国平均水平59.26相比，内蒙古自治区创新发展硬环境综合指数处于全国平均水平之下，体现出内蒙古自治区创新发展硬环境综合水平相对偏弱。

具体细分维度来看，如图5-132所示。2023年内蒙古自治区互联网连接能力指数为47.17，与全国平均水平61.56相比，处于全国平均水平之下，在全国各省份比较中排名第27位，体现出相对偏弱的互联网连接能力。2023年内蒙古自治区电信通信能力指数为41.25，与全国平均水平58.96相比，处于全国平均水平之下，在全国各省份比较中排名第28位，体现出相对偏弱的电信通信能力。2023年内蒙古自治区科技创新孵化能力指数为43.77，与全国平均水平57.70相比，处于全国平均水平之下，在全国各省份比较中排名第26位，体现出相对偏弱的科技创新孵化能力。

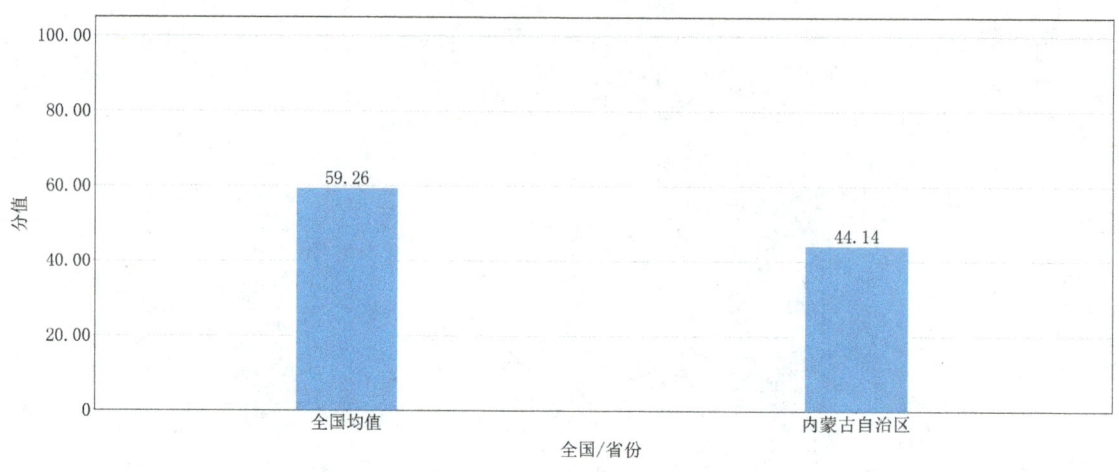

图5-131　内蒙古自治区创新发展硬环境综合指数

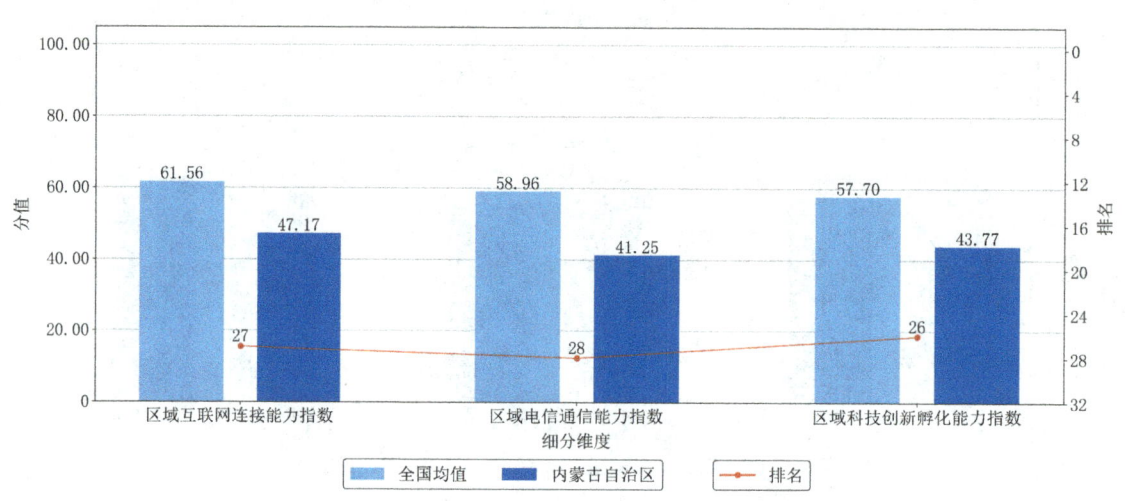

图5-132　内蒙古自治区创新发展硬环境指数——细分维度

5.4.20　宁夏回族自治区

2023年宁夏回族自治区的整体创新发展硬环境综合指数为47.03，如图5-133所示，与全国平均水平59.26相比，宁夏回族自治区创新发展硬环境综合指数处于全国平均水平之下，体现出宁夏回族自治区创新发展硬环境综合水平相对偏弱。

具体细分维度来看，如图5-134所示。2023年宁夏回族自治区互联网连接能力指数为51.11，与全国平均水平61.56相比，处于全国平均水平之下，在全国各省份比较中排名第23位，体现出相对偏弱的互联网连接能力。2023年宁夏回族自治区电信通信能力指数为48.31，与全国平均水平58.96相比，处于全国平均水平之下，在全国各省份比较中排名第23位，体现出相对偏弱的电信通信能力。2023年宁夏回族自治区科技创新孵化能力指数为43.00，与全国平均水平57.70相比，处于全国平均水平之下，在全国各省份比较中排名第27位，体现出相对偏弱的科技创新孵化能力。

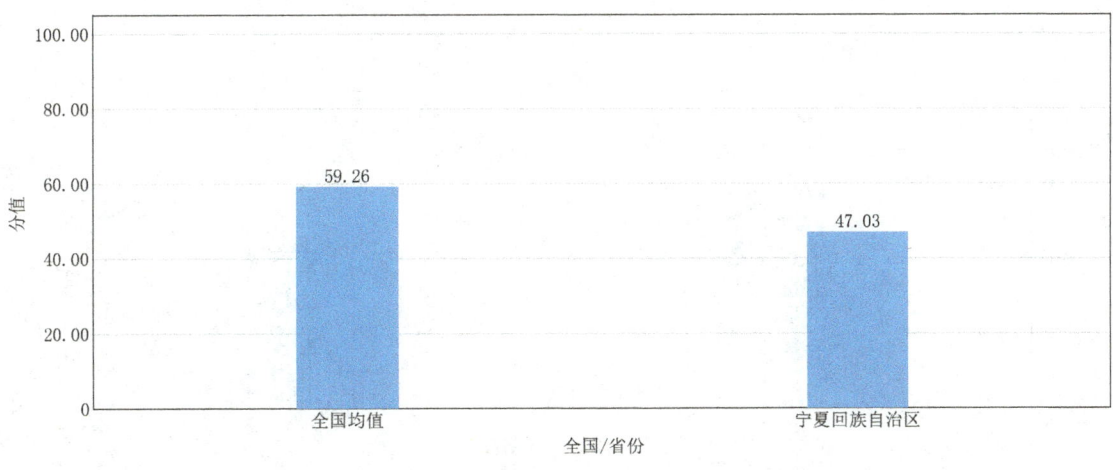

图 5-133　宁夏回族自治区创新发展硬环境综合指数

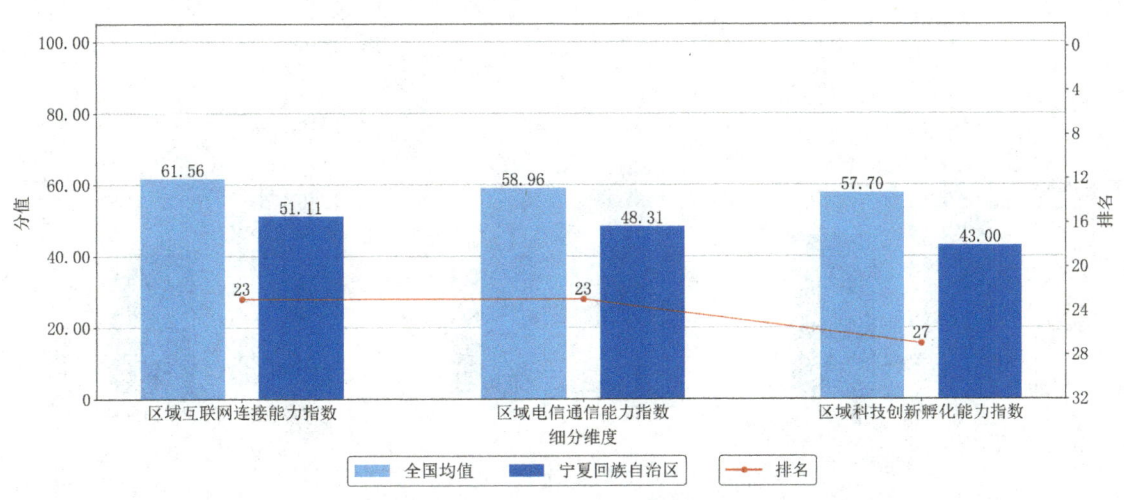

图 5-134　宁夏回族自治区创新发展硬环境指数——细分维度

5.4.21　青海省

2023年青海省的整体创新发展硬环境综合指数为42.43，如图5-135所示，与全国平均水平59.26相比，青海省创新发展硬环境综合指数处于全国平均水平之下，体现出青海省创新发展硬环境综合水平相对偏弱。

具体细分维度来看，如图5-136所示。2023年青海省互联网连接能力指数为45.91，与全国平均水平61.56相比，处于全国平均水平之下，在全国各省份比较中排名第29位，体现出相对偏弱的互联网连接能力。2023年青海省电信通信能力指数为40.24，与全国平均水平58.96相比，处于全国平均水平之下，在全国各省份比较中排名第30位，体现出相对偏弱的电信通信能力。2023年青海省科技创新孵化能力指数为41.23，与全国平均水平57.70相比，处于全国平均水平之下，在全国各省份比较中排名第29位，体现出相对偏弱的科技创新孵化能力。

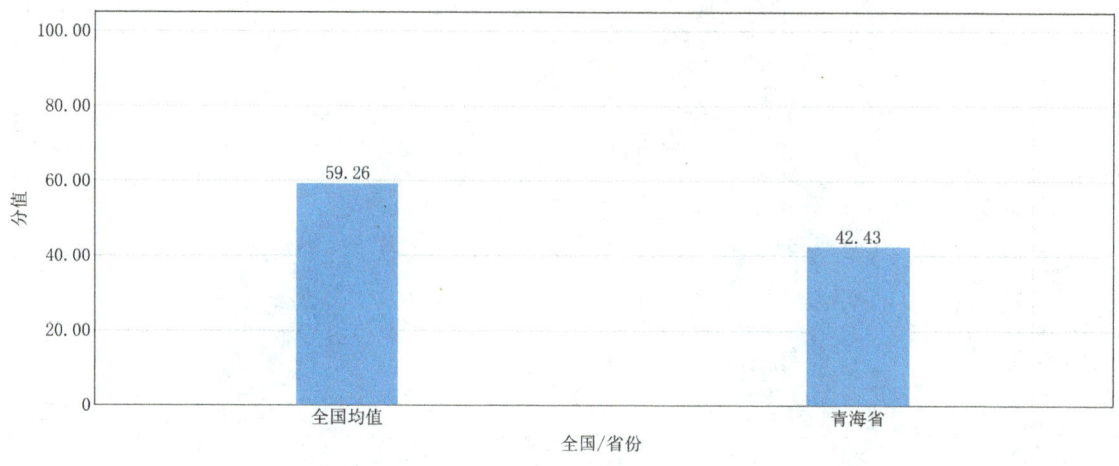

图5-135 青海省创新发展硬环境综合指数

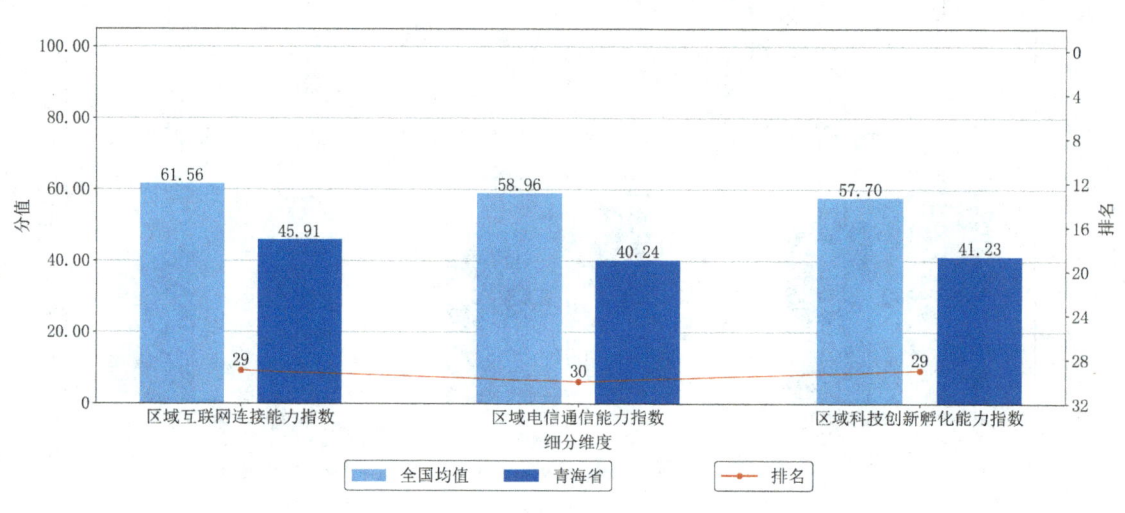

图5-136 青海省创新发展硬环境指数——细分维度

5.4.22 山东省

2023年山东省的整体创新发展硬环境综合指数为73.74，如图5-137所示，与全国平均水平59.26相比，山东省创新发展硬环境综合指数处于全国平均水平之上，体现出山东省创新发展硬环境综合水平相对较强。

具体细分维度来看，如图5-138所示。2023年山东省互联网连接能力指数为76.84，与全国平均水平61.56相比，处于全国平均水平之上，在全国各省份比较中排名第6位，体现出相对较强的互联网连接能力。2023年山东省电信通信能力指数为67.21，与全国平均水平58.96相比，处于全国平均水平之上，在全国各省份比较中排名第7位，体现出相对较强的电信通信能力。2023年山东省科技创新孵化能力指数为75.82，与全国平均水平57.70相比，处于全国平均水平之上，在全国各省份比较中排名第6位，体现出相对较强的科技创新孵化能力。

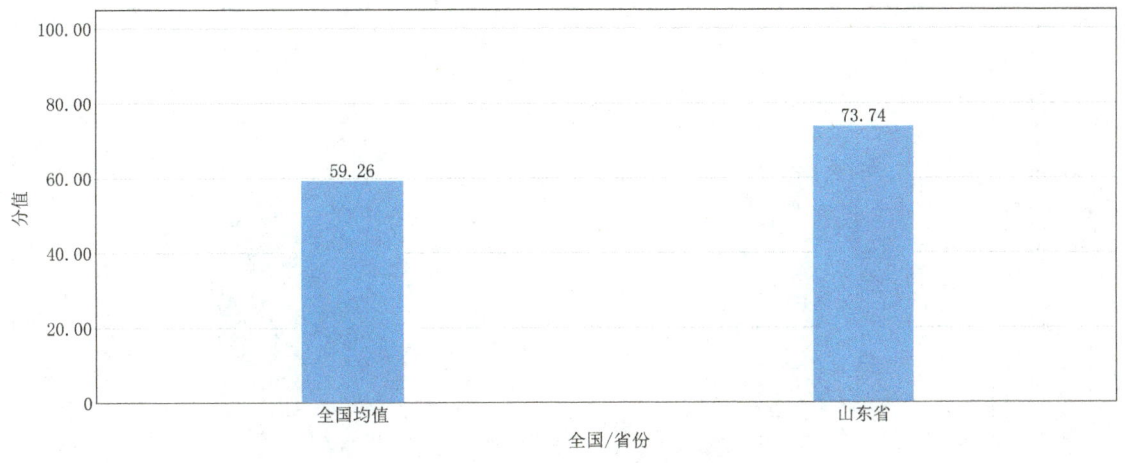

图5-137 山东省创新发展硬环境综合指数

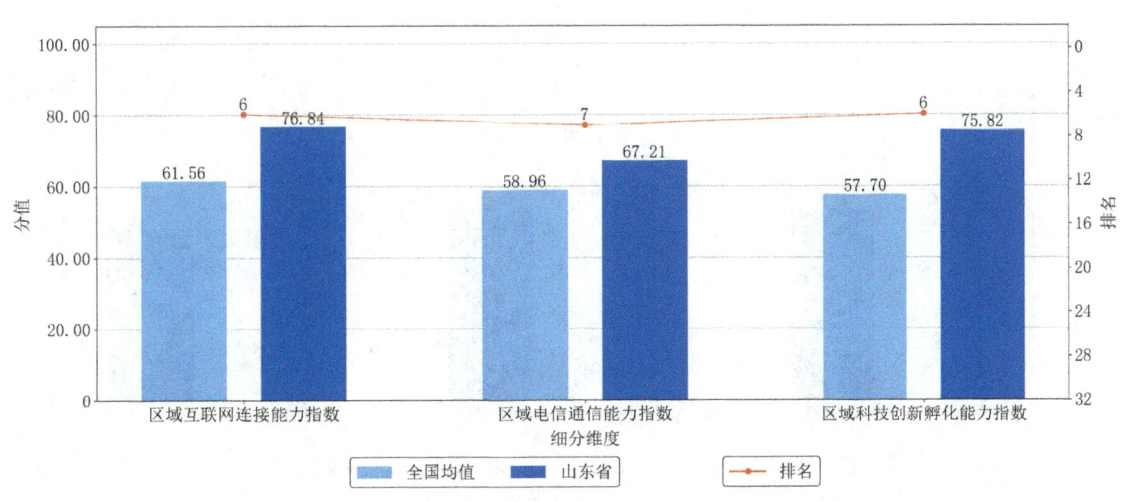

图5-138 山东省创新发展硬环境指数——细分维度

5.4.23 山西省

2023年山西省的整体创新发展硬环境综合指数为51.06，如图5-139所示，与全国平均水平59.26相比，山西省创新发展硬环境综合指数处于全国平均水平之下，体现出山西省创新发展硬环境综合水平相对偏弱。

具体细分维度来看，如图5-140所示。2023年山西省互联网连接能力指数为52.93，与全国平均水平61.56相比，处于全国平均水平之下，在全国各省份比较中排名第21位，体现出相对偏弱的互联网连接能力。2023年山西省电信通信能力指数为53.67，与全国平均水平58.96相比，处于全国平均水平之下，在全国各省份比较中排名第18位，体现出相对偏弱的电信通信能力。2023年山西省科技创新孵化能力指数为47.83，与全国平均水平57.70相比，处于全国平均水平之下，在全国各省份比较中排名第21位，体现出相对偏弱的科技创新孵化能力。

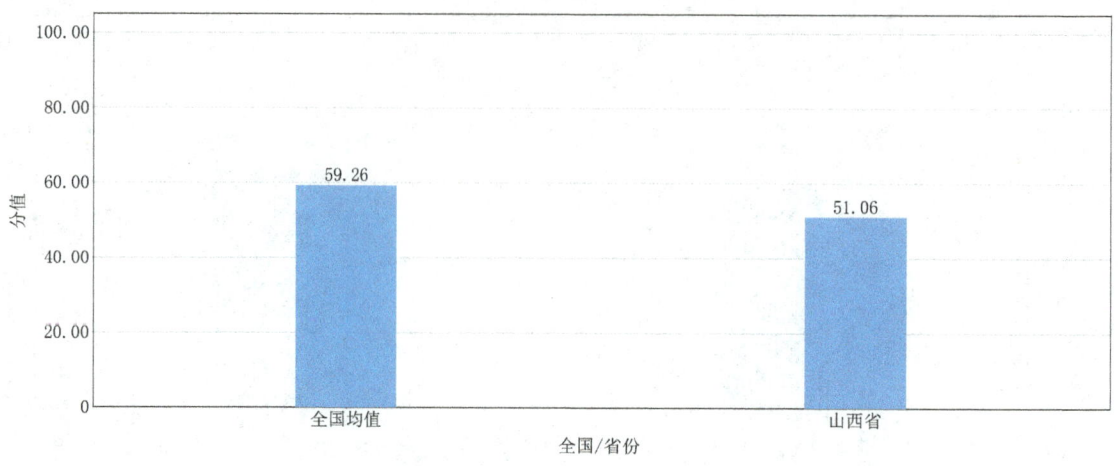

图5-139　山西省创新发展硬环境综合指数

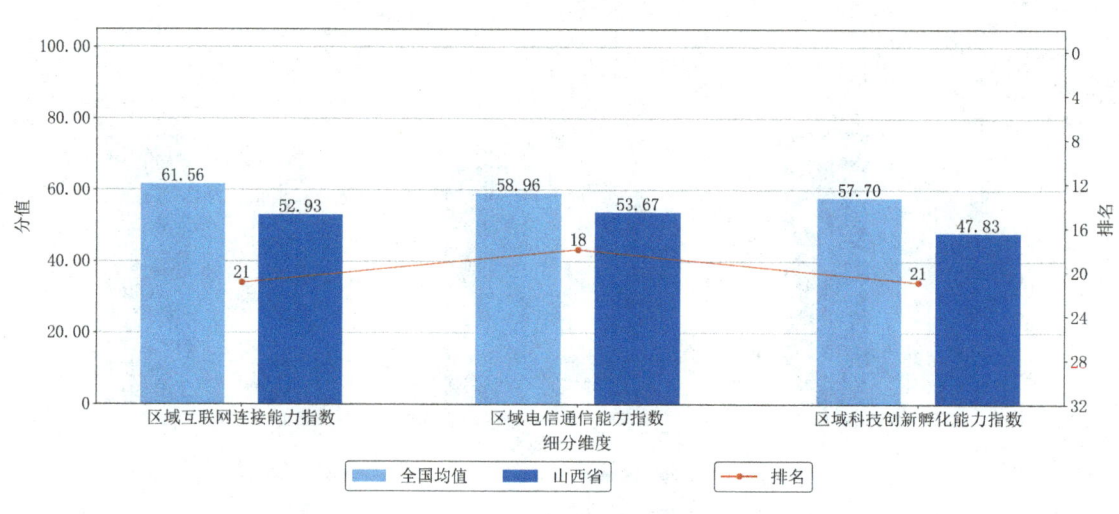

图5-140　山西省创新发展硬环境指数——细分维度

5.4.24　陕西省

2023年陕西省的整体创新发展硬环境综合指数为54.41，如图5-141所示，与全国平均水平59.26相比，陕西省创新发展硬环境综合指数处于全国平均水平之下，体现出陕西省创新发展硬环境综合水平相对偏弱。

具体细分维度来看，如图5-142所示。2023年陕西省互联网连接能力指数为55.97，与全国平均水平61.56相比，处于全国平均水平之下，在全国各省份比较中排名第19位，体现出相对偏弱的互联网连接能力。2023年陕西省电信通信能力指数为50.38，与全国平均水平58.96相比，处于全国平均水平之下，在全国各省份比较中排名第21位，体现出相对偏弱的电信通信能力。2023年陕西省科技创新孵化能力指数为55.96，与全国平均水平57.70相比，处于全国平均水平之下，在全国各省份比较中排名第14位，体现出相对偏弱的科技创新孵化能力。

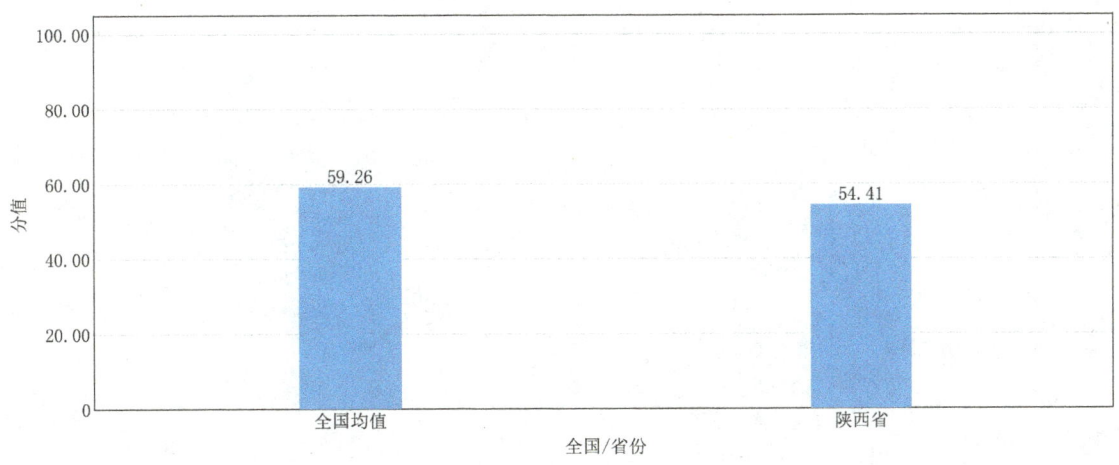

图 5-141　陕西省创新发展硬环境综合指数

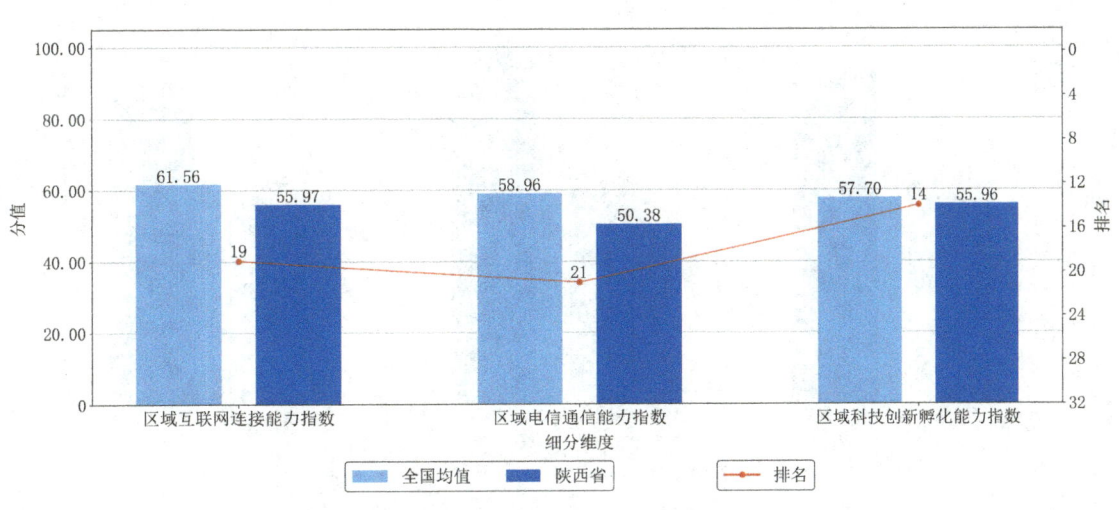

图 5-142　陕西省创新发展硬环境指数——细分维度

5.4.25　上海市

2023年上海市的整体创新发展硬环境综合指数为92.09，如图5-143所示，与全国平均水平59.26相比，上海市创新发展硬环境综合指数处于全国平均水平之上，体现出上海市创新发展硬环境综合水平相对较强。

具体细分维度来看，如图5-144所示。2023年上海市互联网连接能力指数为92.52，与全国平均水平61.56相比，处于全国平均水平之上，在全国各省份比较中排名第2位，体现出相对较强的互联网连接能力。2023年上海市电信通信能力指数为100.00，与全国平均水平58.96相比，处于全国平均水平之上，在全国各省份比较中排名第1位，体现出相对较强的电信通信能力。2023年上海市科技创新孵化能力指数为86.35，与全国平均水平57.70相比，处于全国平均水平之上，在全国各省份比较中排名第3位，体现出相对较强的科技创新孵化能力。

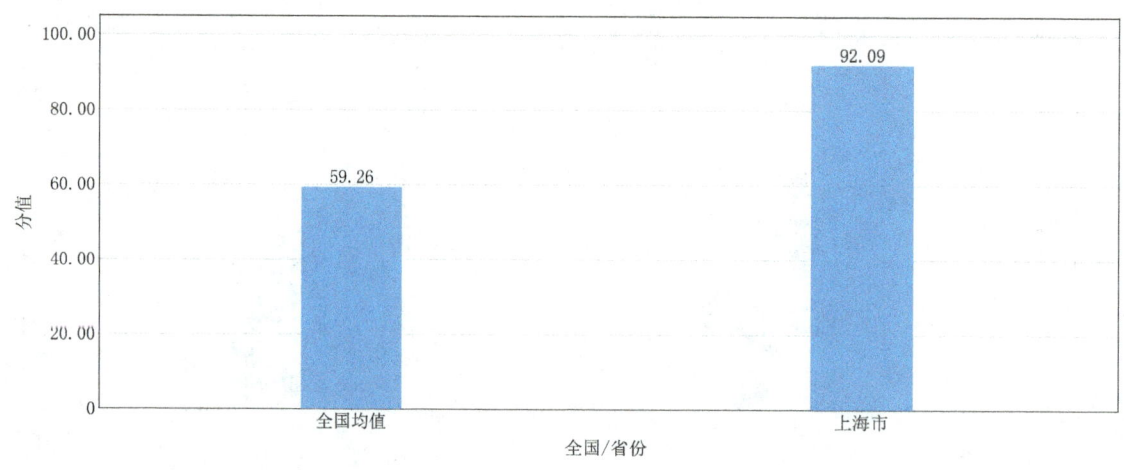

图5-143 上海市创新发展硬环境综合指数

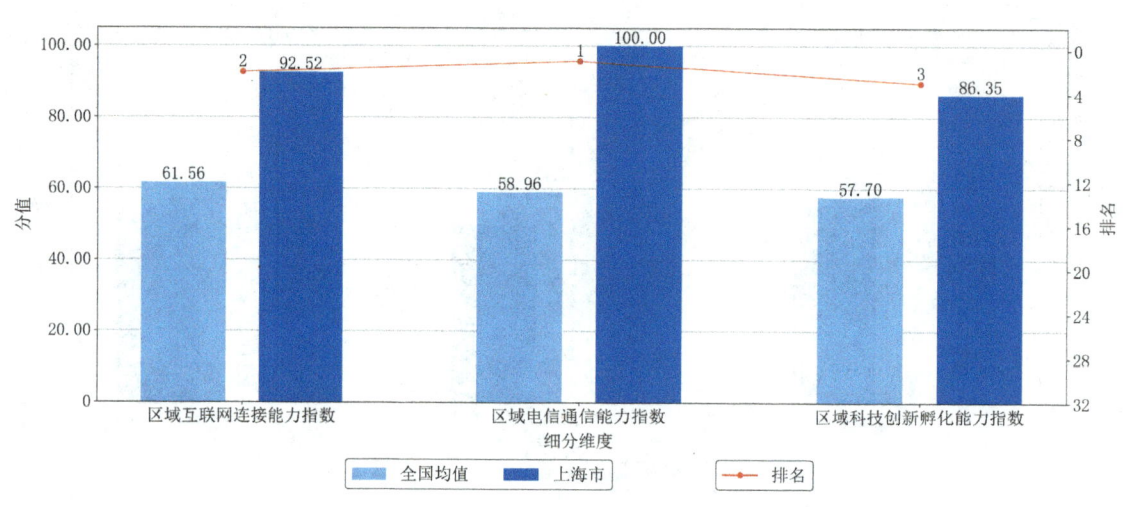

图5-144 上海市创新发展硬环境指数——细分维度

5.4.26 四川省

2023年四川省的整体创新发展硬环境综合指数为60.33，如图5-145所示，与全国平均水平59.26相比，四川省创新发展硬环境综合指数处于全国平均水平之上，体现出四川省创新发展硬环境综合水平相对较强。

具体细分维度来看，如图5-146所示。2023年四川省互联网连接能力指数为61.28，与全国平均水平61.56相比，处于全国平均水平之下，在全国各省份比较中排名第13位，体现出相对偏弱的互联网连接能力。2023年四川省电信通信能力指数为50.23，与全国平均水平58.96相比，处于全国平均水平之下，在全国各省份比较中排名第22位，体现出相对偏弱的电信通信能力。2023年四川省科技创新孵化能力指数为66.51，与全国平均水平57.70相比，处于全国平均水平之上，在全国各省份比较中排名第7位，体现出相对较强的科技创新孵化能力。

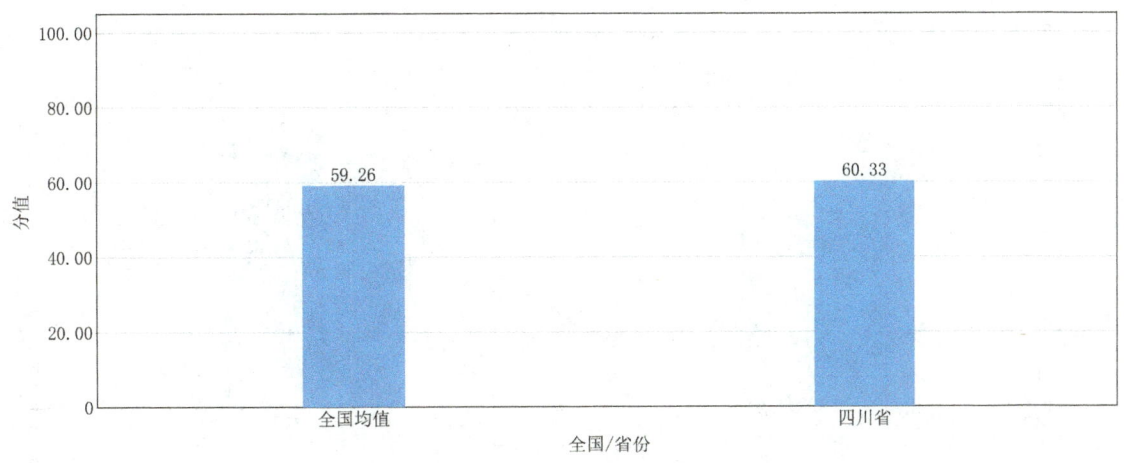

图 5-145　四川省创新发展硬环境综合指数

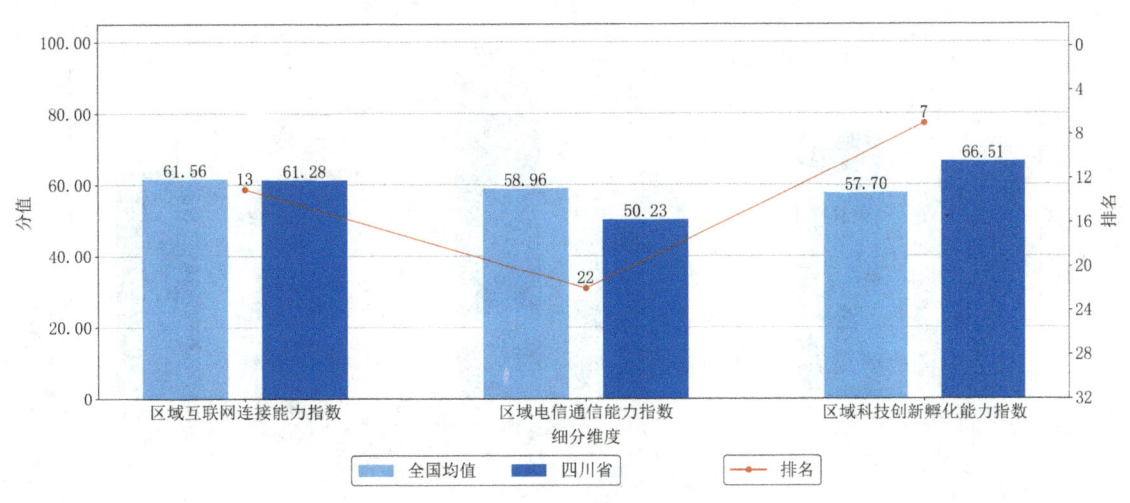

图 5-146　四川省创新发展硬环境指数——细分维度

5.4.27　天津市

2023年天津市的整体创新发展硬环境综合指数为74.59，如图5-147所示，与全国平均水平59.26相比，天津市创新发展硬环境综合指数处于全国平均水平之上，体现出天津市创新发展硬环境综合水平相对较强。

具体细分维度来看，如图5-148所示。2023年天津市互联网连接能力指数为74.88，与全国平均水平61.56相比，处于全国平均水平之上，在全国各省份比较中排名第7位，体现出相对较强的互联网连接能力。2023年天津市电信通信能力指数为89.26，与全国平均水平58.96相比，处于全国平均水平之上，在全国各省份比较中排名第3位，体现出相对较强的电信通信能力。2023年天津市科技创新孵化能力指数为64.31，与全国平均水平57.70相比，处于全国平均水平之上，在全国各省份比较中排名第8位，体现出相对较强的科技创新孵化能力。

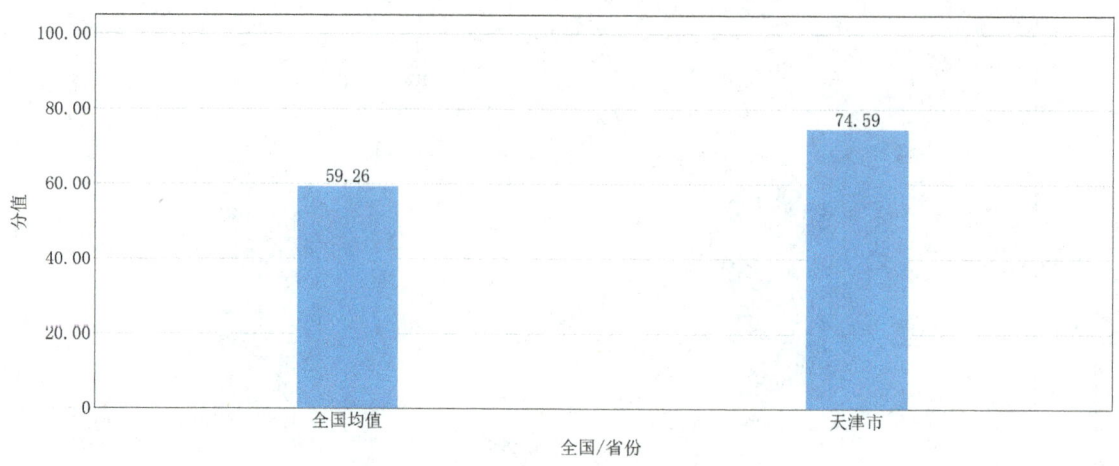

图5-147　天津市创新发展硬环境综合指数

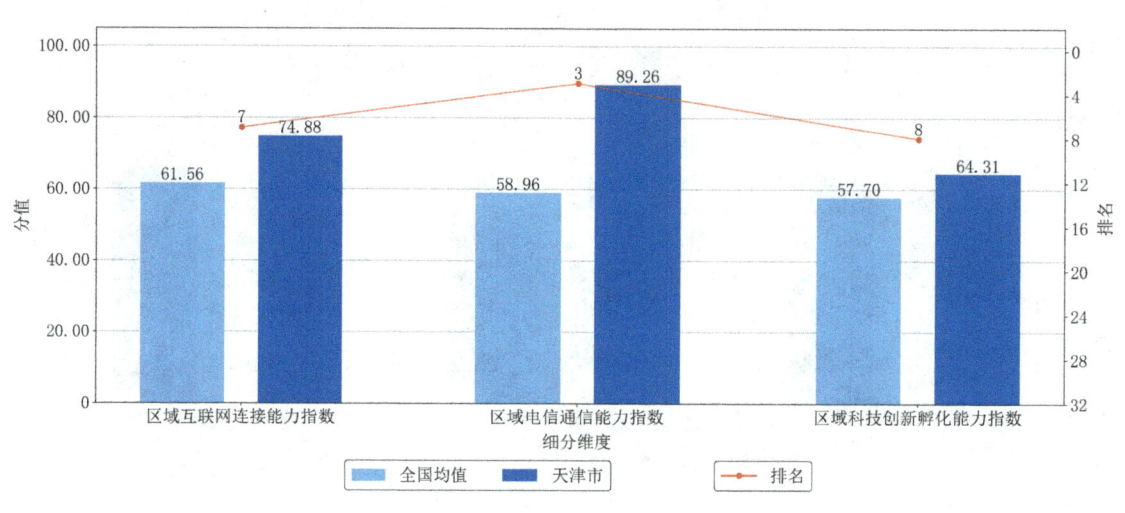

图5-148　天津市创新发展硬环境指数——细分维度

5.4.28　西藏自治区

2023年西藏自治区的整体创新发展硬环境综合指数为40.01，如图5-149所示，与全国平均水平59.26相比，西藏自治区创新发展硬环境综合指数处于全国平均水平之下，体现出西藏自治区创新发展硬环境综合水平相对偏弱。

具体细分维度来看，如图5-150所示。2023年西藏自治区互联网连接能力指数为40.00，与全国平均水平61.56相比，处于全国平均水平之下，在全国各省份比较中排名第31位，体现出相对偏弱的互联网连接能力。2023年西藏自治区电信通信能力指数为40.04，与全国平均水平58.96相比，处于全国平均水平之下，在全国各省份比较中排名第31位，体现出相对偏弱的电信通信能力。2023年西藏自治区科技创新孵化能力指数为40.00，与全国平均水平57.70相比，处于全国平均水平之下，在全国各省份比较中排名第31位，体现出相对偏弱的科技创新孵化能力。

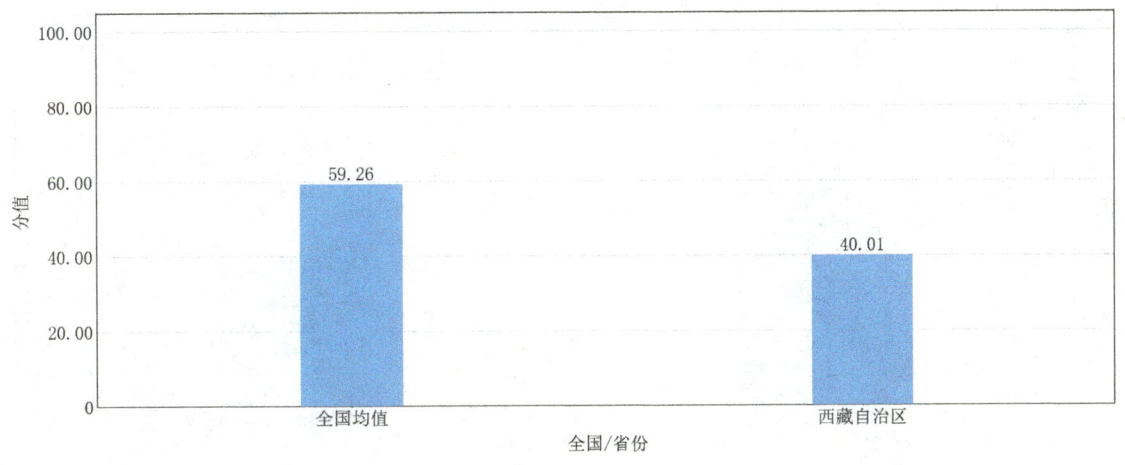

图 5-149　西藏自治区创新发展硬环境综合指数

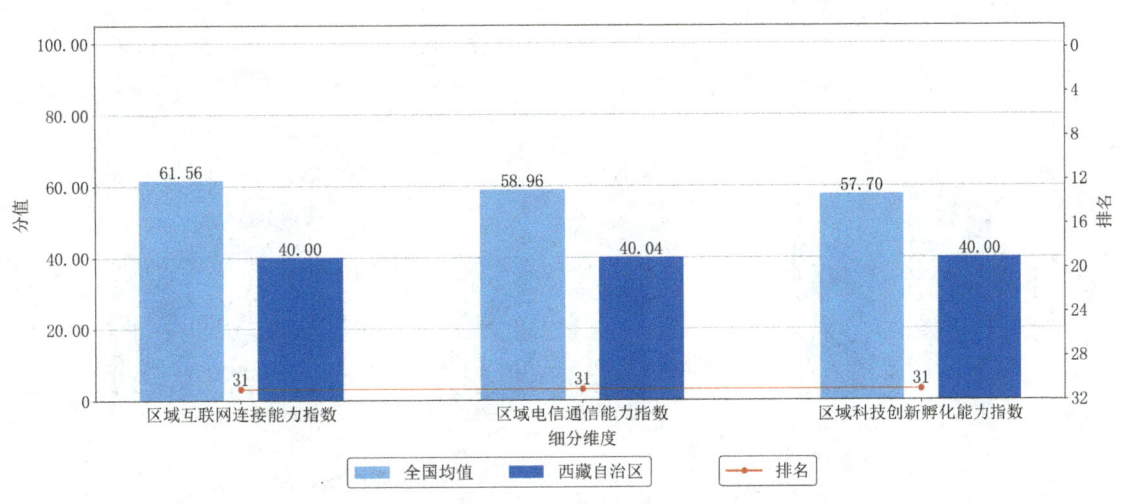

图 5-150　西藏自治区创新发展硬环境指数——细分维度

5.4.29　新疆维吾尔自治区

2023年新疆维吾尔自治区的整体创新发展硬环境综合指数为41.78，如图5-151所示，与全国平均水平59.26相比，新疆维吾尔自治区创新发展硬环境综合指数处于全国平均水平之下，体现出新疆维吾尔自治区创新发展硬环境综合水平相对偏弱。

具体细分维度来看，如图5-152所示。2023年新疆维吾尔自治区互联网连接能力指数为43.47，与全国平均水平61.56相比，处于全国平均水平之下，在全国各省份比较中排名第30位，体现出相对偏弱的互联网连接能力。2023年新疆维吾尔自治区电信通信能力指数为40.80，与全国平均水平58.96相比，处于全国平均水平之下，在全国各省份比较中排名第29位，体现出相对偏弱的电信通信能力。2023年新疆维吾尔自治区科技创新孵化能力指数为41.13，与全国平均水平57.70相比，处于全国平均水平之下，在全国各省份比较中排名第30位，体现出相对偏弱的科技创新孵化能力。

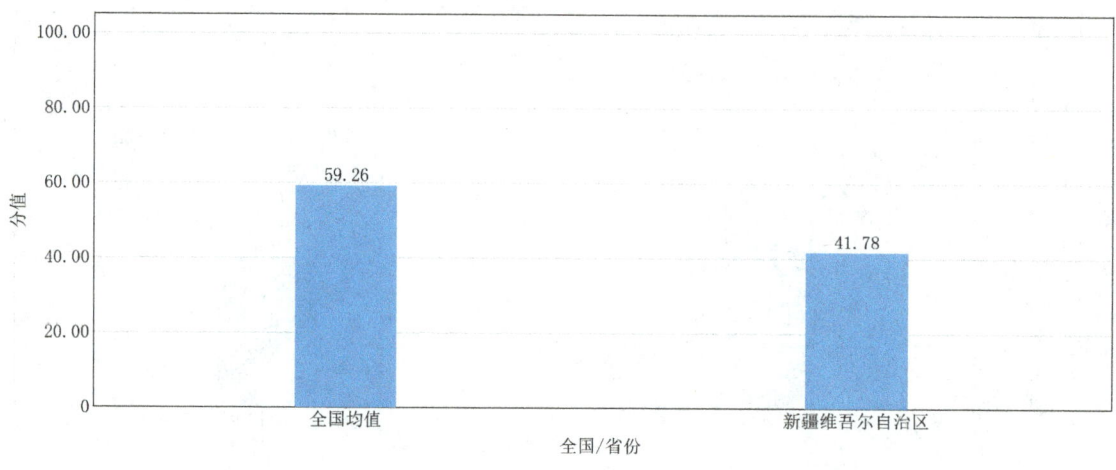

图 5-151　新疆维吾尔自治区创新发展硬环境综合指数

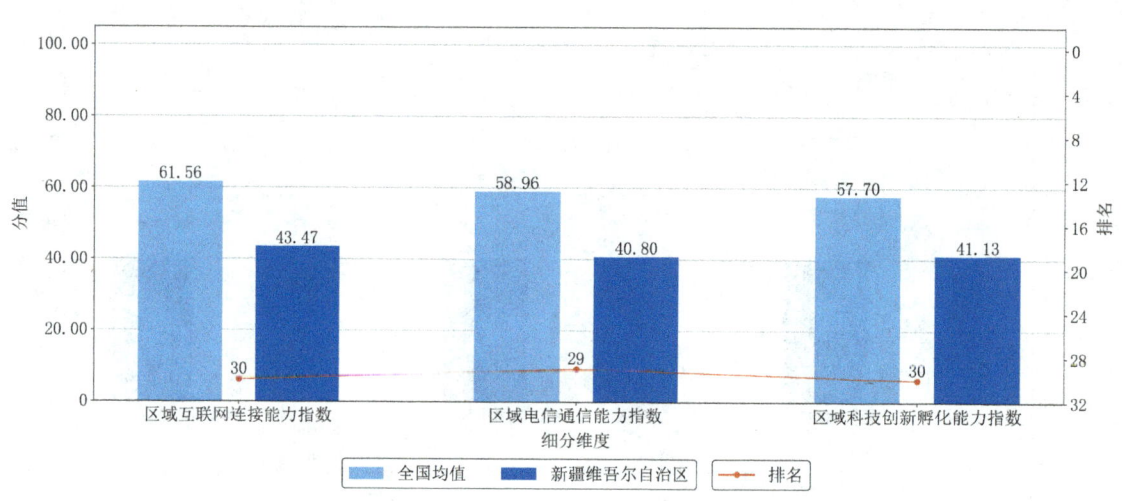

图 5-152　新疆维吾尔自治区创新发展硬环境指数——细分维度

5.4.30　云南省

2023年云南省的整体创新发展硬环境综合指数为47.36，如图5-153所示，与全国平均水平59.26相比，云南省创新发展硬环境综合指数处于全国平均水平之下，体现出云南省创新发展硬环境综合水平相对偏弱。

具体细分维度来看，如图5-154所示。2023年云南省互联网连接能力指数为48.46，与全国平均水平61.56相比，处于全国平均水平之下，在全国各省份比较中排名第25位，体现出相对偏弱的互联网连接能力。2023年云南省电信通信能力指数为46.70，与全国平均水平58.96相比，处于全国平均水平之下，在全国各省份比较中排名第24位，体现出相对偏弱的电信通信能力。2023年云南省科技创新孵化能力指数为46.96，与全国平均水平57.70相比，处于全国平均水平之下，在全国各省份比较中排名第24位，体现出相对偏弱的科技创新孵化能力。

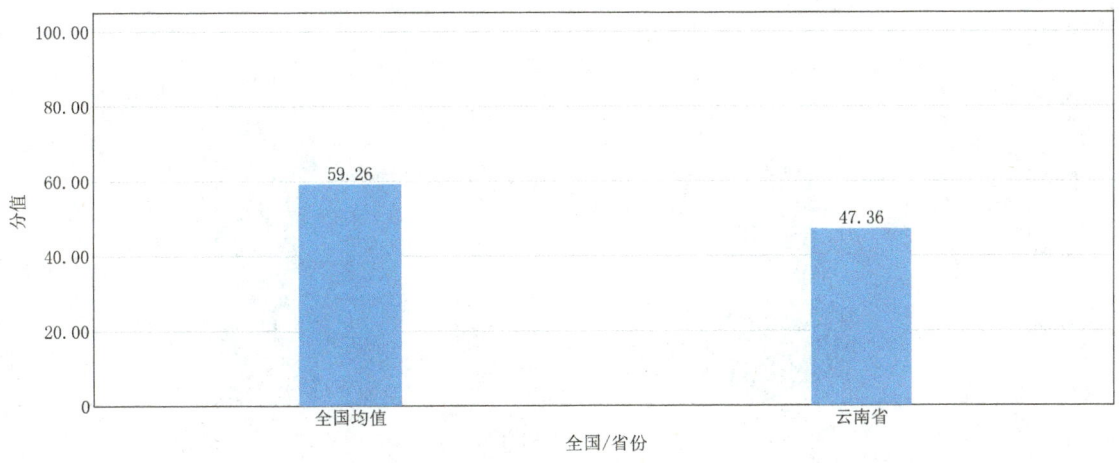

图 5-153　云南省创新发展硬环境综合指数

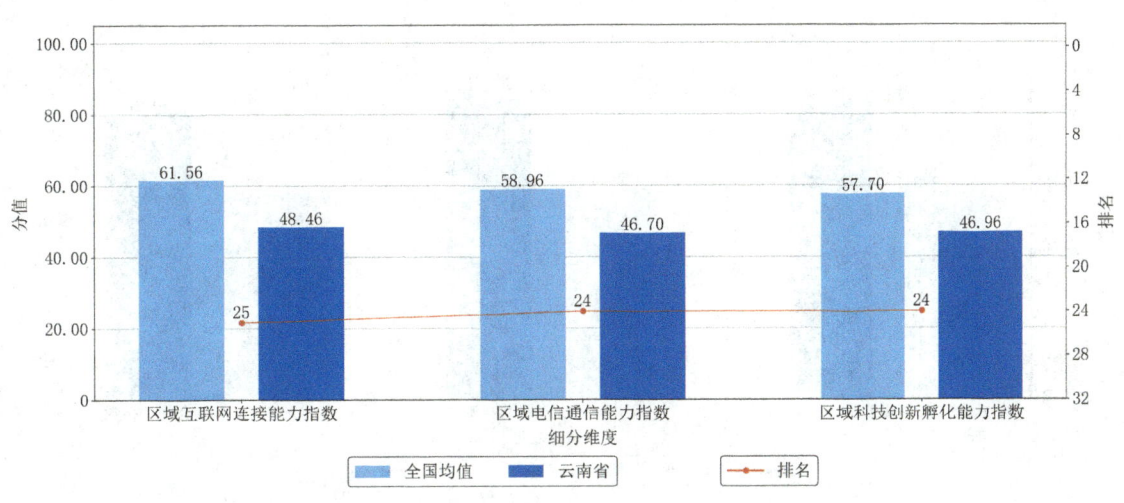

图 5-154　云南省创新发展硬环境指数——细分维度

5.4.31　浙江省

2023年浙江省的整体创新发展硬环境综合指数为83.00，如图5-155所示，与全国平均水平59.26相比，浙江省创新发展硬环境综合指数处于全国平均水平之上，体现出浙江省创新发展硬环境综合水平相对较强。

具体细分维度来看，如图5-156所示。2023年浙江省互联网连接能力指数为83.30，与全国平均水平61.56相比，处于全国平均水平之上，在全国各省份比较中排名第5位，体现出相对较强的互联网连接能力。2023年浙江省电信通信能力指数为86.74，与全国平均水平58.96相比，处于全国平均水平之上，在全国各省份比较中排名第4位，体现出相对较强的电信通信能力。2023年浙江省科技创新孵化能力指数为80.21，与全国平均水平57.70相比，处于全国平均水平之上，在全国各省份比较中排名第5位，体现出相对较强的科技创新孵化能力。

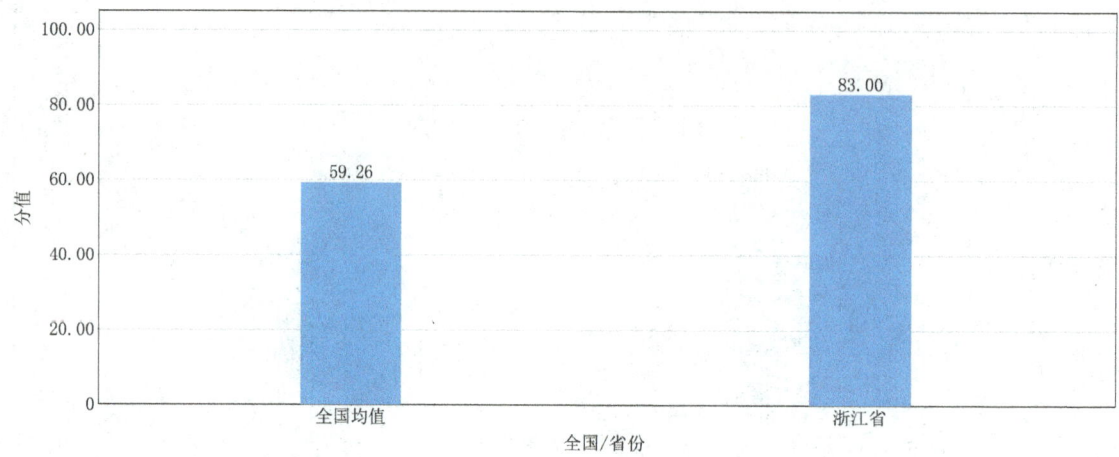

图5-155 浙江省创新发展硬环境综合指数

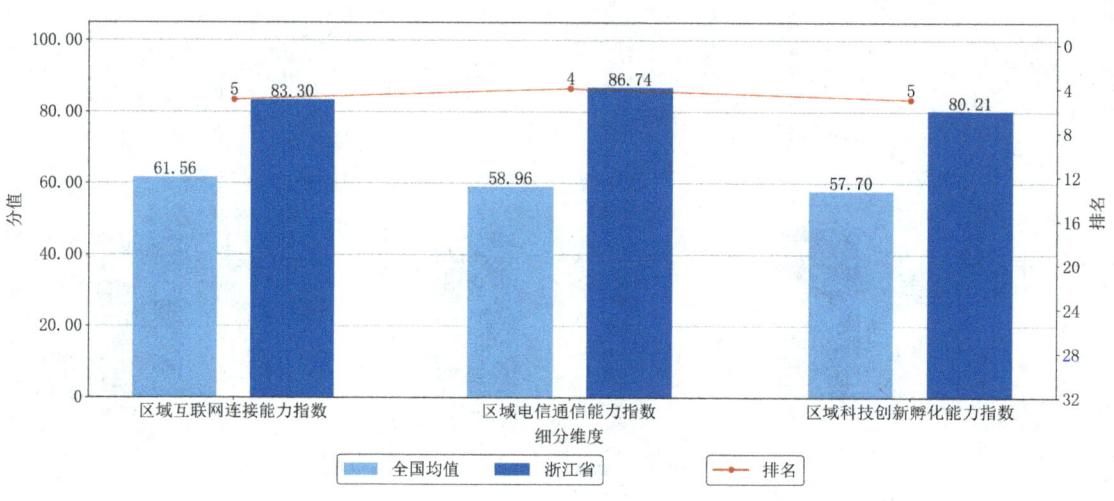

图5-156 浙江省创新发展硬环境指数——细分维度

第6章 区域营商环境评价

党的二十大报告中明确指出，要"完善产权保护、市场准入、公平竞争、社会信用等市场经济基础制度，优化营商环境""营造市场化、法治化、国际化一流营商环境"。良好的营商环境能够激发市场创新活力，培育优秀企业，提升一个国家或地区的创新创业能力，进而有助于推动经济社会的高质量发展。在全面建设社会主义现代化国家的新征程中，各地政府从基础环境、政务环境、法律环境、人才环境、投资环境和金融环境等方面积极发力，持续优化营商环境，为上市公司的创新发展赋能增力、保驾护航。鉴于此，本章基于第2章提出的创新环境评价指标体系，对我国七大地区和各省份的营商环境进行分析和评价，以期从总体上对各区域和省份的营商环境进行阐释。

从整体上看，2023年区域营商环境综合指数为65.94。其中，区域基础环境指数为58.11；区域政务环境指数为77.83；区域法律环境指数为71.18；区域人才环境指数为64.27；区域投资环境指数为59.44；区域金融环境指数为64.27。

6.1 七大区营商环境评价

根据披露的区域基础环境、区域政务环境、区域法律环境、区域人才环境、区域投资环境和区域金融环境数据，报告分析了我国东北、华北、华东、华南、华中、西北和西南七大地理区域的营商环境水平。区域营商环境综合指数如图6-1所示。

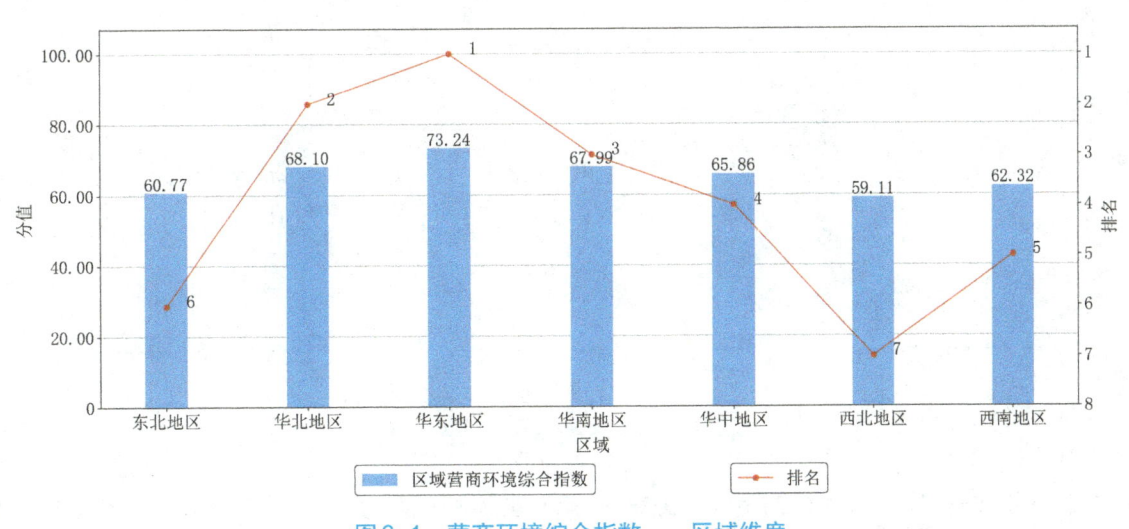

图6-1 营商环境综合指数——区域维度

总体来看，东北、华北、华东、华南、华中、西北和西南地区的营商环境综合指数依次为60.77、

68.10、73.24、67.99、65.86、59.11和62.32。其中，区域营商环境综合指数平均水平最高的是华东地区，其次是华北地区，最低的是西北地区，凸显出华东地区和华北地区营商环境建设优势明显。从细分维度来看，区域基础环境指数分值最高的为华东地区；区域政务环境指数分值最高的为华东地区；区域法律环境指数分值最高的为华东地区；区域人才环境指数分值最高的为华东地区；区域投资环境指数分值最高的为华南地区；区域金融环境指数分值最高的为华东地区。区域营商环境指数具体情况如表6-1所示。

表6-1 营商环境指数一览表——区域维度

区域	营商环境综合指数		区域基础环境		区域政务环境		区域法律环境		区域人才环境		区域投资环境		区域金融环境	
	分值	排名	分值	排名	分值	排名	分值	排名	分值	排名	分值	排名	分值	排名
东北	60.77	6	56.88	4	72.06	6	60.88	7	54.88	7	57.01	5	63.74	4
华北	68.10	2	61.43	2	78.56	4	74.12	2	66.72	2	59.48	3	68.39	2
华东	73.24	1	65.66	1	87.00	1	76.32	1	72.19	1	64.87	2	73.05	1
华南	67.99	3	55.09	5	84.23	2	71.64	3	64.22	3	65.65	1	65.57	3
华中	65.86	4	56.95	3	83.45	3	70.87	4	61.81	5	58.32	4	62.83	5
西北	59.11	7	53.04	6	63.90	7	67.91	6	60.03	6	54.20	7	54.95	7
西南	62.32	5	52.54	7	74.42	5	70.43	5	62.14	4	55.47	6	57.56	6

数据来源：同花顺（iFinD），首经贸资产评估研究院和浙工商中国智能管理研究院整理。

6.1.1 东北地区

2023年东北地区营商环境综合指数为60.77，如图6-2所示，与全国平均水平65.94相比，处于全国平均水平之下，体现出东北地区营商环境建设相对偏弱。

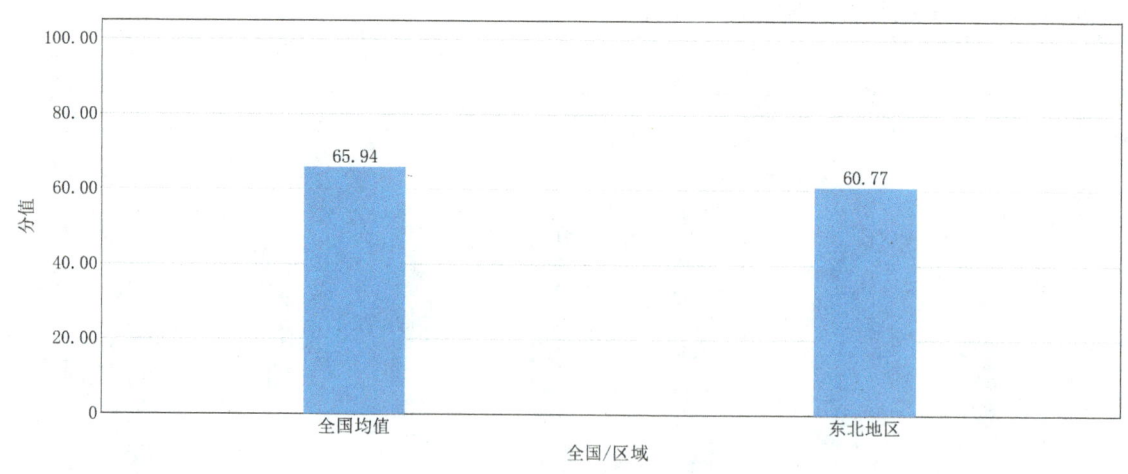

图6-2 东北地区营商环境综合指数

具体细分维度来看，如图6-3所示。2023年东北地区基础环境指数为56.88，与全国平均水平58.11相比，处于全国平均水平之下，体现出相对偏弱的基础环境水平。2023年东北地区政务环境指数为72.06，与全国平均水平77.83相比，处于全国平均水平之下，体现出相对偏弱的政务环境水平。

2023年东北地区法律环境指数为60.88，与全国平均水平71.18相比，处于全国平均水平之下，体现出相对偏弱的法律环境水平。2023年东北地区人才环境指数为54.88，与全国平均水平64.27相比，处于全国平均水平之下，体现出相对偏弱的人才环境水平。2023年东北地区投资环境指数为57.01，与全国平均水平59.44相比，处于全国平均水平之下，体现出相对偏弱的投资环境水平。2023年东北地区金融环境指数为63.74，与全国平均水平64.27相比，处于全国平均水平之下，体现出相对偏弱的金融环境水平。

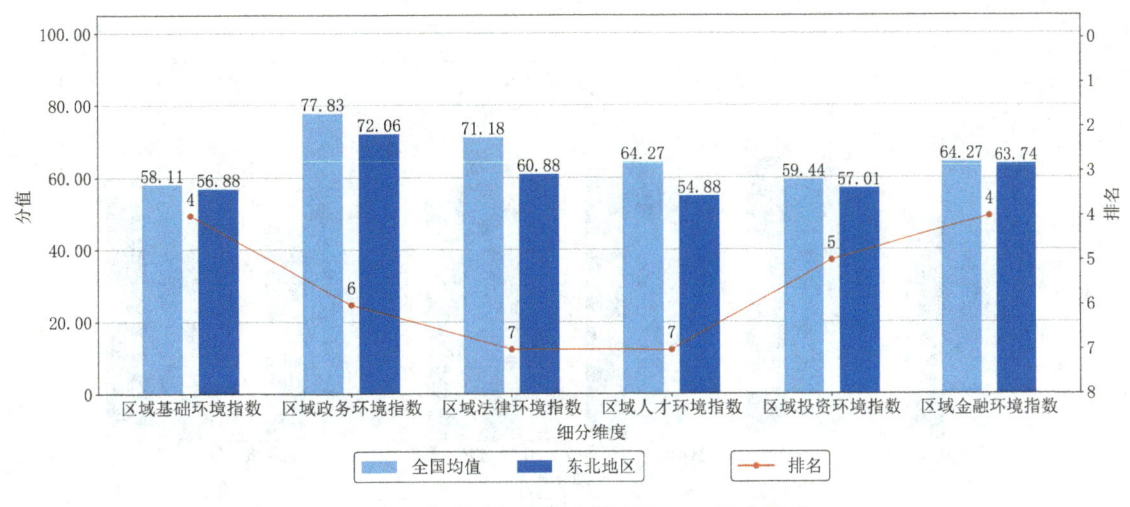

图6-3　东北地区营商环境指数——细分维度

6.1.2　华北地区

2023年华北地区营商环境综合指数为68.10，如图6-4所示，与全国平均水平65.94相比，处于全国平均水平之上，体现出华北地区营商环境建设相对较强。

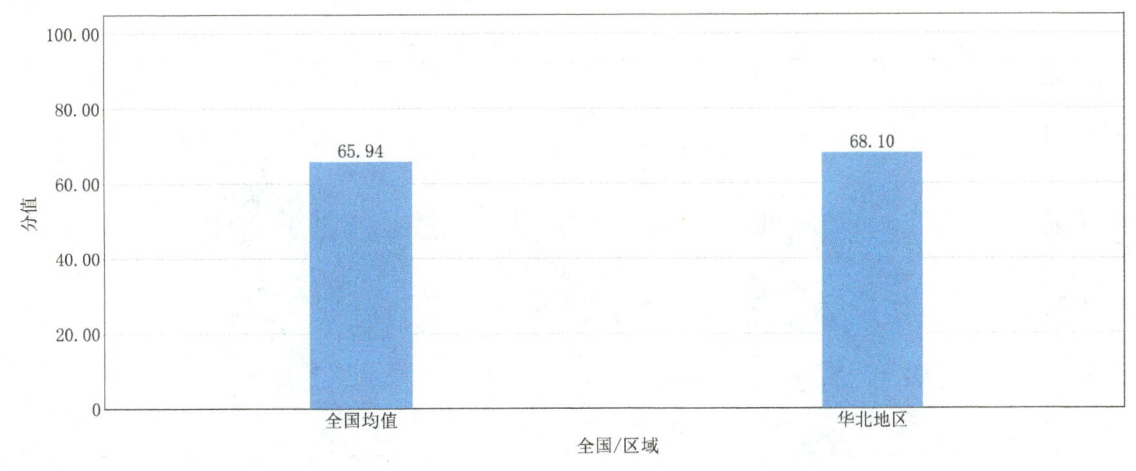

图6-4　华北地区营商环境综合指数

具体细分维度来看，如图6-5所示。2023年华北地区基础环境指数为61.43，与全国平均水平58.11相比，处于全国平均水平之上，体现出相对较强的基础环境水平。2023年华北地区政务环境指数为78.56，与全国平均水平77.83相比，处于全国平均水平之上，体现出相对较强的政务环境水平。2023年华北地区法律环境指数为74.12，与全国平均水平71.18相比，处于全国平均水平之上，体现出相对较强的法律环境水平。2023年华北地区人才环境指数为66.72，与全国平均水平64.27相比，处于全国平均水平之上，体现出相对较强的人才环境水平。2023年华北地区投资环境指数为59.48，与全国平均水平59.44相比，处于全国平均水平之上，体现出相对较强的投资环境水平。2023年华北地区金融环境指数为68.39，与全国平均水平64.27相比，处于全国平均水平之上，体现出相对较强的金融环境水平。

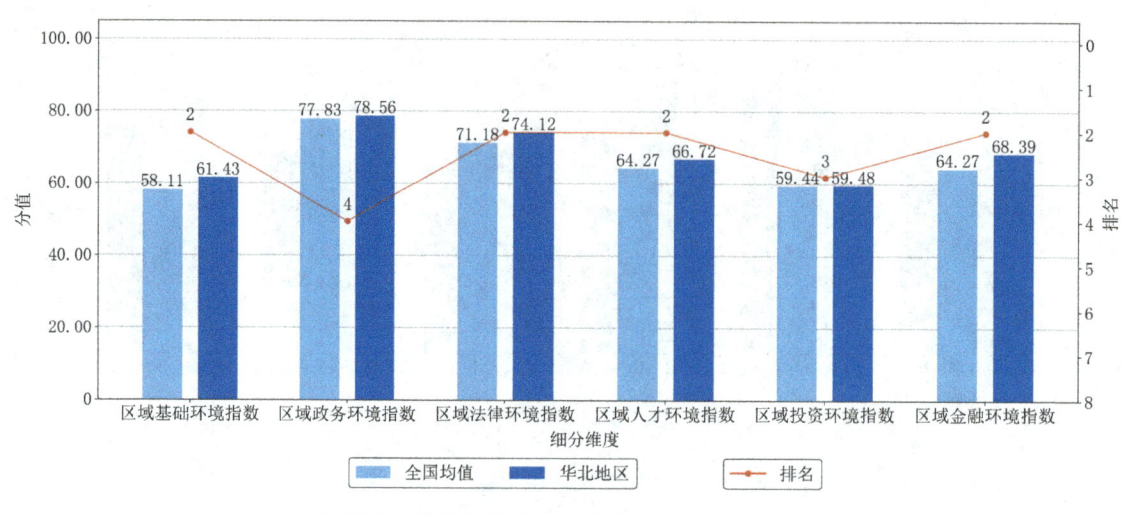

图6-5　华北地区营商环境指数——细分维度

6.1.3　华东地区

2023年华东地区营商环境综合指数为73.24，如图6-6所示，与全国平均水平65.94相比，处于全国平均水平之上，体现出华东地区营商环境建设相对较强。

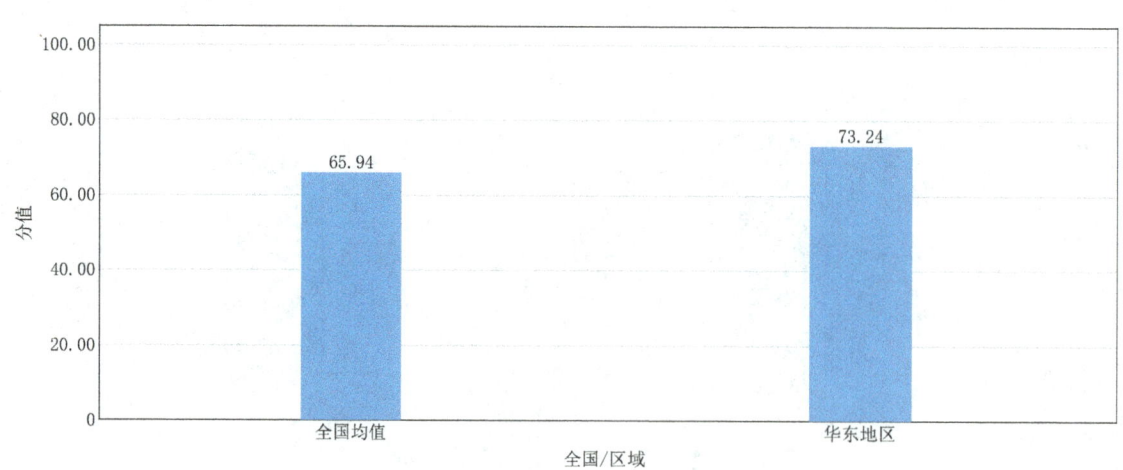

图6-6　华东地区营商环境综合指数

具体细分维度来看，如图6-7所示。2023年华东地区基础环境指数为65.66，与全国平均水平

58.11相比，处于全国平均水平之上，体现出相对较强的基础环境水平。2023年华东地区政务环境指数为87.00，与全国平均水平77.83相比，处于全国平均水平之上，体现出相对较强的政务环境水平。2023年华东地区法律环境指数为76.32，与全国平均水平71.18相比，处于全国平均水平之上，体现出相对较强的法律环境水平。2023年华东地区人才环境指数为72.19，与全国平均水平64.27相比，处于全国平均水平之上，体现出相对较强的人才环境水平。2023年华东地区投资环境指数为64.87，与全国平均水平59.44相比，处于全国平均水平之上，体现出相对较强的投资环境水平。2023年华东地区金融环境指数为73.05，与全国平均水平64.27相比，处于全国平均水平之上，体现出相对较强的金融环境水平。

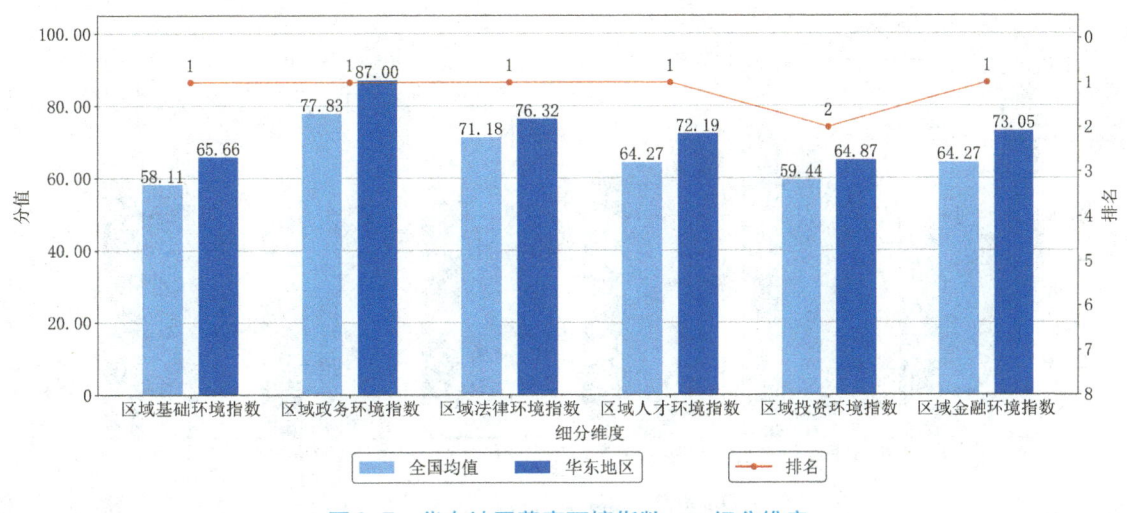

图6-7　华东地区营商环境指数——细分维度

6.1.4　华南地区

2023年华南地区营商环境综合指数为67.99，如图6-8所示，与全国平均水平65.94相比，处于全国平均水平之上，体现出华南地区营商环境建设相对较强。

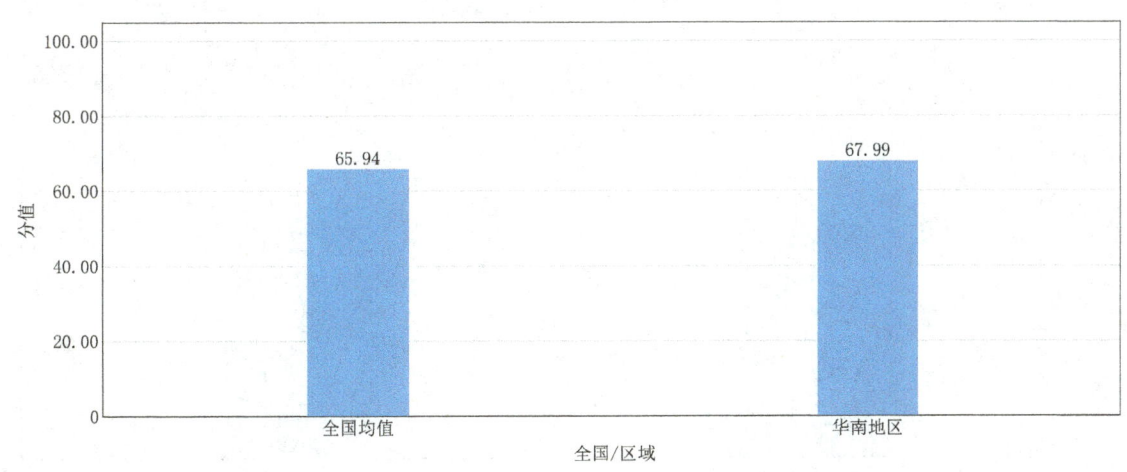

图6-8　华南地区营商环境综合指数

具体细分维度来看，如图6-9所示。2023年华南地区基础环境指数为55.09，与全国平均水平58.11相比，处于全国平均水平之下，体现出相对偏弱的基础环境水平。2023年华南地区政务环境指数为84.23，与全国平均水平77.83相比，处于全国平均水平之上，体现出相对较强的政务环境水平。2023年华南地区法律环境指数为71.64，与全国平均水平71.18相比，处于全国平均水平之上，体现出相对较强的法律环境水平。2023年华南地区人才环境指数为64.22，与全国平均水平64.27相比，处于全国平均水平之下，体现出相对偏弱的人才环境水平。2023年华南地区投资环境指数为65.65，与全国平均水平59.44相比，处于全国平均水平之上，体现出相对较强的投资环境水平。2023年华南地区金融环境指数为65.57，与全国平均水平64.27相比，处于全国平均水平之上，体现出相对较强的金融环境水平。

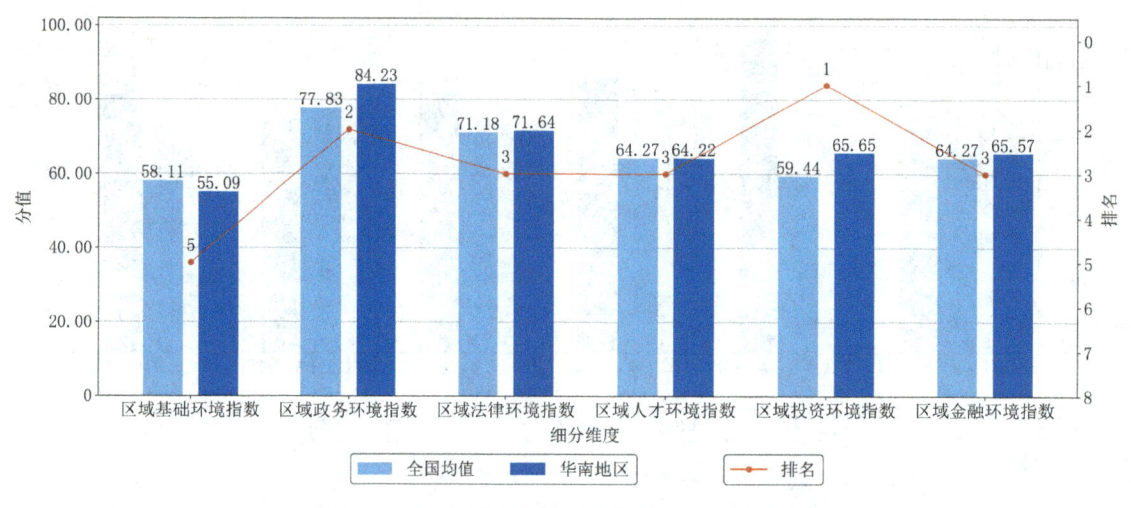

图6-9　华南地区营商环境指数——细分维度

6.1.5　华中地区

2023年华中地区营商环境综合指数为65.86，如图6-10所示，与全国平均水平65.94相比，处于全国平均水平之下，体现出华中地区营商环境建设相对偏弱。

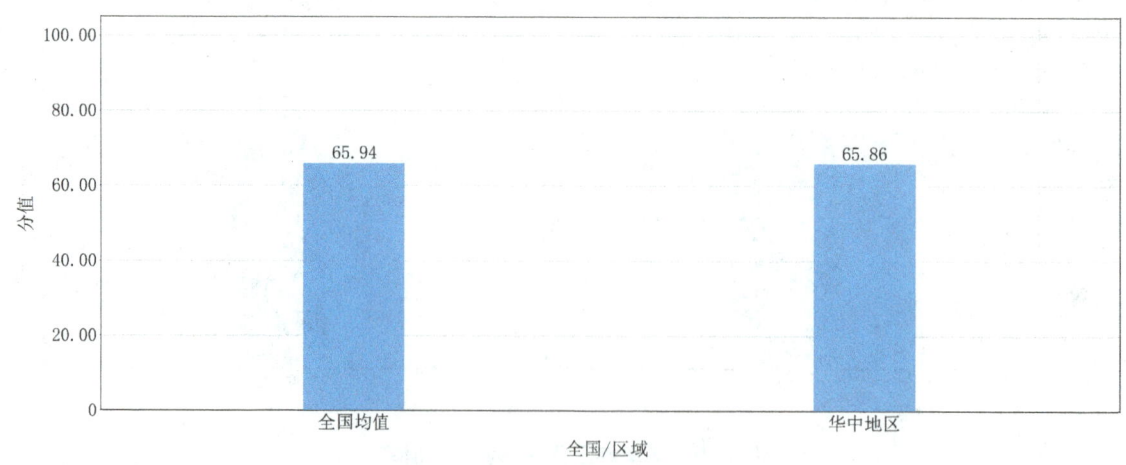

图6-10　华中地区营商环境综合指数

具体细分维度来看，如图6-11所示。2023年华中地区基础环境指数为56.95，与全国平均水平58.11相比，处于全国平均水平之下，体现出相对偏弱的基础环境水平。2023年华中地区政务环境指数为83.45，与全国平均水平77.83相比，处于全国平均水平之上，体现出相对较强的政务环境水平。2023年华中地区法律环境指数为70.87，与全国平均水平71.18相比，处于全国平均水平之下，体现出相对偏弱的法律环境水平。2023年华中地区人才环境指数为61.81，与全国平均水平64.27相比，处于全国平均水平之下，体现出相对偏弱的人才环境水平。2023年华中地区投资环境指数为58.32，与全国平均水平59.44相比，处于全国平均水平之下，体现出相对偏弱的投资环境水平。2023年华中地区金融环境指数为62.83，与全国平均水平64.27相比，处于全国平均水平之下，体现出相对偏弱的金融环境水平。

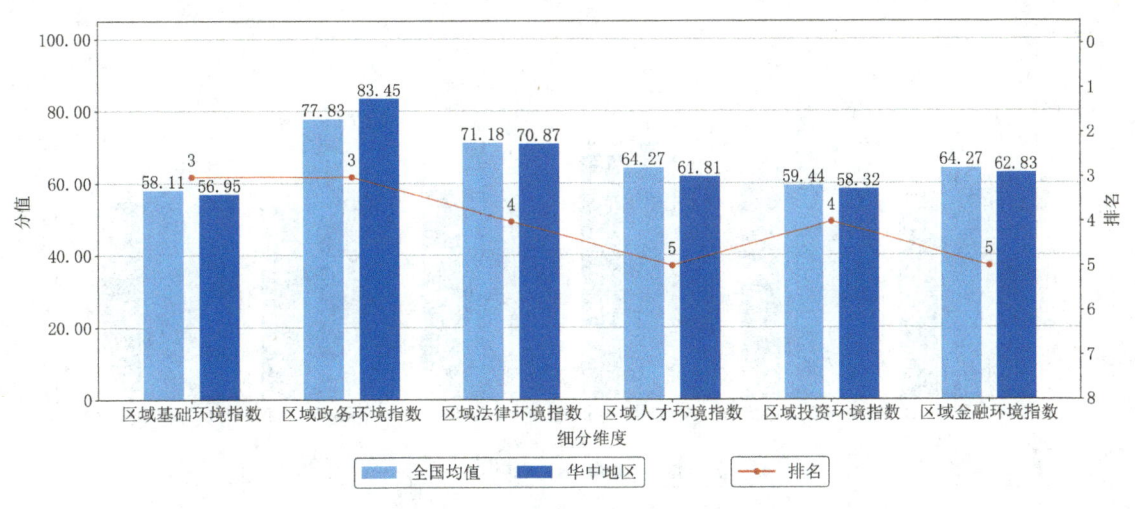

图6-11　华中地区营商环境指数——细分维度

6.1.6　西北地区

2023年西北地区营商环境综合指数为59.11，如图6-12所示，与全国平均水平65.94相比，处于全国平均水平之下，体现出西北地区营商环境建设相对偏弱。

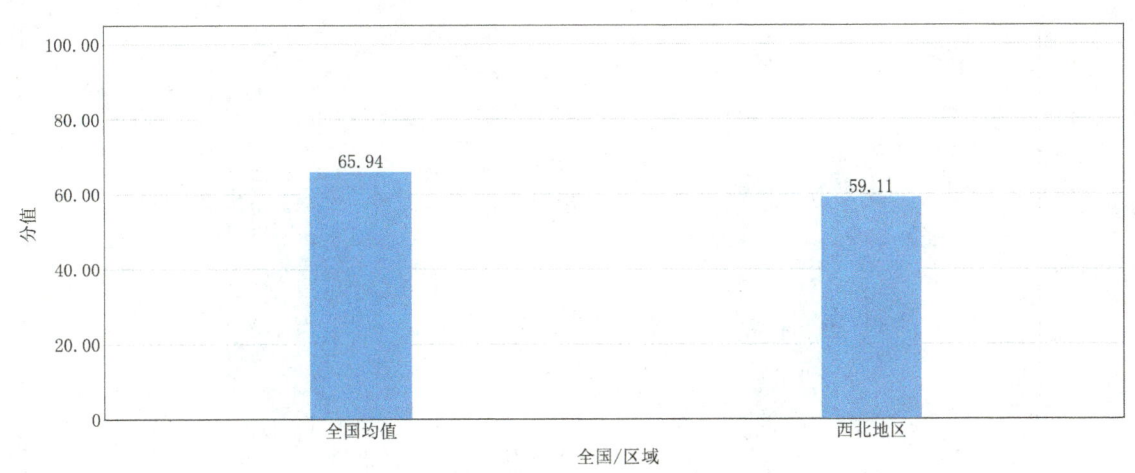

图6-12　西北地区营商环境综合指数

具体细分维度来看，如图6-13所示。2023年西北地区基础环境指数为53.04，与全国平均水平58.11相比，处于全国平均水平之下，体现出相对偏弱的基础环境水平。2023年西北地区政务环境指数为63.90，与全国平均水平77.83相比，处于全国平均水平之下，体现出相对偏弱的政务环境水平。2023年西北地区法律环境指数为67.91，与全国平均水平71.18相比，处于全国平均水平之下，体现出相对偏弱的法律环境水平。2023年西北地区人才环境指数为60.03，与全国平均水平64.27相比，处于全国平均水平之下，体现出相对偏弱的人才环境水平。2023年西北地区投资环境指数为54.20，与全国平均水平59.44相比，处于全国平均水平之下，体现出相对偏弱的投资环境水平。2023年西北地区金融环境指数为54.95，与全国平均水平64.27相比，处于全国平均水平之下，体现出相对偏弱的金融环境水平。

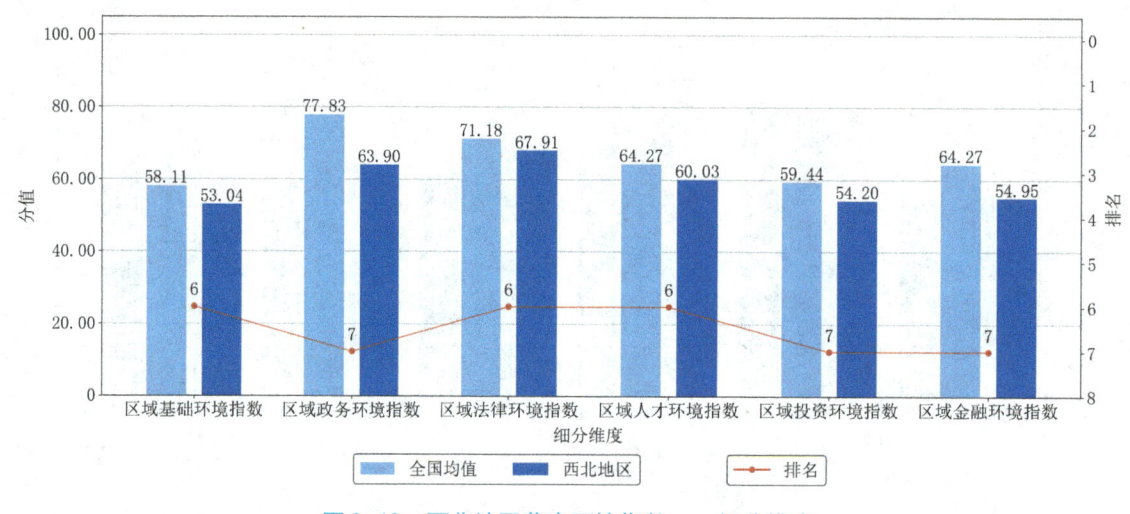

图6-13　西北地区营商环境指数——细分维度

6.1.7　西南地区

2023年西南地区营商环境综合指数为62.32，如图6-14所示，与全国平均水平65.94相比，处于全国平均水平之下，体现出西南地区营商环境建设相对偏弱。

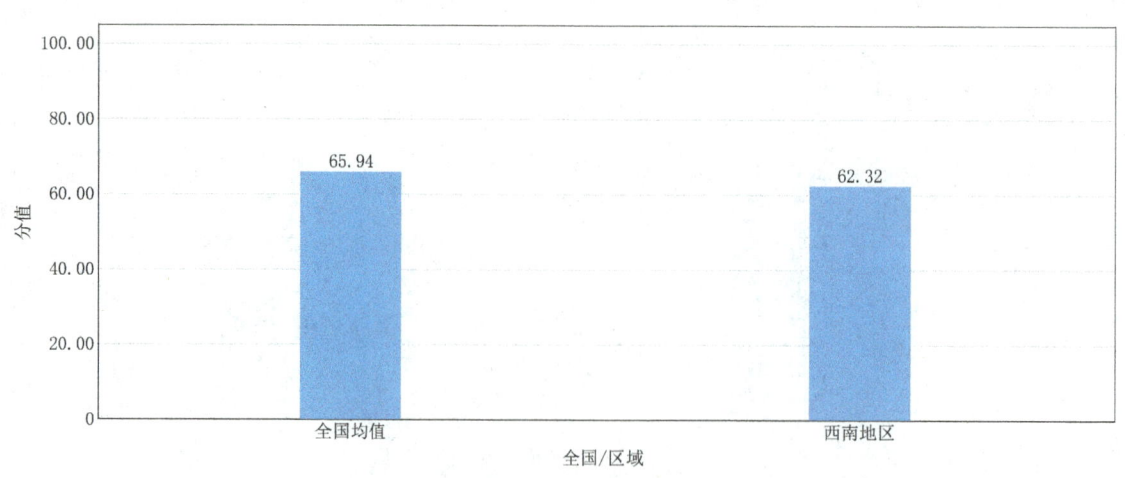

图6-14　西南地区营商环境综合指数

具体细分维度来看，如图6-15所示。2023年西南地区基础环境指数为52.54，与全国平均水平58.11相比，处于全国平均水平之下，体现出相对偏弱的基础环境水平。2023年西南地区政务环境指数为74.42，与全国平均水平77.83相比，处于全国平均水平之下，体现出相对偏弱的政务环境水平。2023年西南地区法律环境指数为70.43，与全国平均水平71.18相比，处于全国平均水平之下，体现出相对偏弱的法律环境水平。2023年西南地区人才环境指数为62.14，与全国平均水平64.27相比，处于全国平均水平之下，体现出相对偏弱的人才环境水平。2023年西南地区投资环境指数为55.47，与全国平均水平59.44相比，处于全国平均水平之下，体现出相对偏弱的投资环境水平。2023年西南地区金融环境指数为57.56，与全国平均水平64.27相比，处于全国平均水平之下，体现出相对偏弱的金融环境水平。

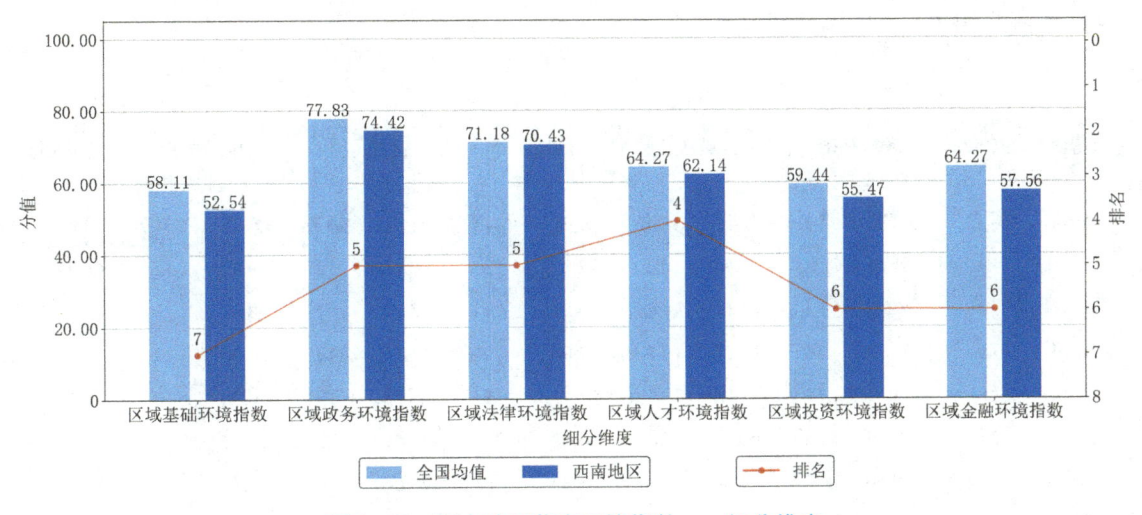

图6-15　西南地区营商环境指数——细分维度

6.2　省份营商环境评价

根据披露的区域基础环境、区域政务环境、区域法律环境、区域人才环境、区域投资环境和区域金融环境数据，报告同时分析了我国31个省份的营商环境综合指数，如图6-16所示。

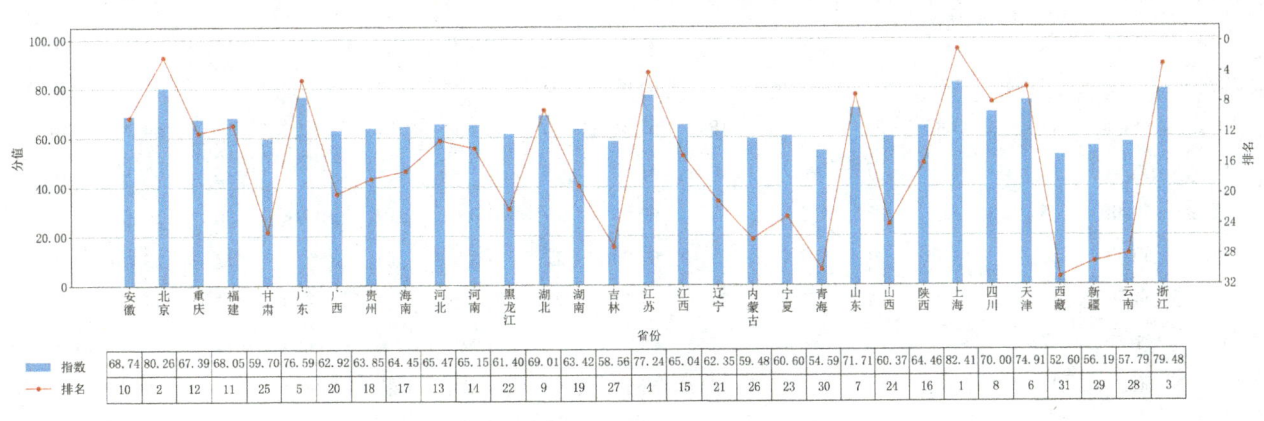

图6-16　营商环境综合指数——省份维度

总体来看，安徽省、北京市、重庆市、福建省、甘肃省、广东省、广西壮族自治区、贵州省、海南省、河北省、河南省、黑龙江省、湖北省、湖南省、吉林省、江苏省、江西省、辽宁省、内蒙古自治区、宁夏回族自治区、青海省、山东省、山西省、陕西省、上海市、四川省、天津市、西藏自治区、新疆维吾尔自治区、云南省和浙江省的营商环境综合指数依次为68.74、80.26、67.39、68.05、59.70、76.59、62.92、63.85、64.45、65.47、65.15、61.40、69.01、63.42、58.56、77.24、65.04、62.35、59.48、60.60、54.59、71.71、60.37、64.46、82.41、70.00、74.91、52.60、56.19、57.79和79.48。其中，营商环境综合指数平均水平最高的是上海市，最低的是西藏自治区，区域营商环境综合指数存在明显的省份差异性。细分维度来看，区域基础环境指数分值最高的为上海市；区域政务环境指数分值最高的为浙江省；区域法律环境指数分值最高的为北京市；区域人才环境指数分值最高的为北京市；区域投资环境指数分值最高的为上海市；区域金融环境指数分值最高的为浙江省。省份营商环境指数具体情况如表6-2所示。

表 6-2 营商环境指数一览表——省份维度

省份	营商环境综合指数		区域基础环境		区域政务环境		区域法律环境		区域人才环境		区域投资环境		区域金融环境	
	分值	排名	分值	排名	分值	排名	分值	排名	分值	排名	分值	排名	分值	排名
安徽	68.74	10	61.61	8	84.94	10	72.82	13	66.07	12	59.97	12	66.37	11
北京	80.26	2	67.43	4	87.63	6	90.54	1	85.12	1	68.90	5	81.46	2
重庆	67.39	12	59.75	10	84.56	11	77.98	9	65.75	13	56.96	19	57.48	24
福建	68.05	11	54.45	18	89.04	4	67.49	19	66.28	10	60.50	10	69.15	8
甘肃	59.70	25	50.93	28	66.62	28	66.62	23	57.41	25	57.25	18	59.09	23
广东	76.59	5	60.60	9	92.44	2	83.45	4	70.66	6	71.33	3	80.91	3
广西	62.92	20	52.05	26	79.06	19	63.11	25	61.33	15	58.13	15	62.63	19
贵州	63.85	18	54.80	17	80.39	16	76.95	10	58.93	22	54.06	24	56.81	25
海南	64.45	17	52.62	25	81.20	14	68.37	18	60.65	17	67.48	6	53.18	28
河北	65.47	13	52.68	24	79.34	17	74.77	12	55.54	29	60.83	9	70.46	7
河南	65.15	14	56.06	13	86.11	8	71.45	15	57.86	24	56.84	20	61.78	21
黑龙江	61.40	22	54.32	19	69.40	26	69.19	16	53.57	31	60.01	11	62.64	18
湖北	69.01	9	58.82	12	83.08	12	79.73	7	70.25	7	57.25	17	63.56	16
湖南	63.42	19	55.97	14	81.16	15	61.42	27	57.34	26	60.87	8	63.17	17
吉林	58.56	27	54.25	20	70.57	25	52.36	30	55.08	30	57.29	16	62.01	20
江苏	77.24	4	71.68	3	89.58	3	83.00	5	80.58	2	61.53	7	77.08	4
江西	65.04	15	53.89	21	79.22	18	67.44	20	64.34	14	59.91	13	64.29	14
辽宁	62.35	21	62.06	7	76.21	20	61.09	28	55.99	28	53.71	26	66.58	10
内蒙古	59.48	26	53.00	23	72.72	22	60.54	29	60.18	19	50.16	30	59.82	22
宁夏	60.60	23	58.86	11	67.46	27	67.04	22	60.51	18	55.84	23	53.13	29
青海	54.59	30	50.07	29	55.11	29	67.18	21	56.27	27	53.08	27	44.47	31
山东	71.71	7	64.94	6	86.87	7	78.59	8	67.91	8	59.08	14	73.42	6
山西	60.37	24	55.00	16	71.32	24	68.54	17	60.01	20	43.11	31	65.63	12
陕西	64.46	16	53.77	22	75.34	21	72.26	14	66.94	9	53.98	25	63.60	15

续表

省份	营商环境综合指数		区域基础环境		区域政务环境		区域法律环境		区域人才环境		区域投资环境		区域金融环境	
	分值	排名	分值	排名	分值	排名	分值	排名	分值	排名	分值	排名	分值	排名
上海	82.41	1	86.19	1	85.53	9	84.75	2	80.35	3	82.11	1	75.82	5
四川	70.00	8	55.17	15	88.34	5	84.36	3	66.12	11	56.65	21	68.54	9
天津	74.91	6	79.06	2	81.80	13	76.22	11	72.76	5	74.42	2	64.57	13
西藏	52.60	31	43.74	31	46.46	31	62.50	26	58.58	23	53.06	28	50.53	30
新疆	56.19	29	51.55	27	54.99	30	66.45	24	59.02	21	50.83	29	54.45	26
云南	57.79	28	49.27	30	72.34	23	50.37	31	61.30	16	56.63	22	54.45	27
浙江	79.48	3	66.84	5	93.81	1	80.13	6	79.81	4	70.98	4	85.19	1

数据来源：同花顺（iFinD），首经贸资产评估研究院和浙工商中国智能管理研究院整理。

6.2.1 安徽省

2023年安徽省的整体营商环境综合指数为68.74，如图6-17所示，与全国平均水平65.94相比，安徽省营商环境综合指数处于全国平均水平之上，体现出安徽省营商环境综合水平相对较强。

具体细分维度来看，如图6-18所示。2023年安徽省基础环境指数为61.61，与全国平均水平58.11相比，处于全国平均水平之上，在全国各省份比较中排名第8位，体现出相对较强的基础环境水平。2023年安徽省政务环境指数为84.94，与全国平均水平77.83相比，处于全国平均水平之上，在全国各省份比较中排名第10位，体现出相对较强的政务环境水平。2023年安徽省法律环境指数为72.82，与全国平均水平71.18相比，处于全国平均水平之上，在全国各省份比较中排名第13位，体现出相对较强的法律环境水平。2023年安徽省人才环境指数为66.07，与全国平均水平64.27相比，处于全国平均水平之上，在全国各省份比较中排名第12位，体现出相对较强的人才环境水平。2023年安徽省投资环境指数为59.97，与全国平均水平59.44相比，处于全国平均水平之上，在全国各省份比较中排名第12位，体现出相对较强的投资环境水平。2023年安徽省金融环境指数为66.37，与全国平均水平64.27相比，处于全国平均水平之上，在全国各省份比较中排名第11位，体现出相对较强的金融环境水平。

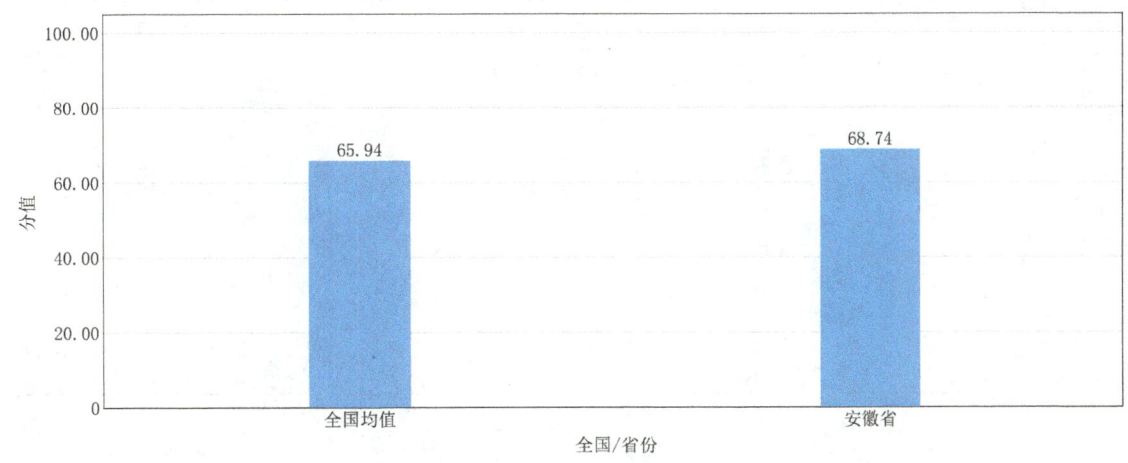

图6-17　安徽省营商环境综合指数

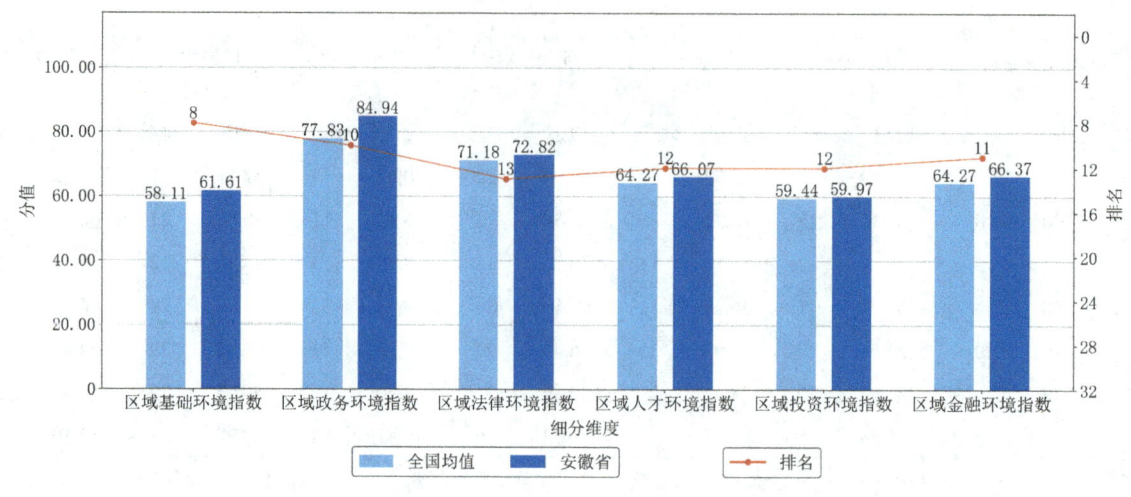

图6-18 安徽省营商环境指数——细分维度

6.2.2 北京市

2023年北京市的整体营商环境综合指数为80.26，如图6-19所示，与全国平均水平65.94相比，北京市营商环境综合指数处于全国平均水平之上，体现出北京市营商环境综合水平相对较强。

具体细分维度来看，如图6-20所示。2023年北京市基础环境指数为67.43，与全国平均水平58.11相比，处于全国平均水平之上，在全国各省份比较中排名第4位，体现出相对较强的基础环境水平。2023年北京市政务环境指数为87.63，与全国平均水平77.83相比，处于全国平均水平之上，在全国各省份比较中排名第6位，体现出相对较强的政务环境水平。2023年北京市法律环境指数为90.54，与全国平均水平71.18相比，处于全国平均水平之上，在全国各省份比较中排名第1位，体现出相对较强的法律环境水平。2023年北京市人才环境指数为85.12，与全国平均水平64.27相比，处于全国平均水平之上，在全国各省份比较中排名第1位，体现出相对较强的人才环境水平。2023年北京市投资环境指数为68.90，与全国平均水平59.44相比，处于全国平均水平之上，在全国各省份比较中排名第5位，体现出相对较强的投资环境水平。2023年北京市金融环境指数为81.46，与全国平均水平64.27相比，处于全国平均水平之上，在全国各省份比较中排名第2位，体现出相对较强的金融环境水平。

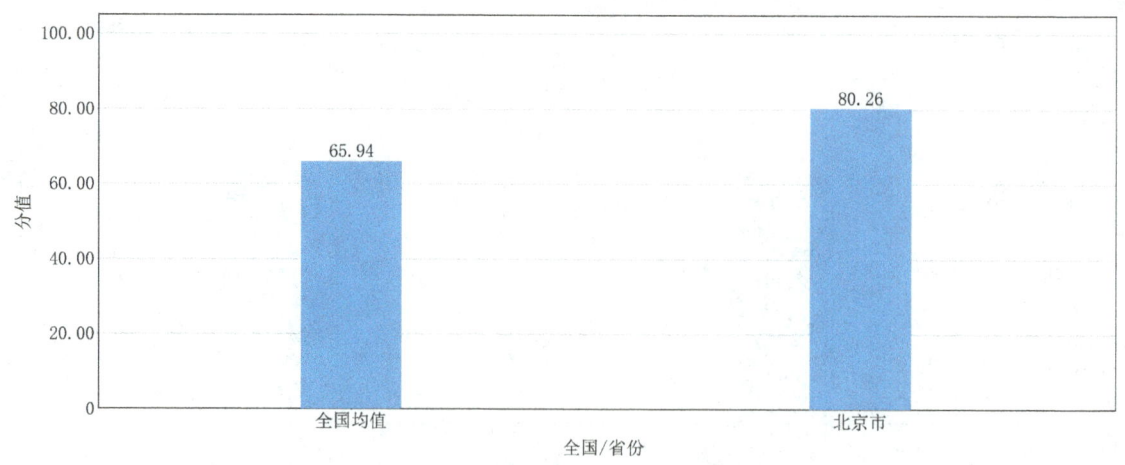

图6-19 北京市营商环境综合指数

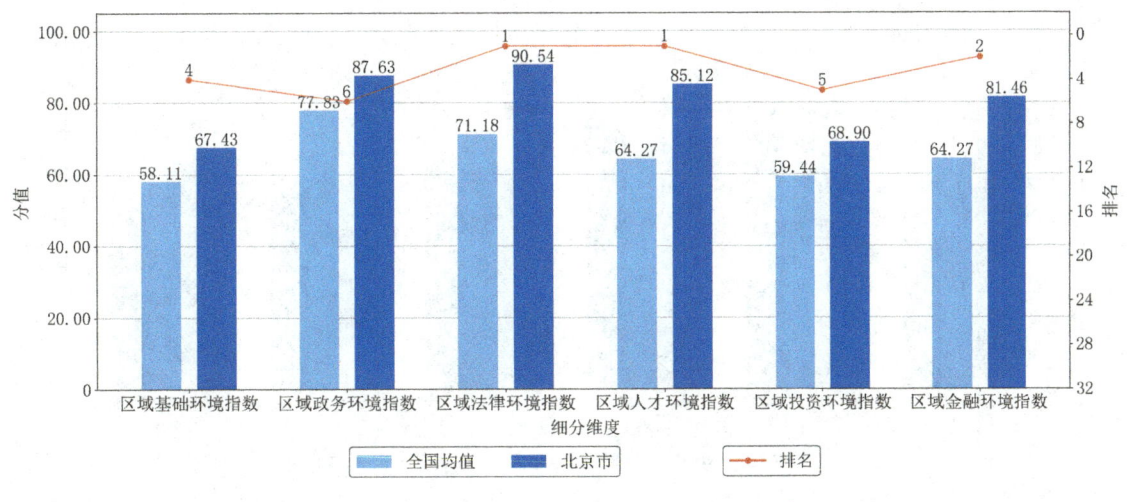

图 6-20　北京市营商环境指数——细分维度

6.2.3　重庆市

2023年重庆市的整体营商环境综合指数为67.39，如图6-21所示，与全国平均水平65.94相比，重庆市营商环境综合指数处于全国平均水平之上，体现出重庆市营商环境综合水平相对较强。

具体细分维度来看，如图6-22所示。2023年重庆市基础环境指数为59.75，与全国平均水平58.11相比，处于全国平均水平之上，在全国各省份比较中排名第10位，体现出相对较强的基础环境水平。2023年重庆市政务环境指数为84.56，与全国平均水平77.83相比，处于全国平均水平之上，在全国各省份比较中排名第11位，体现出相对较强的政务环境水平。2023年重庆市法律环境指数为77.98，与全国平均水平71.18相比，处于全国平均水平之上，在全国各省份比较中排名第9位，体现出相对较强的法律环境水平。2023年重庆市人才环境指数为65.75，与全国平均水平64.27相比，处于全国平均水平之上，在全国各省份比较中排名第13位，体现出相对较强的人才环境水平。2023年重庆市投资环境指数为56.96，与全国平均水平59.44相比，处于全国平均水平之下，在全国各省份比较中排名第19位，体现出相对偏弱的投资环境水平。2023年重庆市金融环境指数为57.48，与全国平均水平64.27相比，处于全国平均水平之下，在全国各省份比较中排名第24位，体现出相对偏弱的金融环境水平。

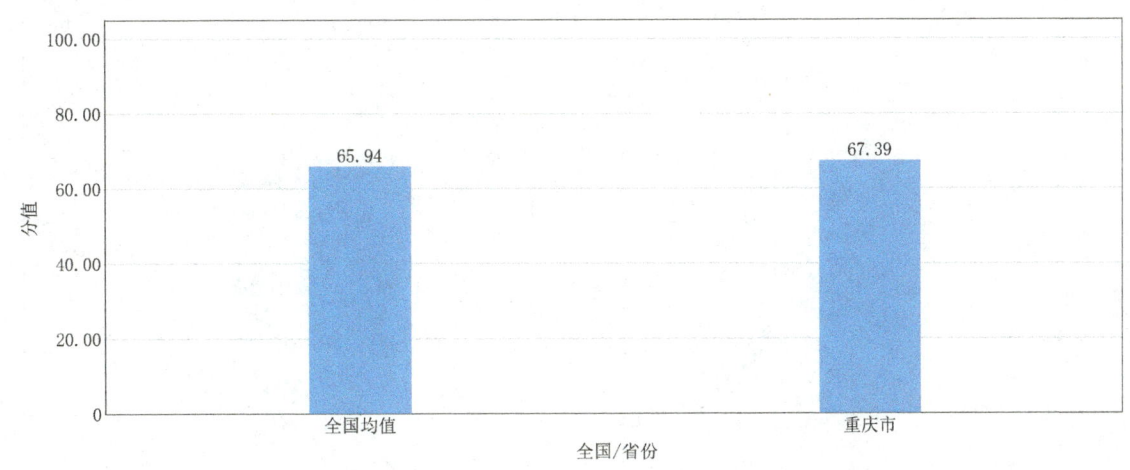

图 6-21　重庆市营商环境综合指数

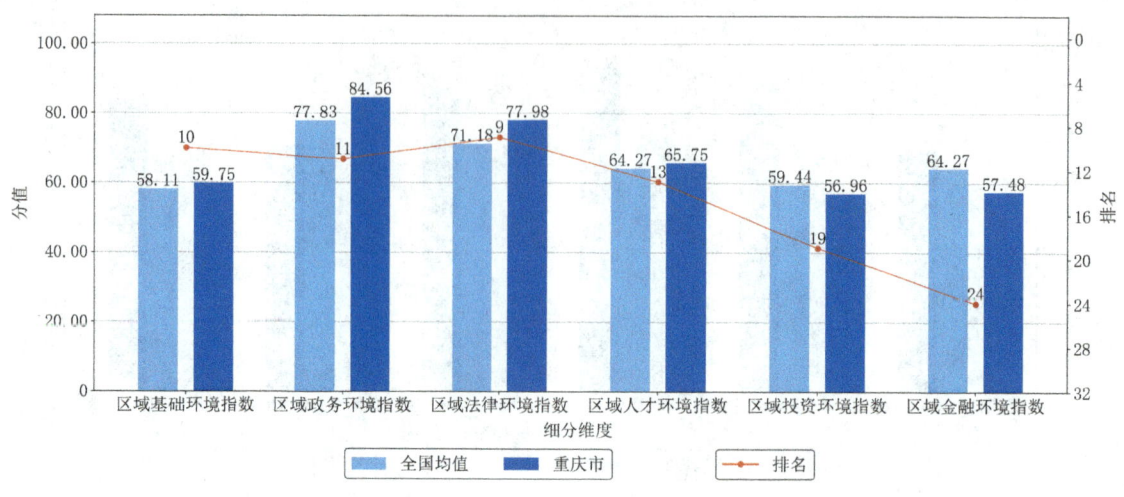

图6-22 重庆市营商环境指数——细分维度

6.2.4 福建省

2023年福建省的整体营商环境综合指数为68.05，如图6-23所示，与全国平均水平65.94相比，福建省营商环境综合指数处于全国平均水平之上，体现出福建省营商环境综合水平相对较强。

具体细分维度来看，如图6-24所示。2023年福建省基础环境指数为54.45，与全国平均水平58.11相比，处于全国平均水平之下，在全国各省份比较中排名第18位，体现出相对偏弱的基础环境水平。2023年福建省政务环境指数为89.04，与全国平均水平77.83相比，处于全国平均水平之上，在全国各省份比较中排名第4位，体现出相对较强的政务环境水平。2023年福建省法律环境指数为67.49，与全国平均水平71.18相比，处于全国平均水平之下，在全国各省份比较中排名第19位，体现出相对偏弱的法律环境水平。2023年福建省人才环境指数为66.28，与全国平均水平64.27相比，处于全国平均水平之上，在全国各省份比较中排名第10位，体现出相对较强的人才环境水平。2023年福建省投资环境指数为60.50，与全国平均水平59.44相比，处于全国平均水平之上，在全国各省份比较中排名第10位，体现出相对较强的投资环境水平。2023年福建省金融环境指数为69.15，与全国平均水平64.27相比，处于全国平均水平之上，在全国各省份比较中排名第8位，体现出相对较强的金融环境水平。

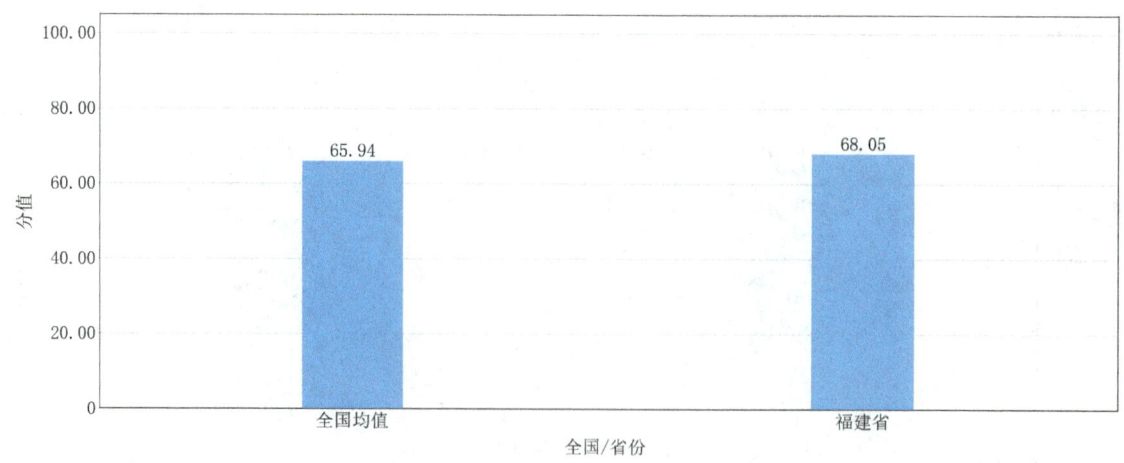

图6-23 福建省营商环境综合指数

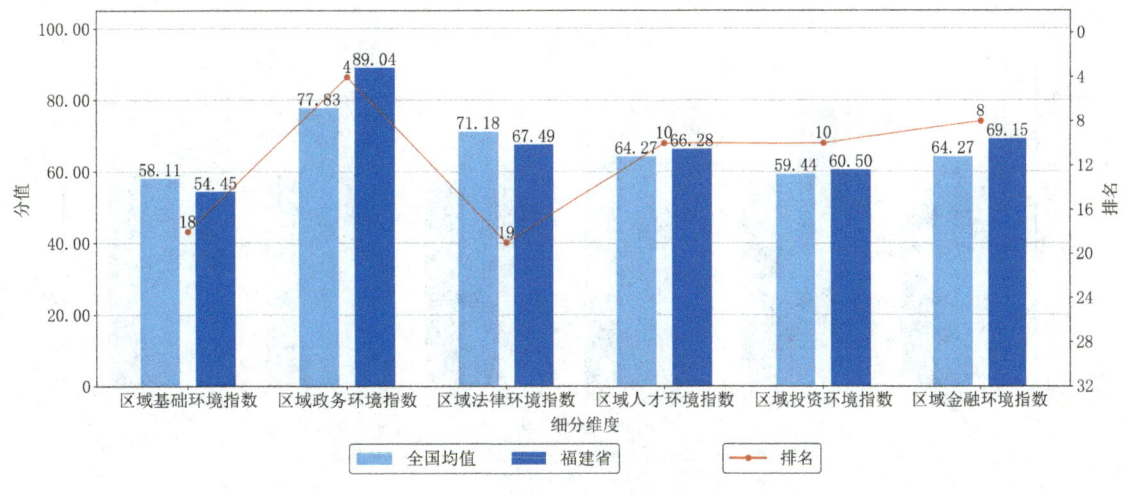

图6-24　福建省营商环境指数——细分维度

6.2.5　甘肃省

2023年甘肃省的整体营商环境综合指数为59.70，如图6-25所示，与全国平均水平65.94相比，甘肃省营商环境综合指数处于全国平均水平之下，体现出甘肃省营商环境综合水平相对偏弱。

具体细分维度来看，如图6-26所示。2023年甘肃省基础环境指数为50.93，与全国平均水平58.11相比，处于全国平均水平之下，在全国各省份比较中排名第28位，体现出相对偏弱的基础环境水平。2023年甘肃省政务环境指数为66.62，与全国平均水平77.83相比，处于全国平均水平之下，在全国各省份比较中排名第28位，体现出相对偏弱的政务环境水平。2023年甘肃省法律环境指数为66.62，与全国平均水平71.18相比，处于全国平均水平之下，在全国各省份比较中排名第23位，体现出相对偏弱的法律环境水平。2023年甘肃省人才环境指数为57.41，与全国平均水平64.27相比，处于全国平均水平之下，在全国各省份比较中排名第25位，体现出相对偏弱的人才环境水平。2023年甘肃省投资环境指数为57.25，与全国平均水平59.44相比，处于全国平均水平之下，在全国各省份比较中排名第18位，体现出相对偏弱的投资环境水平。2023年甘肃省金融环境指数为59.09，与全国平均水平64.27相比，处于全国平均水平之下，在全国各省份比较中排名第23位，体现出相对偏弱的金融环境水平。

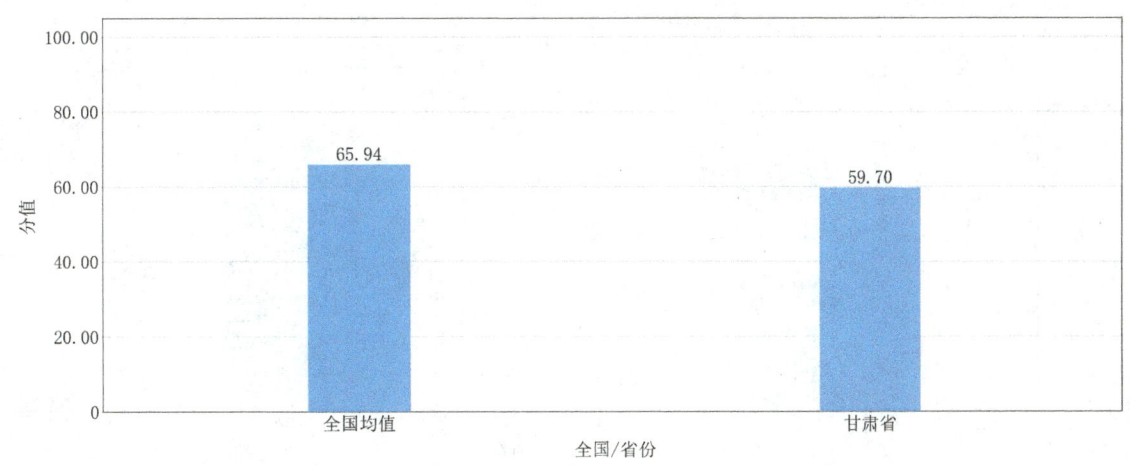

图6-25　甘肃省营商环境综合指数

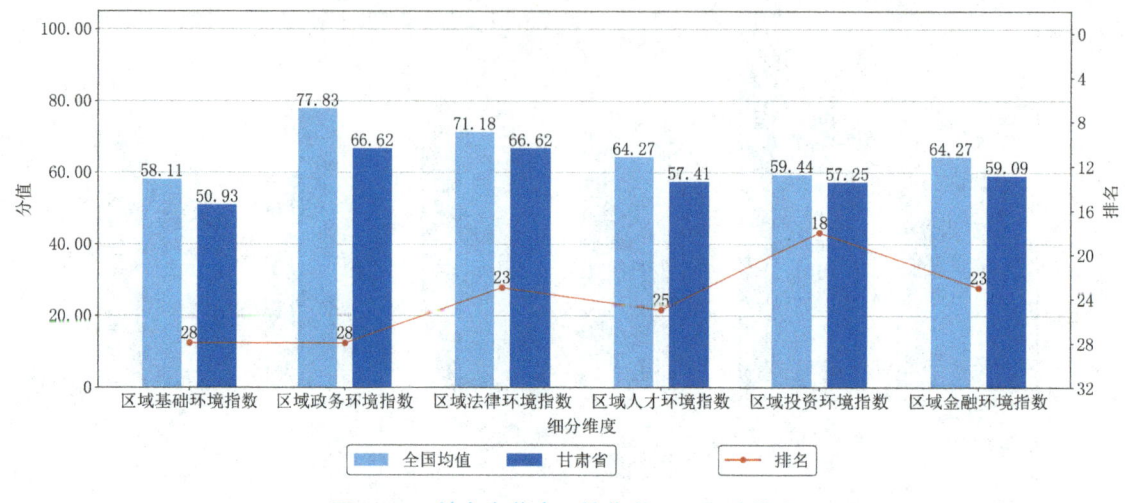

图6-26 甘肃省营商环境指数——细分维度

6.2.6 广东省

2023年广东省的整体营商环境综合指数为76.59，如图6-27所示，与全国平均水平65.94相比，广东省营商环境综合指数处于全国平均水平之上，体现出广东省营商环境综合水平相对较强。

具体细分维度来看，如图6-28所示。2023年广东省基础环境指数为60.60，与全国平均水平58.11相比，处于全国平均水平之上，在全国各省份比较中排名第9位，体现出相对较强的基础环境水平。2023年广东省政务环境指数为92.44，与全国平均水平77.83相比，处于全国平均水平之上，在全国各省份比较中排名第2位，体现出相对较强的政务环境水平。2023年广东省法律环境指数为83.45，与全国平均水平71.18相比，处于全国平均水平之上，在全国各省份比较中排名第4位，体现出相对较强的法律环境水平。2023年广东省人才环境指数为70.66，与全国平均水平64.27相比，处于全国平均水平之上，在全国各省份比较中排名第6位，体现出相对较强的人才环境水平。2023年广东省投资环境指数为71.33，与全国平均水平59.44相比，处于全国平均水平之上，在全国各省份比较中排名第3位，体现出相对较强的投资环境水平。2023年广东省金融环境指数为80.91，与全国平均水平64.27相比，处于全国平均水平之上，在全国各省份比较中排名第3位，体现出相对较强的金融环境水平。

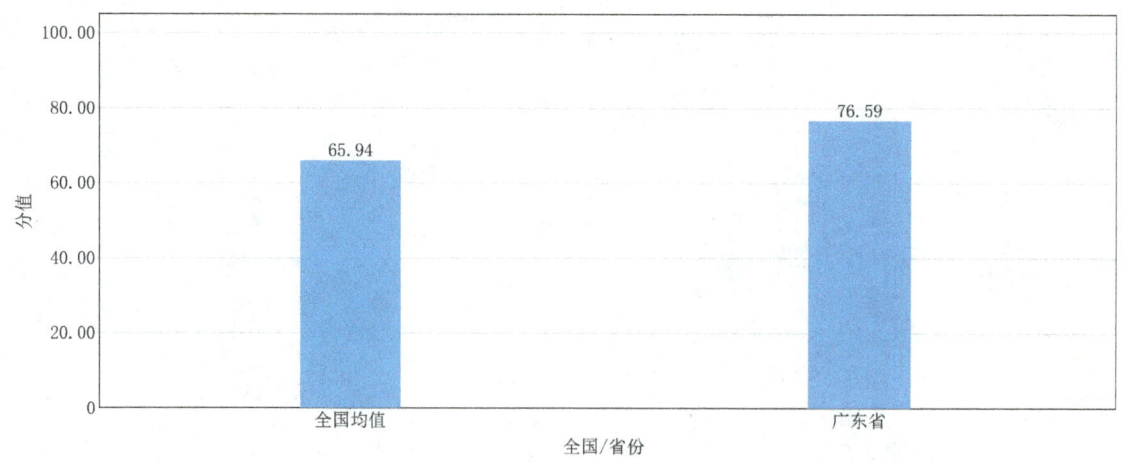

图6-27 广东省营商环境综合指数

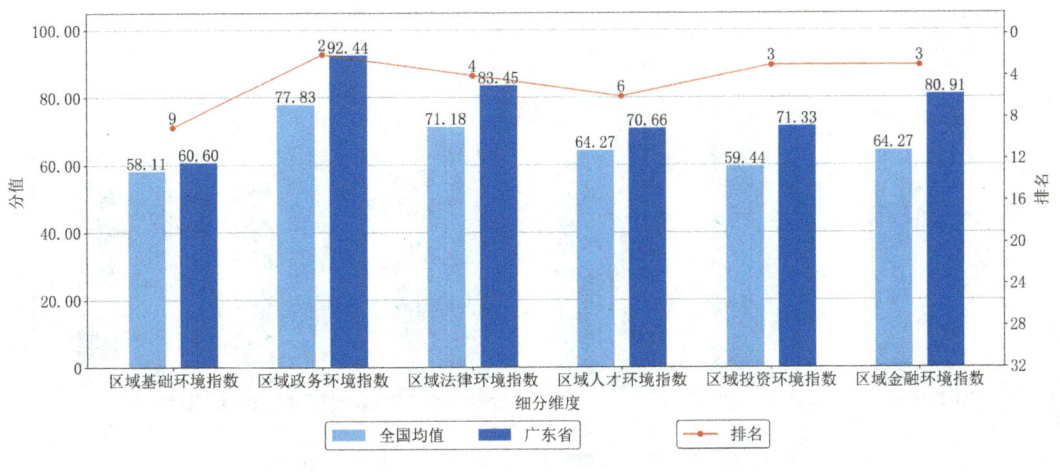

图6-28 广东省营商环境指数——细分维度

6.2.7 广西壮族自治区

2023年广西壮族自治区的整体营商环境综合指数为62.92，如图6-29所示，与全国平均水平65.94相比，广西壮族自治区营商环境综合指数处于全国平均水平之下，体现出广西壮族自治区营商环境综合水平相对偏弱。

具体细分维度来看，如图6-30所示。2023年广西壮族自治区基础环境指数为52.05，与全国平均水平58.11相比，处于全国平均水平之下，在全国各省份比较中排名第26位，体现出相对偏弱的基础环境水平。2023年广西壮族自治区政务环境指数为79.06，与全国平均水平77.83相比，处于全国平均水平之上，在全国各省份比较中排名第19位，体现出相对较强的政务环境水平。2023年广西壮族自治区法律环境指数为63.11，与全国平均水平71.18相比，处于全国平均水平之下，在全国各省份比较中排名第25位，体现出相对偏弱的法律环境水平。2023年广西壮族自治区人才环境指数为61.33，与全国平均水平64.27相比，处于全国平均水平之下，在全国各省份比较中排名第15位，体现出相对偏弱的人才环境水平。2023年广西壮族自治区投资环境指数为58.13，与全国平均水平59.44相比，处于全国平均水平之下，在全国各省份比较中排名第15位，体现出相对偏弱的投资环境水平。2023年广西壮族自治区金融环境指数为62.63，与全国平均水平64.27相比，处于全国平均水平之下，在全国各省份比较中排名第19位，体现出相对偏弱的金融环境水平。

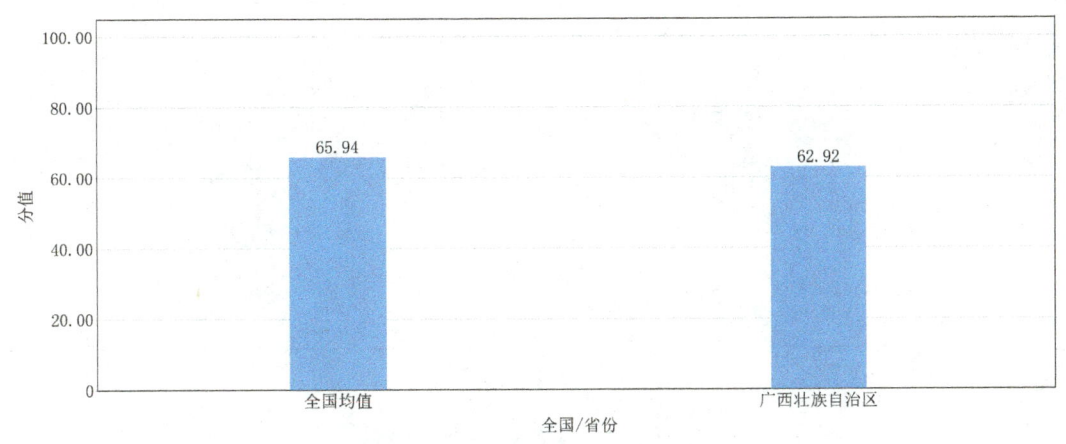

图6-29 广西壮族自治区营商环境综合指数

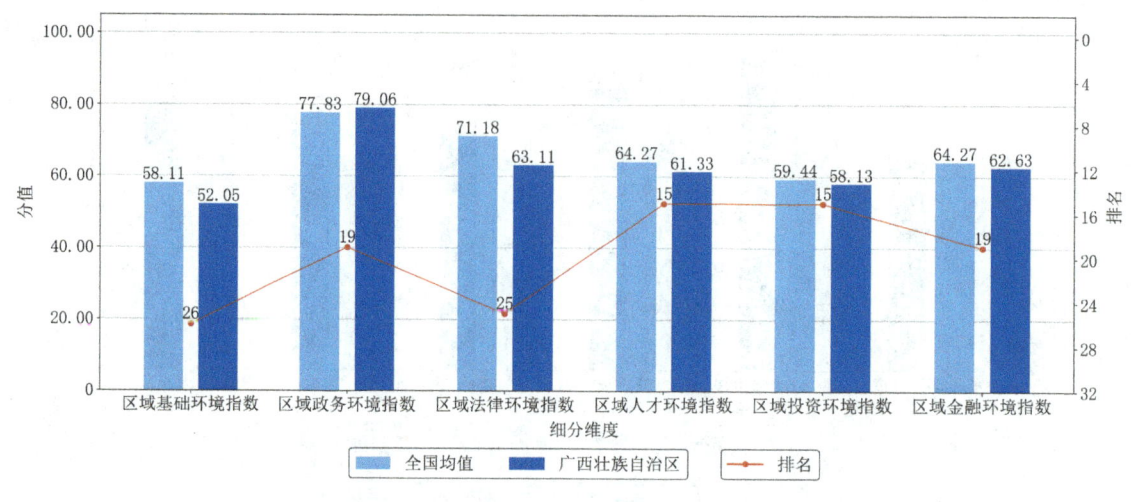

图6-30 广西壮族自治区营商环境指数——细分维度

6.2.8 贵州省

2023年贵州省的整体营商环境综合指数为63.85，如图6-31所示，与全国平均水平65.94相比，贵州省营商环境综合指数处于全国平均水平之下，体现出贵州省营商环境综合水平相对偏弱。

具体细分维度来看，如图6-32所示。2023年贵州省基础环境指数为54.80，与全国平均水平58.11相比，处于全国平均水平之下，在全国各省份比较中排名第17位，体现出相对偏弱的基础环境水平。2023年贵州省政务环境指数为80.39，与全国平均水平77.83相比，处于全国平均水平之上，在全国各省份比较中排名第16位，体现出相对较强的政务环境水平。2023年贵州省法律环境指数为76.95，与全国平均水平71.18相比，处于全国平均水平之上，在全国各省份比较中排名第10位，体现出相对较强的法律环境水平。2023年贵州省人才环境指数为58.93，与全国平均水平64.27相比，处于全国平均水平之下，在全国各省份比较中排名第22位，体现出相对偏弱的人才环境水平。2023年贵州省投资环境指数为54.06，与全国平均水平59.44相比，处于全国平均水平之下，在全国各省份比较中排名第24位，体现出相对偏弱的投资环境水平。2023年贵州省金融环境指数为56.81，与全国平均水平64.27相比，处于全国平均水平之下，在全国各省份比较中排名第25位，体现出相对偏弱的金融环境水平。

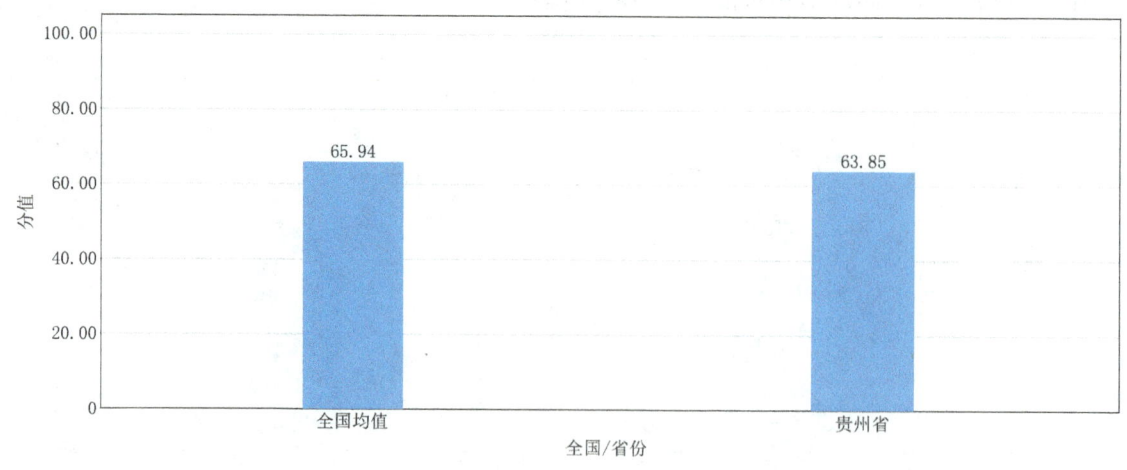

图6-31 贵州省营商环境综合指数

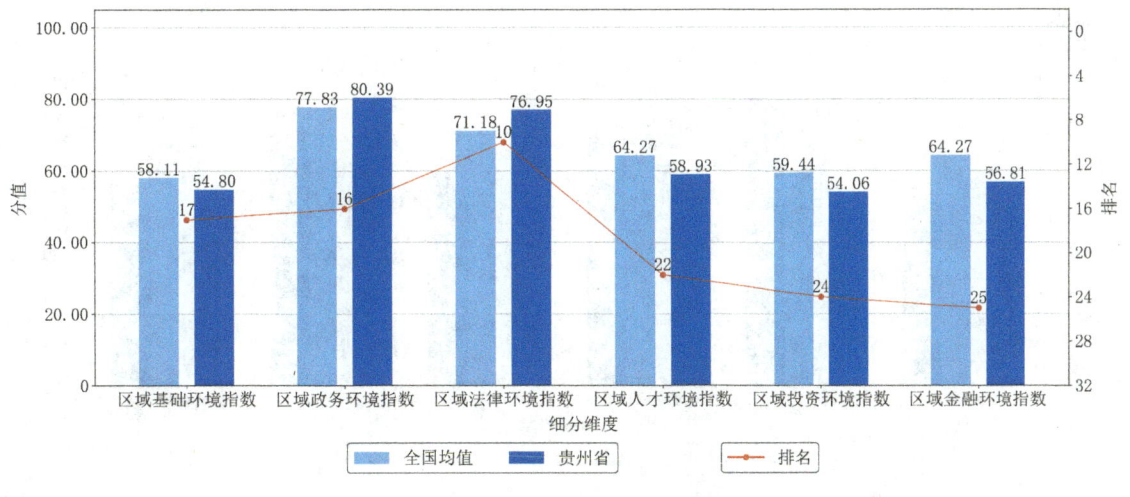

图6-32 贵州省营商环境指数——细分维度

6.2.9 海南省

2023年海南省的整体营商环境综合指数为64.45，如图6-33所示，与全国平均水平65.94相比，海南省营商环境综合指数处于全国平均水平之下，体现出海南省营商环境综合水平相对偏弱。

具体细分维度来看，如图6-34所示。2023年海南省基础环境指数为52.62，与全国平均水平58.11相比，处于全国平均水平之下，在全国各省份比较中排名第25位，体现出相对偏弱的基础环境水平。2023年海南省政务环境指数为81.20，与全国平均水平77.83相比，处于全国平均水平之上，在全国各省份比较中排名第14位，体现出相对较强的政务环境水平。2023年海南省法律环境指数为68.37，与全国平均水平71.18相比，处于全国平均水平之下，在全国各省份比较中排名第18位，体现出相对偏弱的法律环境水平。2023年海南省人才环境指数为60.65，与全国平均水平64.27相比，处于全国平均水平之下，在全国各省份比较中排名第17位，体现出相对偏弱的人才环境水平。2023年海南省投资环境指数为67.48，与全国平均水平59.44相比，处于全国平均水平之上，在全国各省份比较中排名第6位，体现出相对较强的投资环境水平。2023年海南省金融环境指数为53.18，与全国平均水平64.27相比，处于全国平均水平之下，在全国各省份比较中排名第28位，体现出相对偏弱的金融环境水平。

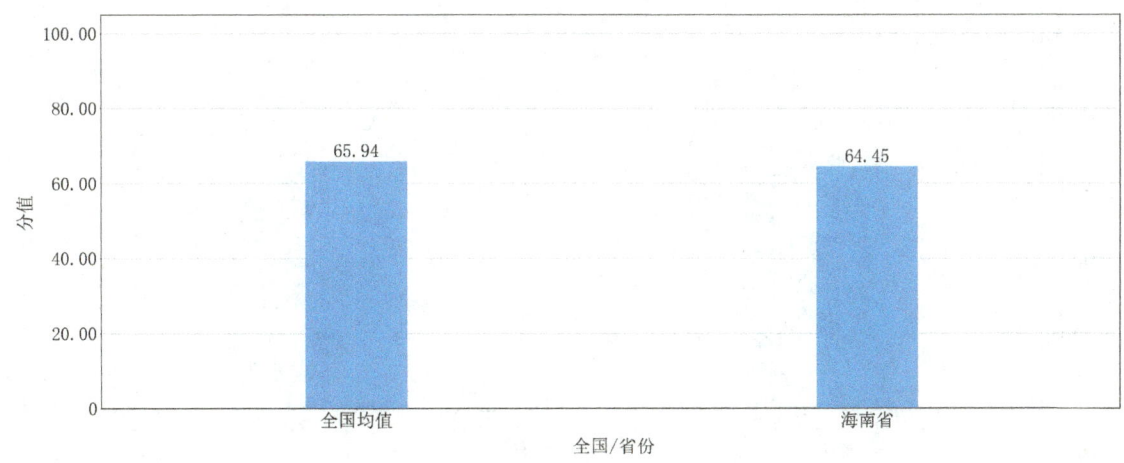

图6-33 海南省营商环境综合指数

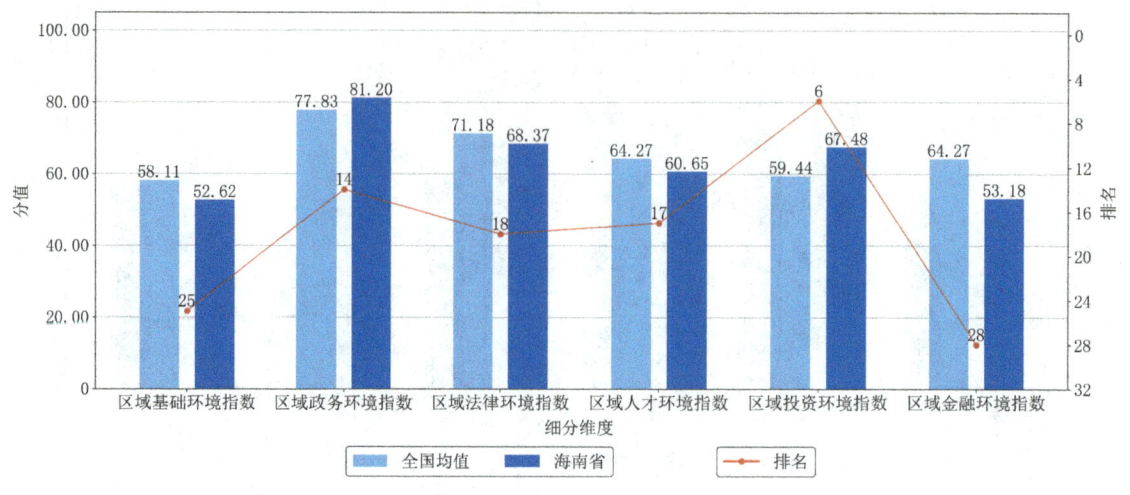

图6-34 海南省营商环境指数——细分维度

6.2.10 河北省

2023年河北省的整体营商环境综合指数为65.47，如图6-35所示，与全国平均水平65.94相比，河北省营商环境综合指数处于全国平均水平之下，体现出河北省营商环境综合水平相对偏弱。

具体细分维度来看，如图6-36所示。2023年河北省基础环境指数为52.68，与全国平均水平58.11相比，处于全国平均水平之下，在全国各省份比较中排名第24位，体现出相对偏弱的基础环境水平。2023年河北省政务环境指数为79.34，与全国平均水平77.83相比，处于全国平均水平之上，在全国各省份比较中排名第17位，体现出相对较强的政务环境水平。2023年河北省法律环境指数为74.77，与全国平均水平71.18相比，处于全国平均水平之上，在全国各省份比较中排名第12位，体现出相对较强的法律环境水平。2023年河北省人才环境指数为55.54，与全国平均水平64.27相比，处于全国平均水平之下，在全国各省份比较中排名第29位，体现出相对偏弱的人才环境水平。2023年河北省投资环境指数为60.83，与全国平均水平59.44相比，处于全国平均水平之上，在全国各省份比较中排名第9位，体现出相对较强的投资环境水平。2023年河北省金融环境指数为70.46，与全国平均水平64.27相比，处于全国平均水平之上，在全国各省份比较中排名第7位，体现出相对较强的金融环境水平。

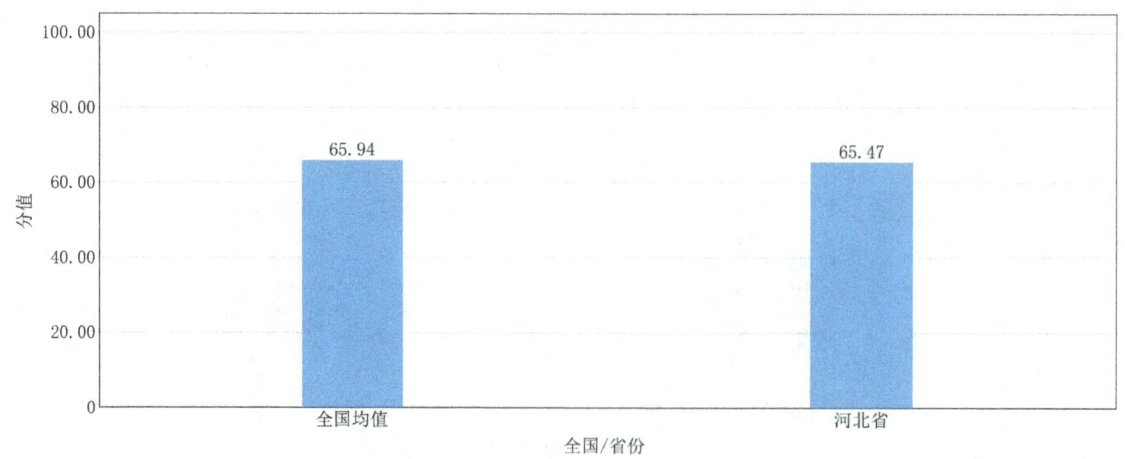

图6-35 河北省营商环境综合指数

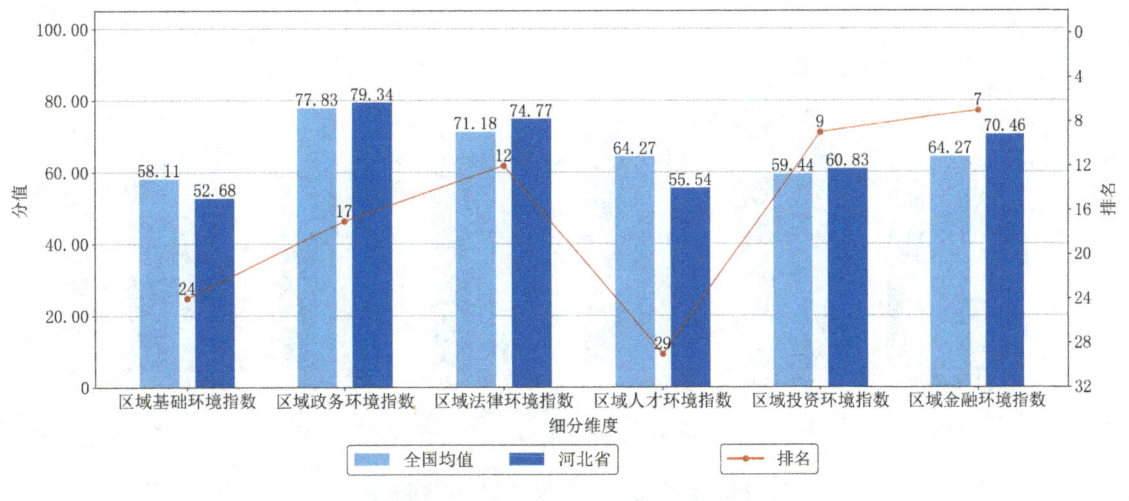

图6-36 河北省营商环境指数——细分维度

6.2.11 河南省

2023年河南省的整体营商环境综合指数为65.15，如图6-37所示，与全国平均水平65.94相比，河南省营商环境综合指数处于全国平均水平之下，体现出河南省营商环境综合水平相对偏弱。

具体细分维度来看，如图6-38所示。2023年河南省基础环境指数为56.06，与全国平均水平58.11相比，处于全国平均水平之下，在全国各省份比较中排名第13位，体现出相对偏弱的基础环境水平。2023年河南省政务环境指数为86.11，与全国平均水平77.83相比，处于全国平均水平之上，在全国各省份比较中排名第8位，体现出相对较强的政务环境水平。2023年河南省法律环境指数为71.45，与全国平均水平71.18相比，处于全国平均水平之上，在全国各省份比较中排名第15位，体现出相对较强的法律环境水平。2023年河南省人才环境指数为57.86，与全国平均水平64.27相比，处于全国平均水平之下，在全国各省份比较中排名第24位，体现出相对偏弱的人才环境水平。2023年河南省投资环境指数为56.84，与全国平均水平59.44相比，处于全国平均水平之下，在全国各省份比较中排名第20位，体现出相对偏弱的投资环境水平。2023年河南省金融环境指数为61.78，与全国平均水平64.27相比，处于全国平均水平之下，在全国各省份比较中排名第21位，体现出相对偏弱的金融环境水平。

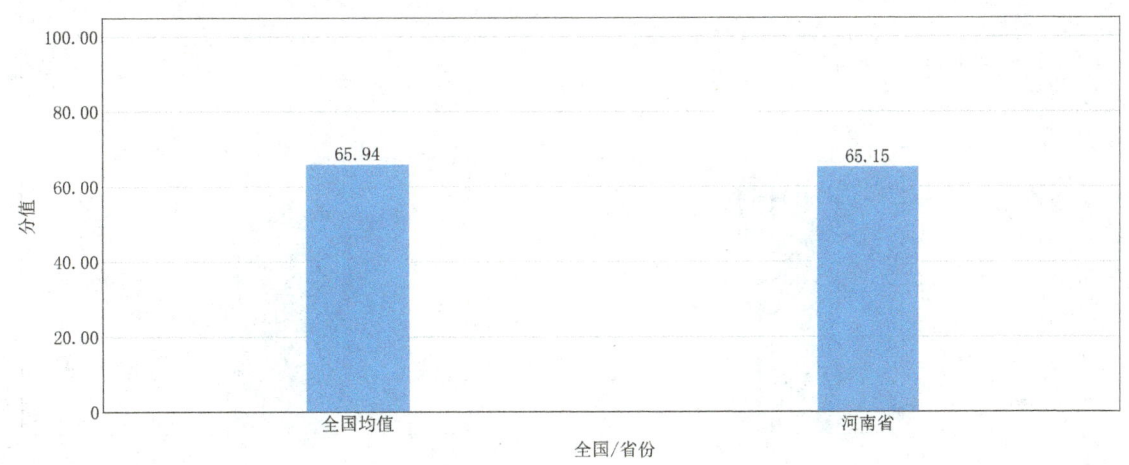

图6-37 河南省营商环境综合指数

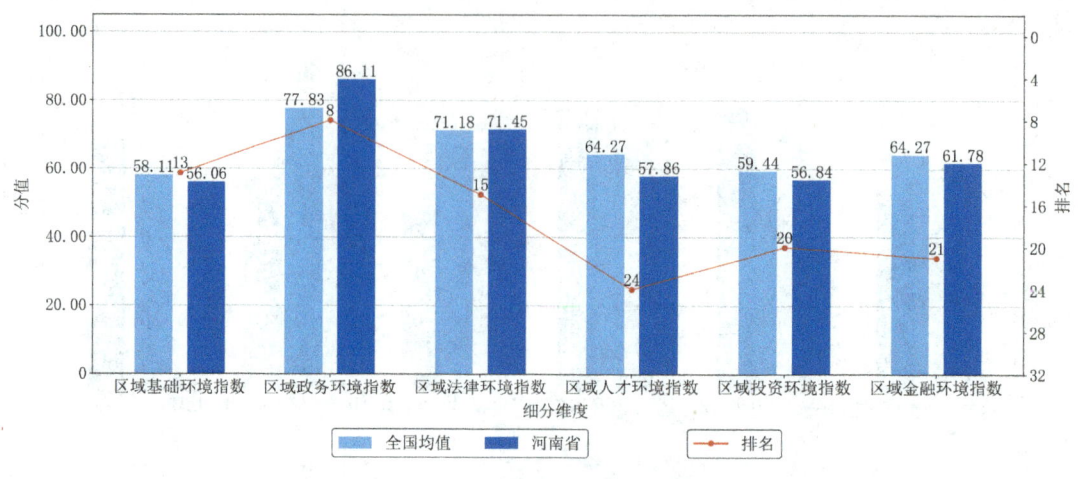

图6-38 河南省营商环境指数——细分维度

6.2.12 黑龙江省

2023年黑龙江省的整体营商环境综合指数为61.40，如图6-39所示，与全国平均水平65.94相比，黑龙江省营商环境综合指数处于全国平均水平之下，体现出黑龙江省营商环境综合水平相对偏弱。

具体细分维度来看，如图6-40所示。2023年黑龙江省基础环境指数为54.32，与全国平均水平58.11相比，处于全国平均水平之下，在全国各省份比较中排名第19位，体现出相对偏弱的基础环境水平。2023年黑龙江省政务环境指数为69.40，与全国平均水平77.83相比，处于全国平均水平之下，在全国各省份比较中排名第26位，体现出相对偏弱的政务环境水平。2023年黑龙江省法律环境指数为69.19，与全国平均水平71.18相比，处于全国平均水平之下，在全国各省份比较中排名第16位，体现出相对偏弱的法律环境水平。2023年黑龙江省人才环境指数为53.57，与全国平均水平64.27相比，处于全国平均水平之下，在全国各省份比较中排名第31位，体现出相对偏弱的人才环境水平。2023年黑龙江省投资环境指数为60.01，与全国平均水平59.44相比，处于全国平均水平之上，在全国各省份比较中排名第11位，体现出相对较强的投资环境水平。2023年黑龙江省金融环境指数为62.64，与全国平均水平64.27相比，处于全国平均水平之下，在全国各省份比较中排名第18位，体现出相对偏弱的金融环境水平。

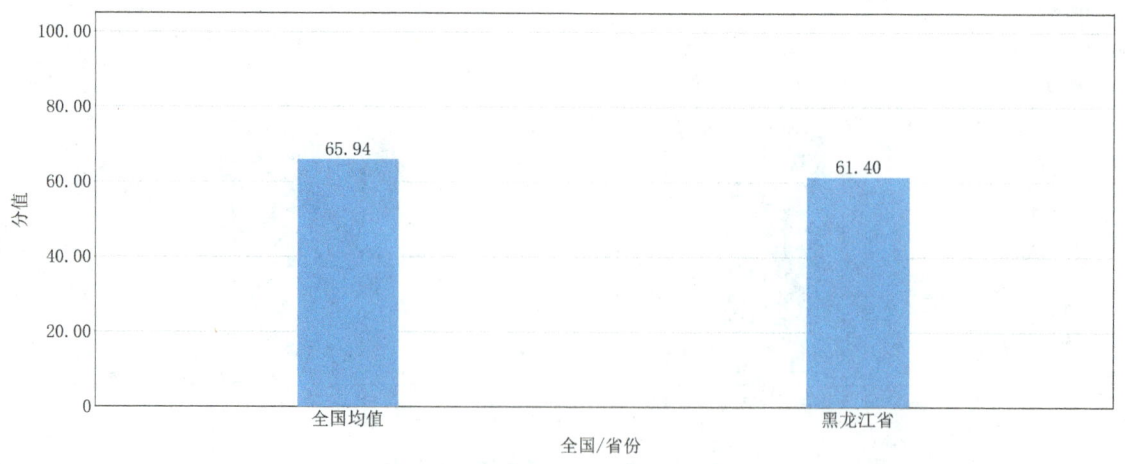

图6-39 黑龙江省营商环境综合指数

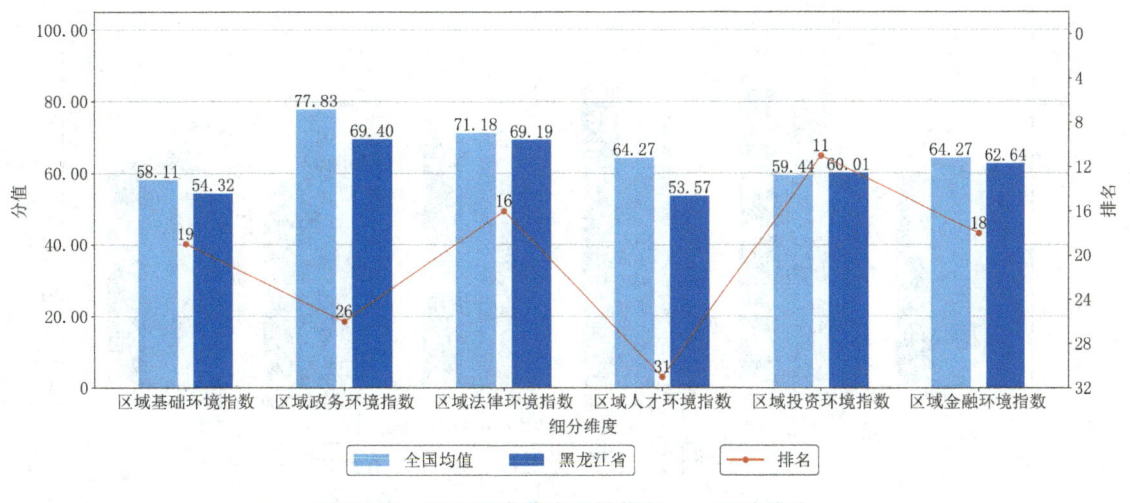

图6-40 黑龙江省营商环境指数——细分维度

6.2.13 湖北省

2023年湖北省的整体营商环境综合指数为69.01，如图6-41所示，与全国平均水平65.94相比，湖北省营商环境综合指数处于全国平均水平之上，体现出湖北省营商环境综合水平相对较强。

具体细分维度来看，如图6-42所示。2023年湖北省基础环境指数为58.82，与全国平均水平58.11相比，处于全国平均水平之上，在全国各省份比较中排名第12位，体现出相对较强的基础环境水平。2023年湖北省政务环境指数为83.08，与全国平均水平77.83相比，处于全国平均水平之上，在全国各省份比较中排名第12位，体现出相对较强的政务环境水平。2023年湖北省法律环境指数为79.73，与全国平均水平71.18相比，处于全国平均水平之上，在全国各省份比较中排名第7位，体现出相对较强的法律环境水平。2023年湖北省人才环境指数为70.25，与全国平均水平64.27相比，处于全国平均水平之上，在全国各省份比较中排名第7位，体现出相对较强的人才环境水平。2023年湖北省投资环境指数为57.25，与全国平均水平59.44相比，处于全国平均水平之下，在全国各省份比较中排名第17位，体现出相对偏弱的投资环境水平。2023年湖北省金融环境指数为63.56，与全国平均水平64.27相比，处于全国平均水平之下，在全国各省份比较中排名第16位，体现出相对偏弱的金融环境水平。

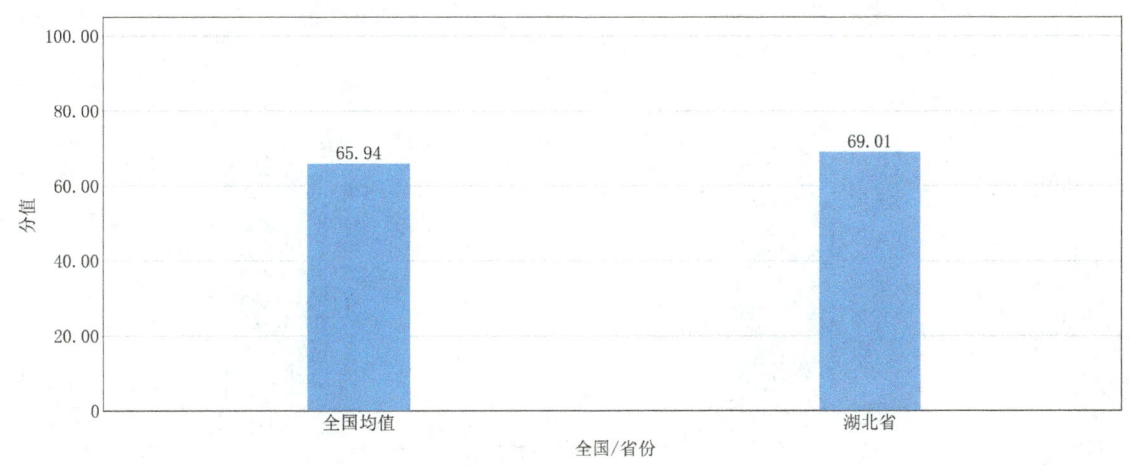

图6-41 湖北省营商环境综合指数

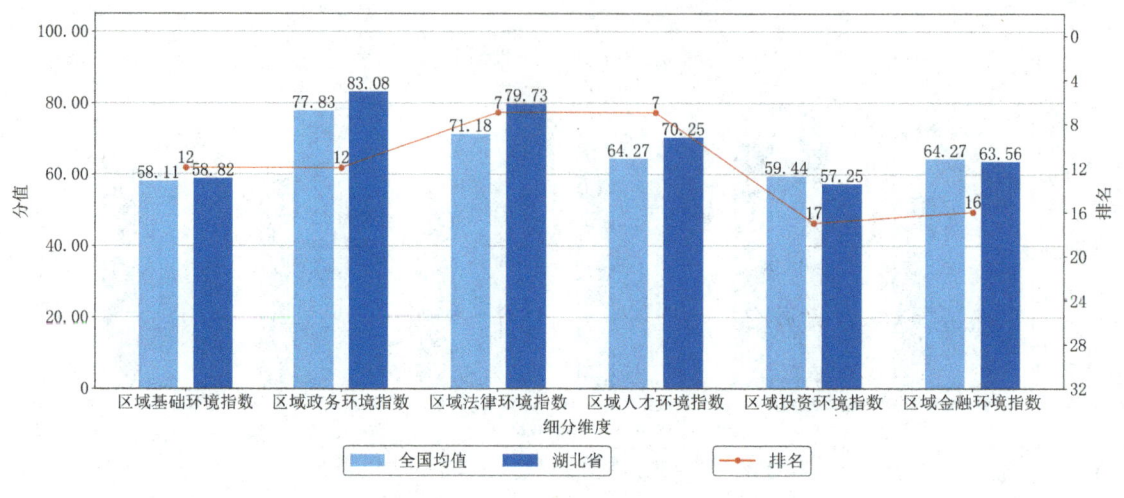

图6-42 湖北省营商环境指数——细分维度

6.2.14 湖南省

2023年湖南省的整体营商环境综合指数为63.42，如图6-43所示，与全国平均水平65.94相比，湖南省营商环境综合指数处于全国平均水平之下，体现出湖南省营商环境综合水平相对偏弱。

具体细分维度来看，如图6-44所示。2023年湖南省基础环境指数为55.97，与全国平均水平58.11相比，处于全国平均水平之下，在全国各省份比较中排名第14位，体现出相对偏弱的基础环境水平。2023年湖南省政务环境指数为81.16，与全国平均水平77.83相比，处于全国平均水平之上，在全国各省份比较中排名第15位，体现出相对较强的政务环境水平。2023年湖南省法律环境指数为61.42，与全国平均水平71.18相比，处于全国平均水平之下，在全国各省份比较中排名第27位，体现出相对偏弱的法律环境水平。2023年湖南省人才环境指数为57.34，与全国平均水平64.27相比，处于全国平均水平之下，在全国各省份比较中排名第26位，体现出相对偏弱的人才环境水平。2023年湖南省投资环境指数为60.87，与全国平均水平59.44相比，处于全国平均水平之上，在全国各省份比较中排名第8位，体现出相对较强的投资环境水平。2023年湖南省金融环境指数为63.17，与全国平均水平64.27相比，处于全国平均水平之下，在全国各省份比较中排名第17位，体现出相对偏弱的金融环境水平。

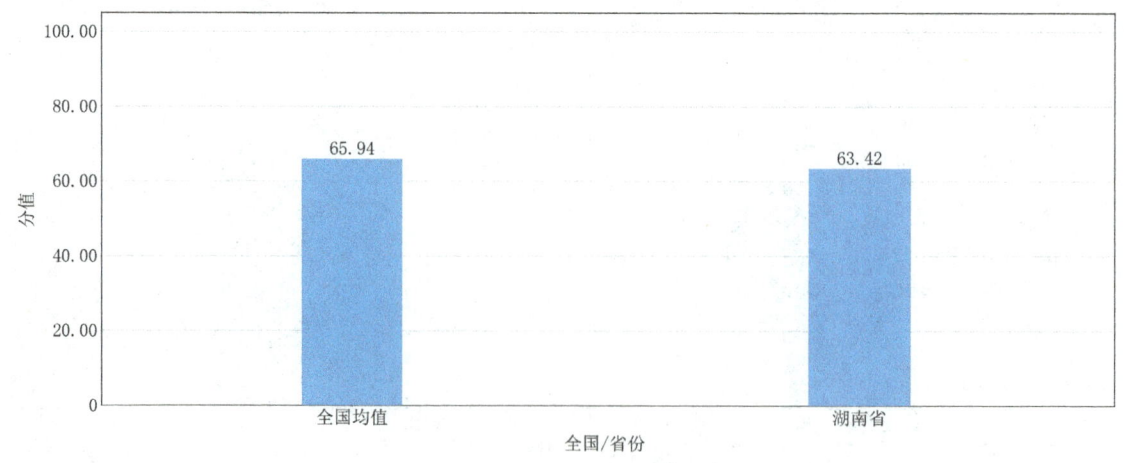

图6-43 湖南省营商环境综合指数

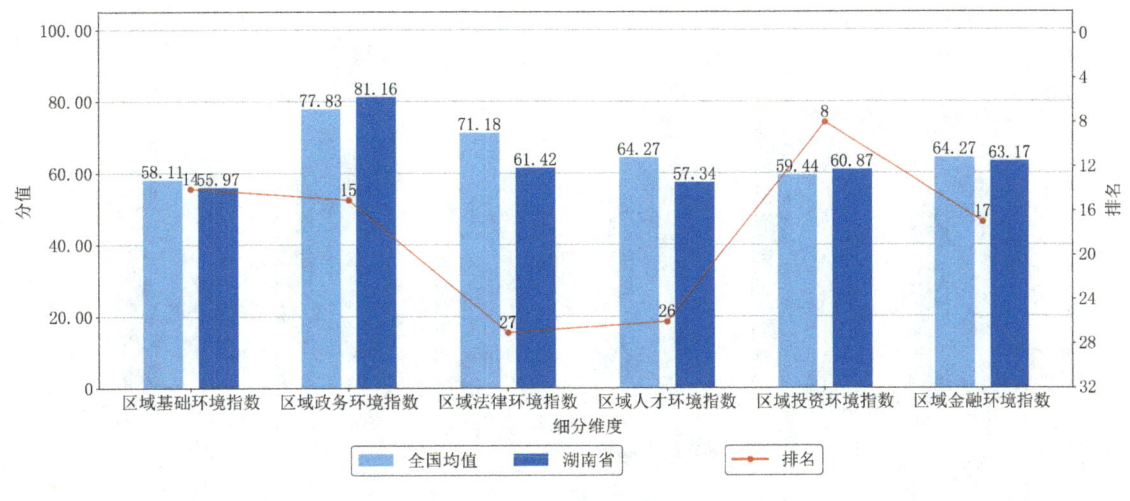

图 6-44　湖南省营商环境指数——细分维度

6.2.15　吉林省

2023年吉林省的整体营商环境综合指数为58.56，如图6-45所示，与全国平均水平65.94相比，吉林省营商环境综合指数处于全国平均水平之下，体现出吉林省营商环境综合水平相对偏弱。

具体细分维度来看，如图6-46所示。2023年吉林省基础环境指数为54.25，与全国平均水平58.11相比，处于全国平均水平之下，在全国各省份比较中排名第20位，体现出相对偏弱的基础环境水平。2023年吉林省政务环境指数为70.57，与全国平均水平77.83相比，处于全国平均水平之下，在全国各省份比较中排名第25位，体现出相对偏弱的政务环境水平。2023年吉林省法律环境指数为52.36，与全国平均水平71.18相比，处于全国平均水平之下，在全国各省份比较中排名第30位，体现出相对偏弱的法律环境水平。2023年吉林省人才环境指数为55.08，与全国平均水平64.27相比，处于全国平均水平之下，在全国各省份比较中排名第30位，体现出相对偏弱的人才环境水平。2023年吉林省投资环境指数为57.29，与全国平均水平59.44相比，处于全国平均水平之下，在全国各省份比较中排名第16位，体现出相对偏弱的投资环境水平。2023年吉林省金融环境指数为62.01，与全国平均水平64.27相比，处于全国平均水平之下，在全国各省份比较中排名第20位，体现出相对偏弱的金融环境水平。

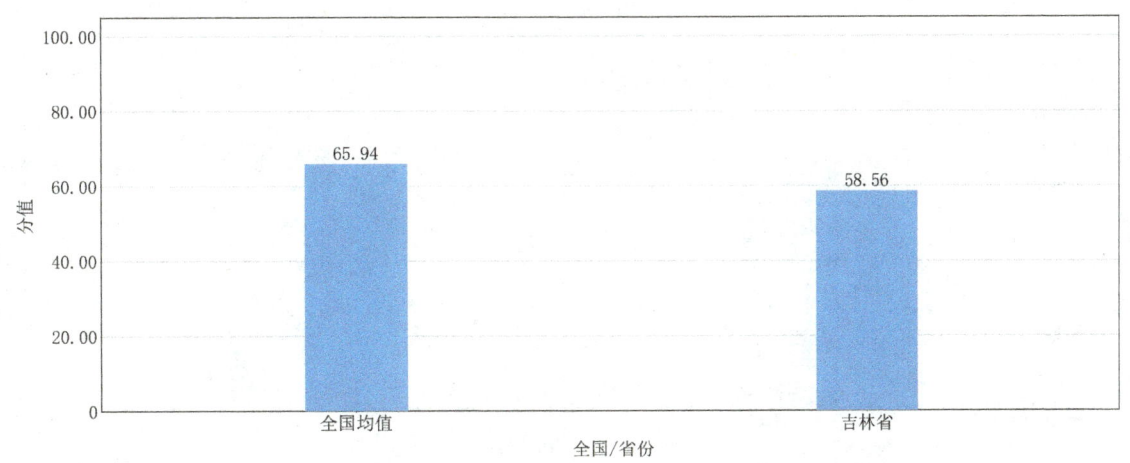

图 6-45　吉林省营商环境综合指数

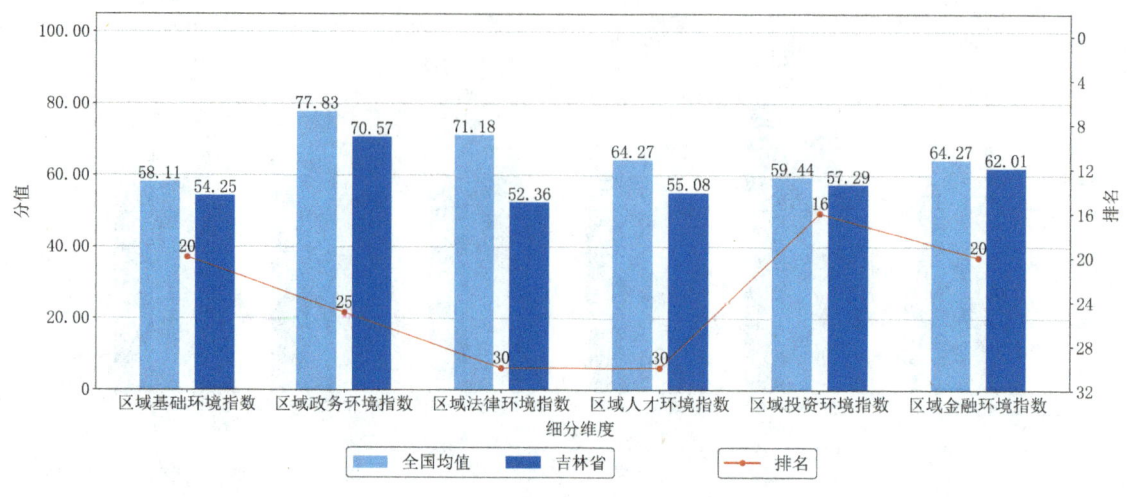

图6-46 吉林省营商环境指数——细分维度

6.2.16 江苏省

2023年江苏省的整体营商环境综合指数为77.24，如图6-47所示，与全国平均水平65.94相比，江苏省营商环境综合指数处于全国平均水平之上，体现出江苏省营商环境综合水平相对较强。

具体细分维度来看，如图6-48所示。2023年江苏省基础环境指数为71.68，与全国平均水平58.11相比，处于全国平均水平之上，在全国各省份比较中排名第3位，体现出相对较强的基础环境水平。2023年江苏省政务环境指数为89.58，与全国平均水平77.83相比，处于全国平均水平之上，在全国各省份比较中排名第3位，体现出相对较强的政务环境水平。2023年江苏省法律环境指数为83.00，与全国平均水平71.18相比，处于全国平均水平之上，在全国各省份比较中排名第5位，体现出相对较强的法律环境水平。2023年江苏省人才环境指数为80.58，与全国平均水平64.27相比，处于全国平均水平之上，在全国各省份比较中排名第2位，体现出相对较强的人才环境水平。2023年江苏省投资环境指数为61.53，与全国平均水平59.44相比，处于全国平均水平之上，在全国各省份比较中排名第7位，体现出相对较强的投资环境水平。2023年江苏省金融环境指数为77.08，与全国平均水平64.27相比，处于全国平均水平之上，在全国各省份比较中排名第4位，体现出相对较强的金融环境水平。

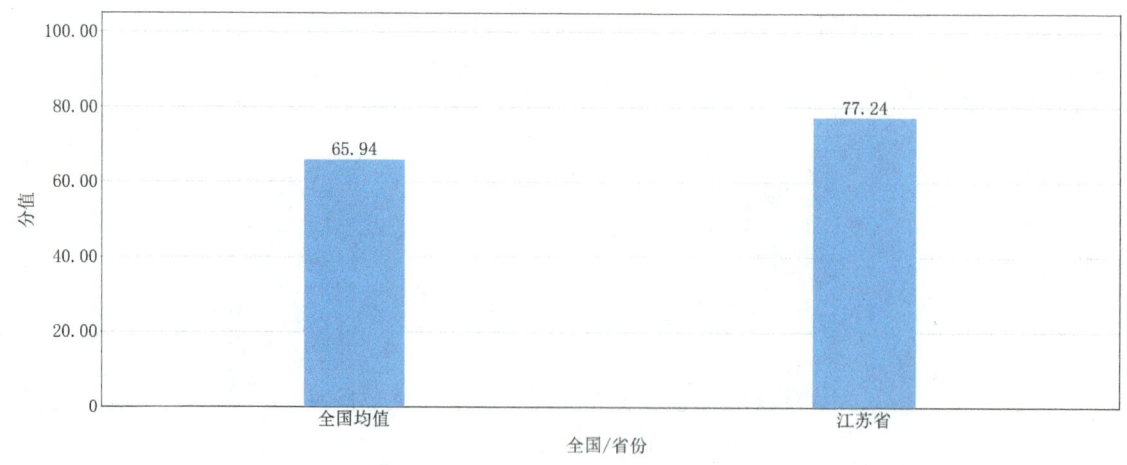

图6-47 江苏省营商环境综合指数

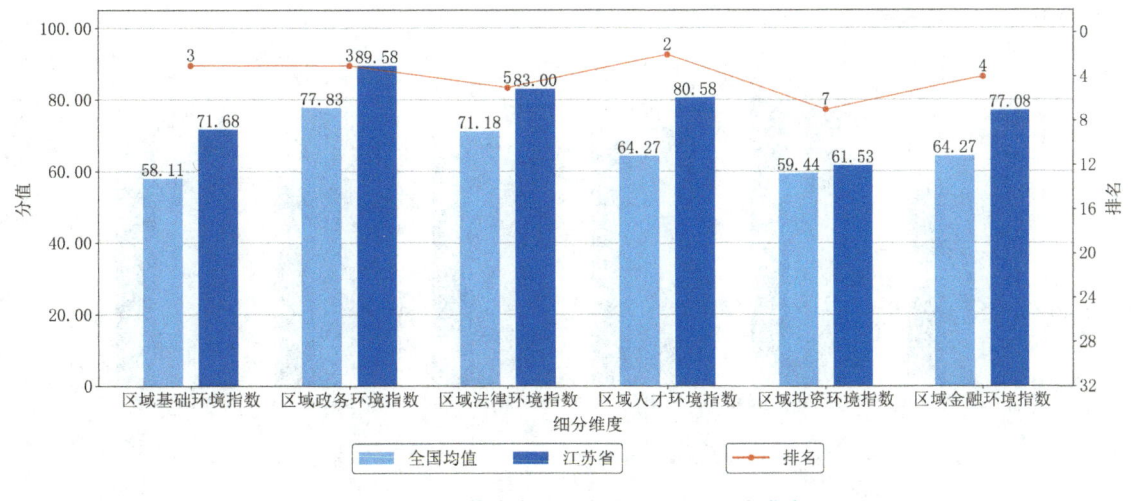

图6-48 江苏省营商环境指数——细分维度

6.2.17 江西省

2023年江西省的整体营商环境综合指数为65.04，如图6-49所示，与全国平均水平65.94相比，江西省营商环境综合指数处于全国平均水平之下，体现出江西省营商环境综合水平相对偏弱。

具体细分维度来看，如图6-50所示。2023年江西省基础环境指数为53.89，与全国平均水平58.11相比，处于全国平均水平之下，在全国各省份比较中排名第21位，体现出相对偏弱的基础环境水平。2023年江西省政务环境指数为79.22，与全国平均水平77.83相比，处于全国平均水平之上，在全国各省份比较中排名第18位，体现出相对较强的政务环境水平。2023年江西省法律环境指数为67.44，与全国平均水平71.18相比，处于全国平均水平之下，在全国各省份比较中排名第20位，体现出相对偏弱的法律环境水平。2023年江西省人才环境指数为64.34，与全国平均水平64.27相比，处于全国平均水平之上，在全国各省份比较中排名第14位，体现出相对较强的人才环境水平。2023年江西省投资环境指数为59.91，与全国平均水平59.44相比，处于全国平均水平之上，在全国各省份比较中排名第13位，体现出相对较强的投资环境水平。2023年江西省金融环境指数为64.29，与全国平均水平64.27相比，处于全国平均水平之上，在全国各省份比较中排名第14位，体现出相对较强的金融环境水平。

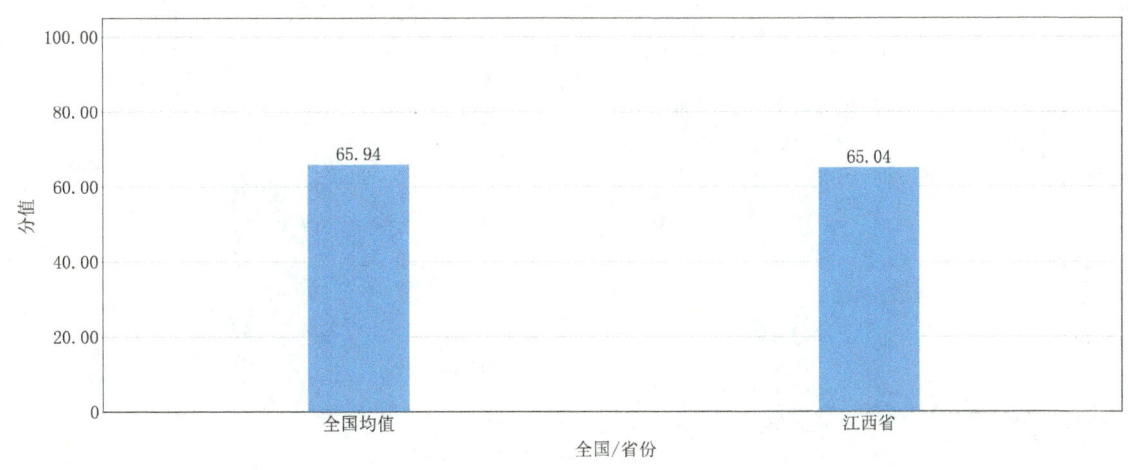

图6-49 江西省营商环境综合指数

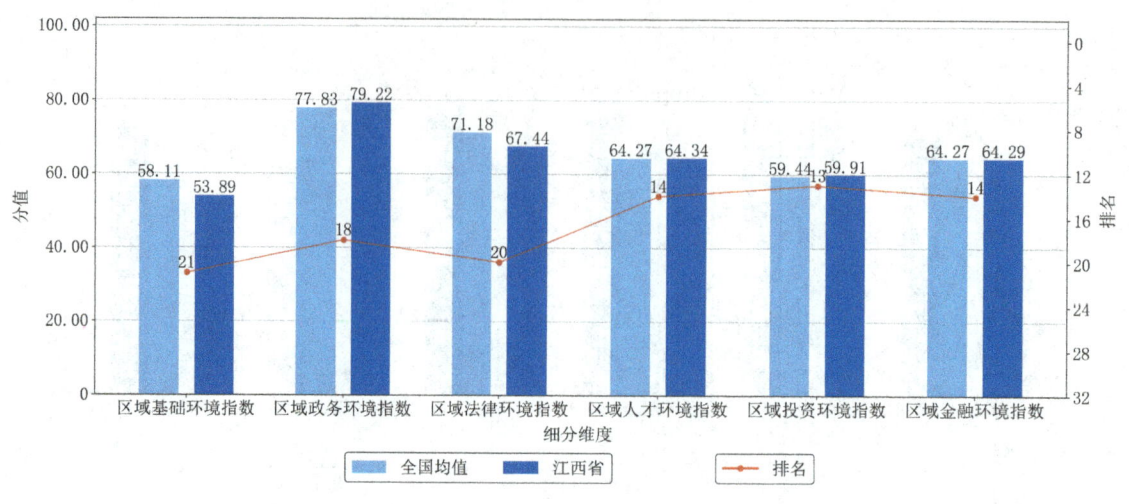

图6-50 江西省营商环境指数——细分维度

6.2.18 辽宁省

2023年辽宁省的整体营商环境综合指数为62.35，如图6-51所示，与全国平均水平65.94相比，辽宁省营商环境综合指数处于全国平均水平之下，体现出辽宁省营商环境综合水平相对偏弱。

具体细分维度来看，如图6-52所示。2023年辽宁省基础环境指数为62.06，与全国平均水平58.11相比，处于全国平均水平之上，在全国各省份比较中排名第7位，体现出相对较强的基础环境水平。2023年辽宁省政务环境指数为76.21，与全国平均水平77.83相比，处于全国平均水平之下，在全国各省份比较中排名第20位，体现出相对偏弱的政务环境水平。2023年辽宁省法律环境指数为61.09，与全国平均水平71.18相比，处于全国平均水平之下，在全国各省份比较中排名第28位，体现出相对偏弱的法律环境水平。2023年辽宁省人才环境指数为55.99，与全国平均水平64.27相比，处于全国平均水平之下，在全国各省份比较中排名第28位，体现出相对偏弱的人才环境水平。2023年辽宁省投资环境指数为53.71，与全国平均水平59.44相比，处于全国平均水平之下，在全国各省份比较中排名第26位，体现出相对偏弱的投资环境水平。2023年辽宁省金融环境指数为66.58，与全国平均水平64.27相比，处于全国平均水平之上，在全国各省份比较中排名第10位，体现出相对较强的金融环境水平。

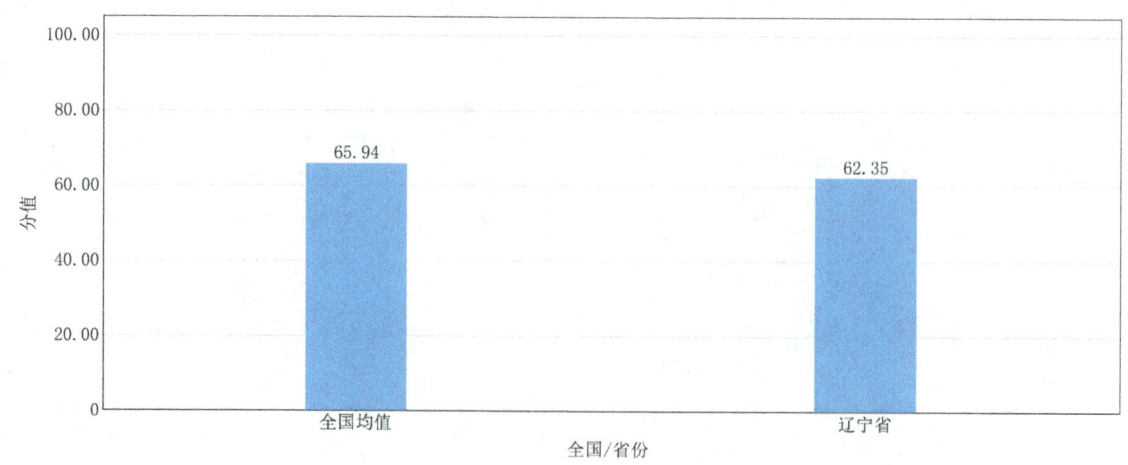

图6-51 辽宁省营商环境综合指数

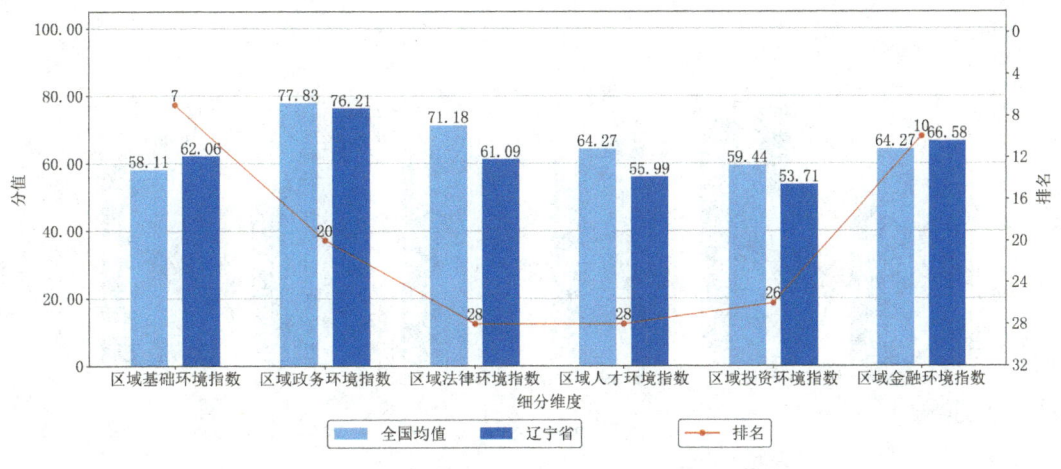

图6-52 辽宁省营商环境指数——细分维度

6.2.19 内蒙古自治区

2023年内蒙古自治区的整体营商环境综合指数为59.48，如图6-53所示，与全国平均水平65.94相比，内蒙古自治区营商环境综合指数处于全国平均水平之下，体现出内蒙古自治区营商环境综合水平相对偏弱。

具体细分维度来看，如图6-54所示。2023年内蒙古自治区基础环境指数为53.00，与全国平均水平58.11相比，处于全国平均水平之下，在全国各省份比较中排名第23位，体现出相对偏弱的基础环境水平。2023年内蒙古自治区政务环境指数为72.72，与全国平均水平77.83相比，处于全国平均水平之下，在全国各省份比较中排名第22位，体现出相对偏弱的政务环境水平。2023年内蒙古自治区法律环境指数为60.54，与全国平均水平71.18相比，处于全国平均水平之下，在全国各省份比较中排名第29位，体现出相对偏弱的法律环境水平。2023年内蒙古自治区人才环境指数为60.18，与全国平均水平64.27相比，处于全国平均水平之下，在全国各省份比较中排名第19位，体现出相对偏弱的人才环境水平。2023年内蒙古自治区投资环境指数为50.16，与全国平均水平59.44相比，处于全国平均水平之下，在全国各省份比较中排名第30位，体现出相对偏弱的投资环境水平。2023年内蒙古自治区金融环境指数为59.82，与全国平均水平64.27相比，处于全国平均水平之下，在全国各省份比较中排名第22位，体现出相对偏弱的金融环境水平。

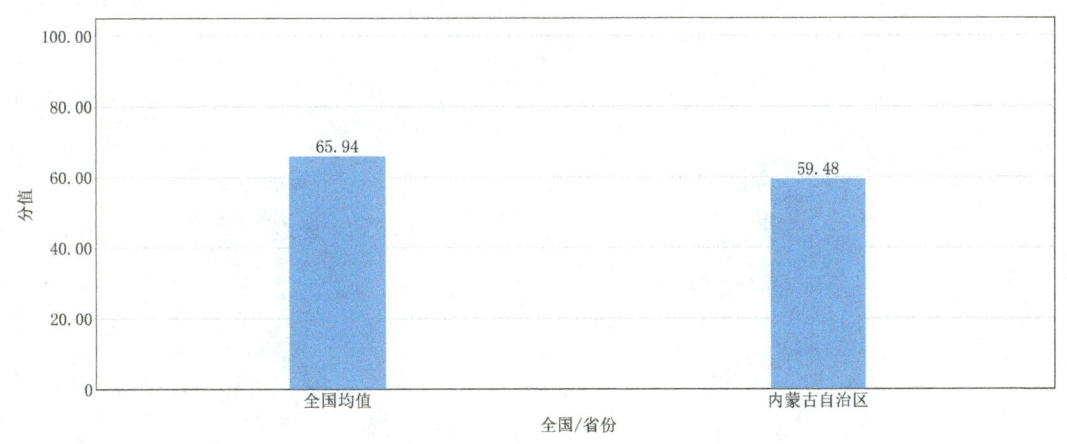

图6-53 内蒙古自治区营商环境综合指数

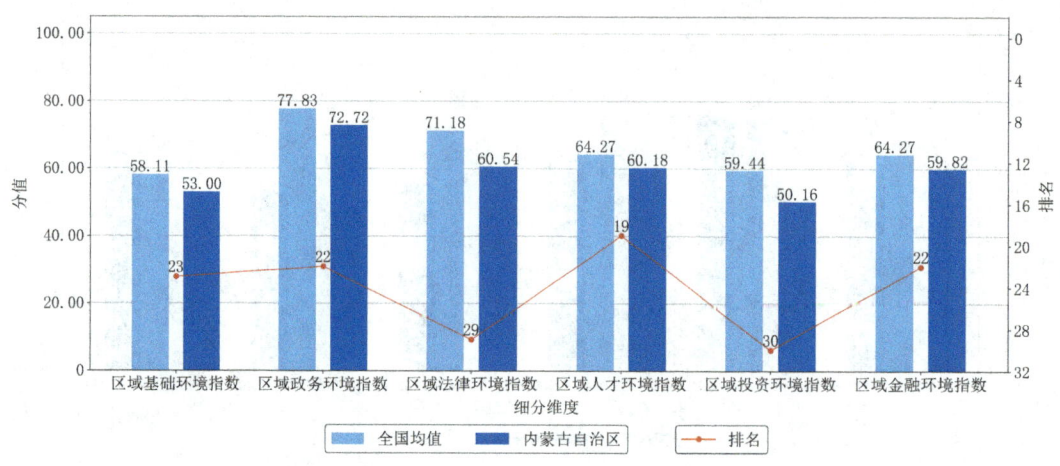

图6-54 内蒙古自治区营商环境指数——细分维度

6.2.20 宁夏回族自治区

2023年宁夏回族自治区的整体营商环境综合指数为60.60，如图6-55所示，与全国平均水平65.94相比，宁夏回族自治区营商环境综合指数处于全国平均水平之下，体现出宁夏回族自治区营商环境综合水平相对偏弱。

具体细分维度来看，如图6-56所示。2023年宁夏回族自治区基础环境指数为58.86，与全国平均水平58.11相比，处于全国平均水平之上，在全国各省份比较中排名第11位，体现出相对较强的基础环境水平。2023年宁夏回族自治区政务环境指数为67.46，与全国平均水平77.83相比，处于全国平均水平之下，在全国各省份比较中排名第27位，体现出相对偏弱的政务环境水平。2023年宁夏回族自治区法律环境指数为67.04，与全国平均水平71.18相比，处于全国平均水平之下，在全国各省份比较中排名第22位，体现出相对偏弱的法律环境水平。2023年宁夏回族自治区人才环境指数为60.51，与全国平均水平64.27相比，处于全国平均水平之下，在全国各省份比较中排名第18位，体现出相对偏弱的人才环境水平。2023年宁夏回族自治区投资环境指数为55.84，与全国平均水平59.44相比，处于全国平均水平之下，在全国各省份比较中排名第23位，体现出相对偏弱的投资环境水平。2023年宁夏回族自治区金融环境指数为53.13，与全国平均水平64.27相比，处于全国平均水平之下，在全国各省份比较中排名第29位，体现出相对偏弱的金融环境水平。

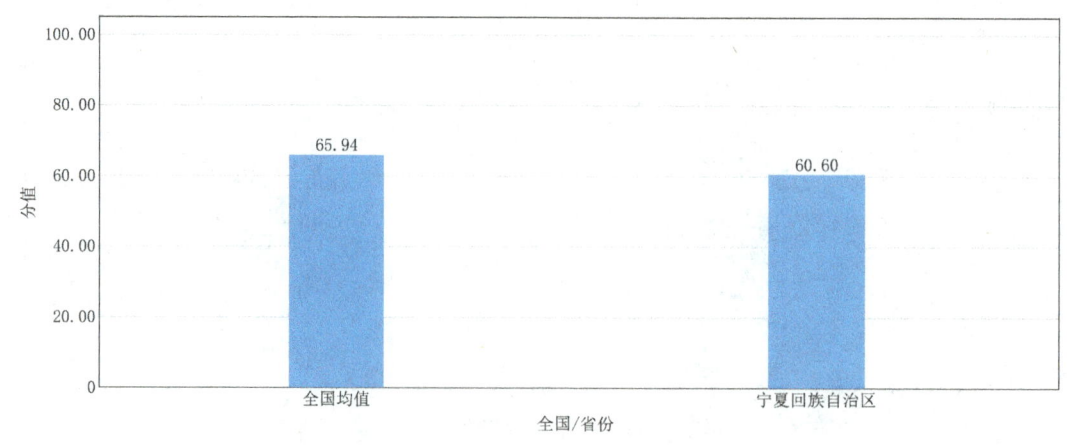

图6-55 宁夏回族自治区营商环境综合指数

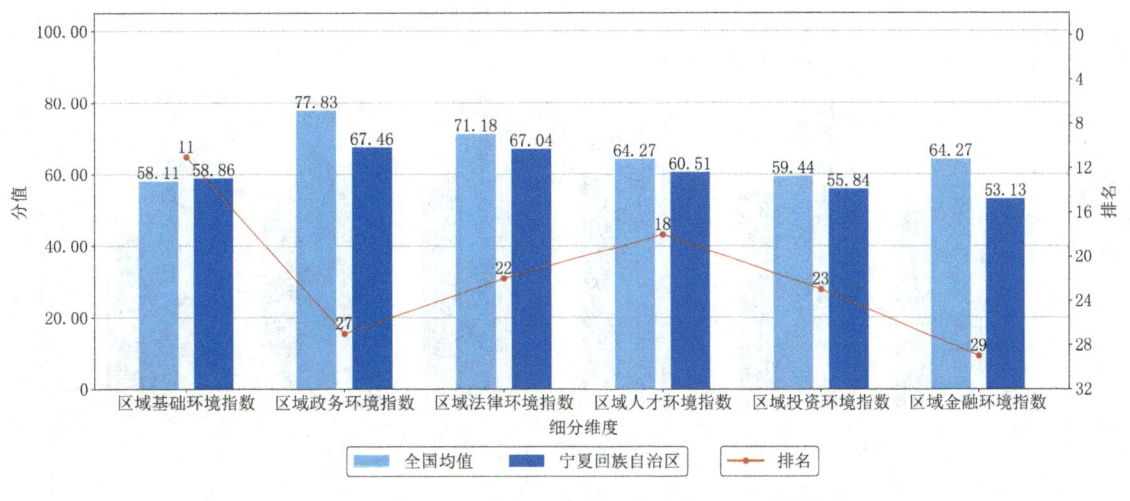

图 6-56　宁夏回族自治区营商环境指数——细分维度

6.2.21　青海省

2023年青海省的整体营商环境综合指数为54.59，如图6-57所示，与全国平均水平65.94相比，青海省营商环境综合指数处于全国平均水平之下，体现出青海省营商环境综合水平相对偏弱。

具体细分维度来看，如图6-58所示。2023年青海省基础环境指数为50.07，与全国平均水平58.11相比，处于全国平均水平之下，在全国各省份比较中排名第29位，体现出相对偏弱的基础环境水平。2023年青海省政务环境指数为55.11，与全国平均水平77.83相比，处于全国平均水平之下，在全国各省份比较中排名第29位，体现出相对偏弱的政务环境水平。2023年青海省法律环境指数为67.18，与全国平均水平71.18相比，处于全国平均水平之下，在全国各省份比较中排名第21位，体现出相对偏弱的法律环境水平。2023年青海省人才环境指数为56.27，与全国平均水平64.27相比，处于全国平均水平之下，在全国各省份比较中排名第27位，体现出相对偏弱的人才环境水平。2023年青海省投资环境指数为53.08，与全国平均水平59.44相比，处于全国平均水平之下，在全国各省份比较中排名第27位，体现出相对偏弱的投资环境水平。2023年青海省金融环境指数为44.47，与全国平均水平64.27相比，处于全国平均水平之下，在全国各省份比较中排名第31位，体现出相对偏弱的金融环境水平。

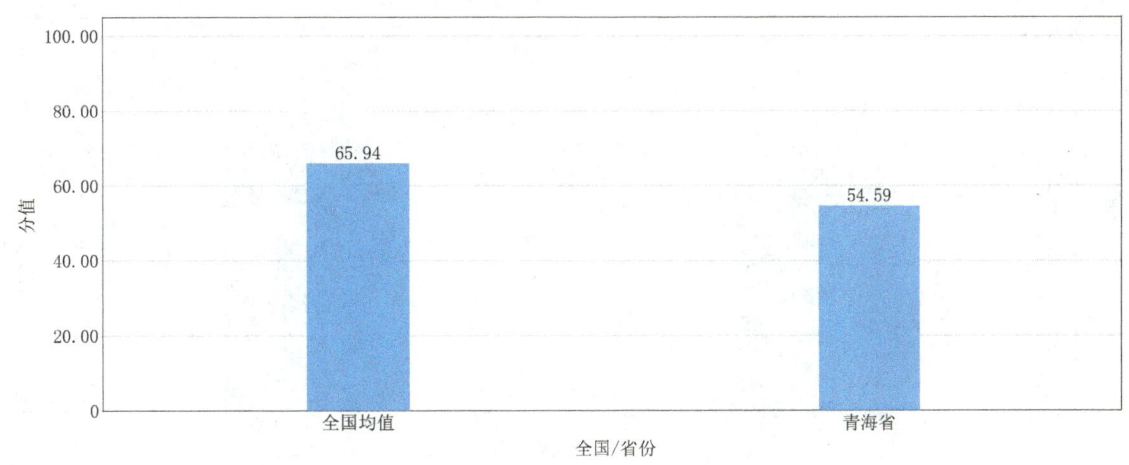

图 6-57　青海省营商环境综合指数

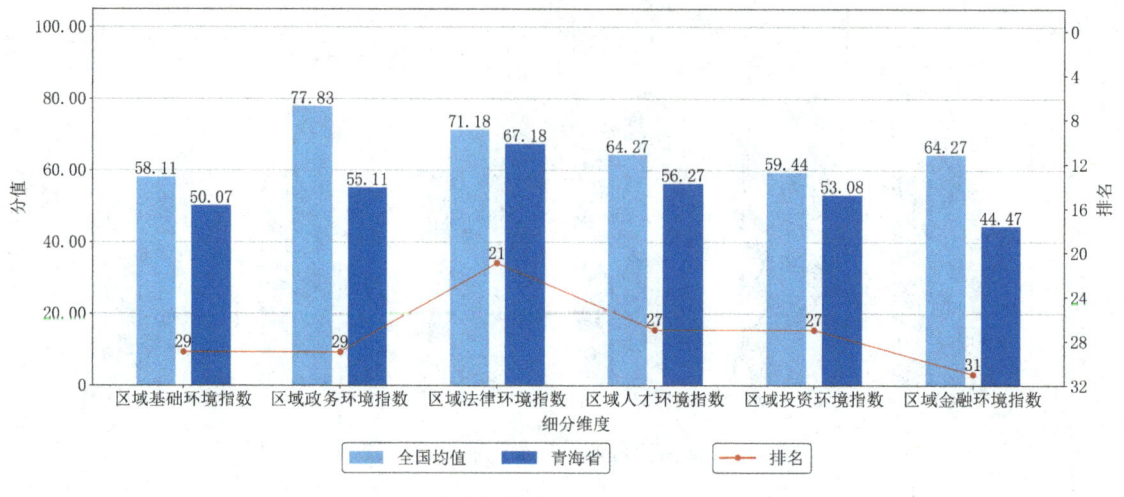

图6-58 青海省营商环境指数——细分维度

6.2.22 山东省

2023年山东省的整体营商环境综合指数为71.71，如图6-59所示，与全国平均水平65.94相比，山东省营商环境综合指数处于全国平均水平之上，体现出山东省营商环境综合水平相对较强。

具体细分维度来看，如图6-60所示。2023年山东省基础环境指数为64.94，与全国平均水平58.11相比，处于全国平均水平之上，在全国各省份比较中排名第6位，体现出相对较强的基础环境水平。2023年山东省政务环境指数为86.87，与全国平均水平77.83相比，处于全国平均水平之上，在全国各省份比较中排名第7位，体现出相对较强的政务环境水平。2023年山东省法律环境指数为78.59，与全国平均水平71.18相比，处于全国平均水平之上，在全国各省份比较中排名第8位，体现出相对较强的法律环境水平。2023年山东省人才环境指数为67.91，与全国平均水平64.27相比，处于全国平均水平之上，在全国各省份比较中排名第8位，体现出相对较强的人才环境水平。2023年山东省投资环境指数为59.08，与全国平均水平59.44相比，处于全国平均水平之下，在全国各省份比较中排名第14位，体现出相对偏弱的投资环境水平。2023年山东省金融环境指数为73.42，与全国平均水平64.27相比，处于全国平均水平之上，在全国各省份比较中排名第6位，体现出相对较强的金融环境水平。

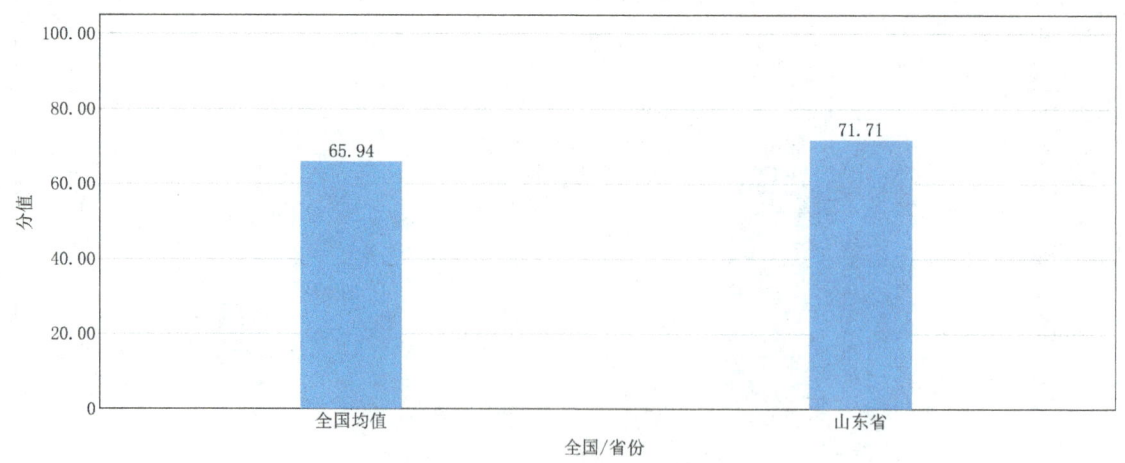

图6-59 山东省营商环境综合指数

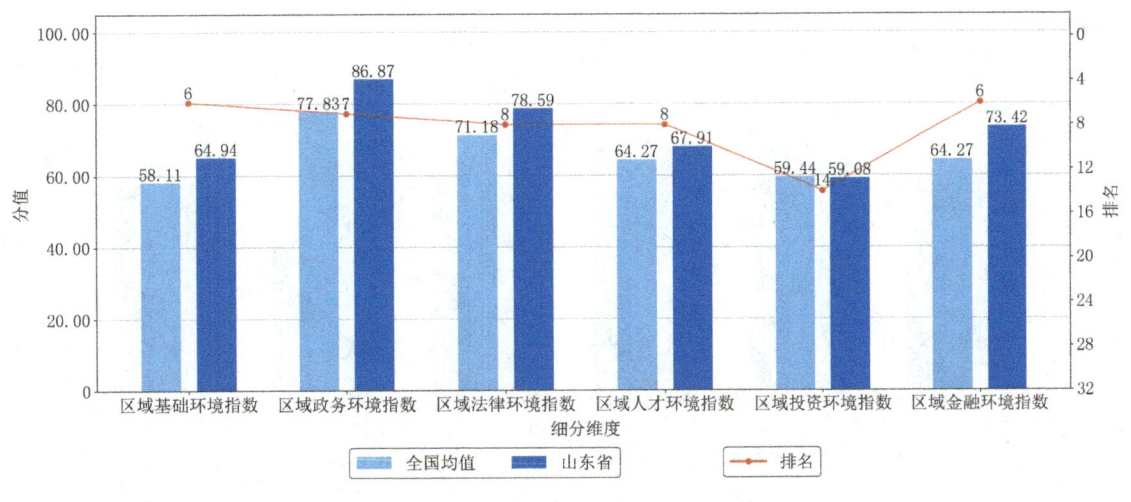

图 6-60　山东省营商环境指数——细分维度

6.2.23　山西省

2023年山西省的整体营商环境综合指数为60.37，如图6-61所示，与全国平均水平65.94相比，山西省营商环境综合指数处于全国平均水平之下，体现出山西省营商环境综合水平相对偏弱。

具体细分维度来看，如图6-62所示。2023年山西省基础环境指数为55.00，与全国平均水平58.11相比，处于全国平均水平之下，在全国各省份比较中排名第16位，体现出相对偏弱的基础环境水平。2023年山西省政务环境指数为71.32，与全国平均水平77.83相比，处于全国平均水平之下，在全国各省份比较中排名第24位，体现出相对偏弱的政务环境水平。2023年山西省法律环境指数为68.54，与全国平均水平71.18相比，处于全国平均水平之下，在全国各省份比较中排名第17位，体现出相对偏弱的法律环境水平。2023年山西省人才环境指数为60.01，与全国平均水平64.27相比，处于全国平均水平之下，在全国各省份比较中排名第20位，体现出相对偏弱的人才环境水平。2023年山西省投资环境指数为43.11，与全国平均水平59.44相比，处于全国平均水平之下，在全国各省份比较中排名第31位，体现出相对偏弱的投资环境水平。2023年山西省金融环境指数为65.63，与全国平均水平64.27相比，处于全国平均水平之上，在全国各省份比较中排名第12位，体现出相对较强的金融环境水平。

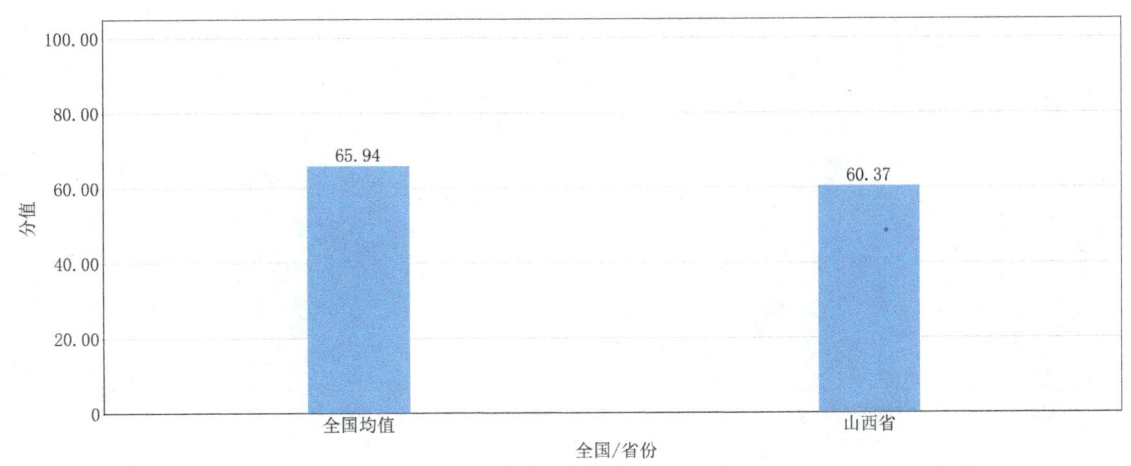

图 6-61　山西省营商环境综合指数

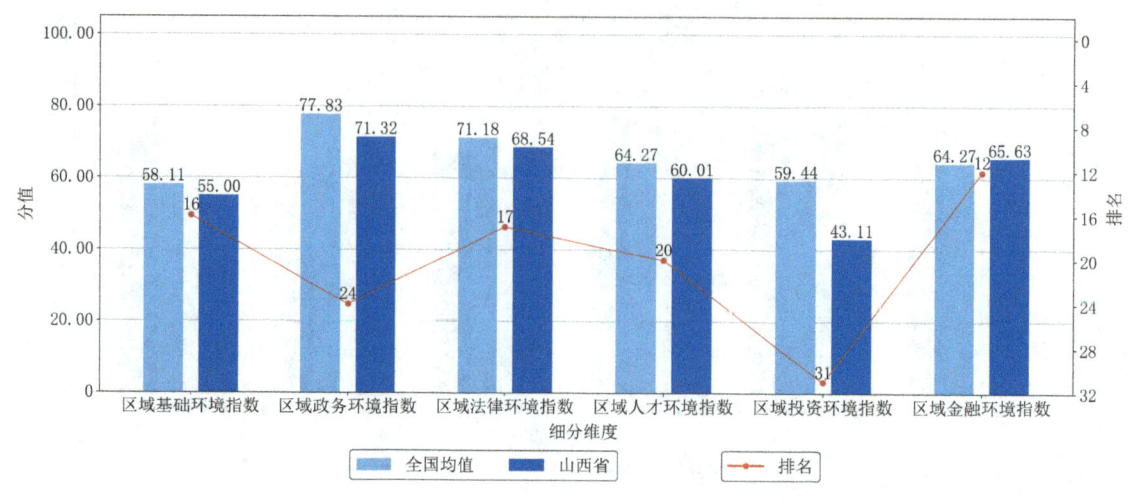

图6-62 山西省营商环境指数——细分维度

6.2.24 陕西省

2023年陕西省的整体营商环境综合指数为64.46，如图6-63所示，与全国平均水平65.94相比，陕西省营商环境综合指数处于全国平均水平之下，体现出陕西省营商环境综合水平相对偏弱。

具体细分维度来看，如图6-64所示。2023年陕西省基础环境指数为53.77，与全国平均水平58.11相比，处于全国平均水平之下，在全国各省份比较中排名第22位，体现出相对偏弱的基础环境水平。2023年陕西省政务环境指数为75.34，与全国平均水平77.83相比，处于全国平均水平之下，在全国各省份比较中排名第21位，体现出相对偏弱的政务环境水平。2023年陕西省法律环境指数为72.26，与全国平均水平71.18相比，处于全国平均水平之上，在全国各省份比较中排名第14位，体现出相对较强的法律环境水平。2023年陕西省人才环境指数为66.94，与全国平均水平64.27相比，处于全国平均水平之上，在全国各省份比较中排名第9位，体现出相对较强的人才环境水平。2023年陕西省投资环境指数为53.98，与全国平均水平59.44相比，处于全国平均水平之下，在全国各省份比较中排名第25位，体现出相对偏弱的投资环境水平。2023年陕西省金融环境指数为63.60，与全国平均水平64.27相比，处于全国平均水平之下，在全国各省份比较中排名第15位，体现出相对偏弱的金融环境水平。

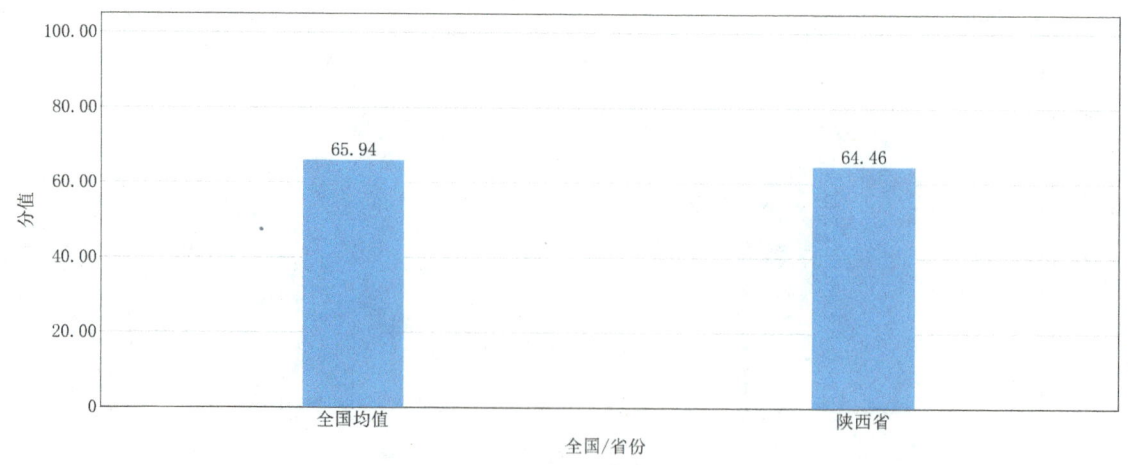

图6-63 陕西省营商环境综合指数

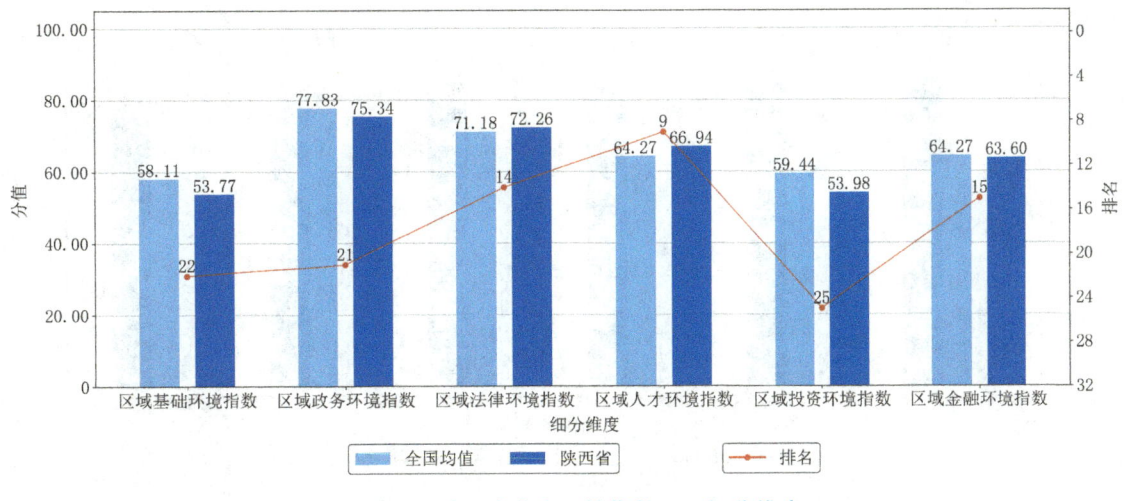

图6-64 陕西省营商环境指数——细分维度

6.2.25 上海市

2023年上海市的整体营商环境综合指数为82.41，如图6-65所示，与全国平均水平65.94相比，上海市营商环境综合指数处于全国平均水平之上，体现出上海市营商环境综合水平相对较强。

具体细分维度来看，如图6-66所示。2023年上海市基础环境指数为86.19，与全国平均水平58.11相比，处于全国平均水平之上，在全国各省份比较中排名第1位，体现出相对较强的基础环境水平。2023年上海市政务环境指数为85.53，与全国平均水平77.83相比，处于全国平均水平之上，在全国各省份比较中排名第9位，体现出相对较强的政务环境水平。2023年上海市法律环境指数为84.75，与全国平均水平71.18相比，处于全国平均水平之上，在全国各省份比较中排名第2位，体现出相对较强的法律环境水平。2023年上海市人才环境指数为80.35，与全国平均水平64.27相比，处于全国平均水平之上，在全国各省份比较中排名第3位，体现出相对较强的人才环境水平。2023年上海市投资环境指数为82.11，与全国平均水平59.44相比，处于全国平均水平之上，在全国各省份比较中排名第1位，体现出相对较强的投资环境水平。2023年上海市金融环境指数为75.82，与全国平均水平64.27相比，处于全国平均水平之上，在全国各省份比较中排名第5位，体现出相对较强的金融环境水平。

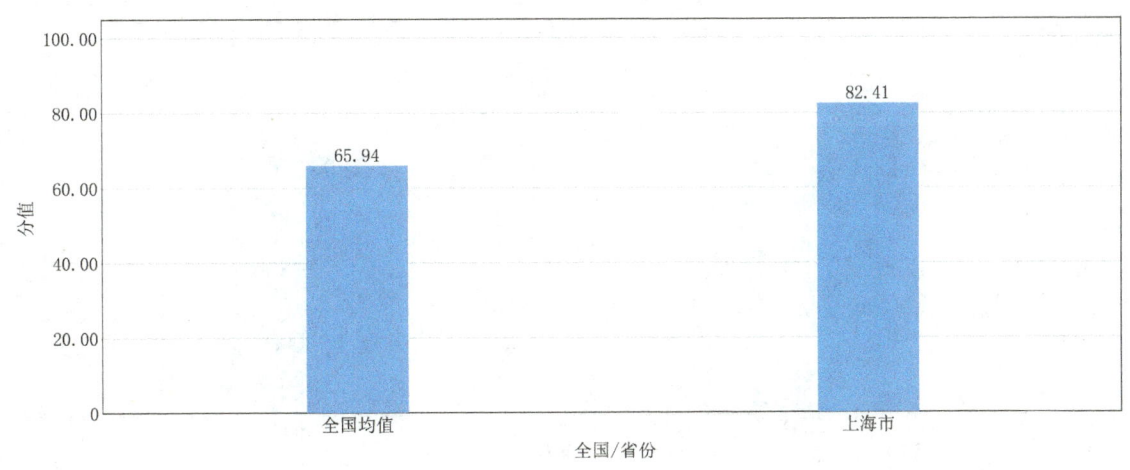

图6-65 上海市营商环境综合指数

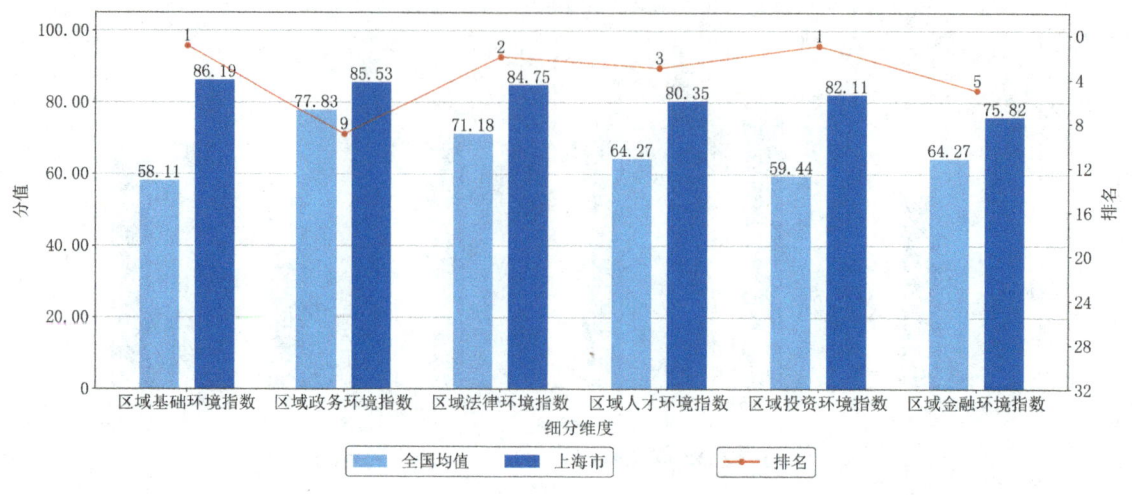

图6-66 上海市营商环境指数——细分维度

6.2.26 四川省

2023年四川省的整体营商环境综合指数为70.00，如图6-67所示，与全国平均水平65.94相比，四川省营商环境综合指数处于全国平均水平之上，体现出四川省营商环境综合水平相对较强。

具体细分维度来看，如图6-68所示。2023年四川省基础环境指数为55.17，与全国平均水平58.11相比，处于全国平均水平之下，在全国各省份比较中排名第15位，体现出相对偏弱的基础环境水平。2023年四川省政务环境指数为88.34，与全国平均水平77.83相比，处于全国平均水平之上，在全国各省份比较中排名第5位，体现出相对较强的政务环境水平。2023年四川省法律环境指数为84.36，与全国平均水平71.18相比，处于全国平均水平之上，在全国各省份比较中排名第3位，体现出相对较强的法律环境水平。2023年四川省人才环境指数为66.12，与全国平均水平64.27相比，处于全国平均水平之上，在全国各省份比较中排名第11位，体现出相对较强的人才环境水平。2023年四川省投资环境指数为56.65，与全国平均水平59.44相比，处于全国平均水平之下，在全国各省份比较中排名第21位，体现出相对偏弱的投资环境水平。2023年四川省金融环境指数为68.54，与全国平均水平64.27相比，处于全国平均水平之上，在全国各省份比较中排名第9位，体现出相对较强的金融环境水平。

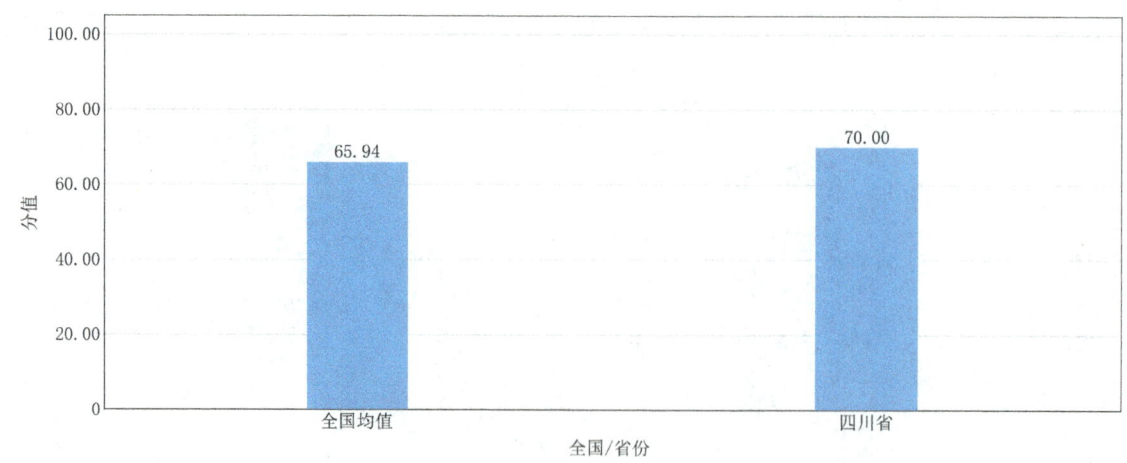

图6-67 四川省营商环境综合指数

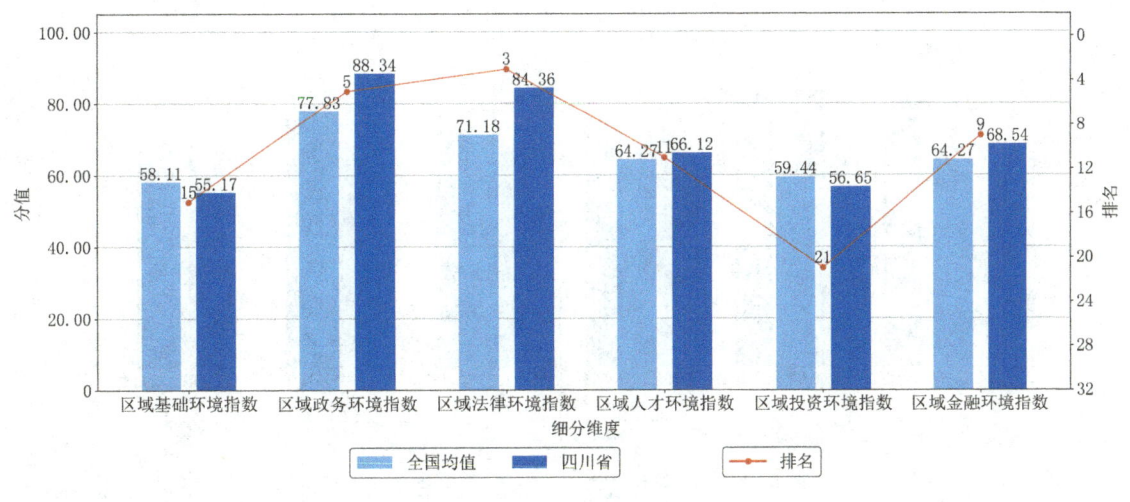

图 6-68　四川省营商环境指数——细分维度

6.2.27　天津市

2023年天津市的整体营商环境综合指数为74.91，如图6-69所示，与全国平均水平65.94相比，天津市营商环境综合指数处于全国平均水平之上，体现出天津市营商环境综合水平相对较强。

具体细分维度来看，如图6-70所示。2023年天津市基础环境指数为79.06，与全国平均水平58.11相比，处于全国平均水平之上，在全国各省份比较中排名第2位，体现出相对较强的基础环境水平。2023年天津市政务环境指数为81.80，与全国平均水平77.83相比，处于全国平均水平之上，在全国各省份比较中排名第13位，体现出相对较强的政务环境水平。2023年天津市法律环境指数为76.22，与全国平均水平71.18相比，处于全国平均水平之上，在全国各省份比较中排名第11位，体现出相对较强的法律环境水平。2023年天津市人才环境指数为72.76，与全国平均水平64.27相比，处于全国平均水平之上，在全国各省份比较中排名第5位，体现出相对较强的人才环境水平。2023年天津市投资环境指数为74.42，与全国平均水平59.44相比，处于全国平均水平之上，在全国各省份比较中排名第2位，体现出相对较强的投资环境水平。2023年天津市金融环境指数为64.57，与全国平均水平64.27相比，处于全国平均水平之上，在全国各省份比较中排名第13位，体现出相对较强的金融环境水平。

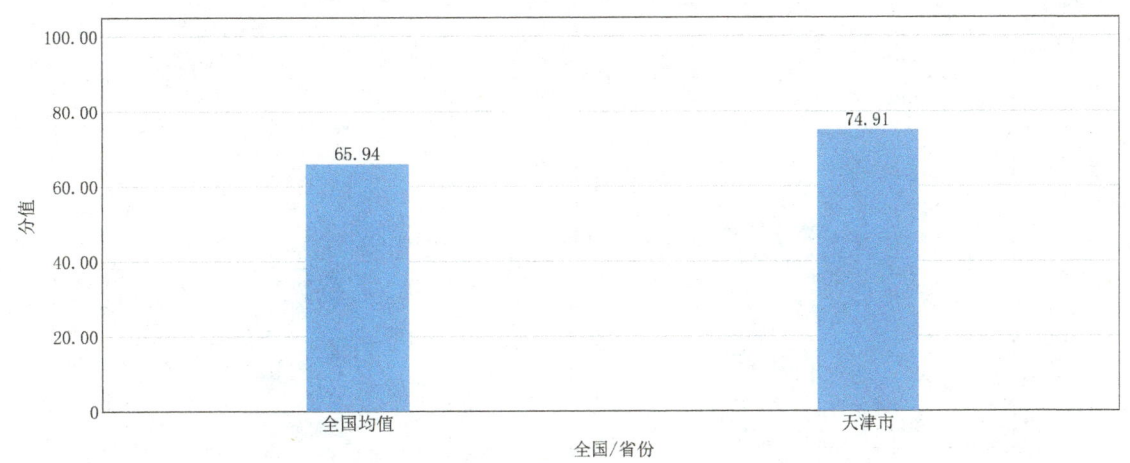

图 6-69　天津市营商环境综合指数

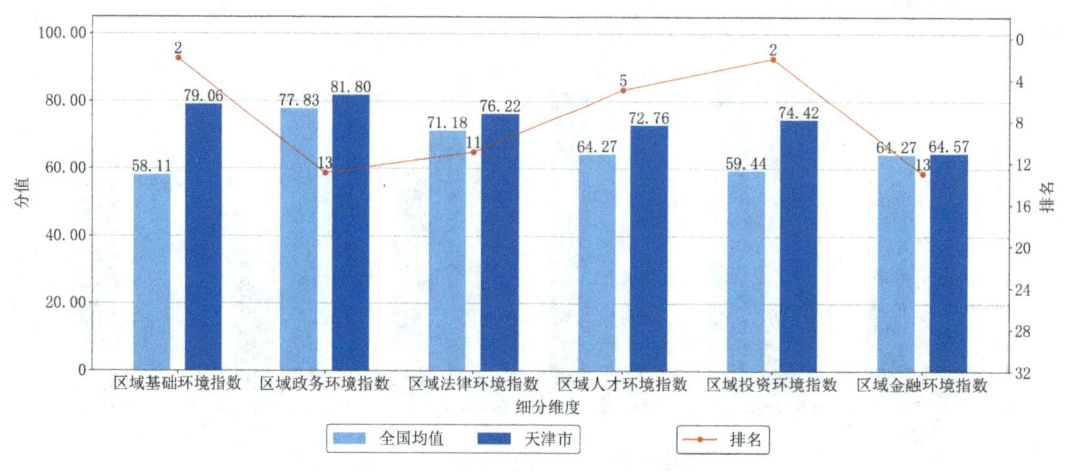

图6-70 天津市营商环境指数——细分维度

6.2.28 西藏自治区

2023年西藏自治区的整体营商环境综合指数为52.60，如图6-71所示，与全国平均水平65.94相比，西藏自治区营商环境综合指数处于全国平均水平之下，体现出西藏自治区营商环境综合水平相对偏弱。

具体细分维度来看，如图6-72所示。2023年西藏自治区基础环境指数为43.74，与全国平均水平58.11相比，处于全国平均水平之下，在全国各省份比较中排名第31位，体现出相对偏弱的基础环境水平。2023年西藏自治区政务环境指数为46.46，与全国平均水平77.83相比，处于全国平均水平之下，在全国各省份比较中排名第31位，体现出相对偏弱的政务环境水平。2023年西藏自治区法律环境指数为62.50，与全国平均水平71.18相比，处于全国平均水平之下，在全国各省份比较中排名第26位，体现出相对偏弱的法律环境水平。2023年西藏自治区人才环境指数为58.58，与全国平均水平64.27相比，处于全国平均水平之下，在全国各省份比较中排名第23位，体现出相对偏弱的人才环境水平。2023年西藏自治区投资环境指数为53.06，与全国平均水平59.44相比，处于全国平均水平之下，在全国各省份比较中排名第28位，体现出相对偏弱的投资环境水平。2023年西藏自治区金融环境指数为50.53，与全国平均水平64.27相比，处于全国平均水平之下，在全国各省份比较中排名第30位，体现出相对偏弱的金融环境水平。

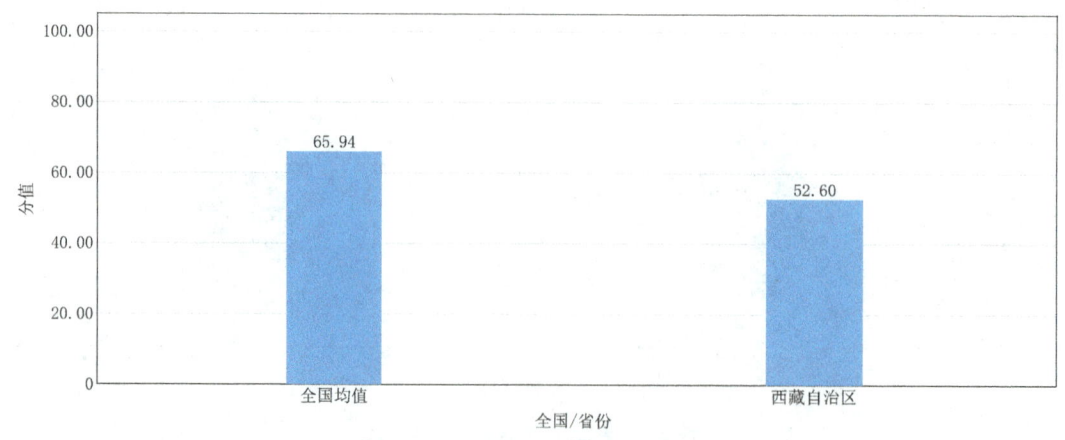

图6-71 西藏自治区营商环境综合指数

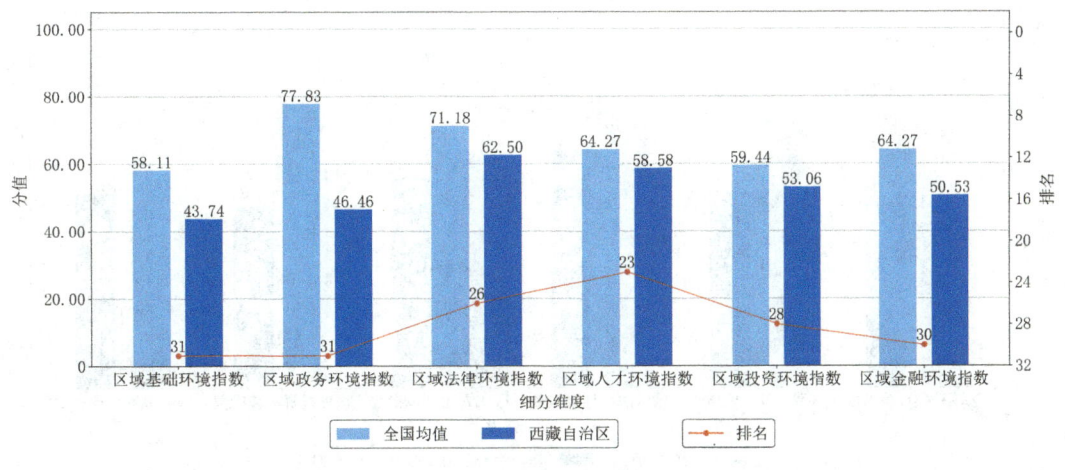

图6-72 西藏自治区营商环境指数——细分维度

6.2.29 新疆维吾尔自治区

2023年新疆维吾尔自治区的整体营商环境综合指数为56.19，如图6-73所示，与全国平均水平65.94相比，新疆维吾尔自治区营商环境综合指数处于全国平均水平之下，体现出新疆维吾尔自治区营商环境综合水平相对偏弱。

具体细分维度来看，如图6-74所示。2023年新疆维吾尔自治区基础环境指数为51.55，与全国平均水平58.11相比，处于全国平均水平之下，在全国各省份比较中排名第27位，体现出相对偏弱的基础环境水平。2023年新疆维吾尔自治区政务环境指数为54.99，与全国平均水平77.83相比，处于全国平均水平之下，在全国各省份比较中排名第30位，体现出相对偏弱的政务环境水平。2023年新疆维吾尔自治区法律环境指数为66.45，与全国平均水平71.18相比，处于全国平均水平之下，在全国各省份比较中排名第24位，体现出相对偏弱的法律环境水平。2023年新疆维吾尔自治区人才环境指数为59.02，与全国平均水平64.27相比，处于全国平均水平之下，在全国各省份比较中排名第21位，体现出相对偏弱的人才环境水平。2023年新疆维吾尔自治区投资环境指数为50.83，与全国平均水平59.44相比，处于全国平均水平之下，在全国各省份比较中排名第29位，体现出相对偏弱的投资环境水平。2023年新疆维吾尔自治区金融环境指数为54.45，与全国平均水平64.27相比，处于全国平均水平之下，在全国各省份比较中排名第26位，体现出相对偏弱的金融环境水平。

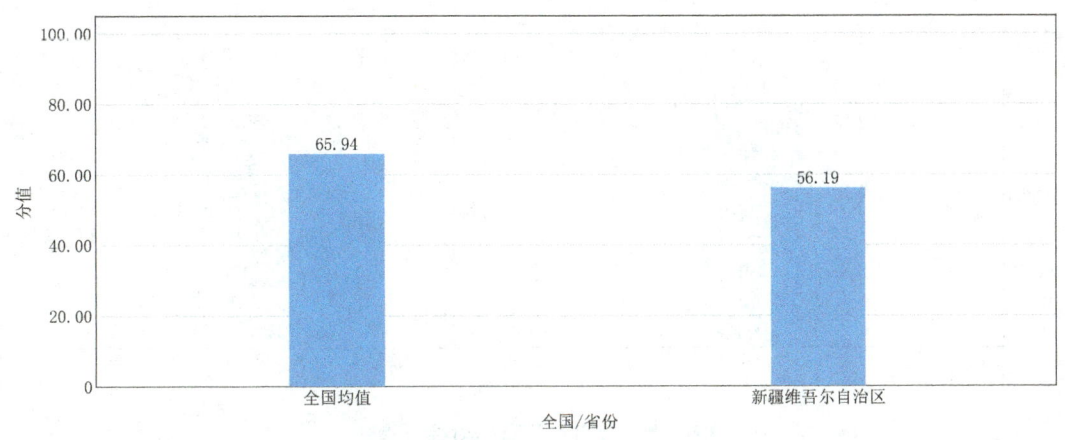

图6-73 新疆维吾尔自治区营商环境综合指数

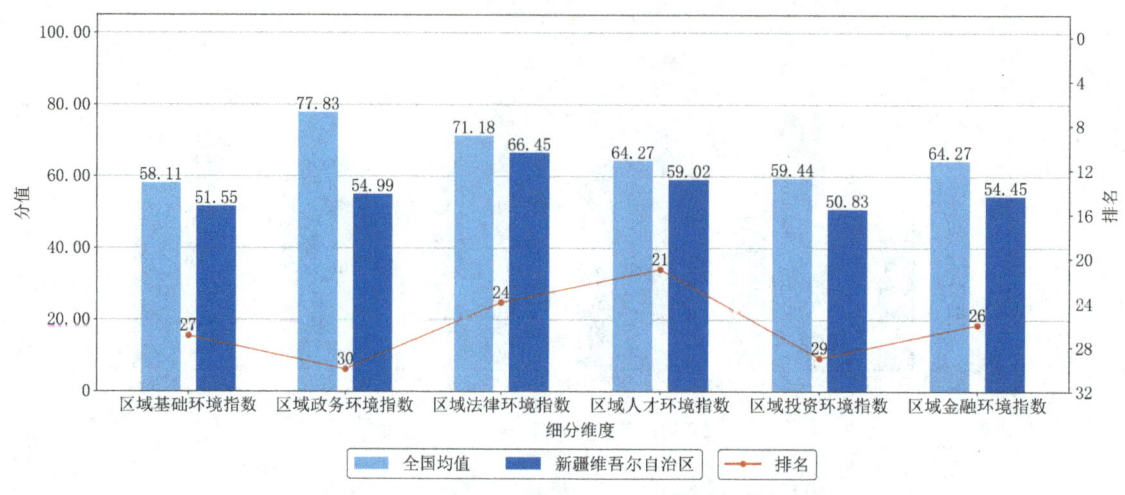

图6-74 新疆维吾尔自治区营商环境指数——细分维度

6.2.30 云南省

2023年云南省的整体营商环境综合指数为57.79，如图6-75所示，与全国平均水平65.94相比，云南省营商环境综合指数处于全国平均水平之下，体现出云南省营商环境综合水平相对偏弱。

具体细分维度来看，如图6-76所示。2023年云南省基础环境指数为49.27，与全国平均水平58.11相比，处于全国平均水平之下，在全国各省份比较中排名第30位，体现出相对偏弱的基础环境水平。2023年云南省政务环境指数为72.34，与全国平均水平77.83相比，处于全国平均水平之下，在全国各省份比较中排名第23位，体现出相对偏弱的政务环境水平。2023年云南省法律环境指数为50.37，与全国平均水平71.18相比，处于全国平均水平之下，在全国各省份比较中排名第31位，体现出相对偏弱的法律环境水平。2023年云南省人才环境指数为61.30，与全国平均水平64.27相比，处于全国平均水平之下，在全国各省份比较中排名第16位，体现出相对偏弱的人才环境水平。2023年云南省投资环境指数为56.63，与全国平均水平59.44相比，处于全国平均水平之下，在全国各省份比较中排名第22位，体现出相对偏弱的投资环境水平。2023年云南省金融环境指数为54.45，与全国平均水平64.27相比，处于全国平均水平之下，在全国各省份比较中排名第27位，体现出相对偏弱的金融环境水平。

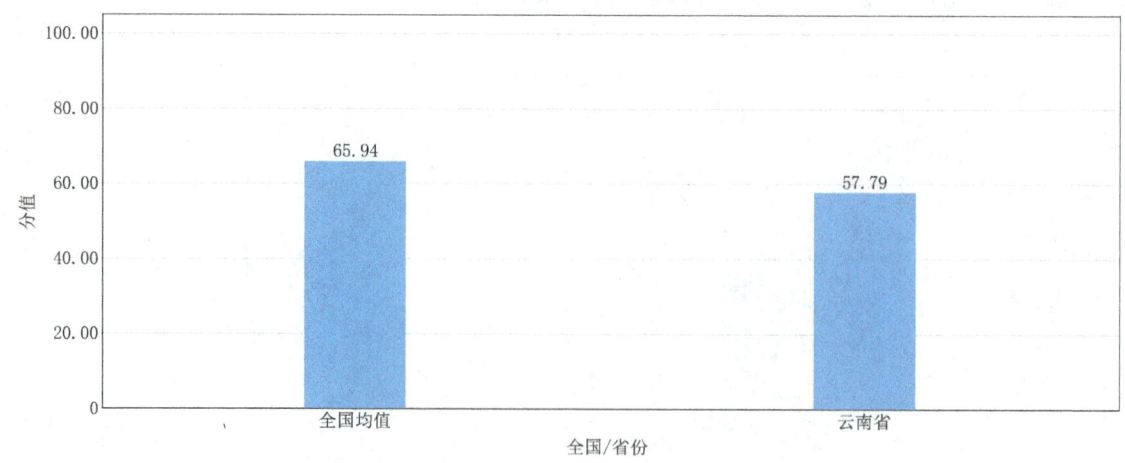

图6-75 云南省营商环境综合指数

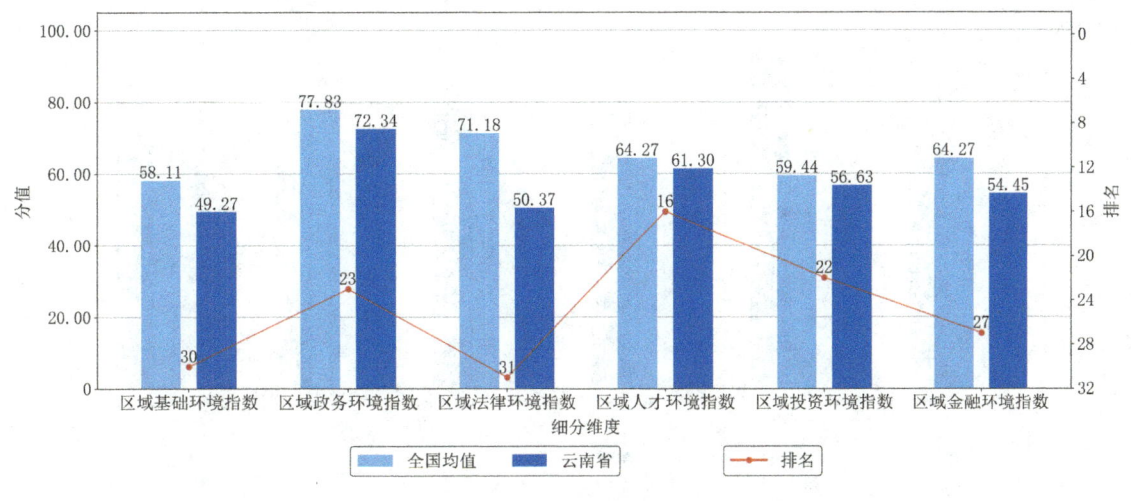

图6-76 云南省营商环境指数——细分维度

6.2.31 浙江省

2023年浙江省的整体营商环境综合指数为79.48，如图6-77所示，与全国平均水平65.94相比，浙江省营商环境综合指数处于全国平均水平之上，体现出浙江省营商环境综合水平相对较强。

具体细分维度来看，如图6-78所示。2023年浙江省基础环境指数为66.84，与全国平均水平58.11相比，处于全国平均水平之上，在全国各省份比较中排名第5位，体现出相对较强的基础环境水平。2023年浙江省政务环境指数为93.81，与全国平均水平77.83相比，处于全国平均水平之上，在全国各省份比较中排名第1位，体现出相对较强的政务环境水平。2023年浙江省法律环境指数为80.13，与全国平均水平71.18相比，处于全国平均水平之上，在全国各省份比较中排名第6位，体现出相对较强的法律环境水平。2023年浙江省人才环境指数为79.81，与全国平均水平64.27相比，处于全国平均水平之上，在全国各省份比较中排名第4位，体现出相对较强的人才环境水平。2023年浙江省投资环境指数为70.98，与全国平均水平59.44相比，处于全国平均水平之上，在全国各省份比较中排名第4位，体现出相对较强的投资环境水平。2023年浙江省金融环境指数为85.19，与全国平均水平64.27相比，处于全国平均水平之上，在全国各省份比较中排名第1位，体现出相对较强的金融环境水平。

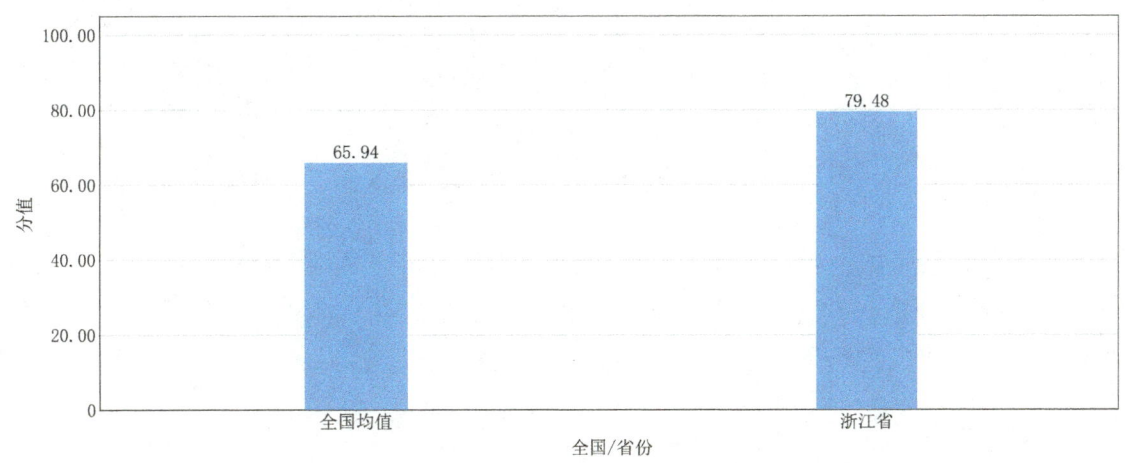

图6-77 浙江省营商环境综合指数

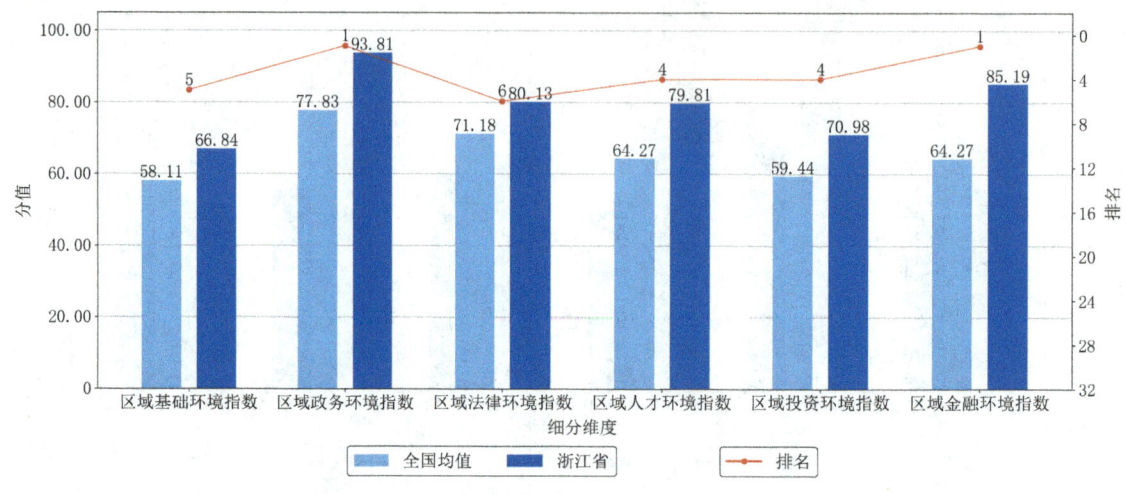

图6-78 浙江省营商环境指数——细分维度

第7章
中国上市公司创新发展指数评价——行业维度

创新驱动发展战略推动下，所有行业均对创新发展高度重视，但不同行业间的创新发展水平可能存在较为明显的差异。大数据和AI等新兴行业以其快速的创新步伐和不断的技术突破而著称，传统行业可能在创新应用和研发投入上相对较少。探究中国上市公司创新发展水平的行业分布特征，不仅有助于我们深入理解不同行业上市公司的创新发展程度是否存在差异，识别行业内的创新优秀企业和潜在增长点，也可以有助于广大市场参与者从行业视角对上市公司创新发展水平进行评价并进行科学决策。鉴于此，本章从行业维度，对传媒、医药生物、电子、机械设备、计算机、国防军工、钢铁、环保、家用电器、建筑材料、交通运输、农林牧渔、食品材料等28个行业上市公司（剔除房地产、银行和非银金融行业）的创新发展指数进行评价和分析。

7.1 传媒行业上市公司创新发展指数评价

截至2023年底，A股市场传媒行业共有上市公司130家，总市值共计14006.07亿元，营业收入合计5076.00亿元，平均市值107.74亿元/家，平均营业收入39.05亿元/家。市值最大的上市公司为分众传媒（912.75亿元），营业收入最高的上市公司为蓝色光标（526.16亿元）。2023年，传媒行业上市公司研发投入合计为174.92亿元，占营业收入的3.45%；无形资产账面价值合计为389.13亿元，占总资产的3.75%。根据本报告分析口径，本节共对传媒行业130家上市公司开展创新发展指数评价，具体情况如下：

7.1.1 创新发展综合指数

2023年传媒行业130家上市公司创新发展综合指数平均水平为63.70，低于全市场均值65.40。从指数分布来看，高于全市场均值的有61家，占行业内上市公司总数的46.92%。其中，最高的是人民网，创新发展综合指数为76.86。具体来看，创新发展综合指数处于[70，80）的有18家，占比13.85%；[60，70）的有77家，占比59.23%；[0，60）的有35家，占比26.92%，如图7-1所示。

传媒行业又可细分为6个二级行业，其中，创新发展综合指数平均水平最高的是游戏Ⅱ（66.69），最低的是影视院线（58.80），如图7-2所示。

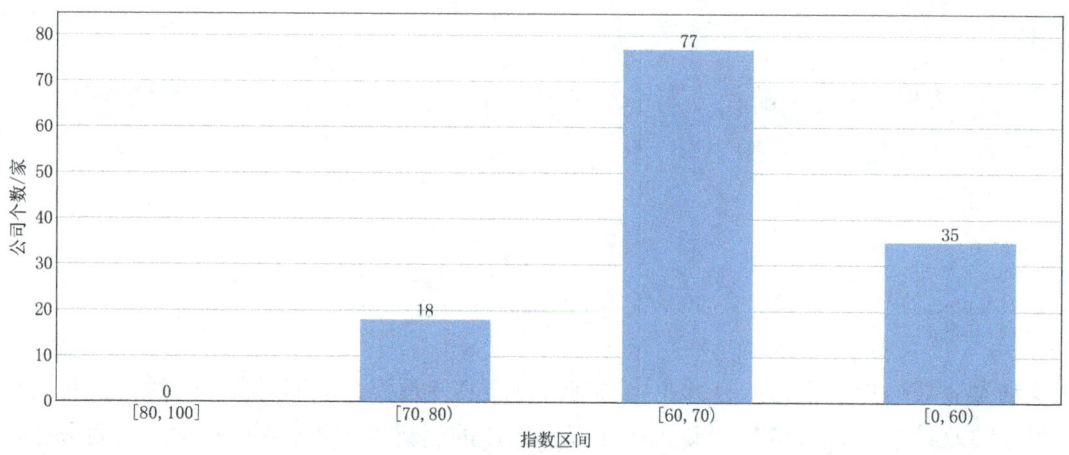

图7-1 2023年传媒行业上市公司创新发展综合指数分布图

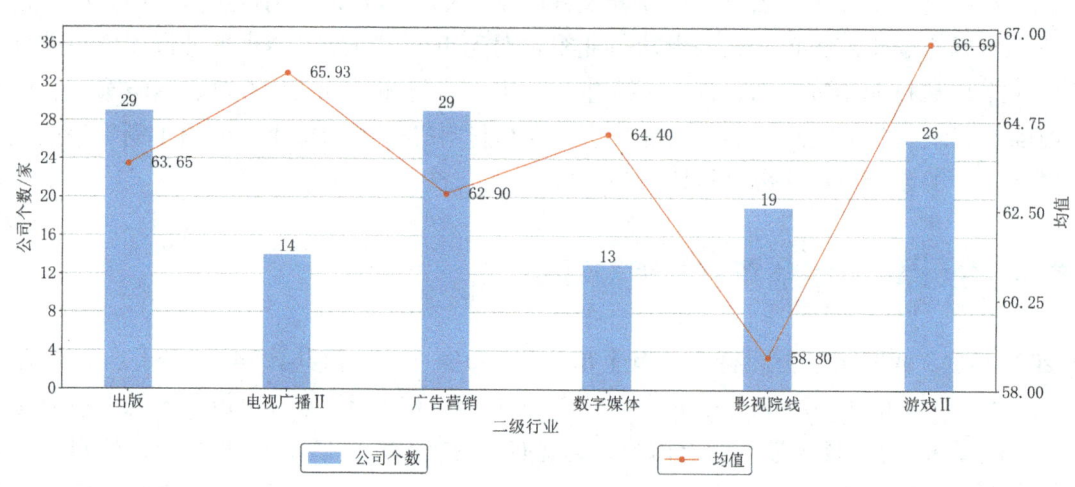

图7-2 2023年传媒行业上市公司创新发展综合指数均值分布图

传媒行业中，创新发展综合指数排名前10的上市公司如表7-1所示。

表7-1 2023年传媒行业上市公司创新发展综合指数前10排名

排名	证券名称	证券代码	产权性质	省份	二级行业	创新发展综合指数
1	人民网	603000.SH	中央国有控股	北京	数字媒体	76.86
2	神州泰岳	300002.SZ	非国有控股	北京	游戏Ⅱ	76.80
3	昆仑万维	300418.SZ	非国有控股	北京	游戏Ⅱ	76.68
4	芒果超媒	300413.SZ	地方国有控股	湖南	数字媒体	73.40
5	中国出版	601949.SH	中央国有控股	北京	出版	72.34
6	三七互娱	002555.SZ	非国有控股	安徽	游戏Ⅱ	72.27
7	恺英网络	002517.SZ	非国有控股	福建	游戏Ⅱ	71.91
8	冰川网络	300533.SZ	非国有控股	广东	游戏Ⅱ	71.83
9	奥飞娱乐	002292.SZ	非国有控股	广东	影视院线	71.48
10	东方明珠	600637.SH	地方国有控股	上海	电视广播Ⅱ	71.47

数据来源：同花顺（iFinD），首经贸资产评估研究院和浙工商中国智能管理研究院整理。

7.1.2 创新资源支持指数

2023年传媒行业130家上市公司创新资源支持指数平均水平为65.68，低于全市场均值67.08。从指数分布来看，高于全市场均值的有61家，占行业内上市公司总数的46.92%。其中，最高的是奥飞娱乐，创新资源支持指数为85.56。具体来看，创新资源支持指数处于［80，100］的有2家，占比1.54%；［70，80）的有44家，占比33.85%；［60，70）的有51家，占比39.23%；［0，60）的有33家，占比25.38%，如图7-3所示。

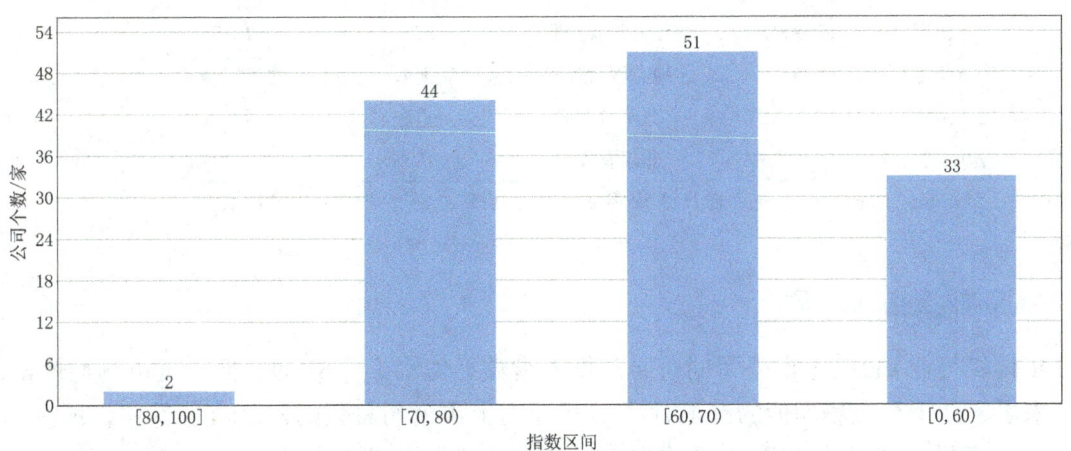

图7-3　2023年传媒行业上市公司创新资源支持指数分布图

从二级行业来看，创新资源支持指数平均水平最高的是出版（67.67），最低的是广告营销（63.92），如图7-4所示。

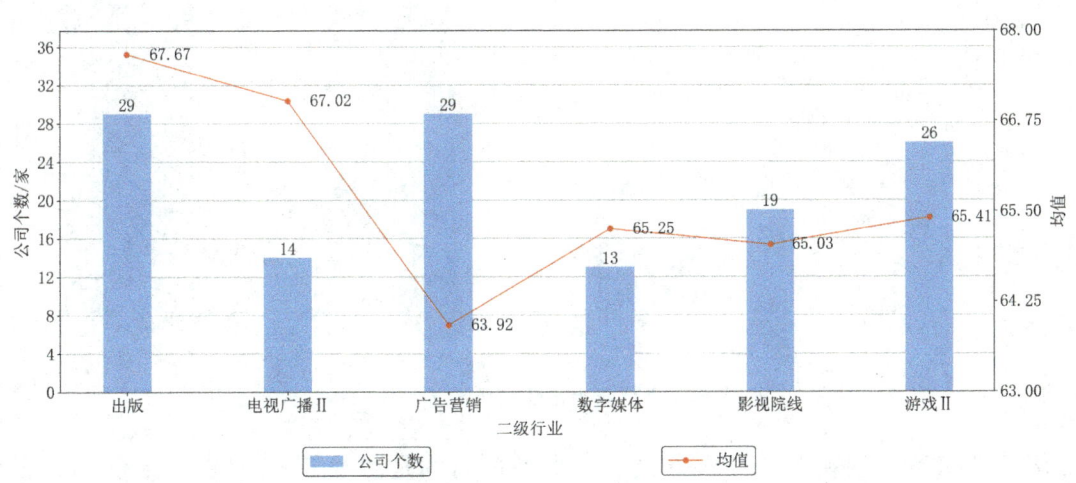

图7-4　2023年传媒行业上市公司创新资源支持指数均值分布图

传媒行业中，创新资源支持指数排名前10的上市公司如表7-2所示。

表 7-2 2023 年传媒行业上市公司创新资源支持指数前 10 排名

排名	证券名称	证券代码	产权性质	省份	二级行业	创新资源支持指数
1	奥飞娱乐	002292.SZ	非国有控股	广东	影视院线	85.56
2	人民网	603000.SH	中央国有控股	北京	数字媒体	82.58
3	光线传媒	300251.SZ	非国有控股	北京	影视院线	78.71
4	中国出版	601949.SH	中央国有控股	北京	出版	78.39
5	易点天下	301171.SZ	非国有控股	陕西	广告营销	78.13
6	内蒙新华	603230.SH	地方国有控股	内蒙古	出版	78.04
7	南方传媒	601900.SH	地方国有控股	广东	出版	77.92
8	东方明珠	600637.SH	地方国有控股	上海	电视广播Ⅱ	77.34
9	巨人网络	002558.SZ	非国有控股	重庆	游戏Ⅱ	77.11
10	分众传媒	002027.SZ	非国有控股	广东	广告营销	76.89

数据来源：同花顺（iFinD），首经贸资产评估研究院和浙工商中国智能管理研究院整理。

7.1.3 创新要素投入指数

2023年传媒行业130家上市公司创新要素投入指数平均水平为61.59，低于全市场均值66.07。从指数分布来看，高于全市场均值的有42家，占行业内上市公司总数的32.31%。其中，最高的是完美世界，创新要素投入指数为79.59。具体来看，创新要素投入指数处于［70，80）的有21家，占比16.15%；［60，70）的有56家，占比43.08%；［0，60）的有53家，占比40.77%，如图7-5所示。

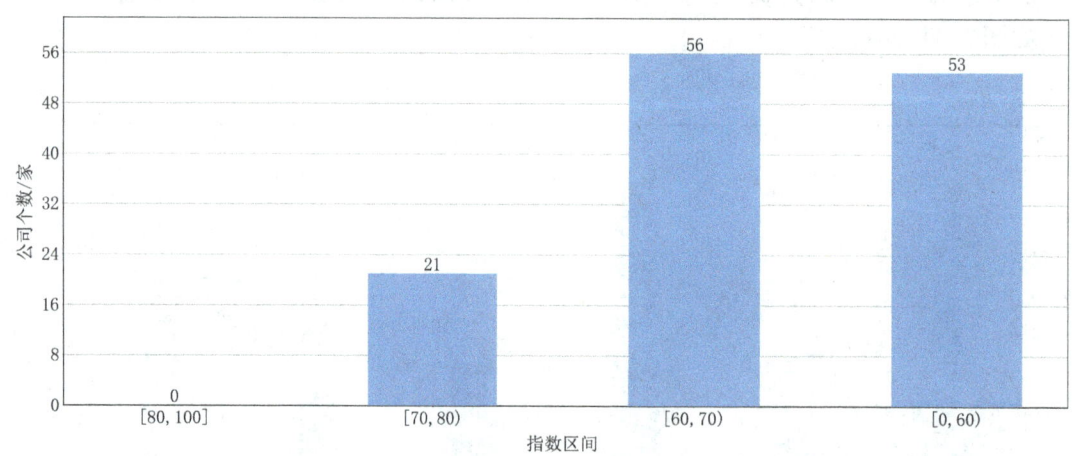

图7-5 2023年传媒行业上市公司创新要素投入指数分布图

从二级行业来看，创新要素投入指数平均水平最高的是游戏Ⅱ（70.28），最低的是影视院线（52.13），如图7-6所示。

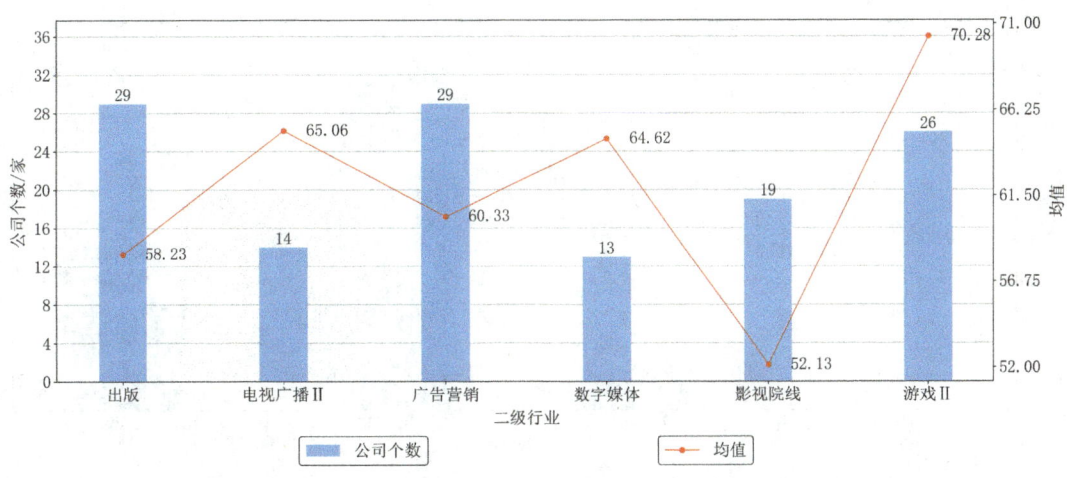

图 7-6　2023 年传媒行业上市公司创新要素投入指数均值分布图

传媒行业中，创新要素投入指数排名前 10 的上市公司如表 7-3 所示。

表 7-3　2023 年传媒行业上市公司创新要素投入指数前 10 排名

排名	证券名称	证券代码	产权性质	省份	二级行业	创新要素投入指数
1	完美世界	002624.SZ	非国有控股	浙江	游戏Ⅱ	79.59
2	昆仑万维	300418.SZ	非国有控股	北京	游戏Ⅱ	78.96
3	神州泰岳	300002.SZ	非国有控股	北京	游戏Ⅱ	78.79
4	盛天网络	300494.SZ	非国有控股	湖北	游戏Ⅱ	78.66
5	芒果超媒	300413.SZ	地方国有控股	湖南	数字媒体	77.95
6	凯撒文化	002425.SZ	非国有控股	广东	游戏Ⅱ	74.46
7	冰川网络	300533.SZ	非国有控股	广东	游戏Ⅱ	74.31
8	吉比特	603444.SH	非国有控股	福建	游戏Ⅱ	73.68
9	恺英网络	002517.SZ	非国有控股	福建	游戏Ⅱ	72.90
10	巨人网络	002558.SZ	非国有控股	重庆	游戏Ⅱ	72.71

数据来源：同花顺（iFinD），首经贸资产评估研究院和浙工商中国智能管理研究院整理。

7.1.4　创新科技成果指数

2023 年传媒行业 130 家上市公司创新科技成果指数平均水平为 61.86，低于全市场均值 64.15。从指数分布来看，高于全市场均值的有 40 家，占行业内上市公司总数的 30.77%。其中，最高的是天下秀，创新科技成果指数为 75.62。具体来看，创新科技成果指数处于 [70，80) 的有 9 家，占比 6.92%；[60，70) 的有 82 家，占比 63.08%；[0，60) 的有 39 家，占比 30.00%，如图 7-7 所示。

从二级行业来看，创新科技成果指数平均水平最高的是电视广播Ⅱ（63.57），最低的是影视院线（59.31），如图 7-8 所示。

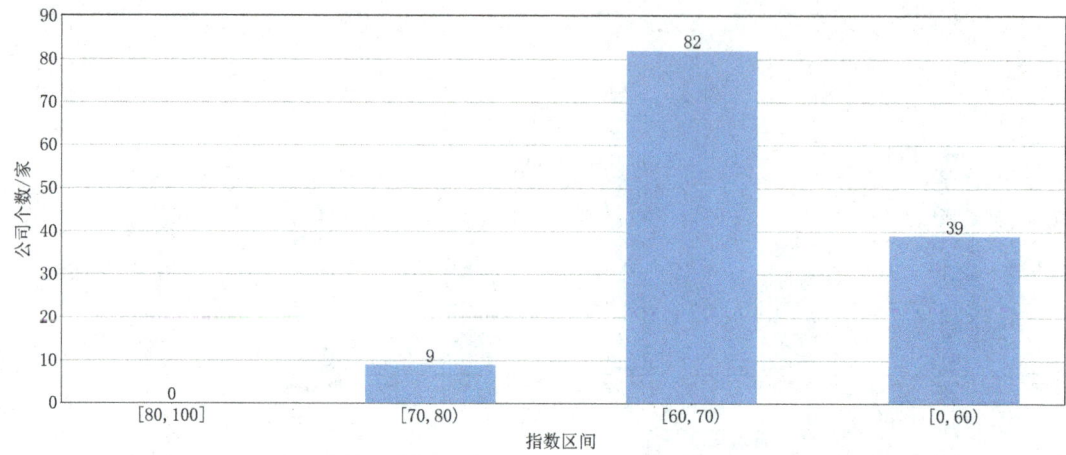

图7-7 2023年传媒行业上市公司创新科技成果指数分布图

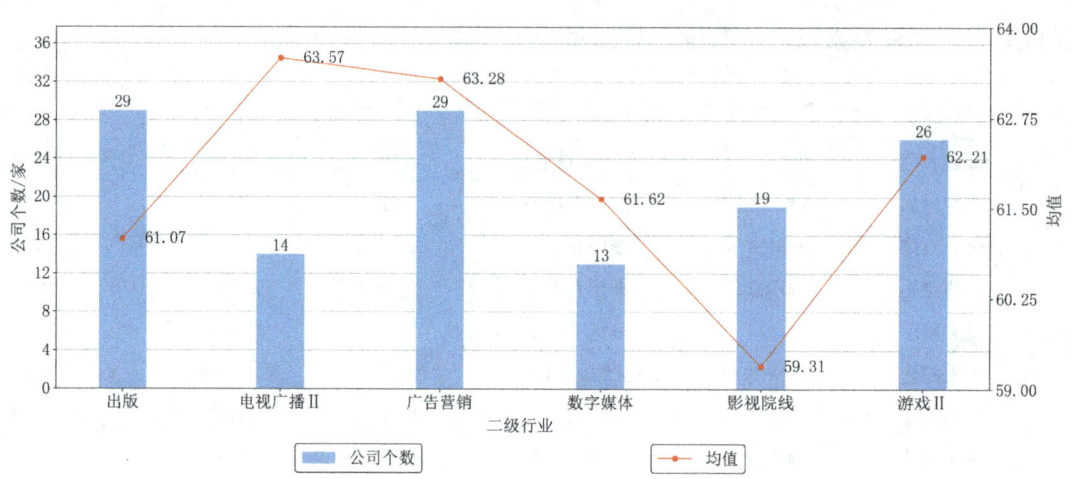

图7-8 2023年传媒行业上市公司创新科技成果指数均值分布图

传媒行业中，创新科技成果指数排名前10的上市公司如表7-4所示。

表7-4 2023年传媒行业上市公司创新科技成果指数前10排名

排名	证券名称	证券代码	产权性质	省份	二级行业	创新科技成果指数
1	天下秀	600556.SH	非国有控股	广西	广告营销	75.62
2	电声股份	300805.SZ	非国有控股	广东	广告营销	75.02
3	人民网	603000.SH	中央国有控股	北京	数字媒体	73.54
4	奥飞娱乐	002292.SZ	非国有控股	广东	影视院线	72.56
5	昆仑万维	300418.SZ	非国有控股	北京	游戏Ⅱ	72.28
6	福石控股	300071.SZ	非国有控股	北京	广告营销	71.06
7	智度股份	000676.SZ	非国有控股	广东	广告营销	70.85
8	中国科传	601858.SH	中央国有控股	北京	出版	70.78
9	华扬联众	603825.SH	非国有控股	湖南	广告营销	70.61
10	神州泰岳	300002.SZ	非国有控股	北京	游戏Ⅱ	69.42

数据来源：同花顺（iFinD），首经贸资产评估研究院和浙工商中国智能管理研究院整理。

7.1.5 创新经济绩效指数

2023年传媒行业130家上市公司创新经济绩效指数平均水平为66.42，高于全市场均值64.49。从指数分布来看，高于全市场均值的有76家，占行业内上市公司总数的58.46%。其中，最高的是芒果超媒，创新经济绩效指数为83.77。具体来看，创新经济绩效指数处于［80，100］的有6家，占比4.62%；［70，80）的有46家，占比35.38%；［60，70）的有45家，占比34.62%；［0，60）的有33家，占比25.38%，如图7-9所示。

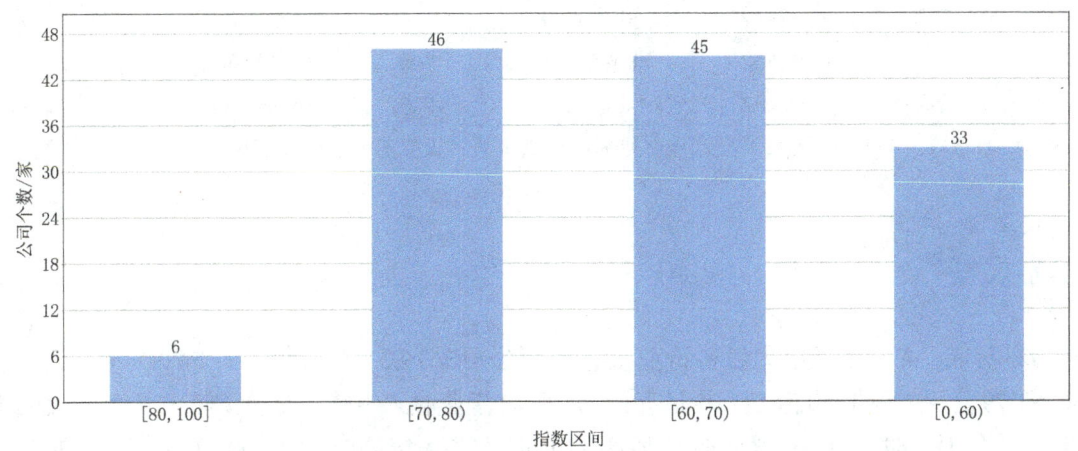

图7-9　2023年传媒行业上市公司创新经济绩效指数分布图

从二级行业来看，创新经济绩效指数平均水平最高的是出版（69.46），最低的是影视院线（61.74），如图7-10所示。

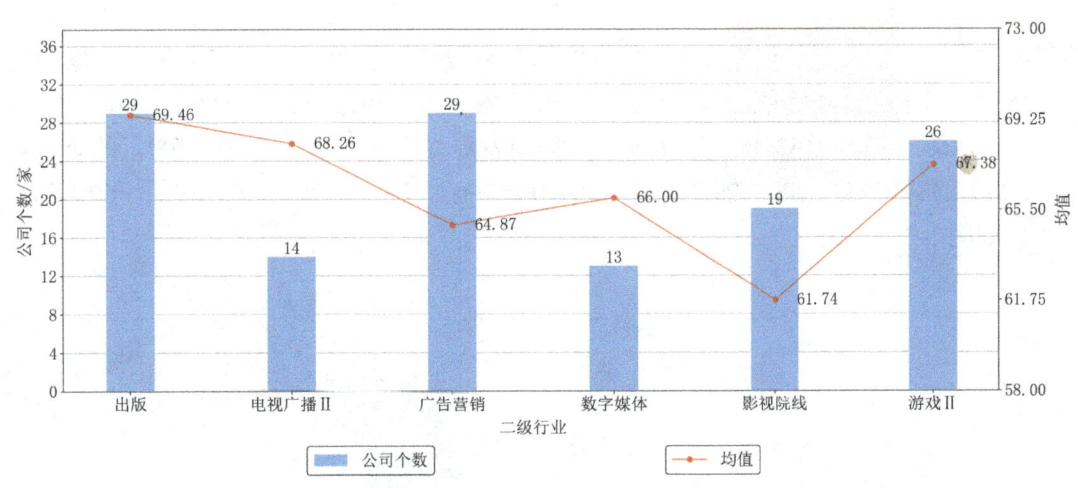

图7-10　2023年传媒行业上市公司创新经济绩效指数均值分布图

传媒行业中，创新经济绩效指数排名前10的上市公司如表7-5所示。

表7-5　2023年传媒行业上市公司创新经济绩效指数前10排名

排名	证券名称	证券代码	产权性质	省份	二级行业	创新经济绩效指数
1	芒果超媒	300413.SZ	地方国有控股	湖南	数字媒体	83.77
2	山东出版	601019.SH	地方国有控股	山东	出版	83.31

续表

排名	证券名称	证券代码	产权性质	省份	二级行业	创新经济绩效指数
3	神州泰岳	300002.SZ	非国有控股	北京	游戏Ⅱ	83.26
4	人民网	603000.SH	中央国有控股	北京	数字媒体	81.43
5	中国出版	601949.SH	中央国有控股	北京	出版	81.23
6	万达电影	002739.SZ	非国有控股	北京	影视院线	80.77
7	中国科传	601858.SH	中央国有控股	北京	出版	79.96
8	昆仑万维	300418.SZ	非国有控股	北京	游戏Ⅱ	79.60
9	三七互娱	002555.SZ	非国有控股	安徽	游戏Ⅱ	79.29
10	分众传媒	002027.SZ	非国有控股	广东	广告营销	78.76

数据来源：同花顺（iFinD），首经贸资产评估研究院和浙工商中国智能管理研究院整理。

7.2 电力设备行业上市公司创新发展指数评价

截至2023年底，A股市场电力设备行业共有上市公司367家，总市值共计54287.20亿元，营业收入合计36781.79亿元，平均市值147.92亿元/家，平均营业收入100.22亿元/家。市值最大的上市公司为宁德时代（7181.87亿元），营业收入最高的上市公司为宁德时代（4009.17亿元）。2023年，电力设备行业上市公司研发投入合计为1659.39亿元，占营业收入的4.51%；无形资产账面价值合计为1710.92亿元，占总资产的2.77%。根据本报告分析口径，本节共对电力设备行业367家上市公司开展创新发展指数评价，具体情况如下：

7.2.1 创新发展综合指数

2023年电力设备行业367家上市公司创新发展综合指数平均水平为67.16，高于全市场均值65.40。从指数分布来看，高于全市场均值的有216家，占行业内上市公司总数的58.86%。其中，最高的是晶盛机电，创新发展综合指数为83.83。具体来看，创新发展综合指数处于[80，100]的有6家，占比1.63%；[70，80）的有110家，占比29.97%；[60，70）的有211家，占比57.49%；[0，60）的有40家，占比10.91%，如图7-11所示。

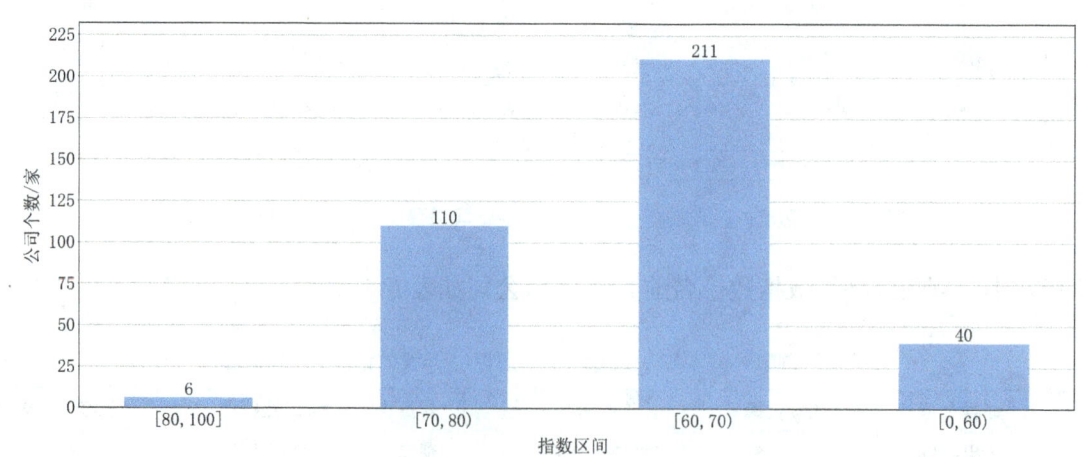

图7-11 2023年电力设备行业上市公司创新发展综合指数分布图

电力设备行业又可细分为6个二级行业，其中，创新发展综合指数平均水平最高的是光伏设备（69.74），最低的是电网设备（66.08），如图7-12所示。

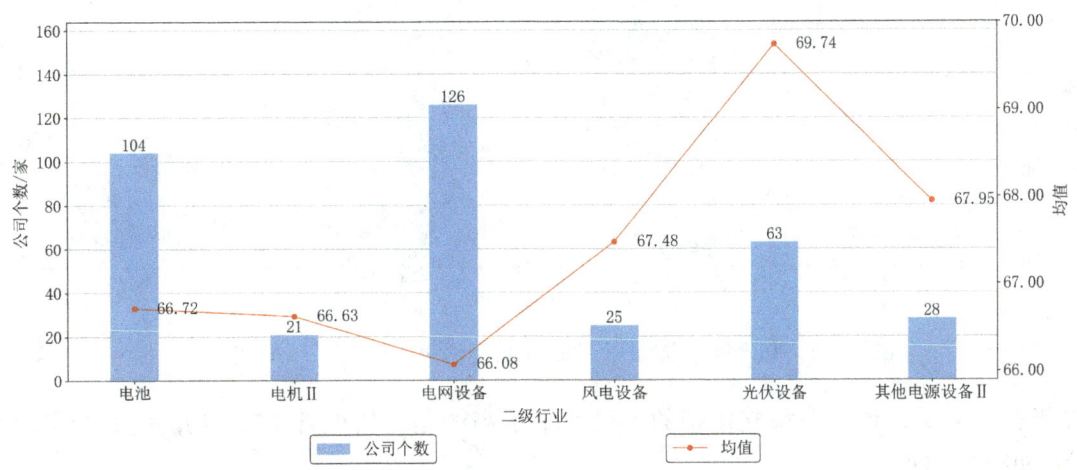

图7-12　2023年电力设备行业上市公司创新发展综合指数均值分布图

电力设备行业中，创新发展综合指数排名前10的上市公司如表7-6所示。

表7-6　2023年电力设备行业上市公司创新发展综合指数前10排名

排名	证券名称	证券代码	产权性质	省份	二级行业	创新发展综合指数
1	晶盛机电	300316.SZ	非国有控股	浙江	光伏设备	83.83
2	国电南瑞	600406.SH	中央国有控股	江苏	电网设备	83.34
3	宁德时代	300750.SZ	非国有控股	福建	电池	81.46
4	阳光电源	300274.SZ	非国有控股	安徽	光伏设备	80.56
5	晶科能源	688223.SH	非国有控股	江西	光伏设备	80.18
6	亿纬锂能	300014.SZ	非国有控股	广东	电池	80.08
7	国轩高科	002074.SZ	非国有控股	安徽	电池	79.96
8	东方电气	600875.SH	中央国有控股	四川	其他电源设备Ⅱ	79.33
9	天合光能	688599.SH	非国有控股	江苏	光伏设备	79.19
10	格林美	002340.SZ	非国有控股	广东	电池	78.88

数据来源：同花顺（iFinD），首经贸资产评估研究院和浙工商中国智能管理研究院整理。

7.2.2　创新资源支持指数

2023年电力设备行业367家上市公司创新资源支持指数平均水平为68.90，高于全市场均值67.08。从指数分布来看，高于全市场均值的有213家，占行业内上市公司总数的58.04%。其中，最高的是微导纳米，创新资源支持指数为86.71。具体来看，创新资源支持指数处于［80，100］的有26家，占比7.08%；［70，80）的有142家，占比38.69%；［60，70）的有149家，占比40.60%；［0，60）的有50家，占比13.63%，如图7-13所示。

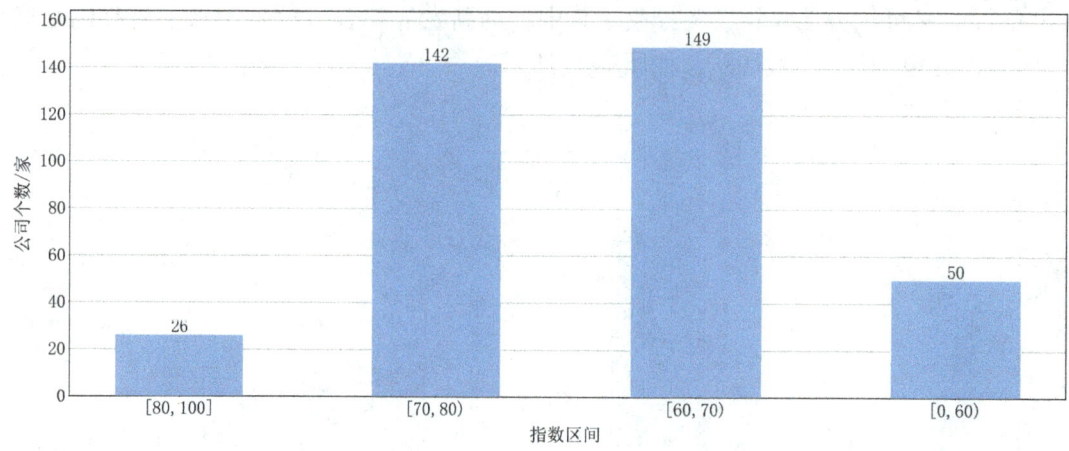

图7-13　2023年电力设备行业上市公司创新资源支持指数分布图

从二级行业来看，创新资源支持指数平均水平最高的是光伏设备（72.04），最低的是电网设备（67.10），如图7-14所示。

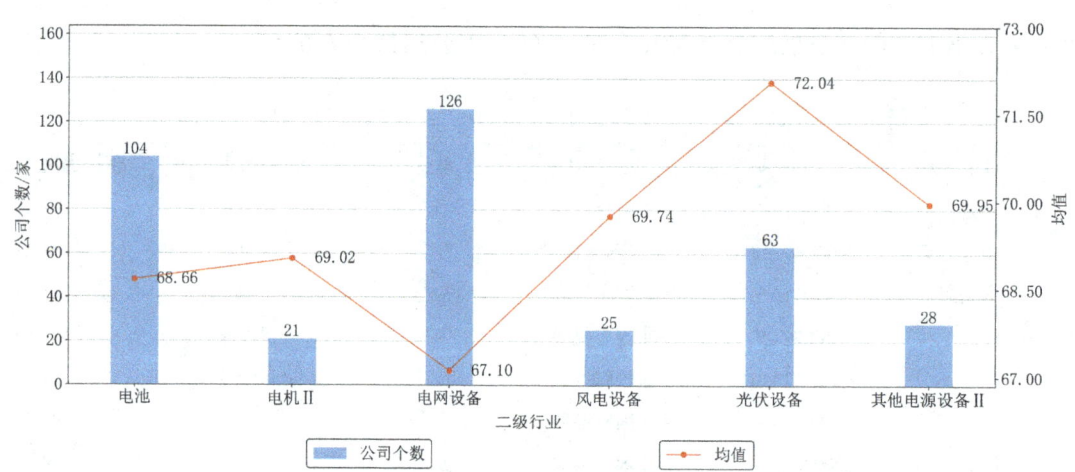

图7-14　2023年电力设备行业上市公司创新资源支持指数均值分布图

电力设备行业中，创新资源支持指数排名前10的上市公司如表7-7所示。

表7-7　2023年电力设备行业上市公司创新资源支持指数前10排名

排名	证券名称	证券代码	产权性质	省份	二级行业	创新资源支持指数
1	微导纳米	688147.SH	非国有控股	江苏	光伏设备	86.71
2	晶科能源	688223.SH	非国有控股	江西	光伏设备	84.95
3	亿纬锂能	300014.SZ	非国有控股	广东	电池	84.86
4	晶盛机电	300316.SZ	非国有控股	浙江	光伏设备	84.62
5	东方日升	300118.SZ	非国有控股	浙江	光伏设备	83.53
6	德福科技	301511.SZ	非国有控股	江西	电池	83.29
7	国轩高科	002074.SZ	非国有控股	安徽	电池	83.16
8	爱旭股份	600732.SH	非国有控股	上海	光伏设备	82.73
9	TCL中环	002129.SZ	非国有控股	天津	光伏设备	82.46
10	中伟股份	300919.SZ	非国有控股	贵州	电池	82.33

数据来源：同花顺（iFinD），首经贸资产评估研究院和浙工商中国智能管理研究院整理。

7.2.3 创新要素投入指数

2023年电力设备行业367家上市公司创新要素投入指数平均水平为69.04,高于全市场均值66.07。从指数分布来看,高于全市场均值的有246家,占行业内上市公司总数的67.03%。其中,最高的是国电南瑞,创新要素投入指数为85.31。具体来看,创新要素投入指数处于[80,100]的有24家,占比6.54%;[70,80)的有135家,占比36.78%;[60,70)的有183家,占比49.86%;[0,60)的有25家,占比6.82%,如图7-15所示。

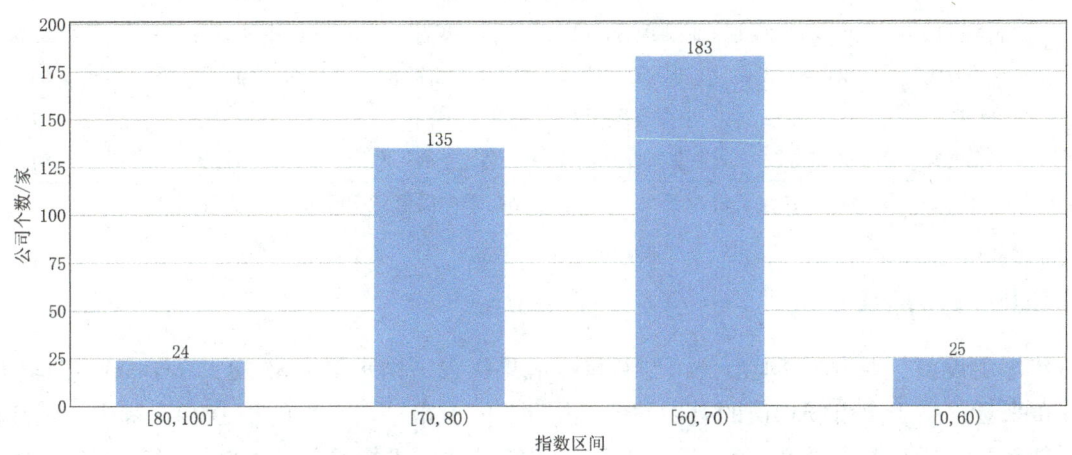

图7-15　2023年电力设备行业上市公司创新要素投入指数分布图

从二级行业来看,创新要素投入指数平均水平最高的是光伏设备(71.72),最低的是电网设备(67.58),如图7-16所示。

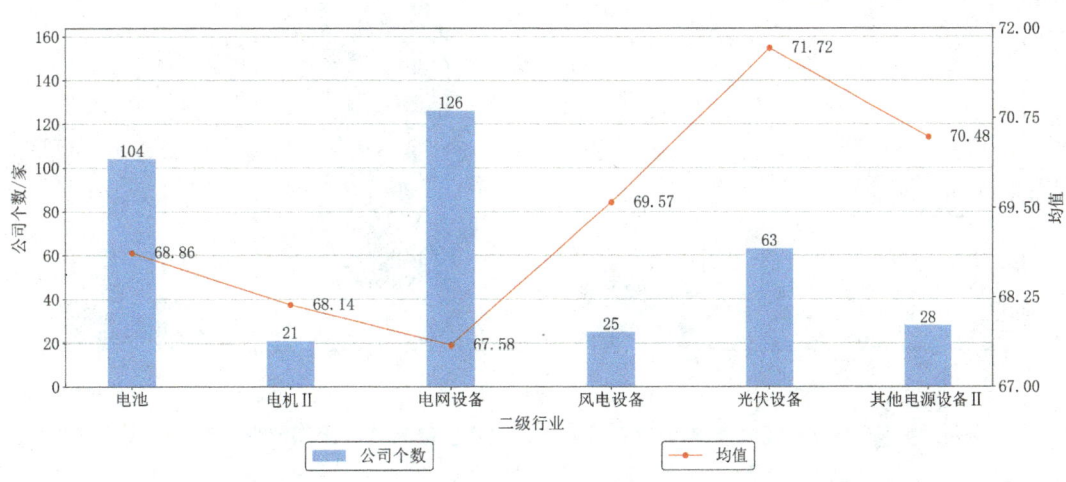

图7-16　2023年电力设备行业上市公司创新要素投入指数均值分布图

电力设备行业中,创新要素投入指数排名前10的上市公司如表7-8所示。

表 7-8　2023 年电力设备行业上市公司创新要素投入指数前 10 排名

排名	证券名称	证券代码	产权性质	省份	二级行业	创新要素投入指数
1	国电南瑞	600406.SH	中央国有控股	江苏	电网设备	85.31
2	中船科技	600072.SH	中央国有控股	上海	风电设备	84.57
3	东方电气	600875.SH	中央国有控股	四川	其他电源设备Ⅱ	84.31
4	阳光电源	300274.SZ	非国有控股	安徽	光伏设备	83.97
5	国轩高科	002074.SZ	非国有控股	安徽	电池	83.67
6	晶盛机电	300316.SZ	非国有控股	浙江	光伏设备	83.60
7	金风科技	002202.SZ	地方国有控股	新疆	风电设备	83.58
8	宁德时代	300750.SZ	非国有控股	福建	电池	83.19
9	许继电气	000400.SZ	中央国有控股	河南	电网设备	82.76
10	思源电气	002028.SZ	非国有控股	上海	电网设备	82.36

数据来源：同花顺（iFinD），首经贸资产评估研究院和浙工商中国智能管理研究院整理。

7.2.4　创新科技成果指数

2023年电力设备行业367家上市公司创新科技成果指数平均水平为65.38，高于全市场均值64.15。从指数分布来看，高于全市场均值的有213家，占行业内上市公司总数的58.04%。其中，最高的是正泰电器，创新科技成果指数为80.19。具体来看，创新科技成果指数处于［80，100］的有3家，占比0.82%；［70，80）的有55家，占比14.99%；［60，70）的有270家，占比73.57%；［0，60）的有39家，占比10.62%，如图7-17所示。

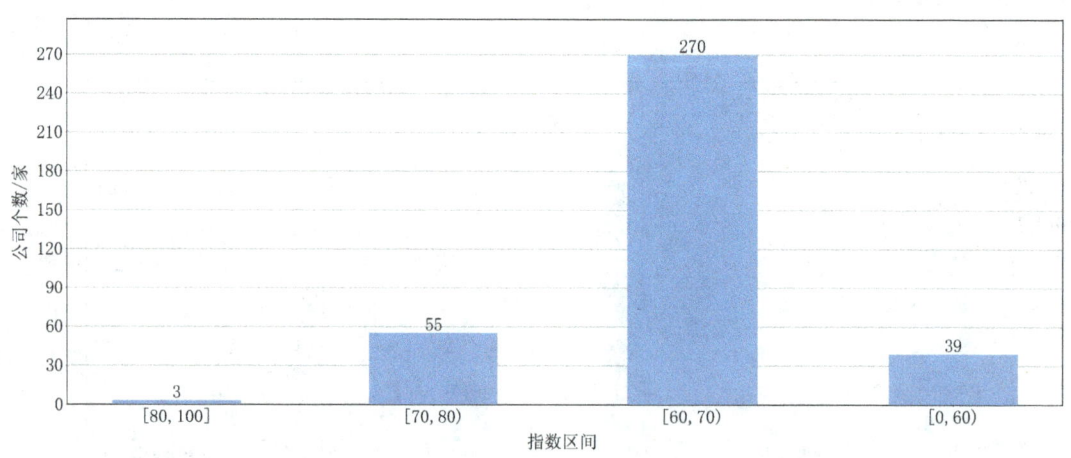

图7-17　2023年电力设备行业上市公司创新科技成果指数分布图

从二级行业来看，创新科技成果指数平均水平最高的是光伏设备（65.85），最低的是其他电源设备Ⅱ（65.05），如图7-18所示。

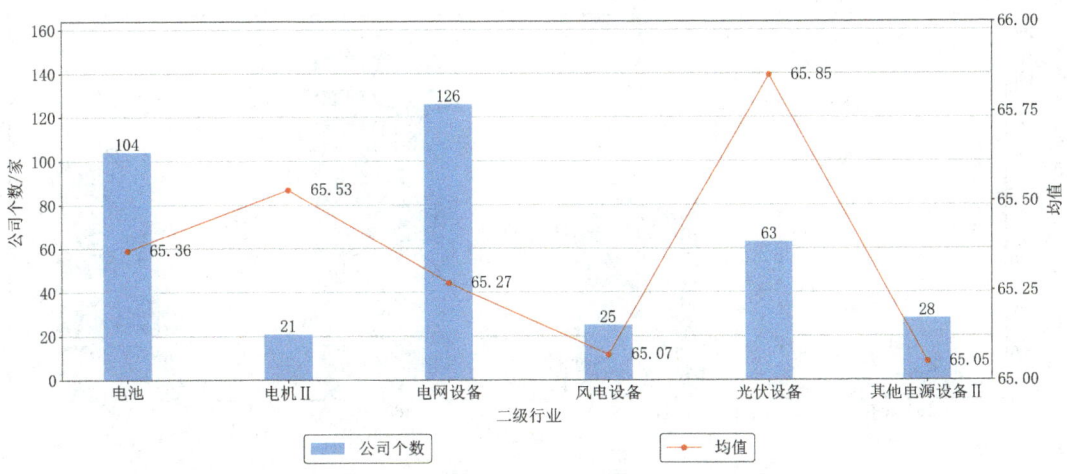

图7-18 2023年电力设备行业上市公司创新科技成果指数均值分布图

电力设备行业中,创新科技成果指数排名前10的上市公司如表7-9所示。

表7-9 2023年电力设备行业上市公司创新科技成果指数前10排名

排名	证券名称	证券代码	产权性质	省份	二级行业	创新科技成果指数
1	正泰电器	601877.SH	非国有控股	浙江	电网设备	80.19
2	国电南瑞	600406.SH	中央国有控股	江苏	电网设备	80.16
3	晶盛机电	300316.SZ	非国有控股	浙江	光伏设备	80.03
4	宁德时代	300750.SZ	非国有控股	福建	电池	77.95
5	阳光电源	300274.SZ	非国有控股	安徽	光伏设备	77.80
6	天合光能	688599.SH	非国有控股	江苏	光伏设备	77.38
7	晶科能源	688223.SH	非国有控股	江西	光伏设备	76.12
8	格林美	002340.SZ	非国有控股	广东	电池	75.09
9	鸣志电器	603728.SH	非国有控股	上海	电机Ⅱ	74.91
10	中国动力	600482.SH	中央国有控股	河北	其他电源设备Ⅱ	74.62

数据来源:同花顺(iFinD),首经贸资产评估研究院和浙工商中国智能管理研究院整理。

7.2.5 创新经济绩效指数

2023年电力设备行业367家上市公司创新经济绩效指数平均水平为65.23,高于全市场均值64.49。从指数分布来看,高于全市场均值的有181家,占行业内上市公司总数的49.32%。其中,最高的是国电南瑞,创新经济绩效指数为87.26。具体来看,创新经济绩效指数处于[80,100]的有20家,占比5.45%;[70,80)的有88家,占比23.98%;[60,70)的有153家,占比41.69%;[0,60)的有106家,占比28.88%,如图7-19所示。

从二级行业来看,创新经济绩效指数平均水平最高的是光伏设备(69.19),最低的是电池(63.98),如图7-20所示。

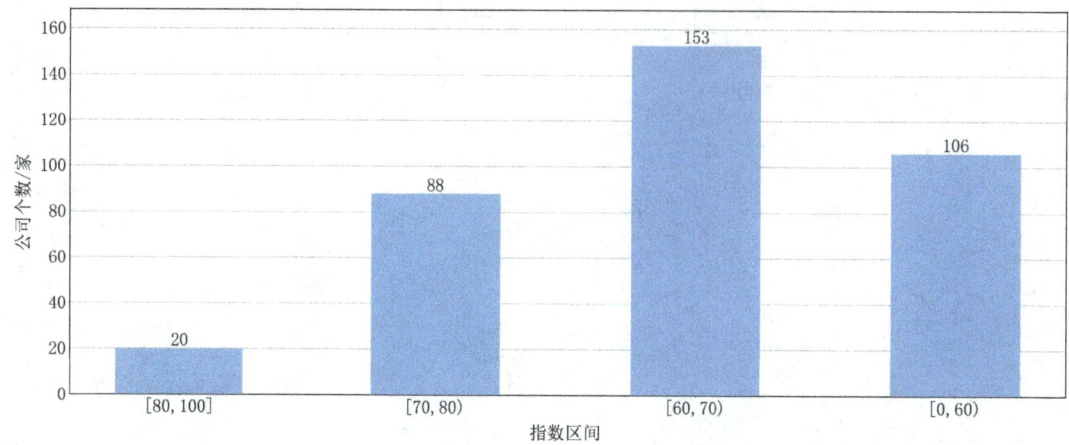

图7-19 2023年电力设备行业上市公司创新经济绩效指数分布图

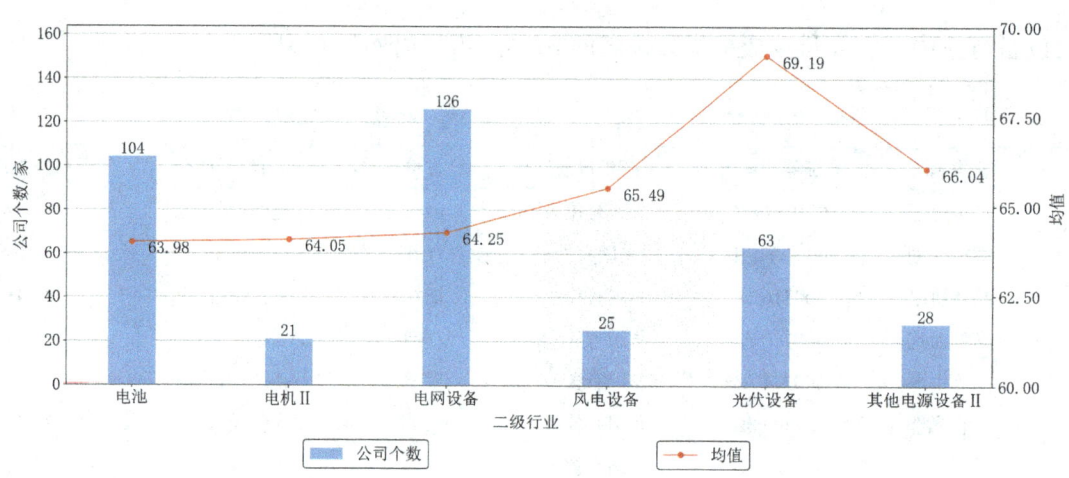

图7-20 2023年电力设备行业上市公司创新经济绩效指数均值分布图

电力设备行业中,创新经济绩效指数排名前10的上市公司如表7-10所示。

表7-10 2023年电力设备行业上市公司创新经济绩效指数前10排名

排名	证券名称	证券代码	产权性质	省份	二级行业	创新经济绩效指数
1	国电南瑞	600406.SH	中央国有控股	江苏	电网设备	87.26
2	晶盛机电	300316.SZ	非国有控股	浙江	光伏设备	86.91
3	国轩高科	002074.SZ	非国有控股	安徽	电池	84.96
4	双良节能	600481.SH	非国有控股	江苏	光伏设备	84.59
5	阳光电源	300274.SZ	非国有控股	安徽	光伏设备	84.04
6	宁德时代	300750.SZ	非国有控股	福建	电池	82.86
7	亿纬锂能	300014.SZ	非国有控股	广东	电池	82.78
8	中国西电	601179.SH	中央国有控股	陕西	电网设备	82.59
9	东方电气	600875.SH	中央国有控股	四川	其他电源设备Ⅱ	82.36
10	先导智能	300450.SZ	非国有控股	江苏	电池	81.76

数据来源:同花顺(iFinD),首经贸资产评估研究院和浙工商中国智能管理研究院整理。

7.3 电子行业上市公司创新发展指数评价

截至2023年底，A股市场电子行业共有上市公司456家，总市值共计70662.67亿元，营业收入合计29154.09亿元，平均市值154.96亿元/家，平均营业收入63.93亿元/家。市值最大的上市公司为中芯国际（4213.26亿元），营业收入最高的上市公司为工业富联（4763.40亿元）。2023年，电子行业上市公司研发投入合计为1817.10亿元，占营业收入的6.23%；无形资产账面价值合计为1398.92亿元，占总资产的2.91%。根据本报告分析口径，本节共对电子行业456家上市公司开展创新发展指数评价，具体情况如下：

7.3.1 创新发展综合指数

2023年电子行业456家上市公司创新发展综合指数平均水平为66.64，高于全市场均值65.40。从指数分布来看，高于全市场均值的有249家，占行业内上市公司总数的54.61%。其中，最高的是北方华创，创新发展综合指数为87.50。具体来看，创新发展综合指数处于［80，100］的有4家，占比0.88%；［70，80）的有125家，占比27.41%；［60，70）的有271家，占比59.43%；［0，60）的有56家，占比12.28%，如图7-21所示。

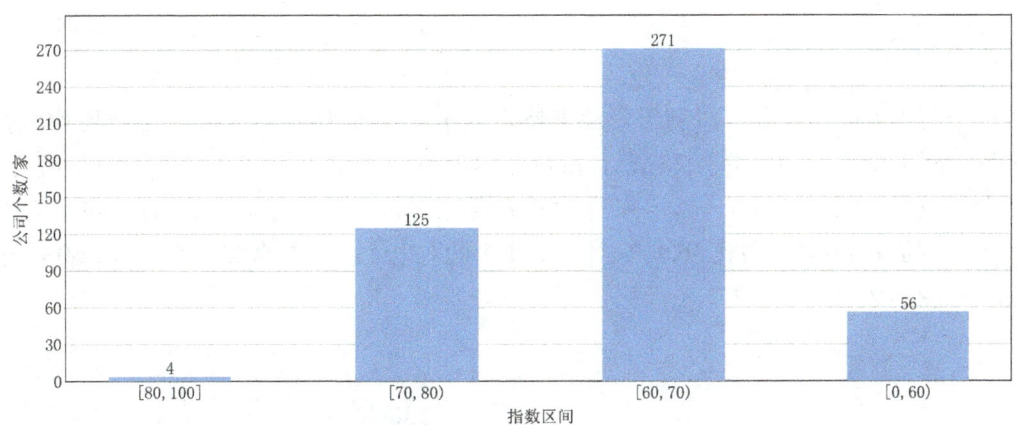

图7-21 2023年电子行业上市公司创新发展综合指数分布图

电子行业又可细分为6个二级行业，其中，创新发展综合指数平均水平最高的是半导体（68.41），最低的是其他电子Ⅱ（64.18），如图7-22所示。

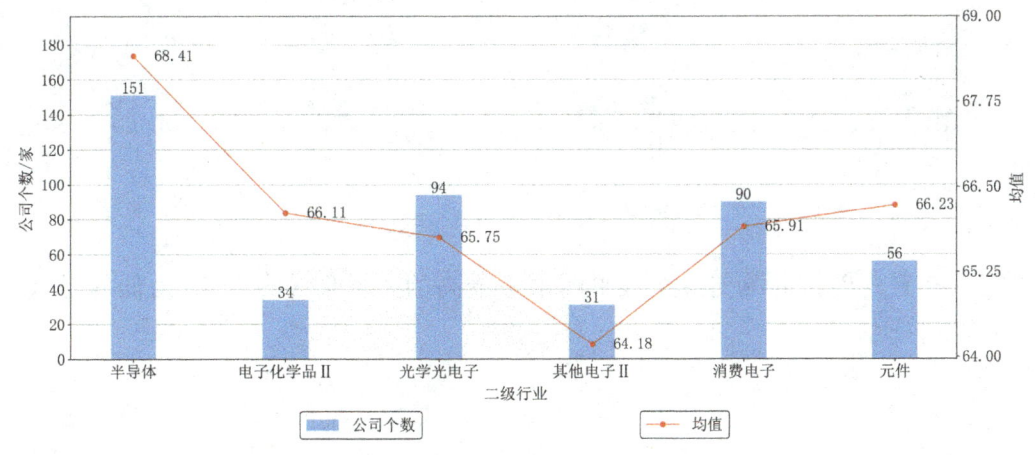

图7-22 2023年电子行业上市公司创新发展综合指数均值分布图

电子行业中，创新发展综合指数排名前10的上市公司如表7-11所示。

表7-11　2023年电子行业上市公司创新发展综合指数前10排名

排名	证券名称	证券代码	产权性质	省份	二级行业	创新发展综合指数
1	北方华创	002371.SZ	地方国有控股	北京	半导体	87.50
2	京东方A	000725.SZ	地方国有控股	北京	光学光电子	81.82
3	紫光国微	002049.SZ	非国有控股	河北	半导体	80.95
4	歌尔股份	002241.SZ	非国有控股	山东	消费电子	80.29
5	海光信息	688041.SH	非国有控股	天津	半导体	79.83
6	TCL科技	000100.SZ	非国有控股	广东	光学光电子	79.44
7	传音控股	688036.SH	非国有控股	广东	消费电子	79.41
8	中微公司	688012.SH	地方国有控股	上海	半导体	78.99
9	三环集团	300408.SZ	非国有控股	广东	元件	78.71
10	卓胜微	300782.SZ	非国有控股	江苏	半导体	78.58

数据来源：同花顺（iFinD），首经贸资产评估研究院和浙工商中国智能管理研究院整理。

7.3.2　创新资源支持指数

2023年电子行业456家上市公司创新资源支持指数平均水平为68.81，高于全市场均值67.08。从指数分布来看，高于全市场均值的有261家，占行业内上市公司总数的57.24%。其中，最高的是沪硅产业，创新资源支持指数为87.05。具体来看，创新资源支持指数处于［80，100］的有41家，占比8.99%；［70，80）的有166家，占比36.40%；［60，70）的有194家，占比42.54%；［0，60）的有55家，占比12.07%，如图7-23所示。

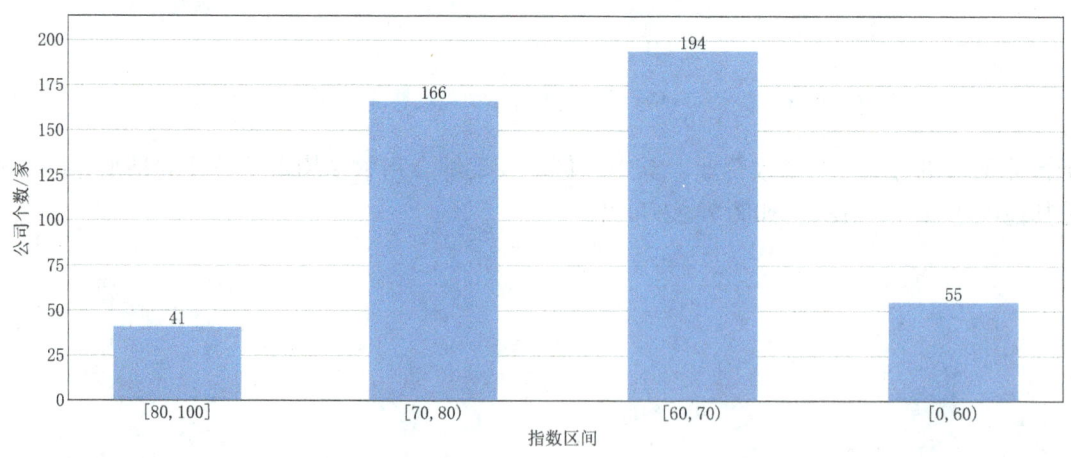

图7-23　2023年电子行业上市公司创新资源支持指数分布图

从二级行业来看，创新资源支持指数平均水平最高的是元件（69.97），最低的是其他电子Ⅱ（63.60），如图7-24所示。

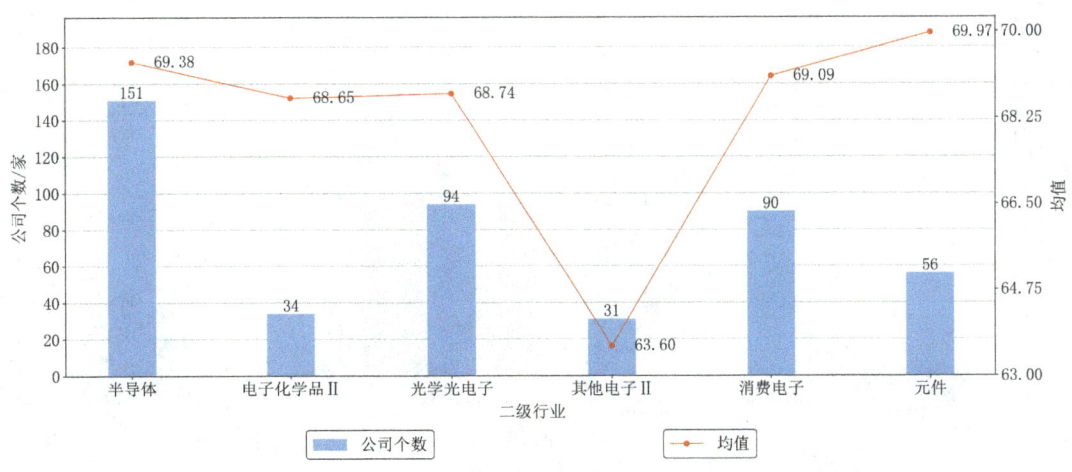

图 7-24　2023 年电子行业上市公司创新资源支持指数均值分布图

电子行业中，创新资源支持指数排名前 10 的上市公司如表 7-12 所示。

表 7-12　2023 年电子行业上市公司创新资源支持指数前 10 排名

排名	证券名称	证券代码	产权性质	省份	二级行业	创新资源支持指数
1	沪硅产业	688126.SH	地方国有控股	上海	半导体	87.05
2	华海清科	688120.SH	地方国有控股	天津	半导体	86.46
3	三环集团	300408.SZ	非国有控股	广东	元件	85.94
4	奥士康	002913.SZ	非国有控股	湖南	元件	85.90
5	蓝思科技	300433.SZ	非国有控股	湖南	消费电子	85.60
6	联创光电	600363.SH	非国有控股	江西	消费电子	85.39
7	华润微	688396.SH	中央国有控股	—	半导体	84.88
8	利亚德	300296.SZ	非国有控股	北京	光学光电子	84.66
9	洲明科技	300232.SZ	非国有控股	广东	光学光电子	84.41
10	长电科技	600584.SH	非国有控股	江苏	半导体	84.24

数据来源：同花顺（iFinD），首经贸资产评估研究院和浙工商中国智能管理研究院整理。

7.3.3　创新要素投入指数

2023 年电子行业 456 家上市公司创新要素投入指数平均水平为 68.67，高于全市场均值 66.07。从指数分布来看，高于全市场均值的有 286 家，占行业内上市公司总数的 62.72%。其中，最高的是北方华创，创新要素投入指数为 90.54。具体来看，创新要素投入指数处于［80，100］的有 25 家，占比 5.48%；［70，80）的有 163 家，占比 35.75%；［60，70）的有 212 家，占比 46.49%；［0，60）的有 56 家，占比 12.28%，如图 7-25 所示。

从二级行业来看，创新要素投入指数平均水平最高的是半导体（72.53），最低的是其他电子Ⅱ（64.87），如图 7-26 所示。

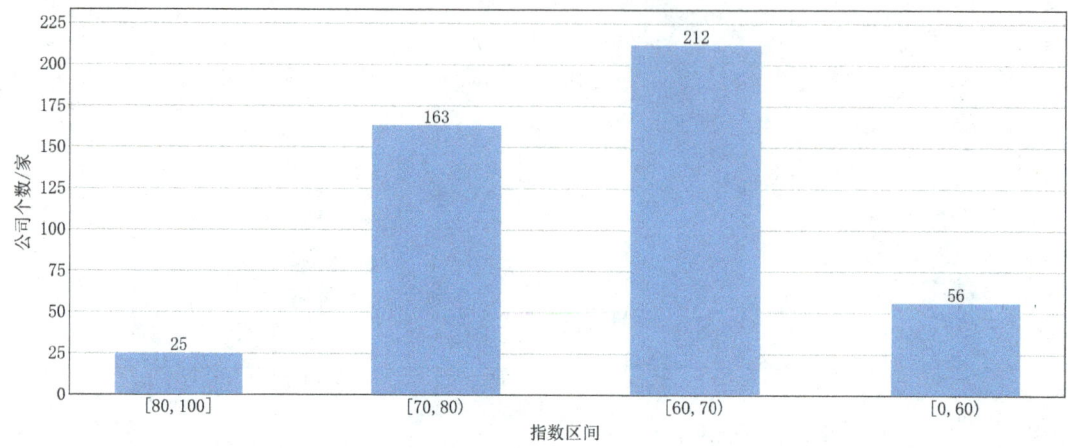

图7-25　2023年电子行业上市公司创新要素投入指数分布图

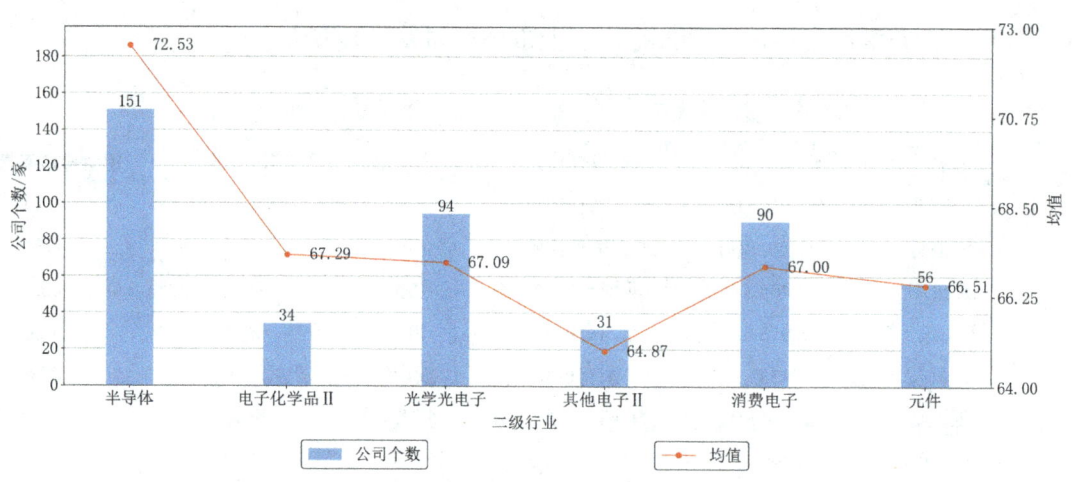

图7-26　2023年电子行业上市公司创新要素投入指数均值分布图

电子行业中，创新要素投入指数排名前10的上市公司如表7-13所示。

表7-13　2023年电子行业上市公司创新要素投入指数前10排名

排名	证券名称	证券代码	产权性质	省份	二级行业	创新要素投入指数
1	北方华创	002371.SZ	地方国有控股	北京	半导体	90.54
2	海光信息	688041.SH	非国有控股	天津	半导体	87.49
3	紫光国微	002049.SZ	非国有控股	河北	半导体	87.40
4	复旦微电	688385.SH	地方国有控股	上海	半导体	87.36
5	中微公司	688012.SH	地方国有控股	上海	半导体	86.57
6	京东方A	000725.SZ	地方国有控股	北京	光学光电子	86.18
7	兆易创新	603986.SH	非国有控股	北京	半导体	85.10
8	士兰微	600460.SH	非国有控股	浙江	半导体	84.50
9	圣邦股份	300661.SZ	非国有控股	北京	半导体	84.38
10	长川科技	300604.SZ	非国有控股	浙江	半导体	83.97

数据来源：同花顺（iFinD），首经贸资产评估研究院和浙工商中国智能管理研究院整理。

7.3.4 创新科技成果指数

2023年电子行业456家上市公司创新科技成果指数平均水平为65.41，高于全市场均值64.15。从指数分布来看，高于全市场均值的有254家，占行业内上市公司总数的55.70%。其中，最高的是北方华创，创新科技成果指数为84.14。具体来看，创新科技成果指数处于［80，100］的有2家，占比0.44%；［70，80）的有67家，占比14.69%；［60，70）的有352家，占比77.19%；［0，60）的有35家，占比7.68%，如图7-27所示。

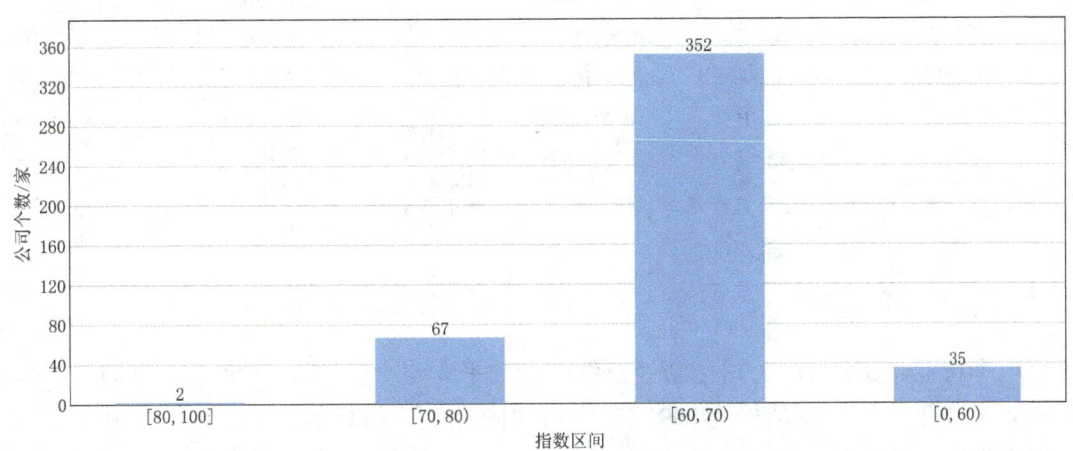

图7-27　2023年电子行业上市公司创新科技成果指数分布图

从二级行业来看，创新科技成果指数平均水平最高的是半导体（66.13），最低的是其他电子Ⅱ（64.00），如图7-28所示。

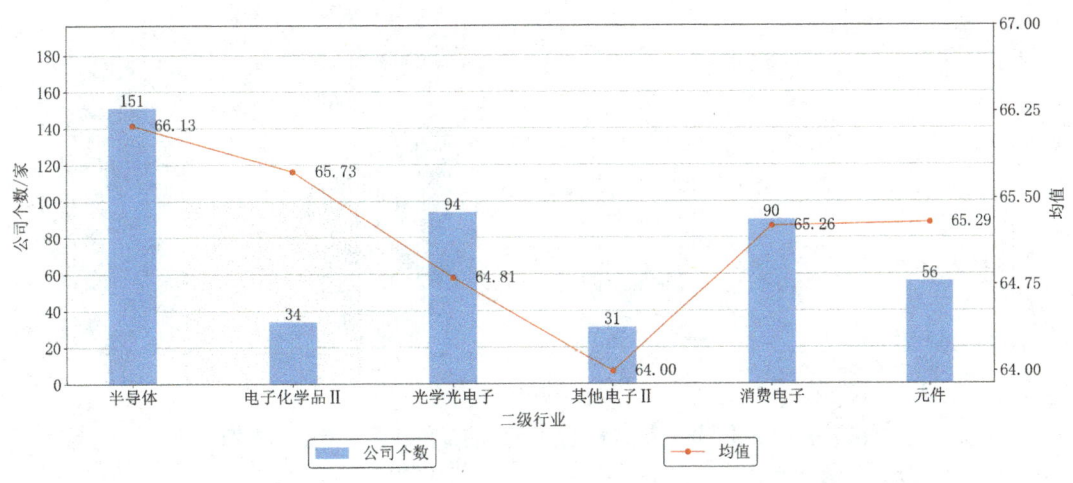

图7-28　2023年电子行业上市公司创新科技成果指数均值分布图

电子行业中，创新科技成果指数排名前10的上市公司如表7-14所示。

表 7-14 2023 年电子行业上市公司创新科技成果指数前 10 排名

排名	证券名称	证券代码	产权性质	省份	二级行业	创新科技成果指数
1	北方华创	002371.SZ	地方国有控股	北京	半导体	84.14
2	歌尔股份	002241.SZ	非国有控股	山东	消费电子	80.14
3	芯原股份	688521.SH	非国有控股	上海	半导体	78.98
4	京东方A	000725.SZ	地方国有控股	北京	光学光电子	78.58
5	沪硅产业	688126.SH	地方国有控股	上海	半导体	78.57
6	生益科技	600183.SH	非国有控股	广东	元件	77.83
7	维信诺	002387.SZ	非国有控股	江苏	光学光电子	77.66
8	安洁科技	002635.SZ	非国有控股	江苏	消费电子	77.26
9	有研新材	600206.SH	中央国有控股	北京	半导体	77.13
10	卓胜微	300782.SZ	非国有控股	江苏	半导体	76.62

数据来源：同花顺（iFinD），首经贸资产评估研究院和浙工商中国智能管理研究院整理。

7.3.5 创新经济绩效指数

2023年电子行业456家上市公司创新经济绩效指数平均水平为63.74，低于全市场均值64.49。从指数分布来看，高于全市场均值的有199家，占行业内上市公司总数的43.64%。其中，最高的是北方华创，创新经济绩效指数为89.57。具体来看，创新经济绩效指数处于［80，100］的有8家，占比1.75%；［70，80）的有101家，占比22.15%；［60，70）的有187家，占比41.01%；［0，60）的有160家，占比35.09%，如图7-29所示。

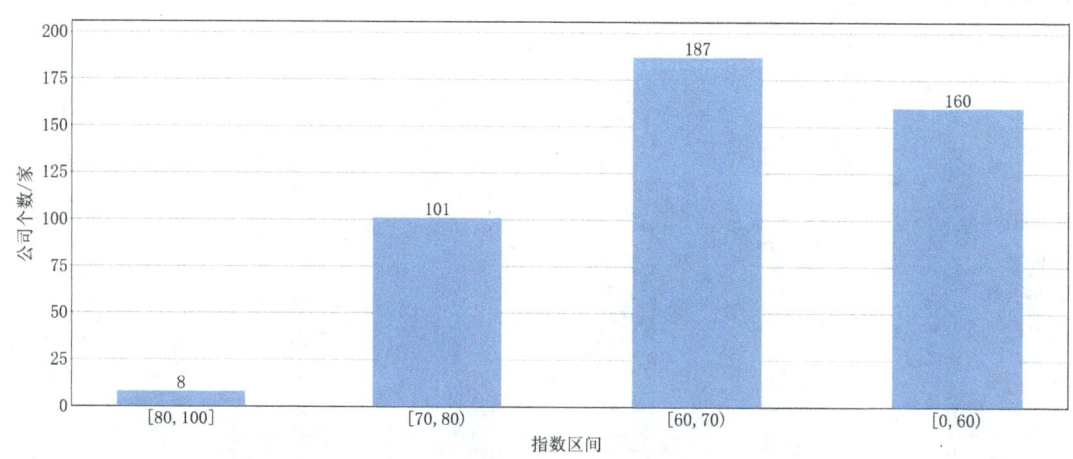

图 7-29 2023 年电子行业上市公司创新经济绩效指数分布图

从二级行业来看，创新经济绩效指数平均水平最高的是半导体（64.83），最低的是光学光电子（62.81），如图7-30所示。

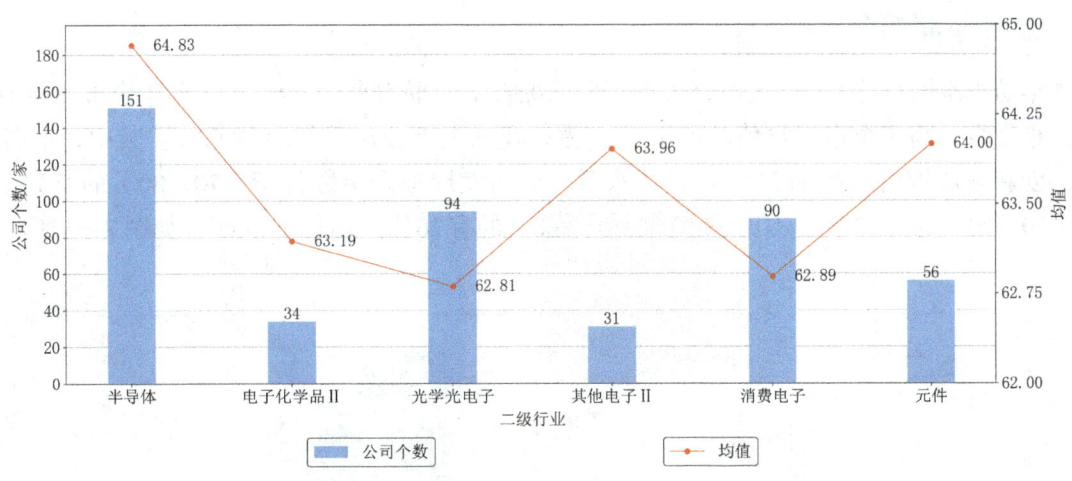

图 7-30　2023 年电子行业上市公司创新经济绩效指数均值分布图

电子行业中，创新经济绩效指数排名前 10 的上市公司如表 7-15 所示。

表 7-15　2023 年电子行业上市公司创新经济绩效指数前 10 排名

排名	证券名称	证券代码	产权性质	省份	二级行业	创新经济绩效指数
1	北方华创	002371.SZ	地方国有控股	北京	半导体	89.57
2	传音控股	688036.SH	非国有控股	广东	消费电子	87.22
3	海光信息	688041.SH	非国有控股	天津	半导体	83.79
4	中微公司	688012.SH	地方国有控股	上海	半导体	81.73
5	紫光国微	002049.SZ	非国有控股	河北	半导体	81.49
6	立讯精密	002475.SZ	非国有控股	广东	消费电子	80.93
7	沪电股份	002463.SZ	非国有控股	江苏	元件	80.74
8	盛美上海	688082.SH	非国有控股	上海	半导体	80.02
9	歌尔股份	002241.SZ	非国有控股	山东	消费电子	79.57
10	韦尔股份	603501.SH	非国有控股	上海	半导体	79.26

数据来源：同花顺（iFinD），首经贸资产评估研究院和浙工商中国智能管理研究院整理。

7.4　纺织服饰行业上市公司创新发展指数评价

截至 2023 年底，A 股市场纺织服饰行业共有上市公司 106 家，总市值共计 6254.80 亿元，营业收入合计 4726.29 亿元，平均市值 59.01 亿元/家，平均营业收入 44.59 亿元/家。市值最大的上市公司为华利集团（614.31 亿元），营业收入最高的上市公司为老凤祥（714.36 亿元）。2023 年，纺织服饰行业上市公司研发投入合计为 68.63 亿元，占营业收入的 1.45%；无形资产账面价值合计为 202.60 亿元，占总资产的 3.40%。根据本报告分析口径，本节共对纺织服饰行业 106 家上市公司开展创新发展指数评价，具体情况如下：

7.4.1 创新发展综合指数

2023年纺织服饰行业106家上市公司创新发展综合指数平均水平为63.51，低于全市场均值65.40。从指数分布来看，高于全市场均值的有42家，占行业内上市公司总数的39.62%。其中，最高的是台华新材，创新发展综合指数为73.92。具体来看，创新发展综合指数处于［70，80）的有7家，占比6.60%；［60，70）的有73家，占比68.87%；［0，60）的有26家，占比24.53%，如图7-31所示。

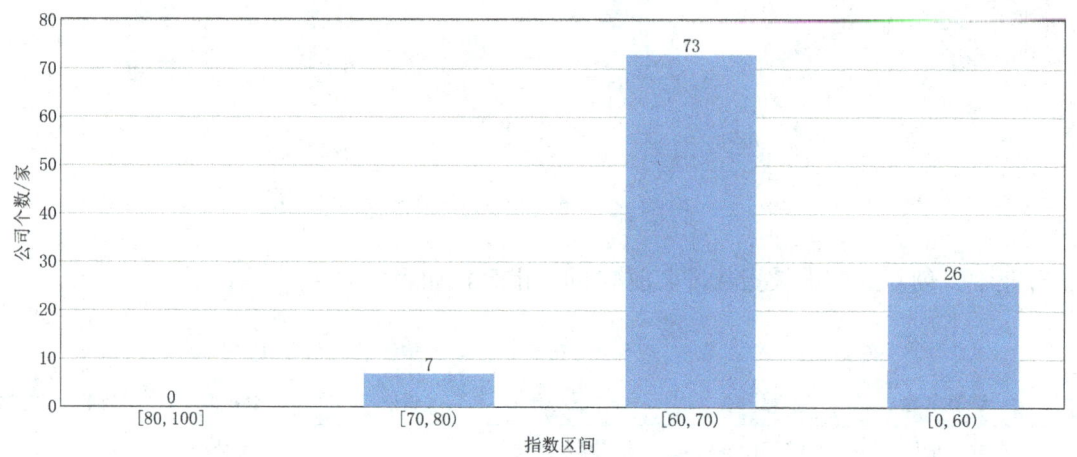

图7-31　2023年纺织服饰行业上市公司创新发展综合指数分布图

纺织服饰行业又可细分为3个二级行业，其中，创新发展综合指数平均水平最高的是纺织制造（64.72），最低的是饰品（61.54），如图7-32所示。

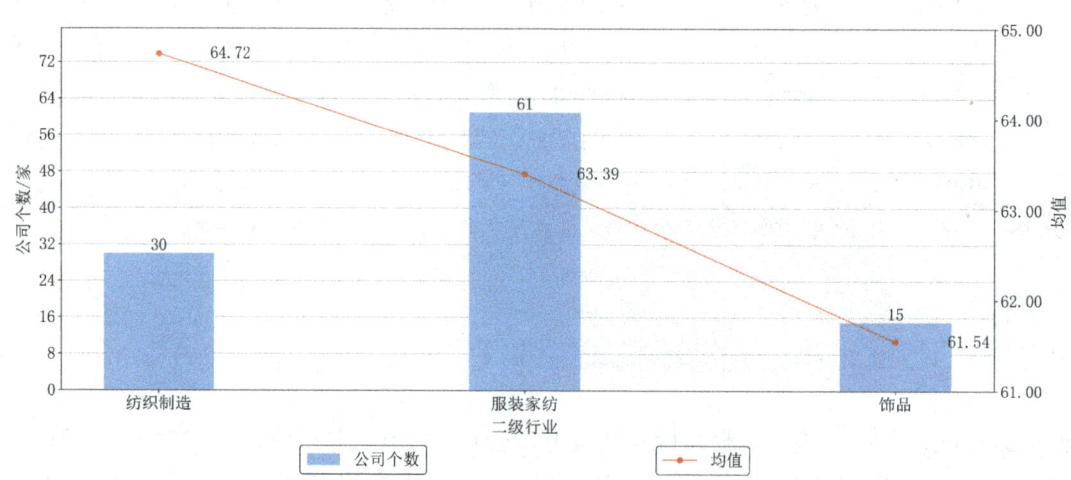

图7-32　2023年纺织服饰行业上市公司创新发展综合指数均值分布图

纺织服饰行业中，创新发展综合指数排名前10的上市公司如表7-16所示。

表7-16　2023年纺织服饰行业上市公司创新发展综合指数前10排名

排名	证券名称	证券代码	产权性质	省份	二级行业	创新发展综合指数
1	台华新材	603055.SH	非国有控股	浙江	纺织制造	73.92
2	际华集团	601718.SH	中央国有控股	北京	服装家纺	73.32

续表

排名	证券名称	证券代码	产权性质	省份	二级行业	创新发展综合指数
3	海澜之家	600398.SH	非国有控股	江苏	服装家纺	73.10
4	报喜鸟	002154.SZ	非国有控股	浙江	服装家纺	71.88
5	鲁泰A	000726.SZ	非国有控股	山东	纺织制造	71.40
6	森马服饰	002563.SZ	非国有控股	浙江	服装家纺	71.25
7	太平鸟	603877.SH	非国有控股	浙江	服装家纺	70.08
8	七匹狼	002029.SZ	非国有控股	福建	服装家纺	69.88
9	爱慕股份	603511.SH	非国有控股	北京	服装家纺	69.43
10	华利集团	300979.SZ	非国有控股	广东	纺织制造	69.27

数据来源：同花顺（iFinD），首经贸资产评估研究院和浙工商中国智能管理研究院整理。

7.4.2 创新资源支持指数

2023年纺织服饰行业106家上市公司创新资源支持指数平均水平为65.25，低于全市场均值67.08。从指数分布来看，高于全市场均值的有38家，占行业内上市公司总数的35.85%。其中，最高的是际华集团，创新资源支持指数为92.23。具体来看，创新资源支持指数处于［80，100］的有4家，占比3.77%；［70，80）的有25家，占比23.58%；［60，70）的有48家，占比45.28%；［0，60）的有29家，占比27.37%，如图7-33所示。

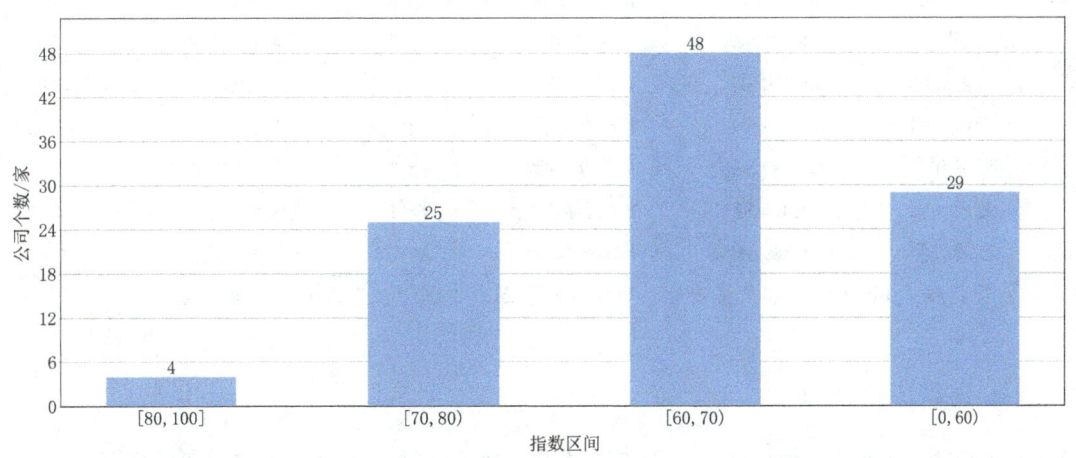

图7-33　2023年纺织服饰行业上市公司创新资源支持指数分布图

从二级行业来看，创新资源支持指数平均水平最高的是纺织制造（67.94），最低的是饰品（61.25），如图7-34所示。

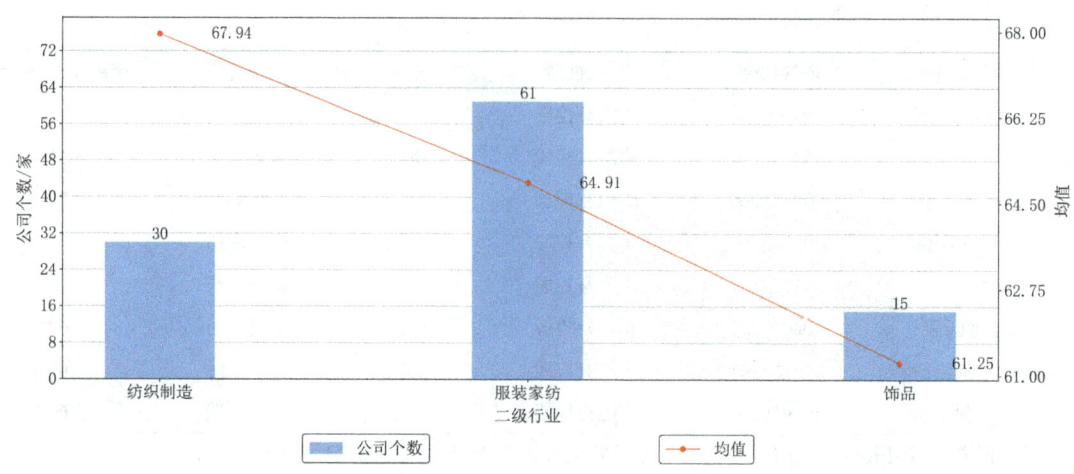

图7-34　2023年纺织服饰行业上市公司创新资源支持指数均值分布图

纺织服饰行业中，创新资源支持指数排名前10的上市公司如表7-17所示。

表7-17　2023年纺织服饰行业上市公司创新资源支持指数前10排名

排名	证券名称	证券代码	产权性质	省份	二级行业	创新资源支持指数
1	际华集团	601718.SH	中央国有控股	北京	服装家纺	92.23
2	台华新材	603055.SH	非国有控股	浙江	纺织制造	84.49
3	浙文影业	601599.SH	地方国有控股	浙江	纺织制造	82.69
4	鲁泰A	000726.SZ	非国有控股	山东	纺织制造	81.01
5	探路者	300005.SZ	非国有控股	北京	服装家纺	79.96
6	红豆股份	600400.SH	非国有控股	江苏	服装家纺	79.79
7	健盛集团	603558.SH	非国有控股	浙江	纺织制造	77.58
8	乔治白	002687.SZ	非国有控股	浙江	服装家纺	77.54
9	嘉欣丝绸	002404.SZ	非国有控股	浙江	服装家纺	77.23
10	新澳股份	603889.SH	非国有控股	浙江	纺织制造	77.01

数据来源：同花顺（iFinD），首经贸资产评估研究院和浙工商中国智能管理研究院整理。

7.4.3　创新要素投入指数

2023年纺织服饰行业106家上市公司创新要素投入指数平均水平为61.13，低于全市场均值66.07。从指数分布来看，高于全市场均值的有21家，占行业内上市公司总数的19.81%。其中，最高的是台华新材，创新要素投入指数为74.05。具体来看，创新要素投入指数处于［70，80）的有5家，占比4.72%；［60，70）的有61家，占比57.55%；［0，60）的有40家，占比37.73%，如图7-35所示。

从二级行业来看，创新要素投入指数平均水平最高的是纺织制造（64.67），最低的是饰品（56.05），如图7-36所示。

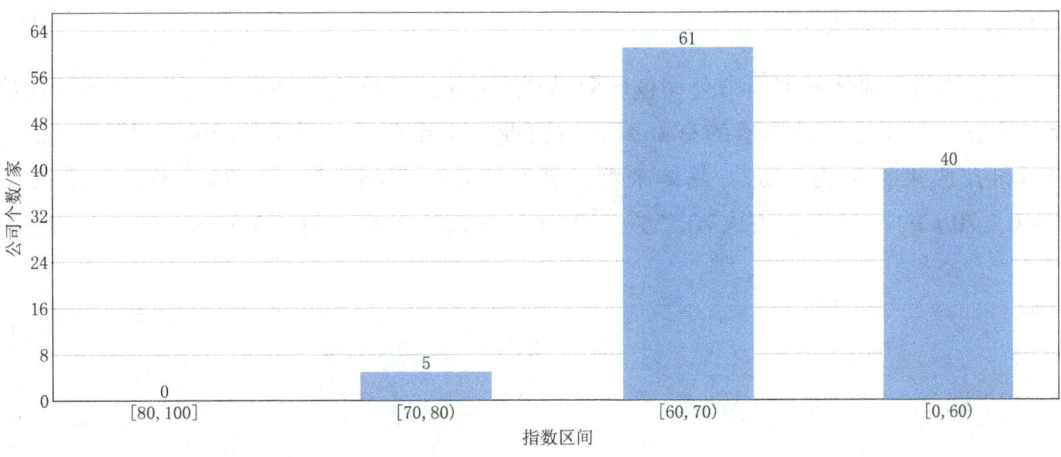

图 7-35　2023 年纺织服饰行业上市公司创新要素投入指数分布图

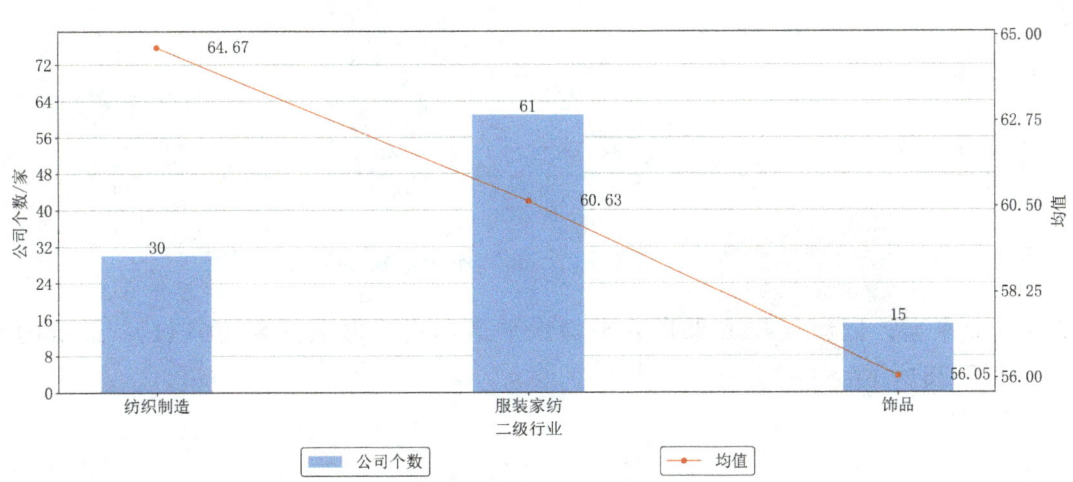

图 7-36　2023 年纺织服饰行业上市公司创新要素投入指数均值分布图

纺织服饰行业中，创新要素投入指数排名前 10 的上市公司如表 7-18 所示。

表 7-18　2023 年纺织服饰行业上市公司创新要素投入指数前 10 排名

排名	证券名称	证券代码	产权性质	省份	二级行业	创新要素投入指数
1	台华新材	603055.SH	非国有控股	浙江	纺织制造	74.05
2	鲁泰A	000726.SZ	非国有控股	山东	纺织制造	72.93
3	华利集团	300979.SZ	非国有控股	广东	纺织制造	71.19
4	航民股份	600987.SH	非国有控股	浙江	纺织制造	70.07
5	锦泓集团	603518.SH	非国有控股	江苏	服装家纺	70.03
6	森马服饰	002563.SZ	非国有控股	浙江	服装家纺	69.70
7	太平鸟	603877.SH	非国有控股	浙江	服装家纺	69.50
8	际华集团	601718.SH	中央国有控股	北京	服装家纺	69.30
9	探路者	300005.SZ	非国有控股	北京	服装家纺	69.21
10	歌力思	603808.SH	非国有控股	广东	服装家纺	68.77

数据来源：同花顺（iFinD），首经贸资产评估研究院和浙工商中国智能管理研究院整理。

7.4.4 创新科技成果指数

2023年纺织服饰行业106家上市公司创新科技成果指数平均水平为63.71，低于全市场均值64.15。从指数分布来看，高于全市场均值的有46家，占行业内上市公司总数的43.40%。其中，最高的是九牧王，创新科技成果指数为78.59。具体来看，创新科技成果指数处于［70，80）的有12家，占比11.32%；［60，70）的有75家，占比70.75%；［0，60）的有19家，占比17.93%，如图7-37所示。

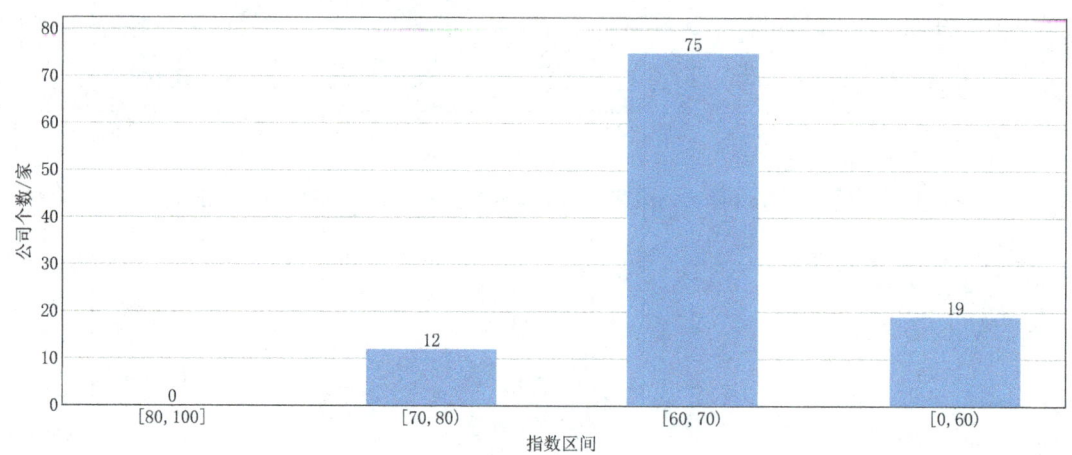

图7-37　2023年纺织服饰行业上市公司创新科技成果指数分布图

从二级行业来看，创新科技成果指数平均水平最高的是服装家纺（64.11），最低的是饰品（62.56），如图7-38所示。

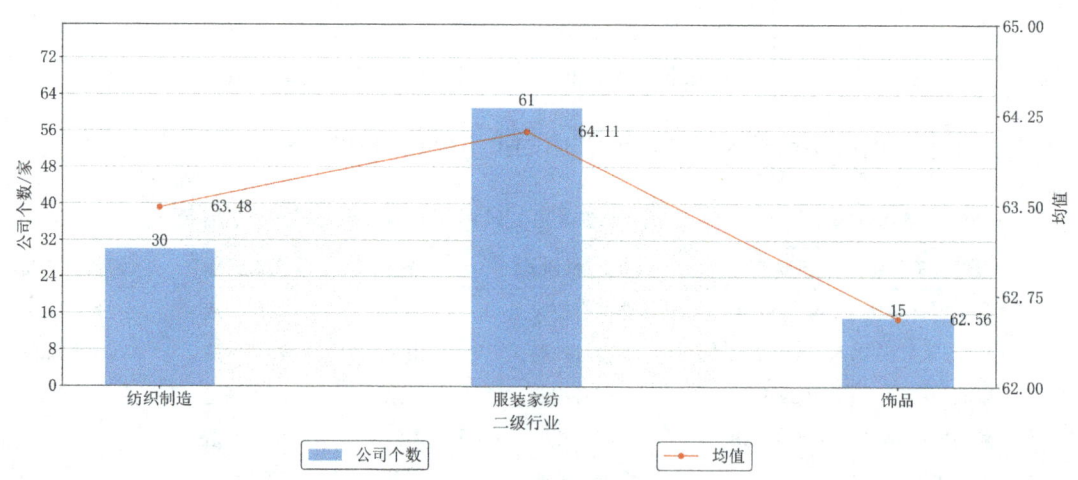

图7-38　2023年纺织服饰行业上市公司创新科技成果指数均值分布图

纺织服饰行业中，创新科技成果指数排名前10的上市公司如表7-19所示。

表 7-19　2023 年纺织服饰行业上市公司创新科技成果指数前 10 排名

排名	证券名称	证券代码	产权性质	省份	二级行业	创新科技成果指数
1	九牧王	601566.SH	非国有控股	福建	服装家纺	78.59
2	报喜鸟	002154.SZ	非国有控股	浙江	服装家纺	75.02
3	七匹狼	002029.SZ	非国有控股	福建	服装家纺	72.96
4	歌力思	603808.SH	非国有控股	广东	服装家纺	72.45
5	哈森股份	603958.SH	非国有控股	江苏	服装家纺	72.20
6	锦泓集团	603518.SH	非国有控股	江苏	服装家纺	72.16
7	欣贺股份	003016.SZ	非国有控股	福建	服装家纺	71.63
8	酷特智能	300840.SZ	非国有控股	山东	服装家纺	71.30
9	海澜之家	600398.SH	非国有控股	江苏	服装家纺	71.03
10	孚日股份	002083.SZ	地方国有控股	山东	纺织制造	70.59

数据来源：同花顺（iFinD），首经贸资产评估研究院和浙工商中国智能管理研究院整理。

7.4.5　创新经济绩效指数

2023年纺织服饰行业106家上市公司创新经济绩效指数平均水平为64.88，高于全市场均值64.49。从指数分布来看，高于全市场均值的有54家，占行业内上市公司总数的50.94%。其中，最高的是海澜之家，创新经济绩效指数为81.33。具体来看，创新经济绩效指数处于［80，100］的有2家，占比1.89%；［70，80）的有32家，占比30.19%；［60，70）的有42家，占比39.62%；［0，60）的有30家，占比28.30%，如图7-39所示。

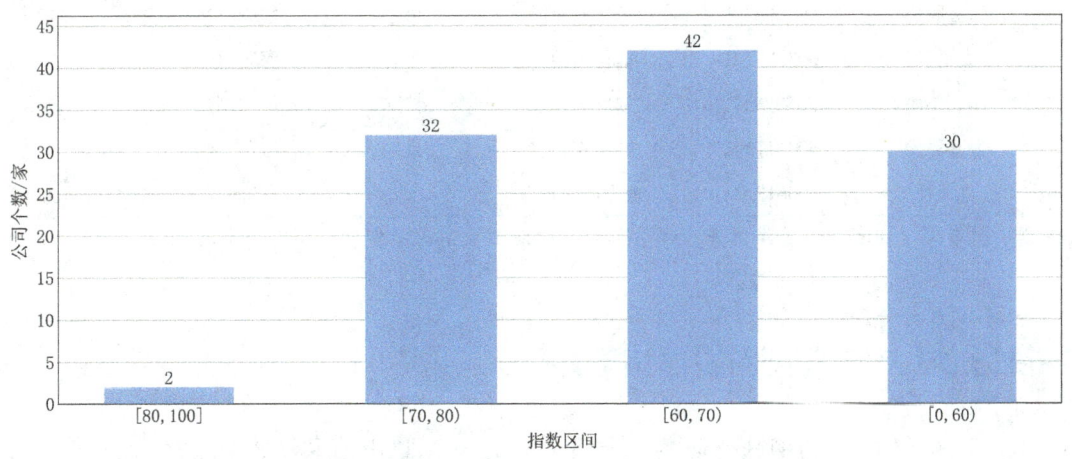

图 7-39　2023 年纺织服饰行业上市公司创新经济绩效指数分布图

从二级行业来看，创新经济绩效指数平均水平最高的是饰品（67.39），最低的是纺织制造（63.53），如图7-40所示。

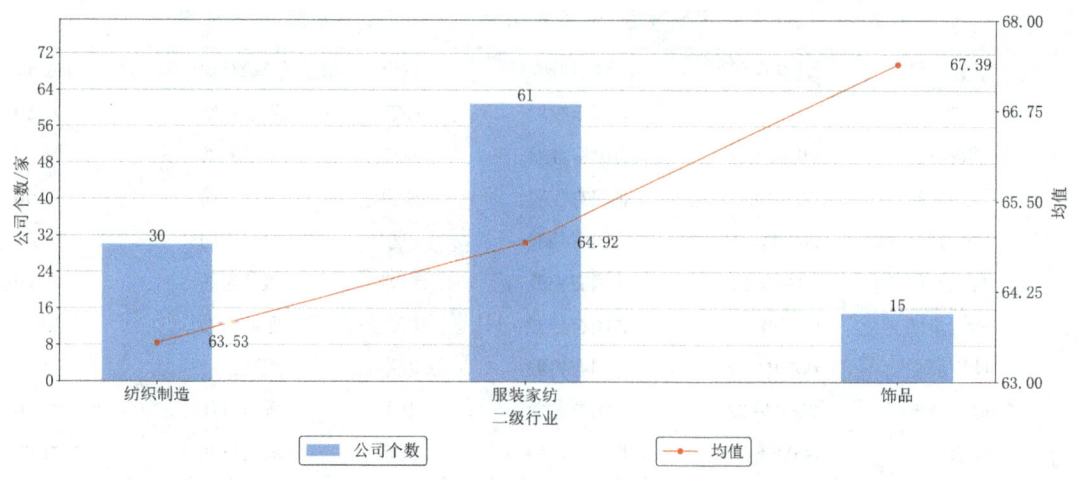

图7-40　2023年纺织服饰行业上市公司创新经济绩效指数均值分布图

纺织服饰行业中，创新经济绩效指数排名前10的上市公司如表7-20所示。

表7-20　2023年纺织服饰行业上市公司创新经济绩效指数前10排名

排名	证券名称	证券代码	产权性质	省份	二级行业	创新经济绩效指数
1	海澜之家	600398.SH	非国有控股	江苏	服装家纺	81.33
2	菜百股份	605599.SH	地方国有控股	北京	饰品	80.79
3	朗姿股份	002612.SZ	非国有控股	北京	服装家纺	79.28
4	中国黄金	600916.SH	中央国有控股	北京	饰品	79.12
5	周大生	002867.SZ	非国有控股	广东	饰品	77.57
6	伟星股份	002003.SZ	非国有控股	浙江	纺织制造	77.30
7	太平鸟	603877.SH	非国有控股	浙江	服装家纺	76.49
8	华利集团	300979.SZ	非国有控股	广东	纺织制造	76.43
9	爱慕股份	603511.SH	非国有控股	北京	服装家纺	75.61
10	老凤祥	600612.SH	地方国有控股	上海	饰品	75.59

数据来源：同花顺（iFinD），首经贸资产评估研究院和浙工商中国智能管理研究院整理。

7.5　钢铁行业上市公司创新发展指数评价

截至2023年底，A股市场钢铁行业共有上市公司45家，总市值共计8178.35亿元，营业收入合计22248.34亿元，平均市值181.74亿元/家，平均营业收入494.41亿元/家。市值最大的上市公司为宝钢股份（1311.71亿元），营业收入最高的上市公司为宝钢股份（3445.00亿元）。2023年，钢铁行业上市公司研发投入合计为772.12亿元，占营业收入的3.47%；无形资产账面价值合计为1013.43亿元，占总资产的4.31%。根据本报告分析口径，本节共对钢铁行业45家上市公司开展创新发展指数评价，具体情况如下：

7.5.1 创新发展综合指数

2023年钢铁行业45家上市公司创新发展综合指数平均水平为68.23，高于全市场均值65.40。从指数分布来看，高于全市场均值的有36家，占行业内上市公司总数的80.00%。其中，最高的是中信特钢，创新发展综合指数为79.62。具体来看，创新发展综合指数处于[70，80)的有14家，占比31.11%；[60，70)的有28家，占比62.22%；[0，60)的有3家，占比6.67%，如图7-41所示。

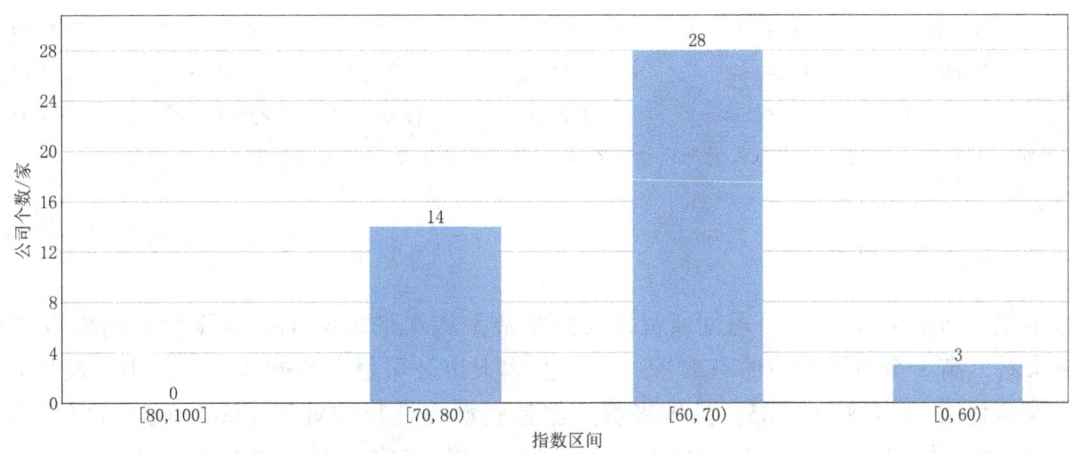

图7-41　2023年钢铁行业上市公司创新发展综合指数分布图

钢铁行业又可细分为3个二级行业，其中，创新发展综合指数平均水平最高的是普钢（69.67），最低的是冶钢原料（63.35），如图7-42所示。

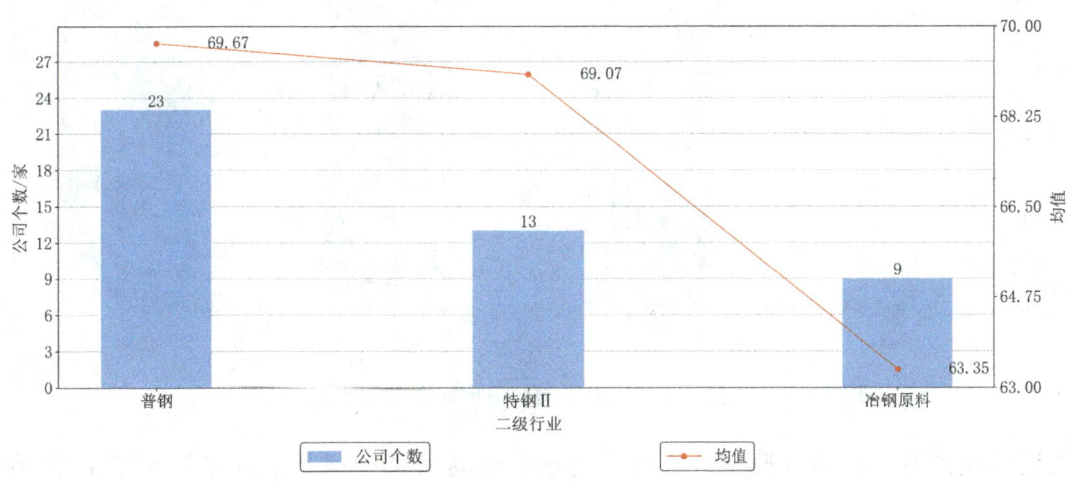

图7-42　2023年钢铁行业上市公司创新发展综合指数均值分布图

钢铁行业中，创新发展综合指数排名前10的上市公司如表7-21所示。

表7-21　2023年钢铁行业上市公司创新发展综合指数前10排名

排名	证券名称	证券代码	产权性质	省份	二级行业	创新发展综合指数
1	中信特钢	000708.SZ	中央国有控股	湖北	特钢Ⅱ	79.62
2	宝钢股份	600019.SH	中央国有控股	上海	普钢	76.41

续表

排名	证券名称	证券代码	产权性质	省份	二级行业	创新发展综合指数
3	杭钢股份	600126.SH	地方国有控股	浙江	普钢	76.16
4	南钢股份	600282.SH	中央国有控股	江苏	普钢	75.27
5	华菱钢铁	000932.SZ	地方国有控股	湖南	普钢	74.77
6	钒钛股份	000629.SZ	中央国有控股	四川	冶钢原料	74.71
7	首钢股份	000959.SZ	地方国有控股	北京	普钢	72.64
8	中南股份	000717.SZ	中央国有控股	广东	普钢	71.39
9	鞍钢股份	000898.SZ	中央国有控股	辽宁	普钢	71.14
10	广大特材	688186.SH	非国有控股	江苏	特钢Ⅱ	71.03

数据来源：同花顺（iFinD），首经贸资产评估研究院和浙工商中国智能管理研究院整理。

7.5.2 创新资源支持指数

2023年钢铁行业45家上市公司创新资源支持指数平均水平为65.47，低于全市场均值67.08。从指数分布来看，高于全市场均值的有20家，占行业内上市公司总数的44.44%。其中，最高的是广大特材，创新资源支持指数为81.85。具体来看，创新资源支持指数处于［80，100］的有1家，占比2.22%；［70，80）的有14家，占比31.11%；［60，70）的有16家，占比35.56%；［0，60）的有14家，占比31.11%，如图7-43所示。

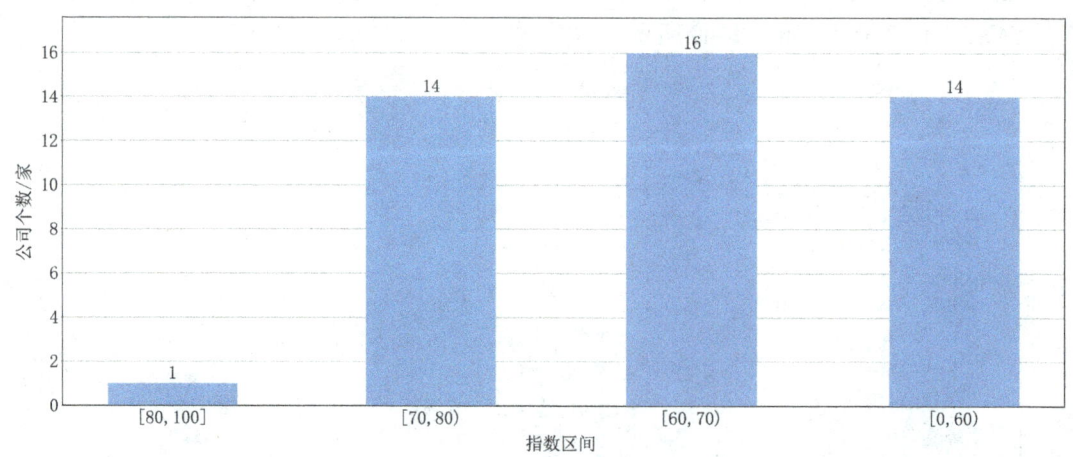

图7-43　2023年钢铁行业上市公司创新资源支持指数分布图

从二级行业来看，创新资源支持指数平均水平最高的是特钢Ⅱ（68.15），最低的是冶钢原料（63.05），如图7-44所示。

钢铁行业中，创新资源支持指数排名前10的上市公司如表7-22所示。

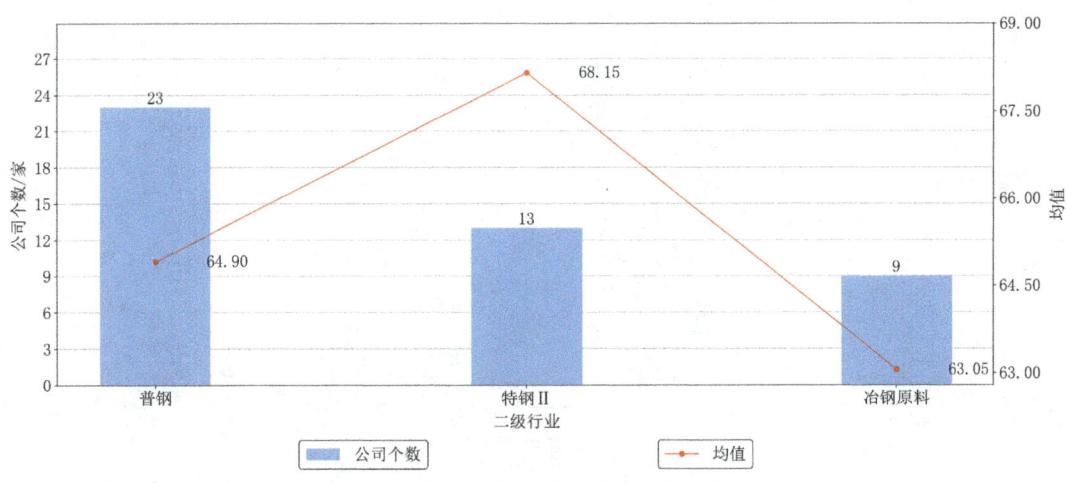

图 7-44　2023 年钢铁行业上市公司创新资源支持指数均值分布图

表 7-22　2023 年钢铁行业上市公司创新资源支持指数前 10 排名

排名	证券名称	证券代码	产权性质	省份	二级行业	创新资源支持指数
1	广大特材	688186.SH	非国有控股	江苏	特钢Ⅱ	81.85
2	杭钢股份	600126.SH	地方国有控股	浙江	普钢	76.06
3	宝钢股份	600019.SH	中央国有控股	上海	普钢	75.90
4	西宁特钢	600117.SH	非国有控股	青海	特钢Ⅱ	75.89
5	鄂尔多斯	600295.SH	非国有控股	内蒙古	冶钢原料	75.85
6	中信特钢	000708.SZ	中央国有控股	湖北	特钢Ⅱ	74.69
7	方大炭素	600516.SH	非国有控股	甘肃	冶钢原料	73.43
8	新兴铸管	000778.SZ	中央国有控股	河北	普钢	73.34
9	沙钢股份	002075.SZ	非国有控股	江苏	特钢Ⅱ	72.82
10	南钢股份	600282.SH	中央国有控股	江苏	普钢	72.00

数据来源：同花顺（iFinD），首经贸资产评估研究院和浙工商中国智能管理研究院整理。

7.5.3　创新要素投入指数

2023 年钢铁行业 45 家上市公司创新要素投入指数平均水平为 69.87，高于全市场均值 66.07。从指数分布来看，高于全市场均值的有 33 家，占行业内上市公司总数的 73.33%。其中，最高的是宝钢股份，创新要素投入指数为 83.04。具体来看，创新要素投入指数处于 [80，100] 的有 2 家，占比 4.44%；[70，80）的有 22 家，占比 48.89%；[60，70）的有 17 家，占比 37.78%；[0，60）的有 4 家，占比 8.89%，如图 7-45 所示。

从二级行业来看，创新要素投入指数平均水平最高的是普钢（73.67），最低的是冶钢原料（59.78），如图 7-46 所示。

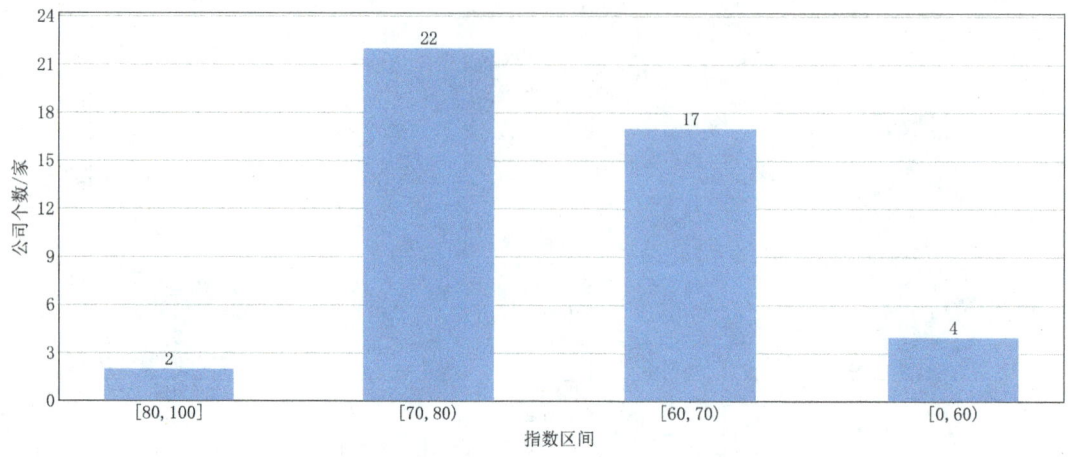

图7-45　2023年钢铁行业上市公司创新要素投入指数分布图

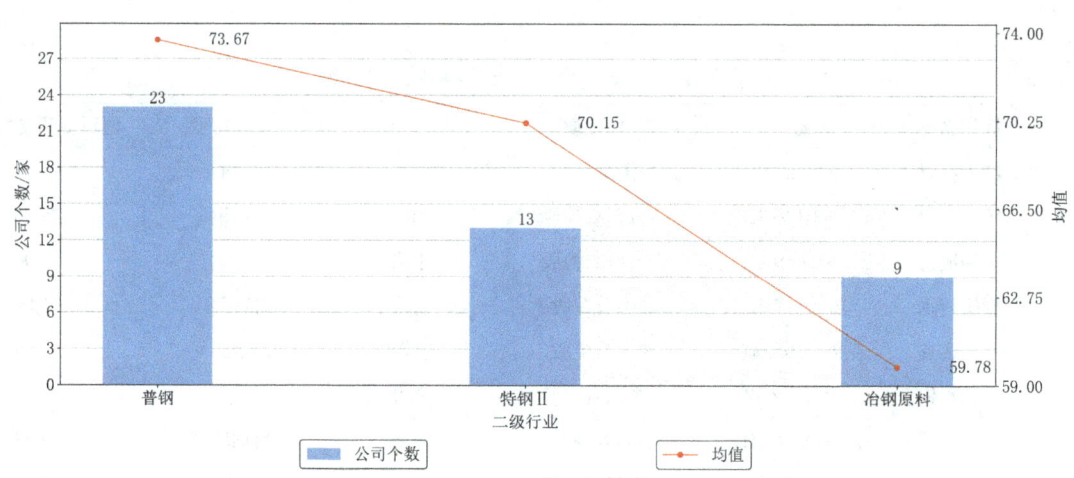

图7-46　2023年钢铁行业上市公司创新要素投入指数均值分布图

钢铁行业中，创新要素投入指数排名前10的上市公司如表7-23所示。

表7-23　2023年钢铁行业上市公司创新要素投入指数前10排名

排名	证券名称	证券代码	产权性质	省份	二级行业	创新要素投入指数
1	宝钢股份	600019.SH	中央国有控股	上海	普钢	83.04
2	中信特钢	000708.SZ	中央国有控股	湖北	特钢Ⅱ	81.65
3	太钢不锈	000825.SZ	中央国有控股	山西	特钢Ⅱ	78.25
4	新钢股份	600782.SH	中央国有控股	江西	普钢	77.87
5	中南股份	000717.SZ	中央国有控股	广东	普钢	77.86
6	华菱钢铁	000932.SZ	地方国有控股	湖南	普钢	77.58
7	三钢闽光	002110.SZ	地方国有控股	福建	普钢	77.36
8	鞍钢股份	000898.SZ	中央国有控股	辽宁	普钢	77.14
9	南钢股份	600282.SH	中央国有控股	江苏	普钢	76.89
10	包钢股份	600010.SH	地方国有控股	内蒙古	普钢	76.80

数据来源：同花顺（iFinD），首经贸资产评估研究院和浙工商中国智能管理研究院整理。

7.5.4 创新科技成果指数

2023年钢铁行业45家上市公司创新科技成果指数平均水平为68.21，高于全市场均值64.15。从指数分布来看，高于全市场均值的有33家，占行业内上市公司总数的73.33%。其中，最高的是中信特钢，创新科技成果指数为81.52。具体来看，创新科技成果指数处于［80，100］的有1家，占比2.22%；［70，80）的有13家，占比28.89%；［60，70）的有27家，占比60.00%；［0，60）的有4家，占比8.89%，如图7-47所示。

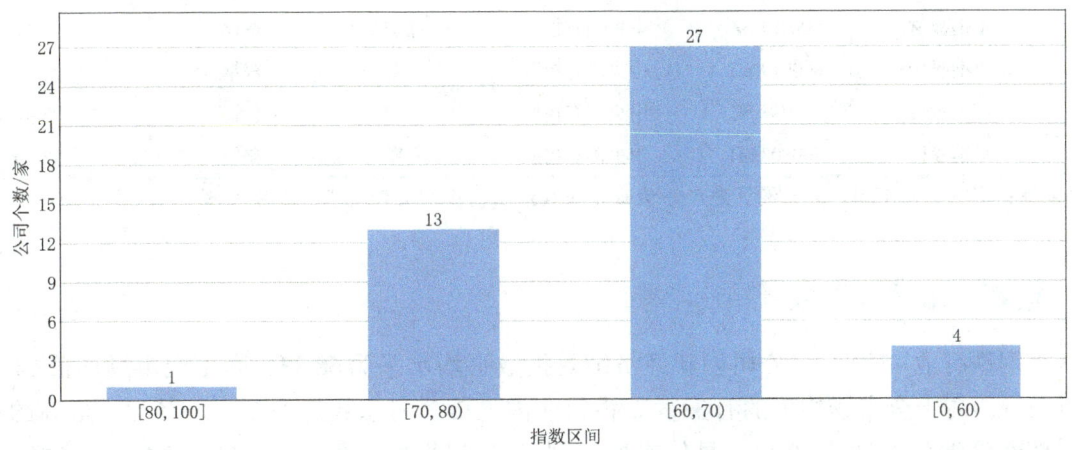

图7-47　2023年钢铁行业上市公司创新科技成果指数分布图

从二级行业来看，创新科技成果指数平均水平最高的是普钢（70.94），最低的是冶钢原料（63.62），如图7-48所示。

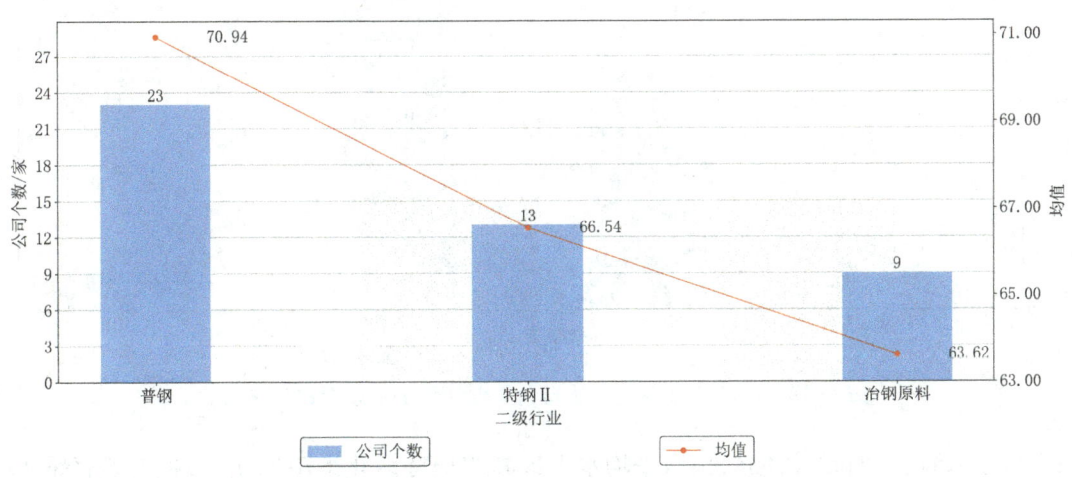

图7-48　2023年钢铁行业上市公司创新科技成果指数均值分布图

钢铁行业中，创新科技成果指数排名前10的上市公司如表7-24所示。

表 7-24 2023 年钢铁行业上市公司创新科技成果指数前 10 排名

排名	证券名称	证券代码	产权性质	省份	二级行业	创新科技成果指数
1	中信特钢	000708.SZ	中央国有控股	湖北	特钢Ⅱ	81.52
2	杭钢股份	600126.SH	地方国有控股	浙江	普钢	78.13
3	华菱钢铁	000932.SZ	地方国有控股	湖南	普钢	76.44
4	钒钛股份	000629.SZ	中央国有控股	四川	冶钢原料	75.51
5	首钢股份	000959.SZ	地方国有控股	北京	普钢	74.95
6	南钢股份	600282.SH	中央国有控股	江苏	普钢	74.37
7	本钢板材	000761.SZ	中央国有控股	辽宁	普钢	74.27
8	宝钢股份	600019.SH	中央国有控股	上海	普钢	73.99
9	鞍钢股份	000898.SZ	中央国有控股	辽宁	普钢	73.94
10	马钢股份	600808.SH	中央国有控股	安徽	普钢	73.80

数据来源：同花顺（iFinD），首经贸资产评估研究院和浙工商中国智能管理研究院整理。

7.5.5 创新经济绩效指数

2023年钢铁行业45家上市公司创新经济绩效指数平均水平为68.33，高于全市场均值64.49。从指数分布来看，高于全市场均值的有33家，占行业内上市公司总数的73.33%。其中，最高的是中信特钢，创新经济绩效指数为79.14。具体来看，创新经济绩效指数处于［70，80）的有17家，占比37.78%；［60，70）的有25家，占比55.56%；［0，60）的有3家，占比6.66%，如图7-49所示。

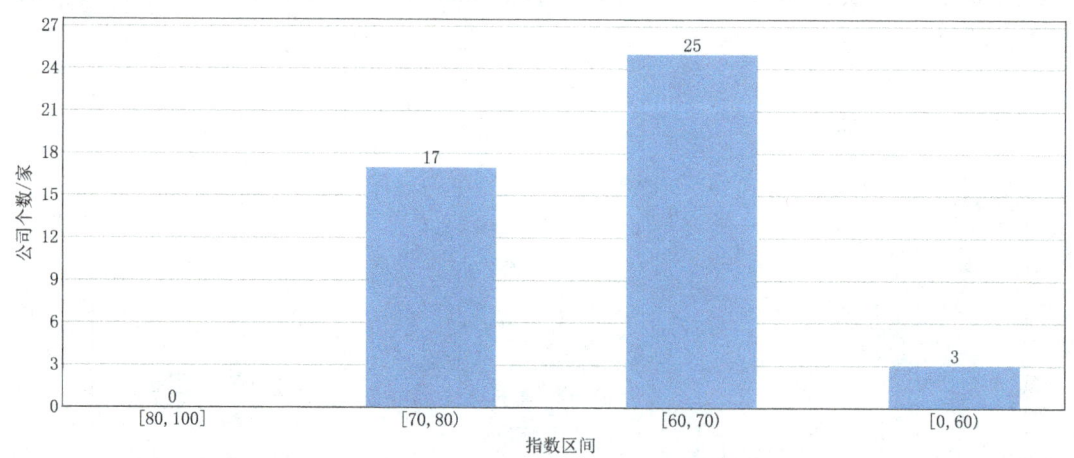

图 7-49 2023 年钢铁行业上市公司创新经济绩效指数分布图

从二级行业来看，创新经济绩效指数平均水平最高的是特钢Ⅱ（70.72），最低的是普钢（67.26），如图7-50所示。

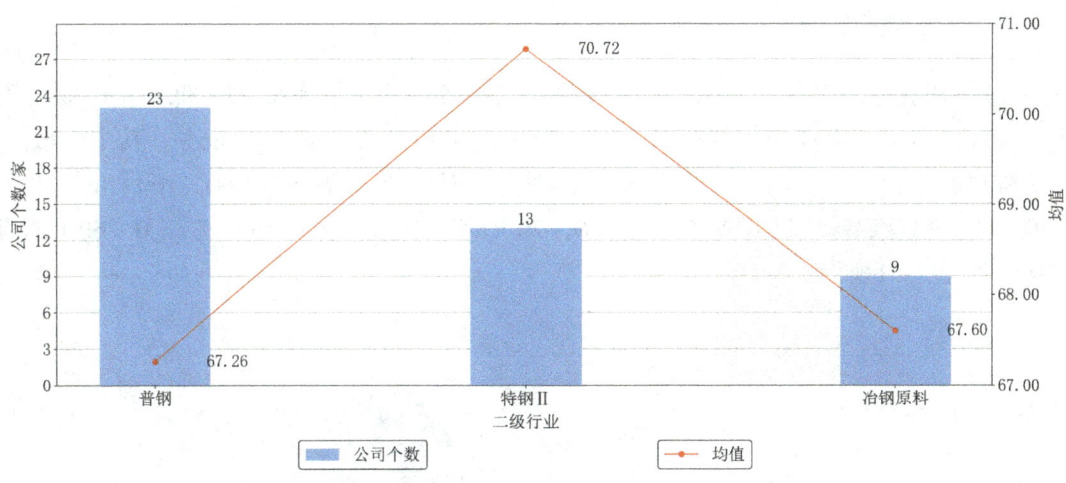

图7-50　2023年钢铁行业上市公司创新经济绩效指数均值分布图

钢铁行业中，创新经济绩效指数排名前10的上市公司如表7-25所示。

表7-25　2023年钢铁行业上市公司创新经济绩效指数前10排名

排名	证券名称	证券代码	产权性质	省份	二级行业	创新经济绩效指数
1	中信特钢	000708.SZ	中央国有控股	湖北	特钢Ⅱ	79.14
2	久立特材	002318.SZ	非国有控股	浙江	特钢Ⅱ	79.09
3	抚顺特钢	600399.SH	非国有控股	辽宁	特钢Ⅱ	76.73
4	南钢股份	600282.SH	中央国有控股	江苏	普钢	76.53
5	钒钛股份	000629.SZ	中央国有控股	四川	冶钢原料	76.44
6	鄂尔多斯	600295.SH	非国有控股	内蒙古	冶钢原料	75.88
7	杭钢股份	600126.SH	地方国有控股	浙江	普钢	75.59
8	方大特钢	600507.SH	非国有控股	江西	特钢Ⅱ	75.38
9	海南矿业	601969.SH	非国有控股	海南	冶钢原料	74.09
10	常宝股份	002478.SZ	非国有控股	江苏	特钢Ⅱ	72.90

数据来源：同花顺（iFinD），首经贸资产评估研究院和浙工商中国智能管理研究院整理。

7.6　公用事业行业上市公司创新发展指数评价

截至2023年底，A股市场公用事业行业共有上市公司133家，总市值共计30786.35亿元，营业收入合计23360.43亿元，平均市值231.48亿元/家，平均营业收入175.64亿元/家。市值最大的上市公司为长江电力（5710.88亿元），营业收入最高的上市公司为华能国际（2543.97亿元）。2023年，公用事业行业上市公司研发投入合计为318.78亿元，占营业收入的1.36%；无形资产账面价值合计为2232.62亿元，占总资产的3.04%。根据本报告分析口径，本节共对公用事业行业133家上市公司开展创新发展指数评价，具体情况如下：

7.6.1 创新发展综合指数

2023年公用事业行业133家上市公司创新发展综合指数平均水平为63.92，低于全市场均值65.40。从指数分布来看，高于全市场均值的有57家，占行业内上市公司总数的42.86%。其中，最高的是中国广核，创新发展综合指数为81.84。具体来看，创新发展综合指数处于[80，100]的有1家，占比0.75%；[70，80)的有21家，占比15.79%；[60，70)的有74家，占比55.64%；[0，60)的有37家，占比27.82%，如图7-51所示。

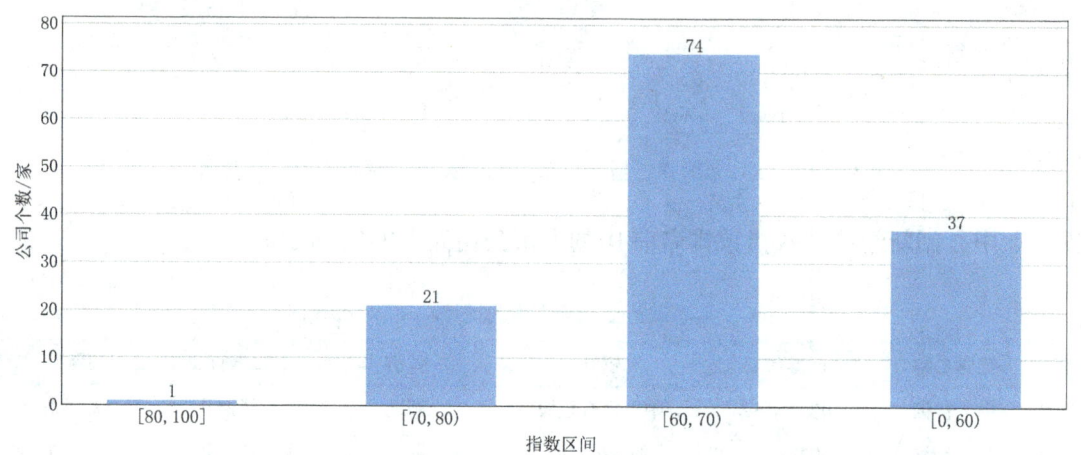

图7-51 2023年公用事业行业上市公司创新发展综合指数分布图

公用事业行业又可细分为2个二级行业，其中，创新发展综合指数平均水平较高的是电力（64.85），较低的是燃气Ⅱ（60.84），如图7-52所示。

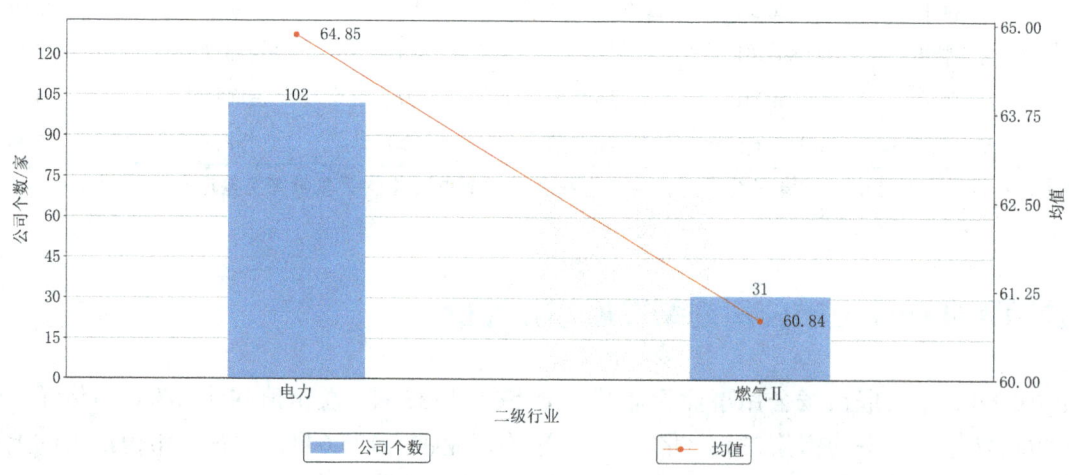

图7-52 2023年公用事业行业上市公司创新发展综合指数均值分布图

公用事业行业中，创新发展综合指数排名前10的上市公司如表7-26所示。

表 7-26　2023 年公用事业行业上市公司创新发展综合指数前 10 排名

排名	证券名称	证券代码	产权性质	省份	二级行业	创新发展综合指数
1	中国广核	003816.SZ	中央国有控股	广东	电力	81.84
2	中国核电	601985.SH	中央国有控股	北京	电力	78.71
3	浙能电力	600023.SH	地方国有控股	浙江	电力	77.42
4	国电电力	600795.SH	中央国有控股	辽宁	电力	77.15
5	华能水电	600025.SH	中央国有控股	云南	电力	76.52
6	新奥股份	600803.SH	非国有控股	河北	燃气Ⅱ	75.57
7	国投电力	600886.SH	中央国有控股	北京	电力	75.50
8	长江电力	600900.SH	中央国有控股	北京	电力	75.17
9	广东建工	002060.SZ	地方国有控股	广东	电力	75.06
10	华能国际	600011.SH	中央国有控股	北京	电力	74.39

数据来源：同花顺（iFinD），首经贸资产评估研究院和浙工商中国智能管理研究院整理。

7.6.2　创新资源支持指数

2023年公用事业行业133家上市公司创新资源支持指数平均水平为66.03，低于全市场均值67.08。从指数分布来看，高于全市场均值的有61家，占行业内上市公司总数的45.86%。其中，最高的是浙能电力，创新资源支持指数为83.50。具体来看，创新资源支持指数处于［80，100］的有2家，占比1.50%；［70，80）的有38家，占比28.57%；［60，70）的有64家，占比48.12%；［0，60）的有29家，占比21.81%，如图7-53所示。

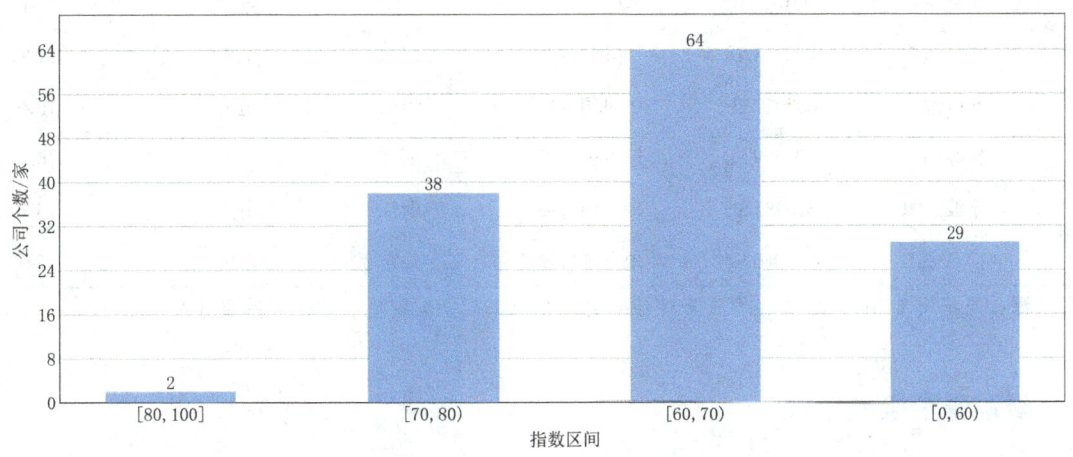

图7-53　2023年公用事业行业上市公司创新资源支持指数分布图

从二级行业来看，创新资源支持指数平均水平较高的是电力（67.15），较低的是燃气Ⅱ（62.33），如图7-54所示。

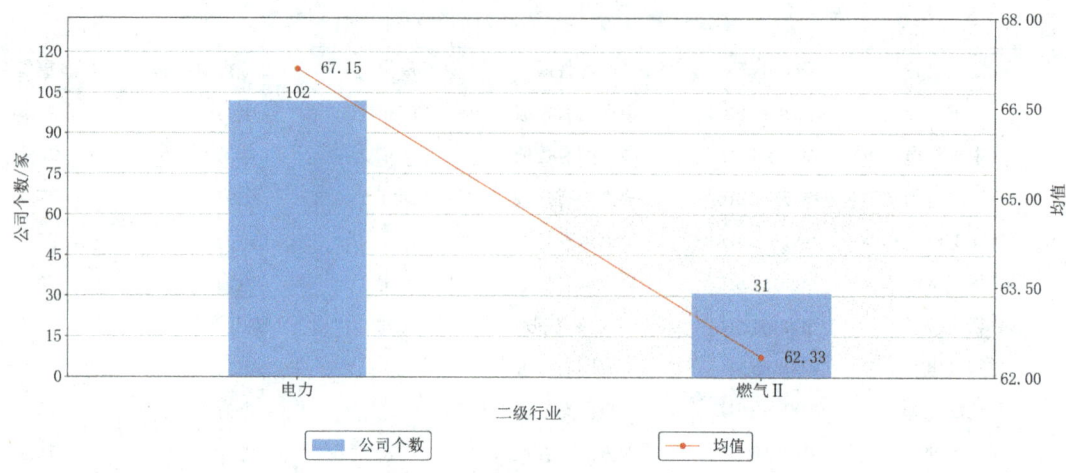

图 7-54　2023 年公用事业行业上市公司创新资源支持指数均值分布图

公用事业行业中，创新资源支持指数排名前 10 的上市公司如表 7-27 所示。

表 7-27　2023 年公用事业行业上市公司创新资源支持指数前 10 排名

排名	证券名称	证券代码	产权性质	省份	二级行业	创新资源支持指数
1	浙能电力	600023.SH	地方国有控股	浙江	电力	83.50
2	广州发展	600098.SH	地方国有控股	广东	电力	81.55
3	中国广核	003816.SZ	中央国有控股	广东	电力	79.51
4	林洋能源	601222.SH	非国有控股	江苏	电力	79.40
5	联美控股	600167.SH	非国有控股	辽宁	电力	78.18
6	拓日新能	002218.SZ	非国有控股	广东	电力	77.87
7	华电国际	600027.SH	中央国有控股	山东	电力	76.40
8	富春环保	002479.SZ	地方国有控股	浙江	电力	76.03
9	宁波能源	600982.SH	地方国有控股	浙江	电力	75.77
10	广东建工	002060.SZ	地方国有控股	广东	电力	75.67

数据来源：同花顺（iFinD），首经贸资产评估研究院和浙工商中国智能管理研究院整理。

7.6.3　创新要素投入指数

2023 年公用事业行业 133 家上市公司创新要素投入指数平均水平为 61.47，低于全市场均值 66.07。从指数分布来看，高于全市场均值的有 42 家，占行业内上市公司总数的 31.58%。其中，最高的是中国广核，创新要素投入指数为 84.42。具体来看，创新要素投入指数处于［80，100］的有 6 家，占比 4.51%；［70，80）的有 22 家，占比 16.54%；［60，70）的有 45 家，占比 33.83%；［0，60）的有 60 家，占比 45.12%，如图 7-55 所示。

从二级行业来看，创新要素投入指数平均水平较高的是电力（62.59），较低的是燃气Ⅱ（57.77），如图 7-56 所示。

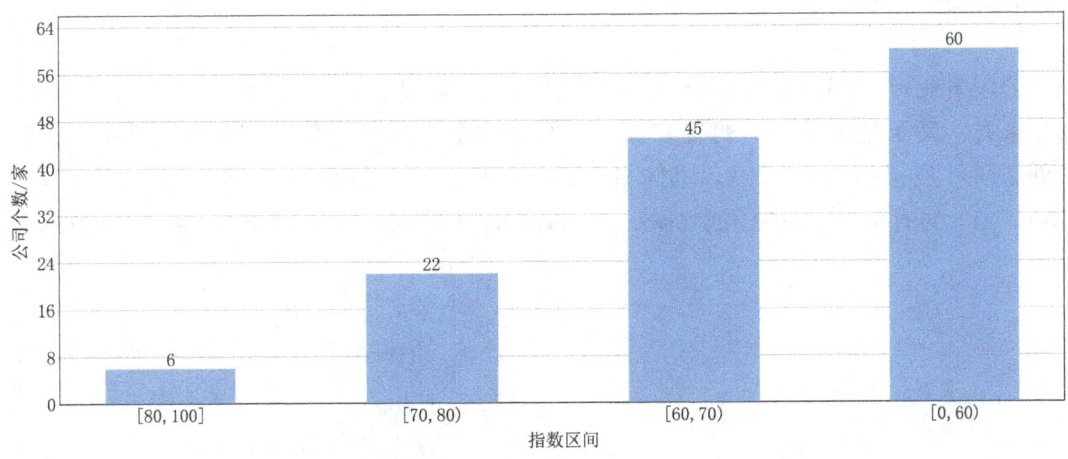

图7-55 2023年公用事业行业上市公司创新要素投入指数分布图

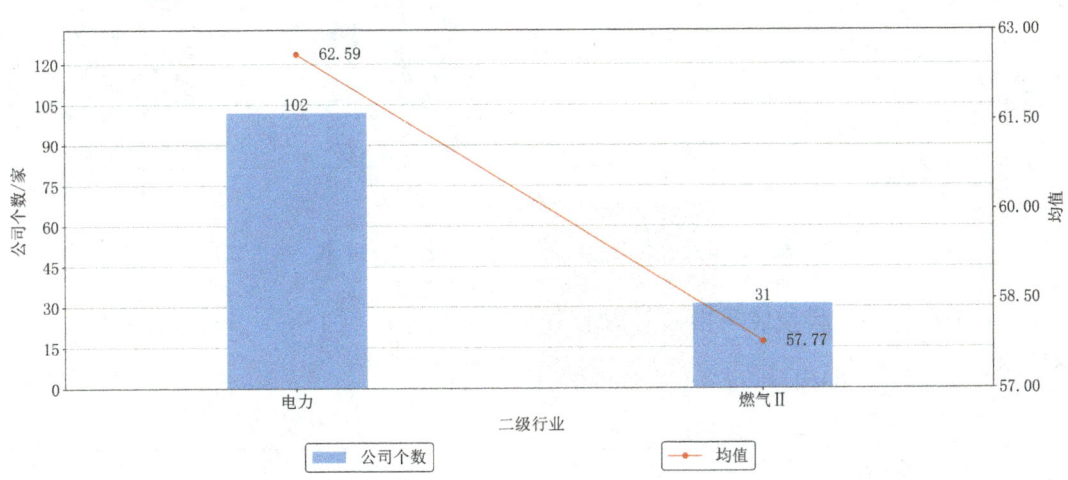

图7-56 2023年公用事业行业上市公司创新要素投入指数均值分布图

公用事业行业中，创新要素投入指数排名前10的上市公司如表7-28所示。

表7-28 2023年公用事业行业上市公司创新要素投入指数前10排名

排名	证券名称	证券代码	产权性质	省份	二级行业	创新要素投入指数
1	中国广核	003816.SZ	中央国有控股	广东	电力	84.42
2	中国核电	601985.SH	中央国有控股	北京	电力	84.24
3	长江电力	600900.SH	中央国有控股	北京	电力	83.84
4	大唐发电	601991.SH	中央国有控股	北京	电力	83.65
5	广东建工	002060.SZ	地方国有控股	广东	电力	83.23
6	国电电力	600795.SH	中央国有控股	辽宁	电力	81.26
7	华能国际	600011.SH	中央国有控股	北京	电力	79.22
8	浙能电力	600023.SH	地方国有控股	浙江	电力	78.64
9	国投电力	600886.SH	中央国有控股	北京	电力	78.31
10	建投能源	000600.SZ	地方国有控股	河北	电力	76.75

数据来源：同花顺（iFinD），首经贸资产评估研究院和浙工商中国智能管理研究院整理。

7.6.4 创新科技成果指数

2023年公用事业行业133家上市公司创新科技成果指数平均水平为61.57，低于全市场均值64.15。从指数分布来看，高于全市场均值的有45家，占行业内上市公司总数的33.83%。其中，最高的是华能水电，创新科技成果指数为76.91。具体来看，创新科技成果指数处于［70，80）的有7家，占比5.26%；［60，70）的有84家，占比63.16%；［0，60）的有42家，占比31.58%，如图7-57所示。

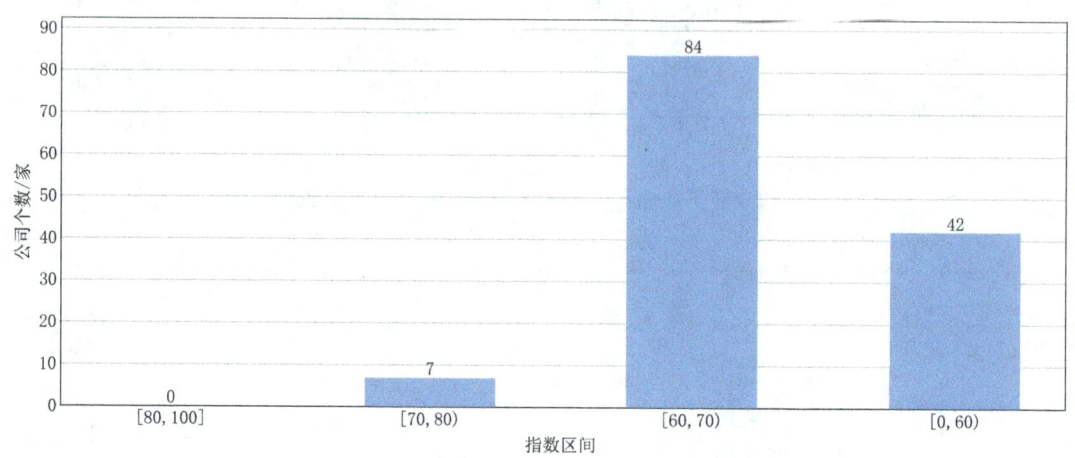

图7-57　2023年公用事业行业上市公司创新科技成果指数分布图

从二级行业来看，创新科技成果指数平均水平较高的是电力（61.96），较低的是燃气Ⅱ（60.30），如图7-58所示。

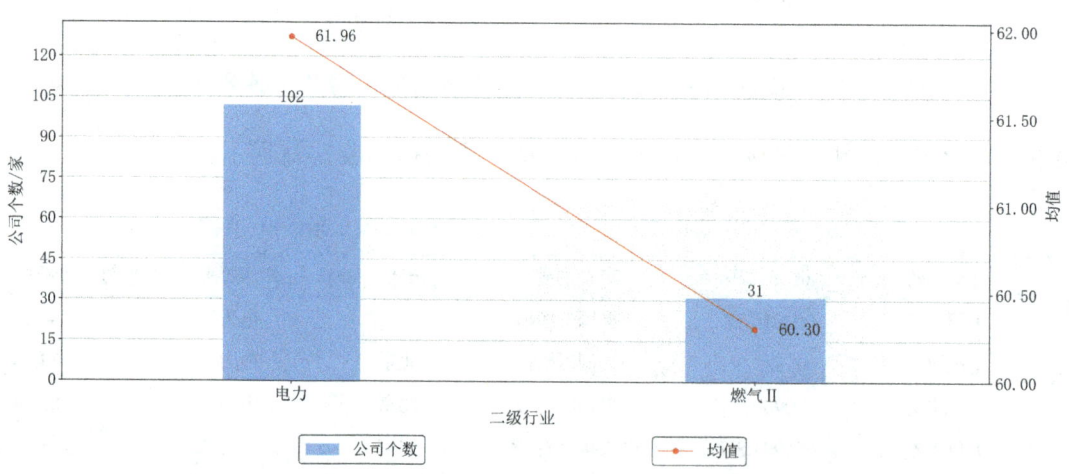

图7-58　2023年公用事业行业上市公司创新科技成果指数均值分布图

公用事业行业中，创新科技成果指数排名前10的上市公司如表7-29所示。

表 7-29　2023 年公用事业行业上市公司创新科技成果指数前 10 排名

排名	证券名称	证券代码	产权性质	省份	二级行业	创新科技成果指数
1	华能水电	600025.SH	中央国有控股	云南	电力	76.91
2	长江电力	600900.SH	中央国有控股	北京	电力	76.56
3	中国广核	003816.SZ	中央国有控股	广东	电力	75.17
4	华能国际	600011.SH	中央国有控股	北京	电力	72.68
5	三峡能源	600905.SH	中央国有控股	北京	电力	72.38
6	深圳燃气	601139.SH	地方国有控股	广东	燃气Ⅱ	71.68
7	国电电力	600795.SH	中央国有控股	辽宁	电力	70.10
8	福能股份	600483.SH	地方国有控股	福建	电力	69.62
9	南网储能	600995.SH	中央国有控股	云南	电力	69.49
10	广安爱众	600979.SH	地方国有控股	四川	电力	69.49

数据来源：同花顺（iFinD），首经贸资产评估研究院和浙工商中国智能管理研究院整理。

7.6.5　创新经济绩效指数

2023年公用事业行业133家上市公司创新经济绩效指数平均水平为67.38，高于全市场均值64.49。从指数分布来看，高于全市场均值的有88家，占行业内上市公司总数的66.17%。其中，最高的是华能水电，创新经济绩效指数为87.92。具体来看，创新经济绩效指数处于［80，100］的有8家，占比6.02%；［70，80）的有44家，占比33.08%；［60，70）的有52家，占比39.10%；［0，60）的有29家，占比21.80%，如图7-59所示。

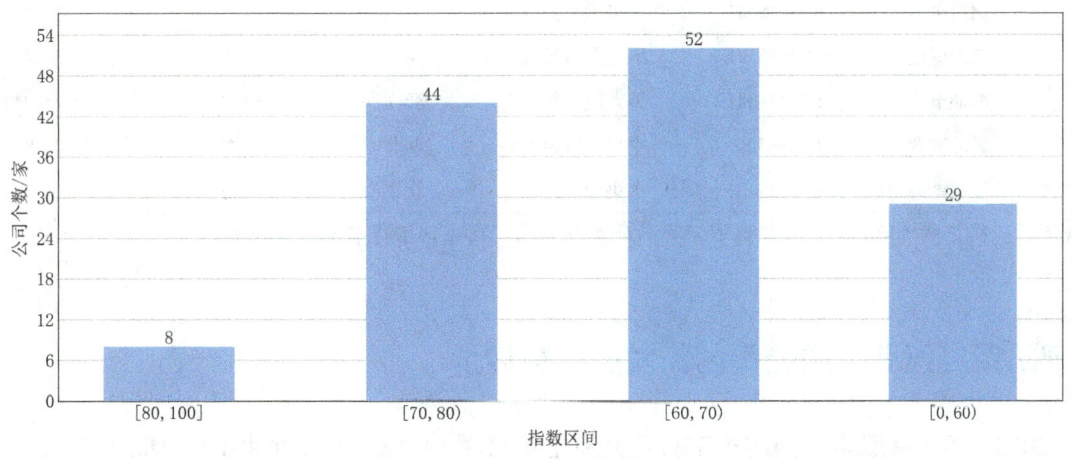

图 7-59　2023 年公用事业行业上市公司创新经济绩效指数分布图

从二级行业来看，创新经济绩效指数平均水平较高的是电力（68.45），较低的是燃气Ⅱ（63.87），如图7-60所示。

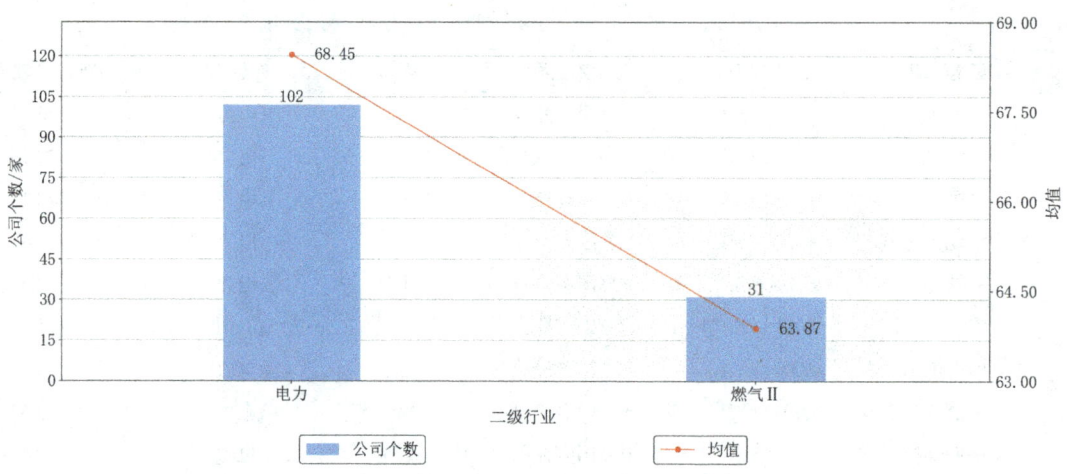

图7-60 2023年公用事业行业上市公司创新经济绩效指数均值分布图

公用事业行业中，创新经济绩效指数排名前10的上市公司如表7-30所示。

表 7-30 2023年公用事业行业上市公司创新经济绩效指数前 10 排名

排名	证券名称	证券代码	产权性质	省份	二级行业	创新经济绩效指数
1	华能水电	600025.SH	中央国有控股	云南	电力	87.92
2	中国广核	003816.SZ	中央国有控股	广东	电力	86.44
3	中国核电	601985.SH	中央国有控股	北京	电力	85.46
4	新奥股份	600803.SH	非国有控股	河北	燃气Ⅱ	85.23
5	国电电力	600795.SH	中央国有控股	辽宁	电力	84.99
6	国投电力	600886.SH	中央国有控股	北京	电力	84.05
7	新天绿能	600956.SH	地方国有控股	河北	电力	82.24
8	浙能电力	600023.SH	地方国有控股	浙江	电力	80.04
9	湖北能源	000883.SZ	中央国有控股	湖北	电力	79.84
10	三峡能源	600905.SH	中央国有控股	北京	电力	79.32

数据来源：同花顺（iFinD），首经贸资产评估研究院和浙工商中国智能管理研究院整理。

7.7 国防军工行业上市公司创新发展指数评价

截至2023年底，A股市场国防军工行业共有上市公司137家，总市值共计21182.44亿元，营业收入合计5742.16亿元，平均市值154.62亿元/家，平均营业收入41.91亿元/家。市值最大的上市公司为中国船舶（1316.68亿元），营业收入最高的上市公司为中国船舶（748.39亿元）。2023年，国防军工行业上市公司研发投入合计为377.80亿元，占营业收入的6.58%；无形资产账面价值合计为402.63亿元，占总资产的2.70%。根据本报告分析口径，本节共对国防军工行业137家上市公司开展创新发展指数评价，具体情况如下：

7.7.1 创新发展综合指数

2023年国防军工行业137家上市公司创新发展综合指数平均水平为67.88，高于全市场均值65.40。从指数分布来看，高于全市场均值的有88家，占行业内上市公司总数的64.23%。其中，最高的是海格通信，创新发展综合指数为80.94。具体来看，创新发展综合指数处于［80，100］的有2家，占比1.46%；［70，80）的有49家，占比35.77%；［60，70）的有74家，占比54.01%；［0，60）的有12家，占比8.76%，如图7-61所示。

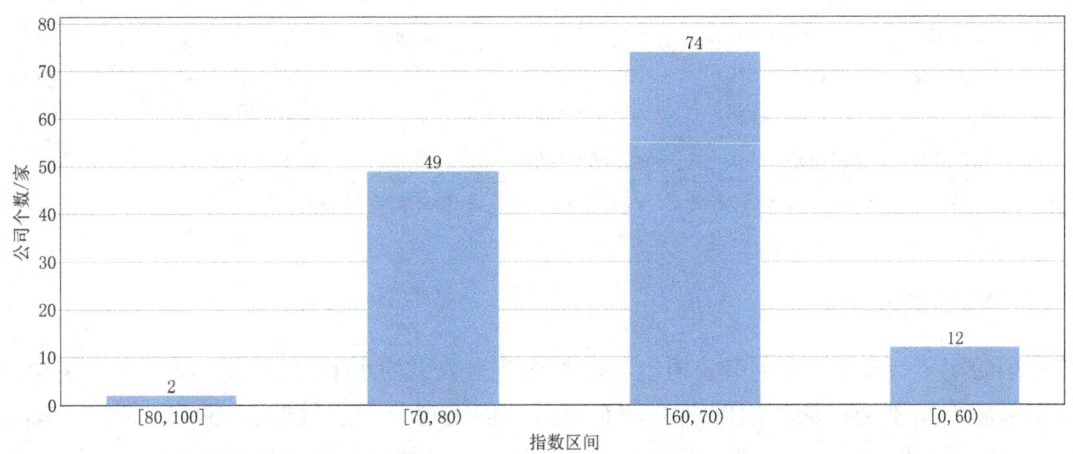

图7-61　2023年国防军工行业上市公司创新发展综合指数分布图

国防军工行业又可细分为5个二级行业，其中，创新发展综合指数平均水平最高的是航天装备Ⅱ（69.76），最低的是地面兵装Ⅱ（65.67），如图7-62所示。

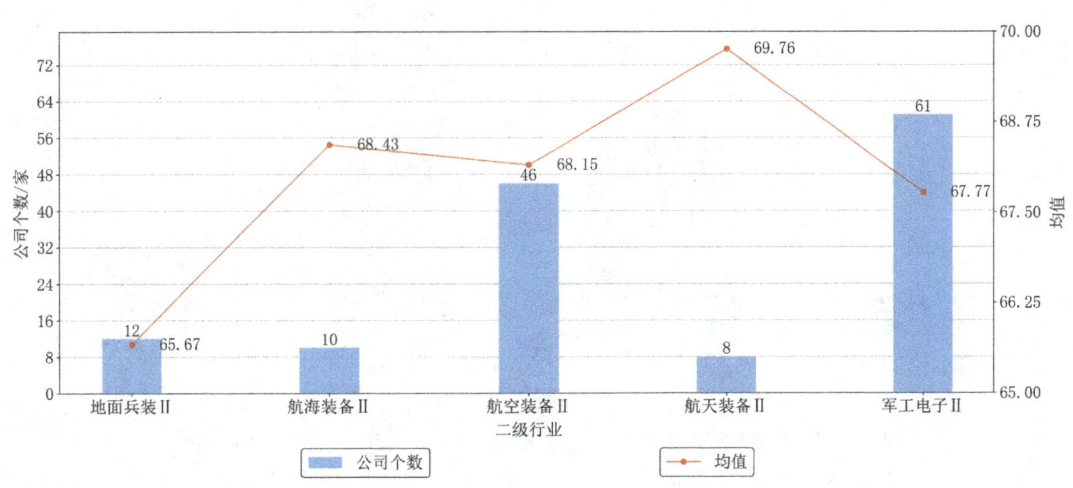

图7-62　2023年国防军工行业上市公司创新发展综合指数均值分布图

国防军工行业中，创新发展综合指数排名前10的上市公司如表7-31所示。

表 7-31 2023 年国防军工行业上市公司创新发展综合指数前 10 排名

排名	证券名称	证券代码	产权性质	省份	二级行业	创新发展综合指数
1	海格通信	002465.SZ	地方国有控股	广东	军工电子Ⅱ	80.94
2	航发动力	600893.SH	中央国有控股	陕西	航空装备Ⅱ	80.58
3	中航光电	002179.SZ	中央国有控股	河南	军工电子Ⅱ	78.51
4	振华科技	000733.SZ	中央国有控股	贵州	军工电子Ⅱ	77.94
5	中国船舶	600150.SH	中央国有控股	上海	航海装备Ⅱ	77.56
6	中航机载	600372.SH	中央国有控股	北京	航空装备Ⅱ	76.55
7	中航沈飞	600760.SH	中央国有控股	山东	航空装备Ⅱ	76.41
8	中国卫星	600118.SH	中央国有控股	北京	航天装备Ⅱ	76.11
9	航天电子	600879.SH	中央国有控股	湖北	航天装备Ⅱ	76.08
10	西部超导	688122.SH	地方国有控股	陕西	航空装备Ⅱ	75.77

数据来源：同花顺（iFinD），首经贸资产评估研究院和浙工商中国智能管理研究院整理。

7.7.2 创新资源支持指数

2023年国防军工行业137家上市公司创新资源支持指数平均水平为68.29，高于全市场均值67.08。从指数分布来看，高于全市场均值的有83家，占行业内上市公司总数的60.58%。其中，最高的是海格通信，创新资源支持指数为84.89。具体来看，创新资源支持指数处于［80，100］的有11家，占比8.03%；［70，80）的有44家，占比32.12%；［60，70）的有61家，占比44.53%；［0，60）的有21家，占比15.32%，如图7-63所示。

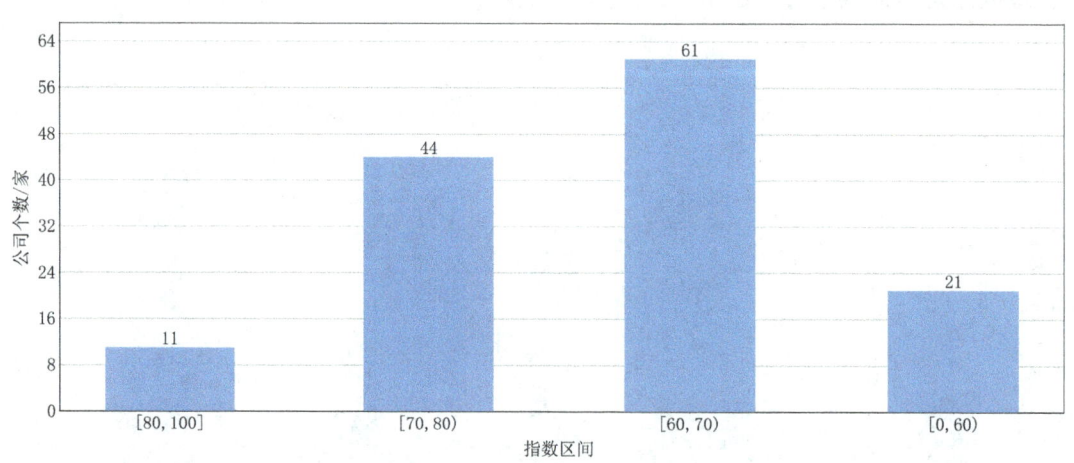

图 7-63 2023 年国防军工行业上市公司创新资源支持指数分布图

从二级行业来看，创新资源支持指数平均水平最高的是航天装备Ⅱ（73.19），最低的是地面兵装Ⅱ（62.67），如图7-64所示。

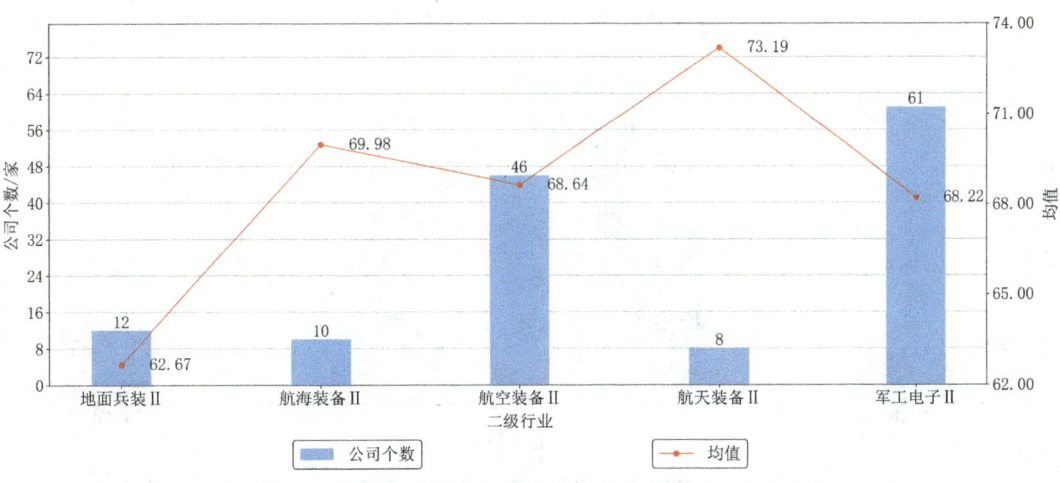

图7-64 2023年国防军工行业上市公司创新资源支持指数均值分布图

国防军工行业中，创新资源支持指数排名前10的上市公司如表7-32所示。

表 7-32 2023年国防军工行业上市公司创新资源支持指数前10排名

排名	证券名称	证券代码	产权性质	省份	二级行业	创新资源支持指数
1	海格通信	002465.SZ	地方国有控股	广东	军工电子Ⅱ	84.89
2	威海广泰	002111.SZ	非国有控股	山东	航空装备Ⅱ	84.89
3	奥普光电	002338.SZ	中央国有控股	吉林	军工电子Ⅱ	84.09
4	光威复材	300699.SZ	非国有控股	山东	航空装备Ⅱ	83.16
5	国睿科技	600562.SH	中央国有控股	江苏	军工电子Ⅱ	82.76
6	中船防务	600685.SH	中央国有控股	广东	航海装备Ⅱ	81.68
7	中国船舶	600150.SH	中央国有控股	上海	航海装备Ⅱ	81.42
8	航天电子	600879.SH	中央国有控股	湖北	航天装备Ⅱ	81.36
9	航发动力	600893.SH	中央国有控股	陕西	航空装备Ⅱ	80.78
10	星网宇达	002829.SZ	非国有控股	北京	航天装备Ⅱ	80.29

数据来源：同花顺（iFinD），首经贸资产评估研究院和浙工商中国智能管理研究院整理。

7.7.3 创新要素投入指数

2023年国防军工行业137家上市公司创新要素投入指数平均水平为71.37，高于全市场均值66.07。从指数分布来看，高于全市场均值的有110家，占行业内上市公司总数的80.29%。其中，最高的是中航光电，创新要素投入指数为87.42。具体来看，创新要素投入指数处于［80，100］的有10家，占比7.30%；［70，80）的有69家，占比50.36%；［60，70）的有53家，占比38.69%；［0，60）的有5家，占比3.65%，如图7-65所示。

从二级行业来看，创新要素投入指数平均水平最高的是航天装备Ⅱ（72.36），最低的是航空装备Ⅱ（70.53），如图7-66所示。

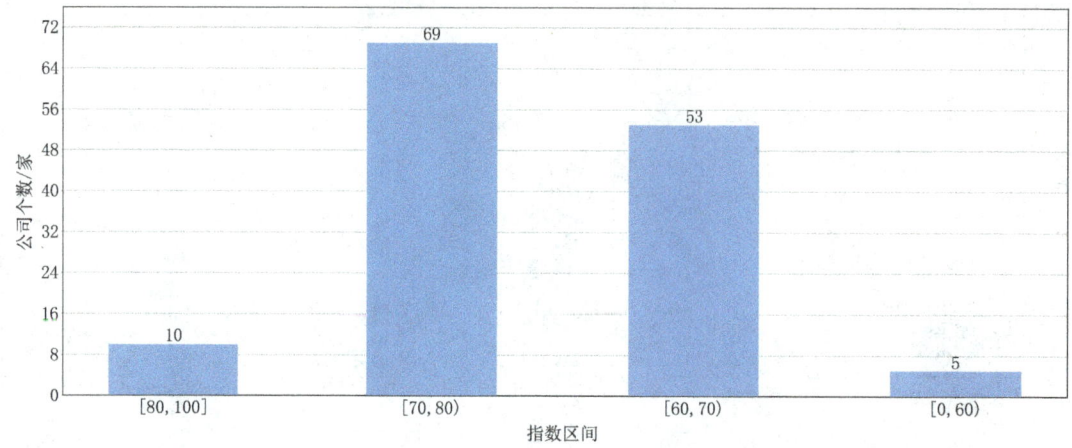

图7-65 2023年国防军工行业上市公司创新要素投入指数分布图

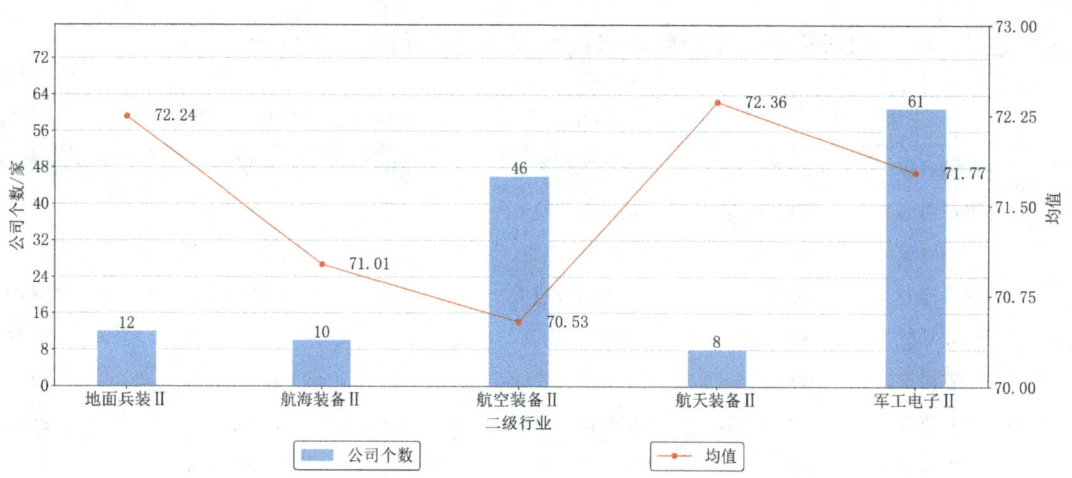

图7-66 2023年国防军工行业上市公司创新要素投入指数均值分布图

国防军工行业中，创新要素投入指数排名前10的上市公司如表7-33所示。

表7-33 2023年国防军工行业上市公司创新要素投入指数前10排名

排名	证券名称	证券代码	产权性质	省份	二级行业	创新要素投入指数
1	中航光电	002179.SZ	中央国有控股	河南	军工电子Ⅱ	87.42
2	高德红外	002414.SZ	非国有控股	湖北	军工电子Ⅱ	85.61
3	中航机载	600372.SH	中央国有控股	北京	航空装备Ⅱ	85.24
4	航天发展	000547.SZ	中央国有控股	福建	军工电子Ⅱ	82.30
5	中国卫星	600118.SH	中央国有控股	北京	航天装备Ⅱ	82.13
6	海格通信	002465.SZ	地方国有控股	广东	军工电子Ⅱ	81.90
7	中兵红箭	000519.SZ	中央国有控股	湖南	地面兵装Ⅱ	81.26
8	中国船舶	600150.SH	中央国有控股	上海	航海装备Ⅱ	81.16
9	睿创微纳	688002.SH	非国有控股	山东	军工电子Ⅱ	80.57
10	航天彩虹	002389.SZ	中央国有控股	浙江	航空装备Ⅱ	80.46

数据来源：同花顺（iFinD），首经贸资产评估研究院和浙工商中国智能管理研究院整理。

7.7.4 创新科技成果指数

2023年国防军工行业137家上市公司创新科技成果指数平均水平为64.84，高于全市场均值64.15。从指数分布来看，高于全市场均值的有68家，占行业内上市公司总数的49.64%。其中，最高的是海格通信，创新科技成果指数为78.04。具体来看，创新科技成果指数处于[70，80)的有16家，占比11.68%；[60，70)的有110家，占比80.29%；[0，60)的有11家，占比8.03%，如图7-67所示。

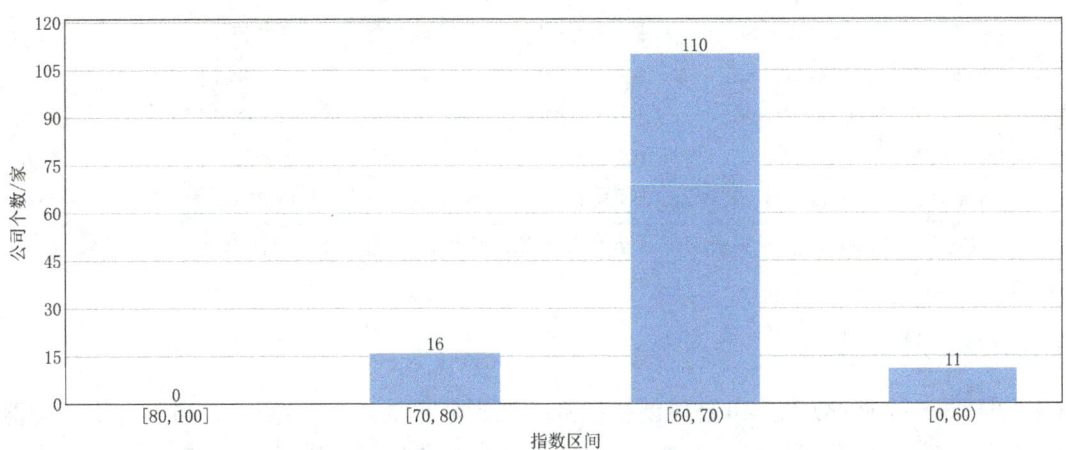

图7-67　2023年国防军工行业上市公司创新科技成果指数分布图

从二级行业来看，创新科技成果指数平均水平最高的是航天装备Ⅱ（66.43），最低的是航空装备Ⅱ（64.29），如图7-68所示。

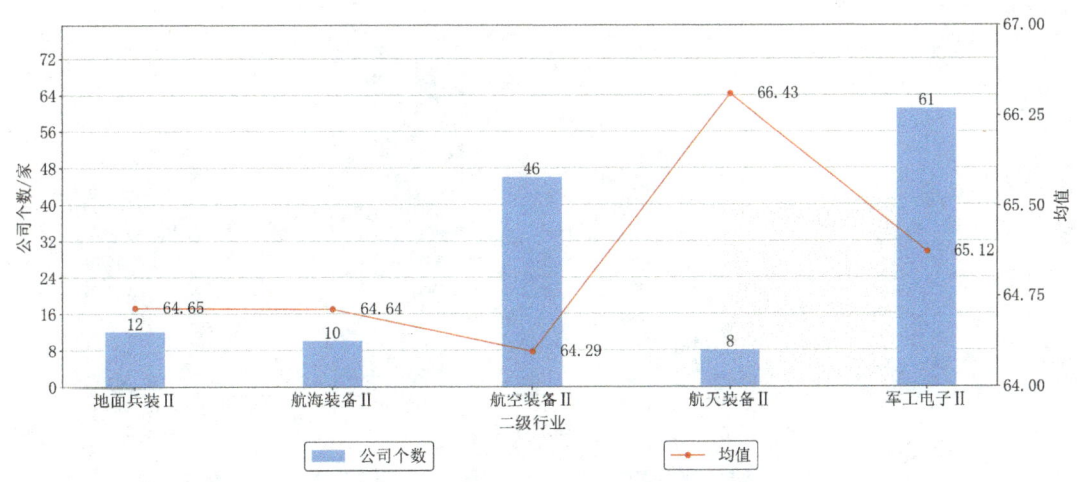

图7-68　2023年国防军工行业上市公司创新科技成果指数均值分布图

国防军工行业中，创新科技成果指数排名前10的上市公司如表7-34所示。

表 7-34 2023 年国防军工行业上市公司创新科技成果指数前 10 排名

排名	证券名称	证券代码	产权性质	省份	二级行业	创新科技成果指数
1	海格通信	002465.SZ	地方国有控股	广东	军工电子Ⅱ	78.04
2	振华科技	000733.SZ	中央国有控股	贵州	军工电子Ⅱ	77.36
3	航天电子	600879.SH	中央国有控股	湖北	航天装备Ⅱ	77.13
4	雷科防务	002413.SZ	非国有控股	北京	军工电子Ⅱ	76.51
5	航天彩虹	002389.SZ	中央国有控股	浙江	航空装备Ⅱ	75.78
6	航发动力	600893.SH	中央国有控股	陕西	航空装备Ⅱ	74.59
7	西部超导	688122.SH	地方国有控股	陕西	航空装备Ⅱ	74.09
8	七一二	603712.SH	地方国有控股	天津	军工电子Ⅱ	73.21
9	中航沈飞	600760.SH	中央国有控股	山东	航空装备Ⅱ	72.69
10	中国卫星	600118.SH	中央国有控股	北京	航天装备Ⅱ	72.06

数据来源：同花顺（iFinD），首经贸资产评估研究院和浙工商中国智能管理研究院整理。

7.7.5 创新经济绩效指数

2023年国防军工行业137家上市公司创新经济绩效指数平均水平为66.12，高于全市场均值64.49。从指数分布来看，高于全市场均值的有76家，占行业内上市公司总数的55.47%。其中，最高的是航发动力，创新经济绩效指数为87.60。具体来看，创新经济绩效指数处于［80，100］的有6家，占比4.38%；［70，80）的有39家，占比28.47%；［60，70）的有56家，占比40.88%；［0，60）的有36家，占比26.27%，如图7-69所示。

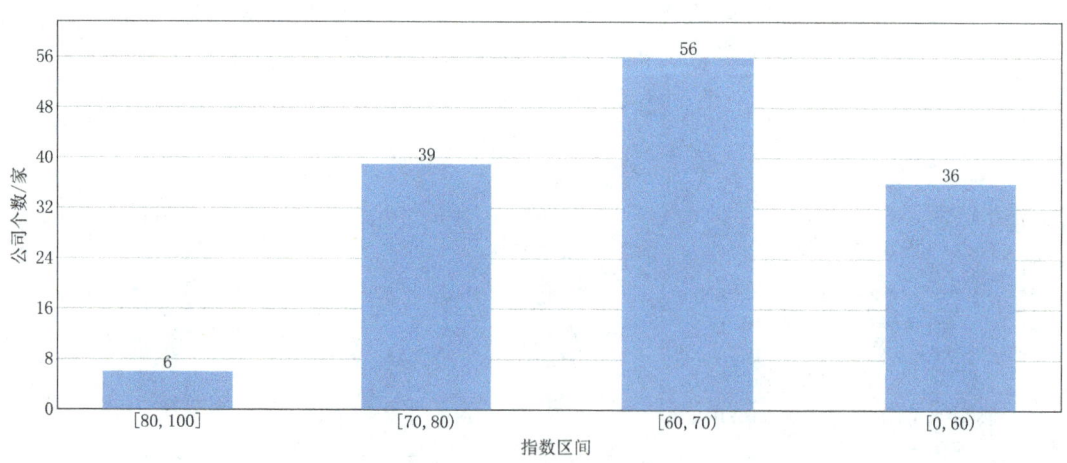

图7-69 2023年国防军工行业上市公司创新经济绩效指数分布图

从二级行业来看，创新经济绩效指数平均水平最高的是航空装备Ⅱ（68.39），最低的是地面兵装Ⅱ（60.96），如图7-70所示。

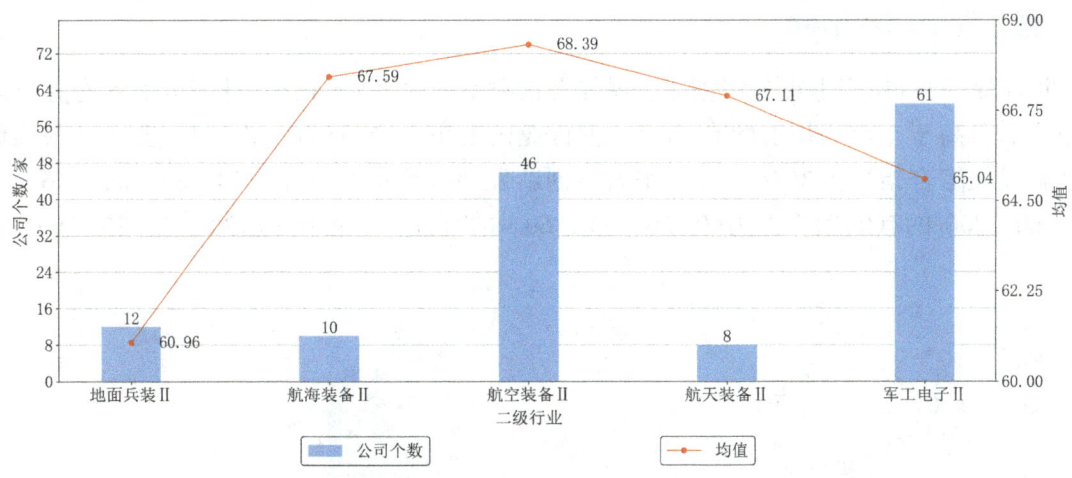

图 7-70　2023 年国防军工行业上市公司创新经济绩效指数均值分布图

国防军工行业中，创新经济绩效指数排名前 10 的上市公司如表 7-35 所示。

表 7-35　2023 年国防军工行业上市公司创新经济绩效指数前 10 排名

排名	证券名称	证券代码	产权性质	省份	二级行业	创新经济绩效指数
1	航发动力	600893.SH	中央国有控股	陕西	航空装备Ⅱ	87.60
2	光启技术	002625.SZ	非国有控股	广东	航空装备Ⅱ	82.53
3	振华科技	000733.SZ	中央国有控股	贵州	军工电子Ⅱ	81.60
4	中航西飞	000768.SZ	中央国有控股	陕西	航空装备Ⅱ	81.22
5	中国船舶	600150.SH	中央国有控股	上海	航海装备Ⅱ	80.38
6	中航高科	600862.SH	中央国有控股	江苏	航空装备Ⅱ	80.17
7	中航机载	600372.SH	中央国有控股	北京	航空装备Ⅱ	79.51
8	海格通信	002465.SZ	地方国有控股	广东	军工电子Ⅱ	79.50
9	中航沈飞	600760.SH	中央国有控股	山东	航空装备Ⅱ	79.23
10	中航光电	002179.SZ	中央国有控股	河南	军工电子Ⅱ	78.55

数据来源：同花顺（iFinD），首经贸资产评估研究院和浙工商中国智能管理研究院整理。

7.8　环保行业上市公司创新发展指数评价

截至 2023 年底，A 股市场环保行业共有上市公司 136 家，总市值共计 7165.96 亿元，营业收入合计 3562.03 亿元，平均市值 52.69 亿元/家，平均营业收入 26.19 亿元/家。市值最大的上市公司为伟明环保（272.74 亿元），营业收入最高的上市公司为首创环保（213.19 亿元）。2023 年，环保行业上市公司研发投入合计为 104.03 亿元，占营业收入的 2.92%；无形资产账面价值合计为 3493.71 亿元，占总资产的 27.77%。根据本报告分析口径，本节共对环保行业 136 家上市公司开展创新发展指数评价，具体情况如下：

7.8.1 创新发展综合指数

2023年环保行业136家上市公司创新发展综合指数平均水平为64.16，低于全市场均值65.40。从指数分布来看，高于全市场均值的有55家，占行业内上市公司总数的40.44%。其中，最高的是碧水源，创新发展综合指数为76.00。具体来看，创新发展综合指数处于[70，80）的有16家，占比11.76%；[60，70）的有94家，占比69.12%；[0，60）的有26家，占比19.12%，如图7-71所示。

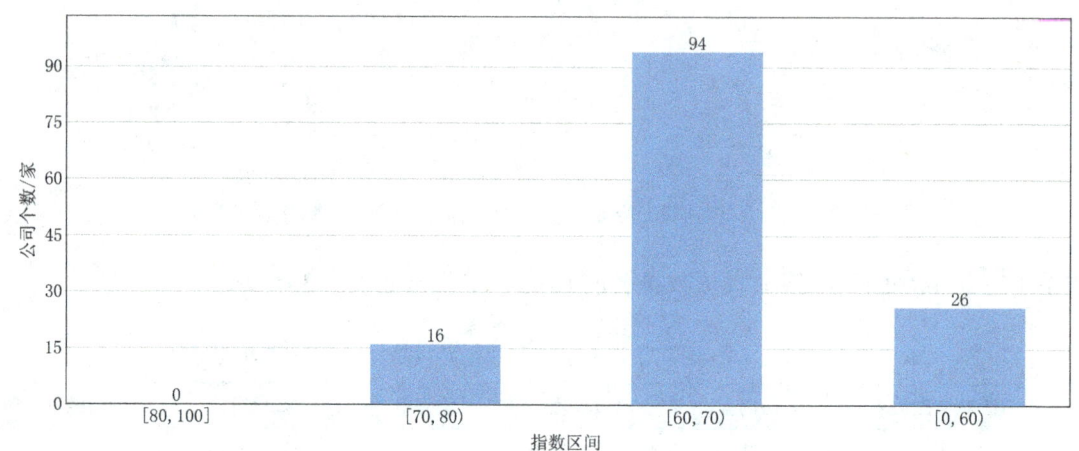

图7-71　2023年环保行业上市公司创新发展综合指数分布图

环保行业又可细分为2个二级行业，其中，创新发展综合指数平均水平较高的是环保设备Ⅱ（65.43），较低的是环境治理（63.82），如图7-72所示。

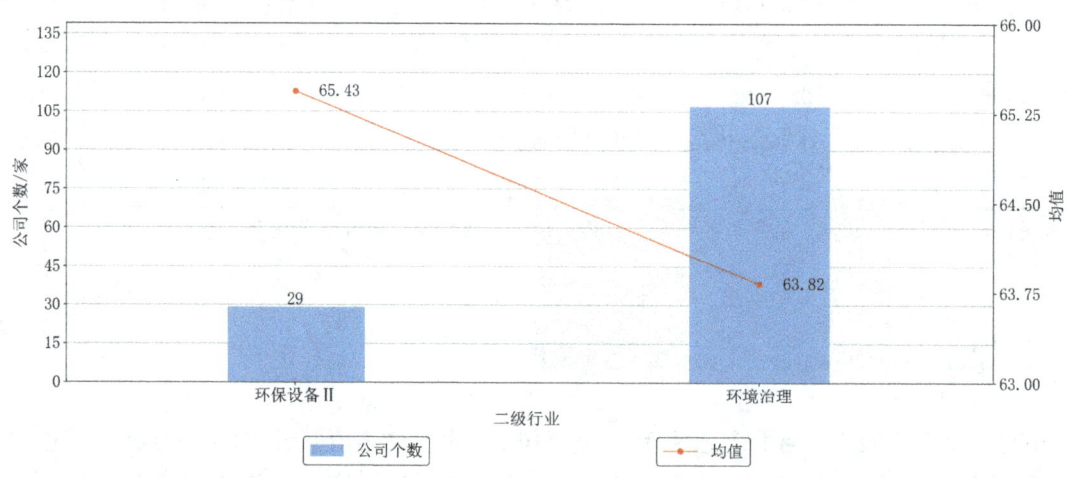

图7-72　2023年环保行业上市公司创新发展综合指数均值分布图

环保行业中，创新发展综合指数排名前10的上市公司如表7-36所示。

表 7-36　2023 年环保行业上市公司创新发展综合指数前 10 排名

排名	证券名称	证券代码	产权性质	省份	二级行业	创新发展综合指数
1	碧水源	300070.SZ	中央国有控股	北京	环境治理	76.00
2	创元科技	000551.SZ	地方国有控股	江苏	环保设备Ⅱ	74.69
3	高能环境	603588.SH	非国有控股	北京	环境治理	74.65
4	节能环境	300140.SZ	中央国有控股	陕西	环境治理	74.22
5	清新环境	002573.SZ	地方国有控股	北京	环境治理	74.09
6	惠城环保	300779.SZ	非国有控股	山东	环境治理	72.95
7	伟明环保	603568.SH	非国有控股	浙江	环境治理	72.83
8	瀚蓝环境	600323.SH	地方国有控股	广东	环境治理	72.28
9	仕净科技	301030.SZ	非国有控股	江苏	环保设备Ⅱ	71.84
10	上海环境	601200.SH	地方国有控股	上海	环境治理	71.79

数据来源：同花顺（iFinD），首经贸资产评估研究院和浙工商中国智能管理研究院整理。

7.8.2　创新资源支持指数

2023年环保行业136家上市公司创新资源支持指数平均水平为67.33，高于全市场均值67.08。从指数分布来看，高于全市场均值的有70家，占行业内上市公司总数的51.47%。其中，最高的是清新环境，创新资源支持指数为90.74。具体来看，创新资源支持指数处于［80，100］的有8家，占比5.88%；［70，80）的有44家，占比32.35%；［60，70）的有56家，占比41.18%；［0，60）的有28家，占比20.59%，如图7-73所示。

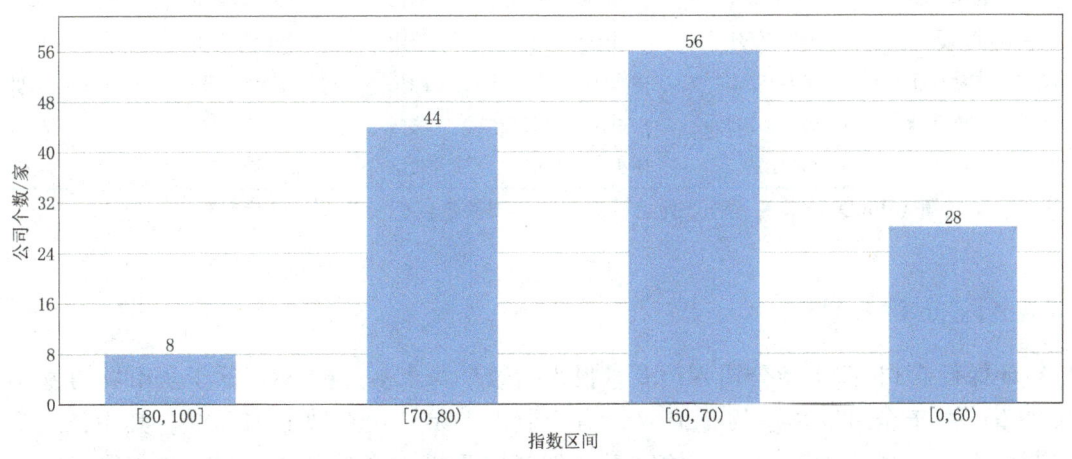

图 7-73　2023 年环保行业上市公司创新资源支持指数分布图

从二级行业来看，创新资源支持指数平均水平较高的是环保设备Ⅱ（68.09），较低的是环境治理（67.13），如图7-74所示。

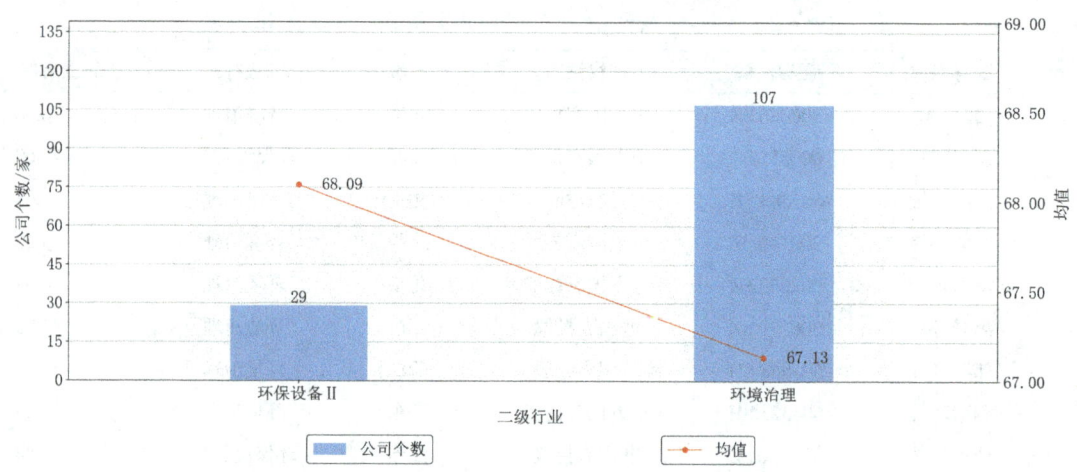

图7-74　2023年环保行业上市公司创新资源支持指数均值分布图

环保行业中，创新资源支持指数排名前10的上市公司如表7-37所示。

表7-37　2023年环保行业上市公司创新资源支持指数前10排名

排名	证券名称	证券代码	产权性质	省份	二级行业	创新资源支持指数
1	清新环境	002573.SZ	地方国有控股	北京	环境治理	90.74
2	高能环境	603588.SH	非国有控股	北京	环境治理	87.53
3	伟明环保	603568.SH	非国有控股	浙江	环境治理	86.27
4	中国天楹	000035.SZ	非国有控股	江苏	环境治理	84.47
5	嘉戎技术	301148.SZ	非国有控股	福建	环境治理	82.17
6	盈峰环境	000967.SZ	非国有控股	浙江	环保设备Ⅱ	80.56
7	宇通重工	600817.SH	非国有控股	河南	环保设备Ⅱ	80.51
8	中建环能	300425.SZ	中央国有控股	四川	环境治理	80.28
9	节能环境	300140.SZ	中央国有控股	陕西	环境治理	79.90
10	碧水源	300070.SZ	中央国有控股	北京	环境治理	79.53

数据来源：同花顺（iFinD），首经贸资产评估研究院和浙工商中国智能管理研究院整理。

7.8.3　创新要素投入指数

2023年环保行业136家上市公司创新要素投入指数平均水平为64.58，低于全市场均值66.07。从指数分布来看，高于全市场均值的有51家，占行业内上市公司总数的37.50%。其中，最高的是碧水源，创新要素投入指数为79.19。具体来看，创新要素投入指数处于[70，80）的有26家，占比19.12%；[60，70）的有84家，占比61.76%；[0，60）的有26家，占比19.12%，如图7-75所示。

从二级行业来看，创新要素投入指数平均水平较高的是环保设备Ⅱ（67.44），较低的是环境治理（63.81），如图7-76所示。

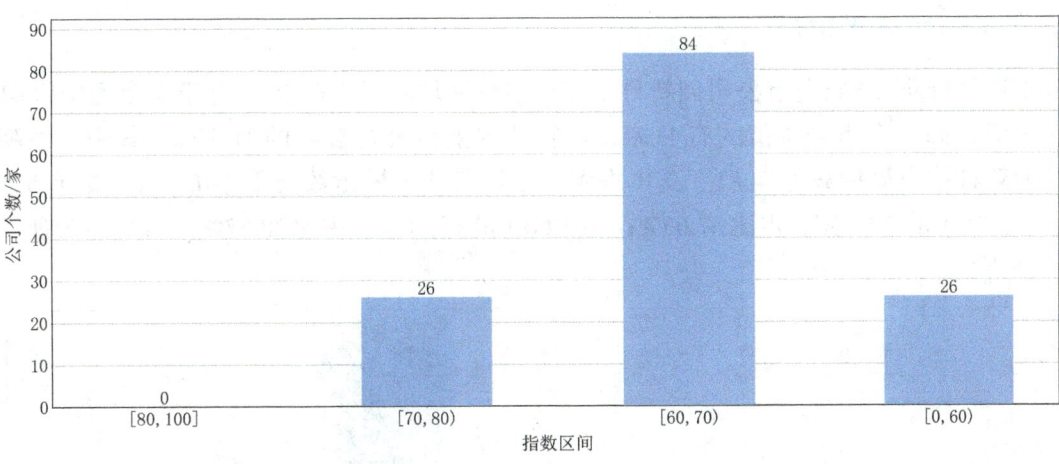

图7-75　2023年环保行业上市公司创新要素投入指数分布图

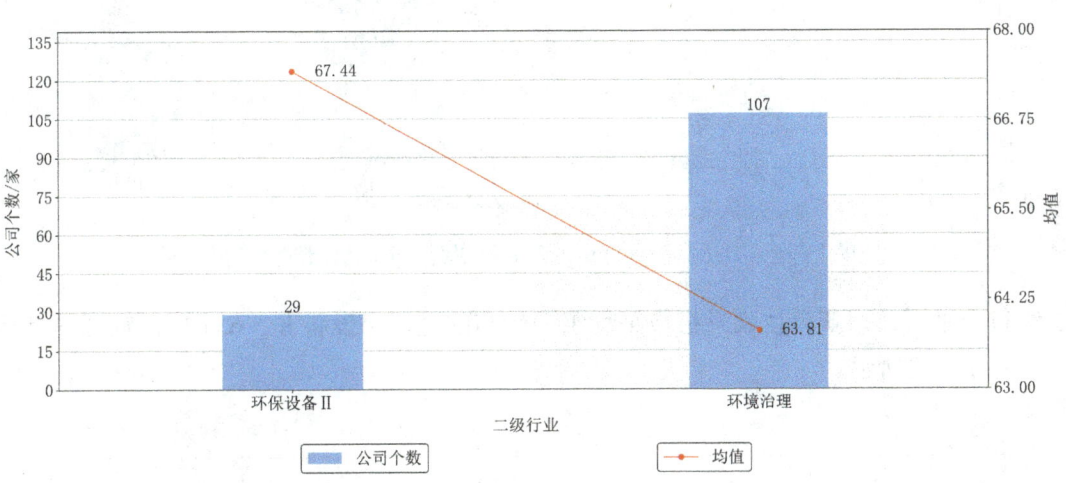

图7-76　2023年环保行业上市公司创新要素投入指数均值分布图

环保行业中，创新要素投入指数排名前10的上市公司如表7-38所示。

表 7-38　2023 年环保行业上市公司创新要素投入指数前 10 排名

排名	证券名称	证券代码	产权性质	省份	二级行业	创新要素投入指数
1	碧水源	300070.SZ	中央国有控股	北京	环境治理	79.19
2	创元科技	000551.SZ	地方国有控股	江苏	环保设备Ⅱ	76.78
3	浙富控股	002266.SZ	非国有控股	浙江	环境治理	75.35
4	中材节能	603126.SH	中央国有控股	天津	环保设备Ⅱ	74.78
5	远达环保	600292.SH	中央国有控股	重庆	环境治理	74.32
6	龙净环保	600388.SH	地方国有控股	福建	环保设备Ⅱ	74.31
7	皖仪科技	688600.SH	非国有控股	安徽	环保设备Ⅱ	74.22
8	美埃科技	688376.SH	非国有控股	江苏	环保设备Ⅱ	73.80
9	仕净科技	301030.SZ	非国有控股	江苏	环保设备Ⅱ	73.76
10	节能环境	300140.SZ	中央国有控股	陕西	环境治理	73.74

数据来源：同花顺（iFinD），首经贸资产评估研究院和浙工商中国智能管理研究院整理。

7.8.4 创新科技成果指数

2023年环保行业136家上市公司创新科技成果指数平均水平为61.97，低于全市场均值64.15。从指数分布来看，高于全市场均值的有43家，占行业内上市公司总数的31.62%。其中，最高的是建工修复，创新科技成果指数为74.81。具体来看，创新科技成果指数处于[70，80）的有5家，占比3.68%；[60，70）的有92家，占比67.65%；[0，60）的有39家，占比28.67%，如图7-77所示。

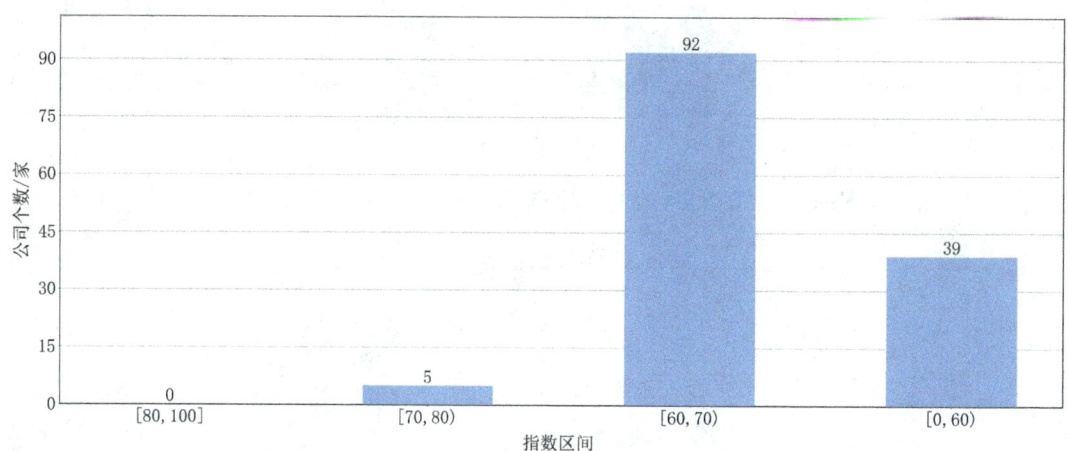

图7-77　2023年环保行业上市公司创新科技成果指数分布图

从二级行业来看，创新科技成果指数平均水平较高的是环保设备Ⅱ（63.61），较低的是环境治理（61.52），如图7-78所示。

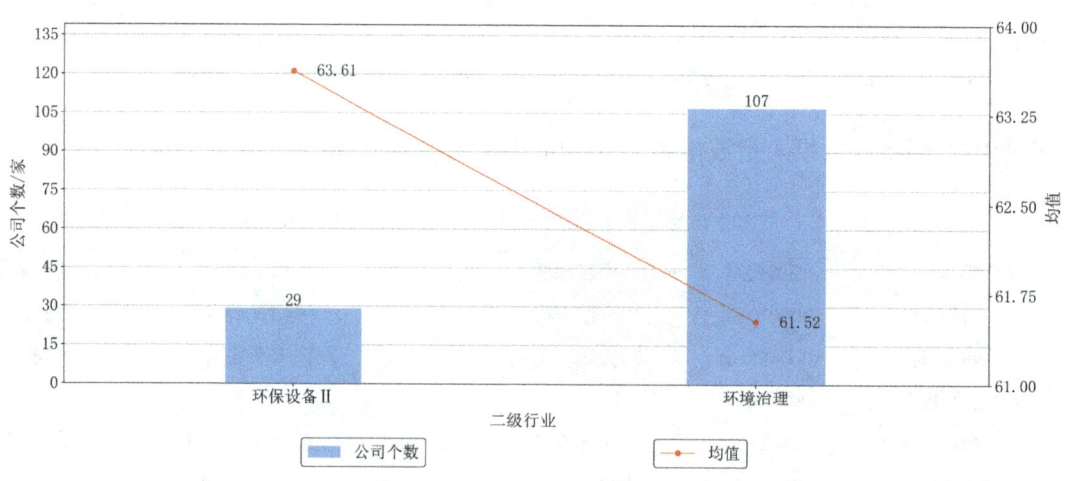

图7-78　2023年环保行业上市公司创新科技成果指数均值分布图

环保行业中，创新科技成果指数排名前10的上市公司如表7-39所示。

表 7-39　2023 年环保行业上市公司创新科技成果指数前 10 排名

排名	证券名称	证券代码	产权性质	省份	二级行业	创新科技成果指数
1	建工修复	300958.SZ	地方国有控股	北京	环境治理	74.81
2	创元科技	000551.SZ	地方国有控股	江苏	环保设备Ⅱ	72.65
3	节能环境	300140.SZ	中央国有控股	陕西	环境治理	71.18
4	江南水务	601199.SH	地方国有控股	江苏	环境治理	71.13
5	中建环能	300425.SZ	中央国有控股	四川	环境治理	70.50
6	菲达环保	600526.SH	地方国有控股	浙江	环保设备Ⅱ	69.38
7	力合科技	300800.SZ	非国有控股	湖南	环保设备Ⅱ	69.30
8	天源环保	301127.SZ	非国有控股	湖北	环境治理	69.21
9	宇通重工	600817.SH	非国有控股	河南	环保设备Ⅱ	69.06
10	中材节能	603126.SH	中央国有控股	天津	环保设备Ⅱ	68.38

数据来源：同花顺（iFinD），首经贸资产评估研究院和浙工商中国智能管理研究院整理。

7.8.5　创新经济绩效指数

2023年环保行业136家上市公司创新经济绩效指数平均水平为63.30，低于全市场均值64.49。从指数分布来看，高于全市场均值的有63家，占行业内上市公司总数的46.32%。其中，最高的是惠城环保，创新经济绩效指数为80.25。具体来看，创新经济绩效指数处于［80，100］的有2家，占比1.47%；［70，80）的有30家，占比22.06%；［60，70）的有50家，占比36.76%；［0，60）的有54家，占比39.71%，如图7-79所示。

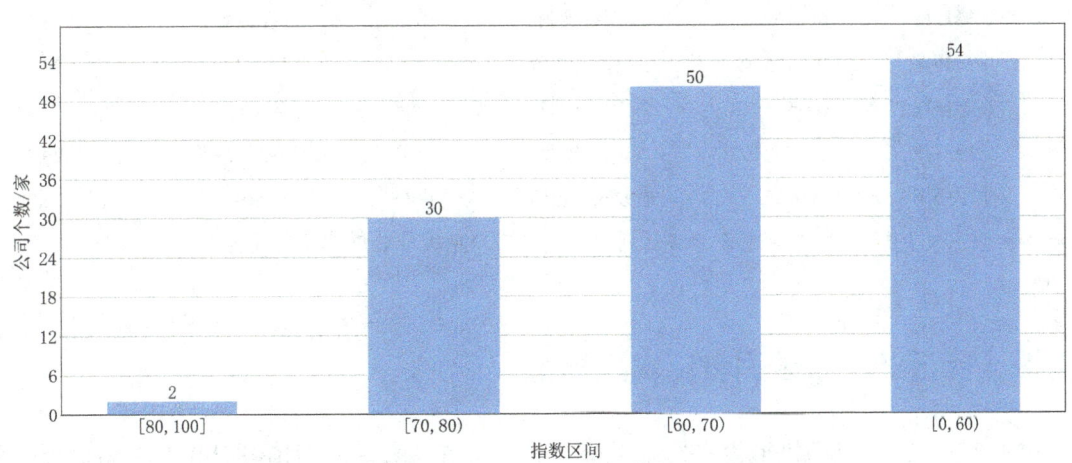

图7-79　2023年环保行业上市公司创新经济绩效指数分布图

从二级行业来看，创新经济绩效指数平均水平较高的是环境治理（63.46），较低的是环保设备Ⅱ（62.71），如图7-80所示。

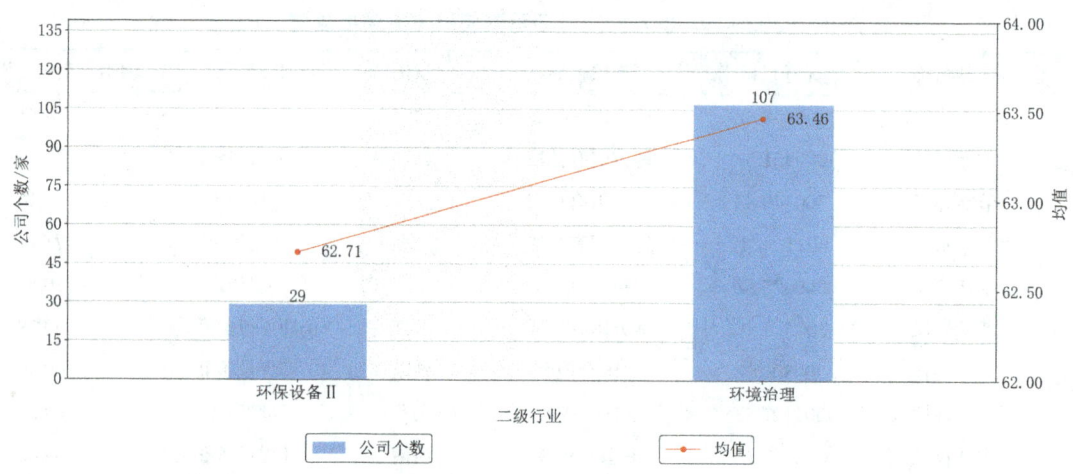

图7-80 2023年环保行业上市公司创新经济绩效指数均值分布图

环保行业中，创新经济绩效指数排名前10的上市公司如表7-40所示。

表7-40 2023年环保行业上市公司创新经济绩效指数前10排名

排名	证券名称	证券代码	产权性质	省份	二级行业	创新经济绩效指数
1	惠城环保	300779.SZ	非国有控股	山东	环境治理	80.25
2	瀚蓝环境	600323.SH	地方国有控股	广东	环境治理	80.02
3	中国天楹	000035.SZ	非国有控股	江苏	环境治理	76.93
4	伟明环保	603568.SH	非国有控股	浙江	环境治理	76.65
5	碧水源	300070.SZ	中央国有控股	北京	环境治理	76.53
6	盈峰环境	000967.SZ	非国有控股	浙江	环保设备Ⅱ	75.11
7	中科环保	301175.SZ	中央国有控股	北京	环境治理	74.92
8	高能环境	603588.SH	非国有控股	北京	环境治理	74.42
9	仕净科技	301030.SZ	非国有控股	江苏	环保设备Ⅱ	73.97
10	中山公用	000685.SZ	地方国有控股	广东	环境治理	73.79

数据来源：同花顺（iFinD），首经贸资产评估研究院和浙工商中国智能管理研究院整理。

7.9 机械设备行业上市公司创新发展指数评价

截至2023年底，A股市场机械设备行业共有上市公司566家，总市值共计38193.60亿元，营业收入合计19073.84亿元，平均市值67.48亿元/家，平均营业收入33.70亿元/家。市值最大的上市公司为汇川技术（1690.06亿元），营业收入最高的上市公司为中国中车（2342.62亿元）。2023年，机械设备行业上市公司研发投入合计为1082.81亿元，占营业收入的5.68%；无形资产账面价值合计为1304.80亿元，占总资产的3.48%。根据本报告分析口径，本节共对机械设备行业566家上市公司开展创新发展指数评价，具体情况如下：

7.9.1 创新发展综合指数

2023年机械设备行业566家上市公司创新发展综合指数平均水平为65.16，低于全市场均值65.40。从指数分布来看，高于全市场均值的有249家，占行业内上市公司总数的43.99%。其中，最高的是中联重科，创新发展综合指数为87.18。具体来看，创新发展综合指数处于［80，100］的有4家，占比0.71%；［70，80）的有98家，占比17.31%；［60，70）的有379家，占比66.96%；［0，60）的有85家，占比15.02%，如图7-81所示。

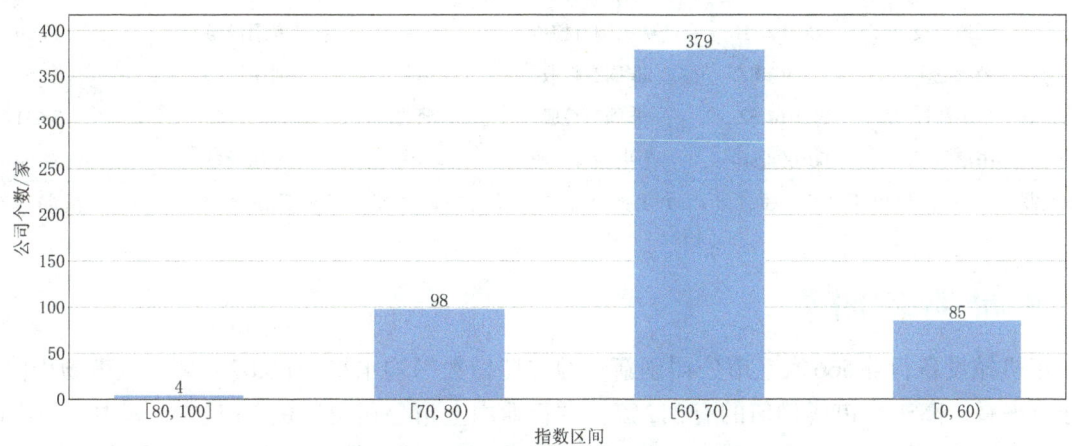

图7-81　2023年机械设备行业上市公司创新发展综合指数分布图

机械设备行业又可细分为5个二级行业，其中，创新发展综合指数平均水平最高的是工程机械（67.25），最低的是专用设备（64.46），如图7-82所示。

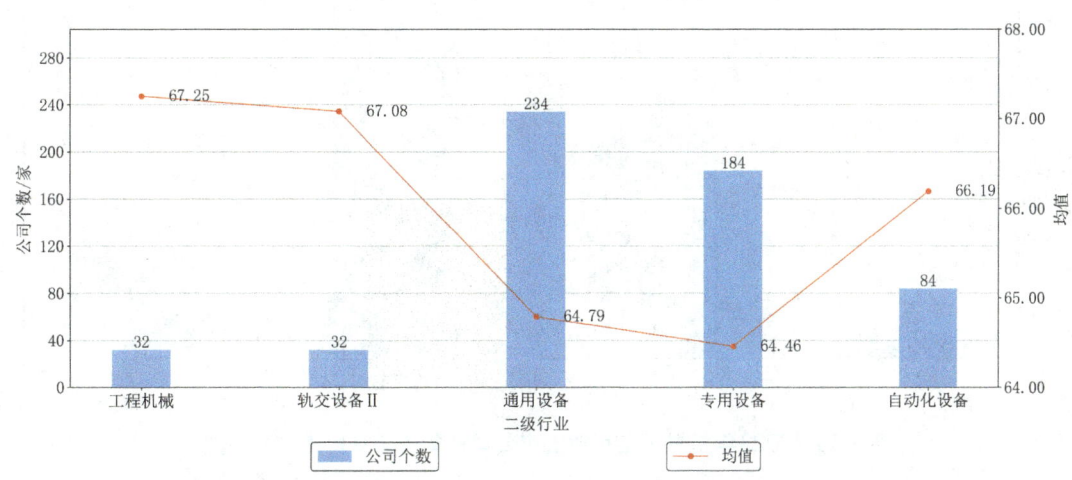

图7-82　2023年机械设备行业上市公司创新发展综合指数均值分布图

机械设备行业中，创新发展综合指数排名前10的上市公司如表7-41所示。

表 7-41　2023 年机械设备行业上市公司创新发展综合指数前 10 排名

排名	证券名称	证券代码	产权性质	省份	二级行业	创新发展综合指数
1	中联重科	000157.SZ	地方国有控股	湖南	工程机械	87.18
2	徐工机械	000425.SZ	地方国有控股	江苏	工程机械	84.92
3	时代电气	688187.SH	中央国有控股	湖南	轨交设备Ⅱ	84.73
4	三一重工	600031.SH	非国有控股	北京	工程机械	82.42
5	中国通号	688009.SH	中央国有控股	北京	轨交设备Ⅱ	79.58
6	汇川技术	300124.SZ	非国有控股	广东	自动化设备	79.18
7	天地科技	600582.SH	中央国有控股	北京	专用设备	79.06
8	精测电子	300567.SZ	非国有控股	湖北	通用设备	78.59
9	华中数控	300161.SZ	非国有控股	湖北	通用设备	78.31
10	中信重工	601608.SH	中央国有控股	河南	专用设备	77.66

数据来源：同花顺（iFinD），首经贸资产评估研究院和浙工商中国智能管理研究院整理。

7.9.2　创新资源支持指数

2023 年机械设备行业 566 家上市公司创新资源支持指数平均水平为 68.07，高于全市场均值 67.08。从指数分布来看，高于全市场均值的有 312 家，占行业内上市公司总数的 55.12%。其中，最高的是中联重科，创新资源支持指数为 95.21。具体来看，创新资源支持指数处于［80，100］的有 32 家，占比 5.65%；［70，80）的有 180 家，占比 31.80%；［60，70）的有 268 家，占比 47.35%；［0，60）的有 86 家，占比 15.20%，如图 7-83 所示。

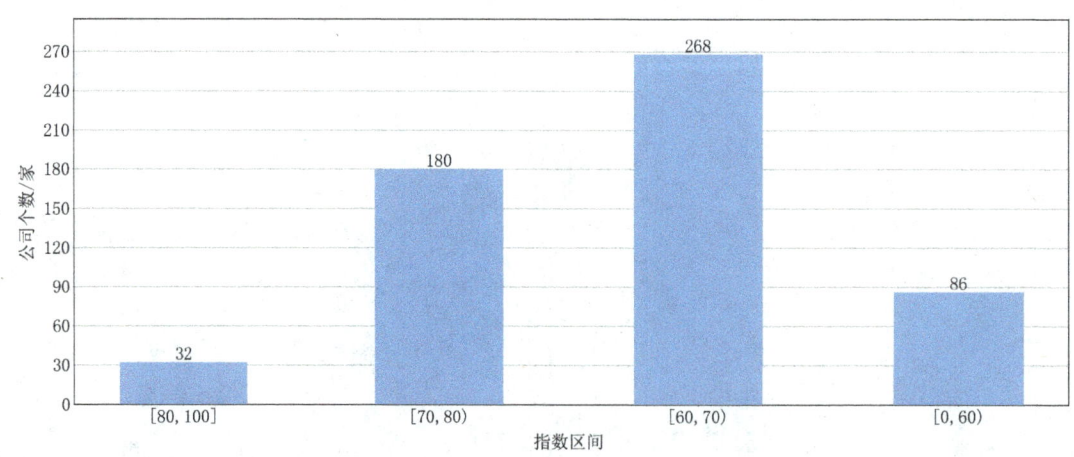

图 7-83　2023 年机械设备行业上市公司创新资源支持指数分布图

从二级行业来看，创新资源支持指数平均水平最高的是工程机械（69.99），最低的是专用设备（67.14），如图 7-84 所示。

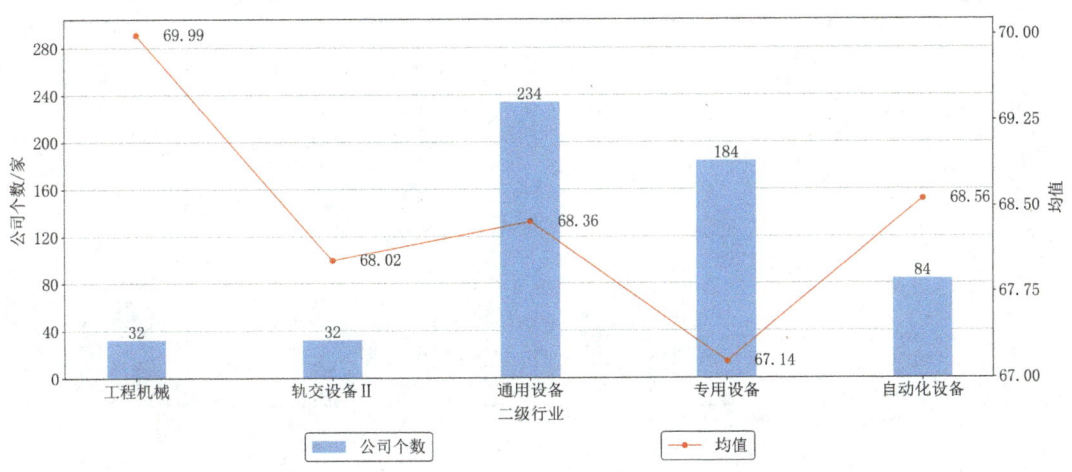

图7-84　2023年机械设备行业上市公司创新资源支持指数均值分布图

机械设备行业中，创新资源支持指数排名前10的上市公司如表7-42所示。

表7-42　2023年机械设备行业上市公司创新资源支持指数前10排名

排名	证券名称	证券代码	产权性质	省份	二级行业	创新资源支持指数
1	中联重科	000157.SZ	地方国有控股	湖南	工程机械	95.21
2	徐工机械	000425.SZ	地方国有控股	江苏	工程机械	93.34
3	中国电研	688128.SH	中央国有控股	广东	专用设备	92.06
4	汉威科技	300007.SZ	非国有控股	河南	通用设备	91.93
5	秦川机床	000837.SZ	地方国有控股	陕西	通用设备	90.04
6	三一重工	600031.SH	非国有控股	北京	工程机械	88.90
7	机器人	300024.SZ	中央国有控股	辽宁	自动化设备	85.72
8	大丰实业	603081.SH	非国有控股	浙江	专用设备	85.31
9	时代电气	688187.SH	中央国有控股	湖南	轨交设备Ⅱ	85.08
10	科达制造	600499.SH	非国有控股	广东	专用设备	85.05

数据来源：同花顺（iFinD），首经贸资产评估研究院和浙工商中国智能管理研究院整理。

7.9.3　创新要素投入指数

2023年机械设备行业566家上市公司创新要素投入指数平均水平为66.39，高于全市场均值66.07。从指数分布来看，高于全市场均值的有276家，占行业内上市公司总数的48.76%。其中，最高的是中联重科，创新要素投入指数为88.27。具体来看，创新要素投入指数处于［80，100］的有17家，占比3.00%；［70，80）的有131家，占比23.14%；［60，70）的有331家，占比58.48%；［0，60）的有87家，占比15.38%，如图7-85所示。

从二级行业来看，创新要素投入指数平均水平最高的是轨交设备Ⅱ（70.20），最低的是专用设备（65.55），如图7-86所示。

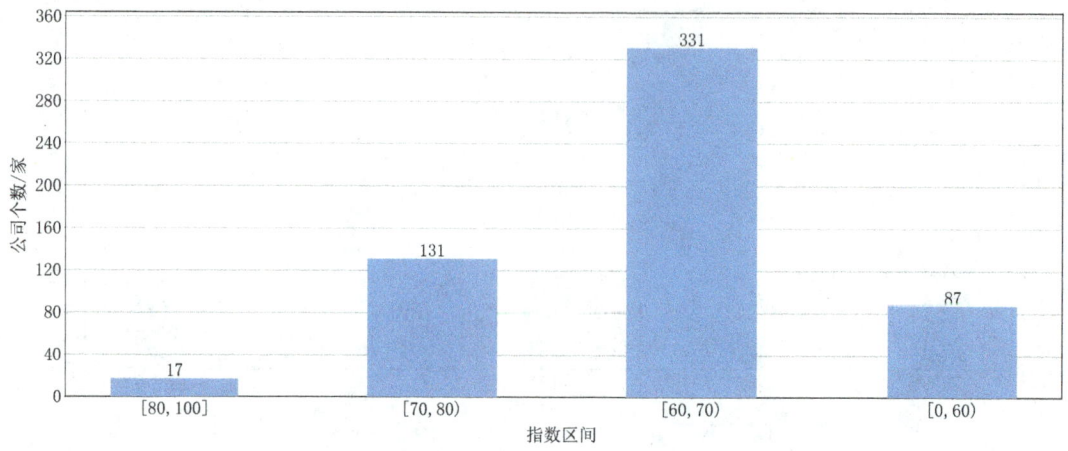

图7-85　2023年机械设备行业上市公司创新要素投入指数分布图

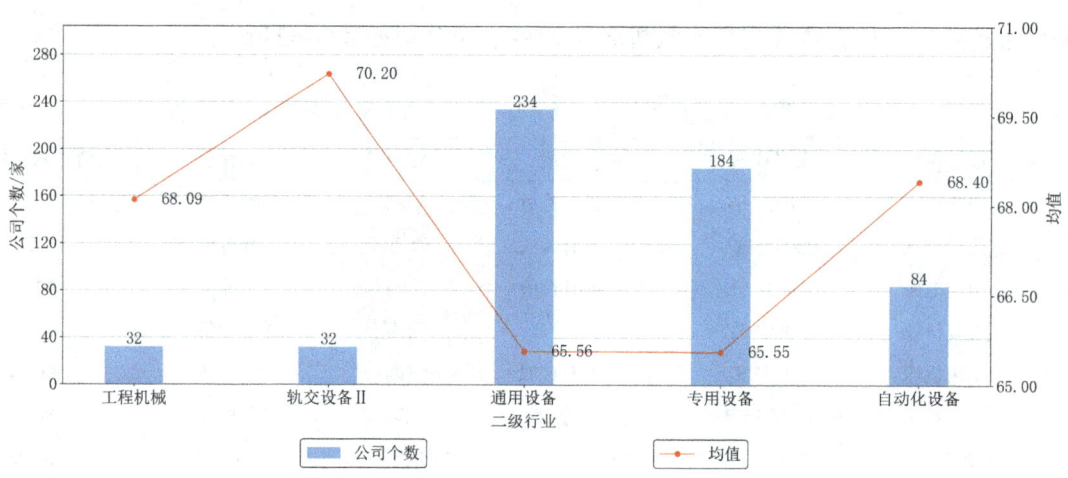

图7-86　2023年机械设备行业上市公司创新要素投入指数均值分布图

机械设备行业中，创新要素投入指数排名前10的上市公司如表7-43所示。

表7-43　2023年机械设备行业上市公司创新要素投入指数前10排名

排名	证券名称	证券代码	产权性质	省份	二级行业	创新要素投入指数
1	中联重科	000157.SZ	地方国有控股	湖南	工程机械	88.27
2	时代电气	688187.SH	中央国有控股	湖南	轨交设备Ⅱ	88.27
3	三一重工	600031.SH	非国有控股	北京	工程机械	84.90
4	徐工机械	000425.SZ	地方国有控股	江苏	工程机械	84.19
5	华工科技	000988.SZ	地方国有控股	湖北	自动化设备	84.07
6	汇川技术	300124.SZ	非国有控股	广东	自动化设备	83.16
7	中信重工	601608.SH	中央国有控股	河南	专用设备	83.13
8	中国通号	688009.SH	中央国有控股	北京	轨交设备Ⅱ	83.13
9	华中数控	300161.SZ	非国有控股	湖北	通用设备	82.86
10	埃斯顿	002747.SZ	非国有控股	江苏	自动化设备	82.38

数据来源：同花顺（iFinD），首经贸资产评估研究院和浙工商中国智能管理研究院整理。

7.9.4 创新科技成果指数

2023年机械设备行业566家上市公司创新科技成果指数平均水平为64.18，高于全市场均值64.15。从指数分布来看，高于全市场均值的有244家，占行业内上市公司总数的43.11%。其中，最高的是中联重科，创新科技成果指数为85.94。具体来看，创新科技成果指数处于［80，100］的有2家，占比0.35%；［70，80）的有66家，占比11.66%；［60，70）的有411家，占比72.61%；［0，60）的有87家，占比15.38%，如图7-87所示。

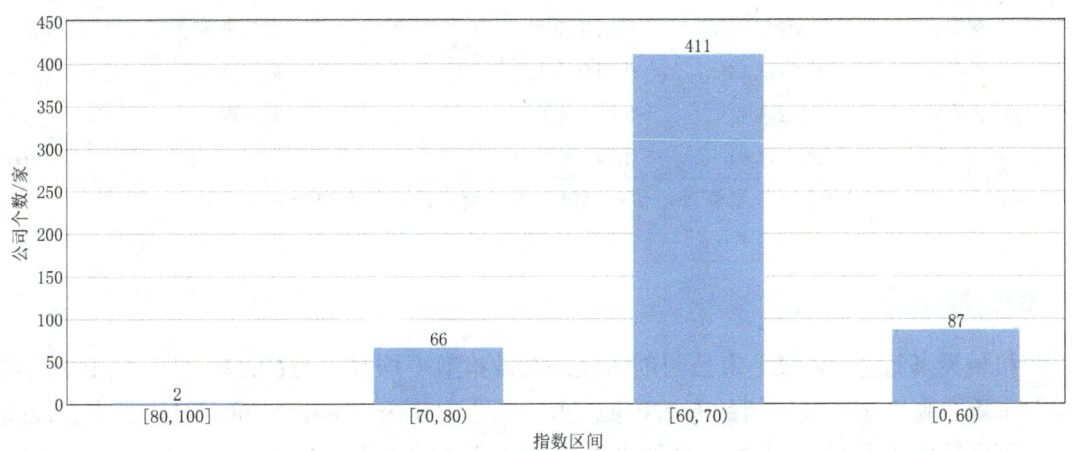

图7-87　2023年机械设备行业上市公司创新科技成果指数分布图

从二级行业来看，创新科技成果指数平均水平最高的是工程机械（66.22），最低的是通用设备（63.76），如图7-88所示。

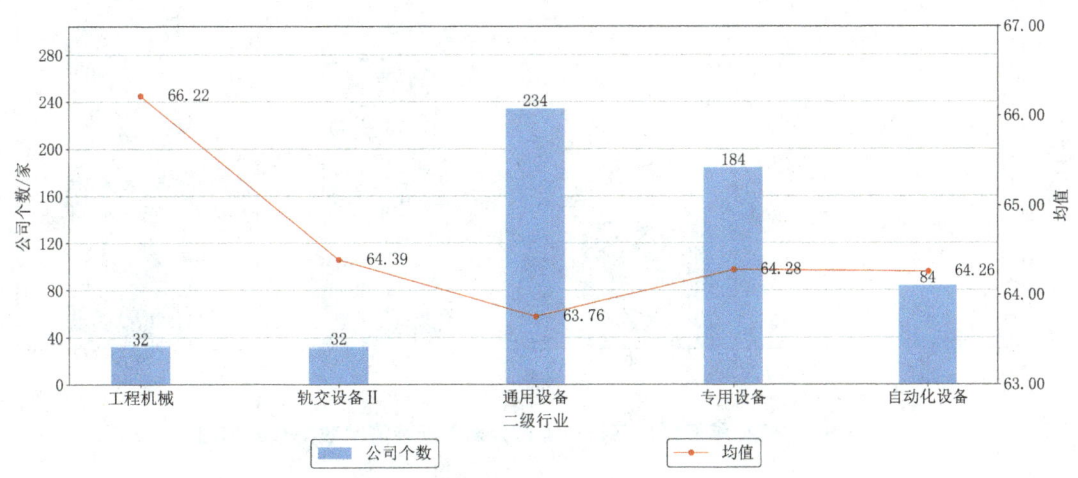

图7-88　2023年机械设备行业上市公司创新科技成果指数均值分布图

机械设备行业中，创新科技成果指数排名前10的上市公司如表7-44所示。

表 7-44 2023 年机械设备行业上市公司创新科技成果指数前 10 排名

排名	证券名称	证券代码	产权性质	省份	二级行业	创新科技成果指数
1	中联重科	000157.SZ	地方国有控股	湖南	工程机械	85.94
2	徐工机械	000425.SZ	地方国有控股	江苏	工程机械	82.05
3	五洲新春	603667.SH	非国有控股	浙江	通用设备	79.91
4	天地科技	600582.SH	中央国有控股	北京	专用设备	79.77
5	时代电气	688187.SH	中央国有控股	湖南	轨交设备Ⅱ	79.34
6	中集集团	000039.SZ	中央国有控股	广东	通用设备	76.41
7	精测电子	300567.SZ	非国有控股	湖北	通用设备	76.00
8	泰嘉股份	002843.SZ	非国有控股	湖南	通用设备	75.98
9	蓝英装备	300293.SZ	非国有控股	辽宁	专用设备	75.69
10	海目星	688559.SH	非国有控股	广东	自动化设备	75.66

数据来源：同花顺（iFinD），首经贸资产评估研究院和浙工商中国智能管理研究院整理。

7.9.5 创新经济绩效指数

2023年机械设备行业566家上市公司创新经济绩效指数平均水平为62.44，低于全市场均值64.49。从指数分布来看，高于全市场均值的有220家，占行业内上市公司总数的38.87%。其中，最高的是时代电气，创新经济绩效指数为85.06。具体来看，创新经济绩效指数处于［80，100］的有9家，占比1.59%；［70，80）的有86家，占比15.19%；［60，70）的有237家，占比41.87%；［0，60）的有234家，占比41.35%，如图7-89所示。

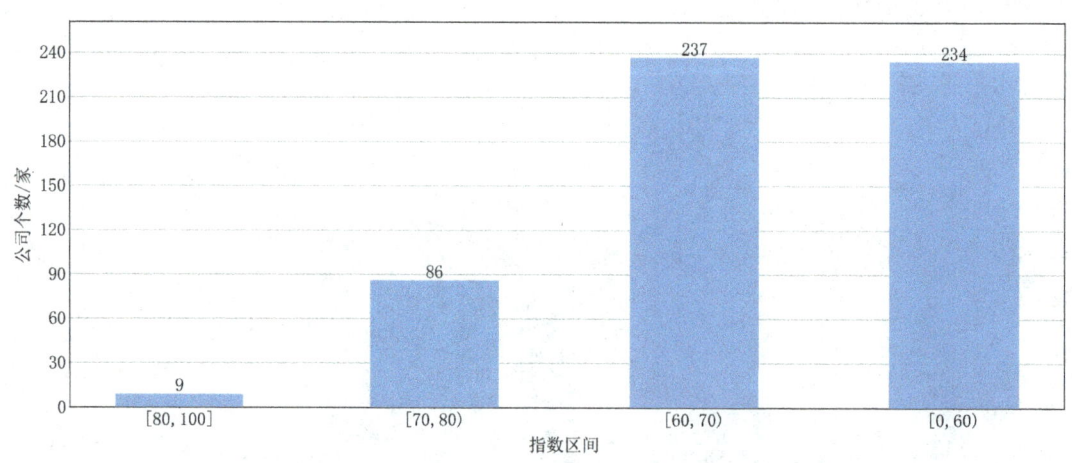

图 7-89 2023 年机械设备行业上市公司创新经济绩效指数分布图

从二级行业来看，创新经济绩效指数平均水平最高的是工程机械（65.17），最低的是专用设备（61.33），如图7-90所示。

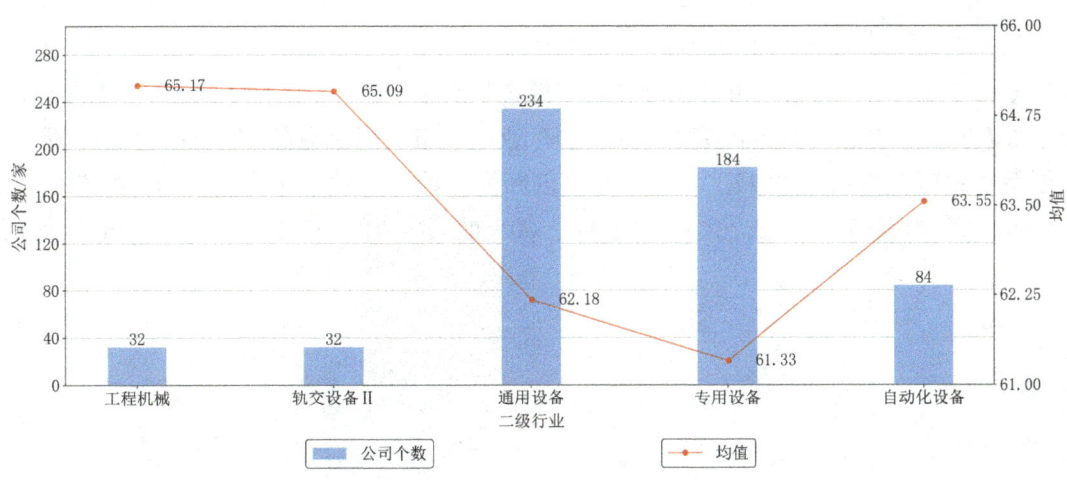

图7-90　2023年机械设备行业上市公司创新经济绩效指数均值分布图

机械设备行业中，创新经济绩效指数排名前10的上市公司如表7-45所示。

表7-45　2023年机械设备行业上市公司创新经济绩效指数前10排名

排名	证券名称	证券代码	产权性质	省份	二级行业	创新经济绩效指数
1	时代电气	688187.SH	中央国有控股	湖南	轨交设备Ⅱ	85.06
2	徐工机械	000425.SZ	地方国有控股	江苏	工程机械	82.17
3	杭叉集团	603298.SH	非国有控股	浙江	工程机械	81.17
4	中联重科	000157.SZ	地方国有控股	湖南	工程机械	81.09
5	中国中车	601766.SH	中央国有控股	北京	轨交设备Ⅱ	80.97
6	三一重工	600031.SH	非国有控股	北京	工程机械	80.91
7	汇川技术	300124.SZ	非国有控股	广东	自动化设备	80.49
8	中国通号	688009.SH	中央国有控股	北京	轨交设备Ⅱ	80.19
9	青鸟消防	002960.SZ	非国有控股	河北	专用设备	80.12
10	中控技术	688777.SH	非国有控股	浙江	自动化设备	79.85

数据来源：同花顺（iFinD），首经贸资产评估研究院和浙工商中国智能管理研究院整理。

7.10　基础化工行业上市公司创新发展指数评价

截至2023年底，A股市场基础化工行业共有上市公司412家，总市值共计33350.98亿元，营业收入合计21374.85亿元，平均市值80.95亿元/家，平均营业收入51.88亿元/家。市值最大的上市公司为万华化学（2411.95亿元），营业收入最高的上市公司为万华化学（1753.61亿元）。2023年，基础化工行业上市公司研发投入合计为632.96亿元，占营业收入的2.96%；无形资产账面价值合计为1733.16亿元，占总资产的5.06%。根据本报告分析口径，本节共对基础化工行业412家上市公司开展创新发展指数评价，具体情况如下：

7.10.1 创新发展综合指数

2023年基础化工行业412家上市公司创新发展综合指数平均水平为64.59，低于全市场均值65.40。从指数分布来看，高于全市场均值的有179家，占行业内上市公司总数的43.45%。其中，最高的是万华化学，创新发展综合指数为79.77。具体来看，创新发展综合指数处于［70，80）的有55家，占比13.35%；［60，70）的有279家，占比67.72%；［0，60）的有78家，占比18.93%，如图7-91所示。

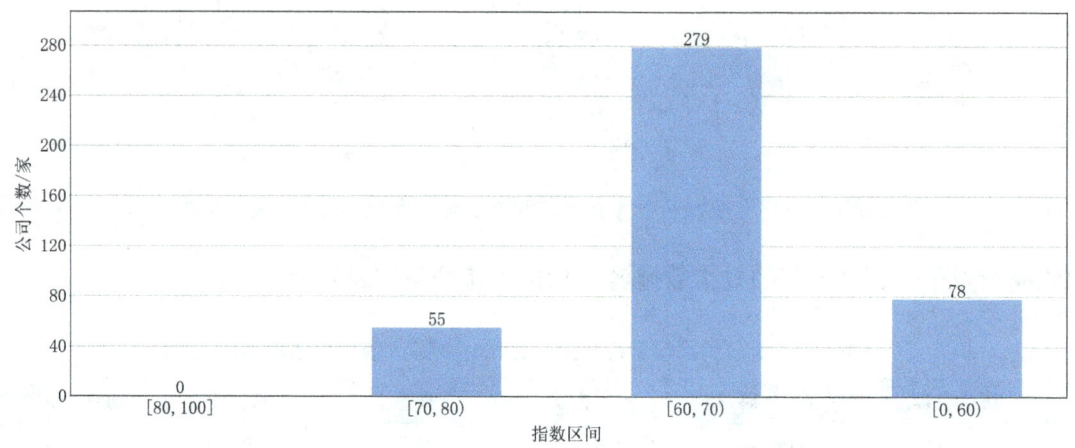

图7-91　2023年基础化工行业上市公司创新发展综合指数分布图

基础化工行业又可细分为7个二级行业，其中，创新发展综合指数平均水平最高的是农化制品（65.46），最低的是非金属材料Ⅱ（63.10），如图7-92所示。

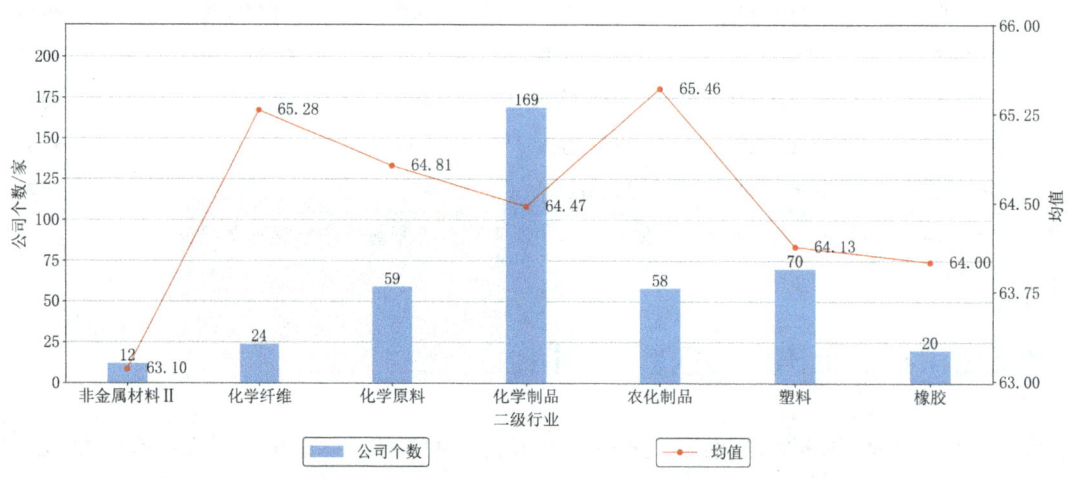

图7-92　2023年基础化工行业上市公司创新发展综合指数均值分布图

基础化工行业中，创新发展综合指数排名前10的上市公司如表7-46所示。

表 7-46　2023 年基础化工行业上市公司创新发展综合指数前 10 排名

排名	证券名称	证券代码	产权性质	省份	二级行业	创新发展综合指数
1	万华化学	600309.SH	地方国有控股	山东	化学制品	79.77
2	新和成	002001.SZ	非国有控股	浙江	化学制品	78.04
3	卫星化学	002648.SZ	非国有控股	浙江	化学原料	77.83
4	龙佰集团	002601.SZ	非国有控股	河南	化学原料	77.79
5	华峰化学	002064.SZ	非国有控股	浙江	化学纤维	76.66
6	金发科技	600143.SH	非国有控股	广东	塑料	76.26
7	泰和新材	002254.SZ	地方国有控股	山东	化学纤维	76.19
8	中复神鹰	688295.SH	中央国有控股	江苏	化学纤维	75.46
9	杭氧股份	002430.SZ	地方国有控股	浙江	化学制品	75.14
10	普利特	002324.SZ	非国有控股	上海	塑料	74.69

数据来源：同花顺（iFinD），首经贸资产评估研究院和浙工商中国智能管理研究院整理。

7.10.2　创新资源支持指数

2023 年基础化工行业 412 家上市公司创新资源支持指数平均水平为 66.41，低于全市场均值 67.08。从指数分布来看，高于全市场均值的有 187 家，占行业内上市公司总数的 45.39%。其中，最高的是永和股份，创新资源支持指数为 84.50。具体来看，创新资源支持指数处于［80，100］的有 12 家，占比 2.91%；［70，80）的有 119 家，占比 28.88%；［60，70）的有 200 家，占比 48.54%；［0，60）的有 81 家，占比 19.67%，如图 7-93 所示。

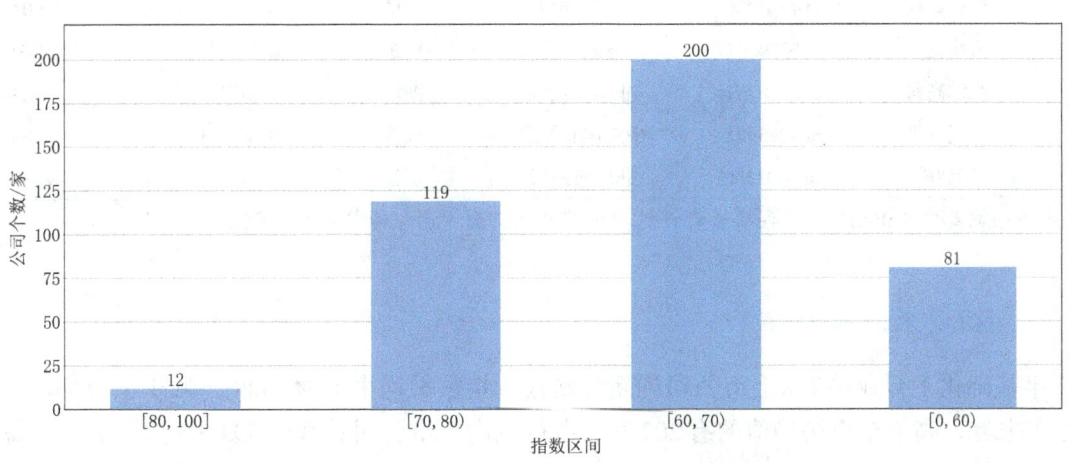

图 7-93　2023 年基础化工行业上市公司创新资源支持指数分布图

从二级行业来看，创新资源支持指数平均水平最高的是化学纤维（68.12），最低的是化学原料（64.85），如图 7-94 所示。

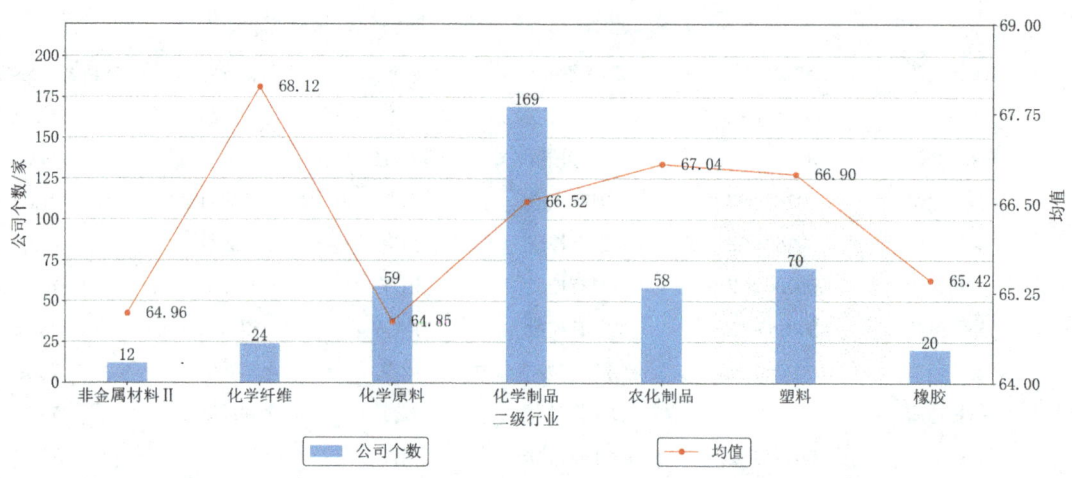

图7-94　2023年基础化工行业上市公司创新资源支持指数均值分布图

基础化工行业中，创新资源支持指数排名前10的上市公司如表7-47所示。

表7-47　2023年基础化工行业上市公司创新资源支持指数前10排名

排名	证券名称	证券代码	产权性质	省份	二级行业	创新资源支持指数
1	永和股份	605020.SH	非国有控股	浙江	化学制品	84.50
2	泰和新材	002254.SZ	地方国有控股	山东	化学纤维	84.46
3	龙佰集团	002601.SZ	非国有控股	河南	化学原料	84.09
4	华峰化学	002064.SZ	非国有控股	浙江	化学纤维	83.35
5	凯赛生物	688065.SH	非国有控股	上海	化学制品	83.06
6	中核钛白	002145.SZ	非国有控股	甘肃	化学原料	83.04
7	万华化学	600309.SH	地方国有控股	山东	化学制品	83.00
8	长鸿高科	605008.SH	非国有控股	浙江	塑料	82.23
9	中复神鹰	688295.SH	中央国有控股	江苏	化学纤维	80.65
10	新和成	002001.SZ	非国有控股	浙江	化学制品	80.56

数据来源：同花顺（iFinD），首经贸资产评估研究院和浙工商中国智能管理研究院整理。

7.10.3　创新要素投入指数

2023年基础化工行业412家上市公司创新要素投入指数平均水平为65.86，低于全市场均值66.07。从指数分布来看，高于全市场均值的有202家，占行业内上市公司总数的49.03%。其中，最高的是卫星化学，创新要素投入指数为81.34。具体来看，创新要素投入指数处于[80，100]的有4家，占比0.97%；[70，80)的有86家，占比20.87%；[60，70)的有257家，占比62.38%；[0，60)的有65家，占比15.78%，如图7-95所示。

从二级行业来看，创新要素投入指数平均水平最高的是化学纤维（66.53），最低的是非金属材料Ⅱ（63.40），如图7-96所示。

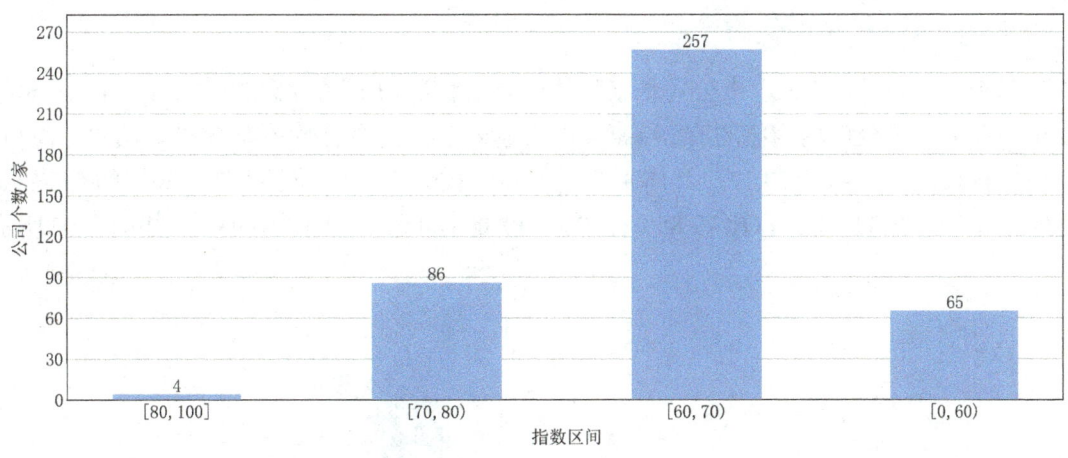

图7-95　2023年基础化工行业上市公司创新要素投入指数分布图

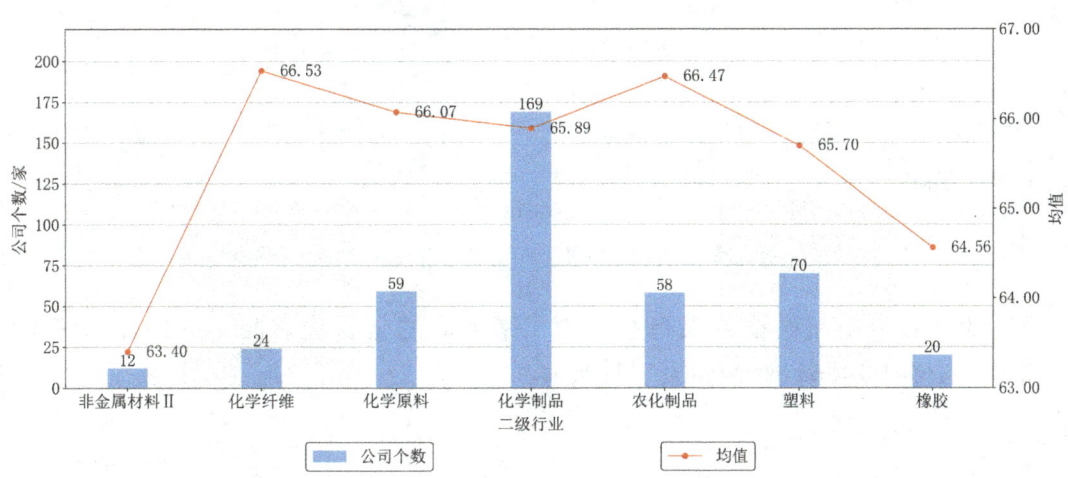

图7-96　2023年基础化工行业上市公司创新要素投入指数均值分布图

基础化工行业中，创新要素投入指数排名前10的上市公司如表7-48所示。

表 7-48　2023年基础化工行业上市公司创新要素投入指数前10排名

排名	证券名称	证券代码	产权性质	省份	二级行业	创新要素投入指数
1	卫星化学	002648.SZ	非国有控股	浙江	化学原料	81.34
2	新和成	002001.SZ	非国有控股	浙江	化学制品	81.23
3	昊华科技	600378.SH	中央国有控股	四川	化学制品	80.51
4	金发科技	600143.SH	非国有控股	广东	塑料	80.51
5	万华化学	600309.SH	地方国有控股	山东	化学制品	79.96
6	普利特	002324.SZ	非国有控股	上海	塑料	79.90
7	广东宏大	002683.SZ	地方国有控股	广东	化学制品	78.82
8	华鲁恒升	600426.SH	地方国有控股	山东	农化制品	78.32
9	易普力	002096.SZ	中央国有控股	湖南	化学制品	78.13
10	宝丰能源	600989.SH	非国有控股	宁夏	化学原料	77.94

数据来源：同花顺（iFinD），首经贸资产评估研究院和浙工商中国智能管理研究院整理。

7.10.4 创新科技成果指数

2023年基础化工行业412家上市公司创新科技成果指数平均水平为64.30，高于全市场均值64.15。从指数分布来看，高于全市场均值的有199家，占行业内上市公司总数的48.30%。其中，最高的是泰和新材，创新科技成果指数为79.17。具体来看，创新科技成果指数处于［70，80）的有38家，占比9.22%；［60，70）的有329家，占比79.85%；［0，60）的有45家，占比10.93%，如图7-97所示。

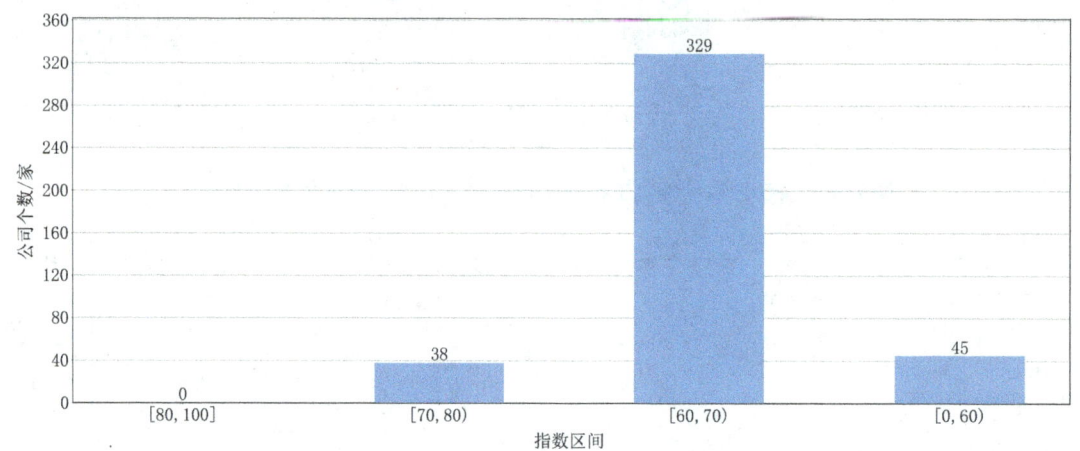

图7-97　2023年基础化工行业上市公司创新科技成果指数分布图

从二级行业来看，创新科技成果指数平均水平最高的是农化制品（65.19），最低的是橡胶（63.81）和非金属材料Ⅱ（63.81），如图7-98所示。

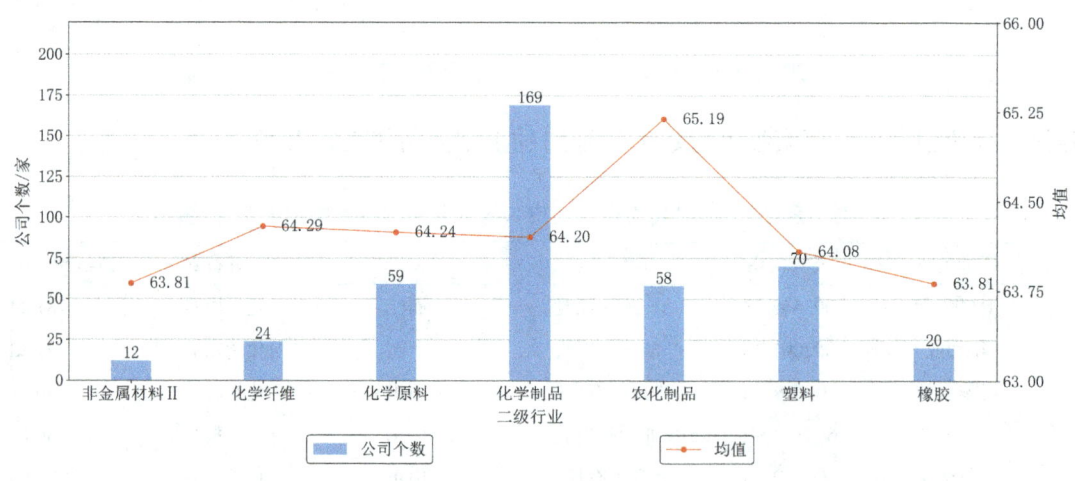

图7-98　2023年基础化工行业上市公司创新科技成果指数均值分布图

基础化工行业中，创新科技成果指数排名前10的上市公司如表7-49所示。

表 7-49　2023 年基础化工行业上市公司创新科技成果指数前 10 排名

排名	证券名称	证券代码	产权性质	省份	二级行业	创新科技成果指数
1	泰和新材	002254.SZ	地方国有控股	山东	化学纤维	79.17
2	云天化	600096.SH	地方国有控股	云南	农化制品	75.03
3	万华化学	600309.SH	地方国有控股	山东	化学制品	74.79
4	索通发展	603612.SH	非国有控股	山东	非金属材料Ⅱ	74.26
5	中盐化工	600328.SH	中央国有控股	内蒙古	化学原料	74.03
6	新安股份	600596.SH	非国有控股	浙江	农化制品	73.98
7	久日新材	688199.SH	非国有控股	天津	化学制品	73.80
8	龙佰集团	002601.SZ	非国有控股	河南	化学原料	73.77
9	多氟多	002407.SZ	非国有控股	河南	化学制品	73.69
10	德美化工	002054.SZ	非国有控股	广东	化学制品	73.58

数据来源：同花顺（iFinD），首经贸资产评估研究院和浙工商中国智能管理研究院整理。

7.10.5　创新经济绩效指数

2023年基础化工行业412家上市公司创新经济绩效指数平均水平为61.98，低于全市场均值64.49。从指数分布来看，高于全市场均值的有151家，占行业内上市公司总数的36.65%。其中，最高的是万华化学，创新经济绩效指数为81.61。具体来看，创新经济绩效指数处于［80，100］的有1家，占比0.24%；［70，80）的有64家，占比15.53%；［60，70）的有177家，占比42.96%；［0，60）的有170家，占比41.27%，如图7-99所示。

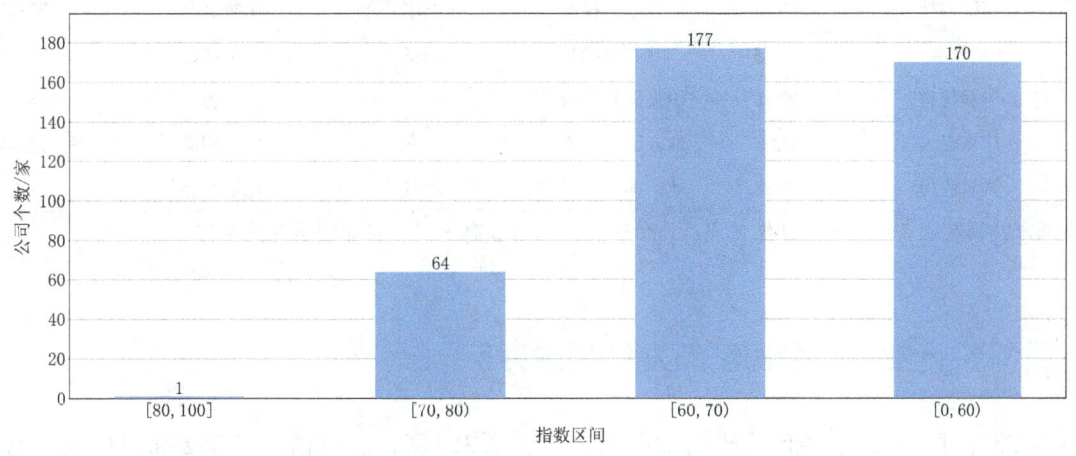

图 7-99　2023 年基础化工行业上市公司创新经济绩效指数分布图

从二级行业来看，创新经济绩效指数平均水平最高的是化学原料（63.78），最低的是塑料（60.26），如图7-100所示。

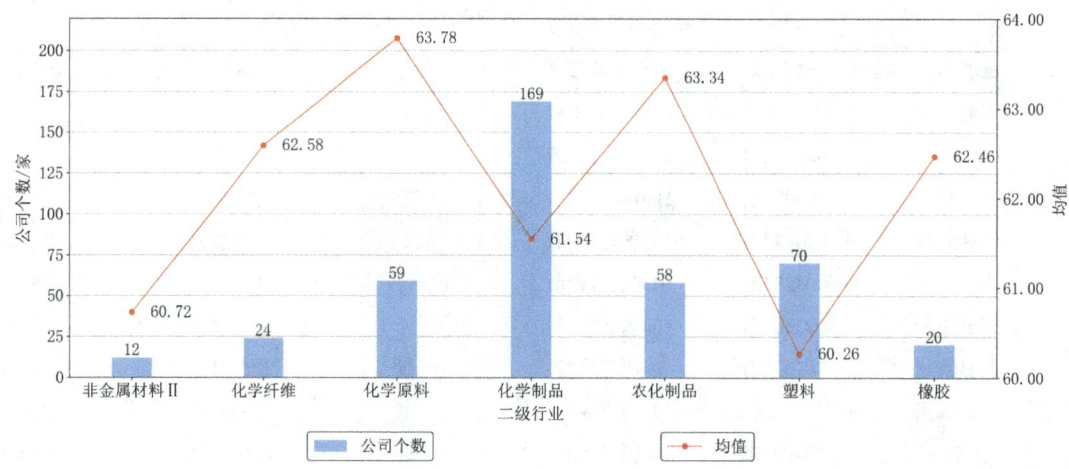

图 7-100　2023 年基础化工行业上市公司创新经济绩效指数均值分布图

基础化工行业中，创新经济绩效指数排名前10的上市公司如表7-50所示。

表 7-50　2023 年基础化工行业上市公司创新经济绩效指数前 10 排名

排名	证券名称	证券代码	产权性质	省份	二级行业	创新经济绩效指数
1	万华化学	600309.SH	地方国有控股	山东	化学制品	81.61
2	卫星化学	002648.SZ	非国有控股	浙江	化学原料	79.97
3	易普力	002096.SZ	中央国有控股	湖南	化学制品	79.36
4	石英股份	603688.SH	非国有控股	江苏	非金属材料Ⅱ	78.77
5	龙佰集团	002601.SZ	非国有控股	河南	化学原料	78.66
6	雪峰科技	603227.SH	地方国有控股	新疆	化学制品	78.63
7	新开源	300109.SZ	非国有控股	河南	化学制品	78.55
8	华润材料	301090.SZ	中央国有控股	江苏	塑料	78.51
9	广东宏大	002683.SZ	地方国有控股	广东	化学制品	78.44
10	杭氧股份	002430.SZ	地方国有控股	浙江	化学制品	78.09

数据来源：同花顺（iFinD），首经贸资产评估研究院和浙工商中国智能管理研究院整理。

7.11　计算机行业上市公司创新发展指数评价

截至2023年底，A股市场计算机行业共有上市公司353家，总市值共计38210.19亿元，营业收入合计11831.00亿元，平均市值108.24亿元/家，平均营业收入33.52亿元/家。市值最大的上市公司为海康威视（3239.58亿元），营业收入最高的上市公司为神州数码（1196.24亿元）。2023年，计算机行业上市公司研发投入合计为1253.86亿元，占营业收入的10.60%；无形资产账面价值合计为753.67亿元，占总资产的3.94%。根据本报告分析口径，本节共对计算机行业353家上市公司开展创新发展指数评价，具体情况如下：

7.11.1 创新发展综合指数

2023年计算机行业353家上市公司创新发展综合指数平均水平为66.84，高于全市场均值65.40。从指数分布来看，高于全市场均值的有195家，占行业内上市公司总数的55.24%。其中，最高的是科大讯飞，创新发展综合指数为84.72。具体来看，创新发展综合指数处于[80，100]的有8家，占比2.27%；[70，80)的有101家，占比28.61%；[60，70)的有195家，占比55.24%；[0，60)的有49家，占比13.88%，如图7-101所示。

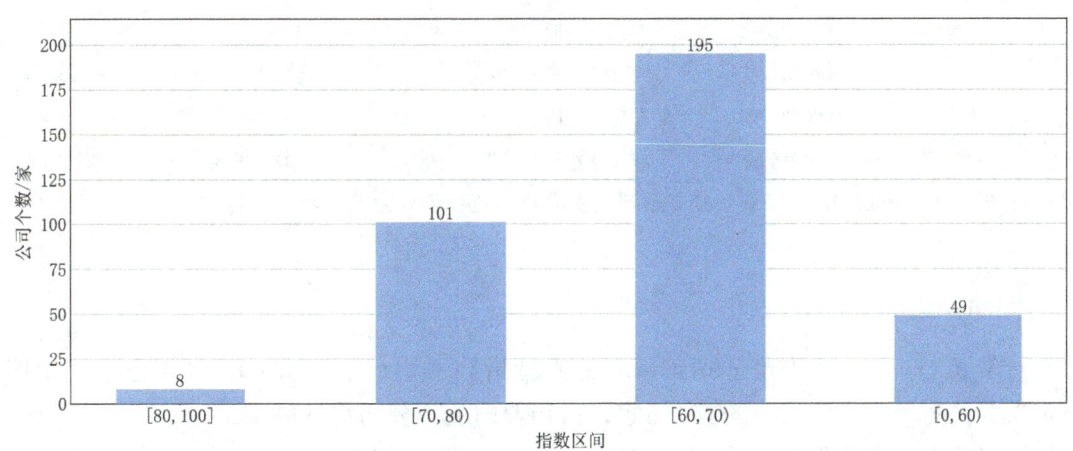

图7-101　2023年计算机行业上市公司创新发展综合指数分布图

计算机行业又可细分为3个二级行业，其中，创新发展综合指数平均水平最高的是软件开发（67.57），最低的是计算机设备（65.93），如图7-102所示。

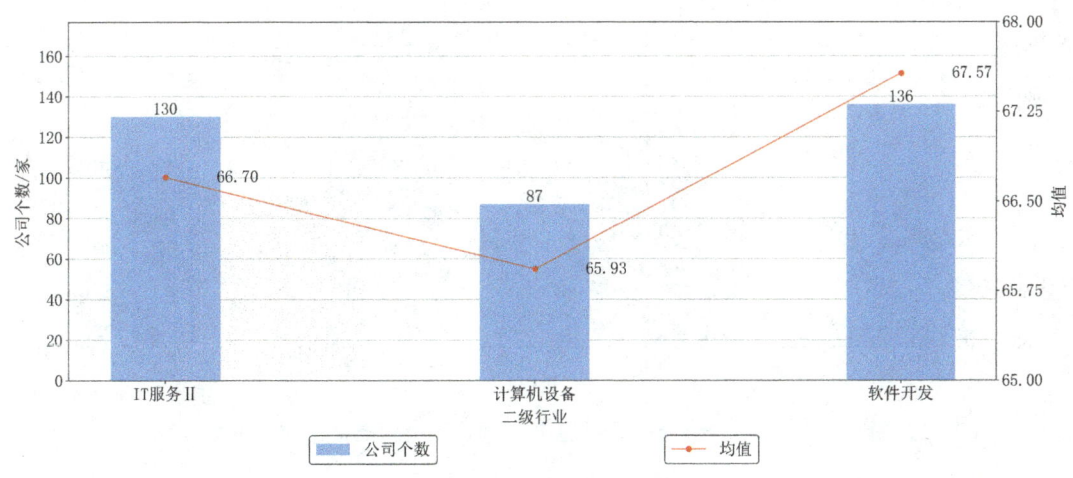

图7-102　2023年计算机行业上市公司创新发展综合指数均值分布图

计算机行业中，创新发展综合指数排名前10的上市公司如表7-51所示。

表 7-51 2023 年计算机行业上市公司创新发展综合指数前 10 排名

排名	证券名称	证券代码	产权性质	省份	二级行业	创新发展综合指数
1	科大讯飞	002230.SZ	非国有控股	安徽	软件开发	84.72
2	浪潮信息	000977.SZ	地方国有控股	山东	计算机设备	82.22
3	中科曙光	603019.SH	中央国有控股	天津	计算机设备	82.14
4	德赛西威	002920.SZ	地方国有控股	广东	软件开发	81.40
5	中科星图	688568.SH	中央国有控股	北京	IT服务Ⅱ	80.93
6	金山办公	688111.SH	非国有控股	北京	软件开发	80.20
7	大华股份	002236.SZ	非国有控股	浙江	计算机设备	80.19
8	海康威视	002415.SZ	中央国有控股	浙江	计算机设备	80.06
9	恒生电子	600570.SH	非国有控股	浙江	软件开发	79.62
10	华大九天	301269.SZ	非国有控股	北京	软件开发	79.46

数据来源：同花顺（iFinD），首经贸资产评估研究院和浙工商中国智能管理研究院整理。

7.11.2 创新资源支持指数

2023年计算机行业353家上市公司创新资源支持指数平均水平为67.99，高于全市场均值67.08。从指数分布来看，高于全市场均值的有176家，占行业内上市公司总数的49.86%。其中，最高的是浪潮信息，创新资源支持指数为94.32。具体来看，创新资源支持指数处于［80，100］的有43家，占比12.18%；［70，80）的有95家，占比26.91%；［60，70）的有140家，占比39.66%；［0，60）的有75家，占比21.25%，如图7-103所示。

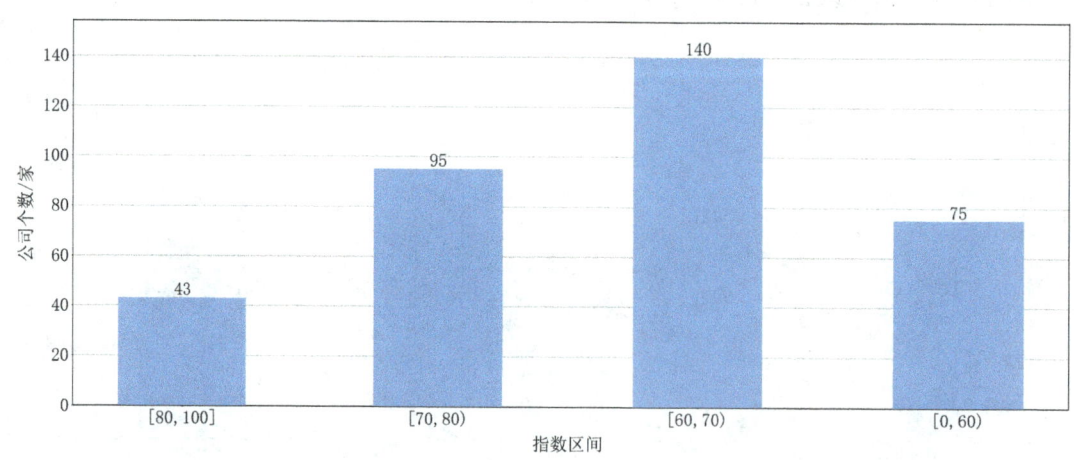

图 7-103 2023 年计算机行业上市公司创新资源支持指数分布图

从二级行业来看，创新资源支持指数平均水平最高的是软件开发（68.41），最低的是计算机设备（67.38），如图7-104所示。

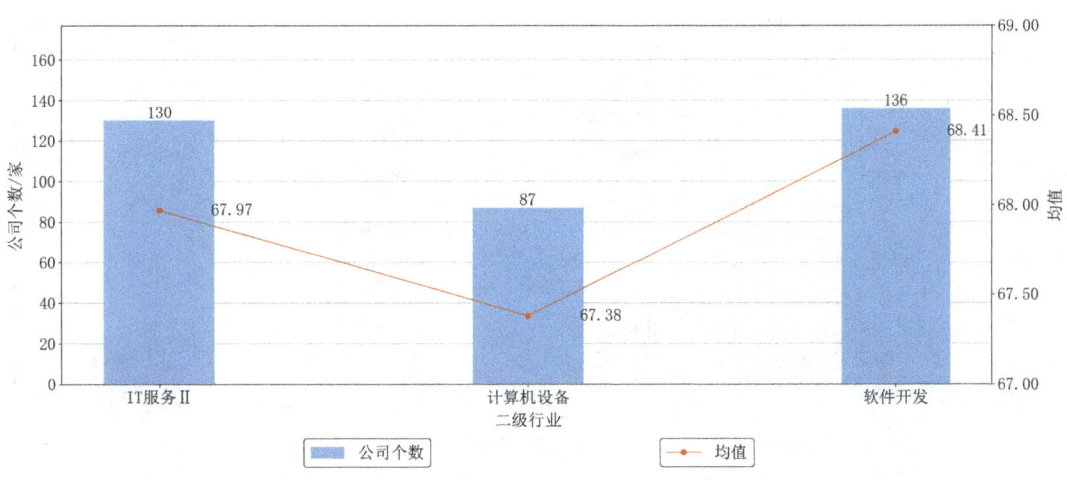

图 7-104　2023 年计算机行业上市公司创新资源支持指数均值分布图

计算机行业中，创新资源支持指数排名前 10 的上市公司如表 7-52 所示。

表 7-52　2023 年计算机行业上市公司创新资源支持指数前 10 排名

排名	证券名称	证券代码	产权性质	省份	二级行业	创新资源支持指数
1	浪潮信息	000977.SZ	地方国有控股	山东	计算机设备	94.32
2	紫光股份	000938.SZ	非国有控股	北京	IT服务Ⅱ	92.82
3	科大讯飞	002230.SZ	非国有控股	安徽	软件开发	90.71
4	中科曙光	603019.SH	中央国有控股	天津	计算机设备	89.62
5	广电运通	002152.SZ	地方国有控股	广东	计算机设备	89.41
6	启明星辰	002439.SZ	中央国有控股	北京	软件开发	89.10
7	宝信软件	600845.SH	中央国有控股	上海	IT服务Ⅱ	88.80
8	卫宁健康	300253.SZ	非国有控股	上海	软件开发	88.74
9	海康威视	002415.SZ	中央国有控股	浙江	计算机设备	88.25
10	深信服	300454.SZ	非国有控股	广东	软件开发	87.88

数据来源：同花顺（iFinD），首经贸资产评估研究院和浙工商中国智能管理研究院整理。

7.11.3　创新要素投入指数

2023年计算机行业353家上市公司创新要素投入指数平均水平为70.10，高于全市场均值66.07。从指数分布来看，高于全市场均值的有244家，占行业内上市公司总数的69.12%。其中，最高的是德赛西威，创新要素投入指数为88.39。具体来看，创新要素投入指数处于［80，100］的有38家，占比10.76%；［70，80）的有143家，占比40.51%；［60，70）的有143家，占比40.51%；［0，60）的有29家，占比8.22%，如图7-105所示。

从二级行业来看，创新要素投入指数平均水平最高的是软件开发（71.39），最低的是计算机设备（68.77），如图7-106所示。

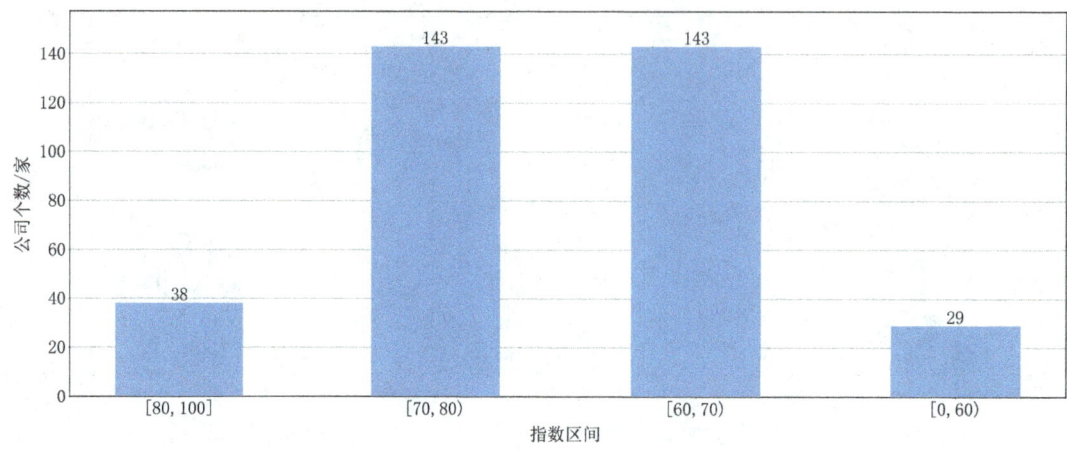

图 7-105　2023 年计算机行业上市公司创新要素投入指数分布图

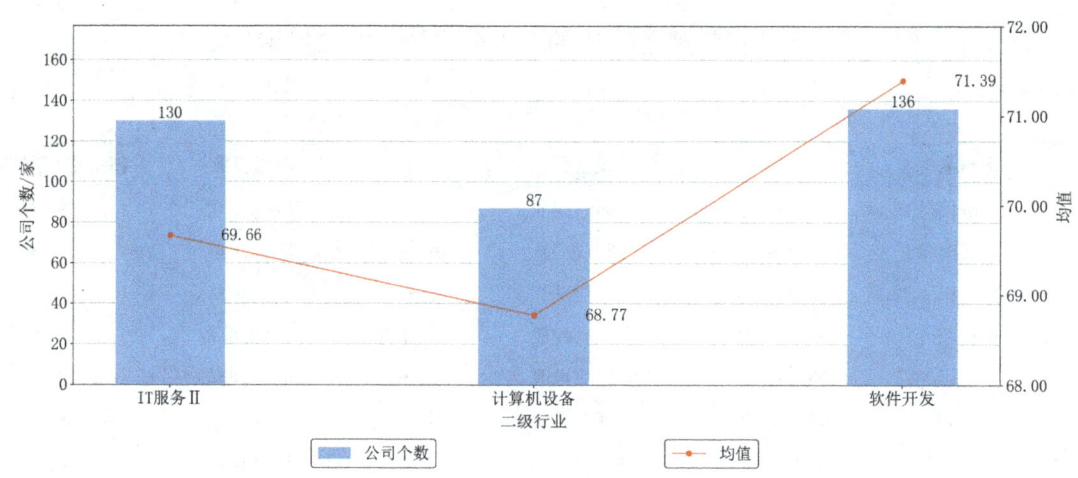

图 7-106　2023 年计算机行业上市公司创新要素投入指数均值分布图

计算机行业中，创新要素投入指数排名前 10 的上市公司如表 7-53 所示。

表 7-53　2023 年计算机行业上市公司创新要素投入指数前 10 排名

排名	证券名称	证券代码	产权性质	省份	二级行业	创新要素投入指数
1	德赛西威	002920.SZ	地方国有控股	广东	软件开发	88.39
2	中科星图	688568.SH	中央国有控股	北京	IT服务Ⅱ	87.69
3	经纬恒润	688326.SH	非国有控股	北京	软件开发	86.51
4	华大九天	301269.SZ	非国有控股	北京	软件开发	86.22
5	中国长城	000066.SZ	中央国有控股	广东	计算机设备	85.75
6	中科曙光	603019.SH	中央国有控股	天津	计算机设备	85.71
7	用友网络	600588.SH	非国有控股	北京	软件开发	85.62
8	科大讯飞	002230.SZ	非国有控股	安徽	软件开发	85.51
9	中科创达	300496.SZ	非国有控股	北京	IT服务Ⅱ	85.43
10	恒生电子	600570.SH	非国有控股	浙江	软件开发	84.68

数据来源：同花顺（iFinD），首经贸资产评估研究院和浙工商中国智能管理研究院整理。

7.11.4 创新科技成果指数

2023年计算机行业353家上市公司创新科技成果指数平均水平为65.06，高于全市场均值64.15。从指数分布来看，高于全市场均值的有200家，占行业内上市公司总数的56.66%。其中，最高的是科大讯飞，创新科技成果指数为79.37。具体来看，创新科技成果指数处于[70，80)的有50家，占比14.16%；[60，70)的有261家，占比73.94%；[0，60)的有42家，占比11.90%，如图7-107所示。

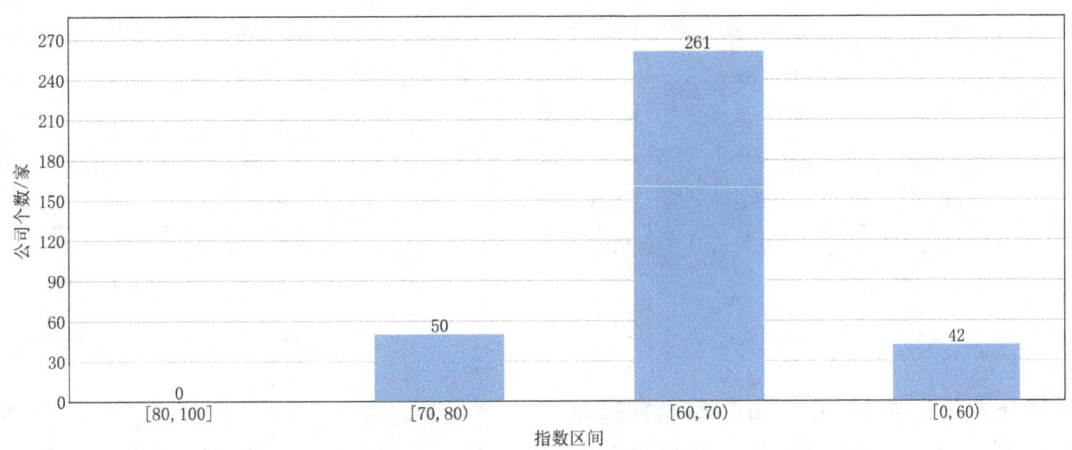

图7-107　2023年计算机行业上市公司创新科技成果指数分布图

从二级行业来看，创新科技成果指数平均水平最高的是软件开发（65.40），最低的是IT服务Ⅱ（64.69），如图7-108所示。

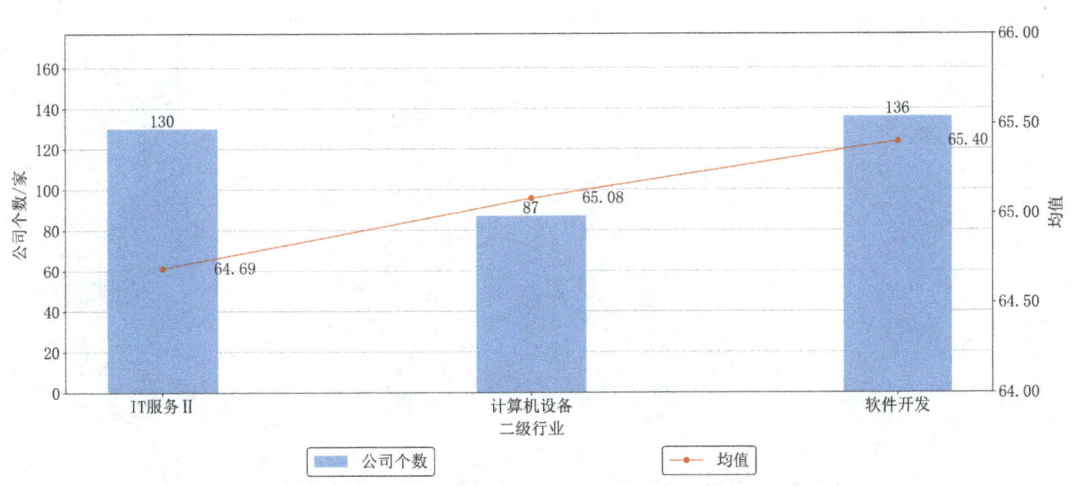

图7-108　2023年计算机行业上市公司创新科技成果指数均值分布图

计算机行业中，创新科技成果指数排名前10的上市公司如表7-54所示。

表 7-54　2023 年计算机行业上市公司创新科技成果指数前 10 排名

排名	证券名称	证券代码	产权性质	省份	二级行业	创新科技成果指数
1	科大讯飞	002230.SZ	非国有控股	安徽	软件开发	79.37
2	德赛西威	002920.SZ	地方国有控股	广东	软件开发	79.20
3	朗科科技	300042.SZ	地方国有控股	广东	计算机设备	78.58
4	道通科技	688208.SH	非国有控股	广东	计算机设备	78.15
5	纳思达	002180.SZ	非国有控股	广东	计算机设备	76.92
6	新国都	300130.SZ	非国有控股	广东	计算机设备	76.40
7	浪潮信息	000977.SZ	地方国有控股	山东	计算机设备	76.31
8	金山办公	688111.SH	非国有控股	北京	软件开发	75.20
9	紫光股份	000938.SZ	非国有控股	北京	IT服务Ⅱ	75.10
10	恒生电子	600570.SH	非国有控股	浙江	软件开发	74.86

数据来源：同花顺（iFinD），首经贸资产评估研究院和浙工商中国智能管理研究院整理。

7.11.5　创新经济绩效指数

2023年计算机行业353家上市公司创新经济绩效指数平均水平为63.71，低于全市场均值64.49。从指数分布来看，高于全市场均值的有156家，占行业内上市公司总数的44.19%。其中，最高的是德赛西威，创新经济绩效指数为86.81。具体来看，创新经济绩效指数处于［80，100］的有5家，占比1.42%；［70，80）的有91家，占比25.78%；［60，70）的有125家，占比35.41%；［0，60）的有132家，占比37.39%，如图7-109所示。

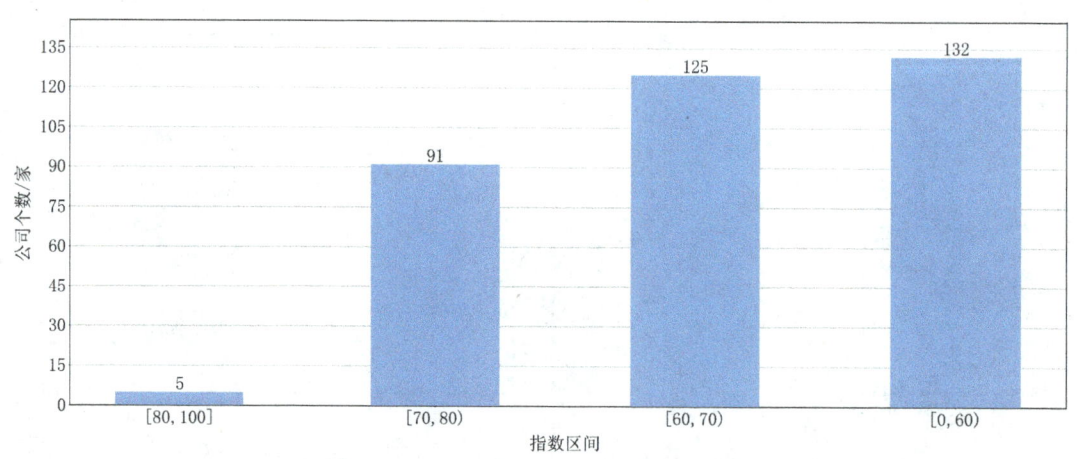

图 7-109　2023 年计算机行业上市公司创新经济绩效指数分布图

从二级行业来看，创新经济绩效指数平均水平最高的是软件开发（64.36），最低的是计算机设备（62.23），如图7-110所示。

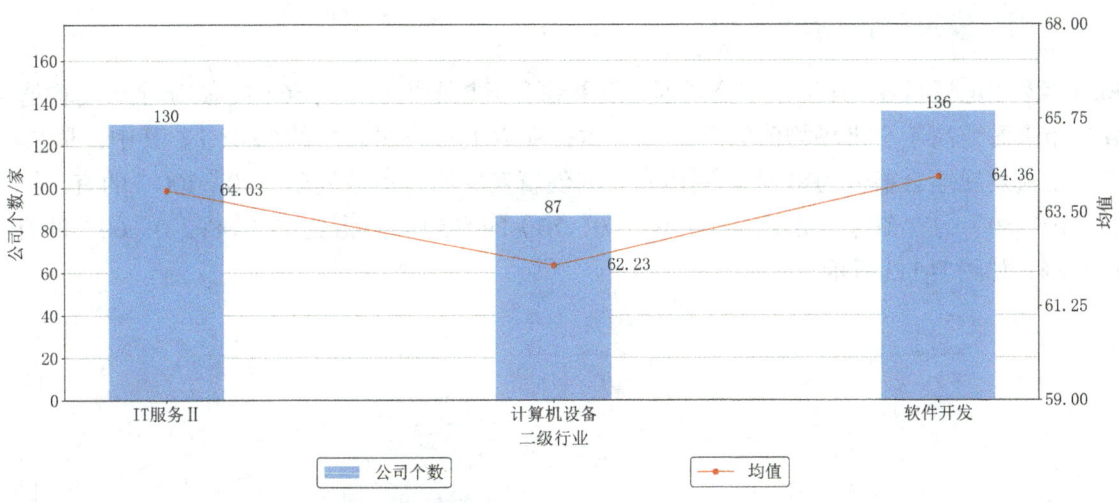

图 7-110　2023 年计算机行业上市公司创新经济绩效指数均值分布图

计算机行业中，创新经济绩效指数排名前 10 的上市公司如表 7-55 所示。

表 7-55　2023 年计算机行业上市公司创新经济绩效指数前 10 排名

排名	证券名称	证券代码	产权性质	省份	二级行业	创新经济绩效指数
1	德赛西威	002920.SZ	地方国有控股	广东	软件开发	86.81
2	中科曙光	603019.SH	中央国有控股	天津	计算机设备	84.76
3	科大讯飞	002230.SZ	非国有控股	安徽	软件开发	84.18
4	中科星图	688568.SH	中央国有控股	北京	IT服务Ⅱ	80.52
5	道通科技	688208.SH	非国有控股	广东	计算机设备	80.37
6	大华股份	002236.SZ	非国有控股	浙江	计算机设备	79.75
7	浪潮信息	000977.SZ	地方国有控股	山东	计算机设备	79.32
8	卫宁健康	300253.SZ	非国有控股	上海	软件开发	79.25
9	神州数码	000034.SZ	非国有控股	广东	IT服务Ⅱ	79.05
10	石基信息	002153.SZ	非国有控股	北京	软件开发	78.64

数据来源：同花顺（iFinD），首经贸资产评估研究院和浙工商中国智能管理研究院整理。

7.12　家用电器行业上市公司创新发展指数评价

截至 2023 年底，A 股市场家用电器行业共有上市公司 101 家，总市值共计 15685.83 亿元，营业收入合计 15015.87 亿元，平均市值 155.31 亿元/家，平均营业收入 148.67 亿元/家。市值最大的上市公司为美的集团（3837.54 亿元），营业收入最高的上市公司为美的集团（3720.37 亿元）。2023 年，家用电器行业上市公司研发投入合计为 585.46 亿元，占营业收入的 3.90%；无形资产账面价值合计为 658.86 亿元，占总资产的 3.55%。根据本报告分析口径，本节共对家用电器行业 101 家上市公司开展创新发展指数评价，具体情况如下：

7.12.1 创新发展综合指数

2023年家用电器行业101家上市公司创新发展综合指数平均水平为66.97，高于全市场均值65.40。从指数分布来看，高于全市场均值的有60家，占行业内上市公司总数的59.41%。其中，最高的是海尔智家，创新发展综合指数为82.58。具体来看，创新发展综合指数处于［80，100］的有2家，占比1.98%；［70，80）的有31家，占比30.69%；［60，70）的有54家，占比53.47%；［0，60）的有14家，占比13.86%，如图7-111所示。

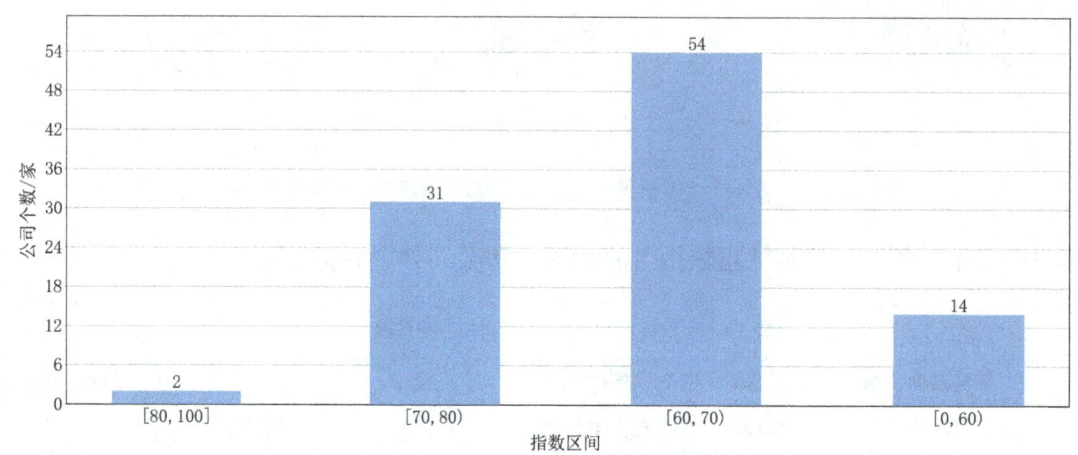

图7-111　2023年家用电器行业上市公司创新发展综合指数分布图

家用电器行业又可细分为7个二级行业，其中，创新发展综合指数平均水平最高的是白色家电（74.78），最低的是其他家电Ⅱ（62.48），如图7-112所示。

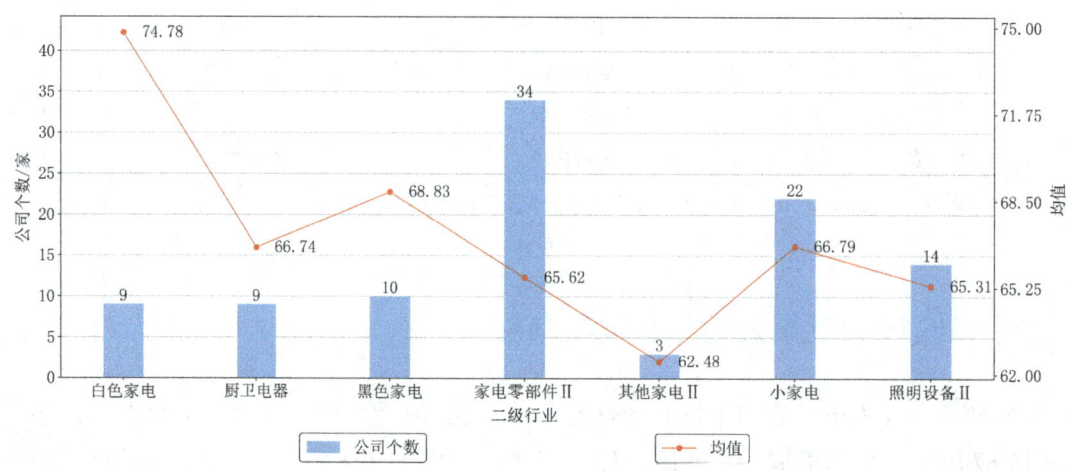

图7-112　2023年家用电器行业上市公司创新发展综合指数均值分布图

家用电器行业中，创新发展综合指数排名前10的上市公司如表7-56所示。

表 7-56 2023 年家用电器行业上市公司创新发展综合指数前 10 排名

排名	证券名称	证券代码	产权性质	省份	二级行业	创新发展综合指数
1	海尔智家	600690.SH	非国有控股	山东	白色家电	82.58
2	格力电器	000651.SZ	非国有控股	广东	白色家电	80.22
3	海信家电	000921.SZ	地方国有控股	广东	白色家电	79.84
4	四川长虹	600839.SH	地方国有控股	四川	黑色家电	79.74
5	海信视像	600060.SH	地方国有控股	山东	黑色家电	79.21
6	三花智控	002050.SZ	非国有控股	浙江	家电零部件Ⅱ	78.28
7	石头科技	688169.SH	非国有控股	北京	小家电	78.21
8	美的集团	000333.SZ	非国有控股	广东	白色家电	77.12
9	长虹美菱	000521.SZ	地方国有控股	安徽	白色家电	76.60
10	苏泊尔	002032.SZ	非国有控股	浙江	小家电	76.54

数据来源：同花顺（iFinD），首经贸资产评估研究院和浙工商中国智能管理研究院整理。

7.12.2 创新资源支持指数

2023年家用电器行业101家上市公司创新资源支持指数平均水平为70.06，高于全市场均值67.08。从指数分布来看，高于全市场均值的有68家，占行业内上市公司总数的67.33%。其中，最高的是四川长虹，创新资源支持指数为88.53。具体来看，创新资源支持指数处于［80，100］的有8家，占比7.92%；［70，80）的有46家，占比45.54%；［60，70）的有37家，占比36.63%；［0，60）的有10家，占比9.91%，如图7-113所示。

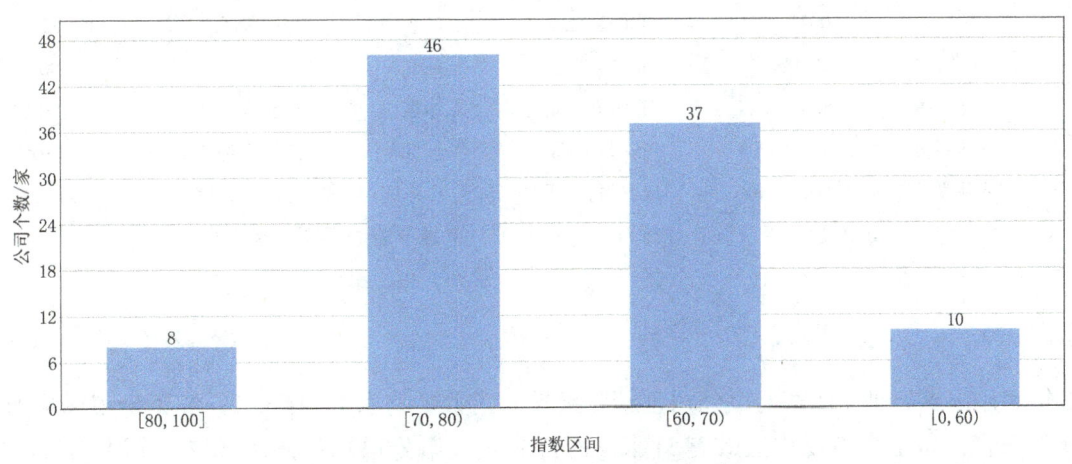

图7-113 2023年家用电器行业上市公司创新资源支持指数分布图

从二级行业来看，创新资源支持指数平均水平最高的是白色家电（73.02），最低的是其他家电Ⅱ（67.01），如图7-114所示。

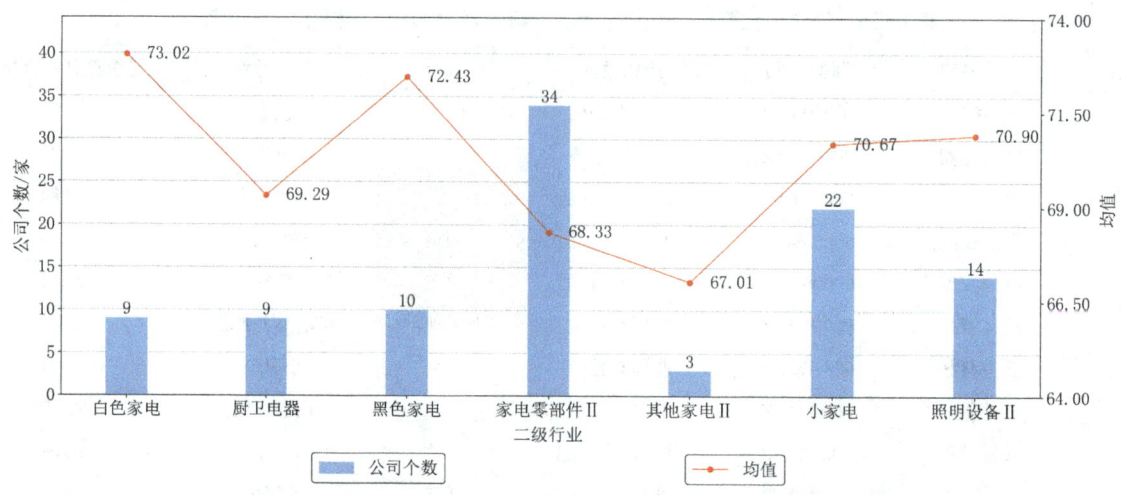

图 7-114　2023 年家用电器行业上市公司创新资源支持指数均值分布图

家用电器行业中，创新资源支持指数排名前 10 的上市公司如表 7-57 所示。

表 7-57　2023 年家用电器行业上市公司创新资源支持指数前 10 排名

排名	证券名称	证券代码	产权性质	省份	二级行业	创新资源支持指数
1	四川长虹	600839.SH	地方国有控股	四川	黑色家电	88.53
2	四川九洲	000801.SZ	地方国有控股	四川	黑色家电	86.28
3	苏泊尔	002032.SZ	非国有控股	浙江	小家电	83.72
4	盾安环境	002011.SZ	非国有控股	浙江	家电零部件Ⅱ	81.47
5	东贝集团	601956.SH	非国有控股	湖北	家电零部件Ⅱ	81.37
6	海洋王	002724.SZ	非国有控股	广东	照明设备Ⅱ	81.11
7	三花智控	002050.SZ	非国有控股	浙江	家电零部件Ⅱ	80.72
8	阳光照明	600261.SH	非国有控股	浙江	照明设备Ⅱ	80.17
9	得邦照明	603303.SH	非国有控股	浙江	照明设备Ⅱ	79.40
10	兆驰股份	002429.SZ	地方国有控股	广东	黑色家电	79.02

数据来源：同花顺（iFinD），首经贸资产评估研究院和浙工商中国智能管理研究院整理。

7.12.3　创新要素投入指数

2023 年家用电器行业 101 家上市公司创新要素投入指数平均水平为 66.62，高于全市场均值 66.07。从指数分布来看，高于全市场均值的有 51 家，占行业内上市公司总数的 50.50%。其中，最高的是格力电器，创新要素投入指数为 83.08。具体来看，创新要素投入指数处于［80，100］的有 4 家，占比 3.96%；［70，80）的有 23 家，占比 22.77%；［60，70）的有 58 家，占比 57.43%；［0，60）的有 16 家，占比 15.84%，如图 7-115 所示。

从二级行业来看，创新要素投入指数平均水平最高的是白色家电（75.45），最低的是其他家电Ⅱ（60.31），如图 7-116 所示。

第7章 中国上市公司创新发展指数评价——行业维度

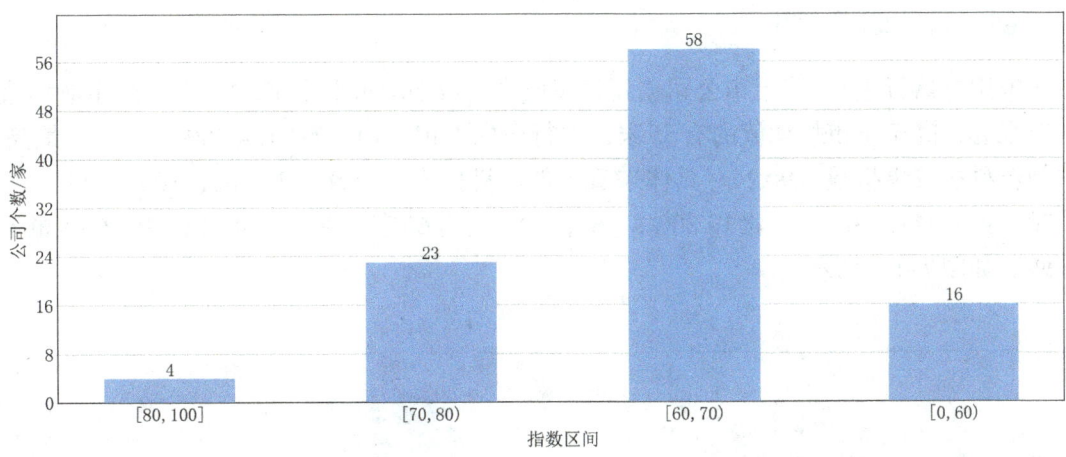

图7-115 2023年家用电器行业上市公司创新要素投入指数分布图

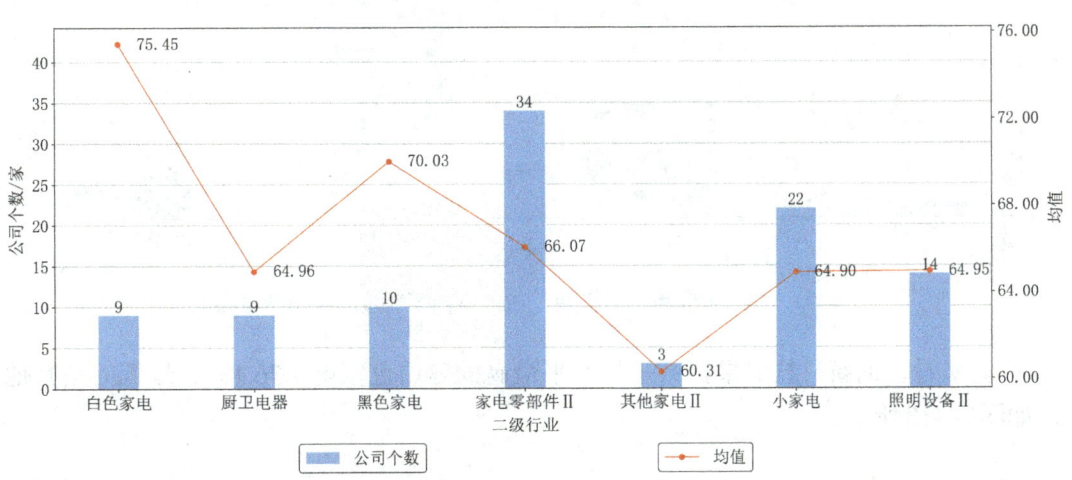

图7-116 2023年家用电器行业上市公司创新要素投入指数均值分布图

家用电器行业中，创新要素投入指数排名前10的上市公司如表7-58所示。

表7-58 2023年家用电器行业上市公司创新要素投入指数前10排名

排名	证券名称	证券代码	产权性质	省份	二级行业	创新要素投入指数
1	格力电器	000651.SZ	非国有控股	广东	白色家电	83.08
2	海信视像	600060.SH	地方国有控股	山东	黑色家电	81.99
3	海立股份	600619.SH	地方国有控股	上海	家电零部件Ⅱ	80.95
4	海尔智家	600690.SH	非国有控股	山东	白色家电	80.92
5	海信家电	000921.SZ	地方国有控股	广东	白色家电	79.02
6	长虹美菱	000521.SZ	地方国有控股	安徽	白色家电	78.92
7	和而泰	002402.SZ	非国有控股	广东	家电零部件Ⅱ	78.70
8	四川长虹	600839.SH	地方国有控股	四川	黑色家电	78.55
9	三花智控	002050.SZ	非国有控股	浙江	家电零部件Ⅱ	78.41
10	美的集团	000333.SZ	非国有控股	广东	白色家电	77.64

数据来源：同花顺（iFinD），首经贸资产评估研究院和浙工商中国智能管理研究院整理。

7.12.4 创新科技成果指数

2023年家用电器行业101家上市公司创新科技成果指数平均水平为65.81，高于全市场均值64.15。从指数分布来看，高于全市场均值的有55家，占行业内上市公司总数的54.46%。其中，最高的是海尔智家，创新科技成果指数为90.24。具体来看，创新科技成果指数处于[80，100]的有3家，占比2.97%；[70，80)的有20家，占比19.80%；[60，70)的有60家，占比59.41%；[0，60)的有18家，占比17.82%，如图7-117所示。

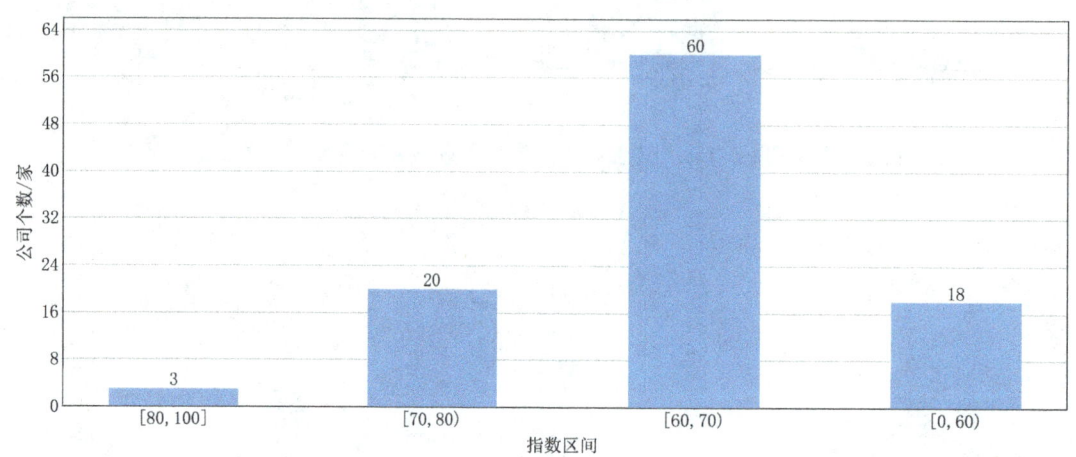

图7-117　2023年家用电器行业上市公司创新科技成果指数分布图

从二级行业来看，创新科技成果指数平均水平最高的是白色家电（76.43），最低的是其他家电Ⅱ（61.50），如图7-118所示。

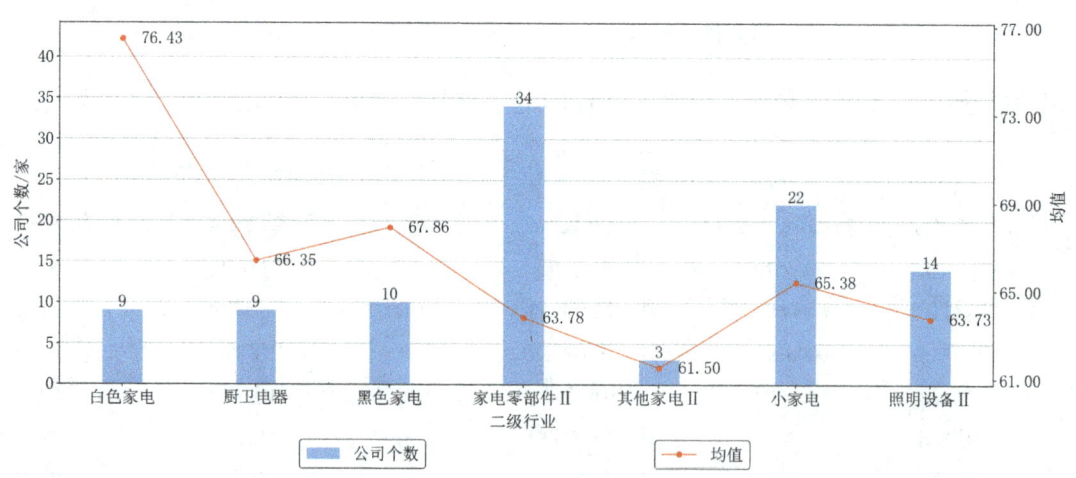

图7-118　2023年家用电器行业上市公司创新科技成果指数均值分布图

家用电器行业中，创新科技成果指数排名前10的上市公司如表7-59所示。

表 7-59 2023 年家用电器行业上市公司创新科技成果指数前 10 排名

排名	证券名称	证券代码	产权性质	省份	二级行业	创新科技成果指数
1	海尔智家	600690.SH	非国有控股	山东	白色家电	90.24
2	美的集团	000333.SZ	非国有控股	广东	白色家电	86.62
3	海信家电	000921.SZ	地方国有控股	广东	白色家电	83.40
4	创维数字	000810.SZ	非国有控股	四川	黑色家电	78.55
5	格力电器	000651.SZ	非国有控股	广东	白色家电	78.40
6	澳柯玛	600336.SH	地方国有控股	山东	白色家电	76.37
7	四川长虹	600839.SH	地方国有控股	四川	黑色家电	75.21
8	深康佳A	000016.SZ	中央国有控股	广东	白色家电	75.04
9	石头科技	688169.SH	非国有控股	北京	小家电	74.72
10	苏泊尔	002032.SZ	非国有控股	浙江	小家电	74.47

数据来源：同花顺（iFinD），首经贸资产评估研究院和浙工商中国智能管理研究院整理。

7.12.5 创新经济绩效指数

2023年家用电器行业101家上市公司创新经济绩效指数平均水平为66.16，高于全市场均值64.49。从指数分布来看，高于全市场均值的有58家，占行业内上市公司总数的57.43%。其中，最高的是石头科技，创新经济绩效指数为85.23。具体来看，创新经济绩效指数处于［80，100］的有6家，占比5.94%；［70，80）的有27家，占比26.73%；［60，70）的有43家，占比42.57%；［0，60）的有25家，占比24.76%，如图7-119所示。

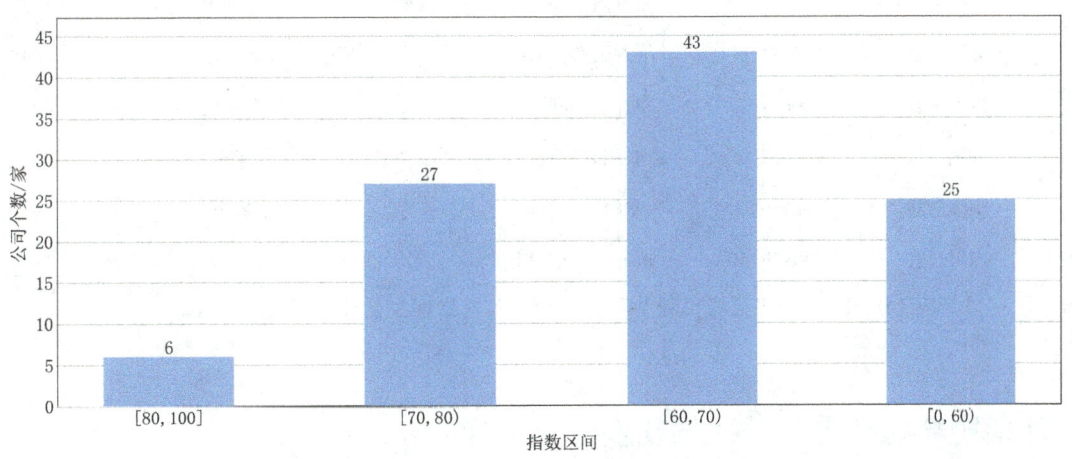

图 7-119 2023 年家用电器行业上市公司创新经济绩效指数分布图

从二级行业来看，创新经济绩效指数平均水平最高的是白色家电（73.79），最低的是其他家电Ⅱ（62.61），如图7-120所示。

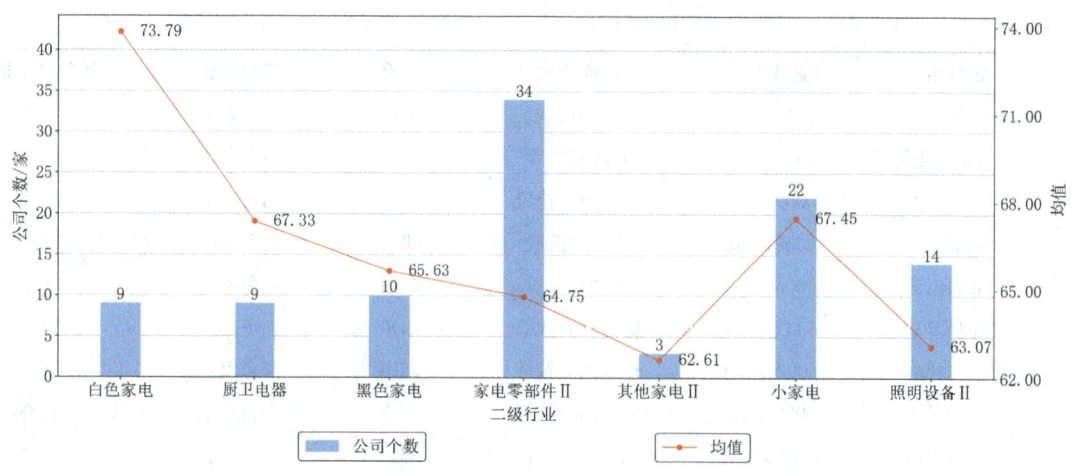

图 7-120　2023 年家用电器行业上市公司创新经济绩效指数均值分布图

家用电器行业中，创新经济绩效指数排名前10的上市公司如表7-60所示。

表 7-60　2023 年家用电器行业上市公司创新经济绩效指数前 10 排名

排名	证券名称	证券代码	产权性质	省份	二级行业	创新经济绩效指数
1	石头科技	688169.SH	非国有控股	北京	小家电	85.23
2	海尔智家	600690.SH	非国有控股	山东	白色家电	82.98
3	海信视像	600060.SH	地方国有控股	山东	黑色家电	82.55
4	三花智控	002050.SZ	非国有控股	浙江	家电零部件Ⅱ	81.15
5	长虹美菱	000521.SZ	地方国有控股	安徽	白色家电	80.81
6	海信家电	000921.SZ	地方国有控股	广东	白色家电	80.00
7	格力电器	000651.SZ	非国有控股	广东	白色家电	79.46
8	苏泊尔	002032.SZ	非国有控股	浙江	小家电	79.11
9	小熊电器	002959.SZ	非国有控股	广东	小家电	79.08
10	四川长虹	600839.SH	地方国有控股	四川	黑色家电	78.76

数据来源：同花顺（iFinD），首经贸资产评估研究院和浙工商中国智能管理研究院整理。

7.13　建筑材料行业上市公司创新发展指数评价

截至2023年底，A股市场建筑材料行业共有上市公司74家，总市值共计7655.44亿元，营业收入合计7797.08亿元，平均市值103.45亿元/家，平均营业收入105.37亿元/家。市值最大的上市公司为海螺水泥（1195.52亿元），营业收入最高的上市公司为海螺水泥（1409.99亿元）。2023年，建筑材料行业上市公司研发投入合计为176.88亿元，占营业收入的2.27%；无形资产账面价值合计为1437.30亿元，占总资产的9.01%。根据本报告分析口径，本节共对建筑材料行业74家上市公司开展创新发展指数评价，具体情况如下：

7.13.1 创新发展综合指数

2023年建筑材料行业74家上市公司创新发展综合指数平均水平为65.49，高于全市场均值65.40。从指数分布来看，高于全市场均值的有38家，占行业内上市公司总数的51.35%。其中，最高的是中材科技，创新发展综合指数为83.80。具体来看，创新发展综合指数处于[80, 100]的有1家，占比1.35%；[70, 80)的有19家，占比25.68%；[60, 70)的有38家，占比51.35%；[0, 60)的有16家，占比21.62%，如图7-121所示。

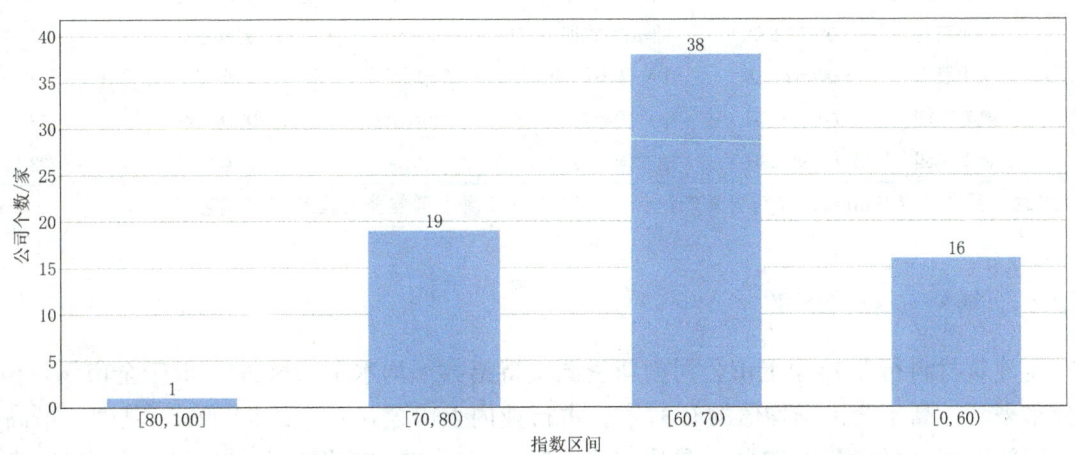

图7-121　2023年建筑材料行业上市公司创新发展综合指数分布图

建筑材料行业又可细分为3个二级行业，其中，创新发展综合指数平均水平最高的是玻璃玻纤（69.47），最低的是水泥（64.00），如图7-122所示。

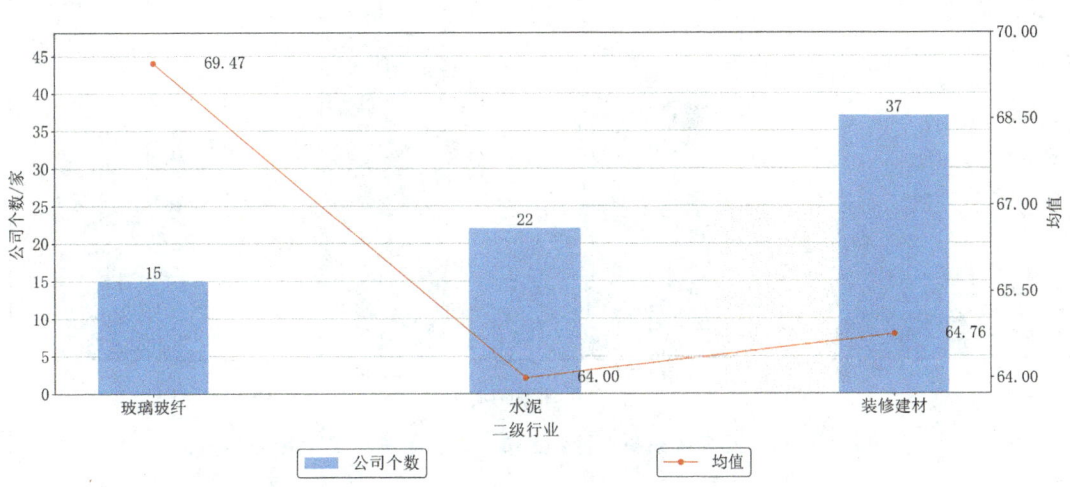

图7-122　2023年建筑材料行业上市公司创新发展综合指数均值分布图

建筑材料行业中，创新发展综合指数排名前10的上市公司如表7-61所示。

表 7-61　2023 年建筑材料行业上市公司创新发展综合指数前 10 排名

排名	证券名称	证券代码	产权性质	省份	二级行业	创新发展综合指数
1	中材科技	002080.SZ	中央国有控股	江苏	玻璃玻纤	83.80
2	中国巨石	600176.SH	中央国有控股	浙江	玻璃玻纤	75.25
3	宁夏建材	600449.SH	中央国有控股	宁夏	水泥	75.03
4	南玻A	000012.SZ	地方国有控股	广东	玻璃玻纤	74.65
5	北新建材	000786.SZ	中央国有控股	北京	装修建材	74.30
6	东方雨虹	002271.SZ	非国有控股	北京	装修建材	73.98
7	伟星新材	002372.SZ	非国有控股	浙江	装修建材	73.97
8	天山股份	000877.SZ	中央国有控股	新疆	水泥	73.72
9	凯盛新能	600876.SH	中央国有控股	河南	玻璃玻纤	73.19
10	金隅集团	601992.SH	地方国有控股	北京	水泥	73.16

数据来源：同花顺（iFinD），首经贸资产评估研究院和浙工商中国智能管理研究院整理。

7.13.2　创新资源支持指数

2023年建筑材料行业74家上市公司创新资源支持指数平均水平为66.64，低于全市场均值67.08。从指数分布来看，高于全市场均值的有37家，占行业内上市公司总数的50.00%。其中，最高的是中材科技，创新资源支持指数为87.39。具体来看，创新资源支持指数处于［80，100］的有4家，占比5.41%；［70，80）的有22家，占比29.73%；［60，70）的有29家，占比39.19%；［0，60）的有19家，占比25.67%，如图7-123所示。

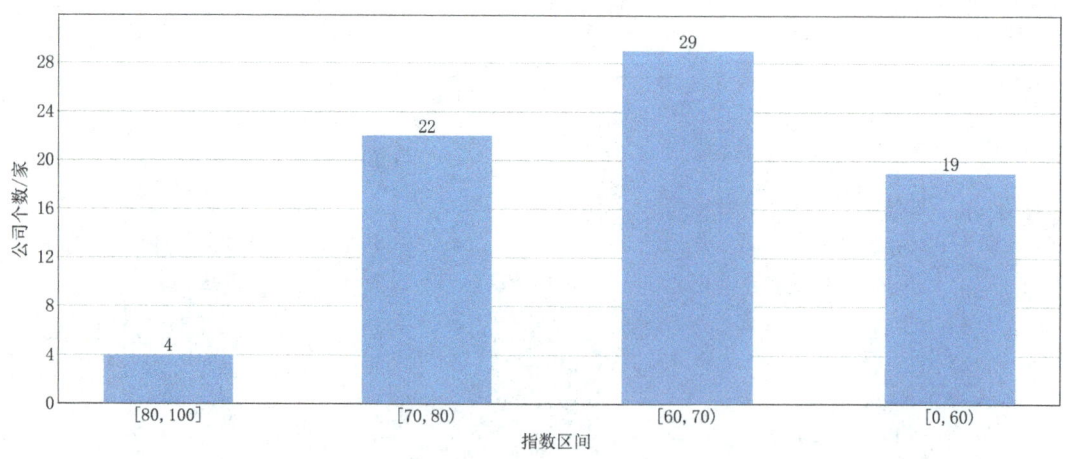

图 7-123　2023 年建筑材料行业上市公司创新资源支持指数分布图

从二级行业来看，创新资源支持指数平均水平最高的是玻璃玻纤（71.87），最低的是水泥（62.83），如图7-124所示。

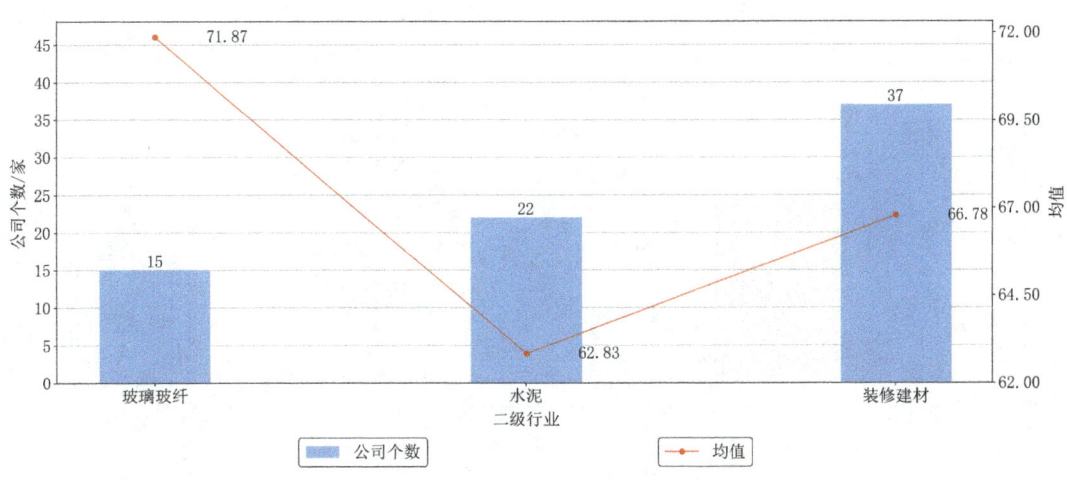

图 7-124 2023 年建筑材料行业上市公司创新资源支持指数均值分布图

建筑材料行业中，创新资源支持指数排名前 10 的上市公司如表 7-62 所示。

表 7-62 2023 年建筑材料行业上市公司创新资源支持指数前 10 排名

排名	证券名称	证券代码	产权性质	省份	二级行业	创新资源支持指数
1	中材科技	002080.SZ	中央国有控股	江苏	玻璃玻纤	87.39
2	中国巨石	600176.SH	中央国有控股	浙江	玻璃玻纤	84.40
3	坚朗集团	002398.SZ	非国有控股	福建	装修建材	80.55
4	宁夏建材	600449.SH	中央国有控股	宁夏	水泥	80.38
5	再升科技	603601.SH	非国有控股	重庆	玻璃玻纤	79.87
6	凯盛新能	600876.SH	中央国有控股	河南	玻璃玻纤	79.36
7	国际复材	301526.SZ	地方国有控股	重庆	玻璃玻纤	79.32
8	北京利尔	002392.SZ	非国有控股	北京	装修建材	77.82
9	濮耐股份	002225.SZ	非国有控股	河南	装修建材	76.95
10	旗滨集团	601636.SH	非国有控股	湖南	玻璃玻纤	76.77

数据来源：同花顺（iFinD），首经贸资产评估研究院和浙工商中国智能管理研究院整理。

7.13.3　创新要素投入指数

2023 年建筑材料行业 74 家上市公司创新要素投入指数平均水平为 65.67，低于全市场均值 66.07。从指数分布来看，高于全市场均值的有 37 家，占行业内上市公司总数的 50.00%。其中，最高的是中材科技，创新要素投入指数为 84.33。具体来看，创新要素投入指数处于 [80，100] 的有 1 家，占比 1.35%；[70，80) 的有 23 家，占比 31.08%；[60，70) 的有 34 家，占比 45.95%；[0，60) 的有 16 家，占比 21.62%，如图 7-125 所示。

从二级行业来看，创新要素投入指数平均水平最高的是玻璃玻纤（70.65），最低的是水泥（64.30），如图 7-126 所示。

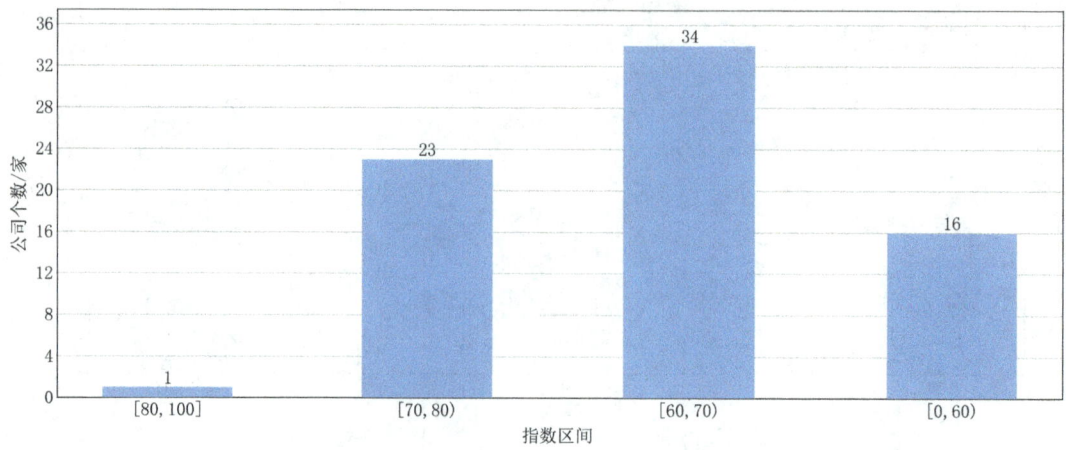

图7-125　2023年建筑材料行业上市公司创新要素投入指数分布图

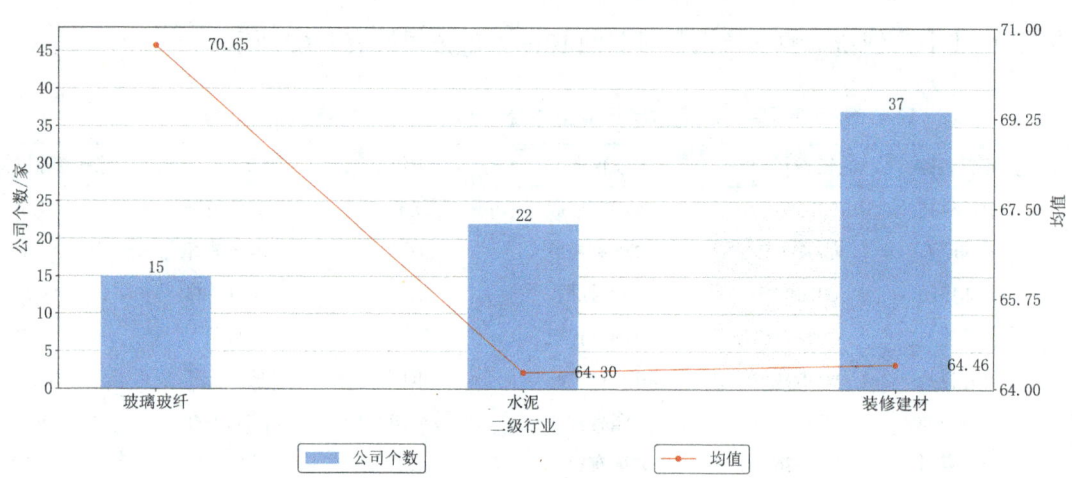

图7-126　2023年建筑材料行业上市公司创新要素投入指数均值分布图

建筑材料行业中，创新要素投入指数排名前10的上市公司如表7-63所示。

表 7-63　2023年建筑材料行业上市公司创新要素投入指数前 10 排名

排名	证券名称	证券代码	产权性质	省份	二级行业	创新要素投入指数
1	中材科技	002080.SZ	中央国有控股	江苏	玻璃玻纤	84.33
2	西部建设	002302.SZ	中央国有控股	新疆	水泥	78.90
3	南玻A	000012.SZ	地方国有控股	广东	玻璃玻纤	77.58
4	天山股份	000877.SZ	中央国有控股	新疆	水泥	76.17
5	北新建材	000786.SZ	中央国有控股	北京	装修建材	75.42
6	西藏天路	600326.SH	地方国有控股	西藏	水泥	75.40
7	方大集团	000055.SZ	非国有控股	广东	装修建材	75.19
8	凯盛新能	600876.SH	中央国有控股	河南	玻璃玻纤	74.67
9	金隅集团	601992.SH	地方国有控股	北京	水泥	74.53
10	金晶科技	600586.SH	非国有控股	山东	玻璃玻纤	74.15

数据来源：同花顺（iFinD），首经贸资产评估研究院和浙工商中国智能管理研究院整理。

7.13.4　创新科技成果指数

2023年建筑材料行业74家上市公司创新科技成果指数平均水平为64.72，高于全市场均值64.15。从指数分布来看，高于全市场均值的有33家，占行业内上市公司总数的44.59%。其中，最高的是中材科技，创新科技成果指数为79.55。具体来看，创新科技成果指数处于[70，80)的有13家，占比17.57%；[60，70)的有52家，占比70.27%；[0，60)的有9家，占比12.16%，如图7-127所示。

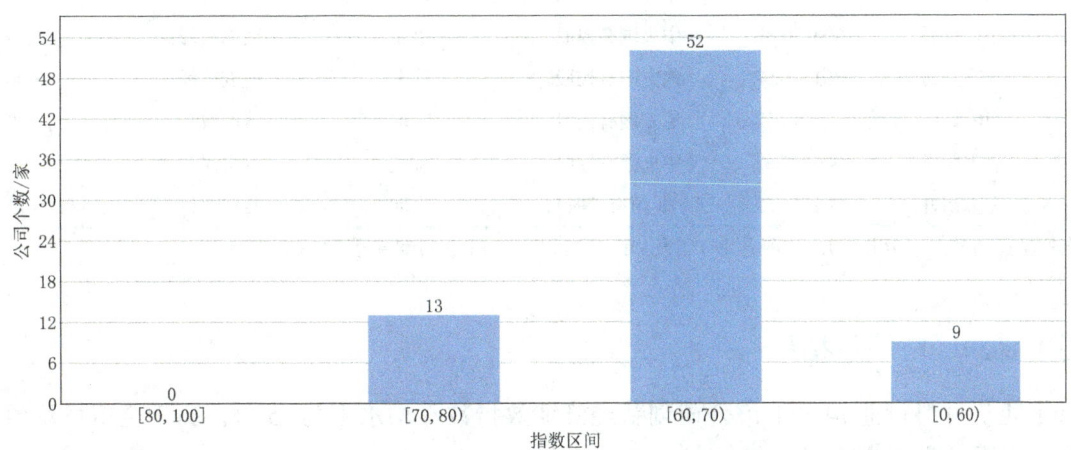

图7-127　2023年建筑材料行业上市公司创新科技成果指数分布图

从二级行业来看，创新科技成果指数平均水平最高的是玻璃玻纤（66.68），最低的是水泥（63.86），如图7-128所示。

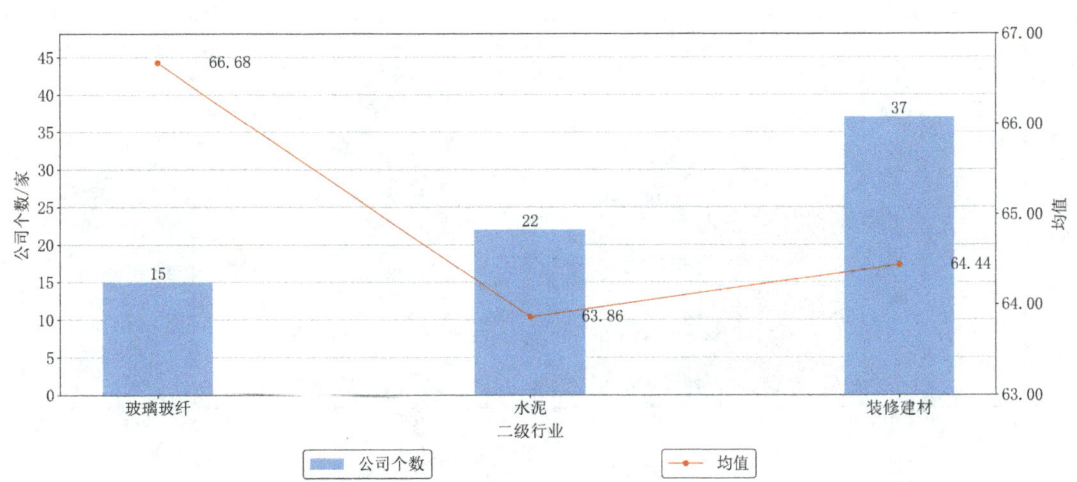

图7-128　2023年建筑材料行业上市公司创新科技成果指数均值分布图

建筑材料行业中，创新科技成果指数排名前10的上市公司如表7-64所示。

表 7-64 2023 年建筑材料行业上市公司创新科技成果指数前 10 排名

排名	证券名称	证券代码	产权性质	省份	二级行业	创新科技成果指数
1	中材科技	002080.SZ	中央国有控股	江苏	玻璃玻纤	79.55
2	伟星新材	002372.SZ	非国有控股	浙江	装修建材	79.24
3	宁夏建材	600449.SH	中央国有控股	宁夏	水泥	76.29
4	上峰水泥	000672.SZ	非国有控股	甘肃	水泥	74.26
5	金隅集团	601992.SH	地方国有控股	北京	水泥	73.55
6	中国巨石	600176.SH	中央国有控股	浙江	玻璃玻纤	72.85
7	国际复材	301526.SZ	地方国有控股	重庆	玻璃玻纤	72.06
8	南玻A	000012.SZ	地方国有控股	广东	玻璃玻纤	71.29
9	天山股份	000877.SZ	中央国有控股	新疆	水泥	71.25
10	东方雨虹	002271.SZ	非国有控股	北京	装修建材	70.72

数据来源：同花顺（iFinD），首经贸资产评估研究院和浙工商中国智能管理研究院整理。

7.13.5 创新经济绩效指数

2023年建筑材料行业74家上市公司创新经济绩效指数平均水平为65.11，高于全市场均值64.49。从指数分布来看，高于全市场均值的有40家，占行业内上市公司总数的54.05%。其中，最高的是中材科技，创新经济绩效指数为84.32。具体来看，创新经济绩效指数处于［80，100］的有1家，占比1.35%；［70，80）的有22家，占比29.73%；［60，70）的有30家，占比40.54%；［0，60）的有21家，占比28.38%，如图7-129所示。

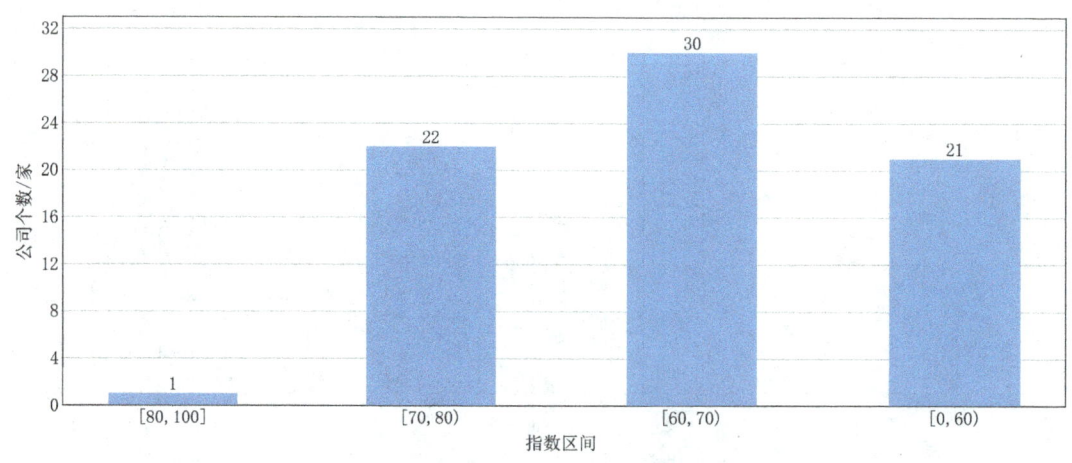

图 7-129 2023 年建筑材料行业上市公司创新经济绩效指数分布图

从二级行业来看，创新经济绩效指数平均水平最高的是玻璃玻纤（68.79），最低的是装修建材（63.91），如图7-130所示。

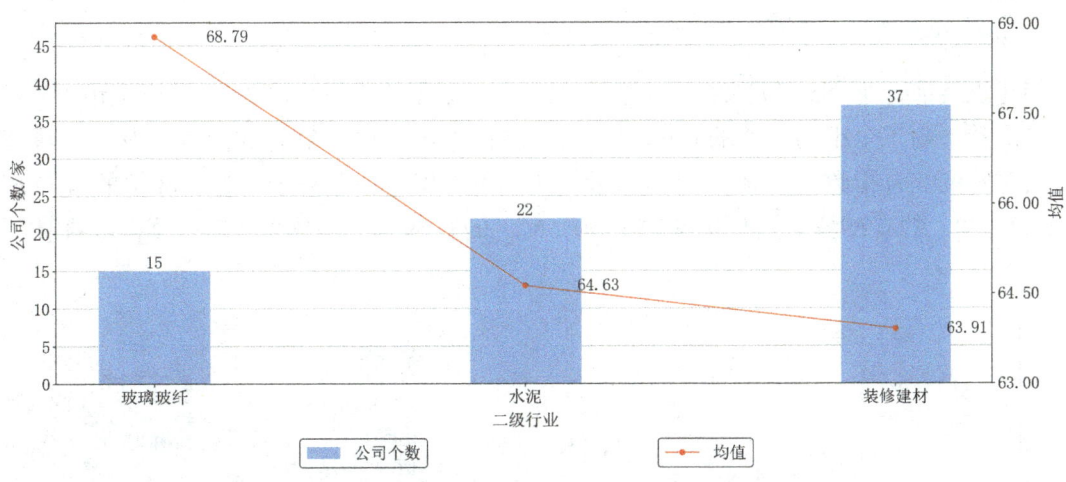

图 7-130 2023 年建筑材料行业上市公司创新经济绩效指数均值分布图

建筑材料行业中,创新经济绩效指数排名前10的上市公司如表7-65所示。

表 7-65 2023 年建筑材料行业上市公司创新经济绩效指数前 10 排名

排名	证券名称	证券代码	产权性质	省份	二级行业	创新经济绩效指数
1	中材科技	002080.SZ	中央国有控股	江苏	玻璃玻纤	84.32
2	东方雨虹	002271.SZ	非国有控股	北京	装修建材	79.56
3	青松建化	600425.SH	地方国有控股	新疆	水泥	78.36
4	伟星新材	002372.SZ	非国有控股	浙江	装修建材	78.31
5	兔宝宝	002043.SZ	非国有控股	浙江	装修建材	77.59
6	北新建材	000786.SZ	中央国有控股	北京	装修建材	76.36
7	鲁阳节能	002088.SZ	非国有控股	山东	装修建材	75.91
8	凯盛新能	600876.SH	中央国有控股	河南	玻璃玻纤	75.75
9	塔牌集团	002233.SZ	非国有控股	广东	水泥	75.43
10	中国巨石	600176.SH	中央国有控股	浙江	玻璃玻纤	74.63

数据来源:同花顺(iFinD),首经贸资产评估研究院和浙工商中国智能管理研究院整理。

7.14 建筑装饰行业上市公司创新发展指数评价

截至2023年底,A股市场建筑装饰行业共有上市公司165家,总市值共计17363.31亿元,营业收入合计90952.67亿元,平均市值105.23亿元/家,平均营业收入551.23亿元/家。市值最大的上市公司为中国建筑(2016.33亿元),营业收入最高的上市公司为中国建筑(22655.29亿元)。2023年,建筑装饰行业上市公司研发投入合计为2444.35亿元,占营业收入的2.69%;无形资产账面价值合计为10315.47亿元,占总资产的7.28%。根据本报告分析口径,本节共对建筑装饰行业165家上市公司开展创新发展指数评价,具体情况如下:

7.14.1 创新发展综合指数

2023年建筑装饰行业165家上市公司创新发展综合指数平均水平为63.82，低于全市场均值65.40。从指数分布来看，高于全市场均值的有66家，占行业内上市公司总数的40.00%。其中，最高的是中国交建，创新发展综合指数为78.88。具体来看，创新发展综合指数处于[70，80）的有37家，占比22.42%；[60，70）的有69家，占比41.82%；[0，60）的有59家，占比35.76%，如图7-131所示。

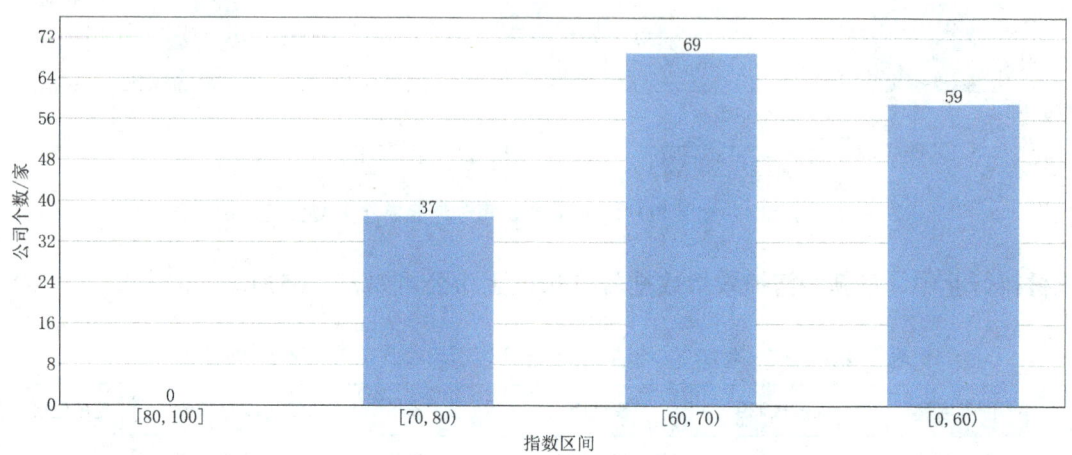

图7-131　2023年建筑装饰行业上市公司创新发展综合指数分布图

建筑装饰行业又可细分为5个二级行业，其中，创新发展综合指数平均水平最高的是房屋建设Ⅱ（70.62），最低的是装修装饰Ⅱ（58.78），如图7-132所示。

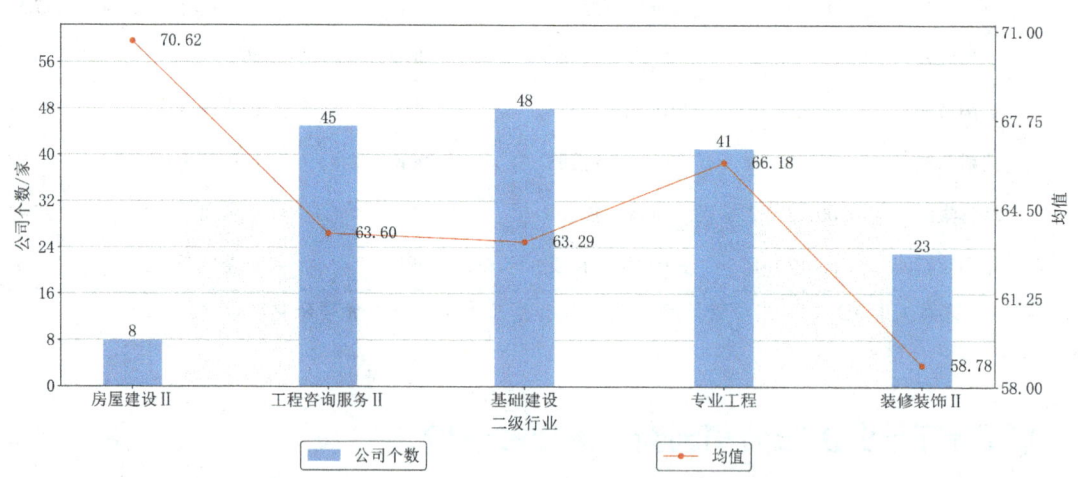

图7-132　2023年建筑装饰行业上市公司创新发展综合指数均值分布图

建筑装饰行业中，创新发展综合指数排名前10的上市公司如表7-66所示。

表 7-66　2023 年建筑装饰行业上市公司创新发展综合指数前 10 排名

排名	证券名称	证券代码	产权性质	省份	二级行业	创新发展综合指数
1	中国交建	601800.SH	中央国有控股	北京	基础建设	78.88
2	中国铁建	601186.SH	中央国有控股	北京	基础建设	78.73
3	中国中铁	601390.SH	中央国有控股	北京	基础建设	77.96
4	中国电建	601669.SH	中央国有控股	北京	基础建设	77.96
5	中国化学	601117.SH	中央国有控股	北京	专业工程	77.72
6	中材国际	600970.SH	中央国有控股	江苏	专业工程	77.33
7	中国能建	601868.SH	中央国有控股	北京	基础建设	77.20
8	四川路桥	600039.SH	地方国有控股	四川	基础建设	76.49
9	中国建筑	601668.SH	中央国有控股	北京	房屋建设Ⅱ	76.48
10	苏交科	300284.SZ	地方国有控股	江苏	工程咨询服务Ⅱ	76.47

数据来源：同花顺（iFinD），首经贸资产评估研究院和浙工商中国智能管理研究院整理。

7.14.2　创新资源支持指数

2023年建筑装饰行业165家上市公司创新资源支持指数平均水平为64.33，低于全市场均值67.08。从指数分布来看，高于全市场均值的有62家，占行业内上市公司总数的37.58%。其中，最高的是中国电建，创新资源支持指数为86.04。具体来看，创新资源支持指数处于［80，100］的有14家，占比8.48%；［70，80）的有37家，占比22.42%；［60，70）的有52家，占比31.52%；［0，60）的有62家，占比37.58%，如图7-133所示。

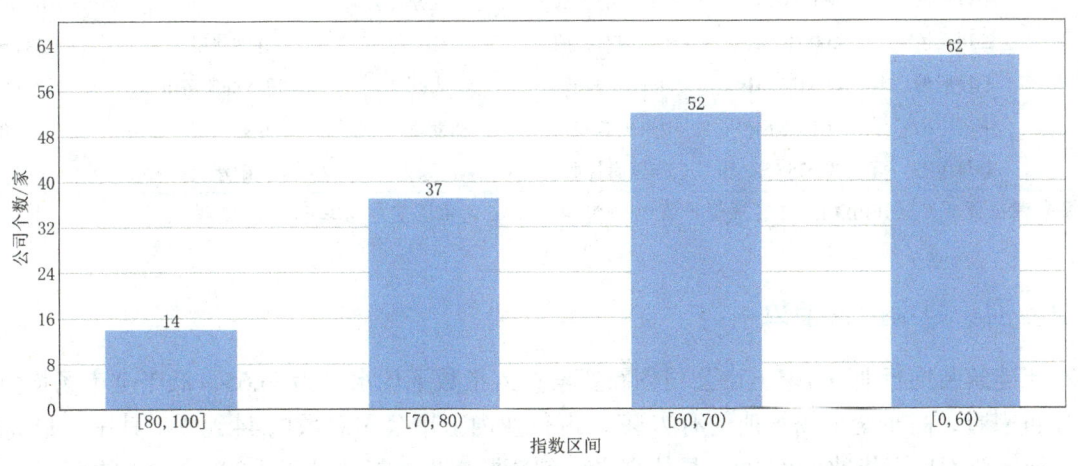

图7-133　2023年建筑装饰行业上市公司创新资源支持指数分布图

从二级行业来看，创新资源支持指数平均水平最高的是房屋建设Ⅱ（68.89），最低的是装修装饰Ⅱ（57.73），如图7-134所示。

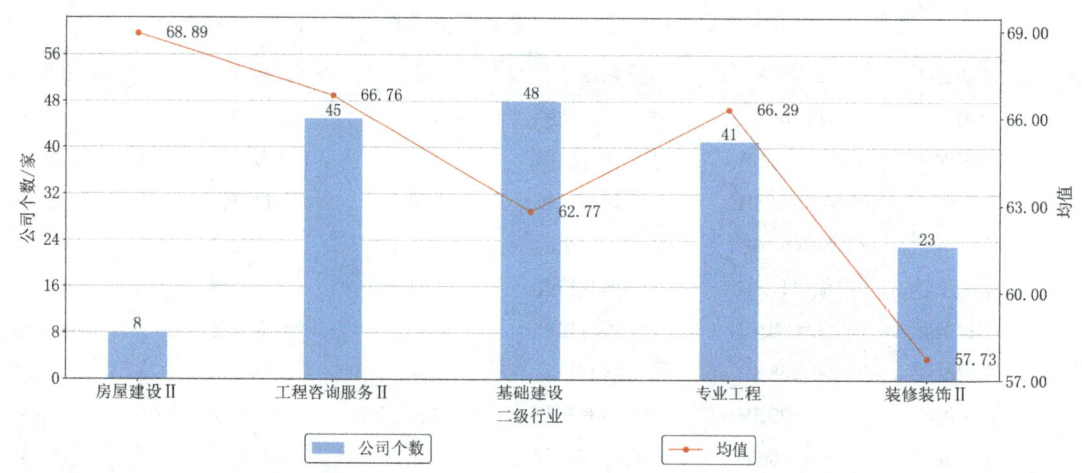

图7-134　2023年建筑装饰行业上市公司创新资源支持指数均值分布图

建筑装饰行业中，创新资源支持指数排名前10的上市公司如表7-67所示。

表 7-67　2023年建筑装饰行业上市公司创新资源支持指数前10排名

排名	证券名称	证券代码	产权性质	省份	二级行业	创新资源支持指数
1	中国电建	601669.SH	中央国有控股	北京	基础建设	86.04
2	山东路桥	000498.SZ	地方国有控股	山东	基础建设	85.44
3	杭萧钢构	600477.SH	非国有控股	浙江	专业工程	84.95
4	深城交	301091.SZ	地方国有控股	广东	工程咨询服务Ⅱ	84.73
5	苏文电能	300982.SZ	非国有控股	江苏	基础建设	83.94
6	中国中铁	601390.SH	中央国有控股	北京	基础建设	83.90
7	四川路桥	600039.SH	地方国有控股	四川	基础建设	83.66
8	勘设股份	603458.SH	非国有控股	贵州	工程咨询服务Ⅱ	82.67
9	中国中冶	601618.SH	中央国有控股	北京	专业工程	82.00
10	蒙草生态	300355.SZ	非国有控股	内蒙古	基础建设	81.88

数据来源：同花顺（iFinD），首经贸资产评估研究院和浙工商中国智能管理研究院整理。

7.14.3　创新要素投入指数

2023年建筑装饰行业165家上市公司创新要素投入指数平均水平为65.65，低于全市场均值66.07。从指数分布来看，高于全市场均值的有73家，占行业内上市公司总数的44.24%。其中，最高的是中国能建，创新要素投入指数为87.98。具体来看，创新要素投入指数处于［80，100］的有13家，占比7.88%；［70，80）的有38家，占比23.03%；［60，70）的有67家，占比40.61%；［0，60）的有47家，占比28.48%，如图7-135所示。

从二级行业来看，创新要素投入指数平均水平最高的是房屋建设Ⅱ（75.33），最低的是装修装饰Ⅱ（59.45），如图7-136所示。

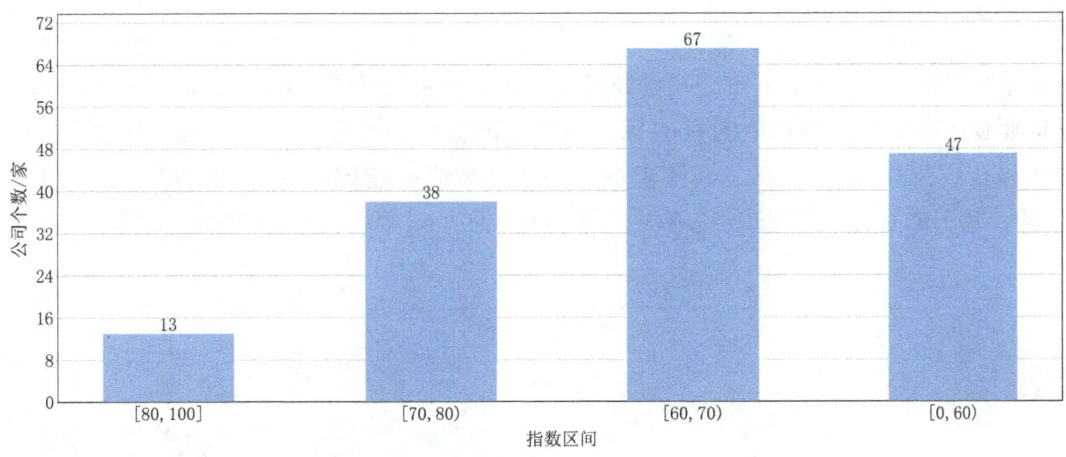

图7-135 2023年建筑装饰行业上市公司创新要素投入指数分布图

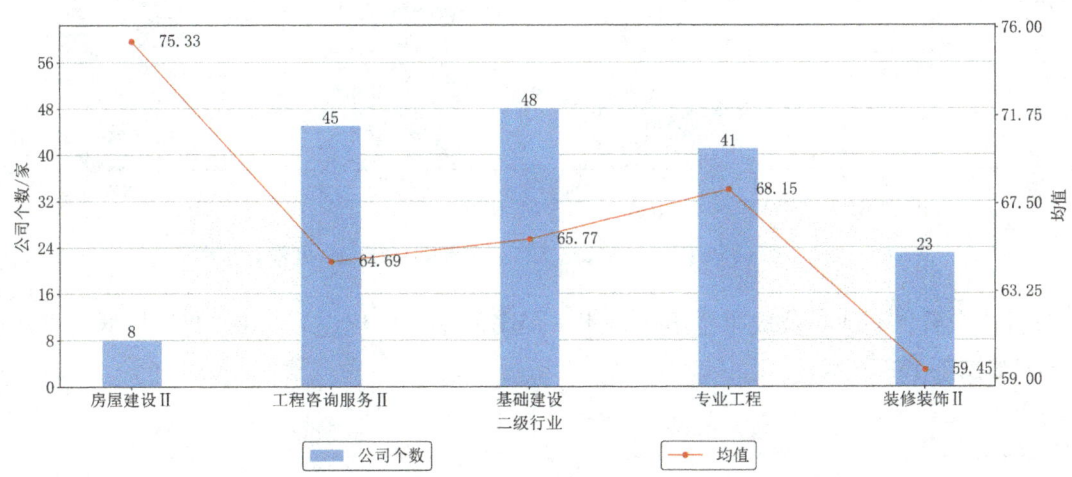

图7-136 2023年建筑装饰行业上市公司创新要素投入指数均值分布图

建筑装饰行业中，创新要素投入指数排名前10的上市公司如表7-68所示。

表7-68 2023年建筑装饰行业上市公司创新要素投入指数前10排名

排名	证券名称	证券代码	产权性质	省份	二级行业	创新要素投入指数
1	中国能建	601868.SH	中央国有控股	北京	基础建设	87.98
2	中国交建	601800.SH	中央国有控股	北京	基础建设	86.48
3	中国中铁	601390.SH	中央国有控股	北京	基础建设	83.52
4	中国化学	601117.SH	中央国有控股	北京	专业工程	82.85
5	中国铁建	601186.SH	中央国有控股	北京	基础建设	82.11
6	中国电建	601669.SH	中央国有控股	北京	基础建设	81.98
7	中材国际	600970.SH	中央国有控股	江苏	专业工程	81.92
8	华建集团	600629.SH	地方国有控股	上海	工程咨询服务Ⅱ	81.89
9	中工国际	002051.SZ	中央国有控股	北京	专业工程	81.70
10	中国核建	601611.SH	中央国有控股	上海	基础建设	81.36

数据来源：同花顺（iFinD），首经贸资产评估研究院和浙工商中国智能管理研究院整理。

7.14.4 创新科技成果指数

2023年建筑装饰行业165家上市公司创新科技成果指数平均水平为61.77，低于全市场均值64.15。从指数分布来看，高于全市场均值的有61家，占行业内上市公司总数的36.97%。其中，最高的是苏交科，创新科技成果指数为79.48。具体来看，创新科技成果指数处于[70，80）的有17家，占比10.30%；[60，70）的有82家，占比49.70%；[0，60）的有66家，占比40.00%，如图7-137所示。

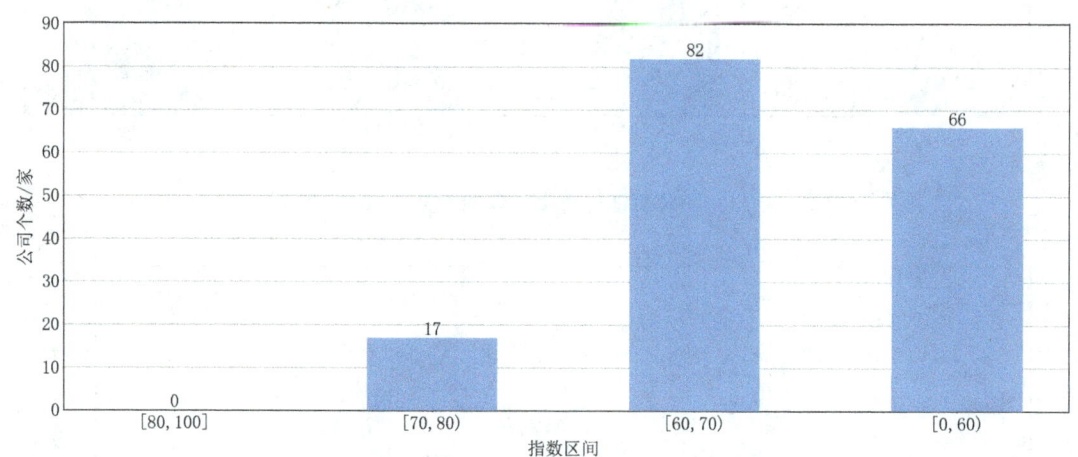

图7-137　2023年建筑装饰行业上市公司创新科技成果指数分布图

从二级行业来看，创新科技成果指数平均水平最高的是房屋建设Ⅱ（66.54），最低的是装修装饰Ⅱ（59.35），如图7-138所示。

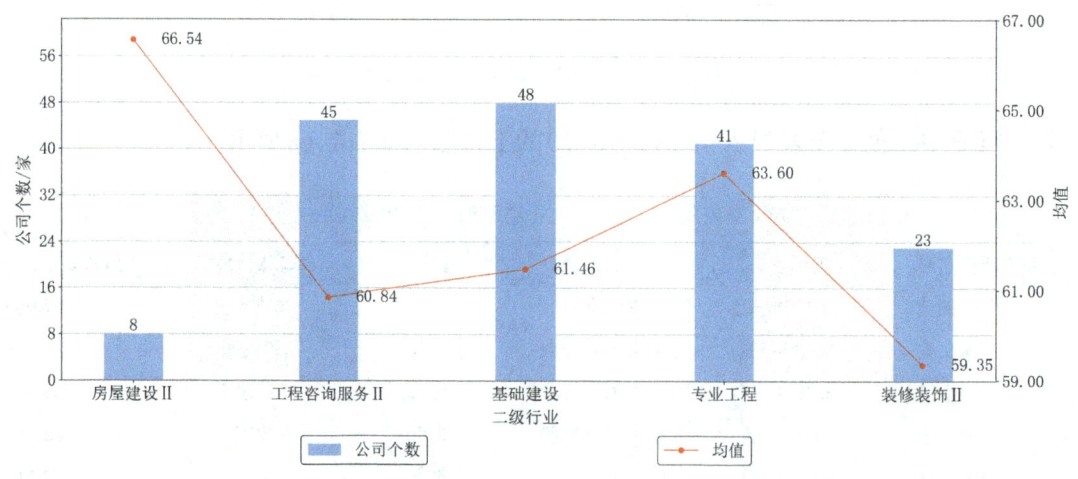

图7-138　2023年建筑装饰行业上市公司创新科技成果指数均值分布图

建筑装饰行业中，创新科技成果指数排名前10的上市公司如表7-69所示。

表7-69 2023年建筑装饰行业上市公司创新科技成果指数前10排名

排名	证券名称	证券代码	产权性质	省份	二级行业	创新科技成果指数
1	苏交科	300284.SZ	地方国有控股	江苏	工程咨询服务Ⅱ	79.48
2	上海建工	600170.SH	地方国有控股	上海	房屋建设Ⅱ	75.27
3	江河集团	601886.SH	非国有控股	北京	装修装饰Ⅱ	75.01
4	华设集团	603018.SH	非国有控股	江苏	工程咨询服务Ⅱ	74.71
5	上海建科	603153.SH	地方国有控股	上海	工程咨询服务Ⅱ	73.32
6	中材国际	600970.SH	中央国有控股	江苏	专业工程	72.63
7	中工国际	002051.SZ	中央国有控股	北京	专业工程	72.27
8	设计总院	603357.SH	地方国有控股	安徽	工程咨询服务Ⅱ	71.91
9	三联虹普	300384.SZ	非国有控股	北京	专业工程	71.86
10	东易日盛	002713.SZ	非国有控股	北京	装修装饰Ⅱ	71.38

数据来源：同花顺（iFinD），首经贸资产评估研究院和浙工商中国智能管理研究院整理。

7.14.5 创新经济绩效指数

2023年建筑装饰行业165家上市公司创新经济绩效指数平均水平为63.10，低于全市场均值64.49。从指数分布来看，高于全市场均值的有72家，占行业内上市公司总数的43.64%。其中，最高的是中国交建，创新经济绩效指数为81.10。具体来看，创新经济绩效指数处于［80，100］的有4家，占比2.42%；［70，80）的有35家，占比21.21%；［60，70）的有58家，占比35.15%；［0，60）的有68家，占比41.22%，如图7-139所示。

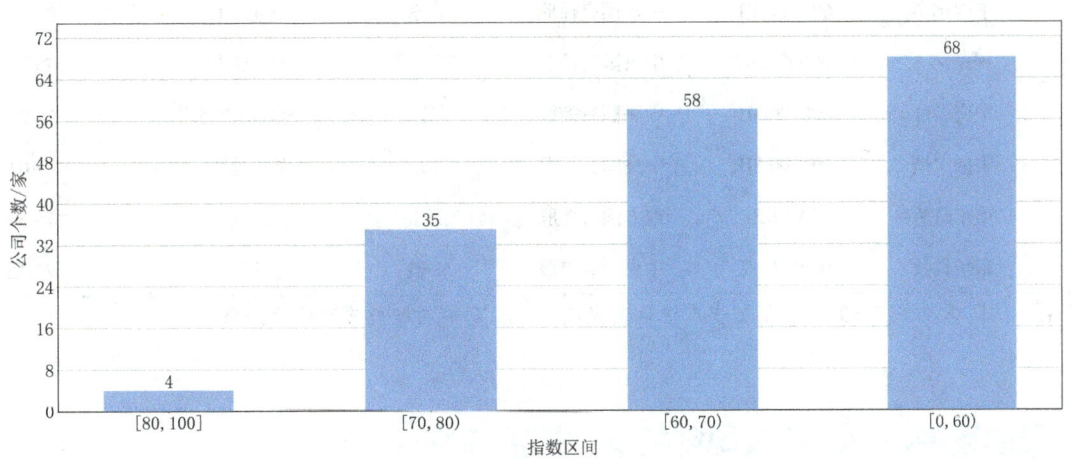

图7-139 2023年建筑装饰行业上市公司创新经济绩效指数分布图

从二级行业来看，创新经济绩效指数平均水平最高的是房屋建设Ⅱ（69.93），最低的是装修装饰Ⅱ（58.24），如图7-140所示。

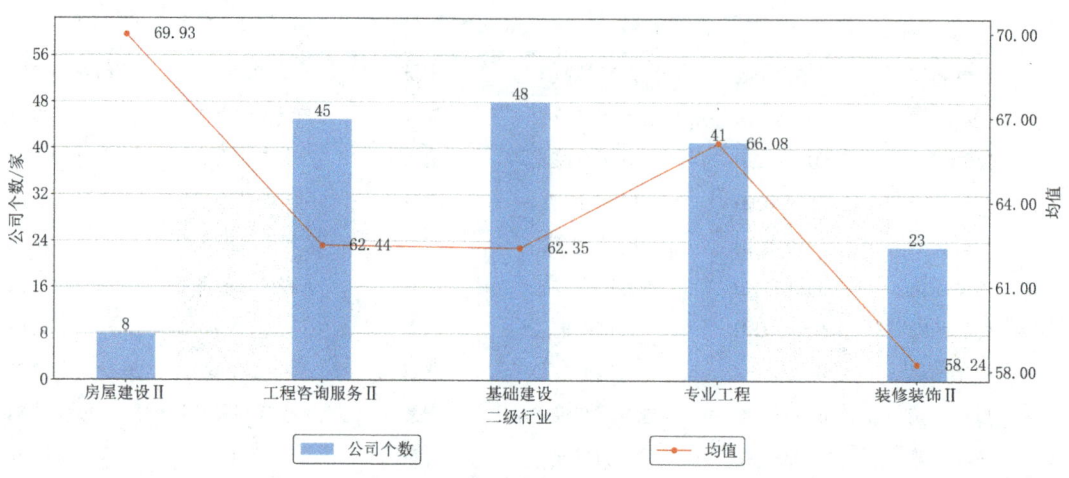

图7-140　2023年建筑装饰行业上市公司创新经济绩效指数均值分布图

建筑装饰行业中，创新经济绩效指数排名前10的上市公司如表7-70所示。

表7-70　2023年建筑装饰行业上市公司创新经济绩效指数前10排名

排名	证券名称	证券代码	产权性质	省份	二级行业	创新经济绩效指数
1	中国交建	601800.SH	中央国有控股	北京	基础建设	81.10
2	高新发展	000628.SZ	地方国有控股	四川	房屋建设Ⅱ	80.75
3	中国铁建	601186.SH	中央国有控股	北京	基础建设	80.67
4	中国建筑	601668.SH	中央国有控股	北京	房屋建设Ⅱ	80.39
5	中国化学	601117.SH	中央国有控股	北京	专业工程	79.91
6	深桑达A	000032.SZ	中央国有控股	广东	专业工程	79.74
7	中交设计	600720.SH	中央国有控股	甘肃	工程咨询服务Ⅱ	79.26
8	中国中铁	601390.SH	中央国有控股	北京	基础建设	77.04
9	山东路桥	000498.SZ	地方国有控股	山东	基础建设	76.67
10	东华科技	002140.SZ	中央国有控股	安徽	专业工程	76.36

数据来源：同花顺（iFinD），首经贸资产评估研究院和浙工商中国智能管理研究院整理。

7.15　交通运输行业上市公司创新发展指数评价

　　截至2023年底，A股市场交通运输行业共有上市公司126家，总市值共计27710.80亿元，营业收入合计47053.03亿元，平均市值219.93亿元/家，平均营业收入373.44亿元/家。市值最大的上市公司为京沪高铁（2416.04亿元），营业收入最高的上市公司为建发股份（7636.78亿元）。2023年，交通运输行业上市公司研发投入合计为132.52亿元，占营业收入的0.28%；无形资产账面价值合计为6337.44亿元，占总资产的9.85%。根据本报告分析口径，本节共对交通运输行业126家上市公司开展创新发展指数评价，具体情况如下：

7.15.1 创新发展综合指数

2023年交通运输行业126家上市公司创新发展综合指数平均水平为63.27，低于全市场均值65.40。从指数分布来看，高于全市场均值的有51家，占行业内上市公司总数的40.48%。其中，最高的是建发股份，创新发展综合指数为78.74。具体来看，创新发展综合指数处于［70，80）的有19家，占比15.08%；［60，70）的有65家，占比51.59%；［0，60）的有42家，占比33.33%，如图7-141所示。

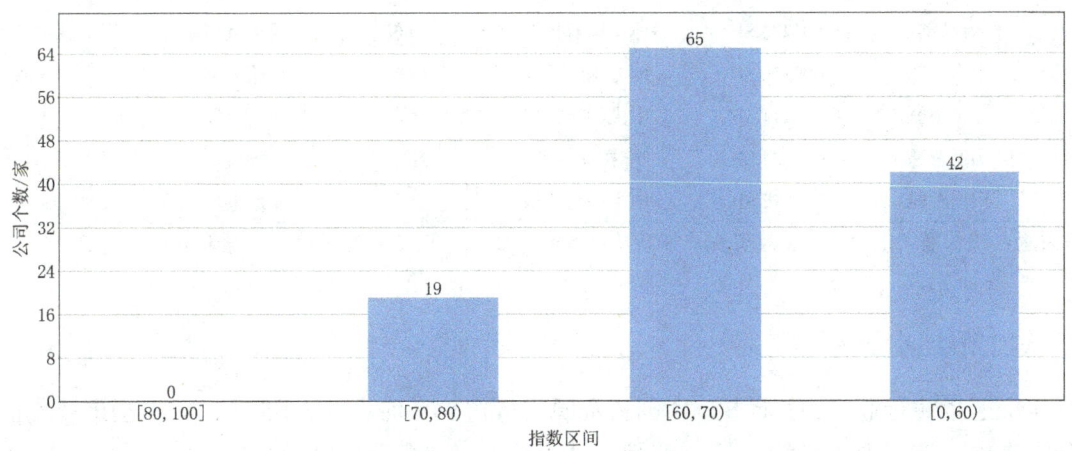

图7-141　2023年交通运输行业上市公司创新发展综合指数分布图

交通运输行业又可细分为4个二级行业，其中，创新发展综合指数平均水平最高的是航空机场（65.65），最低的是铁路公路（61.80），如图7-142所示。

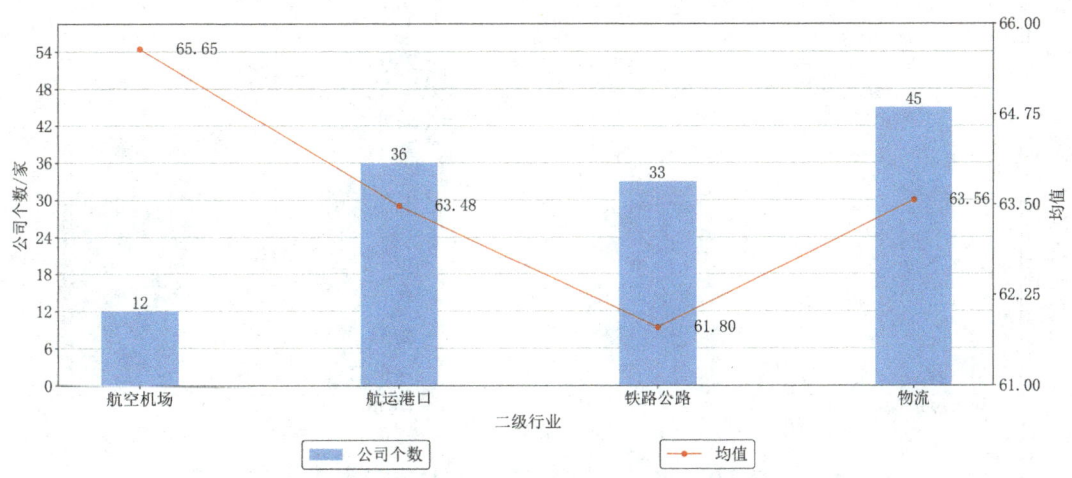

图7-142　2023年交通运输行业上市公司创新发展综合指数均值分布图

交通运输行业中，创新发展综合指数排名前10的上市公司如表7-71所示。

表 7-71 2023 年交通运输行业上市公司创新发展综合指数前 10 排名

排名	证券名称	证券代码	产权性质	省份	二级行业	创新发展综合指数
1	建发股份	600153.SH	地方国有控股	福建	物流	78.74
2	招商公路	001965.SZ	中央国有控股	天津	铁路公路	77.67
3	上港集团	600018.SH	地方国有控股	上海	航运港口	76.37
4	顺丰控股	002352.SZ	非国有控股	广东	物流	75.77
5	中国外运	601598.SH	中央国有控股	北京	物流	75.06
6	青岛港	601298.SH	地方国有控股	山东	航运港口	74.82
7	山东高速	600350.SH	地方国有控股	山东	铁路公路	73.93
8	中国国航	601111.SH	中央国有控股	北京	航空机场	73.67
9	圆通速递	600233.SH	非国有控股	辽宁	物流	73.40
10	招商轮船	601872.SH	中央国有控股	上海	航运港口	73.03

数据来源：同花顺（iFinD），首经贸资产评估研究院和浙工商中国智能管理研究院整理。

7.15.2 创新资源支持指数

2023年交通运输行业126家上市公司创新资源支持指数平均水平为65.35，低于全市场均值67.08。从指数分布来看，高于全市场均值的有48家，占行业内上市公司总数的38.10%。其中，最高的是建发股份，创新资源支持指数为90.66。具体来看，创新资源支持指数处于［80，100］的有6家，占比4.76%；［70，80）的有29家，占比23.02%；［60，70）的有53家，占比42.06%；［0，60）的有38家，占比30.16%，如图7-143所示。

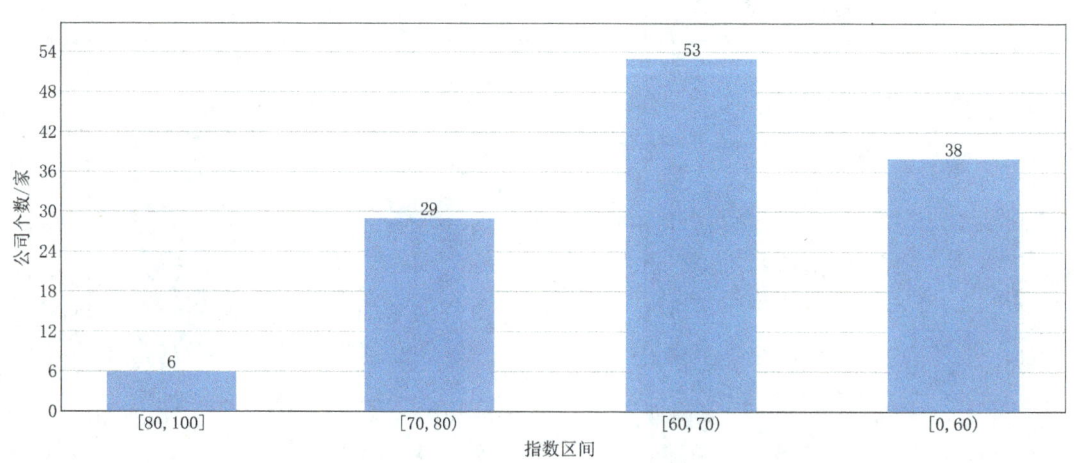

图 7-143 2023 年交通运输行业上市公司创新资源支持指数分布图

从二级行业来看，创新资源支持指数平均水平最高的是物流（66.42），最低的是铁路公路（63.08），如图7-144所示。

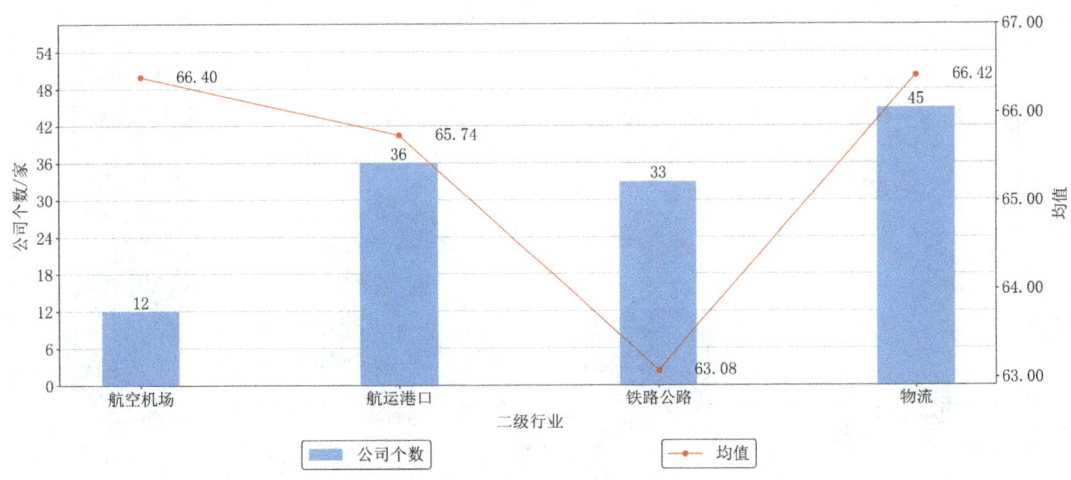

图7-144 2023年交通运输行业上市公司创新资源支持指数均值分布图

交通运输行业中，创新资源支持指数排名前10的上市公司如表7-72所示。

表7-72 2023年交通运输行业上市公司创新资源支持指数前10排名

排名	证券名称	证券代码	产权性质	省份	二级行业	创新资源支持指数
1	建发股份	600153.SH	地方国有控股	福建	物流	90.66
2	厦门国贸	600755.SH	地方国有控股	福建	物流	84.15
3	厦门象屿	600057.SH	地方国有控股	福建	物流	83.70
4	中远海特	600428.SH	中央国有控股	广东	航运港口	82.17
5	青岛港	601298.SH	地方国有控股	山东	航运港口	82.06
6	飞力达	300240.SZ	非国有控股	江苏	物流	81.40
7	东方嘉盛	002889.SZ	非国有控股	广东	物流	79.67
8	北部湾港	000582.SZ	地方国有控股	广西	航运港口	78.67
9	上港集团	600018.SH	地方国有控股	上海	航运港口	77.94
10	招商轮船	601872.SH	中央国有控股	上海	航运港口	77.53

数据来源：同花顺（iFinD），首经贸资产评估研究院和浙工商中国智能管理研究院整理。

7.15.3 创新要素投入指数

2023年交通运输行业126家上市公司创新要素投入指数平均水平为59.17，低于全市场均值66.07。从指数分布来看，高于全市场均值的有31家，占行业内上市公司总数的24.60%。其中，最高的是招商公路，创新要素投入指数为78.18。具体来看，创新要素投入指数处于[70，80）的有19家，占比15.08%；[60，70）的有38家，占比30.16%；[0，60）的有69家，占比54.76%，如图7-145所示。

从二级行业来看，创新要素投入指数平均水平最高的是物流（60.68），最低的是铁路公路（56.96），如图7-146所示。

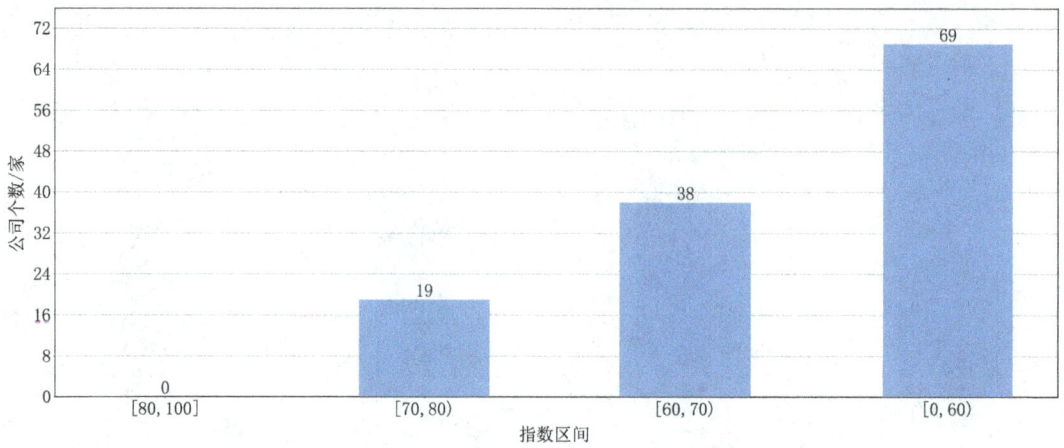

图7-145　2023年交通运输行业上市公司创新要素投入指数分布图

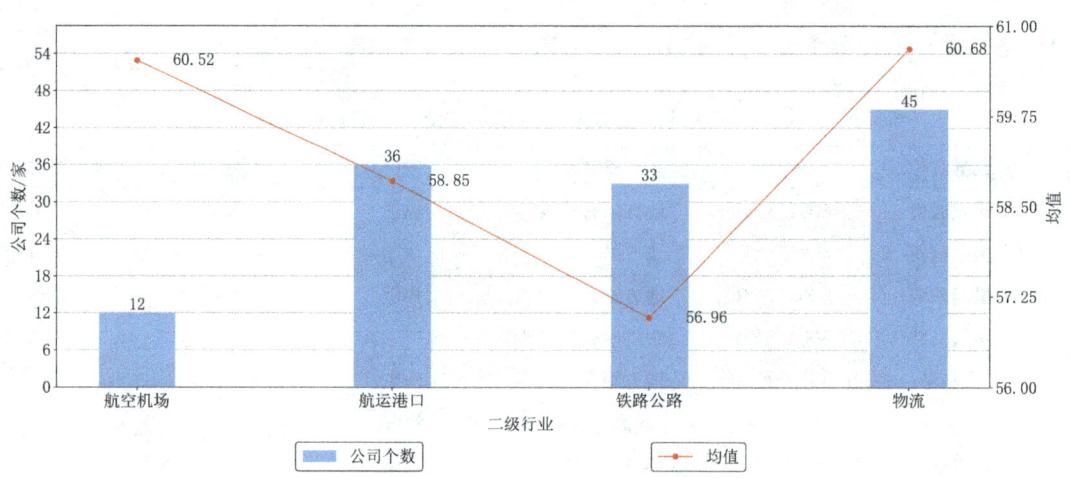

图7-146　2023年交通运输行业上市公司创新要素投入指数均值分布图

交通运输行业中，创新要素投入指数排名前10的上市公司如表7-73所示。

表7-73　2023年交通运输行业上市公司创新要素投入指数前10排名

排名	证券名称	证券代码	产权性质	省份	二级行业	创新要素投入指数
1	招商公路	001965.SZ	中央国有控股	天津	铁路公路	78.18
2	传化智联	002010.SZ	非国有控股	浙江	物流	76.69
3	中国国航	601111.SH	中央国有控股	北京	航空机场	76.53
4	山东高速	600350.SH	地方国有控股	山东	铁路公路	76.41
5	中远海发	601866.SH	中央国有控股	上海	航运港口	76.41
6	顺丰控股	002352.SZ	非国有控股	广东	物流	75.24
7	上港集团	600018.SH	地方国有控股	上海	航运港口	74.60
8	建发股份	600153.SH	地方国有控股	福建	物流	74.24
9	中国外运	601598.SH	中央国有控股	北京	物流	73.37
10	圆通速递	600233.SH	非国有控股	辽宁	物流	72.23

数据来源：同花顺（iFinD），首经贸资产评估研究院和浙工商中国智能管理研究院整理。

7.15.4 创新科技成果指数

2023年交通运输行业126家上市公司创新科技成果指数平均水平为61.98，低于全市场均值64.15。从指数分布来看，高于全市场均值的有38家，占行业内上市公司总数的30.16%。其中，最高的是招商公路，创新科技成果指数为76.91。具体来看，创新科技成果指数处于［70，80）的有10家，占比7.94%；［60，70）的有84家，占比66.67%；［0，60）的有32家，占比25.39%，如图7-147所示。

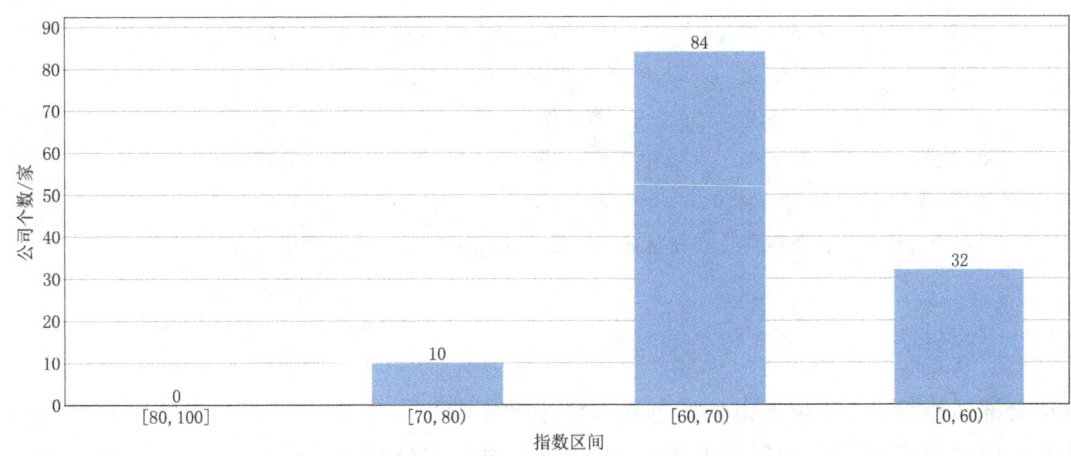

图7-147　2023年交通运输行业上市公司创新科技成果指数分布图

从二级行业来看，创新科技成果指数平均水平最高的是航空机场（63.63），最低的是物流（61.65），如图7-148所示。

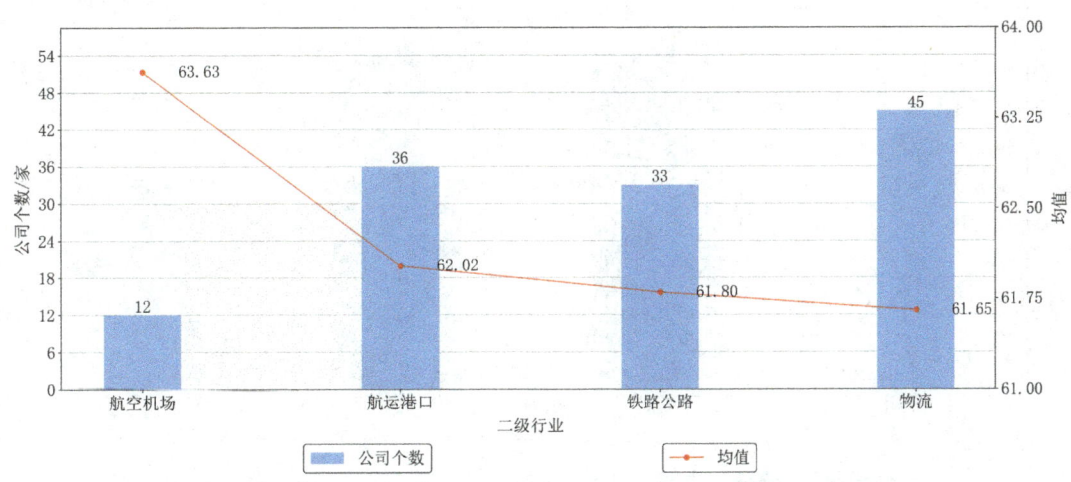

图7-148　2023年交通运输行业上市公司创新科技成果指数均值分布图

交通运输行业中，创新科技成果指数排名前10的上市公司如表7-74所示。

表 7-74　2023 年交通运输行业上市公司创新科技成果指数前 10 排名

排名	证券名称	证券代码	产权性质	省份	二级行业	创新科技成果指数
1	招商公路	001965.SZ	中央国有控股	天津	铁路公路	76.91
2	京沪高铁	601816.SH	中央国有控股	北京	铁路公路	73.65
3	保税科技	600794.SH	地方国有控股	江苏	物流	72.46
4	上港集团	600018.SH	地方国有控股	上海	航运港口	72.33
5	顺丰控股	002352.SZ	非国有控股	广东	物流	72.26
6	长久物流	603569.SH	非国有控股	北京	物流	71.57
7	建发股份	600153.SH	地方国有控股	福建	物流	71.06
8	远大控股	000626.SZ	非国有控股	江苏	物流	70.84
9	大秦铁路	601006.SH	中央国有控股	山西	铁路公路	70.68
10	南方航空	600029.SH	中央国有控股	广东	航空机场	70.42

数据来源：同花顺（iFinD），首经贸资产评估研究院和浙工商中国智能管理研究院整理。

7.15.5　创新经济绩效指数

2023年交通运输行业126家上市公司创新经济绩效指数平均水平为67.80，高于全市场均值64.49。从指数分布来看，高于全市场均值的有78家，占行业内上市公司总数的61.90%。其中，最高的是建发股份，创新经济绩效指数为82.24。具体来看，创新经济绩效指数处于［80，100］的有15家，占比11.90%；［70，80）的有42家，占比33.33%；［60，70）的有43家，占比34.13%；［0，60）的有26家，占比20.64%，如图7-149所示。

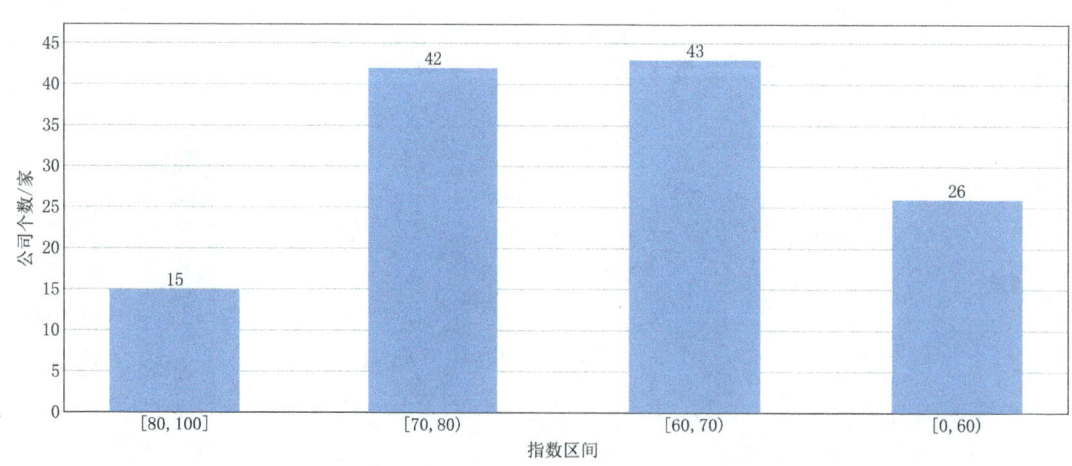

图 7-149　2023 年交通运输行业上市公司创新经济绩效指数分布图

从二级行业来看，创新经济绩效指数平均水平最高的是航空机场（73.03），最低的是物流（66.59），如图7-150所示。

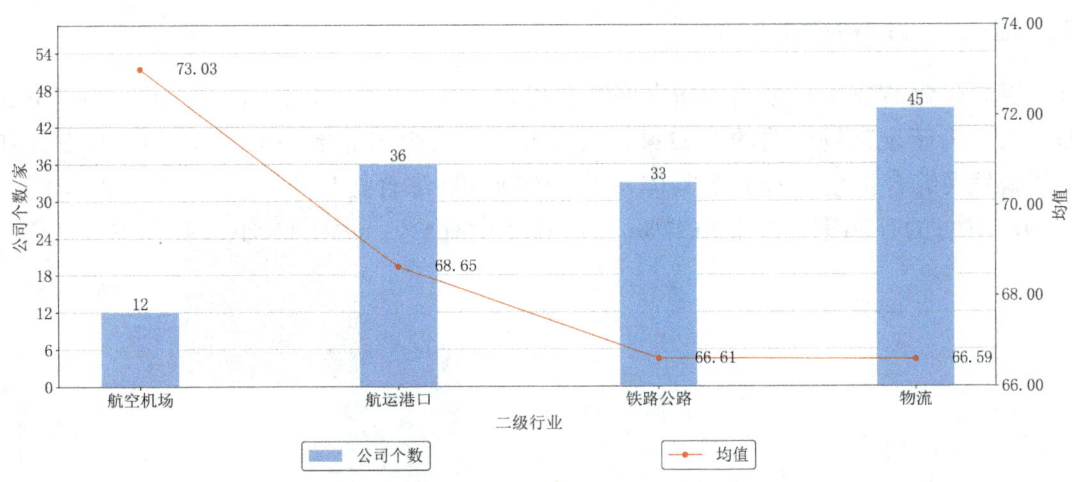

图7-150　2023年交通运输行业上市公司创新经济绩效指数均值分布图

交通运输行业中，创新经济绩效指数排名前10的上市公司如表7-75所示。

表 7-75　2023年交通运输行业上市公司创新经济绩效指数前10排名

排名	证券名称	证券代码	产权性质	省份	二级行业	创新经济绩效指数
1	建发股份	600153.SH	地方国有控股	福建	物流	82.24
2	中国外运	601598.SH	中央国有控股	北京	物流	82.20
3	圆通速递	600233.SH	非国有控股	辽宁	物流	82.10
4	青岛港	601298.SH	地方国有控股	山东	航运港口	81.79
5	上港集团	600018.SH	地方国有控股	上海	航运港口	80.93
6	顺丰控股	002352.SZ	非国有控股	广东	物流	80.86
7	大秦铁路	601006.SH	中央国有控股	山西	铁路公路	80.78
8	中铁特货	001213.SZ	中央国有控股	北京	铁路公路	80.71
9	长久物流	603569.SH	非国有控股	北京	物流	80.60
10	中远海能	600026.SH	中央国有控股	上海	航运港口	80.38

数据来源：同花顺（iFinD），首经贸资产评估研究院和浙工商中国智能管理研究院整理。

7.16　煤炭行业上市公司创新发展指数评价

截至2023年底，A股市场煤炭行业共有上市公司37家，总市值共计17216.43亿元，营业收入合计14976.70亿元，平均市值465.31亿元/家，平均营业收入404.78亿元/家。市值最大的上市公司为中国神华（6228.78亿元），营业收入最高的上市公司为中国神华（3430.74亿元）。2023年，煤炭行业上市公司研发投入合计为241.54亿元，占营业收入的1.61%；无形资产账面价值合计为4088.70亿元，占总资产的15.09%。根据本报告分析口径，本节共对煤炭行业37家上市公司开展创新发展指数评价，具体情况如下：

7.16.1 创新发展综合指数

2023年煤炭行业37家上市公司创新发展综合指数平均水平为65.47，高于全市场均值65.40。从指数分布来看，高于全市场均值的有22家，占行业内上市公司总数的59.46%。其中，最高的是陕西煤业，创新发展综合指数为77.19。具体来看，创新发展综合指数处于［70，80）的有6家，占比16.22%；［60，70）的有26家，占比70.27%；［0，60）的有5家，占比13.51%，如图7-151所示。

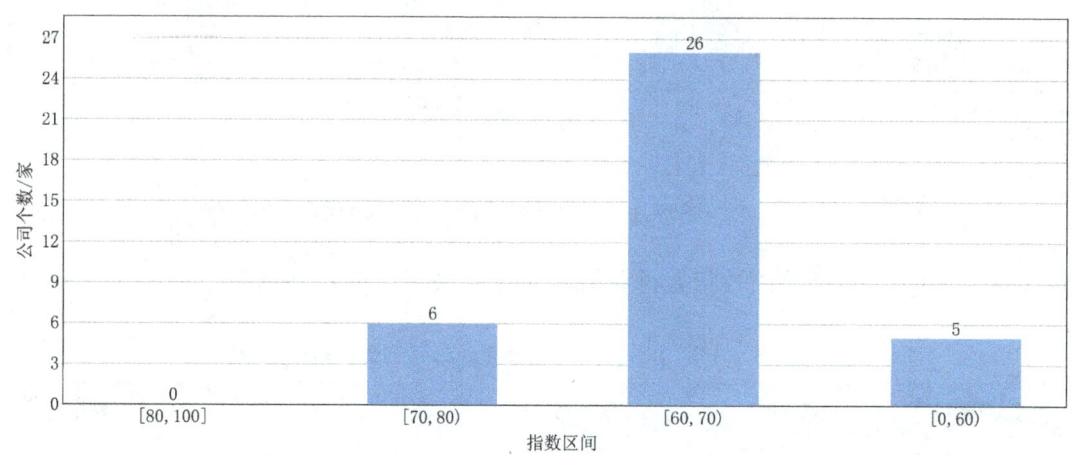

图7-151 2023年煤炭行业上市公司创新发展综合指数分布图

煤炭行业又可细分为2个二级行业，其中，创新发展综合指数平均水平较高的是煤炭开采（66.63），较低的是焦炭Ⅱ（60.47），如图7-152所示。

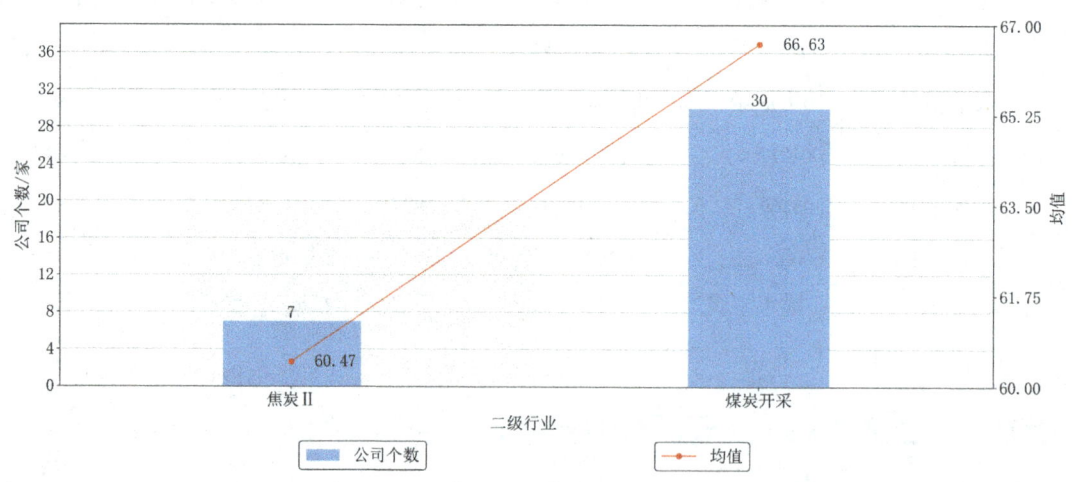

图7-152 2023年煤炭行业上市公司创新发展综合指数均值分布图

煤炭行业中，创新发展综合指数排名前10的上市公司如表7-76所示。

表 7-76 2023 年煤炭行业上市公司创新发展综合指数前 10 排名

排名	证券名称	证券代码	产权性质	省份	二级行业	创新发展综合指数
1	陕西煤业	601225.SH	地方国有控股	陕西	煤炭开采	77.19
2	中煤能源	601898.SH	中央国有控股	北京	煤炭开采	76.12
3	中国神华	601088.SH	中央国有控股	北京	煤炭开采	72.52
4	兖矿能源	600188.SH	地方国有控股	山东	煤炭开采	72.21
5	淮北矿业	600985.SH	地方国有控股	安徽	煤炭开采	71.87
6	华阳股份	600348.SH	地方国有控股	山西	煤炭开采	70.79
7	甘肃能化	000552.SZ	地方国有控股	甘肃	煤炭开采	69.67
8	潞安环能	601699.SH	地方国有控股	山西	煤炭开采	68.93
9	物产环能	603071.SH	地方国有控股	浙江	煤炭开采	68.80
10	盘江股份	600395.SH	地方国有控股	贵州	煤炭开采	68.29

数据来源：同花顺（iFinD），首经贸资产评估研究院和浙工商中国智能管理研究院整理。

7.16.2 创新资源支持指数

2023年煤炭行业37家上市公司创新资源支持指数平均水平为62.50，低于全市场均值67.08。从指数分布来看，高于全市场均值的有9家，占行业内上市公司总数的24.32%。其中，最高的是美锦能源，创新资源支持指数为79.10。具体来看，创新资源支持指数处于［70，80）的有4家，占比10.81%；［60，70）的有21家，占比56.76%；［0，60）的有12家，占比32.43%，如图7-153所示。

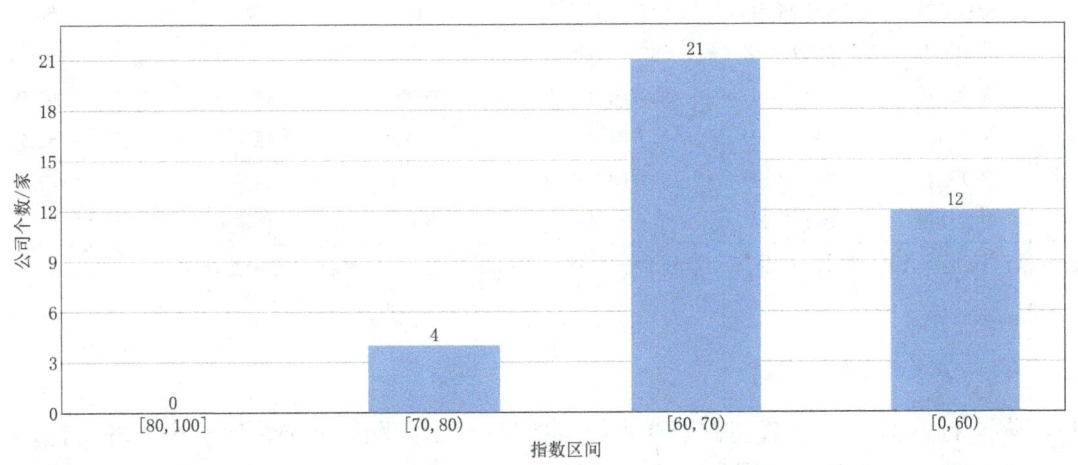

图7-153 2023年煤炭行业上市公司创新资源支持指数分布图

从二级行业来看，创新资源支持指数平均水平较高的是煤炭开采（63.16），较低的是焦炭Ⅱ（59.69），如图7-154所示。

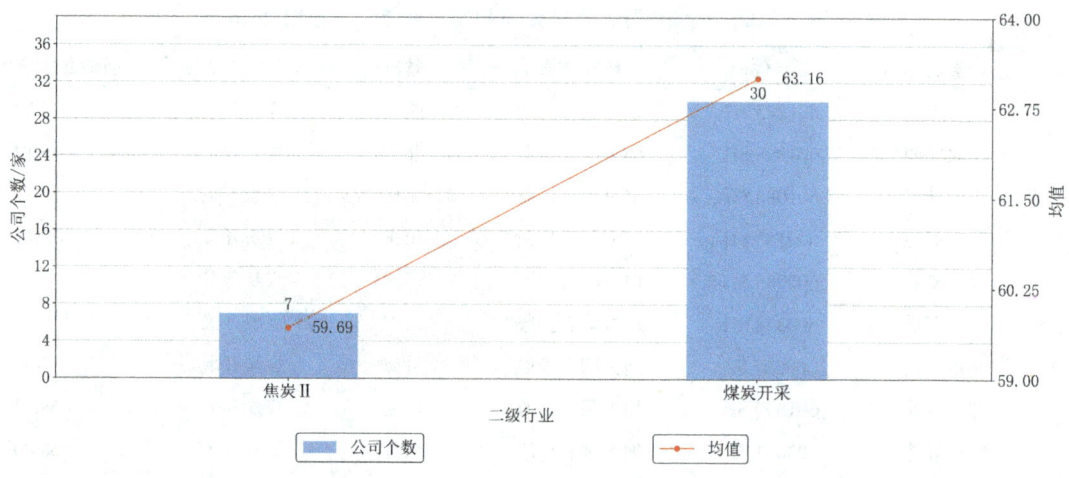

图 7-154　2023 年煤炭行业上市公司创新资源支持指数均值分布图

煤炭行业中，创新资源支持指数排名前 10 的上市公司如表 7-77 所示。

表 7-77　2023 年煤炭行业上市公司创新资源支持指数前 10 排名

排名	证券名称	证券代码	产权性质	省份	二级行业	创新资源支持指数
1	美锦能源	000723.SZ	非国有控股	山西	焦炭Ⅱ	79.10
2	甘肃能化	000552.SZ	地方国有控股	甘肃	煤炭开采	75.12
3	淮北矿业	600985.SH	地方国有控股	安徽	煤炭开采	74.44
4	陕西煤业	601225.SH	地方国有控股	陕西	煤炭开采	73.18
5	中煤能源	601898.SH	中央国有控股	北京	煤炭开采	68.33
6	冀中能源	000937.SZ	地方国有控股	河北	煤炭开采	67.63
7	淮河能源	600575.SH	地方国有控股	安徽	煤炭开采	67.59
8	兰花科创	600123.SH	地方国有控股	山西	煤炭开采	67.55
9	盘江股份	600395.SH	地方国有控股	贵州	煤炭开采	67.50
10	电投能源	002128.SZ	中央国有控股	内蒙古	煤炭开采	66.98

数据来源：同花顺（iFinD），首经贸资产评估研究院和浙工商中国智能管理研究院整理。

7.16.3　创新要素投入指数

2023 年煤炭行业 37 家上市公司创新要素投入指数平均水平为 66.05，低于全市场均值 66.07。从指数分布来看，高于全市场均值的有 21 家，占行业内上市公司总数的 56.76%。其中，最高的是陕西煤业，创新要素投入指数为 81.39。具体来看，创新要素投入指数处于［80，100］的有 1 家，占比 2.70%；［70，80）的有 14 家，占比 37.84%；［60，70）的有 12 家，占比 32.43%；［0，60）的有 10 家，占比 27.03%，如图 7-155 所示。

从二级行业来看，创新要素投入指数平均水平较高的是煤炭开采（67.90），较低的是焦炭Ⅱ（58.11），如图 7-156 所示。

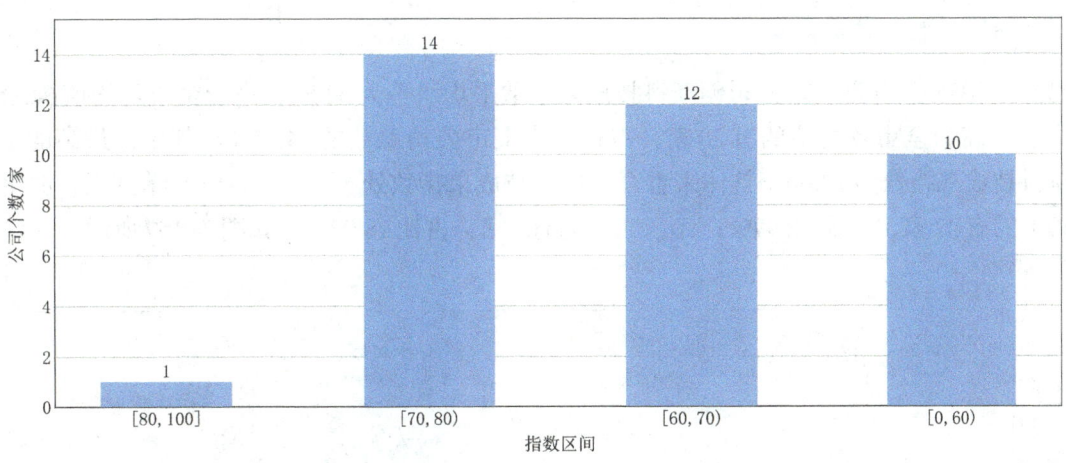

图 7-155　2023 年煤炭行业上市公司创新要素投入指数分布图

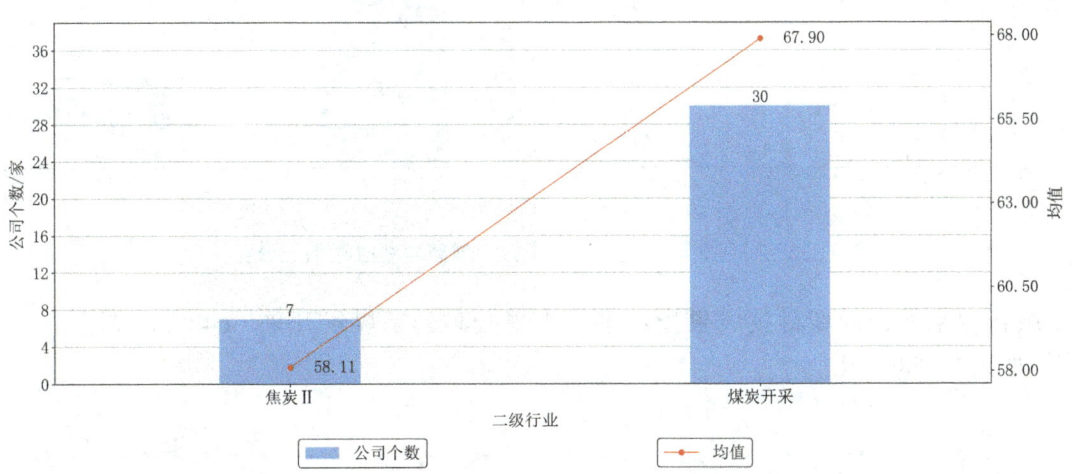

图 7-156　2023 年煤炭行业上市公司创新要素投入指数均值分布图

煤炭行业中，创新要素投入指数排名前 10 的上市公司如表 7-78 所示。

表 7-78　2023 年煤炭行业上市公司创新要素投入指数前 10 排名

排名	证券名称	证券代码	产权性质	省份	二级行业	创新要素投入指数
1	陕西煤业	601225.SH	地方国有控股	陕西	煤炭开采	81.39
2	中煤能源	601898.SH	中央国有控股	北京	煤炭开采	79.24
3	华阳股份	600348.SH	地方国有控股	山西	煤炭开采	78.78
4	晋控煤业	601001.SH	地方国有控股	山西	煤炭开采	78.38
5	兖矿能源	600188.SH	地方国有控股	山东	煤炭开采	77.54
6	中国神华	601088.SH	中央国有控股	北京	煤炭开采	76.97
7	恒源煤电	600971.SH	地方国有控股	安徽	煤炭开采	74.02
8	淮北矿业	600985.SH	地方国有控股	安徽	煤炭开采	73.37
9	潞安环能	601699.SH	地方国有控股	山西	煤炭开采	72.98
10	苏能股份	600925.SH	地方国有控股	江苏	煤炭开采	71.72

数据来源：同花顺（iFinD），首经贸资产评估研究院和浙工商中国智能管理研究院整理。

7.16.4 创新科技成果指数

2023年煤炭行业37家上市公司创新科技成果指数平均水平为64.56,高于全市场均值64.15。从指数分布来看,高于全市场均值的有20家,占行业内上市公司总数的54.05%。其中,最高的是中煤能源,创新科技成果指数为73.06。具体来看,创新科技成果指数处于[70,80)的有3家,占比8.11%;[60,70)的有27家,占比72.97%;[0,60)的有7家,占比18.92%,如图7-157所示。

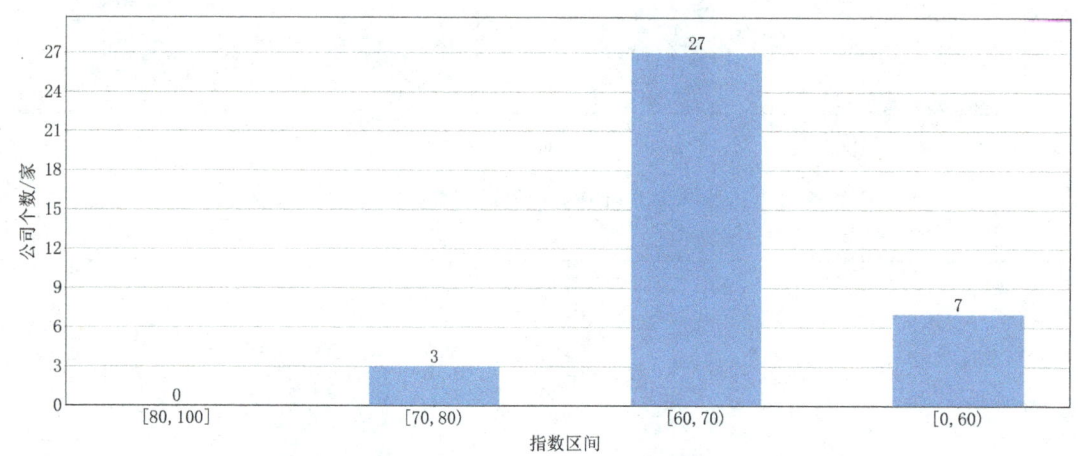

图7-157　2023年煤炭行业上市公司创新科技成果指数分布图

从二级行业来看,创新科技成果指数平均水平较高的是煤炭开采(64.82),较低的是焦炭Ⅱ(63.42),如图7-158所示。

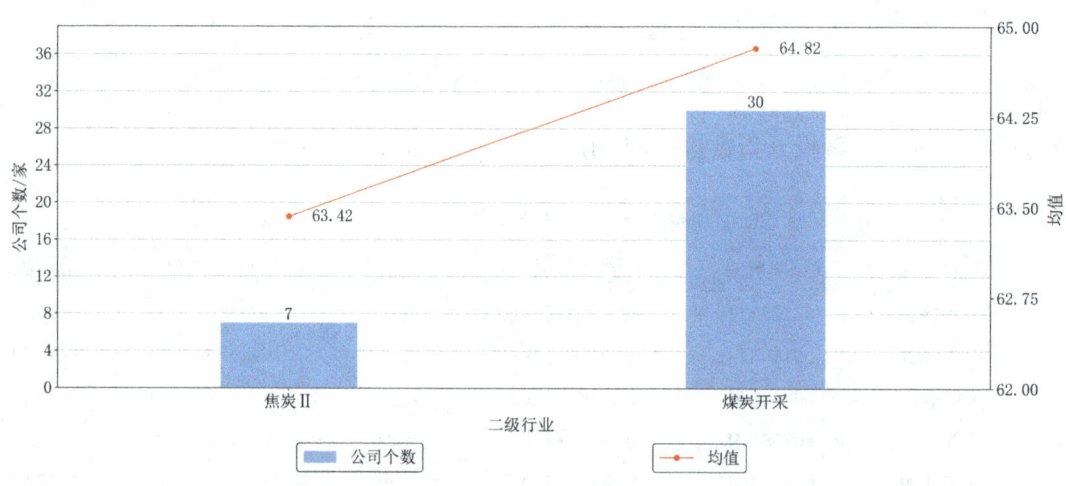

图7-158　2023年煤炭行业上市公司创新科技成果指数均值分布图

煤炭行业中,创新科技成果指数排名前10的上市公司如表7-79所示。

表 7-79 2023年煤炭行业上市公司创新科技成果指数前10排名

排名	证券名称	证券代码	产权性质	省份	二级行业	创新科技成果指数
1	中煤能源	601898.SH	中央国有控股	北京	煤炭开采	73.06
2	潞安环能	601699.SH	地方国有控股	山西	煤炭开采	70.80
3	山西焦化	600740.SH	地方国有控股	山西	焦炭Ⅱ	70.33
4	平煤股份	601666.SH	地方国有控股	河南	煤炭开采	69.72
5	上海能源	600508.SH	中央国有控股	上海	煤炭开采	69.61
6	宝泰隆	601011.SH	非国有控股	黑龙江	焦炭Ⅱ	69.55
7	陕西煤业	601225.SH	地方国有控股	陕西	煤炭开采	69.19
8	物产环能	603071.SH	地方国有控股	浙江	煤炭开采	69.17
9	郑州煤电	600121.SH	地方国有控股	河南	煤炭开采	69.14
10	兖矿能源	600188.SH	地方国有控股	山东	煤炭开采	68.85

数据来源：同花顺（iFinD），首经贸资产评估研究院和浙工商中国智能管理研究院整理。

7.16.5 创新经济绩效指数

2023年煤炭行业37家上市公司创新经济绩效指数平均水平为67.75，高于全市场均值64.49。从指数分布来看，高于全市场均值的有27家，占行业内上市公司总数的72.97%。其中，最高的是陕西煤业，创新经济绩效指数为82.27。具体来看，创新经济绩效指数处于[80,100]的有2家，占比5.41%；[70,80)的有17家，占比45.95%；[60,70)的有12家，占比32.43%；[0,60)的有6家，占比16.21%，如图7-159所示。

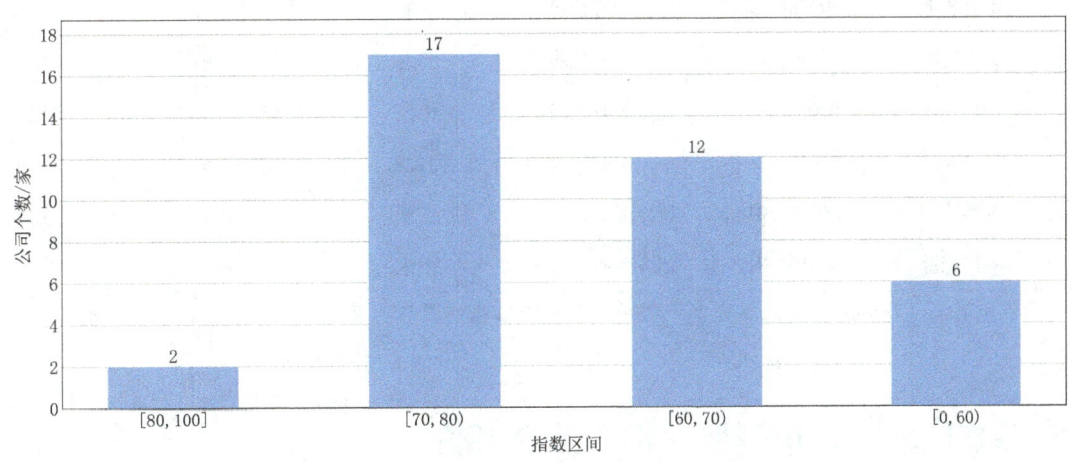

图7-159 2023年煤炭行业上市公司创新经济绩效指数分布图

从二级行业来看，创新经济绩效指数平均水平较高的是煤炭开采（69.28），较低的是焦炭Ⅱ（61.20），如图7-160所示。

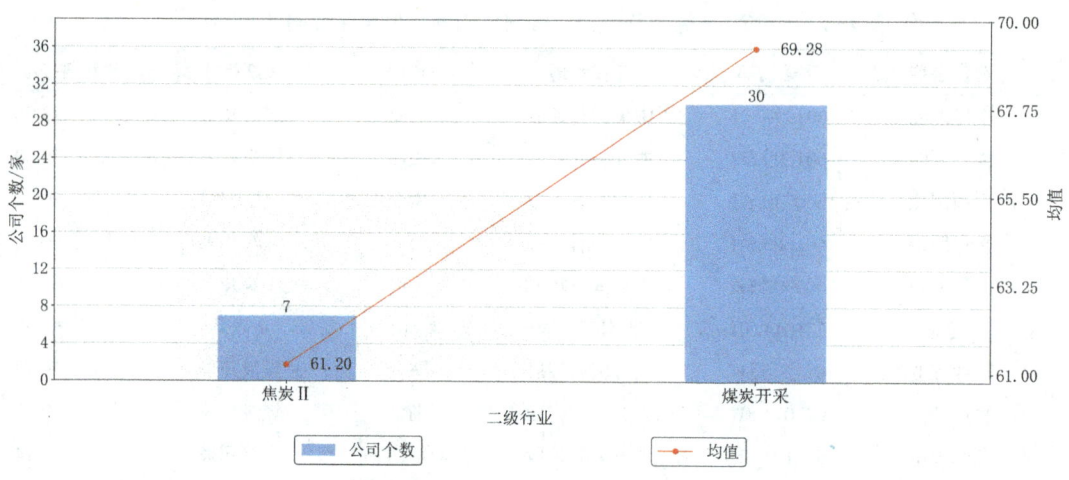

图 7-160 2023 年煤炭行业上市公司创新经济绩效指数均值分布图

煤炭行业中，创新经济绩效指数排名前 10 的上市公司如表 7-80 所示。

表 7-80 2023 年煤炭行业上市公司创新经济绩效指数前 10 排名

排名	证券名称	证券代码	产权性质	省份	二级行业	创新经济绩效指数
1	陕西煤业	601225.SH	地方国有控股	陕西	煤炭开采	82.27
2	中煤能源	601898.SH	中央国有控股	北京	煤炭开采	80.85
3	兰花科创	600123.SH	地方国有控股	山西	煤炭开采	76.45
4	中国神华	601088.SH	中央国有控股	北京	煤炭开采	76.05
5	淮北矿业	600985.SH	地方国有控股	安徽	煤炭开采	75.20
6	冀中能源	000937.SZ	地方国有控股	河北	煤炭开采	74.11
7	山西焦煤	000983.SZ	地方国有控股	山西	煤炭开采	73.65
8	电投能源	002128.SZ	中央国有控股	内蒙古	煤炭开采	73.54
9	淮河能源	600575.SH	地方国有控股	安徽	煤炭开采	73.18
10	兖矿能源	600188.SH	地方国有控股	山东	煤炭开采	73.06

数据来源：同花顺（iFinD），首经贸资产评估研究院和浙工商中国智能管理研究院整理。

7.17 美容护理行业上市公司创新发展指数评价

截至 2023 年底，A 股市场美容护理行业共有上市公司 32 家，总市值共计 3549.85 亿元，营业收入合计 907.17 亿元，平均市值 110.93 亿元/家，平均营业收入 28.35 亿元/家。市值最大的上市公司为爱美客（636.81 亿元），营业收入最高的上市公司为中顺洁柔（98.01 亿元）。2023 年，美容护理行业上市公司研发投入合计为 33.77 亿元，占营业收入的 3.72%；无形资产账面价值合计为 61.89 亿元，占总资产的 4.06%。根据本报告分析口径，本节共对美容护理行业 32 家上市公司开展创新发展指数评价，具体情况如下：

7.17.1 创新发展综合指数

2023年美容护理行业32家上市公司创新发展综合指数平均水平为66.06，高于全市场均值65.40。从指数分布来看，高于全市场均值的有17家，占行业内上市公司总数的53.13%。其中，最高的是爱美客，创新发展综合指数为77.46。具体来看，创新发展综合指数处于［70，80）的有9家，占比28.13%；［60，70）的有16家，占比50.00%；［0，60）的有7家，占比21.87%，如图7-161所示。

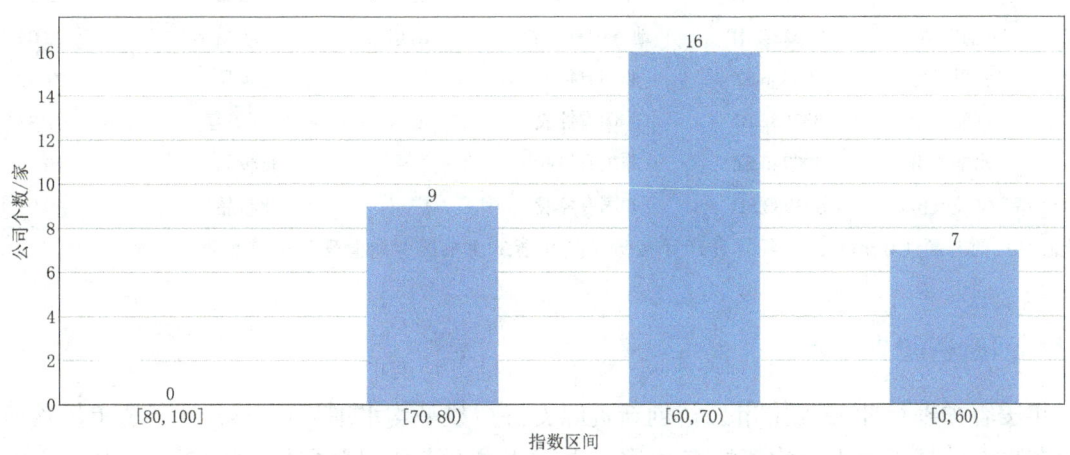

图7-161　2023年美容护理行业上市公司创新发展综合指数分布图

美容护理行业又可细分为3个二级行业，其中，创新发展综合指数平均水平最高的是医疗美容（70.02），最低的是个护用品（64.35），如图7-162所示。

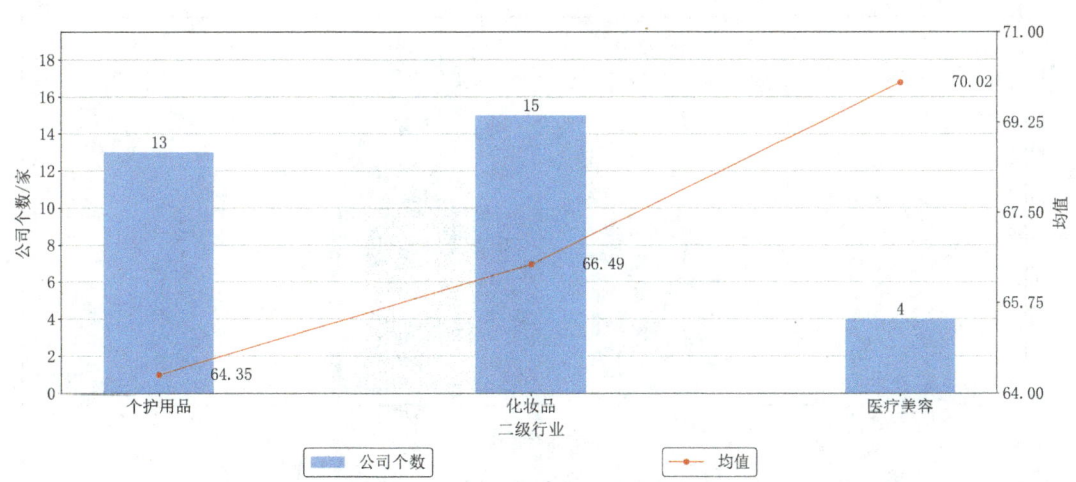

图7-162　2023年美容护理行业上市公司创新发展综合指数均值分布图

美容护理行业中，创新发展综合指数排名前10的上市公司如表7-81所示。

表 7-81 2023 年美容护理行业上市公司创新发展综合指数前 10 排名

排名	证券名称	证券代码	产权性质	省份	二级行业	创新发展综合指数
1	爱美客	300896.SZ	非国有控股	北京	医疗美容	77.46
2	华熙生物	688363.SH	非国有控股	山东	医疗美容	75.29
3	贝泰妮	300957.SZ	非国有控股	云南	化妆品	75.18
4	珀莱雅	603605.SH	非国有控股	浙江	化妆品	74.85
5	上海家化	600315.SH	非国有控股	上海	化妆品	72.17
6	福瑞达	600223.SH	地方国有控股	山东	化妆品	72.05
7	科思股份	300856.SZ	非国有控股	江苏	化妆品	71.90
8	锦波生物	832982.BJ	非国有控股	山西	医疗美容	71.31
9	水羊股份	300740.SZ	非国有控股	湖南	化妆品	70.53
10	丸美股份	603983.SH	非国有控股	广东	化妆品	69.93

数据来源：同花顺（iFinD），首经贸资产评估研究院和浙工商中国智能管理研究院整理。

7.17.2 创新资源支持指数

2023年美容护理行业32家上市公司创新资源支持指数平均水平为66.73，低于全市场均值67.08。从指数分布来看，高于全市场均值的有17家，占行业内上市公司总数的53.13%。其中，最高的是力合科创，创新资源支持指数为85.13。具体来看，创新资源支持指数处于［80，100］的有1家，占比3.13%；［70，80）的有9家，占比28.13%；［60，70）的有17家，占比53.13%；［0，60）的有5家，占比15.61%，如图7-163所示。

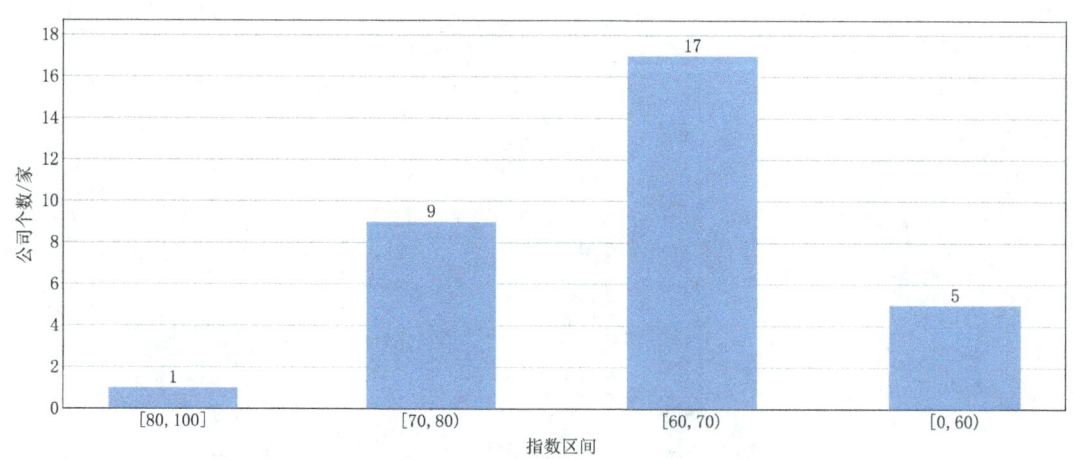

图 7-163 2023 年美容护理行业上市公司创新资源支持指数分布图

从二级行业来看，创新资源支持指数平均水平最高的是医疗美容（68.74），最低的是化妆品（65.72），如图7-164所示。

第7章 中国上市公司创新发展指数评价——行业维度

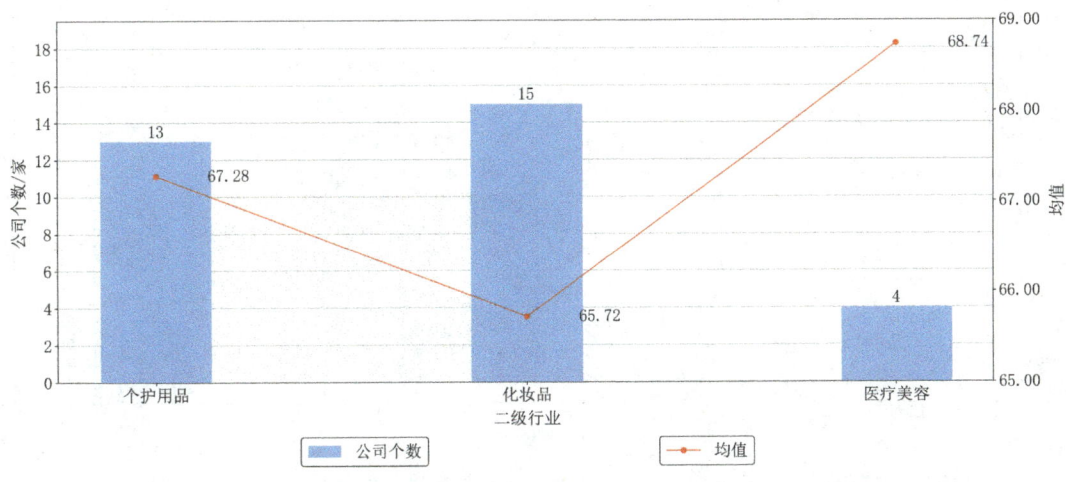

图7-164 2023年美容护理行业上市公司创新资源支持指数均值分布图

美容护理行业中，创新资源支持指数排名前10的上市公司如表7-82所示。

表7-82 2023年美容护理行业上市公司创新资源支持指数前10排名

排名	证券名称	证券代码	产权性质	省份	二级行业	创新资源支持指数
1	力合科创	002243.SZ	地方国有控股	广东	化妆品	85.13
2	爱美客	300896.SZ	非国有控股	北京	医疗美容	76.25
3	珀莱雅	603605.SH	非国有控股	浙江	化妆品	74.98
4	华熙生物	688363.SH	非国有控股	山东	医疗美容	74.63
5	稳健医疗	300888.SZ	非国有控股	广东	个护用品	73.56
6	中顺洁柔	002511.SZ	非国有控股	广东	个护用品	72.05
7	科思股份	300856.SZ	非国有控股	江苏	化妆品	71.96
8	贝泰妮	300957.SZ	非国有控股	云南	化妆品	71.68
9	福瑞达	600223.SH	地方国有控股	山东	化妆品	70.75
10	可靠股份	301009.SZ	非国有控股	浙江	个护用品	70.10

数据来源：同花顺（iFinD），首经贸资产评估研究院和浙工商中国智能管理研究院整理。

7.17.3 创新要素投入指数

2023年美容护理行业32家上市公司创新要素投入指数平均水平为65.04，低于全市场均值66.07。从指数分布来看，高于全市场均值的有12家，占行业内上市公司总数的37.50%。其中，最高的是爱美客，创新要素投入指数为78.02。具体来看，创新要素投入指数处于[70, 80)的有6家，占比18.75%；[60, 70)的有21家，占比65.63%；[0, 60)的有5家，占比15.62%，如图7-165所示。

从二级行业来看，创新要素投入指数平均水平最高的是医疗美容（70.91），最低的是个护用品（62.43），如图7-166所示。

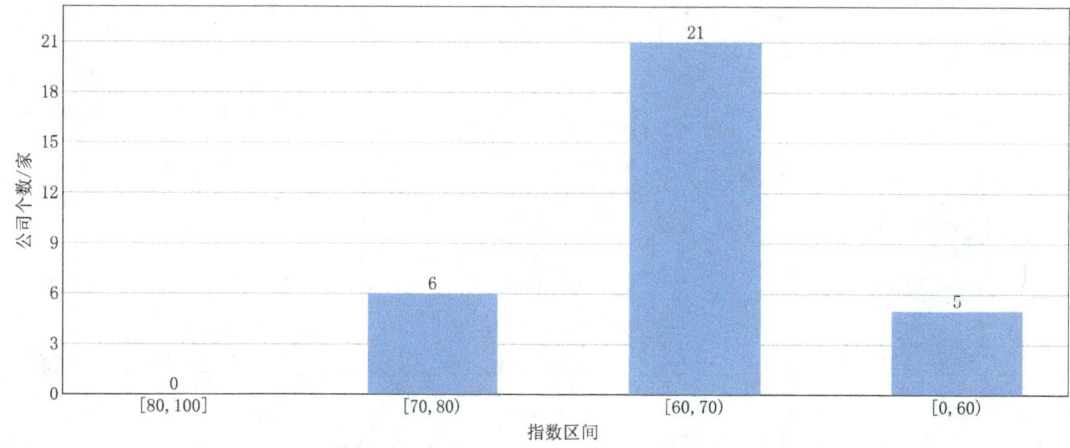

图7-165　2023年美容护理行业上市公司创新要素投入指数分布图

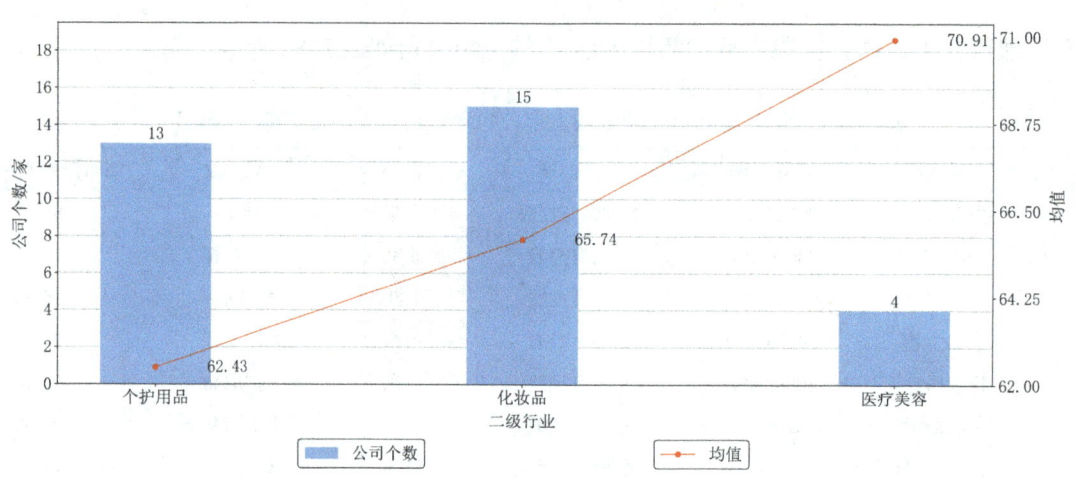

图7-166　2023年美容护理行业上市公司创新要素投入指数均值分布图

美容护理行业中，创新要素投入指数排名前10的上市公司如表7-83所示。

表7-83　2023年美容护理行业上市公司创新要素投入指数前10排名

排名	证券名称	证券代码	产权性质	省份	二级行业	创新要素投入指数
1	爱美客	300896.SZ	非国有控股	北京	医疗美容	78.02
2	华熙生物	688363.SH	非国有控股	山东	医疗美容	75.93
3	锦波生物	832982.BJ	非国有控股	山西	医疗美容	75.82
4	科思股份	300856.SZ	非国有控股	江苏	化妆品	73.86
5	贝泰妮	300957.SZ	非国有控股	云南	化妆品	73.22
6	珀莱雅	603605.SH	非国有控股	浙江	化妆品	71.67
7	福瑞达	600223.SH	地方国有控股	山东	化妆品	69.48
8	中顺洁柔	002511.SZ	非国有控股	广东	个护用品	69.26
9	上海家化	600315.SH	非国有控股	上海	化妆品	68.22
10	嘉亨家化	300955.SZ	非国有控股	福建	化妆品	67.33

数据来源：同花顺（iFinD），首经贸资产评估研究院和浙工商中国智能管理研究院整理。

7.17.4 创新科技成果指数

2023年美容护理行业32家上市公司创新科技成果指数平均水平为65.38，高于全市场均值64.15。从指数分布来看，高于全市场均值的有11家，占行业内上市公司总数的34.38%。其中，最高的是贝泰妮，创新科技成果指数为77.50。具体来看，创新科技成果指数处于[70，80)的有9家，占比28.13%；[60，70)的有19家，占比59.38%；[0，60)的有4家，占比12.49%，如图7-167所示。

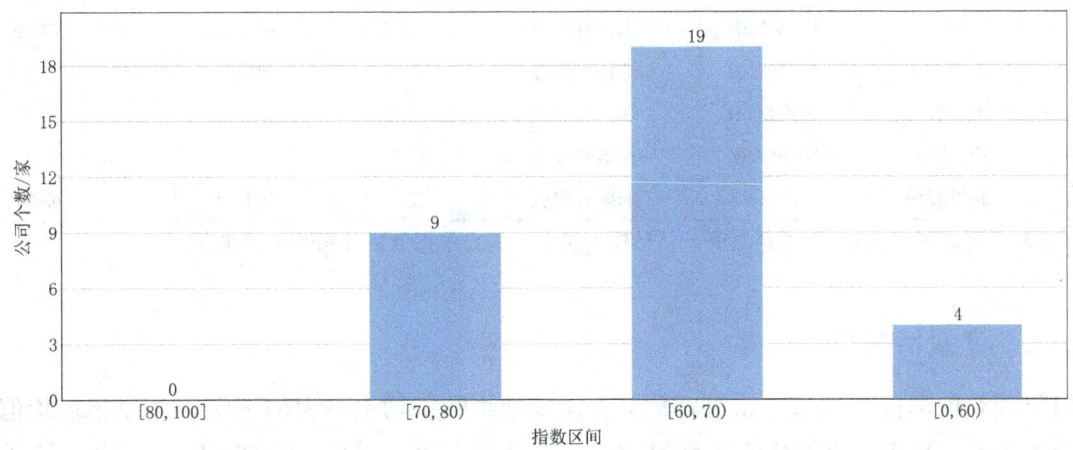

图7-167　2023年美容护理行业上市公司创新科技成果指数分布图

从二级行业来看，创新科技成果指数平均水平最高的是医疗美容（67.97），最低的是个护用品（62.29），如图7-168所示。

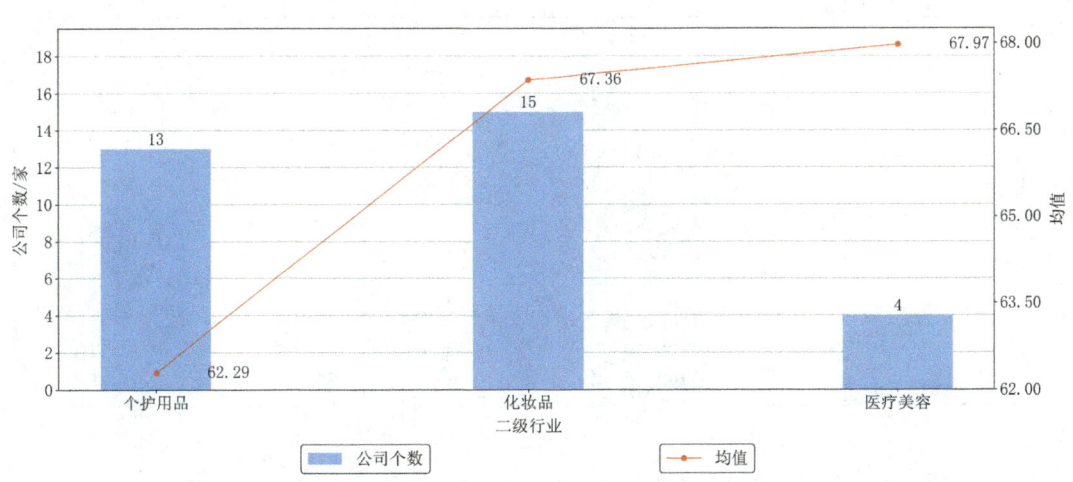

图7-168　2023年美容护理行业上市公司创新科技成果指数均值分布图

美容护理行业中，创新科技成果指数排名前10的上市公司如表7-84所示。

表 7-84　2023 年美容护理行业上市公司创新科技成果指数前 10 排名

排名	证券名称	证券代码	产权性质	省份	二级行业	创新科技成果指数
1	贝泰妮	300957.SZ	非国有控股	云南	化妆品	77.50
2	华熙生物	688363.SH	非国有控股	山东	医疗美容	75.87
3	福瑞达	600223.SH	地方国有控股	山东	化妆品	75.02
4	爱美客	300896.SZ	非国有控股	北京	医疗美容	74.43
5	水羊股份	300740.SZ	非国有控股	湖南	化妆品	73.87
6	珀莱雅	603605.SH	非国有控股	浙江	化妆品	73.69
7	上海家化	600315.SH	非国有控股	上海	化妆品	73.13
8	丸美股份	603983.SH	非国有控股	广东	化妆品	72.40
9	稳健医疗	300888.SZ	非国有控股	广东	个护用品	71.30
10	科思股份	300856.SZ	非国有控股	江苏	化妆品	68.72

数据来源：同花顺（iFinD），首经贸资产评估研究院和浙工商中国智能管理研究院整理。

7.17.5　创新经济绩效指数

2023年美容护理行业32家上市公司创新经济绩效指数平均水平为67.39，高于全市场均值64.49。从指数分布来看，高于全市场均值的有21家，占行业内上市公司总数的65.63%。其中，最高的是爱美客，创新经济绩效指数为80.38。具体来看，创新经济绩效指数处于［80，100］的有1家，占比3.13%；［70，80）的有16家，占比50.00%；［60，70）的有6家，占比18.75%；［0，60）的有9家，占比28.12%，如图7-169所示。

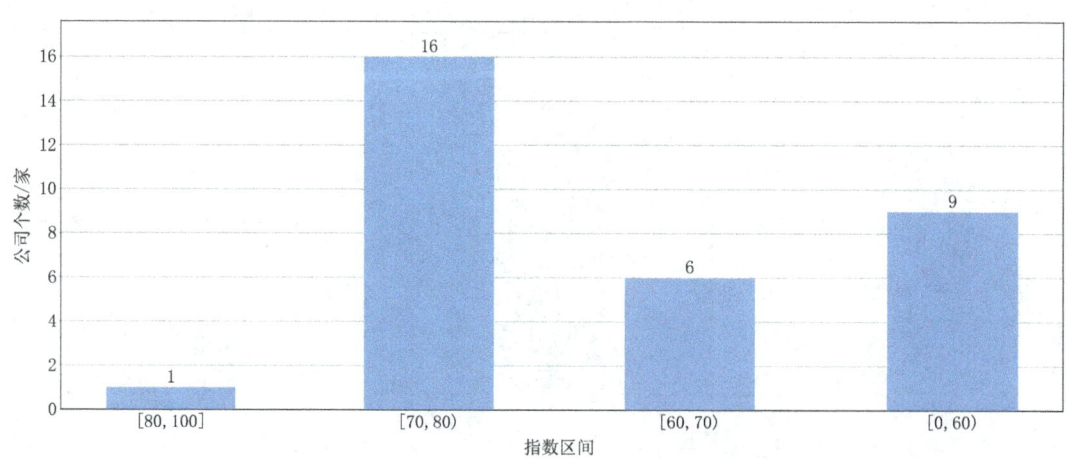

图 7-169　2023 年美容护理行业上市公司创新经济绩效指数分布图

从二级行业来看，创新经济绩效指数平均水平最高的是医疗美容（71.71），最低的是个护用品（66.34），如图7-170所示。

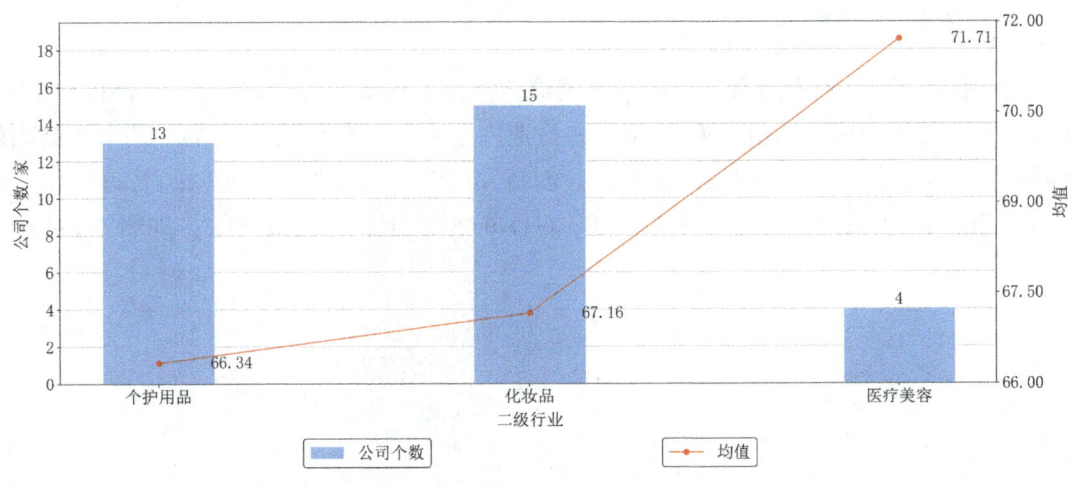

图7-170　2023年美容护理行业上市公司创新经济绩效指数均值分布图

美容护理行业中，创新经济绩效指数排名前10的上市公司如表7-85所示。

表 7-85　2023 年美容护理行业上市公司创新经济绩效指数前 10 排名

排名	证券名称	证券代码	产权性质	省份	二级行业	创新经济绩效指数
1	爱美客	300896.SZ	非国有控股	北京	医疗美容	80.38
2	珀莱雅	603605.SH	非国有控股	浙江	化妆品	79.56
3	上海家化	600315.SH	非国有控股	上海	化妆品	78.70
4	锦波生物	832982.BJ	非国有控股	山西	医疗美容	78.03
5	贝泰妮	300957.SZ	非国有控股	云南	化妆品	77.99
6	水羊股份	300740.SZ	非国有控股	湖南	化妆品	76.98
7	华熙生物	688363.SH	非国有控股	山东	医疗美容	74.50
8	百亚股份	003006.SZ	非国有控股	重庆	个护用品	73.85
9	中顺洁柔	002511.SZ	非国有控股	广东	个护用品	73.65
10	丸美股份	603983.SH	非国有控股	广东	化妆品	73.43

数据来源：同花顺（iFinD），首经贸资产评估研究院和浙工商中国智能管理研究院整理。

7.18　农林牧渔行业上市公司创新发展指数评价

截至2023年底，A股市场农林牧渔行业共有上市公司109家，总市值共计13307.74亿元，营业收入合计12654.09亿元，平均市值122.09亿元/家，平均营业收入116.09亿元/家。市值最大的上市公司为牧原股份（2250.63亿元），营业收入最高的上市公司为金龙鱼（2515.24亿元）。2023年，农林牧渔行业上市公司研发投入合计为102.55亿元，占营业收入的0.81%；无形资产账面价值合计为541.82亿元，占总资产的4.05%。根据本报告分析口径，本节共对农林牧渔行业109家上市公司开展创新发展指数评价，具体情况如下：

7.18.1 创新发展综合指数

2023年农林牧渔行业109家上市公司创新发展综合指数平均水平为63.87，低于全市场均值65.40。从指数分布来看，高于全市场均值的有42家，占行业内上市公司总数的38.53%。其中，最高的是瑞普生物，创新发展综合指数为76.75。具体来看，创新发展综合指数处于[70，80）的有18家，占比16.51%；[60，70）的有66家，占比60.55%；[0，60）的有25家，占比22.94%，如图7-171所示。

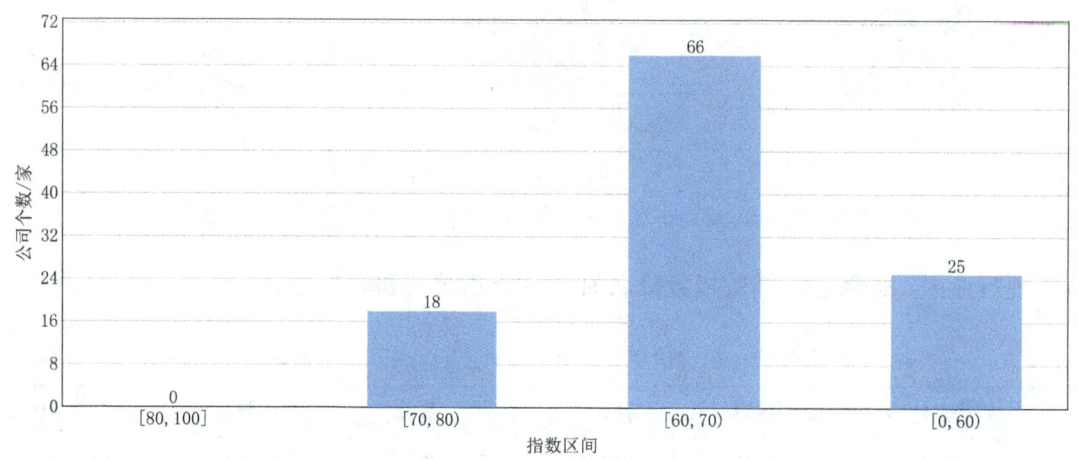

图7-171　2023年农林牧渔行业上市公司创新发展综合指数分布图

农林牧渔行业又可细分为8个二级行业，其中，创新发展综合指数平均水平最高的是农业综合Ⅱ（66.76），最低的是林业Ⅱ（56.08），如图7-172所示。

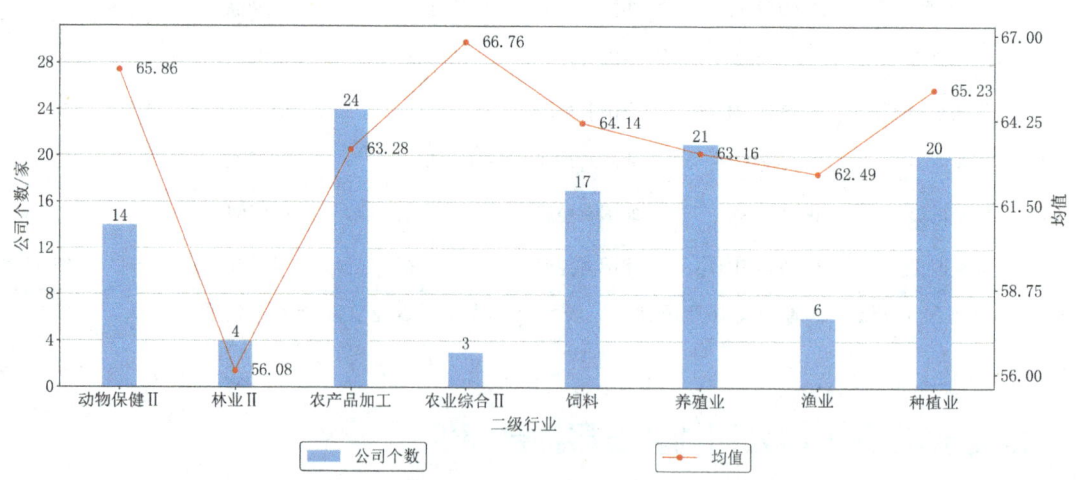

图7-172　2023年农林牧渔行业上市公司创新发展综合指数均值分布图

农林牧渔行业中，创新发展综合指数排名前10的上市公司如表7-86所示。

表 7-86　2023 年农林牧渔行业上市公司创新发展综合指数前 10 排名

排名	证券名称	证券代码	产权性质	省份	二级行业	创新发展综合指数
1	瑞普生物	300119.SZ	非国有控股	天津	动物保健Ⅱ	76.75
2	隆平高科	000998.SZ	中央国有控股	湖南	种植业	76.23
3	生物股份	600201.SH	非国有控股	内蒙古	动物保健Ⅱ	75.62
4	荃银高科	300087.SZ	中央国有控股	安徽	种植业	74.25
5	中牧股份	600195.SH	中央国有控股	北京	动物保健Ⅱ	73.86
6	晨光生物	300138.SZ	非国有控股	河北	农产品加工	73.70
7	丰乐种业	000713.SZ	中央国有控股	安徽	种植业	73.26
8	大禹节水	300021.SZ	非国有控股	甘肃	农业综合Ⅱ	71.98
9	农发种业	600313.SH	中央国有控股	北京	种植业	71.79
10	苏垦农发	601952.SH	地方国有控股	江苏	种植业	71.64

数据来源：同花顺（iFinD），首经贸资产评估研究院和浙工商中国智能管理研究院整理。

7.18.2　创新资源支持指数

2023年农林牧渔行业109家上市公司创新资源支持指数平均水平为65.14，低于全市场均值67.08。从指数分布来看，高于全市场均值的有41家，占行业内上市公司总数的37.61%。其中，最高的是瑞普生物，创新资源支持指数为83.43。具体来看，创新资源支持指数处于［80，100］的有3家，占比2.75%；［70，80）的有30家，占比27.52%；［60，70）的有46家，占比42.21%；［0，60）的有30家，占比27.52%，如图7-173所示。

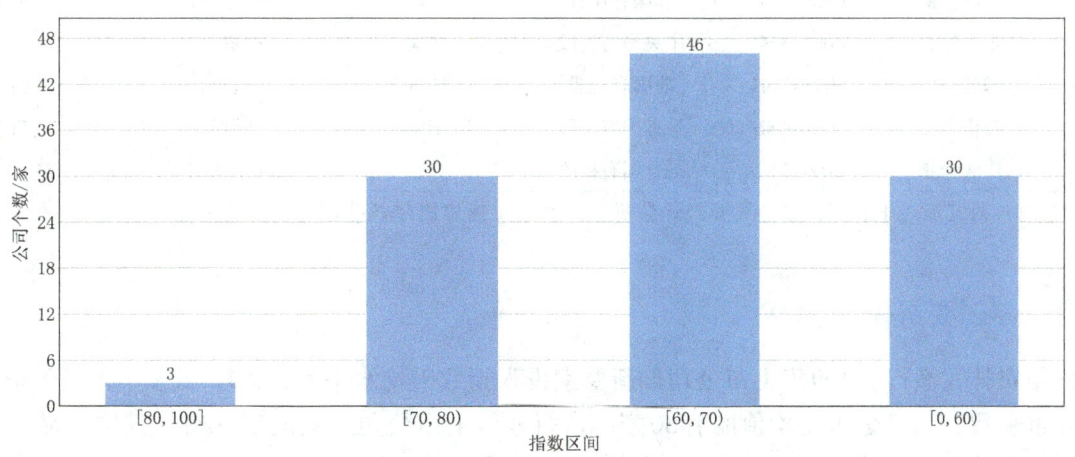

图 7-173　2023 年农林牧渔行业上市公司创新资源支持指数分布图

从二级行业来看，创新资源支持指数平均水平最高的是农业综合Ⅱ（73.44），最低的是林业Ⅱ（57.28），如图7-174所示。

2024中国上市公司创新发展指数报告

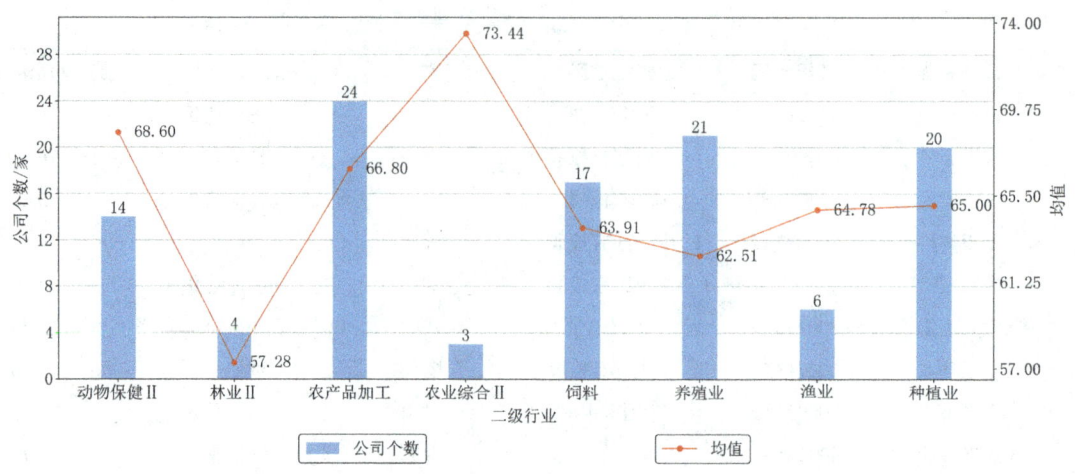

图 7-174　2023 年农林牧渔行业上市公司创新资源支持指数均值分布图

农林牧渔行业中，创新资源支持指数排名前 10 的上市公司如表 7-87 所示。

表 7-87　2023 年农林牧渔行业上市公司创新资源支持指数前 10 排名

排名	证券名称	证券代码	产权性质	省份	二级行业	创新资源支持指数
1	瑞普生物	300119.SZ	非国有控股	天津	动物保健Ⅱ	83.43
2	晨光生物	300138.SZ	非国有控股	河北	农产品加工	82.61
3	大禹节水	300021.SZ	非国有控股	甘肃	农业综合Ⅱ	81.70
4	生物股份	600201.SH	非国有控股	内蒙古	动物保健Ⅱ	79.44
5	金龙鱼	300999.SZ	非国有控股	上海	农产品加工	78.23
6	金河生物	002688.SZ	非国有控股	内蒙古	动物保健Ⅱ	77.52
7	丰乐种业	000713.SZ	中央国有控股	安徽	种植业	77.28
8	好当家	600467.SH	非国有控股	山东	渔业	77.07
9	亚盛集团	600108.SH	地方国有控股	甘肃	种植业	76.51
10	广农糖业	000911.SZ	地方国有控股	广西	农产品加工	76.37

数据来源：同花顺（iFinD），首经贸资产评估研究院和浙工商中国智能管理研究院整理。

7.18.3　创新要素投入指数

2023年农林牧渔行业109家上市公司创新要素投入指数平均水平为62.69，低于全市场均值66.07。从指数分布来看，高于全市场均值的有30家，占行业内上市公司总数的27.52%。其中，最高的是大北农，创新要素投入指数为80.32。具体来看，创新要素投入指数处于［80，100］的有1家，占比0.92%；［70，80）的有17家，占比15.60%；［60，70）的有50家，占比45.87%；［0，60）的有41家，占比37.61%，如图7-175所示。

从二级行业来看，创新要素投入指数平均水平最高的是动物保健Ⅱ（67.85），最低的是林业Ⅱ（52.28），如图7-176所示。

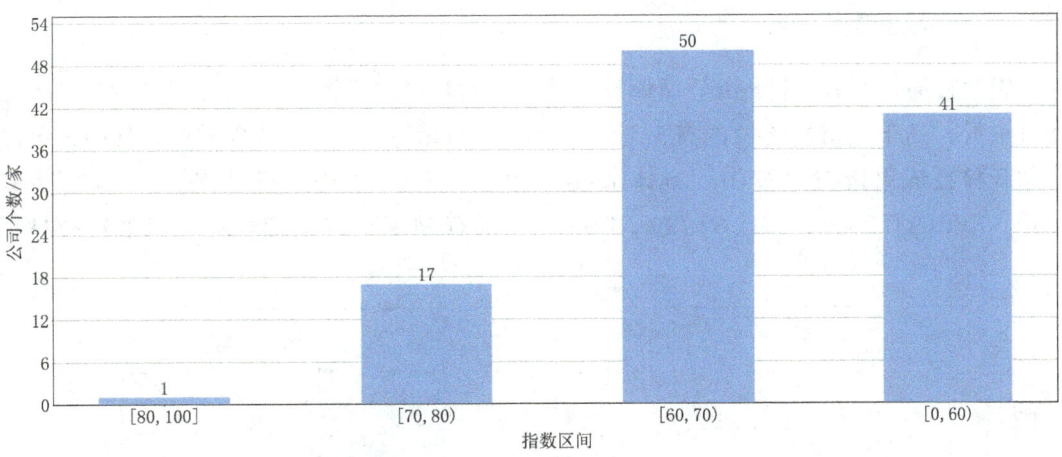

图 7-175　2023 年农林牧渔行业上市公司创新要素投入指数分布图

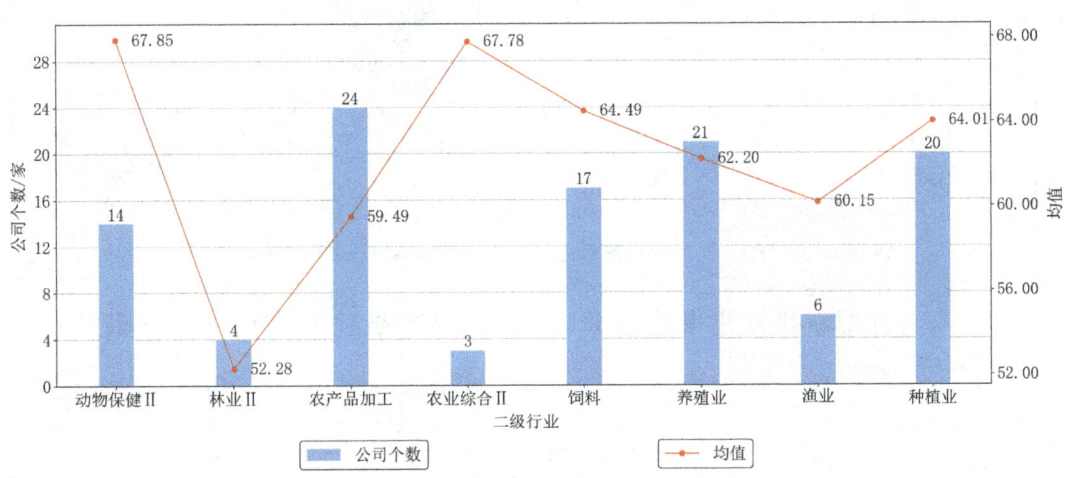

图 7-176　2023 年农林牧渔行业上市公司创新要素投入指数均值分布图

农林牧渔行业中，创新要素投入指数排名前 10 的上市公司如表 7-88 所示。

表 7-88　2023 年农林牧渔行业上市公司创新要素投入指数前 10 排名

排名	证券名称	证券代码	产权性质	省份	二级行业	创新要素投入指数
1	大北农	002385.SZ	非国有控股	北京	饲料	80.32
2	生物股份	600201.SH	非国有控股	内蒙古	动物保健Ⅱ	79.19
3	隆平高科	000998.SZ	中央国有控股	湖南	种植业	77.71
4	瑞普生物	300119.SZ	非国有控股	天津	动物保健Ⅱ	77.46
5	丰乐种业	000713.SZ	中央国有控股	安徽	种植业	76.91
6	中牧股份	600195.SH	中央国有控股	北京	动物保健Ⅱ	75.65
7	海大集团	002311.SZ	非国有控股	广东	饲料	75.60
8	牧原股份	002714.SZ	非国有控股	河南	养殖业	74.76
9	荃银高科	300087.SZ	中央国有控股	安徽	种植业	74.69
10	大禹节水	300021.SZ	非国有控股	甘肃	农业综合Ⅱ	74.46

数据来源：同花顺（iFinD），首经贸资产评估研究院和浙工商中国智能管理研究院整理。

7.18.4 创新科技成果指数

2023年农林牧渔行业109家上市公司创新科技成果指数平均水平为63.76，低于全市场均值64.15。从指数分布来看，高于全市场均值的有52家，占行业内上市公司总数的47.71%。其中，最高的是荃银高科，创新科技成果指数为77.01。具体来看，创新科技成果指数处于［70，80）的有9家，占比8.26%；［60，70）的有76家，占比69.72%；［0，60）的有24家，占比22.02%，如图7-177所示。

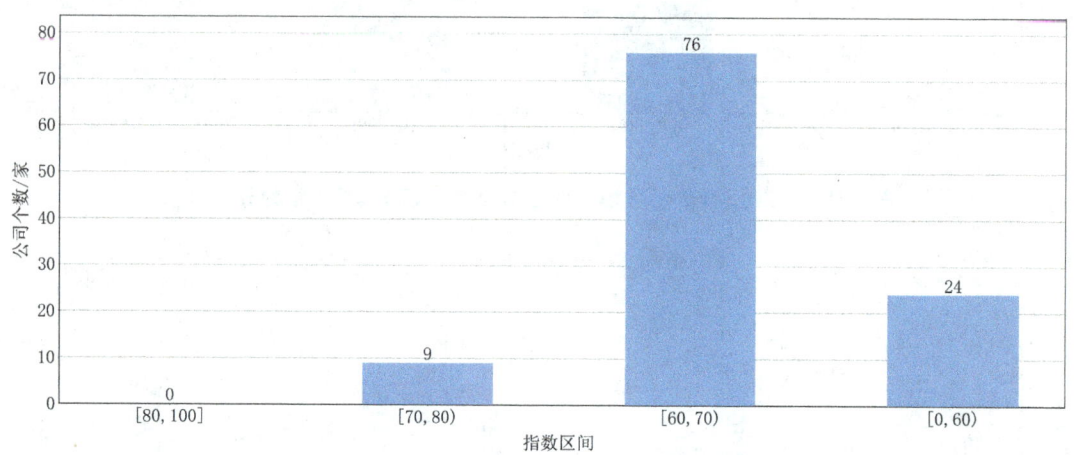

图7-177　2023年农林牧渔行业上市公司创新科技成果指数分布图

从二级行业来看，创新科技成果指数平均水平最高的是种植业（64.98），最低的是林业Ⅱ（58.70），如图7-178所示。

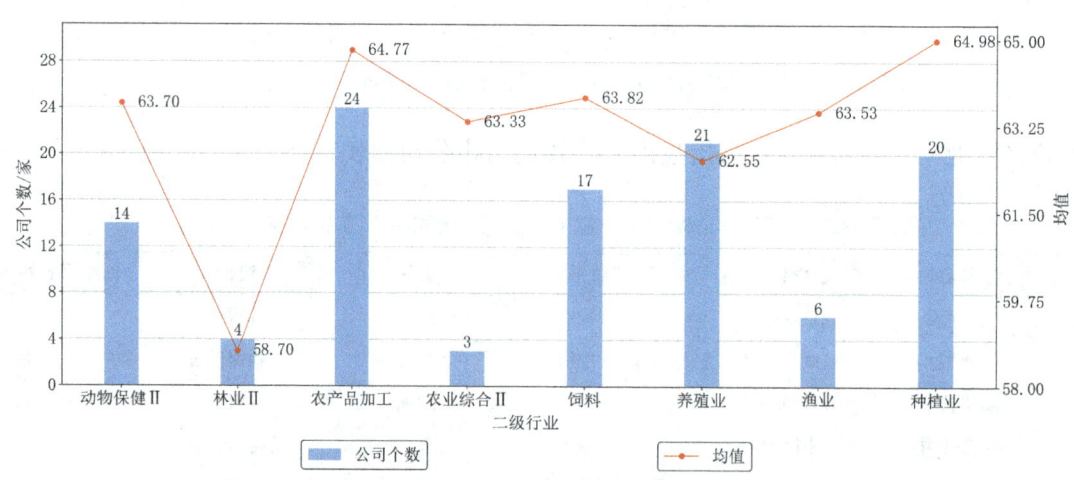

图7-178　2023年农林牧渔行业上市公司创新科技成果指数均值分布图

农林牧渔行业中，创新科技成果指数排名前10的上市公司如表7-89所示。

表 7-89 2023 年农林牧渔行业上市公司创新科技成果指数前 10 排名

排名	证券名称	证券代码	产权性质	省份	二级行业	创新科技成果指数
1	荃银高科	300087.SZ	中央国有控股	安徽	种植业	77.01
2	隆平高科	000998.SZ	中央国有控股	湖南	种植业	75.64
3	天马科技	603668.SH	非国有控股	福建	饲料	74.49
4	傲农生物	603363.SH	非国有控股	福建	饲料	73.11
5	京粮控股	000505.SZ	地方国有控股	海南	农产品加工	72.05
6	金龙鱼	300999.SZ	非国有控股	上海	农产品加工	71.66
7	苏垦农发	601952.SH	地方国有控股	江苏	种植业	71.14
8	金健米业	600127.SH	地方国有控股	湖南	农产品加工	70.84
9	中宠股份	002891.SZ	非国有控股	山东	饲料	70.16
10	正邦科技	002157.SZ	非国有控股	江西	养殖业	69.99

数据来源：同花顺（iFinD），首经贸资产评估研究院和浙工商中国智能管理研究院整理。

7.18.5　创新经济绩效指数

2023年农林牧渔行业109家上市公司创新经济绩效指数平均水平为64.41，低于全市场均值64.49。从指数分布来看，高于全市场均值的有51家，占行业内上市公司总数的46.79%。其中，最高的是冠农股份，创新经济绩效指数为79.85。具体来看，创新经济绩效指数处于［70，80）的有30家，占比27.52%；［60，70）的有44家，占比40.37%；［0，60）的有35家，占比32.11%，如图7-179所示。

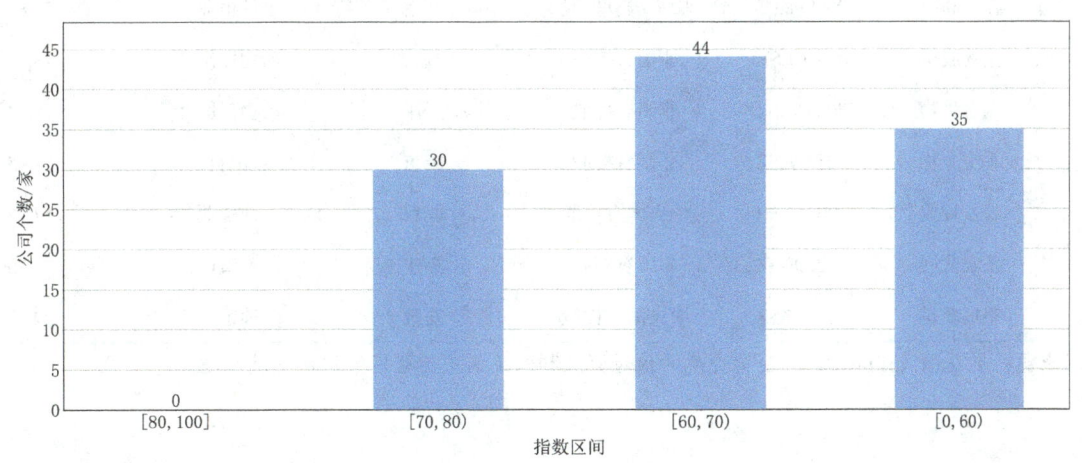

图 7-179　2023 年农林牧渔行业上市公司创新经济绩效指数分布图

从二级行业来看，创新经济绩效指数平均水平最高的是种植业（67.09），最低的是林业Ⅱ（57.37），如图7-180所示。

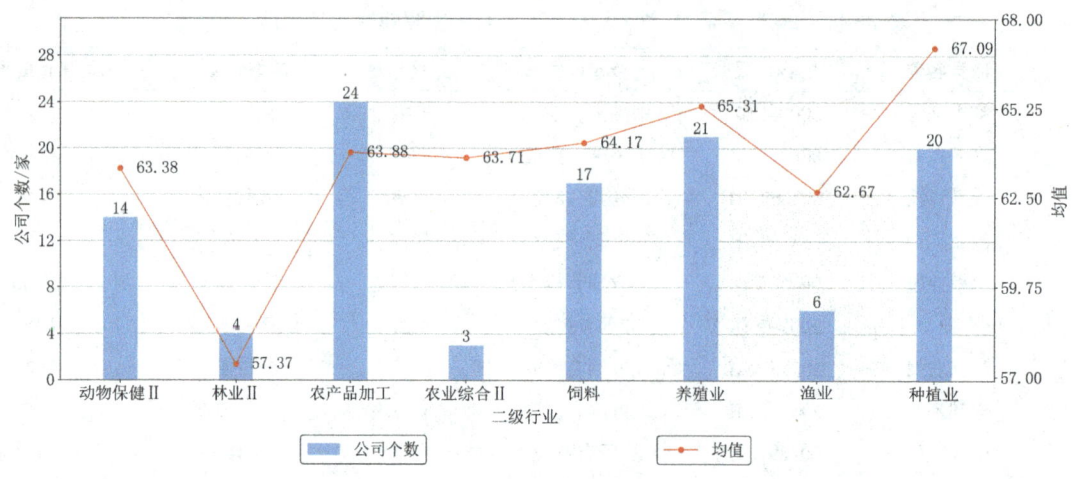

图 7-180　2023年农林牧渔行业上市公司创新经济绩效指数均值分布图

农林牧渔行业中，创新经济绩效指数排名前10的上市公司如表7-90所示。

表 7-90　2023年农林牧渔行业上市公司创新经济绩效指数前10排名

排名	证券名称	证券代码	产权性质	省份	二级行业	创新经济绩效指数
1	冠农股份	600251.SH	地方国有控股	新疆	农产品加工	79.85
2	晨光生物	300138.SZ	非国有控股	河北	农产品加工	79.80
3	北大荒	600598.SH	中央国有控股	黑龙江	种植业	79.28
4	隆平高科	000998.SZ	中央国有控股	湖南	种植业	78.83
5	生物股份	600201.SH	非国有控股	内蒙古	动物保健Ⅱ	78.27
6	瑞普生物	300119.SZ	非国有控股	天津	动物保健Ⅱ	78.12
7	乖宝宠物	301498.SZ	非国有控股	山东	饲料	77.95
8	农发种业	600313.SH	中央国有控股	北京	种植业	77.72
9	圣农发展	002299.SZ	非国有控股	福建	养殖业	77.20
10	荃银高科	300087.SZ	中央国有控股	安徽	种植业	77.08

数据来源：同花顺（iFinD），首经贸资产评估研究院和浙工商中国智能管理研究院整理。

7.19　汽车行业上市公司创新发展指数评价

截至2023年底，A股市场汽车行业共有上市公司285家，总市值共计35864.96亿元，营业收入合计36713.94亿元，平均市值125.84亿元/家，平均营业收入128.82亿元/家。市值最大的上市公司为比亚迪（5764.06亿元），营业收入最高的上市公司为上汽集团（7261.99亿元）。2023年，汽车行业上市公司研发投入合计为1735.47亿元，占营业收入的4.73%；无形资产账面价值合计为2218.64亿元，占总资产的4.63%。根据本报告分析口径，本节共对汽车行业285家上市公司开展创新发展指数评价，具体情况如下：

7.19.1 创新发展综合指数

2023年汽车行业285家上市公司创新发展综合指数平均水平为66.63，高于全市场均值65.40。从指数分布来看，高于全市场均值的有161家，占行业内上市公司总数的56.49%。其中，最高的是长安汽车，创新发展综合指数为86.11。具体来看，创新发展综合指数处于［80，100］的有6家，占比2.11%；［70，80）的有69家，占比24.21%；［60，70）的有176家，占比61.75%；［0，60）的有34家，占比11.93%，如图7-181所示。

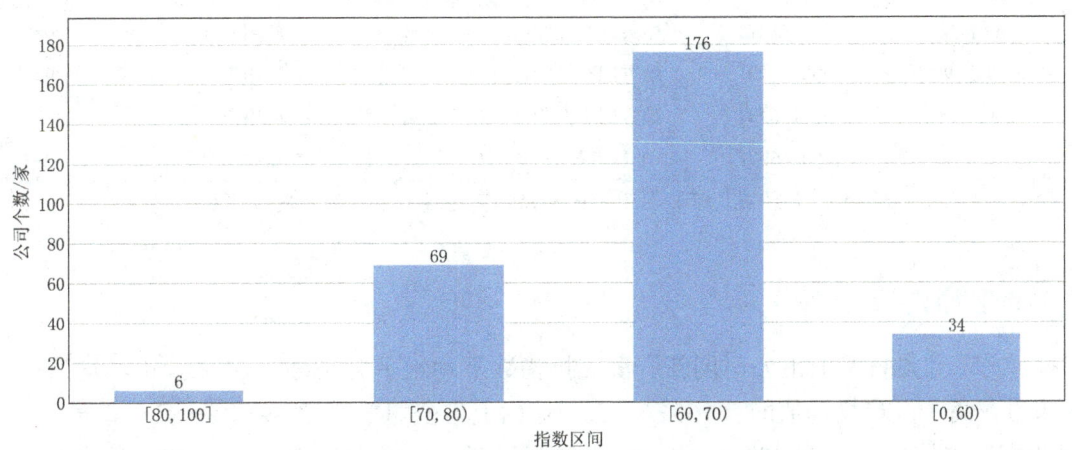

图7-181　2023年汽车行业上市公司创新发展综合指数分布图

汽车行业又可细分为5个二级行业，其中，创新发展综合指数平均水平最高的是乘用车（78.52），最低的是汽车服务（63.20），如图7-182所示。

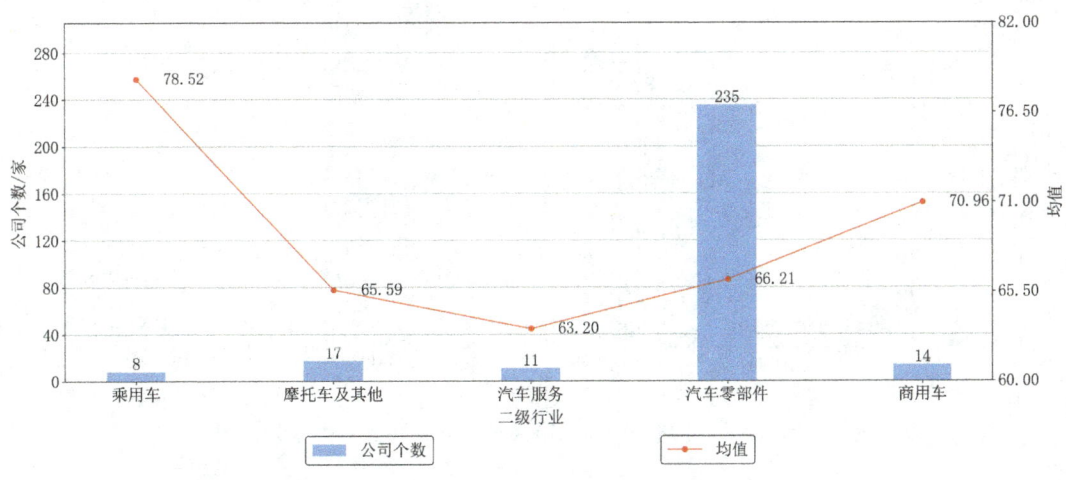

图7-182　2023年汽车行业上市公司创新发展综合指数均值分布图

汽车行业中，创新发展综合指数排名前10的上市公司如表7-91所示。

表7-91　2023年汽车行业上市公司创新发展综合指数前10排名

排名	证券名称	证券代码	产权性质	省份	二级行业	创新发展综合指数
1	长安汽车	000625.SZ	中央国有控股	重庆	乘用车	86.11
2	长城汽车	601633.SH	非国有控股	河北	乘用车	84.34
3	潍柴动力	000338.SZ	地方国有控股	山东	汽车零部件	83.09
4	中国汽研	601965.SH	中央国有控股	重庆	汽车服务	81.53
5	广汽集团	601238.SH	地方国有控股	广东	乘用车	80.78
6	比亚迪	002594.SZ	非国有控股	广东	乘用车	80.69
7	一汽解放	000800.SZ	中央国有控股	吉林	商用车	79.90
8	上汽集团	600104.SH	地方国有控股	上海	乘用车	79.47
9	福田汽车	600166.SH	地方国有控股	北京	商用车	79.38
10	宇通客车	600066.SH	非国有控股	河南	商用车	78.60

数据来源：同花顺（iFinD），首经贸资产评估研究院和浙工商中国智能管理研究院整理。

7.19.2　创新资源支持指数

2023年汽车行业285家上市公司创新资源支持指数平均水平为68.04，高于全市场均值67.08。从指数分布来看，高于全市场均值的有160家，占行业内上市公司总数的56.14%。其中，最高的是金龙汽车，创新资源支持指数为93.37。具体来看，创新资源支持指数处于［80，100］的有16家，占比5.61%；［70，80）的有104家，占比36.49%；［60，70）的有121家，占比42.46%；［0，60）的有44家，占比15.44%，如图7-183所示。

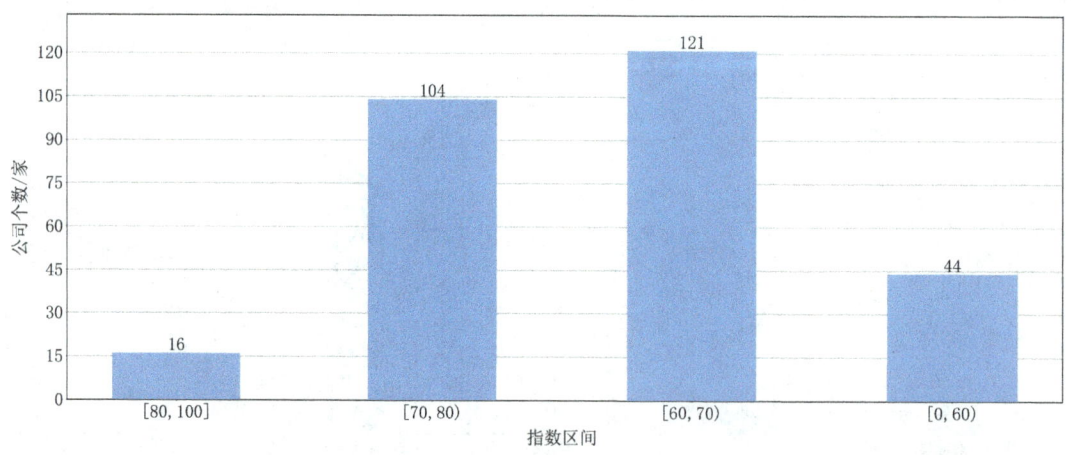

图7-183　2023年汽车行业上市公司创新资源支持指数分布图

从二级行业来看，创新资源支持指数平均水平最高的是乘用车（75.20），最低的是汽车服务（61.12），如图7-184所示。

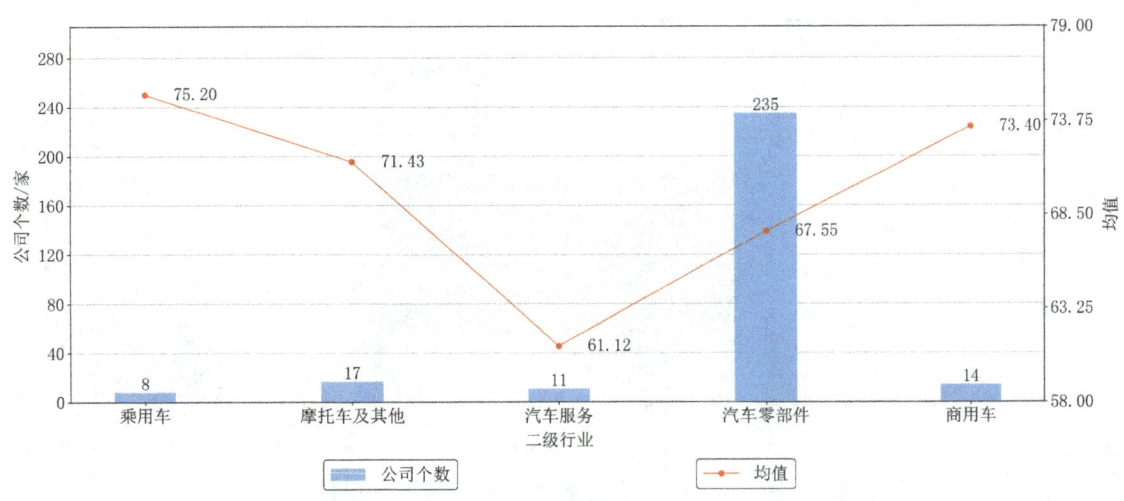

图7-184　2023年汽车行业上市公司创新资源支持指数均值分布图

汽车行业中，创新资源支持指数排名前10的上市公司如表7-92所示。

表7-92　2023年汽车行业上市公司创新资源支持指数前10排名

排名	证券名称	证券代码	产权性质	省份	二级行业	创新资源支持指数
1	金龙汽车	600686.SH	地方国有控股	福建	商用车	93.37
2	宇通客车	600066.SH	非国有控股	河南	商用车	92.55
3	长城汽车	601633.SH	非国有控股	河北	乘用车	91.08
4	飞乐音响	600651.SH	地方国有控股	上海	汽车零部件	85.47
5	钱江摩托	000913.SZ	非国有控股	浙江	摩托车及其他	84.01
6	拓普集团	601689.SH	非国有控股	浙江	汽车零部件	83.51
7	中国汽研	601965.SH	中央国有控股	重庆	汽车服务	83.48
8	东安动力	600178.SH	中央国有控股	黑龙江	汽车零部件	82.83
9	春风动力	603129.SH	非国有控股	浙江	摩托车及其他	82.22
10	隆鑫通用	603766.SH	非国有控股	重庆	摩托车及其他	81.77

数据来源：同花顺（iFinD），首经贸资产评估研究院和浙工商中国智能管理研究院整理。

7.19.3　创新要素投入指数

2023年汽车行业285家上市公司创新要素投入指数平均水平为67.41，高于全市场均值66.07。从指数分布来看，高于全市场均值的有146家，占行业内上市公司总数的51.23%。其中，最高的是长安汽车，创新要素投入指数为88.84。具体来看，创新要素投入指数处于［80，100］的有16家，占比5.61%；［70，80）的有81家，占比28.42%；［60，70）的有149家，占比52.28%；［0，60）的有39家，占比13.69%，如图7-185所示。

从二级行业来看，创新要素投入指数平均水平最高的是乘用车（82.34），最低的是汽车服务（62.91），如图7-186所示。

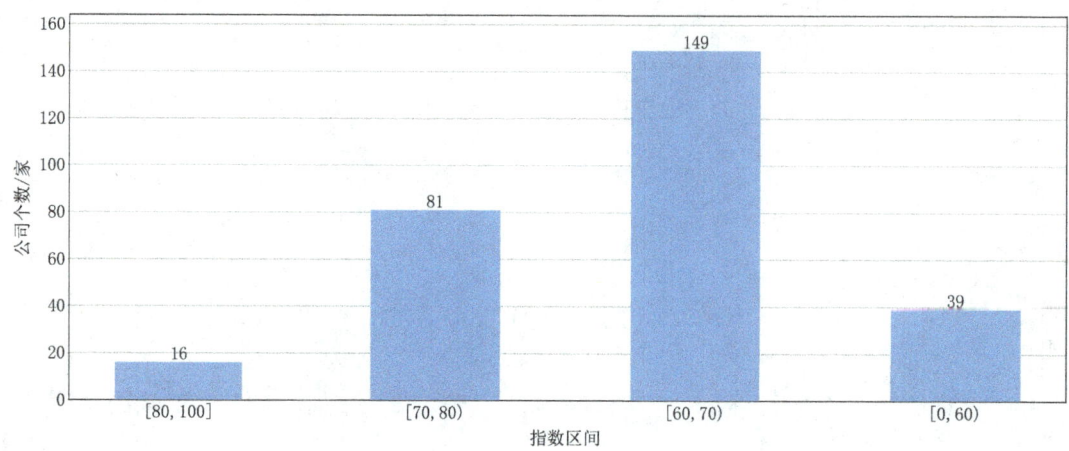

图7-185　2023年汽车行业上市公司创新要素投入指数分布图

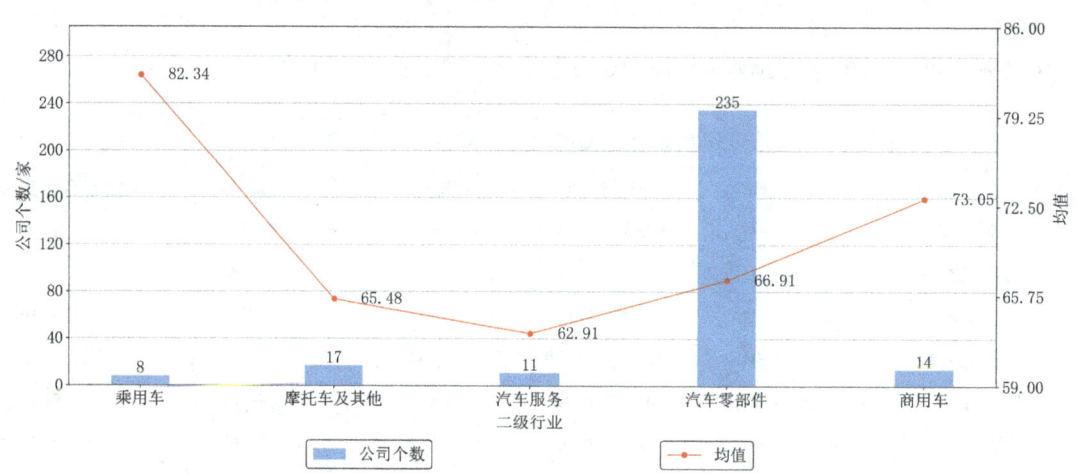

图7-186　2023年汽车行业上市公司创新要素投入指数均值分布图

汽车行业中，创新要素投入指数排名前10的上市公司如表7-93所示。

表7-93　2023年汽车行业上市公司创新要素投入指数前10排名

排名	证券名称	证券代码	产权性质	省份	二级行业	创新要素投入指数
1	长安汽车	000625.SZ	中央国有控股	重庆	乘用车	88.84
2	比亚迪	002594.SZ	非国有控股	广东	乘用车	88.10
3	广汽集团	601238.SH	地方国有控股	广东	乘用车	86.07
4	长城汽车	601633.SH	非国有控股	河北	乘用车	84.58
5	均胜电子	600699.SH	非国有控股	浙江	汽车零部件	83.89
6	潍柴动力	000338.SZ	地方国有控股	山东	汽车零部件	83.67
7	福田汽车	600166.SH	地方国有控股	北京	商用车	83.65
8	一汽解放	000800.SZ	中央国有控股	吉林	商用车	83.58
9	中国汽研	601965.SH	中央国有控股	重庆	汽车服务	83.13
10	赛力斯	601127.SH	非国有控股	重庆	乘用车	82.90

数据来源：同花顺（iFinD），首经贸资产评估研究院和浙工商中国智能管理研究院整理。

7.19.4　创新科技成果指数

2023年汽车行业285家上市公司创新科技成果指数平均水平为65.02，高于全市场均值64.15。从指数分布来看，高于全市场均值的有137家，占行业内上市公司总数的48.07%。其中，最高的是潍柴动力，创新科技成果指数为84.77。具体来看，创新科技成果指数处于［80，100］的有4家，占比1.40%；［70，80）的有44家，占比15.44%；［60，70）的有202家，占比70.88%；［0，60）的有35家，占比12.28%，如图7-187所示。

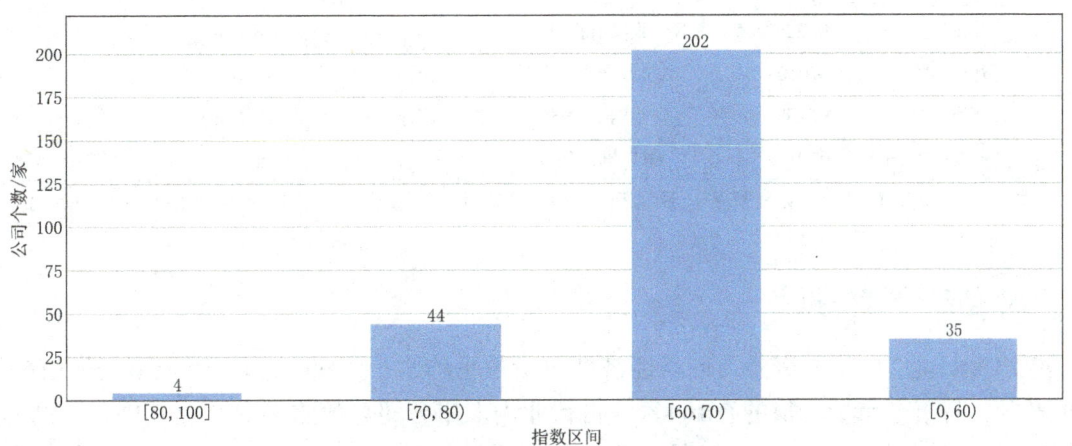

图7-187　2023年汽车行业上市公司创新科技成果指数分布图

从二级行业来看，创新科技成果指数平均水平最高的是乘用车（73.62），最低的是摩托车及其他（63.05），如图7-188所示。

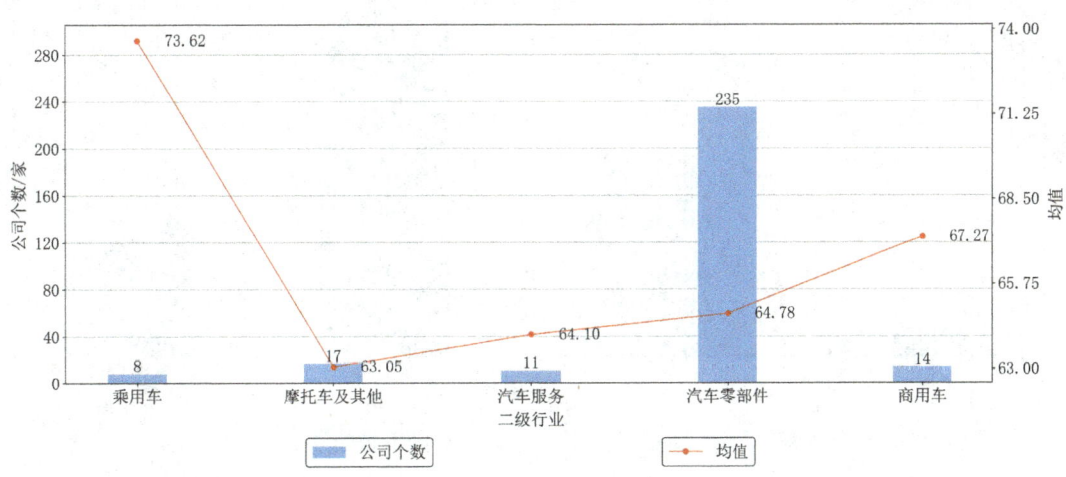

图7-188　2023年汽车行业上市公司创新科技成果指数均值分布图

汽车行业中，创新科技成果指数排名前10的上市公司如表7-94所示。

表 7-94　2023 年汽车行业上市公司创新科技成果指数前 10 排名

排名	证券名称	证券代码	产权性质	省份	二级行业	创新科技成果指数
1	潍柴动力	000338.SZ	地方国有控股	山东	汽车零部件	84.77
2	长安汽车	000625.SZ	中央国有控股	重庆	乘用车	84.15
3	山子高科	000981.SZ	非国有控股	甘肃	汽车零部件	80.75
4	华培动力	603121.SH	非国有控股	上海	汽车零部件	80.53
5	广汽集团	601238.SH	地方国有控股	广东	乘用车	79.69
6	文灿股份	603348.SH	非国有控股	广东	汽车零部件	77.34
7	天润工业	002283.SZ	非国有控股	山东	汽车零部件	77.31
8	上汽集团	600104.SH	地方国有控股	上海	乘用车	77.15
9	比亚迪	002594.SZ	非国有控股	广东	乘用车	76.39
10	东安动力	600178.SH	中央国有控股	黑龙江	汽车零部件	75.99

数据来源：同花顺（iFinD），首经贸资产评估研究院和浙工商中国智能管理研究院整理。

7.19.5　创新经济绩效指数

2023年汽车行业285家上市公司创新经济绩效指数平均水平为66.12，高于全市场均值64.49。从指数分布来看，高于全市场均值的有164家，占行业内上市公司总数的57.54%。其中，最高的是长安汽车，创新经济绩效指数为89.31。具体来看，创新经济绩效指数处于［80，100］的有13家，占比4.56%；［70，80）的有73家，占比25.61%；［60，70）的有138家，占比48.42%；［0，60）的有61家，占比21.41%，如图7-189所示。

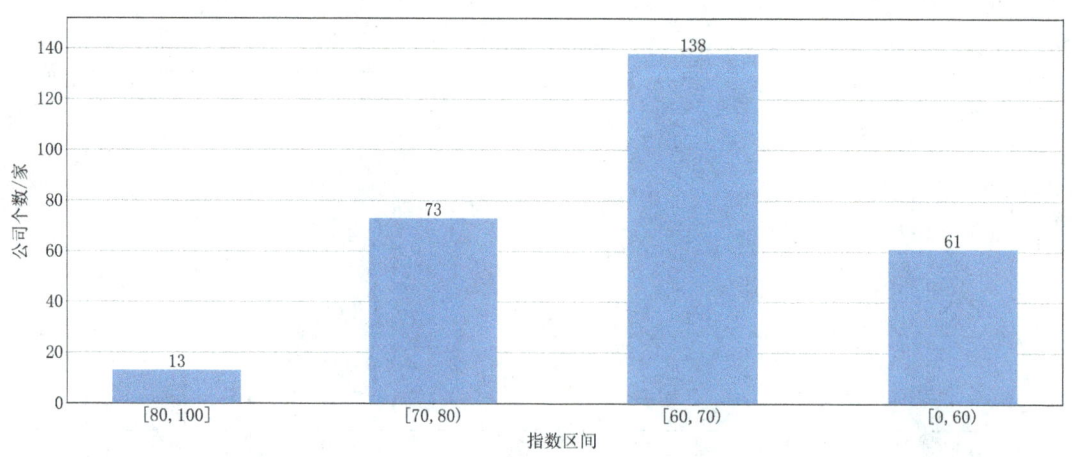

图 7-189　2023 年汽车行业上市公司创新经济绩效指数分布图

从二级行业来看，创新经济绩效指数平均水平最高的是乘用车（80.78），最低的是摩托车及其他（63.70），如图7-190所示。

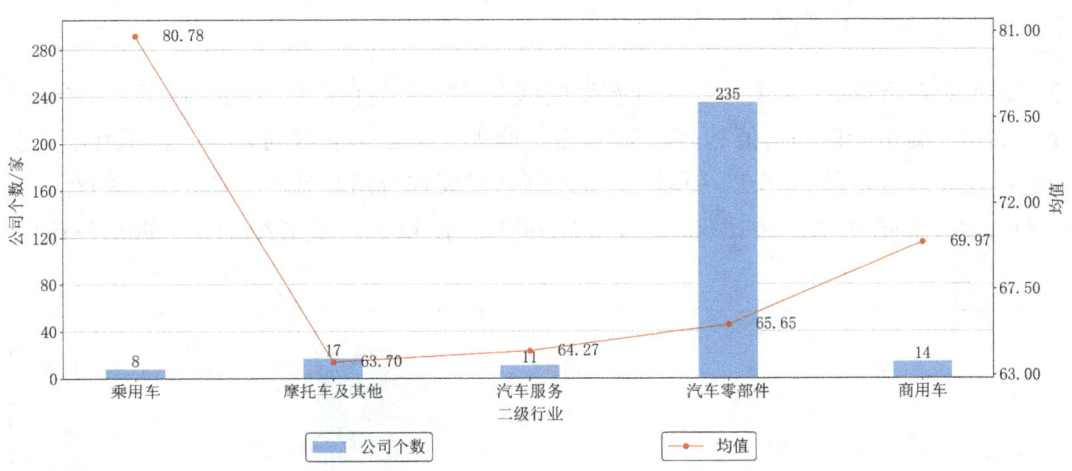

图 7-190　2023 年汽车行业上市公司创新经济绩效指数均值分布图

汽车行业中，创新经济绩效指数排名前 10 的上市公司如表 7-95 所示。

表 7-95　2023 年汽车行业上市公司创新经济绩效指数前 10 排名

排名	证券名称	证券代码	产权性质	省份	二级行业	创新经济绩效指数
1	长安汽车	000625.SZ	中央国有控股	重庆	乘用车	89.31
2	长城汽车	601633.SH	非国有控股	河北	乘用车	88.60
3	潍柴动力	000338.SZ	地方国有控股	山东	汽车零部件	86.42
4	中国汽研	601965.SH	中央国有控股	重庆	汽车服务	84.27
5	上汽集团	600104.SH	地方国有控股	上海	乘用车	83.24
6	星宇股份	601799.SH	非国有控股	江苏	汽车零部件	83.13
7	一汽解放	000800.SZ	中央国有控股	吉林	商用车	82.76
8	福耀玻璃	600660.SH	非国有控股	福建	汽车零部件	82.47
9	江铃汽车	000550.SZ	地方国有控股	江西	商用车	81.96
10	福田汽车	600166.SH	地方国有控股	北京	商用车	81.57

数据来源：同花顺（iFinD），首经贸资产评估研究院和浙工商中国智能管理研究院整理。

7.20　轻工制造行业上市公司创新发展指数评价

截至 2023 年底，A 股市场轻工制造行业共有上市公司 160 家，总市值共计 9073.47 亿元，营业收入合计 6011.51 亿元，平均市值 56.71 亿元/家，平均营业收入 37.57 亿元/家。市值最大的上市公司为公牛集团（852.76 亿元），营业收入最高的上市公司为太阳纸业（395.44 亿元）。2023 年，轻工制造行业上市公司研发投入合计为 186.47 亿元，占营业收入的 3.10%；无形资产账面价值合计为 436.36 亿元，占总资产的 4.77%。根据本报告分析口径，本节共对轻工制造行业 160 家上市公司开展创新发展指数评价，具体情况如下：

7.20.1 创新发展综合指数

2023年轻工制造行业160家上市公司创新发展综合指数平均水平为63.91，低于全市场均值65.40。从指数分布来看，高于全市场均值的有65家，占行业内上市公司总数的40.63%。其中，最高的是公牛集团，创新发展综合指数为75.25。具体来看，创新发展综合指数处于［70，80）的有21家，占比13.13%；［60，70）的有97家，占比60.63%；［0，60）的有42家，占比26.24%，如图7-191所示。

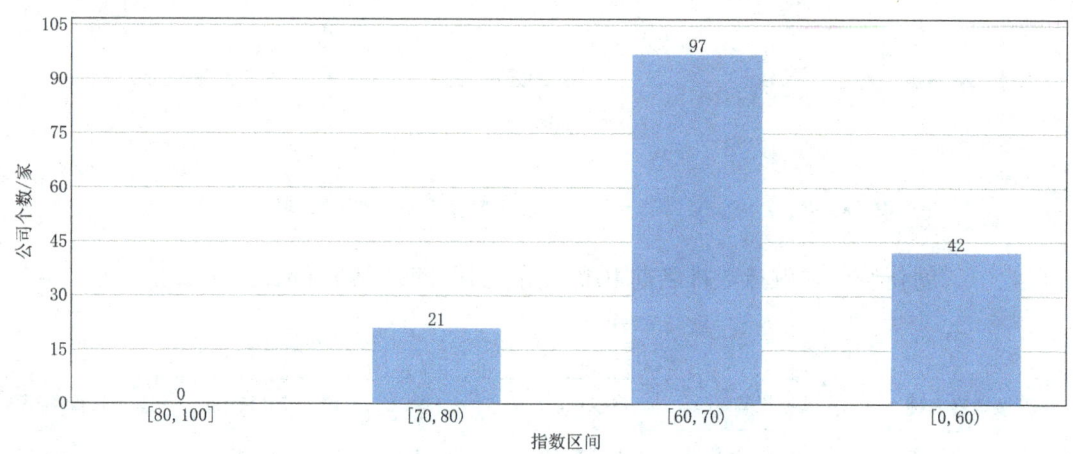

图7-191　2023年轻工制造行业上市公司创新发展综合指数分布图

轻工制造行业又可细分为4个二级行业，其中，创新发展综合指数平均水平最高的是造纸（65.81），最低的是文娱用品（61.33），如图7-192所示。

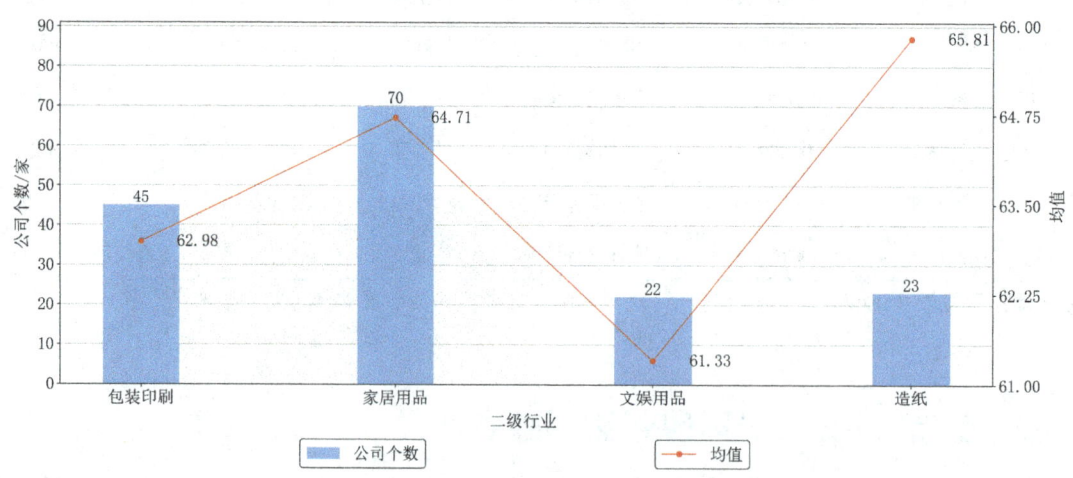

图7-192　2023年轻工制造行业上市公司创新发展综合指数均值分布图

轻工制造行业中，创新发展综合指数排名前10的上市公司如表7-96所示。

表 7-96 2023 年轻工制造行业上市公司创新发展综合指数前 10 排名

排名	证券名称	证券代码	产权性质	省份	二级行业	创新发展综合指数
1	公牛集团	603195.SH	非国有控股	浙江	家居用品	75.25
2	晨光股份	603899.SH	非国有控股	上海	文娱用品	75.00
3	裕同科技	002831.SZ	非国有控股	广东	包装印刷	74.33
4	乐歌股份	300729.SZ	非国有控股	浙江	家居用品	73.99
5	太阳纸业	002078.SZ	非国有控股	山东	造纸	73.76
6	顾家家居	603816.SH	非国有控股	浙江	家居用品	72.89
7	索菲亚	002572.SZ	非国有控股	广东	家居用品	72.84
8	欧派家居	603833.SH	非国有控股	广东	家居用品	72.70
9	齐峰新材	002521.SZ	非国有控股	山东	造纸	72.64
10	恒林股份	603661.SH	非国有控股	浙江	家居用品	72.31

数据来源：同花顺（iFinD），首经贸资产评估研究院和浙工商中国智能管理研究院整理。

7.20.2 创新资源支持指数

2023年轻工制造行业160家上市公司创新资源支持指数平均水平为66.28，低于全市场均值67.08。从指数分布来看，高于全市场均值的有82家，占行业内上市公司总数的51.25%。其中，最高的是山鹰国际，创新资源支持指数为88.36。具体来看，创新资源支持指数处于［80，100］的有5家，占比3.13%；［70，80）的有49家，占比30.63%；［60，70）的有67家，占比41.88%；［0，60）的有39家，占比24.36%，如图7-193所示。

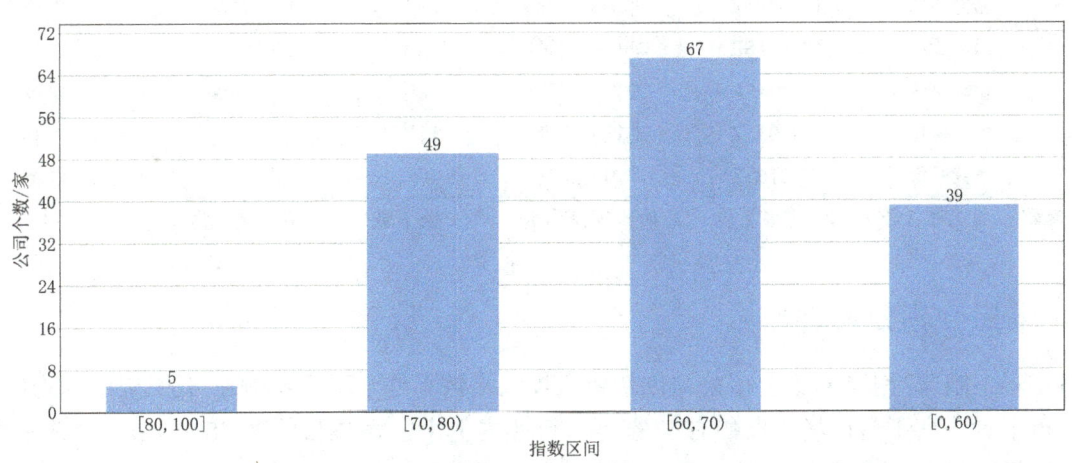

图 7-193 2023 年轻工制造行业上市公司创新资源支持指数分布图

从二级行业来看，创新资源支持指数平均水平最高的是造纸（68.55），最低的是包装印刷（64.51），如图7-194所示。

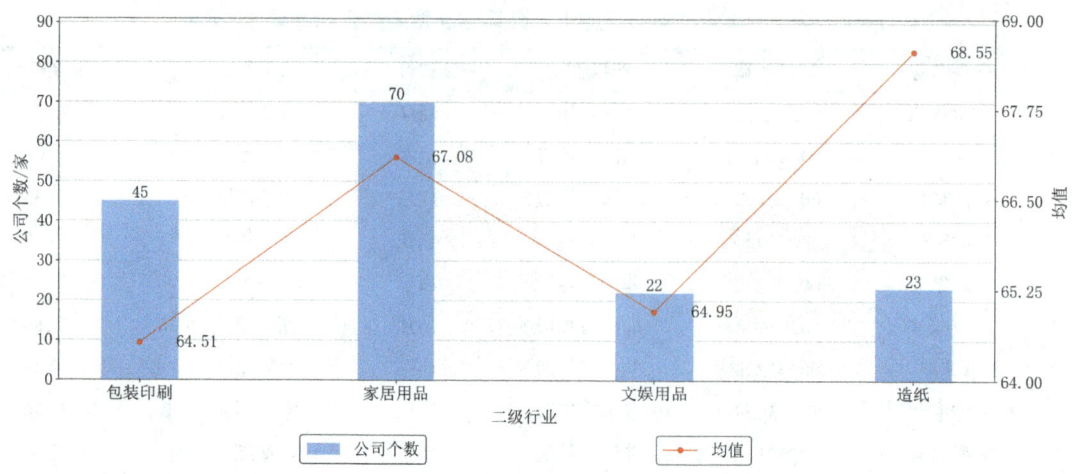

图 7-194　2023 年轻工制造行业上市公司创新资源支持指数均值分布图

轻工制造行业中，创新资源支持指数排名前 10 的上市公司如表 7-97 所示。

表 7-97　2023 年轻工制造行业上市公司创新资源支持指数前 10 排名

排名	证券名称	证券代码	产权性质	省份	二级行业	创新资源支持指数
1	山鹰国际	600567.SH	非国有控股	安徽	造纸	88.36
2	东港股份	002117.SZ	非国有控股	山东	包装印刷	81.46
3	大胜达	603687.SH	非国有控股	浙江	包装印刷	80.66
4	仙鹤股份	603733.SH	非国有控股	浙江	造纸	80.25
5	公牛集团	603195.SH	非国有控股	浙江	家居用品	80.15
6	裕同科技	002831.SZ	非国有控股	广东	包装印刷	79.97
7	晨光股份	603899.SH	非国有控股	上海	文娱用品	79.34
8	建霖家居	603408.SH	非国有控股	福建	家居用品	78.98
9	家联科技	301193.SZ	非国有控股	浙江	家居用品	78.19
10	华瓷股份	001216.SZ	非国有控股	湖南	家居用品	77.95

数据来源：同花顺（iFinD），首经贸资产评估研究院和浙工商中国智能管理研究院整理。

7.20.3　创新要素投入指数

2023 年轻工制造行业 160 家上市公司创新要素投入指数平均水平为 63.09，低于全市场均值 66.07。从指数分布来看，高于全市场均值的有 47 家，占行业内上市公司总数的 29.38%。其中，最高的是晨鸣纸业，创新要素投入指数为 76.08。具体来看，创新要素投入指数处于[70，80）的有 16 家，占比 10.00%；[60，70）的有 98 家，占比 61.25%；[0，60）的有 46 家，占比 28.75%，如图 7-195 所示。

从二级行业来看，创新要素投入指数平均水平最高的是造纸（66.63），最低的是文娱用品（59.49），如图 7-196 所示。

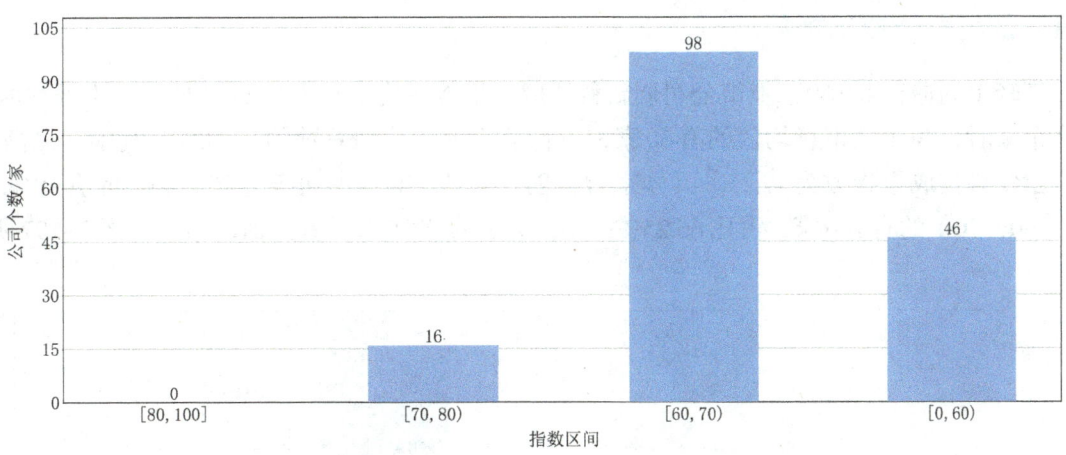

图 7-195　2023 年轻工制造行业上市公司创新要素投入指数分布图

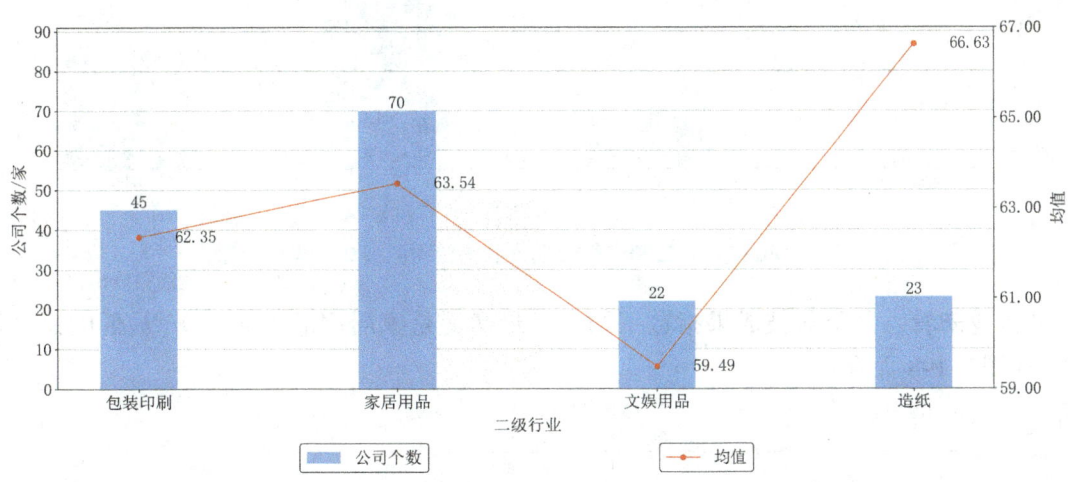

图 7-196　2023 年轻工制造行业上市公司创新要素投入指数均值分布图

轻工制造行业中，创新要素投入指数排名前 10 的上市公司如表 7-98 所示。

表 7-98　2023 年轻工制造行业上市公司创新要素投入指数前 10 排名

排名	证券名称	证券代码	产权性质	省份	二级行业	创新要素投入指数
1	晨鸣纸业	000488.SZ	地方国有控股	山东	造纸	76.08
2	太阳纸业	002078.SZ	非国有控股	山东	造纸	75.10
3	公牛集团	603195.SH	非国有控股	浙江	家居用品	74.76
4	乐歌股份	300729.SZ	非国有控股	浙江	家居用品	74.73
5	裕同科技	002831.SZ	非国有控股	广东	包装印刷	74.62
6	齐峰新材	002521.SZ	非国有控股	山东	造纸	74.06
7	欧派家居	603833.SH	非国有控股	广东	家居用品	73.03
8	冠豪高新	600433.SH	中央国有控股	广东	造纸	72.75
9	惠达卫浴	603385.SH	非国有控股	河北	家居用品	71.95
10	华旺科技	605377.SH	非国有控股	浙江	造纸	71.56

数据来源：同花顺（iFinD），首经贸资产评估研究院和浙工商中国智能管理研究院整理。

7.20.4 创新科技成果指数

2023年轻工制造行业160家上市公司创新科技成果指数平均水平为63.60，低于全市场均值64.15。从指数分布来看，高于全市场均值的有60家，占行业内上市公司总数的37.50%。其中，最高的是齐峰新材，创新科技成果指数为77.25。具体来看，创新科技成果指数处于［70，80）的有19家，占比11.88%；［60，70）的有106家，占比66.25%；［0，60）的有35家，占比21.87%，如图7-197所示。

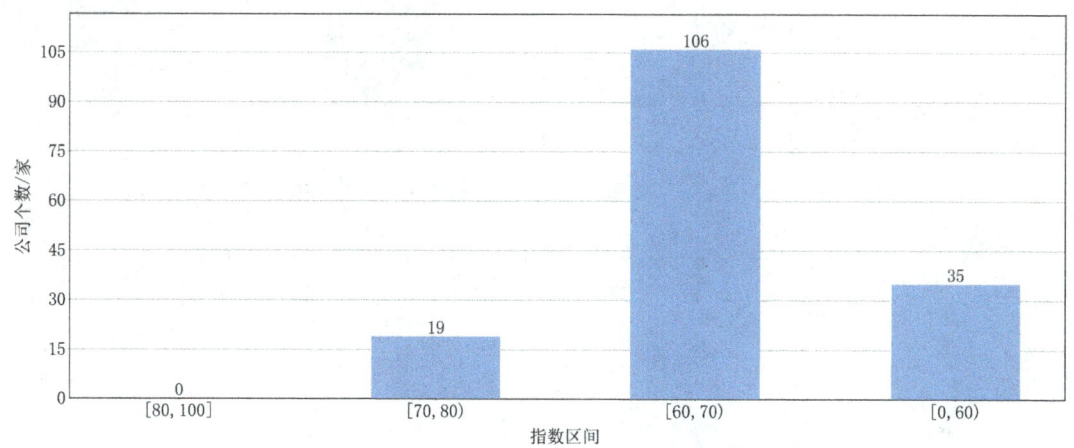

图7-197　2023年轻工制造行业上市公司创新科技成果指数分布图

从二级行业来看，创新科技成果指数平均水平最高的是家居用品（64.90），最低的是文娱用品（60.58），如图7-198所示。

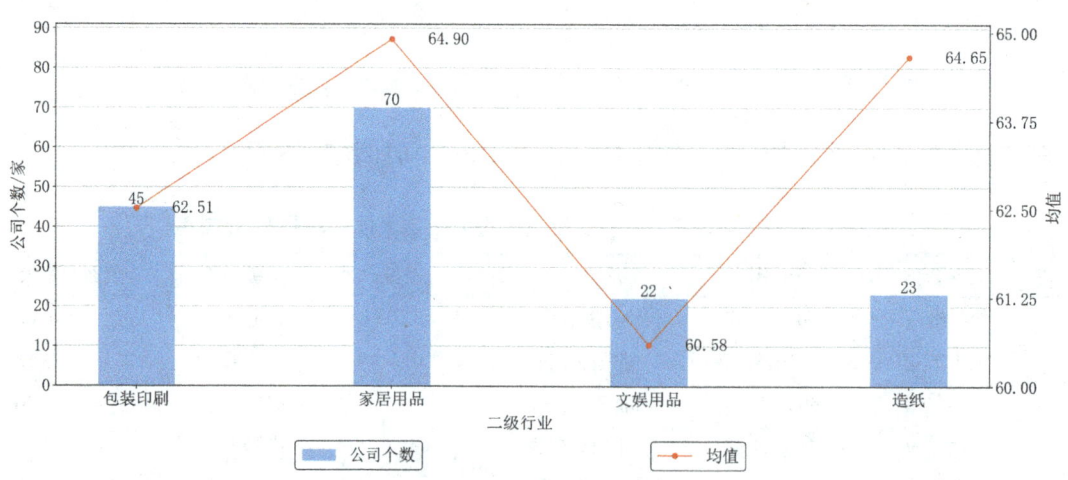

图7-198　2023年轻工制造行业上市公司创新科技成果指数均值分布图

轻工制造行业中，创新科技成果指数排名前10的上市公司如表7-99所示。

表 7-99 2023 年轻工制造行业上市公司创新科技成果指数前 10 排名

排名	证券名称	证券代码	产权性质	省份	二级行业	创新科技成果指数
1	齐峰新材	002521.SZ	非国有控股	山东	造纸	77.25
2	顾家家居	603816.SH	非国有控股	浙江	家居用品	73.93
3	悦心健康	002162.SZ	非国有控股	上海	家居用品	73.92
4	梦百合	603313.SH	非国有控股	江苏	家居用品	73.84
5	丰林集团	601996.SH	非国有控股	广西	家居用品	73.29
6	美克家居	600337.SH	非国有控股	江西	家居用品	73.15
7	晨光股份	603899.SH	非国有控股	上海	文娱用品	73.10
8	永艺股份	603600.SH	非国有控股	浙江	家居用品	72.39
9	索菲亚	002572.SZ	非国有控股	广东	家居用品	72.12
10	天安新材	603725.SH	非国有控股	广东	家居用品	71.98

数据来源：同花顺（iFinD），首经贸资产评估研究院和浙工商中国智能管理研究院整理。

7.20.5 创新经济绩效指数

2023年轻工制造行业160家上市公司创新经济绩效指数平均水平为63.44，低于全市场均值64.49。从指数分布来看，高于全市场均值的有65家，占行业内上市公司总数的40.63%。其中，最高的是乐歌股份，创新经济绩效指数为82.86。具体来看，创新经济绩效指数处于［80，100］的有2家，占比1.25%；［70，80）的有31家，占比19.38%；［60，70）的有72家，占比45.00%；［0，60）的有55家，占比34.37%，如图7-199所示。

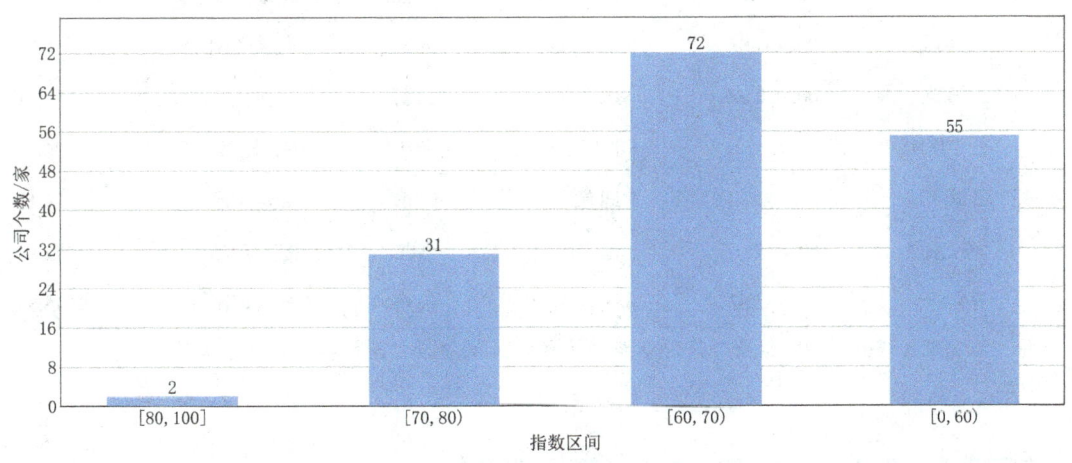

图 7-199 2023 年轻工制造行业上市公司创新经济绩效指数分布图

从二级行业来看，创新经济绩效指数平均水平最高的是家居用品（64.18），最低的是文娱用品（61.53），如图7-200所示。

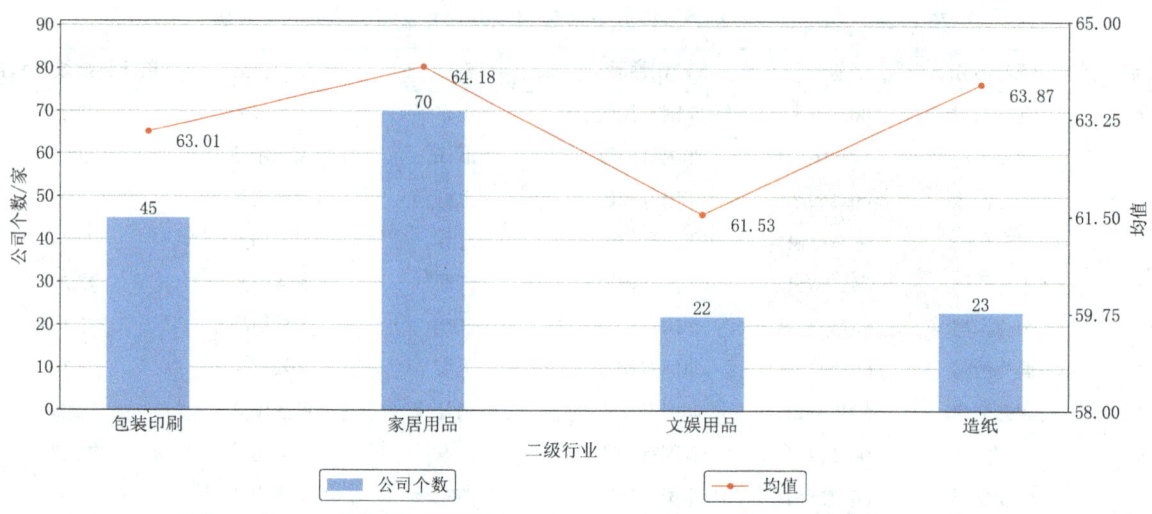

图 7-200 2023 年轻工制造行业上市公司创新经济绩效指数均值分布图

轻工制造行业中，创新经济绩效指数排名前 10 的上市公司如表 7-100 所示。

表 7-100 2023 年轻工制造行业上市公司创新经济绩效指数前 10 排名

排名	证券名称	证券代码	产权性质	省份	二级行业	创新经济绩效指数
1	乐歌股份	300729.SZ	非国有控股	浙江	家居用品	82.86
2	晨光股份	603899.SH	非国有控股	上海	文娱用品	81.15
3	东鹏控股	003012.SZ	非国有控股	广东	家居用品	79.33
4	致欧科技	301376.SZ	非国有控股	河南	家居用品	77.32
5	奥瑞金	002701.SZ	非国有控股	北京	包装印刷	76.99
6	太阳纸业	002078.SZ	非国有控股	山东	造纸	76.61
7	公牛集团	603195.SH	非国有控股	浙江	家居用品	76.36
8	欧派家居	603833.SH	非国有控股	广东	家居用品	76.19
9	顾家家居	603816.SH	非国有控股	浙江	家居用品	75.83
10	昇兴股份	002752.SZ	非国有控股	福建	包装印刷	75.55

数据来源：同花顺（iFinD），首经贸资产评估研究院和浙工商中国智能管理研究院整理。

7.21 商贸零售行业上市公司创新发展指数评价

截至 2023 年底，A 股市场商贸零售行业共有上市公司 101 家，总市值共计 9032.80 亿元，营业收入合计 14095.50 亿元，平均市值 89.43 亿元/家，平均营业收入 139.56 亿元/家。市值最大的上市公司为中国中免（1731.43 亿元），营业收入最高的上市公司为中信金属（1249.99 亿元）。2023 年，商贸零售行业上市公司研发投入合计为 36.02 亿元，占营业收入的 0.26%；无形资产账面价值合计为 573.10 亿元，占总资产的 3.54%。根据本报告分析口径，本节共对商贸零售行业 101 家上市公司开展创新发展指数评价，具体情况如下：

7.21.1 创新发展综合指数

2023年商贸零售行业101家上市公司创新发展综合指数平均水平为59.94，低于全市场均值65.40。从指数分布来看，高于全市场均值的有23家，占行业内上市公司总数的22.77%。其中，最高的是苏美达，创新发展综合指数为74.12。具体来看，创新发展综合指数处于[70，80)的有7家，占比6.93%；[60，70)的有37家，占比36.63%；[0，60)的有57家，占比56.44%，如图7-201所示。

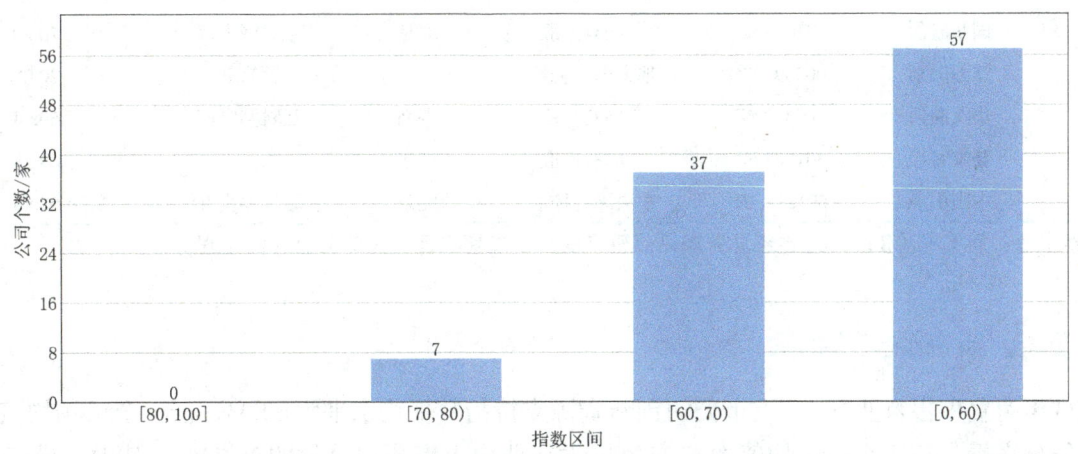

图7-201　2023年商贸零售行业上市公司创新发展综合指数分布图

商贸零售行业又可细分为5个二级行业，其中，创新发展综合指数平均水平最高的是旅游零售Ⅱ（68.83），最低的是一般零售（58.03），如图7-202所示。

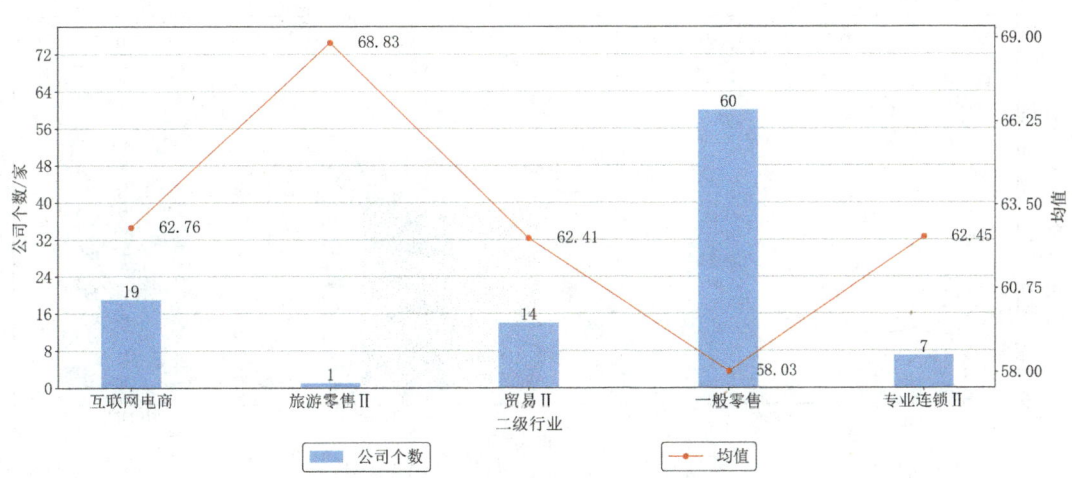

图7-202　2023年商贸零售行业上市公司创新发展综合指数均值分布图

商贸零售行业中，创新发展综合指数排名前10的上市公司如表7-101所示。

表 7-101　2023 年商贸零售行业上市公司创新发展综合指数前 10 排名

排名	证券名称	证券代码	产权性质	省份	二级行业	创新发展综合指数
1	苏美达	600710.SH	中央国有控股	江苏	贸易Ⅱ	74.12
2	焦点科技	002315.SZ	非国有控股	江苏	互联网电商	73.52
3	小商品城	600415.SH	地方国有控股	浙江	一般零售	72.12
4	中信金属	601061.SH	中央国有控股	北京	贸易Ⅱ	71.75
5	华鼎股份	601113.SH	非国有控股	浙江	互联网电商	70.95
6	国联股份	603613.SH	非国有控股	北京	互联网电商	70.29
7	江苏国泰	002091.SZ	地方国有控股	江苏	贸易Ⅱ	70.03
8	华凯易佰	300592.SZ	非国有控股	湖南	互联网电商	69.94
9	赛维时代	301381.SZ	非国有控股	广东	互联网电商	69.78
10	中国中免	601888.SH	中央国有控股	北京	旅游零售Ⅱ	68.83

数据来源：同花顺（iFinD），首经贸资产评估研究院和浙工商中国智能管理研究院整理。

7.21.2　创新资源支持指数

2023年商贸零售行业101家上市公司创新资源支持指数平均水平为62.03，低于全市场均值67.08。从指数分布来看，高于全市场均值的有26家，占行业内上市公司总数的25.74%。其中，最高的是苏美达，创新资源支持指数为82.60。具体来看，创新资源支持指数处于［80，100］的有2家，占比1.98%；［70，80）的有14家，占比13.86%；［60，70）的有35家，占比34.65%；［0，60）的有50家，占比49.51%，如图7-203所示。

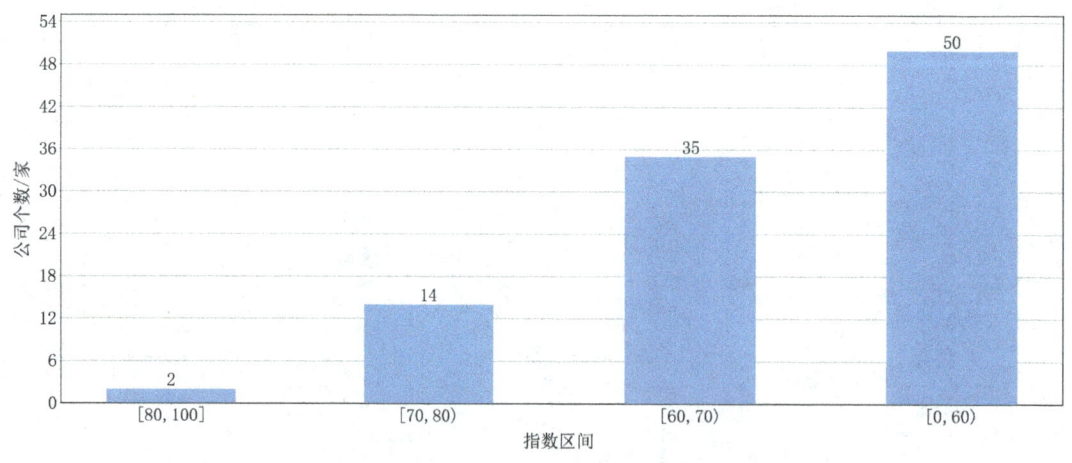

图 7-203　2023 年商贸零售行业上市公司创新资源支持指数分布图

从二级行业来看，创新资源支持指数平均水平最高的是旅游零售Ⅱ（77.55），最低的是一般零售（59.47），如图7-204所示。

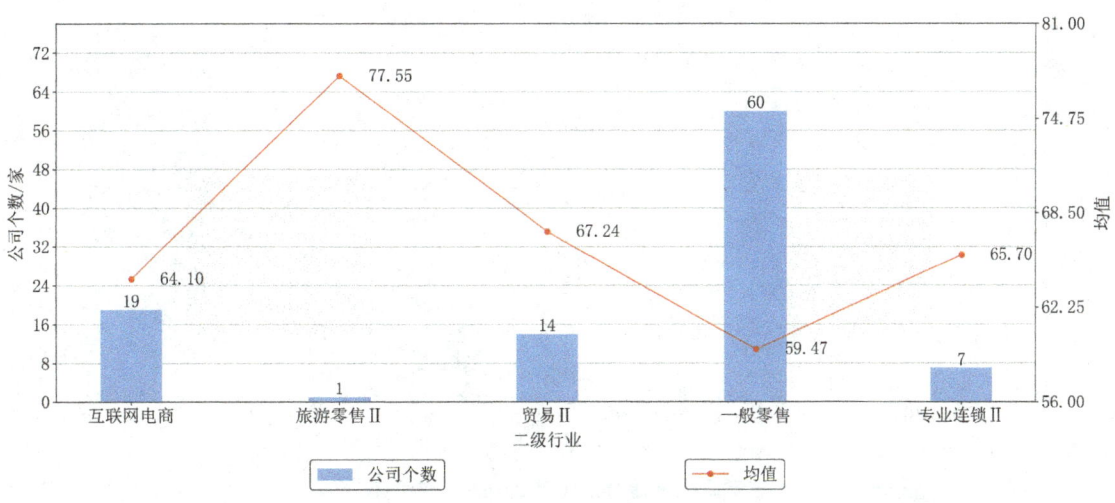

图7-204 2023年商贸零售行业上市公司创新资源支持指数均值分布图

商贸零售行业中，创新资源支持指数排名前10的上市公司如表7-102所示。

表7-102 2023年商贸零售行业上市公司创新资源支持指数前10排名

排名	证券名称	证券代码	产权性质	省份	二级行业	创新资源支持指数
1	苏美达	600710.SH	中央国有控股	江苏	贸易Ⅱ	82.60
2	焦点科技	002315.SZ	非国有控股	江苏	互联网电商	80.58
3	华鼎股份	601113.SH	非国有控股	浙江	互联网电商	79.57
4	江苏国泰	002091.SZ	地方国有控股	江苏	贸易Ⅱ	78.63
5	赛维时代	301381.SZ	非国有控股	广东	互联网电商	78.10
6	中国中免	601888.SH	中央国有控股	北京	旅游零售Ⅱ	77.55
7	苏豪弘业	600128.SH	地方国有控股	江苏	贸易Ⅱ	76.99
8	东方创业	600278.SH	地方国有控股	上海	贸易Ⅱ	75.97
9	汇鸿集团	600981.SH	地方国有控股	江苏	贸易Ⅱ	75.08
10	华凯易佰	300592.SZ	非国有控股	湖南	互联网电商	73.91

数据来源：同花顺（iFinD），首经贸资产评估研究院和浙工商中国智能管理研究院整理。

7.21.3 创新要素投入指数

2023年商贸零售行业101家上市公司创新要素投入指数平均水平为54.29，低于全市场均值66.07。从指数分布来看，高于全市场均值的有6家，占行业内上市公司总数的5.94%。其中，最高的是国联股份，创新要素投入指数为71.54。具体来看，创新要素投入指数处于[70，80）的有3家，占比2.97%；[60，70）的有24家，占比23.76%；[0，60）的有74家，占比73.27%，如图7-205所示。

从二级行业来看，创新要素投入指数平均水平最高的是旅游零售Ⅱ（63.43），最低的是一般零售（51.25），如图7-206所示。

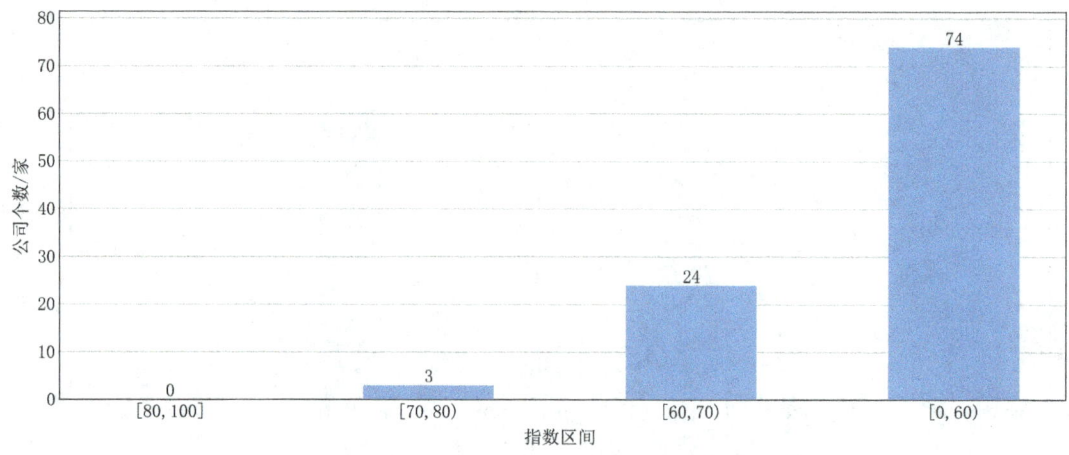

图7-205 2023年商贸零售行业上市公司创新要素投入指数分布图

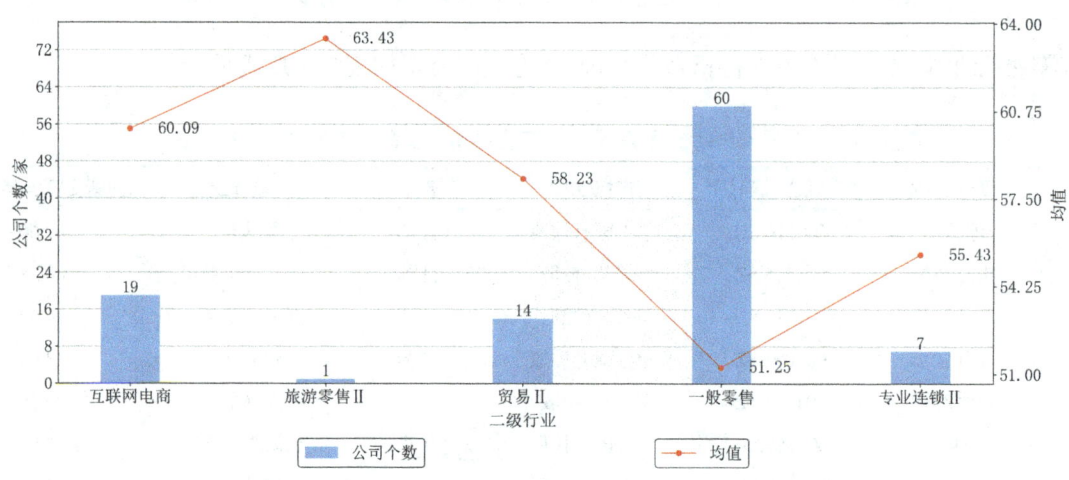

图7-206 2023年商贸零售行业上市公司创新要素投入指数均值分布图

商贸零售行业中，创新要素投入指数排名前10的上市公司如表7-103所示。

表7-103 2023年商贸零售行业上市公司创新要素投入指数前10排名

排名	证券名称	证券代码	产权性质	省份	二级行业	创新要素投入指数
1	国联股份	603613.SH	非国有控股	北京	互联网电商	71.54
2	焦点科技	002315.SZ	非国有控股	江苏	互联网电商	70.71
3	苏美达	600710.SH	中央国有控股	江苏	贸易Ⅱ	70.67
4	华鼎股份	601113.SH	非国有控股	浙江	互联网电商	69.92
5	赛维时代	301381.SZ	非国有控股	广东	互联网电商	66.94
6	怡亚通	002183.SZ	地方国有控股	广东	贸易Ⅱ	66.57
7	汇鸿集团	600981.SH	地方国有控股	江苏	贸易Ⅱ	65.76
8	吉宏股份	002803.SZ	非国有控股	福建	互联网电商	64.87
9	华凯易佰	300592.SZ	非国有控股	湖南	互联网电商	64.68
10	居然之家	000785.SZ	非国有控股	湖北	一般零售	64.06

数据来源：同花顺（iFinD），首经贸资产评估研究院和浙工商中国智能管理研究院整理。

7.21.4 创新科技成果指数

2023年商贸零售行业101家上市公司创新科技成果指数平均水平为60.69，低于全市场均值64.15。从指数分布来看，高于全市场均值的有28家，占行业内上市公司总数的27.72%。其中，最高的是中信金属，创新科技成果指数为73.91。具体来看，创新科技成果指数处于［70，80）的有2家，占比1.98%；［60，70）的有59家，占比58.42%；［0，60）的有40家，占比39.60%，如图7-207所示。

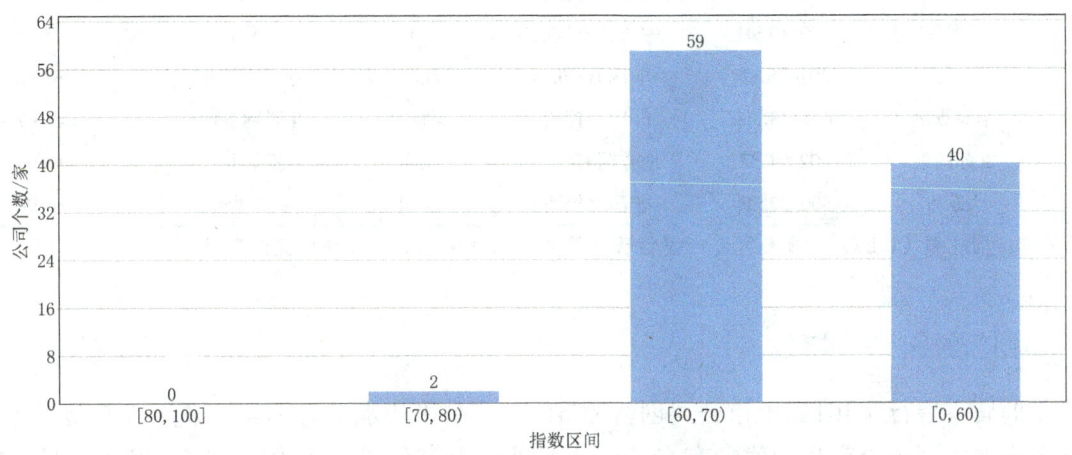

图7-207　2023年商贸零售行业上市公司创新科技成果指数分布图

从二级行业来看，创新科技成果指数平均水平最高的是旅游零售Ⅱ（63.96），最低的是一般零售（59.84），如图7-208所示。

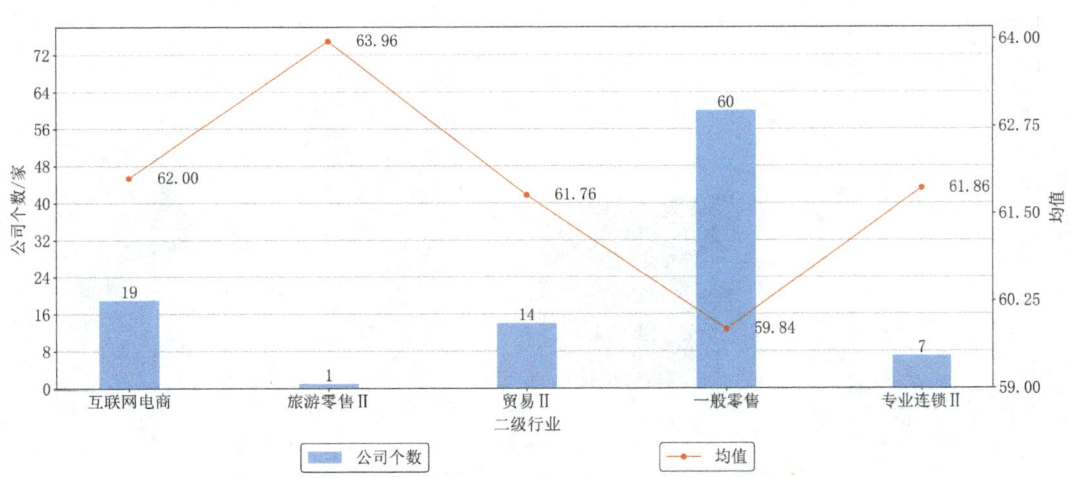

图7-208　2023年商贸零售行业上市公司创新科技成果指数均值分布图

商贸零售行业中，创新科技成果指数排名前10的上市公司如表7-104所示。

表 7-104　2023 年商贸零售行业上市公司创新科技成果指数前 10 排名

排名	证券名称	证券代码	产权性质	省份	二级行业	创新科技成果指数
1	中信金属	601061.SH	中央国有控股	北京	贸易Ⅱ	73.91
2	海宁皮城	002344.SZ	地方国有控股	浙江	一般零售	71.55
3	焦点科技	002315.SZ	非国有控股	江苏	互联网电商	69.63
4	重庆百货	600729.SH	地方国有控股	重庆	一般零售	69.40
5	通程控股	000419.SZ	地方国有控股	湖南	一般零售	69.03
6	苏美达	600710.SH	中央国有控股	江苏	贸易Ⅱ	68.93
7	孩子王	301078.SZ	非国有控股	江苏	专业连锁Ⅱ	68.46
8	华鼎股份	601113.SH	非国有控股	浙江	互联网电商	68.07
9	江苏国泰	002091.SZ	地方国有控股	江苏	贸易Ⅱ	68.00
10	大东方	600327.SH	非国有控股	江苏	一般零售	67.90

数据来源：同花顺（iFinD），首经贸资产评估研究院和浙工商中国智能管理研究院整理。

7.21.5　创新经济绩效指数

2023年商贸零售行业101家上市公司创新经济绩效指数平均水平为64.48，低于全市场均值64.49。从指数分布来看，高于全市场均值的有42家，占行业内上市公司总数的41.58%。其中，最高的是小商品城，创新经济绩效指数为86.27。具体来看，创新经济绩效指数处于［80，100］的有4家，占比3.96%；［70，80）的有25家，占比24.75%；［60，70）的有41家，占比40.59%；［0，60）的有31家，占比30.70%，如图7-209所示。

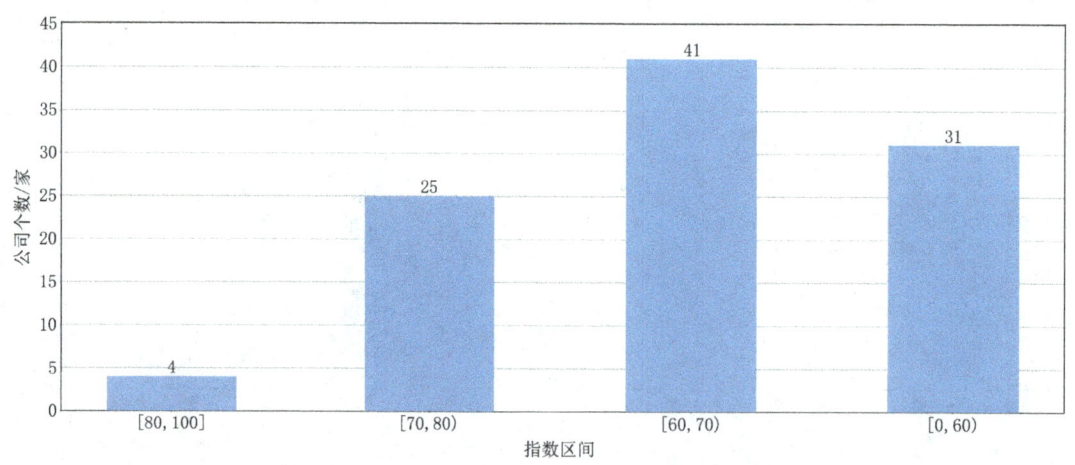

图7-209　2023年商贸零售行业上市公司创新经济绩效指数分布图

从二级行业来看，创新经济绩效指数平均水平最高的是旅游零售Ⅱ（73.21），最低的是一般零售（63.46），如图7-210所示。

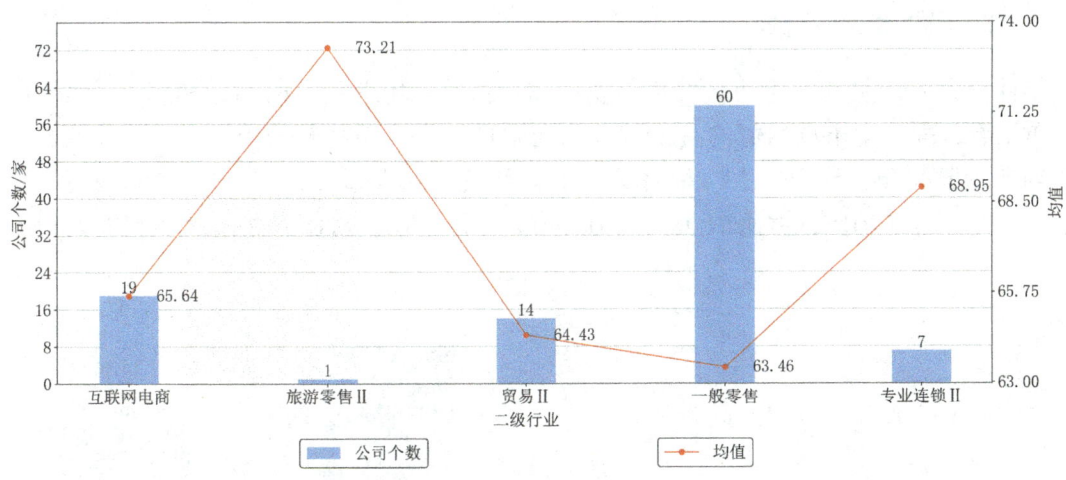

图 7-210　2023 年商贸零售行业上市公司创新经济绩效指数均值分布图

商贸零售行业中，创新经济绩效指数排名前 10 的上市公司如表 7-105 所示。

表 7-105　2023 年商贸零售行业上市公司创新经济绩效指数前 10 排名

排名	证券名称	证券代码	产权性质	省份	二级行业	创新经济绩效指数
1	小商品城	600415.SH	地方国有控股	浙江	一般零售	86.27
2	国联股份	603613.SH	非国有控股	北京	互联网电商	83.15
3	居然之家	000785.SZ	非国有控股	湖北	一般零售	82.18
4	中信金属	601061.SH	中央国有控股	北京	贸易Ⅱ	81.16
5	华凯易佰	300592.SZ	非国有控股	湖南	互联网电商	79.60
6	豫园股份	600655.SH	非国有控股	上海	一般零售	78.19
7	赛维时代	301381.SZ	非国有控股	广东	互联网电商	78.09
8	苏美达	600710.SH	中央国有控股	江苏	贸易Ⅱ	76.63
9	重庆百货	600729.SH	地方国有控股	重庆	一般零售	76.57
10	农产品	000061.SZ	地方国有控股	广东	一般零售	76.36

数据来源：同花顺（iFinD），首经贸资产评估研究院和浙工商中国智能管理研究院整理。

7.22　社会服务行业上市公司创新发展指数评价

截至 2023 年底，A 股市场社会服务行业共有上市公司 78 家，总市值共计 4773.61 亿元，营业收入合计 1786.23 亿元，平均市值 61.20 亿元/家，平均营业收入 22.90 亿元/家。市值最大的上市公司为锦江酒店（319.94 亿元），营业收入最高的上市公司为北京人力（383.12 亿元）。2023 年，社会服务行业上市公司研发投入合计为 38.90 亿元，占营业收入的 2.18%；无形资产账面价值合计为 245.73 亿元，占总资产的 7.34%。根据本报告分析口径，本节共对社会服务行业 78 家上市公司开展创新发展指数评价，具体情况如下：

7.22.1 创新发展综合指数

2023年社会服务行业78家上市公司创新发展综合指数平均水平为61.56，低于全市场均值65.40。从指数分布来看，高于全市场均值的有20家，占行业内上市公司总数的25.64%。其中，最高的是广电计量，创新发展综合指数为77.23。具体来看，创新发展综合指数处于［70，80）的有7家，占比8.97%；［60，70）的有40家，占比51.28%；［0，60）的有31家，占比39.75%，如图7-211所示。

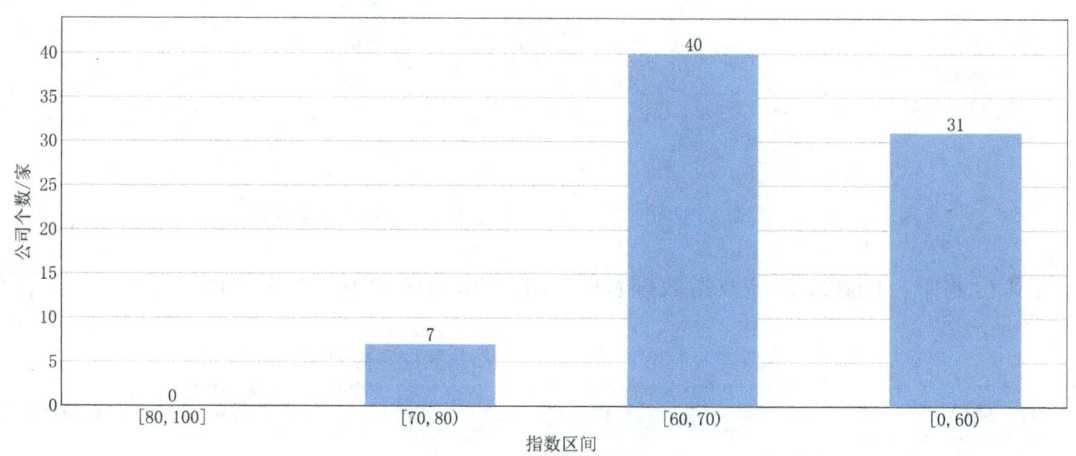

图7-211　2023年社会服务行业上市公司创新发展综合指数分布图

社会服务行业又可细分为5个二级行业，其中，创新发展综合指数平均水平最高的是专业服务（66.20），最低的是旅游及景区（57.13），如图7-212所示。

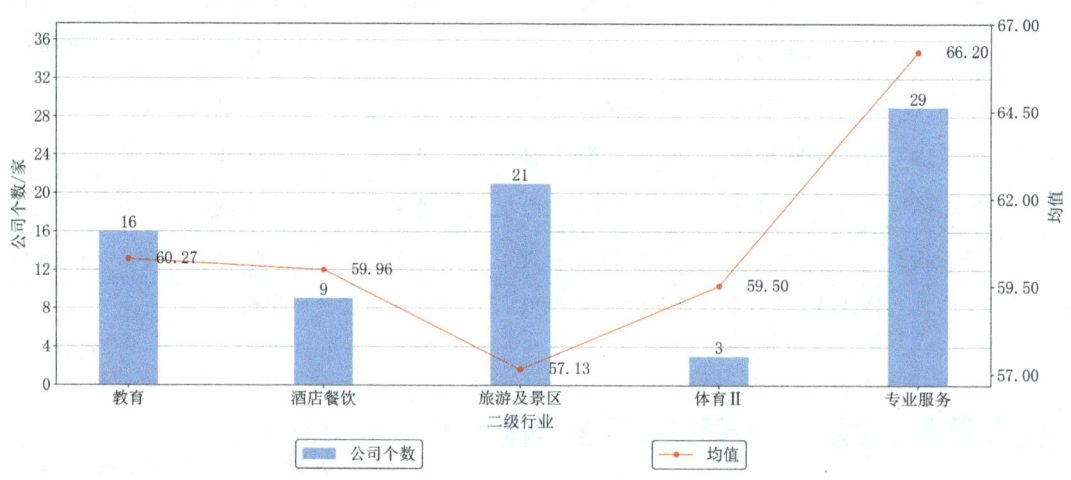

图7-212　2023年社会服务行业上市公司创新发展综合指数均值分布图

社会服务行业中，创新发展综合指数排名前10的上市公司如表7-106所示。

表 7-106　2023 年社会服务行业上市公司创新发展综合指数前 10 排名

排名	证券名称	证券代码	产权性质	省份	二级行业	创新发展综合指数
1	广电计量	002967.SZ	地方国有控股	广东	专业服务	77.23
2	华测检测	300012.SZ	非国有控股	广东	专业服务	74.78
3	国检集团	603060.SH	中央国有控股	北京	专业服务	74.63
4	科锐国际	300662.SZ	非国有控股	北京	专业服务	73.18
5	苏试试验	300416.SZ	非国有控股	江苏	专业服务	72.57
6	中钢天源	002057.SZ	中央国有控股	安徽	专业服务	71.73
7	外服控股	600662.SH	地方国有控股	上海	专业服务	71.64
8	锦江酒店	600754.SH	地方国有控股	上海	酒店餐饮	69.98
9	钢研纳克	300797.SZ	中央国有控股	北京	专业服务	69.20
10	中体产业	600158.SH	中央国有控股	天津	体育Ⅱ	68.57

数据来源：同花顺（iFinD），首经贸资产评估研究院和浙工商中国智能管理研究院整理。

7.22.2　创新资源支持指数

2023年社会服务行业78家上市公司创新资源支持指数平均水平为62.86，低于全市场均值67.08。从指数分布来看，高于全市场均值的有21家，占行业内上市公司总数的26.92%。其中，最高的是广电计量，创新资源支持指数为82.16。具体来看，创新资源支持指数处于［80，100］的有1家，占比1.28%；［70，80）的有12家，占比15.38%；［60，70）的有35家，占比44.87%；［0，60）的有30家，占比38.47%，如图7-213所示。

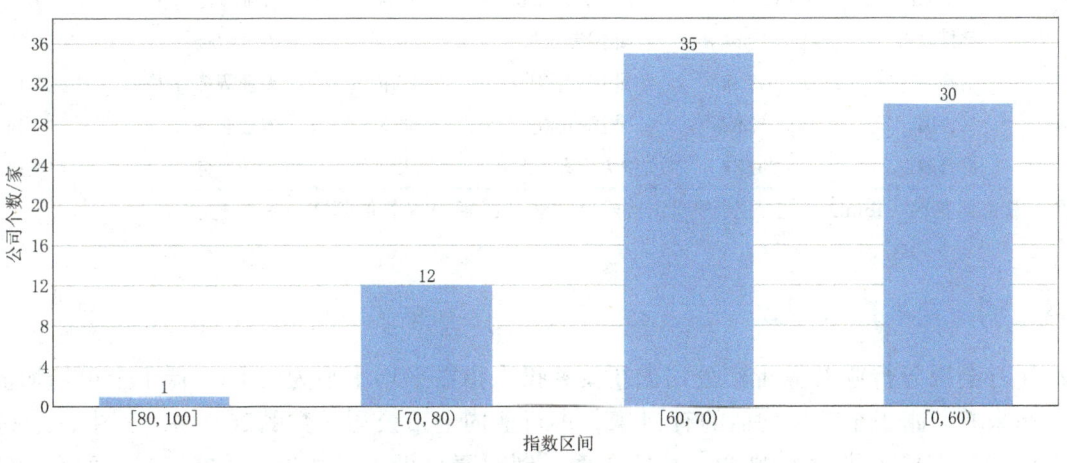

图7-213　2023年社会服务行业上市公司创新资源支持指数分布图

从二级行业来看，创新资源支持指数平均水平最高的是专业服务（68.70），最低的是旅游及景区（58.11），如图7-214所示。

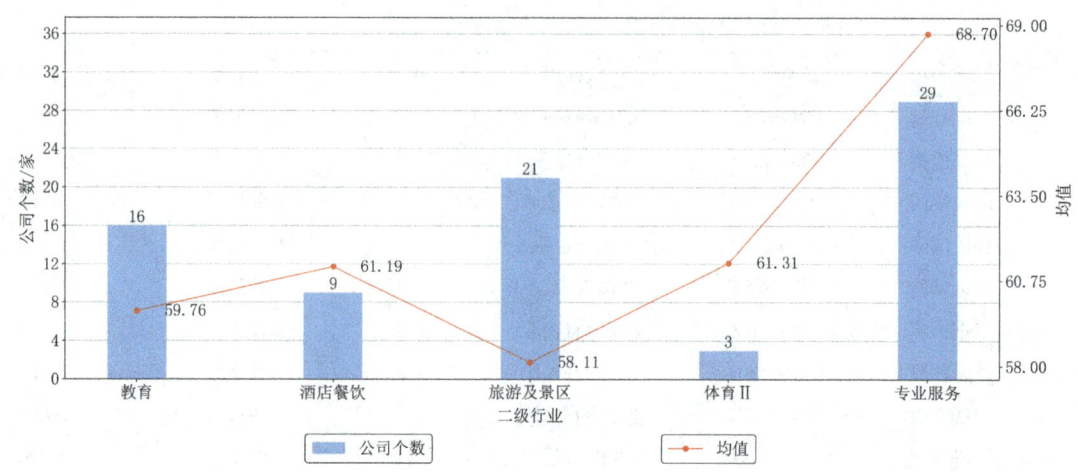

图 7-214　2023 年社会服务行业上市公司创新资源支持指数均值分布图

社会服务行业中，创新资源支持指数排名前10的上市公司如表7-107所示。

表 7-107　2023 年社会服务行业上市公司创新资源支持指数前 10 排名

排名	证券名称	证券代码	产权性质	省份	二级行业	创新资源支持指数
1	广电计量	002967.SZ	地方国有控股	广东	专业服务	82.16
2	华测检测	300012.SZ	非国有控股	广东	专业服务	79.98
3	谱尼测试	300887.SZ	非国有控股	北京	专业服务	79.22
4	苏试试验	300416.SZ	非国有控股	江苏	专业服务	78.86
5	国检集团	603060.SH	中央国有控股	北京	专业服务	78.17
6	中钢天源	002057.SZ	中央国有控股	安徽	专业服务	77.55
7	建科股份	301115.SZ	非国有控股	江苏	专业服务	76.33
8	信测标准	300938.SZ	非国有控股	广东	专业服务	75.14
9	科锐国际	300662.SZ	非国有控股	北京	专业服务	74.24
10	钢研纳克	300797.SZ	中央国有控股	北京	专业服务	74.18

数据来源：同花顺（iFinD），首经贸资产评估研究院和浙工商中国智能管理研究院整理。

7.22.3　创新要素投入指数

2023年社会服务行业78家上市公司创新要素投入指数平均水平为58.83，低于全市场均值66.07。从指数分布来看，高于全市场均值的有21家，占行业内上市公司总数的26.92%。其中，最高的是华测检测，创新要素投入指数为77.42。具体来看，创新要素投入指数处于［70，80）的有7家，占比8.97%；［60，70）的有32家，占比41.03%；［0，60）的有39家，占比50.00%，如图7-215所示。

从二级行业来看，创新要素投入指数平均水平最高的是专业服务（65.91），最低的是旅游及景区（51.09），如图7-216所示。

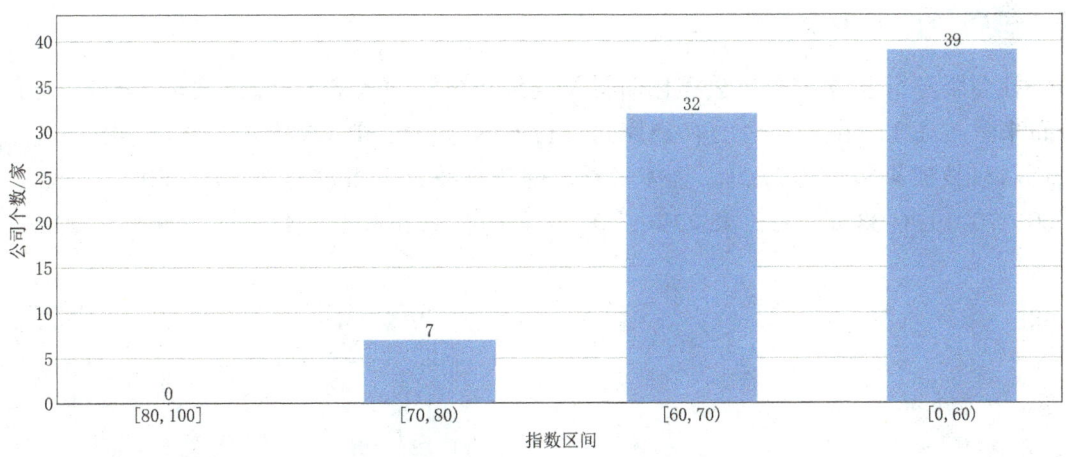

图7-215　2023年社会服务行业上市公司创新要素投入指数分布图

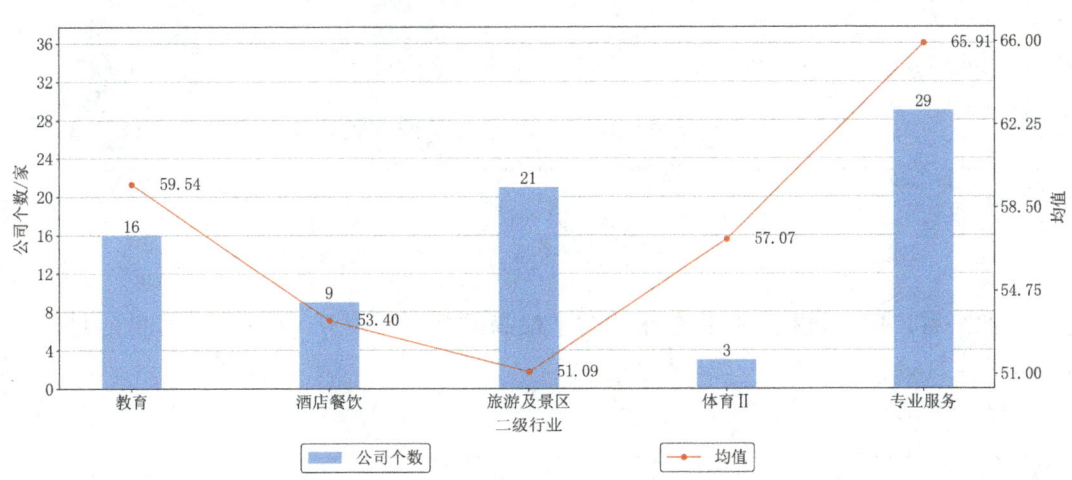

图7-216　2023年社会服务行业上市公司创新要素投入指数均值分布图

社会服务行业中，创新要素投入指数排名前10的上市公司如表7-108所示。

表7-108　2023年社会服务行业上市公司创新要素投入指数前10排名

排名	证券名称	证券代码	产权性质	省份	二级行业	创新要素投入指数
1	华测检测	300012.SZ	非国有控股	广东	专业服务	77.42
2	广电计量	002967.SZ	地方国有控股	广东	专业服务	75.66
3	国检集团	603060.SH	中央国有控股	北京	专业服务	74.80
4	苏试试验	300416.SZ	非国有控股	江苏	专业服务	72.26
5	中钢天源	002057.SZ	中央国有控股	安徽	专业服务	72.10
6	钢研纳克	300797.SZ	中央国有控股	北京	专业服务	71.23
7	零点有数	301169.SZ	非国有控股	北京	专业服务	70.54
8	锦江酒店	600754.SH	地方国有控股	上海	酒店餐饮	69.68
9	中体产业	600158.SH	中央国有控股	天津	体育Ⅱ	68.72
10	建科股份	301115.SZ	非国有控股	江苏	专业服务	68.63

数据来源：同花顺（iFinD），首经贸资产评估研究院和浙工商中国智能管理研究院整理。

7.22.4 创新科技成果指数

2023年社会服务行业78家上市公司创新科技成果指数平均水平为60.55，低于全市场均值64.15。从指数分布来看，高于全市场均值的有15家，占行业内上市公司总数的19.23%。其中，最高的是广电计量，创新科技成果指数为77.21。具体来看，创新科技成果指数处于[70，80)的有5家，占比6.41%；[60，70)的有38家，占比48.72%；[0，60)的有35家，占比44.87%，如图7-217所示。

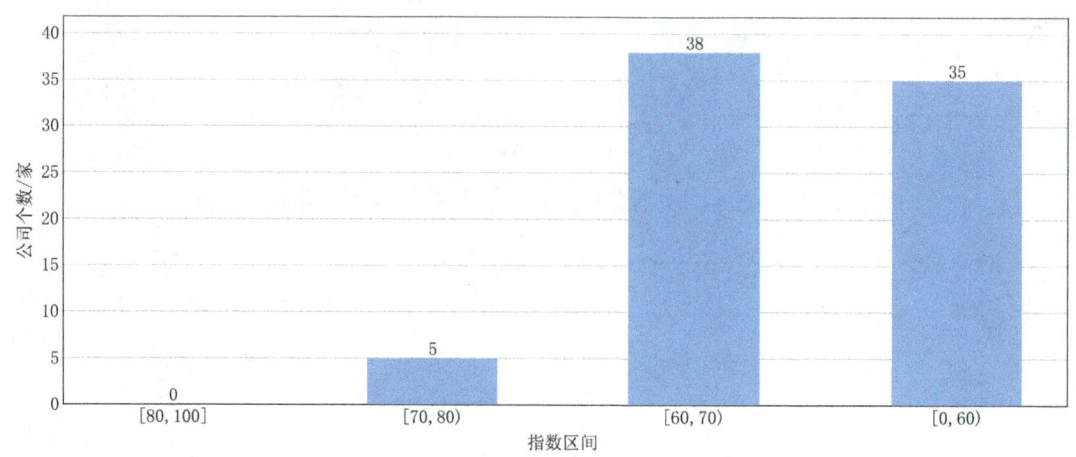

图7-217　2023年社会服务行业上市公司创新科技成果指数分布图

从二级行业来看，创新科技成果指数平均水平最高的是专业服务（62.67），最低的是旅游及景区（58.46），如图7-218所示。

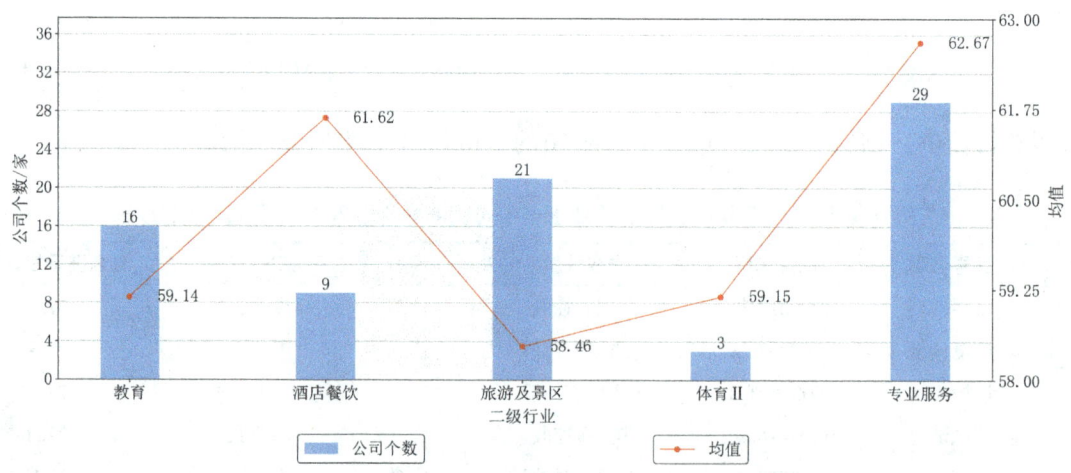

图7-218　2023年社会服务行业上市公司创新科技成果指数均值分布图

社会服务行业中，创新科技成果指数排名前10的上市公司如表7-109所示。

表 7-109　2023 年社会服务行业上市公司创新科技成果指数前 10 排名

排名	证券名称	证券代码	产权性质	省份	二级行业	创新科技成果指数
1	广电计量	002967.SZ	地方国有控股	广东	专业服务	77.21
2	首旅酒店	600258.SH	地方国有控股	北京	酒店餐饮	73.79
3	科锐国际	300662.SZ	非国有控股	北京	专业服务	73.48
4	中公教育	002607.SZ	非国有控股	安徽	教育	73.46
5	国检集团	603060.SH	中央国有控股	北京	专业服务	72.42
6	中钢天源	002057.SZ	中央国有控股	安徽	专业服务	68.71
7	米奥会展	300795.SZ	非国有控股	浙江	专业服务	67.90
8	国缆检测	301289.SZ	地方国有控股	上海	专业服务	67.73
9	苏试试验	300416.SZ	非国有控股	江苏	专业服务	67.38
10	钢研纳克	300797.SZ	中央国有控股	北京	专业服务	66.12

数据来源：同花顺（iFinD），首经贸资产评估研究院和浙工商中国智能管理研究院整理。

7.22.5　创新经济绩效指数

2023年社会服务行业78家上市公司创新经济绩效指数平均水平为64.78，高于全市场均值64.49。从指数分布来看，高于全市场均值的有35家，占行业内上市公司总数的44.87%。其中，最高的是外服控股，创新经济绩效指数为84.22。具体来看，创新经济绩效指数处于［80，100］的有2家，占比2.56%；［70，80）的有20家，占比25.64%；［60，70）的有31家，占比39.74%；［0，60）的有25家，占比32.06%，如图7-219所示。

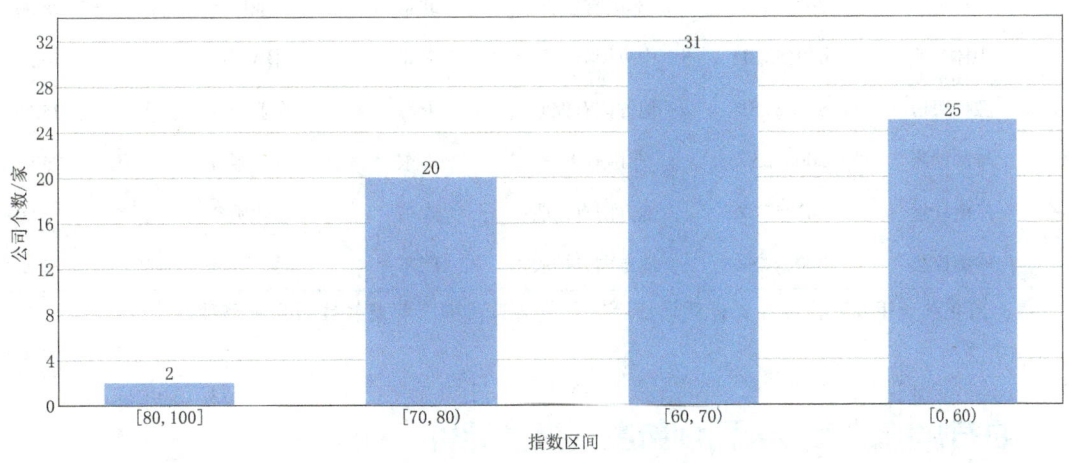

图 7-219　2023 年社会服务行业上市公司创新经济绩效指数分布图

从二级行业来看，创新经济绩效指数平均水平最高的是专业服务（67.86），最低的是体育Ⅱ（61.40），如图7-220所示。

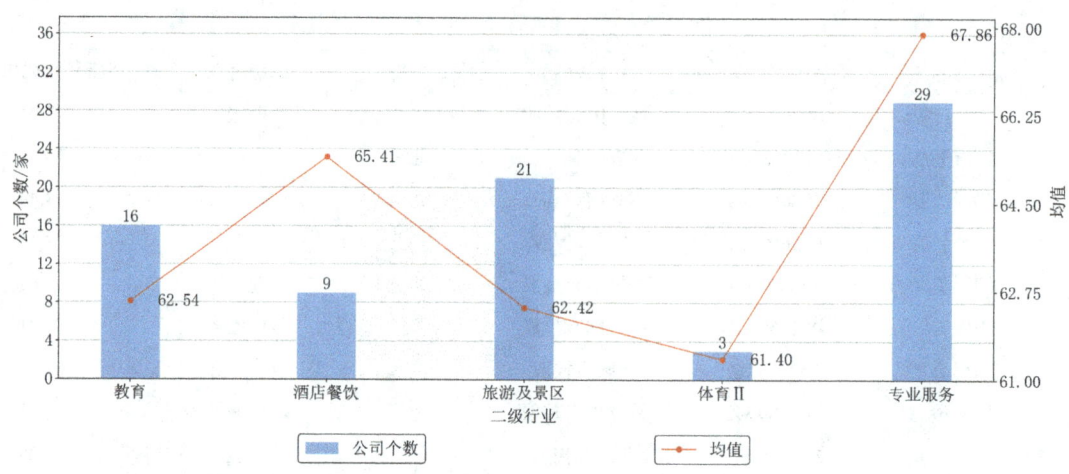

图7-220 2023年社会服务行业上市公司创新经济绩效指数均值分布图

社会服务行业中，创新经济绩效指数排名前10的上市公司如表7-110所示。

表7-110 2023年社会服务行业上市公司创新经济绩效指数前10排名

排名	证券名称	证券代码	产权性质	省份	二级行业	创新经济绩效指数
1	外服控股	600662.SH	地方国有控股	上海	专业服务	84.22
2	学大教育	000526.SZ	非国有控股	福建	教育	80.02
3	北京人力	600861.SH	地方国有控股	北京	专业服务	79.76
4	锦江酒店	600754.SH	地方国有控股	上海	酒店餐饮	78.98
5	科锐国际	300662.SZ	非国有控股	北京	专业服务	78.39
6	中体产业	600158.SH	中央国有控股	天津	体育Ⅱ	76.33
7	兰生股份	600826.SH	地方国有控股	上海	专业服务	75.79
8	华测检测	300012.SZ	非国有控股	广东	专业服务	75.56
9	广电计量	002967.SZ	地方国有控股	广东	专业服务	75.50
10	岭南控股	000524.SZ	地方国有控股	广东	旅游及景区	75.26

数据来源：同花顺（iFinD），首经贸资产评估研究院和浙工商中国智能管理研究院整理。

7.23 石油石化行业上市公司创新发展指数评价

截至2023年底，A股市场石油石化行业共有上市公司48家，总市值共计37106.82亿元，营业收入合计81774.21亿元，平均市值773.06亿元/家，平均营业收入1703.63亿元/家。市值最大的上市公司为中国石油（12921.28亿元），营业收入最高的上市公司为中国石化（32122.15亿元）。2023年，石油石化行业上市公司研发投入合计为868.43亿元，占营业收入的1.06%；无形资产账面价值合计为2849.05亿元，占总资产的3.79%。根据本报告分析口径，本节共对石油石化行业48家上市公司开展创新发展指数评价，具体情况如下：

7.23.1 创新发展综合指数

2023年石油石化行业48家上市公司创新发展综合指数平均水平为63.94，低于全市场均值65.40。从指数分布来看，高于全市场均值的有20家，占行业内上市公司总数的41.67%。其中，最高的是中海油服，创新发展综合指数为81.19。具体来看，创新发展综合指数处于[80，100]的有1家，占比2.08%；[70，80）的有12家，占比25.00%；[60，70）的有18家，占比37.50%；[0，60）的有17家，占比35.42%，如图7-221所示。

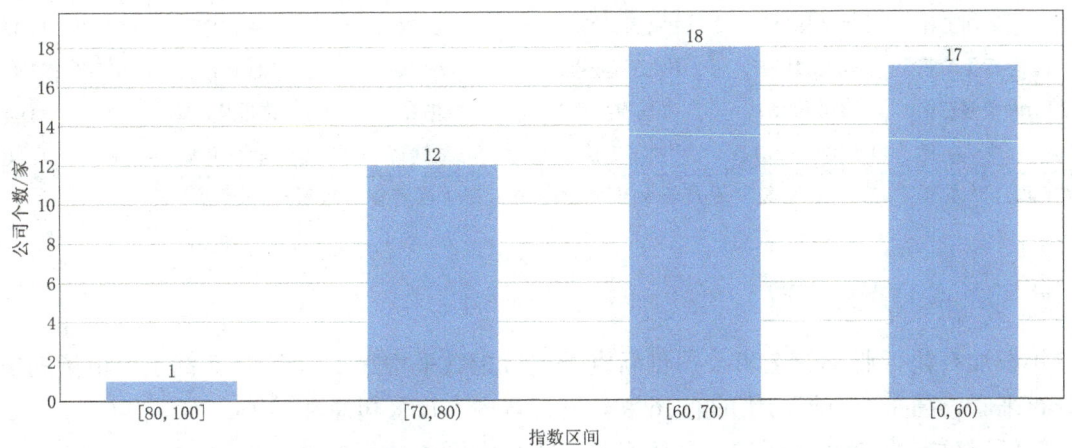

图7-221　2023年石油石化行业上市公司创新发展综合指数分布图

石油石化行业又可细分为3个二级行业，其中，创新发展综合指数平均水平最高的是油服工程（65.72），最低的是油气开采Ⅱ（62.70），如图7-222所示。

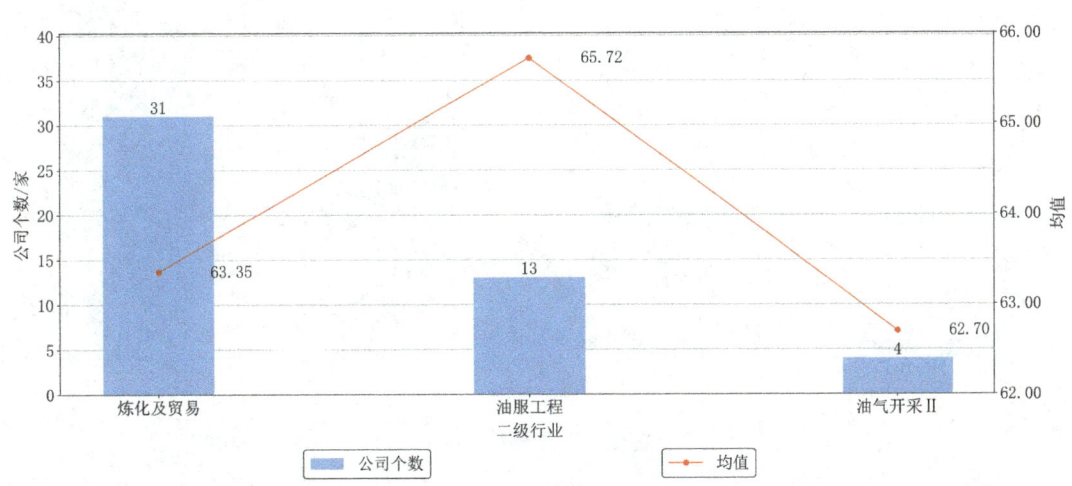

图7-222　2023年石油石化行业上市公司创新发展综合指数均值分布图

石油石化行业中，创新发展综合指数排名前10的上市公司如表7-111所示。

表 7-111　2023 年石油石化行业上市公司创新发展综合指数前 10 排名

排名	证券名称	证券代码	产权性质	省份	二级行业	创新发展综合指数
1	中海油服	601808.SH	中央国有控股	天津	油服工程	81.19
2	东方盛虹	000301.SZ	非国有控股	江苏	炼化及贸易	78.19
3	海油发展	600968.SH	中央国有控股	北京	油服工程	77.20
4	恒力石化	600346.SH	非国有控股	辽宁	炼化及贸易	76.29
5	中国石化	600028.SH	中央国有控股	北京	炼化及贸易	75.68
6	桐昆股份	601233.SH	非国有控股	浙江	炼化及贸易	74.49
7	海油工程	600583.SH	中央国有控股	天津	油服工程	74.37
8	石化油服	600871.SH	中央国有控股	北京	油服工程	73.83
9	荣盛石化	002493.SZ	非国有控股	浙江	炼化及贸易	73.04
10	中油工程	600339.SH	中央国有控股	新疆	油服工程	72.26

数据来源：同花顺（iFinD），首经贸资产评估研究院和浙工商中国智能管理研究院整理。

7.23.2　创新资源支持指数

2023年石油石化行业48家上市公司创新资源支持指数平均水平为62.16，低于全市场均值67.08。从指数分布来看，高于全市场均值的有16家，占行业内上市公司总数的33.33%。其中，最高的是恒逸石化，创新资源支持指数为81.32。具体来看，创新资源支持指数处于［80，100］的有1家，占比2.08%；［70，80）的有10家，占比20.83%；［60，70）的有16家，占比33.33%；［0，60）的有21家，占比43.76%，如图7-223所示。

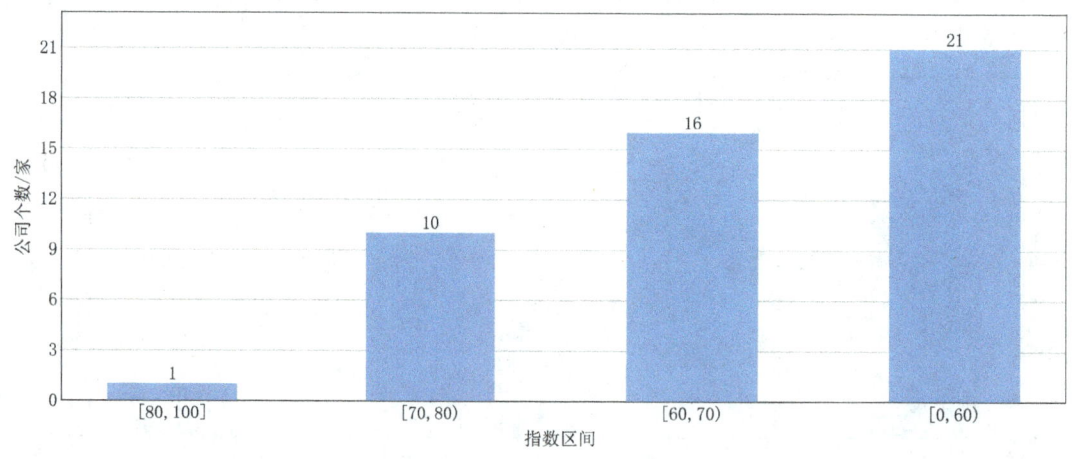

图 7-223　2023 年石油石化行业上市公司创新资源支持指数分布图

从二级行业来看，创新资源支持指数平均水平最高的是油服工程（63.65），最低的是油气开采Ⅱ（58.05），如图7-224所示。

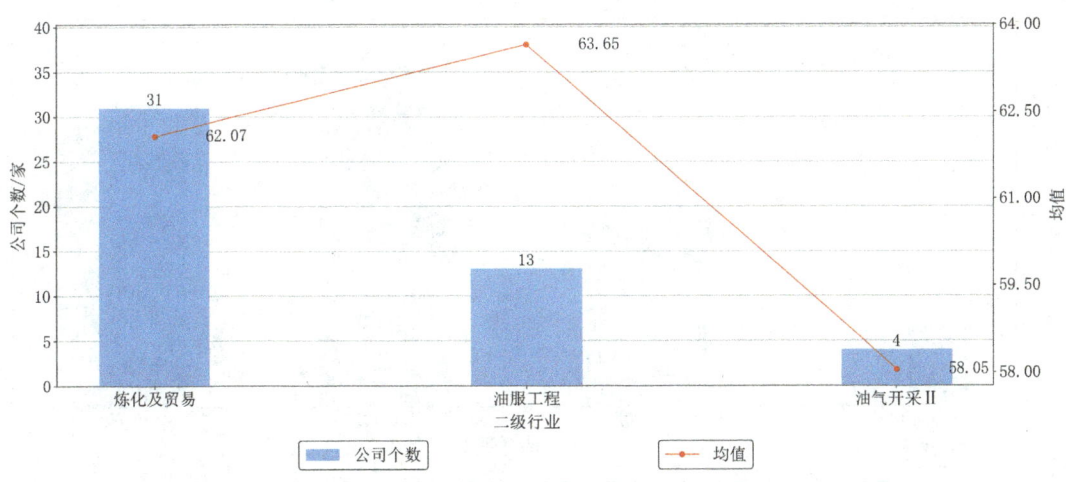

图7-224 2023年石油石化行业上市公司创新资源支持指数均值分布图

石油石化行业中，创新资源支持指数排名前10的上市公司如表7-112所示。

表7-112 2023年石油石化行业上市公司创新资源支持指数前10排名

排名	证券名称	证券代码	产权性质	省份	二级行业	创新资源支持指数
1	恒逸石化	000703.SZ	非国有控股	广西	炼化及贸易	81.32
2	中国石化	600028.SH	中央国有控股	北京	炼化及贸易	79.12
3	东方盛虹	000301.SZ	非国有控股	江苏	炼化及贸易	77.11
4	恒力石化	600346.SH	非国有控股	辽宁	炼化及贸易	76.95
5	桐昆股份	601233.SH	非国有控股	浙江	炼化及贸易	75.15
6	中曼石油	603619.SH	非国有控股	上海	油服工程	74.92
7	海油发展	600968.SH	中央国有控股	北京	油服工程	74.89
8	中海油服	601808.SH	中央国有控股	天津	油服工程	74.22
9	宇新股份	002986.SZ	非国有控股	广东	炼化及贸易	73.91
10	华锦股份	000059.SZ	中央国有控股	辽宁	炼化及贸易	71.21

数据来源：同花顺（iFinD），首经贸资产评估研究院和浙工商中国智能管理研究院整理。

7.23.3 创新要素投入指数

2023年石油石化行业48家上市公司创新要素投入指数平均水平为64.40，低于全市场均值66.07。从指数分布来看，高于全市场均值的有20家，占行业内上市公司总数的41.67%。其中，最高的是中海油服，创新要素投入指数为83.45。具体来看，创新要素投入指数处于［80，100］的有4家，占比8.33%；［70，80）的有11家，占比22.92%；［60，70）的有18家，占比37.50%；［0，60）的有15家，占比31.25%，如图7-225所示。

从二级行业来看，创新要素投入指数平均水平最高的是油服工程（67.16），最低的是油气开采Ⅱ（60.89），如图7-226所示。

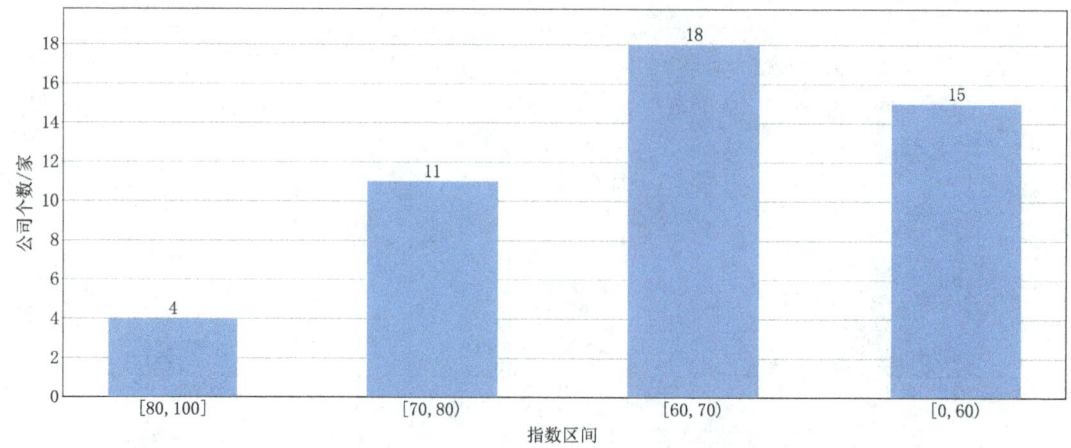

图7-225　2023年石油石化行业上市公司创新要素投入指数分布图

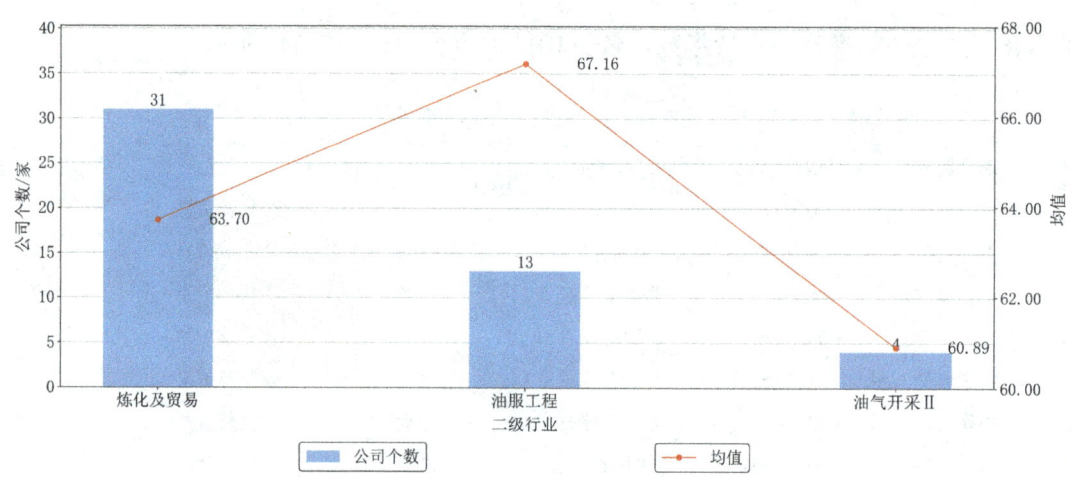

图7-226　2023年石油石化行业上市公司创新要素投入指数均值分布图

石油石化行业中，创新要素投入指数排名前10的上市公司如表7-113所示。

表7-113　2023年石油石化行业上市公司创新要素投入指数前10排名

排名	证券名称	证券代码	产权性质	省份	二级行业	创新要素投入指数
1	中海油服	601808.SH	中央国有控股	天津	油服工程	83.45
2	荣盛石化	002493.SZ	非国有控股	浙江	炼化及贸易	81.56
3	东方盛虹	000301.SZ	非国有控股	江苏	炼化及贸易	81.37
4	海油工程	600583.SH	中央国有控股	天津	油服工程	80.70
5	中油工程	600339.SH	中央国有控股	新疆	油服工程	78.18
6	海油发展	600968.SH	中央国有控股	北京	油服工程	78.14
7	中国海油	600938.SH	中央国有控股	—	油气开采Ⅱ	77.31
8	恒力石化	600346.SH	非国有控股	辽宁	炼化及贸易	75.58
9	恒逸石化	000703.SZ	非国有控股	广西	炼化及贸易	73.93
10	中国石油	601857.SH	中央国有控股	北京	炼化及贸易	73.80

数据来源：同花顺（iFinD），首经贸资产评估研究院和浙工商中国智能管理研究院整理。

7.23.4 创新科技成果指数

2023年石油石化行业48家上市公司创新科技成果指数平均水平为64.36，高于全市场均值64.15。从指数分布来看，高于全市场均值的有22家，占行业内上市公司总数的45.83%。其中，最高的是中海油服，创新科技成果指数为79.36。具体来看，创新科技成果指数处于[70，80）的有10家，占比20.83%；[60，70）的有28家，占比58.34%；[0，60）的有10家，占比20.83%，如图7-227所示。

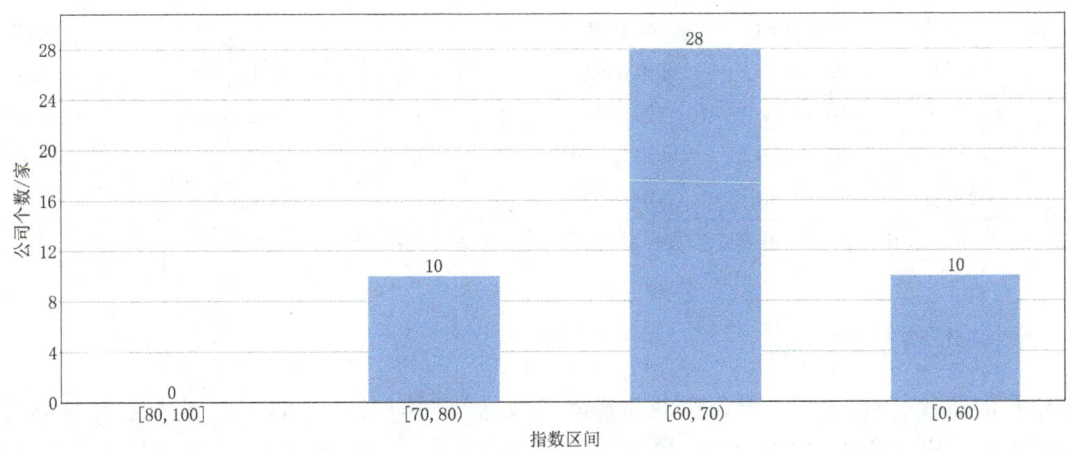

图7-227　2023年石油石化行业上市公司创新科技成果指数分布图

从二级行业来看，创新科技成果指数平均水平最高的是炼化及贸易（64.46），最低的是油气开采Ⅱ（63.32），如图7-228所示。

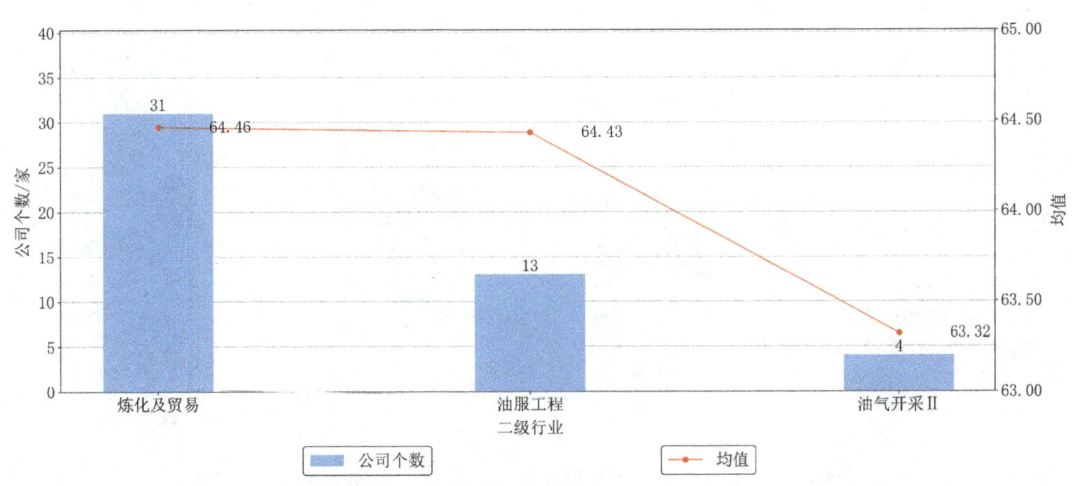

图7-228　2023年石油石化行业上市公司创新科技成果指数均值分布图

石油石化行业中，创新科技成果指数排名前10的上市公司如表7-114所示。

表 7-114 2023 年石油石化行业上市公司创新科技成果指数前 10 排名

排名	证券名称	证券代码	产权性质	省份	二级行业	创新科技成果指数
1	中海油服	601808.SH	中央国有控股	天津	油服工程	79.36
2	石化油服	600871.SH	中央国有控股	北京	油服工程	75.24
3	中国石油	601857.SH	中央国有控股	北京	炼化及贸易	74.77
4	东方盛虹	000301.SZ	非国有控股	江苏	炼化及贸易	74.67
5	齐翔腾达	002408.SZ	地方国有控股	山东	炼化及贸易	73.70
6	海油发展	600968.SH	中央国有控股	北京	油服工程	72.69
7	恒力石化	600346.SH	非国有控股	辽宁	炼化及贸易	72.34
8	恒逸石化	000703.SZ	非国有控股	广西	炼化及贸易	71.69
9	康普顿	603798.SH	非国有控股	山东	炼化及贸易	70.46
10	桐昆股份	601233.SH	非国有控股	浙江	炼化及贸易	70.39

数据来源：同花顺（iFinD），首经贸资产评估研究院和浙工商中国智能管理研究院整理。

7.23.5 创新经济绩效指数

2023年石油石化行业48家上市公司创新经济绩效指数平均水平为64.33，低于全市场均值64.49。从指数分布来看，高于全市场均值的有20家，占行业内上市公司总数的41.67%。其中，最高的是中海油服，创新经济绩效指数为85.24。具体来看，创新经济绩效指数处于［80，100］的有5家，占比10.42%；［70，80）的有9家，占比18.75%；［60，70）的有15家，占比31.25%；［0，60）的有19家，占比39.58%，如图7-229所示。

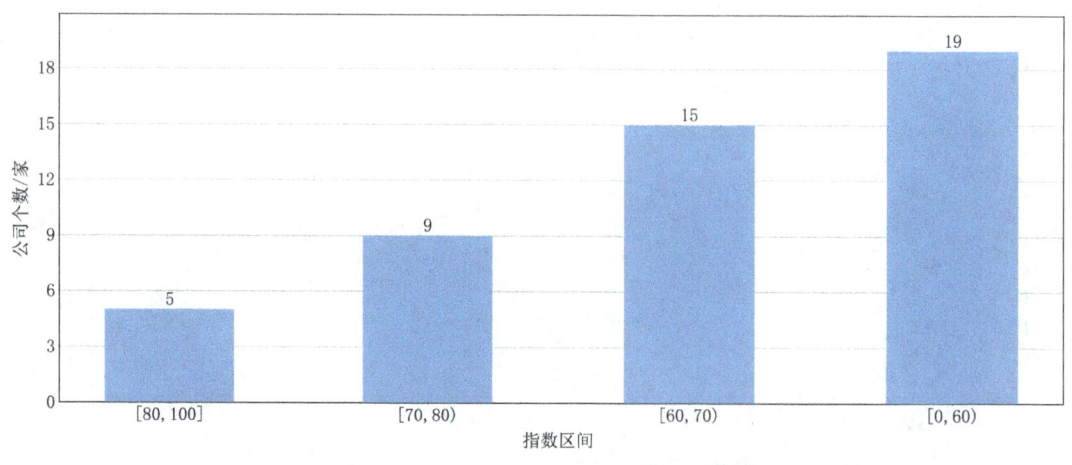

图 7-229 2023 年石油石化行业上市公司创新经济绩效指数分布图

从二级行业来看，创新经济绩效指数平均水平最高的是油气开采Ⅱ（67.73），最低的是炼化及贸易（62.90），如图7-230所示。

第7章 中国上市公司创新发展指数评价——行业维度

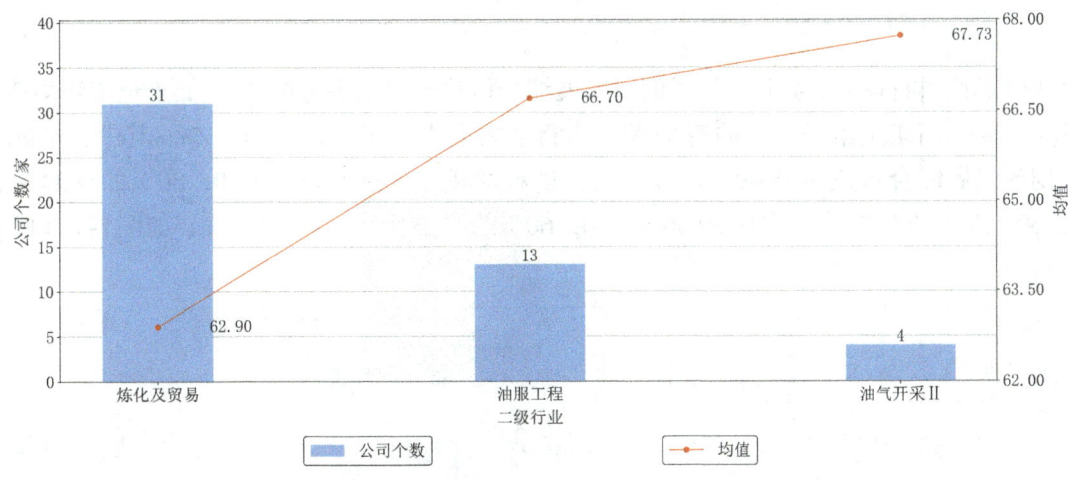

图7-230 2023年石油石化行业上市公司创新经济绩效指数均值分布图

石油石化行业中，创新经济绩效指数排名前10的上市公司如表7-115所示。

表7-115 2023年石油石化行业上市公司创新经济绩效指数前10排名

排名	证券名称	证券代码	产权性质	省份	二级行业	创新经济绩效指数
1	中海油服	601808.SH	中央国有控股	天津	油服工程	85.24
2	海油发展	600968.SH	中央国有控股	北京	油服工程	81.79
3	中国石化	600028.SH	中央国有控股	北京	炼化及贸易	81.19
4	恒力石化	600346.SH	非国有控股	辽宁	炼化及贸易	80.18
5	桐昆股份	601233.SH	非国有控股	浙江	炼化及贸易	80.01
6	石化油服	600871.SH	中央国有控股	北京	油服工程	78.55
7	东方盛虹	000301.SZ	非国有控股	江苏	炼化及贸易	78.33
8	海油工程	600583.SH	中央国有控股	天津	油服工程	76.37
9	广汇能源	600256.SH	非国有控股	新疆	炼化及贸易	74.54
10	中国海油	600938.SH	中央国有控股	—	油气开采Ⅱ	74.32

数据来源：同花顺（iFinD），首经贸资产评估研究院和浙工商中国智能管理研究院整理。

7.24 食品饮料行业上市公司创新发展指数评价

截至2023年底，A股市场食品饮料行业共有上市公司127家，总市值共计53177.72亿元，营业收入合计10455.22亿元，平均市值418.72亿元/家，平均营业收入82.32亿元/家。市值最大的上市公司为贵州茅台（21681.97亿元），营业收入最高的上市公司为贵州茅台（1476.94亿元）。2023年，食品饮料行业上市公司研发投入合计为98.59亿元，占营业收入的0.94%；无形资产账面价值合计为552.28亿元，占总资产的3.56%。根据本报告分析口径，本节共对食品饮料行业127家上市公司开展创新发展指数评价，具体情况如下：

7.24.1 创新发展综合指数

2023年食品饮料行业127家上市公司创新发展综合指数平均水平为64.34，低于全市场均值65.40。从指数分布来看，高于全市场均值的有53家，占行业内上市公司总数的41.73%。其中，最高的是伊利股份，创新发展综合指数为78.69。具体来看，创新发展综合指数处于［70，80）的有24家，占比18.90%；［60，70）的有75家，占比59.06%；［0，60）的有28家，占比22.04%，如图7-231所示。

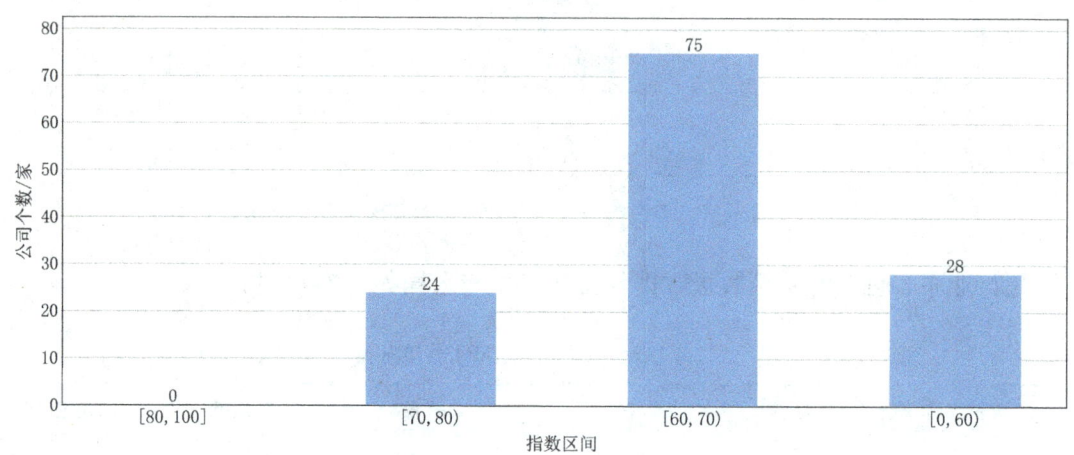

图7-231 2023年食品饮料行业上市公司创新发展综合指数分布图

食品饮料行业又可细分为6个二级行业，其中，创新发展综合指数平均水平最高的是白酒Ⅱ（65.70），最低的是非白酒（62.64），如图7-232所示。

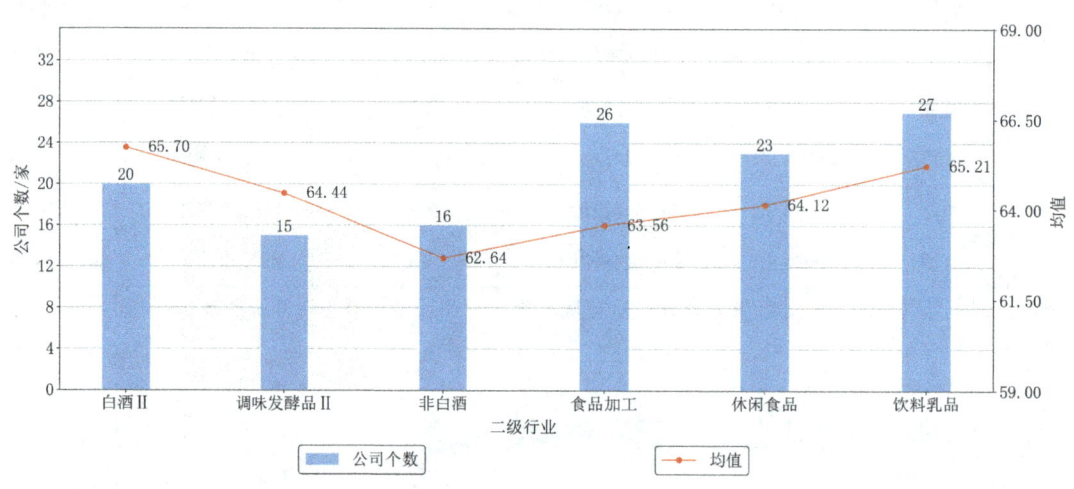

图7-232 2023年食品饮料行业上市公司创新发展综合指数均值分布图

食品饮料行业中，创新发展综合指数排名前10的上市公司如表7-116所示。

表 7-116 2023 年食品饮料行业上市公司创新发展综合指数前 10 排名

排名	证券名称	证券代码	产权性质	省份	二级行业	创新发展综合指数
1	伊利股份	600887.SH	非国有控股	内蒙古	饮料乳品	78.69
2	安琪酵母	600298.SH	地方国有控股	湖北	调味发酵品Ⅱ	75.45
3	海天味业	603288.SH	非国有控股	广东	调味发酵品Ⅱ	73.97
4	金达威	002626.SZ	非国有控股	福建	食品加工	73.66
5	重庆啤酒	600132.SH	非国有控股	重庆	非白酒	73.63
6	贵州茅台	600519.SH	地方国有控股	贵州	白酒Ⅱ	73.62
7	五粮液	000858.SZ	地方国有控股	四川	白酒Ⅱ	73.59
8	珠江啤酒	002461.SZ	地方国有控股	广东	非白酒	72.59
9	古井贡酒	000596.SZ	地方国有控股	安徽	白酒Ⅱ	72.57
10	双汇发展	000895.SZ	非国有控股	河南	食品加工	72.35

数据来源：同花顺（iFinD），首经贸资产评估研究院和浙工商中国智能管理研究院整理。

7.24.2 创新资源支持指数

2023年食品饮料行业127家上市公司创新资源支持指数平均水平为64.62，低于全市场均值67.08。从指数分布来看，高于全市场均值的有44家，占行业内上市公司总数的34.65%。其中，最高的是安琪酵母，创新资源支持指数为84.48。具体来看，创新资源支持指数处于［80，100］的有4家，占比3.15%；［70，80）的有27家，占比21.26%；［60，70）的有63家，占比49.61%；［0，60）的有33家，占比25.98%，如图7-233所示。

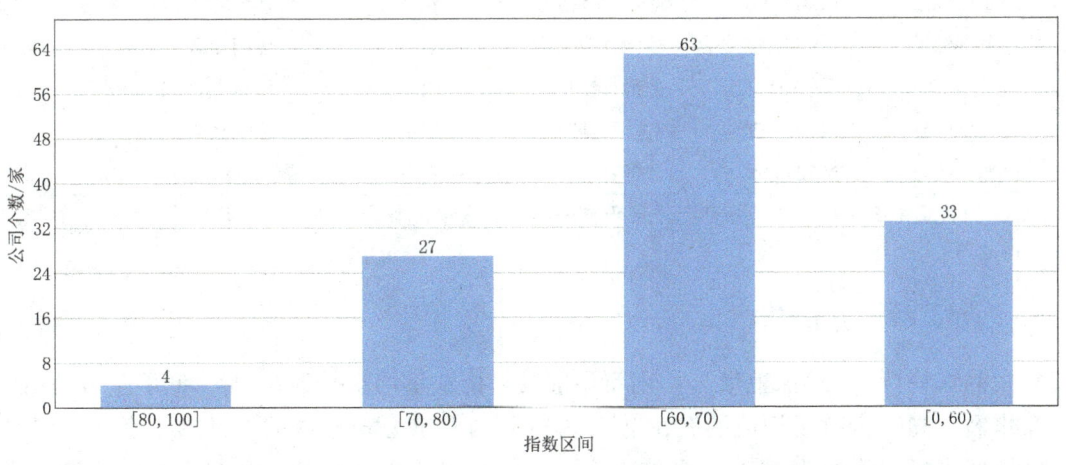

图 7-233 2023 年食品饮料行业上市公司创新资源支持指数分布图

从二级行业来看，创新资源支持指数平均水平最高的是饮料乳品（67.48），最低的是白酒Ⅱ（61.61），如图7-234所示。

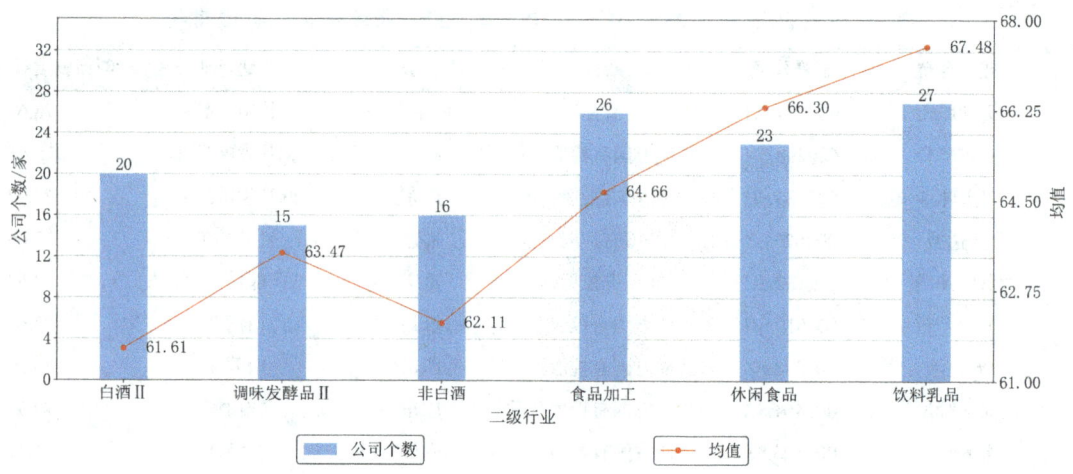

图7-234　2023年食品饮料行业上市公司创新资源支持指数均值分布图

食品饮料行业中，创新资源支持指数排名前10的上市公司如表7-117所示。

表7-117　2023年食品饮料行业上市公司创新资源支持指数前10排名

排名	证券名称	证券代码	产权性质	省份	二级行业	创新资源支持指数
1	安琪酵母	600298.SH	地方国有控股	湖北	调味发酵品Ⅱ	84.48
2	伊利股份	600887.SH	非国有控股	内蒙古	饮料乳品	83.48
3	洽洽食品	002557.SZ	非国有控股	安徽	休闲食品	81.98
4	金达威	002626.SZ	非国有控股	福建	食品加工	80.28
5	妙可蓝多	600882.SH	非国有控股	上海	饮料乳品	77.81
6	三元股份	600429.SH	地方国有控股	北京	饮料乳品	77.31
7	盐津铺子	002847.SZ	非国有控股	湖南	休闲食品	77.26
8	新乳业	002946.SZ	非国有控股	四川	饮料乳品	77.26
9	珠江啤酒	002461.SZ	地方国有控股	广东	非白酒	77.24
10	海天味业	603288.SH	非国有控股	广东	调味发酵品Ⅱ	75.77

数据来源：同花顺（iFinD），首经贸资产评估研究院和浙工商中国智能管理研究院整理。

7.24.3　创新要素投入指数

2023年食品饮料行业127家上市公司创新要素投入指数平均水平为61.90，低于全市场均值66.07。从指数分布来看，高于全市场均值的有31家，占行业内上市公司总数的24.41%。其中，最高的是安琪酵母，创新要素投入指数为75.95。具体来看，创新要素投入指数处于[70，80）的有12家，占比9.45%；[60，70）的有66家，占比51.97%；[0，60）的有49家，占比38.58%，如图7-235所示。

从二级行业来看，创新要素投入指数平均水平最高的是白酒Ⅱ（63.20），最低的是休闲食品（60.29），如图7-236所示。

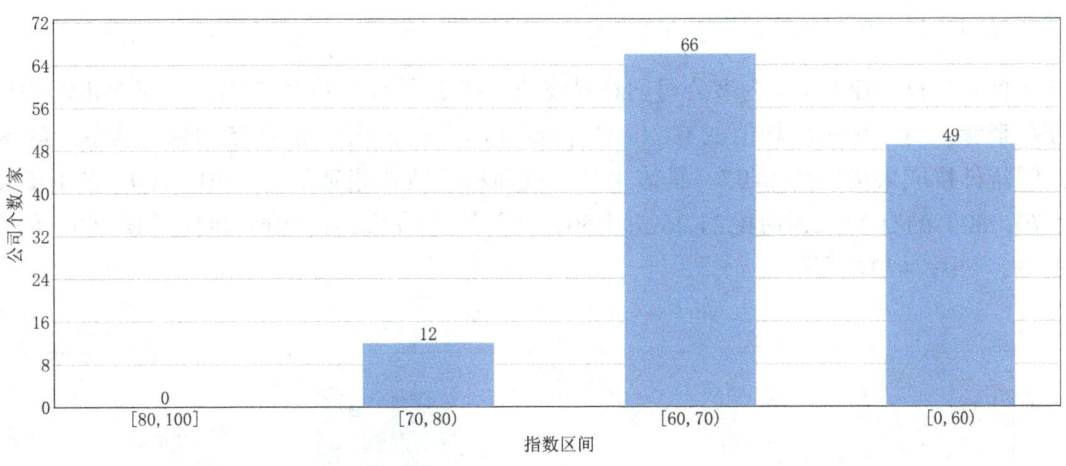

图7-235　2023年食品饮料行业上市公司创新要素投入指数分布图

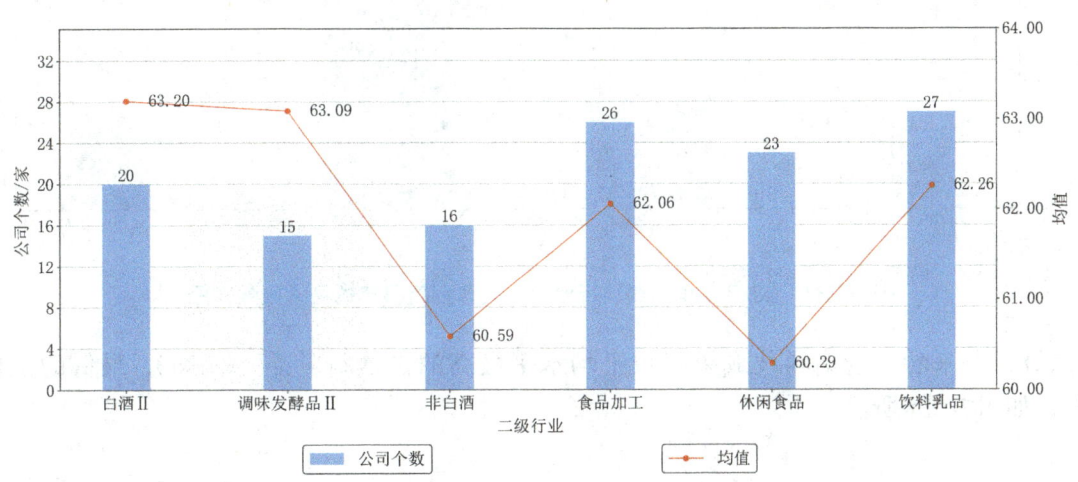

图7-236　2023年食品饮料行业上市公司创新要素投入指数均值分布图

食品饮料行业中，创新要素投入指数排名前10的上市公司如表7-118所示。

表7-118　2023年食品饮料行业上市公司创新要素投入指数前10排名

排名	证券名称	证券代码	产权性质	省份	二级行业	创新要素投入指数
1	安琪酵母	600298.SH	地方国有控股	湖北	调味发酵品Ⅱ	75.95
2	贵州茅台	600519.SH	地方国有控股	贵州	白酒Ⅱ	75.24
3	五粮液	000858.SZ	地方国有控股	四川	白酒Ⅱ	73.24
4	古井贡酒	000596.SZ	地方国有控股	安徽	白酒Ⅱ	73.15
5	双汇发展	000895.SZ	非国有控股	河南	食品加工	72.41
6	海天味业	603288.SH	非国有控股	广东	调味发酵品Ⅱ	72.00
7	泸州老窖	000568.SZ	地方国有控股	四川	白酒Ⅱ	71.43
8	伊利股份	600887.SH	非国有控股	内蒙古	饮料乳品	71.23
9	燕京啤酒	000729.SZ	地方国有控股	北京	非白酒	71.21
10	仙乐健康	300791.SZ	非国有控股	广东	食品加工	71.03

数据来源：同花顺（iFinD），首经贸资产评估研究院和浙工商中国智能管理研究院整理。

7.24.4 创新科技成果指数

2023年食品饮料行业127家上市公司创新科技成果指数平均水平为65.01，高于全市场均值64.15。从指数分布来看，高于全市场均值的有71家，占行业内上市公司总数的55.91%。其中，最高的是伊利股份，创新科技成果指数为80.97。具体来看，创新科技成果指数处于[80，100]的有1家，占比0.79%；[70，80)的有27家，占比21.26%；[60，70)的有81家，占比63.78%；[0，60)的有18家，占比14.17%，如图7-237所示。

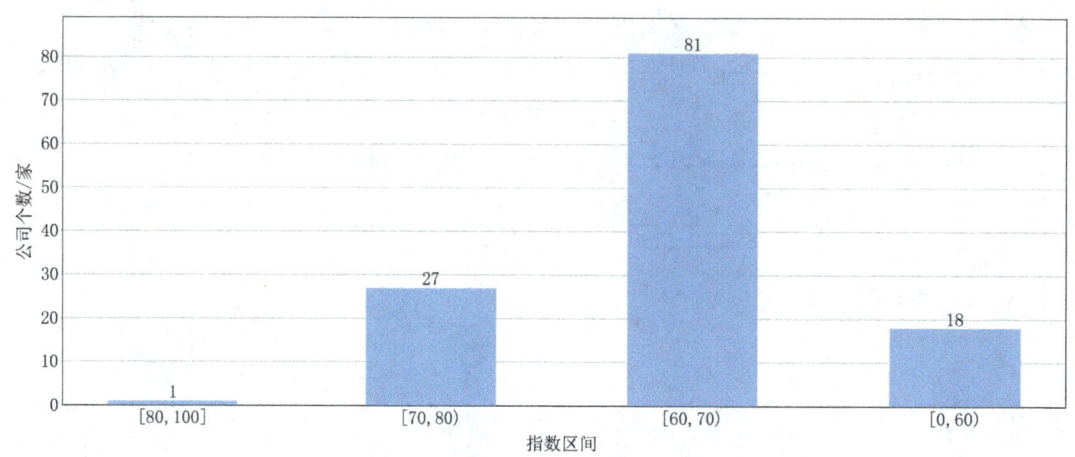

图7-237　2023年食品饮料行业上市公司创新科技成果指数分布图

从二级行业来看，创新科技成果指数平均水平最高的是饮料乳品（66.36），最低的是白酒Ⅱ（64.03），如图7-238所示。

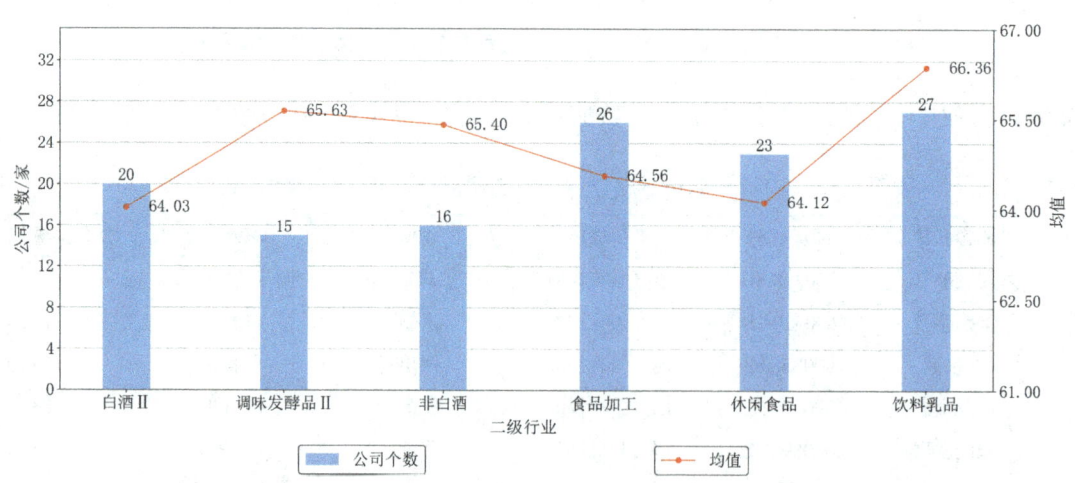

图7-238　2023年食品饮料行业上市公司创新科技成果指数均值分布图

食品饮料行业中，创新科技成果指数排名前10的上市公司如表7-119所示。

表 7-119 2023 年食品饮料行业上市公司创新科技成果指数前 10 排名

排名	证券名称	证券代码	产权性质	省份	二级行业	创新科技成果指数
1	伊利股份	600887.SH	非国有控股	内蒙古	饮料乳品	80.97
2	珠江啤酒	002461.SZ	地方国有控股	广东	非白酒	78.33
3	青岛啤酒	600600.SH	地方国有控股	山东	非白酒	75.98
4	光明乳业	600597.SH	地方国有控股	上海	饮料乳品	75.37
5	金达威	002626.SZ	非国有控股	福建	食品加工	75.01
6	三元股份	600429.SH	地方国有控股	北京	饮料乳品	74.69
7	元祖股份	603886.SH	非国有控股	上海	休闲食品	74.06
8	东鹏饮料	605499.SH	非国有控股	广东	饮料乳品	73.31
9	千禾味业	603027.SH	非国有控股	四川	调味发酵品Ⅱ	71.88
10	盐津铺子	002847.SZ	非国有控股	湖南	休闲食品	71.37

数据来源：同花顺（iFinD），首经贸资产评估研究院和浙工商中国智能管理研究院整理。

7.24.5 创新经济绩效指数

2023年食品饮料行业127家上市公司创新经济绩效指数平均水平为66.43，高于全市场均值64.49。从指数分布来看，高于全市场均值的有75家，占行业内上市公司总数的59.06%。其中，最高的是贵州茅台，创新经济绩效指数为86.30。具体来看，创新经济绩效指数处于［80，100］的有7家，占比5.51%；［70，80）的有41家，占比32.28%；［60，70）的有47家，占比37.01%；［0，60）的有32家，占比25.20%，如图7-239所示。

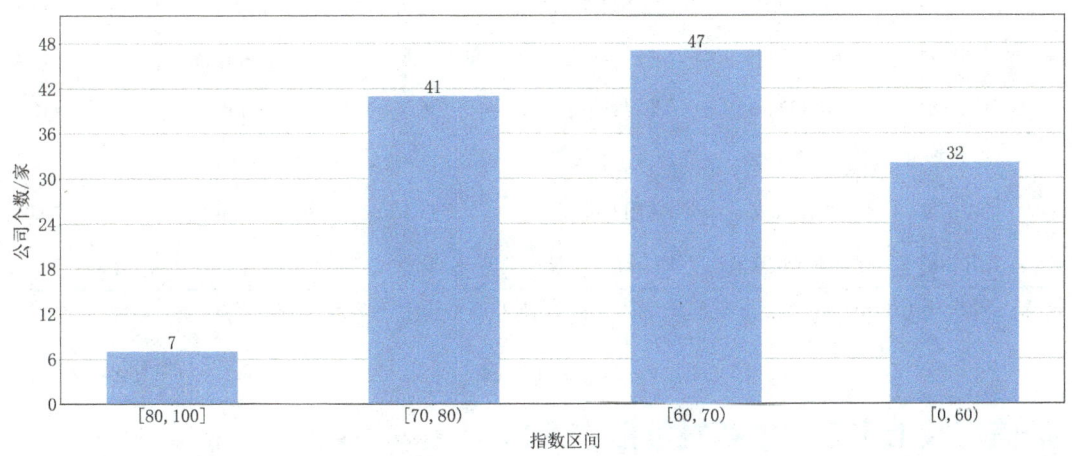

图 7-239 2023 年食品饮料行业上市公司创新经济绩效指数分布图

从二级行业来看，创新经济绩效指数平均水平最高的是白酒Ⅱ（73.18），最低的是非白酒（63.01），如图7-240所示。

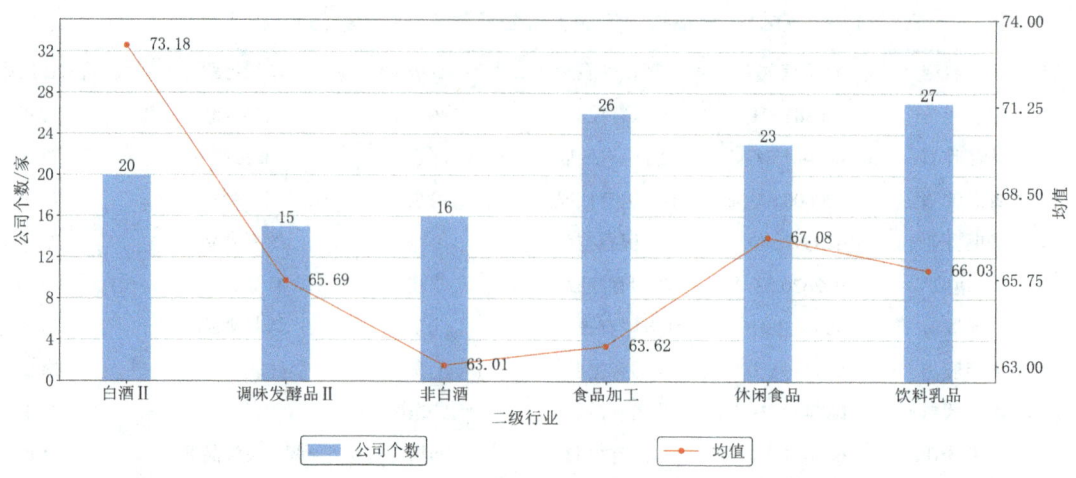

图7-240　2023年食品饮料行业上市公司创新经济绩效指数均值分布图

食品饮料行业中，创新经济绩效指数排名前10的上市公司如表7-120所示。

表7-120　2023年食品饮料行业上市公司创新经济绩效指数前10排名

排名	证券名称	证券代码	产权性质	省份	二级行业	创新经济绩效指数
1	贵州茅台	600519.SH	地方国有控股	贵州	白酒Ⅱ	86.30
2	洋河股份	002304.SZ	地方国有控股	江苏	白酒Ⅱ	82.71
3	伊利股份	600887.SH	非国有控股	内蒙古	饮料乳品	82.02
4	泸州老窖	000568.SZ	地方国有控股	四川	白酒Ⅱ	81.83
5	山西汾酒	600809.SH	地方国有控股	山西	白酒Ⅱ	81.48
6	东鹏饮料	605499.SH	非国有控股	广东	饮料乳品	81.44
7	重庆啤酒	600132.SH	非国有控股	重庆	非白酒	81.43
8	五粮液	000858.SZ	地方国有控股	四川	白酒Ⅱ	79.17
9	汤臣倍健	300146.SZ	非国有控股	广东	食品加工	79.05
10	古井贡酒	000596.SZ	地方国有控股	安徽	白酒Ⅱ	78.93

数据来源：同花顺（iFinD），首经贸资产评估研究院和浙工商中国智能管理研究院整理。

7.25　通信行业上市公司创新发展指数评价

截至2023年底，A股市场通信行业共有上市公司130家，总市值共计40241.93亿元，营业收入合计24412.15亿元，平均市值309.55亿元/家，平均营业收入187.79亿元/家。市值最大的上市公司为中国移动（21277.97亿元），营业收入最高的上市公司为中国移动（10093.09亿元）。2023年，通信行业上市公司研发投入合计为1235.31亿元，占营业收入的5.06%；无形资产账面价值合计为1523.25亿元，占总资产的3.51%。根据本报告分析口径，本节共对通信行业130家上市公司开展创新发展指数评价，具体情况如下：

7.25.1 创新发展综合指数

2023年通信行业130家上市公司创新发展综合指数平均水平为66.94，高于全市场均值65.40。从指数分布来看，高于全市场均值的有78家，占行业内上市公司总数的60.00%。其中，最高的是中国电信，创新发展综合指数为81.57。具体来看，创新发展综合指数处于[80, 100]的有1家，占比0.77%；[70, 80)的有37家，占比28.46%；[60, 70)的有76家，占比58.46%；[0, 60)的有16家，占比12.31%，如图7-241所示。

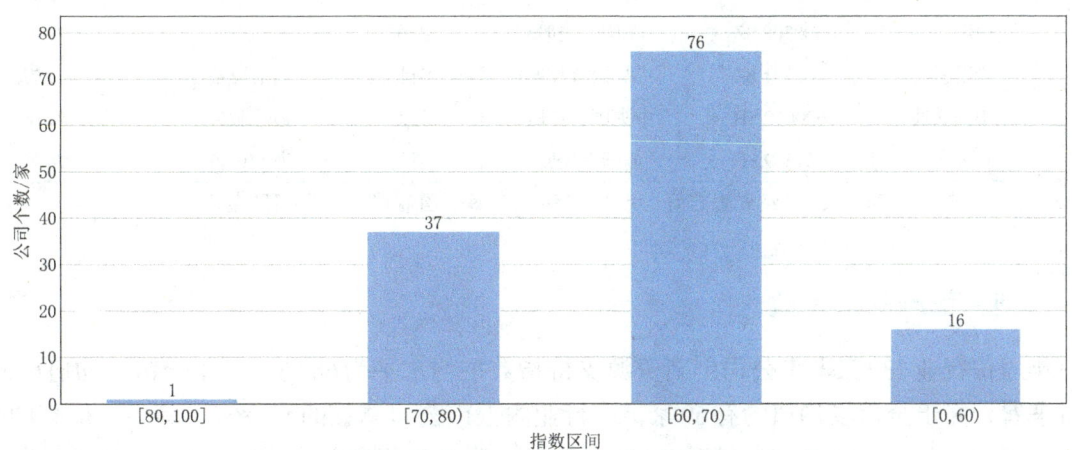

图7-241 2023年通信行业上市公司创新发展综合指数分布图

通信行业又可细分为2个二级行业，其中，创新发展综合指数平均水平较高的是通信设备（67.91），较低的是通信服务（64.84），如图7-242所示。

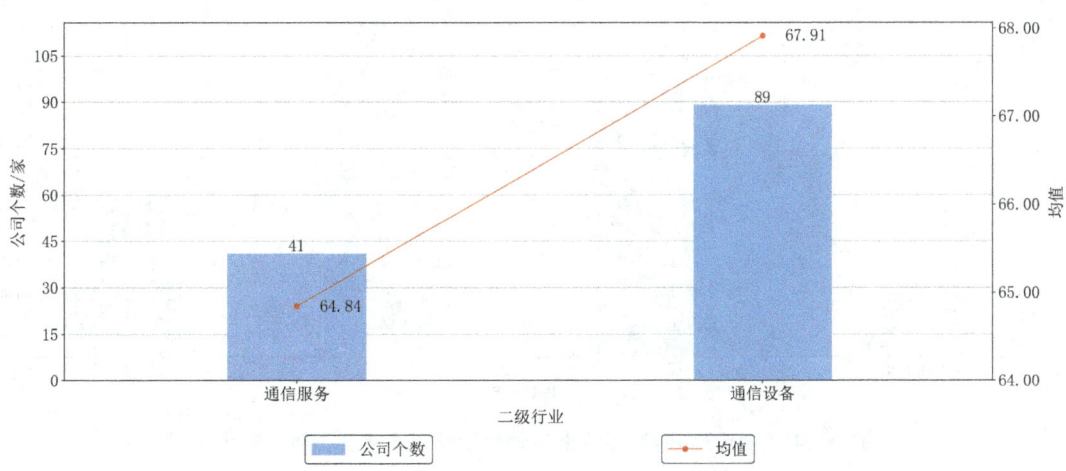

图7-242 2023年通信行业上市公司创新发展综合指数均值分布图

通信行业中，创新发展综合指数排名前10的上市公司如表7-121所示。

表 7-121 2023 年通信行业上市公司创新发展综合指数前 10 排名

排名	证券名称	证券代码	产权性质	省份	二级行业	创新发展综合指数
1	中国电信	601728.SH	中央国有控股	北京	通信服务	81.57
2	中兴通讯	000063.SZ	非国有控股	广东	通信设备	79.54
3	烽火通信	600498.SH	中央国有控股	湖北	通信设备	79.38
4	亨通光电	600487.SH	非国有控股	江苏	通信设备	78.37
5	中天科技	600522.SH	非国有控股	江苏	通信设备	78.10
6	华测导航	300627.SZ	非国有控股	上海	通信设备	77.85
7	中际旭创	300308.SZ	非国有控股	山东	通信设备	77.73
8	光迅科技	002281.SZ	中央国有控股	湖北	通信设备	77.73
9	中国联通	600050.SH	中央国有控股	北京	通信服务	77.69
10	长飞光纤	601869.SH	非国有控股	湖北	通信设备	76.77

数据来源：同花顺（iFinD），首经贸资产评估研究院和浙工商中国智能管理研究院整理。

7.25.2 创新资源支持指数

2023年通信行业130家上市公司创新资源支持指数平均水平为68.03，高于全市场均值67.08。从指数分布来看，高于全市场均值的有69家，占行业内上市公司总数的53.08%。其中，最高的是华测导航，创新资源支持指数为92.77。具体来看，创新资源支持指数处于［80，100］的有11家，占比8.46%；［70，80）的有42家，占比32.31%；［60，70）的有53家，占比40.77%；［0，60）的有24家，占比18.46%，如图7-243所示。

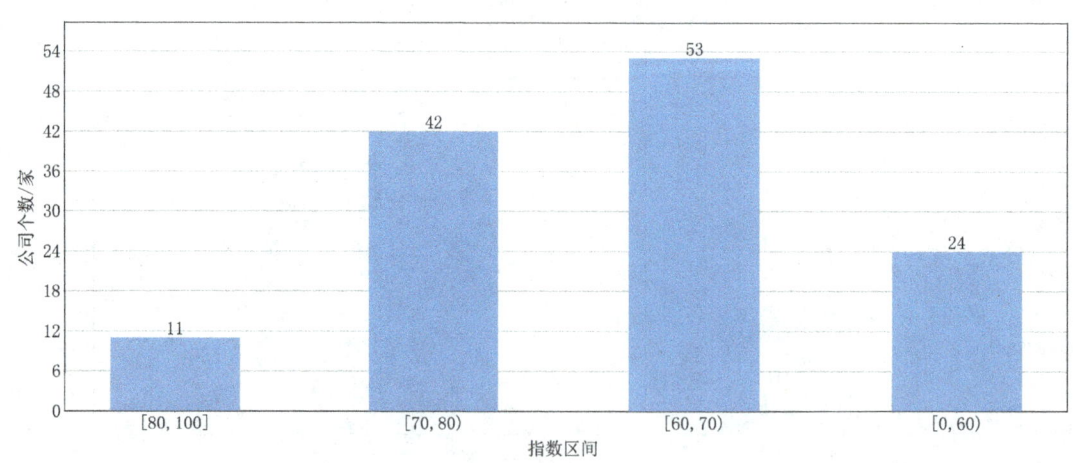

图 7-243 2023 年通信行业上市公司创新资源支持指数分布图

从二级行业来看，创新资源支持指数平均水平较高的是通信设备（69.86），较低的是通信服务（64.05），如图7-244所示。

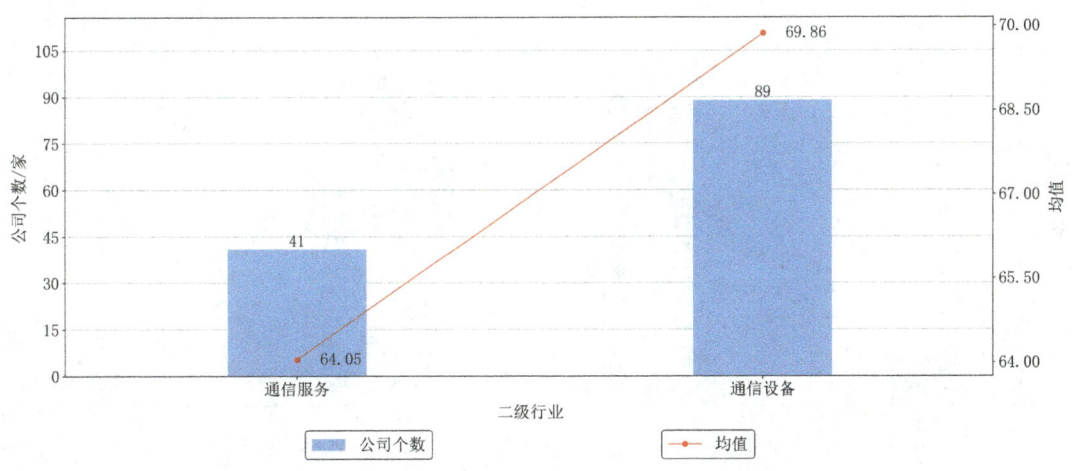

图 7-244 2023 年通信行业上市公司创新资源支持指数均值分布图

通信行业中，创新资源支持指数排名前 10 的上市公司如表 7-122 所示。

表 7-122 2023 年通信行业上市公司创新资源支持指数前 10 排名

排名	证券名称	证券代码	产权性质	省份	二级行业	创新资源支持指数
1	华测导航	300627.SZ	非国有控股	上海	通信设备	92.77
2	亨通光电	600487.SH	非国有控股	江苏	通信设备	86.89
3	长飞光纤	601869.SH	非国有控股	湖北	通信设备	86.47
4	烽火通信	600498.SH	中央国有控股	湖北	通信设备	84.74
5	中天科技	600522.SH	非国有控股	江苏	通信设备	84.32
6	润建股份	002929.SZ	非国有控股	广西	通信服务	82.65
7	永鼎股份	600105.SH	非国有控股	江苏	通信设备	82.21
8	中国联通	600050.SH	中央国有控股	北京	通信服务	81.90
9	光迅科技	002281.SZ	中央国有控股	湖北	通信设备	81.46
10	佳讯飞鸿	300213.SZ	非国有控股	北京	通信设备	80.68

数据来源：同花顺（iFinD），首经贸资产评估研究院和浙工商中国智能管理研究院整理。

7.25.3 创新要素投入指数

2023年通信行业130家上市公司创新要素投入指数平均水平为69.40，高于全市场均值66.07。从指数分布来看，高于全市场均值的有87家，占行业内上市公司总数的66.92%。其中，最高的是中兴通讯，创新要素投入指数为86.52。具体来看，创新要素投入指数处于［80，100］的有10家，占比7.69%；［70，80）的有53家，占比40.77%；［60，70）的有55家，占比42.31%；［0，60）的有12家，占比9.23%，如图7-245所示。

从二级行业来看，创新要素投入指数平均水平较高的是通信设备（70.93），较低的是通信服务（66.08），如图7-246所示。

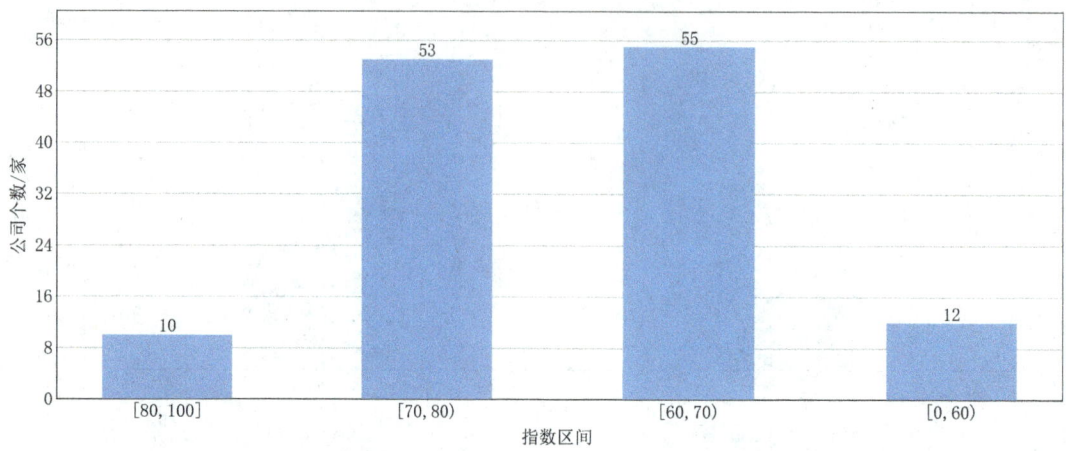

图7-245　2023年通信行业上市公司创新要素投入指数分布图

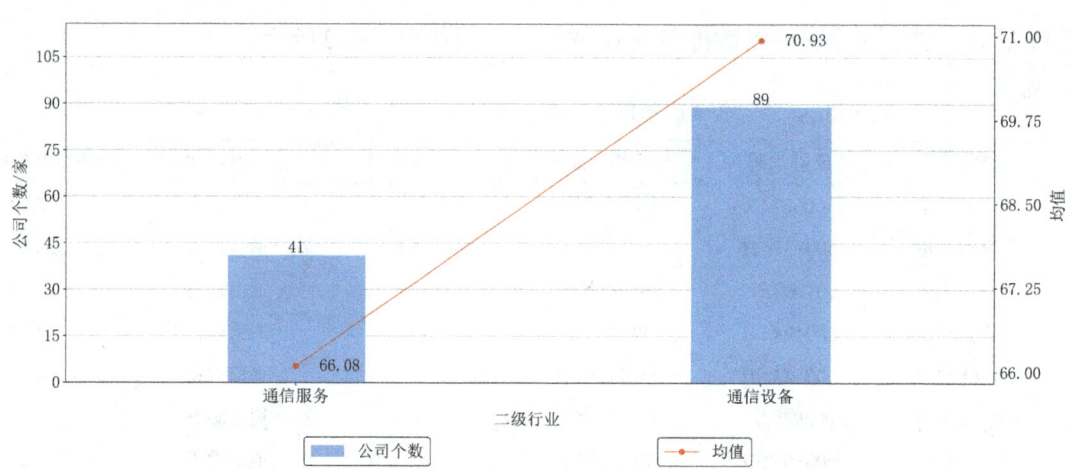

图7-246　2023年通信行业上市公司创新要素投入指数均值分布图

通信行业中，创新要素投入指数排名前10的上市公司如表7-123所示。

表7-123　2023年通信行业上市公司创新要素投入指数前10排名

排名	证券名称	证券代码	产权性质	省份	二级行业	创新要素投入指数
1	中兴通讯	000063.SZ	非国有控股	广东	通信设备	86.52
2	中国电信	601728.SH	中央国有控股	北京	通信服务	83.50
3	烽火通信	600498.SH	中央国有控股	湖北	通信设备	83.04
4	星网锐捷	002396.SZ	地方国有控股	福建	通信设备	82.94
5	锐捷网络	301165.SZ	地方国有控股	福建	通信设备	82.84
6	中国联通	600050.SH	中央国有控股	北京	通信服务	82.01
7	大唐电信	600198.SH	中央国有控股	北京	通信设备	81.96
8	广和通	300638.SZ	非国有控股	广东	通信设备	81.24
9	光迅科技	002281.SZ	中央国有控股	湖北	通信设备	80.97
10	中际旭创	300308.SZ	非国有控股	山东	通信设备	80.50

数据来源：同花顺（iFinD），首经贸资产评估研究院和浙工商中国智能管理研究院整理。

7.25.4 创新科技成果指数

2023年通信行业130家上市公司创新科技成果指数平均水平为65.03,高于全市场均值64.15。从指数分布来看,高于全市场均值的有77家,占行业内上市公司总数的59.23%。其中,最高的是中国电信,创新科技成果指数为79.37。具体来看,创新科技成果指数处于[70,80)的有15家,占比11.54%;[60,70)的有99家,占比76.15%;[0,60)的有16家,占比12.31%,如图7-247所示。

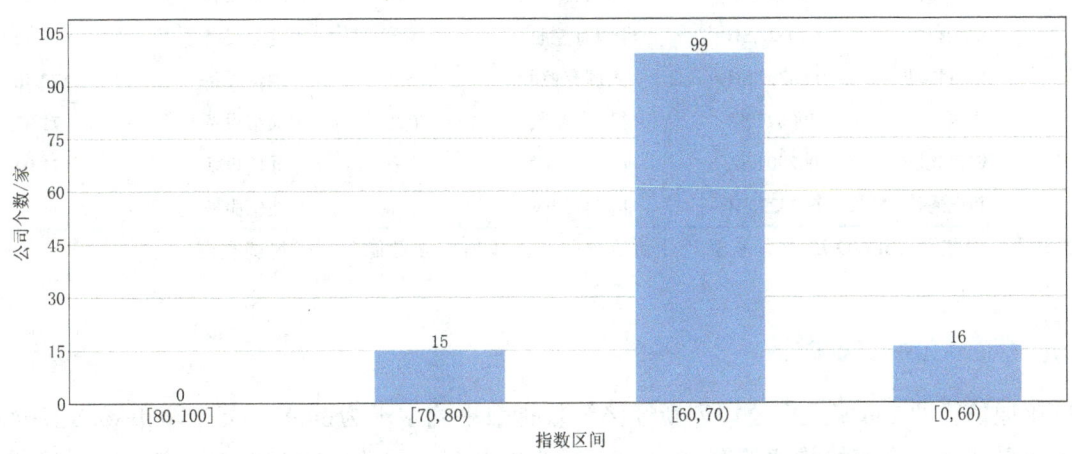

图7-247 2023年通信行业上市公司创新科技成果指数分布图

从二级行业来看,创新科技成果指数平均水平较高的是通信设备(65.52),较低的是通信服务(63.97),如图7-248所示。

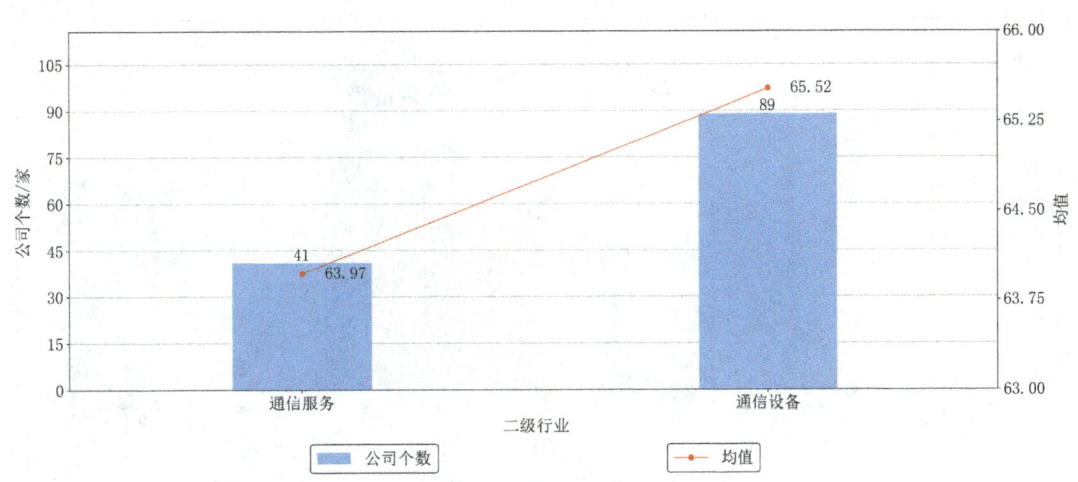

图7-248 2023年通信行业上市公司创新科技成果指数均值分布图

通信行业中,创新科技成果指数排名前10的上市公司如表7-124所示。

表 7-124　2023 年通信行业上市公司创新科技成果指数前 10 排名

排名	证券名称	证券代码	产权性质	省份	二级行业	创新科技成果指数
1	中国电信	601728.SH	中央国有控股	北京	通信服务	79.37
2	中兴通讯	000063.SZ	非国有控股	广东	通信设备	75.86
3	长飞光纤	601869.SH	非国有控股	湖北	通信设备	75.56
4	海能达	002583.SZ	非国有控股	广东	通信设备	74.27
5	日海智能	002313.SZ	地方国有控股	广东	通信设备	73.88
6	中天科技	600522.SH	非国有控股	江苏	通信设备	73.22
7	信科移动	688387.SH	中央国有控股	湖北	通信设备	72.46
8	华测导航	300627.SZ	非国有控股	上海	通信设备	71.97
9	铭普光磁	002902.SZ	非国有控股	广东	通信设备	71.04
10	超讯通信	603322.SH	非国有控股	广东	通信服务	71.01

数据来源：同花顺（iFinD），首经贸资产评估研究院和浙工商中国智能管理研究院整理。

7.25.5　创新经济绩效指数

2023年通信行业130家上市公司创新经济绩效指数平均水平为64.93，高于全市场均值64.49。从指数分布来看，高于全市场均值的有70家，占行业内上市公司总数的53.85%。其中，最高的是中国电信，创新经济绩效指数为85.35。具体来看，创新经济绩效指数处于［80，100］的有5家，占比3.85%；［70，80）的有28家，占比21.54%；［60，70）的有59家，占比45.38%；［0，60）的有38家，占比29.23%，如图7-249所示。

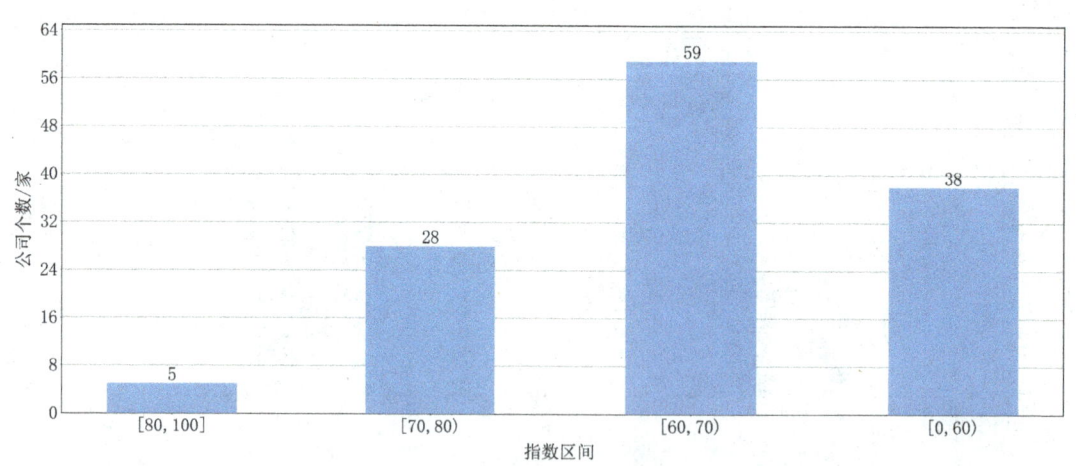

图 7-249　2023 年通信行业上市公司创新经济绩效指数分布图

从二级行业来看，创新经济绩效指数平均水平较高的是通信设备（65.03），较低的是通信服务（64.72），如图7-250所示。

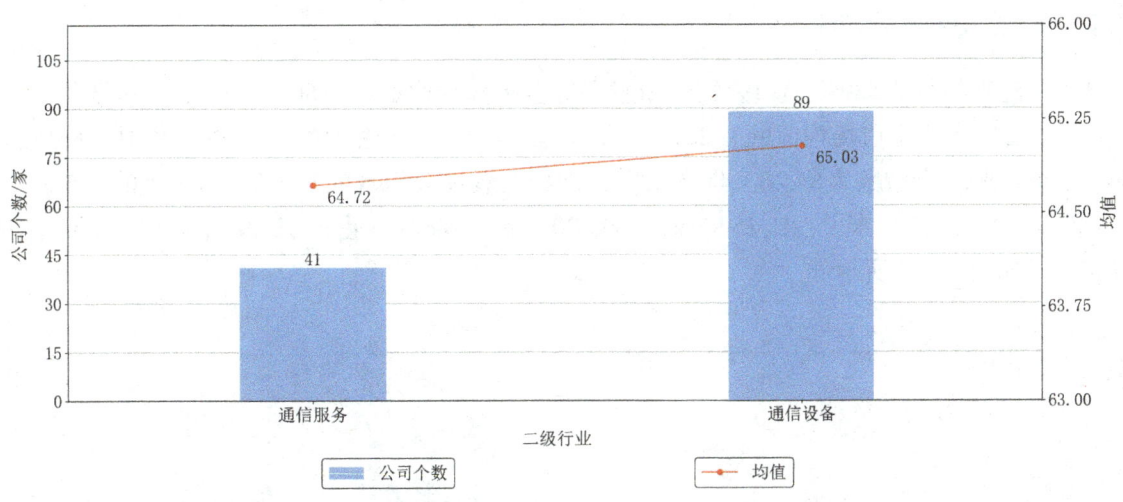

图 7-250　2023 年通信行业上市公司创新经济绩效指数均值分布图

通信行业中，创新经济绩效指数排名前 10 的上市公司如表 7-125 所示。

表 7-125　2023 年通信行业上市公司创新经济绩效指数前 10 排名

排名	证券名称	证券代码	产权性质	省份	二级行业	创新经济绩效指数
1	中国电信	601728.SH	中央国有控股	北京	通信服务	85.35
2	中际旭创	300308.SZ	非国有控股	山东	通信设备	84.34
3	中国移动	600941.SH	中央国有控股	—	通信服务	83.50
4	中国联通	600050.SH	中央国有控股	北京	通信服务	81.94
5	烽火通信	600498.SH	中央国有控股	湖北	通信设备	80.29
6	润泽科技	300442.SZ	非国有控股	上海	通信服务	79.59
7	天孚通信	300394.SZ	非国有控股	江苏	通信设备	78.50
8	新易盛	300502.SZ	非国有控股	四川	通信设备	78.30
9	亨通光电	600487.SH	非国有控股	江苏	通信设备	78.20
10	光迅科技	002281.SZ	中央国有控股	湖北	通信设备	78.01

数据来源：同花顺（iFinD），首经贸资产评估研究院和浙工商中国智能管理研究院整理。

7.26　医药生物行业上市公司创新发展指数评价

截至 2023 年底，A 股市场医药生物行业共有上市公司 489 家，总市值共计 68987.17 亿元，营业收入合计 24855.39 亿元，平均市值 141.08 亿元/家，平均营业收入 50.83 亿元/家。市值最大的上市公司为迈瑞医疗（3523.35 亿元），营业收入最高的上市公司为上海医药（2602.95 亿元）。2023 年，医药生物行业上市公司研发投入合计为 1356.56 亿元，占营业收入的 5.46%；无形资产账面价值合计为 1459.77 亿元，占总资产的 3.76%。根据本报告分析口径，本节共对医药生物行业 489 家上市公司开展创新发展指数评价，具体情况如下：

7.26.1 创新发展综合指数

2023年医药生物行业489家上市公司创新发展综合指数平均水平为66.17，高于全市场均值65.40。从指数分布来看，高于全市场均值的有267家，占行业内上市公司总数的54.60%。其中，最高的是联影医疗，创新发展综合指数为84.26。具体来看，创新发展综合指数处于［80，100］的有5家，占比1.02%；［70，80）的有127家，占比25.97%；［60，70）的有286家，占比58.49%；［0，60）的有71家，占比14.52%，如图7-251所示。

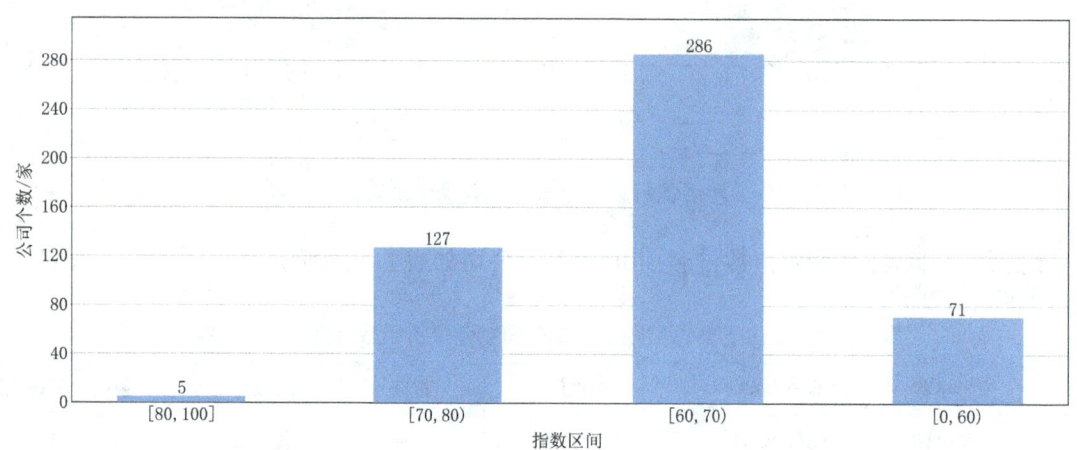

图7-251　2023年医药生物行业上市公司创新发展综合指数分布图

医药生物行业又可细分为6个二级行业，其中，创新发展综合指数平均水平最高的是生物制品（67.94），最低的是医药商业（63.57），如图7-252所示。

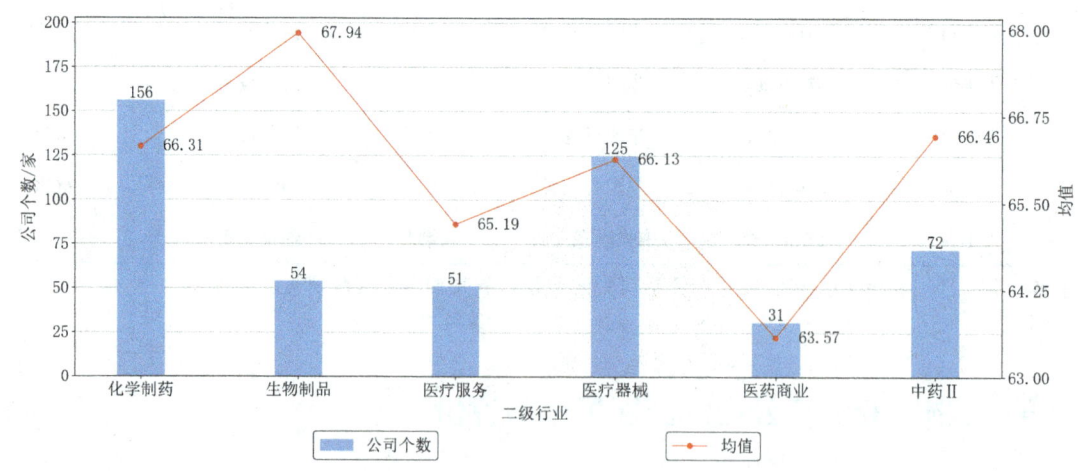

图7-252　2023年医药生物行业上市公司创新发展综合指数均值分布图

医药生物行业中，创新发展综合指数排名前10的上市公司如表7-126所示。

表 7-126 2023 年医药生物行业上市公司创新发展综合指数前 10 排名

排名	证券名称	证券代码	产权性质	省份	二级行业	创新发展综合指数
1	联影医疗	688271.SH	非国有控股	上海	医疗器械	84.26
2	迈瑞医疗	300760.SZ	非国有控股	广东	医疗器械	83.67
3	智飞生物	300122.SZ	非国有控股	重庆	生物制品	81.77
4	华润三九	000999.SZ	中央国有控股	广东	中药Ⅱ	81.65
5	恒瑞医药	600276.SH	非国有控股	江苏	化学制药	81.26
6	华东医药	000963.SZ	非国有控股	浙江	化学制药	79.34
7	长春高新	000661.SZ	地方国有控股	吉林	生物制品	78.54
8	复星医药	600196.SH	非国有控股	上海	化学制药	77.81
9	人福医药	600079.SH	非国有控股	湖北	化学制药	77.76
10	天坛生物	600161.SH	中央国有控股	北京	生物制品	77.74

数据来源：同花顺（iFinD），首经贸资产评估研究院和浙工商中国智能管理研究院整理。

7.26.2 创新资源支持指数

2023年医药生物行业489家上市公司创新资源支持指数平均水平为67.59，高于全市场均值67.08。从指数分布来看，高于全市场均值的有258家，占行业内上市公司总数的52.76%。其中，最高的是联影医疗，创新资源支持指数为94.53。具体来看，创新资源支持指数处于［80，100］的有27家，占比5.52%；［70，80）的有152家，占比31.08%；［60，70）的有227家，占比46.42%；［0，60）的有83家，占比16.98%，如图7-253所示。

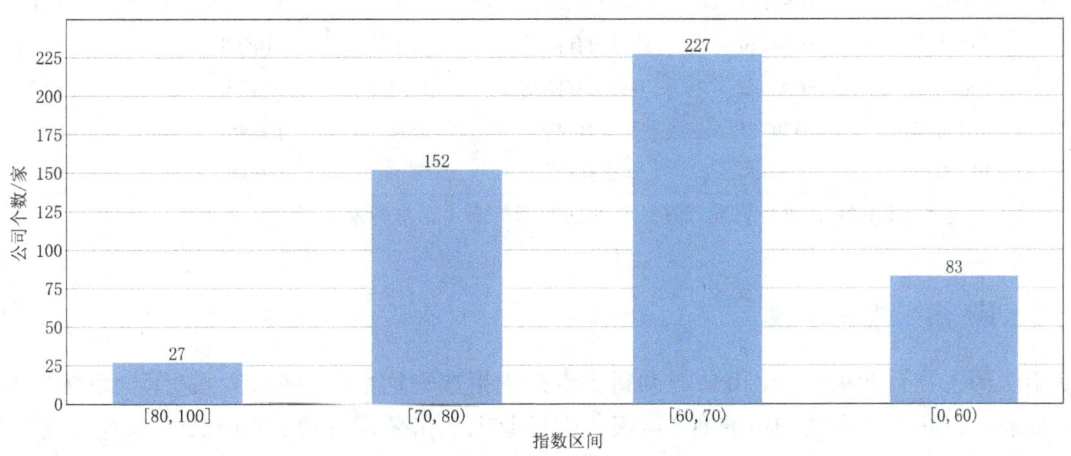

图7-253 2023年医药生物行业上市公司创新资源支持指数分布图

从二级行业来看，创新资源支持指数平均水平最高的是医疗器械（69.26），最低的是医药商业（63.76），如图7-254所示。

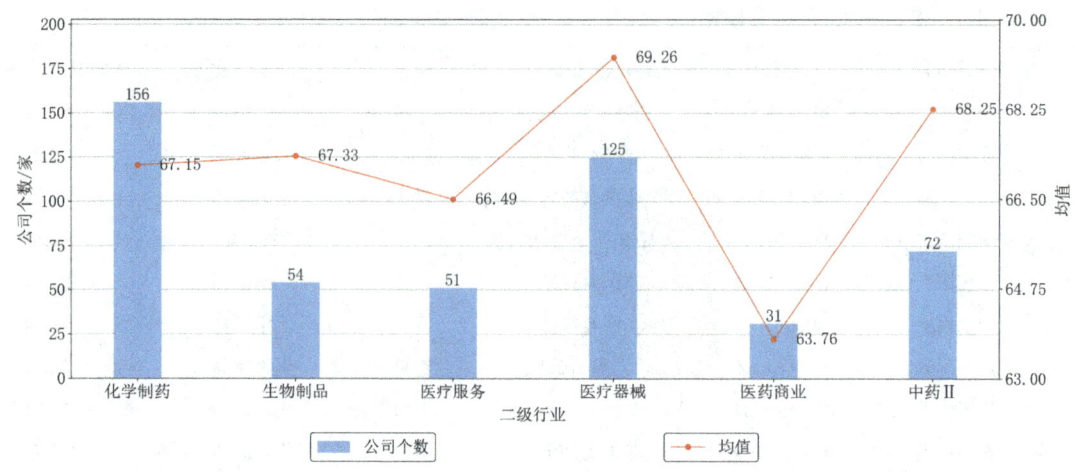

图 7-254　2023 年医药生物行业上市公司创新资源支持指数均值分布图

医药生物行业中，创新资源支持指数排名前 10 的上市公司如表 7-127 所示。

表 7-127　2023 年医药生物行业上市公司创新资源支持指数前 10 排名

排名	证券名称	证券代码	产权性质	省份	二级行业	创新资源支持指数
1	联影医疗	688271.SH	非国有控股	上海	医疗器械	94.53
2	红日药业	300026.SZ	地方国有控股	天津	中药Ⅱ	91.82
3	人福医药	600079.SH	非国有控股	湖北	化学制药	88.81
4	迈克生物	300463.SZ	非国有控股	四川	医疗器械	88.70
5	华大基因	300676.SZ	非国有控股	广东	医疗服务	88.08
6	金域医学	603882.SH	非国有控股	广东	医疗服务	88.02
7	佛慈制药	002644.SZ	地方国有控股	甘肃	中药Ⅱ	85.58
8	华润三九	000999.SZ	中央国有控股	广东	中药Ⅱ	84.26
9	万泰生物	603392.SH	非国有控股	北京	生物制品	83.84
10	康泰生物	300601.SZ	非国有控股	广东	生物制品	83.47

数据来源：同花顺（iFinD），首经贸资产评估研究院和浙工商中国智能管理研究院整理。

7.26.3　创新要素投入指数

2023 年医药生物行业 489 家上市公司创新要素投入指数平均水平为 67.57，高于全市场均值 66.07。从指数分布来看，高于全市场均值的有 294 家，占行业内上市公司总数的 60.12%。其中，最高的是联影医疗，创新要素投入指数为 85.50。具体来看，创新要素投入指数处于［80，100］的有 19 家，占比 3.89%；［70，80）的有 161 家，占比 32.92%；［60，70）的有 236 家，占比 48.26%；［0，60）的有 73 家，占比 14.93%，如图 7-255 所示。

从二级行业来看，创新要素投入指数平均水平最高的是生物制品（70.66），最低的是医药商业（58.91），如图 7-256 所示。

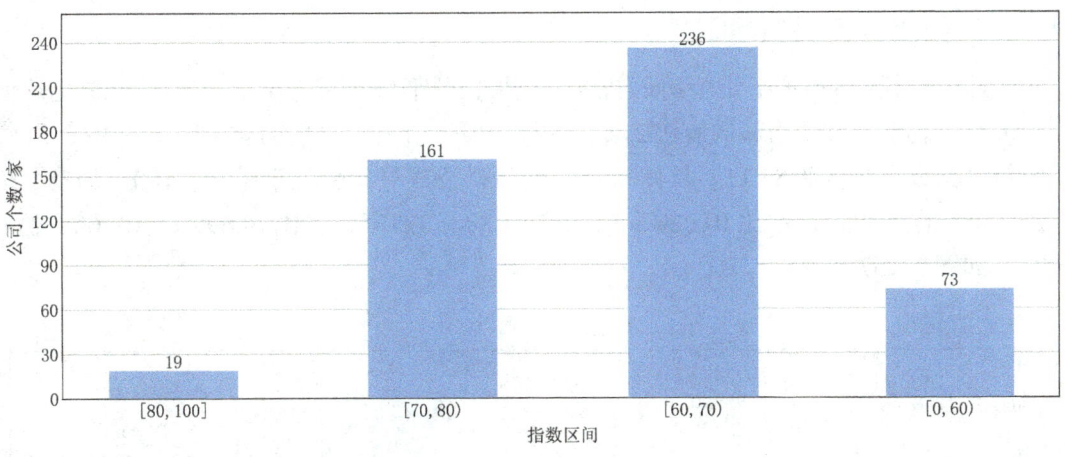

图7-255 2023年医药生物行业上市公司创新要素投入指数分布图

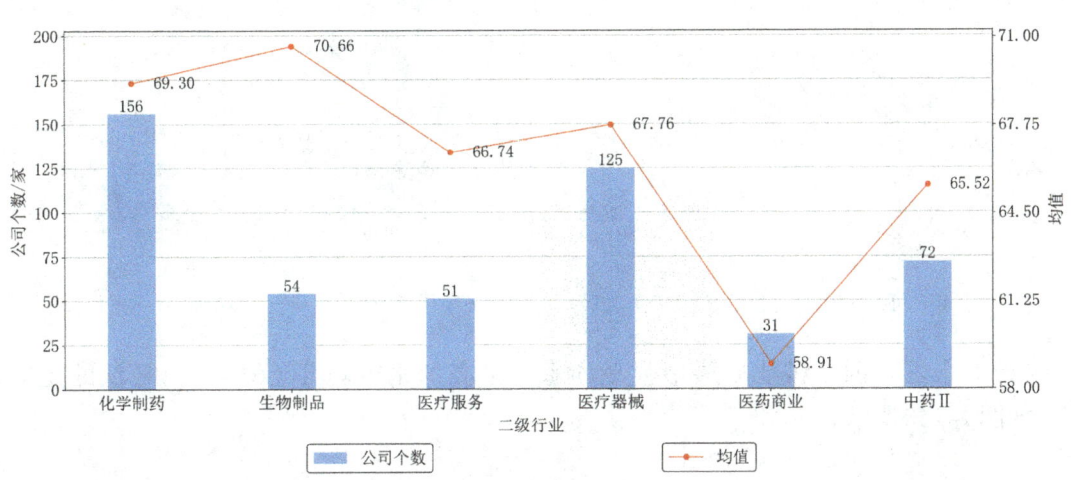

图7-256 2023年医药生物行业上市公司创新要素投入指数均值分布图

医药生物行业中,创新要素投入指数排名前10的上市公司如表7-128所示。

表7-128 2023年医药生物行业上市公司创新要素投入指数前10排名

排名	证券名称	证券代码	产权性质	省份	二级行业	创新要素投入指数
1	联影医疗	688271.SH	非国有控股	上海	医疗器械	85.50
2	恒瑞医药	600276.SH	非国有控股	江苏	化学制药	85.12
3	华东医药	000963.SZ	非国有控股	浙江	化学制药	84.22
4	长春高新	000661.SZ	地方国有控股	吉林	生物制品	83.45
5	双鹭药业	002038.SZ	非国有控股	北京	化学制药	83.42
6	华海药业	600521.SH	非国有控股	浙江	化学制药	82.39
7	迈瑞医疗	300760.SZ	非国有控股	广东	医疗器械	82.11
8	荣昌生物	688331.SH	非国有控股	山东	生物制品	82.08
9	智飞生物	300122.SZ	非国有控股	重庆	生物制品	81.55
10	健友股份	603707.SH	非国有控股	江苏	化学制药	81.52

数据来源:同花顺(iFinD),首经贸资产评估研究院和浙工商中国智能管理研究院整理。

7.26.4 创新科技成果指数

2023年医药生物行业489家上市公司创新科技成果指数平均水平为64.27，高于全市场均值64.15。从指数分布来看，高于全市场均值的有232家，占行业内上市公司总数的47.44%。其中，最高的是迈瑞医疗，创新科技成果指数为83.11。具体来看，创新科技成果指数处于［80，100］的有2家，占比0.41%；［70，80）的有49家，占比10.02%；［60，70）的有375家，占比76.69%；［0，60）的有63家，占比12.88%，如图7-257所示。

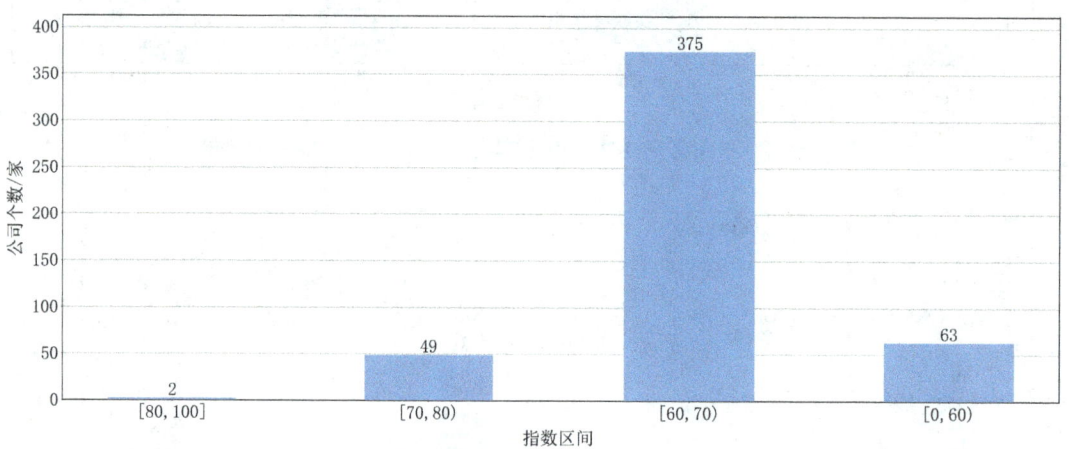

图7-257　2023年医药生物行业上市公司创新科技成果指数分布图

从二级行业来看，创新科技成果指数平均水平最高的是中药Ⅱ（65.47），最低的是医疗服务（62.09），如图7-258所示。

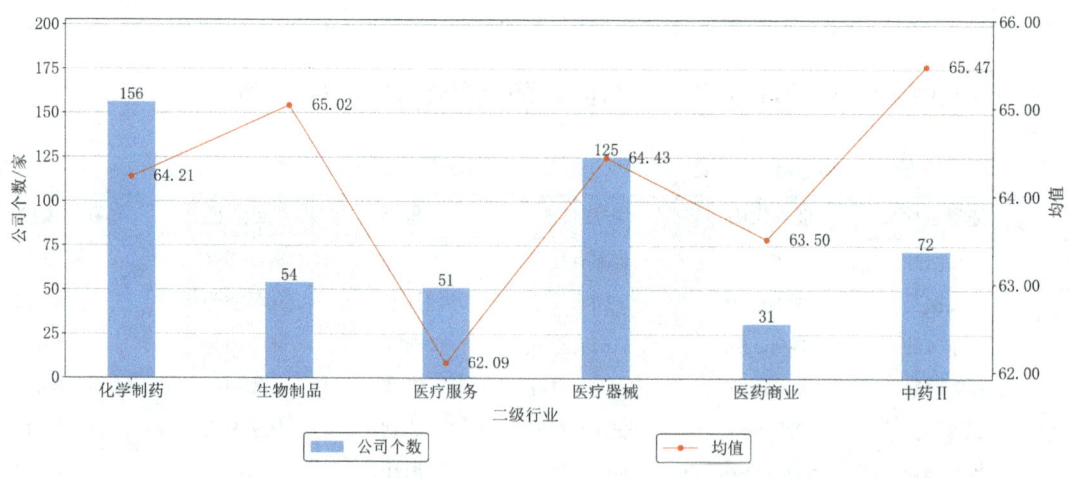

图7-258　2023年医药生物行业上市公司创新科技成果指数均值分布图

医药生物行业中，创新科技成果指数排名前10的上市公司如表7-129所示。

表 7-129 2023 年医药生物行业上市公司创新科技成果指数前 10 排名

排名	证券名称	证券代码	产权性质	省份	二级行业	创新科技成果指数
1	迈瑞医疗	300760.SZ	非国有控股	广东	医疗器械	83.11
2	海尔生物	688139.SH	非国有控股	山东	医疗器械	80.79
3	华润三九	000999.SZ	中央国有控股	广东	中药Ⅱ	77.74
4	万邦德	002082.SZ	非国有控股	浙江	中药Ⅱ	77.67
5	智飞生物	300122.SZ	非国有控股	重庆	生物制品	76.78
6	联影医疗	688271.SH	非国有控股	上海	医疗器械	75.99
7	爱尔眼科	300015.SZ	非国有控股	湖南	医疗服务	75.43
8	白云山	600332.SH	地方国有控股	广东	中药Ⅱ	75.01
9	科伦药业	002422.SZ	非国有控股	四川	化学制药	74.47
10	蓝帆医疗	002382.SZ	非国有控股	山东	医疗器械	74.47

数据来源：同花顺（iFinD），首经贸资产评估研究院和浙工商中国智能管理研究院整理。

7.26.5 创新经济绩效指数

2023年医药生物行业489家上市公司创新经济绩效指数平均水平为65.16，高于全市场均值64.49。从指数分布来看，高于全市场均值的有258家，占行业内上市公司总数的52.76%。其中，最高的是天坛生物，创新经济绩效指数为88.86。具体来看，创新经济绩效指数处于［80，100］的有22家，占比4.50%；［70，80）的有125家，占比25.56%；［60，70）的有199家，占比40.70%；［0，60）的有143家，占比29.24%，如图7-259所示。

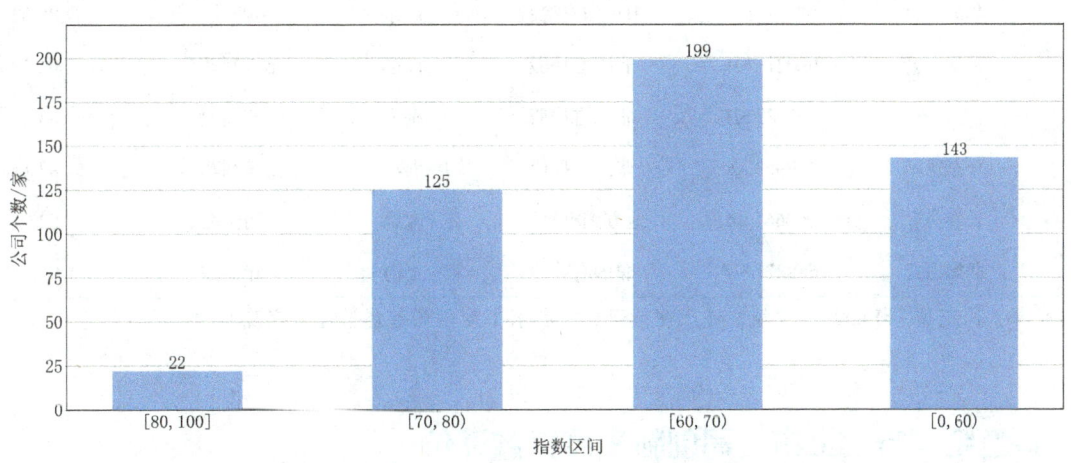

图 7-259 2023 年医药生物行业上市公司创新经济绩效指数分布图

从二级行业来看，创新经济绩效指数平均水平最高的是医药商业（69.02），最低的是医疗器械（63.42），如图7-260所示。

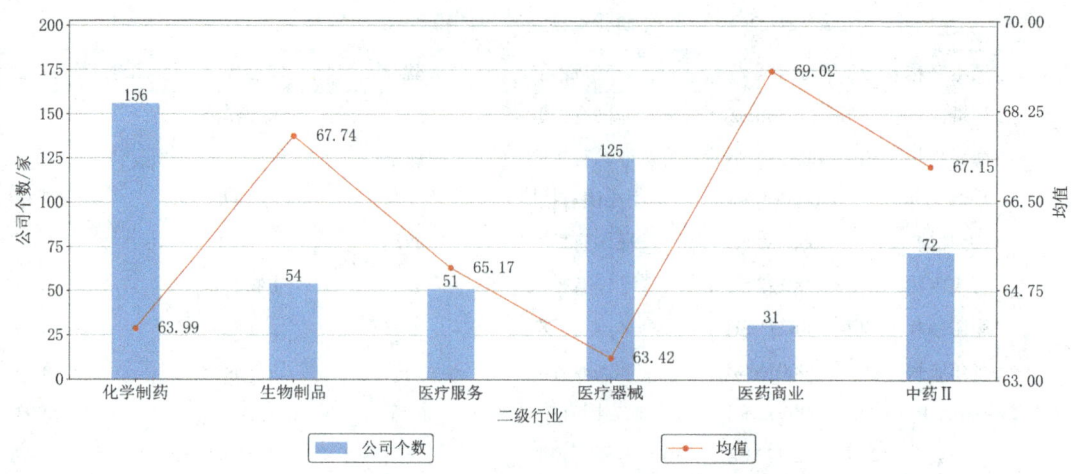

图 7-260 2023 年医药生物行业上市公司创新经济绩效指数均值分布图

医药生物行业中，创新经济绩效指数排名前 10 的上市公司如表 7-130 所示。

表 7-130 2023 年医药生物行业上市公司创新经济绩效指数前 10 排名

排名	证券名称	证券代码	产权性质	省份	二级行业	创新经济绩效指数
1	天坛生物	600161.SH	中央国有控股	北京	生物制品	88.86
2	智飞生物	300122.SZ	非国有控股	重庆	生物制品	88.86
3	迈瑞医疗	300760.SZ	非国有控股	广东	医疗器械	87.53
4	云南白药	000538.SZ	地方国有控股	云南	中药Ⅱ	85.71
5	华润三九	000999.SZ	中央国有控股	广东	中药Ⅱ	85.03
6	恒瑞医药	600276.SH	非国有控股	江苏	化学制药	84.27
7	老百姓	603883.SH	非国有控股	湖南	医药商业	83.46
8	华东医药	000963.SZ	非国有控股	浙江	化学制药	83.16
9	长春高新	000661.SZ	地方国有控股	吉林	生物制品	82.91
10	联影医疗	688271.SH	非国有控股	上海	医疗器械	82.62

数据来源：同花顺（iFinD），首经贸资产评估研究院和浙工商中国智能管理研究院整理。

7.27 有色金属行业上市公司创新发展指数评价

截至 2023 年底，A 股市场有色金属行业共有上市公司 136 家，总市值共计 24906.58 亿元，营业收入合计 32594.05 亿元，平均市值 183.14 亿元/家，平均营业收入 239.66 亿元/家。市值最大的上市公司为紫金矿业（3280.29 亿元），营业收入最高的上市公司为江西铜业（5218.93 亿元）。2023 年，有色金属行业上市公司研发投入合计为 515.19 亿元，占营业收入的 1.58%；无形资产账面价值合计为 3099.17 亿元，占总资产的 10.68%。根据本报告分析口径，本节共对有色金属行业 136 家上市公司开展创新发展指数评价，具体情况如下：

7.27.1 创新发展综合指数

2023年有色金属行业136家上市公司创新发展综合指数平均水平为65.91，高于全市场均值65.40。从指数分布来看，高于全市场均值的有80家，占行业内上市公司总数的58.82%。其中，最高的是山东黄金，创新发展综合指数为78.50。具体来看，创新发展综合指数处于[70，80)的有41家，占比30.15%；[60，70)的有66家，占比48.53%；[0，60)的有29家，占比21.32%，如图7-261所示。

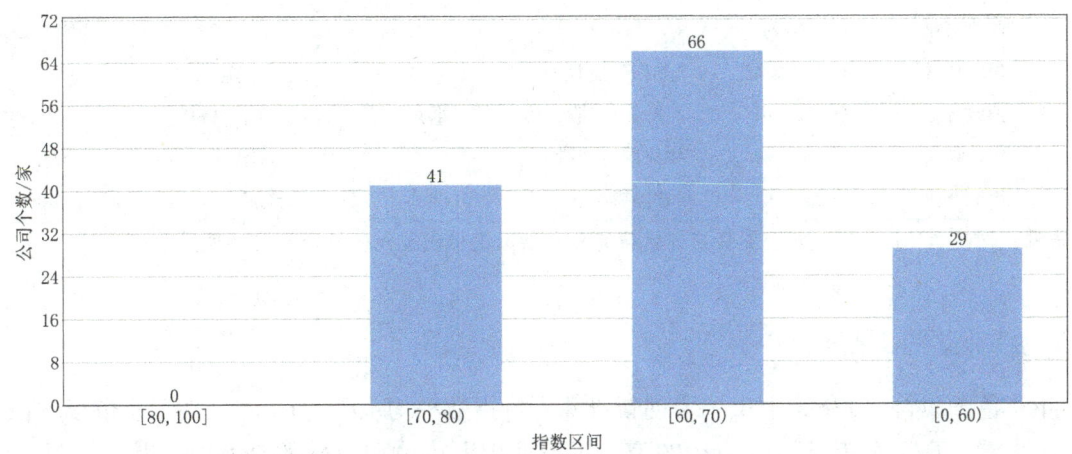

图7-261　2023年有色金属行业上市公司创新发展综合指数分布图

有色金属行业又可细分为5个二级行业，其中，创新发展综合指数平均水平最高的是小金属（67.74），最低的是贵金属（61.25），如图7-262所示。

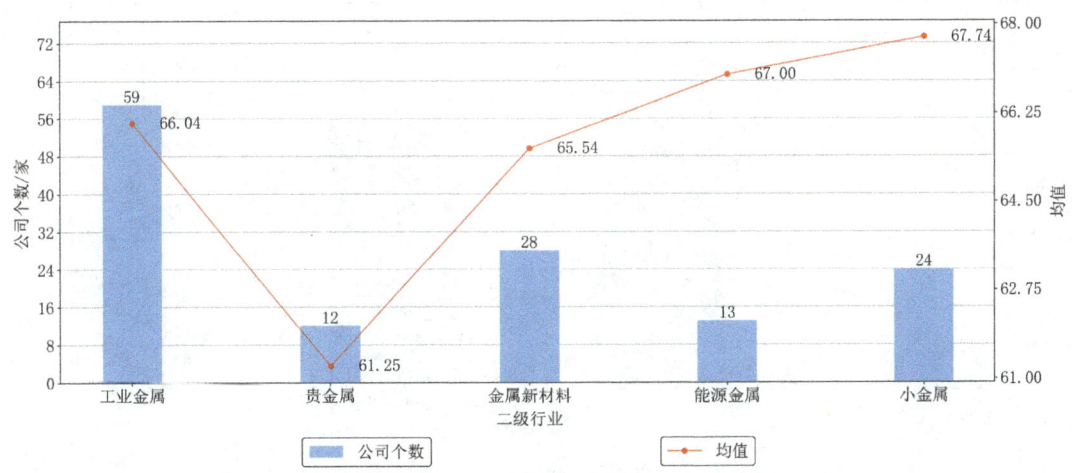

图7-262　2023年有色金属行业上市公司创新发展综合指数均值分布图

有色金属行业中，创新发展综合指数排名前10的上市公司如表7-131所示。

表 7-131　2023 年有色金属行业上市公司创新发展综合指数前 10 排名

排名	证券名称	证券代码	产权性质	省份	二级行业	创新发展综合指数
1	山东黄金	600547.SH	地方国有控股	山东	贵金属	78.50
2	华友钴业	603799.SH	非国有控股	浙江	能源金属	77.72
3	安泰科技	000969.SZ	中央国有控股	北京	金属新材料	76.37
4	驰宏锌锗	600497.SH	中央国有控股	云南	工业金属	75.92
5	北方稀土	600111.SH	地方国有控股	内蒙古	小金属	75.68
6	江西铜业	600362.SH	地方国有控股	江西	工业金属	75.59
7	楚江新材	002171.SZ	非国有控股	安徽	工业金属	75.20
8	博威合金	601137.SH	非国有控股	浙江	金属新材料	75.20
9	中钨高新	000657.SZ	中央国有控股	海南	小金属	75.12
10	赣锋锂业	002460.SZ	非国有控股	江西	能源金属	74.93

数据来源：同花顺（iFinD），首经贸资产评估研究院和浙工商中国智能管理研究院整理。

7.27.2　创新资源支持指数

2023年有色金属行业136家上市公司创新资源支持指数平均水平为67.85，高于全市场均值67.08。从指数分布来看，高于全市场均值的有79家，占行业内上市公司总数的58.09%。其中，最高的是赣锋锂业，创新资源支持指数为85.50。具体来看，创新资源支持指数处于［80，100］的有6家，占比4.41%；［70，80）的有53家，占比38.97%；［60，70）的有48家，占比35.29%；［0，60）的有29家，占比21.33%，如图7-263所示。

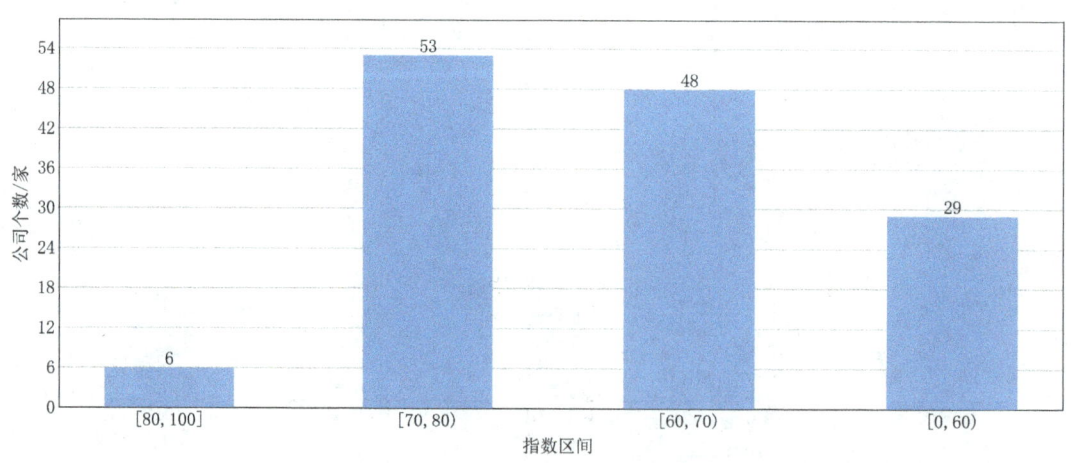

图 7-263　2023 年有色金属行业上市公司创新资源支持指数分布图

从二级行业来看，创新资源支持指数平均水平最高的是能源金属（70.97），最低的是贵金属（60.80），如图7-264所示。

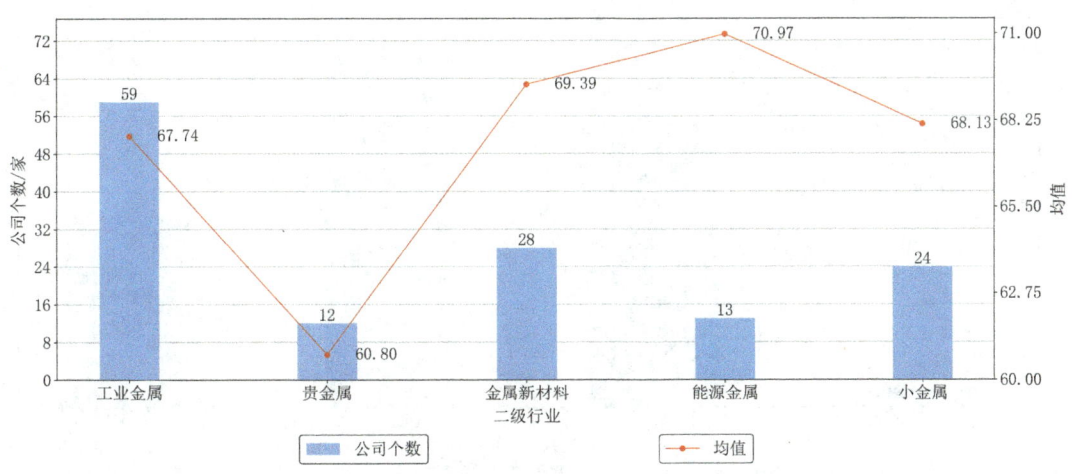

图 7-264　2023 年有色金属行业上市公司创新资源支持指数均值分布图

有色金属行业中，创新资源支持指数排名前 10 的上市公司如表 7-132 所示。

表 7-132　2023 年有色金属行业上市公司创新资源支持指数前 10 排名

排名	证券名称	证券代码	产权性质	省份	二级行业	创新资源支持指数
1	赣锋锂业	002460.SZ	非国有控股	江西	能源金属	85.50
2	楚江新材	002171.SZ	非国有控股	安徽	工业金属	85.07
3	中钨高新	000657.SZ	中央国有控股	海南	小金属	84.11
4	明泰铝业	601677.SH	非国有控股	河南	工业金属	83.19
5	东方钽业	000962.SZ	中央国有控股	宁夏	小金属	83.07
6	永兴材料	002756.SZ	非国有控股	浙江	能源金属	81.18
7	北方稀土	600111.SH	地方国有控股	内蒙古	小金属	79.56
8	中孚实业	600595.SH	非国有控股	河南	工业金属	78.95
9	华友钴业	603799.SH	非国有控股	浙江	能源金属	78.89
10	英洛华	000795.SZ	非国有控股	浙江	金属新材料	78.71

数据来源：同花顺（iFinD），首经贸资产评估研究院和浙工商中国智能管理研究院整理。

7.27.3　创新要素投入指数

2023 年有色金属行业 136 家上市公司创新要素投入指数平均水平为 66.26，高于全市场均值 66.07。从指数分布来看，高于全市场均值的有 80 家，占行业内上市公司总数的 58.82%。其中，最高的是铜陵有色，创新要素投入指数为 82.69。具体来看，创新要素投入指数处于 [80，100] 的有 3 家，占比 2.21%；[70，80) 的有 48 家，占比 35.29%；[60，70) 的有 55 家，占比 40.44%；[0，60) 的有 30 家，占比 22.06%，如图 7-265 所示。

从二级行业来看，创新要素投入指数平均水平最高的是小金属（68.99），最低的是贵金属（60.42），如图 7-266 所示。

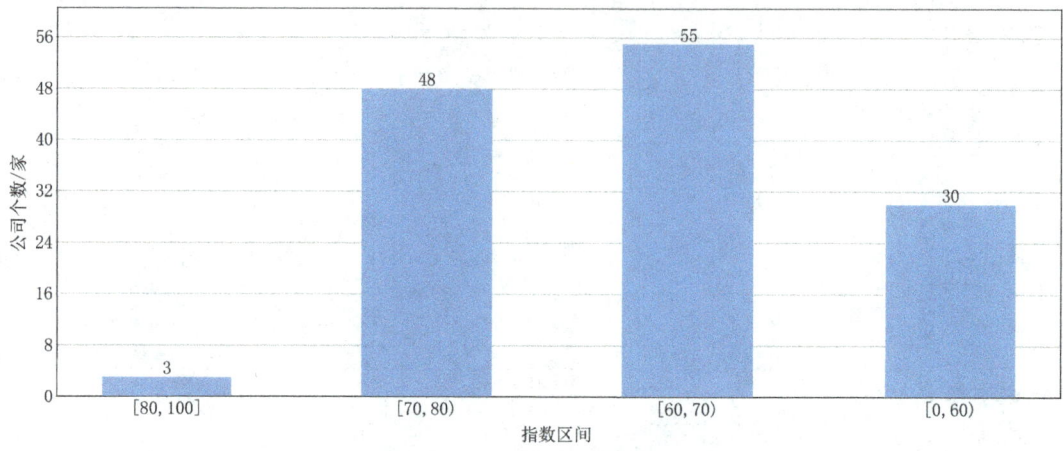

图7-265　2023年有色金属行业上市公司创新要素投入指数分布图

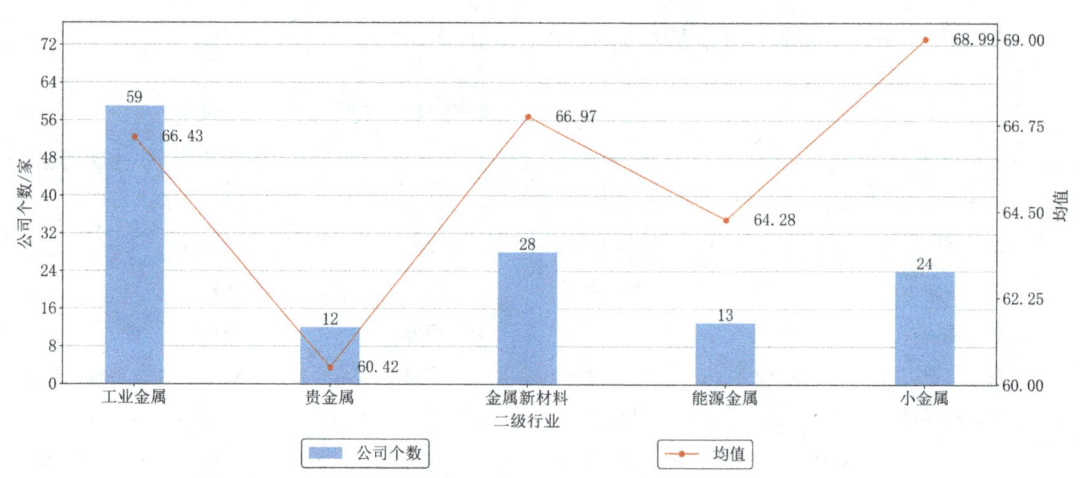

图7-266　2023年有色金属行业上市公司创新要素投入指数均值分布图

有色金属行业中，创新要素投入指数排名前10的上市公司如表7-133所示。

表7-133　2023年有色金属行业上市公司创新要素投入指数前10排名

排名	证券名称	证券代码	产权性质	省份	二级行业	创新要素投入指数
1	铜陵有色	000630.SZ	地方国有控股	安徽	工业金属	82.69
2	山东黄金	600547.SH	地方国有控股	山东	贵金属	81.76
3	安泰科技	000969.SZ	中央国有控股	北京	金属新材料	80.32
4	中国铝业	601600.SH	中央国有控股	北京	工业金属	79.86
5	驰宏锌锗	600497.SH	中央国有控股	云南	工业金属	78.77
6	赣锋锂业	002460.SZ	非国有控股	江西	能源金属	78.39
7	华友钴业	603799.SH	非国有控股	浙江	能源金属	78.24
8	云铝股份	000807.SZ	中央国有控股	云南	工业金属	77.89
9	江西铜业	600362.SH	地方国有控股	江西	工业金属	77.63
10	中钨高新	000657.SZ	中央国有控股	海南	小金属	77.50

数据来源：同花顺（iFinD），首经贸资产评估研究院和浙工商中国智能管理研究院整理。

7.27.4 创新科技成果指数

2023年有色金属行业136家上市公司创新科技成果指数平均水平为64.10，低于全市场均值64.15。从指数分布来看，高于全市场均值的有66家，占行业内上市公司总数的48.53%。其中，最高的是江西铜业，创新科技成果指数为79.07。具体来看，创新科技成果指数处于[70，80)的有20家，占比14.71%；[60，70)的有88家，占比64.71%；[0，60)的有28家，占比20.58%，如图7-267所示。

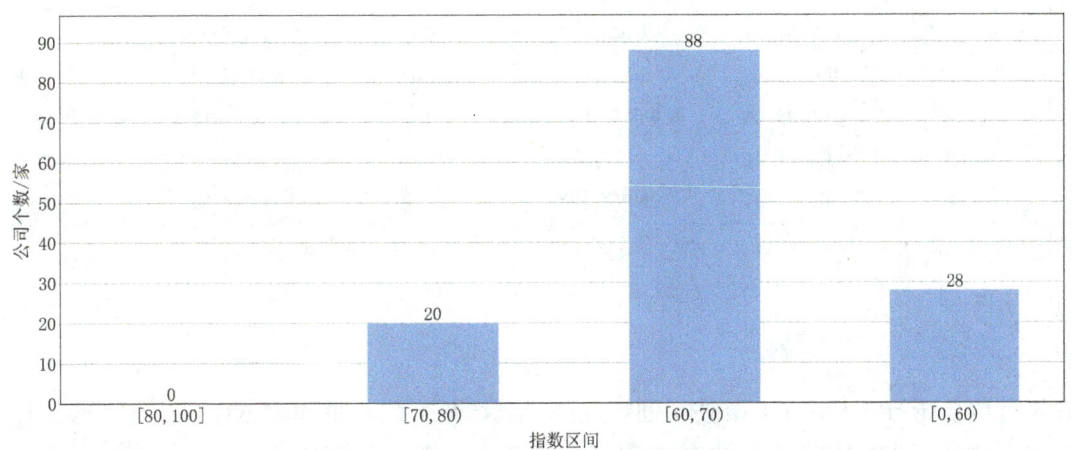

图7-267　2023年有色金属行业上市公司创新科技成果指数分布图

从二级行业来看，创新科技成果指数平均水平最高的是能源金属（65.44），最低的是贵金属（58.57），如图7-268所示。

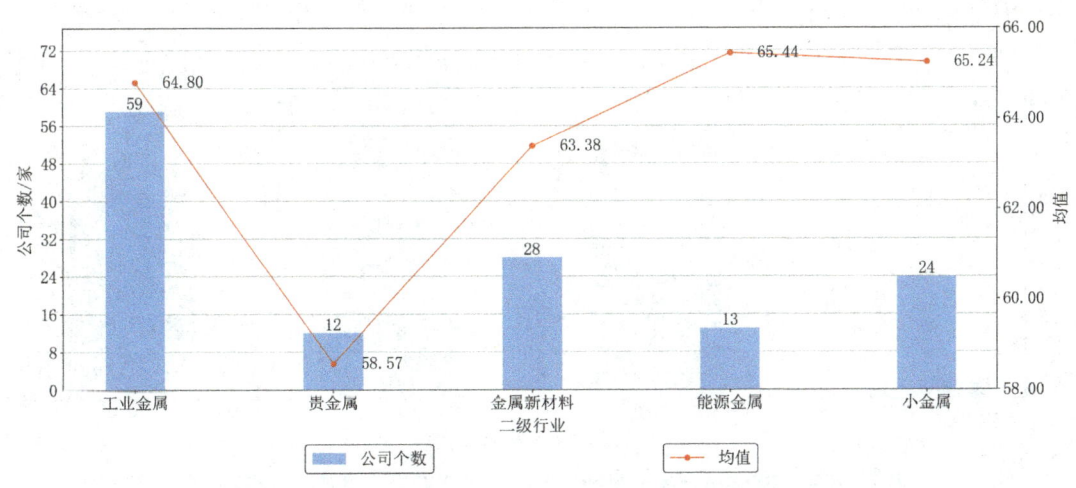

图7-268　2023年有色金属行业上市公司创新科技成果指数均值分布图

有色金属行业中，创新科技成果指数排名前10的上市公司如表7-134所示。

表 7-134 2023 年有色金属行业上市公司创新科技成果指数前 10 排名

排名	证券名称	证券代码	产权性质	省份	二级行业	创新科技成果指数
1	江西铜业	600362.SH	地方国有控股	江西	工业金属	79.07
2	驰宏锌锗	600497.SH	中央国有控股	云南	工业金属	75.22
3	华友钴业	603799.SH	非国有控股	浙江	能源金属	74.91
4	英洛华	000795.SZ	非国有控股	浙江	金属新材料	74.09
5	天齐锂业	002466.SZ	非国有控股	四川	能源金属	73.98
6	株冶集团	600961.SH	中央国有控股	湖南	工业金属	73.71
7	安泰科技	000969.SZ	中央国有控股	北京	金属新材料	73.35
8	金力永磁	300748.SZ	非国有控股	江西	金属新材料	72.49
9	北方稀土	600111.SH	地方国有控股	内蒙古	小金属	72.47
10	白银有色	601212.SH	地方国有控股	甘肃	工业金属	72.25

数据来源：同花顺（iFinD），首经贸资产评估研究院和浙工商中国智能管理研究院整理。

7.27.5 创新经济绩效指数

2023年有色金属行业136家上市公司创新经济绩效指数平均水平为65.68，高于全市场均值64.49。从指数分布来看，高于全市场均值的有77家，占行业内上市公司总数的56.62%。其中，最高的是山东黄金，创新经济绩效指数为86.85。具体来看，创新经济绩效指数处于［80，100］的有3家，占比2.21%；［70，80）的有42家，占比30.88%；［60，70）的有57家，占比41.91%；［0，60）的有34家，占比25.00%，如图7-269所示。

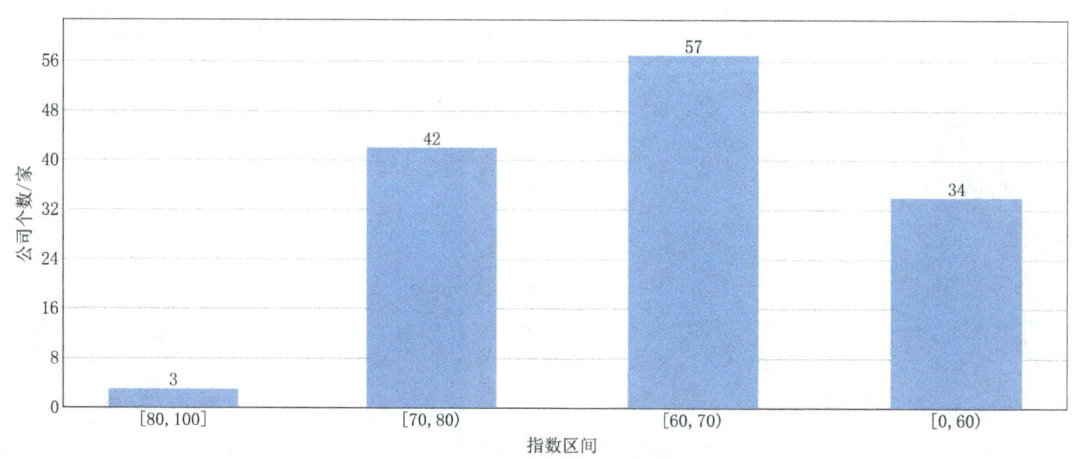

图7-269 2023年有色金属行业上市公司创新经济绩效指数分布图

从二级行业来看，创新经济绩效指数平均水平最高的是能源金属（68.72），最低的是金属新材料（62.94），如图7-270所示。

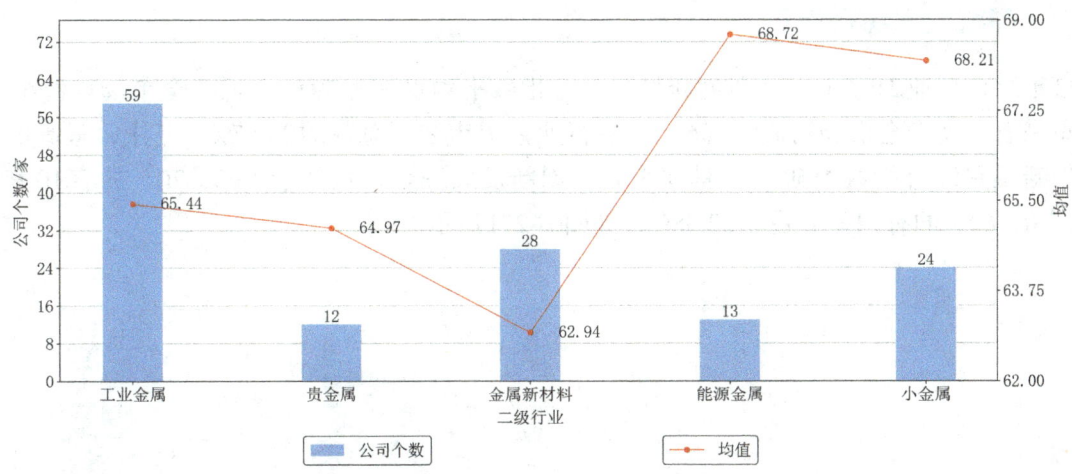

图7-270 2023年有色金属行业上市公司创新经济绩效指数均值分布图

有色金属行业中，创新经济绩效指数排名前10的上市公司如表7-135所示。

表7-135 2023年有色金属行业上市公司创新经济绩效指数前10排名

排名	证券名称	证券代码	产权性质	省份	二级行业	创新经济绩效指数
1	山东黄金	600547.SH	地方国有控股	山东	贵金属	86.85
2	金诚信	603979.SH	非国有控股	北京	工业金属	81.17
3	博威合金	601137.SH	非国有控股	浙江	金属新材料	80.78
4	天齐锂业	002466.SZ	非国有控股	四川	能源金属	79.44
5	中金岭南	000060.SZ	地方国有控股	广东	工业金属	78.82
6	华友钴业	603799.SH	非国有控股	浙江	能源金属	78.75
7	金钼股份	601958.SH	地方国有控股	陕西	小金属	78.47
8	腾远钴业	301219.SZ	非国有控股	江西	能源金属	77.62
9	株冶集团	600961.SH	中央国有控股	湖南	工业金属	77.55
10	兴业银锡	000426.SZ	非国有控股	内蒙古	工业金属	77.32

数据来源：同花顺（iFinD），首经贸资产评估研究院和浙工商中国智能管理研究院整理。

7.28 综合行业上市公司创新发展指数评价

截至2023年底，A股市场综合行业共有上市公司21家，总市值共计1130.75亿元，营业收入合计1296.08亿元，平均市值53.85亿元/家，平均营业收入61.72亿元/家。市值最大的上市公司为东阳光（220.92亿元），营业收入最高的上市公司为浙农股份（409.41亿元）。2023年，综合行业上市公司研发投入合计为14.70亿元，占营业收入的1.13%；无形资产账面价值合计为171.21亿元，占总资产的7.18%。根据本报告分析口径，本节共对综合行业21家上市公司开展创新发展指数评价，具体情况如下：

7.28.1 创新发展综合指数

2023年综合行业21家上市公司创新发展综合指数平均水平为59.94，低于全市场均值65.40。从指数分布来看，高于全市场均值的有6家，占行业内上市公司总数的28.57%。其中，最高的是南京新百，创新发展综合指数为69.62。具体来看，创新发展综合指数处于［60，70）的有10家，占比47.62%；［0，60）的有11家，占比52.38%，如图7-271所示。

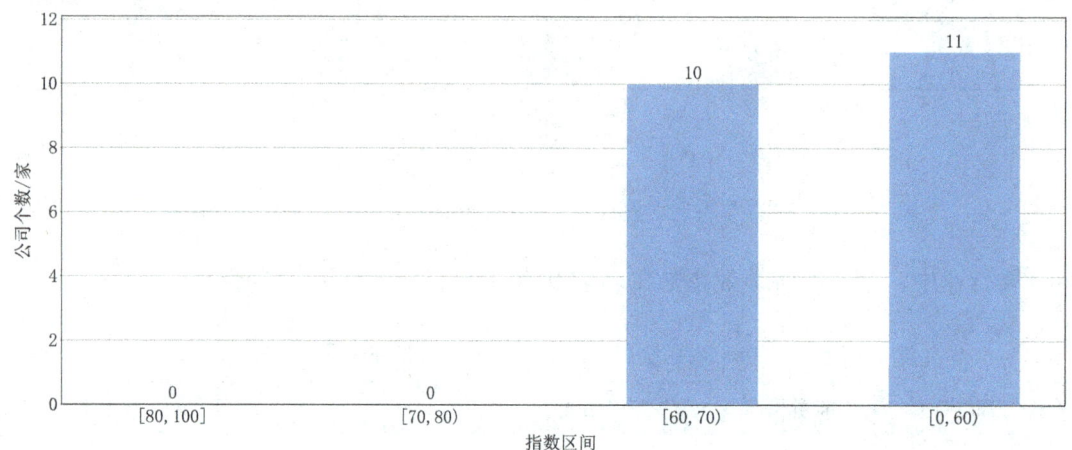

图7-271　2023年综合行业上市公司创新发展综合指数分布图

综合行业中，创新发展综合指数排名前10的上市公司如表7-136所示。

表7-136　2023年综合行业上市公司创新发展综合指数前10排名

排名	证券名称	证券代码	产权性质	省份	二级行业	创新发展综合指数
1	南京新百	600682.SH	非国有控股	江苏	综合Ⅱ	69.62
2	东阳光	600673.SH	非国有控股	广东	综合Ⅱ	67.20
3	鲁银投资	600784.SH	地方国有控股	山东	综合Ⅱ	66.96
4	粤桂股份	000833.SZ	地方国有控股	广西	综合Ⅱ	66.58
5	亚泰集团	600881.SH	地方国有控股	吉林	综合Ⅱ	66.34
6	泰达股份	000652.SZ	地方国有控股	天津	综合Ⅱ	65.90
7	红棉股份	000523.SZ	地方国有控股	广东	综合Ⅱ	65.18
8	悦达投资	600805.SH	地方国有控股	江苏	综合Ⅱ	64.32
9	浙农股份	002758.SZ	非国有控股	浙江	综合Ⅱ	63.63
10	特力A	000025.SZ	地方国有控股	广东	综合Ⅱ	62.98

数据来源：同花顺（iFinD），首经贸资产评估研究院和浙工商中国智能管理研究院整理。

7.28.2 创新资源支持指数

2023年综合行业21家上市公司创新资源支持指数平均水平为61.02，低于全市场均值67.08。从指数分布来看，高于全市场均值的有3家，占行业内上市公司总数的14.29%。其中，最高的是泰达股份，创新资源支持指数为76.14。具体来看，创新资源支持指数处于［70，80）的有2家，占比9.52%；［60，70）的有12家，占比57.14%；［0，60）的有7家，占比33.34%，如图7-272所示。

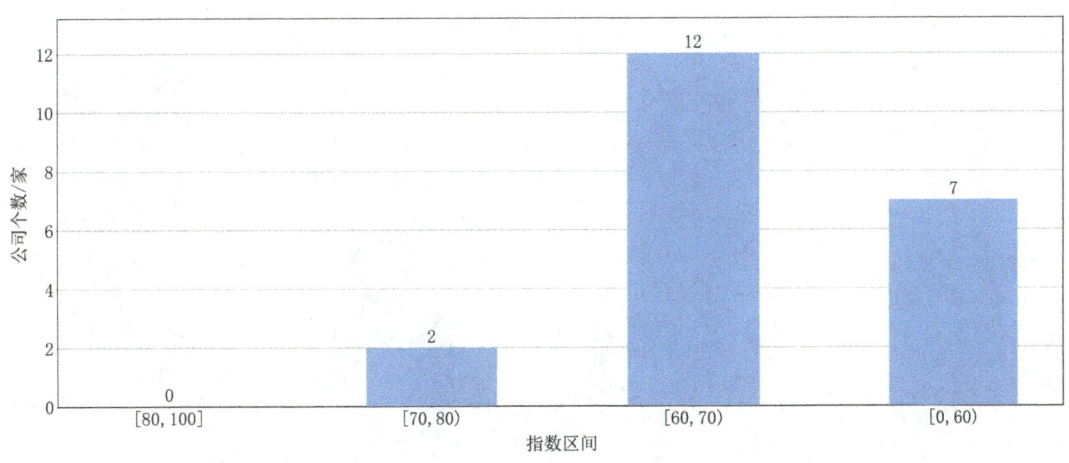

图 7-272　2023 年综合行业上市公司创新资源支持指数分布图

综合行业中，创新资源支持指数排名前10的上市公司如表7-137所示。

表 7-137　2023 年综合行业上市公司创新资源支持指数前 10 排名

排名	证券名称	证券代码	产权性质	省份	二级行业	创新资源支持指数
1	泰达股份	000652.SZ	地方国有控股	天津	综合Ⅱ	76.14
2	悦达投资	600805.SH	地方国有控股	江苏	综合Ⅱ	74.82
3	亚泰集团	600881.SH	地方国有控股	吉林	综合Ⅱ	69.26
4	特力A	000025.SZ	地方国有控股	广东	综合Ⅱ	66.55
5	浙农股份	002758.SZ	非国有控股	浙江	综合Ⅱ	65.68
6	红棉股份	000523.SZ	地方国有控股	广东	综合Ⅱ	64.00
7	南京新百	600682.SH	非国有控股	江苏	综合Ⅱ	63.01
8	宁波联合	600051.SH	非国有控股	浙江	综合Ⅱ	62.97
9	漳州发展	000753.SZ	地方国有控股	福建	综合Ⅱ	62.40
10	鲁银投资	600784.SH	地方国有控股	山东	综合Ⅱ	62.18

数据来源：同花顺（iFinD），首经贸资产评估研究院和浙工商中国智能管理研究院整理。

7.28.3　创新要素投入指数

2023年综合行业21家上市公司创新要素投入指数平均水平为57.71，低于全市场均值66.07。从指数分布来看，高于全市场均值的有6家，占行业内上市公司总数的28.57%。其中，最高的是南京新百，创新要素投入指数为73.69。具体来看，创新要素投入指数处于［70，80）的有3家，占比14.29%；［60，70）的有6家，占比28.57%；［0，60）的有12家，占比57.14%，如图7-273所示。

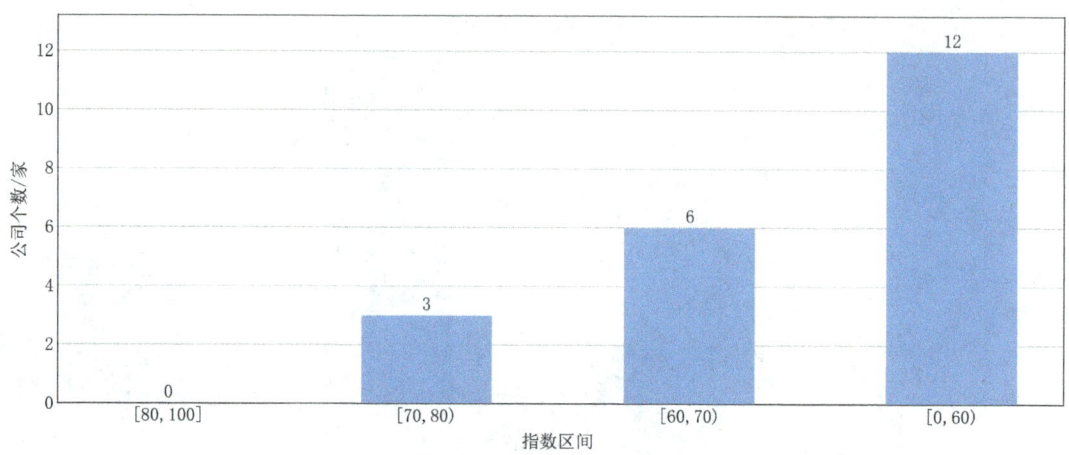

图 7-273　2023 年综合行业上市公司创新要素投入指数分布图

综合行业中，创新要素投入指数排名前 10 的上市公司如表 7-138 所示。

表 7-138　2023 年综合行业上市公司创新要素投入指数前 10 排名

排名	证券名称	证券代码	产权性质	省份	二级行业	创新要素投入指数
1	南京新百	600682.SH	非国有控股	江苏	综合Ⅱ	73.69
2	粤桂股份	000833.SZ	地方国有控股	广西	综合Ⅱ	71.76
3	东阳光	600673.SH	非国有控股	广东	综合Ⅱ	70.01
4	鲁银投资	600784.SH	地方国有控股	山东	综合Ⅱ	68.00
5	泰达股份	000652.SZ	地方国有控股	天津	综合Ⅱ	66.50
6	亚泰集团	600881.SH	地方国有控股	吉林	综合Ⅱ	66.38
7	红棉股份	000523.SZ	地方国有控股	广东	综合Ⅱ	62.67
8	浙江富润	600070.SH	非国有控股	浙江	综合Ⅱ	61.77
9	悦达投资	600805.SH	地方国有控股	江苏	综合Ⅱ	60.37
10	恒立实业	000622.SZ	非国有控股	湖南	综合Ⅱ	59.58

数据来源：同花顺（iFinD），首经贸资产评估研究院和浙工商中国智能管理研究院整理。

7.28.4　创新科技成果指数

2023 年综合行业 21 家上市公司创新科技成果指数平均水平为 60.21，低于全市场均值 64.15。从指数分布来看，高于全市场均值的有 4 家，占行业内上市公司总数的 19.05%。其中，最高的是鲁银投资，创新科技成果指数为 71.11。具体来看，创新科技成果指数处于 [70，80) 的有 1 家，占比 4.76%；[60，70) 的有 9 家，占比 42.86%；[0，60) 的有 11 家，占比 52.38%，如图 7-274 所示。

第7章 中国上市公司创新发展指数评价——行业维度

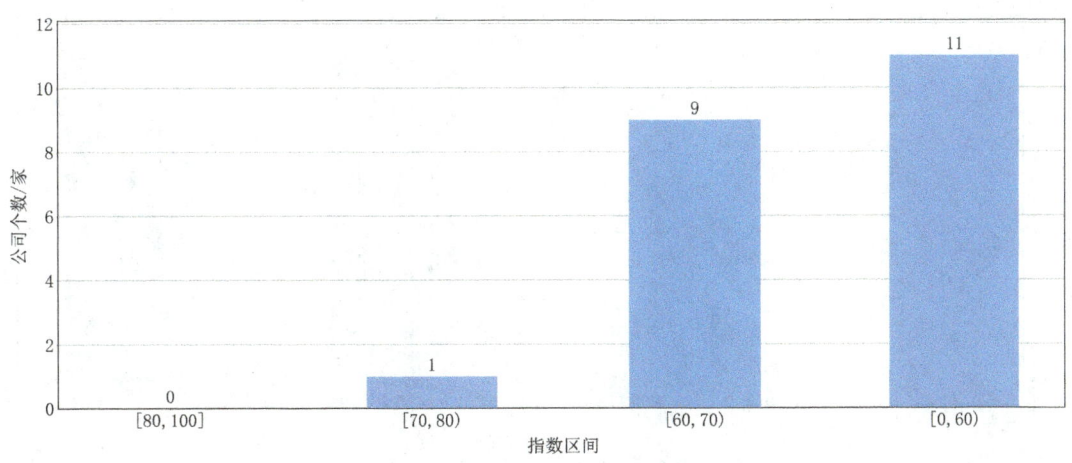

图7-274 2023年综合行业上市公司创新科技成果指数分布图

综合行业中，创新科技成果指数排名前10的上市公司如表7-139所示。

表7-139 2023年综合行业上市公司创新科技成果指数前10排名

排名	证券名称	证券代码	产权性质	省份	二级行业	创新科技成果指数
1	鲁银投资	600784.SH	地方国有控股	山东	综合Ⅱ	71.11
2	东阳光	600673.SH	非国有控股	广东	综合Ⅱ	69.90
3	红棉股份	000523.SZ	地方国有控股	广东	综合Ⅱ	66.37
4	粤桂股份	000833.SZ	地方国有控股	广西	综合Ⅱ	64.70
5	亚泰集团	600881.SH	地方国有控股	吉林	综合Ⅱ	63.68
6	泰达股份	000652.SZ	地方国有控股	天津	综合Ⅱ	61.80
7	浙农股份	002758.SZ	非国有控股	浙江	综合Ⅱ	60.70
8	悦达投资	600805.SH	地方国有控股	江苏	综合Ⅱ	60.70
9	南京新百	600682.SH	非国有控股	江苏	综合Ⅱ	60.70
10	漳州发展	000753.SZ	地方国有控股	福建	综合Ⅱ	60.14

数据来源：同花顺（iFinD），首经贸资产评估研究院和浙工商中国智能管理研究院整理。

7.28.5 创新经济绩效指数

2023年综合行业21家上市公司创新经济绩效指数平均水平为61.57，低于全市场均值64.49。从指数分布来看，高于全市场均值的有10家，占行业内上市公司总数的47.62%。其中，最高的是南京新百，创新经济绩效指数为77.61。具体来看，创新经济绩效指数处于［70，80）的有3家，占比14.29%；［60，70）的有10家，占比47.62%；［0，60）的有8家，占比38.09%，如图7-275所示。

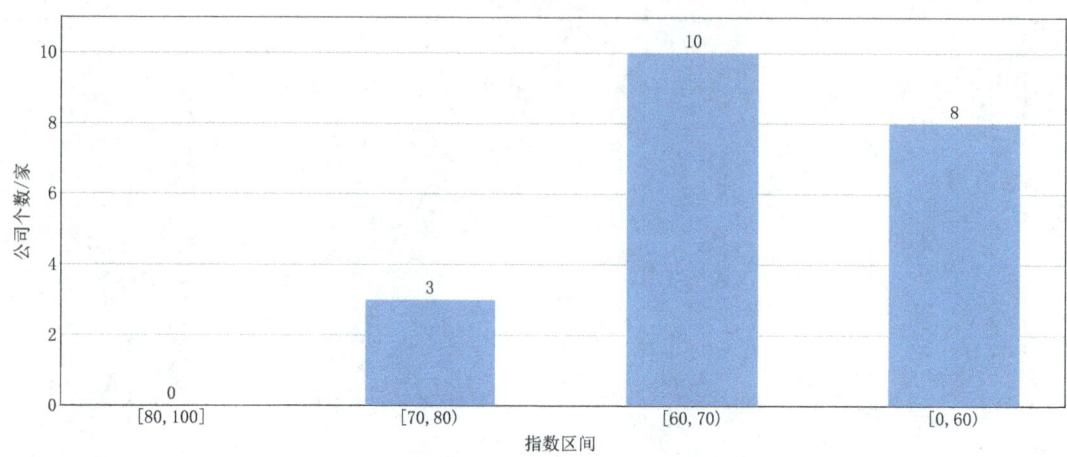

图 7-275　2023 年综合行业上市公司创新经济绩效指数分布图

综合行业中，创新经济绩效指数排名前10的上市公司如表7-140所示。

表 7-140　2023 年综合行业上市公司创新经济绩效指数前 10 排名

排名	证券名称	证券代码	产权性质	省份	二级行业	创新经济绩效指数
1	南京新百	600682.SH	非国有控股	江苏	综合Ⅱ	77.61
2	特力A	000025.SZ	地方国有控股	广东	综合Ⅱ	73.83
3	浙农股份	002758.SZ	非国有控股	浙江	综合Ⅱ	70.35
4	红棉股份	000523.SZ	地方国有控股	广东	综合Ⅱ	67.98
5	粤桂股份	000833.SZ	地方国有控股	广西	综合Ⅱ	66.61
6	亚泰集团	600881.SH	地方国有控股	吉林	综合Ⅱ	66.54
7	鲁银投资	600784.SH	地方国有控股	山东	综合Ⅱ	65.53
8	东阳光	600673.SH	非国有控股	广东	综合Ⅱ	65.16
9	漳州发展	000753.SZ	地方国有控股	福建	综合Ⅱ	64.72
10	悦达投资	600805.SH	地方国有控股	江苏	综合Ⅱ	64.56

数据来源：同花顺（iFinD），首经贸资产评估研究院和浙工商中国智能管理研究院整理。

第8章
中国上市公司创新发展指数评价——区域维度[①]

区域经济的均衡发展对于国家整体经济的持续稳健增长至关重要，不同区域内上市公司的整体创新表现不仅反映了区域经济的创新发展活力，也是推动区域经济转型升级的关键动力。从区域维度对中国上市公司创新发展指数进行评价，能够在一定程度上揭示各区域上市公司的创新能力和发展潜力，有助于广大市场参与者深入分析和理解各区域在创新驱动发展战略下的差异化表现，为政策制定者、投资者和企业管理者提供有效信息，促进区域创新资源的优化配置，推动区域经济均衡发展和整体竞争力的提升。鉴于此，本章从区域维度，对东北地区、华北地区、华东地区、华南地区、华中地区、西北地区、西南地区七大区域上市公司的创新发展指数进行评价和分析。

8.1 东北地区上市公司创新发展指数评价

2023年，东北地区全年实现地区生产总值59624.49亿元，人均地区生产总值为62021.51元，居民人均可支配收入33335.34元。截至2023年底，A股市场东北地区共有上市公司165家，总市值共计14984.97亿元，营业收入共计13984.43亿元，平均市值90.82亿元/家，平均营业收入84.75亿元/家。市值最大的上市公司为恒力石化（927.05亿元），营业收入最高的上市公司为恒力石化（2347.91亿元）。2023年，东北地区上市公司研发投入合计为321.11亿元，占营业收入的2.30%；无形资产账面价值合计为921.83亿元，占总资产的3.99%。根据本报告分析口径，本节共对东北地区165家上市公司开展创新发展指数评价，具体情况如下：

8.1.1 创新发展综合指数

2023年东北地区165家上市公司创新发展综合指数平均水平为64.09，低于全市场均值65.40。从指数分布来看，高于全市场均值的有68家，占区域内上市公司总数的41.21%。其中，最高的是一汽解放，创新发展综合指数为79.90。具体来看，创新发展综合指数处于［70, 80）的有31家，占比18.79%；［60, 70）的有92家，占比55.76%；［0, 60）的有42家，占比25.45%，如图8-1所示。

从区域内省份分布来看，东北地区165家上市公司分布在3个省份。创新发展综合指数平均水平最高的是黑龙江省（64.62），最低的是辽宁省（63.82），如图8-2所示。

[①] 本书中区域的划分参考以下文献：杨子晖，李东承，陈雨恬.金融市场的"绿天鹅"风险研究——基于物理风险与转型风险的双重视角.《管理世界》，2024年第2期.

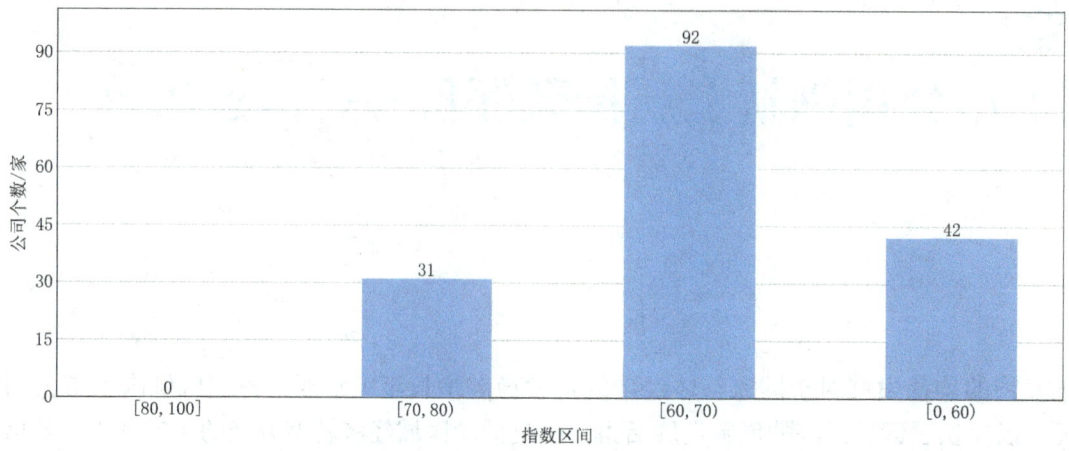

图 8-1　2023 年东北地区上市公司创新发展综合指数分布图

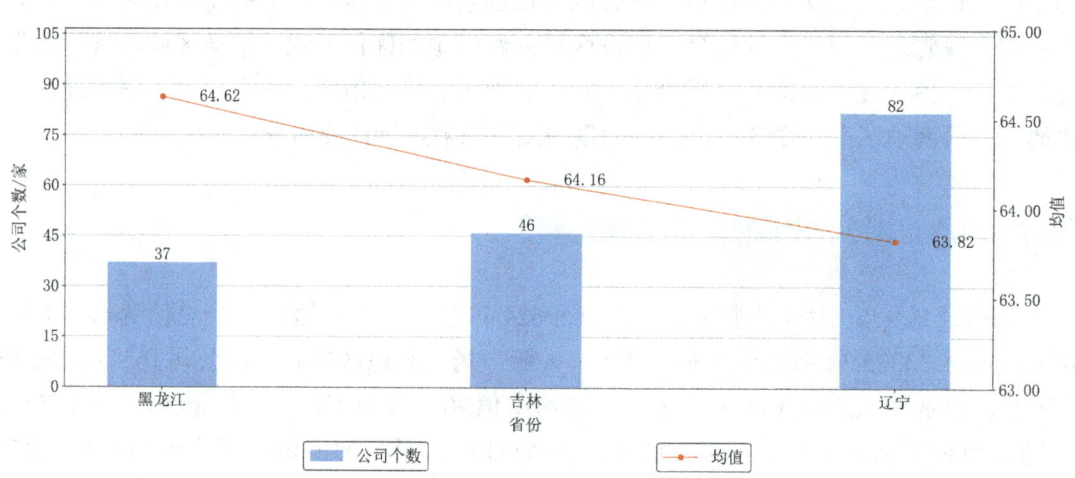

图 8-2　2023 年东北地区上市公司创新发展综合指数均值分布图

东北地区中，创新发展综合指数排名前 10 的上市公司如表 8-1 所示。

表 8-1　2023 年东北地区上市公司创新发展综合指数前 10 排名

排名	证券名称	证券代码	产权性质	省份	一级行业	创新发展综合指数
1	一汽解放	000800.SZ	中央国有控股	吉林	汽车	79.90
2	长春高新	000661.SZ	地方国有控股	吉林	医药生物	78.54
3	国电电力	600795.SH	中央国有控股	辽宁	公用事业	77.15
4	东安动力	600178.SH	中央国有控股	黑龙江	汽车	76.99
5	机器人	300024.SZ	中央国有控股	辽宁	机械设备	76.61
6	恒力石化	600346.SH	非国有控股	辽宁	石油石化	76.29
7	中直股份	600038.SH	中央国有控股	黑龙江	国防军工	75.12
8	拓荆科技	688072.SH	非国有控股	辽宁	电子	75.08
9	连城数控	835368.BJ	非国有控股	辽宁	电力设备	74.57
10	东软集团	600718.SH	非国有控股	辽宁	计算机	74.50

数据来源：同花顺（iFinD），首经贸资产评估研究院和浙工商中国智能管理研究院整理。

8.1.2 创新资源支持指数

2023年东北地区165家上市公司创新资源支持指数平均水平为65.34，低于全市场均值67.08。从指数分布来看，高于全市场均值的有61家，占区域内上市公司总数的36.97%。其中，最高的是东软集团，创新资源支持指数为86.59。具体来看，创新资源支持指数处于[80，100]的有7家，占比4.24%；[70，80)的有39家，占比23.64%；[60，70)的有78家，占比47.27%；[0，60)的有41家，占比24.85%，如图8-3所示。

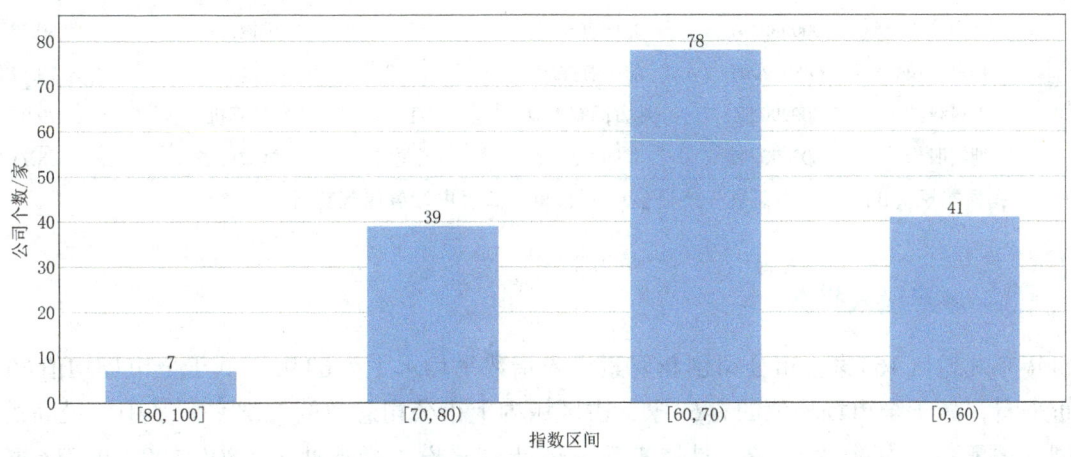

图8-3　2023年东北地区上市公司创新资源支持指数分布图

从区域内省份分布来看，创新资源支持指数平均水平最高的是辽宁省（66.00），最低的是吉林省（64.14），如图8-4所示。

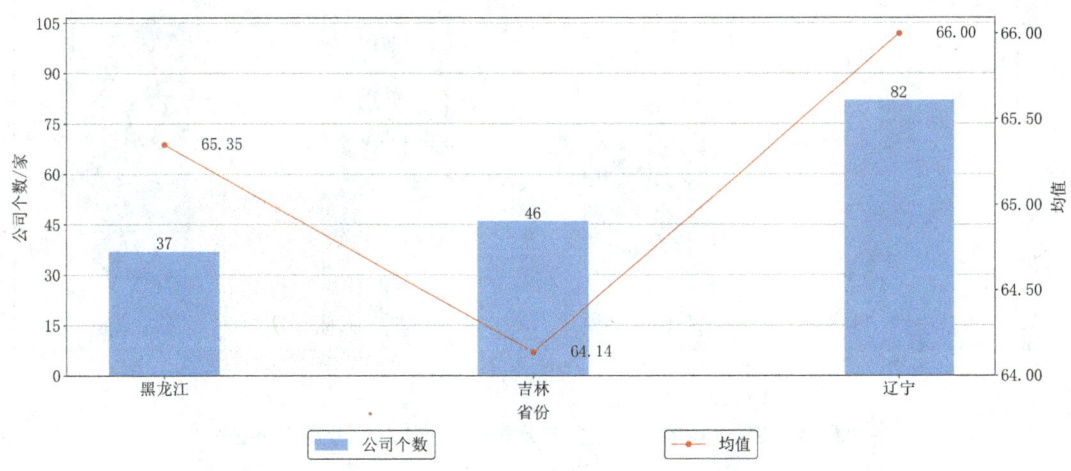

图8-4　2023年东北地区上市公司创新资源支持指数均值分布图

东北地区中，创新资源支持指数排名前10的上市公司如表8-2所示。

表 8-2　2023 年东北地区上市公司创新资源支持指数前 10 排名

排名	证券名称	证券代码	产权性质	省份	一级行业	创新资源支持指数
1	东软集团	600718.SH	非国有控股	辽宁	计算机	86.59
2	机器人	300024.SZ	中央国有控股	辽宁	机械设备	85.72
3	奥普光电	002338.SZ	中央国有控股	吉林	国防军工	84.09
4	东安动力	600178.SH	中央国有控股	黑龙江	汽车	82.83
5	长春高新	000661.SZ	地方国有控股	吉林	医药生物	82.70
6	芯源微	688037.SH	中央国有控股	辽宁	电子	81.08
7	冰山冷热	000530.SZ	非国有控股	辽宁	机械设备	80.57
8	拓荆科技	688072.SH	非国有控股	辽宁	电子	79.17
9	荣科科技	300290.SZ	地方国有控股	辽宁	计算机	79.05
10	博实股份	002698.SZ	非国有控股	黑龙江	机械设备	78.71

数据来源：同花顺（iFinD），首经贸资产评估研究院和浙工商中国智能管理研究院整理。

8.1.3　创新要素投入指数

2023年东北地区165家上市公司创新要素投入指数平均水平为63.95，低于全市场均值66.07。从指数分布来看，高于全市场均值的有68家，占区域内上市公司总数的41.21%。其中，最高的是一汽解放，创新要素投入指数为83.58。具体来看，创新要素投入指数处于［80，100］的有6家，占比3.64%；［70，80）的有40家，占比24.24%；［60，70）的有61家，占比36.97%；［0，60）的有58家，占比35.15%，如图8-5所示。

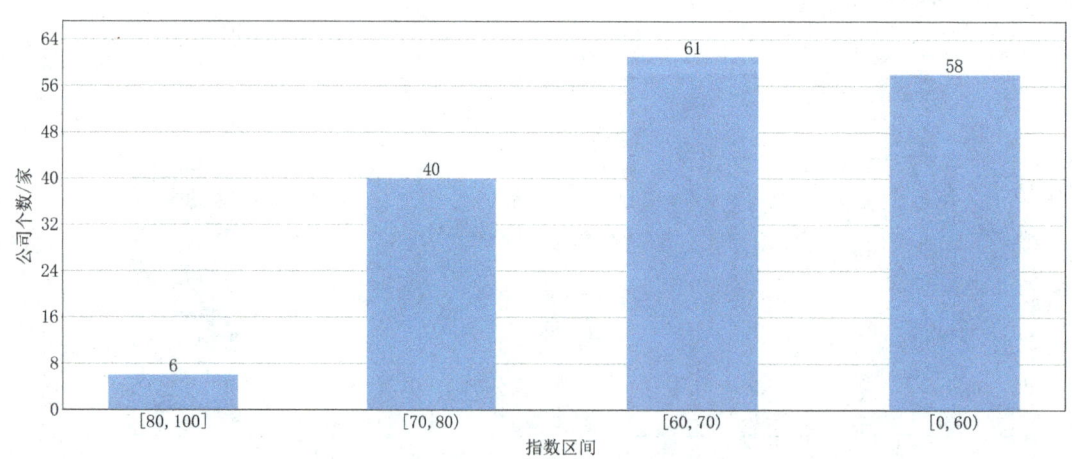

图8-5　2023年东北地区上市公司创新要素投入指数分布图

从区域内省份分布来看，创新要素投入指数平均水平最高的是吉林省（64.71），最低的是辽宁省（63.35），如图8-6所示。

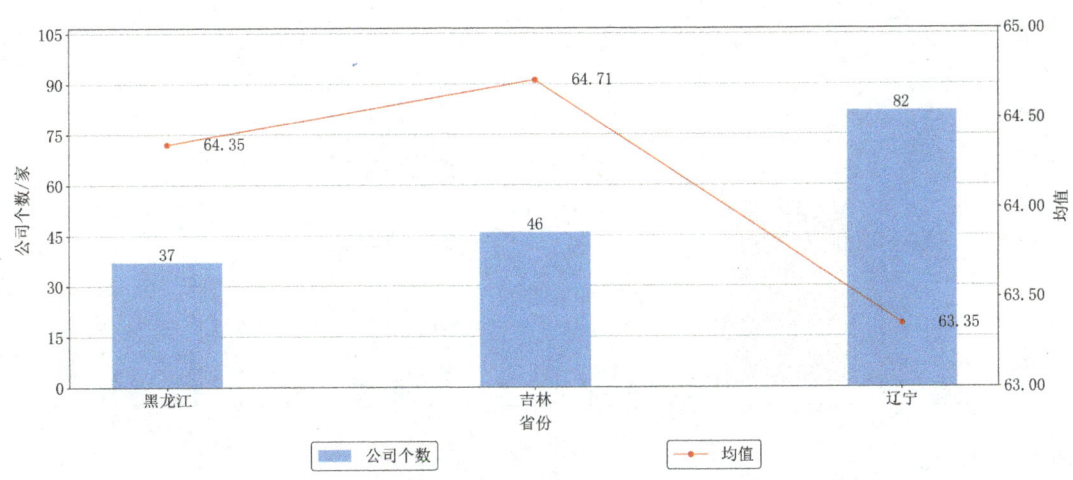

图8-6 2023年东北地区上市公司创新要素投入指数均值分布图

东北地区中,创新要素投入指数排名前10的上市公司如表8-3所示。

表8-3 2023年东北地区上市公司创新要素投入指数前10排名

排名	证券名称	证券代码	产权性质	省份	一级行业	创新要素投入指数
1	一汽解放	000800.SZ	中央国有控股	吉林	汽车	83.58
2	长春高新	000661.SZ	地方国有控股	吉林	医药生物	83.45
3	佳电股份	000922.SZ	中央国有控股	黑龙江	电力设备	81.54
4	国电电力	600795.SH	中央国有控股	辽宁	公用事业	81.26
5	航天科技	000901.SZ	中央国有控股	黑龙江	汽车	80.72
6	拓荆科技	688072.SH	非国有控股	辽宁	电子	80.71
7	东安动力	600178.SH	中央国有控股	黑龙江	汽车	79.25
8	中直股份	600038.SH	中央国有控股	黑龙江	国防军工	78.29
9	机器人	300024.SZ	中央国有控股	辽宁	机械设备	77.85
10	龙建股份	600853.SH	地方国有控股	黑龙江	建筑装饰	77.77

数据来源:同花顺(iFinD),首经贸资产评估研究院和浙工商中国智能管理研究院整理。

8.1.4 创新科技成果指数

2023年东北地区165家上市公司创新科技成果指数平均水平为63.95,低于全市场均值64.15。从指数分布来看,高于全市场均值的有64家,占区域内上市公司总数的38.79%。其中,最高的是东安动力,创新科技成果指数为75.99。具体来看,创新科技成果指数处于[70,80)的有13家,占比7.88%;[60,70)的有129家,占比78.18%;[0,60)的有23家,占比13.94%,如图8-7所示。

从区域内省份分布来看,创新科技成果指数平均水平最高的是黑龙江省(64.07),最低的是吉林省(63.32),如图8-8所示。

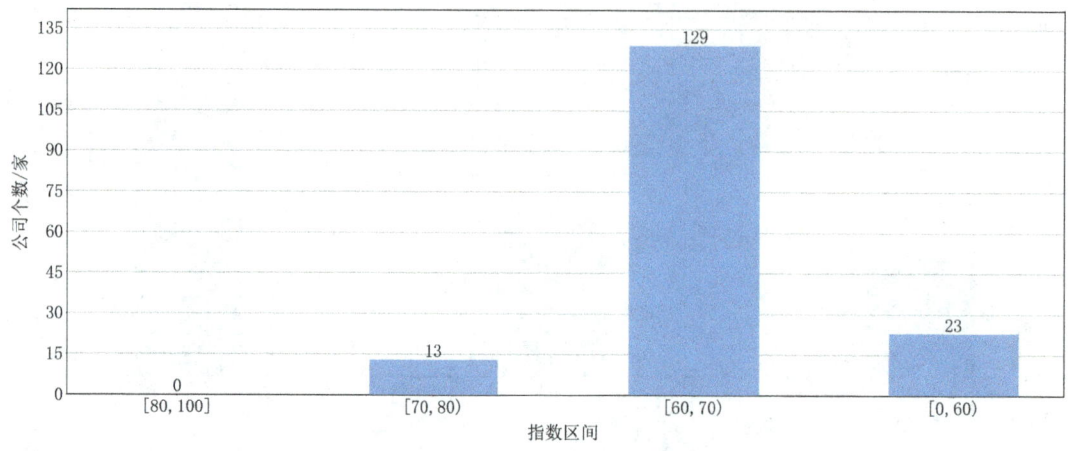

图8-7 2023年东北地区上市公司创新科技成果指数分布图

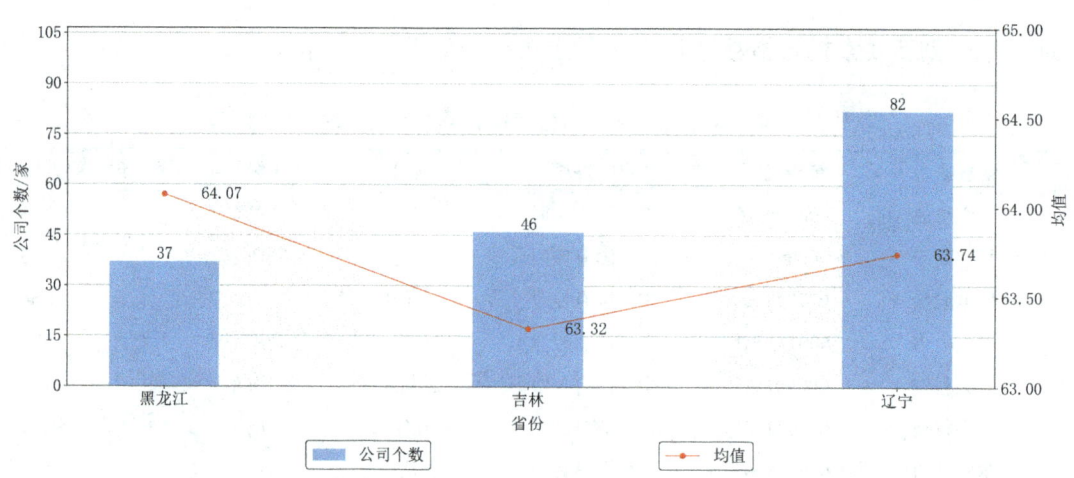

图8-8 2023年东北地区上市公司创新科技成果指数均值分布图

东北地区中,创新科技成果指数排名前10的上市公司如表8-4所示。

表8-4 2023年东北地区上市公司创新科技成果指数前10排名

排名	证券名称	证券代码	产权性质	省份	一级行业	创新科技成果指数
1	东安动力	600178.SH	中央国有控股	黑龙江	汽车	75.99
2	蓝英装备	300293.SZ	非国有控股	辽宁	机械设备	75.69
3	一汽解放	000800.SZ	中央国有控股	吉林	汽车	75.68
4	本钢板材	000761.SZ	中央国有控股	辽宁	钢铁	74.27
5	鞍钢股份	000898.SZ	中央国有控股	辽宁	钢铁	73.94
6	通化东宝	600867.SH	非国有控股	吉林	医药生物	73.42
7	恒力石化	600346.SH	非国有控股	辽宁	石油石化	72.34
8	航天科技	000901.SZ	中央国有控股	黑龙江	汽车	71.59
9	金冠股份	300510.SZ	地方国有控股	吉林	电力设备	71.49
10	大连重工	002204.SZ	地方国有控股	辽宁	机械设备	71.01

数据来源:同花顺(iFinD),首经贸资产评估研究院和浙工商中国智能管理研究院整理。

8.1.5 创新经济绩效指数

2023年东北地区165家上市公司创新经济绩效指数平均水平为63.70，低于全市场均值64.49。从指数分布来看，高于全市场均值的有71家，占区域内上市公司总数的43.03%。其中，最高的是国电电力，创新经济绩效指数为84.99。具体来看，创新经济绩效指数处于[80,100]的有6家，占比3.64%；[70,80)的有36家，占比21.82%；[60,70)的有62家，占比37.58%；[0,60)的有61家，占比36.96%，如图8-9所示。

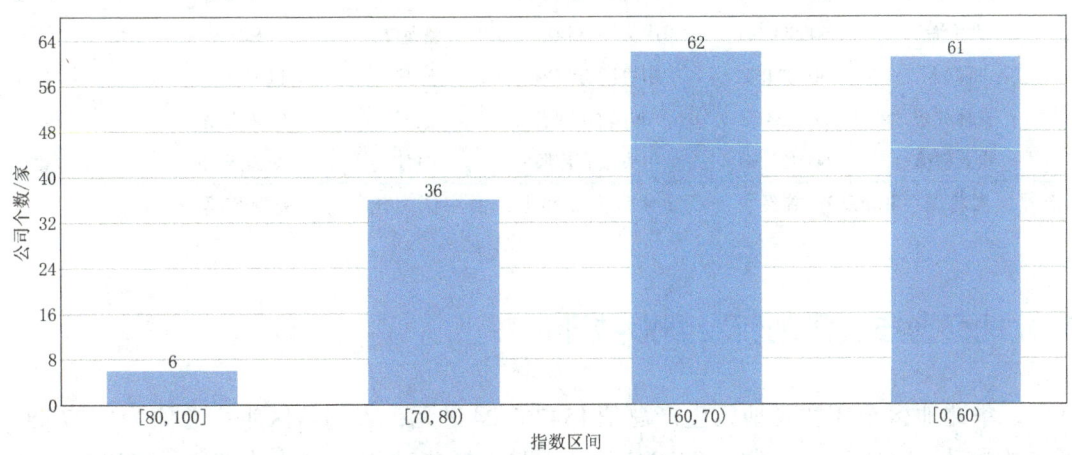

图8-9　2023年东北地区上市公司创新经济绩效指数分布图

从区域内省份分布来看，创新经济绩效指数平均水平最高的是黑龙江省（64.88），最低的是辽宁省（62.85），如图8-10所示。

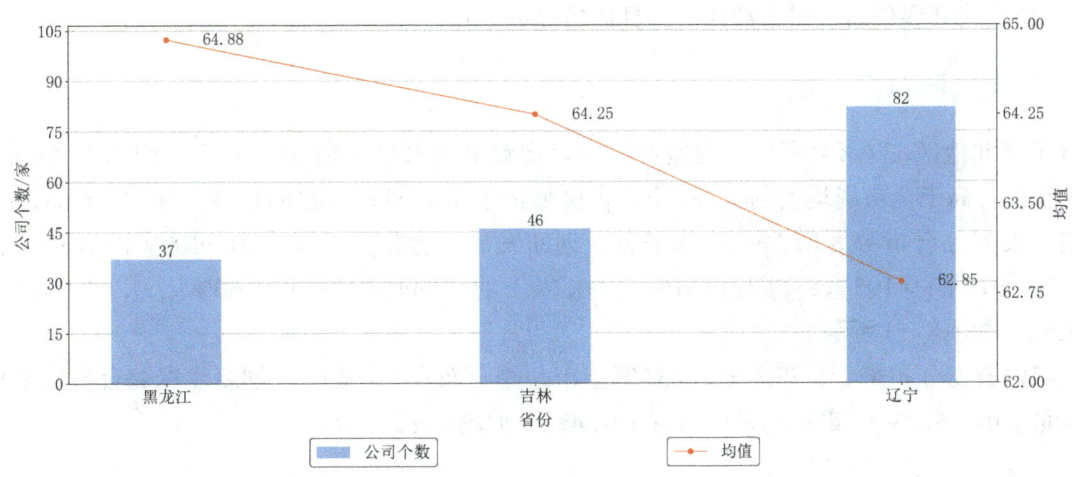

图8-10　2023年东北地区上市公司创新经济绩效指数均值分布图

东北地区中，创新经济绩效指数排名前10的上市公司如表8-5所示。

表 8-5　2023 年东北地区上市公司创新经济绩效指数前 10 排名

排名	证券名称	证券代码	产权性质	省份	一级行业	创新经济绩效指数
1	国电电力	600795.SH	中央国有控股	辽宁	公用事业	84.99
2	长春高新	000661.SZ	地方国有控股	吉林	医药生物	82.91
3	一汽解放	000800.SZ	中央国有控股	吉林	汽车	82.76
4	圆通速递	600233.SH	非国有控股	辽宁	交通运输	82.10
5	百克生物	688276.SH	地方国有控股	吉林	医药生物	80.41
6	恒力石化	600346.SH	非国有控股	辽宁	石油石化	80.18
7	北大荒	600598.SH	中央国有控股	黑龙江	农林牧渔	79.28
8	机器人	300024.SZ	中央国有控股	辽宁	机械设备	79.16
9	吉林敖东	000623.SZ	非国有控股	吉林	医药生物	79.05
10	铁龙物流	600125.SH	中央国有控股	辽宁	交通运输	78.52

数据来源：同花顺（iFinD），首经贸资产评估研究院和浙工商中国智能管理研究院整理。

8.2　华北地区上市公司创新发展指数评价

2023年，华北地区全年实现地区生产总值154767.24亿元，人均地区生产总值为91975.84元，居民人均可支配收入41071.01元。截至2023年底，A股市场华北地区共有上市公司637家，总市值共计152372.06亿元，营业收入共计218782.60亿元，平均市值239.20亿元/家，平均营业收入343.46亿元/家。市值最大的上市公司为中国石油（12921.28亿元），营业收入最高的上市公司为中国石化（32122.15亿元）。2023年，华北地区上市公司研发投入合计为5385.94亿元，占营业收入的2.46%；无形资产账面价值合计为21970.57亿元，占总资产的6.83%。根据本报告分析口径，本节共对华北地区637家上市公司开展创新发展指数评价，具体情况如下：

8.2.1　创新发展综合指数

2023年华北地区637家上市公司创新发展综合指数平均水平为67.04，高于全市场均值65.40。从指数分布来看，高于全市场均值的有386家，占区域内上市公司总数的60.60%。其中，最高的是北方华创，创新发展综合指数为87.50。具体来看，创新发展综合指数处于［80，100］的有10家，占比1.57%；［70，80）的有195家，占比30.61%；［60，70）的有344家，占比54.00%；［0，60）的有88家，占比13.82%，如图8-11所示。

从区域内省份分布来看，华北地区637家上市公司分布在5个省份。创新发展综合指数平均水平最高的是北京市（67.49），最低的是山西省（64.47），如图8-12所示。

第8章 中国上市公司创新发展指数评价——区域维度

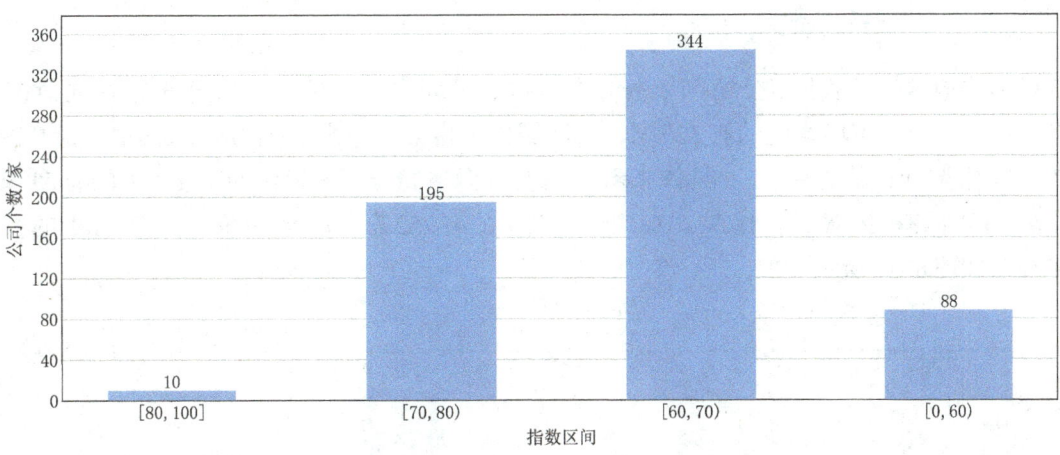

图8-11 2023年华北地区上市公司创新发展综合指数分布图

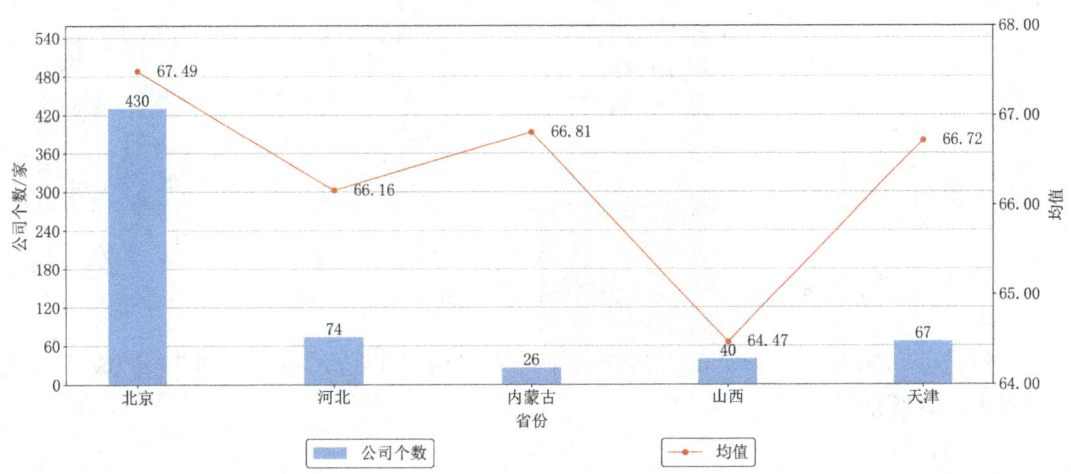

图8-12 2023年华北地区上市公司创新发展综合指数均值分布图

华北地区中，创新发展综合指数排名前10的上市公司如表8-6所示。

表8-6 2023年华北地区上市公司创新发展综合指数前10排名

排名	证券名称	证券代码	产权性质	省份	一级行业	创新发展综合指数
1	北方华创	002371.SZ	地方国有控股	北京	电子	87.50
2	长城汽车	601633.SH	非国有控股	河北	汽车	84.34
3	三一重工	600031.SH	非国有控股	北京	机械设备	82.42
4	中科曙光	603019.SH	中央国有控股	天津	计算机	82.14
5	京东方A	000725.SZ	地方国有控股	北京	电子	81.82
6	中国电信	601728.SH	中央国有控股	北京	通信	81.57
7	中海油服	601808.SH	中央国有控股	天津	石油石化	81.19
8	紫光国微	002049.SZ	非国有控股	河北	电子	80.95
9	中科星图	688568.SH	中央国有控股	北京	计算机	80.93
10	金山办公	688111.SH	非国有控股	北京	计算机	80.20

数据来源：同花顺（iFinD），首经贸资产评估研究院和浙工商中国智能管理研究院整理。

8.2.2 创新资源支持指数

2023年华北地区637家上市公司创新资源支持指数平均水平为67.42，高于全市场均值67.08。从指数分布来看，高于全市场均值的有325家，占区域内上市公司总数的51.02%。其中，最高的是紫光股份，创新资源支持指数为92.82。具体来看，创新资源支持指数处于［80，100］的有51家，占比8.01%；［70，80）的有195家，占比30.61%；［60，70）的有252家，占比39.56%；［0，60）的有139家，占比21.82%，如图8-13所示。

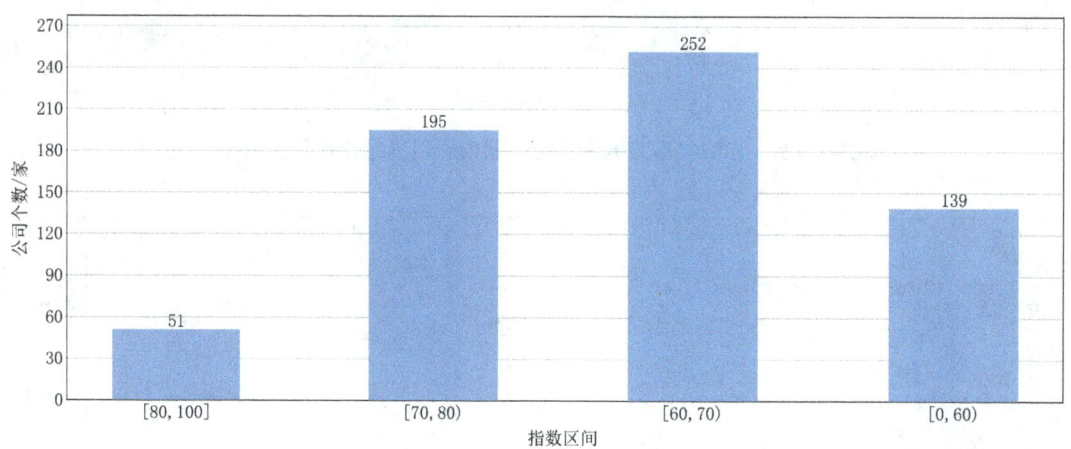

图8-13　2023年华北地区上市公司创新资源支持指数分布图

从区域内省份分布来看，创新资源支持指数平均水平最高的是天津市（68.79），最低的是山西省（63.49），如图8-14所示。

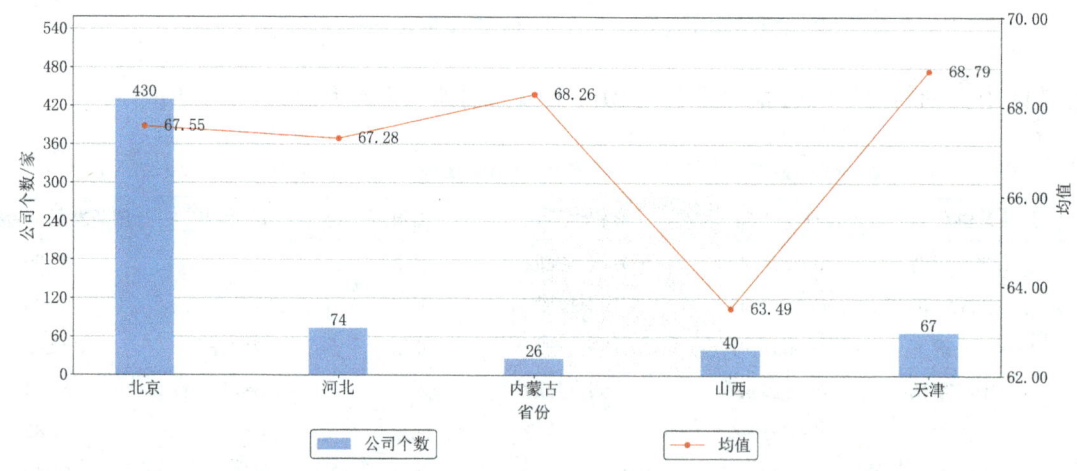

图8-14　2023年华北地区上市公司创新资源支持指数均值分布图

华北地区中，创新资源支持指数排名前10的上市公司如表8-7所示。

表 8-7　2023 年华北地区上市公司创新资源支持指数前 10 排名

排名	证券名称	证券代码	产权性质	省份	一级行业	创新资源支持指数
1	紫光股份	000938.SZ	非国有控股	北京	计算机	92.82
2	际华集团	601718.SH	中央国有控股	北京	纺织服饰	92.23
3	红日药业	300026.SZ	地方国有控股	天津	医药生物	91.82
4	长城汽车	601633.SH	非国有控股	河北	汽车	91.08
5	清新环境	002573.SZ	地方国有控股	北京	环保	90.74
6	中科曙光	603019.SH	中央国有控股	天津	计算机	89.62
7	启明星辰	002439.SZ	中央国有控股	北京	计算机	89.10
8	三一重工	600031.SH	非国有控股	北京	机械设备	88.90
9	航天信息	600271.SH	中央国有控股	北京	计算机	87.82
10	高能环境	603588.SH	非国有控股	北京	环保	87.53

数据来源：同花顺（iFinD），首经贸资产评估研究院和浙工商中国智能管理研究院整理。

8.2.3　创新要素投入指数

2023年华北地区637家上市公司创新要素投入指数平均水平为68.75，高于全市场均值66.07。从指数分布来看，高于全市场均值的有403家，占区域内上市公司总数的63.27%。其中，最高的是北方华创，创新要素投入指数为90.54。具体来看，创新要素投入指数处于［80，100］的有54家，占比8.48%；［70，80）的有225家，占比35.32%；［60，70）的有267家，占比41.92%；［0，60）的有91家，占比14.28%，如图8-15所示。

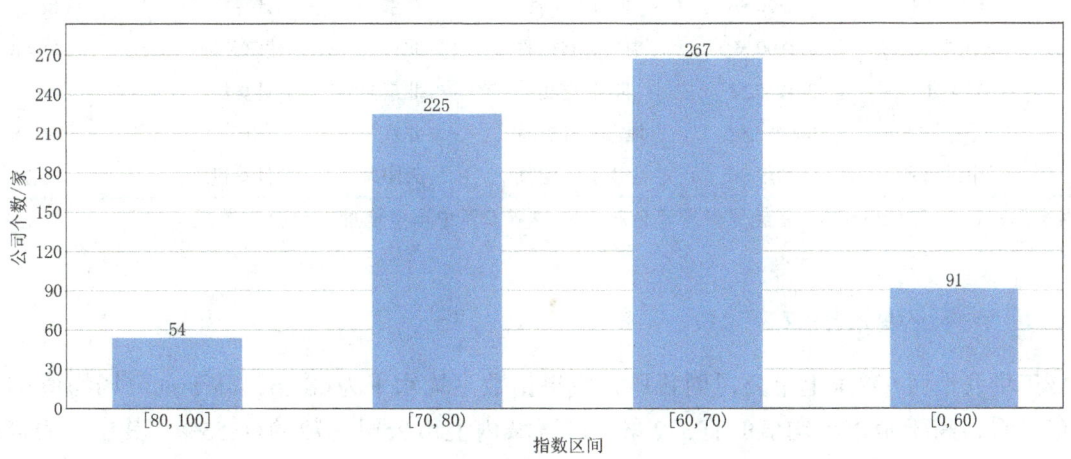

图 8-15　2023 年华北地区上市公司创新要素投入指数分布图

从区域内省份分布来看，创新要素投入指数平均水平最高的是北京市（69.64），最低的是山西省（65.32），如图8-16所示。

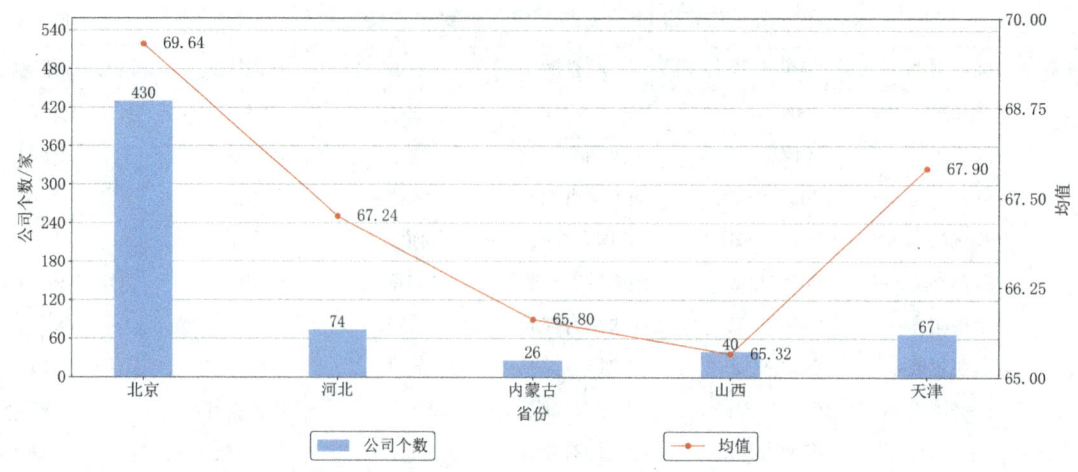

图8-16　2023年华北地区上市公司创新要素投入指数均值分布图

华北地区中，创新要素投入指数排名前10的上市公司如表8-8所示。

表8-8　2023年华北地区上市公司创新要素投入指数前10排名

排名	证券名称	证券代码	产权性质	省份	一级行业	创新要素投入指数
1	北方华创	002371.SZ	地方国有控股	北京	电子	90.54
2	中国能建	601868.SH	中央国有控股	北京	建筑装饰	87.98
3	中科星图	688568.SH	中央国有控股	北京	计算机	87.69
4	海光信息	688041.SH	非国有控股	天津	电子	87.49
5	紫光国微	002049.SZ	非国有控股	河北	电子	87.40
6	经纬恒润	688326.SH	非国有控股	北京	计算机	86.51
7	中国交建	601800.SH	中央国有控股	北京	建筑装饰	86.48
8	华大九天	301269.SZ	非国有控股	北京	计算机	86.22
9	京东方A	000725.SZ	地方国有控股	北京	电子	86.18
10	中科曙光	603019.SH	中央国有控股	天津	计算机	85.71

数据来源：同花顺（iFinD），首经贸资产评估研究院和浙工商中国智能管理研究院整理。

8.2.4　创新科技成果指数

2023年华北地区637家上市公司创新科技成果指数平均水平为68.75，高于全市场均值64.15。从指数分布来看，高于全市场均值的有322家，占区域内上市公司总数的50.55%。其中，最高的是北方华创，创新科技成果指数为84.14。具体来看，创新科技成果指数处于［80，100］的有2家，占比0.31%；［70，80）的有102家，占比16.01%；［60，70）的有441家，占比69.23%；［0，60）的有92家，占比14.45%，如图8-17所示。

从区域内省份分布来看，创新科技成果指数平均水平最高的是北京市（65.04），最低的是山西省（62.73），如图8-18所示。

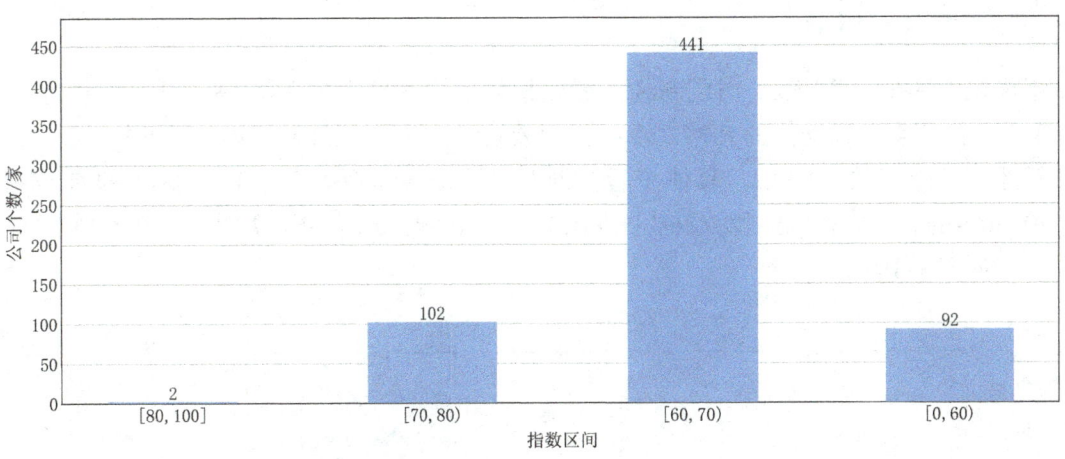

图8-17 2023年华北地区上市公司创新科技成果指数分布图

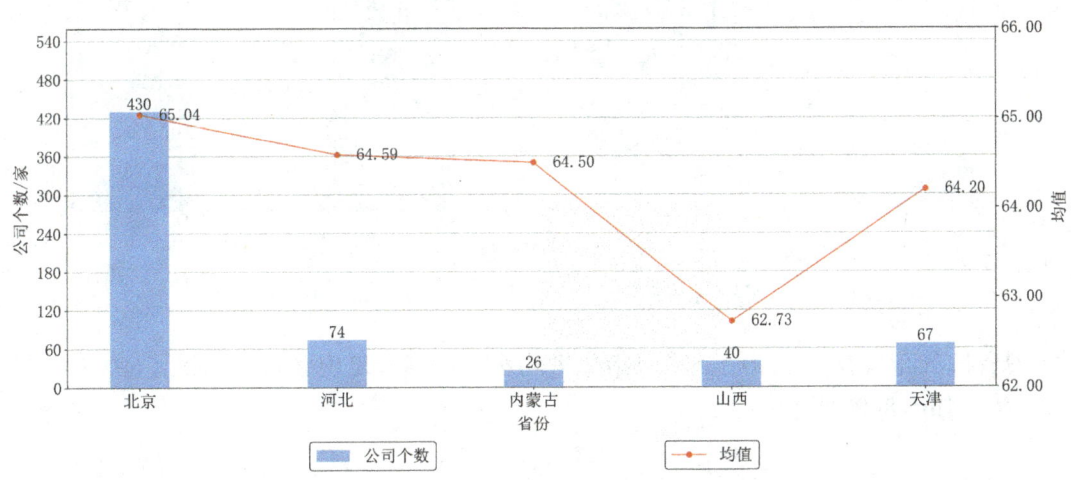

图8-18 2023年华北地区上市公司创新科技成果指数均值分布图

华北地区中,创新科技成果指数排名前10的上市公司如表8-9所示。

表8-9 2023年华北地区上市公司创新科技成果指数前10排名

排名	证券名称	证券代码	产权性质	省份	一级行业	创新科技成果指数
1	北方华创	002371.SZ	地方国有控股	北京	电子	84.14
2	伊利股份	600887.SH	非国有控股	内蒙古	食品饮料	80.97
3	天地科技	600582.SH	中央国有控股	北京	机械设备	79.77
4	中国电信	601728.SH	中央国有控股	北京	通信	79.37
5	中海油服	601808.SH	中央国有控股	天津	石油石化	79.36
6	京东方A	000725.SZ	地方国有控股	北京	电子	78.58
7	有研新材	600206.SH	中央国有控股	北京	电子	77.13
8	招商公路	001965.SZ	中央国有控股	天津	交通运输	76.91
9	长江电力	600900.SH	中央国有控股	北京	公用事业	76.56
10	雷科防务	002413.SZ	非国有控股	北京	国防军工	76.51

数据来源:同花顺(iFinD),首经贸资产评估研究院和浙工商中国智能管理研究院整理。

8.2.5 创新经济绩效指数

2023年华北地区637家上市公司创新经济绩效指数平均水平为66.78,高于全市场均值64.49。从指数分布来看,高于全市场均值的有372家,占区域内上市公司总数的58.40%。其中,最高的是北方华创,创新经济绩效指数为89.57。具体来看,创新经济绩效指数处于[80,100]的有47家,占比7.38%;[70,80)的有187家,占比29.36%;[60,70)的有240家,占比37.68%;[0,60)的有163家,占比25.58%,如图8-19所示。

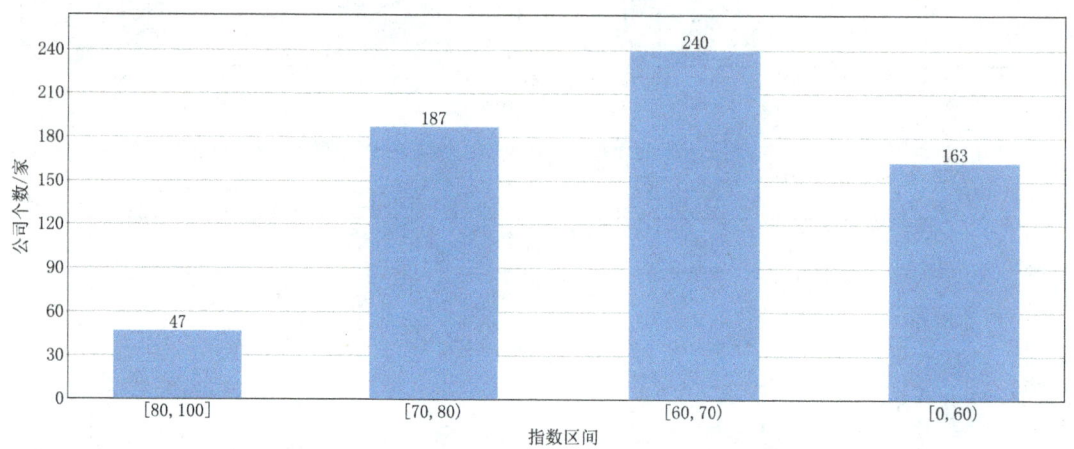

图8-19　2023年华北地区上市公司创新经济绩效指数分布图

从区域内省份分布来看,创新经济绩效指数平均水平最高的是内蒙古自治区(69.02),最低的是河北省(65.46),如图8-20所示。

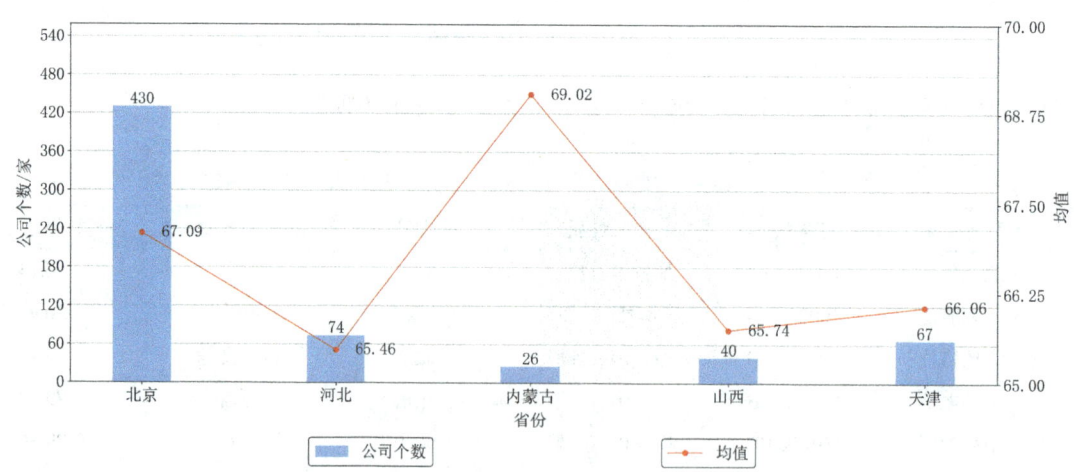

图8-20　2023年华北地区上市公司创新经济绩效指数均值分布图

华北地区中,创新经济绩效指数排名前10的上市公司如表8-10所示。

表 8-10　2023 年华北地区上市公司创新经济绩效指数前 10 排名

排名	证券名称	证券代码	产权性质	省份	一级行业	创新经济绩效指数
1	北方华创	002371.SZ	地方国有控股	北京	电子	89.57
2	天坛生物	600161.SH	中央国有控股	北京	医药生物	88.86
3	长城汽车	601633.SH	非国有控股	河北	汽车	88.60
4	中国核电	601985.SH	中央国有控股	北京	公用事业	85.46
5	中国电信	601728.SH	中央国有控股	北京	通信	85.35
6	中海油服	601808.SH	中央国有控股	天津	石油石化	85.24
7	石头科技	688169.SH	非国有控股	北京	家用电器	85.23
8	新奥股份	600803.SH	非国有控股	河北	公用事业	85.23
9	中科曙光	603019.SH	中央国有控股	天津	计算机	84.76
10	国投电力	600886.SH	中央国有控股	北京	公用事业	84.05

数据来源：同花顺（iFinD），首经贸资产评估研究院和浙工商中国智能管理研究院整理。

8.3　华东地区上市公司创新发展指数评价

2023 年，华东地区全年实现地区生产总值 483668.52 亿元，人均地区生产总值为 113597.48 元，居民人均可支配收入 48005.00 元。截至 2023 年底，A 股市场华东地区共有上市公司 2454 家，总市值共计 258946.15 亿元，营业收入共计 208615.67 亿元，平均市值 105.52 亿元/家，平均营业收入 85.01 亿元/家。市值最大的上市公司为宁德时代（7181.87 亿元），营业收入最高的上市公司为建发股份（7636.78 亿元）。2023 年，华东地区上市公司研发投入合计为 6370.68 亿元，占营业收入的 3.05%；无形资产账面价值合计为 13713.17 亿元，占总资产的 4.75%。根据本报告分析口径，本节共对华东地区 2454 家上市公司开展创新发展指数评价，具体情况如下：

8.3.1　创新发展综合指数

2023 年华东地区 2454 家上市公司创新发展综合指数平均水平为 65.30，低于全市场均值 65.40。从指数分布来看，高于全市场均值的有 1173 家，占区域内上市公司总数的 47.80%。其中，最高的是徐工机械，创新发展综合指数为 84.92。具体来看，创新发展综合指数处于［80，100］的有 16 家，占比 0.65%；[70，80）的有 466 家，占比 18.99%；[60，70）的有 1551 家，占比 63.20%；[0，60）的有 421 家，占比 17.16%，如图 8-21 所示。

从区域内省份分布来看，华东地区 2454 家上市公司分布在 7 个省份。创新发展综合指数平均水平最高的是上海市（65.73），最低的是江西省（64.57），如图 8-22 所示。

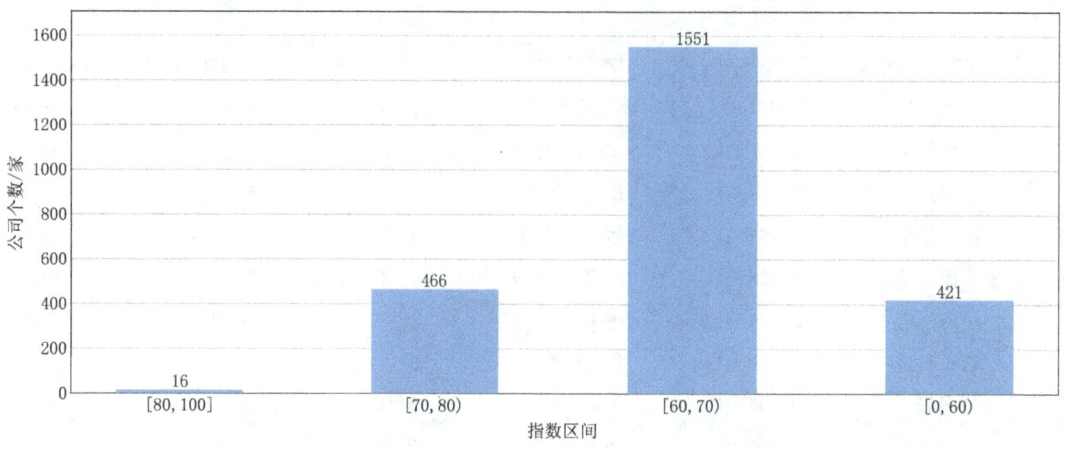

图8-21 2023年华东地区上市公司创新发展综合指数分布图

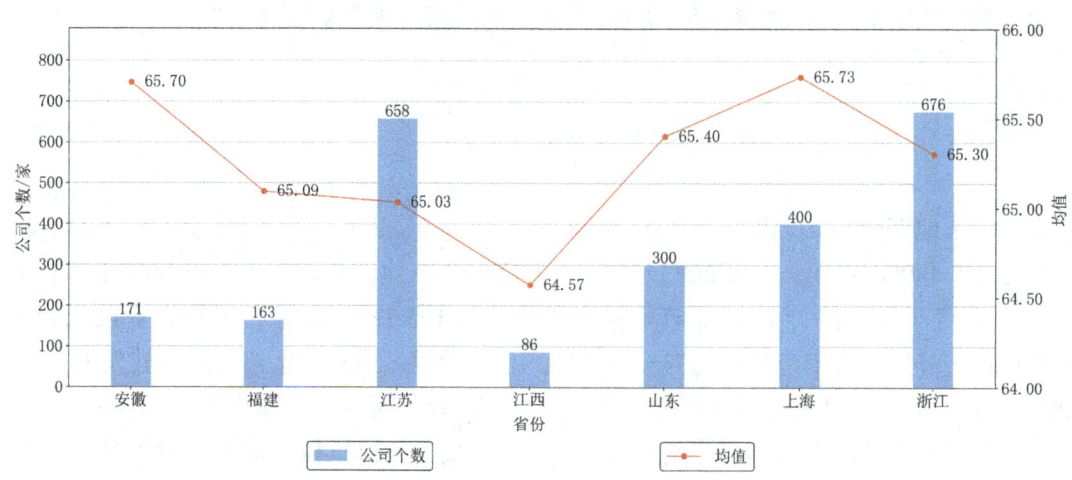

图8-22 2023年华东地区上市公司创新发展综合指数均值分布图

华东地区中，创新发展综合指数排名前10的上市公司如表8-11所示。

表8-11 2023年华东地区上市公司创新发展综合指数前10排名

排名	证券名称	证券代码	产权性质	省份	一级行业	创新发展综合指数
1	徐工机械	000425.SZ	地方国有控股	江苏	机械设备	84.92
2	科大讯飞	002230.SZ	非国有控股	安徽	计算机	84.72
3	联影医疗	688271.SH	非国有控股	上海	医药生物	84.26
4	晶盛机电	300316.SZ	非国有控股	浙江	电力设备	83.83
5	中材科技	002080.SZ	中央国有控股	江苏	建筑材料	83.80
6	国电南瑞	600406.SH	中央国有控股	江苏	电力设备	83.34
7	潍柴动力	000338.SZ	地方国有控股	山东	汽车	83.09
8	海尔智家	600690.SH	非国有控股	山东	家用电器	82.58
9	浪潮信息	000977.SZ	地方国有控股	山东	计算机	82.22
10	宁德时代	300750.SZ	非国有控股	福建	电力设备	81.46

数据来源：同花顺（iFinD），首经贸资产评估研究院和浙工商中国智能管理研究院整理。

8.3.2 创新资源支持指数

2023年华东地区2454家上市公司创新资源支持指数平均水平为67.31，高于全市场均值67.08。从指数分布来看，高于全市场均值的有1251家，占区域内上市公司总数的50.98%。其中，最高的是联影医疗，创新资源支持指数为94.53。具体来看，创新资源支持指数处于［80，100］的有129家，占比5.26%；［70，80）的有775家，占比31.58%；［60，70）的有1111家，占比45.27%；［0，60）的有439家，占比17.89%，如图8-23所示。

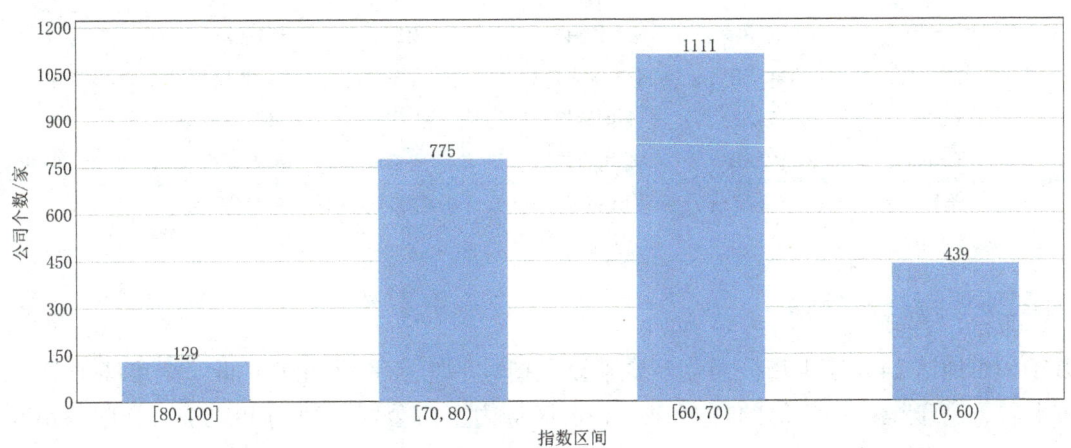

图8-23　2023年华东地区上市公司创新资源支持指数分布图

从区域内省份分布来看，创新资源支持指数平均水平最高的是浙江省（68.07），最低的是山东省（66.47），如图8-24所示。

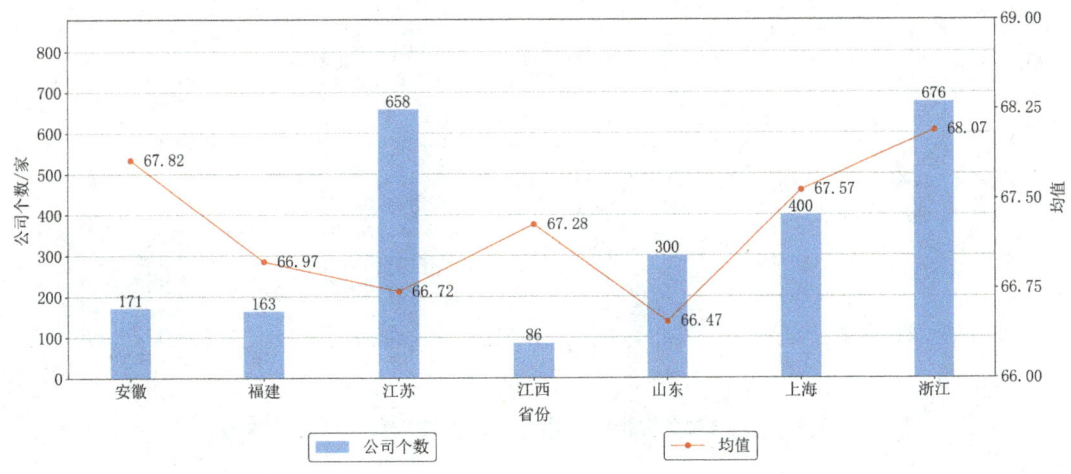

图8-24　2023年华东地区上市公司创新资源支持指数均值分布图

华东地区中，创新资源支持指数排名前10的上市公司如表8-12所示。

表 8-12 2023年华东地区上市公司创新资源支持指数前 10 排名

排名	证券名称	证券代码	产权性质	省份	一级行业	创新资源支持指数
1	联影医疗	688271.SH	非国有控股	上海	医药生物	94.53
2	浪潮信息	000977.SZ	地方国有控股	山东	计算机	94.32
3	金龙汽车	600686.SH	地方国有控股	福建	汽车	93.37
4	徐工机械	000425.SZ	地方国有控股	江苏	机械设备	93.34
5	华测导航	300627.SZ	非国有控股	上海	通信	92.77
6	科大讯飞	002230.SZ	非国有控股	安徽	计算机	90.71
7	建发股份	600153.SH	地方国有控股	福建	交通运输	90.66
8	宝信软件	600845.SH	中央国有控股	上海	计算机	88.80
9	卫宁健康	300253.SZ	非国有控股	上海	计算机	88.74
10	山鹰国际	600567.SH	非国有控股	安徽	轻工制造	88.36

数据来源：同花顺（iFinD），首经贸资产评估研究院和浙工商中国智能管理研究院整理。

8.3.3 创新要素投入指数

2023年华东地区2454家上市公司创新要素投入指数平均水平为65.91，低于全市场均值66.07。从指数分布来看，高于全市场均值的有1214家，占区域内上市公司总数的49.47%。其中，最高的是复旦微电，创新要素投入指数为87.36。具体来看，创新要素投入指数处于［80，100］的有75家，占比3.06%；［70，80）的有611家，占比24.90%；［60，70）的有1282家，占比52.24%；［0，60）的有486家，占比19.80%，如图8-25所示。

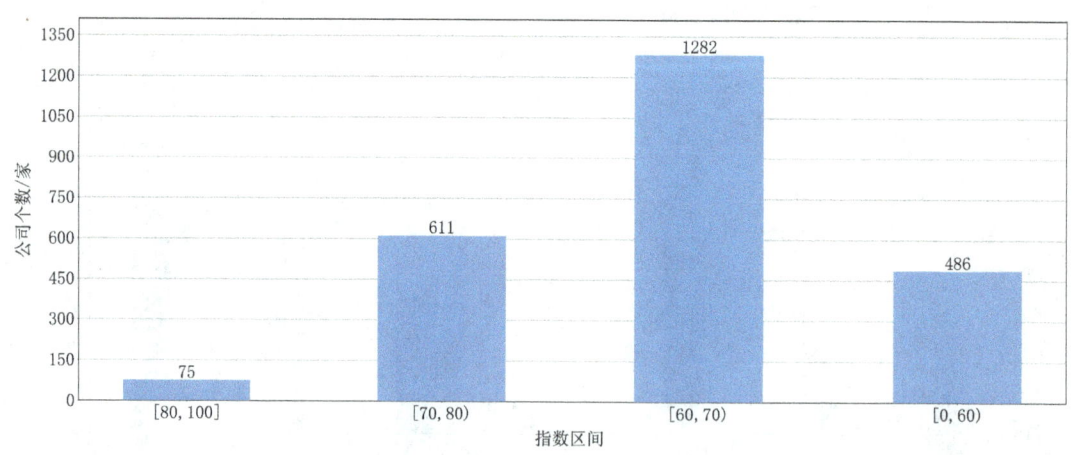

图 8-25 2023年华东地区上市公司创新要素投入指数分布图

从区域内省份分布来看，创新要素投入指数平均水平最高的是安徽省（66.88），最低的是江西省（64.28），如图8-26所示。

第8章 中国上市公司创新发展指数评价——区域维度

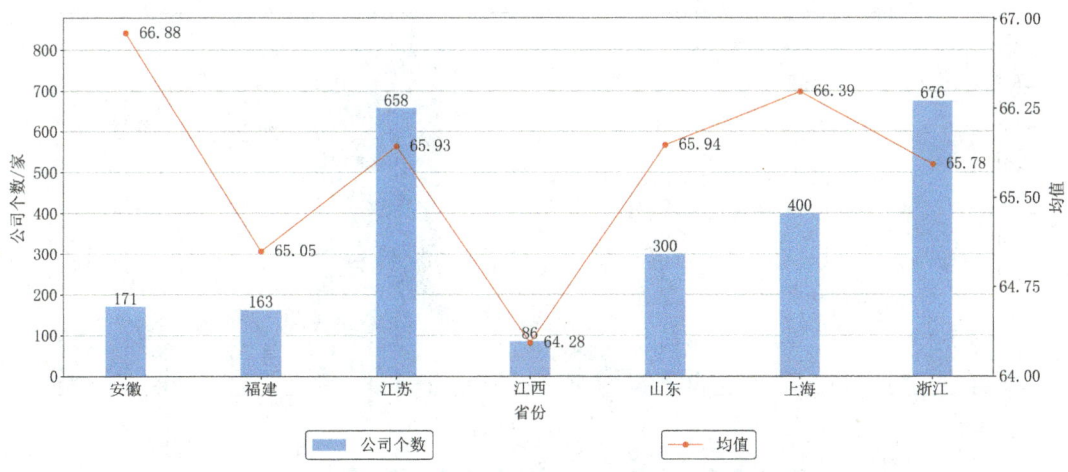

图 8-26　2023 年华东地区上市公司创新要素投入指数均值分布图

华东地区中，创新要素投入指数排名前 10 的上市公司如表 8-13 所示。

表 8-13　2023 年华东地区上市公司创新要素投入指数前 10 排名

排名	证券名称	证券代码	产权性质	省份	一级行业	创新要素投入指数
1	复旦微电	688385.SH	地方国有控股	上海	电子	87.36
2	中微公司	688012.SH	地方国有控股	上海	电子	86.57
3	科大讯飞	002230.SZ	非国有控股	安徽	计算机	85.51
4	联影医疗	688271.SH	非国有控股	上海	医药生物	85.50
5	国电南瑞	600406.SH	中央国有控股	江苏	电力设备	85.31
6	恒瑞医药	600276.SH	非国有控股	江苏	医药生物	85.12
7	恒生电子	600570.SH	非国有控股	浙江	计算机	84.68
8	中船科技	600072.SH	中央国有控股	上海	电力设备	84.57
9	士兰微	600460.SH	非国有控股	浙江	电子	84.50
10	中材科技	002080.SZ	中央国有控股	江苏	建筑材料	84.33

数据来源：同花顺（iFinD），首经贸资产评估研究院和浙工商中国智能管理研究院整理。

8.3.4　创新科技成果指数

2023 年华东地区 2454 家上市公司创新科技成果指数平均水平为 65.91，高于全市场均值 64.15。从指数分布来看，高于全市场均值的有 1157 家，占区域内上市公司总数的 47.15%。其中，最高的是海尔智家，创新科技成果指数为 90.24。具体来看，创新科技成果指数处于 [80，100] 的有 9 家，占比 0.37%；[70，80) 的有 273 家，占比 11.12%；[60，70) 的有 1811 家，占比 73.80%；[0，60) 的有 361 家，占比 14.71%，如图 8-27 所示。

从区域内省份分布来看，创新科技成果指数平均水平最高的是山东省（64.68），最低的是福建省（63.89），如图 8-28 所示。

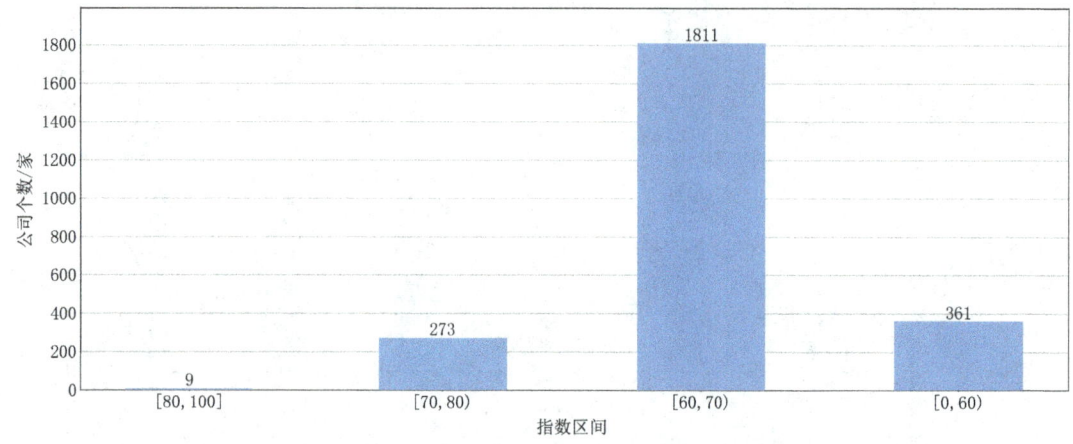

图8-27 2023年华东地区上市公司创新科技成果指数分布图

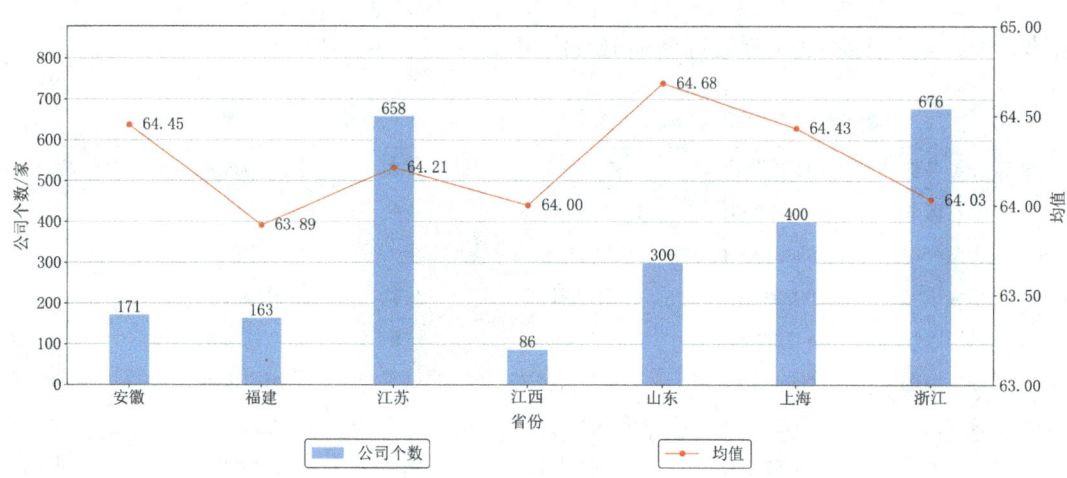

图8-28 2023年华东地区上市公司创新科技成果指数均值分布图

华东地区中,创新科技成果指数排名前10的上市公司如表8-14所示。

表8-14 2023年华东地区上市公司创新科技成果指数前10排名

排名	证券名称	证券代码	产权性质	省份	一级行业	创新科技成果指数
1	海尔智家	600690.SH	非国有控股	山东	家用电器	90.24
2	潍柴动力	000338.SZ	地方国有控股	山东	汽车	84.77
3	徐工机械	000425.SZ	地方国有控股	江苏	机械设备	82.05
4	海尔生物	688139.SH	非国有控股	山东	医药生物	80.79
5	华培动力	603121.SH	非国有控股	上海	汽车	80.53
6	正泰电器	601877.SH	非国有控股	浙江	电力设备	80.19
7	国电南瑞	600406.SH	中央国有控股	江苏	电力设备	80.16
8	歌尔股份	002241.SZ	非国有控股	山东	电子	80.14
9	晶盛机电	300316.SZ	非国有控股	浙江	电力设备	80.03
10	五洲新春	603667.SH	非国有控股	浙江	机械设备	79.91

数据来源:同花顺(iFinD),首经贸资产评估研究院和浙工商中国智能管理研究院整理。

8.3.5 创新经济绩效指数

2023年华东地区2454家上市公司创新经济绩效指数平均水平为64.03，低于全市场均值64.49。从指数分布来看，高于全市场均值的有1143家，占区域内上市公司总数的46.58%。其中，最高的是国电南瑞，创新经济绩效指数为87.26。具体来看，创新经济绩效指数处于[80，100]的有61家，占比2.49%；[70，80)的有538家，占比21.92%；[60，70)的有1050家，占比42.79%；[0，60)的有805家，占比32.80%，如图8-29所示。

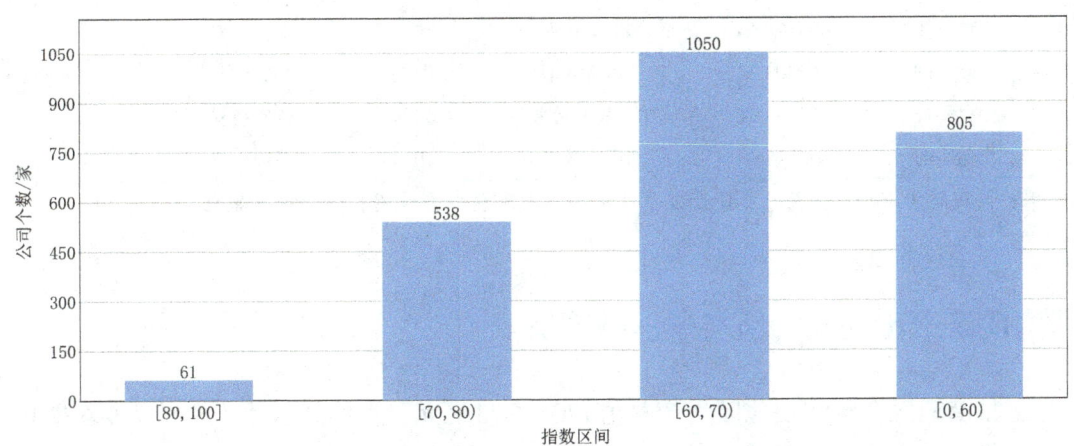

图8-29　2023年华东地区上市公司创新经济绩效指数分布图

从区域内省份分布来看，创新经济绩效指数平均水平最高的是福建省（64.83），最低的是江西省（63.43），如图8-30所示。

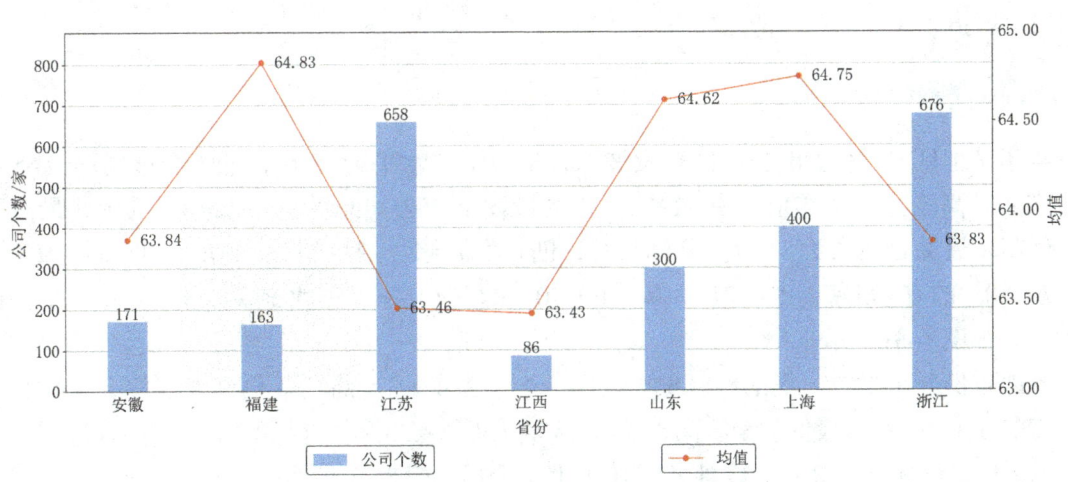

图8-30　2023年华东地区上市公司创新经济绩效指数均值分布图

华东地区中，创新经济绩效指数排名前10的上市公司如表8-15所示。

表 8-15 2023 年华东地区上市公司创新经济绩效指数前 10 排名

排名	证券名称	证券代码	产权性质	省份	一级行业	创新经济绩效指数
1	国电南瑞	600406.SH	中央国有控股	江苏	电力设备	87.26
2	晶盛机电	300316.SZ	非国有控股	浙江	电力设备	86.91
3	山东黄金	600547.SH	地方国有控股	山东	有色金属	86.85
4	潍柴动力	000338.SZ	地方国有控股	山东	汽车	86.42
5	小商品城	600415.SH	地方国有控股	浙江	商贸零售	86.27
6	国轩高科	002074.SZ	非国有控股	安徽	电力设备	84.96
7	双良节能	600481.SH	非国有控股	江苏	电力设备	84.59
8	中际旭创	300308.SZ	非国有控股	山东	通信	84.34
9	中材科技	002080.SZ	中央国有控股	江苏	建筑材料	84.32
10	恒瑞医药	600276.SH	非国有控股	江苏	医药生物	84.27

数据来源：同花顺（iFinD），首经贸资产评估研究院和浙工商中国智能管理研究院整理。

8.4 华南地区上市公司创新发展指数评价

2023年，华南地区全年实现地区生产总值170426.73亿元，人均地区生产总值为90877.15元，居民人均可支配收入43114.94元。截至2023年底，A股市场华南地区共有上市公司889家，总市值共计109568.35亿元，营业收入共计76623.74亿元，平均市值123.25亿元/家，平均营业收入86.29亿元/家。市值最大的上市公司为比亚迪（5764.06亿元），营业收入最高的上市公司为比亚迪（6023.15亿元）。2023年，华南地区上市公司研发投入合计为3172.00亿元，占营业收入的4.14%；无形资产账面价值合计为5073.60亿元，占总资产的4.46%。根据本报告分析口径，本节共对华南地区889家上市公司开展创新发展指数评价，具体情况如下：

8.4.1 创新发展综合指数

2023年华南地区889家上市公司创新发展综合指数平均水平为65.16，低于全市场均值65.40。从指数分布来看，高于全市场均值的有429家，占区域内上市公司总数的48.26%。其中，最高的是迈瑞医疗，创新发展综合指数为83.67。具体来看，创新发展综合指数处于［80，100］的有9家，占比1.01%；［70，80）的有195家，占比21.93%；［60，70）的有497家，占比55.91%；［0，60）的有188家，占比21.15%，如图8-31所示。

从区域内省份分布来看，华南地区889家上市公司分布在3个省份。创新发展综合指数平均水平最高的是广东省（65.32），最低的是海南省（62.23），如图8-32所示。

华南地区中，创新发展综合指数排名前10的上市公司如表8-16所示。

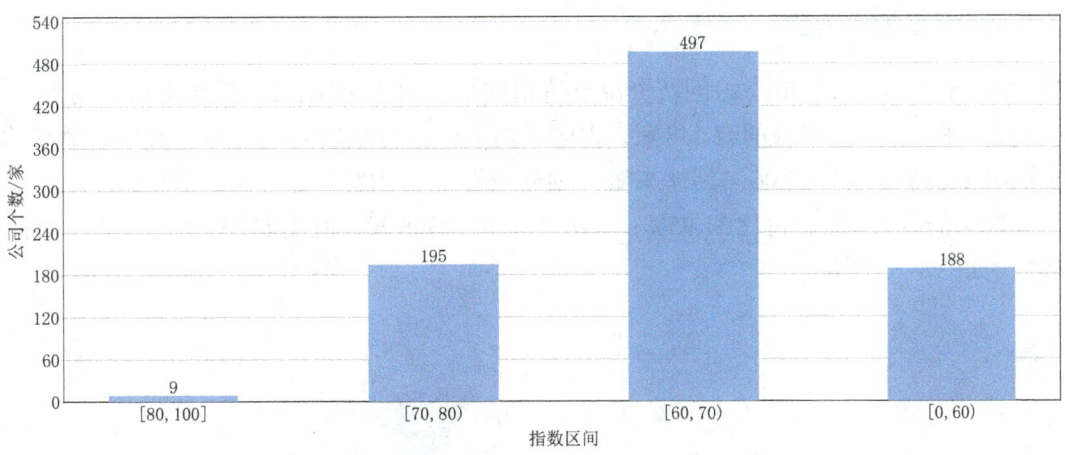

图8-31　2023年华南地区上市公司创新发展综合指数分布图

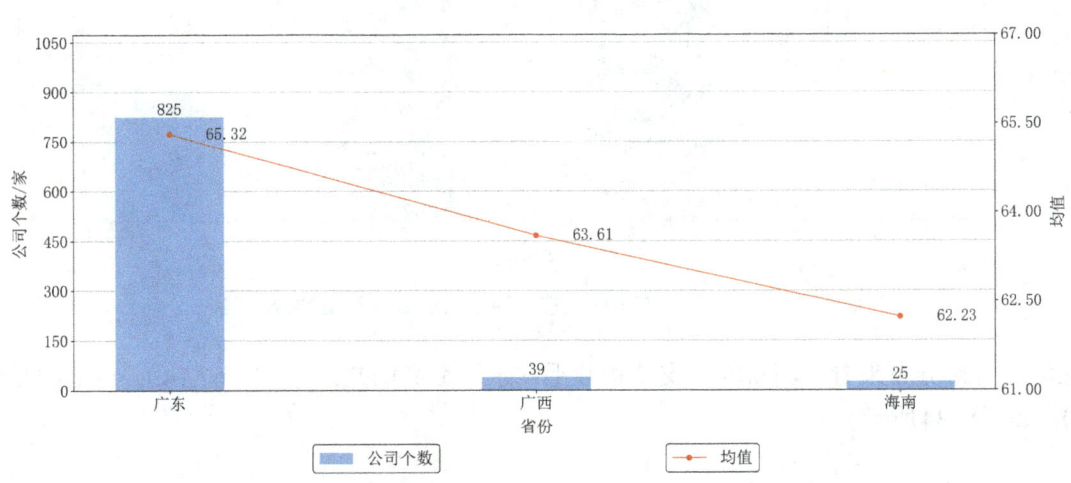

图8-32　2023年华南地区上市公司创新发展综合指数均值分布图

表8-16　2023年华南地区上市公司创新发展综合指数前10排名

排名	证券名称	证券代码	产权性质	省份	一级行业	创新发展综合指数
1	迈瑞医疗	300760.SZ	非国有控股	广东	医药生物	83.67
2	中国广核	003816.SZ	中央国有控股	广东	公用事业	81.84
3	华润三九	000999.SZ	中央国有控股	广东	医药生物	81.65
4	德赛西威	002920.SZ	地方国有控股	广东	计算机	81.40
5	海格通信	002465.SZ	地方国有控股	广东	国防军工	80.94
6	广汽集团	601238.SH	地方国有控股	广东	汽车	80.78
7	比亚迪	002594.SZ	非国有控股	广东	汽车	80.69
8	格力电器	000651.SZ	非国有控股	广东	家用电器	80.22
9	亿纬锂能	300014.SZ	非国有控股	广东	电力设备	80.08
10	海信家电	000921.SZ	地方国有控股	广东	家用电器	79.84

数据来源：同花顺（iFinD），首经贸资产评估研究院和浙工商中国智能管理研究院整理。

8.4.2 创新资源支持指数

2023年华南地区889家上市公司创新资源支持指数平均水平为67.02，低于全市场均值67.08。从指数分布来看，高于全市场均值的有448家，占区域内上市公司总数的50.39%。其中，最高的是中国电研，创新资源支持指数为92.06。具体来看，创新资源支持指数处于[80，100]的有50家，占比5.62%；[70，80)的有284家，占比31.95%；[60，70)的有368家，占比41.39%；[0，60)的有187家，占比21.04%，如图8-33所示。

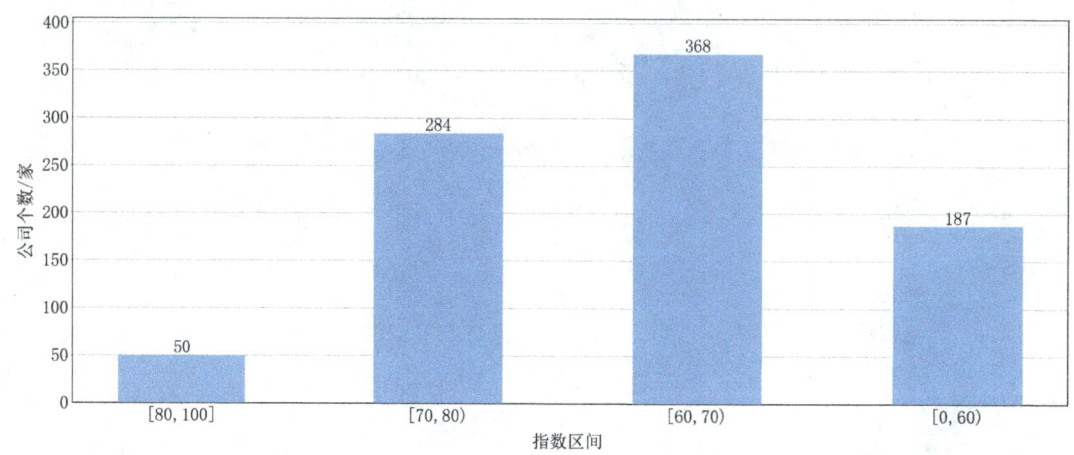

图8-33　2023年华南地区上市公司创新资源支持指数分布图

从区域内省份分布来看，创新资源支持指数平均水平最高的是广东省（67.14），最低的是海南省（64.15），如图8-34所示。

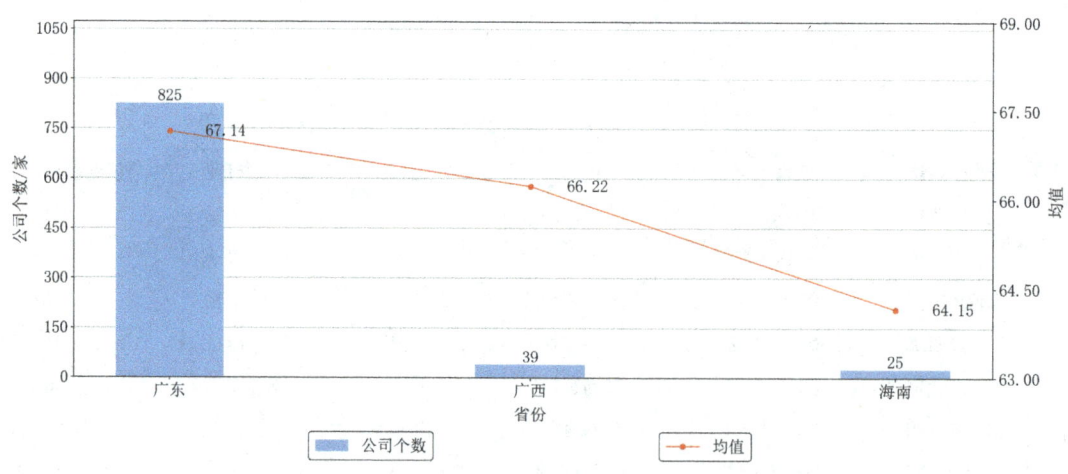

图8-34　2023年华南地区上市公司创新资源支持指数均值分布图

华南地区中，创新资源支持指数排名前10的上市公司如表8-17所示。

表 8-17　2023 年华南地区上市公司创新资源支持指数前 10 排名

排名	证券名称	证券代码	产权性质	省份	一级行业	创新资源支持指数
1	中国电研	688128.SH	中央国有控股	广东	机械设备	92.06
2	广电运通	002152.SZ	地方国有控股	广东	计算机	89.41
3	华大基因	300676.SZ	非国有控股	广东	医药生物	88.08
4	金域医学	603882.SH	非国有控股	广东	医药生物	88.02
5	深信服	300454.SZ	非国有控股	广东	计算机	87.88
6	三环集团	300408.SZ	非国有控股	广东	电子	85.94
7	奥飞娱乐	002292.SZ	非国有控股	广东	传媒	85.56
8	力合科创	002243.SZ	地方国有控股	广东	美容护理	85.13
9	科达制造	600499.SH	非国有控股	广东	机械设备	85.05
10	海格通信	002465.SZ	地方国有控股	广东	国防军工	84.89

数据来源：同花顺（iFinD），首经贸资产评估研究院和浙工商中国智能管理研究院整理。

8.4.3　创新要素投入指数

2023年华南地区889家上市公司创新要素投入指数平均水平为65.81，低于全市场均值66.07。从指数分布来看，高于全市场均值的有427家，占区域内上市公司总数的48.03%。其中，最高的是德赛西威，创新要素投入指数为88.39。具体来看，创新要素投入指数处于［80，100］的有31家，占比3.49%；［70，80）的有232家，占比26.10%；［60，70）的有434家，占比48.82%；［0，60）的有192家，占比21.59%，如图8-35所示。

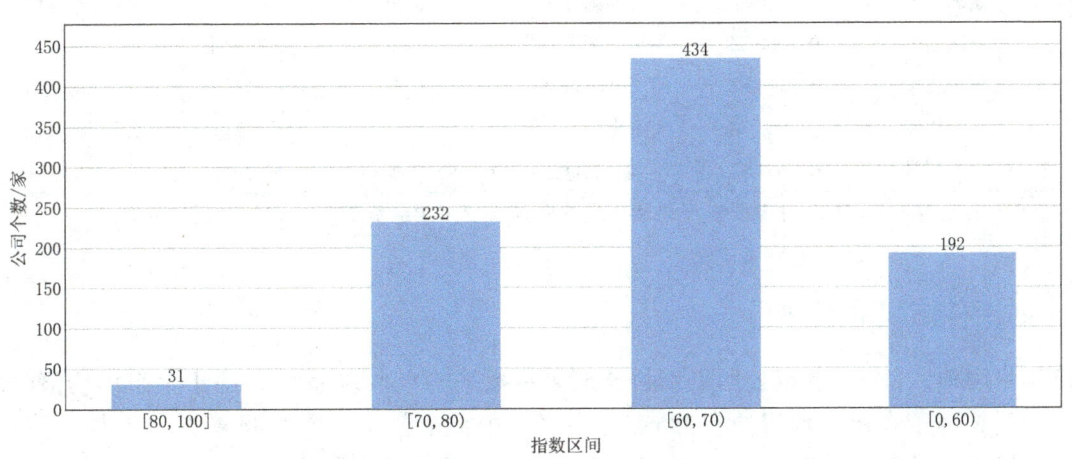

图 8-35　2023 年华南地区上市公司创新要素投入指数分布图

从区域内省份分布来看，创新要素投入指数平均水平最高的是广东省（66.14），最低的是海南省（60.52），如图8-36所示。

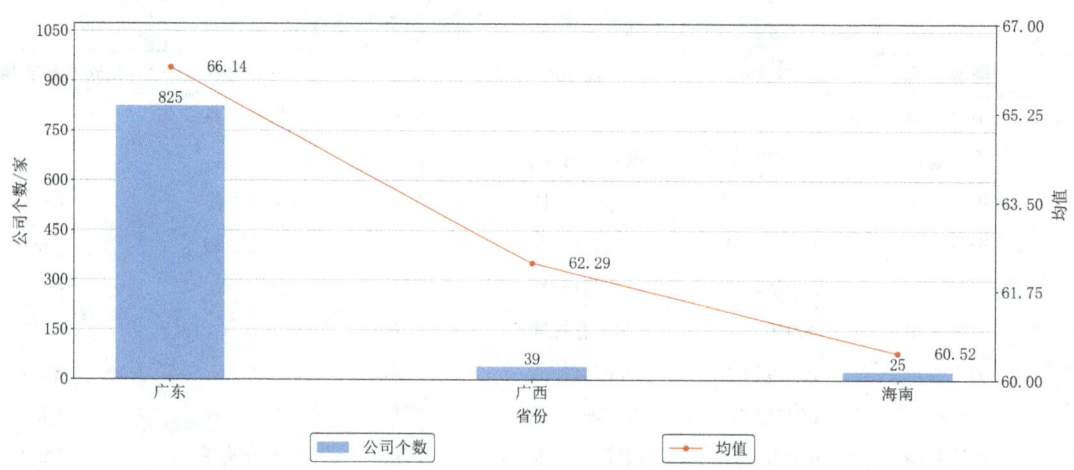

图8-36　2023年华南地区上市公司创新要素投入指数均值分布图

华南地区中，创新要素投入指数排名前10的上市公司如表8-18所示。

表8-18　2023年华南地区上市公司创新要素投入指数前10排名

排名	证券名称	证券代码	产权性质	省份	一级行业	创新要素投入指数
1	德赛西威	002920.SZ	地方国有控股	广东	计算机	88.39
2	比亚迪	002594.SZ	非国有控股	广东	汽车	88.10
3	中兴通讯	000063.SZ	非国有控股	广东	通信	86.52
4	广汽集团	601238.SH	地方国有控股	广东	汽车	86.07
5	中国长城	000066.SZ	中央国有控股	广东	计算机	85.75
6	中国广核	003816.SZ	中央国有控股	广东	公用事业	84.42
7	广东建工	002060.SZ	地方国有控股	广东	公用事业	83.23
8	汇川技术	300124.SZ	非国有控股	广东	机械设备	83.16
9	远光软件	002063.SZ	中央国有控股	广东	计算机	83.12
10	格力电器	000651.SZ	非国有控股	广东	家用电器	83.08

数据来源：同花顺（iFinD），首经贸资产评估研究院和浙工商中国智能管理研究院整理。

8.4.4　创新科技成果指数

2023年华南地区889家上市公司创新科技成果指数平均水平为65.81，高于全市场均值64.15。从指数分布来看，高于全市场均值的有395家，占区域内上市公司总数的44.43%。其中，最高的是美的集团，创新科技成果指数为86.62。具体来看，创新科技成果指数处于［80，100］的有3家，占比0.34%；［70，80）的有114家，占比12.82%；［60，70）的有583家，占比65.58%；［0，60）的有189家，占比21.26%，如图8-37所示。

从区域内省份分布来看，创新科技成果指数平均水平最高的是广东省（63.85），最低的是海南省（62.12），如图8-38所示。

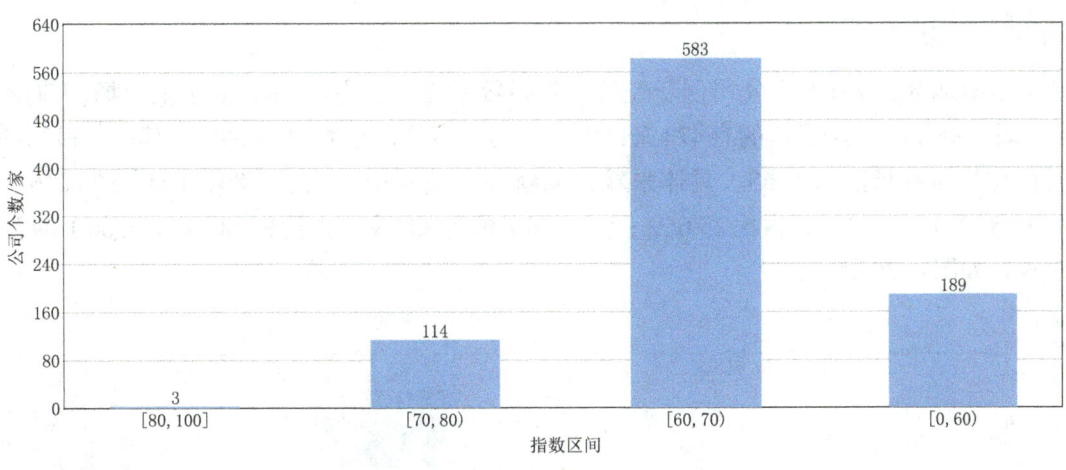

图8-37　2023年华南地区上市公司创新科技成果指数分布图

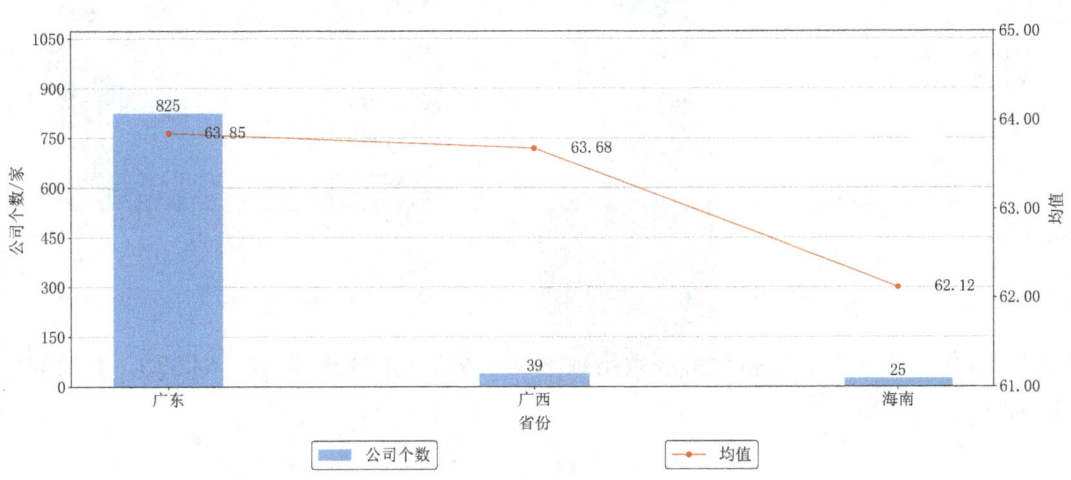

图8-38　2023年华南地区上市公司创新科技成果指数均值分布图

华南地区中，创新科技成果指数排名前10的上市公司如表8-19所示。

表8-19　2023年华南地区上市公司创新科技成果指数前10排名

排名	证券名称	证券代码	产权性质	省份	一级行业	创新科技成果指数
1	美的集团	000333.SZ	非国有控股	广东	家用电器	86.62
2	海信家电	000921.SZ	地方国有控股	广东	家用电器	83.40
3	迈瑞医疗	300760.SZ	非国有控股	广东	医药生物	83.11
4	广汽集团	601238.SH	地方国有控股	广东	汽车	79.69
5	德赛西威	002920.SZ	地方国有控股	广东	计算机	79.20
6	朗科科技	300042.SZ	地方国有控股	广东	计算机	78.58
7	格力电器	000651.SZ	非国有控股	广东	家用电器	78.40
8	珠江啤酒	002461.SZ	地方国有控股	广东	食品饮料	78.33
9	道通科技	688208.SH	非国有控股	广东	计算机	78.15
10	海格通信	002465.SZ	地方国有控股	广东	国防军工	78.04

数据来源：同花顺（iFinD），首经贸资产评估研究院和浙工商中国智能管理研究院整理。

8.4.5 创新经济绩效指数

2023年华南地区889家上市公司创新经济绩效指数平均水平为64.23，低于全市场均值64.49。从指数分布来看，高于全市场均值的有424家，占区域内上市公司总数的47.69%。其中，最高的是迈瑞医疗，创新经济绩效指数为87.53。具体来看，创新经济绩效指数处于［80，100］的有16家，占比1.80%；［70，80）的有228家，占比25.65%；［60，70）的有352家，占比39.60%；［0，60）的有293家，占比32.95%，如图8-39所示。

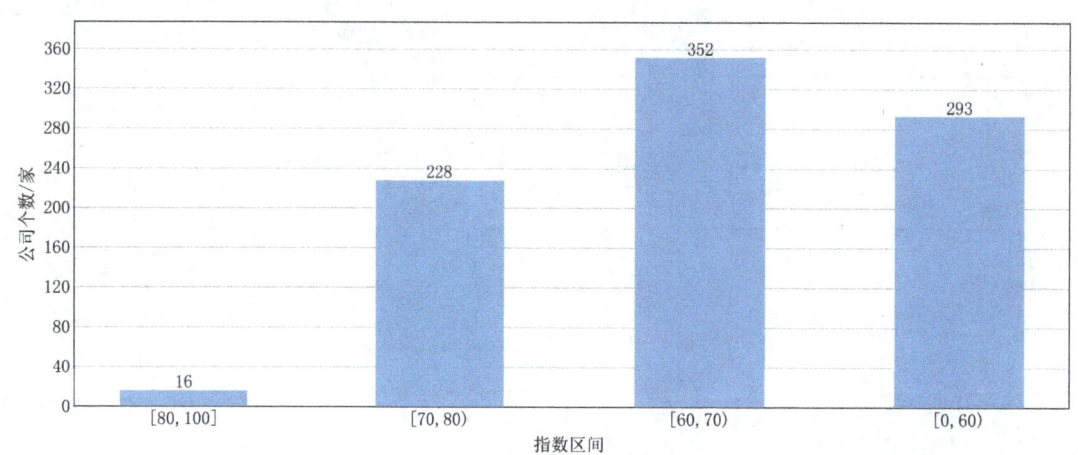

图8-39　2023年华南地区上市公司创新经济绩效指数分布图

从区域内省份分布来看，创新经济绩效指数平均水平最高的是广东省（64.32），最低的是海南省（62.93），如图8-40所示。

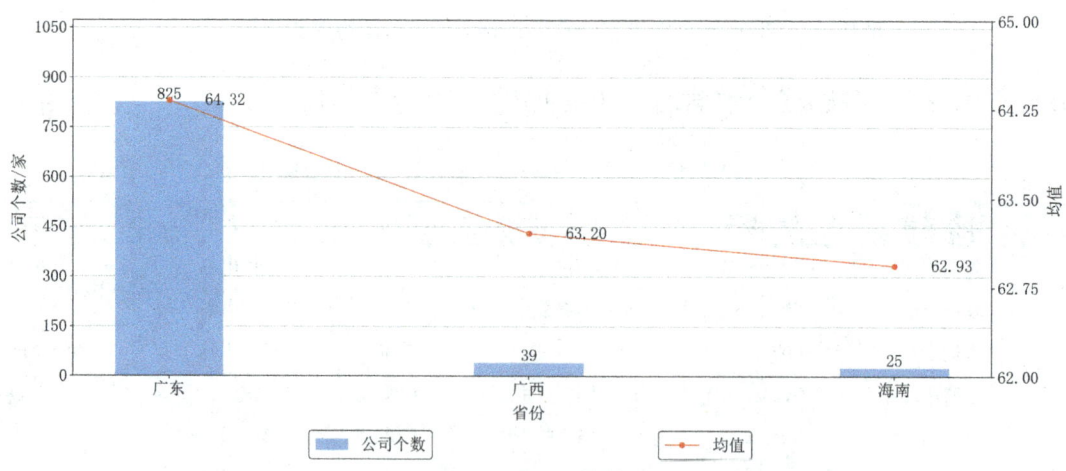

图8-40　2023年华南地区上市公司创新经济绩效指数均值分布图

华南地区中，创新经济绩效指数排名前10的上市公司如表8-20所示。

表 8-20　2023 年华南地区上市公司创新经济绩效指数前 10 排名

排名	证券名称	证券代码	产权性质	省份	一级行业	创新经济绩效指数
1	迈瑞医疗	300760.SZ	非国有控股	广东	医药生物	87.53
2	传音控股	688036.SH	非国有控股	广东	电子	87.22
3	德赛西威	002920.SZ	地方国有控股	广东	计算机	86.81
4	中国广核	003816.SZ	中央国有控股	广东	公用事业	86.44
5	华润三九	000999.SZ	中央国有控股	广东	医药生物	85.03
6	亿纬锂能	300014.SZ	非国有控股	广东	电力设备	82.78
7	光启技术	002625.SZ	非国有控股	广东	国防军工	82.53
8	东鹏饮料	605499.SH	非国有控股	广东	食品饮料	81.44
9	立讯精密	002475.SZ	非国有控股	广东	电子	80.93
10	顺丰控股	002352.SZ	非国有控股	广东	交通运输	80.86

数据来源：同花顺（iFinD），首经贸资产评估研究院和浙工商中国智能管理研究院整理。

8.5　华中地区上市公司创新发展指数评价

2023 年，华中地区全年实现地区生产总值 164948.87 亿元，人均地区生产总值为 74066.35 元，居民人均可支配收入 33063.38 元。截至 2023 年底，A 股市场华中地区共有上市公司 388 家，总市值共计 40307.16 亿元，营业收入共计 27634.73 亿元，平均市值 103.88 亿元/家，平均营业收入 71.22 亿元/家。市值最大的上市公司为牧原股份（2250.63 亿元），营业收入最高的上市公司为洛阳钼业（1862.69 亿元）。2023 年，华中地区上市公司研发投入合计为 969.28 亿元，占营业收入的 3.51%；无形资产账面价值合计为 3531.86 亿元，占总资产的 8.02%。根据本报告分析口径，本节共对华中地区 388 家上市公司开展创新发展指数评价，具体情况如下：

8.5.1　创新发展综合指数

2023 年华中地区 388 家上市公司创新发展综合指数平均水平为 65.38，低于全市场均值 65.40。从指数分布来看，高于全市场均值的有 190 家，占区域内上市公司总数的 48.97%。其中，最高的是中联重科，创新发展综合指数为 87.18。具体来看，创新发展综合指数处于［80，100］的有 2 家，占比 0.52%；［70，80）的有 84 家，占比 21.65%；［60，70）的有 228 家，占比 58.76%；［0，60）的有 74 家，占比 19.07%，如图 8-41 所示。

从区域内省份分布来看，华中地区 388 家上市公司分布在 3 个省份。创新发展综合指数平均水平最高的是河南省（66.25），最低的是湖北省（65.03），如图 8-42 所示。

华中地区中，创新发展综合指数排名前 10 的上市公司如表 8-21 所示。

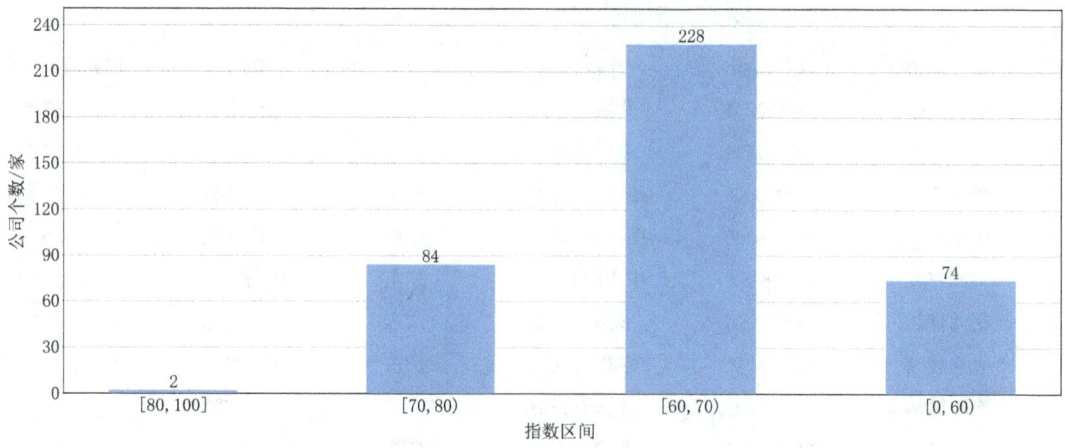

图 8-41　2023 年华中地区上市公司创新发展综合指数分布图

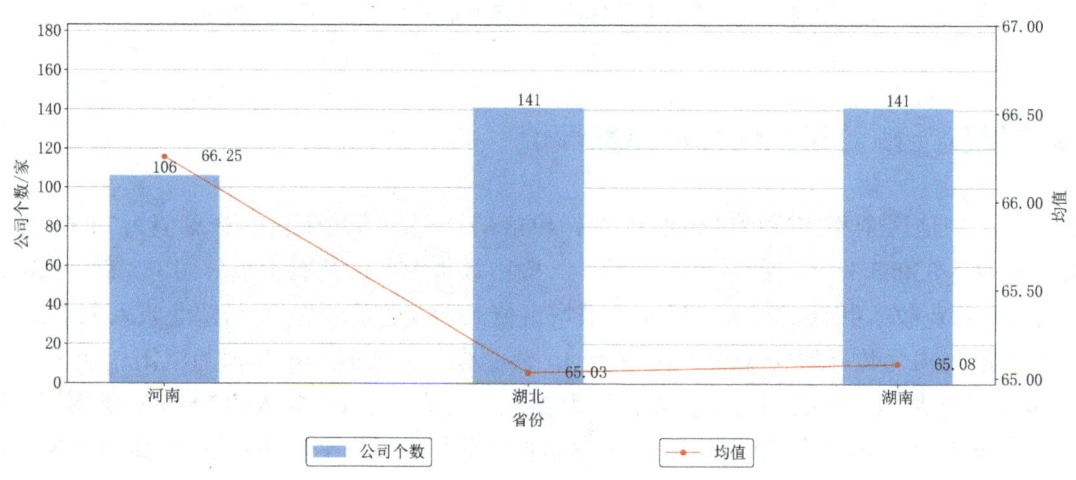

图 8-42　2023 年华中地区上市公司创新发展综合指数均值分布图

表 8-21　2023 年华中地区上市公司创新发展综合指数前 10 排名

排名	证券名称	证券代码	产权性质	省份	一级行业	创新发展综合指数
1	中联重科	000157.SZ	地方国有控股	湖南	机械设备	87.18
2	时代电气	688187.SH	中央国有控股	湖南	机械设备	84.73
3	中信特钢	000708.SZ	中央国有控股	湖北	钢铁	79.62
4	烽火通信	600498.SH	中央国有控股	湖北	通信	79.38
5	许继电气	000400.SZ	中央国有控股	河南	电力设备	78.87
6	宇通客车	600066.SH	非国有控股	河南	汽车	78.60
7	精测电子	300567.SZ	非国有控股	湖北	机械设备	78.59
8	中航光电	002179.SZ	中央国有控股	河南	国防军工	78.51
9	华中数控	300161.SZ	非国有控股	湖北	机械设备	78.31
10	蓝思科技	300433.SZ	非国有控股	湖南	电子	78.11

数据来源：同花顺（iFinD），首经贸资产评估研究院和浙工商中国智能管理研究院整理。

8.5.2 创新资源支持指数

2023年华中地区388家上市公司创新资源支持指数平均水平为66.93，低于全市场均值67.08。从指数分布来看，高于全市场均值的有188家，占区域内上市公司总数的48.45%。其中，最高的是中联重科，创新资源支持指数为95.21。具体来看，创新资源支持指数处于［80，100］的有30家，占比7.73%；［70，80）的有101家，占比26.03%；［60，70）的有163家，占比42.01%；［0，60）的有94家，占比24.23%，如图8-43所示。

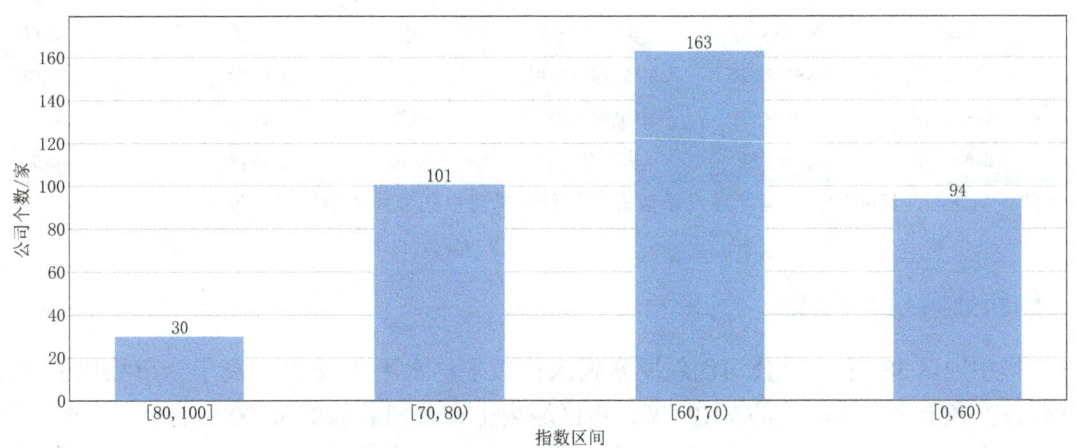

图8-43　2023年华中地区上市公司创新资源支持指数分布图

从区域内省份分布来看，创新资源支持指数平均水平最高的是河南省（68.16），最低的是湖南省（66.18），如图8-44所示。

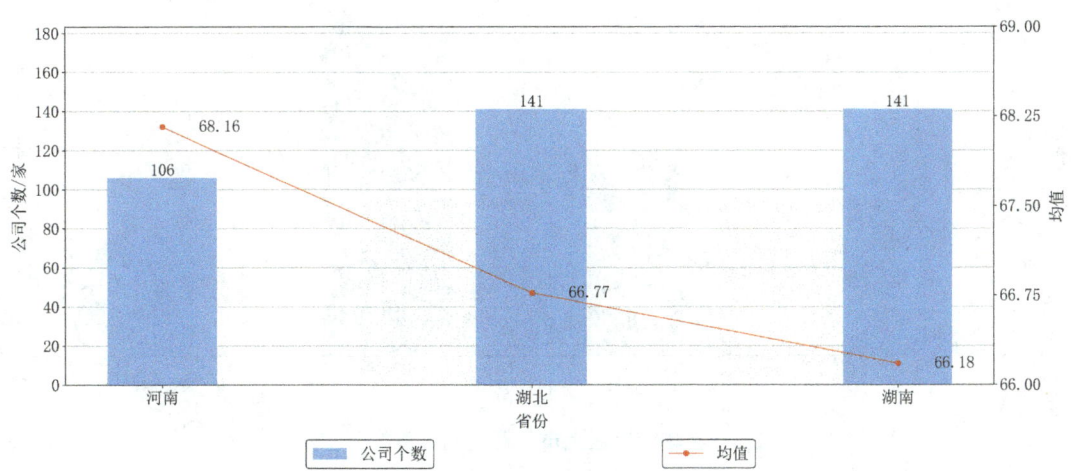

图8-44　2023年华中地区上市公司创新资源支持指数均值分布图

华中地区中，创新资源支持指数排名前10的上市公司如表8-22所示。

表 8-22　2023 年华中地区上市公司创新资源支持指数前 10 排名

排名	证券名称	证券代码	产权性质	省份	一级行业	创新资源支持指数
1	中联重科	000157.SZ	地方国有控股	湖南	机械设备	95.21
2	宇通客车	600066.SH	非国有控股	河南	汽车	92.55
3	汉威科技	300007.SZ	非国有控股	河南	机械设备	91.93
4	人福医药	600079.SH	非国有控股	湖北	医药生物	88.81
5	长飞光纤	601869.SH	非国有控股	湖北	通信	86.47
6	奥士康	002913.SZ	非国有控股	湖南	电子	85.90
7	蓝思科技	300433.SZ	非国有控股	湖南	电子	85.60
8	时代电气	688187.SH	中央国有控股	湖南	机械设备	85.08
9	烽火通信	600498.SH	中央国有控股	湖北	通信	84.74
10	精测电子	300567.SZ	非国有控股	湖北	机械设备	84.72

数据来源：同花顺（iFinD），首经贸资产评估研究院和浙工商中国智能管理研究院整理。

8.5.3　创新要素投入指数

2023 年华中地区 388 家上市公司创新要素投入指数平均水平为 66.28，高于全市场均值 66.07。从指数分布来看，高于全市场均值的有 194 家，占区域内上市公司总数的 50.00%。其中，最高的是中联重科，创新要素投入指数为 88.27。具体来看，创新要素投入指数处于［80，100］的有 16 家，占比 4.12%；［70，80）的有 108 家，占比 27.84%；［60，70）的有 197 家，占比 50.77%；［0，60）的有 67 家，占比 17.27%，如图 8-45 所示。

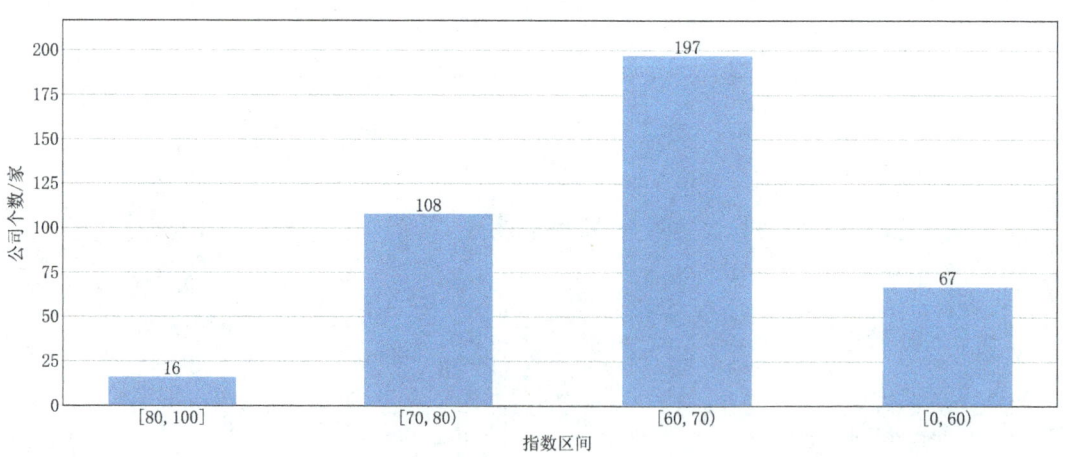

图 8-45　2023 年华中地区上市公司创新要素投入指数分布图

从区域内省份分布来看，创新要素投入指数平均水平最高的是河南省（67.59），最低的是湖南省（65.48），如图 8-46 所示。

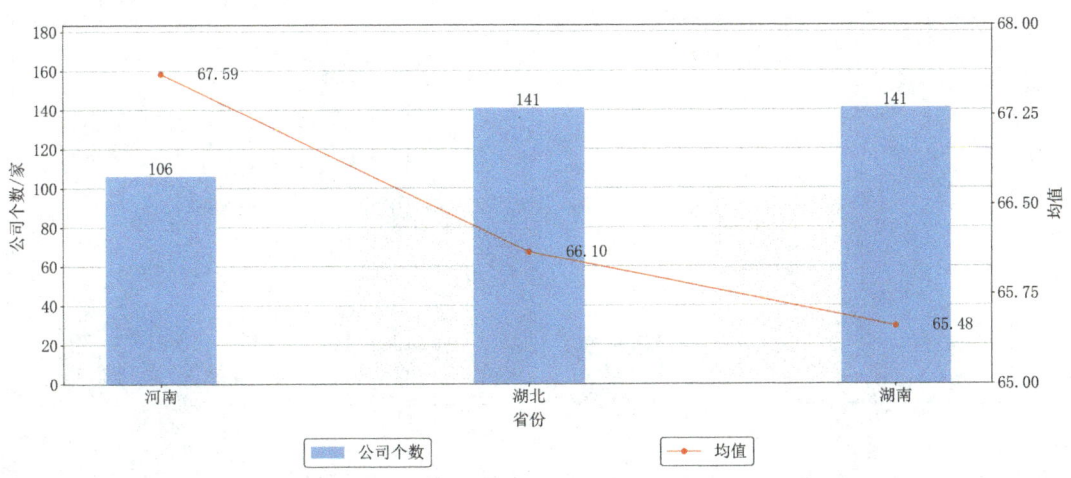

图 8-46　2023 年华中地区上市公司创新要素投入指数均值分布图

华中地区中，创新要素投入指数排名前 10 的上市公司如表 8-23 所示。

表 8-23　2023 年华中地区上市公司创新要素投入指数前 10 排名

排名	证券名称	证券代码	产权性质	省份	一级行业	创新要素投入指数
1	中联重科	000157.SZ	地方国有控股	湖南	机械设备	88.27
2	时代电气	688187.SH	中央国有控股	湖南	机械设备	88.27
3	中航光电	002179.SZ	中央国有控股	河南	国防军工	87.42
4	高德红外	002414.SZ	非国有控股	湖北	国防军工	85.61
5	华工科技	000988.SZ	地方国有控股	湖北	机械设备	84.07
6	中信重工	601608.SH	中央国有控股	河南	机械设备	83.13
7	烽火通信	600498.SH	中央国有控股	湖北	通信	83.04
8	华中数控	300161.SZ	非国有控股	湖北	机械设备	82.86
9	国科微	300672.SZ	非国有控股	湖南	电子	82.76
10	许继电气	000400.SZ	中央国有控股	河南	电力设备	82.76

数据来源：同花顺（iFinD），首经贸资产评估研究院和浙工商中国智能管理研究院整理。

8.5.4　创新科技成果指数

2023 年华中地区 388 家上市公司创新科技成果指数平均水平为 66.28，高于全市场均值 64.15。从指数分布来看，高于全市场均值的有 183 家，占区域内上市公司总数的 47.16%。其中，最高的是中联重科，创新科技成果指数为 85.94。具体来看，创新科技成果指数处于 [80，100] 的有 2 家，占比 0.52%；[70，80) 的有 49 家，占比 12.63%；[60，70) 的有 265 家，占比 68.30%；[0，60) 的有 72 家，占比 18.55%，如图 8-47 所示。

从区域内省份分布来看，创新科技成果指数平均水平最高的是湖南省（64.49），最低的是湖北省（63.98），如图 8-48 所示。

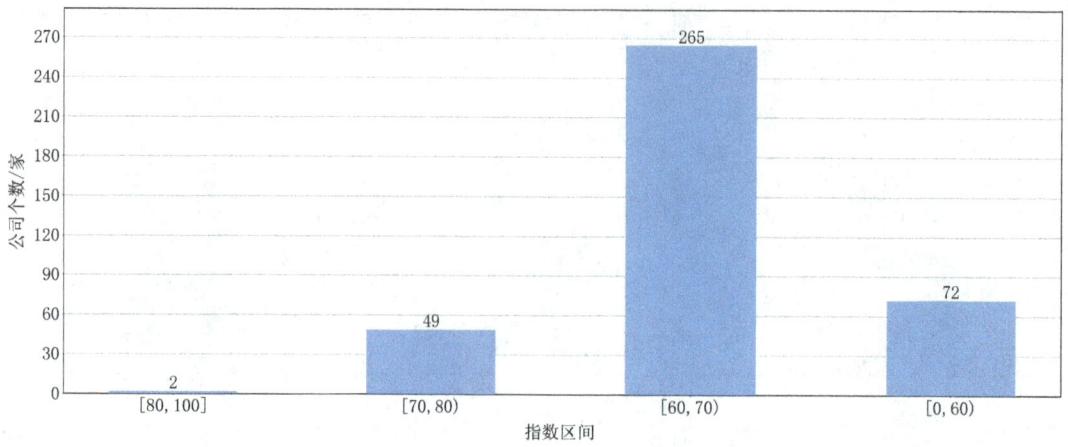

图8-47　2023年华中地区上市公司创新科技成果指数分布图

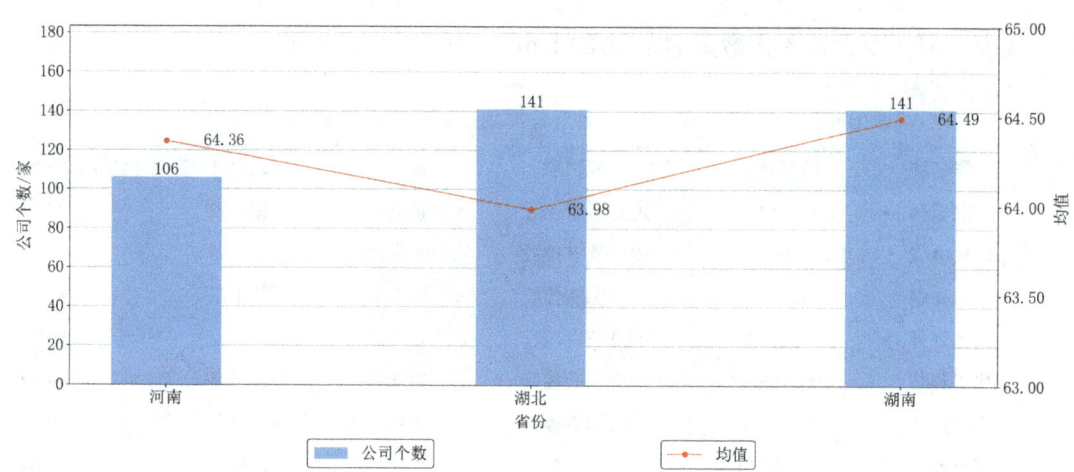

图8-48　2023年华中地区上市公司创新科技成果指数均值分布图

华中地区中，创新科技成果指数排名前10的上市公司如表8-24所示。

表8-24　2023年华中地区上市公司创新科技成果指数前10排名

排名	证券名称	证券代码	产权性质	省份	一级行业	创新科技成果指数
1	中联重科	000157.SZ	地方国有控股	湖南	机械设备	85.94
2	中信特钢	000708.SZ	中央国有控股	湖北	钢铁	81.52
3	时代电气	688187.SH	中央国有控股	湖南	机械设备	79.34
4	航天电子	600879.SH	中央国有控股	湖北	国防军工	77.13
5	华菱钢铁	000932.SZ	地方国有控股	湖南	钢铁	76.44
6	精测电子	300567.SZ	非国有控股	湖北	机械设备	76.00
7	泰嘉股份	002843.SZ	非国有控股	湖南	机械设备	75.98
8	隆平高科	000998.SZ	中央国有控股	湖南	农林牧渔	75.64
9	长飞光纤	601869.SH	非国有控股	湖北	通信	75.56
10	爱尔眼科	300015.SZ	非国有控股	湖南	医药生物	75.43

数据来源：同花顺（iFinD），首经贸资产评估研究院和浙工商中国智能管理研究院整理。

8.5.5 创新经济绩效指数

2023年华中地区388家上市公司创新经济绩效指数平均水平为64.17，低于全市场均值64.49。从指数分布来看，高于全市场均值的有183家，占区域内上市公司总数的47.16%。其中，最高的是时代电气，创新经济绩效指数为85.06。具体来看，创新经济绩效指数处于［80，100］的有10家，占比2.58%；［70，80）的有87家，占比22.42%；［60，70）的有167家，占比43.04%；［0，60）的有124家，占比31.96%，如图8-49所示。

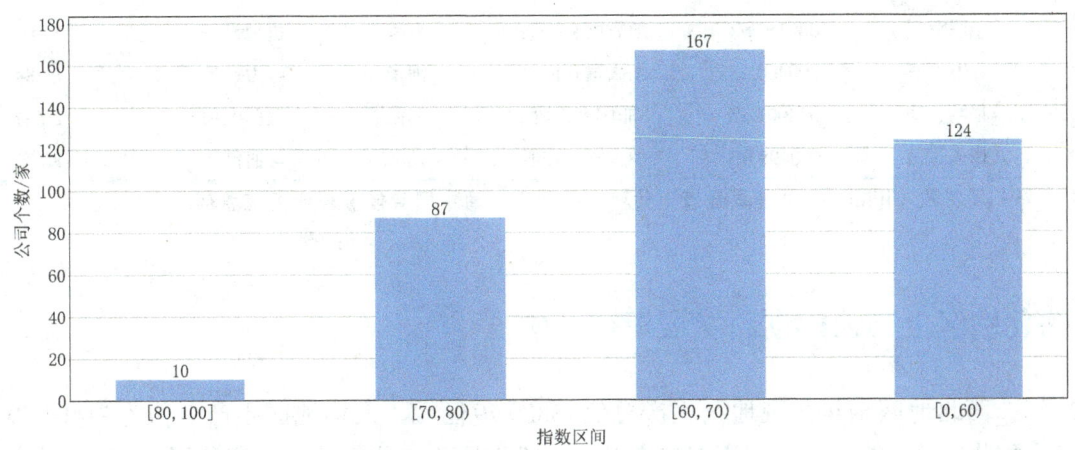

图8-49　2023年华中地区上市公司创新经济绩效指数分布图

从区域内省份分布来看，创新经济绩效指数平均水平最高的是河南省（64.96），最低的是湖北省（63.43），如图8-50所示。

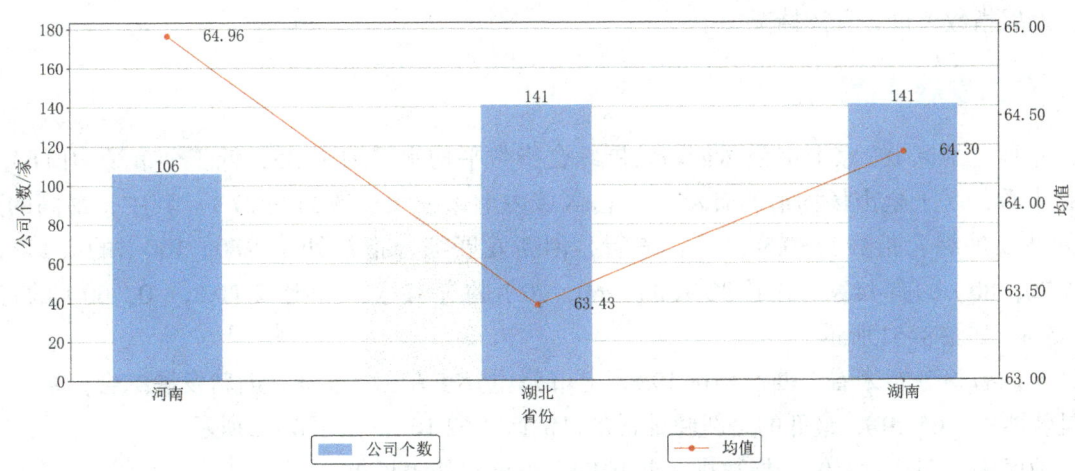

图8-50　2023年华中地区上市公司创新经济绩效指数均值分布图

华中地区中，创新经济绩效指数排名前10的上市公司如表8-25所示。

表 8-25　2023 年华中地区上市公司创新经济绩效指数前 10 排名

排名	证券名称	证券代码	产权性质	省份	一级行业	创新经济绩效指数
1	时代电气	688187.SH	中央国有控股	湖南	机械设备	85.06
2	芒果超媒	300413.SZ	地方国有控股	湖南	传媒	83.77
3	老百姓	603883.SH	非国有控股	湖南	医药生物	83.46
4	益丰药房	603939.SH	非国有控股	湖南	医药生物	82.45
5	居然之家	000785.SZ	非国有控股	湖北	商贸零售	82.18
6	九州通	600998.SH	非国有控股	湖北	医药生物	81.78
7	中联重科	000157.SZ	地方国有控股	湖南	机械设备	81.09
8	许继电气	000400.SZ	中央国有控股	河南	电力设备	80.84
9	华兰生物	002007.SZ	非国有控股	河南	医药生物	80.37
10	烽火通信	600498.SH	中央国有控股	湖北	通信	80.29

数据来源：同花顺（iFinD），首经贸资产评估研究院和浙工商中国智能管理研究院整理。

8.6　西北地区上市公司创新发展指数评价

2023年，西北地区全年实现地区生产总值73889.79亿元，人均地区生产总值为71404.89元，居民人均可支配收入29386.11元。截至2023年底，A股市场西北地区共有上市公司192家，总市值共计24491.76亿元，营业收入共计18314.40亿元，平均市值127.56亿元/家，平均营业收入95.39亿元/家。市值最大的上市公司为陕西煤业（2025.29亿元），营业收入最高的上市公司为陕建股份（1805.55亿元）。2023年，西北地区上市公司研发投入合计为451.72亿元，占营业收入的2.47%；无形资产账面价值合计为2248.72亿元，占总资产的6.55%。根据本报告分析口径，本节共对西北地区192家上市公司开展创新发展指数评价，具体情况如下：

8.6.1　创新发展综合指数

2023年西北地区192家上市公司创新发展综合指数平均水平为63.85，低于全市场均值65.40。从指数分布来看，高于全市场均值的有85家，占区域内上市公司总数的44.27%。其中，最高的是航发动力，创新发展综合指数为80.58。具体来看，创新发展综合指数处于［80，100］的有1家，占比0.52%；［70，80）的有44家，占比22.92%；［60，70）的有82家，占比42.71%；［0，60）的有65家，占比33.85%，如图8-51所示。

从区域内省份分布来看，西北地区192家上市公司分布在5个省份。创新发展综合指数平均水平最高的是陕西省（65.29），最低的是新疆维吾尔自治区（62.16），如图8-52所示。

西北地区中，创新发展综合指数排名前10的上市公司如表8-26所示。

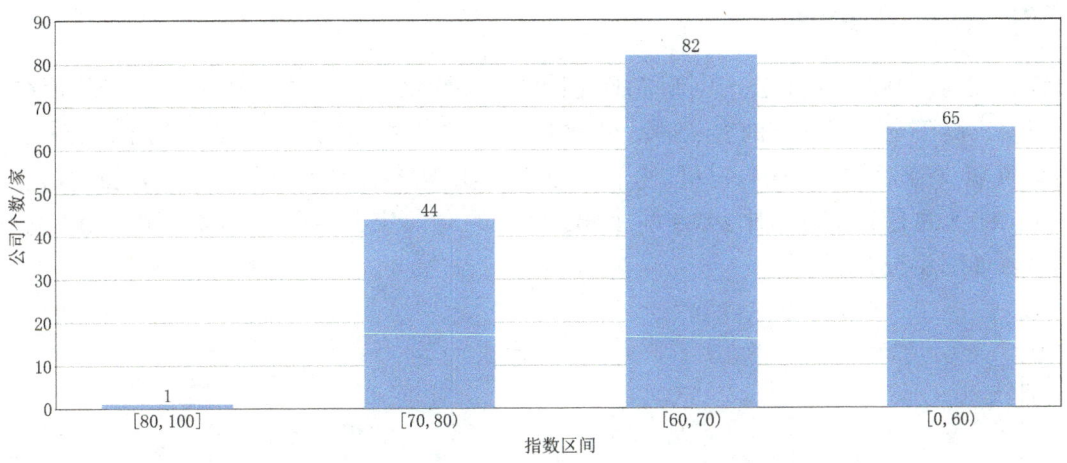

图8-51 2023年西北地区上市公司创新发展综合指数分布图

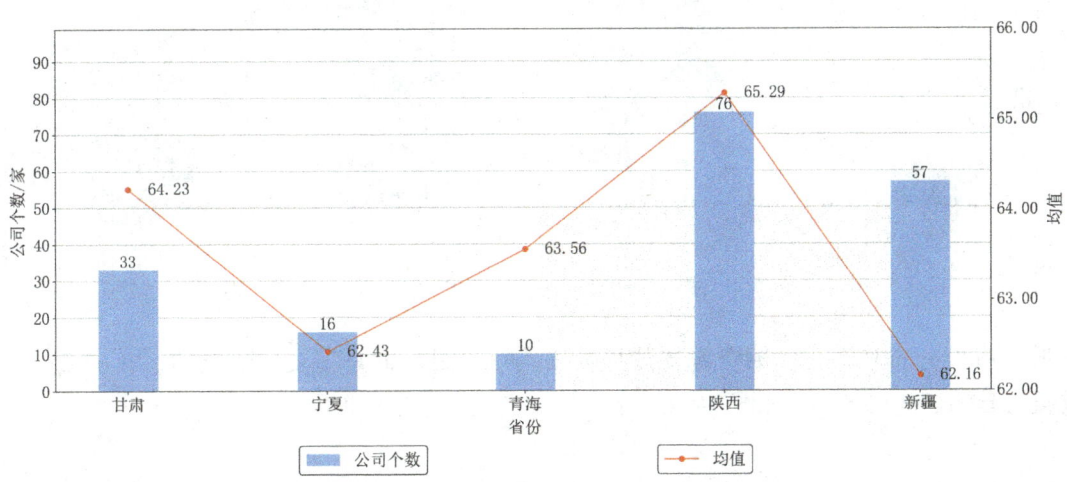

图8-52 2023年西北地区上市公司创新发展综合指数均值分布图

表8-26 2023年西北地区上市公司创新发展综合指数前10排名

排名	证券名称	证券代码	产权性质	省份	一级行业	创新发展综合指数
1	航发动力	600893.SH	中央国有控股	陕西	国防军工	80.58
2	隆基绿能	601012.SH	非国有控股	陕西	电力设备	77.84
3	中国西电	601179.SH	中央国有控股	陕西	电力设备	77.42
4	特变电工	600089.SH	非国有控股	新疆	电力设备	77.40
5	金风科技	002202.SZ	地方国有控股	新疆	电力设备	77.31
6	陕西煤业	601225.SH	地方国有控股	陕西	煤炭	77.19
7	西部超导	688122.SH	地方国有控股	陕西	国防军工	75.77
8	陕建股份	600248.SH	地方国有控股	陕西	建筑装饰	75.38
9	宁夏建材	600449.SH	中央国有控股	宁夏	建筑材料	75.03
10	宝丰能源	600989.SH	非国有控股	宁夏	基础化工	74.53

数据来源：同花顺（iFinD），首经贸资产评估研究院和浙工商中国智能管理研究院整理。

8.6.2 创新资源支持指数

2023年西北地区192家上市公司创新资源支持指数平均水平为65.72，低于全市场均值67.08。从指数分布来看，高于全市场均值的有87家，占区域内上市公司总数的45.31%。其中，最高的是秦川机床，创新资源支持指数为90.04。具体来看，创新资源支持指数处于［80，100］的有7家，占比3.65%；［70，80）的有57家，占比29.69%；［60，70）的有74家，占比38.54%；［0，60）的有54家，占比28.12%，如图8-53所示。

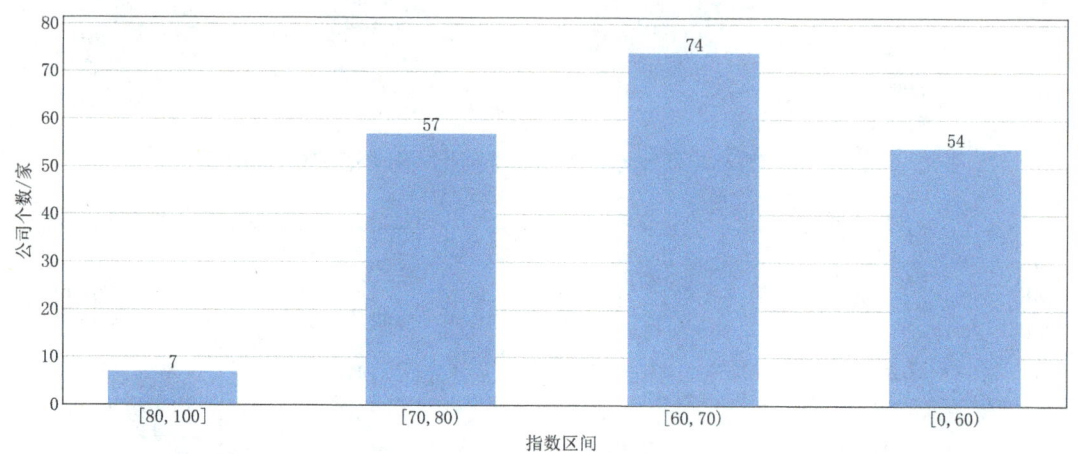

图8-53　2023年西北地区上市公司创新资源支持指数分布图

从区域内省份分布来看，创新资源支持指数平均水平最高的是宁夏回族自治区（67.84），最低的是新疆维吾尔自治区（62.65），如图8-54所示。

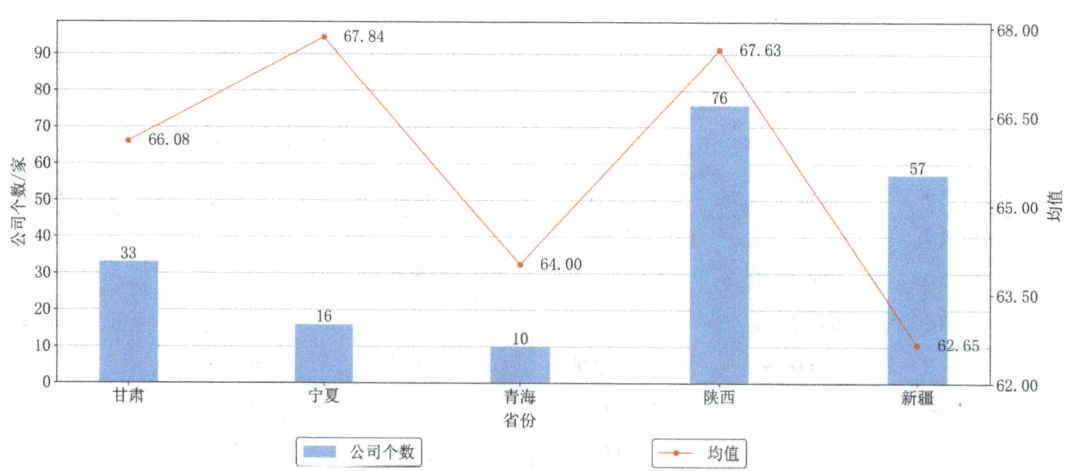

图8-54　2023年西北地区上市公司创新资源支持指数均值分布图

西北地区中，创新资源支持指数排名前10的上市公司如表8-27所示。

表 8-27 2023 年西北地区上市公司创新资源支持指数前 10 排名

排名	证券名称	证券代码	产权性质	省份	一级行业	创新资源支持指数
1	秦川机床	000837.SZ	地方国有控股	陕西	机械设备	90.04
2	佛慈制药	002644.SZ	地方国有控股	甘肃	医药生物	85.58
3	东方钽业	000962.SZ	中央国有控股	宁夏	有色金属	83.07
4	中核钛白	002145.SZ	非国有控股	甘肃	基础化工	83.04
5	大禹节水	300021.SZ	非国有控股	甘肃	农林牧渔	81.70
6	航发动力	600893.SH	中央国有控股	陕西	国防军工	80.78
7	宁夏建材	600449.SH	中央国有控股	宁夏	建筑材料	80.38
8	节能环境	300140.SZ	中央国有控股	陕西	环保	79.90
9	中国西电	601179.SH	中央国有控股	陕西	电力设备	79.79
10	西部超导	688122.SH	地方国有控股	陕西	国防军工	79.79

数据来源：同花顺（iFinD），首经贸资产评估研究院和浙工商中国智能管理研究院整理。

8.6.3 创新要素投入指数

2023年西北地区192家上市公司创新要素投入指数平均水平为63.15，低于全市场均值66.07。从指数分布来看，高于全市场均值的有78家，占区域内上市公司总数的40.63%。其中，最高的是金风科技，创新要素投入指数为83.58。具体来看，创新要素投入指数处于［80，100］的有4家，占比2.08%；［70，80）的有47家，占比24.48%；［60，70）的有70家，占比36.46%；［0，60）的有71家，占比36.98%，如图8-55所示。

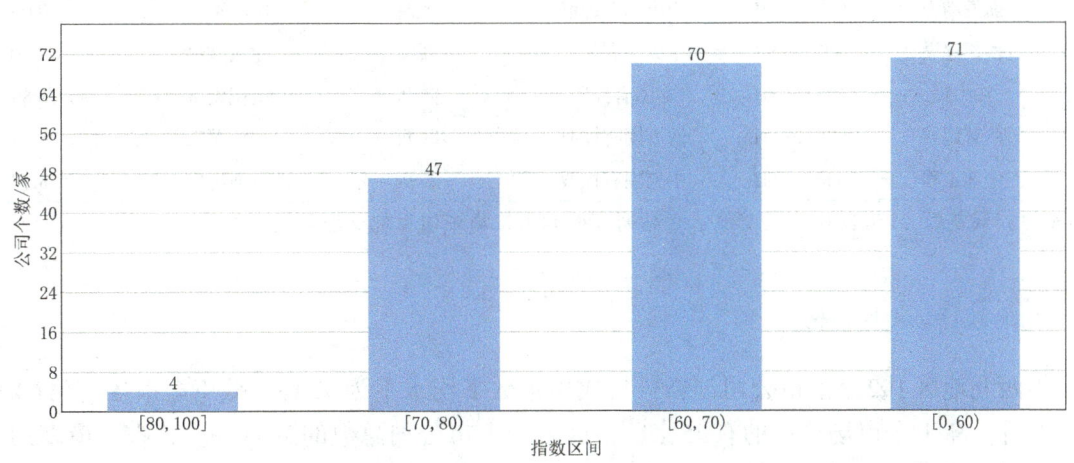

图 8-55 2023 年西北地区上市公司创新要素投入指数分布图

从区域内省份分布来看，创新要素投入指数平均水平最高的是陕西省（65.47），最低的是宁夏回族自治区（60.40），如图 8-56 所示。

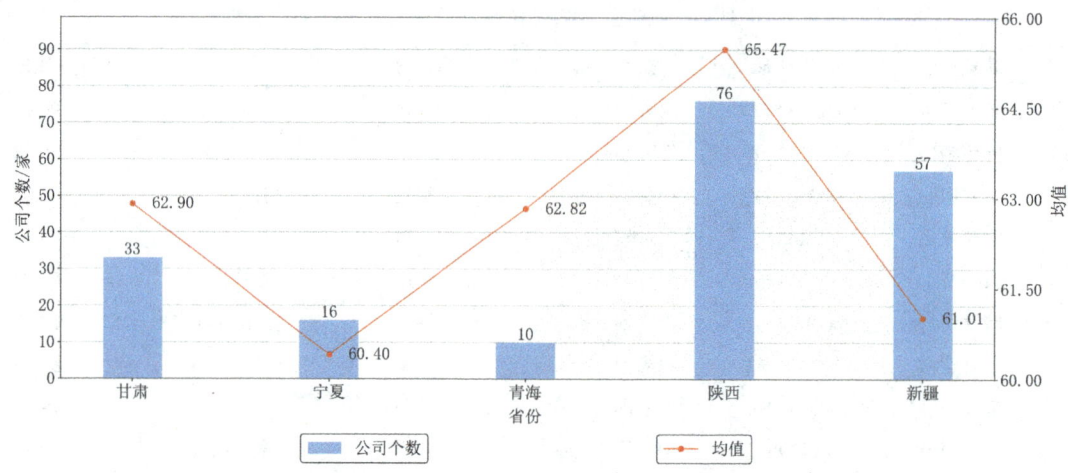

图 8-56　2023 年西北地区上市公司创新要素投入指数均值分布图

西北地区中，创新要素投入指数排名前 10 的上市公司如表 8-28 所示。

表 8-28　2023 年西北地区上市公司创新要素投入指数前 10 排名

排名	证券名称	证券代码	产权性质	省份	一级行业	创新要素投入指数
1	金风科技	002202.SZ	地方国有控股	新疆	电力设备	83.58
2	陕西煤业	601225.SH	地方国有控股	陕西	煤炭	81.39
3	特变电工	600089.SH	非国有控股	新疆	电力设备	80.67
4	隆基绿能	601012.SH	非国有控股	陕西	电力设备	80.40
5	陕建股份	600248.SH	地方国有控股	陕西	建筑装饰	79.28
6	航发动力	600893.SH	中央国有控股	陕西	国防军工	79.06
7	西部建设	002302.SZ	中央国有控股	新疆	建筑材料	78.90
8	铂力特	688333.SH	非国有控股	陕西	机械设备	78.89
9	西部超导	688122.SH	地方国有控股	陕西	国防军工	78.44
10	中油工程	600339.SH	中央国有控股	新疆	石油石化	78.18

数据来源：同花顺（iFinD），首经贸资产评估研究院和浙工商中国智能管理研究院整理。

8.6.4　创新科技成果指数

2023 年西北地区 192 家上市公司创新科技成果指数平均水平为 63.15，低于全市场均值 64.15。从指数分布来看，高于全市场均值的有 75 家，占区域内上市公司总数的 39.06%。其中，最高的是山子高科，创新科技成果指数为 80.75。具体来看，创新科技成果指数处于［80，100］的有 1 家，占比 0.52%；［70，80）的有 20 家，占比 10.42%；［60，70）的有 118 家，占比 61.46%；［0，60）的有 53 家，占比 27.60%，如图 8-57 所示。

从区域内省份分布来看，创新科技成果指数平均水平最高的是青海省（64.25），最低的是宁夏回族自治区（61.75），如图 8-58 所示。

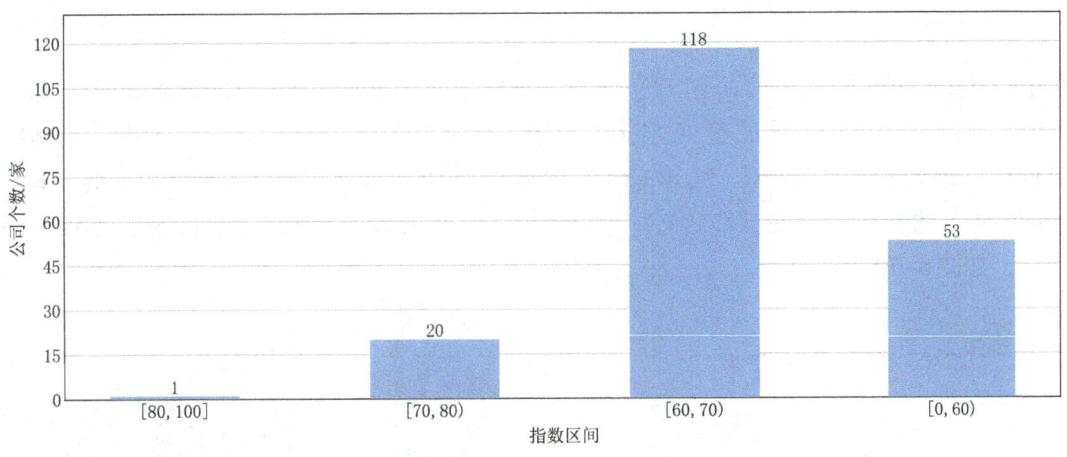

图8-57 2023年西北地区上市公司创新科技成果指数分布图

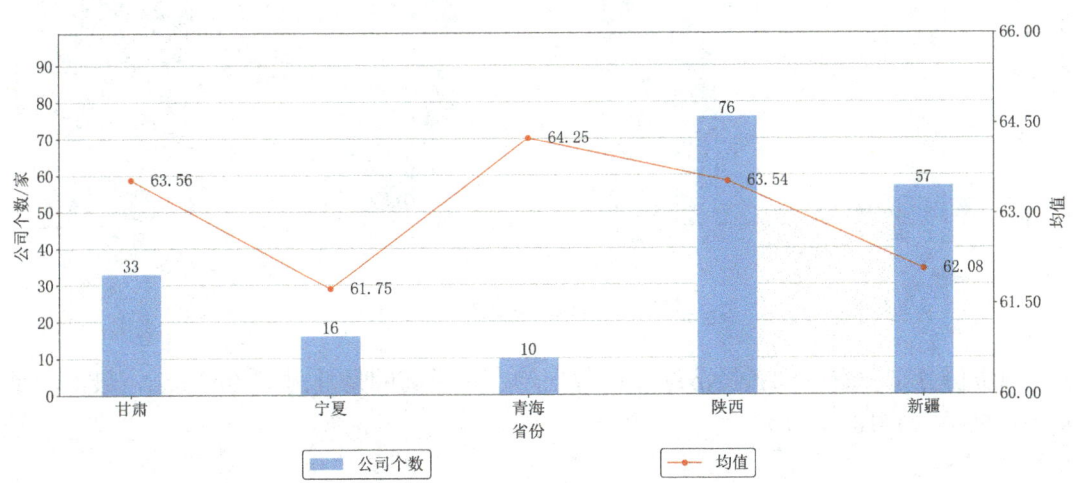

图8-58 2023年西北地区上市公司创新科技成果指数均值分布图

西北地区中，创新科技成果指数排名前10的上市公司如表8-29所示。

表8-29 2023年西北地区上市公司创新科技成果指数前10排名

排名	证券名称	证券代码	产权性质	省份	一级行业	创新科技成果指数
1	山子高科	000981.SZ	非国有控股	甘肃	汽车	80.75
2	宁夏建材	600449.SH	中央国有控股	宁夏	建筑材料	76.29
3	航发动力	600893.SH	中央国有控股	陕西	国防军工	74.59
4	上峰水泥	000672.SZ	非国有控股	甘肃	建筑材料	74.26
5	西部超导	688122.SH	地方国有控股	陕西	国防军工	74.09
6	卓郎智能	600545.SH	非国有控股	新疆	机械设备	73.59
7	彩虹股份	600707.SH	地方国有控股	陕西	电子	73.07
8	隆基绿能	601012.SH	非国有控股	陕西	电力设备	72.95
9	白银有色	601212.SH	地方国有控股	甘肃	有色金属	72.25
10	蓝晓科技	300487.SZ	非国有控股	陕西	基础化工	72.20

数据来源：同花顺（iFinD），首经贸资产评估研究院和浙工商中国智能管理研究院整理。

8.6.5 创新经济绩效指数

2023年西北地区192家上市公司创新经济绩效指数平均水平为64.08，低于全市场均值64.49。从指数分布来看，高于全市场均值的有96家，占区域内上市公司总数的50.00%。其中，最高的是航发动力，创新经济绩效指数为87.60。具体来看，创新经济绩效指数处于［80，100］的有6家，占比3.13%；［70，80）的有52家，占比27.08%；［60，70）的有61家，占比31.77%；［0，60）的有73家，占比38.02%，如图8-59所示。

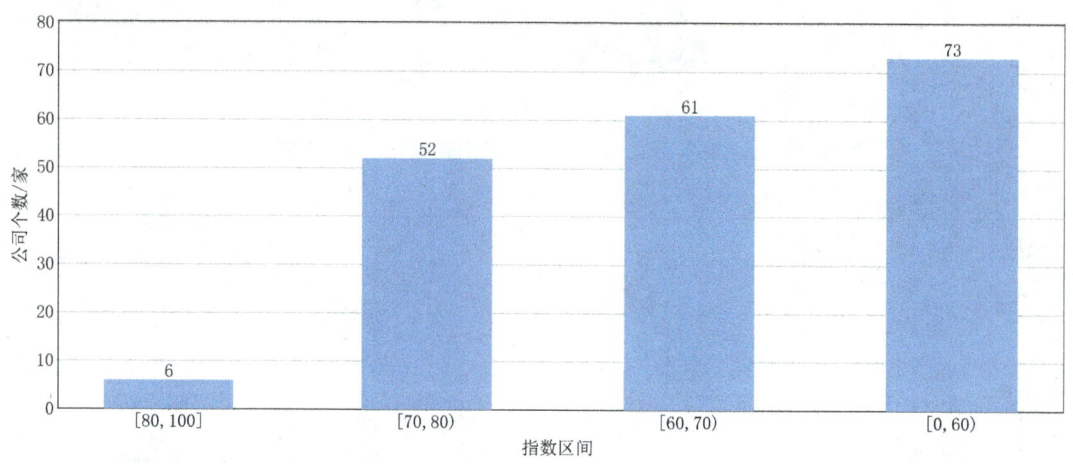

图8-59　2023年西北地区上市公司创新经济绩效指数分布图

从区域内省份分布来看，创新经济绩效指数平均水平最高的是甘肃省（65.05），最低的是宁夏回族自治区（61.50），如图8-60所示。

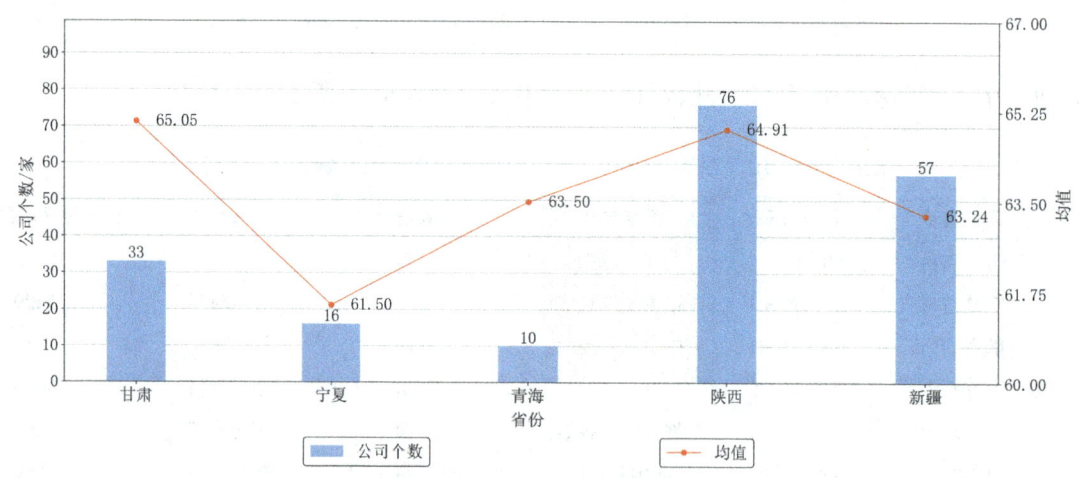

图8-60　2023年西北地区上市公司创新经济绩效指数均值分布图

西北地区中，创新经济绩效指数排名前10的上市公司如表8-30所示。

表 8-30　2023 年西北地区上市公司创新经济绩效指数前 10 排名

排名	证券名称	证券代码	产权性质	省份	一级行业	创新经济绩效指数
1	航发动力	600893.SH	中央国有控股	陕西	国防军工	87.60
2	中国西电	601179.SH	中央国有控股	陕西	电力设备	82.59
3	陕西煤业	601225.SH	地方国有控股	陕西	煤炭	82.27
4	中航西飞	000768.SZ	中央国有控股	陕西	国防军工	81.22
5	特变电工	600089.SH	非国有控股	新疆	电力设备	80.89
6	隆基绿能	601012.SH	非国有控股	陕西	电力设备	80.23
7	冠农股份	600251.SH	地方国有控股	新疆	农林牧渔	79.85
8	中交设计	600720.SH	中央国有控股	甘肃	建筑装饰	79.26
9	雪峰科技	603227.SH	地方国有控股	新疆	基础化工	78.63
10	金钼股份	601958.SH	地方国有控股	陕西	有色金属	78.47

数据来源：同花顺（iFinD），首经贸资产评估研究院和浙工商中国智能管理研究院整理。

8.7　西南地区上市公司创新发展指数评价

2023 年，西南地区全年实现地区生产总值 143605.73 亿元，人均地区生产总值为 70116.67 元，居民人均可支配收入 31288.78 元。截至 2023 年底，A 股市场西南地区共有上市公司 326 家，总市值共计 68771.55 亿元，营业收入共计 27022.30 亿元，平均市值 210.96 亿元/家，平均营业收入 83.15 亿元/家。市值最大的上市公司为贵州茅台（21681.97 亿元），营业收入最高的上市公司为长安汽车（1512.98 亿元）。2023 年，西南地区上市公司研发投入合计为 772.94 亿元，占营业收入的 2.86%；无形资产账面价值合计为 3164.23 亿元，占总资产的 7.14%。根据本报告分析口径，本节共对西南地区 326 家上市公司开展创新发展指数评价，具体情况如下：

8.7.1　创新发展综合指数

2023 年西南地区 326 家上市公司创新发展综合指数平均水平为 65.08，低于全市场均值 65.40。从指数分布来看，高于全市场均值的有 156 家，占区域内上市公司总数的 47.85%。其中，最高的是长安汽车，创新发展综合指数为 86.11。具体来看，创新发展综合指数处于［80，100］的有 3 家，占比 0.92%；［70，80）的有 75 家，占比 23.01%；［60，70）的有 175 家，占比 53.68%；［0，60）的有 73 家，占比 22.39%，如图 8-61 所示。

从区域内省份分布来看，西南地区 326 家上市公司分布在 5 个省份。创新发展综合指数平均水平最高的是贵州省（66.53），最低的是西藏自治区（63.51），如图 8-62 所示。

西南地区中，创新发展综合指数排名前 10 的上市公司如表 8-31 所示。

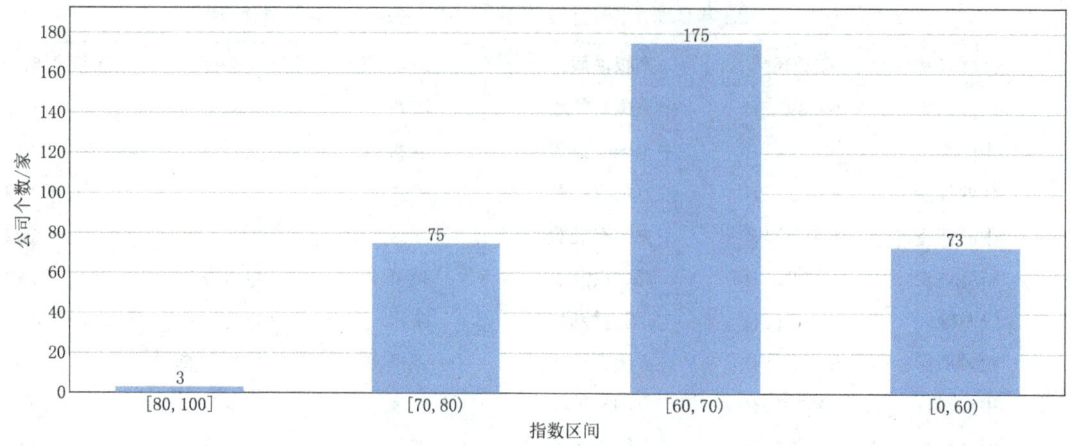

图8-61　2023年西南地区上市公司创新发展综合指数分布图

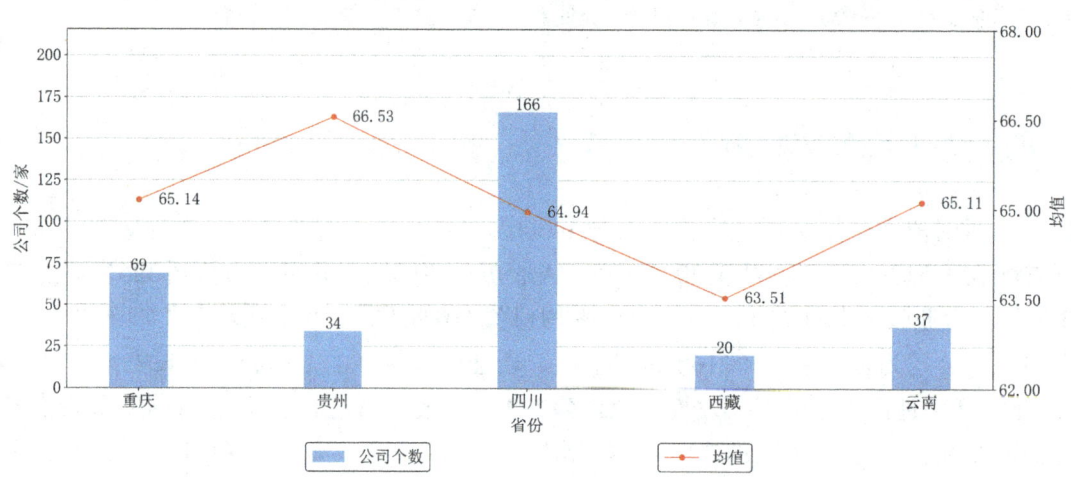

图8-62　2023年西南地区上市公司创新发展综合指数均值分布图

表8-31　2023年西南地区上市公司创新发展综合指数前10排名

排名	证券名称	证券代码	产权性质	省份	一级行业	创新发展综合指数
1	长安汽车	000625.SZ	中央国有控股	重庆	汽车	86.11
2	智飞生物	300122.SZ	非国有控股	重庆	医药生物	81.77
3	中国汽研	601965.SH	中央国有控股	重庆	汽车	81.53
4	四川长虹	600839.SH	地方国有控股	四川	家用电器	79.74
5	东方电气	600875.SH	中央国有控股	四川	电力设备	79.33
6	振华科技	000733.SZ	中央国有控股	贵州	国防军工	77.94
7	电科网安	002268.SZ	中央国有控股	四川	计算机	77.86
8	科伦药业	002422.SZ	非国有控股	四川	医药生物	76.80
9	华能水电	600025.SH	中央国有控股	云南	公用事业	76.52
10	四川路桥	600039.SH	地方国有控股	四川	建筑装饰	76.49

数据来源：同花顺（iFinD），首经贸资产评估研究院和浙工商中国智能管理研究院整理。

8.7.2 创新资源支持指数

2023年西南地区326家上市公司创新资源支持指数平均水平为66.46，低于全市场均值67.08。从指数分布来看，高于全市场均值的有156家，占区域内上市公司总数的47.85%。其中，最高的是迈克生物，创新资源支持指数为88.70。具体来看，创新资源支持指数处于［80，100］的有15家，占比4.60%；［70，80）的有98家，占比30.06%；［60，70）的有131家，占比40.18%；［0，60）的有82家，占比25.16%，如图8-63所示。

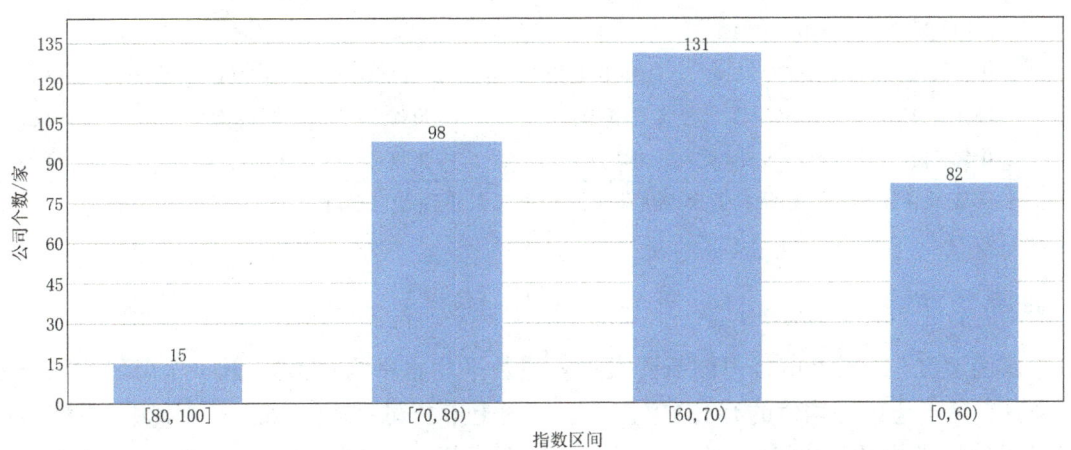

图8-63　2023年西南地区上市公司创新资源支持指数分布图

从区域内省份分布来看，创新资源支持指数平均水平最高的是重庆市（67.07），最低的是云南省（64.04），如图8-64所示。

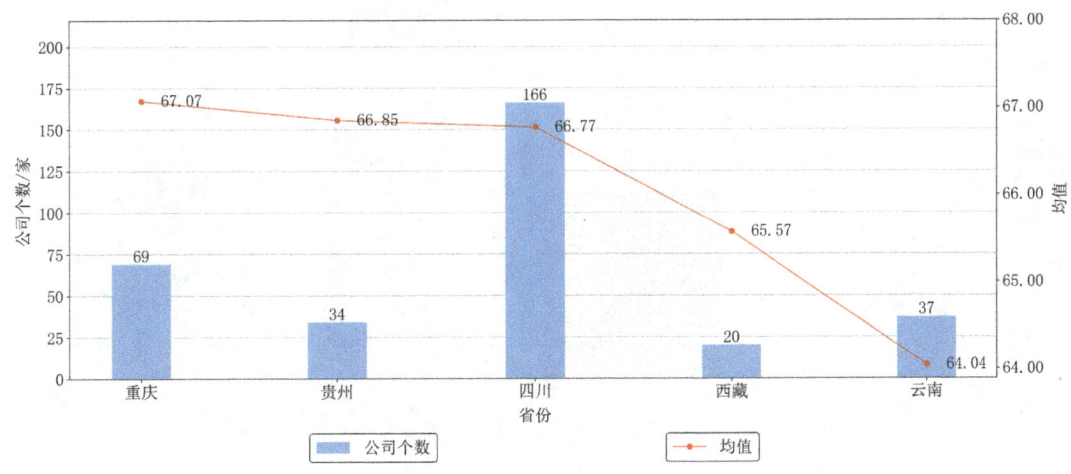

图8-64　2023年西南地区上市公司创新资源支持指数均值分布图

西南地区中，创新资源支持指数排名前10的上市公司如表8-32所示。

表 8-32　2023 年西南地区上市公司创新资源支持指数前 10 排名

排名	证券名称	证券代码	产权性质	省份	一级行业	创新资源支持指数
1	迈克生物	300463.SZ	非国有控股	四川	医药生物	88.70
2	四川长虹	600839.SH	地方国有控股	四川	家用电器	88.53
3	久远银海	002777.SZ	中央国有控股	四川	计算机	87.59
4	四川九洲	000801.SZ	地方国有控股	四川	家用电器	86.28
5	电科网安	002268.SZ	中央国有控股	四川	计算机	85.90
6	四川路桥	600039.SH	地方国有控股	四川	建筑装饰	83.66
7	中国汽研	601965.SH	中央国有控股	重庆	汽车	83.48
8	中科信息	300678.SZ	中央国有控股	四川	计算机	83.12
9	勘设股份	603458.SH	非国有控股	贵州	建筑装饰	82.67
10	中伟股份	300919.SZ	非国有控股	贵州	电力设备	82.33

数据来源：同花顺（iFinD），首经贸资产评估研究院和浙工商中国智能管理研究院整理。

8.7.3　创新要素投入指数

2023 年西南地区 326 家上市公司创新要素投入指数平均水平为 65.00，低于全市场均值 66.07。从指数分布来看，高于全市场均值的有 153 家，占区域内上市公司总数的 46.93%。其中，最高的是长安汽车，创新要素投入指数为 88.84。具体来看，创新要素投入指数处于［80，100］的有 10 家，占比 3.07%；［70，80）的有 89 家，占比 27.30%；［60，70）的有 149 家，占比 45.71%；［0，60）的有 78 家，占比 23.92%，如图 8-65 所示。

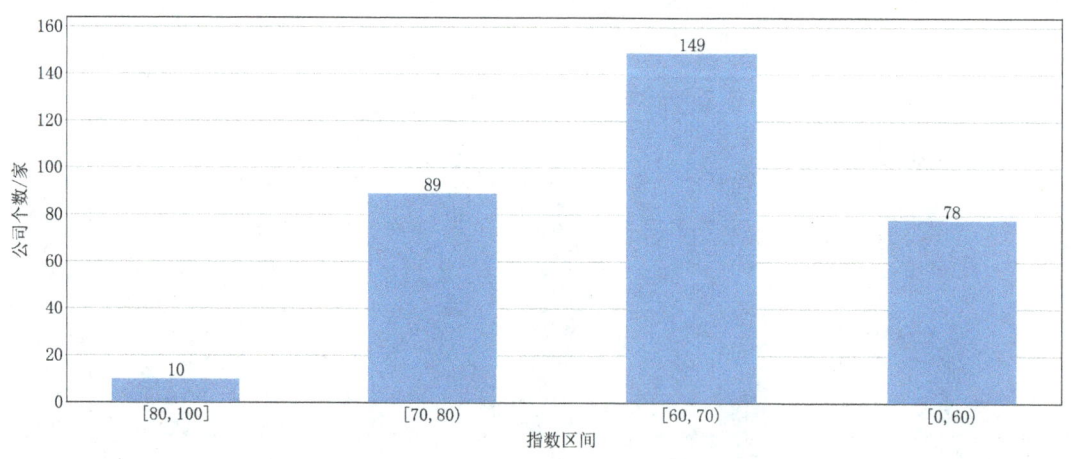

图 8-65　2023 年西南地区上市公司创新要素投入指数分布图

从区域内省份分布来看，创新要素投入指数平均水平最高的是贵州省（67.13），最低的是西藏自治区（62.49），如图 8-66 所示。

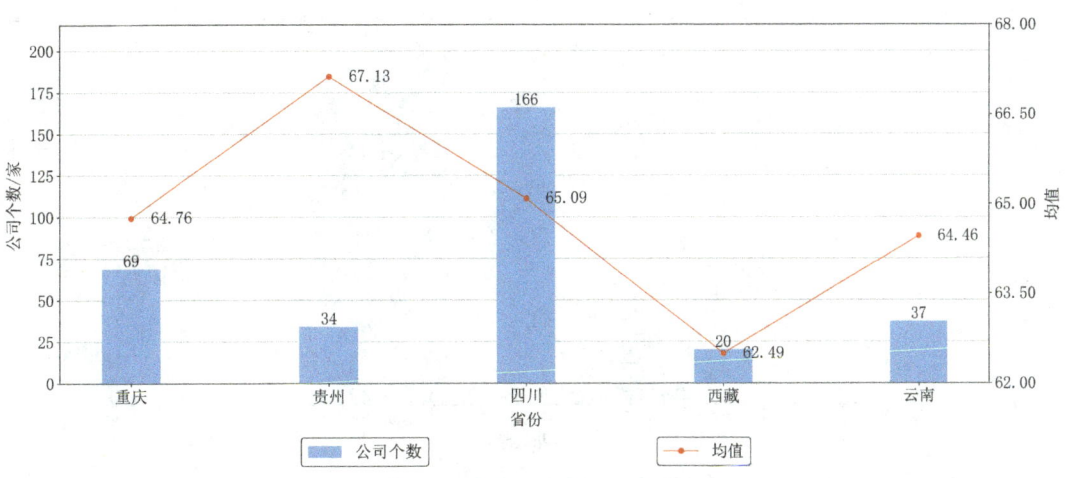

图8-66 2023年西南地区上市公司创新要素投入指数均值分布图

西南地区中，创新要素投入指数排名前10的上市公司如表8-33所示。

表8-33 2023年西南地区上市公司创新要素投入指数前10排名

排名	证券名称	证券代码	产权性质	省份	一级行业	创新要素投入指数
1	长安汽车	000625.SZ	中央国有控股	重庆	汽车	88.84
2	东方电气	600875.SH	中央国有控股	四川	电力设备	84.31
3	电科网安	002268.SZ	中央国有控股	四川	计算机	84.12
4	中国汽研	601965.SH	中央国有控股	重庆	汽车	83.13
5	赛力斯	601127.SH	非国有控股	重庆	汽车	82.90
6	国网信通	600131.SH	中央国有控股	四川	计算机	82.86
7	智飞生物	300122.SZ	非国有控股	重庆	医药生物	81.55
8	昊华科技	600378.SH	中央国有控股	四川	基础化工	80.51
9	久远银海	002777.SZ	中央国有控股	四川	计算机	80.39
10	科伦药业	002422.SZ	非国有控股	四川	医药生物	80.22

数据来源：同花顺（iFinD），首经贸资产评估研究院和浙工商中国智能管理研究院整理。

8.7.4 创新科技成果指数

2023年西南地区326家上市公司创新科技成果指数平均水平为65.00，高于全市场均值64.15。从指数分布来看，高于全市场均值的有166家，占区域内上市公司总数的50.92%。其中，最高的是长安汽车，创新科技成果指数为84.15。具体来看，创新科技成果指数处于［80，100］的有1家，占比0.31%；［70，80）的有38家，占比11.66%；［60，70）的有226家，占比69.33%；［0，60）的有61家，占比18.70%，如图8-67所示。

从区域内省份分布来看，创新科技成果指数平均水平最高的是云南省（65.48），最低的是西藏自治区（62.51），如图8-68所示。

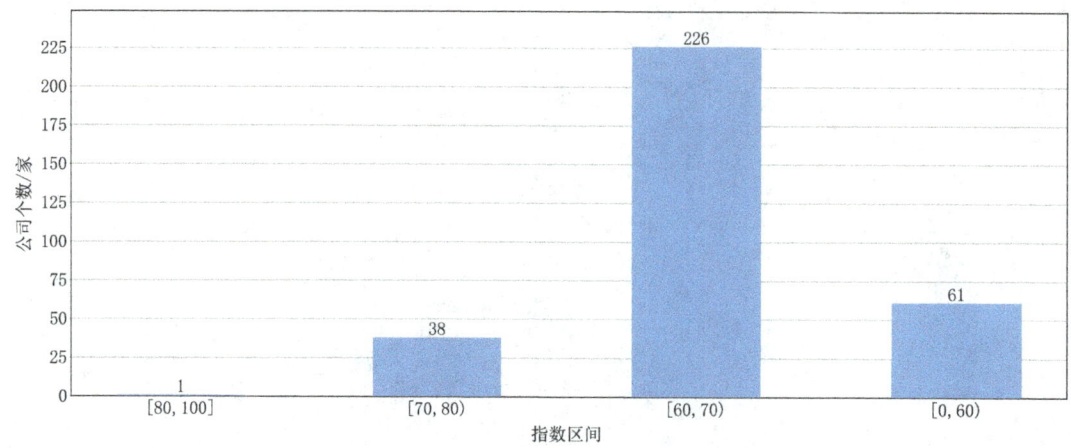

图 8-67　2023 年西南地区上市公司创新科技成果指数分布图

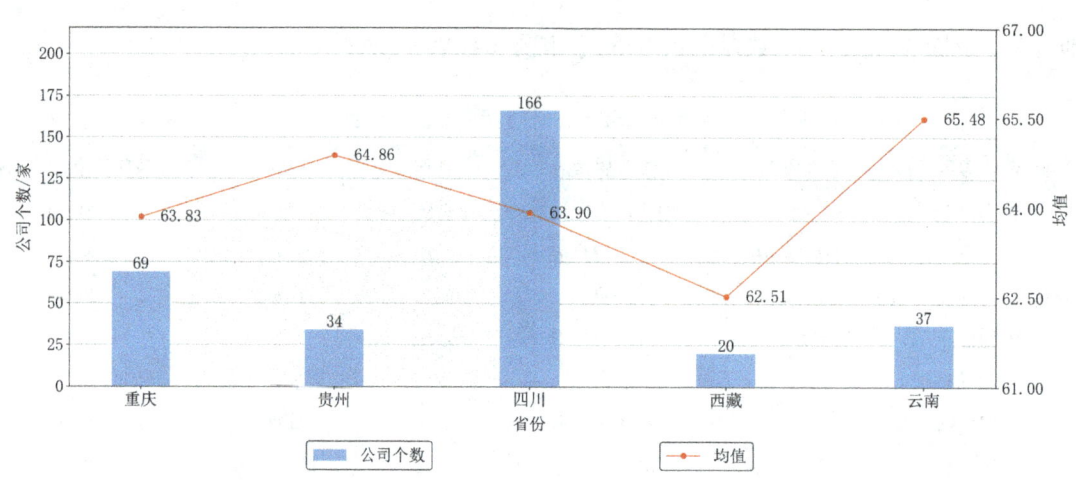

图 8-68　2023 年西南地区上市公司创新科技成果指数均值分布图

西南地区中，创新科技成果指数排名前 10 的上市公司如表 8-34 所示。

表 8-34　2023 年西南地区上市公司创新科技成果指数前 10 排名

排名	证券名称	证券代码	产权性质	省份	一级行业	创新科技成果指数
1	长安汽车	000625.SZ	中央国控股	重庆	汽车	84.15
2	创维数字	000810.SZ	非国有控股	四川	家用电器	78.55
3	贝泰妮	300957.SZ	非国有控股	云南	美容护理	77.50
4	振华科技	000733.SZ	中央国有控股	贵州	国防军工	77.36
5	华能水电	600025.SH	中央国有控股	云南	公用事业	76.91
6	智飞生物	300122.SZ	非国有控股	重庆	医药生物	76.78
7	钒钛股份	000629.SZ	中央国有控股	四川	钢铁	75.51
8	驰宏锌锗	600497.SH	中央国有控股	云南	有色金属	75.22
9	四川长虹	600839.SH	地方国有控股	四川	家用电器	75.21
10	云天化	600096.SH	地方国有控股	云南	基础化工	75.03

数据来源：同花顺（iFinD），首经贸资产评估研究院和浙工商中国智能管理研究院整理。

8.7.5 创新经济绩效指数

2023年西南地区326家上市公司创新经济绩效指数平均水平为65.05，高于全市场均值64.49。从指数分布来看，高于全市场均值的有163家，占区域内上市公司总数的50.00%。其中，最高的是长安汽车，创新经济绩效指数为89.31。具体来看，创新经济绩效指数处于［80，100］的有12家，占比3.68%；［70，80）的有90家，占比27.61%；［60，70）的有120家，占比36.81%；［0，60）的有104家，占比31.90%，如图8-69所示。

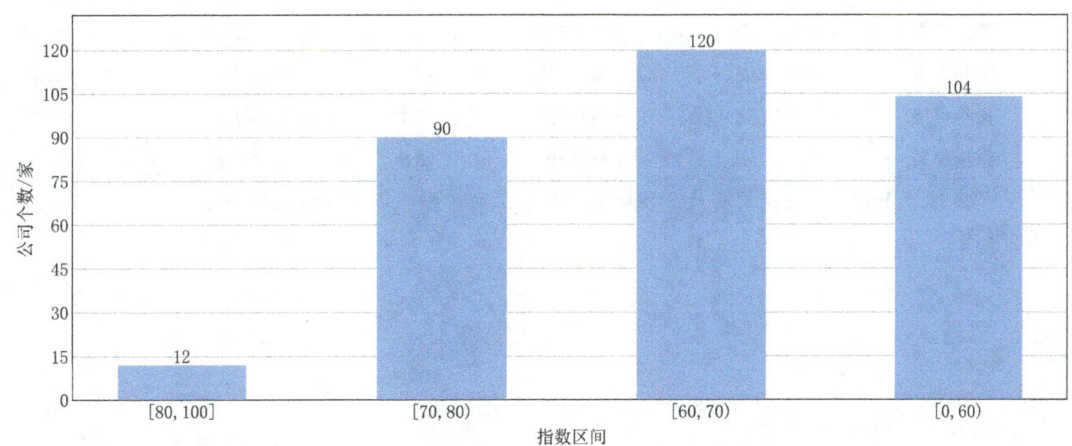

图8-69　2023年西南地区上市公司创新经济绩效指数分布图

从区域内省份分布来看，创新经济绩效指数平均水平最高的是贵州省（67.06），最低的是西藏自治区（64.13），如图8-70所示。

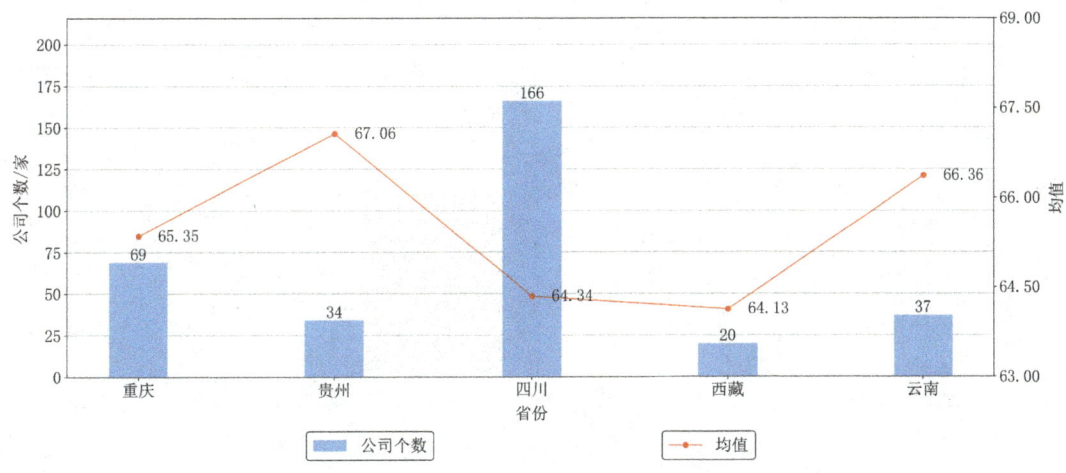

图8-70　2023年西南地区上市公司创新经济绩效指数均值分布图

西南地区中，创新经济绩效指数排名前10的上市公司如表8-35所示。

表 8-35　2023 年西南地区上市公司创新经济绩效指数前 10 排名

排名	证券名称	证券代码	产权性质	省份	一级行业	创新经济绩效指数
1	长安汽车	000625.SZ	中央国有控股	重庆	汽车	89.31
2	智飞生物	300122.SZ	非国有控股	重庆	医药生物	88.86
3	华能水电	600025.SH	中央国有控股	云南	公用事业	87.92
4	贵州茅台	600519.SH	地方国有控股	贵州	食品饮料	86.30
5	云南白药	000538.SZ	地方国有控股	云南	医药生物	85.71
6	中国汽研	601965.SH	中央国有控股	重庆	汽车	84.27
7	东方电气	600875.SH	中央国有控股	四川	电力设备	82.36
8	泸州老窖	000568.SZ	地方国有控股	四川	食品饮料	81.83
9	振华科技	000733.SZ	中央国有控股	贵州	国防军工	81.60
10	重庆啤酒	600132.SH	非国有控股	重庆	食品饮料	81.43

数据来源：同花顺（iFinD），首经贸资产评估研究院和浙工商中国智能管理研究院整理。

第9章
中国上市公司创新发展指数评价——省份维度

经济均衡发展对于国家整体经济的持续稳健增长至关重要，从省份维度对中国上市公司创新发展指数进行评价，能够在一定程度上揭示各省份上市公司的创新能力和发展潜力，有助于广大市场参与者深入分析和理解各省份上市公司在创新驱动发展战略下的差异化表现，为政策制定者、投资者和企业管理者提供数据支持，促进创新资源在各省份间的有效配置，推动各省份间经济的均衡增长和提升国家整体的竞争力。鉴于此，本章从省份维度，对安徽省、北京市、广东省、浙江省、江苏省、上海市、河北省等31个省份上市公司的创新发展指数进行评价和分析。

9.1 安徽省上市公司创新发展指数评价

2023年，安徽省全年实现地区生产总值47050.60亿元，人均地区生产总值为76830.00元，居民人均可支配收入34893.00元。截至2023年底，A股市场安徽省共有上市公司171家，总市值共计18261.16亿元，营业收入共计14541.61亿元，平均市值106.79亿元/家，平均营业收入85.04亿元/家。市值最大的上市公司为阳光电源（1300.84亿元），营业收入最高的上市公司为海螺水泥（1409.99亿元）。2023年，安徽省上市公司研发投入合计为476.62亿元，占营业收入的3.28%；无形资产账面价值合计为1460.58亿元，占总资产的7.00%。根据本报告分析口径，本节共对安徽省171家上市公司开展创新发展指数评价，具体情况如下：

9.1.1 创新发展综合指数

2023年安徽省171家上市公司创新发展综合指数平均水平为65.70，高于全市场均值65.40。从指数分布来看，高于全市场均值的有87家，占省内上市公司总数的50.88%。其中，最高的是科大讯飞，创新发展综合指数为84.72。具体来看，创新发展综合指数处于［80，100］的有2家，占比1.17%；［70，80）的有29家，占比16.96%；［60，70）的有115家，占比67.25%；［0，60）的有25家，占比14.62%，如图9-1所示。

从省内城市分布来看，安徽省171家上市公司分布在15个市。创新发展综合指数平均水平最高的是亳州市（72.57），最低的是安庆市（60.42），如图9-2所示。

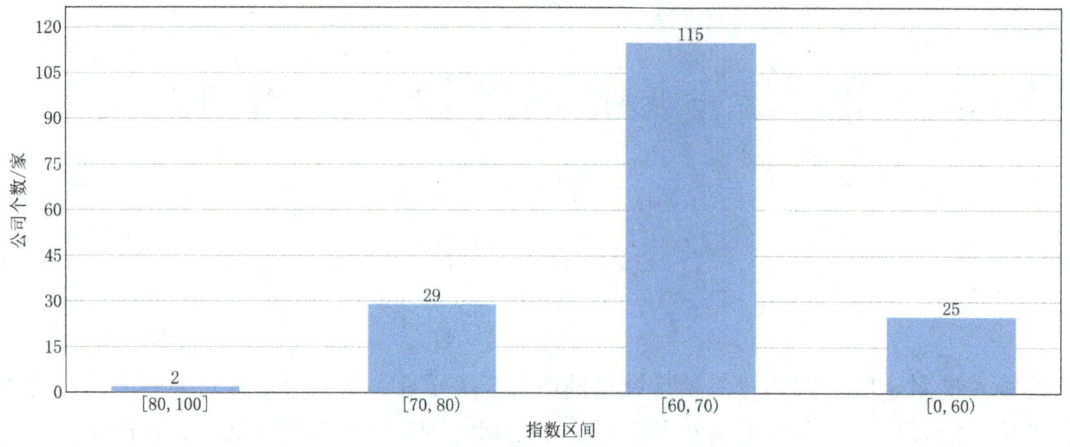

图9-1 2023年安徽省上市公司创新发展综合指数分布图

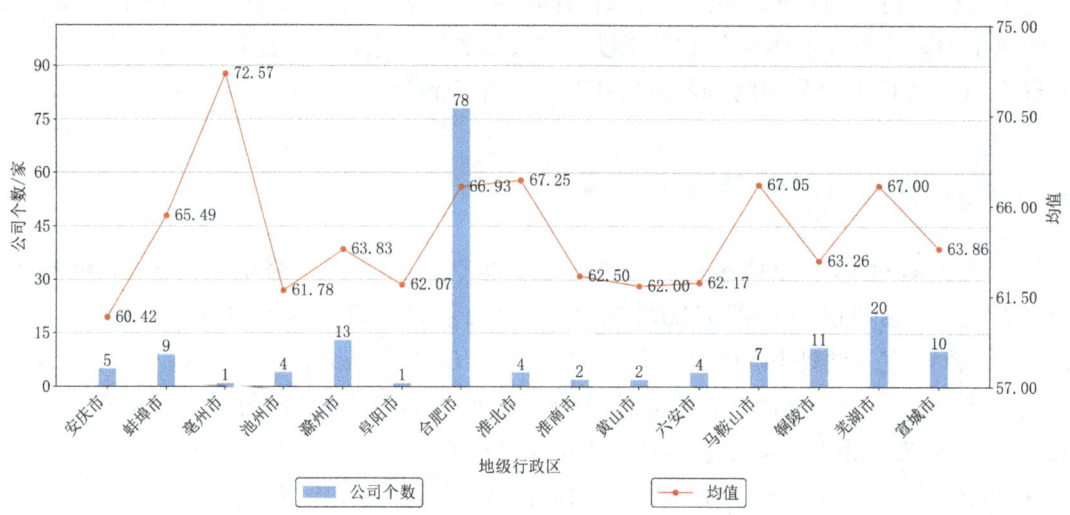

图9-2 2023年安徽省上市公司创新发展综合指数均值分布图

安徽省中，创新发展综合指数排名前10的上市公司如表9-1所示。

表9-1 2023年安徽省上市公司创新发展综合指数前10排名

排名	证券名称	证券代码	产权性质	一级行业	地级行政区	创新发展综合指数
1	科大讯飞	002230.SZ	非国有控股	计算机	合肥市	84.72
2	阳光电源	300274.SZ	非国有控股	电力设备	合肥市	80.56
3	国轩高科	002074.SZ	非国有控股	电力设备	合肥市	79.96
4	江淮汽车	600418.SH	地方国有控股	汽车	合肥市	76.94
5	长虹美菱	000521.SZ	地方国有控股	家用电器	合肥市	76.60
6	安科生物	300009.SZ	非国有控股	医药生物	合肥市	76.49
7	安徽合力	600761.SH	地方国有控股	机械设备	合肥市	76.24
8	伯特利	603596.SH	非国有控股	汽车	芜湖市	75.55
9	楚江新材	002171.SZ	非国有控股	有色金属	芜湖市	75.20
10	长信科技	300088.SZ	地方国有控股	电子	芜湖市	74.71

数据来源：同花顺（iFinD），首经贸资产评估研究院和浙工商中国智能管理研究院整理。

9.1.2 创新资源支持指数

2023年安徽省171家上市公司创新资源支持指数平均水平为67.82，高于全市场均值67.08。从指数分布来看，高于全市场均值的有93家，占省内上市公司总数的54.39%。其中，最高的是科大讯飞，创新资源支持指数为90.71。具体来看，创新资源支持指数处于［80，100］的有7家，占比4.09%；［70，80）的有64家，占比37.43%；［60，70）的有73家，占比42.69%；［0，60）的有27家，占比15.79%，如图9-3所示。

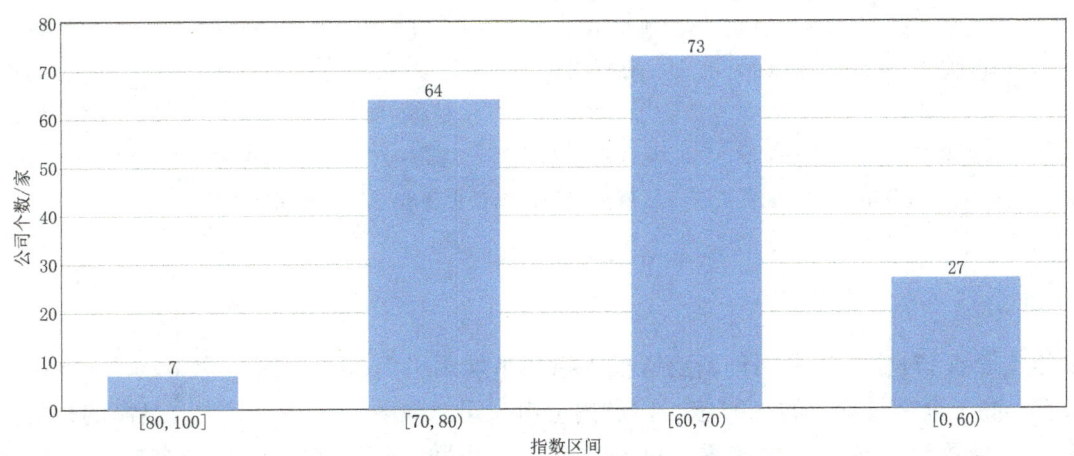

图9-3　2023年安徽省上市公司创新资源支持指数分布图

从省内城市分布来看，创新资源支持指数平均水平最高的是马鞍山市（70.14），最低的是池州市（62.16），如图9-4所示。

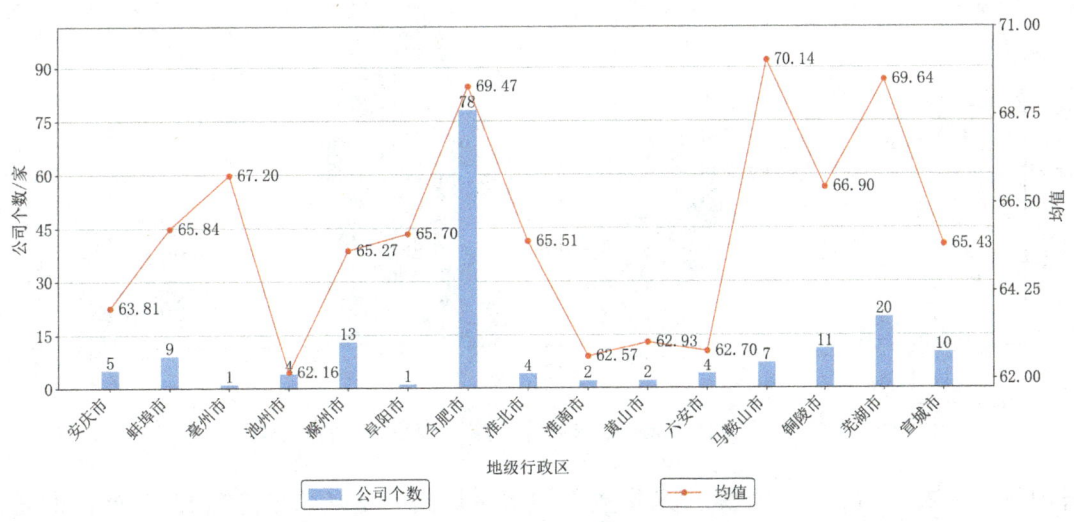

图9-4　2023年安徽省上市公司创新资源支持指数均值分布图

安徽省中，创新资源支持指数排名前10的上市公司如表9-2所示。

表 9-2　2023 年安徽省上市公司创新资源支持指数前 10 排名

排名	证券名称	证券代码	产权性质	一级行业	地级行政区	创新资源支持指数
1	科大讯飞	002230.SZ	非国有控股	计算机	合肥市	90.71
2	山鹰国际	600567.SH	非国有控股	轻工制造	马鞍山市	88.36
3	楚江新材	002171.SZ	非国有控股	有色金属	芜湖市	85.07
4	国轩高科	002074.SZ	非国有控股	电力设备	合肥市	83.16
5	洽洽食品	002557.SZ	非国有控股	食品饮料	合肥市	81.98
6	晶合集成	688249.SH	地方国有控股	电子	合肥市	80.63
7	江淮汽车	600418.SH	地方国有控股	汽车	合肥市	80.62
8	应流股份	603308.SH	非国有控股	机械设备	合肥市	79.98
9	安科生物	300009.SZ	非国有控股	医药生物	合肥市	79.64
10	皖维高新	600063.SH	地方国有控股	基础化工	合肥市	79.14

数据来源：同花顺（iFinD），首经贸资产评估研究院和浙工商中国智能管理研究院整理。

9.1.3　创新要素投入指数

2023年安徽省171家上市公司创新要素投入指数平均水平为66.88，高于全市场均值66.07。从指数分布来看，高于全市场均值的有97家，占省内上市公司总数的56.73%。其中，最高的是科大讯飞，创新要素投入指数为85.51。具体来看，创新要素投入指数处于［80，100］的有5家，占比2.92%；［70，80）的有51家，占比29.82%；［60，70）的有84家，占比49.12%；［0，60）的有31家，占比18.14%，如图9-5所示。

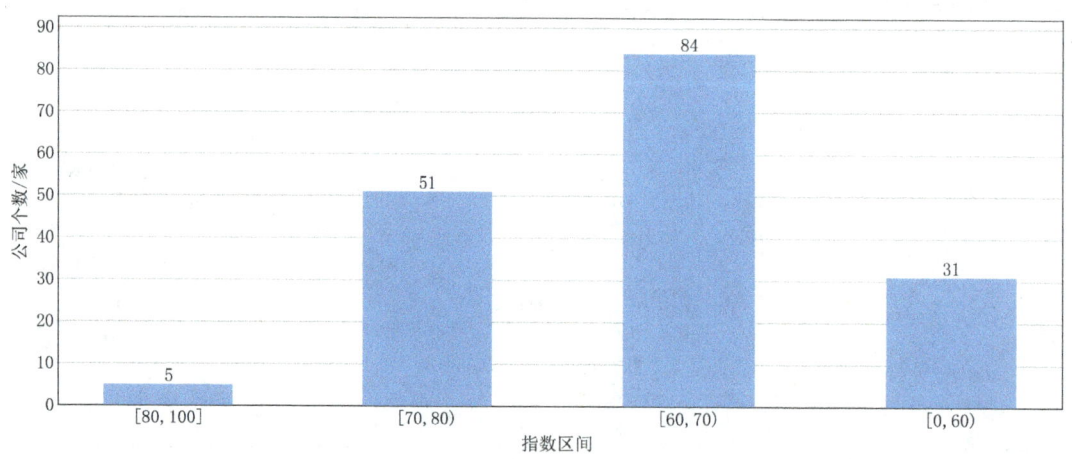

图9-5　2023年安徽省上市公司创新要素投入指数分布图

从省内城市分布来看，创新要素投入指数平均水平最高的是亳州市（73.15），最低的是淮南市（57.79），如图9-6所示。

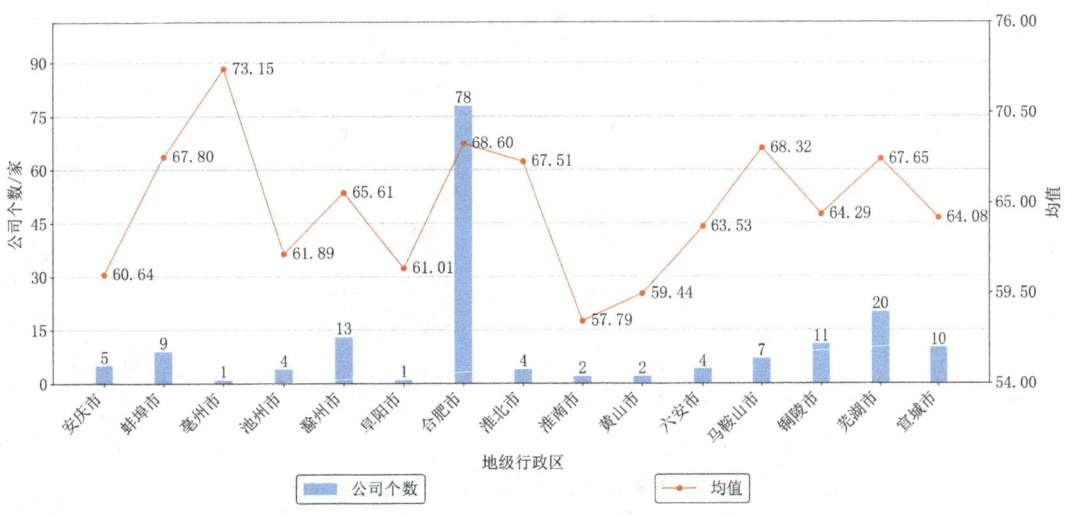

图 9-6　2023 年安徽省上市公司创新要素投入指数均值分布图

安徽省中，创新要素投入指数排名前 10 的上市公司如表 9-3 所示。

表 9-3　2023 年安徽省上市公司创新要素投入指数前 10 排名

排名	证券名称	证券代码	产权性质	一级行业	地级行政区	创新要素投入指数
1	科大讯飞	002230.SZ	非国有控股	计算机	合肥市	85.51
2	阳光电源	300274.SZ	非国有控股	电力设备	合肥市	83.97
3	国轩高科	002074.SZ	非国有控股	电力设备	合肥市	83.67
4	铜陵有色	000630.SZ	地方国有控股	有色金属	铜陵市	82.69
5	晶合集成	688249.SH	地方国有控股	电子	合肥市	81.38
6	安徽建工	600502.SH	地方国有控股	建筑装饰	蚌埠市	79.97
7	江淮汽车	600418.SH	地方国有控股	汽车	合肥市	79.28
8	伯特利	603596.SH	非国有控股	汽车	芜湖市	79.07
9	长虹美菱	000521.SZ	地方国有控股	家用电器	合肥市	78.92
10	精工钢构	600496.SH	非国有控股	建筑装饰	六安市	78.53

数据来源：同花顺（iFinD），首经贸资产评估研究院和浙工商中国智能管理研究院整理。

9.1.4　创新科技成果指数

2023 年安徽省 171 家上市公司创新科技成果指数平均水平为 64.45，高于全市场均值 64.15。从指数分布来看，高于全市场均值的有 84 家，占省内上市公司总数的 49.12%。其中，最高的是科大讯飞，创新科技成果指数为 79.37。具体来看，创新科技成果指数处于 [70, 80) 的有 19 家，占比 11.11%；[60, 70) 的有 133 家，占比 77.78%；[0, 60) 的有 19 家，占比 11.11%，如图 9-7 所示。

从省内城市分布来看，创新科技成果指数平均水平最高的是亳州市（69.09），最低的是安庆市（59.39），如图 9-8 所示。

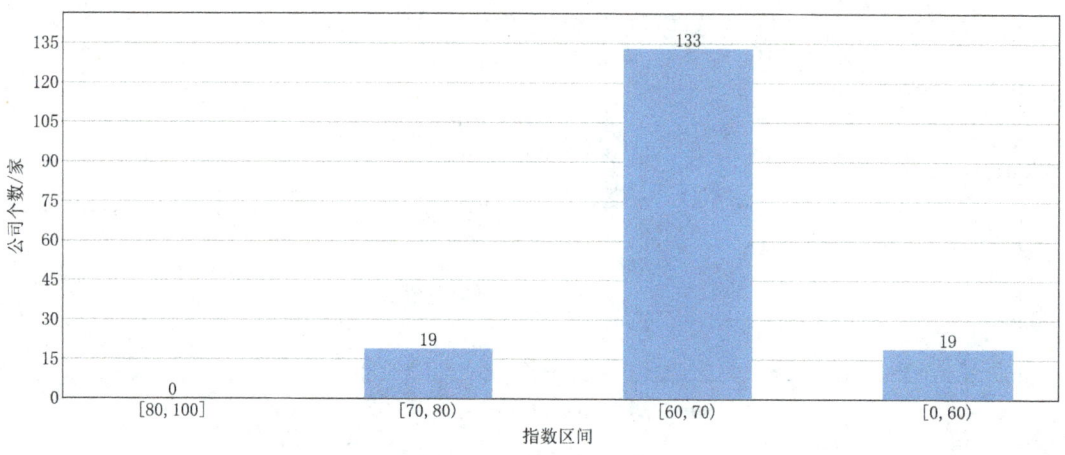

图9-7　2023年安徽省上市公司创新科技成果指数分布图

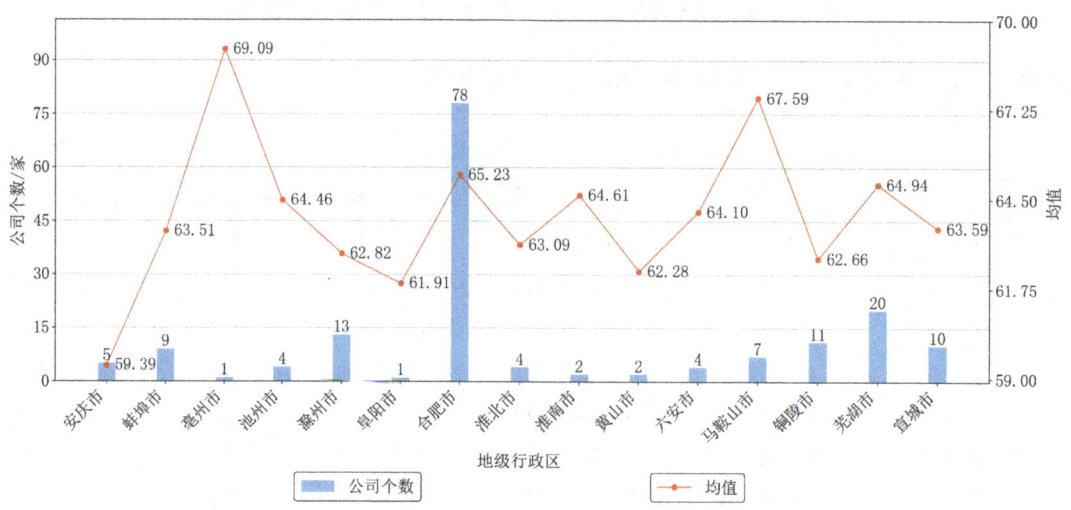

图9-8　2023年安徽省上市公司创新科技成果指数均值分布图

安徽省中，创新科技成果指数排名前10的上市公司如表9-4所示。

表9-4　2023年安徽省上市公司创新科技成果指数前10排名

排名	证券名称	证券代码	产权性质	一级行业	地级行政区	创新科技成果指数
1	科大讯飞	002230.SZ	非国有控股	计算机	合肥市	79.37
2	阳光电源	300274.SZ	非国有控股	电力设备	合肥市	77.80
3	荃银高科	300087.SZ	中央国有控股	农林牧渔	合肥市	77.01
4	泰禾智能	603656.SH	非国有控股	机械设备	合肥市	75.01
5	科大国创	300520.SZ	非国有控股	计算机	合肥市	74.34
6	安徽合力	600761.SH	地方国有控股	机械设备	合肥市	73.82
7	马钢股份	600808.SH	中央国有控股	钢铁	马鞍山市	73.80
8	中公教育	002607.SZ	非国有控股	社会服务	芜湖市	73.46
9	埃夫特	688165.SH	地方国有控股	机械设备	芜湖市	72.59
10	设计总院	603357.SH	地方国有控股	建筑装饰	合肥市	71.91

数据来源：同花顺（iFinD），首经贸资产评估研究院和浙工商中国智能管理研究院整理。

9.1.5 创新经济绩效指数

2023年安徽省171家上市公司创新经济绩效指数平均水平为63.84，低于全市场均值64.49。从指数分布来看，高于全市场均值的有76家，占省内上市公司总数的44.44%。其中，最高的是国轩高科，创新经济绩效指数为84.96。具体来看，创新经济绩效指数处于［80，100］的有5家，占比2.92%；［70，80）的有40家，占比23.39%；［60，70）的有67家，占比39.18%；［0，60）的有59家，占比34.51%，如图9-9所示。

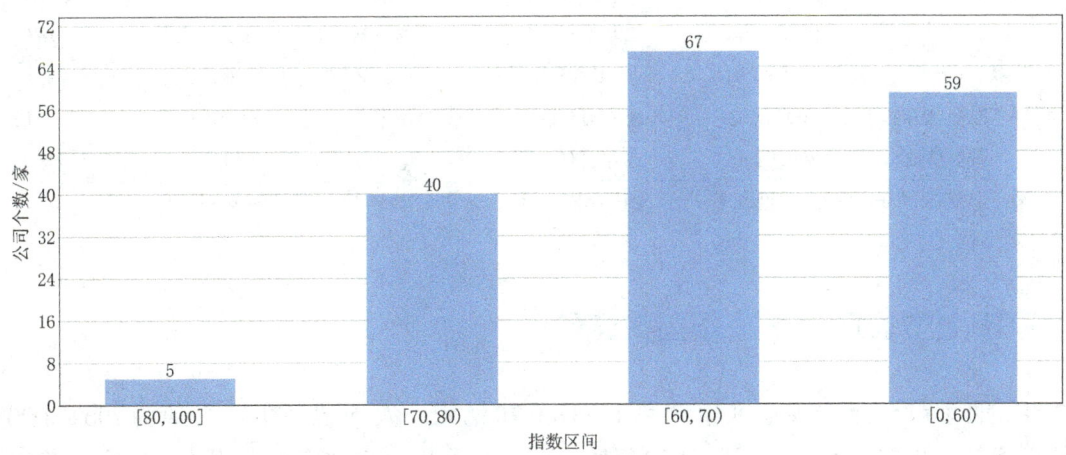

图9-9　2023年安徽省上市公司创新经济绩效指数分布图

从省内城市分布来看，创新经济绩效指数平均水平最高的是亳州市（78.93），最低的是六安市（58.42），如图9-10所示。

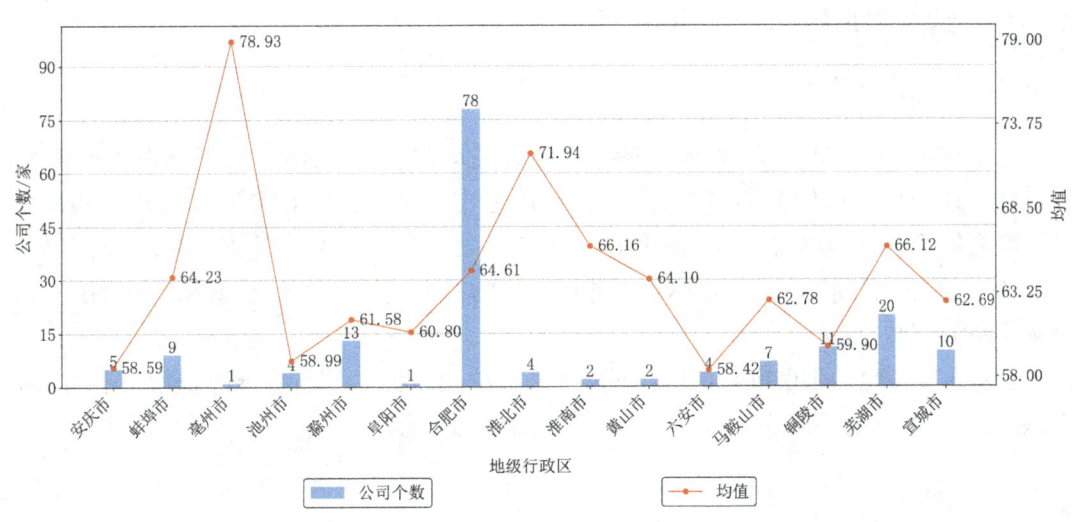

图9-10　2023年安徽省上市公司创新经济绩效指数均值分布图

安徽省中，创新经济绩效指数排名前10的上市公司如表9-5所示。

表 9-5 2023 年安徽省上市公司创新经济绩效指数前 10 排名

排名	证券名称	证券代码	产权性质	一级行业	地级行政区	创新经济绩效指数
1	国轩高科	002074.SZ	非国有控股	电力设备	合肥市	84.96
2	科大讯飞	002230.SZ	非国有控股	计算机	合肥市	84.18
3	阳光电源	300274.SZ	非国有控股	电力设备	合肥市	84.04
4	安科生物	300009.SZ	非国有控股	医药生物	合肥市	81.48
5	长虹美菱	000521.SZ	地方国有控股	家用电器	合肥市	80.81
6	三七互娱	002555.SZ	非国有控股	传媒	芜湖市	79.29
7	古井贡酒	000596.SZ	地方国有控股	食品饮料	亳州市	78.93
8	口子窖	603589.SH	非国有控股	食品饮料	淮北市	78.88
9	皖能电力	000543.SZ	地方国有控股	公用事业	合肥市	78.83
10	长信科技	300088.SZ	地方国有控股	电子	芜湖市	78.42

数据来源：同花顺（iFinD），首经贸资产评估研究院和浙工商中国智能管理研究院整理。

9.2 北京市上市公司创新发展指数评价

2023年，北京市全年实现地区生产总值43760.70亿元，人均地区生产总值为200278.00元，居民人均可支配收入81752.00元。截至2023年底，A股市场北京市共有上市公司430家，总市值共计114446.96亿元，营业收入共计191822.32亿元，平均市值266.16亿元/家，平均营业收入446.10亿元/家。市值最大的上市公司为中国石油（12921.28亿元），营业收入最高的上市公司为中国石化（32122.15亿元）。2023年，北京市上市公司研发投入合计为4581.85亿元，占营业收入的2.39%；无形资产账面价值合计为17751.89亿元，占总资产的6.52%。根据本报告分析口径，本节共对北京市430家上市公司开展创新发展指数评价，具体情况如下：

9.2.1 创新发展综合指数

2023年北京市430家上市公司创新发展综合指数平均水平为67.49，高于全市场均值65.40。从指数分布来看，高于全市场均值的有271家，占市内上市公司总数的63.02%。其中，最高的是北方华创，创新发展综合指数为87.50。具体来看，创新发展综合指数处于［80，100］的有6家，占比1.40%；［70，80）的有150家，占比34.88%；［60，70）的有220家，占比51.16%；［0，60）的有54家，占比12.56%，如图9-11所示。

从市内各区分布来看，北京市430家上市公司分布在14个区。创新发展综合指数平均水平最高的是昌平区（68.98），最低的是门头沟区（61.46），如图9-12所示。

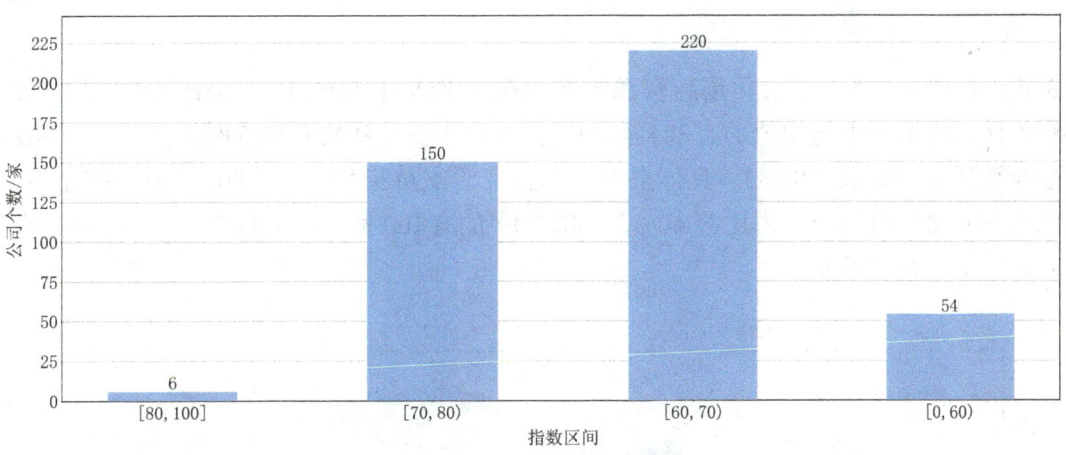

图9-11　2023年北京市上市公司创新发展综合指数分布图

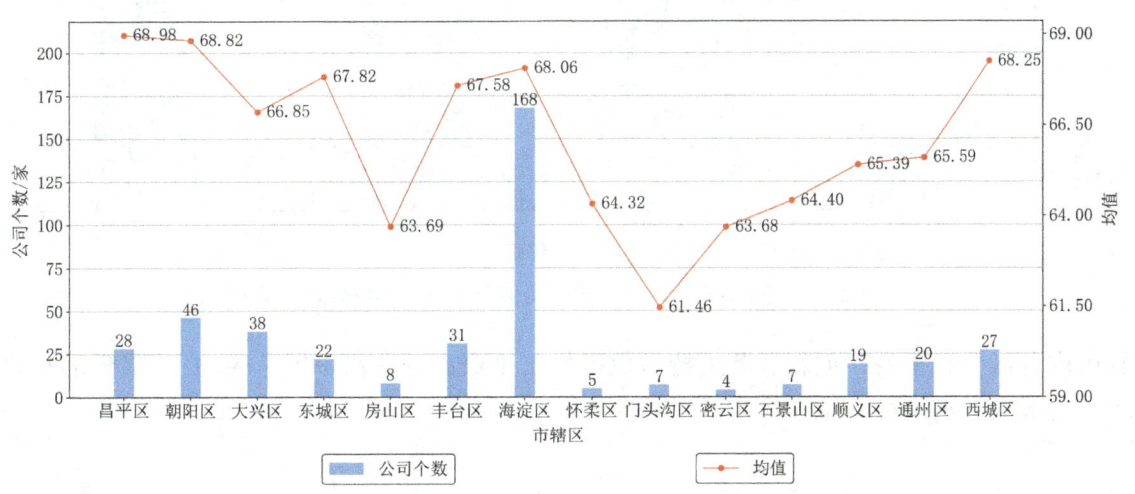

图9-12　2023年北京市上市公司创新发展综合指数均值分布图

北京市中，创新发展综合指数排名前10的上市公司如表9-6所示。

表9-6　2023年北京市上市公司创新发展综合指数前10排名

排名	证券名称	证券代码	产权性质	一级行业	市辖区	创新发展综合指数
1	北方华创	002371.SZ	地方国有控股	电子	朝阳区	87.50
2	三一重工	600031.SH	非国有控股	机械设备	昌平区	82.42
3	京东方A	000725.SZ	地方国有控股	电子	朝阳区	81.82
4	中国电信	601728.SH	中央国有控股	通信	西城区	81.57
5	中科星图	688568.SH	中央国有控股	计算机	顺义区	80.93
6	金山办公	688111.SH	非国有控股	计算机	海淀区	80.20
7	中国通号	688009.SH	中央国有控股	机械设备	丰台区	79.58
8	华大九天	301269.SZ	非国有控股	计算机	朝阳区	79.46
9	福田汽车	600166.SH	地方国有控股	汽车	昌平区	79.38
10	天地科技	600582.SH	中央国有控股	机械设备	朝阳区	79.06

数据来源：同花顺（iFinD），首经贸资产评估研究院和浙工商中国智能管理研究院整理。

9.2.2 创新资源支持指数

2023年北京市430家上市公司创新资源支持指数平均水平为67.55，高于全市场均值67.08。从指数分布来看，高于全市场均值的有224家，占市内上市公司总数的52.09%。其中，最高的是紫光股份，创新资源支持指数为92.82。具体来看，创新资源支持指数处于[80，100]的有39家，占比9.07%；[70，80)的有135家，占比31.40%；[60，70)的有160家，占比37.21%；[0，60)的有96家，占比22.32%，如图9-13所示。

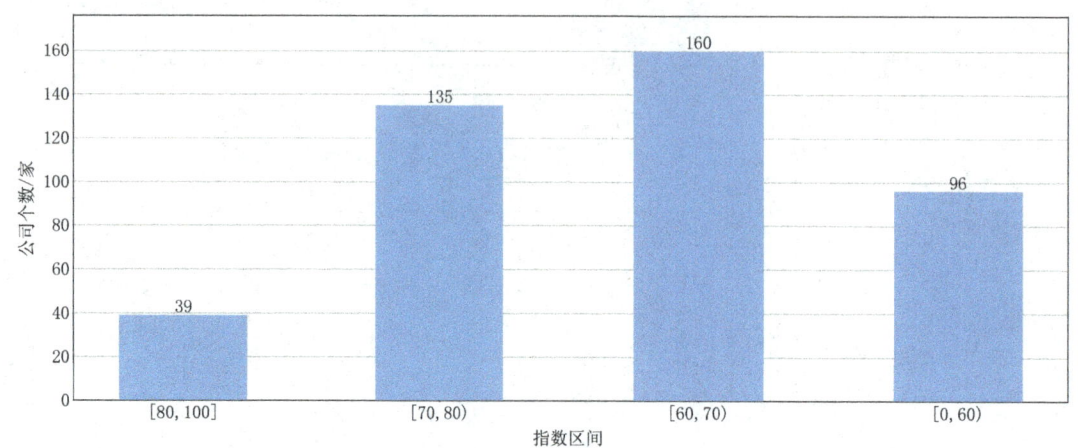

图9-13　2023年北京市上市公司创新资源支持指数分布图

从市内各区分布来看，创新资源支持指数平均水平最高的是昌平区（69.71），最低的是密云区（56.26），如图9-14所示。

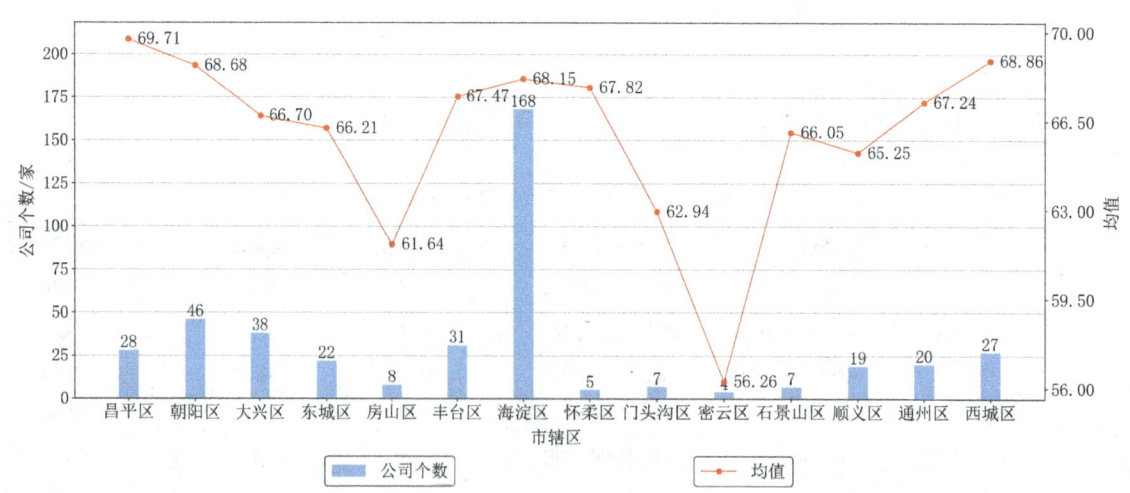

图9-14　2023年北京市上市公司创新资源支持指数均值分布图

北京市中，创新资源支持指数排名前10的上市公司如表9-7所示。

表 9-7　2023 年北京市上市公司创新资源支持指数前 10 排名

排名	证券名称	证券代码	产权性质	一级行业	市辖区	创新资源支持指数
1	紫光股份	000938.SZ	非国有控股	计算机	海淀区	92.82
2	际华集团	601718.SH	中央国有控股	纺织服饰	大兴区	92.23
3	清新环境	002573.SZ	地方国有控股	环保	海淀区	90.74
4	启明星辰	002439.SZ	中央国有控股	计算机	海淀区	89.10
5	三一重工	600031.SH	非国有控股	机械设备	昌平区	88.90
6	航天信息	600271.SH	中央国有控股	计算机	海淀区	87.82
7	高能环境	603588.SH	非国有控股	环保	海淀区	87.53
8	华大九天	301269.SZ	非国有控股	计算机	朝阳区	86.49
9	中国电建	601669.SH	中央国有控股	建筑装饰	海淀区	86.04
10	中科星图	688568.SH	中央国有控股	计算机	顺义区	85.68

数据来源：同花顺（iFinD），首经贸资产评估研究院和浙工商中国智能管理研究院整理。

9.2.3　创新要素投入指数

2023年北京市430家上市公司创新要素投入指数平均水平为69.64，高于全市场均值66.07。从指数分布来看，高于全市场均值的有289家，占市内上市公司总数的67.21%。其中，最高的是北方华创，创新要素投入指数为90.54。具体来看，创新要素投入指数处于［80，100］的有47家，占比10.93%；［70，80）的有163家，占比37.91%；［60，70）的有167家，占比38.84%；［0，60）的有53家，占比12.32%，如图9-15所示。

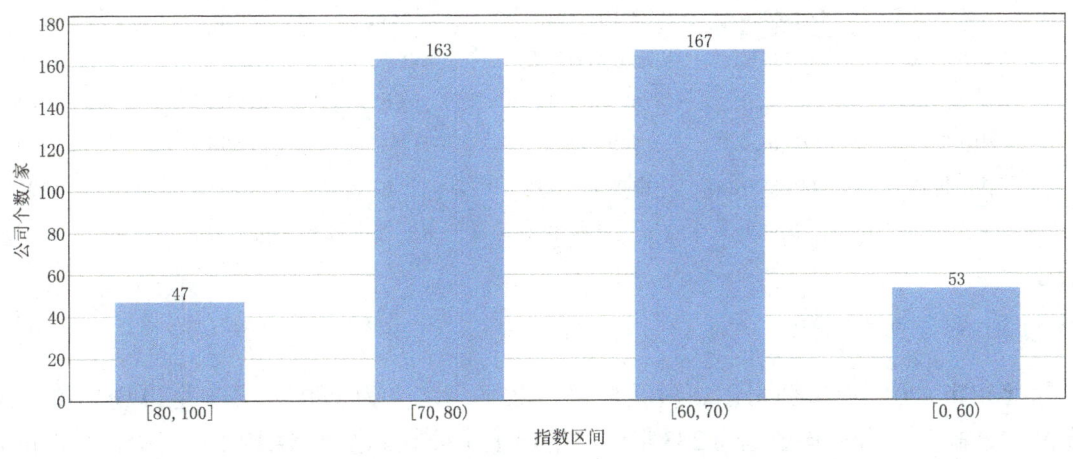

图 9-15　2023 年北京市上市公司创新要素投入指数分布图

从市内各区分布来看，创新要素投入指数平均水平最高的是昌平区（72.40），最低的是门头沟区（62.07），如图9-16所示。

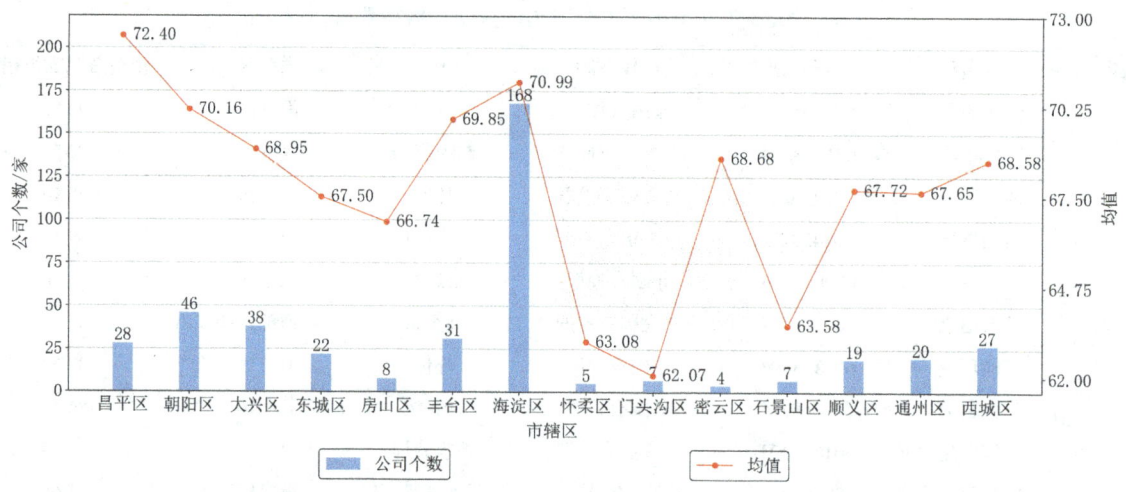

图9-16 2023年北京市上市公司创新要素投入指数均值分布图

北京市中，创新要素投入指数排名前10的上市公司如表9-8所示。

表9-8 2023年北京市上市公司创新要素投入指数前10排名

排名	证券名称	证券代码	产权性质	一级行业	市辖区	创新要素投入指数
1	北方华创	002371.SZ	地方国有控股	电子	朝阳区	90.54
2	中国能建	601868.SH	中央国有控股	建筑装饰	朝阳区	87.98
3	中科星图	688568.SH	中央国有控股	计算机	顺义区	87.69
4	经纬恒润	688326.SH	非国有控股	计算机	朝阳区	86.51
5	中国交建	601800.SH	中央国有控股	建筑装饰	西城区	86.48
6	华大九天	301269.SZ	非国有控股	计算机	朝阳区	86.22
7	京东方A	000725.SZ	地方国有控股	电子	朝阳区	86.18
8	用友网络	600588.SH	非国有控股	计算机	海淀区	85.62
9	中科创达	300496.SZ	非国有控股	计算机	海淀区	85.43
10	中航机载	600372.SH	中央国有控股	国防军工	大兴区	85.24

数据来源：同花顺（iFinD），首经贸资产评估研究院和浙工商中国智能管理研究院整理。

9.2.4 创新科技成果指数

2023年北京市430家上市公司创新科技成果指数平均水平为65.04，高于全市场均值64.15。从指数分布来看，高于全市场均值的有233家，占市内上市公司总数的54.19%。其中，最高的是北方华创，创新科技成果指数为84.14。具体来看，创新科技成果指数处于［80，100］的有1家，占比0.23%；［70，80）的有79家，占比18.37%；［60，70）的有296家，占比68.84%；［0，60）的有54家，占比12.56%，如图9-17所示。

从市内各区分布来看，创新科技成果指数平均水平最高的是朝阳区（66.31），最低的是密云区（60.33），如图9-18所示。

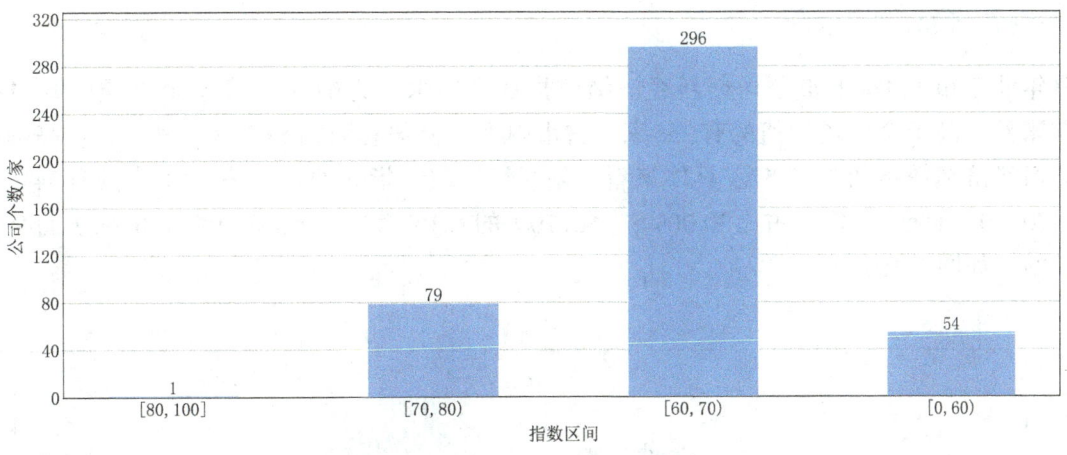

图9-17　2023年北京市上市公司创新科技成果指数分布图

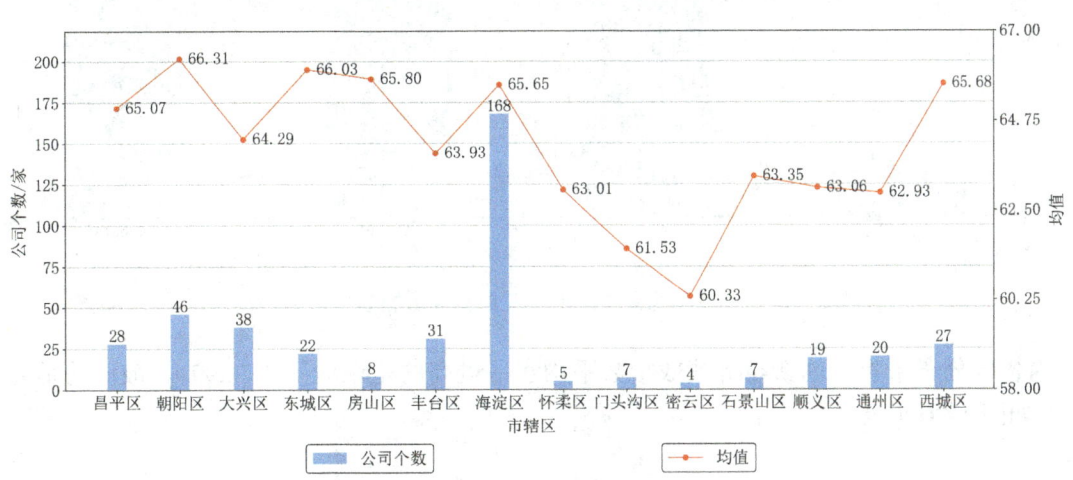

图9-18　2023年北京市上市公司创新科技成果指数均值分布图

北京市中，创新科技成果指数排名前10的上市公司如表9-9所示。

表 9-9　2023 年北京市上市公司创新科技成果指数前 10 排名

排名	证券名称	证券代码	产权性质	一级行业	市辖区	创新科技成果指数
1	北方华创	002371.SZ	地方国有控股	电子	朝阳区	84.14
2	天地科技	600582.SH	中央国有控股	机械设备	朝阳区	79.77
3	中国电信	601728.SH	中央国有控股	通信	西城区	79.37
4	京东方A	000725.SZ	地方国有控股	电子	朝阳区	78.58
5	有研新材	600206.SH	中央国有控股	电子	海淀区	77.13
6	长江电力	600900.SH	中央国有控股	公用事业	海淀区	76.56
7	雷科防务	002413.SZ	非国有控股	国防军工	海淀区	76.51
8	三一重工	600031.SH	非国有控股	机械设备	昌平区	75.47
9	北京君正	300223.SZ	非国有控股	电子	海淀区	75.30
10	石化油服	600871.SH	中央国有控股	石油石化	朝阳区	75.24

数据来源：同花顺（iFinD），首经贸资产评估研究院和浙工商中国智能管理研究院整理。

9.2.5 创新经济绩效指数

2023年北京市430家上市公司创新经济绩效指数平均水平为67.09，高于全市场均值64.49。从指数分布来看，高于全市场均值的有255家，占市内上市公司总数的59.30%。其中，最高的是北方华创，创新经济绩效指数为89.57。具体来看，创新经济绩效指数处于［80,100］的有34家，占比7.91%；［70,80）的有129家，占比30.00%；［60,70）的有157家，占比36.51%；［0,60）的有110家，占比25.58%，如图9-19所示。

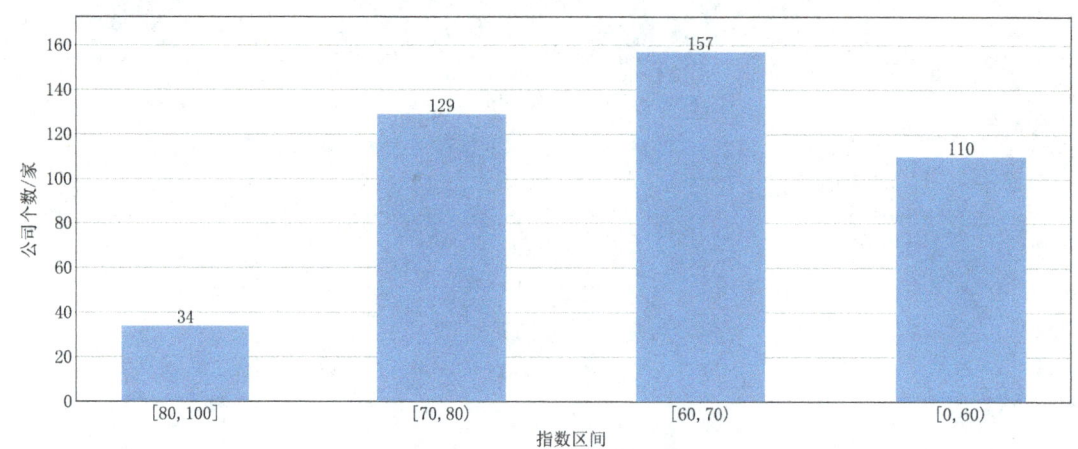

图9-19　2023年北京市上市公司创新经济绩效指数分布图

从市内各区分布来看，创新经济绩效指数平均水平最高的是东城区（70.99），最低的是门头沟区（59.58），如图9-20所示。

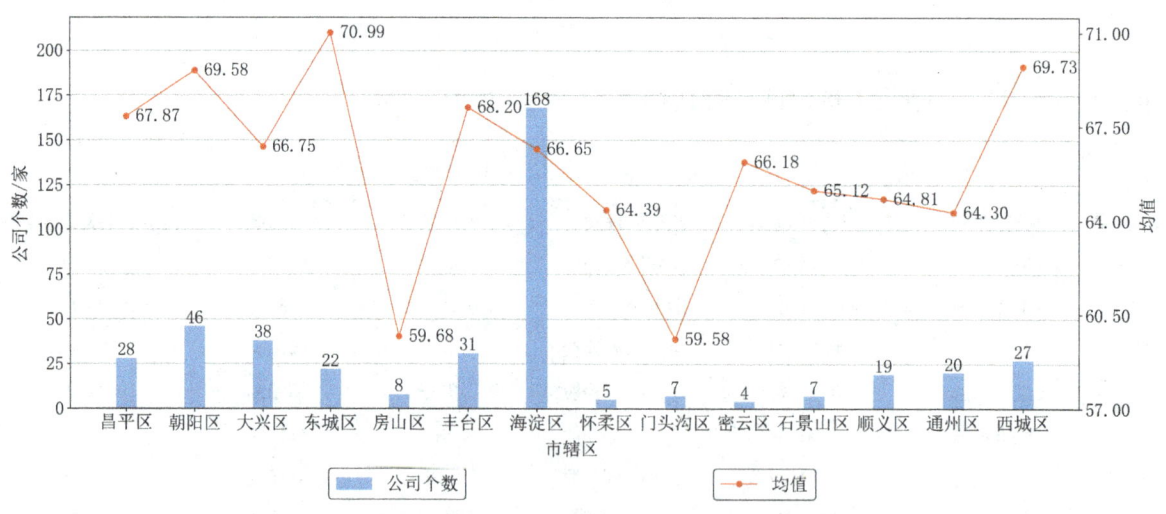

图9-20　2023年北京市上市公司创新经济绩效指数均值分布图

北京市中，创新经济绩效指数排名前10的上市公司如表9-10所示。

表 9-10　2023 年北京市上市公司创新经济绩效指数前 10 排名

排名	证券名称	证券代码	产权性质	一级行业	市辖区	创新经济绩效指数
1	北方华创	002371.SZ	地方国有控股	电子	朝阳区	89.57
2	天坛生物	600161.SH	中央国有控股	医药生物	大兴区	88.86
3	中国核电	601985.SH	中央国有控股	公用事业	海淀区	85.46
4	中国电信	601728.SH	中央国有控股	通信	西城区	85.35
5	石头科技	688169.SH	非国有控股	家用电器	昌平区	85.23
6	国投电力	600886.SH	中央国有控股	公用事业	西城区	84.05
7	神州泰岳	300002.SZ	非国有控股	传媒	海淀区	83.26
8	国联股份	603613.SH	非国有控股	商贸零售	丰台区	83.15
9	同仁堂	600085.SH	地方国有控股	医药生物	大兴区	82.50
10	国药股份	600511.SH	中央国有控股	医药生物	东城区	82.43

数据来源：同花顺（iFinD），首经贸资产评估研究院和浙工商中国智能管理研究院整理。

9.3　重庆市上市公司创新发展指数评价

2023年，重庆市全年实现地区生产总值30145.79亿元，人均地区生产总值为94147.00元，居民人均可支配收入37595.00元。截至2023年底，A股市场重庆市共有上市公司69家，总市值共计9641.60亿元，营业收入共计6339.00亿元，平均市值139.73亿元/家，平均营业收入91.87亿元/家。市值最大的上市公司为长安汽车（1669.08亿元），营业收入最高的上市公司为长安汽车（1512.98亿元）。2023年，重庆市上市公司研发投入合计为244.92亿元，占营业收入的3.86%；无形资产账面价值合计为723.26亿元，占总资产的7.61%。根据本报告分析口径，本节共对重庆市69家上市公司开展创新发展指数评价，具体情况如下：

9.3.1　创新发展综合指数

2023年重庆市69家上市公司创新发展综合指数平均水平为65.14，低于全市场均值65.40。从指数分布来看，高于全市场均值的有37家，占市内上市公司总数的53.62%。其中，最高的是长安汽车，创新发展综合指数为86.11。具体来看，创新发展综合指数处于［80，100］的有3家，占比4.35%；［70，80）的有12家，占比17.39%；［60，70）的有35家，占比50.72%；［0，60）的有19家，占比27.54%，如图9-21所示。

从市内区、县分布来看，重庆市69家上市公司分布在18个区、县。创新发展综合指数平均水平最高的是大渡口区（70.82），最低的是江津区（57.98），如图9-22所示。

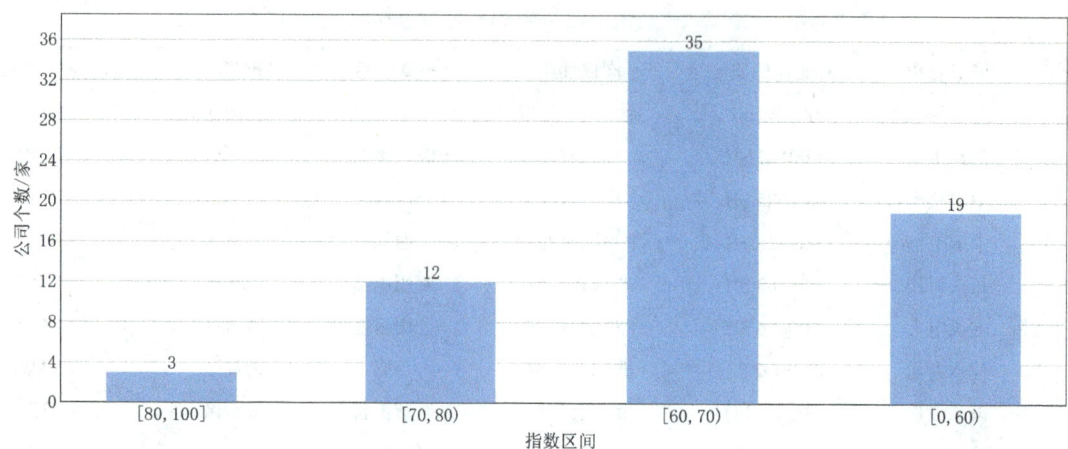

图9-21　2023年重庆市上市公司创新发展综合指数分布图

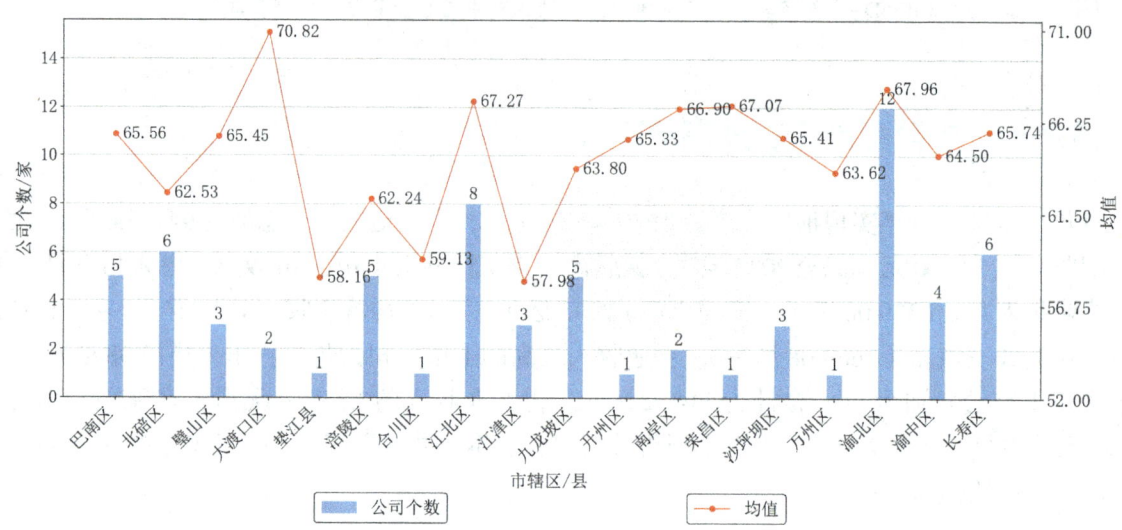

图9-22　2023年重庆市上市公司创新发展综合指数均值分布图

重庆市中，创新发展综合指数排名前10的上市公司如表9-11所示。

表9-11　2023年重庆市上市公司创新发展综合指数前10排名

排名	证券名称	证券代码	产权性质	一级行业	市辖区	创新发展综合指数
1	长安汽车	000625.SZ	中央国有控股	汽车	江北区	86.11
2	智飞生物	300122.SZ	非国有控股	医药生物	江北区	81.77
3	中国汽研	601965.SH	中央国有控股	汽车	渝北区	81.53
4	赛力斯	601127.SH	非国有控股	汽车	沙坪坝区	75.96
5	隆鑫通用	603766.SH	非国有控股	汽车	九龙坡区	74.38
6	电科芯片	600877.SH	中央国有控股	电子	璧山区	73.82
7	重庆啤酒	600132.SH	非国有控股	食品饮料	渝北区	73.63
8	国际复材	301526.SZ	地方国有控股	建筑材料	大渡口区	72.45
9	太极集团	600129.SH	中央国有控股	医药生物	涪陵区	72.29
10	宗申动力	001696.SZ	非国有控股	机械设备	巴南区	71.59

数据来源：同花顺（iFinD），首经贸资产评估研究院和浙工商中国智能管理研究院整理。

9.3.2 创新资源支持指数

2023年重庆市69家上市公司创新资源支持指数平均水平为67.07，低于全市场均值67.08。从指数分布来看，高于全市场均值的有38家，占市内上市公司总数的55.07%。其中，最高的是中国汽研，创新资源支持指数为83.48。具体来看，创新资源支持指数处于［80，100］的有2家，占比2.90%；［70，80）的有24家，占比34.78%；［60，70）的有26家，占比37.68%；［0，60）的有17家，占比24.64%，如图9-23所示。

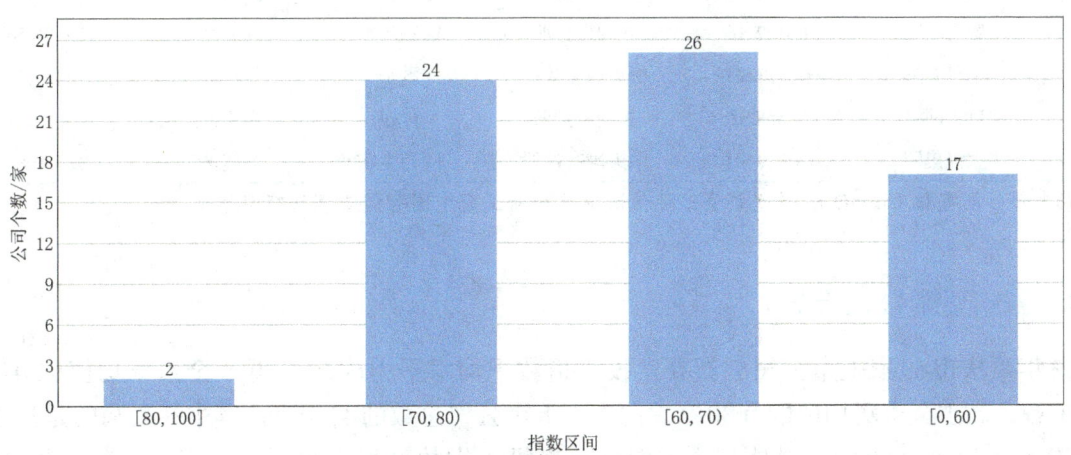

图9-23　2023年重庆市上市公司创新资源支持指数分布图

从市内区、县分布来看，创新资源支持指数平均水平最高的是大渡口区（74.32），最低的是江津区（58.73），如图9-24所示。

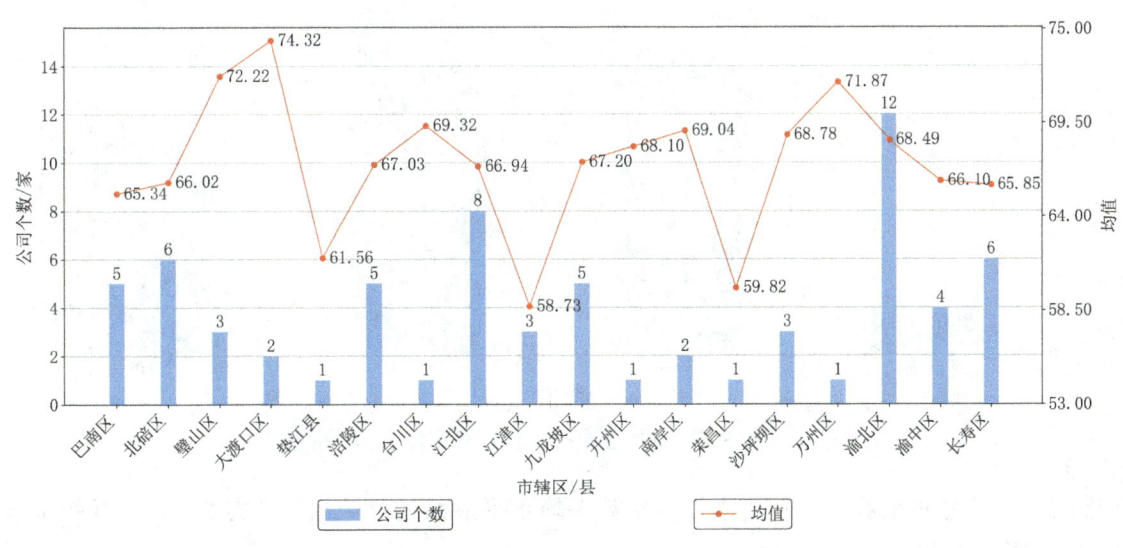

图9-24　2023年重庆市上市公司创新资源支持指数均值分布图

重庆市中，创新资源支持指数排名前10的上市公司如表9-12所示。

表 9-12　2023 年重庆市上市公司创新资源支持指数前 10 排名

排名	证券名称	证券代码	产权性质	一级行业	市辖区	创新资源支持指数
1	中国汽研	601965.SH	中央国有控股	汽车	渝北区	83.48
2	隆鑫通用	603766.SH	非国有控股	汽车	九龙坡区	81.77
3	再升科技	603601.SH	非国有控股	建筑材料	渝北区	79.87
4	长安汽车	000625.SZ	中央国有控股	汽车	江北区	79.72
5	神驰机电	603109.SH	非国有控股	汽车	北碚区	79.54
6	国际复材	301526.SZ	地方国有控股	建筑材料	大渡口区	79.32
7	智飞生物	300122.SZ	非国有控股	医药生物	江北区	78.54
8	电科芯片	600877.SH	中央国有控股	电子	璧山区	77.17
9	巨人网络	002558.SZ	非国有控股	传媒	南岸区	77.11
10	太极集团	600129.SH	中央国有控股	医药生物	涪陵区	76.86

数据来源：同花顺（iFinD），首经贸资产评估研究院和浙工商中国智能管理研究院整理。

9.3.3　创新要素投入指数

2023年重庆市69家上市公司创新要素投入指数平均水平为64.76，低于全市场均值66.07。从指数分布来看，高于全市场均值的有30家，占市内上市公司总数的43.48%。其中，最高的是长安汽车，创新要素投入指数为88.84。具体来看，创新要素投入指数处于［80，100］的有4家，占比5.80%；［70，80）的有20家，占比28.99%；［60，70）的有23家，占比33.33%；［0，60）的有22家，占比31.88%，如图9-25所示。

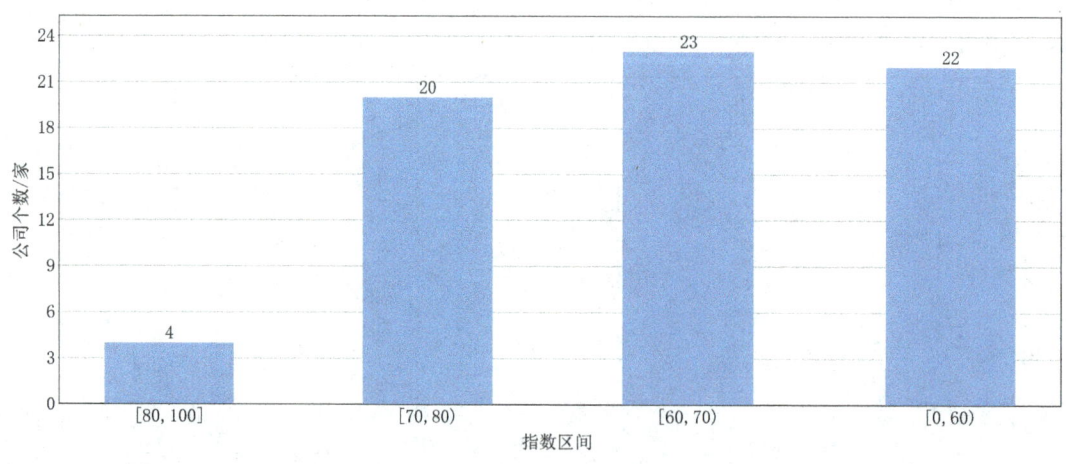

图9-25　2023年重庆市上市公司创新要素投入指数分布图

从市内区、县分布来看，创新要素投入指数平均水平最高的是荣昌区（72.80），最低的是合川区（47.07），如图9-26所示。

第9章 中国上市公司创新发展指数评价——省份维度

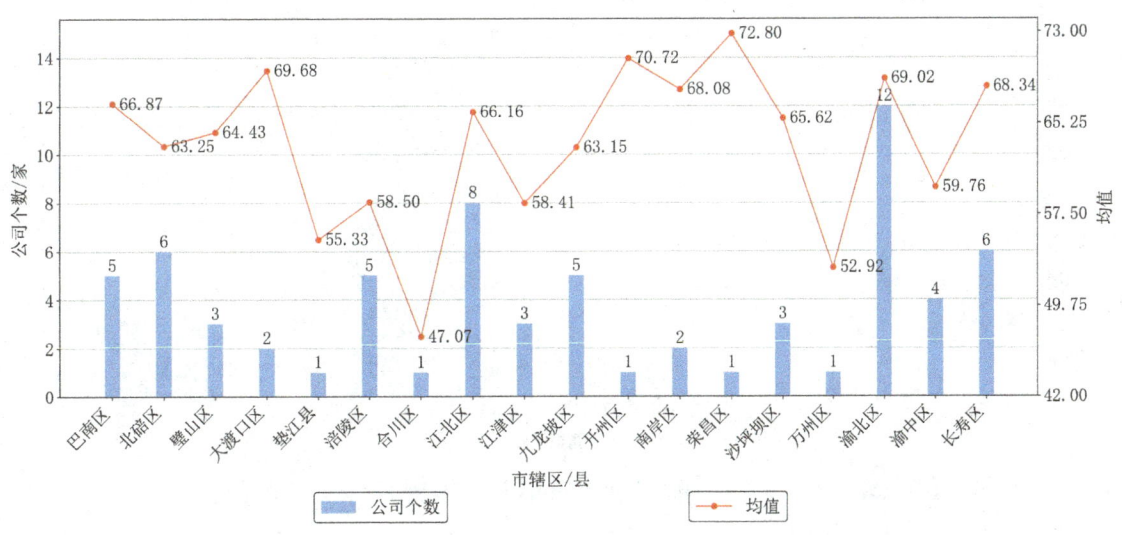

图 9-26 2023 年重庆市上市公司创新要素投入指数均值分布图

重庆市中，创新要素投入指数排名前10的上市公司如表9-13所示。

表 9-13 2023 年重庆市上市公司创新要素投入指数前 10 排名

排名	证券名称	证券代码	产权性质	一级行业	市辖区	创新要素投入指数
1	长安汽车	000625.SZ	中央国有控股	汽车	江北区	88.84
2	中国汽研	601965.SH	中央国有控股	汽车	渝北区	83.13
3	赛力斯	601127.SH	非国有控股	汽车	沙坪坝区	82.90
4	智飞生物	300122.SZ	非国有控股	医药生物	江北区	81.55
5	智翔金泰	688443.SH	非国有控股	医药生物	巴南区	79.23
6	重庆建工	600939.SH	地方国有控股	建筑装饰	渝北区	77.24
7	隆鑫通用	603766.SH	非国有控股	汽车	九龙坡区	76.62
8	力帆科技	601777.SH	非国有控股	汽车	渝北区	75.26
9	远达环保	600292.SH	中央国有控股	环保	渝北区	74.32
10	华邦健康	002004.SZ	非国有控股	医药生物	渝北区	74.06

数据来源：同花顺（iFinD），首经贸资产评估研究院和浙工商中国智能管理研究院整理。

9.3.4 创新科技成果指数

2023年重庆市69家上市公司创新科技成果指数平均水平为63.83，低于全市场均值64.15。从指数分布来看，高于全市场均值的有32家，占市内上市公司总数的46.38%。其中，最高的是长安汽车，创新科技成果指数为84.15。具体来看，创新科技成果指数处于［80，100］的有1家，占比1.45%；［70，80）的有5家，占比7.25%；［60，70）的有51家，占比73.91%；［0，60）的有12家，占比17.39%，如图9-27所示。

从市内区、县分布来看，创新科技成果指数平均水平最高的是大渡口区（68.76），最低的是万州区（60.70），如图9-28所示。

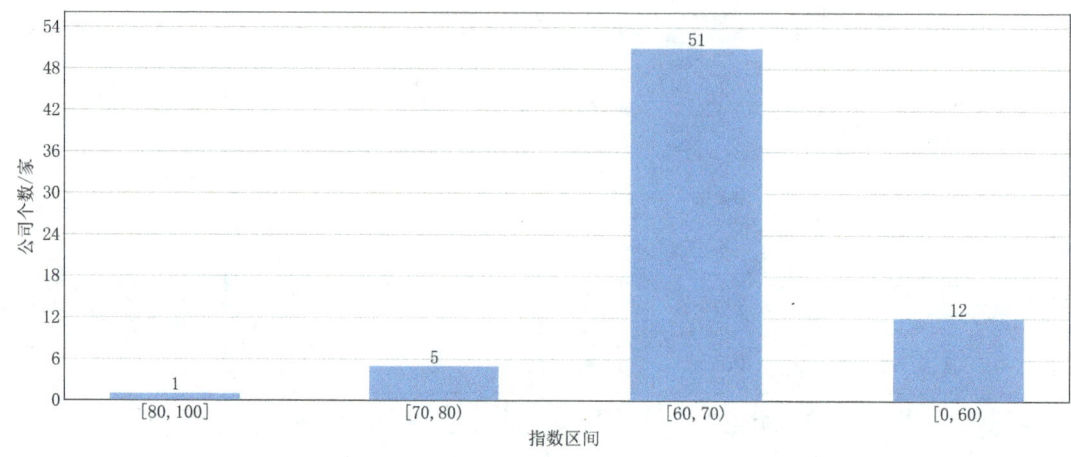

图9-27 2023年重庆市上市公司创新科技成果指数分布图

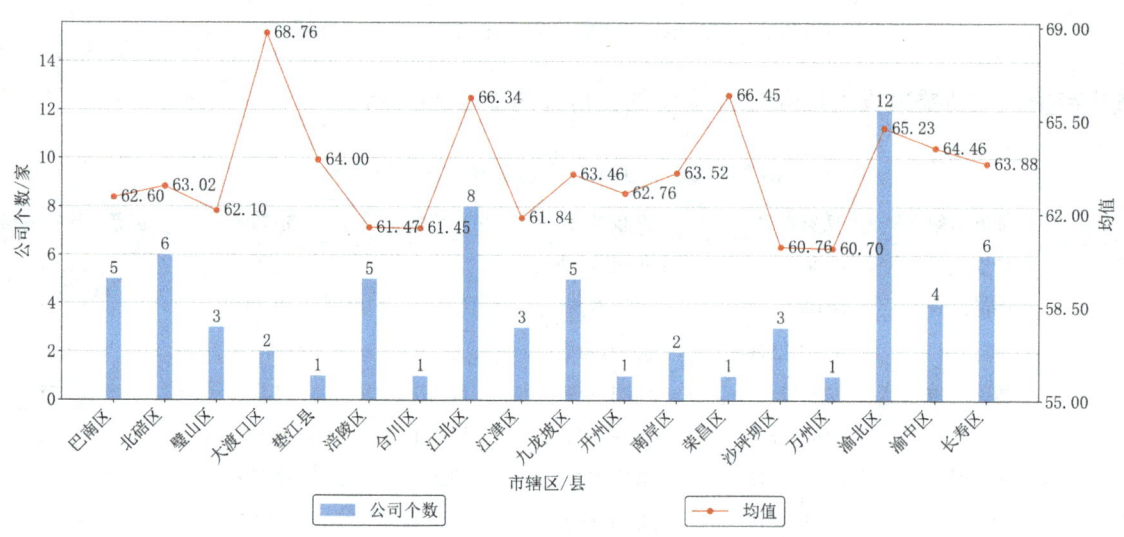

图9-28 2023年重庆市上市公司创新科技成果指数均值分布图

重庆市中，创新科技成果指数排名前10的上市公司如表9-14所示。

表9-14 2023年重庆市上市公司创新科技成果指数前10排名

排名	证券名称	证券代码	产权性质	一级行业	市辖区	创新科技成果指数
1	长安汽车	000625.SZ	中央国有控股	汽车	江北区	84.15
2	智飞生物	300122.SZ	非国有控股	医药生物	江北区	76.78
3	中国汽研	601965.SH	中央国有控股	汽车	渝北区	74.75
4	国际复材	301526.SZ	地方国有控股	建筑材料	大渡口区	72.06
5	重庆啤酒	600132.SH	非国有控股	食品饮料	渝北区	71.34
6	电科芯片	600877.SH	中央国有控股	电子	璧山区	70.28
7	神驰机电	603109.SH	非国有控股	汽车	北碚区	69.72
8	重庆百货	600729.SH	地方国有控股	商贸零售	渝中区	69.40
9	重庆三圣	002742.SZ	非国有控股	医药生物	北碚区	68.63
10	重药控股	000950.SZ	地方国有控股	医药生物	渝北区	68.16

数据来源：同花顺（iFinD），首经贸资产评估研究院和浙工商中国智能管理研究院整理。

9.3.5 创新经济绩效指数

2023年重庆市69家上市公司创新经济绩效指数平均水平为65.35，高于全市场均值64.49。从指数分布来看，高于全市场均值的有36家，占市内上市公司总数的52.17%。其中，最高的是长安汽车，创新经济绩效指数为89.31。具体来看，创新经济绩效指数处于[80, 100]的有5家，占比7.25%；[70, 80)的有19家，占比27.54%；[60, 70)的有23家，占比33.33%；[0, 60)的有22家，占比31.88%，如图9-29所示。

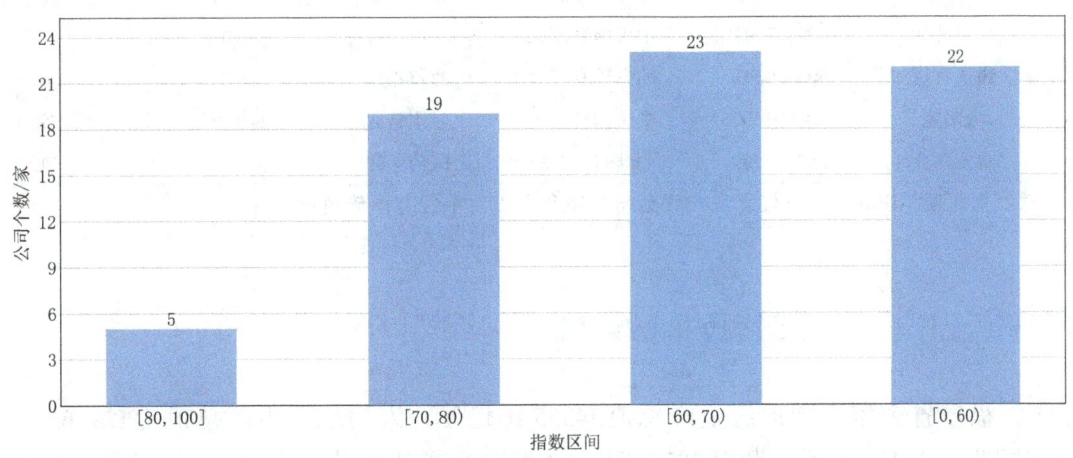

图9-29　2023年重庆市上市公司创新经济绩效指数分布图

从市内区、县分布来看，创新经济绩效指数平均水平最高的是万州区（72.94），最低的是江津区（53.47），如图9-30所示。

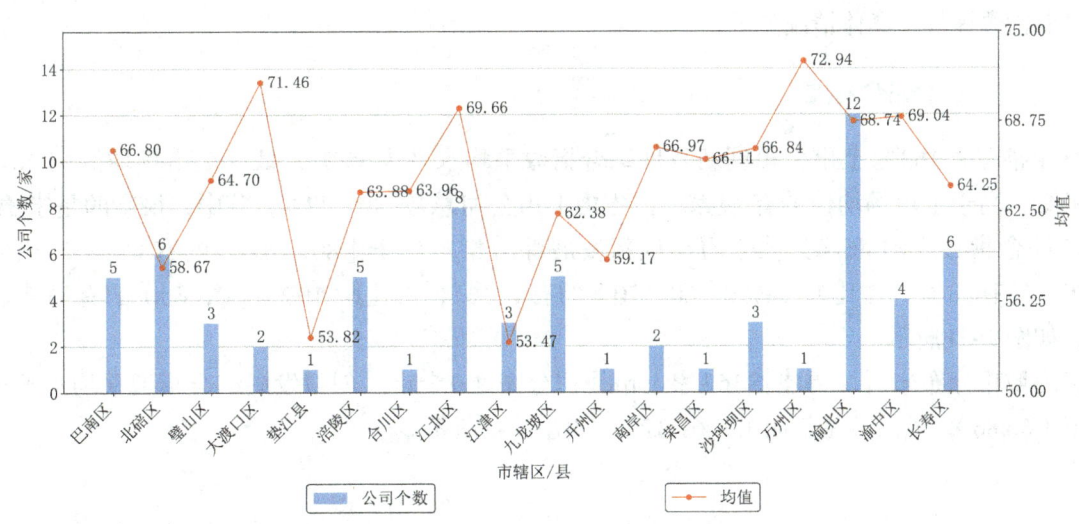

图9-30　2023年重庆市上市公司创新经济绩效指数均值分布图

重庆市中，创新经济绩效指数排名前10的上市公司如表9-15所示。

表 9-15　2023 年重庆市上市公司创新经济绩效指数前 10 排名

排名	证券名称	证券代码	产权性质	一级行业	市辖区	创新经济绩效指数
1	长安汽车	000625.SZ	中央国有控股	汽车	江北区	89.31
2	智飞生物	300122.SZ	非国有控股	医药生物	江北区	88.86
3	中国汽研	601965.SH	中央国有控股	汽车	渝北区	84.27
4	重庆啤酒	600132.SH	非国有控股	食品饮料	渝北区	81.43
5	赛力斯	601127.SH	非国有控股	汽车	沙坪坝区	80.65
6	重药控股	000950.SZ	地方国有控股	医药生物	渝北区	78.10
7	电科芯片	600877.SH	中央国有控股	电子	璧山区	76.58
8	重庆百货	600729.SH	地方国有控股	商贸零售	渝中区	76.57
9	太阳能	000591.SZ	中央国有控股	公用事业	渝中区	75.61
10	福安药业	300194.SZ	非国有控股	医药生物	长寿区	74.55

数据来源：同花顺（iFinD），首经贸资产评估研究院和浙工商中国智能管理研究院整理。

9.4　福建省上市公司创新发展指数评价

2023 年，福建省全年实现地区生产总值 54355.10 亿元，人均地区生产总值为 129865.00 元，居民人均可支配收入 45426.00 元。截至 2023 年底，A 股市场福建省共有上市公司 163 家，总市值共计 25228.14 亿元，营业收入共计 32153.92 亿元，平均市值 154.77 亿元/家，平均营业收入 197.26 亿元/家。市值最大的上市公司为宁德时代（7181.87 亿元），营业收入最高的上市公司为建发股份（7636.78 亿元）。2023 年，福建省上市公司研发投入合计为 489.11 亿元，占营业收入的 1.52%；无形资产账面价值合计为 1341.95 亿元，占总资产的 4.18%。根据本报告分析口径，本节共对福建省 163 家上市公司开展创新发展指数评价，具体情况如下：

9.4.1　创新发展综合指数

2023 年福建省 163 家上市公司创新发展综合指数平均水平为 65.09，低于全市场均值 65.40。从指数分布来看，高于全市场均值的有 79 家，占省内上市公司总数的 48.47%。其中，最高的是宁德时代，创新发展综合指数为 81.46。具体来看，创新发展综合指数处于［80，100］的有 1 家，占比 0.61%；［70，80）的有 28 家，占比 17.18%；［60，70）的有 103 家，占比 63.19%；［0，60）的有 31 家，占比 19.02%，如图 9-31 所示。

从省内城市分布来看，福建省 163 家上市公司分布在 9 个市。创新发展综合指数平均水平最高的是宁德市（66.86），最低的是三明市（61.37），如图 9-32 所示。

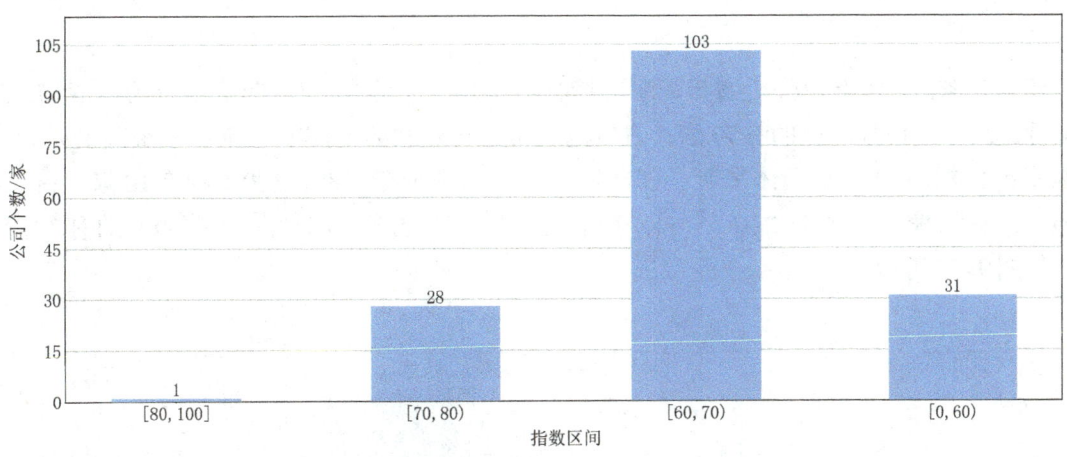

图 9-31 2023 年福建省上市公司创新发展综合指数分布图

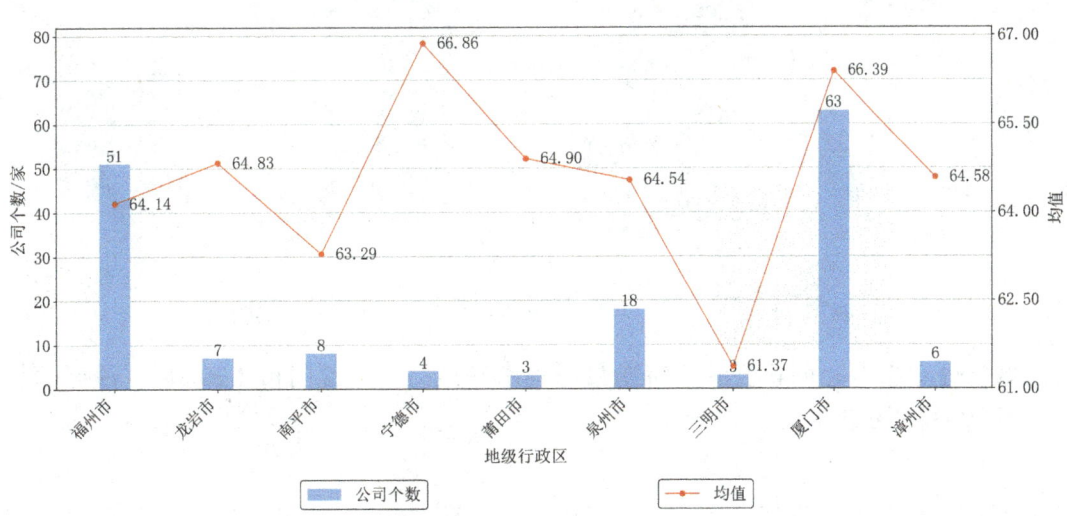

图 9-32 2023 年福建省上市公司创新发展综合指数均值分布图

福建省中,创新发展综合指数排名前 10 的上市公司如表 9-16 所示。

表 9-16 2023 年福建省上市公司创新发展综合指数前 10 排名

排名	证券名称	证券代码	产权性质	一级行业	地级行政区	创新发展综合指数
1	宁德时代	300750.SZ	非国有控股	电力设备	宁德市	81.46
2	建发股份	600153.SH	地方国有控股	交通运输	厦门市	78.74
3	福耀玻璃	600660.SH	非国有控股	汽车	福州市	77.02
4	科华数据	002335.SZ	非国有控股	电力设备	厦门市	76.49
5	星网锐捷	002396.SZ	地方国有控股	通信	福州市	75.57
6	博思软件	300525.SZ	非国有控股	计算机	福州市	75.08
7	厦门钨业	600549.SH	地方国有控股	有色金属	厦门市	74.41
8	金龙汽车	600686.SH	地方国有控股	汽车	厦门市	74.36
9	亿联网络	300628.SZ	非国有控股	通信	厦门市	74.16
10	锐捷网络	301165.SZ	地方国有控股	通信	福州市	74.00

数据来源:同花顺(iFinD),首经贸资产评估研究院和浙工商中国智能管理研究院整理。

9.4.2 创新资源支持指数

2023年福建省163家上市公司创新资源支持指数平均水平为66.97，低于全市场均值67.08。从指数分布来看，高于全市场均值的有77家，占省内上市公司总数的47.24%。其中，最高的是金龙汽车，创新资源支持指数为93.37。具体来看，创新资源支持指数处于［80，100］的有10家，占比6.13%；［70，80）的有46家，占比28.22%；［60，70）的有75家，占比46.01%；［0，60）的有32家，占比19.64%，如图9-33所示。

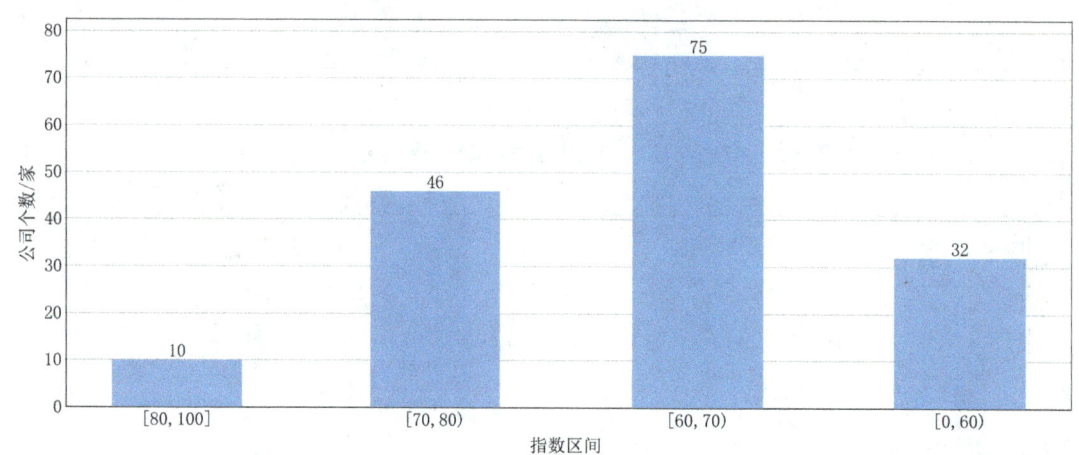

图9-33　2023年福建省上市公司创新资源支持指数分布图

从省内城市分布来看，创新资源支持指数平均水平最高的是厦门市（70.21），最低的是三明市（57.99），如图9-34所示。

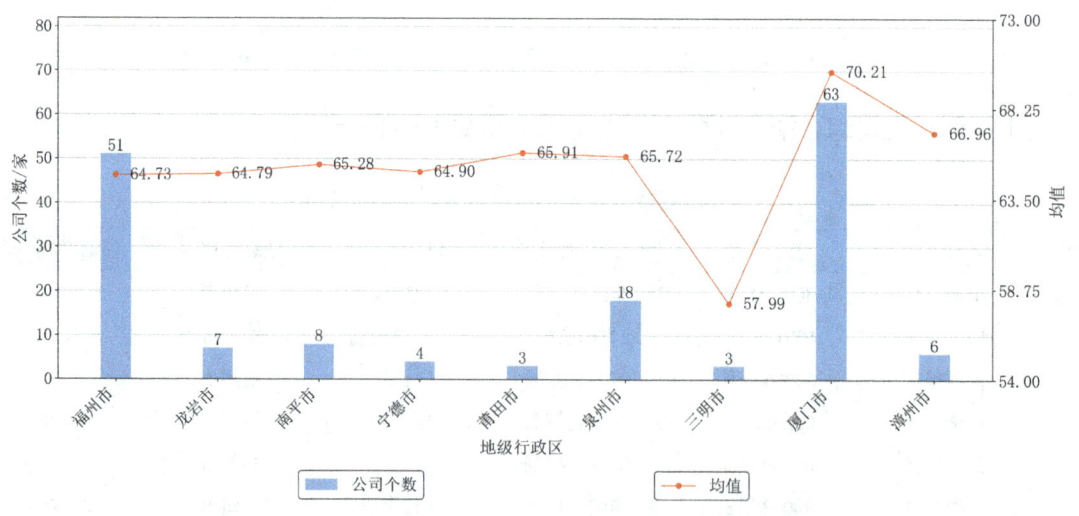

图9-34　2023年福建省上市公司创新资源支持指数均值分布图

福建省中，创新资源支持指数排名前10的上市公司如表9-17所示。

表 9-17　2023 年福建省上市公司创新资源支持指数前 10 排名

排名	证券名称	证券代码	产权性质	一级行业	地级行政区	创新资源支持指数
1	金龙汽车	600686.SH	地方国有控股	汽车	厦门市	93.37
2	建发股份	600153.SH	地方国有控股	交通运输	厦门市	90.66
3	博思软件	300525.SZ	非国有控股	计算机	福州市	87.01
4	厦门国贸	600755.SH	地方国有控股	交通运输	厦门市	84.15
5	厦门象屿	600057.SH	地方国有控股	交通运输	厦门市	83.70
6	盈趣科技	002925.SZ	非国有控股	电子	厦门市	82.33
7	嘉戎技术	301148.SZ	非国有控股	环保	厦门市	82.17
8	宁德时代	300750.SZ	非国有控股	电力设备	宁德市	81.03
9	垒知集团	002398.SZ	非国有控股	建筑材料	厦门市	80.55
10	金达威	002626.SZ	非国有控股	食品饮料	厦门市	80.28

数据来源：同花顺（iFinD），首经贸资产评估研究院和浙工商中国智能管理研究院整理。

9.4.3　创新要素投入指数

2023年福建省163家上市公司创新要素投入指数平均水平为65.05，低于全市场均值66.07。从指数分布来看，高于全市场均值的有75家，占省内上市公司总数的46.01%。其中，最高的是宁德时代，创新要素投入指数为83.19。具体来看，创新要素投入指数处于［80，100］的有6家，占比3.68%；［70，80）的有37家，占比22.70%；［60，70）的有84家，占比51.53%；［0，60）的有36家，占比22.09%，如图9-35所示。

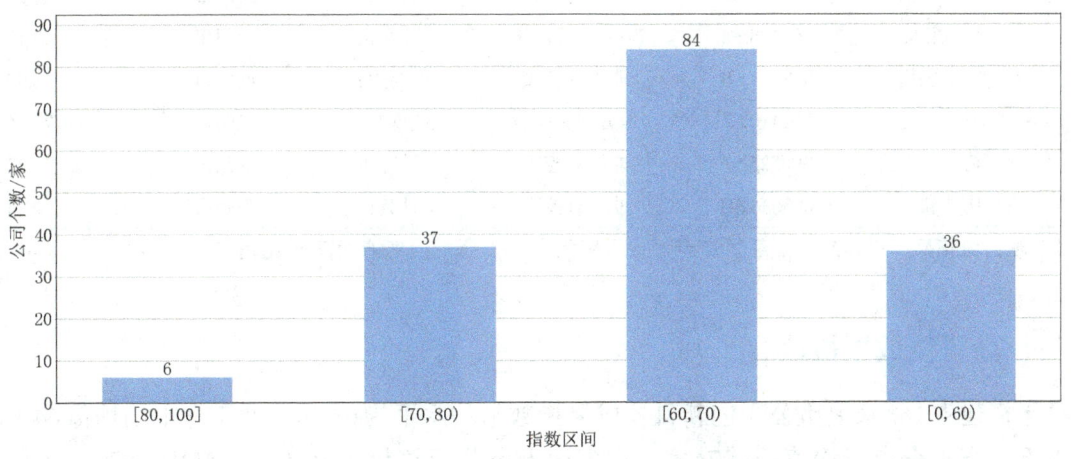

图 9-35　2023 年福建省上市公司创新要素投入指数分布图

从省内城市分布来看，创新要素投入指数平均水平最高的是龙岩市（67.15），最低的是三明市（61.18），如图9-36所示。

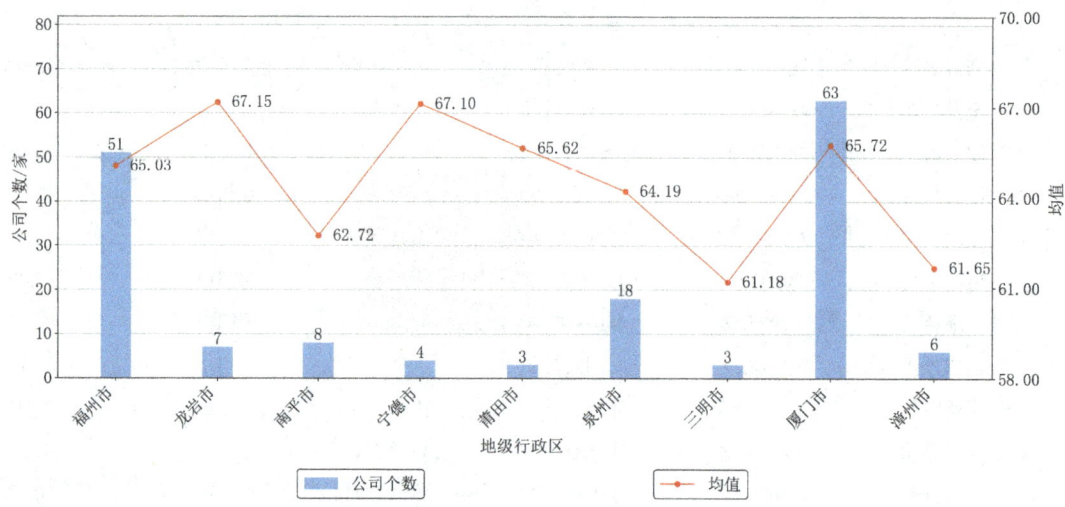

图 9-36 2023 年福建省上市公司创新要素投入指数均值分布图

福建省中，创新要素投入指数排名前 10 的上市公司如表 9-18 所示。

表 9-18 2023 年福建省上市公司创新要素投入指数前 10 排名

排名	证券名称	证券代码	产权性质	一级行业	地级行政区	创新要素投入指数
1	宁德时代	300750.SZ	非国有控股	电力设备	宁德市	83.19
2	星网锐捷	002396.SZ	地方国有控股	通信	福州市	82.94
3	锐捷网络	301165.SZ	地方国有控股	通信	福州市	82.84
4	航天发展	000547.SZ	中央国有控股	国防军工	福州市	82.30
5	科华数据	002335.SZ	非国有控股	电力设备	厦门市	81.33
6	国投智能	300188.SZ	中央国有控股	计算机	厦门市	80.17
7	特宝生物	688278.SH	非国有控股	医药生物	厦门市	78.95
8	三钢闽光	002110.SZ	地方国有控股	钢铁	三明市	77.36
9	博思软件	300525.SZ	非国有控股	计算机	福州市	77.32
10	南威软件	603636.SH	非国有控股	计算机	泉州市	77.14

数据来源：同花顺（iFinD），首经贸资产评估研究院和浙工商中国智能管理研究院整理。

9.4.4 创新科技成果指数

2023 年福建省 163 家上市公司创新科技成果指数平均水平为 63.89，低于全市场均值 64.15。从指数分布来看，高于全市场均值的有 74 家，占省内上市公司总数的 45.40%。其中，最高的是九牧王，创新科技成果指数为 78.59。具体来看，创新科技成果指数处于［70，80）的有 21 家，占比 12.88%；［60，70）的有 115 家，占比 70.55%；［0，60）的有 27 家，占比 16.57%，如图 9-37 所示。

从省内城市分布来看，创新科技成果指数平均水平最高的是漳州市（66.54），最低的是三明市（62.01），如图 9-38 所示。

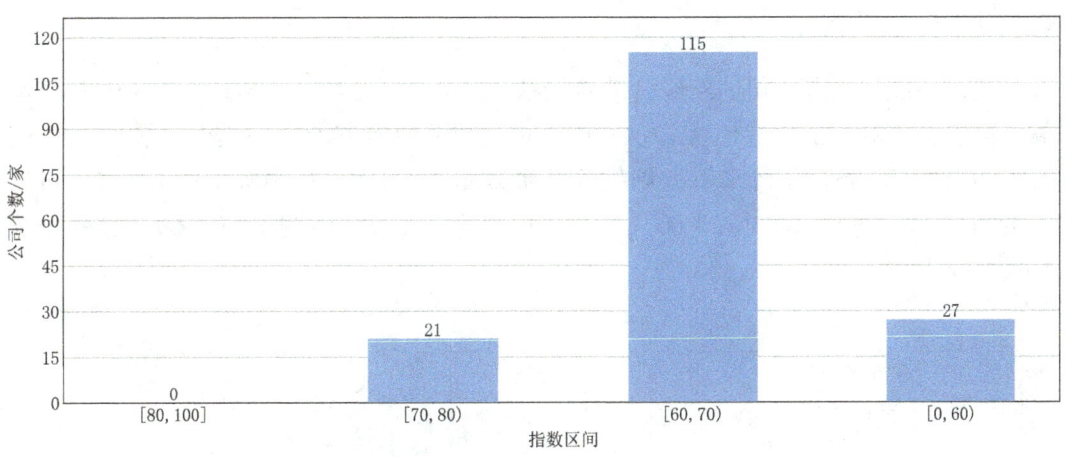

图9-37 2023年福建省上市公司创新科技成果指数分布图

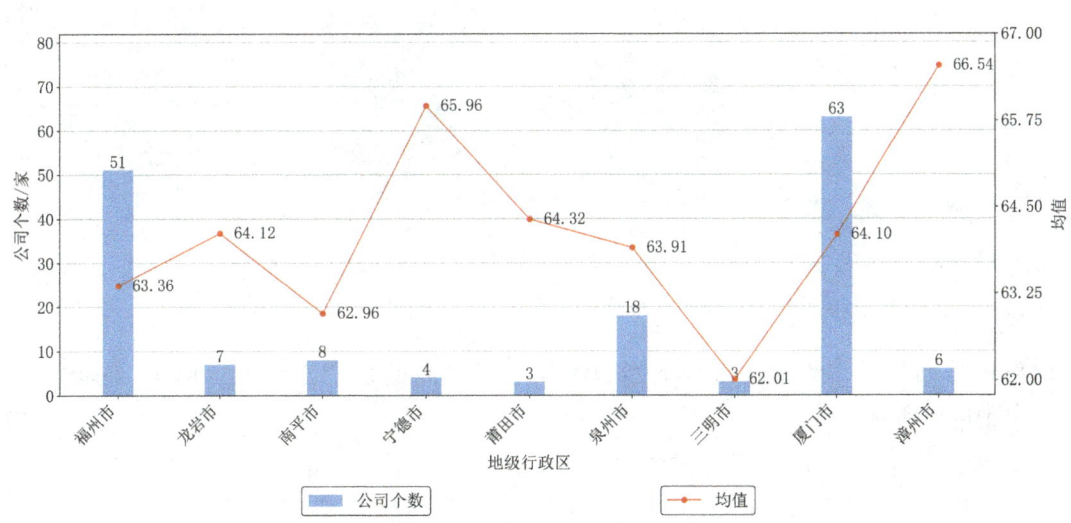

图9-38 2023年福建省上市公司创新科技成果指数均值分布图

福建省中，创新科技成果指数排名前10的上市公司如表9-19所示。

表9-19 2023年福建省上市公司创新科技成果指数前10排名

排名	证券名称	证券代码	产权性质	一级行业	地级行政区	创新科技成果指数
1	九牧王	601566.SH	非国有控股	纺织服饰	泉州市	78.59
2	宁德时代	300750.SZ	非国有控股	电力设备	宁德市	77.95
3	金达威	002626.SZ	非国有控股	食品饮料	厦门市	75.01
4	天马科技	603668.SH	非国有控股	农林牧渔	福州市	74.49
5	福耀玻璃	600660.SH	非国有控股	汽车	福州市	73.63
6	傲农生物	603363.SH	非国有控股	农林牧渔	漳州市	73.11
7	七匹狼	002029.SZ	非国有控股	纺织服饰	泉州市	72.96
8	三钢闽光	002110.SZ	地方国有控股	钢铁	三明市	72.63
9	厦门钨业	600549.SH	地方国有控股	有色金属	厦门市	72.19
10	紫金矿业	601899.SH	地方国有控股	有色金属	龙岩市	71.88

数据来源：同花顺（iFinD），首经贸资产评估研究院和浙工商中国智能管理研究院整理。

9.4.5 创新经济绩效指数

2023年福建省163家上市公司创新经济绩效指数平均水平为64.83，高于全市场均值64.49。从指数分布来看，高于全市场均值的有81家，占省内上市公司总数的49.69%。其中，最高的是宁德时代，创新经济绩效指数为82.86。具体来看，创新经济绩效指数处于［80，100］的有4家，占比2.45%；［70，80）的有39家，占比23.93%；［60，70）的有77家，占比47.24%；［0，60）的有43家，占比26.38%，如图9-39所示。

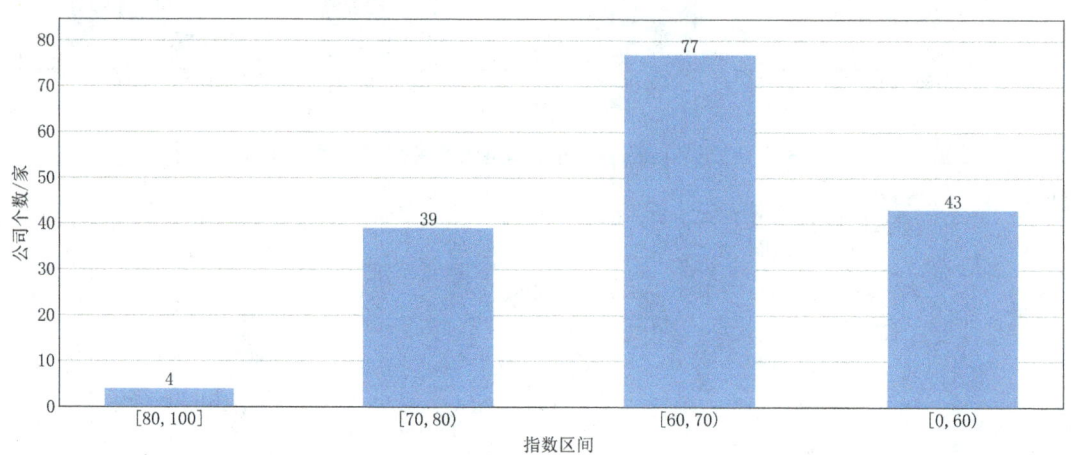

图9-39　2023年福建省上市公司创新经济绩效指数分布图

从省内城市分布来看，创新经济绩效指数平均水平最高的是宁德市（68.81），最低的是龙岩市（62.74），如图9-40所示。

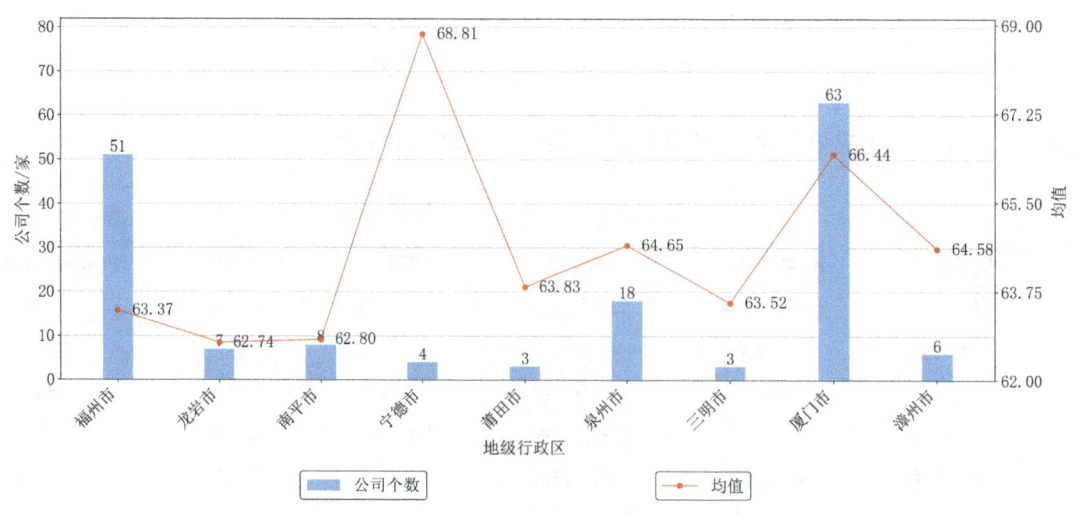

图9-40　2023年福建省上市公司创新经济绩效指数均值分布图

福建省中，创新经济绩效指数排名前10的上市公司如表9-20所示。

表 9-20　2023 年福建省上市公司创新经济绩效指数前 10 排名

排名	证券名称	证券代码	产权性质	一级行业	地级行政区	创新经济绩效指数
1	宁德时代	300750.SZ	非国有控股	电力设备	宁德市	82.86
2	福耀玻璃	600660.SH	非国有控股	汽车	福州市	82.47
3	建发股份	600153.SH	地方国有控股	交通运输	厦门市	82.24
4	学大教育	000526.SZ	非国有控股	社会服务	厦门市	80.02
5	安井食品	603345.SH	非国有控股	食品饮料	厦门市	77.41
6	片仔癀	600436.SH	地方国有控股	医药生物	漳州市	77.33
7	特宝生物	688278.SH	非国有控股	医药生物	厦门市	77.24
8	圣农发展	002299.SZ	非国有控股	农林牧渔	南平市	77.20
9	福建高速	600033.SH	地方国有控股	交通运输	福州市	76.70
10	亿联网络	300628.SZ	非国有控股	通信	厦门市	76.70

数据来源：同花顺（iFinD），首经贸资产评估研究院和浙工商中国智能管理研究院整理。

9.5　甘肃省上市公司创新发展指数评价

2023年，甘肃省全年实现地区生产总值11863.80亿元，人均地区生产总值为47867.00元，居民人均可支配收入25011.00元。截至2023年底，A股市场甘肃省共有上市公司33家，总市值共计2747.90亿元，营业收入共计2243.34亿元，平均市值83.27亿元/家，平均营业收入67.98亿元/家。市值最大的上市公司为华天科技（273.02亿元），营业收入最高的上市公司为白银有色（869.71亿元）。2023年，甘肃省上市公司研发投入合计为48.91亿元，占营业收入的2.18%；无形资产账面价值合计为272.28亿元，占总资产的7.41%。根据本报告分析口径，本节共对甘肃省33家上市公司开展创新发展指数评价，具体情况如下：

9.5.1　创新发展综合指数

2023年甘肃省33家上市公司创新发展综合指数平均水平为64.23，低于全市场均值65.40。从指数分布来看，高于全市场均值的有17家，占省内上市公司总数的51.52%。其中，最高的是山子高科，创新发展综合指数为73.55。具体来看，创新发展综合指数处于［70，80）的有9家，占比27.27%；［60，70）的有14家，占比42.42%；［0，60）的有10家，占比30.31%，如图9-41所示。

从省内城市分布来看，甘肃省33家上市公司分布在7个市。创新发展综合指数平均水平最高的是白银市（70.95），最低的是武威市（47.22），如图9-42所示。

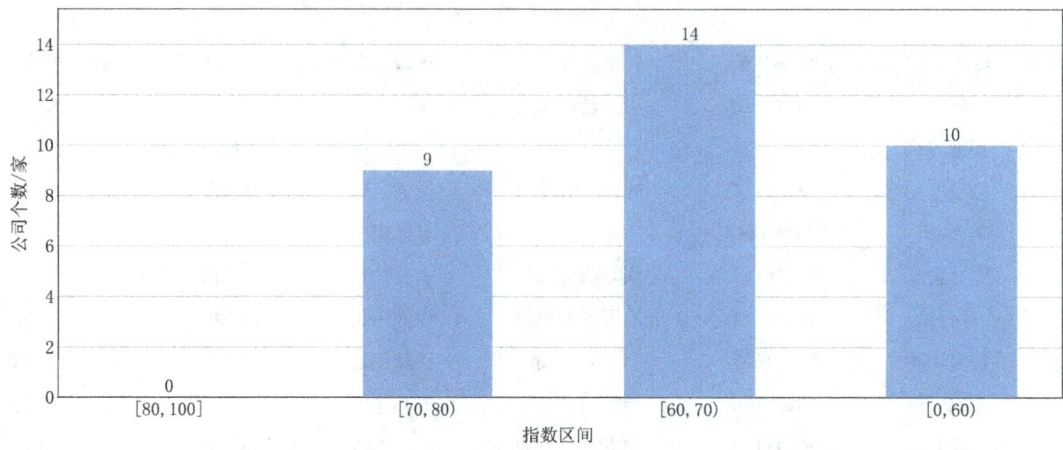

图9-41 2023年甘肃省上市公司创新发展综合指数分布图

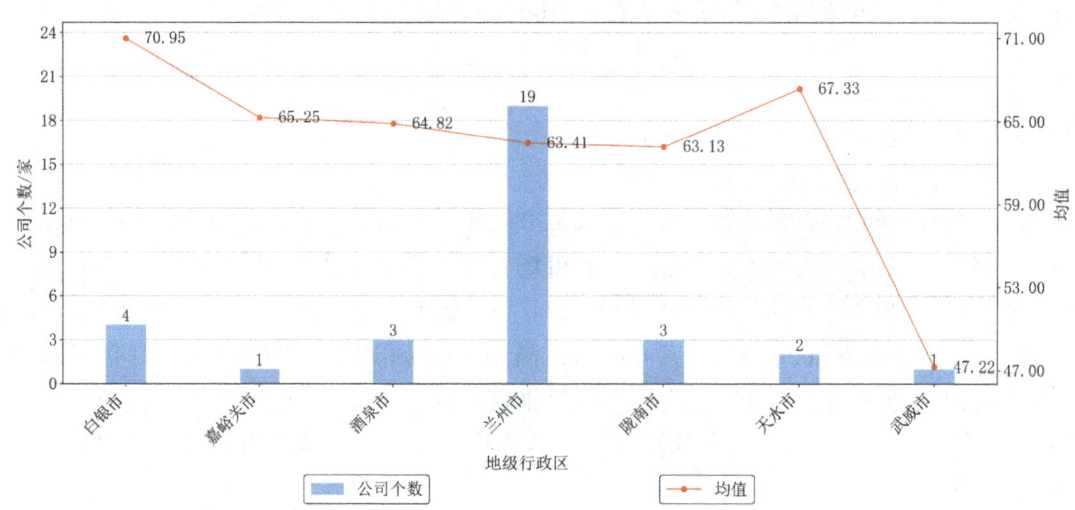

图9-42 2023年甘肃省上市公司创新发展综合指数均值分布图

甘肃省中，创新发展综合指数排名前10的上市公司如表9-21所示。

表9-21 2023年甘肃省上市公司创新发展综合指数前10排名

排名	证券名称	证券代码	产权性质	一级行业	地级行政区	创新发展综合指数
1	山子高科	000981.SZ	非国有控股	汽车	兰州市	73.55
2	华天科技	002185.SZ	非国有控股	电子	天水市	72.33
3	白银有色	601212.SH	地方国有控股	有色金属	白银市	72.21
4	中核钛白	002145.SZ	非国有控股	基础化工	白银市	72.06
5	大禹节水	300021.SZ	非国有控股	农林牧渔	酒泉市	71.98
6	中交设计	600720.SH	中央国有控股	建筑装饰	兰州市	71.62
7	兰石重装	603169.SH	地方国有控股	机械设备	兰州市	70.17
8	甘咨询	000779.SZ	地方国有控股	建筑装饰	兰州市	70.16
9	海默科技	300084.SZ	非国有控股	机械设备	兰州市	70.16
10	上峰水泥	000672.SZ	非国有控股	建筑材料	白银市	69.85

数据来源：同花顺（iFinD），首经贸资产评估研究院和浙工商中国智能管理研究院整理。

9.5.2 创新资源支持指数

2023年甘肃省33家上市公司创新资源支持指数平均水平为66.08，低于全市场均值67.08。从指数分布来看，高于全市场均值的有15家，占省内上市公司总数的45.45%。其中，最高的是佛慈制药，创新资源支持指数为85.58。具体来看，创新资源支持指数处于［80，100］的有3家，占比9.09%；［70，80）的有8家，占比24.24%；［60，70）的有14家，占比42.43%；［0，60）的有8家，占比24.24%，如图9-43所示。

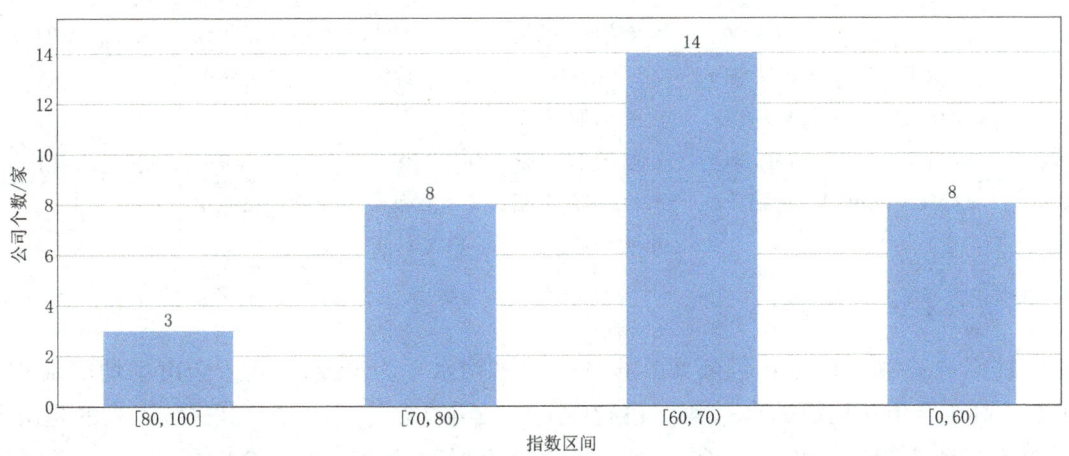

图9-43　2023年甘肃省上市公司创新资源支持指数分布图

从省内城市分布来看，创新资源支持指数平均水平最高的是白银市（74.65），最低的是武威市（49.69），如图9-44所示。

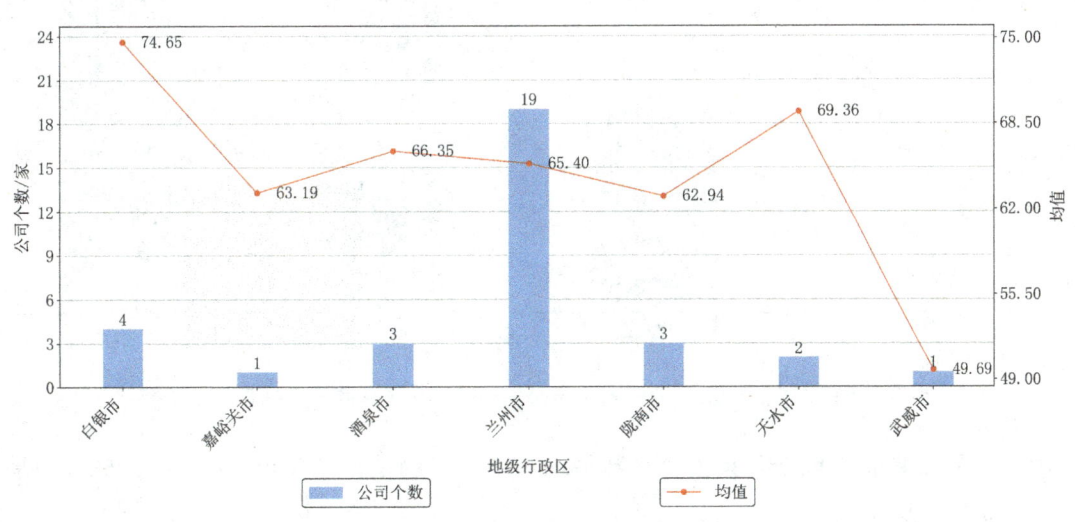

图9-44　2023年甘肃省上市公司创新资源支持指数均值分布图

甘肃省中，创新资源支持指数排名前10的上市公司如表9-22所示。

表 9-22　2023 年甘肃省上市公司创新资源支持指数前 10 排名

排名	证券名称	证券代码	产权性质	一级行业	地级行政区	创新资源支持指数
1	佛慈制药	002644.SZ	地方国有控股	医药生物	兰州市	85.58
2	中核钛白	002145.SZ	非国有控股	基础化工	白银市	83.04
3	大禹节水	300021.SZ	非国有控股	农林牧渔	酒泉市	81.70
4	华天科技	002185.SZ	非国有控股	电子	天水市	77.43
5	亚盛集团	600108.SH	地方国有控股	农林牧渔	兰州市	76.51
6	甘肃能化	000552.SZ	地方国有控股	煤炭	白银市	75.12
7	甘咨询	000779.SZ	地方国有控股	建筑装饰	兰州市	74.08
8	方大炭素	600516.SH	非国有控股	钢铁	兰州市	73.43
9	读者传媒	603999.SH	地方国有控股	传媒	兰州市	71.67
10	白银有色	601212.SH	地方国有控股	有色金属	白银市	71.30

数据来源：同花顺（iFinD），首经贸资产评估研究院和浙工商中国智能管理研究院整理。

9.5.3　创新要素投入指数

2023年甘肃省33家上市公司创新要素投入指数平均水平为62.90，低于全市场均值66.07。从指数分布来看，高于全市场均值的有14家，占省内上市公司总数的42.42%。其中，最高的是山子高科，创新要素投入指数为75.46。具体来看，创新要素投入指数处于［70，80）的有8家，占比24.24%；［60，70）的有13家，占比39.39%；［0，60）的有12家，占比36.37%，如图9-45所示。

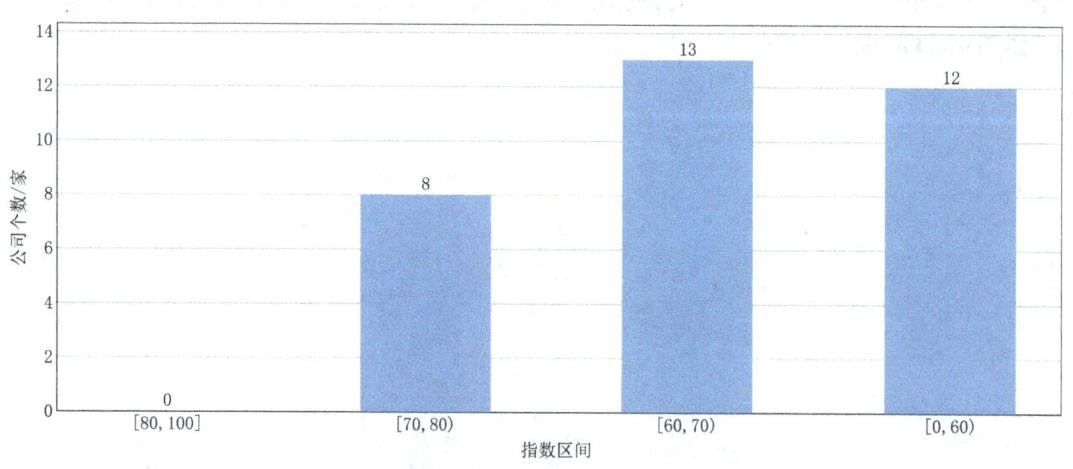

图9-45　2023年甘肃省上市公司创新要素投入指数分布图

从省内城市分布来看，创新要素投入指数平均水平最高的是嘉峪关市（69.09），最低的是武威市（44.08），如图9-46所示。

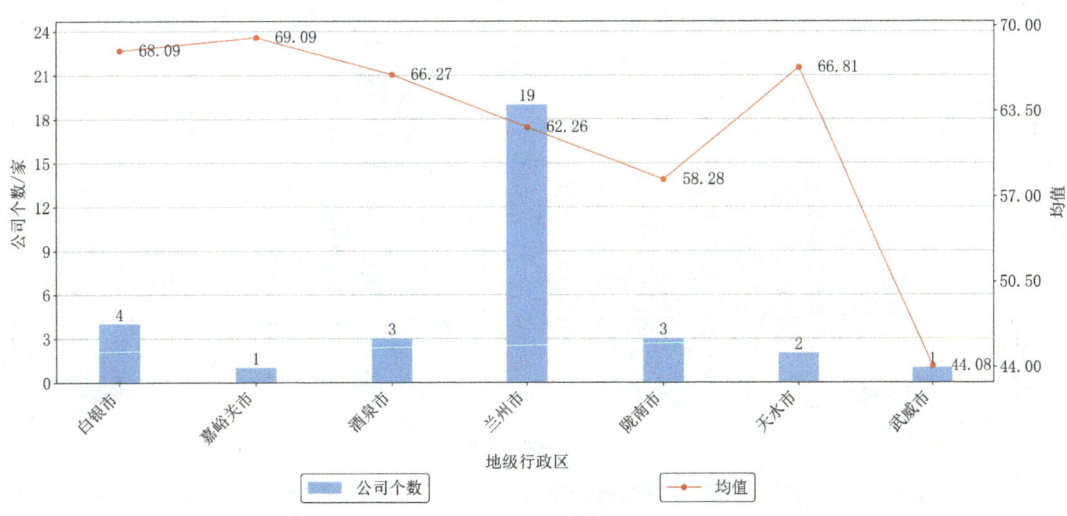

图9-46 2023年甘肃省上市公司创新要素投入指数均值分布图

甘肃省中，创新要素投入指数排名前10的上市公司如表9-23所示。

表9-23 2023年甘肃省上市公司创新要素投入指数前10排名

排名	证券名称	证券代码	产权性质	一级行业	地级行政区	创新要素投入指数
1	山子高科	000981.SZ	非国有控股	汽车	兰州市	75.46
2	华天科技	002185.SZ	非国有控股	电子	天水市	74.64
3	大禹节水	300021.SZ	非国有控股	农林牧渔	酒泉市	74.46
4	甘咨询	000779.SZ	地方国有控股	建筑装饰	兰州市	73.20
5	中交设计	600720.SH	中央国有控股	建筑装饰	兰州市	71.76
6	兰石重装	603169.SH	地方国有控股	机械设备	兰州市	71.64
7	白银有色	601212.SH	地方国有控股	有色金属	白银市	71.10
8	甘肃能化	000552.SZ	地方国有控股	煤炭	白银市	70.80
9	亚盛集团	600108.SH	地方国有控股	农林牧渔	兰州市	69.76
10	酒钢宏兴	600307.SH	地方国有控股	钢铁	嘉峪关市	69.09

数据来源：同花顺（iFinD），首经贸资产评估研究院和浙工商中国智能管理研究院整理。

9.5.4 创新科技成果指数

2023年甘肃省33家上市公司创新科技成果指数平均水平为63.56，低于全市场均值64.15。从指数分布来看，高于全市场均值的有14家，占省内上市公司总数的42.42%。其中，最高的是山子高科，创新科技成果指数为80.75。具体来看，创新科技成果指数处于［80，100］的有1家，占比3.03%；［70，80）的有4家，占比12.12%；［60，70）的有19家，占比57.58%；［0，60）的有9家，占比27.27%，如图9-47所示。

从省内城市分布来看，创新科技成果指数平均水平最高的是嘉峪关市（68.69），最低的是武威市（48.59），如图9-48所示。

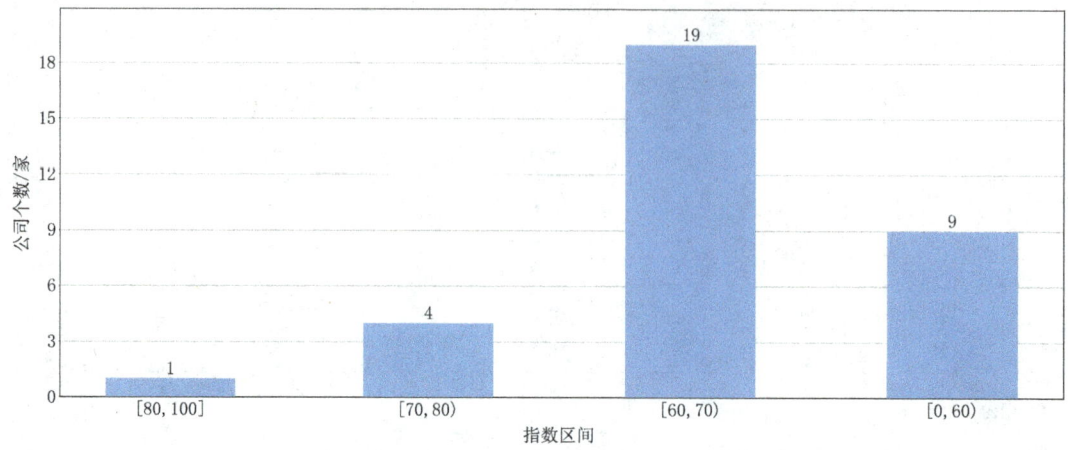

图9-47 2023年甘肃省上市公司创新科技成果指数分布图

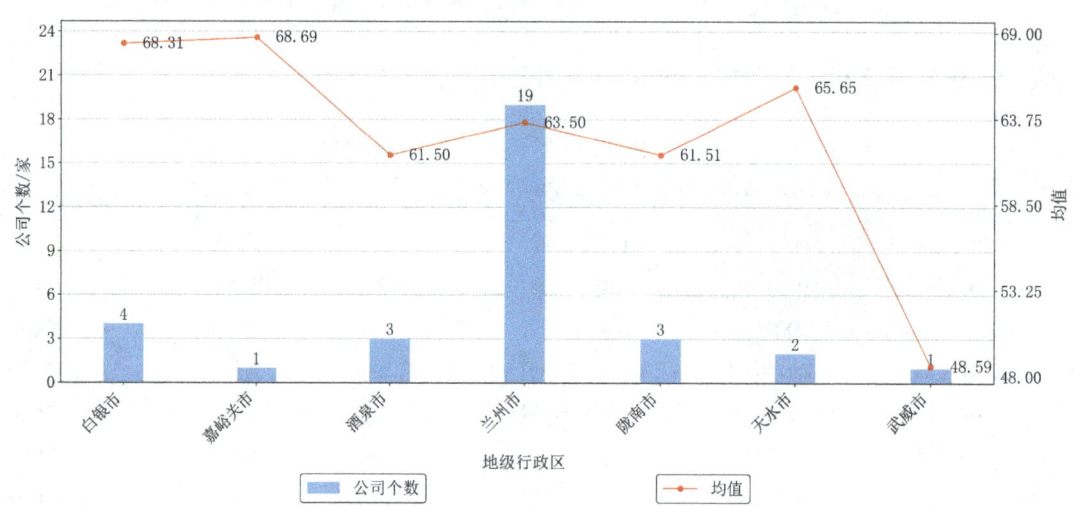

图9-48 2023年甘肃省上市公司创新科技成果指数均值分布图

甘肃省中，创新科技成果指数排名前10的上市公司如表9-24所示。

表9-24 2023年甘肃省上市公司创新科技成果指数前10排名

排名	证券名称	证券代码	产权性质	一级行业	地级行政区	创新科技成果指数
1	山子高科	000981.SZ	非国有控股	汽车	兰州市	80.75
2	上峰水泥	000672.SZ	非国有控股	建筑材料	白银市	74.26
3	白银有色	601212.SH	地方国有控股	有色金属	白银市	72.25
4	长城电工	600192.SH	地方国有控股	电力设备	兰州市	70.97
5	海默科技	300084.SZ	非国有控股	机械设备	兰州市	70.88
6	酒钢宏兴	600307.SH	地方国有控股	钢铁	嘉峪关市	68.69
7	华天科技	002185.SZ	非国有控股	电子	天水市	68.13
8	兰石重装	603169.SH	地方国有控股	机械设备	兰州市	67.07
9	亚盛集团	600108.SH	地方国有控股	农林牧渔	兰州市	66.70
10	丽尚国潮	600738.SH	地方国有控股	商贸零售	兰州市	66.18

数据来源：同花顺（iFinD），首经贸资产评估研究院和浙工商中国智能管理研究院整理。

9.5.5 创新经济绩效指数

2023年甘肃省33家上市公司创新经济绩效指数平均水平为65.05，高于全市场均值64.49。从指数分布来看，高于全市场均值的有20家，占省内上市公司总数的60.61%。其中，最高的是中交设计，创新经济绩效指数为79.26。具体来看，创新经济绩效指数处于［70，80）的有12家，占比36.36%；［60，70）的有11家，占比33.33%；［0，60）的有10家，占比30.31%，如图9-49所示。

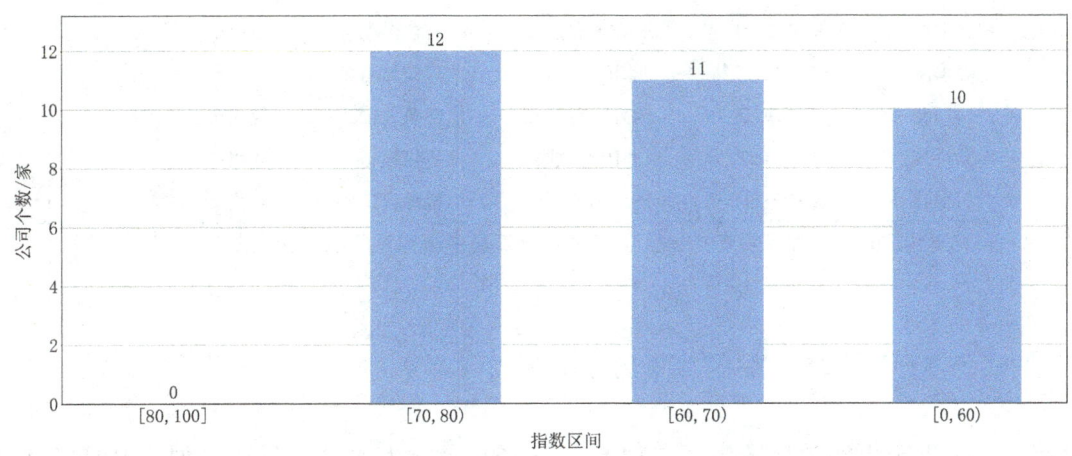

图9-49　2023年甘肃省上市公司创新经济绩效指数分布图

从省内城市分布来看，创新经济绩效指数平均水平最高的是白银市（73.99），最低的是武威市（47.92），如图9-50所示。

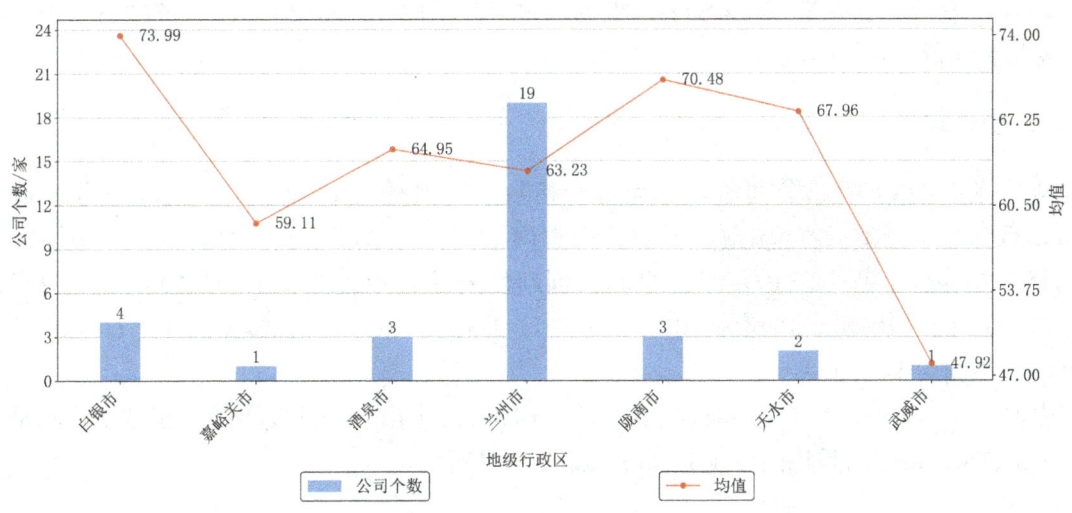

图9-50　2023年甘肃省上市公司创新经济绩效指数均值分布图

甘肃省中，创新经济绩效指数排名前10的上市公司如表9-25所示。

表 9-25　2023 年甘肃省上市公司创新经济绩效指数前 10 排名

排名	证券名称	证券代码	产权性质	一级行业	地级行政区	创新经济绩效指数
1	中交设计	600720.SH	中央国有控股	建筑装饰	兰州市	79.26
2	金徽酒	603919.SH	非国有控股	食品饮料	陇南市	77.40
3	中核钛白	002145.SZ	非国有控股	基础化工	白银市	76.17
4	读者传媒	603999.SH	地方国有控股	传媒	兰州市	74.95
5	敦煌种业	600354.SH	地方国有控股	农林牧渔	酒泉市	74.47
6	白银有色	601212.SH	地方国有控股	有色金属	白银市	74.17
7	上峰水泥	000672.SZ	非国有控股	建筑材料	白银市	74.00
8	甘咨询	000779.SZ	地方国有控股	建筑装饰	兰州市	73.43
9	海默科技	300084.SZ	非国有控股	机械设备	兰州市	72.22
10	兰石重装	603169.SH	地方国有控股	机械设备	兰州市	71.94

数据来源：同花顺（iFinD），首经贸资产评估研究院和浙工商中国智能管理研究院整理。

9.6　广东省上市公司创新发展指数评价

2023年，广东省全年实现地区生产总值135673.16亿元，人均地区生产总值为106985.00元，居民人均可支配收入49327.00元。截至2023年底，A股市场广东省共有上市公司825家，总市值共计104513.04亿元，营业收入共计71135.36亿元，平均市值126.68亿元/家，平均营业收入86.33亿元/家。市值最大的上市公司为比亚迪（5764.06亿元），营业收入最高的上市公司为比亚迪（6023.15亿元）。2023年，广东省上市公司研发投入合计为3089.06亿元，占营业收入的4.34%；无形资产账面价值合计为4779.65亿元，占总资产的4.51%。根据本报告分析口径，本节共对广东省825家上市公司开展创新发展指数评价，具体情况如下：

9.6.1　创新发展综合指数

2023年广东省825家上市公司创新发展综合指数平均水平为65.32，低于全市场均值65.40。从指数分布来看，高于全市场均值的有404家，占省内上市公司总数的48.97%。其中，最高的是迈瑞医疗，创新发展综合指数为83.67。具体来看，创新发展综合指数处于［80，100］的有9家，占比1.09%；［70，80）的有184家，占比22.30%；［60，70）的有467家，占比56.61%；［0，60）的有165家，占比20.00%，如图9-51所示。

从省内城市分布来看，广东省825家上市公司分布在20个市。创新发展综合指数平均水平最高的是惠州市（67.72），最低的是梅州市（58.80），如图9-52所示。

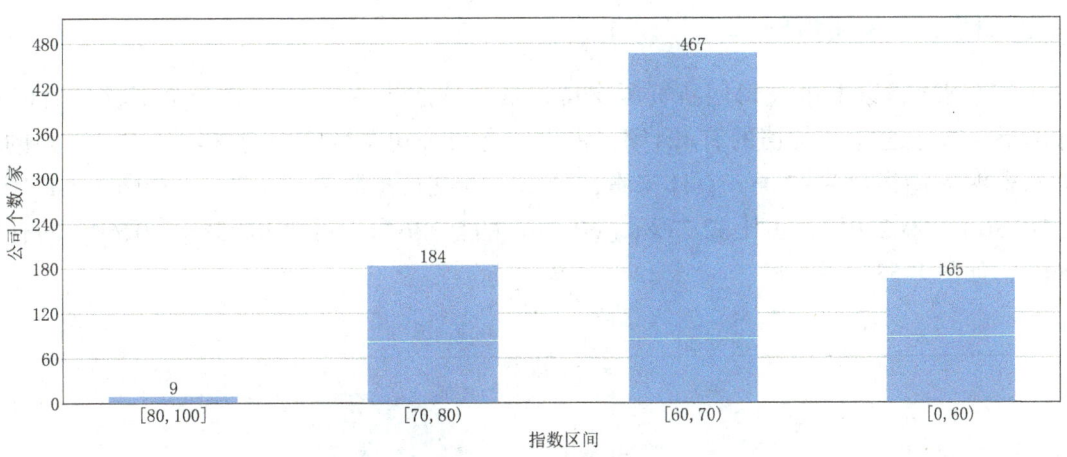

图9-51 2023年广东省上市公司创新发展综合指数分布图

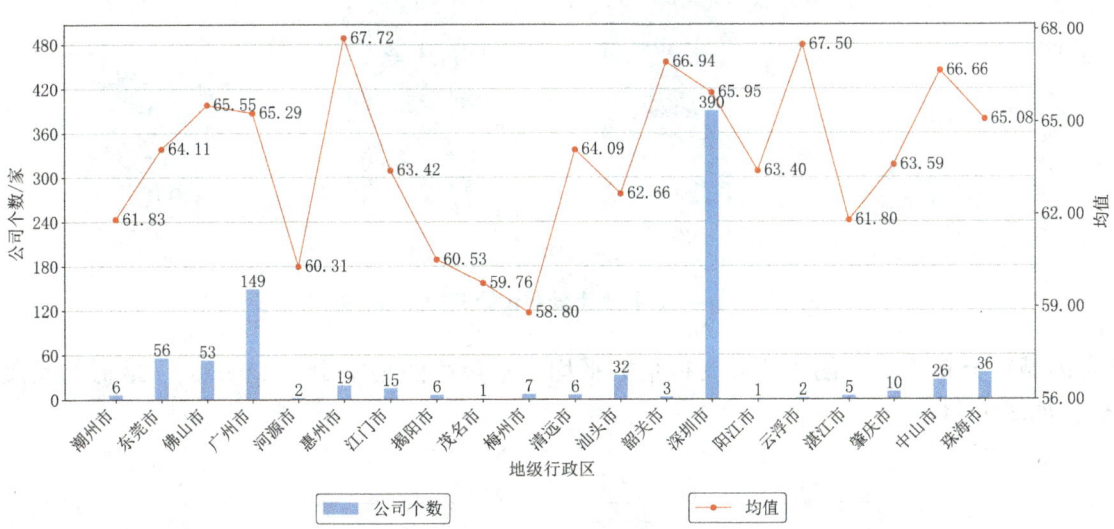

图9-52 2023年广东省上市公司创新发展综合指数均值分布图

广东省中，创新发展综合指数排名前10的上市公司如表9-26所示。

表9-26 2023年广东省上市公司创新发展综合指数前10排名

排名	证券名称	证券代码	产权性质	一级行业	地级行政区	创新发展综合指数
1	迈瑞医疗	300760.SZ	非国有控股	医药生物	深圳市	83.67
2	中国广核	003816.SZ	中央国有控股	公用事业	深圳市	81.84
3	华润三九	000999.SZ	中央国有控股	医药生物	深圳市	81.65
4	德赛西威	002920.SZ	地方国有控股	计算机	惠州市	81.40
5	海格通信	002465.SZ	地方国有控股	国防军工	广州市	80.94
6	广汽集团	601238.SH	地方国有控股	汽车	广州市	80.78
7	比亚迪	002594.SZ	非国有控股	汽车	深圳市	80.69
8	格力电器	000651.SZ	非国有控股	家用电器	珠海市	80.22
9	亿纬锂能	300014.SZ	非国有控股	电力设备	惠州市	80.08
10	海信家电	000921.SZ	地方国有控股	家用电器	佛山市	79.84

数据来源：同花顺（iFinD），首经贸资产评估研究院和浙工商中国智能管理研究院整理。

9.6.2 创新资源支持指数

2023年广东省825家上市公司创新资源支持指数平均水平为67.14，高于全市场均值67.08。从指数分布来看，高于全市场均值的有424家，占省内上市公司总数的51.39%。其中，最高的是中国电研，创新资源支持指数为92.06。具体来看，创新资源支持指数处于［80，100］的有47家，占比5.70%；［70，80）的有270家，占比32.73%；［60，70）的有336家，占比40.73%；［0，60）的有172家，占比20.84%，如图9-53所示。

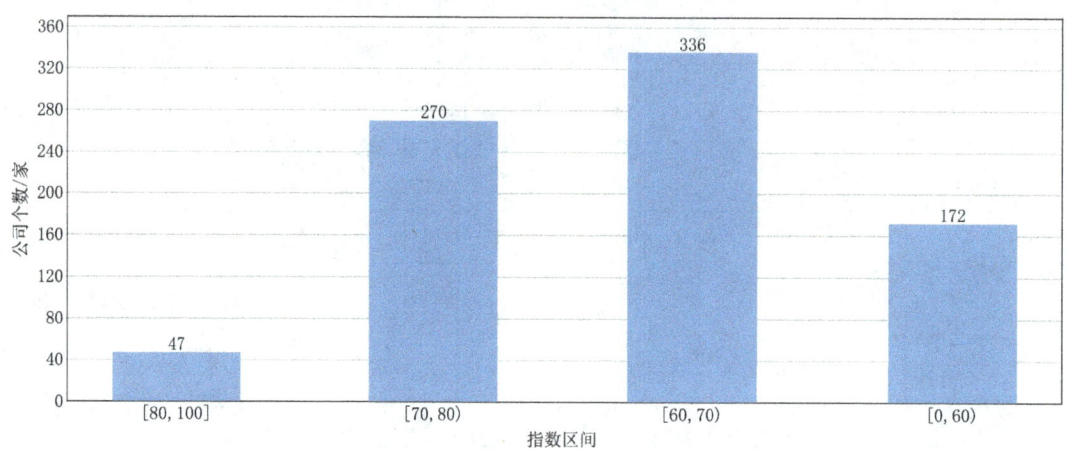

图9-53　2023年广东省上市公司创新资源支持指数分布图

从省内城市分布来看，创新资源支持指数平均水平最高的是中山市（68.98），最低的是茂名市（50.75），如图9-54所示。

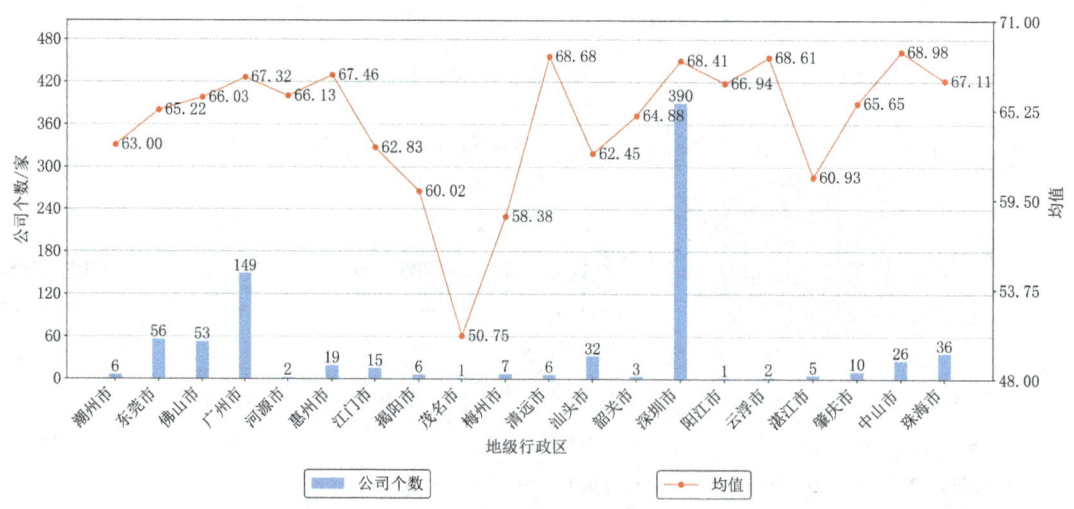

图9-54　2023年广东省上市公司创新资源支持指数均值分布图

广东省中，创新资源支持指数排名前10的上市公司如表9-27所示。

表9-27　2023年广东省上市公司创新资源支持指数前10排名

排名	证券名称	证券代码	产权性质	一级行业	地级行政区	创新资源支持指数
1	中国电研	688128.SH	中央国有控股	机械设备	广州市	92.06
2	广电运通	002152.SZ	地方国有控股	计算机	广州市	89.41
3	华大基因	300676.SZ	非国有控股	医药生物	深圳市	88.08
4	金域医学	603882.SH	非国有控股	医药生物	广州市	88.02
5	深信服	300454.SZ	非国有控股	计算机	深圳市	87.88
6	三环集团	300408.SZ	非国有控股	电子	潮州市	85.94
7	奥飞娱乐	002292.SZ	非国有控股	传媒	汕头市	85.56
8	力合科创	002243.SZ	地方国有控股	美容护理	深圳市	85.13
9	科达制造	600499.SH	非国有控股	机械设备	佛山市	85.05
10	海格通信	002465.SZ	地方国有控股	国防军工	广州市	84.89

数据来源：同花顺（iFinD），首经贸资产评估研究院和浙工商中国智能管理研究院整理。

9.6.3　创新要素投入指数

2023年广东省825家上市公司创新要素投入指数平均水平为66.14，高于全市场均值66.07。从指数分布来看，高于全市场均值的有410家，占省内上市公司总数的49.70%。其中，最高的是德赛西威，创新要素投入指数为88.39。具体来看，创新要素投入指数处于［80,100］的有31家，占比3.76%；［70,80）的有221家，占比26.79%；［60,70）的有406家，占比49.21%；［0,60）的有167家，占比20.24%，如图9-55所示。

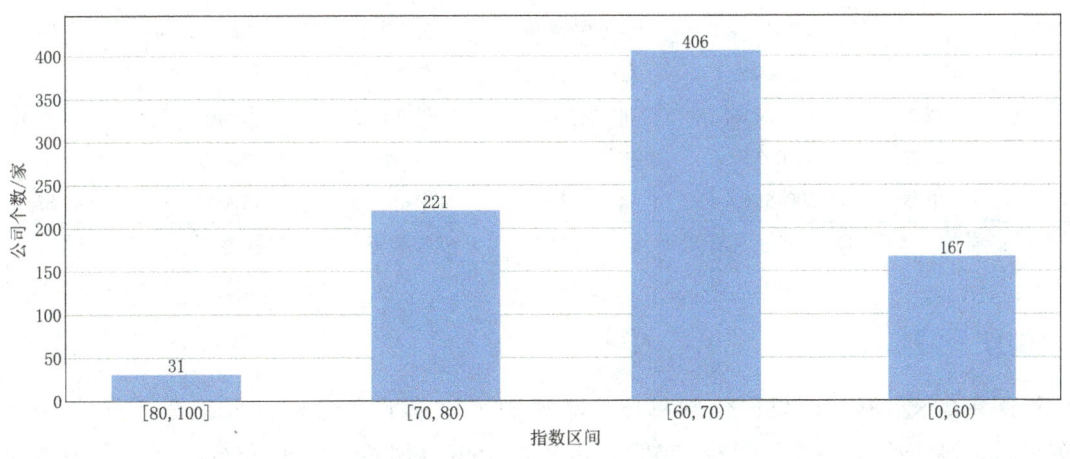

图9-55　2023年广东省上市公司创新要素投入指数分布图

从省内城市分布来看，创新要素投入指数平均水平最高的是韶关市（70.32），最低的是梅州市（55.81），如图9-56所示。

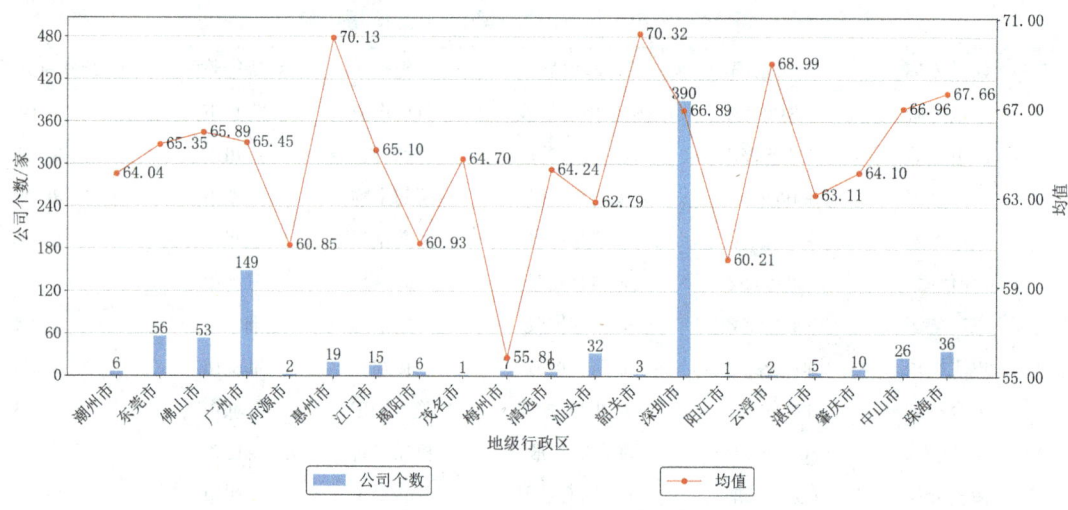

图9-56　2023年广东省上市公司创新要素投入指数均值分布图

广东省中，创新要素投入指数排名前10的上市公司如表9-28所示。

表9-28　2023年广东省上市公司创新要素投入指数前10排名

排名	证券名称	证券代码	产权性质	一级行业	地级行政区	创新要素投入指数
1	德赛西威	002920.SZ	地方国有控股	计算机	惠州市	88.39
2	比亚迪	002594.SZ	非国有控股	汽车	深圳市	88.10
3	中兴通讯	000063.SZ	非国有控股	通信	深圳市	86.52
4	广汽集团	601238.SH	地方国有控股	汽车	广州市	86.07
5	中国长城	000066.SZ	中央国有控股	计算机	深圳市	85.75
6	中国广核	003816.SZ	中央国有控股	公用事业	深圳市	84.42
7	广东建工	002060.SZ	地方国有控股	公用事业	广州市	83.23
8	汇川技术	300124.SZ	非国有控股	机械设备	深圳市	83.16
9	远光软件	002063.SZ	中央国有控股	计算机	珠海市	83.12
10	格力电器	000651.SZ	非国有控股	家用电器	珠海市	83.08

数据来源：同花顺（iFinD），首经贸资产评估研究院和浙工商中国智能管理研究院整理。

9.6.4　创新科技成果指数

2023年广东省825家上市公司创新科技成果指数平均水平为63.85，低于全市场均值64.15。从指数分布来看，高于全市场均值的有370家，占省内上市公司总数的44.85%。其中，最高的是美的集团，创新科技成果指数为86.62。具体来看，创新科技成果指数处于[80,100]的有3家，占比0.36%；[70,80)的有106家，占比12.85%；[60,70)的有548家，占比66.42%；[0,60)的有168家，占比20.37%，如图9-57所示。

从省内城市分布来看，创新科技成果指数平均水平最高的是韶关市（68.69），最低的是河源市（56.65），如图9-58所示。

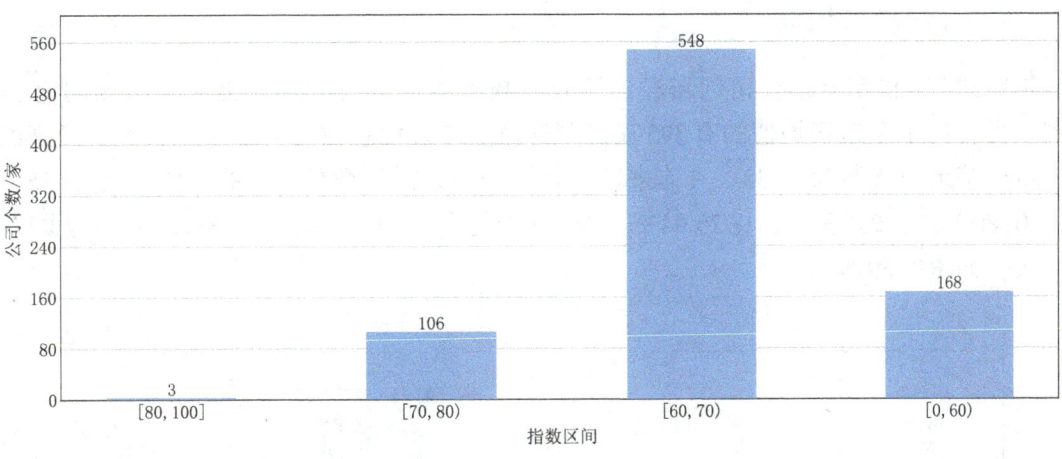

图9-57　2023年广东省上市公司创新科技成果指数分布图

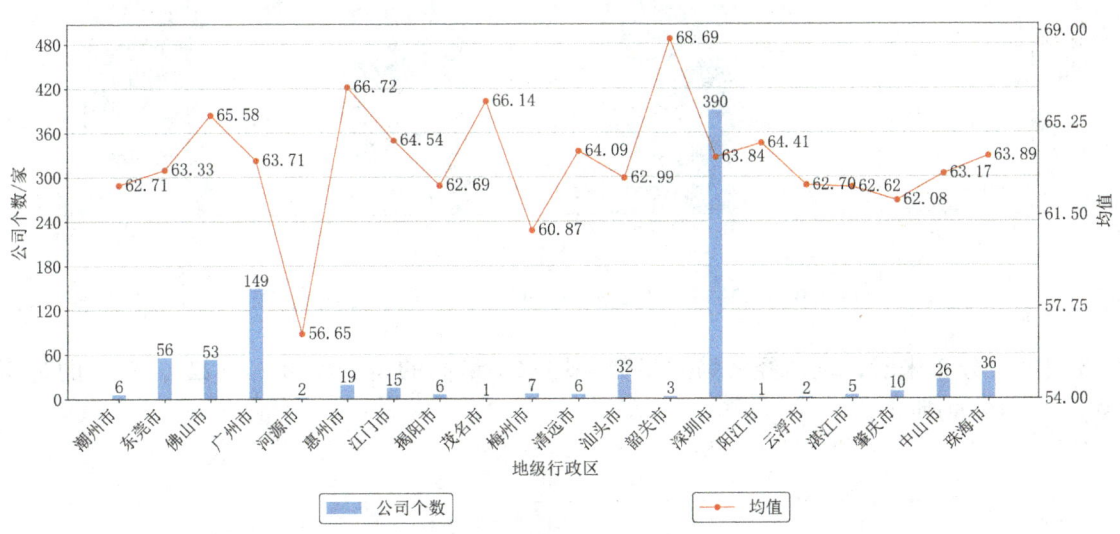

图9-58　2023年广东省上市公司创新科技成果指数均值分布图

广东省中，创新科技成果指数排名前10的上市公司如表9-29所示。

表9-29　2023年广东省上市公司创新科技成果指数前10排名

排名	证券名称	证券代码	产权性质	一级行业	地级行政区	创新科技成果指数
1	美的集团	000333.SZ	非国有控股	家用电器	佛山市	86.62
2	海信家电	000921.SZ	地方国有控股	家用电器	佛山市	83.40
3	迈瑞医疗	300760.SZ	非国有控股	医药生物	深圳市	83.11
4	广汽集团	601238.SH	地方国有控股	汽车	广州市	79.69
5	德赛西威	002920.SZ	地方国有控股	计算机	惠州市	79.20
6	朗科科技	300042.SZ	地方国有控股	计算机	深圳市	78.58
7	格力电器	000651.SZ	非国有控股	家用电器	珠海市	78.40
8	珠江啤酒	002461.SZ	地方国有控股	食品饮料	广州市	78.33
9	道通科技	688208.SH	非国有控股	计算机	深圳市	78.15
10	海格通信	002465.SZ	地方国有控股	国防军工	广州市	78.04

数据来源：同花顺（iFinD），首经贸资产评估研究院和浙工商中国智能管理研究院整理。

9.6.5 创新经济绩效指数

2023年广东省825家上市公司创新经济绩效指数平均水平为64.32，低于全市场均值64.49。从指数分布来看，高于全市场均值的有395家，占省内上市公司总数的47.88%。其中，最高的是迈瑞医疗，创新经济绩效指数为87.53。具体来看，创新经济绩效指数处于[80，100]的有15家，占比1.82%；[70，80）的有214家，占比25.94%；[60，70）的有322家，占比39.03%；[0，60）的有274家，占比33.21%，如图9-59所示。

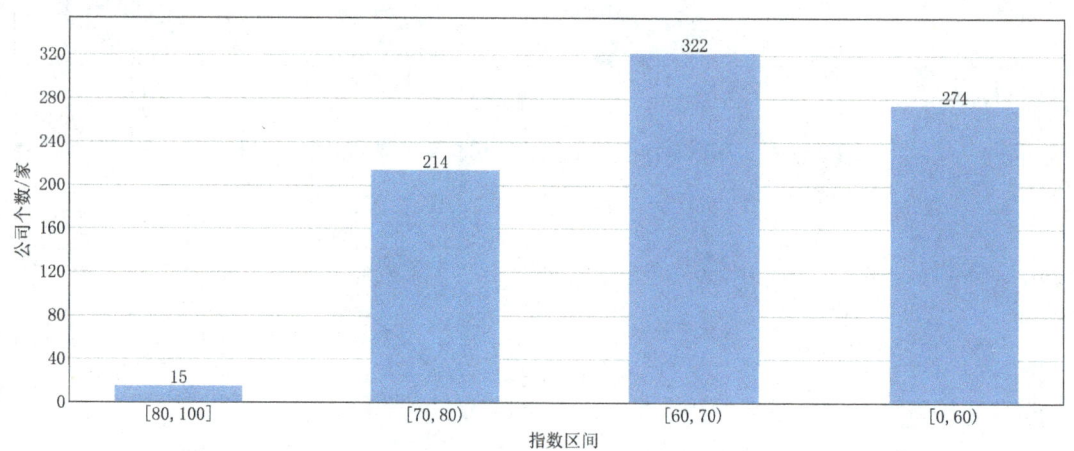

图9-59　2023年广东省上市公司创新经济绩效指数分布图

从省内城市分布来看，创新经济绩效指数平均水平最高的是云浮市（69.22），最低的是茂名市（54.79），如图9-60所示。

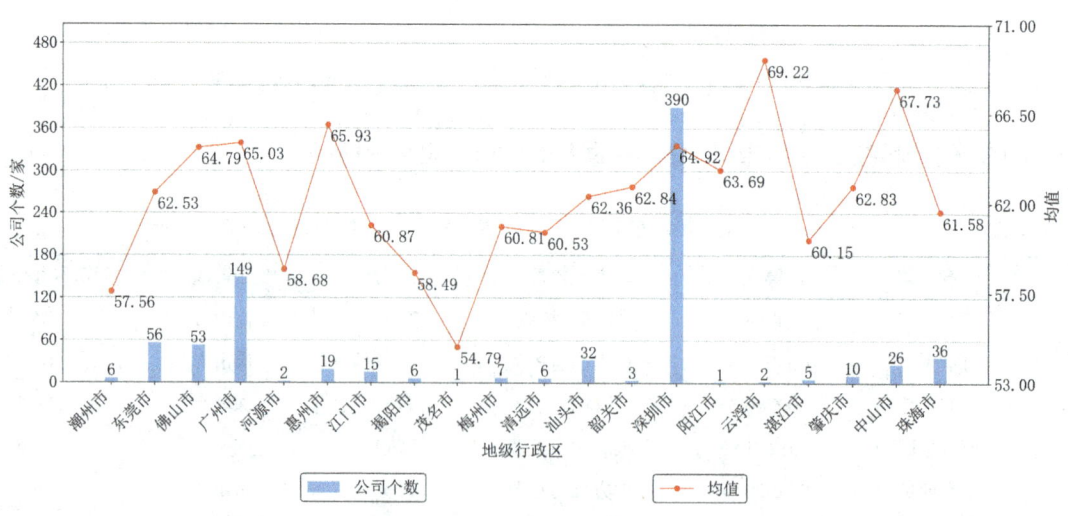

图9-60　2023年广东省上市公司创新经济绩效指数均值分布图

广东省中，创新经济绩效指数排名前10的上市公司如表9-30所示。

表 9-30　2023 年广东省上市公司创新经济绩效指数前 10 排名

排名	证券名称	证券代码	产权性质	一级行业	地级行政区	创新经济绩效指数
1	迈瑞医疗	300760.SZ	非国有控股	医药生物	深圳市	87.53
2	传音控股	688036.SH	非国有控股	电子	深圳市	87.22
3	德赛西威	002920.SZ	地方国有控股	计算机	惠州市	86.81
4	中国广核	003816.SZ	中央国有控股	公用事业	深圳市	86.44
5	华润三九	000999.SZ	中央国有控股	医药生物	深圳市	85.03
6	亿纬锂能	300014.SZ	非国有控股	电力设备	惠州市	82.78
7	光启技术	002625.SZ	非国有控股	国防军工	深圳市	82.53
8	东鹏饮料	605499.SH	非国有控股	食品饮料	深圳市	81.44
9	立讯精密	002475.SZ	非国有控股	电子	深圳市	80.93
10	顺丰控股	002352.SZ	非国有控股	交通运输	深圳市	80.86

数据来源：同花顺（iFinD），首经贸资产评估研究院和浙工商中国智能管理研究院整理。

9.7　广西壮族自治区上市公司创新发展指数评价

2023年，广西壮族自治区全年实现地区生产总值27202.39亿元，人均地区生产总值为54005.00元，居民人均可支配收入29514.00元。截至2023年底，A股市场广西壮族自治区共有上市公司39家，总市值共计2544.26亿元，营业收入共计3521.85亿元，平均市值65.24亿元/家，平均营业收入90.30亿元/家。市值最大的上市公司为桂冠电力（436.68亿元），营业收入最高的上市公司为恒逸石化（1361.48亿元）。2023年，广西壮族自治区上市公司研发投入合计为57.94亿元，占营业收入的1.65%；无形资产账面价值合计为181.25亿元，占总资产的3.75%。根据本报告分析口径，本节共对广西壮族自治区39家上市公司开展创新发展指数评价，具体情况如下：

9.7.1　创新发展综合指数

2023年广西壮族自治区39家上市公司创新发展综合指数平均水平为63.61，低于全市场均值65.40。从指数分布来看，高于全市场均值的有15家，占自治区内上市公司总数的38.46%。其中，最高的是柳工，创新发展综合指数为76.12。具体来看，创新发展综合指数处于［70，80）的有7家，占比17.95%；［60，70）的有21家，占比53.85%；［0，60）的有11家，占比28.20%，如图9-61所示。

从自治区内城市分布来看，广西壮族自治区39家上市公司分布在10个市。创新发展综合指数平均水平最高的是梧州市（71.63），最低的是河池市（55.37），如图9-62所示。

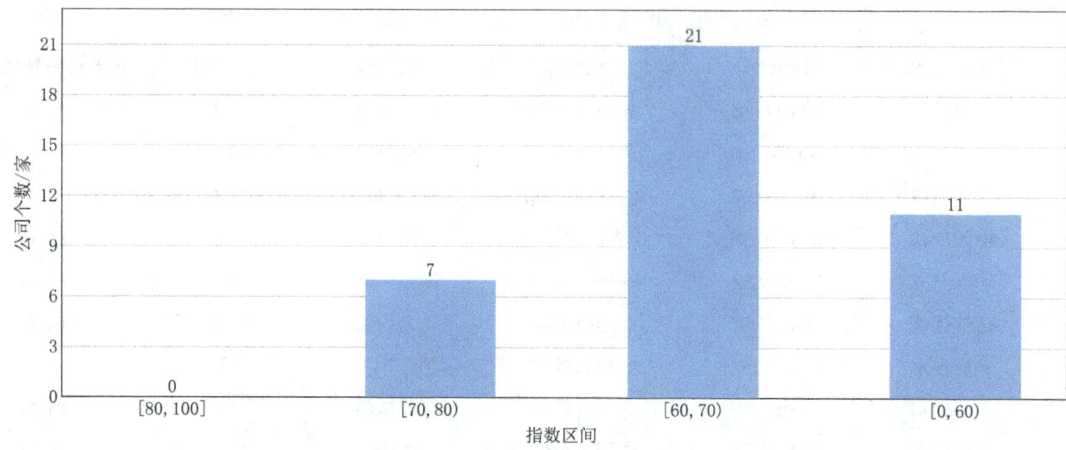

图9-61　2023年广西壮族自治区上市公司创新发展综合指数分布图

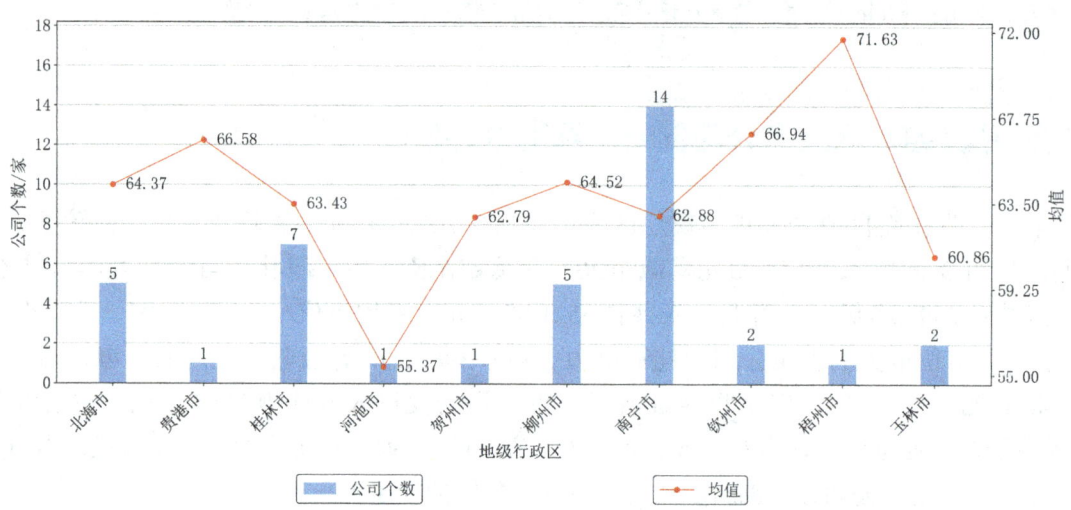

图9-62　2023年广西壮族自治区上市公司创新发展综合指数均值分布图

广西壮族自治区中，创新发展综合指数排名前10的上市公司如表9-31所示。

表9-31　2023年广西壮族自治区上市公司创新发展综合指数前10排名

排名	证券名称	证券代码	产权性质	一级行业	地级行政区	创新发展综合指数
1	柳工	000528.SZ	地方国有控股	机械设备	柳州市	76.12
2	润建股份	002929.SZ	非国有控股	通信	南宁市	73.57
3	恒逸石化	000703.SZ	非国有控股	石油石化	钦州市	72.26
4	中恒集团	600252.SH	地方国有控股	医药生物	梧州市	71.63
5	北部湾港	000582.SZ	地方国有控股	交通运输	北海市	71.24
6	华锡有色	600301.SH	地方国有控股	有色金属	南宁市	70.62
7	皇氏集团	002329.SZ	非国有控股	食品饮料	南宁市	70.47
8	天下秀	600556.SH	非国有控股	传媒	北海市	69.45
9	莱茵生物	002166.SZ	非国有控股	基础化工	桂林市	68.74
10	柳钢股份	601003.SH	地方国有控股	钢铁	柳州市	67.27

数据来源：同花顺（iFinD），首经贸资产评估研究院和浙工商中国智能管理研究院整理。

9.7.2 创新资源支持指数

2023年广西壮族自治区39家上市公司创新资源支持指数平均水平为66.22，低于全市场均值67.08。从指数分布来看，高于全市场均值的有18家，占自治区内上市公司总数的46.15%。其中，最高的是润建股份，创新资源支持指数为82.65。具体来看，创新资源支持指数处于［80，100］的有2家，占比5.13%；［70，80）的有10家，占比25.64%；［60，70）的有18家，占比46.15%；［0，60）的有9家，占比23.08%，如图9-63所示。

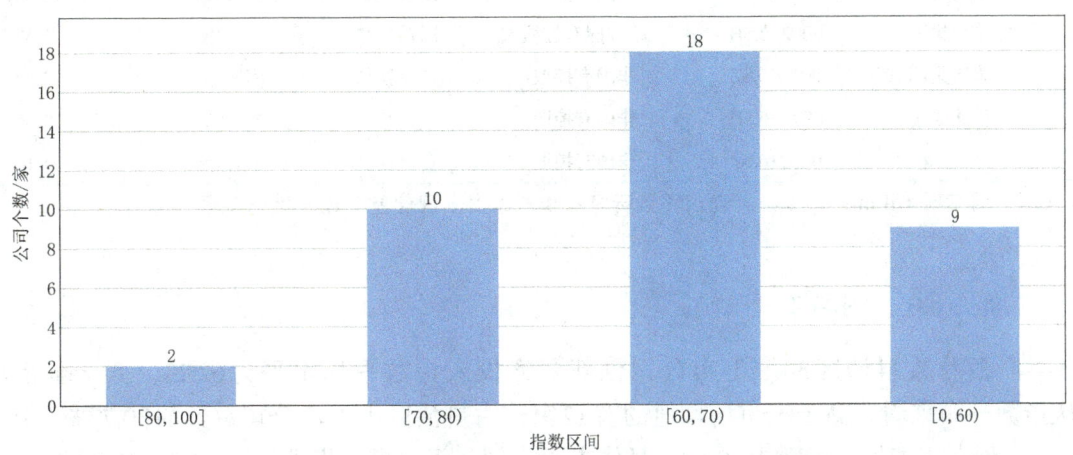

图9-63　2023年广西壮族自治区上市公司创新资源支持指数分布图

从自治区内城市分布来看，创新资源支持指数平均水平最高的是钦州市（76.22），最低的是河池市（50.15），如图9-64所示。

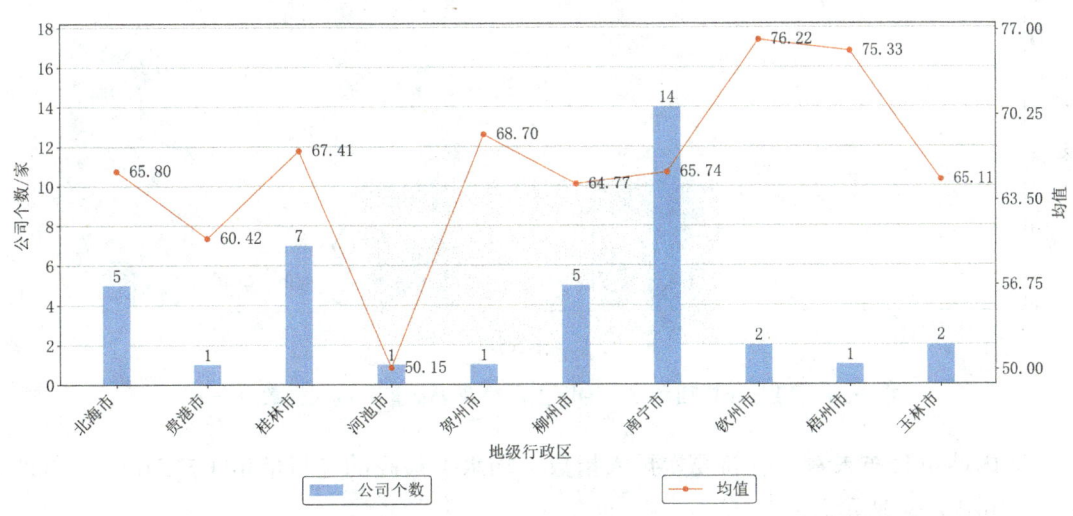

图9-64　2023年广西壮族自治区上市公司创新资源支持指数均值分布图

广西壮族自治区中，创新资源支持指数排名前10的上市公司如表9-32所示。

表 9-32 2023 年广西壮族自治区上市公司创新资源支持指数前 10 排名

排名	证券名称	证券代码	产权性质	一级行业	地级行政区	创新资源支持指数
1	润建股份	002929.SZ	非国有控股	通信	南宁市	82.65
2	恒逸石化	000703.SZ	非国有控股	石油石化	钦州市	81.32
3	柳工	000528.SZ	地方国有控股	机械设备	柳州市	79.47
4	北部湾港	000582.SZ	地方国有控股	交通运输	北海市	78.67
5	广农糖业	000911.SZ	地方国有控股	农林牧渔	南宁市	76.37
6	莱茵生物	002166.SZ	非国有控股	基础化工	桂林市	76.28
7	中恒集团	600252.SH	地方国有控股	医药生物	梧州市	75.33
8	皇氏集团	002329.SZ	非国有控股	食品饮料	南宁市	73.82
9	福达股份	603166.SH	非国有控股	汽车	桂林市	72.56
10	黑芝麻	000716.SZ	非国有控股	食品饮料	玉林市	71.16

数据来源：同花顺（iFinD），首经贸资产评估研究院和浙工商中国智能管理研究院整理。

9.7.3 创新要素投入指数

2023年广西壮族自治区39家上市公司创新要素投入指数平均水平为62.29，低于全市场均值66.07。从指数分布来看，高于全市场均值的有12家，占自治区内上市公司总数的30.77%。其中，最高的是柳工，创新要素投入指数为78.69。具体来看，创新要素投入指数处于[70，80）的有7家，占比17.95%；[60，70）的有18家，占比46.15%；[0，60）的有14家，占比35.90%，如图9-65所示。

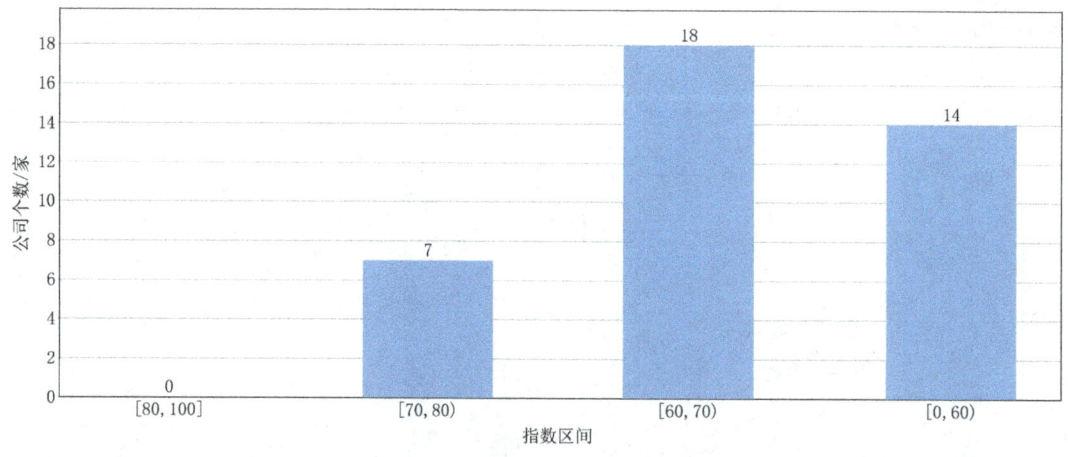

图9-65 2023年广西壮族自治区上市公司创新要素投入指数分布图

从自治区内城市分布来看，创新要素投入指数平均水平最高的是贵港市（71.76），最低的是玉林市（58.93），如图9-66所示。

第9章　中国上市公司创新发展指数评价——省份维度

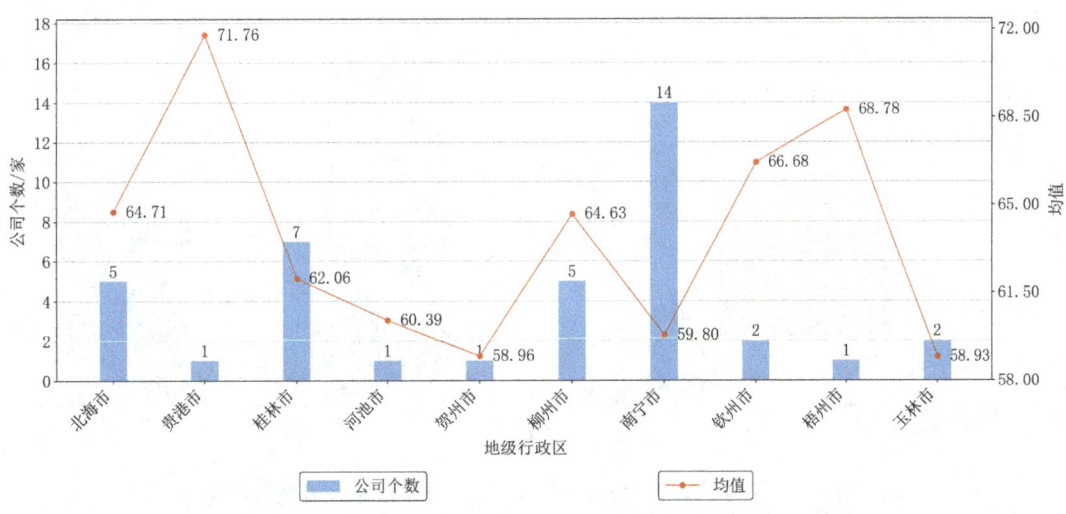

图 9-66　2023 年广西壮族自治区上市公司创新要素投入指数均值分布图

广西壮族自治区中，创新要素投入指数排名前 10 的上市公司如表 9-33 所示。

表 9-33　2023 年广西壮族自治区上市公司创新要素投入指数前 10 排名

排名	证券名称	证券代码	产权性质	一级行业	地级行政区	创新要素投入指数
1	柳工	000528.SZ	地方国有控股	机械设备	柳州市	78.69
2	润建股份	002929.SZ	非国有控股	通信	南宁市	74.57
3	恒逸石化	000703.SZ	非国有控股	石油石化	钦州市	73.93
4	柳钢股份	601003.SH	地方国有控股	钢铁	柳州市	72.81
5	华锡有色	600301.SH	地方国有控股	有色金属	南宁市	72.71
6	粤桂股份	000833.SZ	地方国有控股	综合	贵港市	71.76
7	新智认知	603869.SH	非国有控股	计算机	北海市	70.39
8	福达股份	603166.SH	非国有控股	汽车	桂林市	69.01
9	中恒集团	600252.SH	地方国有控股	医药生物	梧州市	68.78
10	北部湾港	000582.SZ	地方国有控股	交通运输	北海市	67.30

数据来源：同花顺（iFinD），首经贸资产评估研究院和浙工商中国智能管理研究院整理。

9.7.4　创新科技成果指数

2023 年广西壮族自治区 39 家上市公司创新科技成果指数平均水平为 63.68，低于全市场均值 64.15。从指数分布来看，高于全市场均值的有 16 家，占自治区内上市公司总数的 41.03%。其中，最高的是天下秀，创新科技成果指数为 75.62。具体来看，创新科技成果指数处于 [70，80) 的有 6 家，占比 15.38%；[60，70) 的有 21 家，占比 53.85%；[0，60) 的有 12 家，占比 30.77%，如图 9-67 所示。

从自治区内城市分布来看，创新科技成果指数平均水平最高的是梧州市（70.74），最低的是河池市（58.37），如图 9-68 所示。

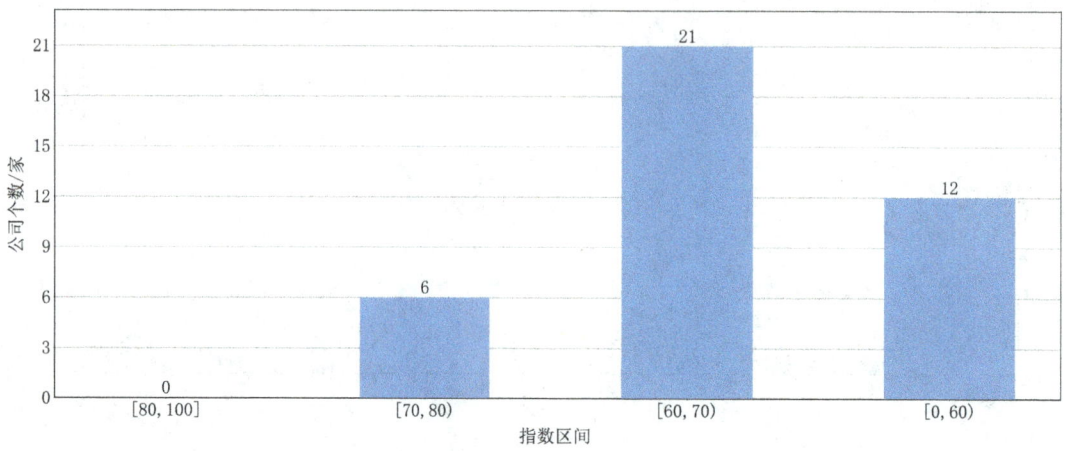

图9-67 2023年广西壮族自治区上市公司创新科技成果指数分布图

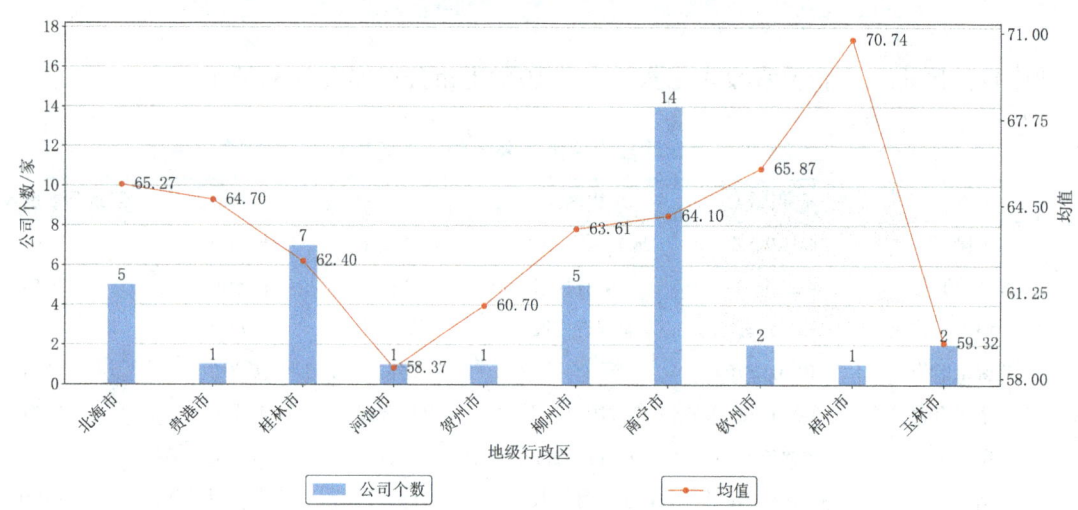

图9-68 2023年广西壮族自治区上市公司创新科技成果指数均值分布图

广西壮族自治区中，创新科技成果指数排名前10的上市公司如表9-34所示。

表9-34 2023年广西壮族自治区上市公司创新科技成果指数前10排名

排名	证券名称	证券代码	产权性质	一级行业	地级行政区	创新科技成果指数
1	天下秀	600556.SH	非国有控股	传媒	北海市	75.62
2	丰林集团	601996.SH	非国有控股	轻工制造	南宁市	73.29
3	恒逸石化	000703.SZ	非国有控股	石油石化	钦州市	71.69
4	华锡有色	600301.SH	地方国有控股	有色金属	南宁市	71.47
5	中恒集团	600252.SH	地方国有控股	医药生物	梧州市	70.74
6	皇氏集团	002329.SZ	非国有控股	食品饮料	南宁市	70.28
7	柳工	000528.SZ	地方国有控股	机械设备	柳州市	69.47
8	国发股份	600538.SH	非国有控股	医药生物	北海市	67.54
9	福达股份	603166.SH	非国有控股	汽车	桂林市	67.23
10	柳钢股份	601003.SH	地方国有控股	钢铁	柳州市	66.98

数据来源：同花顺（iFinD），首经贸资产评估研究院和浙工商中国智能管理研究院整理。

9.7.5 创新经济绩效指数

2023年广西壮族自治区39家上市公司创新经济绩效指数平均水平为63.20，低于全市场均值64.49。从指数分布来看，高于全市场均值的有17家，占自治区内上市公司总数的43.59%。其中，最高的是北部湾港，创新经济绩效指数为80.12。具体来看，创新经济绩效指数处于［80，100］的有1家，占比2.56%；［70，80）的有8家，占比20.51%；［60，70）的有19家，占比48.72%；［0，60）的有11家，占比28.21%，如图9-69所示。

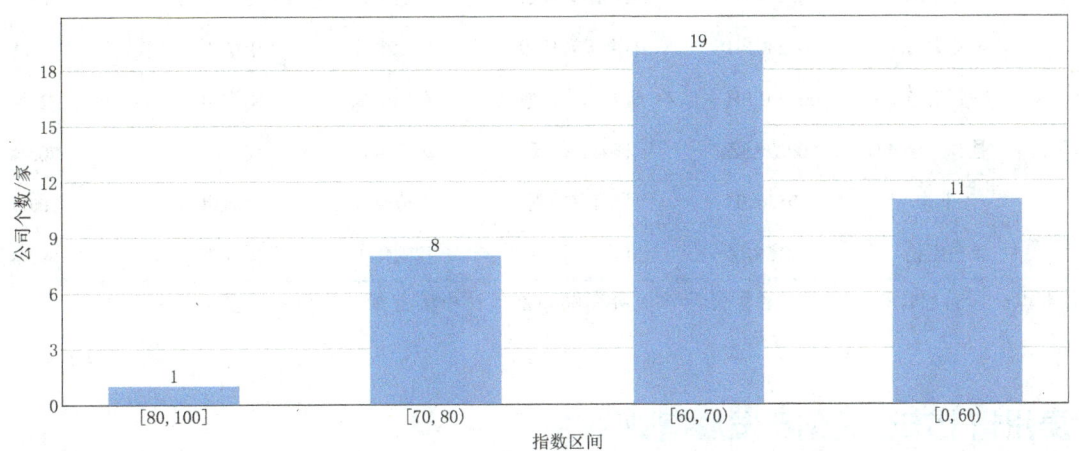

图9-69　2023年广西壮族自治区上市公司创新经济绩效指数分布图

从自治区内城市分布来看，创新经济绩效指数平均水平最高的是梧州市（73.09），最低的是河池市（50.54），如图9-70所示。

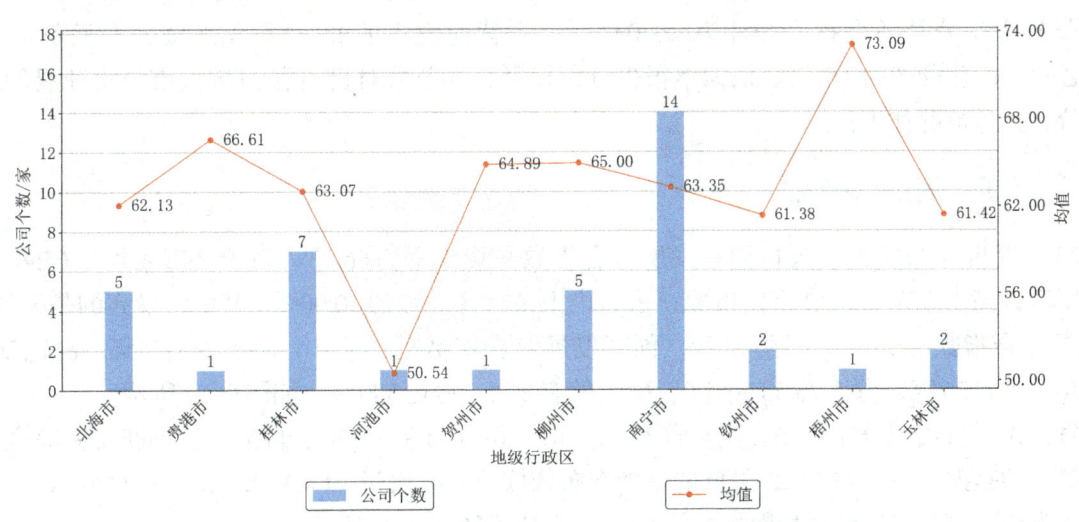

图9-70　2023年广西壮族自治区上市公司创新经济绩效指数均值分布图

广西壮族自治区中，创新经济绩效指数排名前10的上市公司如表9-35所示。

表 9-35 2023 年广西壮族自治区上市公司创新经济绩效指数前 10 排名

排名	证券名称	证券代码	产权性质	一级行业	地级行政区	创新经济绩效指数
1	北部湾港	000582.SZ	地方国有控股	交通运输	北海市	80.12
2	柳工	000528.SZ	地方国有控股	机械设备	柳州市	76.55
3	皇氏集团	002329.SZ	非国有控股	食品饮料	南宁市	75.19
4	润建股份	002929.SZ	非国有控股	通信	南宁市	73.31
5	中恒集团	600252.SH	地方国有控股	医药生物	梧州市	73.09
6	桂冠电力	600236.SH	中央国有控股	公用事业	南宁市	72.11
7	华锡有色	600301.SH	地方国有控股	有色金属	南宁市	72.09
8	桂林三金	002275.SZ	非国有控股	医药生物	桂林市	70.94
9	天下秀	600556.SH	非国有控股	传媒	北海市	70.09
10	莱茵生物	002166.SZ	非国有控股	基础化工	桂林市	69.33

数据来源：同花顺（iFinD），首经贸资产评估研究院和浙工商中国智能管理研究院整理。

9.8 贵州省上市公司创新发展指数评价

2023年，贵州省全年实现地区生产总值20913.25亿元，人均地区生产总值为54172.00元，居民人均可支配收入27098.00元。截至2023年底，A股市场贵州省共有上市公司34家，总市值共计24856.74亿元，营业收入共计3043.23亿元，平均市值731.08亿元/家，平均营业收入89.51亿元/家。市值最大的上市公司为贵州茅台（21681.97亿元），营业收入最高的上市公司为贵州茅台（1476.94亿元）。2023年，贵州省上市公司研发投入合计为62.70亿元，占营业收入的2.06%；无形资产账面价值合计为247.08亿元，占总资产的3.96%。根据本报告分析口径，本节共对贵州省34家上市公司开展创新发展指数评价，具体情况如下：

9.8.1 创新发展综合指数

2023年贵州省34家上市公司创新发展综合指数平均水平为66.53，高于全市场均值65.40。从指数分布来看，高于全市场均值的有17家，占省内上市公司总数的50.00%。其中，最高的是振华科技，创新发展综合指数为77.94。具体来看，创新发展综合指数处于［70，80）的有7家，占比20.59%；［60，70）的有25家，占比73.53%；［0，60）的有2家，占比5.88%，如图9-71所示。

从省内市、自治州分布来看，贵州省34家上市公司分布在6个市、自治州。创新发展综合指数平均水平最高的是铜仁市（75.54），最低的是黔南布依族苗族自治州（64.34），如图9-72所示。

贵州省中，创新发展综合指数排名前10的上市公司如表9-36所示。

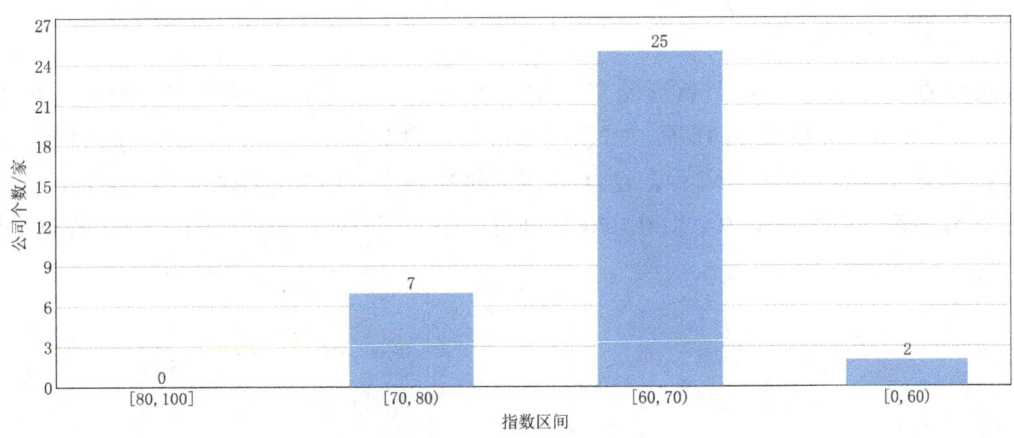

图9-71 2023年贵州省上市公司创新发展综合指数分布图

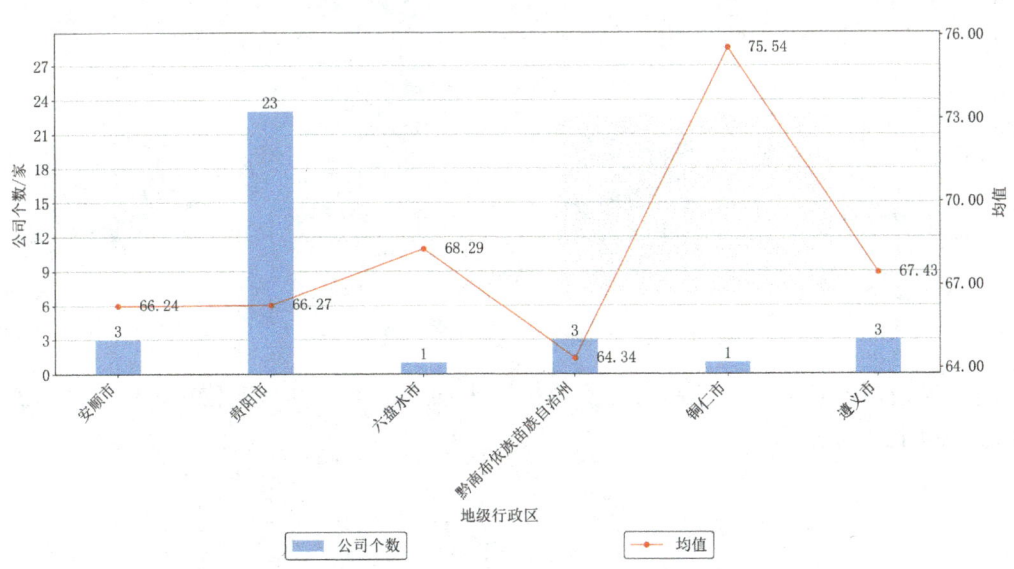

图9-72 2023年贵州省上市公司创新发展综合指数均值分布图

表9-36 2023年贵州省上市公司创新发展综合指数前10排名

排名	证券名称	证券代码	产权性质	一级行业	地级行政区	创新发展综合指数
1	振华科技	000733.SZ	中央国有控股	国防军工	贵阳市	77.94
2	中伟股份	300919.SZ	非国有控股	电力设备	铜仁市	75.54
3	振华风光	688439.SH	中央国有控股	国防军工	贵阳市	74.09
4	中航重机	600765.SH	中央国有控股	国防军工	贵阳市	73.69
5	贵州茅台	600519.SH	地方国有控股	食品饮料	遵义市	73.62
6	航天电器	002025.SZ	中央国有控股	国防军工	贵阳市	73.19
7	航宇科技	688239.SH	非国有控股	国防军工	贵阳市	71.82
8	贵州轮胎	000589.SZ	地方国有控股	汽车	贵阳市	69.79
9	川恒股份	002895.SZ	非国有控股	基础化工	黔南布依族苗族自治州	69.53
10	贵州三力	603439.SH	非国有控股	医药生物	安顺市	69.42

数据来源：同花顺（iFinD），首经贸资产评估研究院和浙工商中国智能管理研究院整理。

9.8.2 创新资源支持指数

2023年贵州省34家上市公司创新资源支持指数平均水平为66.85，低于全市场均值67.08。从指数分布来看，高于全市场均值的有16家，占省内上市公司总数的47.06%。其中，最高的是勘设股份，创新资源支持指数为82.67。具体来看，创新资源支持指数处于［80，100］的有2家，占比5.88%；［70，80）的有6家，占比17.65%；［60，70）的有21家，占比61.76%；［0，60）的有5家，占比14.71%，如图9-73所示。

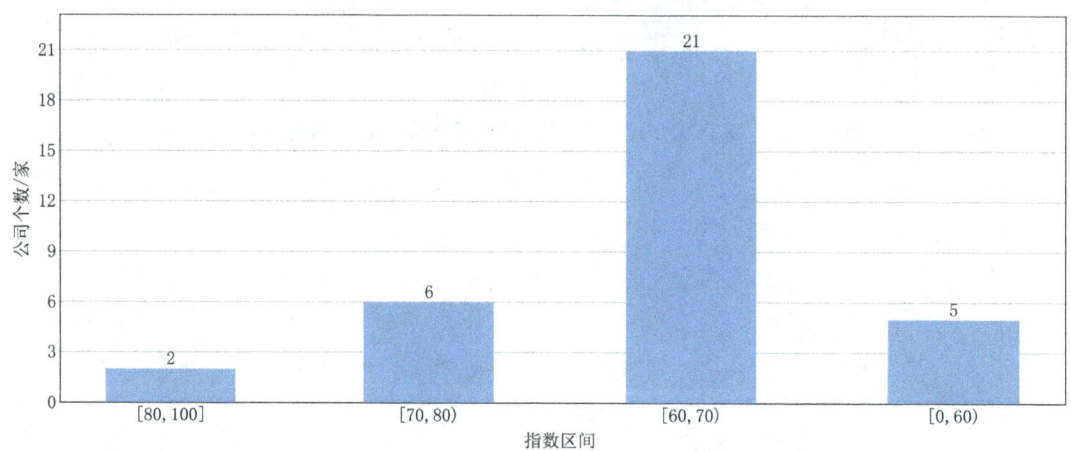

图9-73　2023年贵州省上市公司创新资源支持指数分布图

从省内市、自治州分布来看，创新资源支持指数平均水平最高的是铜仁市（82.33），最低的是遵义市（61.18），如图9-74所示。

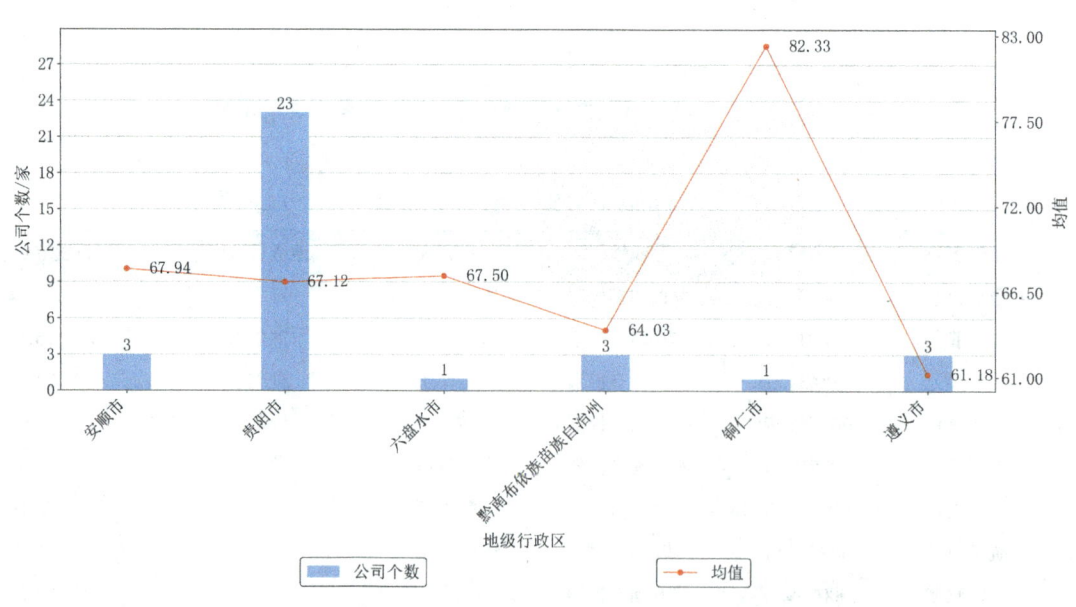

图9-74　2023年贵州省上市公司创新资源支持指数均值分布图

贵州省中，创新资源支持指数排名前10的上市公司如表9-37所示。

表9-37　2023年贵州省上市公司创新资源支持指数前10排名

排名	证券名称	证券代码	产权性质	一级行业	地级行政区	创新资源支持指数
1	勘设股份	603458.SH	非国有控股	建筑装饰	贵阳市	82.67
2	中伟股份	300919.SZ	非国有控股	电力设备	铜仁市	82.33
3	航宇科技	688239.SH	非国有控股	国防军工	贵阳市	79.59
4	振华科技	000733.SZ	中央国有控股	国防军工	贵阳市	74.55
5	中航重机	600765.SH	中央国有控股	国防军工	贵阳市	73.15
6	航天电器	002025.SZ	中央国有控股	国防军工	贵阳市	72.68
7	川恒股份	002895.SZ	非国有控股	基础化工	黔南布依族苗族自治州	72.11
8	世纪恒通	301428.SZ	非国有控股	通信	贵阳市	70.98
9	保利联合	002037.SZ	中央国有控股	基础化工	贵阳市	69.70
10	振华风光	688439.SH	中央国有控股	国防军工	贵阳市	69.30

数据来源：同花顺（iFinD），首经贸资产评估研究院和浙工商中国智能管理研究院整理。

9.8.3　创新要素投入指数

2023年贵州省34家上市公司创新要素投入指数平均水平为67.13，高于全市场均值66.07。从指数分布来看，高于全市场均值的有21家，占省内上市公司总数的61.76%。其中，最高的是中伟股份，创新要素投入指数为79.73。具体来看，创新要素投入指数处于[70，80)的有11家，占比32.35%；[60，70)的有19家，占比55.88%；[0，60)的有4家，占比11.77%，如图9-75所示。

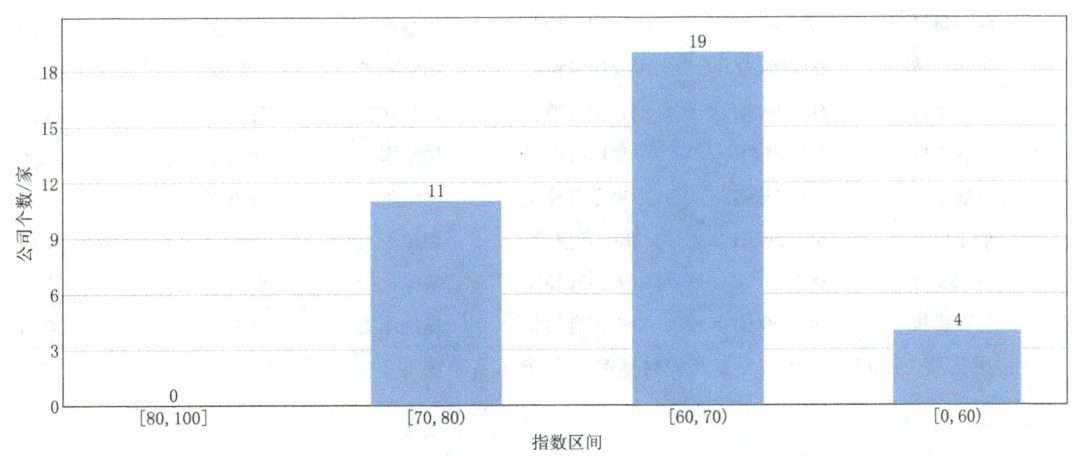

图9-75　2023年贵州省上市公司创新要素投入指数分布图

从省内市、自治州分布来看，创新要素投入指数平均水平最高的是铜仁市（79.73），最低的是黔南布依族苗族自治州（63.67），如图9-76所示。

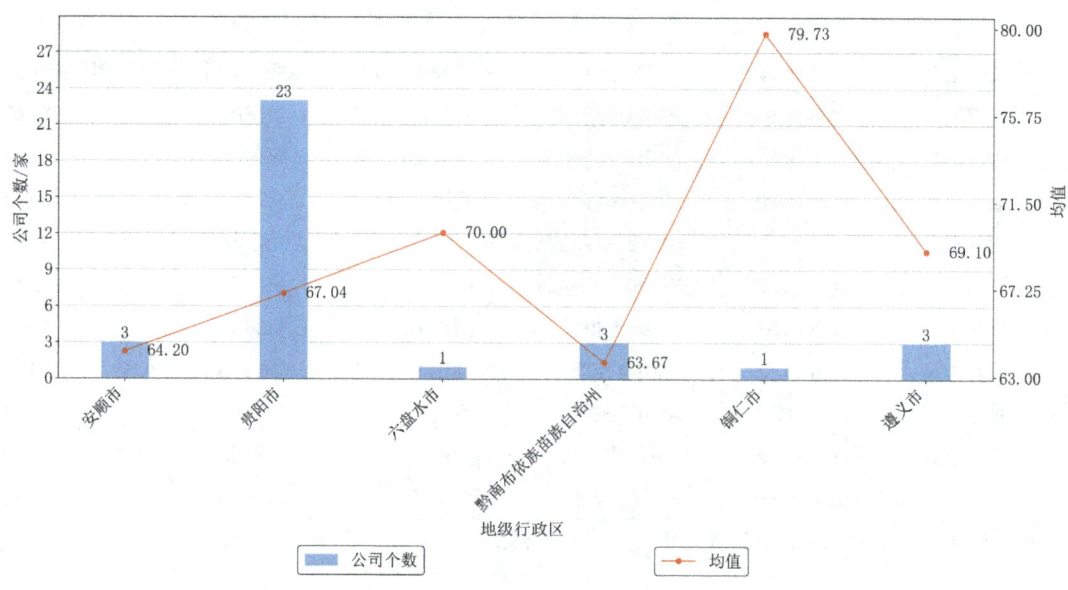

图9-76 2023年贵州省上市公司创新要素投入指数均值分布图

贵州省中，创新要素投入指数排名前10的上市公司如表9-38所示。

表9-38 2023年贵州省上市公司创新要素投入指数前10排名

排名	证券名称	证券代码	产权性质	一级行业	地级行政区	创新要素投入指数
1	中伟股份	300919.SZ	非国有控股	电力设备	铜仁市	79.73
2	航天电器	002025.SZ	中央国有控股	国防军工	贵阳市	79.44
3	振华风光	688439.SH	中央国有控股	国防军工	贵阳市	77.60
4	振华科技	000733.SZ	中央国有控股	国防军工	贵阳市	77.38
5	贵州茅台	600519.SH	地方国有控股	食品饮料	遵义市	75.24
6	中航重机	600765.SH	中央国有控股	国防军工	贵阳市	74.50
7	贵航股份	600523.SH	中央国有控股	汽车	贵阳市	73.73
8	航宇科技	688239.SH	非国有控股	国防军工	贵阳市	71.45
9	保利联合	002037.SZ	中央国有控股	基础化工	贵阳市	71.25
10	沃顿科技	000920.SZ	中央国有控股	基础化工	贵阳市	70.44

数据来源：同花顺（iFinD），首经贸资产评估研究院和浙工商中国智能管理研究院整理。

9.8.4 创新科技成果指数

2023年贵州省34家上市公司创新科技成果指数平均水平为64.86，高于全市场均值64.15。从指数分布来看，高于全市场均值的有19家，占省内上市公司总数的55.88%。其中，最高的是振华科技，创新科技成果指数为77.36。具体来看，创新科技成果指数处于[70，80）的有4家，占比11.76%；[60，70）的有28家，占比82.35%；[0，60）的有2家，占比5.89%，如图9-77所示。

从省内市、自治州分布来看，创新科技成果指数平均水平最高的是铜仁市（69.55），最低的是黔南布依族苗族自治州（62.03），如图9-78所示。

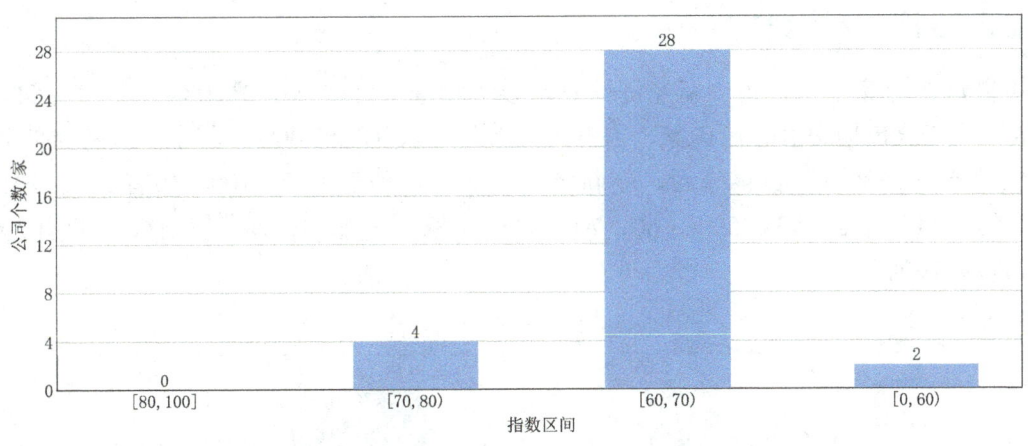

图9-77 2023年贵州省上市公司创新科技成果指数分布图

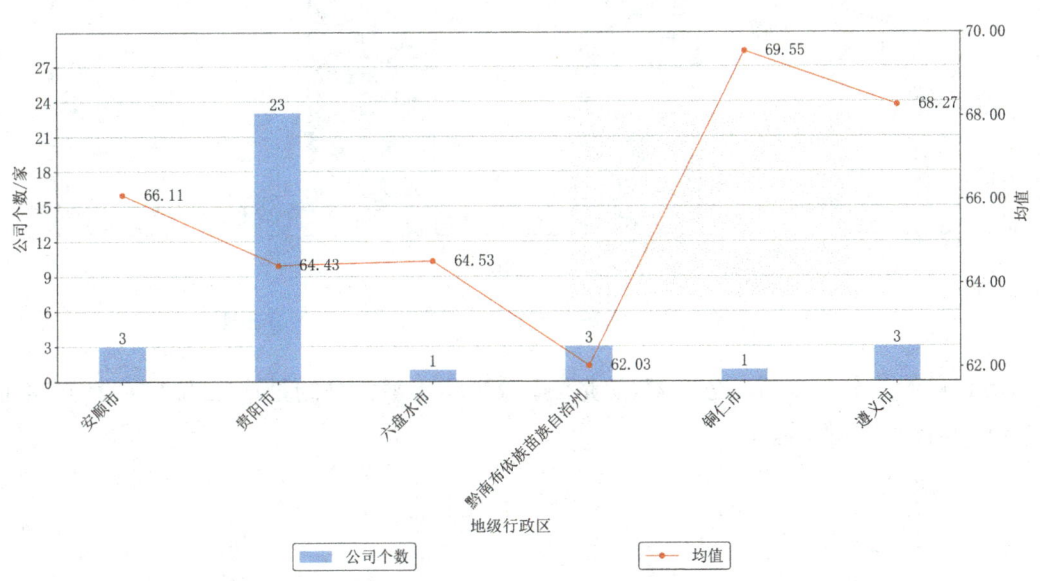

图9-78 2023年贵州省上市公司创新科技成果指数均值分布图

贵州省中，创新科技成果指数排名前10的上市公司如表9-39所示。

表9-39 2023年贵州省上市公司创新科技成果指数前10排名

排名	证券名称	证券代码	产权性质	一级行业	地级行政区	创新科技成果指数
1	振华科技	000733.SZ	中央国有控股	国防军工	贵阳市	77.36
2	贵州三力	603439.SH	非国有控股	医药生物	安顺市	72.95
3	中航重机	600765.SH	中央国有控股	国防军工	贵阳市	71.26
4	贵州茅台	600519.SH	地方国有控股	食品饮料	遵义市	70.56
5	中伟股份	300919.SZ	非国有控股	电力设备	铜仁市	69.55
6	振华风光	688439.SH	中央国有控股	国防军工	贵阳市	68.55
7	贵广网络	600996.SH	地方国有控股	传媒	贵阳市	68.00
8	泰永长征	002927.SZ	非国有控股	电力设备	遵义市	67.70
9	赤天化	600227.SH	非国有控股	基础化工	贵阳市	67.36
10	沃顿科技	000920.SZ	中央国有控股	基础化工	贵阳市	66.91

数据来源：同花顺（iFinD），首经贸资产评估研究院和浙工商中国智能管理研究院整理。

9.8.5 创新经济绩效指数

2023年贵州省34家上市公司创新经济绩效指数平均水平为67.06，高于全市场均值64.49。从指数分布来看，高于全市场均值的有17家，占省内上市公司总数的50.00%。其中，最高的是贵州茅台，创新经济绩效指数为86.30。具体来看，创新经济绩效指数处于［80，100］的有2家，占比5.88%；［70，80）的有11家，占比32.35%；［60，70）的有14家，占比41.18%；［0，60）的有7家，占比20.59%，如图9-79所示。

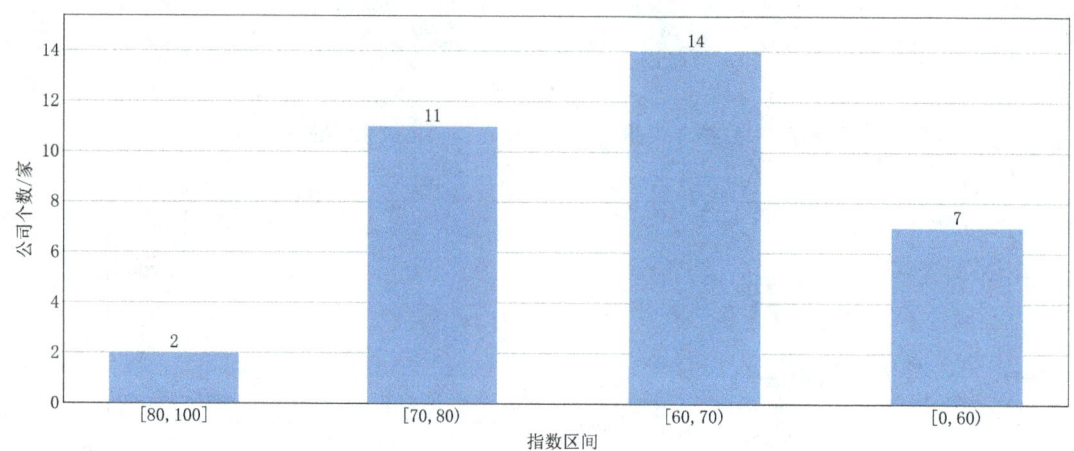

图9-79　2023年贵州省上市公司创新经济绩效指数分布图

从省内市、自治州分布来看，创新经济绩效指数平均水平最高的是铜仁市（70.93），最低的是贵阳市（66.36），如图9-80所示。

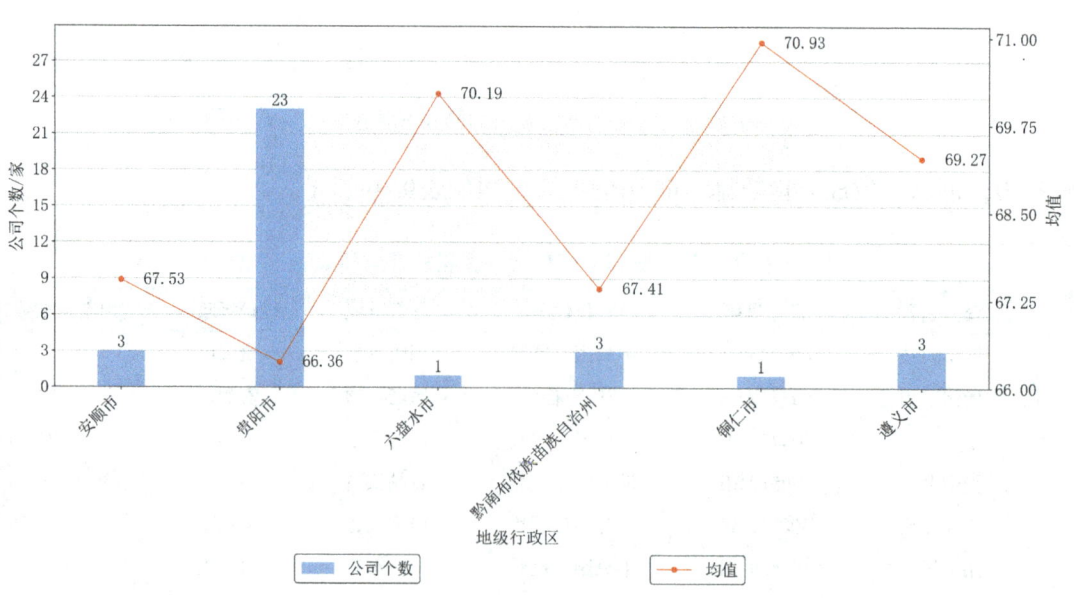

图9-80　2023年贵州省上市公司创新经济绩效指数均值分布图

贵州省中，创新经济绩效指数排名前10的上市公司如表9-40所示。

表 9-40　2023 年贵州省上市公司创新经济绩效指数前 10 排名

排名	证券名称	证券代码	产权性质	一级行业	地级行政区	创新经济绩效指数
1	贵州茅台	600519.SH	地方国有控股	食品饮料	遵义市	86.30
2	振华科技	000733.SZ	中央国有控股	国防军工	贵阳市	81.60
3	振华风光	688439.SH	中央国有控股	国防军工	贵阳市	78.36
4	贵州燃气	600903.SH	地方国有控股	公用事业	贵阳市	75.89
5	贵州轮胎	000589.SZ	地方国有控股	汽车	贵阳市	75.85
6	中航重机	600765.SH	中央国有控股	国防军工	贵阳市	75.29
7	贵州三力	603439.SH	非国有控股	医药生物	安顺市	74.84
8	航天电器	002025.SZ	中央国有控股	国防军工	贵阳市	74.80
9	川恒股份	002895.SZ	非国有控股	基础化工	黔南布依族苗族自治州	72.37
10	航宇科技	688239.SH	非国有控股	国防军工	贵阳市	71.70

数据来源：同花顺（iFinD），首经贸资产评估研究院和浙工商中国智能管理研究院整理。

9.9　海南省上市公司创新发展指数评价

2023年，海南省全年实现地区生产总值7551.18亿元，人均地区生产总值为72958.00元，居民人均可支配收入33192.00元。截至2023年底，A股市场海南省共有上市公司25家，总市值共计2511.05亿元，营业收入共计1966.52亿元，平均市值100.44亿元/家，平均营业收入78.66亿元/家。市值最大的上市公司为海航控股（592.05亿元），营业收入最高的上市公司为海航控股（586.41亿元）。2023年，海南省上市公司研发投入合计为25.00亿元，占营业收入的1.27%；无形资产账面价值合计为112.71亿元，占总资产的3.61%。根据本报告分析口径，本节共对海南省25家上市公司开展创新发展指数评价，具体情况如下：

9.9.1　创新发展综合指数

2023年海南省25家上市公司创新发展综合指数平均水平为62.23，低于全市场均值65.40。从指数分布来看，高于全市场均值的有10家，占省内上市公司总数的40.00%。其中，最高的是中钨高新，创新发展综合指数为75.12。具体来看，创新发展综合指数处于［70，80）的有4家，占比16.00%；［60，70）的有9家，占比36.00%；［0，60）的有12家，占比48.00%，如图9-81所示。

从省内市、县分布来看，海南省25家上市公司分布在2个市和部分省直辖县级行政区。创新发展综合指数平均水平最高的是海口市（62.90），最低的是三亚市（57.04），如图9-82所示。

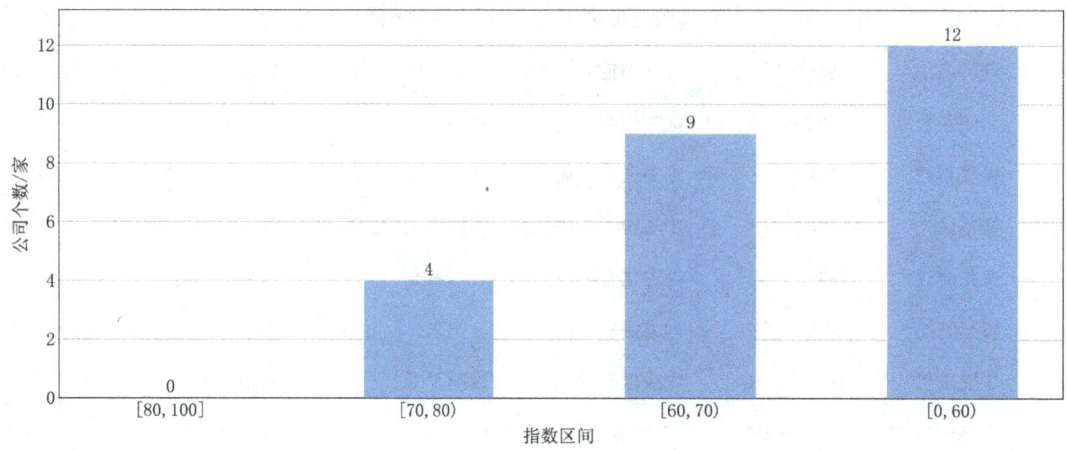

图9-81　2023年海南省上市公司创新发展综合指数分布图

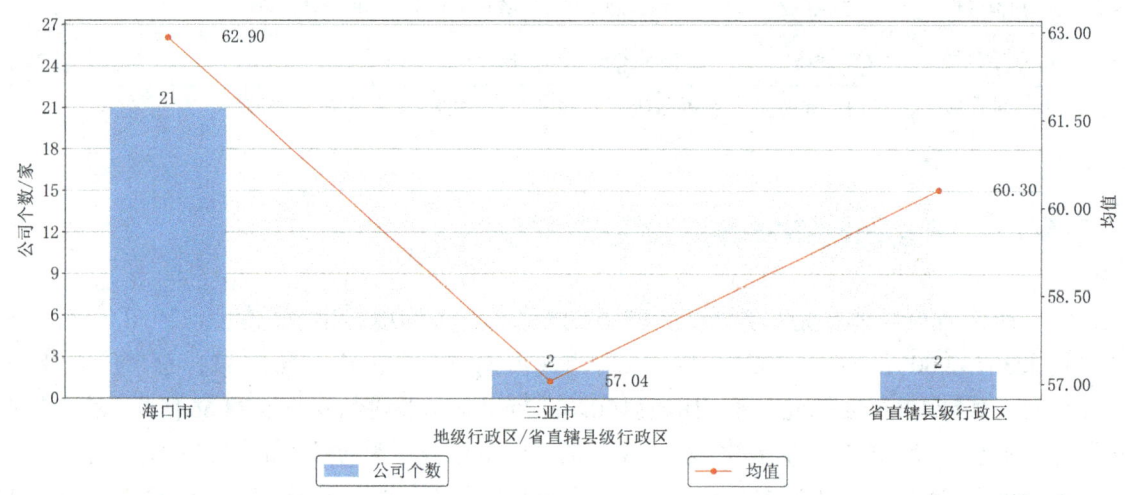

图9-82　2023年海南省上市公司创新发展综合指数均值分布图

海南省中，创新发展综合指数排名前10的上市公司如表9-41所示。

表9-41　2023年海南省上市公司创新发展综合指数前10排名

排名	证券名称	证券代码	产权性质	一级行业	地级行政区	创新发展综合指数
1	中钨高新	000657.SZ	中央国有控股	有色金属	海口市	75.12
2	钧达股份	002865.SZ	非国有控股	电力设备	海口市	72.35
3	葫芦娃	605199.SH	非国有控股	医药生物	海口市	71.48
4	金盘科技	688676.SH	非国有控股	电力设备	海口市	70.72
5	京粮控股	000505.SZ	地方国有控股	农林牧渔	海口市	67.94
6	海南橡胶	601118.SH	地方国有控股	农林牧渔	海口市	66.49
7	普利制药	300630.SZ	非国有控股	医药生物	海口市	66.40
8	广晟有色	600259.SH	中央国有控股	有色金属	海口市	66.29
9	海马汽车	000572.SZ	非国有控股	汽车	海口市	66.05
10	海南海药	000566.SZ	中央国有控股	医药生物	海口市	65.67

数据来源：同花顺（iFinD），首经贸资产评估研究院和浙工商中国智能管理研究院整理。

9.9.2 创新资源支持指数

2023年海南省25家上市公司创新资源支持指数平均水平为64.15，低于全市场均值67.08。从指数分布来看，高于全市场均值的有6家，占省内上市公司总数的24.00%。其中，最高的是中钨高新，创新资源支持指数为84.11。具体来看，创新资源支持指数处于［80，100］的有1家，占比4.00%；［70，80）的有4家，占比16.00%；［60，70）的有14家，占比56.00%；［0，60）的有6家，占比24.00%，如图9-83所示。

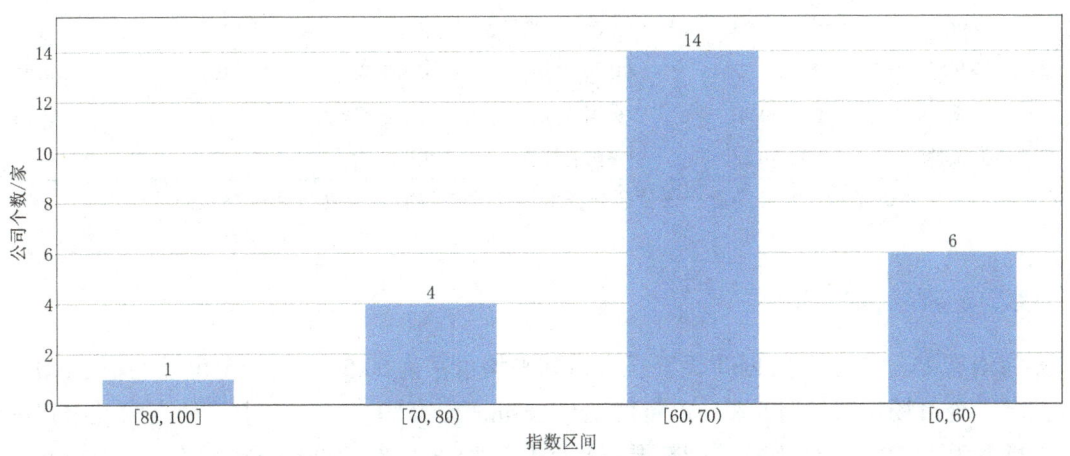

图9-83　2023年海南省上市公司创新资源支持指数分布图

从省内市、县分布来看，创新资源支持指数平均水平最高的是海口市（65.52），最低的是省直辖县级行政区（54.14），如图9-84所示。

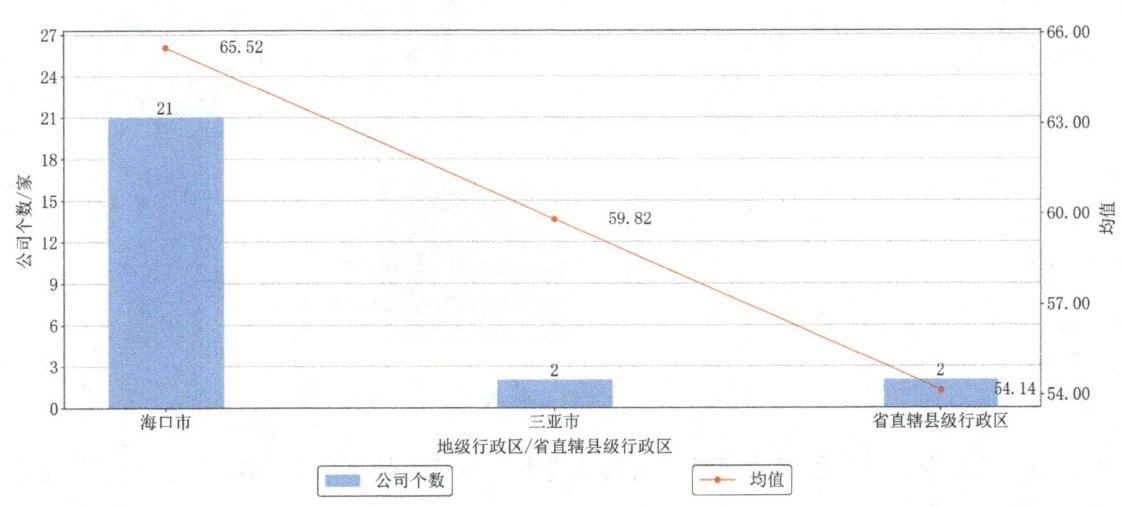

图9-84　2023年海南省上市公司创新资源支持指数均值分布图

海南省中，创新资源支持指数排名前10的上市公司如表9-42所示。

表 9-42　2023 年海南省上市公司创新资源支持指数前 10 排名

排名	证券名称	证券代码	产权性质	一级行业	地级行政区	创新资源支持指数
1	中钨高新	000657.SZ	中央国有控股	有色金属	海口市	84.11
2	钧达股份	002865.SZ	非国有控股	电力设备	海口市	77.07
3	金盘科技	688676.SH	非国有控股	电力设备	海口市	75.40
4	海南海药	000566.SZ	中央国有控股	医药生物	海口市	71.42
5	葫芦娃	605199.SH	非国有控股	医药生物	海口市	70.84
6	海马汽车	000572.SZ	非国有控股	汽车	海口市	69.77
7	京粮控股	000505.SZ	地方国有控股	农林牧渔	海口市	66.45
8	普利制药	300630.SZ	非国有控股	医药生物	海口市	66.33
9	广晟有色	600259.SH	中央国有控股	有色金属	海口市	65.84
10	海峡股份	002320.SZ	中央国有控股	交通运输	海口市	65.77

数据来源：同花顺（iFinD），首经贸资产评估研究院和浙工商中国智能管理研究院整理。

9.9.3　创新要素投入指数

2023年海南省25家上市公司创新要素投入指数平均水平为60.52，低于全市场均值66.07。从指数分布来看，高于全市场均值的有5家，占省内上市公司总数的20.00%。其中，最高的是中钨高新，创新要素投入指数为77.50。具体来看，创新要素投入指数处于［70，80）的有4家，占比16.00%；［60，70）的有10家，占比40.00%；［0，60）的有11家，占比44.00%，如图9-85所示。

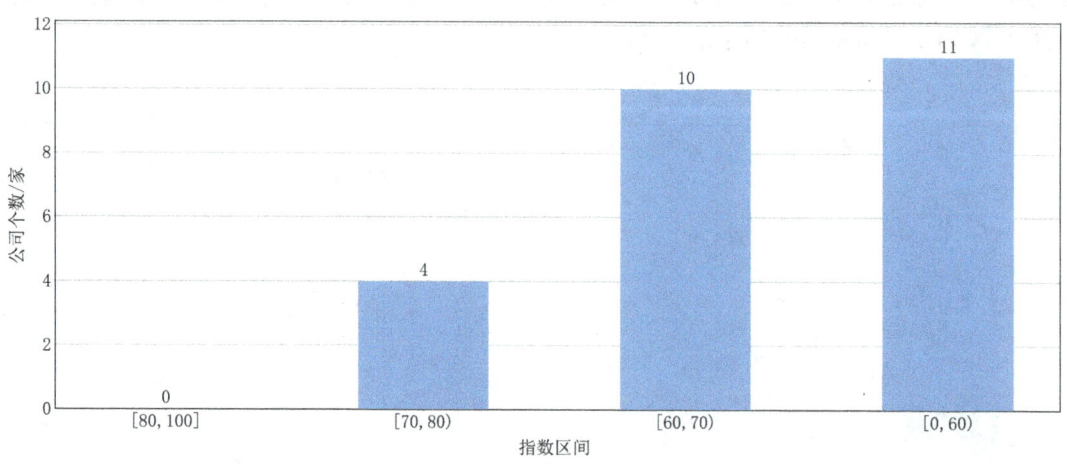

图9-85　2023年海南省上市公司创新要素投入指数分布图

从省内市、县分布来看，创新要素投入指数平均水平最高的是海口市（61.35），最低的是三亚市（51.58），如图9-86所示。

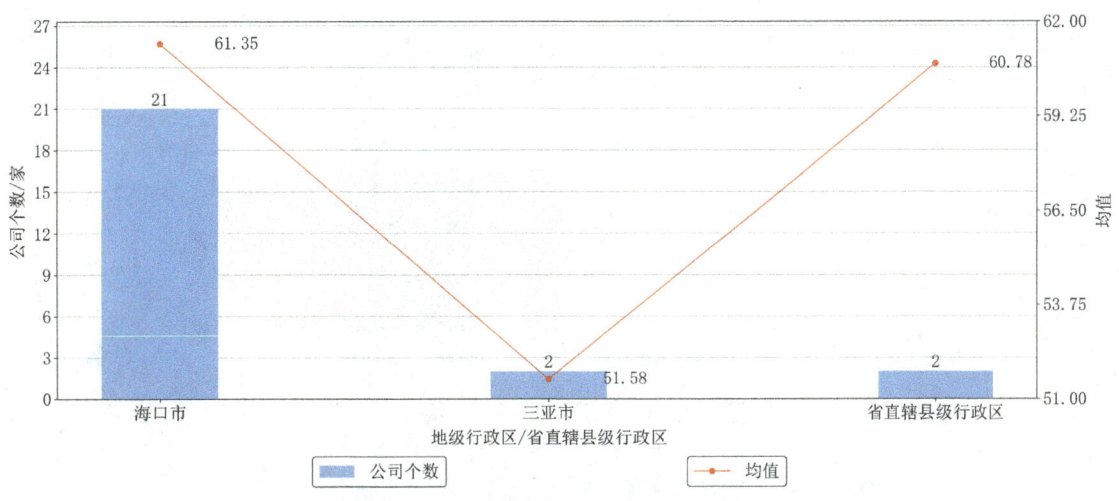

图 9-86　2023 年海南省上市公司创新要素投入指数均值分布图

海南省中，创新要素投入指数排名前 10 的上市公司如表 9-43 所示。

表 9-43　2023 年海南省上市公司创新要素投入指数前 10 排名

排名	证券名称	证券代码	产权性质	一级行业	地级行政区	创新要素投入指数
1	中钨高新	000657.SZ	中央国有控股	有色金属	海口市	77.50
2	普利制药	300630.SZ	非国有控股	医药生物	海口市	74.30
3	金盘科技	688676.SH	非国有控股	电力设备	海口市	73.26
4	钧达股份	002865.SZ	非国有控股	电力设备	海口市	73.10
5	葫芦娃	605199.SH	非国有控股	医药生物	海口市	68.27
6	海马汽车	000572.SZ	非国有控股	汽车	海口市	66.05
7	京粮控股	000505.SZ	地方国有控股	农林牧渔	海口市	65.93
8	海南橡胶	601118.SH	地方国有控股	农林牧渔	海口市	65.68
9	海南海药	000566.SZ	中央国有控股	医药生物	海口市	64.93
10	广晟有色	600259.SH	中央国有控股	有色金属	海口市	62.40

数据来源：同花顺（iFinD），首经贸资产评估研究院和浙工商中国智能管理研究院整理。

9.9.4　创新科技成果指数

2023 年海南省 25 家上市公司创新科技成果指数平均水平为 62.12，低于全市场均值 64.15。从指数分布来看，高于全市场均值的有 9 家，占省内上市公司总数的 36.00%。其中，最高的是京粮控股，创新科技成果指数为 72.05。具体来看，创新科技成果指数处于 [70，80) 的有 2 家，占比 8.00%；[60，70) 的有 14 家，占比 56.00%；[0，60) 的有 9 家，占比 36.00%，如图 9-87 所示。

从省内市、县分布来看，创新科技成果指数平均水平最高的是省直辖县级行政区（62.68），最低的是三亚市（60.86），如图 9-88 所示。

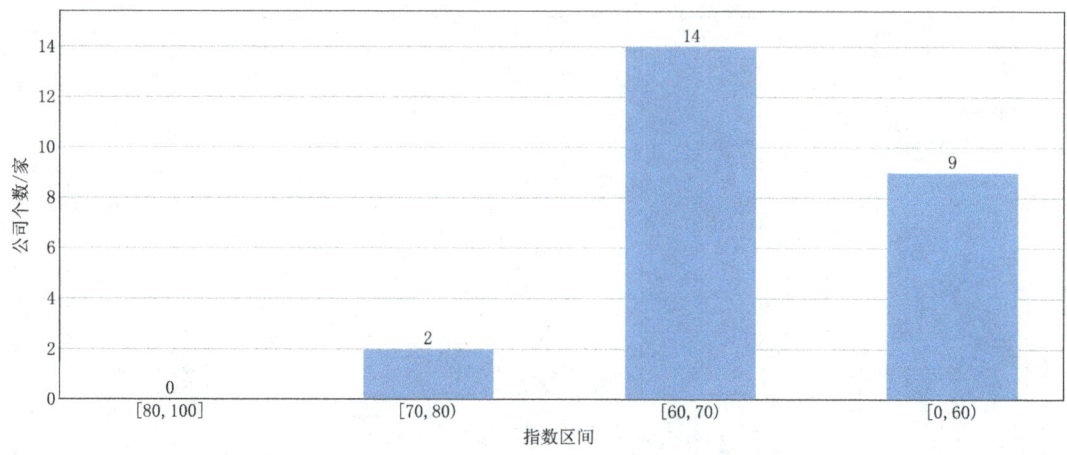

图9-87　2023年海南省上市公司创新科技成果指数分布图

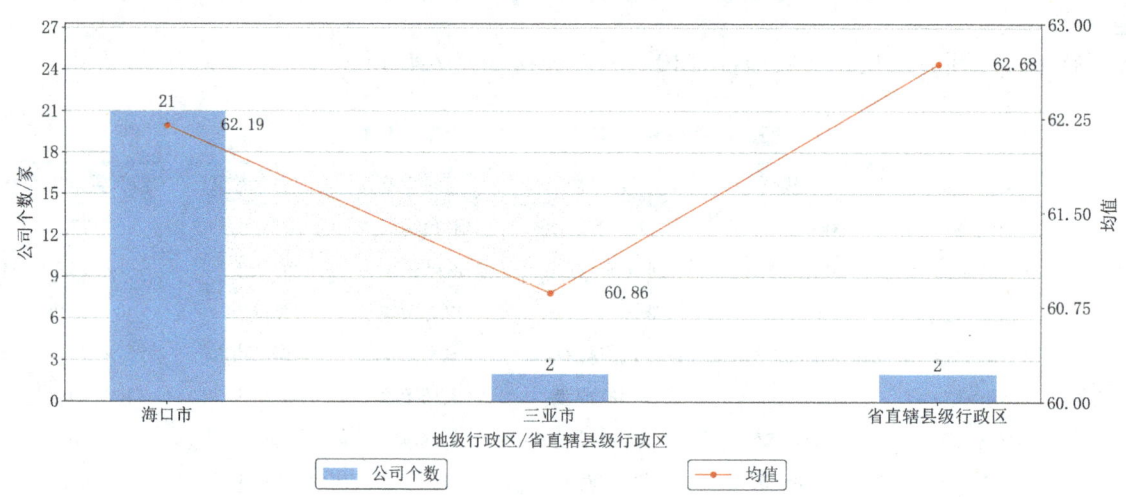

图9-88　2023年海南省上市公司创新科技成果指数均值分布图

海南省中，创新科技成果指数排名前10的上市公司如表9-44所示。

表9-44　2023年海南省上市公司创新科技成果指数前10排名

排名	证券名称	证券代码	产权性质	一级行业	地级行政区/省直辖县级行政区	创新科技成果指数
1	京粮控股	000505.SZ	地方国有控股	农林牧渔	海口市	72.05
2	葫芦娃	605199.SH	非国有控股	医药生物	海口市	71.98
3	中钨高新	000657.SZ	中央国有控股	有色金属	海口市	69.33
4	金盘科技	688676.SH	非国有控股	电力设备	海口市	67.35
5	广晟有色	600259.SH	中央国有控股	有色金属	海口市	66.77
6	海南瑞泽	002596.SZ	非国有控股	建筑材料	三亚市	65.90
7	钧达股份	002865.SZ	非国有控股	电力设备	海口市	65.78
8	海南矿业	601969.SH	非国有控股	钢铁	省直辖县级行政区	65.23
9	海南橡胶	601118.SH	地方国有控股	农林牧渔	海口市	64.57
10	康芝药业	300086.SZ	非国有控股	医药生物	海口市	64.00

数据来源：同花顺（iFinD），首经贸资产评估研究院和浙工商中国智能管理研究院整理。

9.9.5 创新经济绩效指数

2023年海南省25家上市公司创新经济绩效指数平均水平为62.93，低于全市场均值64.49。从指数分布来看，高于全市场均值的有12家，占省内上市公司总数的48.00%。其中，最高的是葫芦娃，创新经济绩效指数为75.31。具体来看，创新经济绩效指数处于[70，80)的有6家，占比24.00%；[60，70)的有11家，占比44.00%；[0，60)的有8家，占比32.00%，如图9-89所示。

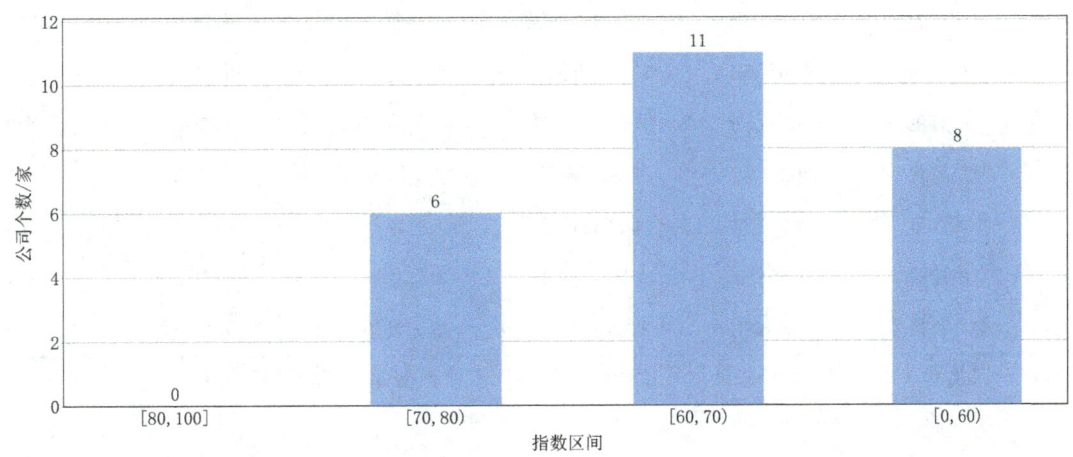

图9-89　2023年海南省上市公司创新经济绩效指数分布图

从省内市、县分布来看，创新经济绩效指数平均水平最高的是海口市（63.47），最低的是三亚市（58.13），如图9-90所示。

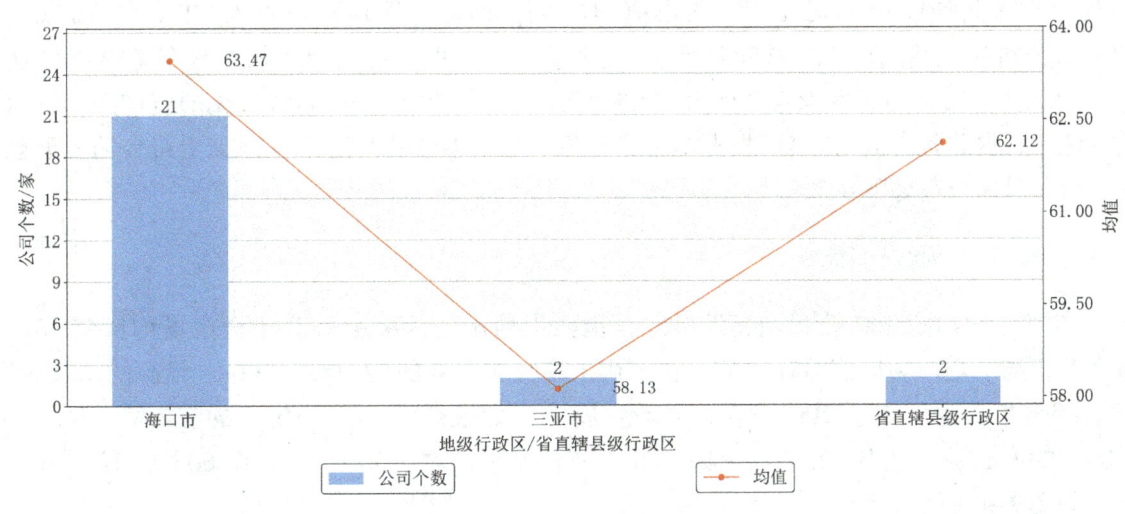

图9-90　2023年海南省上市公司创新经济绩效指数均值分布图

海南省中，创新经济绩效指数排名前10的上市公司如表9-45所示。

表 9-45 2023 年海南省上市公司创新经济绩效指数前 10 排名

排名	证券名称	证券代码	产权性质	一级行业	地级行政区/省直辖县级行政区	创新经济绩效指数
1	葫芦娃	605199.SH	非国有控股	医药生物	海口市	75.31
2	海南矿业	601969.SH	非国有控股	钢铁	省直辖县级行政区	74.09
3	钧达股份	002865.SZ	非国有控股	电力设备	海口市	73.85
4	海南橡胶	601118.SH	地方国有控股	农林牧渔	海口市	71.77
5	中钨高新	000657.SZ	中央国有控股	有色金属	海口市	70.89
6	广晟有色	600259.SH	中央国有控股	有色金属	海口市	70.82
7	海航控股	600221.SH	非国有控股	交通运输	海口市	68.47
8	海马汽车	000572.SZ	非国有控股	汽车	海口市	68.11
9	京粮控股	000505.SZ	地方国有控股	农林牧渔	海口市	67.77
10	金盘科技	688676.SH	非国有控股	电力设备	海口市	67.27

数据来源：同花顺（iFinD），首经贸资产评估研究院和浙工商中国智能管理研究院整理。

9.10 河北省上市公司创新发展指数评价

2023 年，河北省全年实现地区生产总值 43944.10 亿元，人均地区生产总值为 59332.00 元，居民人均可支配收入 32903.00 元。截至 2023 年底，A 股市场河北省共有上市公司 74 家，总市值共计 10675.05 亿元，营业收入共计 9580.68 亿元，平均市值 144.26 亿元/家，平均营业收入 129.47 亿元/家。市值最大的上市公司为长城汽车（2142.88 亿元），营业收入最高的上市公司为长城汽车（1732.12 亿元）。2023 年，河北省上市公司研发投入合计为 364.54 亿元，占营业收入的 3.80%；无形资产账面价值合计为 746.34 亿元，占总资产的 4.71%。根据本报告分析口径，本节共对河北省 74 家上市公司开展创新发展指数评价，具体情况如下：

9.10.1 创新发展综合指数

2023 年河北省 74 家上市公司创新发展综合指数平均水平为 66.16，高于全市场均值 65.40。从指数分布来看，高于全市场均值的有 39 家，占省内上市公司总数的 52.70%。其中，最高的是长城汽车，创新发展综合指数为 84.34。具体来看，创新发展综合指数处于［80，100］的有 2 家，占比 2.70%；［70，80）的有 17 家，占比 22.97%；［60，70）的有 42 家，占比 56.76%；［0，60）的有 13 家，占比 17.57%，如图 9-91 所示。

从省内城市分布来看，河北省 74 家上市公司分布在 11 个市。创新发展综合指数平均水平最高的是保定市（68.82），最低的是廊坊市（59.84），如图 9-92 所示。

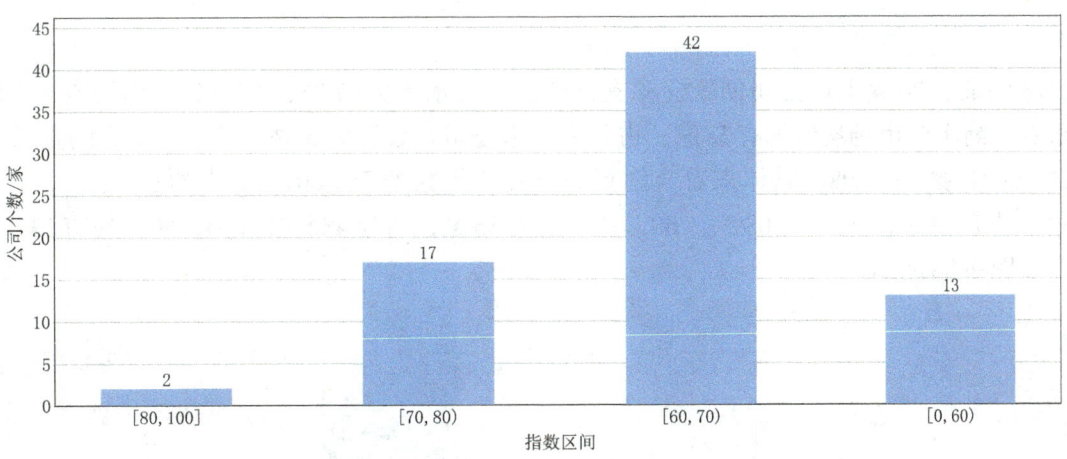

图9-91 2023年河北省上市公司创新发展综合指数分布图

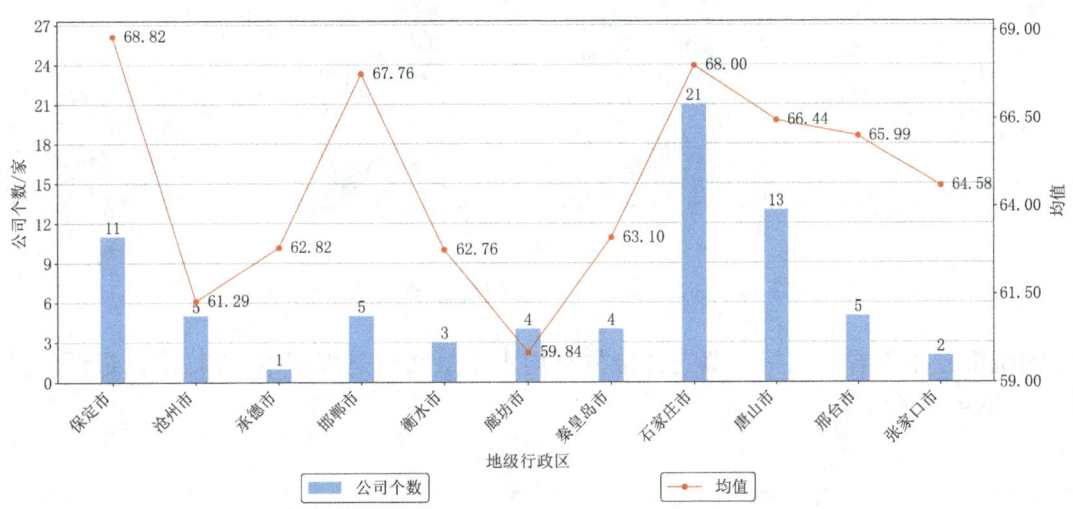

图9-92 2023年河北省上市公司创新发展综合指数均值分布图

河北省中，创新发展综合指数排名前10的上市公司如表9-46所示。

表9-46 2023年河北省上市公司创新发展综合指数前10排名

排名	证券名称	证券代码	产权性质	一级行业	地级行政区	创新发展综合指数
1	长城汽车	601633.SH	非国有控股	汽车	保定市	84.34
2	紫光国微	002049.SZ	非国有控股	电子	唐山市	80.95
3	中国动力	600482.SH	中央国有控股	电力设备	保定市	78.21
4	新奥股份	600803.SH	非国有控股	公用事业	石家庄市	75.57
5	青鸟消防	002960.SZ	非国有控股	机械设备	张家口市	74.31
6	以岭药业	002603.SZ	非国有控股	医药生物	石家庄市	74.15
7	中瓷电子	003031.SZ	中央国有控股	通信	石家庄市	74.10
8	凌云股份	600480.SH	中央国有控股	汽车	保定市	73.81
9	晨光生物	300138.SZ	非国有控股	农林牧渔	邯郸市	73.70
10	晶澳科技	002459.SZ	非国有控股	电力设备	邢台市	73.53

数据来源：同花顺（iFinD），首经贸资产评估研究院和浙工商中国智能管理研究院整理。

9.10.2 创新资源支持指数

2023年河北省74家上市公司创新资源支持指数平均水平为67.28，高于全市场均值67.08。从指数分布来看，高于全市场均值的有38家，占省内上市公司总数的51.35%。其中，最高的是长城汽车，创新资源支持指数为91.08。具体来看，创新资源支持指数处于［80，100］的有2家，占比2.70%；［70，80）的有23家，占比31.08%；［60，70）的有36家，占比48.65%；［0，60）的有13家，占比17.57%，如图9-93所示。

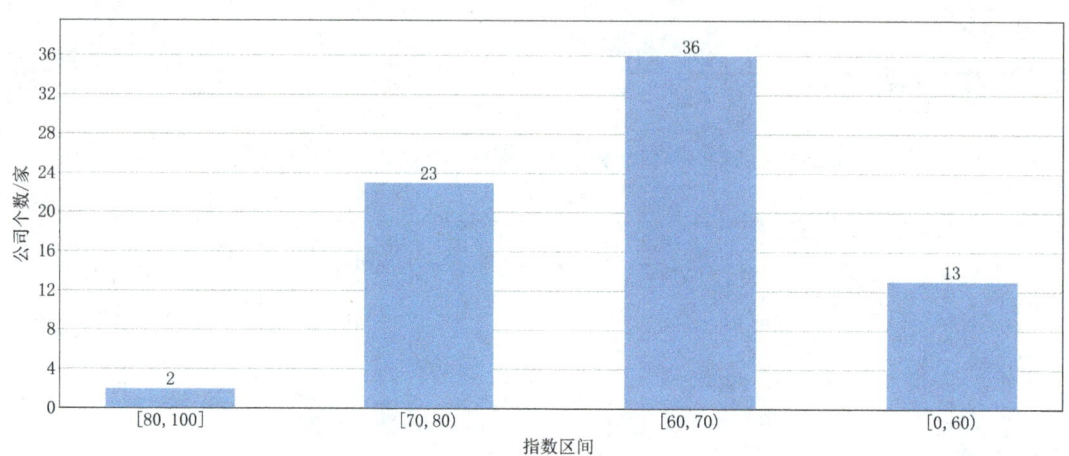

图9-93 2023年河北省上市公司创新资源支持指数分布图

从省内城市分布来看，创新资源支持指数平均水平最高的是邯郸市（74.20），最低的是承德市（55.36），如图9-94所示。

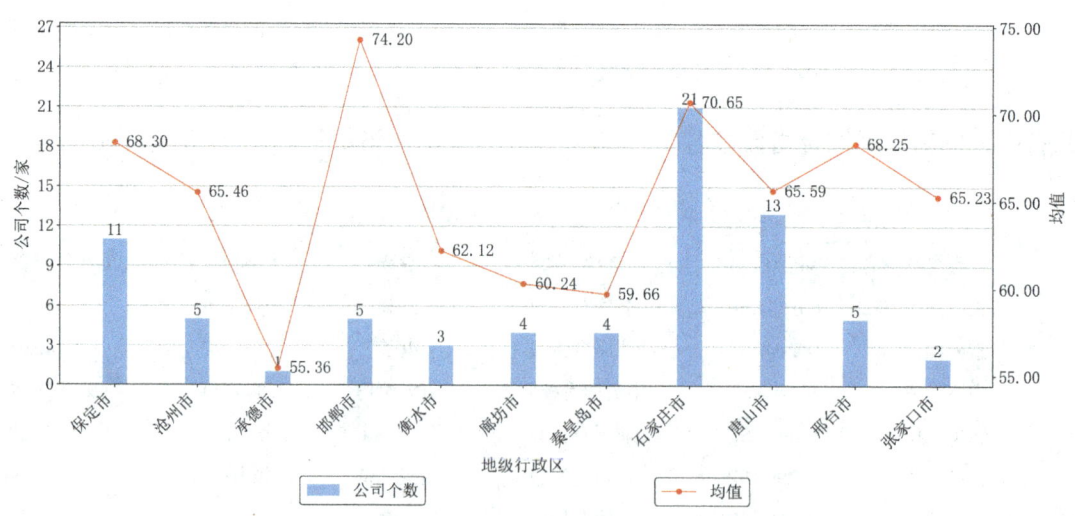

图9-94 2023年河北省上市公司创新资源支持指数均值分布图

河北省中，创新资源支持指数排名前10的上市公司如表9-47所示。

表 9-47 2023 年河北省上市公司创新资源支持指数前 10 排名

排名	证券名称	证券代码	产权性质	一级行业	地级行政区	创新资源支持指数
1	长城汽车	601633.SH	非国有控股	汽车	保定市	91.08
2	晨光生物	300138.SZ	非国有控股	农林牧渔	邯郸市	82.61
3	中瓷电子	003031.SZ	中央国有控股	通信	石家庄市	78.75
4	立中集团	300428.SZ	非国有控股	汽车	保定市	78.29
5	科林电气	603050.SH	地方国有控股	电力设备	石家庄市	77.60
6	华通线缆	605196.SH	非国有控股	电力设备	唐山市	77.59
7	沧州明珠	002108.SZ	非国有控股	基础化工	沧州市	77.35
8	通合科技	300491.SZ	非国有控股	电力设备	石家庄市	77.05
9	中国动力	600482.SH	中央国有控股	电力设备	保定市	77.00
10	晶澳科技	002459.SZ	非国有控股	电力设备	邢台市	76.74

数据来源：同花顺（iFinD），首经贸资产评估研究院和浙工商中国智能管理研究院整理。

9.10.3　创新要素投入指数

2023年河北省74家上市公司创新要素投入指数平均水平为67.24，高于全市场均值66.07。从指数分布来看，高于全市场均值的有35家，占省内上市公司总数的47.30%。其中，最高的是紫光国微，创新要素投入指数为87.40。具体来看，创新要素投入指数处于［80，100］的有3家，占比4.05%；［70，80）的有22家，占比29.73%；［60，70）的有37家，占比50.00%；［0，60）的有12家，占比16.22%，如图9-95所示。

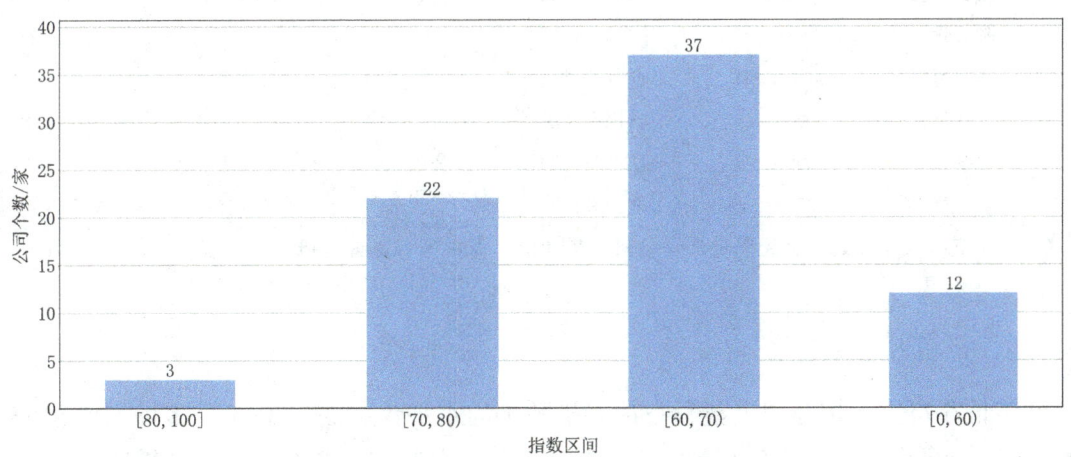

图 9-95　2023 年河北省上市公司创新要素投入指数分布图

从省内城市分布来看，创新要素投入指数平均水平最高的是保定市（70.57），最低的是张家口市（59.55），如图9-96所示。

2024中国上市公司创新发展指数报告

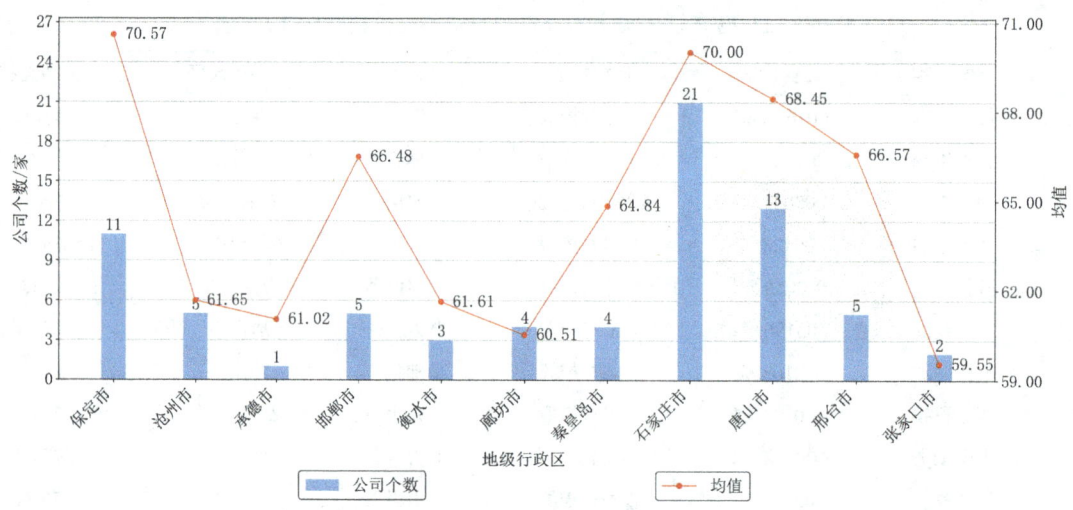

图9-96　2023年河北省上市公司创新要素投入指数均值分布图

河北省中，创新要素投入指数排名前10的上市公司如表9-48所示。

表9-48　2023年河北省上市公司创新要素投入指数前10排名

排名	证券名称	证券代码	产权性质	一级行业	地级行政区	创新要素投入指数
1	紫光国微	002049.SZ	非国有控股	电子	唐山市	87.40
2	长城汽车	601633.SH	非国有控股	汽车	保定市	84.58
3	中国动力	600482.SH	中央国有控股	电力设备	保定市	81.15
4	常山药业	300255.SZ	非国有控股	医药生物	石家庄市	78.24
5	通合科技	300491.SZ	非国有控股	电力设备	石家庄市	78.05
6	凌云股份	600480.SH	中央国有控股	汽车	保定市	77.69
7	华北制药	600812.SH	地方国有控股	医药生物	石家庄市	76.80
8	以岭药业	002603.SZ	非国有控股	医药生物	石家庄市	76.75
9	建投能源	000600.SZ	地方国有控股	公用事业	石家庄市	76.75
10	立中集团	300428.SZ	非国有控股	汽车	保定市	76.49

数据来源：同花顺（iFinD），首经贸资产评估研究院和浙工商中国智能管理研究院整理。

9.10.4　创新科技成果指数

2023年河北省74家上市公司创新科技成果指数平均水平为64.59，高于全市场均值64.15。从指数分布来看，高于全市场均值的有35家，占省内上市公司总数的47.30%。其中，最高的是紫光国微，创新科技成果指数为75.47。具体来看，创新科技成果指数处于[70，80)的有9家，占比12.16%；[60，70)的有55家，占比74.32%；[0，60)的有10家，占比13.52%，如图9-97所示。

从省内城市分布来看，创新科技成果指数平均水平最高的是保定市（67.31），最低的是承德市（60.22），如图9-98所示。

第9章 中国上市公司创新发展指数评价——省份维度

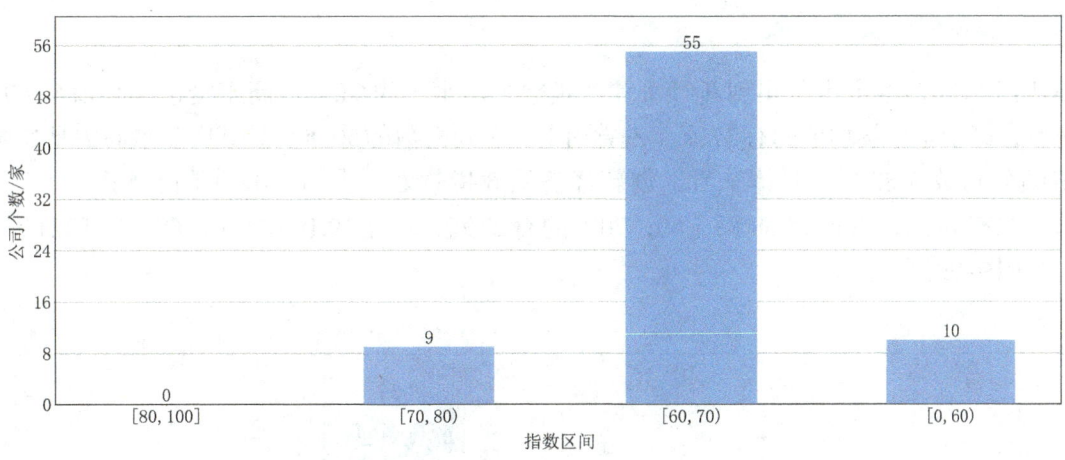

图9-97 2023年河北省上市公司创新科技成果指数分布图

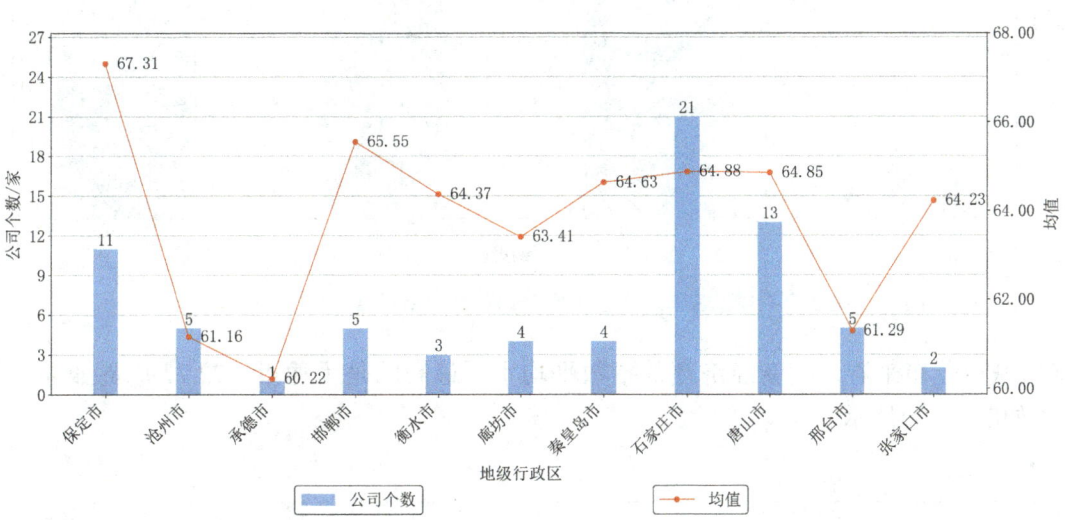

图9-98 2023年河北省上市公司创新科技成果指数均值分布图

河北省中，创新科技成果指数排名前10的上市公司如表9-49所示。

表9-49 2023年河北省上市公司创新科技成果指数前10排名

排名	证券名称	证券代码	产权性质	一级行业	地级行政区	创新科技成果指数
1	紫光国微	002049.SZ	非国有控股	电子	唐山市	75.47
2	中国动力	600482.SH	中央国有控股	电力设备	保定市	74.62
3	长城汽车	601633.SH	非国有控股	汽车	保定市	73.73
4	华北制药	600812.SH	地方国有控股	医药生物	石家庄市	72.24
5	乐凯胶片	600135.SH	中央国有控股	基础化工	保定市	71.52
6	凌云股份	600480.SH	中央国有控股	汽车	保定市	71.37
7	河钢股份	000709.SZ	地方国有控股	钢铁	石家庄市	70.92
8	科林电气	603050.SH	地方国有控股	电力设备	石家庄市	70.63
9	老白干酒	600559.SH	地方国有控股	食品饮料	衡水市	70.14
10	中船特气	688146.SH	中央国有控股	电子	邯郸市	68.70

数据来源：同花顺（iFinD），首经贸资产评估研究院和浙工商中国智能管理研究院整理。

9.10.5 创新经济绩效指数

2023年河北省74家上市公司创新经济绩效指数平均水平为65.46，高于全市场均值64.49。从指数分布来看，高于全市场均值的有37家，占省内上市公司总数的50.00%。其中，最高的是长城汽车，创新经济绩效指数为88.60。具体来看，创新经济绩效指数处于［80，100］的有5家，占比6.76%；［70，80）的有19家，占比25.68%；［60，70）的有29家，占比39.19%；［0，60）的有21家，占比28.37%，如图9-99所示。

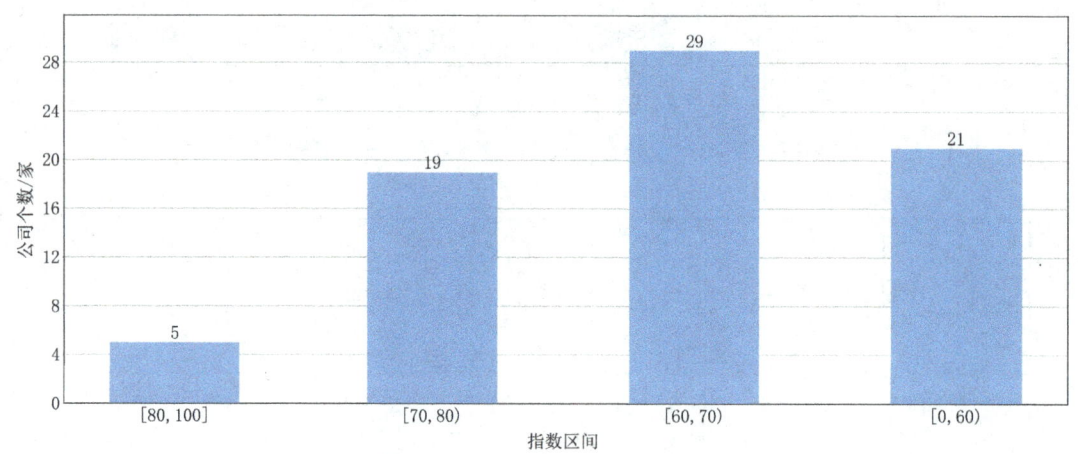

图9-99　2023年河北省上市公司创新经济绩效指数分布图

从省内城市分布来看，创新经济绩效指数平均水平最高的是承德市（72.77），最低的是廊坊市（55.55），如图9-100所示。

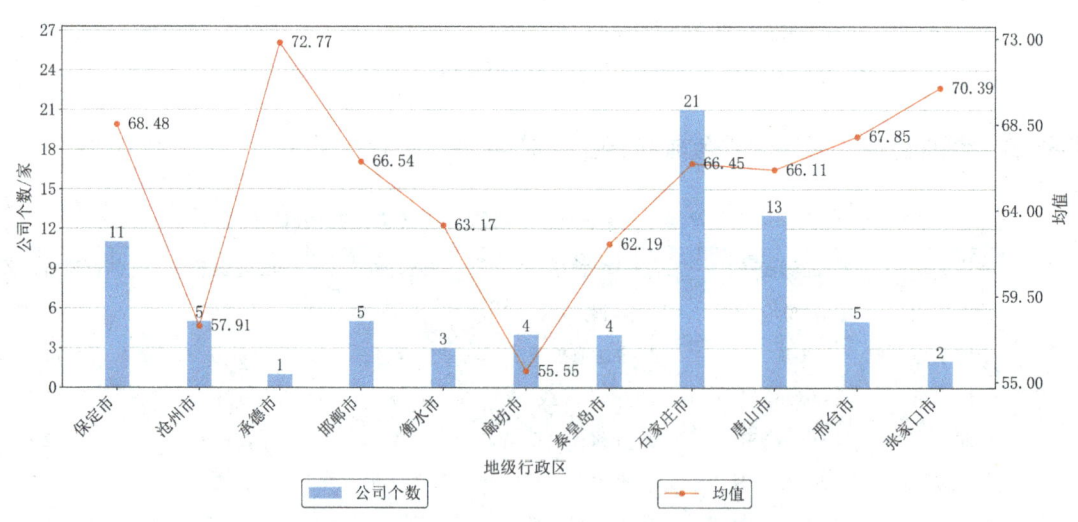

图9-100　2023年河北省上市公司创新经济绩效指数均值分布图

河北省中，创新经济绩效指数排名前10的上市公司如表9-50所示。

表 9-50　2023 年河北省上市公司创新经济绩效指数前 10 排名

排名	证券名称	证券代码	产权性质	一级行业	地级行政区	创新经济绩效指数
1	长城汽车	601633.SH	非国有控股	汽车	保定市	88.60
2	新奥股份	600803.SH	非国有控股	公用事业	石家庄市	85.23
3	新天绿能	600956.SH	地方国有控股	公用事业	石家庄市	82.24
4	紫光国微	002049.SZ	非国有控股	电子	唐山市	81.49
5	青鸟消防	002960.SZ	非国有控股	机械设备	张家口市	80.12
6	晨光生物	300138.SZ	非国有控股	农林牧渔	邯郸市	79.80
7	晶澳科技	002459.SZ	非国有控股	电力设备	邢台市	79.54
8	航天智造	300446.SZ	中央国有控股	汽车	保定市	78.92
9	中国动力	600482.SH	中央国有控股	电力设备	保定市	78.81
10	以岭药业	002603.SZ	非国有控股	医药生物	石家庄市	77.83

数据来源：同花顺（iFinD），首经贸资产评估研究院和浙工商中国智能管理研究院整理。

9.11　河南省上市公司创新发展指数评价

2023 年，河南省全年实现地区生产总值 59132.39 亿元，人均地区生产总值为 60073.00 元，居民人均可支配收入 29933.00 元。截至 2023 年底，A 股市场河南省共有上市公司 106 家，总市值共计 13225.85 亿元，营业收入共计 9560.98 亿元，平均市值 124.77 亿元/家，平均营业收入 90.20 亿元/家。市值最大的上市公司为牧原股份（2250.63 亿元），营业收入最高的上市公司为洛阳钼业（1862.69 亿元）。2023 年，河南省上市公司研发投入合计为 254.71 亿元，占营业收入的 2.66%；无形资产账面价值合计为 1326.89 亿元，占总资产的 8.83%。根据本报告分析口径，本节共对河南省 106 家上市公司开展创新发展指数评价，具体情况如下：

9.11.1　创新发展综合指数

2023 年河南省 106 家上市公司创新发展综合指数平均水平为 66.25，高于全市场均值 65.40。从指数分布来看，高于全市场均值的有 55 家，占省内上市公司总数的 51.89%。其中，最高的是许继电气，创新发展综合指数为 78.87。具体来看，创新发展综合指数处于 [70，80) 的有 24 家，占比 22.64%；[60，70) 的有 70 家，占比 66.04%；[0，60) 的有 12 家，占比 11.32%，如图 9-101 所示。

从省内城市分布来看，河南省 106 家上市公司分布在 17 个市和部分省直辖县级行政区。创新发展综合指数平均水平最高的是洛阳市（69.45），最低的是驻马店市（55.48），如图 9-102 所示。

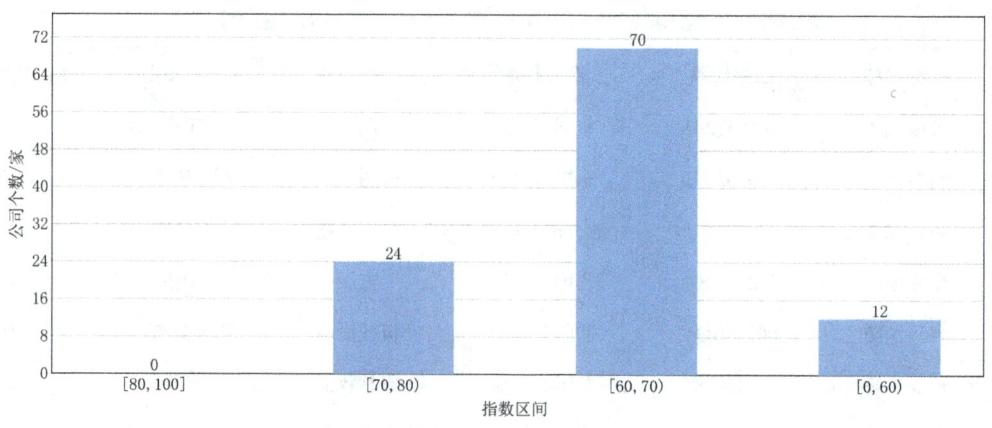

图9-101　2023年河南省上市公司创新发展综合指数分布图

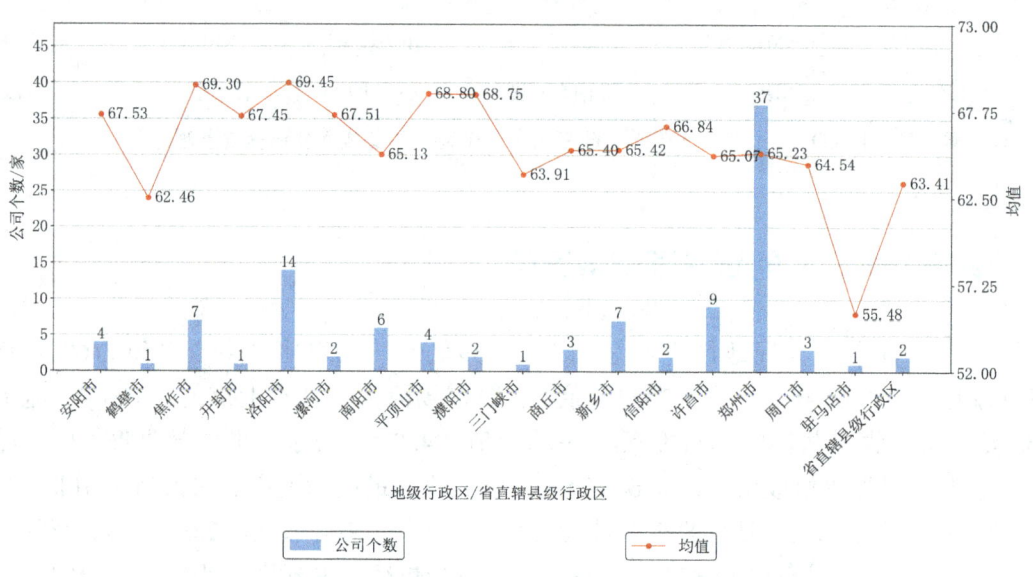

图9-102　2023年河南省上市公司创新发展综合指数均值分布图

河南省中，创新发展综合指数排名前10的上市公司如表9-51所示。

表9-51　2023年河南省上市公司创新发展综合指数前10排名

排名	证券名称	证券代码	产权性质	一级行业	地级行政区	创新发展综合指数
1	许继电气	000400.SZ	中央国有控股	电力设备	许昌市	78.87
2	宇通客车	600066.SH	非国有控股	汽车	郑州市	78.60
3	中航光电	002179.SZ	中央国有控股	国防军工	洛阳市	78.51
4	龙佰集团	002601.SZ	非国有控股	基础化工	焦作市	77.79
5	中信重工	601608.SH	中央国有控股	机械设备	洛阳市	77.66
6	郑煤机	601717.SH	地方国有控股	机械设备	郑州市	74.82
7	新开普	300248.SZ	非国有控股	计算机	郑州市	74.81
8	中原内配	002448.SZ	非国有控股	汽车	焦作市	74.73
9	一拖股份	601038.SH	中央国有控股	机械设备	洛阳市	74.66
10	平高电气	600312.SH	中央国有控股	电力设备	平顶山市	74.55

数据来源：同花顺（iFinD），首经贸资产评估研究院和浙工商中国智能管理研究院整理。

9.11.2 创新资源支持指数

2023年河南省106家上市公司创新资源支持指数平均水平为68.16，高于全市场均值67.08。从指数分布来看，高于全市场均值的有53家，占省内上市公司总数的50.00%。其中，最高的是宇通客车，创新资源支持指数为92.55。具体来看，创新资源支持指数处于[80，100]的有10家，占比9.43%；[70，80)的有24家，占比22.64%；[60，70)的有56家，占比52.83%；[0，60)的有16家，占比15.10%，如图9-103所示。

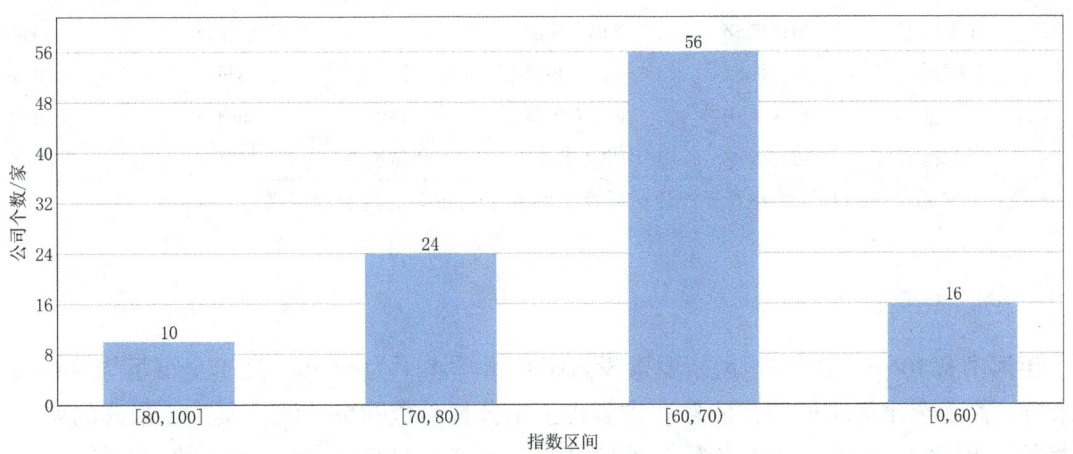

图9-103　2023年河南省上市公司创新资源支持指数分布图

从省内城市分布来看，创新资源支持指数平均水平最高的是濮阳市（74.10），最低的是驻马店市（55.12），如图9-104所示。

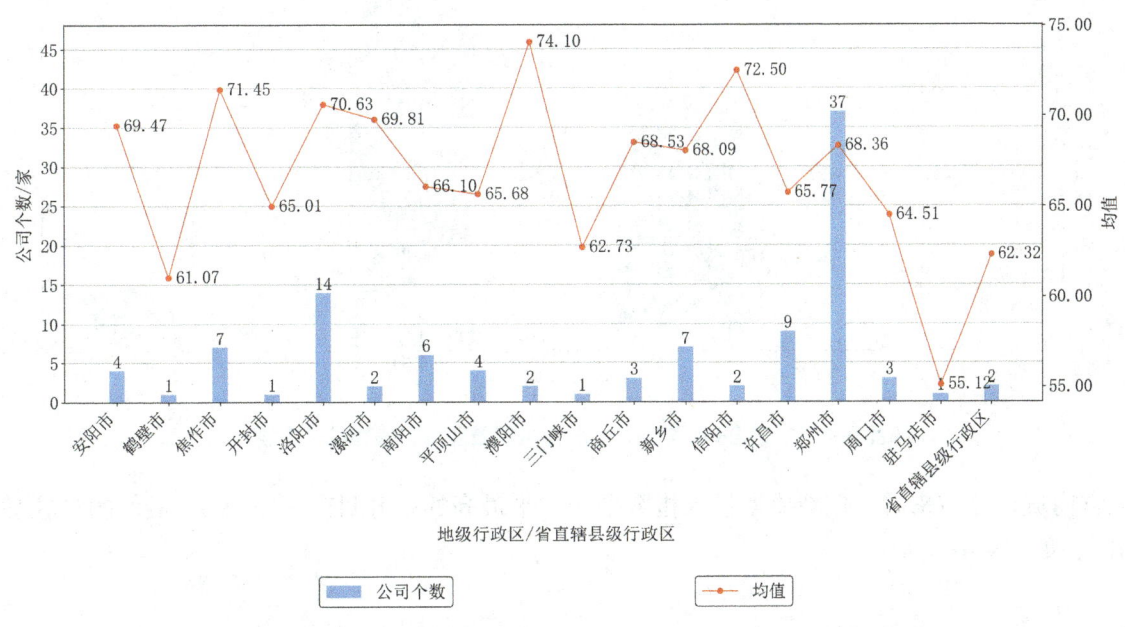

图9-104　2023年河南省上市公司创新资源支持指数均值分布图

河南省中，创新资源支持指数排名前10的上市公司如表9-52所示。

表9-52　2023年河南省上市公司创新资源支持指数前10排名

排名	证券名称	证券代码	产权性质	一级行业	地级行政区	创新资源支持指数
1	宇通客车	600066.SH	非国有控股	汽车	郑州市	92.55
2	汉威科技	300007.SZ	非国有控股	机械设备	郑州市	91.93
3	龙佰集团	002601.SZ	非国有控股	基础化工	焦作市	84.09
4	明泰铝业	601677.SH	非国有控股	有色金属	郑州市	83.19
5	新天科技	300259.SZ	非国有控股	机械设备	郑州市	81.59
6	中信重工	601608.SH	中央国有控股	机械设备	洛阳市	81.14
7	中原内配	002448.SZ	非国有控股	汽车	焦作市	80.80
8	新开普	300248.SZ	非国有控股	计算机	郑州市	80.76
9	宇通重工	600817.SH	非国有控股	环保	郑州市	80.51
10	国机精工	002046.SZ	中央国有控股	机械设备	洛阳市	80.09

数据来源：同花顺（iFinD），首经贸资产评估研究院和浙工商中国智能管理研究院整理。

9.11.3　创新要素投入指数

2023年河南省106家上市公司创新要素投入指数平均水平为67.59，高于全市场均值66.07。从指数分布来看，高于全市场均值的有63家，占省内上市公司总数的59.43%。其中，最高的是中航光电，创新要素投入指数为87.42。具体来看，创新要素投入指数处于［80，100］的有3家，占比2.83%；［70，80）的有40家，占比37.74%；［60，70）的有53家，占比50.00%；［0，60）的有10家，占比9.43%，如图9-105所示。

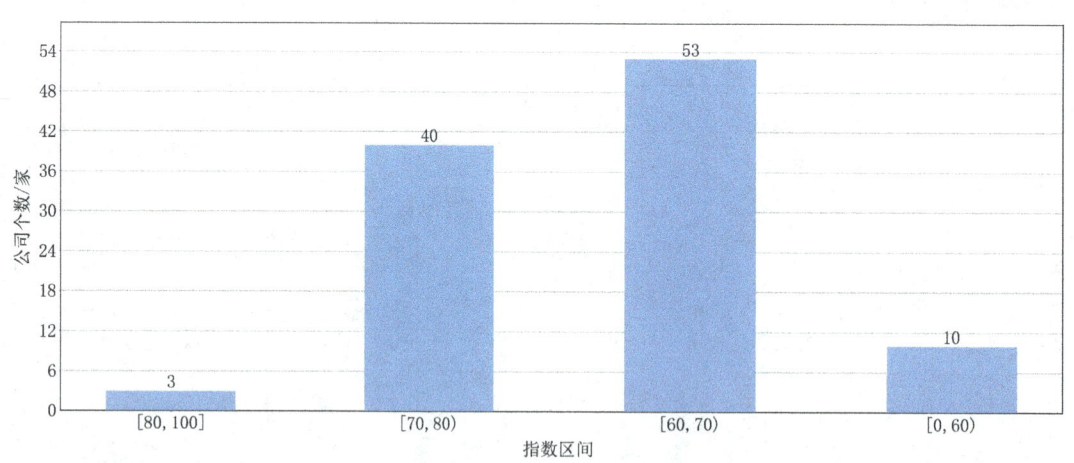

图9-105　2023年河南省上市公司创新要素投入指数分布图

从省内城市分布来看，创新要素投入指数平均水平最高的是开封市（72.59），最低的是驻马店市（47.18），如图9-106所示。

第9章 中国上市公司创新发展指数评价——省份维度

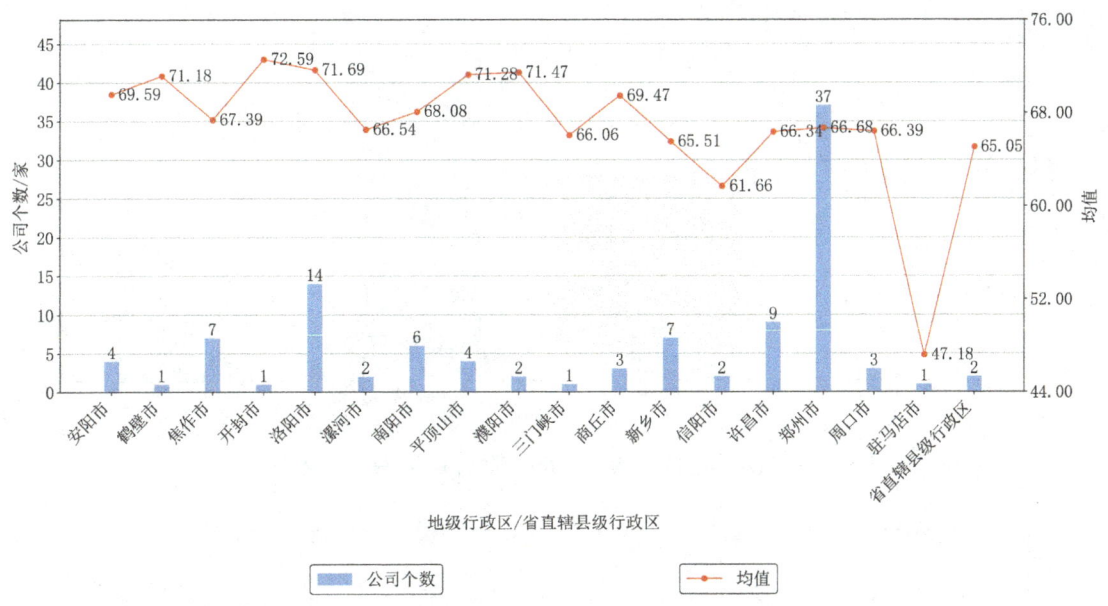

图9-106 2023年河南省上市公司创新要素投入指数均值分布图

河南省中,创新要素投入指数排名前10的上市公司如表9-53所示。

表9-53 2023年河南省上市公司创新要素投入指数前10排名

排名	证券名称	证券代码	产权性质	一级行业	地级行政区/省直辖县级行政区	创新要素投入指数
1	中航光电	002179.SZ	中央国有控股	国防军工	洛阳市	87.42
2	中信重工	601608.SH	中央国有控股	机械设备	洛阳市	83.13
3	许继电气	000400.SZ	中央国有控股	电力设备	许昌市	82.76
4	郑煤机	601717.SH	地方国有控股	机械设备	郑州市	78.38
5	安图生物	603658.SH	非国有控股	医药生物	郑州市	77.87
6	神马股份	600810.SH	地方国有控股	基础化工	平顶山市	77.26
7	新开普	300248.SZ	非国有控股	计算机	郑州市	77.13
8	平高电气	600312.SH	中央国有控股	电力设备	平顶山市	76.68
9	龙佰集团	002601.SZ	非国有控股	基础化工	焦作市	76.20
10	豫光金铅	600531.SH	地方国有控股	有色金属	省直辖县级行政区	75.94

数据来源:同花顺(iFinD),首经贸资产评估研究院和浙工商中国智能管理研究院整理。

9.11.4 创新科技成果指数

2023年河南省106家上市公司创新科技成果指数平均水平为64.36,高于全市场均值64.15。从指数分布来看,高于全市场均值的有48家,占省内上市公司总数的45.28%。其中,最高的是中原内配,创新科技成果指数为74.78。具体来看,创新科技成果指数处于[70,80)的有13家,占比12.26%;[60,70)的有77家,占比72.64%;[0,60)的有16家,占比15.10%,如图9-107所示。

从省内城市分布来看,创新科技成果指数平均水平最高的是平顶山市(68.14),最低的是鹤壁市(58.70),如图9-108所示。

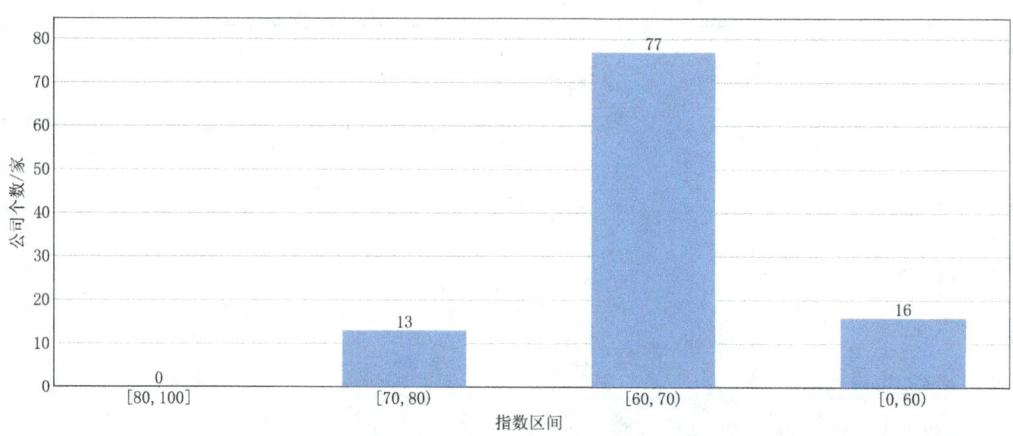

图9-107 2023年河南省上市公司创新科技成果指数分布图

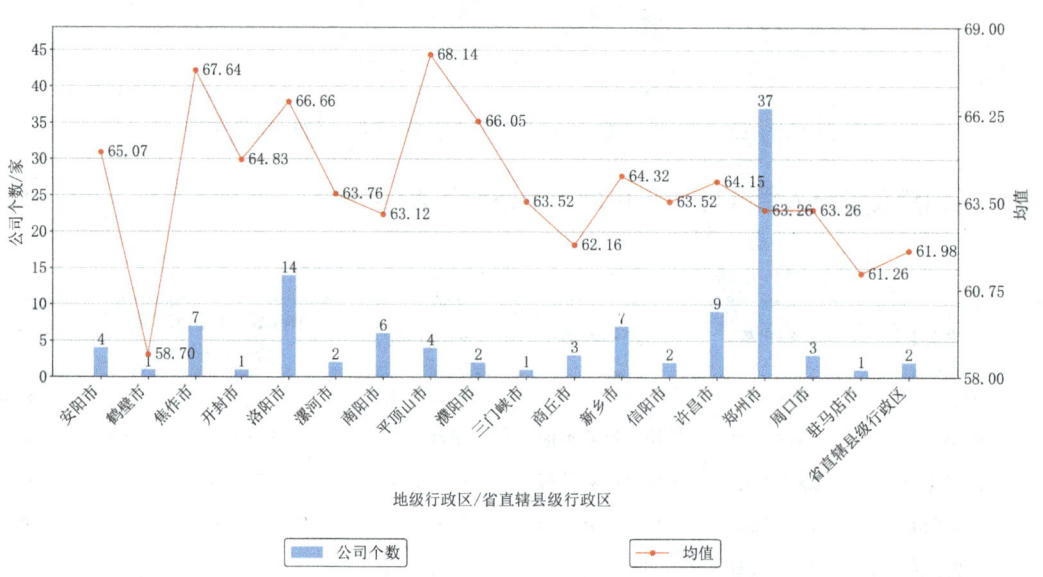

图9-108 2023年河南省上市公司创新科技成果指数均值分布图

河南省中，创新科技成果指数排名前10的上市公司如表9-54所示。

表9-54 2023年河南省上市公司创新科技成果指数前10排名

排名	证券名称	证券代码	产权性质	一级行业	地级行政区	创新科技成果指数
1	中原内配	002448.SZ	非国有控股	汽车	焦作市	74.78
2	龙佰集团	002601.SZ	非国有控股	基础化工	焦作市	73.77
3	多氟多	002407.SZ	非国有控股	基础化工	焦作市	73.69
4	一拖股份	601038.SH	中央国有控股	机械设备	洛阳市	73.51
5	许继电气	000400.SZ	中央国有控股	电力设备	许昌市	72.80
6	平高电气	600312.SH	中央国有控股	电力设备	平顶山市	71.93
7	郑煤机	601717.SH	地方国有控股	机械设备	郑州市	71.57
8	国机精工	002046.SZ	中央国有控股	机械设备	洛阳市	71.24
9	新开普	300248.SZ	非国有控股	计算机	郑州市	70.95
10	中航光电	002179.SZ	中央国有控股	国防军工	洛阳市	70.62

数据来源：同花顺（iFinD），首经贸资产评估研究院和浙工商中国智能管理研究院整理。

9.11.5 创新经济绩效指数

2023年河南省106家上市公司创新经济绩效指数平均水平为64.96，高于全市场均值64.49。从指数分布来看，高于全市场均值的有54家，占省内上市公司总数的50.94%。其中，最高的是许继电气，创新经济绩效指数为80.84。具体来看，创新经济绩效指数处于［80，100］的有2家，占比1.89%；［70，80）的有25家，占比23.58%；［60，70）的有51家，占比48.11%；［0，60）的有28家，占比26.42%，如图9-109所示。

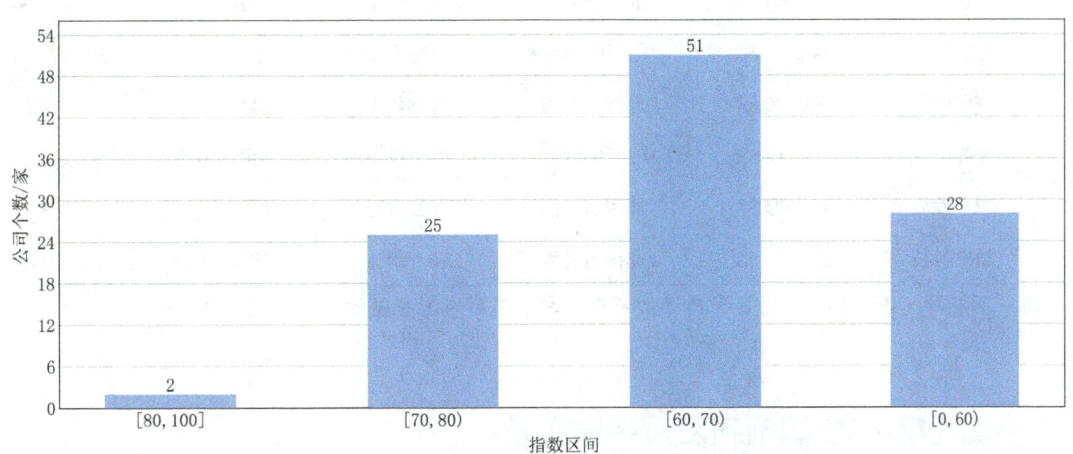

图9-109　2023年河南省上市公司创新经济绩效指数分布图

从省内城市分布来看，创新经济绩效指数平均水平最高的是信阳市（71.82），最低的是鹤壁市（56.47），如图9-110所示。

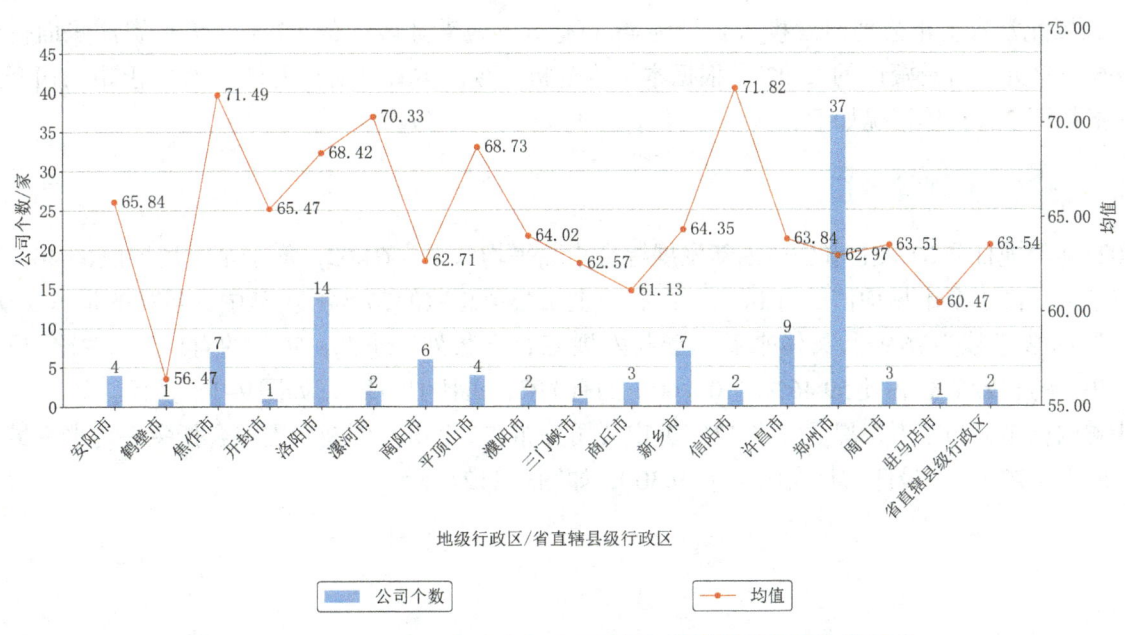

图9-110　2023年河南省上市公司创新经济绩效指数均值分布图

河南省中，创新经济绩效指数排名前10的上市公司如表9-55所示。

表 9-55　2023 年河南省上市公司创新经济绩效指数前 10 排名

排名	证券名称	证券代码	产权性质	一级行业	地级行政区	创新经济绩效指数
1	许继电气	000400.SZ	中央国有控股	电力设备	许昌市	80.84
2	华兰生物	002007.SZ	非国有控股	医药生物	新乡市	80.37
3	宇通客车	600066.SH	非国有控股	汽车	郑州市	79.54
4	中信重工	601608.SH	中央国有控股	机械设备	洛阳市	79.40
5	龙佰集团	002601.SZ	非国有控股	基础化工	焦作市	78.66
6	中航光电	002179.SZ	中央国有控股	国防军工	洛阳市	78.55
7	新开源	300109.SZ	非国有控股	基础化工	焦作市	78.55
8	平高电气	600312.SH	中央国有控股	电力设备	平顶山市	78.48
9	双汇发展	000895.SZ	非国有控股	食品饮料	漯河市	78.21
10	致欧科技	301376.SZ	非国有控股	轻工制造	郑州市	77.32

数据来源：同花顺（iFinD），首经贸资产评估研究院和浙工商中国智能管理研究院整理。

9.12　黑龙江省上市公司创新发展指数评价

2023年，黑龙江省全年实现地区生产总值15883.90亿元，人均地区生产总值为51563.00元，居民人均可支配收入29694.00元。截至2023年底，A股市场黑龙江省共有上市公司37家，总市值共计2828.88亿元，营业收入共计1785.29亿元，平均市值76.46亿元/家，平均营业收入48.25亿元/家。市值最大的上市公司为中直股份（227.13亿元），营业收入最高的上市公司为中直股份（233.30亿元）。2023年，黑龙江省上市公司研发投入合计为48.33亿元，占营业收入的2.71%；无形资产账面价值合计为166.37亿元，占总资产的4.79%。根据本报告分析口径，本节共对黑龙江省37家上市公司开展创新发展指数评价，具体情况如下：

9.12.1　创新发展综合指数

2023年黑龙江省37家上市公司创新发展综合指数平均水平为64.62，低于全市场均值65.40。从指数分布来看，高于全市场均值的有14家，占省内上市公司总数的37.84%。其中，最高的是东安动力，创新发展综合指数为76.99。具体来看，创新发展综合指数处于［70，80）的有8家，占比21.62%；［60，70）的有22家，占比59.46%；［0，60）的有7家，占比18.92%，如图9-111所示。

从省内城市分布来看，黑龙江省37家上市公司分布在7个市。创新发展综合指数平均水平最高的是佳木斯市（73.37），最低的是大庆市（59.30），如图9-112所示。

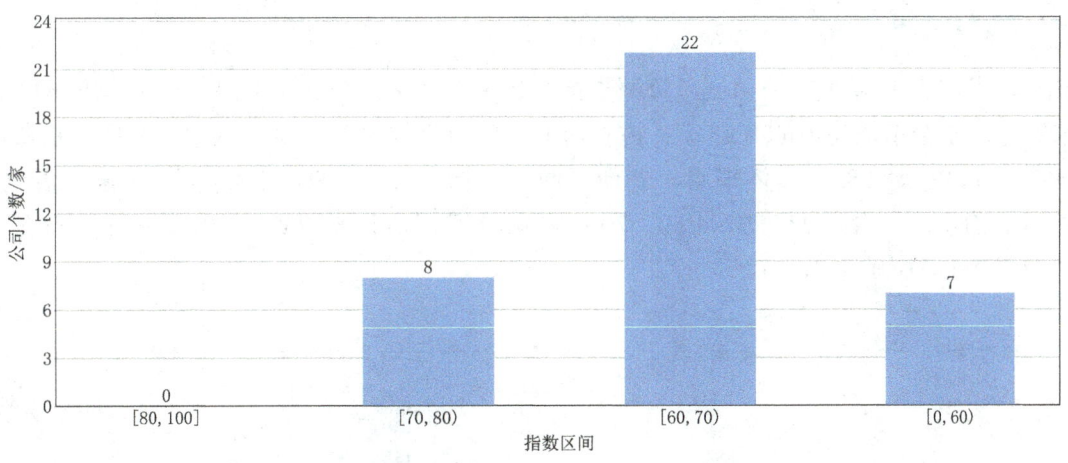

图9-111　2023年黑龙江省上市公司创新发展综合指数分布图

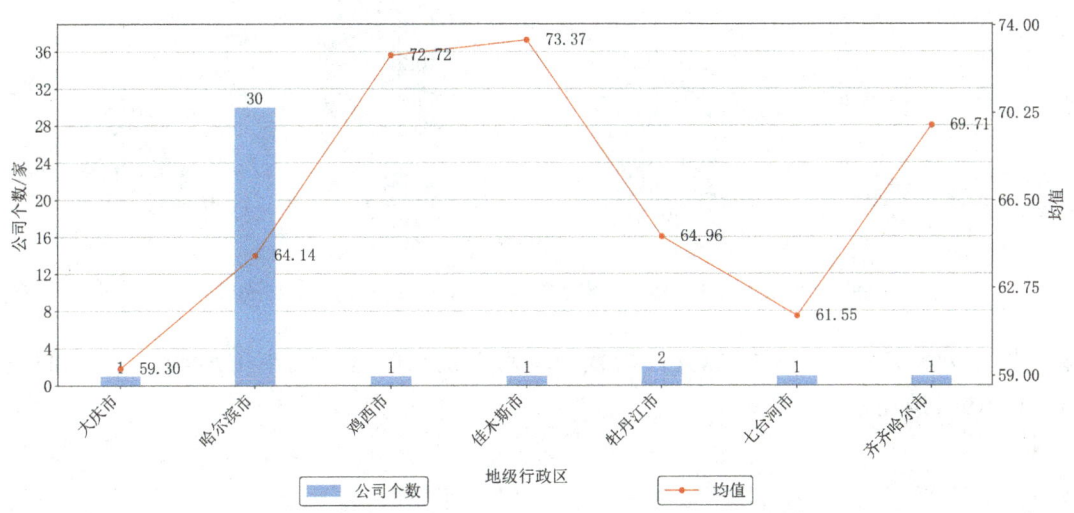

图9-112　2023年黑龙江省上市公司创新发展综合指数均值分布图

黑龙江省中，创新发展综合指数排名前10的上市公司如表9-56所示。

表9-56　2023年黑龙江省上市公司创新发展综合指数前10排名

排名	证券名称	证券代码	产权性质	一级行业	地级行政区	创新发展综合指数
1	东安动力	600178.SH	中央国有控股	汽车	哈尔滨市	76.99
2	中直股份	600038.SH	中央国有控股	国防军工	哈尔滨市	75.12
3	佳电股份	000922.SZ	中央国有控股	电力设备	佳木斯市	73.37
4	航天科技	000901.SZ	中央国有控股	汽车	哈尔滨市	73.31
5	珍宝岛	603567.SH	非国有控股	医药生物	鸡西市	72.72
6	哈三联	002900.SZ	非国有控股	医药生物	哈尔滨市	71.89
7	博实股份	002698.SZ	非国有控股	机械设备	哈尔滨市	71.27
8	北大荒	600598.SH	中央国有控股	农林牧渔	哈尔滨市	70.43
9	龙建股份	600853.SH	地方国有控股	建筑装饰	哈尔滨市	69.97
10	葵花药业	002737.SZ	非国有控股	医药生物	哈尔滨市	69.84

数据来源：同花顺（iFinD），首经贸资产评估研究院和浙工商中国智能管理研究院整理。

9.12.2 创新资源支持指数

2023年黑龙江省37家上市公司创新资源支持指数平均水平为65.35，低于全市场均值67.08。从指数分布来看，高于全市场均值的有13家，占省内上市公司总数的35.14%。其中，最高的是东安动力，创新资源支持指数为82.83。具体来看，创新资源支持指数处于［80，100］的有1家，占比2.70%；［70，80）的有9家，占比24.32%；［60，70）的有21家，占比56.76%；［0，60）的有6家，占比16.22%，如图9-113所示。

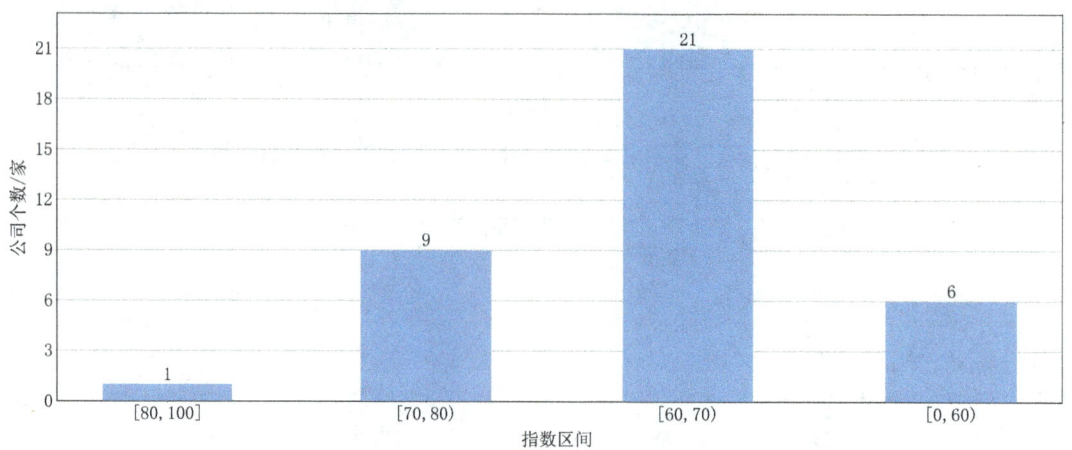

图9-113 2023年黑龙江省上市公司创新资源支持指数分布图

从省内城市分布来看，创新资源支持指数平均水平最高的是鸡西市（76.44），最低的是大庆市（60.13），如图9-114所示。

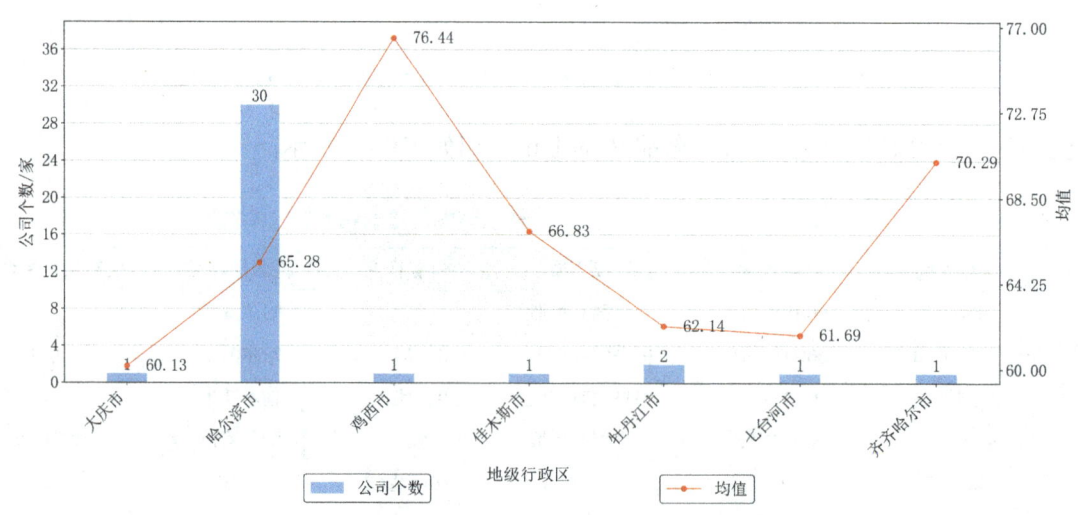

图9-114 2023年黑龙江省上市公司创新资源支持指数均值分布图

黑龙江省中，创新资源支持指数排名前10的上市公司如表9-57所示。

表 9-57　2023 年黑龙江省上市公司创新资源支持指数前 10 排名

排名	证券名称	证券代码	产权性质	一级行业	地级行政区	创新资源支持指数
1	东安动力	600178.SH	中央国有控股	汽车	哈尔滨市	82.83
2	博实股份	002698.SZ	非国有控股	机械设备	哈尔滨市	78.71
3	哈三联	002900.SZ	非国有控股	医药生物	哈尔滨市	76.44
4	珍宝岛	603567.SH	非国有控股	医药生物	鸡西市	76.44
5	中直股份	600038.SH	中央国有控股	国防军工	哈尔滨市	76.30
6	龙版传媒	605577.SH	地方国有控股	传媒	哈尔滨市	75.35
7	九洲集团	300040.SZ	非国有控股	公用事业	哈尔滨市	71.27
8	国中水务	600187.SH	非国有控股	环保	哈尔滨市	70.49
9	中国一重	601106.SH	中央国有控股	机械设备	齐齐哈尔市	70.29
10	葵花药业	002737.SZ	非国有控股	医药生物	哈尔滨市	70.09

数据来源：同花顺（iFinD），首经贸资产评估研究院和浙工商中国智能管理研究院整理。

9.12.3　创新要素投入指数

2023年黑龙江省37家上市公司创新要素投入指数平均水平为64.35，低于全市场均值66.07。从指数分布来看，高于全市场均值的有16家，占省内上市公司总数的43.24%。其中，最高的是佳电股份，创新要素投入指数为81.54。具体来看，创新要素投入指数处于［80，100］的有2家，占比5.41%；［70，80）的有8家，占比21.62%；［60，70）的有11家，占比29.73%；［0，60）的有16家，占比43.24%，如图9-115所示。

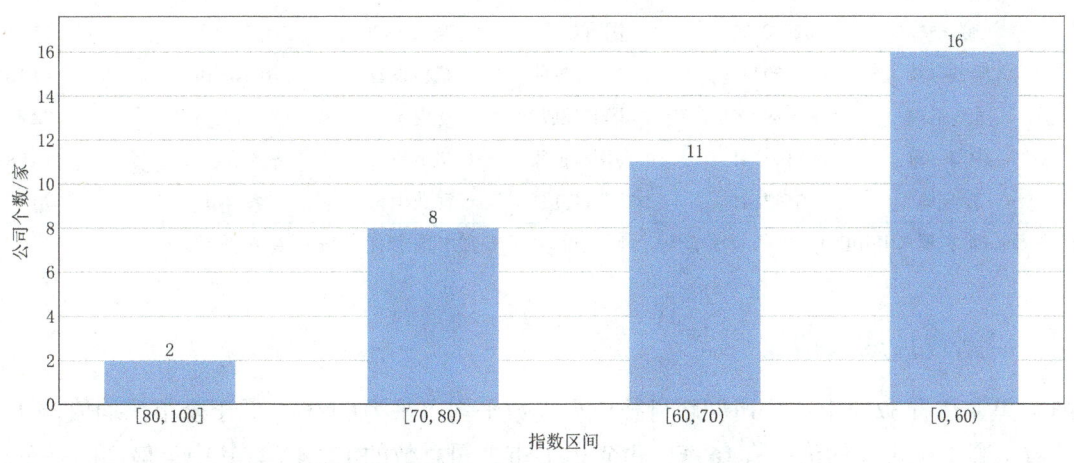

图 9-115　2023 年黑龙江省上市公司创新要素投入指数分布图

从省内城市分布来看，创新要素投入指数平均水平最高的是佳木斯市（81.54），最低的是七台河市（58.03），如图9-116所示。

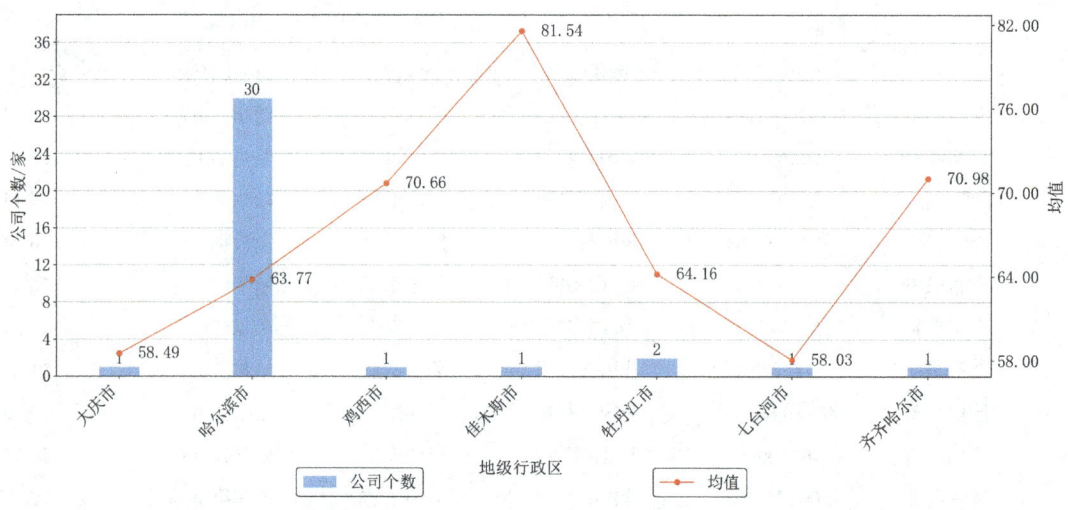

图9-116　2023年黑龙江省上市公司创新要素投入指数均值分布图

黑龙江省中，创新要素投入指数排名前10的上市公司如表9-58所示。

表9-58　2023年黑龙江省上市公司创新要素投入指数前10排名

排名	证券名称	证券代码	产权性质	一级行业	地级行政区	创新要素投入指数
1	佳电股份	000922.SZ	中央国有控股	电力设备	佳木斯市	81.54
2	航天科技	000901.SZ	中央国有控股	汽车	哈尔滨市	80.72
3	东安动力	600178.SH	中央国有控股	汽车	哈尔滨市	79.25
4	中直股份	600038.SH	中央国有控股	国防军工	哈尔滨市	78.29
5	龙建股份	600853.SH	地方国有控股	建筑装饰	哈尔滨市	77.77
6	哈三联	002900.SZ	非国有控股	医药生物	哈尔滨市	75.01
7	哈铁科技	688459.SH	中央国有控股	机械设备	哈尔滨市	74.10
8	光智科技	300489.SZ	非国有控股	电子	哈尔滨市	72.86
9	中国一重	601106.SH	中央国有控股	机械设备	齐齐哈尔市	70.98
10	珍宝岛	603567.SH	非国有控股	医药生物	鸡西市	70.66

数据来源：同花顺（iFinD），首经贸资产评估研究院和浙工商中国智能管理研究院整理。

9.12.4　创新科技成果指数

2023年黑龙江省37家上市公司创新科技成果指数平均水平为64.07，低于全市场均值64.15。从指数分布来看，高于全市场均值的有16家，占省内上市公司总数的43.24%。其中，最高的是东安动力，创新科技成果指数为75.99。具体来看，创新科技成果指数处于[70,80)的有3家，占比8.11%；[60,70)的有29家，占比78.38%；[0,60)的有5家，占比13.51%，如图9-117所示。

从省内城市分布来看，创新科技成果指数平均水平最高的是七台河市（69.55），最低的是大庆市（59.77），如图9-118所示。

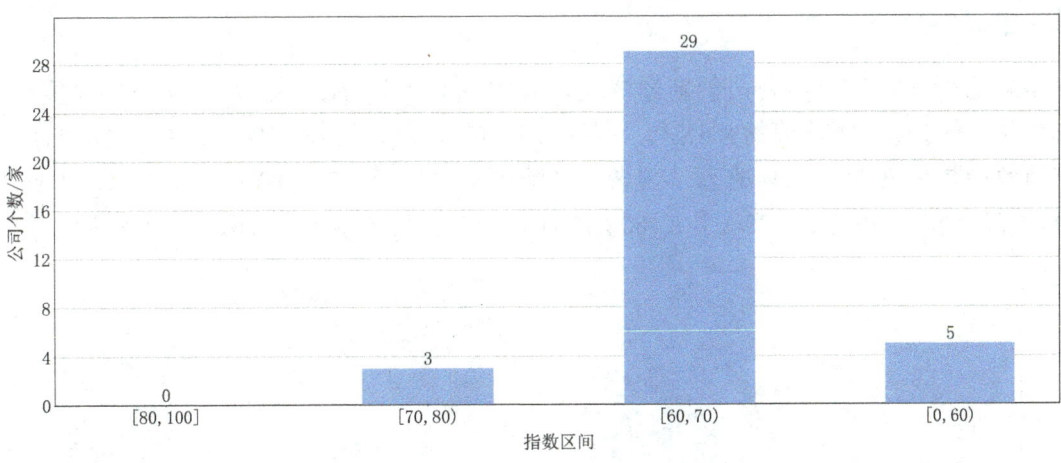

图9-117　2023年黑龙江省上市公司创新科技成果指数分布图

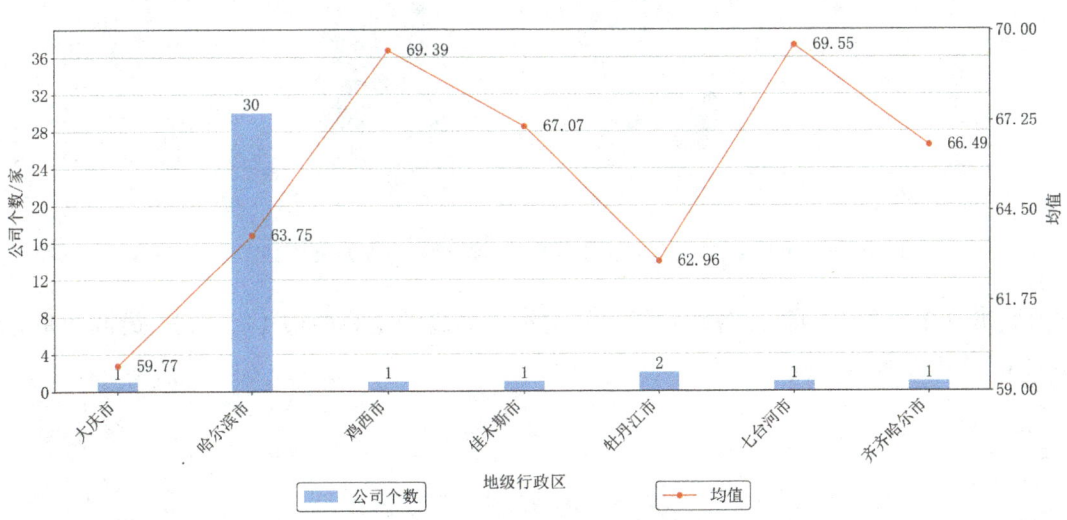

图9-118　2023年黑龙江省上市公司创新科技成果指数均值分布图

黑龙江省中，创新科技成果指数排名前10的上市公司如表9-59所示。

表9-59　2023年黑龙江省上市公司创新科技成果指数前10排名

排名	证券名称	证券代码	产权性质	一级行业	地级行政区	创新科技成果指数
1	东安动力	600178.SH	中央国有控股	汽车	哈尔滨市	75.99
2	航天科技	000901.SZ	中央国有控股	汽车	哈尔滨市	71.59
3	中直股份	600038.SH	中央国有控股	国防军工	哈尔滨市	70.50
4	宝泰隆	601011.SH	非国有控股	煤炭	七台河市	69.55
5	珍宝岛	603567.SH	非国有控股	医药生物	鸡西市	69.39
6	北大荒	600598.SH	中央国有控股	农林牧渔	哈尔滨市	68.80
7	葵花药业	002737.SZ	非国有控股	医药生物	哈尔滨市	68.53
8	博实股份	002698.SZ	非国有控股	机械设备	哈尔滨市	68.48
9	国中水务	600187.SH	非国有控股	环保	哈尔滨市	67.63
10	佳电股份	000922.SZ	中央国有控股	电力设备	佳木斯市	67.07

数据来源：同花顺（iFinD），首经贸资产评估研究院和浙工商中国智能管理研究院整理。

9.12.5 创新经济绩效指数

2023年黑龙江省37家上市公司创新经济绩效指数平均水平为64.88，高于全市场均值64.49。从指数分布来看，高于全市场均值的有18家，占省内上市公司总数的48.65%。其中，最高的是北大荒，创新经济绩效指数为79.28。具体来看，创新经济绩效指数处于[70，80)的有13家，占比35.14%；[60，70)的有10家，占比27.03%；[0，60)的有14家，占比37.83%，如图9-119所示。

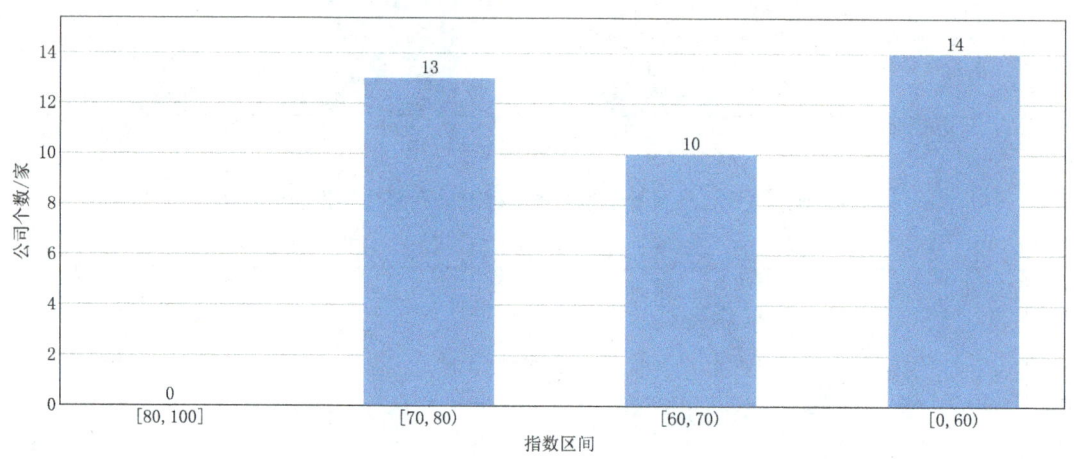

图9-119　2023年黑龙江省上市公司创新经济绩效指数分布图

从省内城市分布来看，创新经济绩效指数平均水平最高的是鸡西市（75.44），最低的是七台河市（58.49），如图9-120所示。

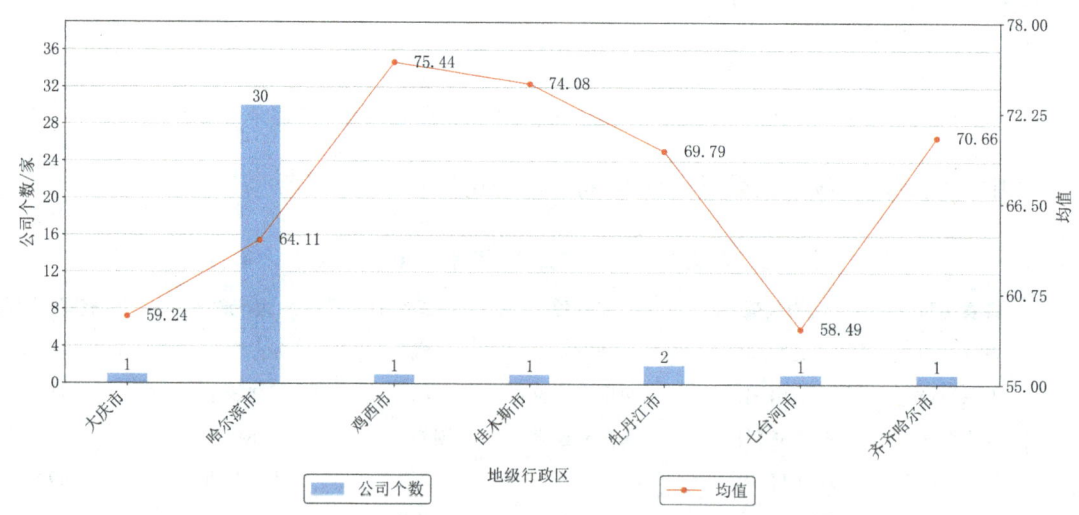

图9-120　2023年黑龙江省上市公司创新经济绩效指数均值分布图

黑龙江省中，创新经济绩效指数排名前10的上市公司如表9-60所示。

表 9-60　2023 年黑龙江省上市公司创新经济绩效指数前 10 排名

排名	证券名称	证券代码	产权性质	一级行业	地级行政区	创新经济绩效指数
1	北大荒	600598.SH	中央国有控股	农林牧渔	哈尔滨市	79.28
2	哈药股份	600664.SH	地方国有控股	医药生物	哈尔滨市	78.32
3	葵花药业	002737.SZ	非国有控股	医药生物	哈尔滨市	75.85
4	S佳通	600182.SH	非国有控股	汽车	牡丹江市	75.51
5	珍宝岛	603567.SH	非国有控股	医药生物	鸡西市	75.44
6	中直股份	600038.SH	中央国有控股	国防军工	哈尔滨市	74.61
7	博实股份	002698.SZ	非国有控股	机械设备	哈尔滨市	74.14
8	佳电股份	000922.SZ	中央国有控股	电力设备	佳木斯市	74.08
9	敷尔佳	301371.SZ	非国有控股	美容护理	哈尔滨市	71.53
10	哈三联	002900.SZ	非国有控股	医药生物	哈尔滨市	71.22

数据来源：同花顺（iFinD），首经贸资产评估研究院和浙工商中国智能管理研究院整理。

9.13　湖北省上市公司创新发展指数评价

2023 年，湖北省全年实现地区生产总值 55803.63 亿元，人均地区生产总值为 95538.00 元，居民人均可支配收入 35146.00 元。截至 2023 年底，A 股市场湖北省共有上市公司 141 家，总市值共计 13145.19 亿元，营业收入共计 9331.28 亿元，平均市值 93.23 亿元/家，平均营业收入 66.18 亿元/家。市值最大的上市公司为中信特钢（708.62 亿元），营业收入最高的上市公司为九州通（1501.40 亿元）。2023 年，湖北省上市公司研发投入合计为 371.36 亿元，占营业收入的 3.98%；无形资产账面价值合计为 1110.74 亿元，占总资产的 7.18%。根据本报告分析口径，本节共对湖北省 141 家上市公司开展创新发展指数评价，具体情况如下：

9.13.1　创新发展综合指数

2023 年湖北省 141 家上市公司创新发展综合指数平均水平为 65.03，低于全市场均值 65.40。从指数分布来看，高于全市场均值的有 65 家，占省内上市公司总数的 46.10%。其中，最高的是中信特钢，创新发展综合指数为 79.62。具体来看，创新发展综合指数处于［70，80）的有 33 家，占比 23.40%；［60，70）的有 77 家，占比 54.61%；［0，60）的有 31 家，占比 21.99%，如图 9-121 所示。

从省内城市分布来看，湖北省 141 家上市公司分布在 12 个市和部分省直辖县级行政区。创新发展综合指数平均水平最高的是黄石市（68.67），最低的是省直辖县级行政区（57.80），如图 9-122 所示。

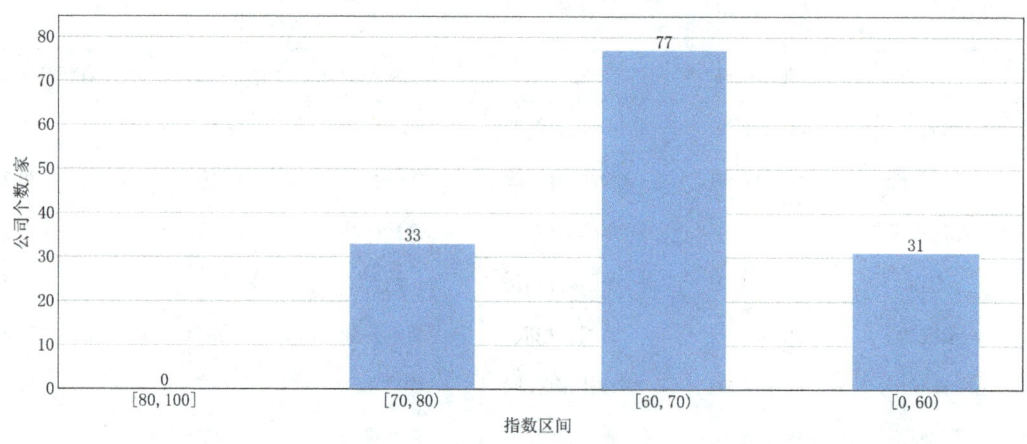

图9-121　2023年湖北省上市公司创新发展综合指数分布图

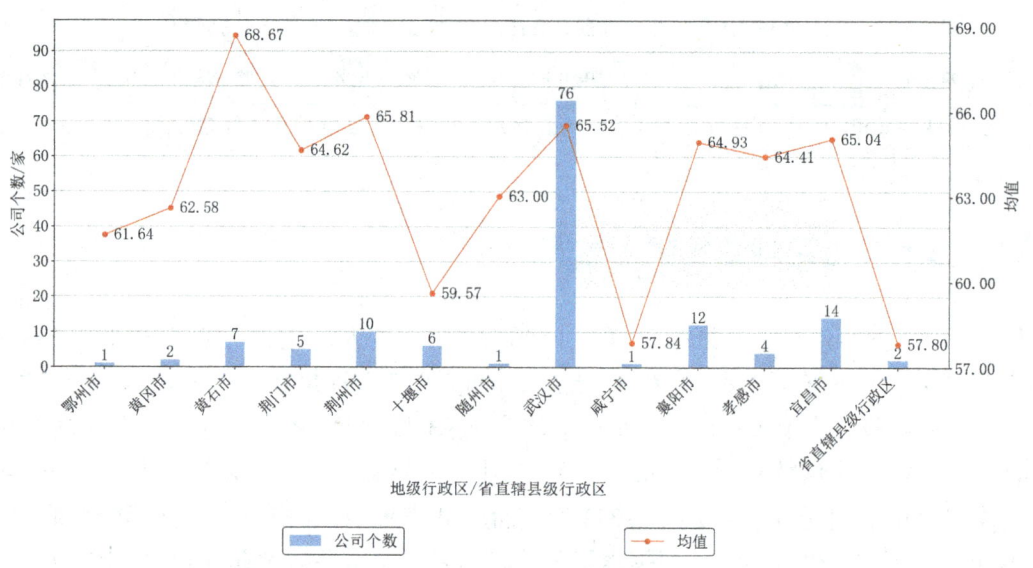

图9-122　2023年湖北省上市公司创新发展综合指数均值分布图

湖北省中，创新发展综合指数排名前10的上市公司如表9-61所示。

表9-61　2023年湖北省上市公司创新发展综合指数前10排名

排名	证券名称	证券代码	产权性质	一级行业	地级行政区	创新发展综合指数
1	中信特钢	000708.SZ	中央国有控股	钢铁	黄石市	79.62
2	烽火通信	600498.SH	中央国有控股	通信	武汉市	79.38
3	精测电子	300567.SZ	非国有控股	机械设备	武汉市	78.59
4	华中数控	300161.SZ	非国有控股	机械设备	武汉市	78.31
5	人福医药	600079.SH	非国有控股	医药生物	武汉市	77.76
6	光迅科技	002281.SZ	中央国有控股	通信	武汉市	77.73
7	华工科技	000988.SZ	地方国有控股	机械设备	武汉市	76.87
8	长飞光纤	601869.SH	非国有控股	通信	武汉市	76.77
9	航天电子	600879.SH	中央国有控股	国防军工	武汉市	76.08
10	三安光电	600703.SH	非国有控股	电子	荆州市	76.07

数据来源：同花顺（iFinD），首经贸资产评估研究院和浙工商中国智能管理研究院整理。

9.13.2 创新资源支持指数

2023年湖北省141家上市公司创新资源支持指数平均水平为66.77，低于全市场均值67.08。从指数分布来看，高于全市场均值的有73家，占省内上市公司总数的51.77%。其中，最高的是人福医药，创新资源支持指数为88.81。具体来看，创新资源支持指数处于［80，100］的有13家，占比9.22%；［70，80）的有38家，占比26.95%；［60，70）的有50家，占比35.46%；［0，60）的有40家，占比28.37%，如图9-123所示。

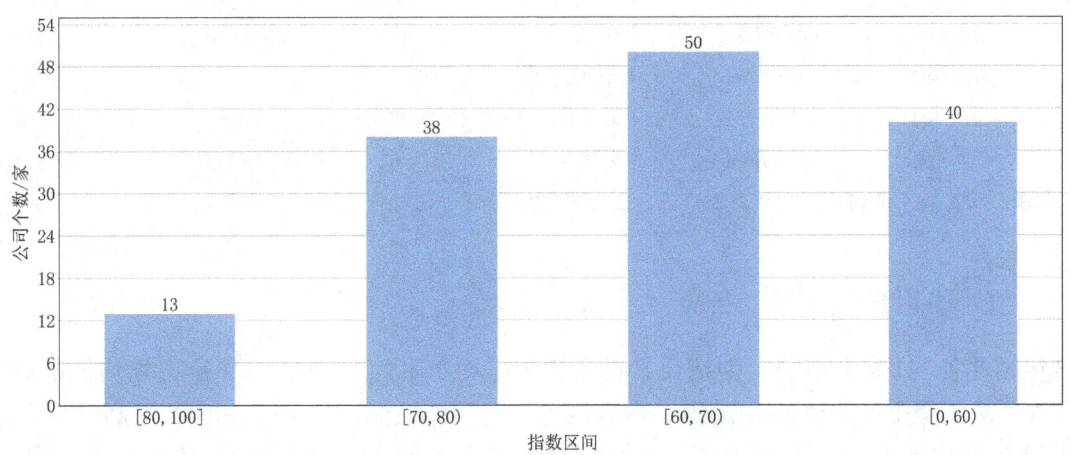

图9-123　2023年湖北省上市公司创新资源支持指数分布图

从省内城市分布来看，创新资源支持指数平均水平最高的是随州市（69.96），最低的是咸宁市（56.39），如图9-124所示。

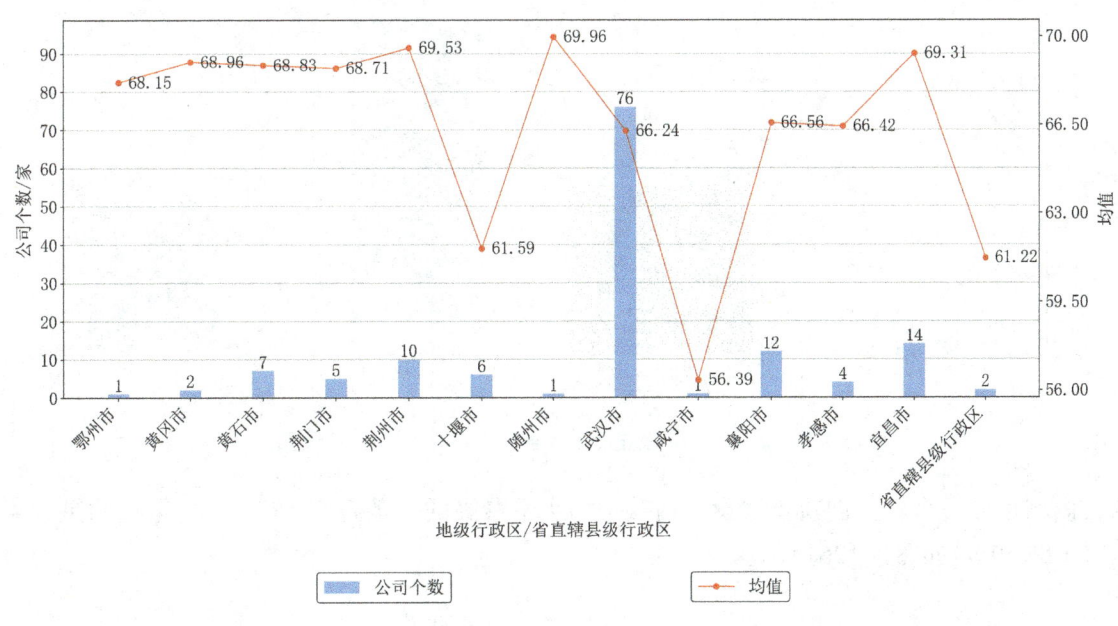

图9-124　2023年湖北省上市公司创新资源支持指数均值分布图

湖北省中，创新资源支持指数排名前10的上市公司如表9-62所示。

表 9-62　2023 年湖北省上市公司创新资源支持指数前 10 排名

排名	证券名称	证券代码	产权性质	一级行业	地级行政区	创新资源支持指数
1	人福医药	600079.SH	非国有控股	医药生物	武汉市	88.81
2	长飞光纤	601869.SH	非国有控股	通信	武汉市	86.47
3	烽火通信	600498.SH	中央国有控股	通信	武汉市	84.74
4	精测电子	300567.SZ	非国有控股	机械设备	武汉市	84.72
5	安琪酵母	600298.SH	地方国有控股	食品饮料	宜昌市	84.48
6	华中数控	300161.SZ	非国有控股	机械设备	武汉市	81.67
7	光迅科技	002281.SZ	中央国有控股	通信	武汉市	81.46
8	东贝集团	601956.SH	非国有控股	家用电器	黄石市	81.37
9	航天电子	600879.SH	中央国有控股	国防军工	武汉市	81.36
10	东风股份	600006.SH	中央国有控股	汽车	襄阳市	81.18

数据来源：同花顺（iFinD），首经贸资产评估研究院和浙工商中国智能管理研究院整理。

9.13.3　创新要素投入指数

2023年湖北省141家上市公司创新要素投入指数平均水平为66.10，高于全市场均值66.07。从指数分布来看，高于全市场均值的有70家，占省内上市公司总数的49.65%。其中，最高的是高德红外，创新要素投入指数为85.61。具体来看，创新要素投入指数处于［80，100］的有8家，占比5.67%；［70，80）的有38家，占比26.95%；［60，70）的有66家，占比46.81%；［0，60）的有29家，占比20.57%，如图9-125所示。

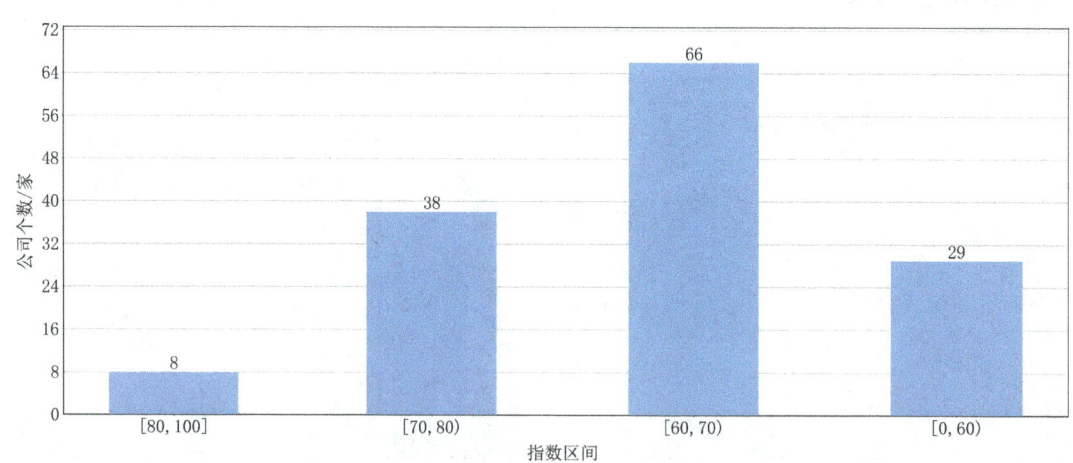

图 9-125　2023 年湖北省上市公司创新要素投入指数分布图

从省内城市分布来看，创新要素投入指数平均水平最高的是黄石市（68.60），最低的是省直辖县级行政区（57.59），如图9-126所示。

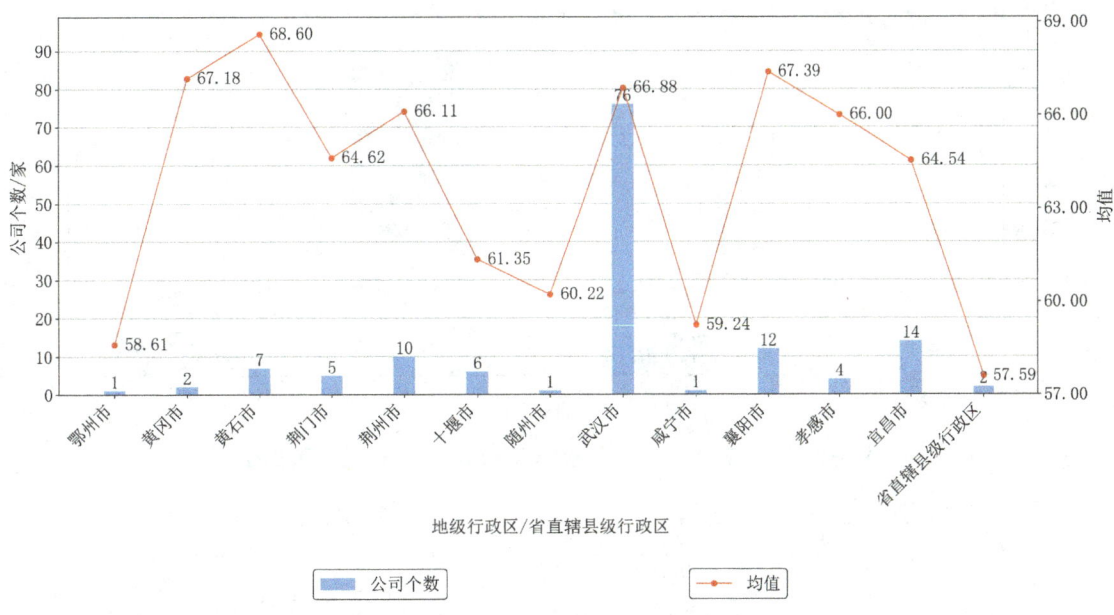

图9-126 2023年湖北省上市公司创新要素投入指数均值分布图

湖北省中,创新要素投入指数排名前10的上市公司如表9-63所示。

表9-63 2023年湖北省上市公司创新要素投入指数前10排名

排名	证券名称	证券代码	产权性质	一级行业	地级行政区	创新要素投入指数
1	高德红外	002414.SZ	非国有控股	国防军工	武汉市	85.61
2	华工科技	000988.SZ	地方国有控股	机械设备	武汉市	84.07
3	烽火通信	600498.SH	中央国有控股	通信	武汉市	83.04
4	华中数控	300161.SZ	非国有控股	机械设备	武汉市	82.86
5	精测电子	300567.SZ	非国有控股	机械设备	武汉市	81.95
6	中信特钢	000708.SZ	中央国有控股	钢铁	黄石市	81.65
7	光迅科技	002281.SZ	中央国有控股	通信	武汉市	80.97
8	人福医药	600079.SH	非国有控股	医药生物	武汉市	80.30
9	闻泰科技	600745.SH	非国有控股	电子	黄石市	79.87
10	鼎龙股份	300054.SZ	非国有控股	电子	武汉市	79.66

数据来源:同花顺(iFinD),首经贸资产评估研究院和浙工商中国智能管理研究院整理。

9.13.4 创新科技成果指数

2023年湖北省141家上市公司创新科技成果指数平均水平为63.98,低于全市场均值64.15。从指数分布来看,高于全市场均值的有67家,占省内上市公司总数的47.52%。其中,最高的是中信特钢,创新科技成果指数为81.52。具体来看,创新科技成果指数处于[80,100]的有1家,占比0.71%;[70,80)的有13家,占比9.22%;[60,70)的有102家,占比72.34%;[0,60)的有25家,占比17.73%,如图9-127所示。

从省内城市分布来看,创新科技成果指数平均水平最高的是黄石市(68.53),最低的是省直辖县级行政区(60.63),如图9-128所示。

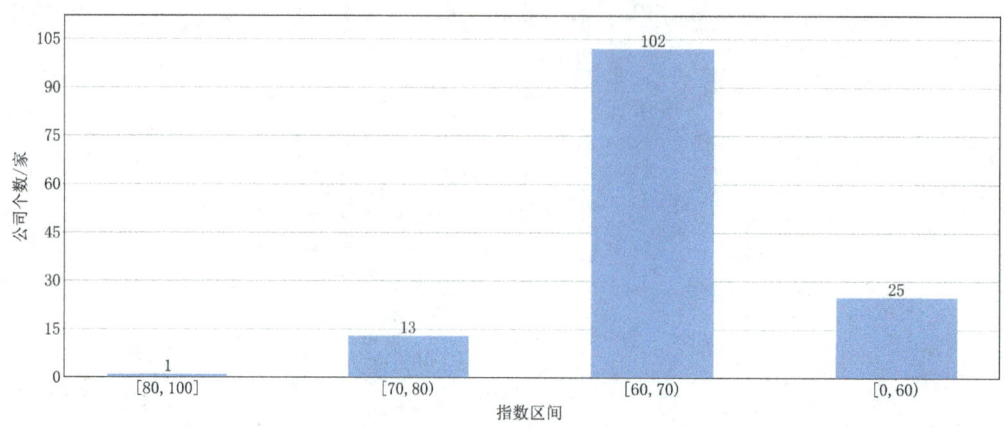

图9-127　2023年湖北省上市公司创新科技成果指数分布图

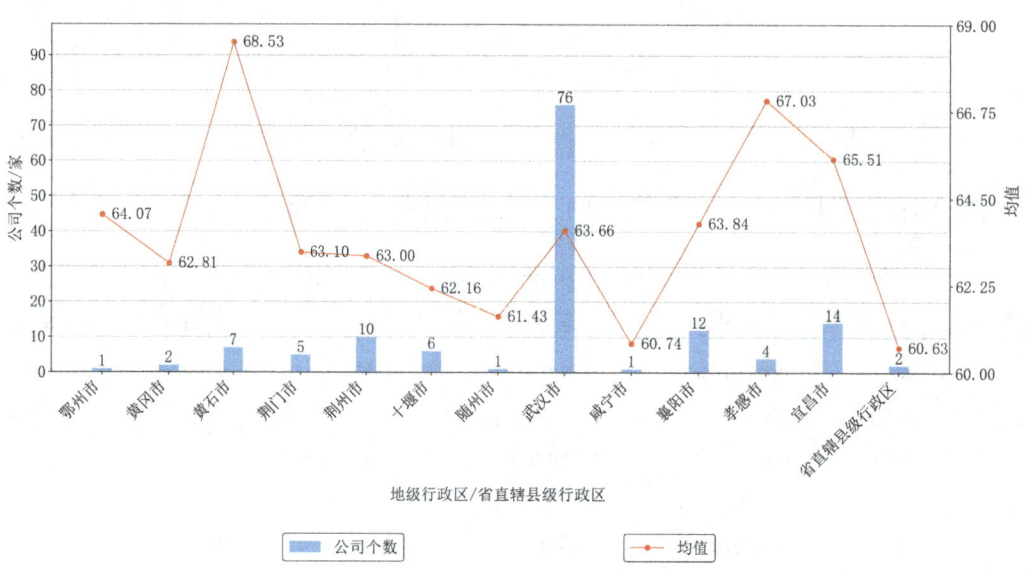

图9-128　2023年湖北省上市公司创新科技成果指数均值分布图

湖北省中，创新科技成果指数排名前10的上市公司如表9-64所示。

表9-64　2023年湖北省上市公司创新科技成果指数前10排名

排名	证券名称	证券代码	产权性质	一级行业	地级行政区	创新科技成果指数
1	中信特钢	000708.SZ	中央国有控股	钢铁	黄石市	81.52
2	航天电子	600879.SH	中央国有控股	国防军工	武汉市	77.13
3	精测电子	300567.SZ	非国有控股	机械设备	武汉市	76.00
4	长飞光纤	601869.SH	非国有控股	通信	武汉市	75.56
5	湖北宜化	000422.SZ	地方国有控股	基础化工	宜昌市	73.41
6	新洋丰	000902.SZ	非国有控股	基础化工	荆门市	72.55
7	信科移动	688387.SH	中央国有控股	通信	武汉市	72.46
8	汉商集团	600774.SH	非国有控股	医药生物	武汉市	72.24
9	三丰智能	300276.SZ	非国有控股	机械设备	黄石市	72.14
10	双环科技	000707.SZ	地方国有控股	基础化工	孝感市	71.80

数据来源：同花顺（iFinD），首经贸资产评估研究院和浙工商中国智能管理研究院整理。

9.13.5 创新经济绩效指数

2023年湖北省141家上市公司创新经济绩效指数平均水平为63.43，低于全市场均值64.49。从指数分布来看，高于全市场均值的有64家，占省内上市公司总数的45.39%。其中，最高的是居然之家，创新经济绩效指数为82.18。具体来看，创新经济绩效指数处于［80，100］的有3家，占比2.13%；［70，80）的有33家，占比23.40%；［60，70）的有49家，占比34.75%；［0，60）的有56家，占比39.72%，如图9-129所示。

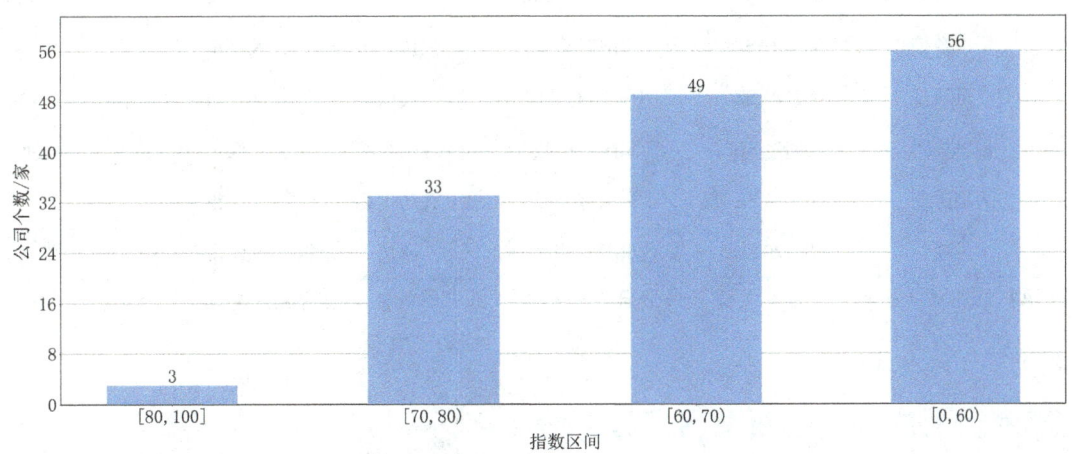

图9-129　2023年湖北省上市公司创新经济绩效指数分布图

从省内城市分布来看，创新经济绩效指数平均水平最高的是黄石市（68.75），最低的是黄冈市（52.20），如图9-130所示。

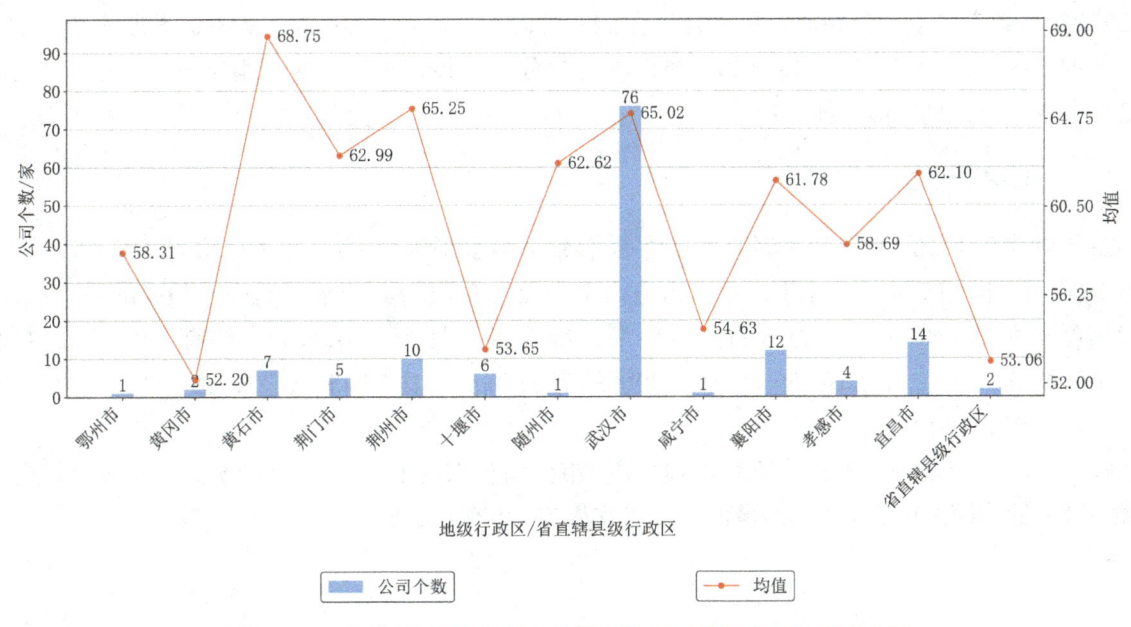

图9-130　2023年湖北省上市公司创新经济绩效指数均值分布图

湖北省中，创新经济绩效指数排名前10的上市公司如表9-65所示。

表 9-65　2023 年湖北省上市公司创新经济绩效指数前 10 排名

排名	证券名称	证券代码	产权性质	一级行业	地级行政区	创新经济绩效指数
1	居然之家	000785.SZ	非国有控股	商贸零售	武汉市	82.18
2	九州通	600998.SH	非国有控股	医药生物	武汉市	81.78
3	烽火通信	600498.SH	中央国有控股	通信	武汉市	80.29
4	湖北能源	000883.SZ	中央国有控股	公用事业	武汉市	79.84
5	中信特钢	000708.SZ	中央国有控股	钢铁	黄石市	79.14
6	华中数控	300161.SZ	非国有控股	机械设备	武汉市	78.24
7	光迅科技	002281.SZ	中央国有控股	通信	武汉市	78.01
8	健民集团	600976.SH	非国有控股	医药生物	武汉市	77.90
9	人福医药	600079.SH	非国有控股	医药生物	武汉市	77.83
10	中贝通信	603220.SH	非国有控股	通信	武汉市	77.16

数据来源：同花顺（iFinD），首经贸资产评估研究院和浙工商中国智能管理研究院整理。

9.14　湖南省上市公司创新发展指数评价

2023年，湖南省全年实现地区生产总值50012.85亿元，人均地区生产总值为75938.00元，居民人均可支配收入35895.00元。截至2023年底，A股市场湖南省共有上市公司141家，总市值共计13936.12亿元，营业收入共计8742.47亿元，平均市值98.84亿元/家，平均营业收入62.00亿元/家。市值最大的上市公司为爱尔眼科（1475.75亿元），营业收入最高的上市公司为华菱钢铁（1638.97亿元）。2023年，湖南省上市公司研发投入合计为343.22亿元，占营业收入的3.93%；无形资产账面价值合计为1094.23亿元，占总资产的8.09%。根据本报告分析口径，本节共对湖南省141家上市公司开展创新发展指数评价，具体情况如下：

9.14.1　创新发展综合指数

2023年湖南省141家上市公司创新发展综合指数平均水平为65.08，低于全市场均值65.40。从指数分布来看，高于全市场均值的有70家，占省内上市公司总数的49.65%。其中，最高的是中联重科，创新发展综合指数为87.18。具体来看，创新发展综合指数处于［80，100］的有2家，占比1.42%；［70，80）的有27家，占比19.15%；［60，70）的有81家，占比57.45%；［0，60）的有31家，占比21.98%，如图9-131所示。

从省内市、自治州分布来看，湖南省141家上市公司分布在13个市、自治州。创新发展综合指数平均水平最高的是株洲市（69.86），最低的是张家界市（52.26），如图9-132所示。

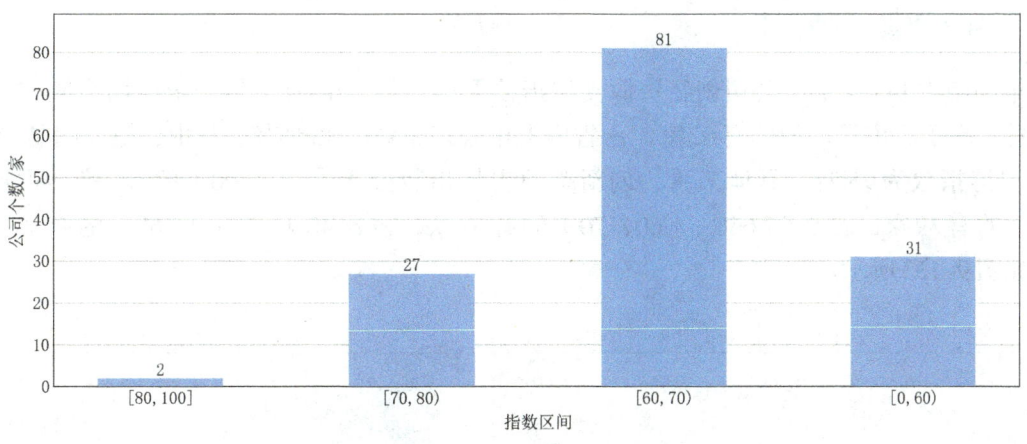

图 9-131　2023 年湖南省上市公司创新发展综合指数分布图

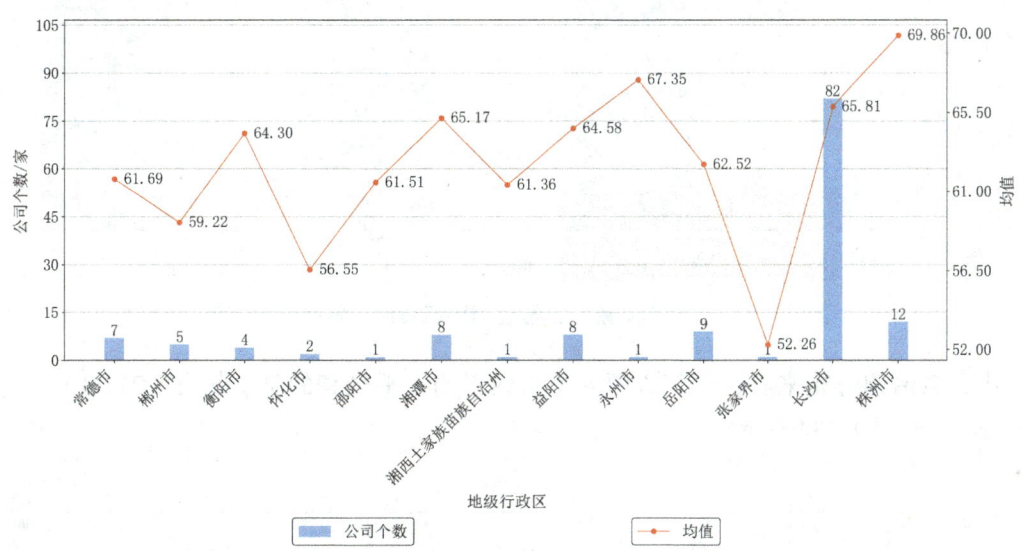

图 9-132　2023 年湖南省上市公司创新发展综合指数均值分布图

湖南省中，创新发展综合指数排名前 10 的上市公司如表 9-66 所示。

表 9-66　2023 年湖南省上市公司创新发展综合指数前 10 排名

排名	证券名称	证券代码	产权性质	一级行业	地级行政区	创新发展综合指数
1	中联重科	000157.SZ	地方国有控股	机械设备	长沙市	87.18
2	时代电气	688187.SH	中央国有控股	机械设备	株洲市	84.73
3	蓝思科技	300433.SZ	非国有控股	电子	长沙市	78.11
4	拓维信息	002261.SZ	非国有控股	计算机	长沙市	76.95
5	隆平高科	000998.SZ	中央国有控股	农林牧渔	长沙市	76.23
6	国科微	300672.SZ	非国有控股	电子	长沙市	75.73
7	铁建重工	688425.SH	中央国有控股	机械设备	长沙市	75.29
8	安克创新	300866.SZ	非国有控股	电子	长沙市	75.20
9	时代新材	600458.SH	中央国有控股	机械设备	株洲市	74.86
10	株冶集团	600961.SH	中央国有控股	有色金属	株洲市	74.83

数据来源：同花顺（iFinD），首经贸资产评估研究院和浙工商中国智能管理研究院整理。

9.14.2 创新资源支持指数

2023年湖南省141家上市公司创新资源支持指数平均水平为66.18,低于全市场均值67.08。从指数分布来看,高于全市场均值的有62家,占省内上市公司总数的43.97%。其中,最高的是中联重科,创新资源支持指数为95.21。具体来看,创新资源支持指数处于[80,100]的有7家,占比4.96%;[70,80)的有39家,占比27.66%;[60,70)的有57家,占比40.43%;[0,60)的有38家,占比26.95%,如图9-133所示。

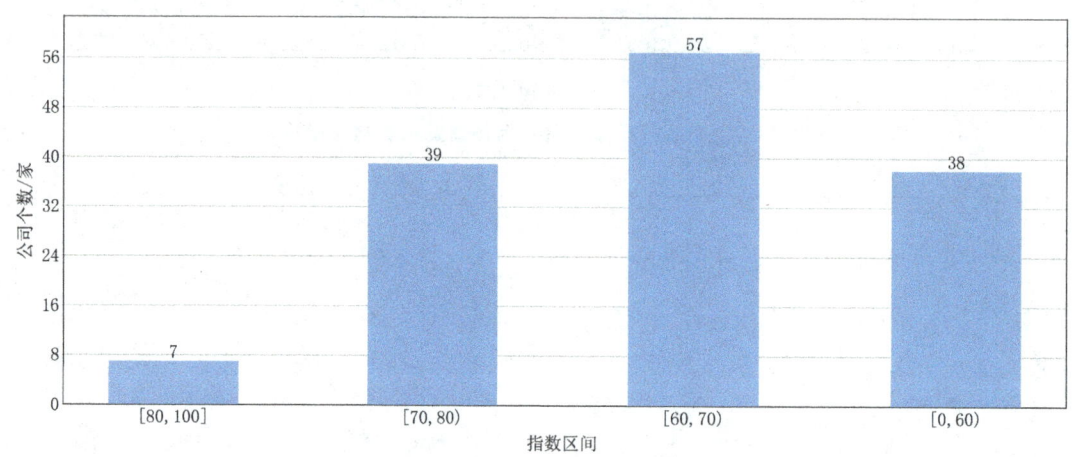

图9-133　2023年湖南省上市公司创新资源支持指数分布图

从省内市、自治州分布来看,创新资源支持指数平均水平最高的是永州市(77.73),最低的是张家界市(48.67),如图9-134所示。

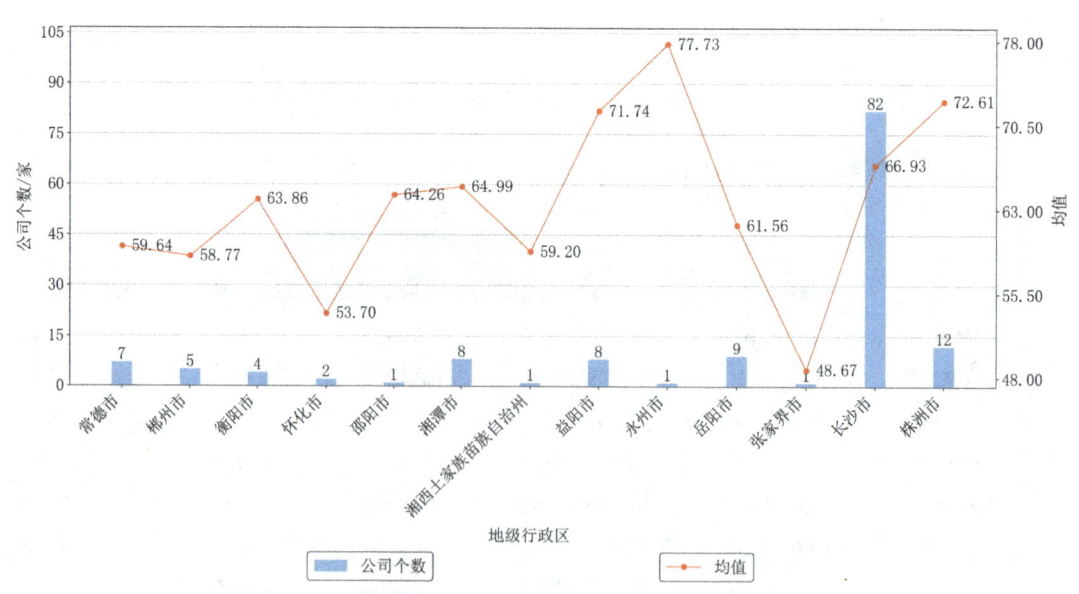

图9-134　2023年湖南省上市公司创新资源支持指数均值分布图

湖南省中,创新资源支持指数排名前10的上市公司如表9-67所示。

表 9-67　2023 年湖南省上市公司创新资源支持指数前 10 排名

排名	证券名称	证券代码	产权性质	一级行业	地级行政区	创新资源支持指数
1	中联重科	000157.SZ	地方国有控股	机械设备	长沙市	95.21
2	奥士康	002913.SZ	非国有控股	电子	益阳市	85.90
3	蓝思科技	300433.SZ	非国有控股	电子	长沙市	85.60
4	时代电气	688187.SH	中央国有控股	机械设备	株洲市	85.08
5	金博股份	688598.SH	非国有控股	电力设备	益阳市	81.62
6	拓维信息	002261.SZ	非国有控股	计算机	长沙市	81.10
7	圣湘生物	688289.SH	非国有控股	医药生物	长沙市	80.12
8	宏达电子	300726.SZ	非国有控股	国防军工	株洲市	79.42
9	方盛制药	603998.SH	非国有控股	医药生物	长沙市	79.28
10	安克创新	300866.SZ	非国有控股	电子	长沙市	78.76

数据来源：同花顺（iFinD），首经贸资产评估研究院和浙工商中国智能管理研究院整理。

9.14.3　创新要素投入指数

2023年湖南省141家上市公司创新要素投入指数平均水平为65.48，低于全市场均值66.07。从指数分布来看，高于全市场均值的有61家，占省内上市公司总数的43.26%。其中，最高的是中联重科，创新要素投入指数为88.27。具体来看，创新要素投入指数处于［80，100］的有5家，占比3.55%；［70，80）的有30家，占比21.28%；［60，70）的有78家，占比55.32%；［0，60）的有28家，占比19.85%，如图9-135所示。

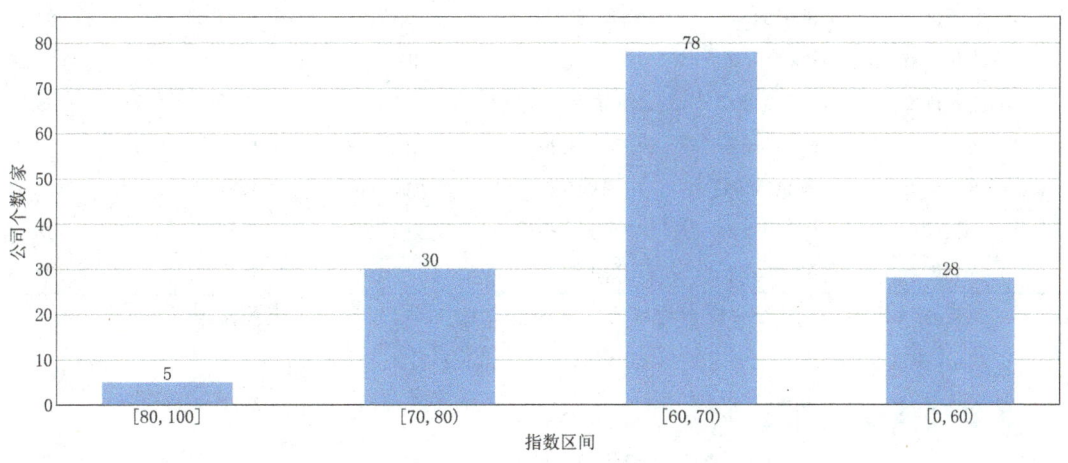

图9-135　2023年湖南省上市公司创新要素投入指数分布图

从省内市、自治州分布来看，创新要素投入指数平均水平最高的是株洲市（71.18），最低的是张家界市（46.10），如图9-136所示。

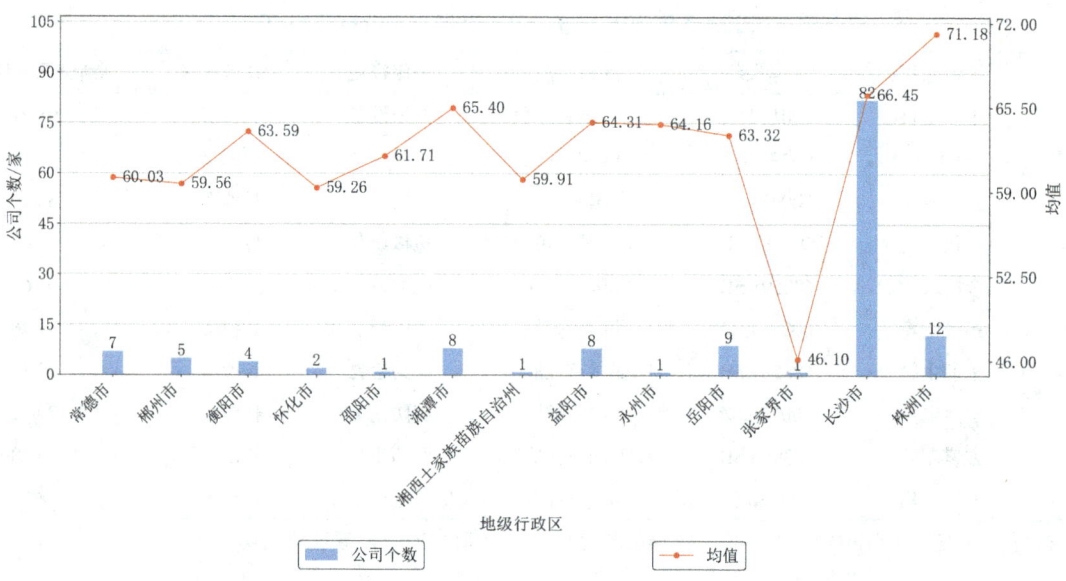

图9-136　2023年湖南省上市公司创新要素投入指数均值分布图

湖南省中，创新要素投入指数排名前10的上市公司如表9-68所示。

表9-68　2023年湖南省上市公司创新要素投入指数前10排名

排名	证券名称	证券代码	产权性质	一级行业	地级行政区	创新要素投入指数
1	中联重科	000157.SZ	地方国有控股	机械设备	长沙市	88.27
2	时代电气	688187.SH	中央国有控股	机械设备	株洲市	88.27
3	国科微	300672.SZ	非国有控股	电子	长沙市	82.76
4	楚天科技	300358.SZ	非国有控股	医药生物	长沙市	81.47
5	中兵红箭	000519.SZ	中央国有控股	国防军工	湘潭市	81.26
6	蓝思科技	300433.SZ	非国有控股	电子	长沙市	79.65
7	时代新材	600458.SH	中央国有控股	机械设备	株洲市	79.33
8	铁建重工	688425.SH	中央国有控股	机械设备	长沙市	78.67
9	易普力	002096.SZ	中央国有控股	基础化工	长沙市	78.13
10	安克创新	300866.SZ	非国有控股	电子	长沙市	78.13

数据来源：同花顺（iFinD），首经贸资产评估研究院和浙工商中国智能管理研究院整理。

9.14.4　创新科技成果指数

2023年湖南省141家上市公司创新科技成果指数平均水平为64.49，高于全市场均值64.15。从指数分布来看，高于全市场均值的有68家，占省内上市公司总数的48.23%。其中，最高的是中联重科，创新科技成果指数为85.94。具体来看，创新科技成果指数处于[80，100]的有1家，占比0.71%；[70，80）的有23家，占比16.31%；[60，70）的有86家，占比60.99%；[0，60）的有31家，占比21.99%，如图9-137所示。

从省内市、自治州分布来看，创新科技成果指数平均水平最高的是邵阳市（68.32），最低的是湘西土家族苗族自治州（54.03），如图9-138所示。

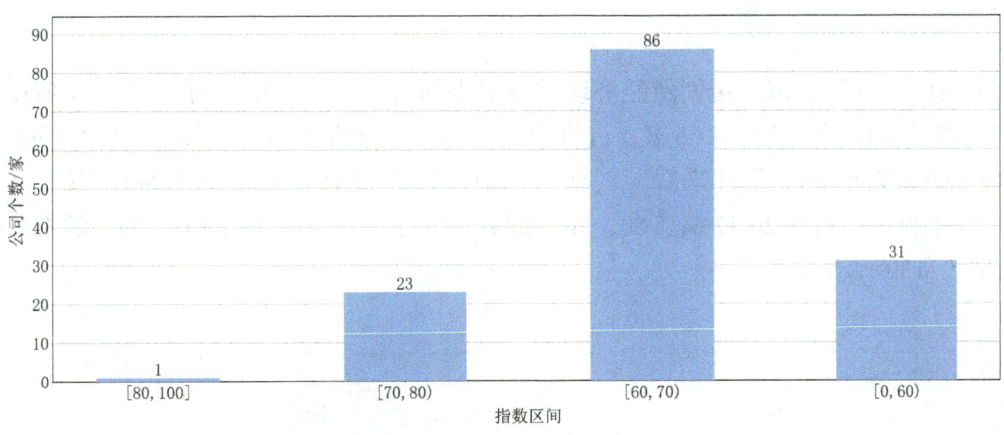

图9-137 2023年湖南省上市公司创新科技成果指数分布图

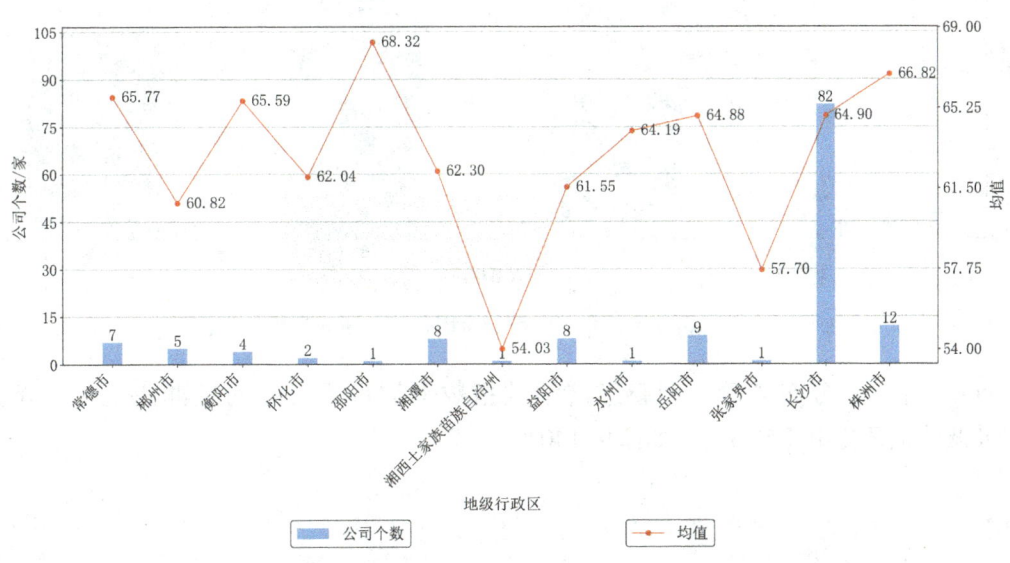

图9-138 2023年湖南省上市公司创新科技成果指数均值分布图

湖南省中，创新科技成果指数排名前10的上市公司如表9-69所示。

表9-69 2023年湖南省上市公司创新科技成果指数前10排名

排名	证券名称	证券代码	产权性质	一级行业	地级行政区	创新科技成果指数
1	中联重科	000157.SZ	地方国有控股	机械设备	长沙市	85.94
2	时代电气	688187.SH	中央国有控股	机械设备	株洲市	79.34
3	华菱钢铁	000932.SZ	地方国有控股	钢铁	长沙市	76.44
4	泰嘉股份	002843.SZ	非国有控股	机械设备	长沙市	75.98
5	隆平高科	000998.SZ	中央国有控股	农林牧渔	长沙市	75.64
6	爱尔眼科	300015.SZ	非国有控股	医药生物	长沙市	75.43
7	铁建重工	688425.SH	中央国有控股	机械设备	长沙市	74.87
8	拓维信息	002261.SZ	非国有控股	计算机	长沙市	74.26
9	水羊股份	300740.SZ	非国有控股	美容护理	长沙市	73.87
10	株冶集团	600961.SH	中央国有控股	有色金属	株洲市	73.71

数据来源：同花顺（iFinD），首经贸资产评估研究院和浙工商中国智能管理研究院整理。

9.14.5 创新经济绩效指数

2023年湖南省141家上市公司创新经济绩效指数平均水平为64.30，低于全市场均值64.49。从指数分布来看，高于全市场均值的有65家，占省内上市公司总数的46.10%。其中，最高的是时代电气，创新经济绩效指数为85.06。具体来看，创新经济绩效指数处于[80，100]的有5家，占比3.55%；[70，80)的有29家，占比20.57%；[60，70)的有67家，占比47.52%；[0，60)的有40家，占比28.36%，如图9-139所示。

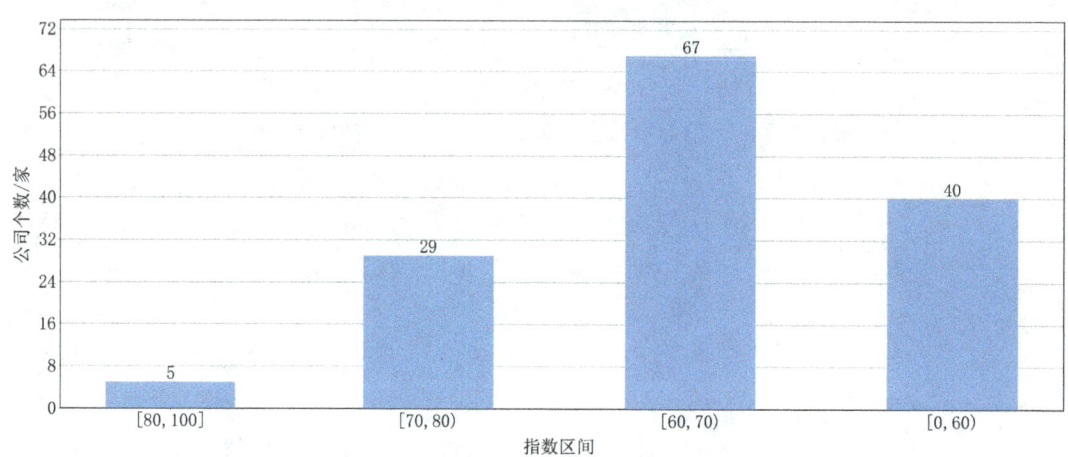

图9-139　2023年湖南省上市公司创新经济绩效指数分布图

从省内市、自治州分布来看，创新经济绩效指数平均水平最高的是湘西土家族苗族自治州（71.23），最低的是怀化市（50.53），如图9-140所示。

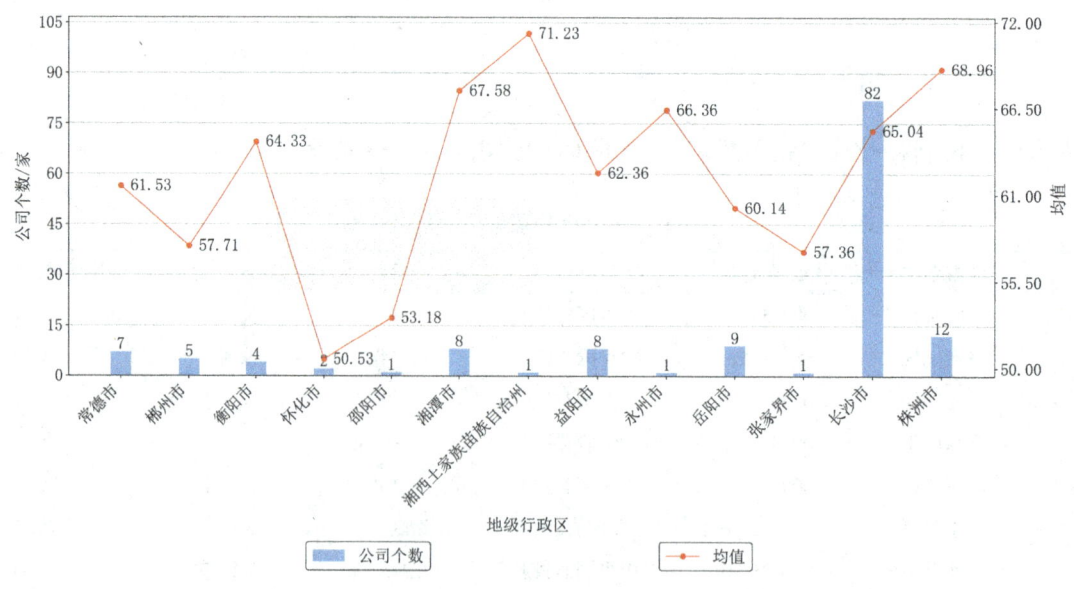

图9-140　2023年湖南省上市公司创新经济绩效指数均值分布图

湖南省中，创新经济绩效指数排名前10的上市公司如表9-70所示。

表 9-70　2023 年湖南省上市公司创新经济绩效指数前 10 排名

排名	证券名称	证券代码	产权性质	一级行业	地级行政区	创新经济绩效指数
1	时代电气	688187.SH	中央国有控股	机械设备	株洲市	85.06
2	芒果超媒	300413.SZ	地方国有控股	传媒	长沙市	83.77
3	老百姓	603883.SH	非国有控股	医药生物	长沙市	83.46
4	益丰药房	603939.SH	非国有控股	医药生物	常德市	82.45
5	中联重科	000157.SZ	地方国有控股	机械设备	长沙市	81.09
6	华凯易佰	300592.SZ	非国有控股	商贸零售	长沙市	79.60
7	易普力	002096.SZ	中央国有控股	基础化工	长沙市	79.36
8	隆平高科	000998.SZ	中央国有控股	农林牧渔	长沙市	78.83
9	蓝思科技	300433.SZ	非国有控股	电子	长沙市	78.82
10	安克创新	300866.SZ	非国有控股	电子	长沙市	77.80

数据来源：同花顺（iFinD），首经贸资产评估研究院和浙工商中国智能管理研究院整理。

9.15　吉林省上市公司创新发展指数评价

2023年，吉林省全年实现地区生产总值13531.19亿元，人均地区生产总值为57739.00元，居民人均可支配收入29797.00元。截至2023年底，A股市场吉林省共有上市公司46家，总市值共计3851.82亿元，营业收入共计2284.39亿元，平均市值83.74亿元/家，平均营业收入49.66亿元/家。市值最大的上市公司为长春高新（589.99亿元），营业收入最高的上市公司为一汽解放（639.05亿元）。2023年，吉林省上市公司研发投入合计为102.77亿元，占营业收入的4.50%；无形资产账面价值合计为178.90亿元，占总资产的3.64%。根据本报告分析口径，本节共对吉林省46家上市公司开展创新发展指数评价，具体情况如下：

9.15.1　创新发展综合指数

2023年吉林省46家上市公司创新发展综合指数平均水平为64.16，低于全市场均值65.40。从指数分布来看，高于全市场均值的有20家，占省内上市公司总数的43.48%。其中，最高的是一汽解放，创新发展综合指数为79.90。具体来看，创新发展综合指数处于［70，80）的有10家，占比21.74%；［60，70）的有24家，占比52.17%；［0，60）的有12家，占比26.09%，如图9-141所示。

从省内市、自治州分布来看，吉林省46家上市公司分布在6个市、自治州。创新发展综合指数平均水平最高的是长春市（65.85），最低的是辽源市（58.31），如图9-142所示。

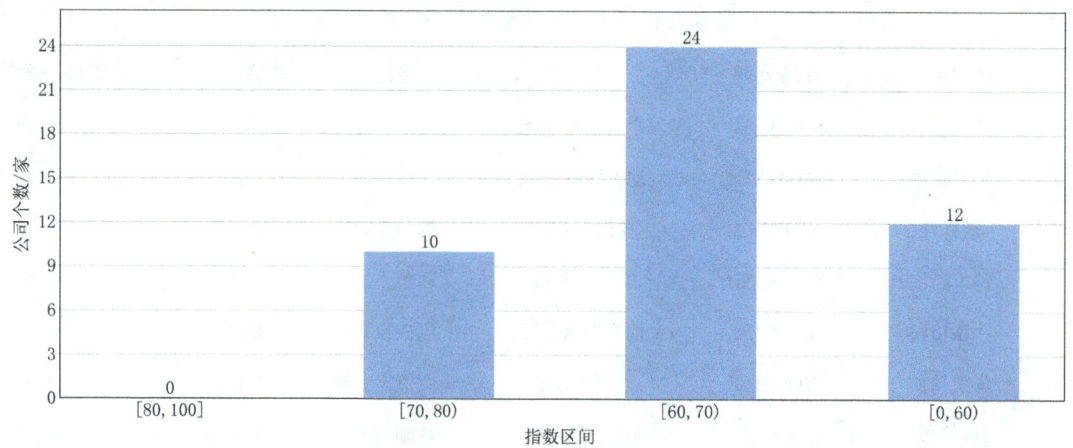

图9-141　2023年吉林省上市公司创新发展综合指数分布图

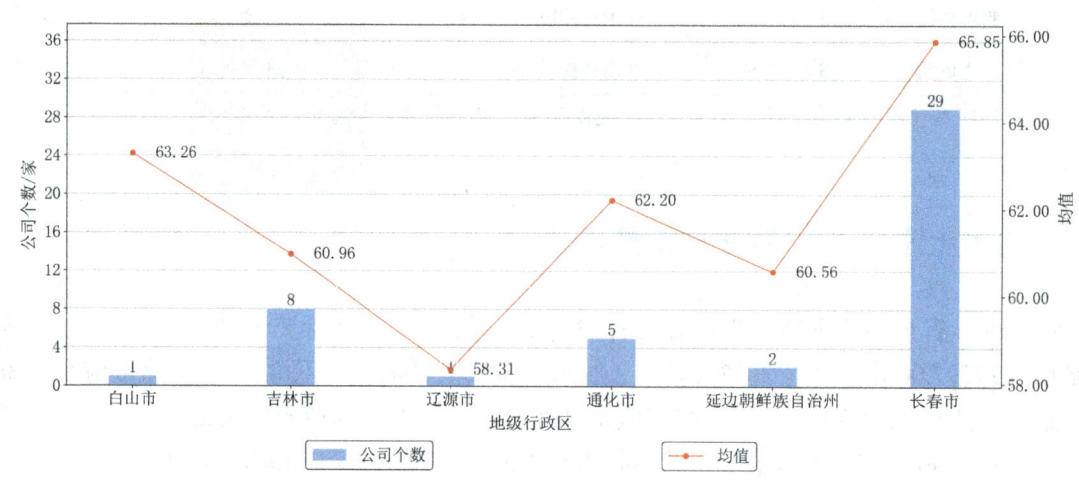

图9-142　2023年吉林省上市公司创新发展综合指数均值分布图

吉林省中，创新发展综合指数排名前10的上市公司如表9-71所示。

表9-71　2023年吉林省上市公司创新发展综合指数前10排名

排名	证券名称	证券代码	产权性质	一级行业	地级行政区	创新发展综合指数
1	一汽解放	000800.SZ	中央国有控股	汽车	长春市	79.90
2	长春高新	000661.SZ	地方国有控股	医药生物	长春市	78.54
3	百克生物	688276.SH	地方国有控股	医药生物	长春市	74.15
4	富奥股份	000030.SZ	地方国有控股	汽车	长春市	72.47
5	通化东宝	600867.SH	非国有控股	医药生物	通化市	71.43
6	奥普光电	002338.SZ	中央国有控股	国防军工	长春市	71.11
7	迪瑞医疗	300396.SZ	中央国有控股	医药生物	长春市	70.91
8	诺德股份	600110.SH	非国有控股	电力设备	长春市	70.82
9	奥来德	688378.SH	非国有控股	电子	长春市	70.55
10	吉林敖东	000623.SZ	非国有控股	医药生物	延边朝鲜族自治州	70.38

数据来源：同花顺（iFinD），首经贸资产评估研究院和浙工商中国智能管理研究院整理。

9.15.2 创新资源支持指数

2023年吉林省46家上市公司创新资源支持指数平均水平为64.14，低于全市场均值67.08。从指数分布来看，高于全市场均值的有15家，占省内上市公司总数的32.61%。其中，最高的是奥普光电，创新资源支持指数为84.09。具体来看，创新资源支持指数处于［80，100］的有2家，占比4.35%；［70，80）的有8家，占比17.39%；［60，70）的有23家，占比50.00%；［0，60）的有13家，占比28.26%，如图9-143所示。

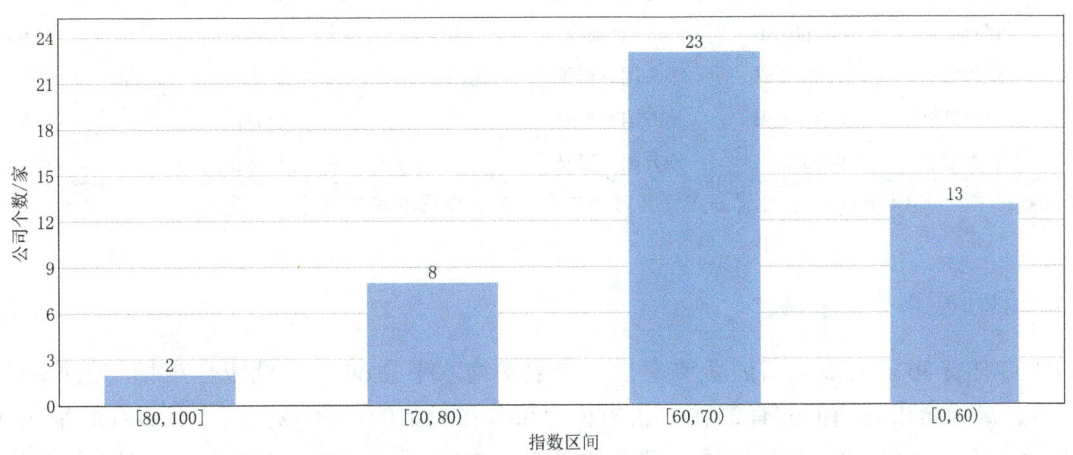

图9-143　2023年吉林省上市公司创新资源支持指数分布图

从省内市、自治州分布来看，创新资源支持指数平均水平最高的是白山市（69.08），最低的是辽源市（58.94），如图9-144所示。

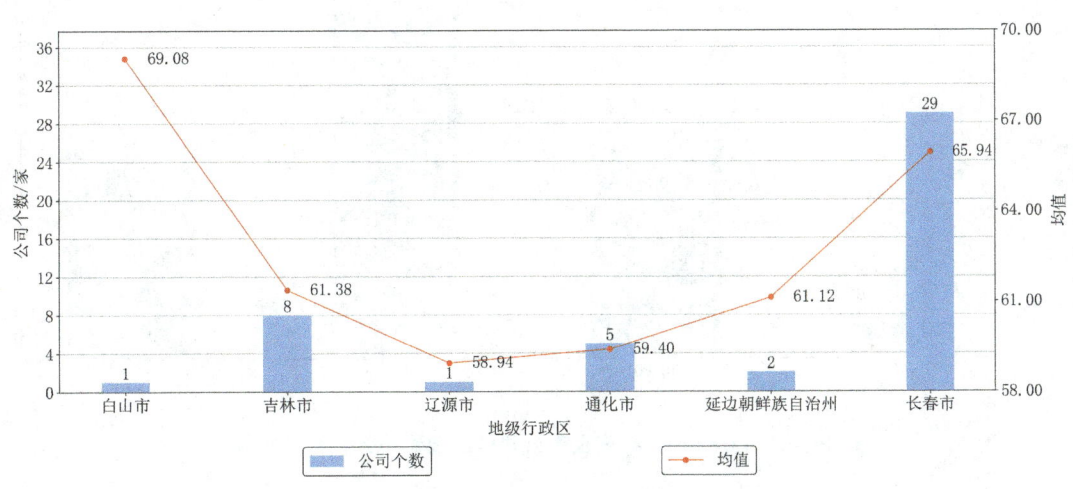

图9-144　2023年吉林省上市公司创新资源支持指数均值分布图

吉林省中，创新资源支持指数排名前10的上市公司如表9-72所示。

表 9-72　2023 年吉林省上市公司创新资源支持指数前 10 排名

排名	证券名称	证券代码	产权性质	一级行业	地级行政区	创新资源支持指数
1	奥普光电	002338.SZ	中央国有控股	国防军工	长春市	84.09
2	长春高新	000661.SZ	地方国有控股	医药生物	长春市	82.70
3	百克生物	688276.SH	地方国有控股	医药生物	长春市	77.30
4	一汽解放	000800.SZ	中央国有控股	汽车	长春市	75.16
5	吉林敖东	000623.SZ	非国有控股	医药生物	延边朝鲜族自治州	73.82
6	金冠股份	300510.SZ	地方国有控股	电力设备	长春市	73.15
7	诺德股份	600110.SH	非国有控股	电力设备	长春市	72.66
8	迪瑞医疗	300396.SZ	中央国有控股	医药生物	长春市	72.66
9	一汽富维	600742.SH	地方国有控股	汽车	长春市	71.88
10	富奥股份	000030.SZ	地方国有控股	汽车	长春市	70.34

数据来源：同花顺（iFinD），首经贸资产评估研究院和浙工商中国智能管理研究院整理。

9.15.3　创新要素投入指数

2023年吉林省46家上市公司创新要素投入指数平均水平为64.71，低于全市场均值66.07。从指数分布来看，高于全市场均值的有22家，占省内上市公司总数的47.83%。其中，最高的是一汽解放，创新要素投入指数为83.58。具体来看，创新要素投入指数处于［80，100］的有2家，占比4.35%；［70，80）的有12家，占比26.08%；［60，70）的有20家，占比43.49%；［0，60）的有12家，占比26.08%，如图9-145所示。

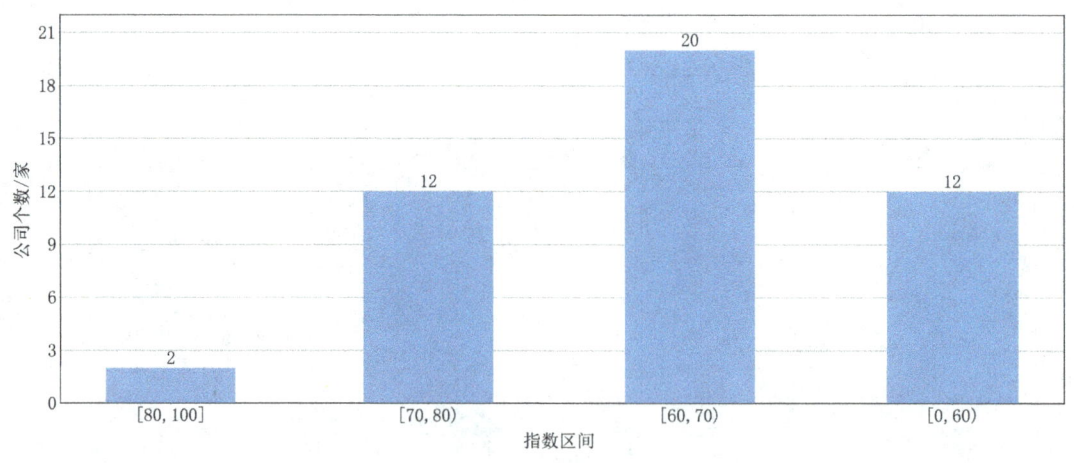

图 9-145　2023 年吉林省上市公司创新要素投入指数分布图

从省内市、自治州分布来看，创新要素投入指数平均水平最高的是长春市（66.89），最低的是延边朝鲜族自治州（55.43），如图9-146所示。

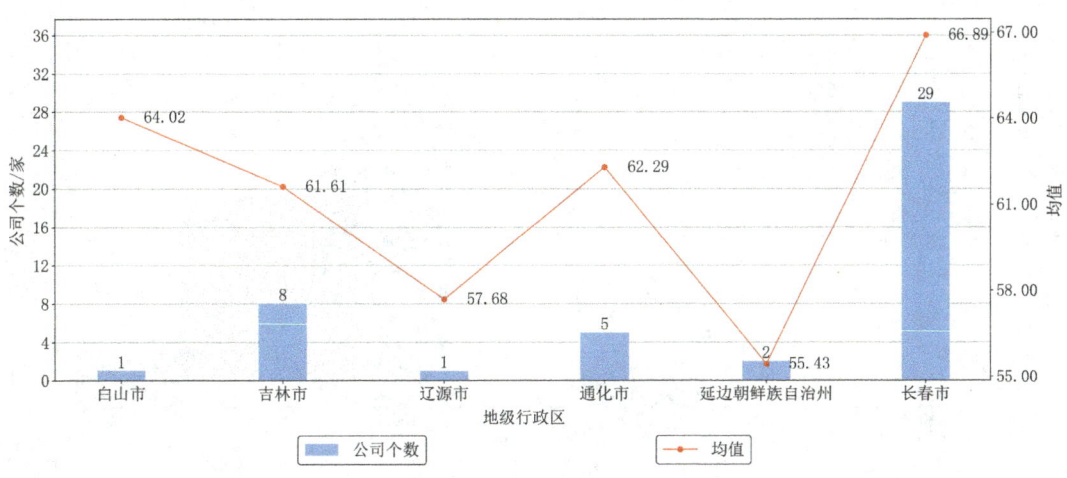

图9-146 2023年吉林省上市公司创新要素投入指数均值分布图

吉林省中，创新要素投入指数排名前10的上市公司如表9-73所示。

表9-73 2023年吉林省上市公司创新要素投入指数前10排名

排名	证券名称	证券代码	产权性质	一级行业	地级行政区	创新要素投入指数
1	一汽解放	000800.SZ	中央国有控股	汽车	长春市	83.58
2	长春高新	000661.SZ	地方国有控股	医药生物	长春市	83.45
3	中钢国际	000928.SZ	中央国有控股	建筑装饰	吉林市	76.91
4	启明信息	002232.SZ	中央国有控股	计算机	长春市	76.18
5	奥来德	688378.SH	非国有控股	电子	长春市	75.16
6	富奥股份	000030.SZ	地方国有控股	汽车	长春市	74.42
7	迪瑞医疗	300396.SZ	中央国有控股	医药生物	长春市	74.37
8	百克生物	688276.SH	地方国有控股	医药生物	长春市	73.88
9	通化东宝	600867.SH	非国有控股	医药生物	通化市	73.78
10	诺德股份	600110.SH	非国有控股	电力设备	长春市	73.16

数据来源：同花顺（iFinD），首经贸资产评估研究院和浙工商中国智能管理研究院整理。

9.15.4 创新科技成果指数

2023年吉林省46家上市公司创新科技成果指数平均水平为63.32，低于全市场均值64.15。从指数分布来看，高于全市场均值的有15家，占省内上市公司总数的32.61%。其中，最高的是一汽解放，创新科技成果指数为75.68。具体来看，创新科技成果指数处于［70,80）的有3家，占比6.52%；［60,70）的有36家，占比78.26%；［0,60）的有7家，占比15.22%，如图9-147所示。

从省内市、自治州分布来看，创新科技成果指数平均水平最高的是通化市（65.21），最低的是延边朝鲜族自治州（56.72），如图9-148所示。

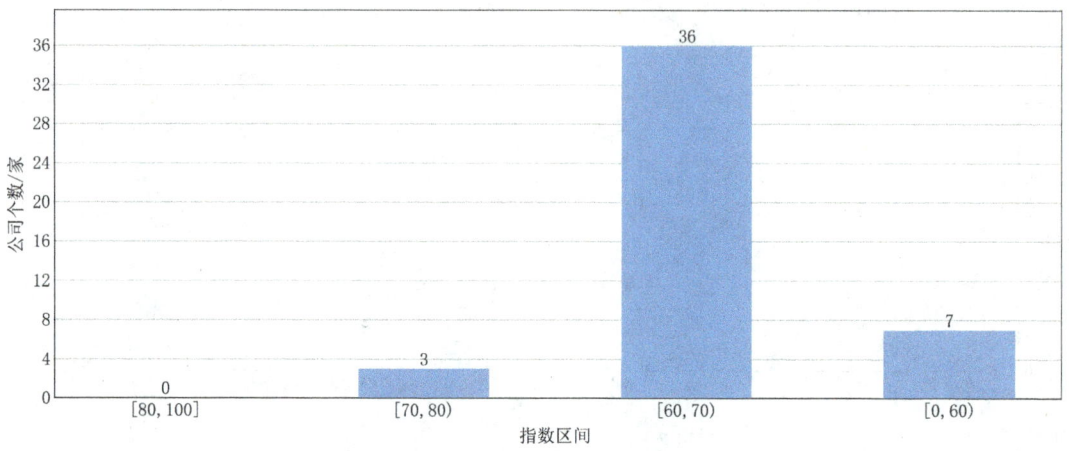

图 9-147　2023 年吉林省上市公司创新科技成果指数分布图

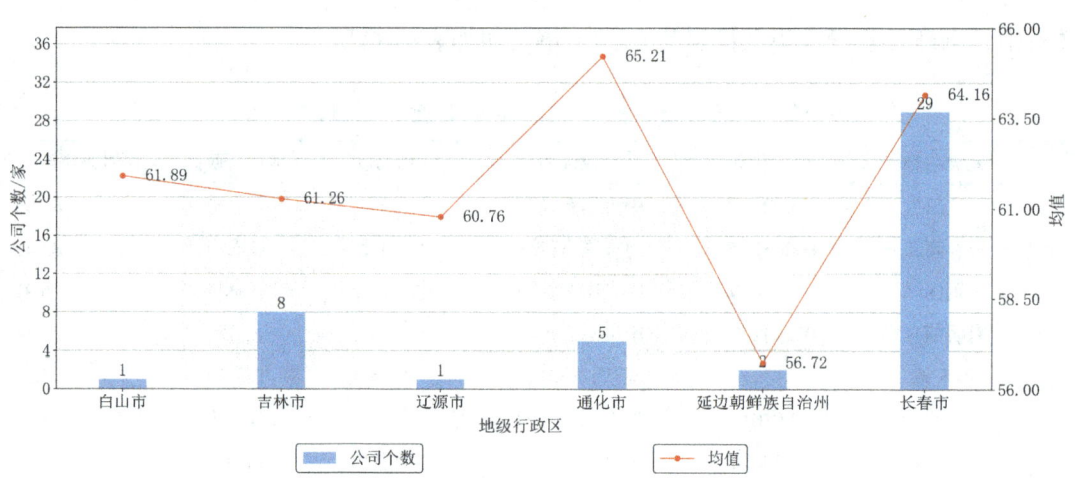

图 9-148　2023 年吉林省上市公司创新科技成果指数均值分布图

吉林省中，创新科技成果指数排名前 10 的上市公司如表 9-74 所示。

表 9-74　2023 年吉林省上市公司创新科技成果指数前 10 排名

排名	证券名称	证券代码	产权性质	一级行业	地级行政区	创新科技成果指数
1	一汽解放	000800.SZ	中央国有控股	汽车	长春市	75.68
2	通化东宝	600867.SH	非国有控股	医药生物	通化市	73.42
3	金冠股份	300510.SZ	地方国有控股	电力设备	长春市	71.49
4	富奥股份	000030.SZ	地方国有控股	汽车	长春市	69.76
5	通化金马	000766.SZ	非国有控股	医药生物	通化市	69.28
6	奥来德	688378.SH	非国有控股	电子	长春市	68.88
7	致远新能	300985.SZ	非国有控股	机械设备	长春市	68.50
8	长春燃气	600333.SH	地方国有控股	公用事业	长春市	68.19
9	吉视传媒	601929.SH	地方国有控股	传媒	长春市	66.80
10	皓宸医疗	002622.SZ	非国有控股	医药生物	吉林市	65.68

数据来源：同花顺（iFinD），首经贸资产评估研究院和浙工商中国智能管理研究院整理。

9.15.5 创新经济绩效指数

2023年吉林省46家上市公司创新经济绩效指数平均水平为64.25，低于全市场均值64.49。从指数分布来看，高于全市场均值的有23家，占省内上市公司总数的50.00%。其中，最高的是长春高新，创新经济绩效指数为82.91。具体来看，创新经济绩效指数处于[80，100]的有3家，占比6.52%；[70，80)的有9家，占比19.57%；[60，70)的有18家，占比39.13%；[0，60)的有16家，占比34.78%，如图9-149所示。

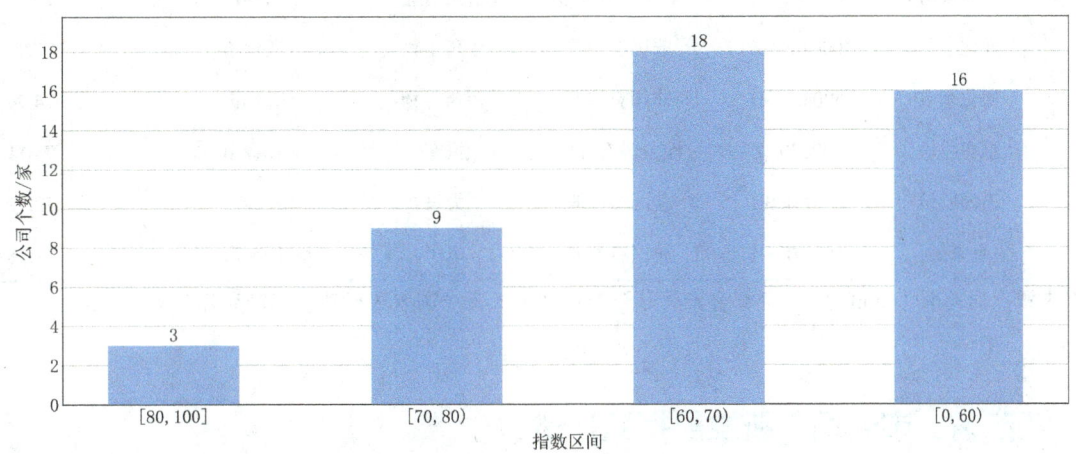

图9-149　2023年吉林省上市公司创新经济绩效指数分布图

从省内市、自治州分布来看，创新经济绩效指数平均水平最高的是延边朝鲜族自治州（69.69），最低的是辽源市（56.40），如图9-150所示。

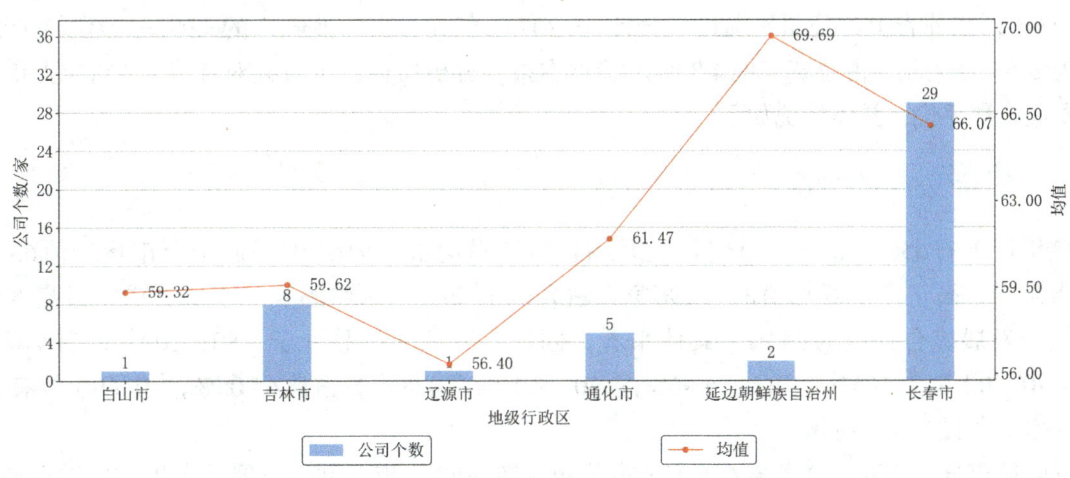

图9-150　2023年吉林省上市公司创新经济绩效指数均值分布图

吉林省中，创新经济绩效指数排名前10的上市公司如表9-75所示。

表 9-75　2023 年吉林省上市公司创新经济绩效指数前 10 排名

排名	证券名称	证券代码	产权性质	一级行业	地级行政区	创新经济绩效指数
1	长春高新	000661.SZ	地方国有控股	医药生物	长春市	82.91
2	一汽解放	000800.SZ	中央国有控股	汽车	长春市	82.76
3	百克生物	688276.SH	地方国有控股	医药生物	长春市	80.41
4	吉林敖东	000623.SZ	非国有控股	医药生物	延边朝鲜族自治州	79.05
5	吉电股份	000875.SZ	中央国有控股	公用事业	长春市	76.81
6	通化金马	000766.SZ	非国有控股	医药生物	通化市	75.93
7	通化东宝	600867.SH	非国有控股	医药生物	通化市	74.54
8	富奥股份	000030.SZ	地方国有控股	汽车	长春市	74.11
9	诺德股份	600110.SH	非国有控股	电力设备	长春市	72.72
10	奥来德	688378.SH	非国有控股	电子	长春市	71.55

数据来源：同花顺（iFinD），首经贸资产评估研究院和浙工商中国智能管理研究院整理。

9.16　江苏省上市公司创新发展指数评价

2023年，江苏省全年实现地区生产总值128222.16亿元，人均地区生产总值为150487.00元，居民人均可支配收入52674.00元。截至2023年底，A股市场江苏省共有上市公司658家，总市值共计57537.52亿元，营业收入共计30249.99亿元，平均市值87.44亿元/家，平均营业收入45.97亿元/家。市值最大的上市公司为恒瑞医药（2885.22亿元），营业收入最高的上市公司为东方盛虹（1404.40亿元）。2023年，江苏省上市公司研发投入合计为1207.53亿元，占营业收入的3.99%；无形资产账面价值合计为2066.39亿元，占总资产的4.33%。根据本报告分析口径，本节共对江苏省658家上市公司开展创新发展指数评价，具体情况如下：

9.16.1　创新发展综合指数

2023年江苏省658家上市公司创新发展综合指数平均水平为65.03，低于全市场均值65.40。从指数分布来看，高于全市场均值的有296家，占省内上市公司总数的44.98%。其中，最高的是徐工机械，创新发展综合指数为84.92。具体来看，创新发展综合指数处于［80，100］的有4家，占比0.61%；［70，80）的有105家，占比15.96%；［60，70）的有428家，占比65.05%；［0，60）的有121家，占比18.38%，如图9-151所示。

从省内城市分布来看，江苏省658家上市公司分布在13个市。创新发展综合指数平均水平最高的是连云港市（68.61），最低的是盐城市（61.43），如图9-152所示。

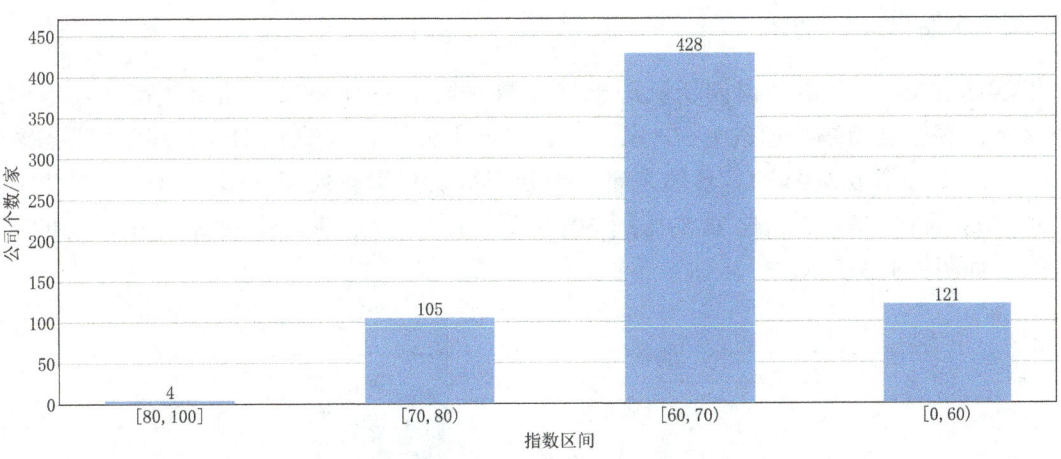

图9-151　2023年江苏省上市公司创新发展综合指数分布图

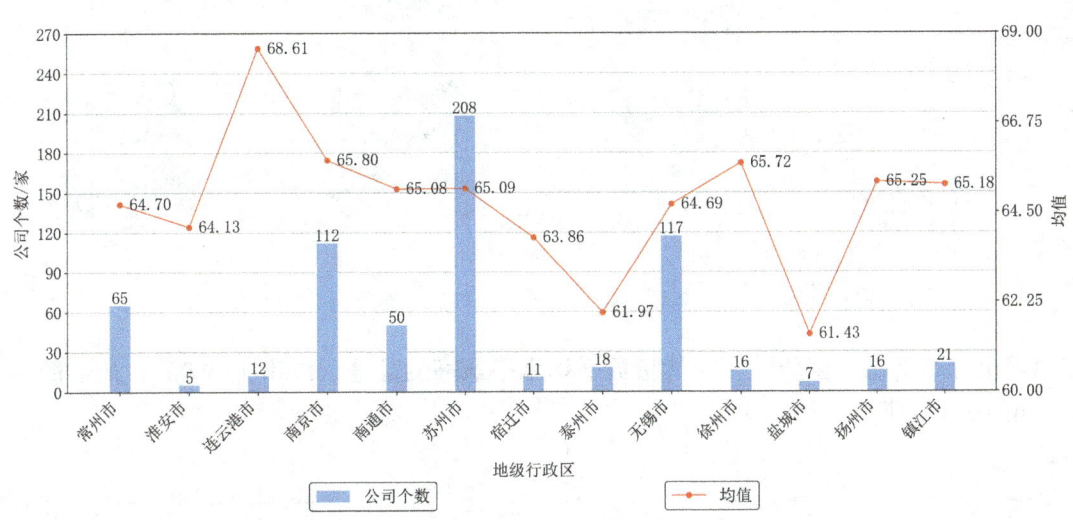

图9-152　2023年江苏省上市公司创新发展综合指数均值分布图

江苏省中，创新发展综合指数排名前10的上市公司如表9-76所示。

表9-76　2023年江苏省上市公司创新发展综合指数前10排名

排名	证券名称	证券代码	产权性质	一级行业	地级行政区	创新发展综合指数
1	徐工机械	000425.SZ	地方国有控股	机械设备	徐州市	84.92
2	中材科技	002080.SZ	中央国有控股	建筑材料	南京市	83.80
3	国电南瑞	600406.SH	中央国有控股	电力设备	南京市	83.34
4	恒瑞医药	600276.SH	非国有控股	医药生物	连云港市	81.26
5	天合光能	688599.SH	非国有控股	电力设备	常州市	79.19
6	卓胜微	300782.SZ	非国有控股	电子	无锡市	78.58
7	亨通光电	600487.SH	非国有控股	通信	苏州市	78.37
8	东方盛虹	000301.SZ	非国有控股	石油石化	苏州市	78.19
9	中天科技	600522.SH	非国有控股	通信	南通市	78.10
10	先导智能	300450.SZ	非国有控股	电力设备	无锡市	77.85

数据来源：同花顺（iFinD），首经贸资产评估研究院和浙工商中国智能管理研究院整理。

9.16.2 创新资源支持指数

2023年江苏省658家上市公司创新资源支持指数平均水平为66.72，低于全市场均值67.08。从指数分布来看，高于全市场均值的有308家，占省内上市公司总数的46.81%。其中，最高的是徐工机械，创新资源支持指数为93.34。具体来看，创新资源支持指数处于［80，100］的有30家，占比4.56%；［70，80）的有188家，占比28.57%；［60，70）的有316家，占比48.02%；［0，60）的有124家，占比18.85%，如图9-153所示。

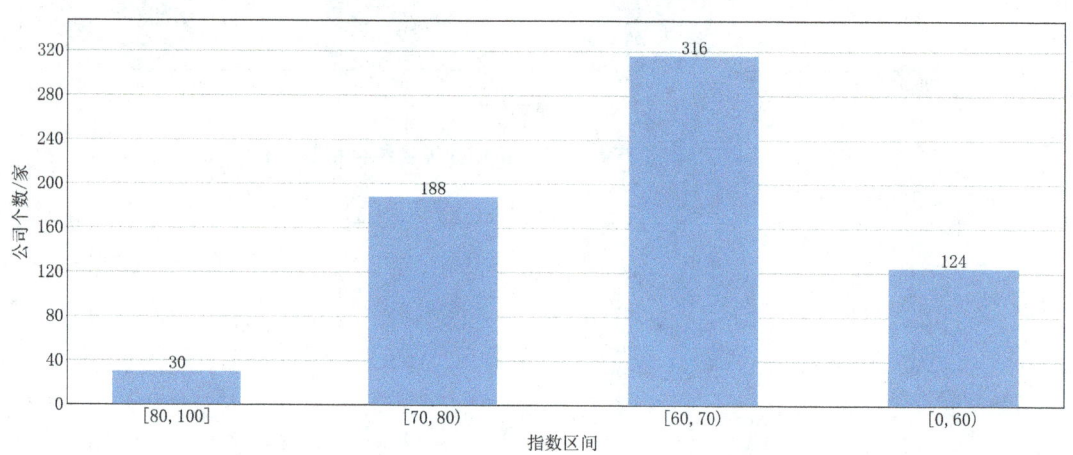

图9-153　2023年江苏省上市公司创新资源支持指数分布图

从省内城市分布来看，创新资源支持指数平均水平最高的是连云港市（69.96），最低的是盐城市（62.45），如图9-154所示。

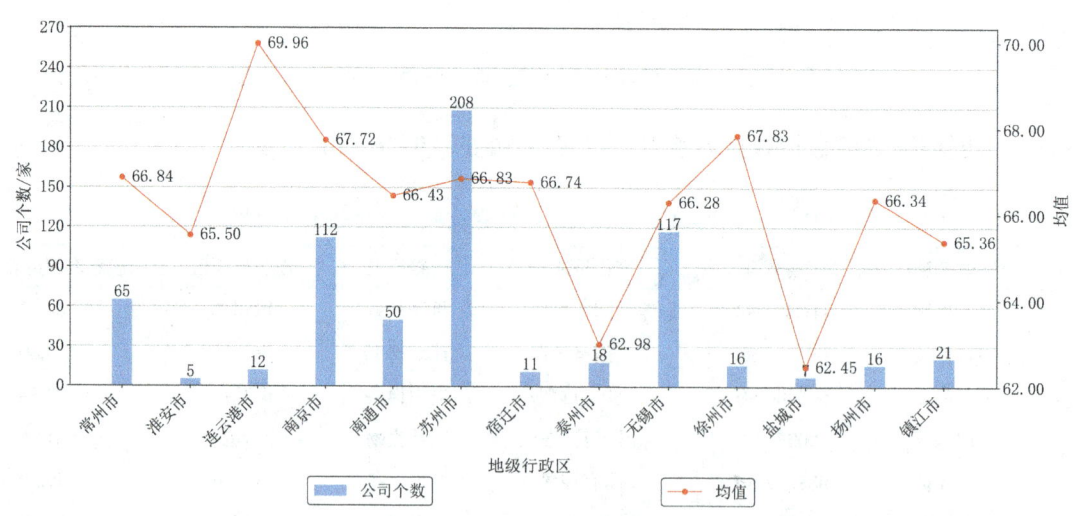

图9-154　2023年江苏省上市公司创新资源支持指数均值分布图

江苏省中，创新资源支持指数排名前10的上市公司如表9-77所示。

表 9-77　2023 年江苏省上市公司创新资源支持指数前 10 排名

排名	证券名称	证券代码	产权性质	一级行业	地级行政区	创新资源支持指数
1	徐工机械	000425.SZ	地方国有控股	机械设备	徐州市	93.34
2	中材科技	002080.SZ	中央国有控股	建筑材料	南京市	87.39
3	亨通光电	600487.SH	非国有控股	通信	苏州市	86.89
4	微导纳米	688147.SH	非国有控股	电力设备	无锡市	86.71
5	中国天楹	000035.SZ	非国有控股	环保	南通市	84.47
6	中天科技	600522.SH	非国有控股	通信	南通市	84.32
7	长电科技	600584.SH	非国有控股	电子	无锡市	84.24
8	东山精密	002384.SZ	非国有控股	电子	苏州市	84.09
9	苏文电能	300982.SZ	非国有控股	建筑装饰	常州市	83.94
10	航天晨光	600501.SH	中央国有控股	机械设备	南京市	82.96

数据来源：同花顺（iFinD），首经贸资产评估研究院和浙工商中国智能管理研究院整理。

9.16.3　创新要素投入指数

2023年江苏省658家上市公司创新要素投入指数平均水平为65.93，低于全市场均值66.07。从指数分布来看，高于全市场均值的有320家，占省内上市公司总数的48.63%。其中，最高的是国电南瑞，创新要素投入指数为85.31。具体来看，创新要素投入指数处于［80，100］的有12家，占比1.82%；［70，80）的有154家，占比23.40%；［60，70）的有382家，占比58.05%；［0，60）的有110家，占比16.73%，如图9-155所示。

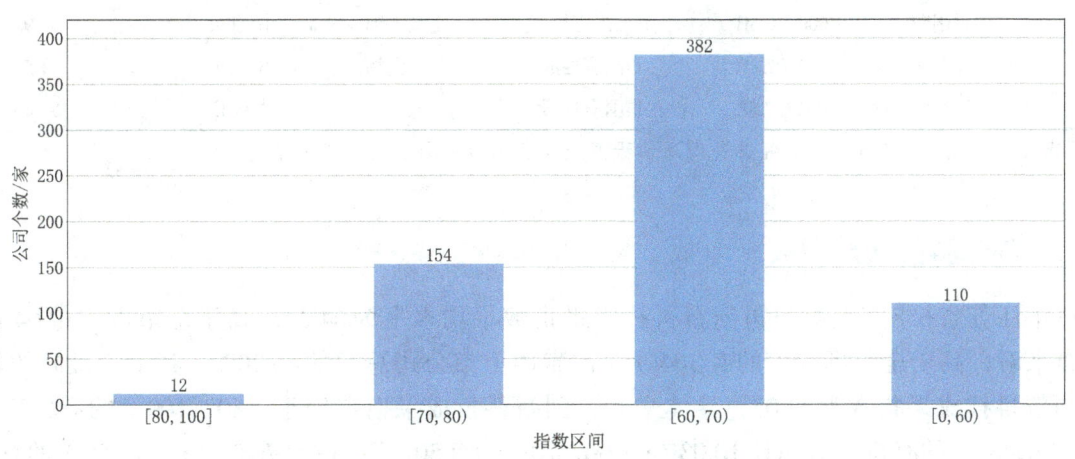

图 9-155　2023 年江苏省上市公司创新要素投入指数分布图

从省内城市分布来看，创新要素投入指数平均水平最高的是连云港市（69.63），最低的是盐城市（61.75），如图9-156所示。

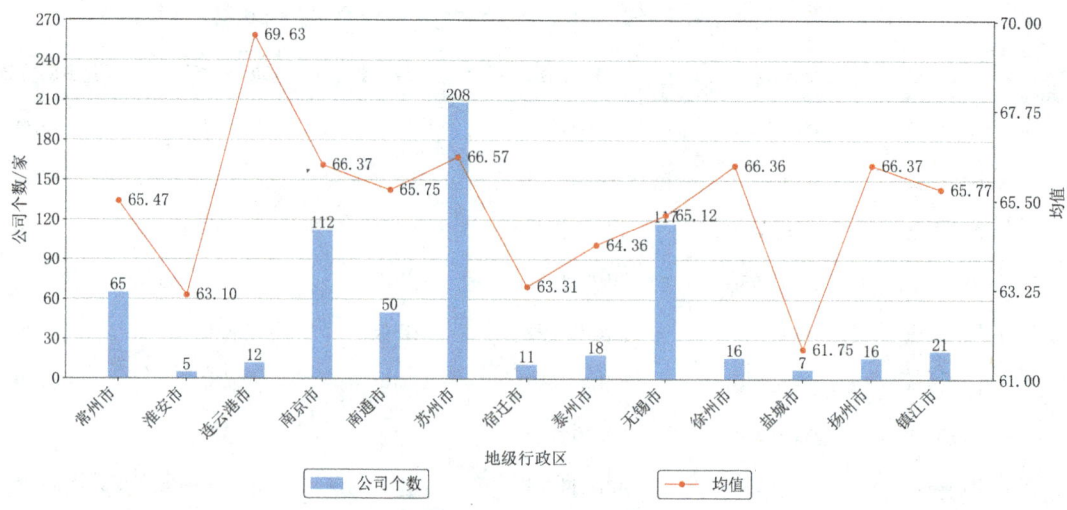

图9-156 2023年江苏省上市公司创新要素投入指数均值分布图

江苏省中，创新要素投入指数排名前10的上市公司如表9-78所示。

表9-78 2023年江苏省上市公司创新要素投入指数前10排名

排名	证券名称	证券代码	产权性质	一级行业	地级行政区	创新要素投入指数
1	国电南瑞	600406.SH	中央国有控股	电力设备	南京市	85.31
2	恒瑞医药	600276.SH	非国有控股	医药生物	连云港市	85.12
3	中材科技	002080.SZ	中央国有控股	建筑材料	南京市	84.33
4	徐工机械	000425.SZ	地方国有控股	机械设备	徐州市	84.19
5	卓胜微	300782.SZ	非国有控股	电子	无锡市	83.67
6	埃斯顿	002747.SZ	非国有控股	机械设备	南京市	82.38
7	先导智能	300450.SZ	非国有控股	电力设备	无锡市	82.30
8	中材国际	600970.SH	中央国有控股	建筑装饰	南京市	81.92
9	健友股份	603707.SH	非国有控股	医药生物	南京市	81.52
10	维信诺	002387.SZ	非国有控股	电子	苏州市	81.43

数据来源：同花顺（iFinD），首经贸资产评估研究院和浙工商中国智能管理研究院整理。

9.16.4 创新科技成果指数

2023年江苏省658家上市公司创新科技成果指数平均水平为64.21，高于全市场均值64.15。从指数分布来看，高于全市场均值的有304家，占省内上市公司总数的46.20%。其中，最高的是徐工机械，创新科技成果指数为82.05。具体来看，创新科技成果指数处于［80，100］的有2家，占比0.30%；［70，80）的有66家，占比10.03%；［60，70）的有502家，占比76.29%；［0，60）的有88家，占比13.38%，如图9-157所示。

从省内城市分布来看，创新科技成果指数平均水平最高的是连云港市（67.80），最低的是泰州市（62.44），如图9-158所示。

第9章 中国上市公司创新发展指数评价——省份维度

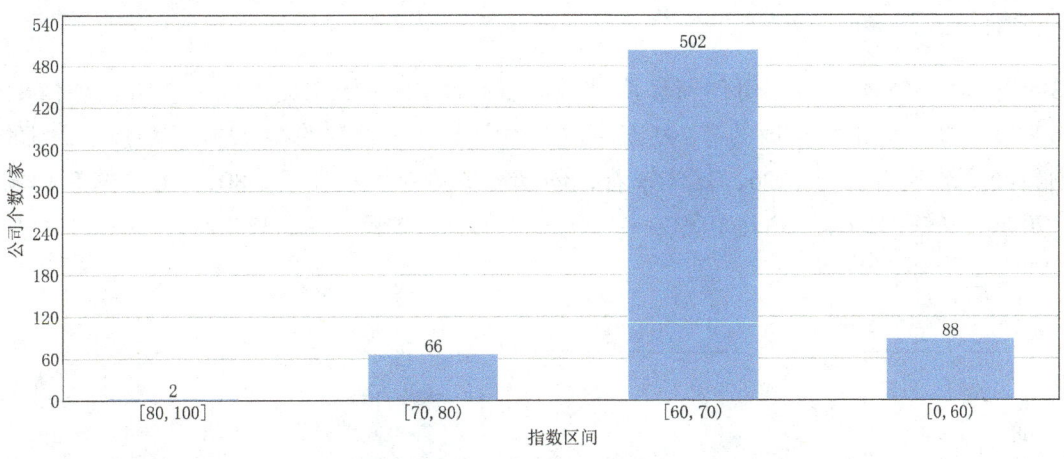

图9-157 2023年江苏省上市公司创新科技成果指数分布图

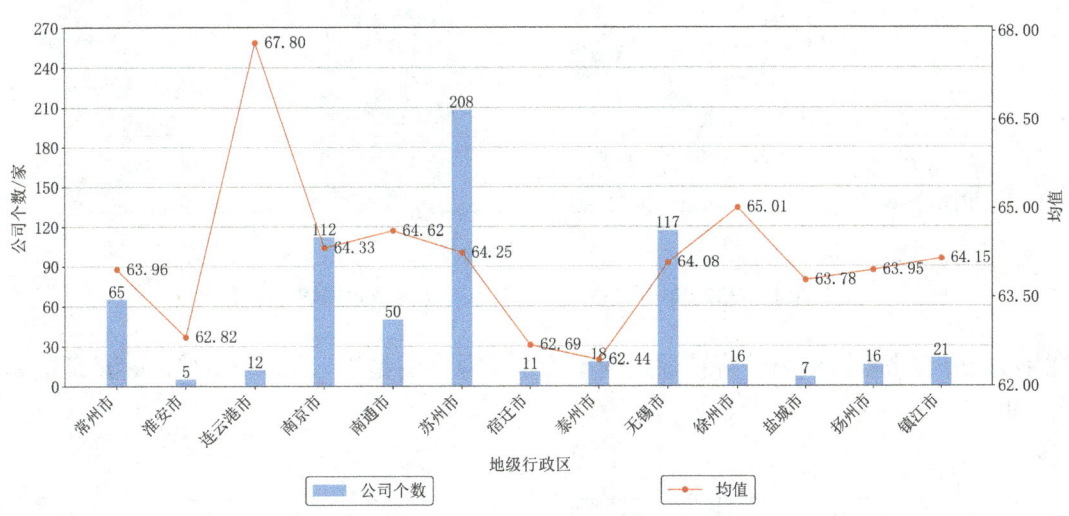

图9-158 2023年江苏省上市公司创新科技成果指数均值分布图

江苏省中,创新科技成果指数排名前10的上市公司如表9-79所示。

表 9-79 2023年江苏省上市公司创新科技成果指数前10排名

排名	证券名称	证券代码	产权性质	一级行业	地级行政区	创新科技成果指数
1	徐工机械	000425.SZ	地方国有控股	机械设备	徐州市	82.05
2	国电南瑞	600406.SH	中央国有控股	电力设备	南京市	80.16
3	中材科技	002080.SZ	中央国有控股	建筑材料	南京市	79.55
4	苏交科	300284.SZ	地方国有控股	建筑装饰	南京市	79.48
5	维信诺	002387.SZ	非国有控股	电子	苏州市	77.66
6	天合光能	688599.SH	非国有控股	电力设备	常州市	77.38
7	安洁科技	002635.SZ	非国有控股	电子	苏州市	77.26
8	卓胜微	300782.SZ	非国有控股	电子	无锡市	76.62
9	星宇股份	601799.SH	非国有控股	汽车	常州市	75.29
10	华设集团	603018.SH	非国有控股	建筑装饰	南京市	74.71

数据来源:同花顺(iFinD),首经贸资产评估研究院和浙工商中国智能管理研究院整理。

9.16.5 创新经济绩效指数

2023年江苏省658家上市公司创新经济绩效指数平均水平为63.46，低于全市场均值64.49。从指数分布来看，高于全市场均值的有291家，占省内上市公司总数的44.22%。其中，最高的是国电南瑞，创新经济绩效指数为87.26。具体来看，创新经济绩效指数处于[80，100]的有14家，占比2.13%；[70，80)的有129家，占比19.60%；[60，70)的有282家，占比42.86%；[0，60)的有233家，占比35.41%，如图9-159所示。

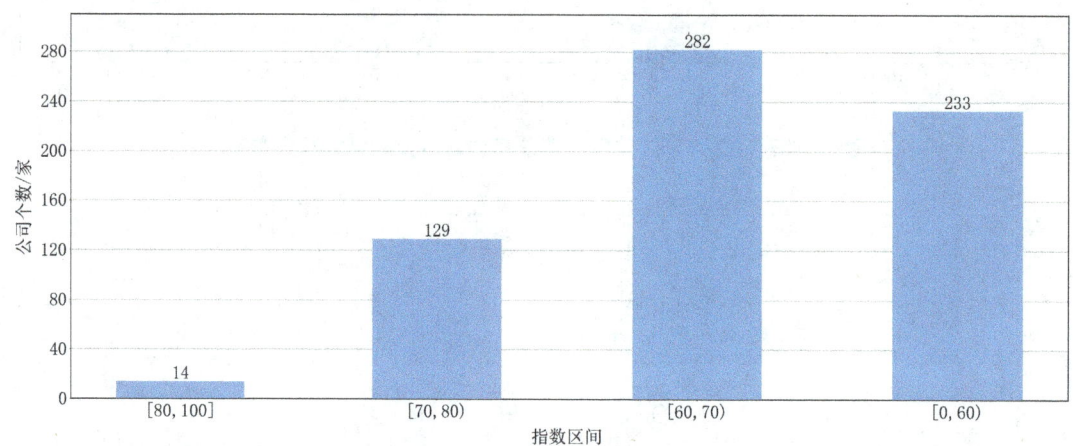

图9-159　2023年江苏省上市公司创新经济绩效指数分布图

从省内城市分布来看，创新经济绩效指数平均水平最高的是连云港市（67.13），最低的是泰州市（57.97），如图9-160所示。

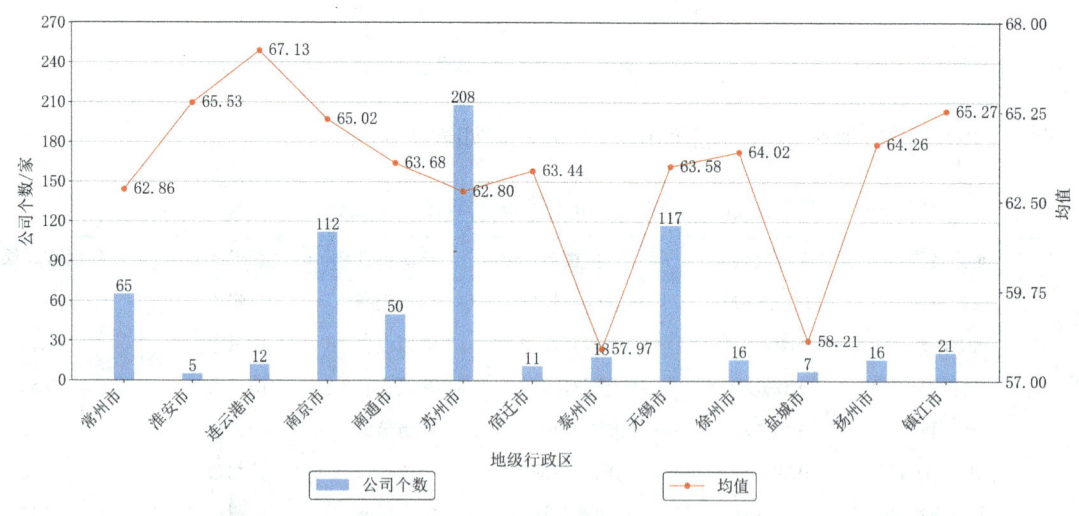

图9-160　2023年江苏省上市公司创新经济绩效指数均值分布图

江苏省中，创新经济绩效指数排名前10的上市公司如表9-80所示。

表 9-80 2023 年江苏省上市公司创新经济绩效指数前 10 排名

排名	证券名称	证券代码	产权性质	一级行业	地级行政区	创新经济绩效指数
1	国电南瑞	600406.SH	中央国有控股	电力设备	南京市	87.26
2	双良节能	600481.SH	非国有控股	电力设备	无锡市	84.59
3	中材科技	002080.SZ	中央国有控股	建筑材料	南京市	84.32
4	恒瑞医药	600276.SH	非国有控股	医药生物	连云港市	84.27
5	星宇股份	601799.SH	非国有控股	汽车	常州市	83.13
6	洋河股份	002304.SZ	地方国有控股	食品饮料	宿迁市	82.71
7	徐工机械	000425.SZ	地方国有控股	机械设备	徐州市	82.17
8	先导智能	300450.SZ	非国有控股	电力设备	无锡市	81.76
9	恩华药业	002262.SZ	非国有控股	医药生物	徐州市	81.50
10	海澜之家	600398.SH	非国有控股	纺织服饰	无锡市	81.33

数据来源：同花顺（iFinD），首经贸资产评估研究院和浙工商中国智能管理研究院整理。

9.17 江西省上市公司创新发展指数评价

2023年，江西省全年实现地区生产总值32200.10亿元，人均地区生产总值为71216.00元，居民人均可支配收入34242.00元。截至2023年底，A股市场江西省共有上市公司86家，总市值共计8589.91亿元，营业收入共计11595.44亿元，平均市值99.88亿元/家，平均营业收入134.83亿元/家。市值最大的上市公司为晶科能源（886.46亿元），营业收入最高的上市公司为江西铜业（5218.93亿元）。2023年，江西省上市公司研发投入合计为260.04亿元，占营业收入的2.24%；无形资产账面价值合计为573.63亿元，占总资产的5.45%。根据本报告分析口径，本节共对江西省86家上市公司开展创新发展指数评价，具体情况如下：

9.17.1 创新发展综合指数

2023年江西省86家上市公司创新发展综合指数平均水平为64.57，低于全市场均值65.40。从指数分布来看，高于全市场均值的有36家，占省内上市公司总数的41.86%。其中，最高的是晶科能源，创新发展综合指数为80.18。具体来看，创新发展综合指数处于［80，100］的有1家，占比1.16%；［70，80）的有16家，占比18.60%；［60，70）的有47家，占比54.65%；［0，60）的有22家，占比25.59%，如图9-161所示。

从省内城市分布来看，江西省86家上市公司分布在11个市。创新发展综合指数平均水平最高的是鹰潭市（72.53），最低的是萍乡市（58.79），如图9-162所示。

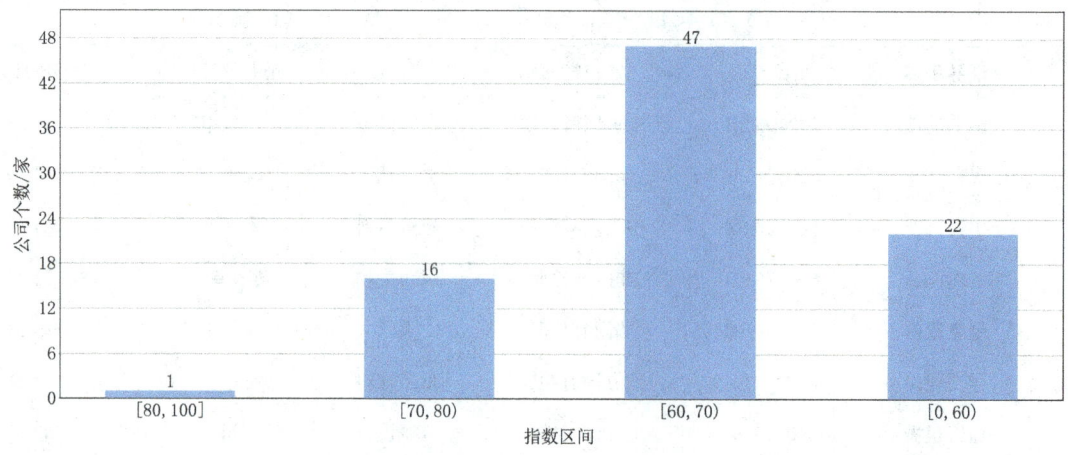

图9-161　2023年江西省上市公司创新发展综合指数分布图

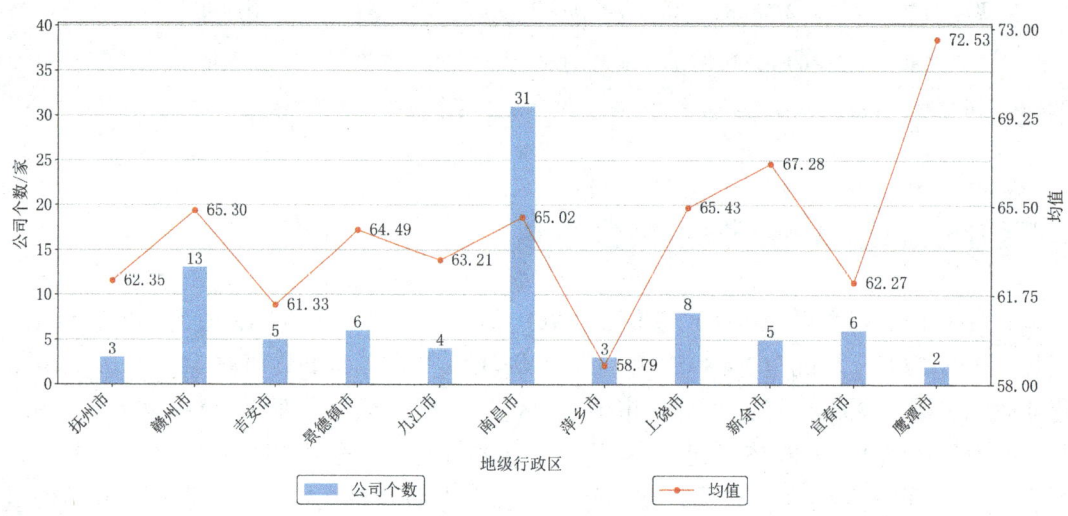

图9-162　2023年江西省上市公司创新发展综合指数均值分布图

江西省中，创新发展综合指数排名前10的上市公司如表9-81所示。

表9-81　2023年江西省上市公司创新发展综合指数前10排名

排名	证券名称	证券代码	产权性质	一级行业	地级行政区	创新发展综合指数
1	晶科能源	688223.SH	非国有控股	电力设备	上饶市	80.18
2	江铃汽车	000550.SZ	地方国有控股	汽车	南昌市	77.63
3	江西铜业	600362.SH	地方国有控股	有色金属	鹰潭市	75.59
4	赣锋锂业	002460.SZ	非国有控股	有色金属	新余市	74.93
5	联创光电	600363.SH	非国有控股	电子	南昌市	74.90
6	江中药业	600750.SH	中央国有控股	医药生物	南昌市	74.16
7	金力永磁	300748.SZ	非国有控股	有色金属	赣州市	74.11
8	联创电子	002036.SZ	非国有控股	电子	南昌市	73.90
9	三鑫医疗	300453.SZ	非国有控股	医药生物	南昌市	71.41
10	孚能科技	688567.SH	非国有控股	电力设备	赣州市	71.31

数据来源：同花顺（iFinD），首经贸资产评估研究院和浙工商中国智能管理研究院整理。

9.17.2 创新资源支持指数

2023年江西省86家上市公司创新资源支持指数平均水平为67.28，高于全市场均值67.08。从指数分布来看，高于全市场均值的有45家，占省内上市公司总数的52.33%。其中，最高的是赣锋锂业，创新资源支持指数为85.50。具体来看，创新资源支持指数处于［80，100］的有6家，占比6.98%；［70，80）的有26家，占比30.23%；［60，70）的有36家，占比41.86%；［0，60）的有18家，占比20.93%，如图9-163所示。

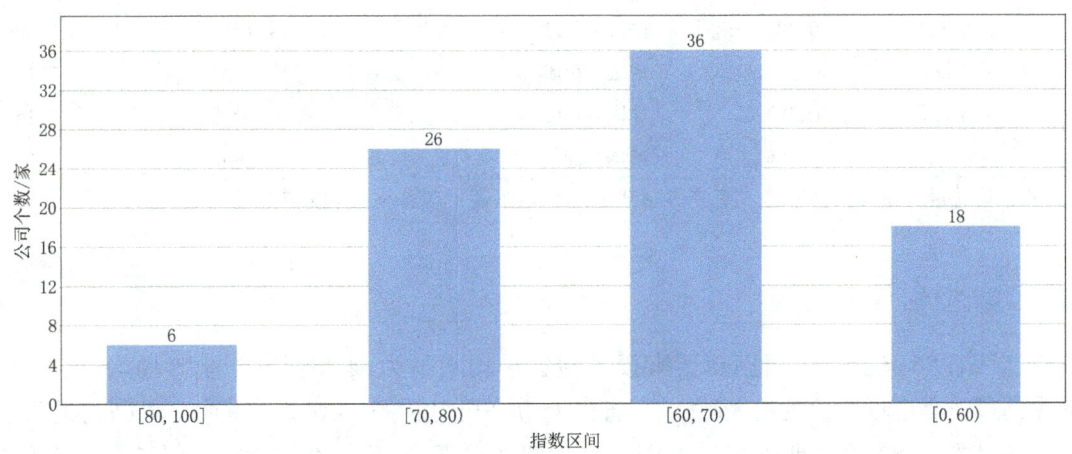

图9-163　2023年江西省上市公司创新资源支持指数分布图

从省内城市分布来看，创新资源支持指数平均水平最高的是鹰潭市（74.63），最低的是抚州市（59.84），如图9-164所示。

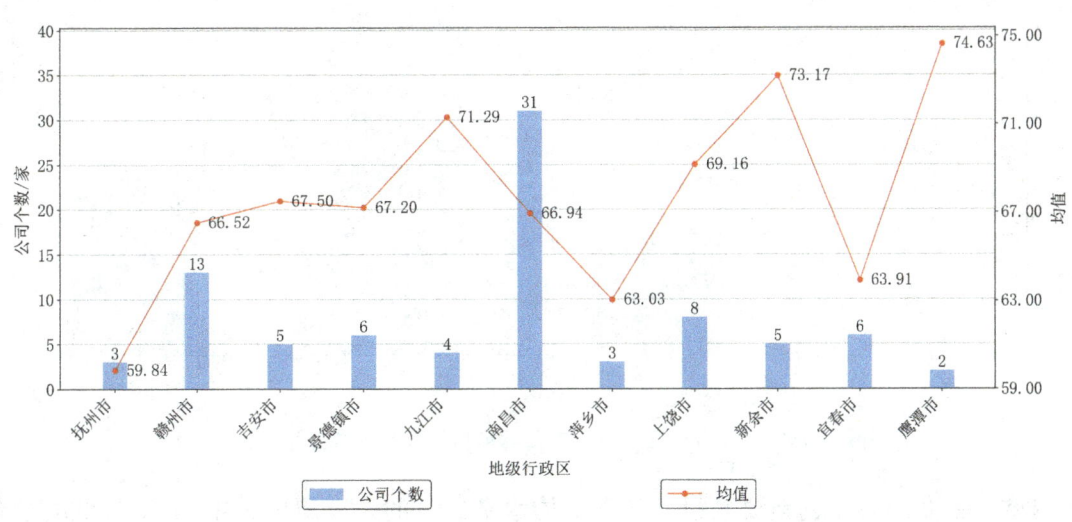

图9-164　2023年江西省上市公司创新资源支持指数均值分布图

江西省中，创新资源支持指数排名前10的上市公司如表9-82所示。

表 9-82 2023 年江西省上市公司创新资源支持指数前 10 排名

排名	证券名称	证券代码	产权性质	一级行业	地级行政区	创新资源支持指数
1	赣锋锂业	002460.SZ	非国有控股	有色金属	新余市	85.50
2	联创光电	600363.SH	非国有控股	电子	南昌市	85.39
3	晶科能源	688223.SH	非国有控股	电力设备	上饶市	84.95
4	德福科技	301511.SZ	非国有控股	电力设备	九江市	83.29
5	沃格光电	603773.SH	非国有控股	电子	新余市	82.87
6	海能实业	300787.SZ	非国有控股	电子	吉安市	80.36
7	长虹华意	000404.SZ	地方国有控股	家用电器	景德镇市	78.06
8	天新药业	603235.SH	非国有控股	基础化工	景德镇市	77.76
9	天键股份	301383.SZ	非国有控股	电子	赣州市	77.16
10	三川智慧	300066.SZ	非国有控股	机械设备	鹰潭市	76.67

数据来源：同花顺（iFinD），首经贸资产评估研究院和浙工商中国智能管理研究院整理。

9.17.3　创新要素投入指数

2023年江西省86家上市公司创新要素投入指数平均水平为64.28，低于全市场均值66.07。从指数分布来看，高于全市场均值的有35家，占省内上市公司总数的40.70%。其中，最高的是联创电子，创新要素投入指数为82.32。具体来看，创新要素投入指数处于［80，100］的有2家，占比2.33%；［70，80）的有17家，占比19.77%；［60，70）的有46家，占比53.49%；［0，60）的有21家，占比24.41%，如图9-165所示。

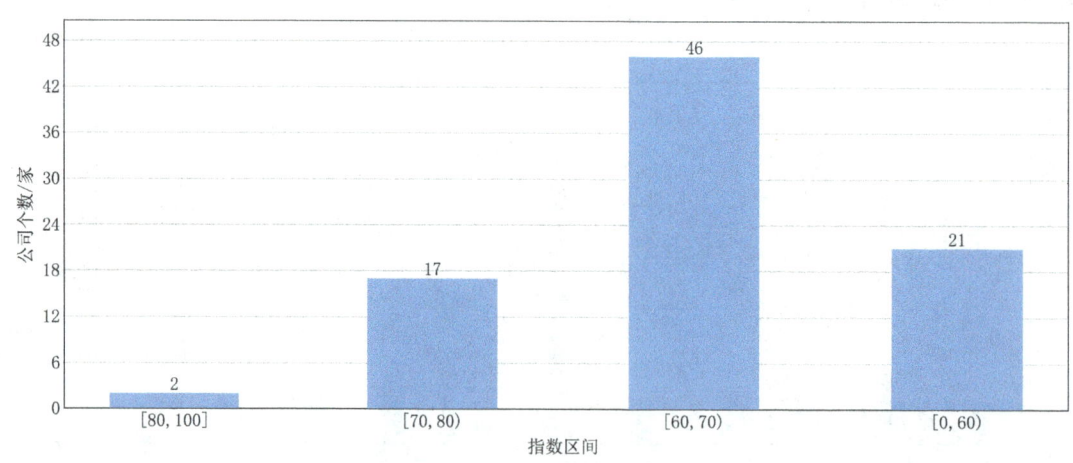

图9-165　2023年江西省上市公司创新要素投入指数分布图

从省内城市分布来看，创新要素投入指数平均水平最高的是鹰潭市（72.54），最低的是萍乡市（55.92），如图9-166所示。

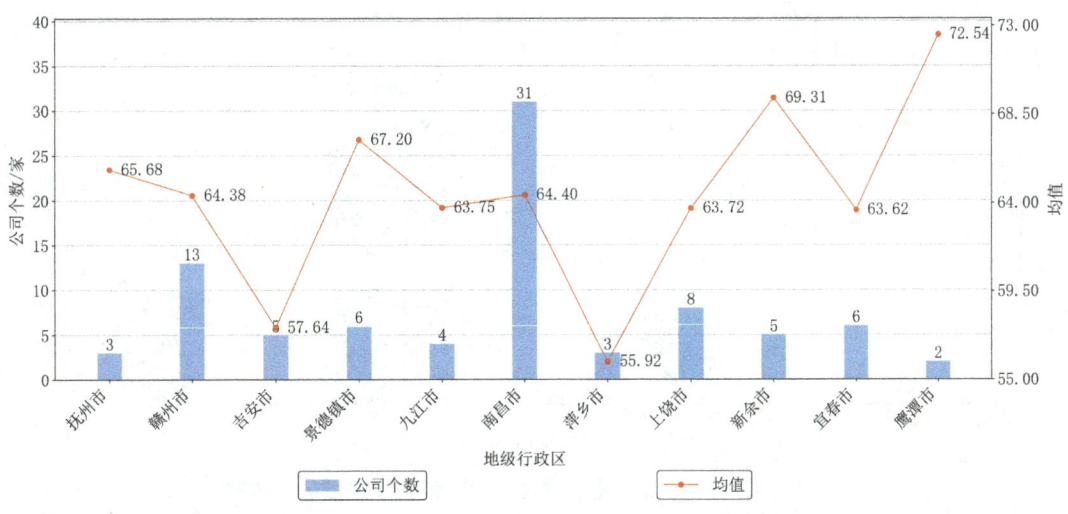

图9-166　2023年江西省上市公司创新要素投入指数均值分布图

江西省中，创新要素投入指数排名前10的上市公司如表9-83所示。

表9-83　2023年江西省上市公司创新要素投入指数前10排名

排名	证券名称	证券代码	产权性质	一级行业	地级行政区	创新要素投入指数
1	联创电子	002036.SZ	非国有控股	电子	南昌市	82.32
2	江铃汽车	000550.SZ	地方国有控股	汽车	南昌市	81.49
3	晶科能源	688223.SH	非国有控股	电力设备	上饶市	79.59
4	赣锋锂业	002460.SZ	非国有控股	有色金属	新余市	78.39
5	泰豪科技	600590.SH	非国有控股	国防军工	南昌市	77.96
6	新钢股份	600782.SH	中央国有控股	钢铁	新余市	77.87
7	江西铜业	600362.SH	地方国有控股	有色金属	鹰潭市	77.63
8	江中药业	600750.SH	中央国有控股	医药生物	南昌市	75.03
9	金力永磁	300748.SZ	非国有控股	有色金属	赣州市	74.44
10	孚能科技	688567.SH	非国有控股	电力设备	赣州市	72.74

数据来源：同花顺（iFinD），首经贸资产评估研究院和浙工商中国智能管理研究院整理。

9.17.4　创新科技成果指数

2023年江西省86家上市公司创新科技成果指数平均水平为64.00，低于全市场均值64.15。从指数分布来看，高于全市场均值的有43家，占省内上市公司总数的50.00%。其中，最高的是江西铜业，创新科技成果指数为79.07。具体来看，创新科技成果指数处于［70，80）的有12家，占比13.95%；［60，70）的有56家，占比65.12%；［0，60）的有18家，占比20.93%，如图9-167所示。

从省内城市分布来看，创新科技成果指数平均水平最高的是鹰潭市（71.96），最低的是萍乡市（60.12），如图9-168所示。

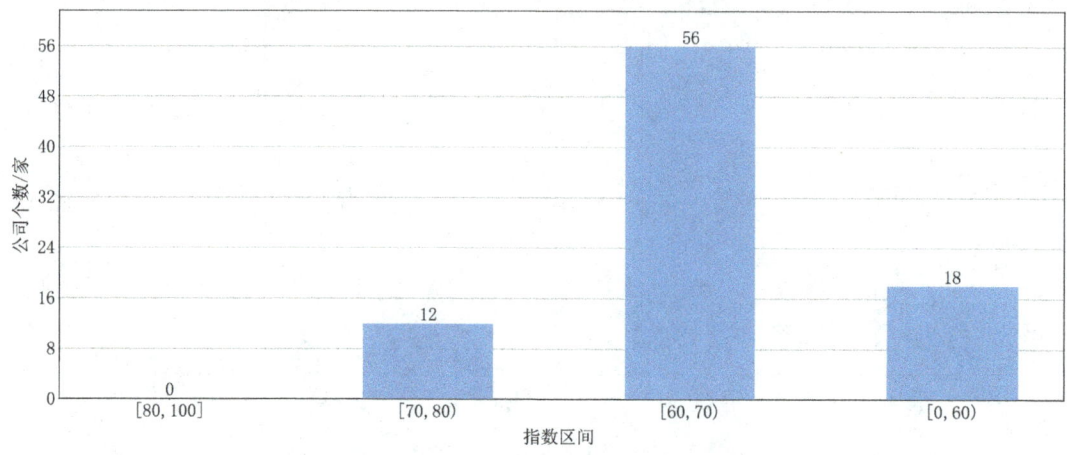

图9-167　2023年江西省上市公司创新科技成果指数分布图

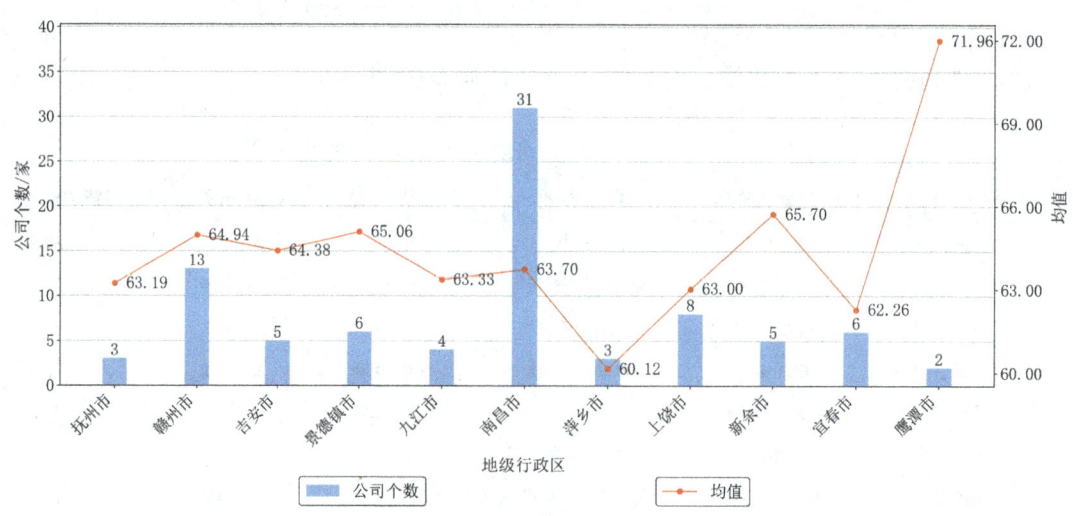

图9-168　2023年江西省上市公司创新科技成果指数均值分布图

江西省中，创新科技成果指数排名前10的上市公司如表9-84所示。

表9-84　2023年江西省上市公司创新科技成果指数前10排名

排名	证券名称	证券代码	产权性质	一级行业	地级行政区	创新科技成果指数
1	江西铜业	600362.SH	地方国有控股	有色金属	鹰潭市	79.07
2	晶科能源	688223.SH	非国有控股	电力设备	上饶市	76.12
3	联创电子	002036.SZ	非国有控股	电子	南昌市	73.32
4	美克家居	600337.SH	非国有控股	轻工制造	赣州市	73.15
5	金力永磁	300748.SZ	非国有控股	有色金属	赣州市	72.49
6	海能实业	300787.SZ	非国有控股	电子	吉安市	71.83
7	长虹华意	000404.SZ	地方国有控股	家用电器	景德镇市	71.35
8	博雅生物	300294.SZ	中央国有控股	医药生物	抚州市	71.12
9	章源钨业	002378.SZ	非国有控股	有色金属	赣州市	70.79
10	江中药业	600750.SH	中央国有控股	医药生物	南昌市	70.72

数据来源：同花顺（iFinD），首经贸资产评估研究院和浙工商中国智能管理研究院整理。

9.17.5 创新经济绩效指数

2023年江西省86家上市公司创新经济绩效指数平均水平为63.43，低于全市场均值64.49。从指数分布来看，高于全市场均值的有34家，占省内上市公司总数的39.53%。其中，最高的是江铃汽车，创新经济绩效指数为81.96。具体来看，创新经济绩效指数处于［80，100］的有2家，占比2.33%；［70，80）的有23家，占比26.74%；［60，70）的有30家，占比34.88%；［0，60）的有31家，占比36.05%，如图9-169所示。

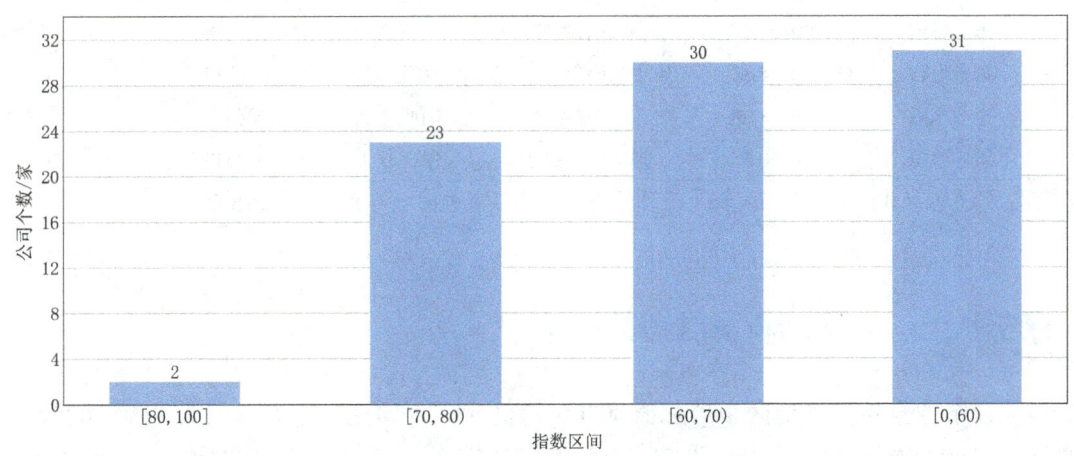

图9-169　2023年江西省上市公司创新经济绩效指数分布图

从省内城市分布来看，创新经济绩效指数平均水平最高的是鹰潭市（71.46），最低的是九江市（56.53），如图9-170所示。

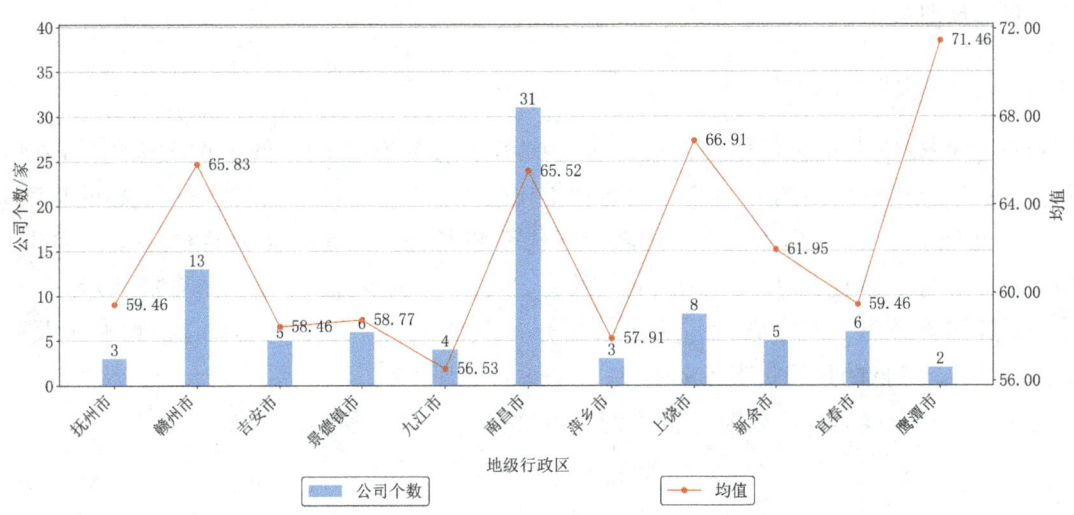

图9-170　2023年江西省上市公司创新经济绩效指数均值分布图

江西省中，创新经济绩效指数排名前10的上市公司如表9-85所示。

表 9-85　2023 年江西省上市公司创新经济绩效指数前 10 排名

排名	证券名称	证券代码	产权性质	一级行业	地级行政区	创新经济绩效指数
1	江铃汽车	000550.SZ	地方国有控股	汽车	南昌市	81.96
2	晶科能源	688223.SH	非国有控股	电力设备	上饶市	81.03
3	晶科科技	601778.SH	非国有控股	公用事业	上饶市	77.83
4	腾远钴业	301219.SZ	非国有控股	有色金属	赣州市	77.62
5	联创光电	600363.SH	非国有控股	电子	南昌市	76.47
6	江中药业	600750.SH	中央国有控股	医药生物	南昌市	75.42
7	方大特钢	600507.SH	非国有控股	钢铁	南昌市	75.38
8	博雅生物	300294.SZ	中央国有控股	医药生物	抚州市	74.53
9	金力永磁	300748.SZ	非国有控股	有色金属	赣州市	74.50
10	诚志股份	000990.SZ	地方国有控股	基础化工	南昌市	74.26

数据来源：同花顺（iFinD），首经贸资产评估研究院和浙工商中国智能管理研究院整理。

9.18　辽宁省上市公司创新发展指数评价

2023年，辽宁省全年实现地区生产总值30209.40亿元，人均地区生产总值为72107.00元，居民人均可支配收入37992.00元。截至2023年底，A股市场辽宁省共有上市公司82家，总市值共计8304.27亿元，营业收入共计9914.74亿元，平均市值101.27亿元/家，平均营业收入120.91亿元/家。市值最大的上市公司为恒力石化（927.05亿元），营业收入最高的上市公司为恒力石化（2347.91亿元）。2023年，辽宁省上市公司研发投入合计为170.00亿元，占营业收入的1.71%；无形资产账面价值合计为576.55亿元，占总资产的3.91%。根据本报告分析口径，本节共对辽宁省82家上市公司开展创新发展指数评价，具体情况如下：

9.18.1　创新发展综合指数

2023年辽宁省82家上市公司创新发展综合指数平均水平为63.82，低于全市场均值65.40。从指数分布来看，高于全市场均值的有34家，占省内上市公司总数的41.46%。其中，最高的是国电电力，创新发展综合指数为77.15。具体来看，创新发展综合指数处于[70，80）的有13家，占比15.85%；[60，70）的有46家，占比56.10%；[0，60）的有23家，占比28.05%，如图9-171所示。

从省内城市分布来看，辽宁省82家上市公司分布在13个市。创新发展综合指数平均水平最高的是抚顺市（69.43），最低的是锦州市（58.17），如图9-172所示。

辽宁省中，创新发展综合指数排名前10的上市公司如表9-86所示。

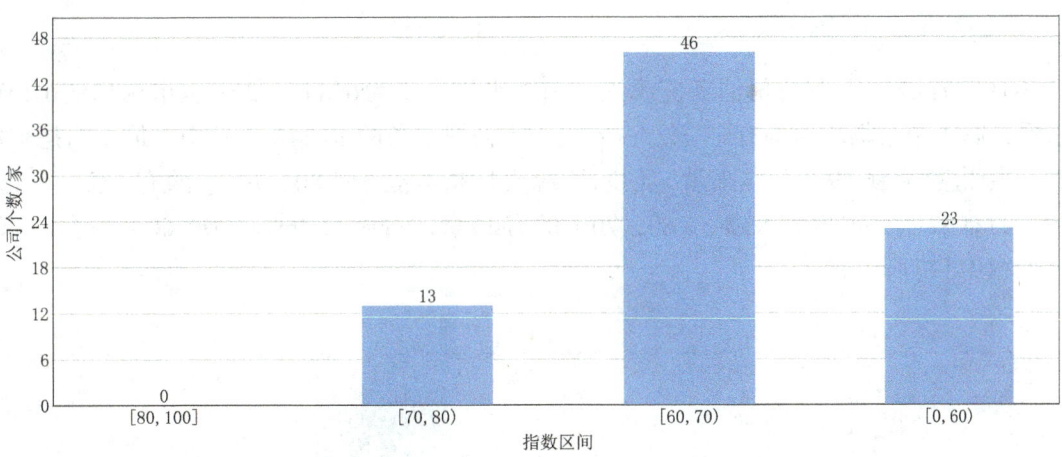

图9-171 2023年辽宁省上市公司创新发展综合指数分布图

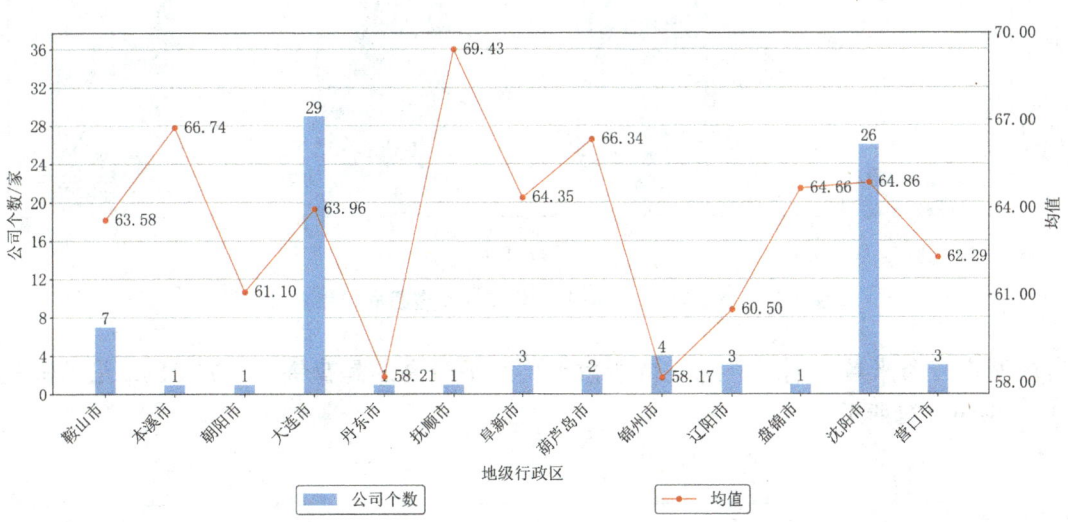

图9-172 2023年辽宁省上市公司创新发展综合指数均值分布图

表9-86 2023年辽宁省上市公司创新发展综合指数前10排名

排名	证券名称	证券代码	产权性质	一级行业	地级行政区	创新发展综合指数
1	国电电力	600795.SH	中央国有控股	公用事业	大连市	77.15
2	机器人	300024.SZ	中央国有控股	机械设备	沈阳市	76.61
3	恒力石化	600346.SH	非国有控股	石油石化	大连市	76.29
4	拓荆科技	688072.SH	非国有控股	电子	沈阳市	75.08
5	连城数控	835368.BJ	非国有控股	电力设备	大连市	74.57
6	东软集团	600718.SH	非国有控股	计算机	沈阳市	74.50
7	圆通速递	600233.SH	非国有控股	交通运输	大连市	73.40
8	富创精密	688409.SH	非国有控股	电子	沈阳市	73.38
9	芯源微	688037.SH	中央国有控股	电子	沈阳市	72.78
10	兴齐眼药	300573.SZ	非国有控股	医药生物	沈阳市	72.14

数据来源：同花顺（iFinD），首经贸资产评估研究院和浙工商中国智能管理研究院整理。

9.18.2 创新资源支持指数

2023年辽宁省82家上市公司创新资源支持指数平均水平为66.00，低于全市场均值67.08。从指数分布来看，高于全市场均值的有33家，占省内上市公司总数的40.24%。其中，最高的是东软集团，创新资源支持指数为86.59。具体来看，创新资源支持指数处于［80，100］的有4家，占比4.88%；［70，80）的有22家，占比26.83%；［60，70）的有34家，占比41.46%；［0，60）的有22家，占比26.83%，如图9-173所示。

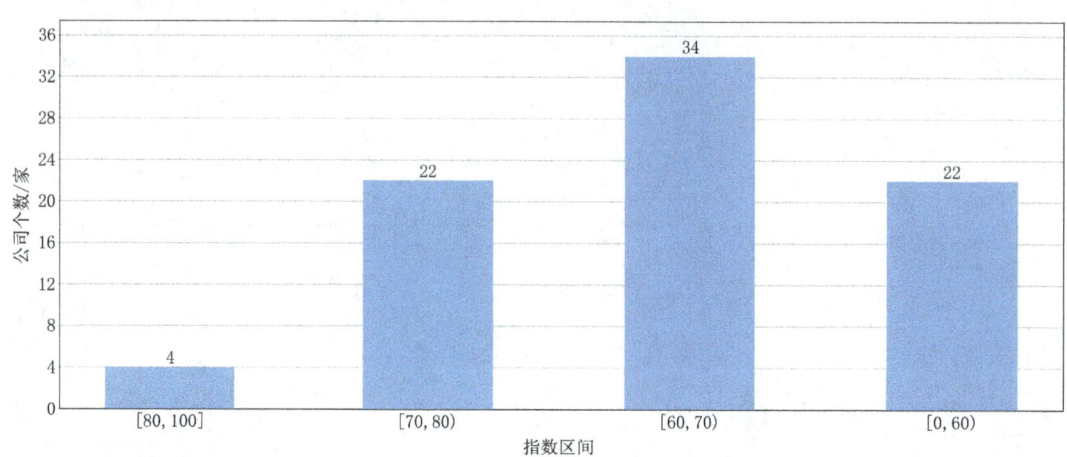

图9-173 2023年辽宁省上市公司创新资源支持指数分布图

从省内城市分布来看，创新资源支持指数平均水平最高的是盘锦市（71.21），最低的是丹东市（55.39），如图9-174所示。

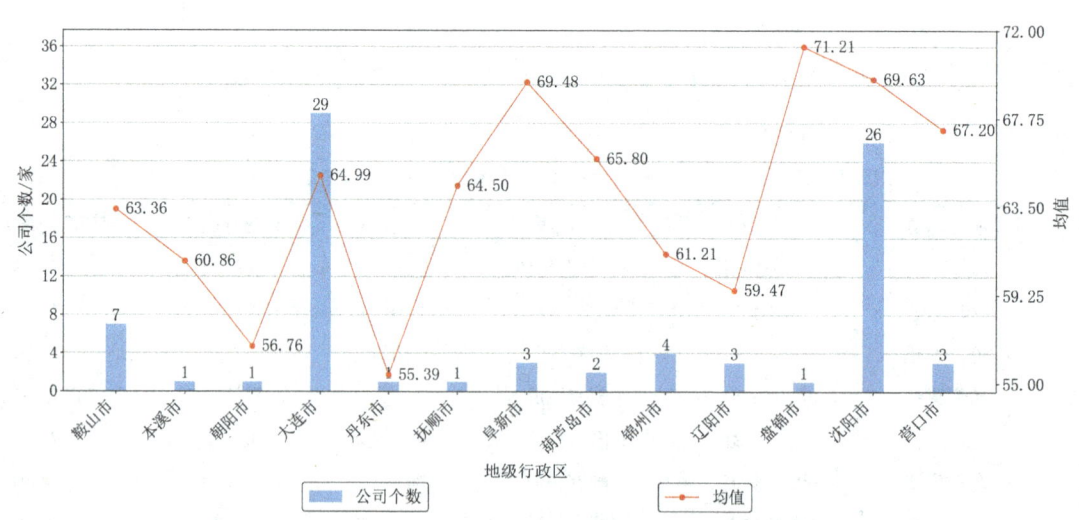

图9-174 2023年辽宁省上市公司创新资源支持指数均值分布图

辽宁省中，创新资源支持指数排名前10的上市公司如表9-87所示。

表 9-87 2023 年辽宁省上市公司创新资源支持指数前 10 排名

排名	证券名称	证券代码	产权性质	一级行业	地级行政区	创新资源支持指数
1	东软集团	600718.SH	非国有控股	计算机	沈阳市	86.59
2	机器人	300024.SZ	中央国有控股	机械设备	沈阳市	85.72
3	芯源微	688037.SH	中央国有控股	电子	沈阳市	81.08
4	冰山冷热	000530.SZ	非国有控股	机械设备	大连市	80.57
5	拓荆科技	688072.SH	非国有控股	电子	沈阳市	79.17
6	荣科科技	300290.SZ	地方国有控股	计算机	沈阳市	79.05
7	沈阳机床	000410.SZ	中央国有控股	机械设备	沈阳市	78.40
8	连城数控	835368.BJ	非国有控股	电力设备	大连市	78.39
9	金辰股份	603396.SH	非国有控股	电力设备	营口市	78.38
10	联美控股	600167.SH	非国有控股	公用事业	沈阳市	78.18

数据来源：同花顺（iFinD），首经贸资产评估研究院和浙工商中国智能管理研究院整理。

9.18.3 创新要素投入指数

2023年辽宁省82家上市公司创新要素投入指数平均水平为63.35，低于全市场均值66.07。从指数分布来看，高于全市场均值的有30家，占省内上市公司总数的36.59%。其中，最高的是国电电力，创新要素投入指数为81.26。具体来看，创新要素投入指数处于［80，100］的有2家，占比2.44%；［70，80）的有20家，占比24.40%；［60，70）的有30家，占比36.58%；［0，60）的有30家，占比36.58%，如图9-175所示。

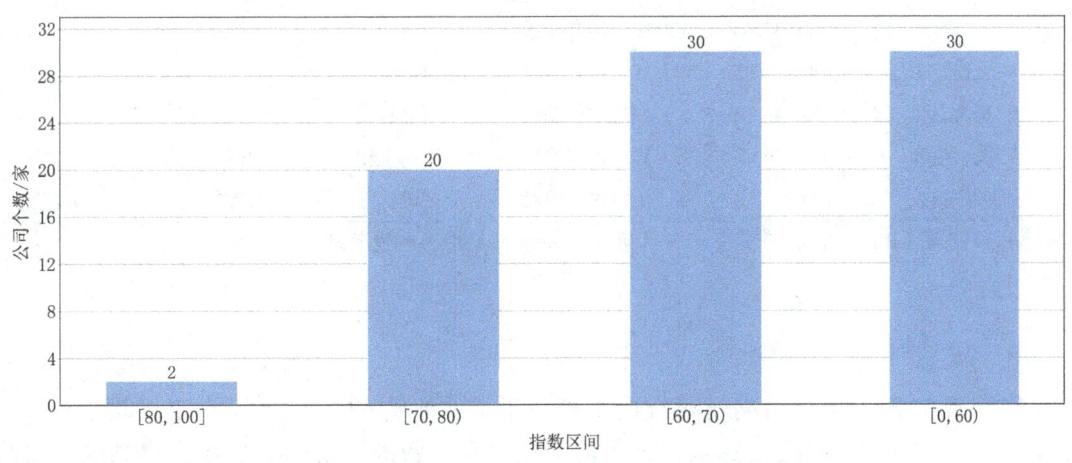

图 9-175 2023 年辽宁省上市公司创新要素投入指数分布图

从省内城市分布来看，创新要素投入指数平均水平最高的是本溪市（69.97），最低的是锦州市（56.12），如图9-176所示。

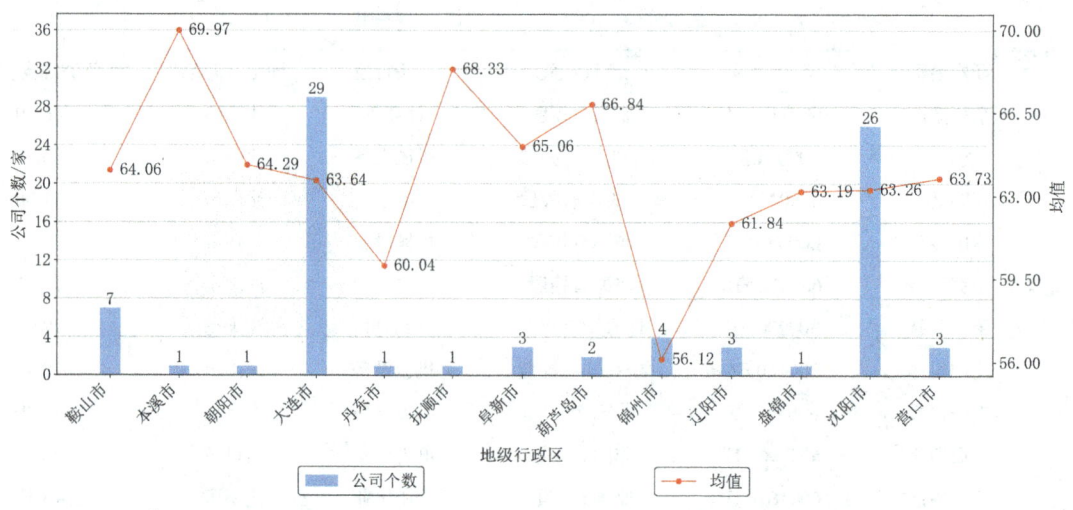

图 9-176　2023 年辽宁省上市公司创新要素投入指数均值分布图

辽宁省中，创新要素投入指数排名前10的上市公司如表9-88所示。

表 9-88　2023 年辽宁省上市公司创新要素投入指数前 10 排名

排名	证券名称	证券代码	产权性质	一级行业	地级行政区	创新要素投入指数
1	国电电力	600795.SH	中央国有控股	公用事业	大连市	81.26
2	拓荆科技	688072.SH	非国有控股	电子	沈阳市	80.71
3	机器人	300024.SZ	中央国有控股	机械设备	沈阳市	77.85
4	鞍钢股份	000898.SZ	中央国有控股	钢铁	鞍山市	77.14
5	连城数控	835368.BJ	非国有控股	电力设备	大连市	76.80
6	芯源微	688037.SH	中央国有控股	电子	沈阳市	76.53
7	大连重工	002204.SZ	地方国有控股	机械设备	大连市	76.24
8	恒力石化	600346.SH	非国有控股	石油石化	大连市	75.58
9	成大生物	688739.SH	地方国有控股	医药生物	沈阳市	75.52
10	中广核技	000881.SZ	中央国有控股	基础化工	大连市	75.25

数据来源：同花顺（iFinD），首经贸资产评估研究院和浙工商中国智能管理研究院整理。

9.18.4　创新科技成果指数

2023年辽宁省82家上市公司创新科技成果指数平均水平为63.74，低于全市场均值64.15。从指数分布来看，高于全市场均值的有33家，占省内上市公司总数的40.24%。其中，最高的是蓝英装备，创新科技成果指数为75.69。具体来看，创新科技成果指数处于[70,80)的有7家，占比8.54%；[60,70)的有64家，占比78.05%；[0,60)的有11家，占比13.41%，如图9-177所示。

从省内城市分布来看，创新科技成果指数平均水平最高的是本溪市（74.27），最低的是阜新市（58.92），如图9-178所示。

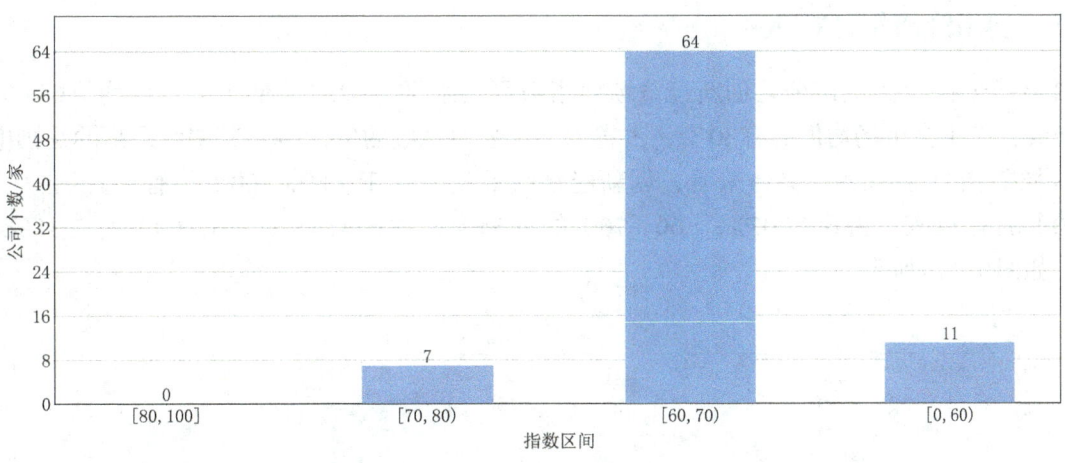

图9-177 2023年辽宁省上市公司创新科技成果指数分布图

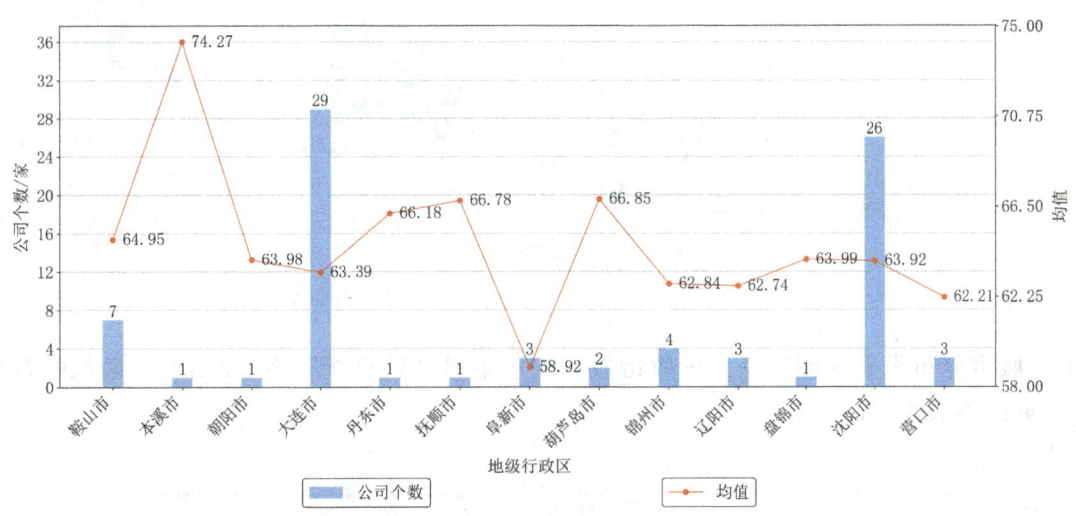

图9-178 2023年辽宁省上市公司创新科技成果指数均值分布图

辽宁省中,创新科技成果指数排名前10的上市公司如表9-89所示。

表9-89 2023年辽宁省上市公司创新科技成果指数前10排名

排名	证券名称	证券代码	产权性质	一级行业	地级行政区	创新科技成果指数
1	蓝英装备	300293.SZ	非国有控股	机械设备	沈阳市	75.69
2	本钢板材	000761.SZ	中央国有控股	钢铁	本溪市	74.27
3	鞍钢股份	000898.SZ	中央国有控股	钢铁	鞍山市	73.94
4	恒力石化	600346.SH	非国有控股	石油石化	大连市	72.34
5	大连重工	002204.SZ	地方国有控股	机械设备	大连市	71.01
6	东软集团	600718.SH	非国有控股	计算机	沈阳市	70.57
7	国电电力	600795.SH	中央国有控股	公用事业	大连市	70.10
8	中广核技	000881.SZ	中央国有控股	基础化工	大连市	69.73
9	芯源微	688037.SH	中央国有控股	电子	沈阳市	69.56
10	拓荆科技	688072.SH	非国有控股	电子	沈阳市	69.41

数据来源:同花顺(iFinD),首经贸资产评估研究院和浙工商中国智能管理研究院整理。

9.18.5 创新经济绩效指数

2023年辽宁省82家上市公司创新经济绩效指数平均水平为62.85，低于全市场均值64.49。从指数分布来看，高于全市场均值的有30家，占省内上市公司总数的36.59%。其中，最高的是国电电力，创新经济绩效指数为84.99。具体来看，创新经济绩效指数处于［80，100］的有3家，占比3.66%；［70，80）的有14家，占比17.07%；［60，70）的有34家，占比41.46%；［0，60）的有31家，占比37.81%，如图9-179所示。

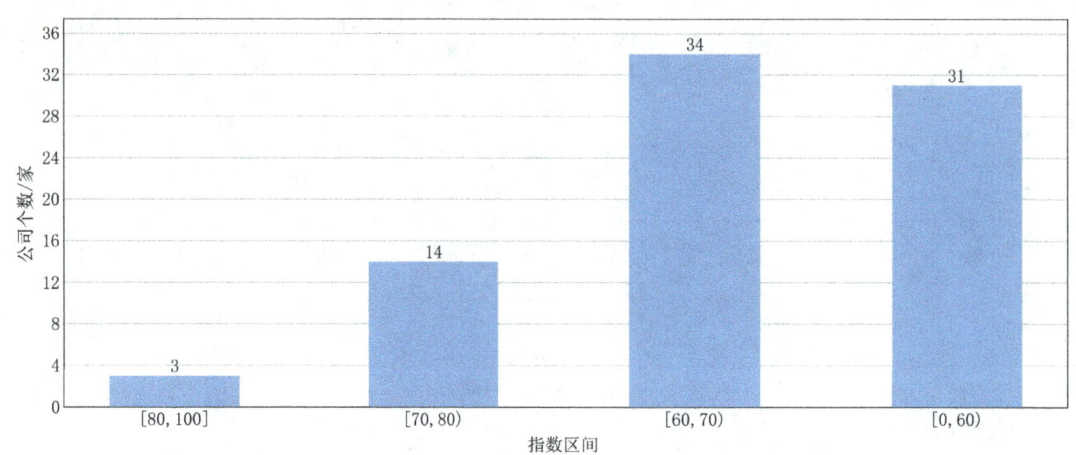

图9-179 2023年辽宁省上市公司创新经济绩效指数分布图

从省内城市分布来看，创新经济绩效指数平均水平最高的是抚顺市（76.73），最低的是丹东市（50.99），如图9-180所示。

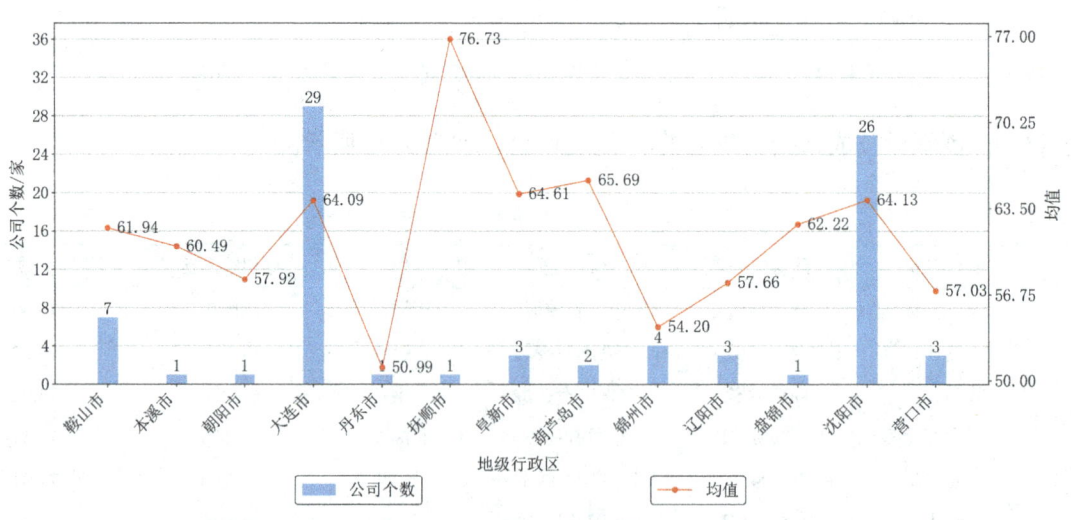

图9-180 2023年辽宁省上市公司创新经济绩效指数均值分布图

辽宁省中，创新经济绩效指数排名前10的上市公司如表9-90所示。

表 9-90 2023 年辽宁省上市公司创新经济绩效指数前 10 排名

排名	证券名称	证券代码	产权性质	一级行业	地级行政区	创新经济绩效指数
1	国电电力	600795.SH	中央国有控股	公用事业	大连市	84.99
2	圆通速递	600233.SH	非国有控股	交通运输	大连市	82.10
3	恒力石化	600346.SH	非国有控股	石油石化	大连市	80.18
4	机器人	300024.SZ	中央国有控股	机械设备	沈阳市	79.16
5	铁龙物流	600125.SH	中央国有控股	交通运输	大连市	78.52
6	抚顺特钢	600399.SH	非国有控股	钢铁	抚顺市	76.73
7	东北制药	000597.SZ	非国有控股	医药生物	沈阳市	76.28
8	辽港股份	601880.SH	中央国有控股	交通运输	大连市	76.23
9	科德数控	688305.SH	非国有控股	机械设备	大连市	74.14
10	兴齐眼药	300573.SZ	非国有控股	医药生物	沈阳市	73.81

数据来源：同花顺（iFinD），首经贸资产评估研究院和浙工商中国智能管理研究院整理。

9.19 内蒙古自治区上市公司创新发展指数评价

2023年，内蒙古自治区全年实现地区生产总值24626.96亿元，人均地区生产总值为102677.00元，居民人均可支配收入38130.00元。截至2023年底，A股市场内蒙古自治区共有上市公司26家，总市值共计6325.14亿元，营业收入共计4081.70亿元，平均市值243.27亿元/家，平均营业收入156.99亿元/家。市值最大的上市公司为伊利股份（1702.93亿元），营业收入最高的上市公司为伊利股份（1257.58亿元）。2023年，内蒙古自治区上市公司研发投入合计为78.55亿元，占营业收入的1.92%；无形资产账面价值合计为515.33亿元，占总资产的7.28%。根据本报告分析口径，本节共对内蒙古自治区26家上市公司开展创新发展指数评价，具体情况如下：

9.19.1 创新发展综合指数

2023年内蒙古自治区26家上市公司创新发展综合指数平均水平为66.81，高于全市场均值65.40。从指数分布来看，高于全市场均值的有16家，占自治区内上市公司总数的61.54%。其中，最高的是伊利股份，创新发展综合指数为78.69。具体来看，创新发展综合指数处于［70，80）的有7家，占比26.92%；［60，70）的有14家，占比53.85%；［0，60）的有5家，占比19.23%，如图9-181所示。

从自治区内市、盟分布来看，内蒙古自治区26家上市公司分布在10个市、盟。创新发展综合指数平均水平最高的是乌兰察布市（70.70），最低的是锡林郭勒盟（59.00），如图9-182所示。

内蒙古自治区中，创新发展综合指数排名前10的上市公司如表9-91所示。

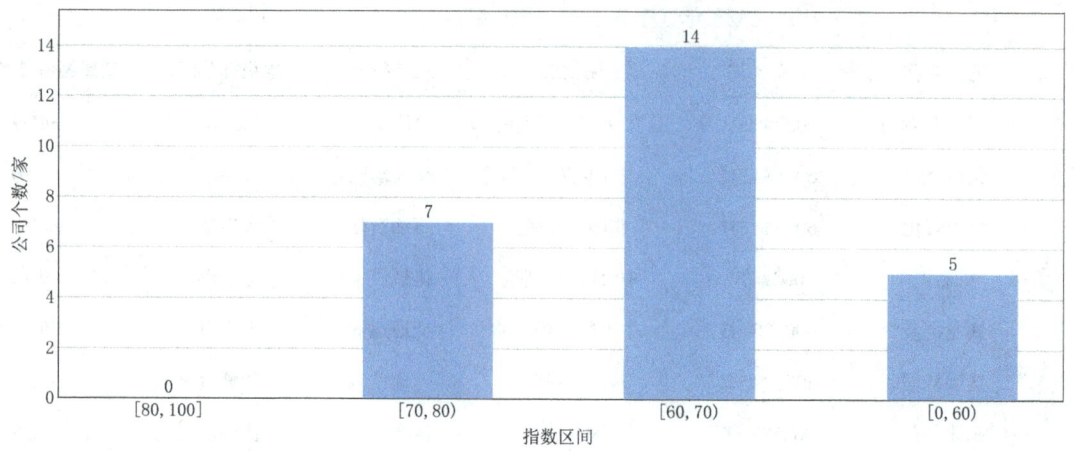

图9-181　2023年内蒙古自治区上市公司创新发展综合指数分布图

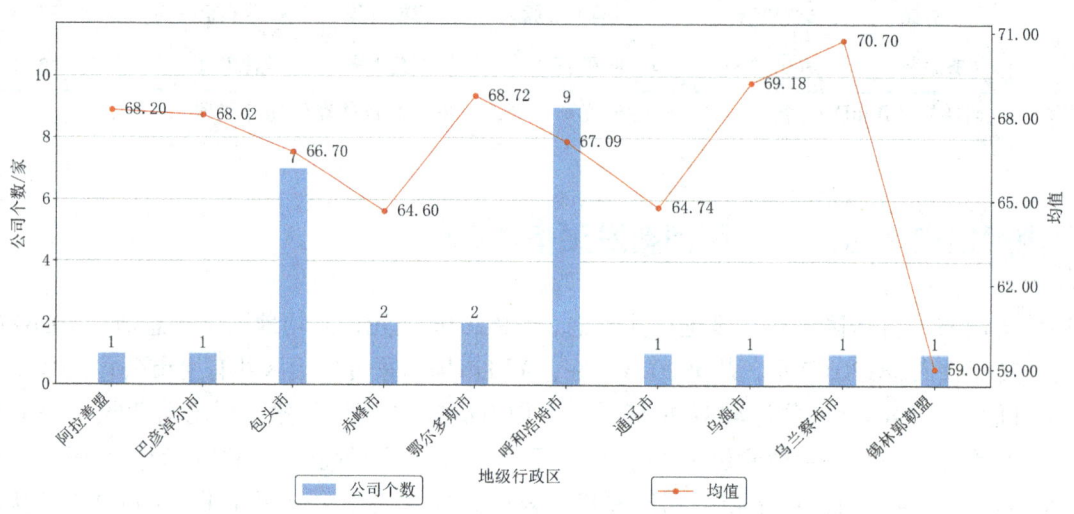

图9-182　2023年内蒙古自治区上市公司创新发展综合指数均值分布图

表9-91　2023年内蒙古自治区上市公司创新发展综合指数前10排名

排名	证券名称	证券代码	产权性质	一级行业	地级行政区	创新发展综合指数
1	伊利股份	600887.SH	非国有控股	食品饮料	呼和浩特市	78.69
2	北方稀土	600111.SH	地方国有控股	有色金属	包头市	75.68
3	生物股份	600201.SH	非国有控股	农林牧渔	呼和浩特市	75.62
4	蒙草生态	300355.SZ	非国有控股	建筑装饰	呼和浩特市	72.58
5	内蒙一机	600967.SH	中央国有控股	国防军工	包头市	71.94
6	金河生物	002688.SZ	非国有控股	农林牧渔	呼和浩特市	71.20
7	福瑞股份	300049.SZ	非国有控股	医药生物	乌兰察布市	70.70
8	鄂尔多斯	600295.SH	非国有控股	钢铁	鄂尔多斯市	69.87
9	北方股份	600262.SH	中央国有控股	机械设备	包头市	69.35
10	君正集团	601216.SH	非国有控股	基础化工	乌海市	69.18

数据来源：同花顺（iFinD），首经贸资产评估研究院和浙工商中国智能管理研究院整理。

9.19.2 创新资源支持指数

2023年内蒙古自治区26家上市公司创新资源支持指数平均水平为68.26，高于全市场均值67.08。从指数分布来看，高于全市场均值的有14家，占自治区内上市公司总数的53.85%。其中，最高的是伊利股份，创新资源支持指数为83.48。具体来看，创新资源支持指数处于[80，100]的有2家，占比7.69%；[70，80）的有10家，占比38.47%；[60，70）的有7家，占比26.92%；[0，60）的有7家，占比26.92%，如图9-183所示。

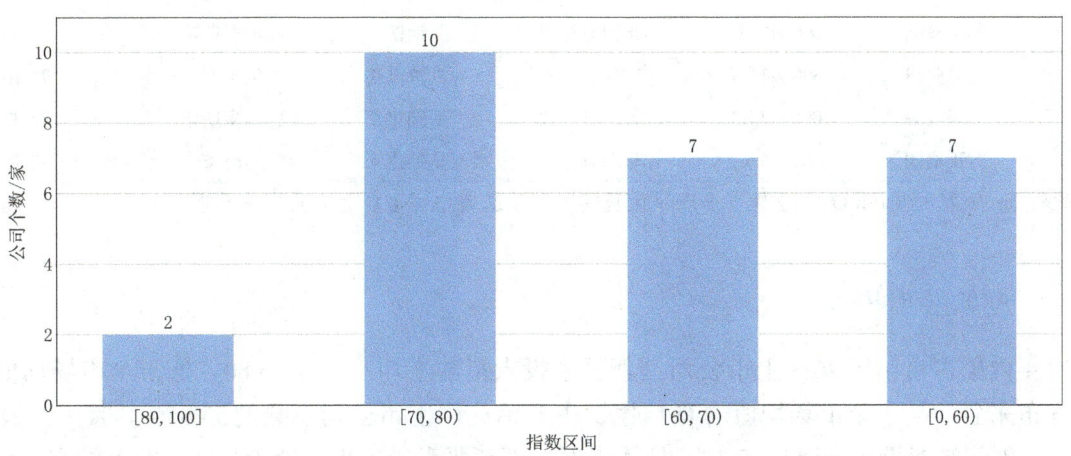

图9-183　2023年内蒙古自治区上市公司创新资源支持指数分布图

从自治区内市、盟分布来看，创新资源支持指数平均水平最高的是鄂尔多斯市（75.11），最低的是乌兰察布市（56.04），如图9-184所示。

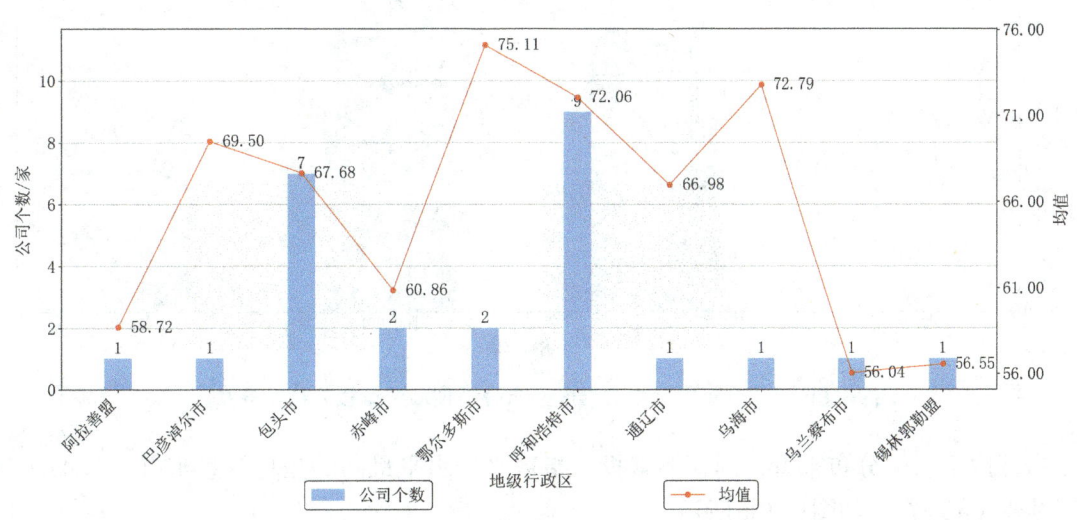

图9-184　2023年内蒙古自治区上市公司创新资源支持指数均值分布图

内蒙古自治区中，创新资源支持指数排名前10的上市公司如表9-92所示。

表 9-92 2023 年内蒙古自治区上市公司创新资源支持指数前 10 排名

排名	证券名称	证券代码	产权性质	一级行业	地级行政区	创新资源支持指数
1	伊利股份	600887.SH	非国有控股	食品饮料	呼和浩特市	83.48
2	蒙草生态	300355.SZ	非国有控股	建筑装饰	呼和浩特市	81.88
3	北方稀土	600111.SH	地方国有控股	有色金属	包头市	79.56
4	生物股份	600201.SH	非国有控股	农林牧渔	呼和浩特市	79.44
5	内蒙新华	603230.SH	地方国有控股	传媒	呼和浩特市	78.04
6	金河生物	002688.SZ	非国有控股	农林牧渔	呼和浩特市	77.52
7	鄂尔多斯	600295.SH	非国有控股	钢铁	鄂尔多斯市	75.85
8	北方股份	600262.SH	中央国有控股	机械设备	包头市	75.10
9	远兴能源	000683.SZ	非国有控股	基础化工	鄂尔多斯市	74.37
10	君正集团	601216.SH	非国有控股	基础化工	乌海市	72.79

数据来源：同花顺（iFinD），首经贸资产评估研究院和浙工商中国智能管理研究院整理。

9.19.3 创新要素投入指数

2023年内蒙古自治区26家上市公司创新要素投入指数平均水平为65.80，低于全市场均值66.07。从指数分布来看，高于全市场均值的有14家，占自治区内上市公司总数的53.85%。其中，最高的是生物股份，创新要素投入指数为79.19。具体来看，创新要素投入指数处于［70，80）的有9家，占比34.62%；［60，70）的有10家，占比38.46%；［0，60）的有7家，占比26.92%，如图9-185所示。

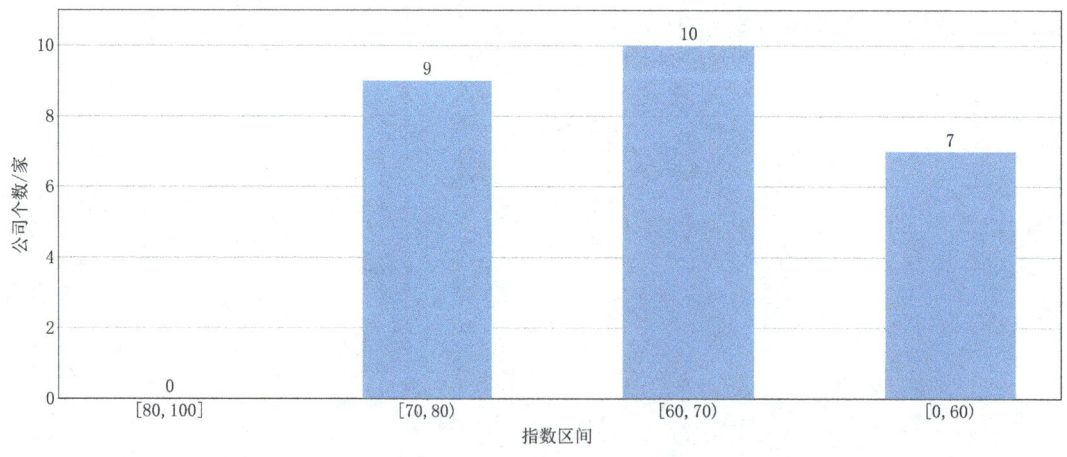

图9-185 2023年内蒙古自治区上市公司创新要素投入指数分布图

从自治区内市、盟分布来看，创新要素投入指数平均水平最高的是乌兰察布市（74.47），最低的是锡林郭勒盟（53.27），如图9-186所示。

第9章 中国上市公司创新发展指数评价——省份维度

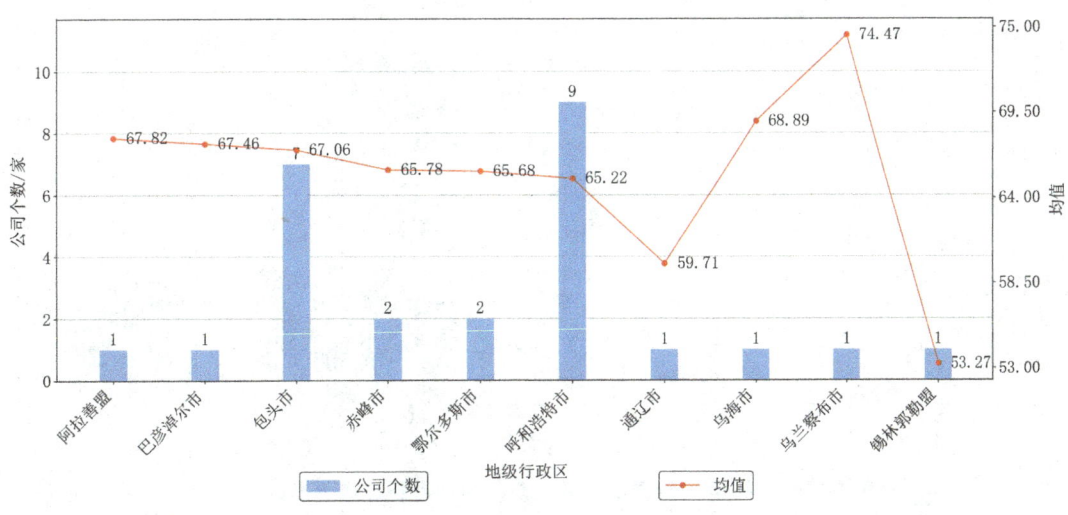

图 9-186 2023 年内蒙古自治区上市公司创新要素投入指数均值分布图

内蒙古自治区中，创新要素投入指数排名前 10 的上市公司如表 9-93 所示。

表 9-93 2023 年内蒙古自治区上市公司创新要素投入指数前 10 排名

排名	证券名称	证券代码	产权性质	一级行业	地级行政区	创新要素投入指数
1	生物股份	600201.SH	非国有控股	农林牧渔	呼和浩特市	79.19
2	内蒙一机	600967.SH	中央国有控股	国防军工	包头市	77.86
3	包钢股份	600010.SH	地方国有控股	钢铁	包头市	76.80
4	北方稀土	600111.SH	地方国有控股	有色金属	包头市	74.50
5	福瑞股份	300049.SZ	非国有控股	医药生物	乌兰察布市	74.47
6	蒙草生态	300355.SZ	非国有控股	建筑装饰	呼和浩特市	73.68
7	北方股份	600262.SH	中央国有控股	机械设备	包头市	72.69
8	金河生物	002688.SZ	非国有控股	农林牧渔	呼和浩特市	72.23
9	伊利股份	600887.SH	非国有控股	食品饮料	呼和浩特市	71.23
10	君正集团	601216.SH	非国有控股	基础化工	乌海市	68.89

数据来源：同花顺（iFinD），首经贸资产评估研究院和浙工商中国智能管理研究院整理。

9.19.4 创新科技成果指数

2023 年内蒙古自治区 26 家上市公司创新科技成果指数平均水平为 64.50，高于全市场均值 64.15。从指数分布来看，高于全市场均值的有 12 家，占自治区内上市公司总数的 46.15%。其中，最高的是伊利股份，创新科技成果指数为 80.97。具体来看，创新科技成果指数处于［80，100］的有 1 家，占比 3.85%；［70，80）的有 2 家，占比 7.69%；［60，70）的有 17 家，占比 65.38%；［0，60）的有 6 家，占比 23.08%，如图 9-187 所示。

从自治区内市、盟分布来看，创新科技成果指数平均水平最高的是阿拉善盟（74.03），最低的是赤峰市（55.00），如图 9-188 所示。

625

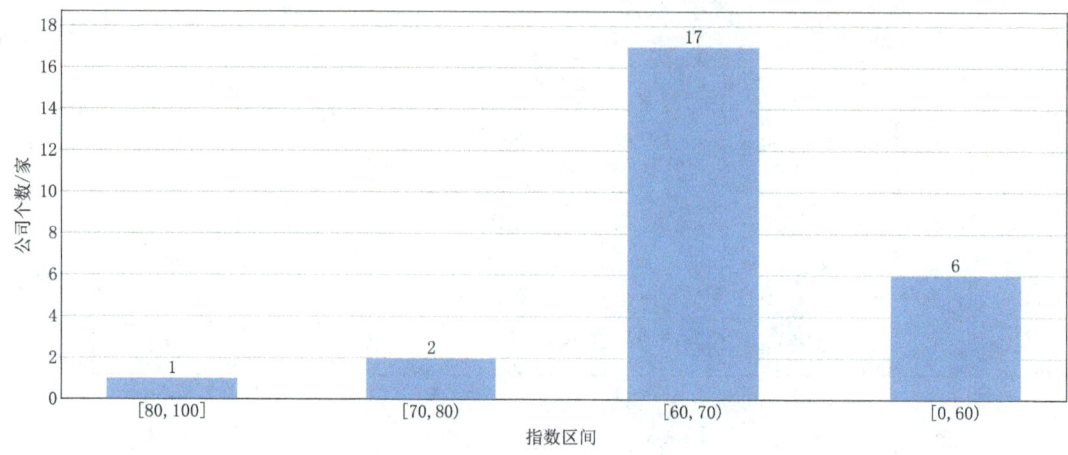

图9-187　2023年内蒙古自治区上市公司创新科技成果指数分布图

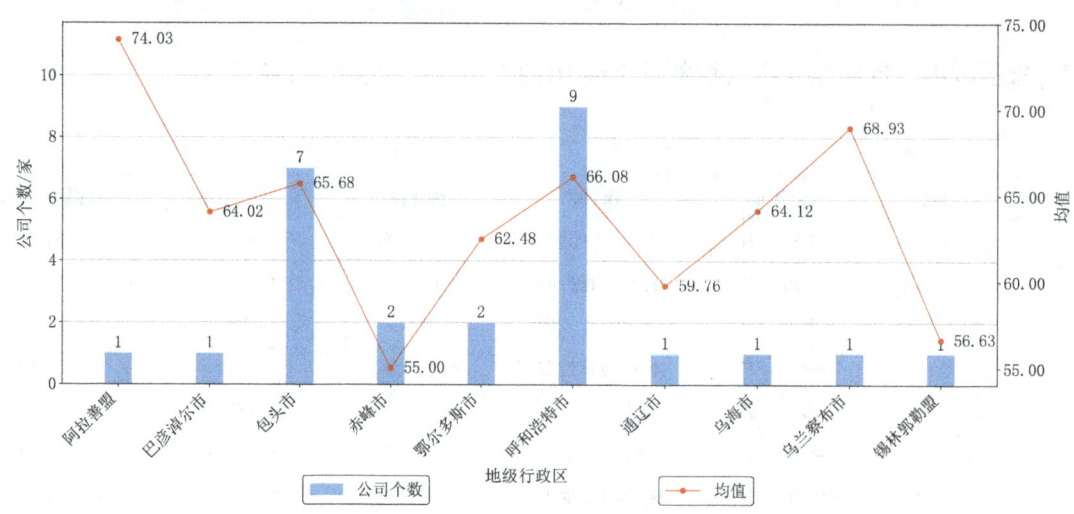

图9-188　2023年内蒙古自治区上市公司创新科技成果指数均值分布图

内蒙古自治区中，创新科技成果指数排名前10的上市公司如表9-94所示。

表9-94　2023年内蒙古自治区上市公司创新科技成果指数前10排名

排名	证券名称	证券代码	产权性质	一级行业	地级行政区	创新科技成果指数
1	伊利股份	600887.SH	非国有控股	食品饮料	呼和浩特市	80.97
2	中盐化工	600328.SH	中央国有控股	基础化工	阿拉善盟	74.03
3	北方稀土	600111.SH	地方国有控股	有色金属	包头市	72.47
4	内蒙华电	600863.SH	中央国有控股	公用事业	呼和浩特市	69.38
5	内蒙一机	600967.SH	中央国有控股	国防军工	包头市	68.96
6	福瑞股份	300049.SZ	非国有控股	医药生物	乌兰察布市	68.93
7	蒙草生态	300355.SZ	非国有控股	建筑装饰	呼和浩特市	67.41
8	东宝生物	300239.SZ	非国有控股	医药生物	包头市	66.66
9	包钢股份	600010.SH	地方国有控股	钢铁	包头市	65.25
10	生物股份	600201.SH	非国有控股	农林牧渔	呼和浩特市	64.74

数据来源：同花顺（iFinD），首经贸资产评估研究院和浙工商中国智能管理研究院整理。

9.19.5 创新经济绩效指数

2023年内蒙古自治区26家上市公司创新经济绩效指数平均水平为69.02，高于全市场均值64.49。从指数分布来看，高于全市场均值的有21家，占自治区内上市公司总数的80.77%。其中，最高的是伊利股份，创新经济绩效指数为82.02。具体来看，创新经济绩效指数处于[80，100]的有1家，占比3.85%；[70，80)的有13家，占比50.00%；[60，70)的有8家，占比30.77%；[0，60)的有4家，占比15.38%，如图9-189所示。

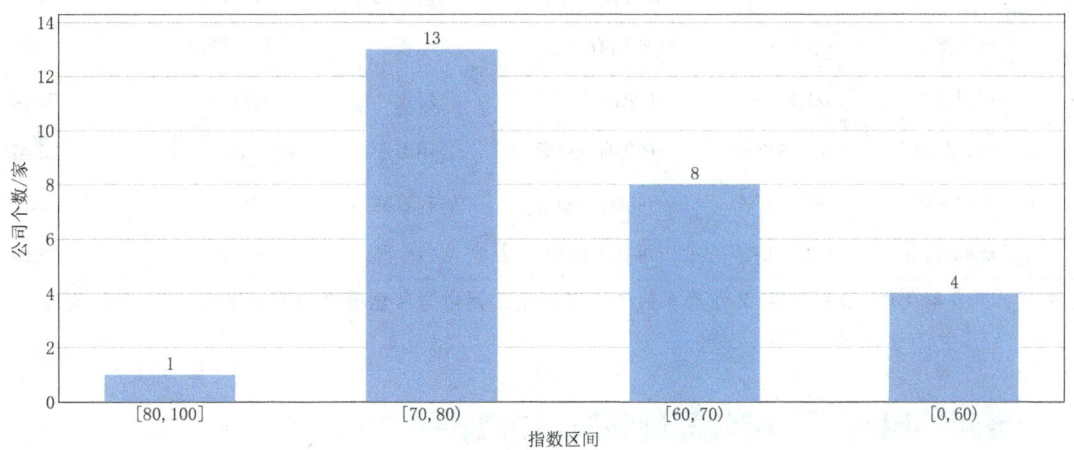

图9-189　2023年内蒙古自治区上市公司创新经济绩效指数分布图

从自治区内市、盟分布来看，创新经济绩效指数平均水平最高的是乌兰察布市（78.52），最低的是包头市（66.45），如图9-190所示。

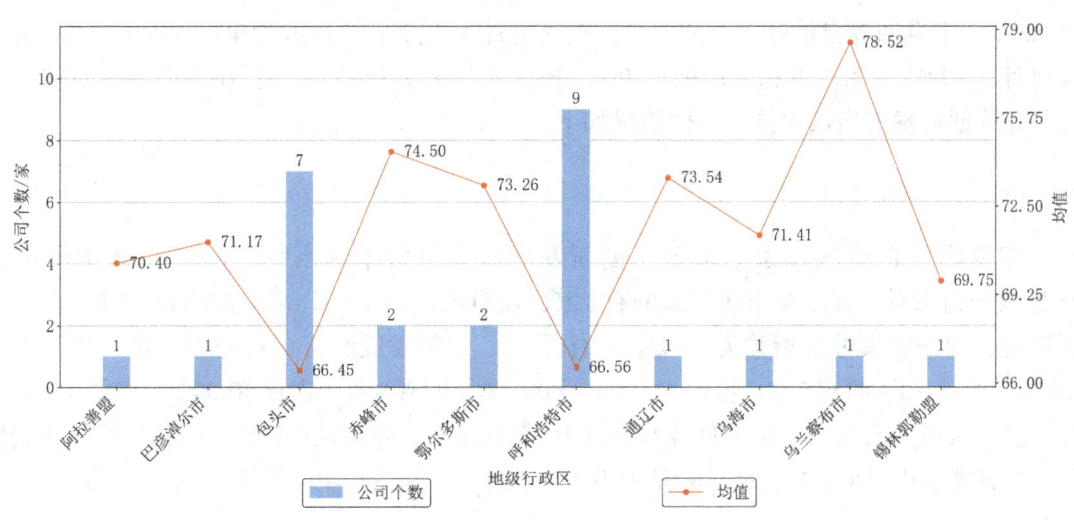

图9-190　2023年内蒙古自治区上市公司创新经济绩效指数均值分布图

内蒙古自治区中，创新经济绩效指数排名前10的上市公司如表9-95所示。

表 9-95　2023 年内蒙古自治区上市公司创新经济绩效指数前 10 排名

排名	证券名称	证券代码	产权性质	一级行业	地级行政区	创新经济绩效指数
1	伊利股份	600887.SH	非国有控股	食品饮料	呼和浩特市	82.02
2	福瑞股份	300049.SZ	非国有控股	医药生物	乌兰察布市	78.52
3	生物股份	600201.SH	非国有控股	农林牧渔	呼和浩特市	78.27
4	兴业银锡	000426.SZ	非国有控股	有色金属	赤峰市	77.32
5	北方稀土	600111.SH	地方国有控股	有色金属	包头市	77.13
6	鄂尔多斯	600295.SH	非国有控股	钢铁	鄂尔多斯市	75.88
7	电投能源	002128.SZ	中央国有控股	煤炭	通辽市	73.54
8	内蒙华电	600863.SH	中央国有控股	公用事业	呼和浩特市	72.42
9	金河生物	002688.SZ	非国有控股	农林牧渔	呼和浩特市	72.26
10	赤峰黄金	600988.SH	非国有控股	有色金属	赤峰市	71.69

数据来源：同花顺（iFinD），首经贸资产评估研究院和浙工商中国智能管理研究院整理。

9.20　宁夏回族自治区上市公司创新发展指数评价

2023年，宁夏回族自治区全年实现地区生产总值5314.95亿元，人均地区生产总值为72957.00元，居民人均可支配收入31604.00元。截至2023年底，A股市场宁夏回族自治区共有上市公司16家，总市值共计1796.47亿元，营业收入共计597.13亿元，平均市值112.28亿元/家，平均营业收入37.32亿元/家。市值最大的上市公司为宝丰能源（1083.14亿元），营业收入最高的上市公司为宝丰能源（291.36亿元）。2023年，宁夏回族自治区上市公司研发投入合计为7.92亿元，占营业收入的1.33%；无形资产账面价值合计为92.04亿元，占总资产的6.19%。根据本报告分析口径，本节共对宁夏回族自治区16家上市公司开展创新发展指数评价，具体情况如下：

9.20.1　创新发展综合指数

2023年宁夏回族自治区16家上市公司创新发展综合指数平均水平为62.43，低于全市场均值65.40。从指数分布来看，高于全市场均值的有3家，占自治区内上市公司总数的18.75%。其中，最高的是宁夏建材，创新发展综合指数为75.03。具体来看，创新发展综合指数处于［70，80）的有3家，占比18.75%；［60，70）的有5家，占比31.25%；［0，60）的有8家，占比50.00%，如图9-191所示。

从自治区内城市分布来看，宁夏回族自治区16家上市公司分布在4个市。创新发展综合指数平均水平最高的是石嘴山市（63.08），最低的是中卫市（60.23），如图9-192所示。

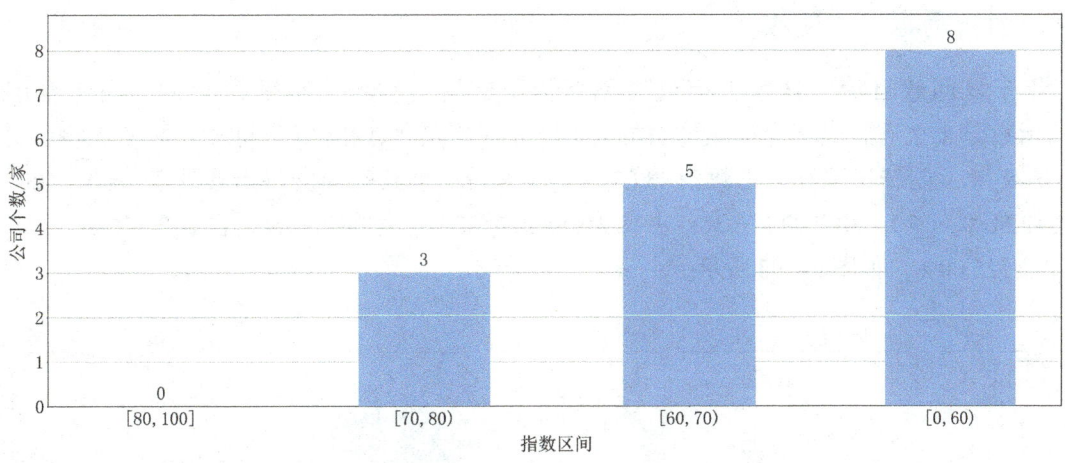

图9-191 2023年宁夏回族自治区上市公司创新发展综合指数分布图

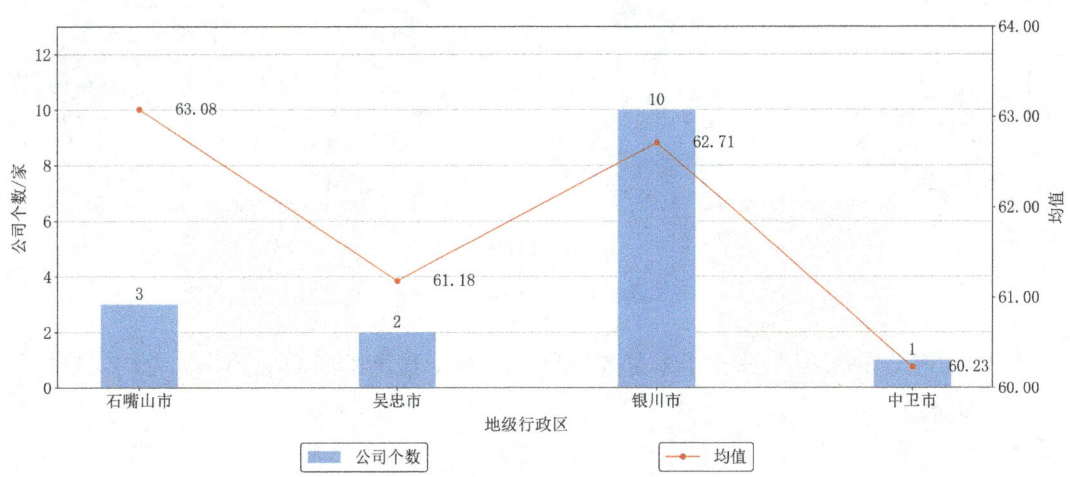

图9-192 2023年宁夏回族自治区上市公司创新发展综合指数均值分布图

宁夏回族自治区中，创新发展综合指数排名前10的上市公司如表9-96所示。

表9-96 2023年宁夏回族自治区上市公司创新发展综合指数前10排名

排名	证券名称	证券代码	产权性质	一级行业	地级行政区	创新发展综合指数
1	宁夏建材	600449.SH	中央国有控股	建筑材料	银川市	75.03
2	宝丰能源	600989.SH	非国有控股	基础化工	银川市	74.53
3	东方钽业	000962.SZ	中央国有控股	有色金属	石嘴山市	74.23
4	青龙管业	002457.SZ	非国有控股	建筑材料	吴忠市	64.38
5	威力传动	300904.SZ	非国有控股	电力设备	银川市	62.64
6	银星能源	000862.SZ	中央国有控股	公用事业	银川市	61.95
7	西部创业	000557.SZ	地方国有控股	交通运输	银川市	61.21
8	美利云	000815.SZ	中央国有控股	计算机	中卫市	60.23
9	巨能股份	871478.BJ	非国有控股	机械设备	银川市	59.97
10	晓鸣股份	300967.SZ	非国有控股	农林牧渔	银川市	59.08

数据来源：同花顺（iFinD），首经贸资产评估研究院和浙工商中国智能管理研究院整理。

9.20.2 创新资源支持指数

2023年宁夏回族自治区16家上市公司创新资源支持指数平均水平为67.84，高于全市场均值67.08。从指数分布来看，高于全市场均值的有10家，占自治区内上市公司总数的62.50%。其中，最高的是东方钽业，创新资源支持指数为83.07。具体来看，创新资源支持指数处于[80，100]的有2家，占比12.50%；[70，80)的有4家，占比25.00%；[60，70)的有6家，占比37.50%；[0，60)的有4家，占比25.00%，如图9-193所示。

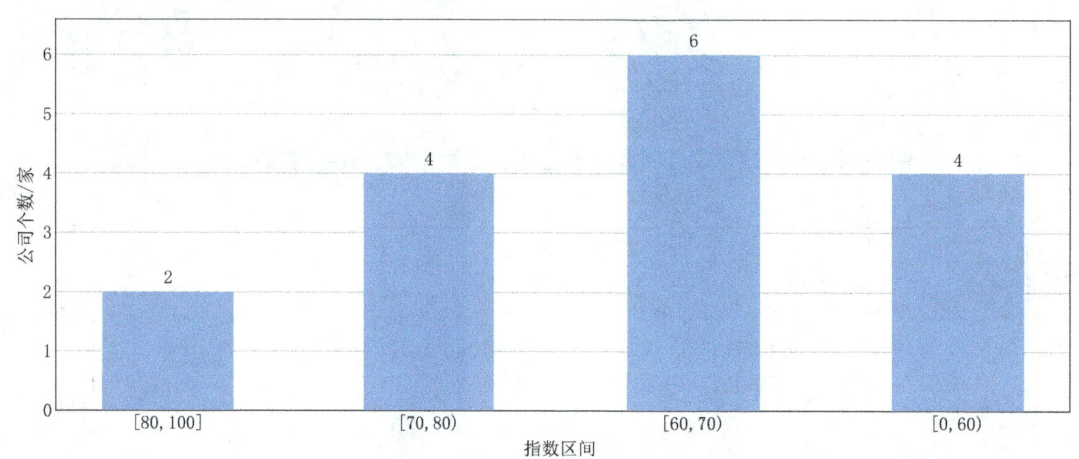

图9-193　2023年宁夏回族自治区上市公司创新资源支持指数分布图

从自治区内城市分布来看，创新资源支持指数平均水平最高的是吴忠市（71.21），最低的是石嘴山市（65.13），如图9-194所示。

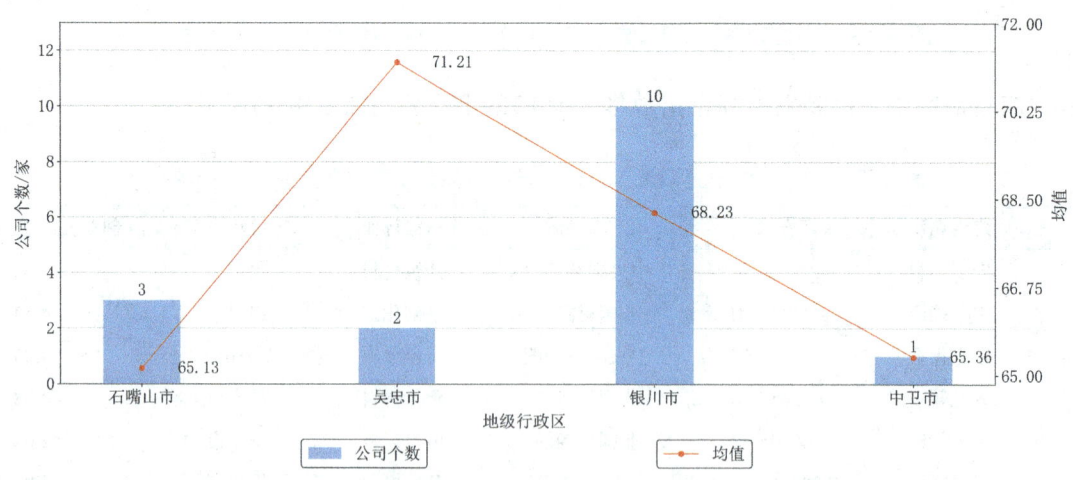

图9-194　2023年宁夏回族自治区上市公司创新资源支持指数均值分布图

宁夏回族自治区中，创新资源支持指数排名前10的上市公司如表9-97所示。

表9-97　2023年宁夏回族自治区上市公司创新资源支持指数前10排名

排名	证券名称	证券代码	产权性质	一级行业	地级行政区	创新资源支持指数
1	东方钽业	000962.SZ	中央国有控股	有色金属	石嘴山市	83.07
2	宁夏建材	600449.SH	中央国有控股	建筑材料	银川市	80.38
3	青龙管业	002457.SZ	非国有控股	建筑材料	吴忠市	76.72
4	宝丰能源	600989.SH	非国有控股	基础化工	银川市	73.55
5	银星能源	000862.SZ	中央国有控股	公用事业	银川市	72.69
6	威力传动	300904.SZ	非国有控股	电力设备	银川市	70.17
7	西部创业	000557.SZ	地方国有控股	交通运输	银川市	68.08
8	凯添燃气	831010.BJ	非国有控股	公用事业	银川市	67.62
9	巨能股份	871478.BJ	非国有控股	机械设备	银川市	67.60
10	新华百货	600785.SH	非国有控股	商贸零售	银川市	67.39

数据来源：同花顺（iFinD），首经贸资产评估研究院和浙工商中国智能管理研究院整理。

9.20.3　创新要素投入指数

2023年宁夏回族自治区16家上市公司创新要素投入指数平均水平为60.40，低于全市场均值66.07。从指数分布来看，高于全市场均值的有4家，占自治区内上市公司总数的25.00%。其中，最高的是宝丰能源，创新要素投入指数为77.94。具体来看，创新要素投入指数处于[70，80）的有3家，占比18.75%；[60，70）的有4家，占比25.00%；[0，60）的有9家，占比56.25%，如图9-195所示。

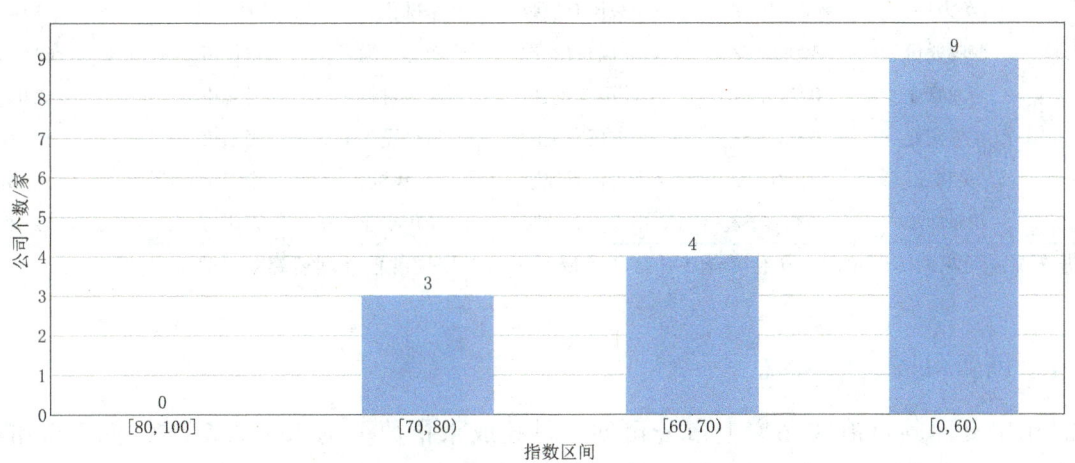

图9-195　2023年宁夏回族自治区上市公司创新要素投入指数分布图

从自治区内城市分布来看，创新要素投入指数平均水平最高的是石嘴山市（63.16），最低的是吴忠市（54.27），如图9-196所示。

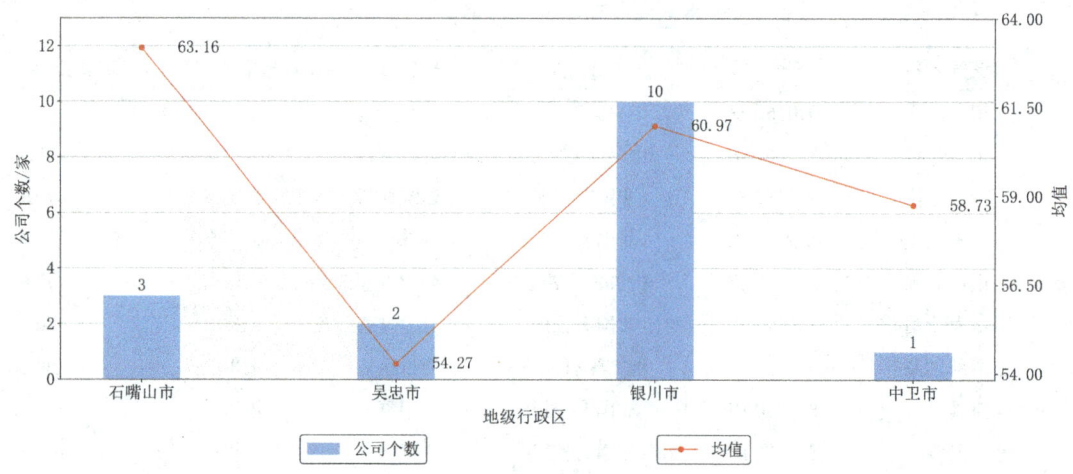

图 9-196　2023 年宁夏回族自治区上市公司创新要素投入指数均值分布图

宁夏回族自治区中，创新要素投入指数排名前 10 的上市公司如表 9-98 所示。

表 9-98　2023 年宁夏回族自治区上市公司创新要素投入指数前 10 排名

排名	证券名称	证券代码	产权性质	一级行业	地级行政区	创新要素投入指数
1	宝丰能源	600989.SH	非国有控股	基础化工	银川市	77.94
2	宁夏建材	600449.SH	中央国有控股	建筑材料	银川市	72.25
3	东方钽业	000962.SZ	中央国有控股	有色金属	石嘴山市	71.04
4	威力传动	300904.SZ	非国有控股	电力设备	银川市	66.25
5	英力特	000635.SZ	中央国有控股	基础化工	石嘴山市	63.84
6	晓鸣股份	300967.SZ	非国有控股	农林牧渔	银川市	62.85
7	青龙管业	002457.SZ	非国有控股	建筑材料	吴忠市	62.09
8	宝塔实业	000595.SZ	地方国有控股	机械设备	银川市	59.51
9	美利云	000815.SZ	中央国有控股	计算机	中卫市	58.73
10	银星能源	000862.SZ	中央国有控股	公用事业	银川市	57.64

数据来源：同花顺（iFinD），首经贸资产评估研究院和浙工商中国智能管理研究院整理。

9.20.4　创新科技成果指数

2023 年宁夏回族自治区 16 家上市公司创新科技成果指数平均水平为 61.75，低于全市场均值 64.15。从指数分布来看，高于全市场均值的有 5 家，占自治区内上市公司总数的 31.25%。其中，最高的是宁夏建材，创新科技成果指数为 76.29。具体来看，创新科技成果指数处于［70，80）的有 1 家，占比 6.25%；［60，70）的有 9 家，占比 56.25%；［0，60）的有 6 家，占比 37.50%，如图 9-197 所示。

从自治区内城市分布来看，创新科技成果指数平均水平最高的是吴忠市（64.40），最低的是石嘴山市（61.13），如图 9-198 所示。

第9章 中国上市公司创新发展指数评价——省份维度

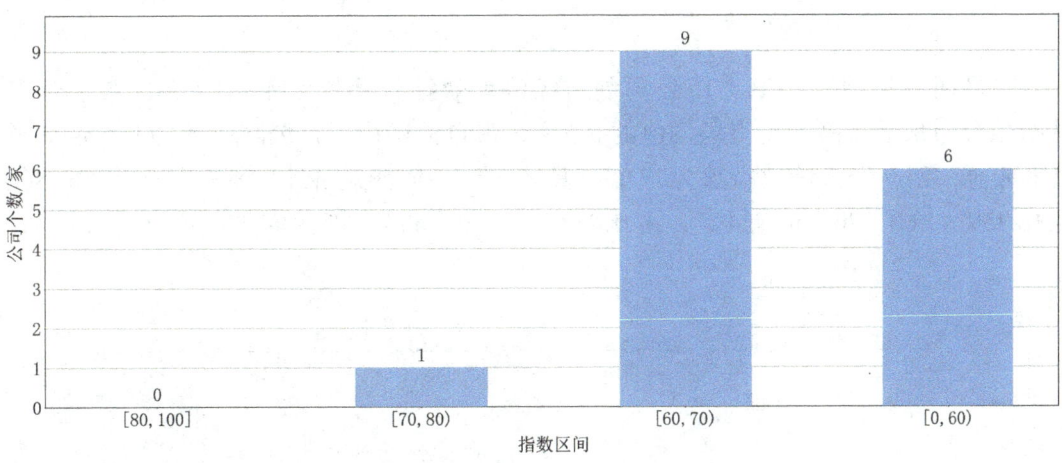

图9-197 2023年宁夏回族自治区上市公司创新科技成果指数分布图

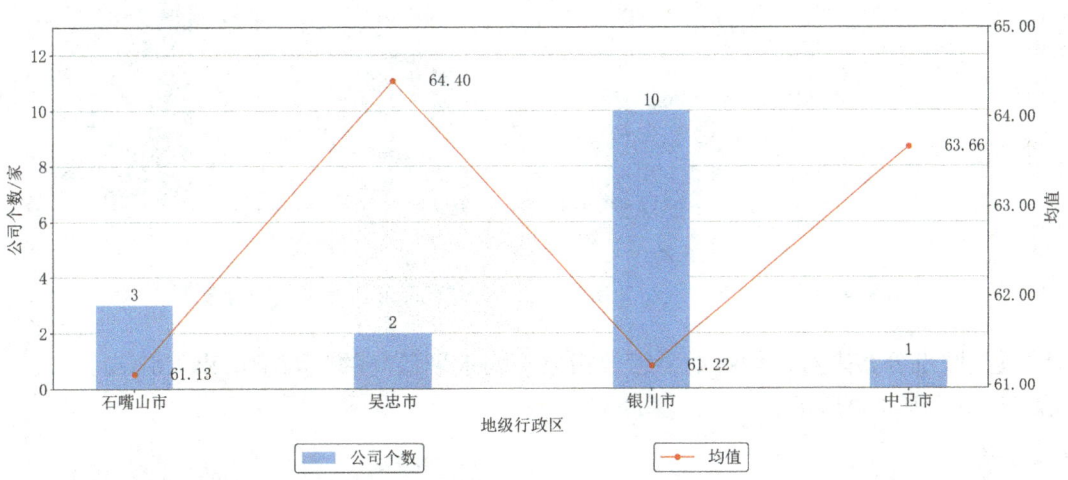

图9-198 2023年宁夏回族自治区上市公司创新科技成果指数均值分布图

宁夏回族自治区中，创新科技成果指数排名前10的上市公司如表9-99所示。

表9-99 2023年宁夏回族自治区上市公司创新科技成果指数前10排名

排名	证券名称	证券代码	产权性质	一级行业	地级行政区	创新科技成果指数
1	宁夏建材	600449.SH	中央国有控股	建筑材料	银川市	76.29
2	东方钽业	000962.SZ	中央国有控股	有色金属	石嘴山市	68.54
3	宝丰能源	600989.SH	非国有控股	基础化工	银川市	66.90
4	嘉泽新能	601619.SH	非国有控股	公用事业	吴忠市	64.52
5	青龙管业	002457.SZ	非国有控股	建筑材料	吴忠市	64.27
6	美利云	000815.SZ	中央国有控股	计算机	中卫市	63.66
7	宁科生物	600165.SH	非国有控股	基础化工	石嘴山市	62.74
8	晓鸣股份	300967.SZ	非国有控股	农林牧渔	银川市	62.25
9	宝塔实业	000595.SZ	地方国有控股	机械设备	银川市	61.36
10	新华百货	600785.SH	非国有控股	商贸零售	银川市	60.70

数据来源：同花顺（iFinD），首经贸资产评估研究院和浙工商中国智能管理研究院整理。

9.20.5 创新经济绩效指数

2023年宁夏回族自治区16家上市公司创新经济绩效指数平均水平为61.50，低于全市场均值64.49。从指数分布来看，高于全市场均值的有5家，占自治区内上市公司总数的31.25%。其中，最高的是宝丰能源，创新经济绩效指数为77.99。具体来看，创新经济绩效指数处于[70，80）的有3家，占比18.75%；[60，70）的有4家，占比25.00%；[0，60）的有9家，占比56.25%，如图9-199所示。

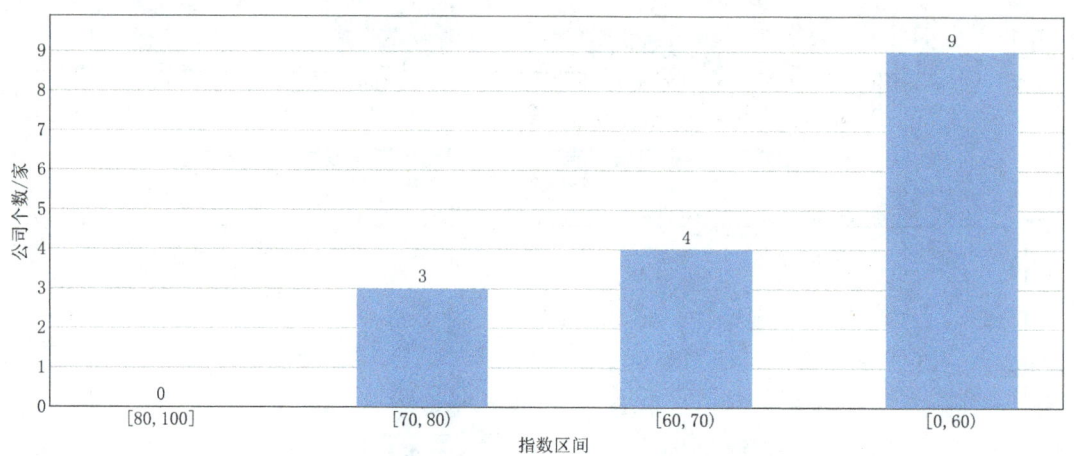

图9-199　2023年宁夏回族自治区上市公司创新经济绩效指数分布图

从自治区内城市分布来看，创新经济绩效指数平均水平最高的是石嘴山市（63.22），最低的是中卫市（55.22），如图9-200所示。

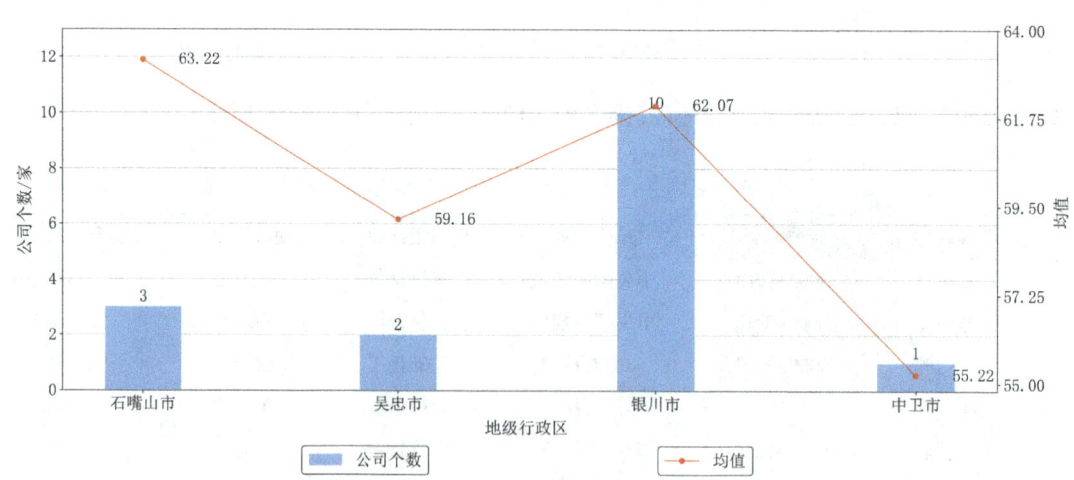

图9-200　2023年宁夏回族自治区上市公司创新经济绩效指数均值分布图

宁夏回族自治区中，创新经济绩效指数排名前10的上市公司如表9-100所示。

表 9-100 2023 年宁夏回族自治区上市公司创新经济绩效指数前 10 排名

排名	证券名称	证券代码	产权性质	一级行业	地级行政区	创新经济绩效指数
1	宝丰能源	600989.SH	非国有控股	基础化工	银川市	77.99
2	东方钽业	000962.SZ	中央国有控股	有色金属	石嘴山市	76.64
3	宁夏建材	600449.SH	中央国有控股	建筑材料	银川市	73.31
4	西部创业	000557.SZ	地方国有控股	交通运输	银川市	66.53
5	银星能源	000862.SZ	中央国有控股	公用事业	银川市	65.00
6	英力特	000635.SZ	中央国有控股	基础化工	石嘴山市	61.17
7	嘉泽新能	601619.SH	非国有控股	公用事业	吴忠市	60.17
8	巨能股份	871478.BJ	非国有控股	机械设备	银川市	59.96
9	新华百货	600785.SH	非国有控股	商贸零售	银川市	58.60
10	青龙管业	002457.SZ	非国有控股	建筑材料	吴忠市	58.15

数据来源：同花顺（iFinD），首经贸资产评估研究院和浙工商中国智能管理研究院整理。

9.21 青海省上市公司创新发展指数评价

2023年，青海省全年实现地区生产总值3799.06亿元，人均地区生产总值为63903.00元，居民人均可支配收入28587.00元。截至2023年底，A股市场青海省共有上市公司10家，总市值共计1996.90亿元，营业收入共计1029.17亿元，平均市值199.69亿元/家，平均营业收入102.92亿元/家。市值最大的上市公司为盐湖股份（866.54亿元），营业收入最高的上市公司为西部矿业（427.48亿元）。2023年，青海省上市公司研发投入合计为17.50亿元，占营业收入的1.70%；无形资产账面价值合计为106.42亿元，占总资产的6.59%。根据本报告分析口径，本节共对青海省10家上市公司开展创新发展指数评价，具体情况如下：

9.21.1 创新发展综合指数

2023年青海省10家上市公司创新发展综合指数平均水平为63.56，低于全市场均值65.40。从指数分布来看，高于全市场均值的有4家，占省内上市公司总数的40.00%。其中，最高的是西部矿业，创新发展综合指数为72.51。具体来看，创新发展综合指数处于［70，80）的有2家，占比20.00%；［60，70）的有4家，占比40.00%；［0，60）的有4家，占比40.00%，如图9-201所示。

从省内市、自治州分布来看，青海省10家上市公司分布在3个市、自治州。创新发展综合指数平均水平最高的是海西蒙古族藏族自治州（66.56），最低的是西宁市（62.65），如图9-202所示。

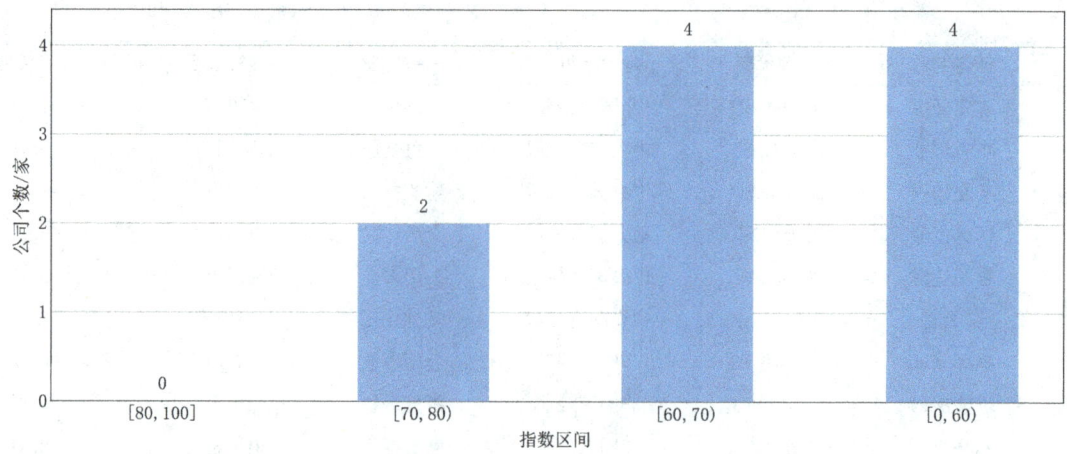

图9-201 2023年青海省上市公司创新发展综合指数分布图

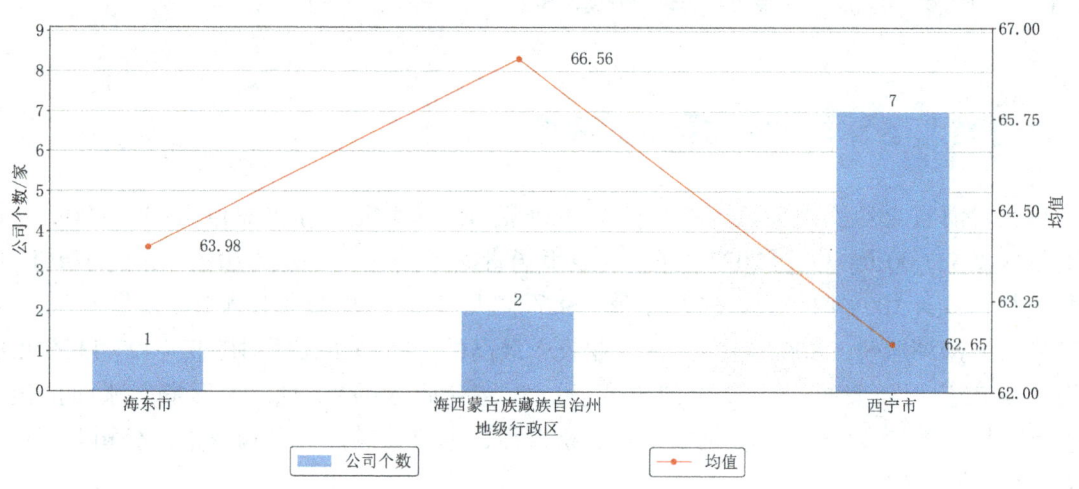

图9-202 2023年青海省上市公司创新发展综合指数均值分布图

青海省中，创新发展综合指数排名前10的上市公司如表9-101所示。

表9-101 2023年青海省上市公司创新发展综合指数前10排名

排名	证券名称	证券代码	产权性质	一级行业	地级行政区	创新发展综合指数
1	西部矿业	601168.SH	地方国有控股	有色金属	西宁市	72.51
2	盐湖股份	000792.SZ	地方国有控股	基础化工	海西蒙古族藏族自治州	71.65
3	远东股份	600869.SH	非国有控股	电力设备	西宁市	69.50
4	西宁特钢	600117.SH	非国有控股	钢铁	西宁市	67.90
5	天佑德酒	002646.SZ	非国有控股	食品饮料	海东市	63.98
6	藏格矿业	000408.SZ	非国有控股	有色金属	海西蒙古族藏族自治州	61.47
7	青海华鼎	600243.SH	非国有控股	机械设备	西宁市	58.50
8	青海春天	600381.SH	非国有控股	食品饮料	西宁市	58.46
9	金瑞矿业	600714.SH	地方国有控股	基础化工	西宁市	56.08
10	正平股份	603843.SH	非国有控股	建筑装饰	西宁市	55.57

数据来源：同花顺（iFinD），首经贸资产评估研究院和浙工商中国智能管理研究院整理。

9.21.2 创新资源支持指数

2023年青海省10家上市公司创新资源支持指数平均水平为64.00，低于全市场均值67.08。从指数分布来看，高于全市场均值的有4家，占省内上市公司总数的40.00%。其中，最高的是西部矿业，创新资源支持指数为78.50。具体来看，创新资源支持指数处于[70，80）的有3家，占比30.00%；[60，70）的有2家，占比20.00%；[0，60）的有5家，占比50.00%，如图9-203所示。

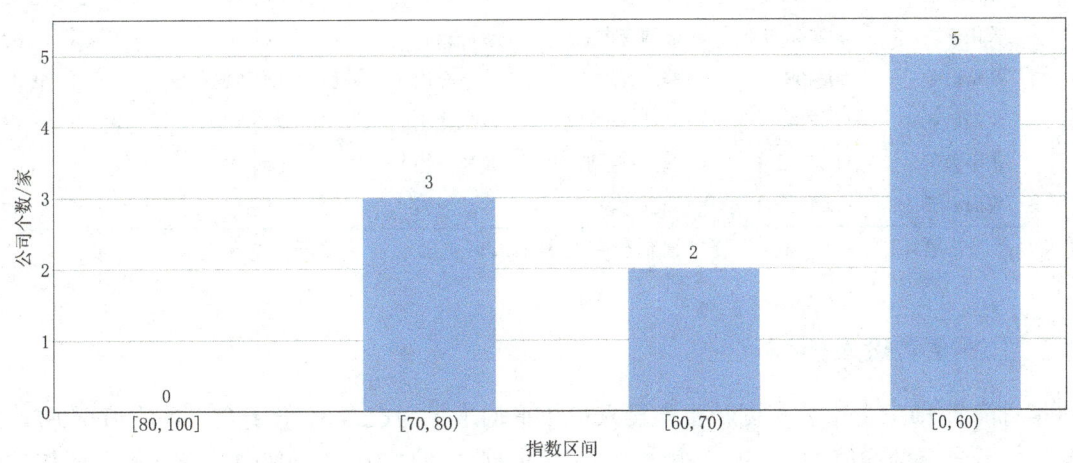

图9-203　2023年青海省上市公司创新资源支持指数分布图

从省内市、自治州分布来看，创新资源支持指数平均水平最高的是西宁市（64.69），最低的是海东市（58.69），如图9-204所示。

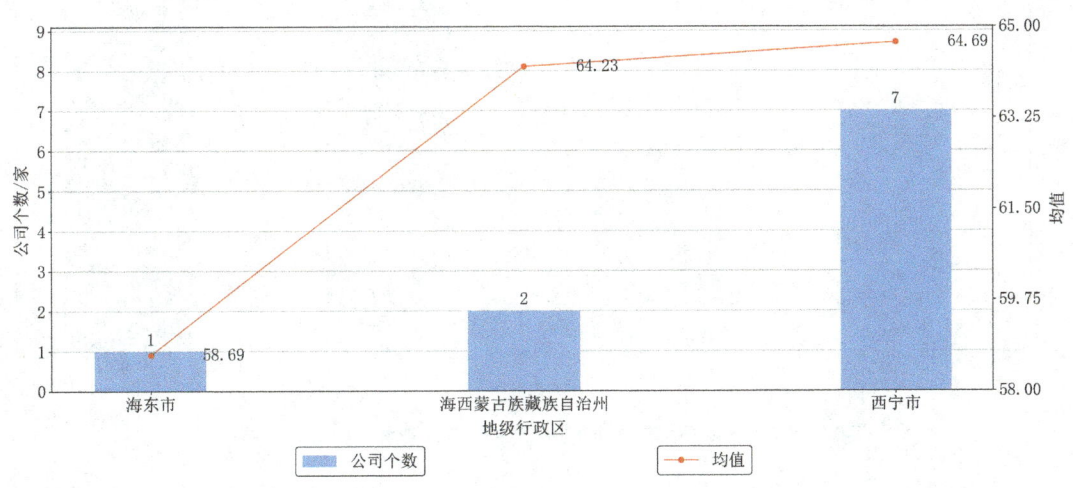

图9-204　2023年青海省上市公司创新资源支持指数均值分布图

青海省中，创新资源支持指数排名前10的上市公司如表9-102所示。

表 9-102　2023 年青海省上市公司创新资源支持指数前 10 排名

排名	证券名称	证券代码	产权性质	一级行业	地级行政区	创新资源支持指数
1	西部矿业	601168.SH	地方国有控股	有色金属	西宁市	78.50
2	西宁特钢	600117.SH	非国有控股	钢铁	西宁市	75.89
3	远东股份	600869.SH	非国有控股	电力设备	西宁市	73.83
4	盐湖股份	000792.SZ	地方国有控股	基础化工	海西蒙古族藏族自治州	69.80
5	青海华鼎	600243.SH	非国有控股	机械设备	西宁市	65.52
6	天佑德酒	002646.SZ	非国有控股	食品饮料	海东市	58.69
7	藏格矿业	000408.SZ	非国有控股	有色金属	海西蒙古族藏族自治州	58.66
8	金瑞矿业	600714.SH	地方国有控股	基础化工	西宁市	56.93
9	正平股份	603843.SH	非国有控股	建筑装饰	西宁市	54.69
10	青海春天	600381.SH	非国有控股	食品饮料	西宁市	47.47

数据来源：同花顺（iFinD），首经贸资产评估研究院和浙工商中国智能管理研究院整理。

9.21.3　创新要素投入指数

2023年青海省10家上市公司创新要素投入指数平均水平为62.83，低于全市场均值66.07。从指数分布来看，高于全市场均值的有2家，占省内上市公司总数的20.00%。其中，最高的是西部矿业，创新要素投入指数为76.11。具体来看，创新要素投入指数处于［70，80）的有2家，占比20.00%；［60，70）的有4家，占比40.00%；［0，60）的有4家，占比40.00%，如图9-205所示。

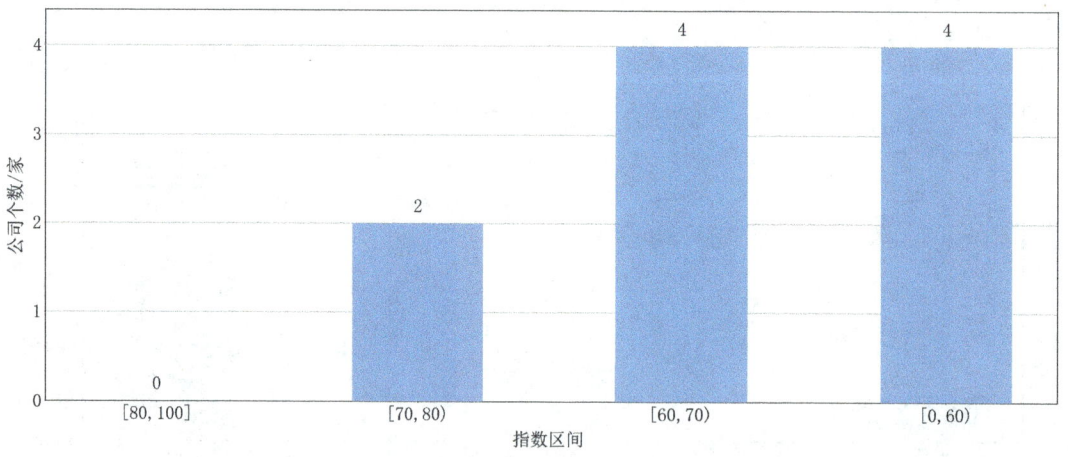

图9-205　2023年青海省上市公司创新要素投入指数分布图

从省内市、自治州分布来看，创新要素投入指数平均水平最高的是海东市（64.57），最低的是西宁市（62.22），如图9-206所示。

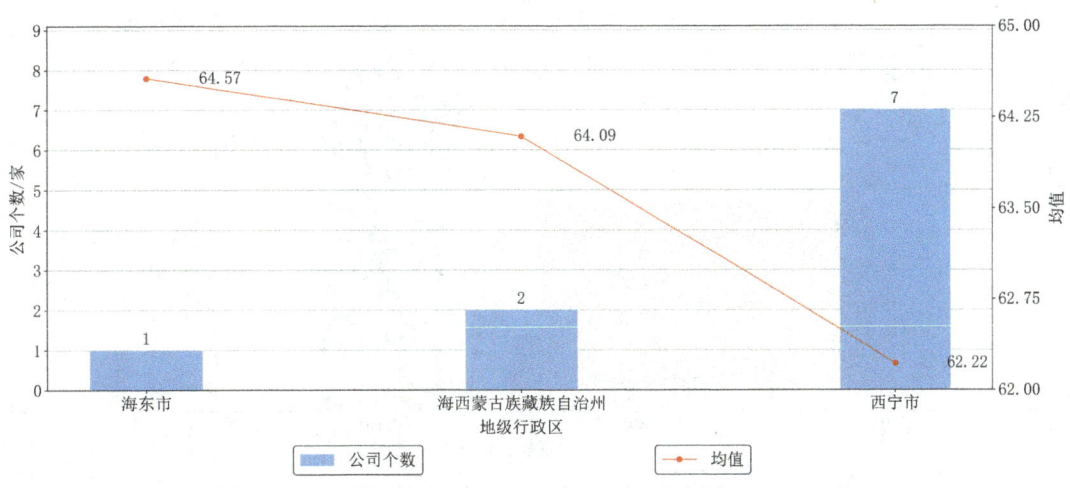

图 9-206 2023 年青海省上市公司创新要素投入指数均值分布图

青海省中，创新要素投入指数排名前 10 的上市公司如表 9-103 所示。

表 9-103 2023 年青海省上市公司创新要素投入指数前 10 排名

排名	证券名称	证券代码	产权性质	一级行业	地级行政区	创新要素投入指数
1	西部矿业	601168.SH	地方国有控股	有色金属	西宁市	76.11
2	盐湖股份	000792.SZ	地方国有控股	基础化工	海西蒙古族藏族自治州	70.18
3	远东股份	600869.SH	非国有控股	电力设备	西宁市	66.01
4	西宁特钢	600117.SH	非国有控股	钢铁	西宁市	65.24
5	天佑德酒	002646.SZ	非国有控股	食品饮料	海东市	64.57
6	青海华鼎	600243.SH	非国有控股	机械设备	西宁市	60.42
7	藏格矿业	000408.SZ	非国有控股	有色金属	海西蒙古族藏族自治州	57.99
8	青海春天	600381.SH	非国有控股	食品饮料	西宁市	57.97
9	正平股份	603843.SH	非国有控股	建筑装饰	西宁市	56.12
10	金瑞矿业	600714.SH	地方国有控股	基础化工	西宁市	53.64

数据来源：同花顺（iFinD），首经贸资产评估研究院和浙工商中国智能管理研究院整理。

9.21.4 创新科技成果指数

2023 年青海省 10 家上市公司创新科技成果指数平均水平为 64.25，高于全市场均值 64.15。从指数分布来看，高于全市场均值的有 5 家，占省内上市公司总数的 50.00%。其中，最高的是远东股份，创新科技成果指数为 70.94。具体来看，创新科技成果指数处于 [70，80) 的有 1 家，占比 10.00%；[60，70) 的有 8 家，占比 80.00%；[0，60) 的有 1 家，占比 10.00%，如图 9-207 所示。

从省内市、自治州分布来看，创新科技成果指数平均水平最高的是西宁市（64.34），最低的是海东市（63.66），如图 9-208 所示。

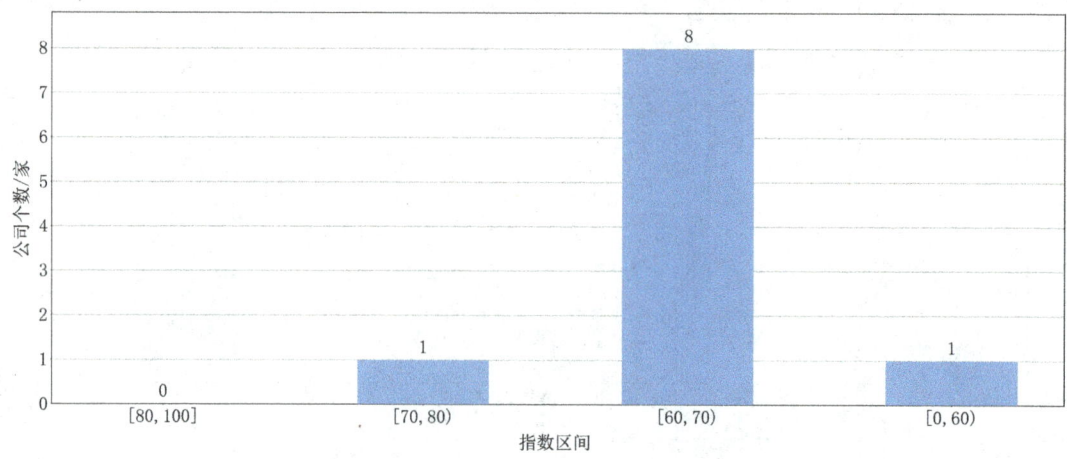

图9-207　2023年青海省上市公司创新科技成果指数分布图

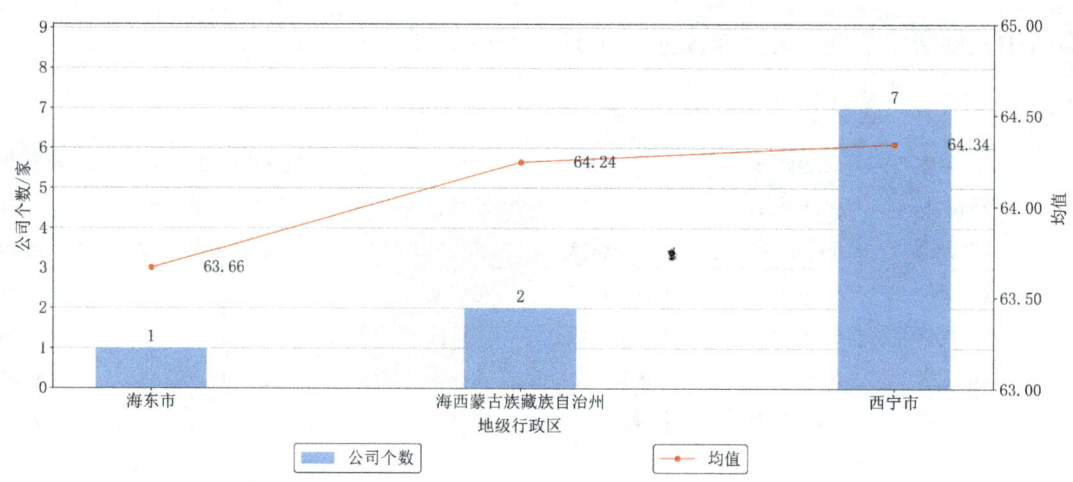

图9-208　2023年青海省上市公司创新科技成果指数均值分布图

青海省中，创新科技成果指数排名前10的上市公司如表9-104所示。

表9-104　2023年青海省上市公司创新科技成果指数前10排名

排名	证券名称	证券代码	产权性质	一级行业	地级行政区	创新科技成果指数
1	远东股份	600869.SH	非国有控股	电力设备	西宁市	70.94
2	盐湖股份	000792.SZ	地方国有控股	基础化工	海西蒙古族藏族自治州	68.22
3	西部矿业	601168.SH	地方国有控股	有色金属	西宁市	67.11
4	西宁特钢	600117.SH	非国有控股	钢铁	西宁市	66.86
5	青海春天	600381.SH	非国有控股	食品饮料	西宁市	64.47
6	天佑德酒	002646.SZ	非国有控股	食品饮料	海东市	63.66
7	青海华鼎	600243.SH	非国有控股	机械设备	西宁市	60.97
8	金瑞矿业	600714.SH	地方国有控股	基础化工	西宁市	60.41
9	藏格矿业	000408.SZ	非国有控股	有色金属	海西蒙古族藏族自治州	60.26
10	正平股份	603843.SH	非国有控股	建筑装饰	西宁市	59.63

数据来源：同花顺（iFinD），首经贸资产评估研究院和浙工商中国智能管理研究院整理。

9.21.5 创新经济绩效指数

2023年青海省10家上市公司创新经济绩效指数平均水平为63.50，低于全市场均值64.49。从指数分布来看，高于全市场均值的有6家，占省内上市公司总数的60.00%。其中，最高的是盐湖股份，创新经济绩效指数为77.81。具体来看，创新经济绩效指数处于［70，80）的有1家，占比10.00%；［60，70）的有6家，占比60.00%；［0，60）的有3家，占比30.00%，如图9-209所示。

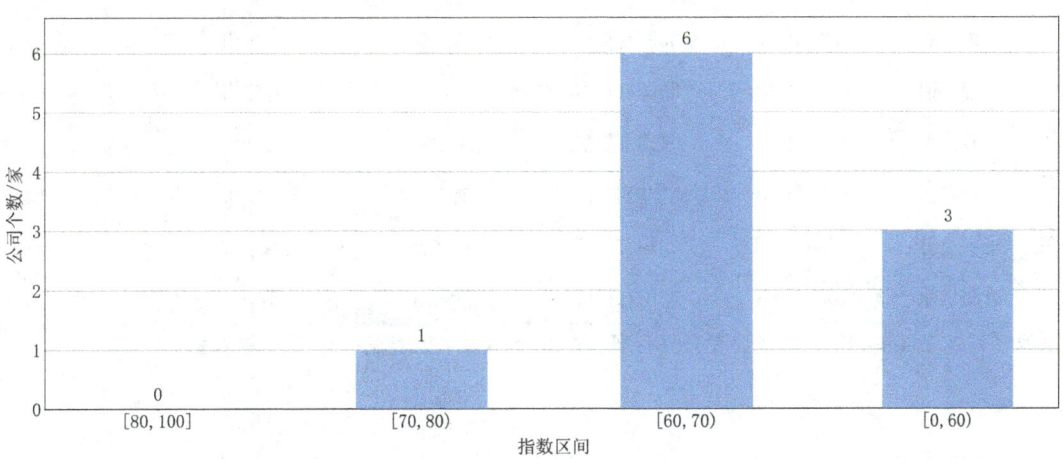

图9-209　2023年青海省上市公司创新经济绩效指数分布图

从省内市、自治州分布来看，创新经济绩效指数平均水平最高的是海西蒙古族藏族自治州（73.28），最低的是西宁市（60.15），如图9-210所示。

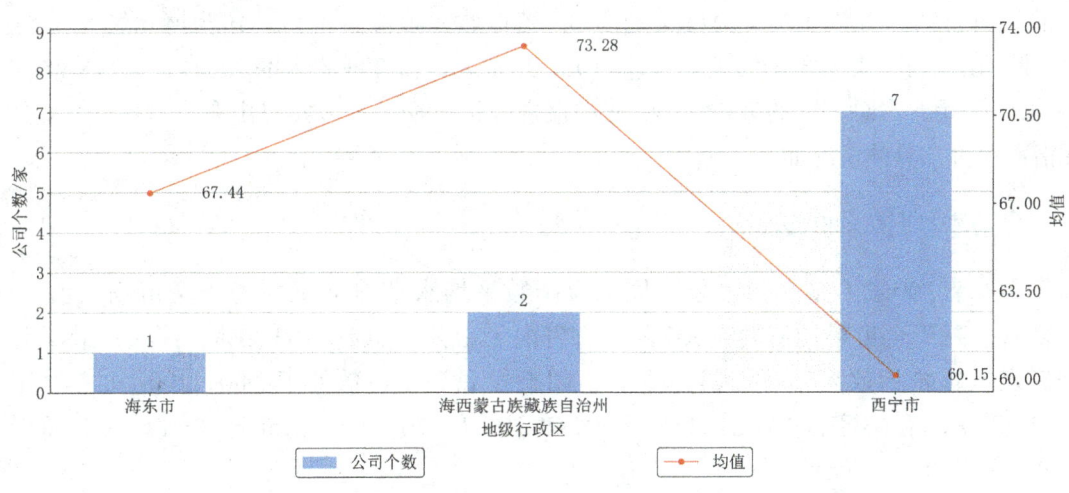

图9-210　2023年青海省上市公司创新经济绩效指数均值分布图

青海省中，创新经济绩效指数排名前10的上市公司如表9-105所示。

表 9-105　2023 年青海省上市公司创新经济绩效指数前 10 排名

排名	证券名称	证券代码	产权性质	一级行业	地级行政区	创新经济绩效指数
1	盐湖股份	000792.SZ	地方国有控股	基础化工	海西蒙古族藏族自治州	77.81
2	远东股份	600869.SH	非国有控股	电力设备	西宁市	69.19
3	藏格矿业	000408.SZ	非国有控股	有色金属	海西蒙古族藏族自治州	68.76
4	西部矿业	601168.SH	地方国有控股	有色金属	西宁市	68.66
5	天佑德酒	002646.SZ	非国有控股	食品饮料	海东市	67.44
6	西宁特钢	600117.SH	非国有控股	钢铁	西宁市	66.15
7	青海春天	600381.SH	非国有控股	食品饮料	西宁市	61.74
8	金瑞矿业	600714.SH	地方国有控股	基础化工	西宁市	54.51
9	正平股份	603843.SH	非国有控股	建筑装饰	西宁市	51.92
10	青海华鼎	600243.SH	非国有控股	机械设备	西宁市	48.85

数据来源：同花顺（iFinD），首经贸资产评估研究院和浙工商中国智能管理研究院整理。

9.22　山东省上市公司创新发展指数评价

2023年，山东省全年实现地区生产总值92068.70亿元，人均地区生产总值为90771.00元，居民人均可支配收入39890.00元。截至2023年底，A股市场山东省共有上市公司300家，总市值共计34649.32亿元，营业收入共计27638.54亿元，平均市值115.50亿元/家，平均营业收入92.13亿元/家。市值最大的上市公司为万华化学（2411.95亿元），营业收入最高的上市公司为海尔智家（2614.28亿元）。2023年，山东省上市公司研发投入合计为921.22亿元，占营业收入的3.33%；无形资产账面价值合计为3394.17亿元，占总资产的7.89%。根据本报告分析口径，本节共对山东省300家上市公司开展创新发展指数评价，具体情况如下：

9.22.1　创新发展综合指数

2023年山东省300家上市公司创新发展综合指数平均水平为65.40，等于全市场均值65.40。从指数分布来看，高于全市场均值的有157家，占省内上市公司总数的52.33%。其中，最高的是潍柴动力，创新发展综合指数为83.09。具体来看，创新发展综合指数处于［80，100］的有4家，占比1.33%；［70，80）的有63家，占比21.00%；［60，70）的有176家，占比58.67%；［0，60）的有57家，占比19.00%，如图9-211所示。

从省内城市分布来看，山东省300家上市公司分布在16个市。创新发展综合指数平均水平最高的是菏泽市（69.93），最低的是泰安市（60.23），如图9-212所示。

第9章 中国上市公司创新发展指数评价——省份维度

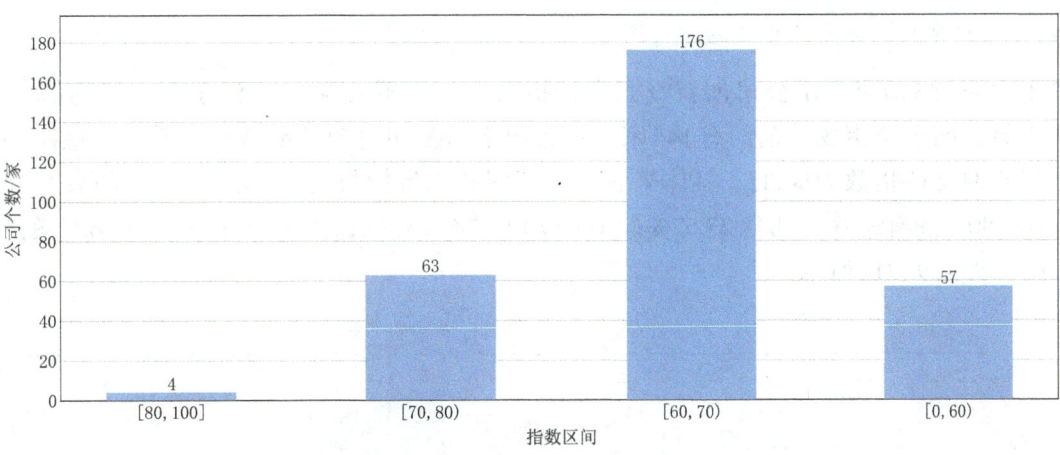

图9-211 2023年山东省上市公司创新发展综合指数分布图

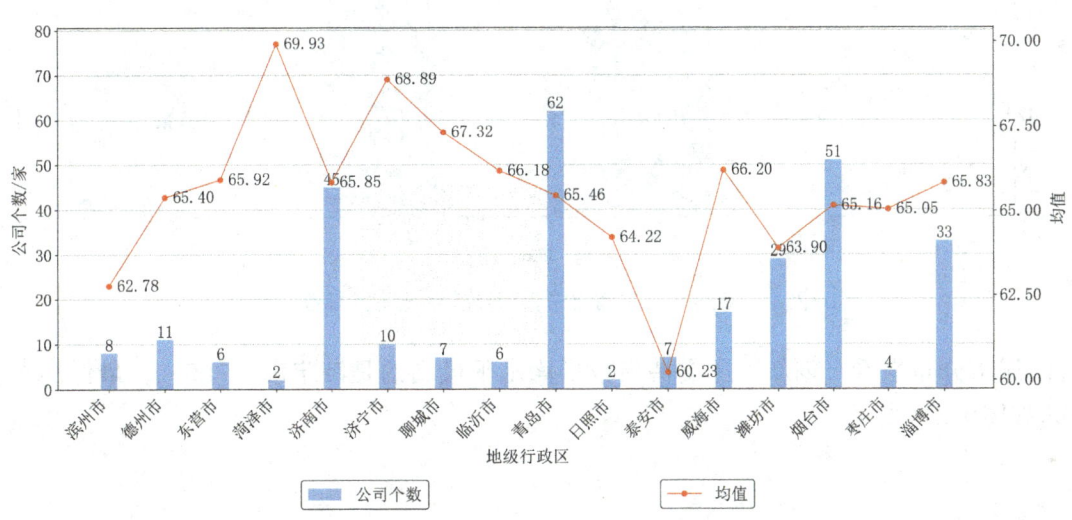

图9-212 2023年山东省上市公司创新发展综合指数均值分布图

山东省中,创新发展综合指数排名前10的上市公司如表9-106所示。

表9-106 2023年山东省上市公司创新发展综合指数前10排名

排名	证券名称	证券代码	产权性质	一级行业	地级行政区	创新发展综合指数
1	潍柴动力	000338.SZ	地方国有控股	汽车	潍坊市	83.09
2	海尔智家	600690.SH	非国有控股	家用电器	青岛市	82.58
3	浪潮信息	000977.SZ	地方国有控股	计算机	济南市	82.22
4	歌尔股份	002241.SZ	非国有控股	电子	潍坊市	80.29
5	万华化学	600309.SH	地方国有控股	基础化工	烟台市	79.77
6	海信视像	600060.SH	地方国有控股	家用电器	青岛市	79.21
7	山东黄金	600547.SH	地方国有控股	有色金属	济南市	78.50
8	中际旭创	300308.SZ	非国有控股	通信	烟台市	77.73
9	中航沈飞	600760.SH	中央国有控股	国防军工	威海市	76.41
10	玲珑轮胎	601966.SH	非国有控股	汽车	烟台市	76.30

数据来源:同花顺(iFinD),首经贸资产评估研究院和浙工商中国智能管理研究院整理。

9.22.2 创新资源支持指数

2023年山东省300家上市公司创新资源支持指数平均水平为66.47，低于全市场均值67.08。从指数分布来看，高于全市场均值的有144家，占省内上市公司总数的48.00%。其中，最高的是浪潮信息，创新资源支持指数为94.32。具体来看，创新资源支持指数处于[80，100]的有15家，占比5.00%；[70，80)的有83家，占比27.67%；[60，70)的有137家，占比45.67%；[0，60)的有65家，占比21.66%，如图9-213所示。

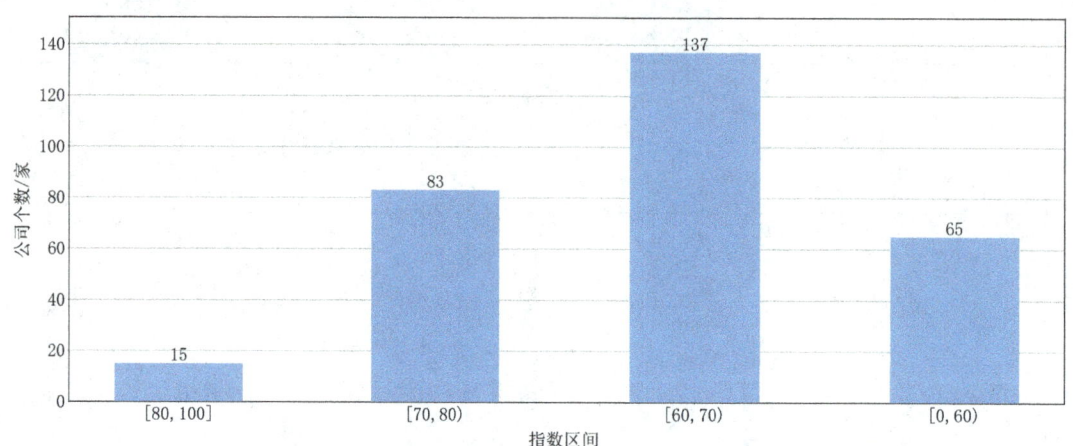

图9-213　2023年山东省上市公司创新资源支持指数分布图

从省内城市分布来看，创新资源支持指数平均水平最高的是济宁市（71.05），最低的是泰安市（62.53），如图9-214所示。

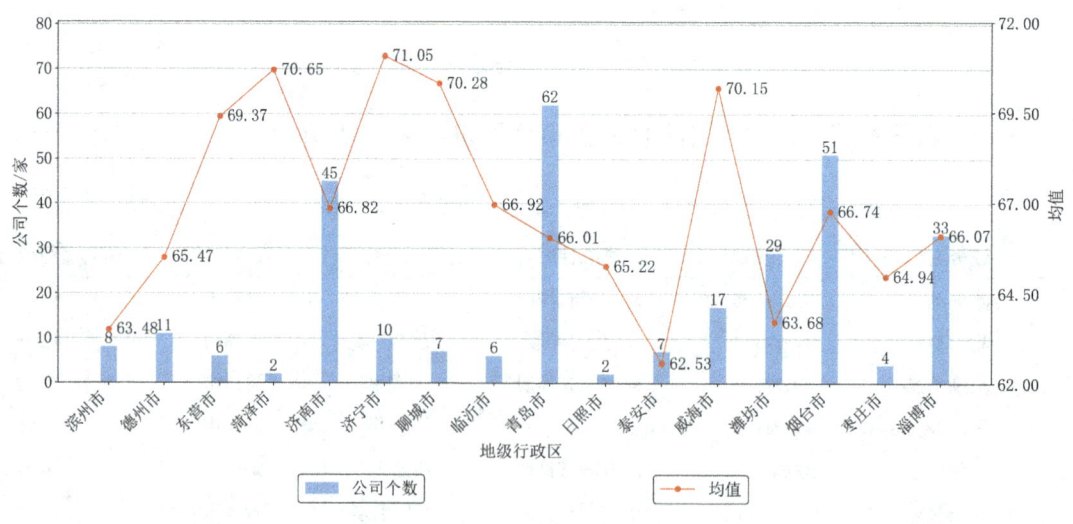

图9-214　2023年山东省上市公司创新资源支持指数均值分布图

山东省中，创新资源支持指数排名前10的上市公司如表9-107所示。

表 9-107 2023 年山东省上市公司创新资源支持指数前 10 排名

排名	证券名称	证券代码	产权性质	一级行业	地级行政区	创新资源支持指数
1	浪潮信息	000977.SZ	地方国有控股	计算机	济南市	94.32
2	山东路桥	000498.SZ	地方国有控股	建筑装饰	济南市	85.44
3	威海广泰	002111.SZ	非国有控股	国防军工	威海市	84.89
4	泰和新材	002254.SZ	地方国有控股	基础化工	烟台市	84.46
5	光威复材	300699.SZ	非国有控股	国防军工	威海市	83.16
6	万华化学	600309.SH	地方国有控股	基础化工	烟台市	83.00
7	新华医疗	600587.SH	地方国有控股	医药生物	淄博市	82.66
8	青岛港	601298.SH	地方国有控股	交通运输	青岛市	82.06
9	泓淋电力	301439.SZ	非国有控股	电力设备	威海市	82.02
10	东港股份	002117.SZ	非国有控股	轻工制造	济南市	81.46

数据来源：同花顺（iFinD），首经贸资产评估研究院和浙工商中国智能管理研究院整理。

9.22.3　创新要素投入指数

2023 年山东省 300 家上市公司创新要素投入指数平均水平为 65.94，低于全市场均值 66.07。从指数分布来看，高于全市场均值的有 162 家，占省内上市公司总数的 54.00%。其中，最高的是潍柴动力，创新要素投入指数为 83.67。具体来看，创新要素投入指数处于［80，100］的有 10 家，占比 3.33%；［70，80）的有 89 家，占比 29.67%；［60，70）的有 135 家，占比 45.00%；［0，60）的有 66 家，占比 22.00%，如图 9-215 所示。

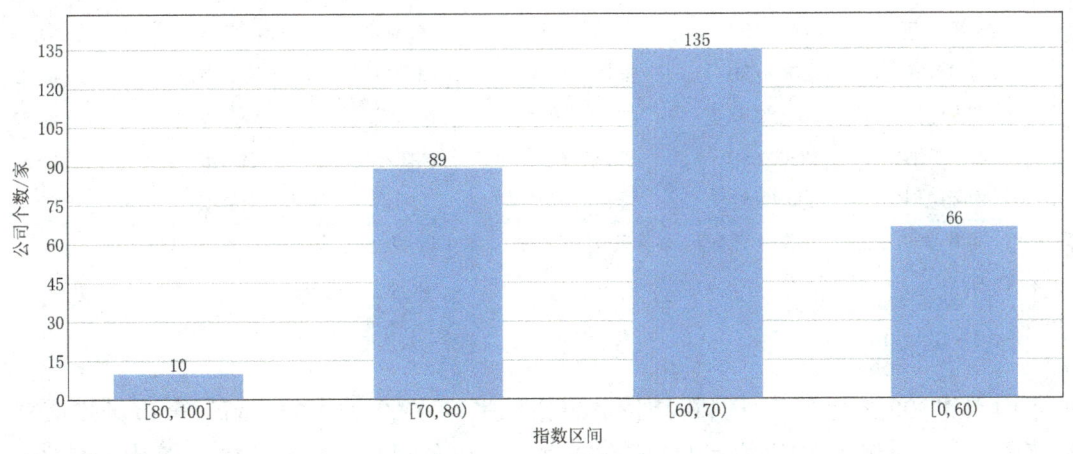

图 9-215　2023 年山东省上市公司创新要素投入指数分布图

从省内城市分布来看，创新要素投入指数平均水平最高的是菏泽市（71.90），最低的是泰安市（58.28），如图 9-216 所示。

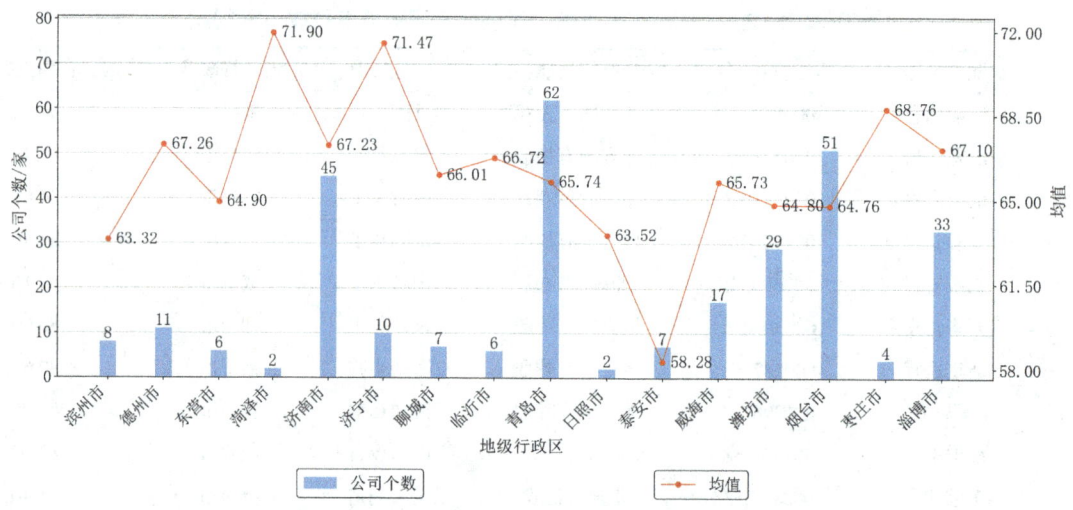

图 9-216　2023 年山东省上市公司创新要素投入指数均值分布图

山东省中，创新要素投入指数排名前 10 的上市公司如表 9-108 所示。

表 9-108　2023 年山东省上市公司创新要素投入指数前 10 排名

排名	证券名称	证券代码	产权性质	一级行业	地级行政区	创新要素投入指数
1	潍柴动力	000338.SZ	地方国有控股	汽车	潍坊市	83.67
2	歌尔股份	002241.SZ	非国有控股	电子	潍坊市	82.61
3	荣昌生物	688331.SH	非国有控股	医药生物	烟台市	82.08
4	海信视像	600060.SH	地方国有控股	家用电器	青岛市	81.99
5	山东黄金	600547.SH	地方国有控股	有色金属	济南市	81.76
6	浪潮信息	000977.SZ	地方国有控股	计算机	济南市	81.64
7	海尔智家	600690.SH	非国有控股	家用电器	青岛市	80.92
8	东方电子	000682.SZ	地方国有控股	电力设备	烟台市	80.57
9	睿创微纳	688002.SH	非国有控股	国防军工	烟台市	80.57
10	中际旭创	300308.SZ	非国有控股	通信	烟台市	80.50

数据来源：同花顺（iFinD），首经贸资产评估研究院和浙工商中国智能管理研究院整理。

9.22.4　创新科技成果指数

2023 年山东省 300 家上市公司创新科技成果指数平均水平为 64.69，高于全市场均值 64.15。从指数分布来看，高于全市场均值的有 151 家，占省内上市公司总数的 50.33%。其中，最高的是海尔智家，创新科技成果指数为 90.24。具体来看，创新科技成果指数处于 [80，100] 的有 4 家，占比 1.33%；[70，80) 的有 41 家，占比 13.67%；[60，70) 的有 205 家，占比 68.33%；[0，60) 的有 50 家，占比 16.67%，如图 9-217 所示。

从省内城市分布来看，创新科技成果指数平均水平最高的是菏泽市（68.91），最低的是日照市（61.51），如图 9-218 所示。

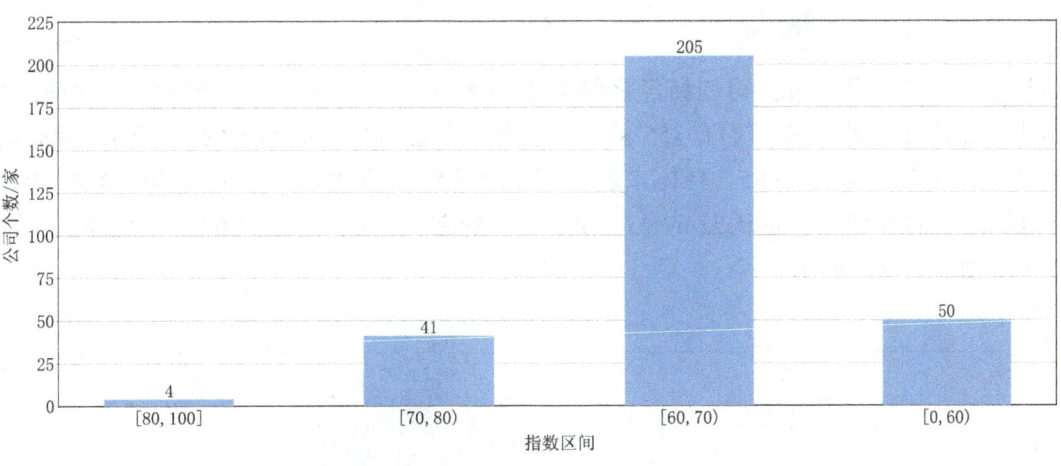

图9-217 2023年山东省上市公司创新科技成果指数分布图

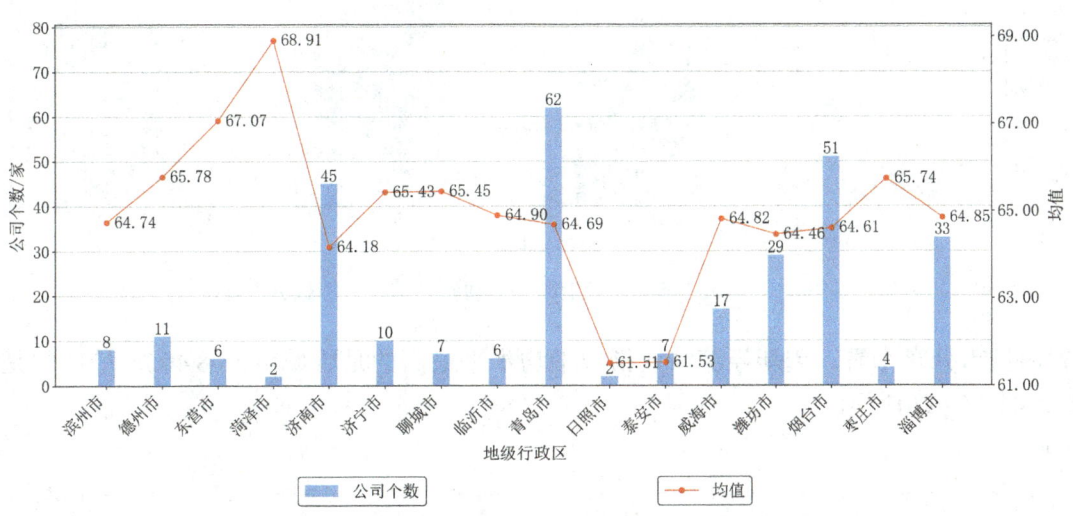

图9-218 2023年山东省上市公司创新科技成果指数均值分布图

山东省中，创新科技成果指数排名前10的上市公司如表9-109所示。

表9-109 2023年山东省上市公司创新科技成果指数前10排名

排名	证券名称	证券代码	产权性质	一级行业	地级行政区	创新科技成果指数
1	海尔智家	600690.SH	非国有控股	家用电器	青岛市	90.24
2	潍柴动力	000338.SZ	地方国有控股	汽车	潍坊市	84.77
3	海尔生物	688139.SH	非国有控股	医药生物	青岛市	80.79
4	歌尔股份	002241.SZ	非国有控股	电子	潍坊市	80.14
5	泰和新材	002254.SZ	地方国有控股	基础化工	烟台市	79.17
6	天润工业	002283.SZ	非国有控股	汽车	威海市	77.31
7	齐峰新材	002521.SZ	非国有控股	轻工制造	淄博市	77.25
8	澳柯玛	600336.SH	地方国有控股	家用电器	青岛市	76.37
9	浪潮信息	000977.SZ	地方国有控股	计算机	济南市	76.31
10	青岛啤酒	600600.SH	地方国有控股	食品饮料	青岛市	75.98

数据来源：同花顺（iFinD），首经贸资产评估研究院和浙工商中国智能管理研究院整理。

9.22.5 创新经济绩效指数

2023年山东省300家上市公司创新经济绩效指数平均水平为64.62，高于全市场均值64.49。从指数分布来看，高于全市场均值的有155家，占省内上市公司总数的51.67%。其中，最高的是山东黄金，创新经济绩效指数为86.85。具体来看，创新经济绩效指数处于［80，100］的有10家，占比3.33%；［70，80）的有68家，占比22.67%；［60，70）的有134家，占比44.67%；［0，60）的有88家，占比29.33%，如图9-219所示。

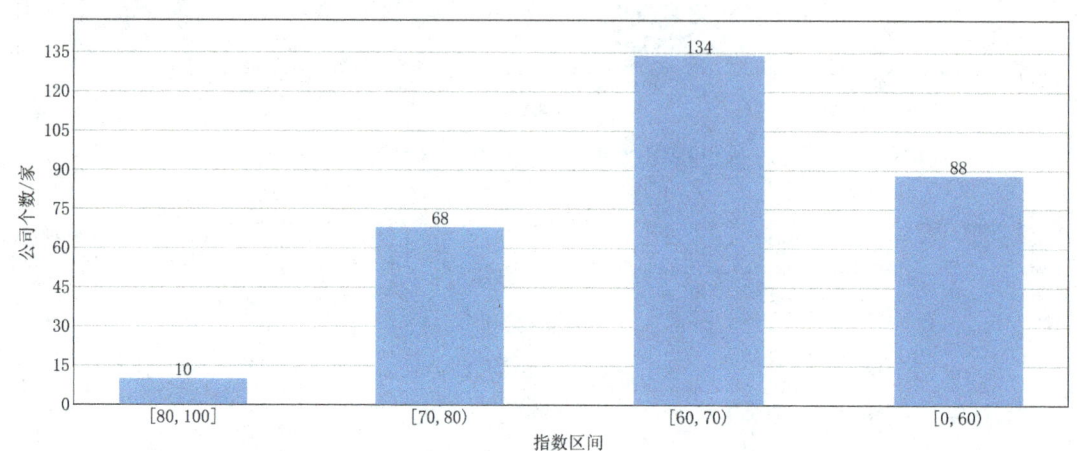

图9-219　2023年山东省上市公司创新经济绩效指数分布图

从省内城市分布来看，创新经济绩效指数平均水平最高的是聊城市（68.40），最低的是泰安市（59.72），如图9-220所示。

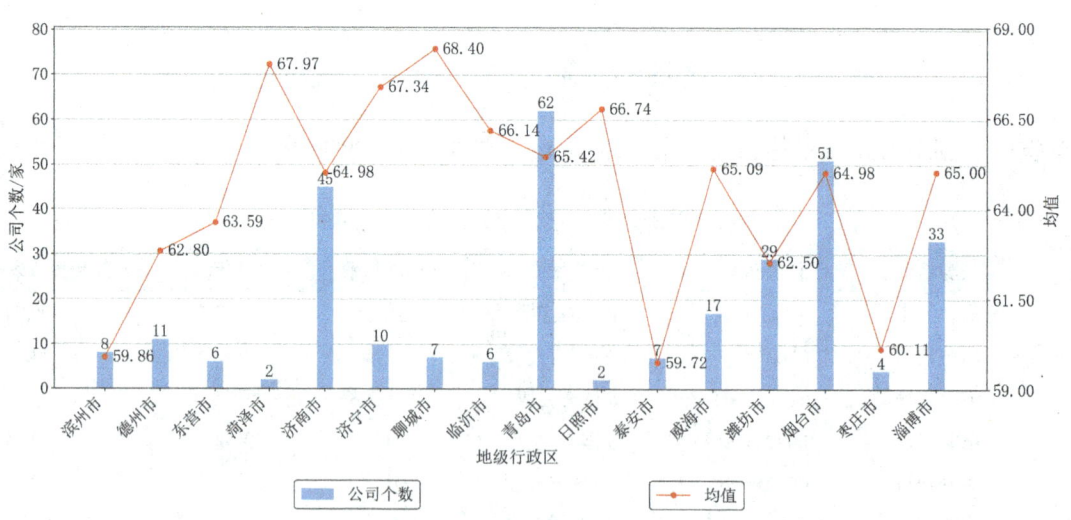

图9-220　2023年山东省上市公司创新经济绩效指数均值分布图

山东省中，创新经济绩效指数排名前10的上市公司如表9-110所示。

表 9-110 2023 年山东省上市公司创新经济绩效指数前 10 排名

排名	证券名称	证券代码	产权性质	一级行业	地级行政区	创新经济绩效指数
1	山东黄金	600547.SH	地方国有控股	有色金属	济南市	86.85
2	潍柴动力	000338.SZ	地方国有控股	汽车	潍坊市	86.42
3	中际旭创	300308.SZ	非国有控股	通信	烟台市	84.34
4	山东出版	601019.SH	地方国有控股	传媒	济南市	83.31
5	海尔智家	600690.SH	非国有控股	家用电器	青岛市	82.98
6	海信视像	600060.SH	地方国有控股	家用电器	青岛市	82.55
7	青岛港	601298.SH	地方国有控股	交通运输	青岛市	81.79
8	万华化学	600309.SH	地方国有控股	基础化工	烟台市	81.61
9	惠城环保	300779.SZ	非国有控股	环保	青岛市	80.25
10	高测股份	688556.SH	非国有控股	电力设备	青岛市	80.24

数据来源：同花顺（iFinD），首经贸资产评估研究院和浙工商中国智能管理研究院整理。

9.23　山西省上市公司创新发展指数评价

2023年，山西省全年实现地区生产总值25698.18亿元，人均地区生产总值为73984.00元，居民人均可支配收入30924.00元。截至2023年底，A股市场山西省共有上市公司40家，总市值共计8843.90亿元，营业收入共计5967.22亿元，平均市值221.10亿元/家，平均营业收入149.18亿元/家。市值最大的上市公司为山西汾酒（2814.82亿元），营业收入最高的上市公司为太钢不锈（1056.18亿元）。2023年，山西省上市公司研发投入合计为108.21亿元，占营业收入的1.81%；无形资产账面价值合计为1449.39亿元，占总资产的13.07%。根据本报告分析口径，本节共对山西省40家上市公司开展创新发展指数评价，具体情况如下：

9.23.1　创新发展综合指数

2023年山西省40家上市公司创新发展综合指数平均水平为64.47，低于全市场均值65.40。从指数分布来看，高于全市场均值的有21家，占省内上市公司总数的52.50%。其中，最高的是太原重工，创新发展综合指数为74.65。具体来看，创新发展综合指数处于［70，80）的有4家，占比10.00%；［60，70）的有28家，占比70.00%；［0，60）的有8家，占比20.00%，如图9-221所示。

从省内城市分布来看，山西省40家上市公司分布在10个市。创新发展综合指数平均水平最高的是吕梁市（69.01），最低的是忻州市（55.15），如图9-222所示。

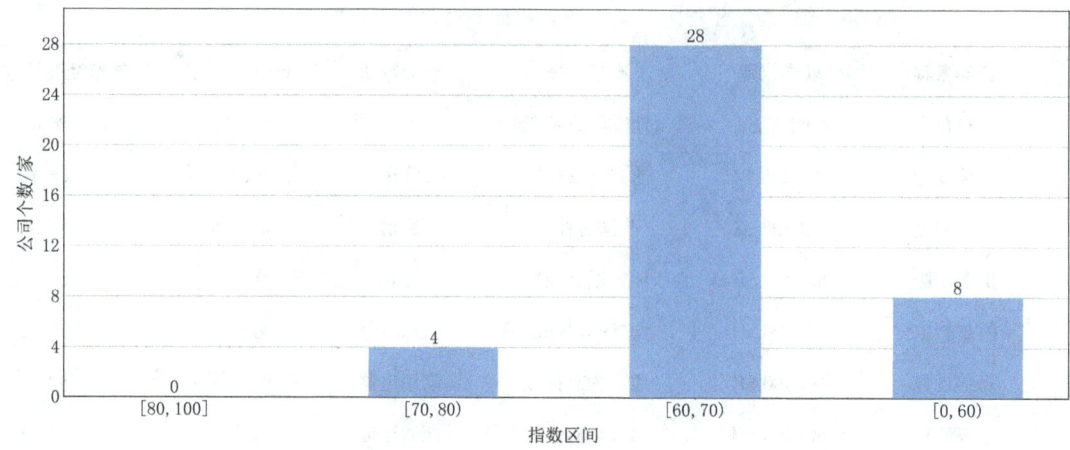

图9-221 2023年山西省上市公司创新发展综合指数分布图

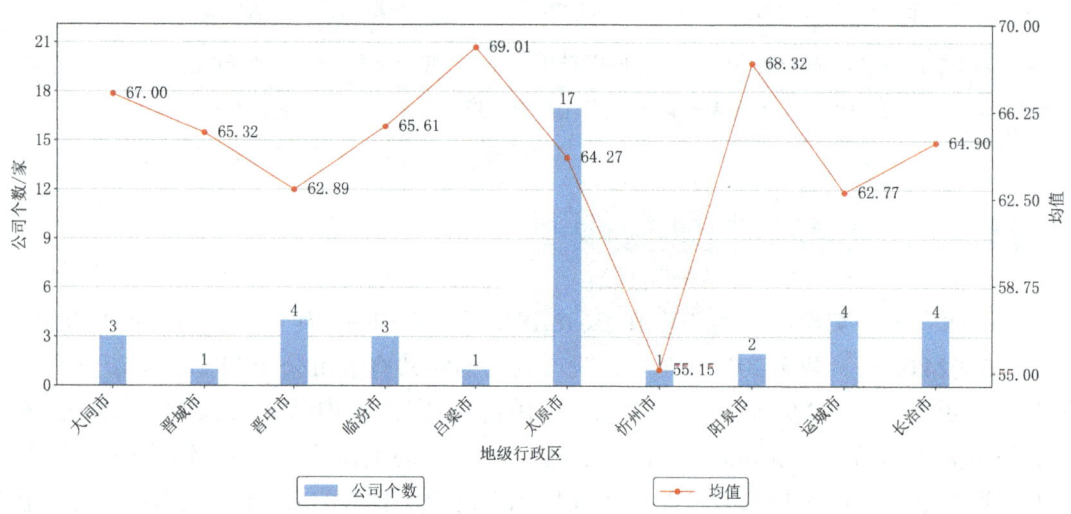

图9-222 2023年山西省上市公司创新发展综合指数均值分布图

山西省中，创新发展综合指数排名前10的上市公司如表9-111所示。

表9-111 2023年山西省上市公司创新发展综合指数前10排名

排名	证券名称	证券代码	产权性质	一级行业	地级行政区	创新发展综合指数
1	太原重工	600169.SH	地方国有控股	机械设备	太原市	74.65
2	锦波生物	832982.BJ	非国有控股	美容护理	太原市	71.31
3	华阳股份	600348.SH	地方国有控股	煤炭	阳泉市	70.79
4	太钢不锈	000825.SZ	中央国有控股	钢铁	太原市	70.70
5	大秦铁路	601006.SH	中央国有控股	交通运输	大同市	69.97
6	华翔股份	603112.SH	非国有控股	家用电器	临汾市	69.30
7	山西汾酒	600809.SH	地方国有控股	食品饮料	吕梁市	69.01
8	潞安环能	601699.SH	地方国有控股	煤炭	长治市	68.93
9	亚宝药业	600351.SH	非国有控股	医药生物	运城市	68.93
10	派林生物	000403.SZ	地方国有控股	医药生物	太原市	68.39

数据来源：同花顺（iFinD），首经贸资产评估研究院和浙工商中国智能管理研究院整理。

9.23.2 创新资源支持指数

2023年山西省40家上市公司创新资源支持指数平均水平为63.49，低于全市场均值67.08。从指数分布来看，高于全市场均值的有12家，占省内上市公司总数的30.00%。其中，最高的是美锦能源，创新资源支持指数为79.10。具体来看，创新资源支持指数处于[70，80)的有7家，占比17.50%；[60，70)的有19家，占比47.50%；[0，60)的有14家，占比35.00%，如图9-223所示。

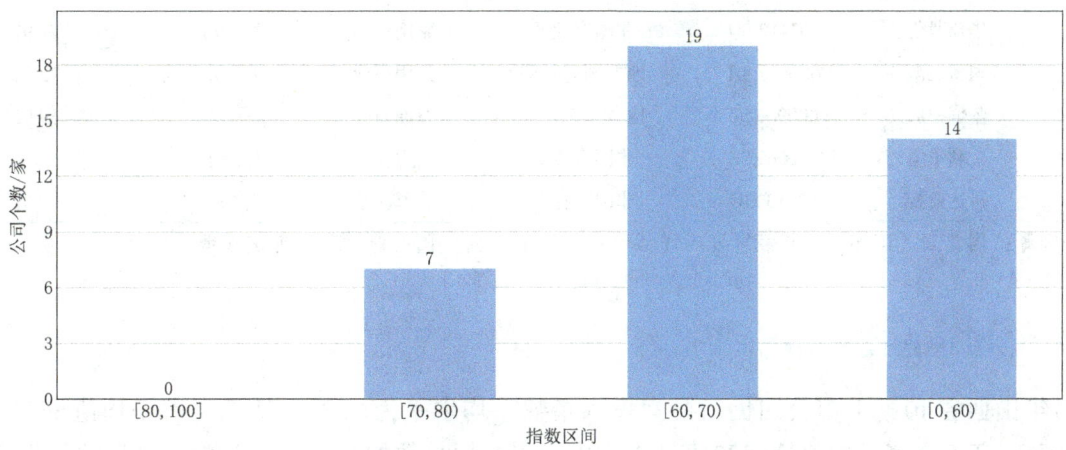

图9-223 2023年山西省上市公司创新资源支持指数分布图

从省内城市分布来看，创新资源支持指数平均水平最高的是晋城市（67.55），最低的是忻州市（49.94），如图9-224所示。

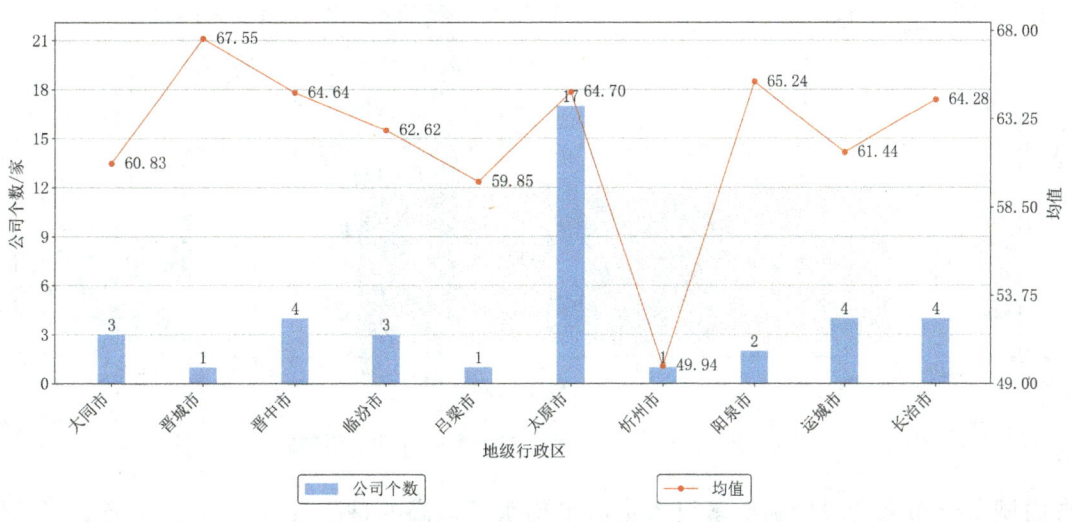

图9-224 2023年山西省上市公司创新资源支持指数均值分布图

山西省中，创新资源支持指数排名前10的上市公司如表9-112所示。

表 9-112　2023 年山西省上市公司创新资源支持指数前 10 排名

排名	证券名称	证券代码	产权性质	一级行业	地级行政区	创新资源支持指数
1	美锦能源	000723.SZ	非国有控股	煤炭	太原市	79.10
2	晋西车轴	600495.SH	中央国有控股	机械设备	太原市	76.52
3	太原重工	600169.SH	地方国有控股	机械设备	太原市	75.07
4	广誉远	600771.SH	地方国有控股	医药生物	晋中市	74.94
5	晋控电力	000767.SZ	地方国有控股	公用事业	太原市	74.59
6	华翔股份	603112.SH	非国有控股	家用电器	临汾市	73.97
7	国新能源	600617.SH	地方国有控股	公用事业	太原市	72.32
8	蓝焰控股	000968.SZ	地方国有控股	石油石化	晋中市	69.95
9	金利华电	300069.SZ	非国有控股	电力设备	长治市	69.76
10	科达自控	831832.BJ	非国有控股	计算机	太原市	69.07

数据来源：同花顺（iFinD），首经贸资产评估研究院和浙工商中国智能管理研究院整理。

9.23.3　创新要素投入指数

2023年山西省40家上市公司创新要素投入指数平均水平为65.32，低于全市场均值66.07。从指数分布来看，高于全市场均值的有22家，占省内上市公司总数的55.00%。其中，最高的是华阳股份，创新要素投入指数为78.78。具体来看，创新要素投入指数处于［70，80）的有9家，占比22.50%；［60，70）的有20家，占比50.00%；［0，60）的有11家，占比27.50%，如图9-225所示。

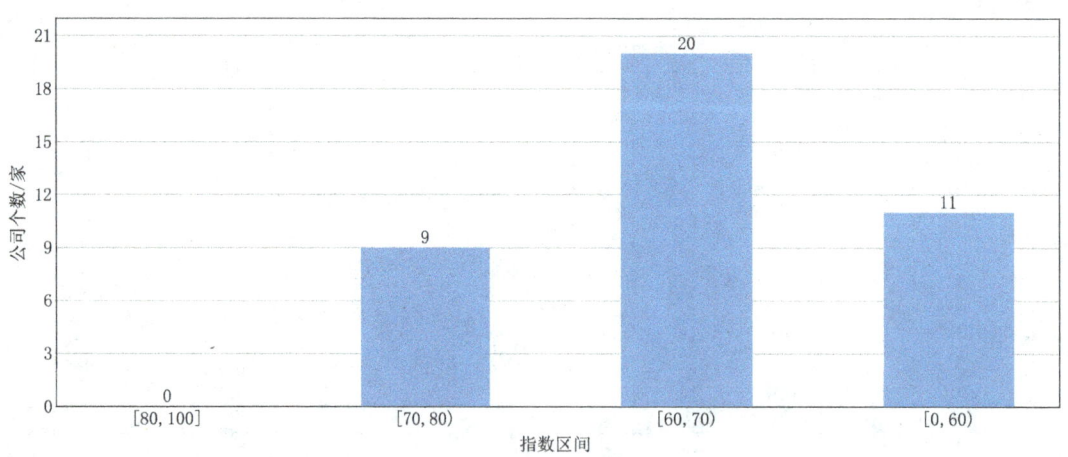

图9-225　2023年山西省上市公司创新要素投入指数分布图

从省内城市分布来看，创新要素投入指数平均水平最高的是阳泉市（73.57），最低的是晋城市（55.90），如图9-226所示。

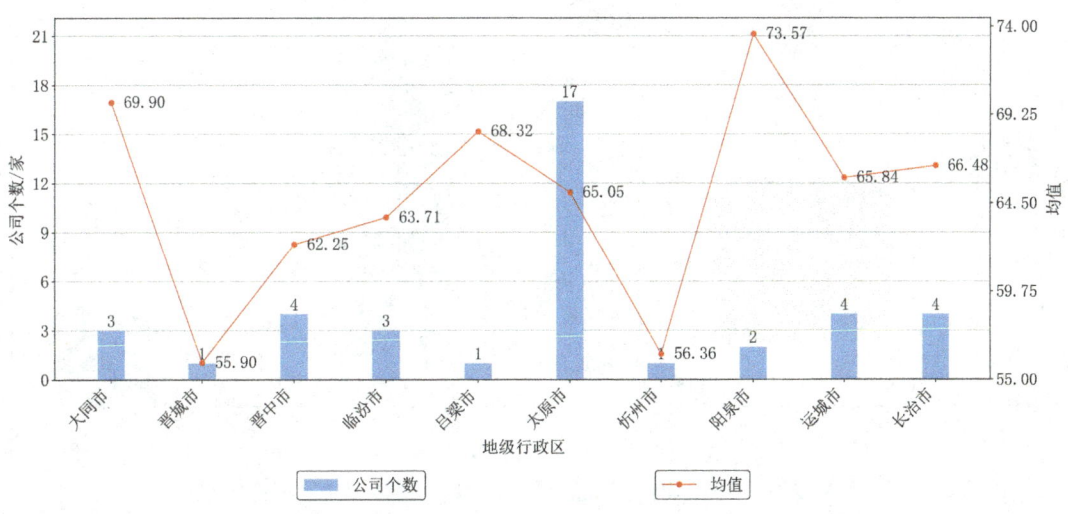

图 9-226　2023 年山西省上市公司创新要素投入指数均值分布图

山西省中，创新要素投入指数排名前 10 的上市公司如表 9-113 所示。

表 9-113　2023 年山西省上市公司创新要素投入指数前 10 排名

排名	证券名称	证券代码	产权性质	一级行业	地级行政区	创新要素投入指数
1	华阳股份	600348.SH	地方国有控股	煤炭	阳泉市	78.78
2	晋控煤业	601001.SH	地方国有控股	煤炭	大同市	78.38
3	太钢不锈	000825.SZ	中央国有控股	钢铁	太原市	78.25
4	太原重工	600169.SH	地方国有控股	机械设备	太原市	77.84
5	锦波生物	832982.BJ	非国有控股	美容护理	太原市	75.82
6	潞安环能	601699.SH	地方国有控股	煤炭	长治市	72.98
7	山西焦煤	000983.SZ	地方国有控股	煤炭	太原市	71.44
8	蓝焰控股	000968.SZ	地方国有控股	石油石化	晋中市	70.48
9	晋西车轴	600495.SH	中央国有控股	机械设备	太原市	70.22
10	山煤国际	600546.SH	地方国有控股	煤炭	太原市	69.87

数据来源：同花顺（iFinD），首经贸资产评估研究院和浙工商中国智能管理研究院整理。

9.23.4　创新科技成果指数

2023 年山西省 40 家上市公司创新科技成果指数平均水平为 62.73，低于全市场均值 64.15。从指数分布来看，高于全市场均值的有 11 家，占省内上市公司总数的 27.50%。其中，最高的是潞安环能，创新科技成果指数为 70.80。具体来看，创新科技成果指数处于 [70，80）的有 4 家，占比 10.00%；[60，70）的有 28 家，占比 70.00%；[0，60）的有 8 家，占比 20.00%，如图 9-227 所示。

从省内城市分布来看，创新科技成果指数平均水平最高的是临汾市（66.17），最低的是忻州市（54.89），如图 9-228 所示。

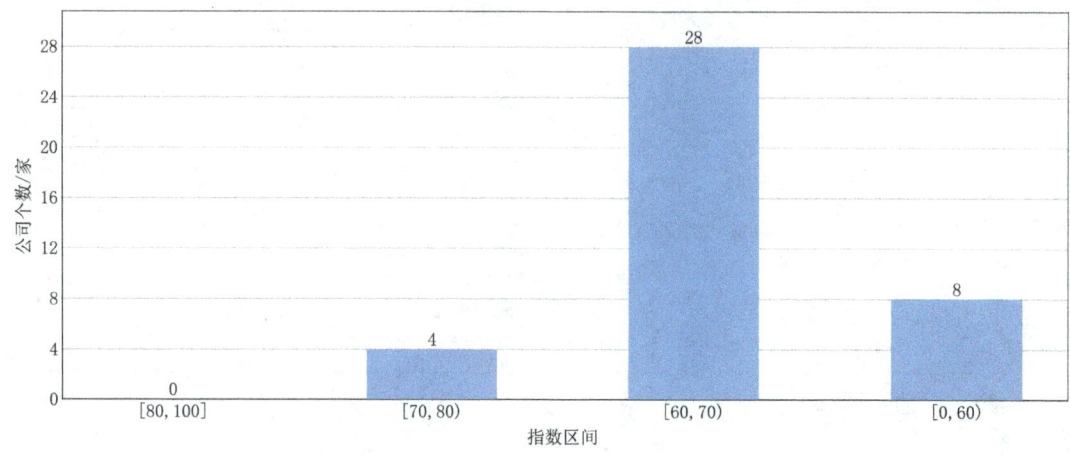

图9-227　2023年山西省上市公司创新科技成果指数分布图

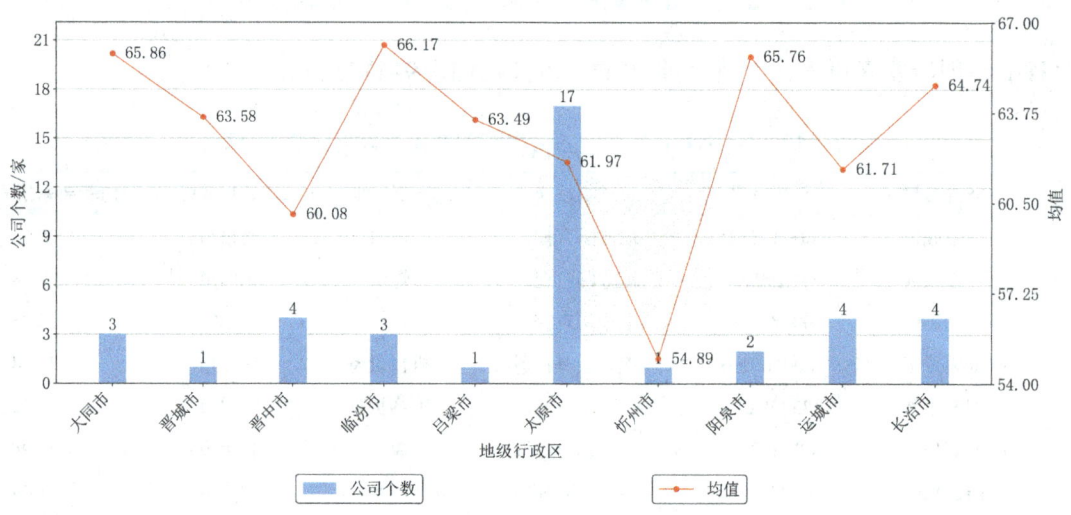

图9-228　2023年山西省上市公司创新科技成果指数均值分布图

山西省中，创新科技成果指数排名前10的上市公司如表9-114所示。

表9-114　2023年山西省上市公司创新科技成果指数前10排名

排名	证券名称	证券代码	产权性质	一级行业	地级行政区	创新科技成果指数
1	潞安环能	601699.SH	地方国有控股	煤炭	长治市	70.80
2	大秦铁路	601006.SH	中央国有控股	交通运输	大同市	70.68
3	山西焦化	600740.SH	地方国有控股	煤炭	临汾市	70.33
4	太原重工	600169.SH	地方国有控股	机械设备	太原市	70.10
5	太钢不锈	000825.SZ	中央国有控股	钢铁	太原市	69.38
6	山煤国际	600546.SH	地方国有控股	煤炭	太原市	67.35
7	振东制药	300158.SZ	非国有控股	医药生物	长治市	66.98
8	阳煤化工	600691.SH	地方国有控股	基础化工	阳泉市	66.07
9	晋控煤业	601001.SH	地方国有控股	煤炭	大同市	65.58
10	华阳股份	600348.SH	地方国有控股	煤炭	阳泉市	65.44

数据来源：同花顺（iFinD），首经贸资产评估研究院和浙工商中国智能管理研究院整理。

9.23.5 创新经济绩效指数

2023年山西省40家上市公司创新经济绩效指数平均水平为65.74，高于全市场均值64.49。从指数分布来看，高于全市场均值的有24家，占省内上市公司总数的60.00%。其中，最高的是山西汾酒，创新经济绩效指数为81.48。具体来看，创新经济绩效指数处于［80，100］的有2家，占比5.00%；［70，80）的有9家，占比22.50%；［60，70）的有19家，占比47.50%；［0，60）的有10家，占比25.00%，如图9-229所示。

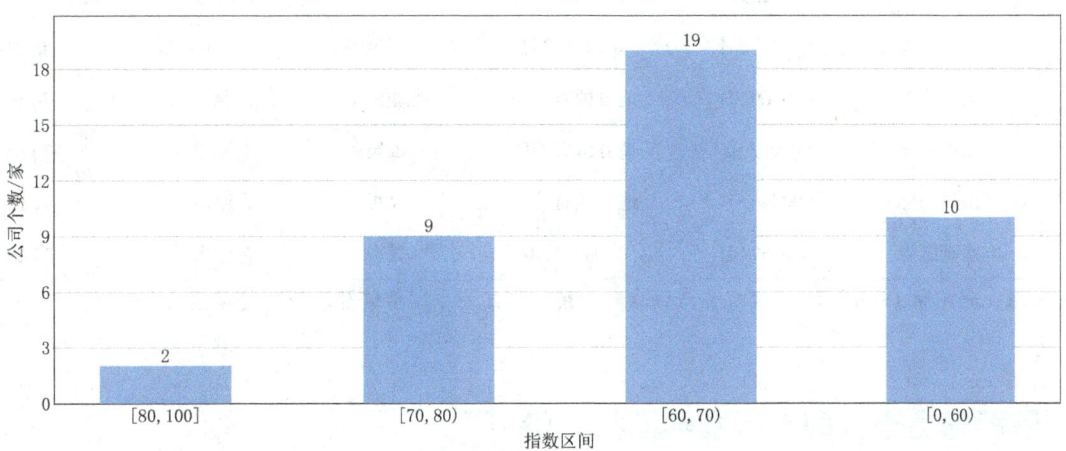

图9-229　2023年山西省上市公司创新经济绩效指数分布图

从省内城市分布来看，创新经济绩效指数平均水平最高的是吕梁市（81.48），最低的是忻州市（57.76），如图9-230所示。

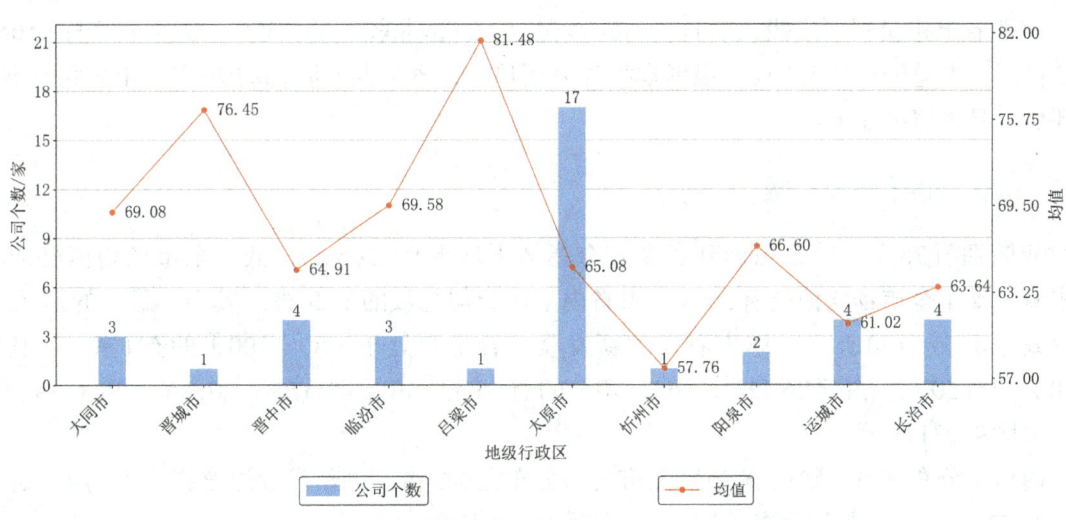

图9-230　2023年山西省上市公司创新经济绩效指数均值分布图

山西省中，创新经济绩效指数排名前10的上市公司如表9-115所示。

表 9-115　2023 年山西省上市公司创新经济绩效指数前 10 排名

排名	证券名称	证券代码	产权性质	一级行业	地级行政区	创新经济绩效指数
1	山西汾酒	600809.SH	地方国有控股	食品饮料	吕梁市	81.48
2	大秦铁路	601006.SH	中央国有控股	交通运输	大同市	80.78
3	锦波生物	832982.BJ	非国有控股	美容护理	太原市	78.03
4	派林生物	000403.SZ	地方国有控股	医药生物	太原市	77.42
5	兰花科创	600123.SH	地方国有控股	煤炭	晋城市	76.45
6	亚宝药业	600351.SH	非国有控股	医药生物	运城市	75.51
7	太原重工	600169.SH	地方国有控股	机械设备	太原市	74.59
8	山西焦煤	000983.SZ	地方国有控股	煤炭	太原市	73.65
9	山煤国际	600546.SH	地方国有控股	煤炭	太原市	72.03
10	永泰能源	600157.SH	非国有控股	煤炭	晋中市	71.28

数据来源：同花顺（iFinD），首经贸资产评估研究院和浙工商中国智能管理研究院整理。

9.24　陕西省上市公司创新发展指数评价

2023年，陕西省全年实现地区生产总值33786.07亿元，人均地区生产总值为85447.82元，居民人均可支配收入32128.00元。截至2023年底，A股市场陕西省共有上市公司76家，总市值共计12072.49亿元，营业收入共计7785.49亿元，平均市值158.85亿元/家，平均营业收入102.44亿元/家。市值最大的上市公司为陕西煤业（2025.29亿元），营业收入最高的上市公司为陕建股份（1805.55亿元）。2023年，陕西省上市公司研发投入合计为185.94亿元，占营业收入的2.39%；无形资产账面价值合计为763.53亿元，占总资产的5.34%。根据本报告分析口径，本节共对陕西省76家上市公司开展创新发展指数评价，具体情况如下：

9.24.1　创新发展综合指数

2023年陕西省76家上市公司创新发展综合指数平均水平为65.29，低于全市场均值65.40。从指数分布来看，高于全市场均值的有39家，占省内上市公司总数的51.32%。其中，最高的是航发动力，创新发展综合指数为80.58。具体来看，创新发展综合指数处于［80，100］的有1家，占比1.32%；［70，80）的有20家，占比26.32%；［60，70）的有36家，占比47.37%；［0，60）的有19家，占比24.99%，如图9-231所示。

从省内城市分布来看，陕西省76家上市公司分布在9个市。创新发展综合指数平均水平最高的是汉中市（72.77），最低的是渭南市（57.79），如图9-232所示。

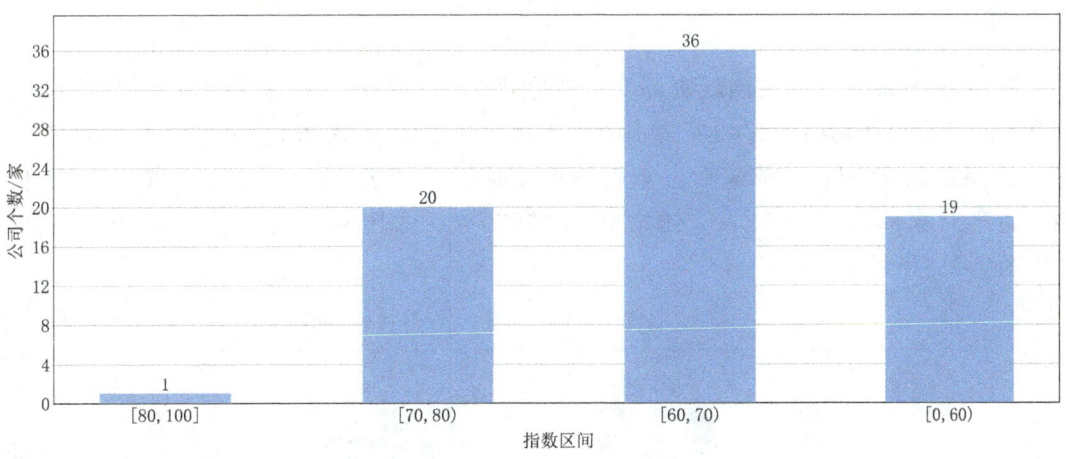

图9-231　2023年陕西省上市公司创新发展综合指数分布图

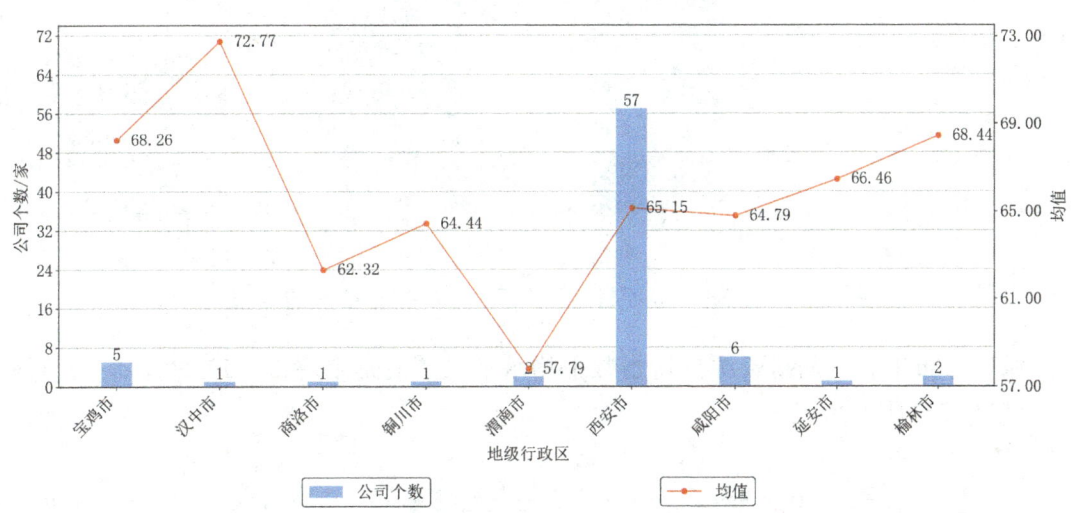

图9-232　2023年陕西省上市公司创新发展综合指数均值分布图

陕西省中，创新发展综合指数排名前10的上市公司如表9-116所示。

表9-116　2023年陕西省上市公司创新发展综合指数前10排名

排名	证券名称	证券代码	产权性质	一级行业	地级行政区	创新发展综合指数
1	航发动力	600893.SH	中央国有控股	国防军工	西安市	80.58
2	隆基绿能	601012.SH	非国有控股	电力设备	西安市	77.84
3	中国西电	601179.SH	中央国有控股	电力设备	西安市	77.42
4	陕西煤业	601225.SH	地方国有控股	煤炭	西安市	77.19
5	西部超导	688122.SH	地方国有控股	国防军工	西安市	75.77
6	陕建股份	600248.SH	地方国有控股	建筑装饰	西安市	75.38
7	金钼股份	601958.SH	地方国有控股	有色金属	西安市	74.33
8	节能环境	300140.SZ	中央国有控股	环保	西安市	74.22
9	西部材料	002149.SZ	地方国有控股	有色金属	西安市	73.82
10	彩虹股份	600707.SH	地方国有控股	电子	咸阳市	73.43

数据来源：同花顺（iFinD），首经贸资产评估研究院和浙工商中国智能管理研究院整理。

9.24.2 创新资源支持指数

2023年陕西省76家上市公司创新资源支持指数平均水平为67.63，高于全市场均值67.08。从指数分布来看，高于全市场均值的有42家，占省内上市公司总数的55.26%。其中，最高的是秦川机床，创新资源支持指数为90.04。具体来看，创新资源支持指数处于［80，100］的有2家，占比2.63%；［70，80）的有31家，占比40.79%；［60，70）的有29家，占比38.16%；［0，60）的有14家，占比18.42%，如图9-233所示。

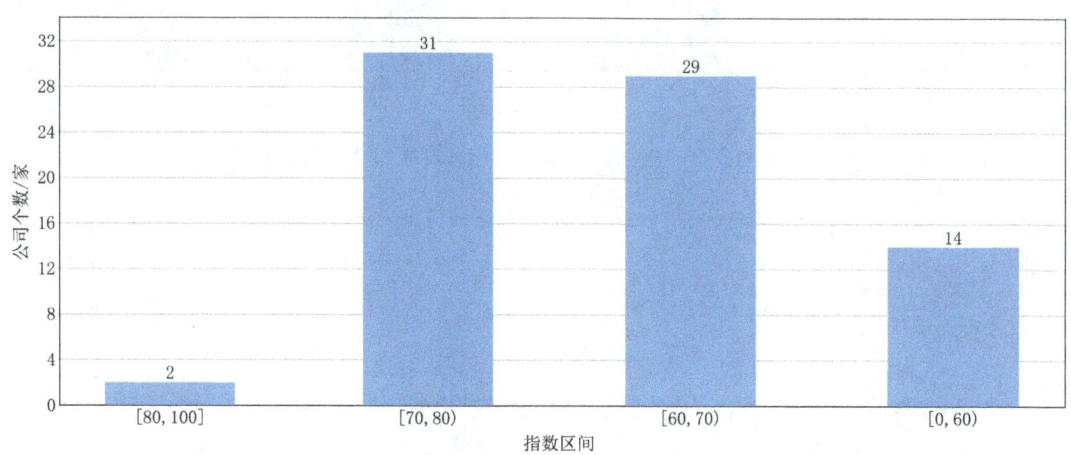

图9-233　2023年陕西省上市公司创新资源支持指数分布图

从省内城市分布来看，创新资源支持指数平均水平最高的是宝鸡市（75.29），最低的是渭南市（62.92），如图9-234所示。

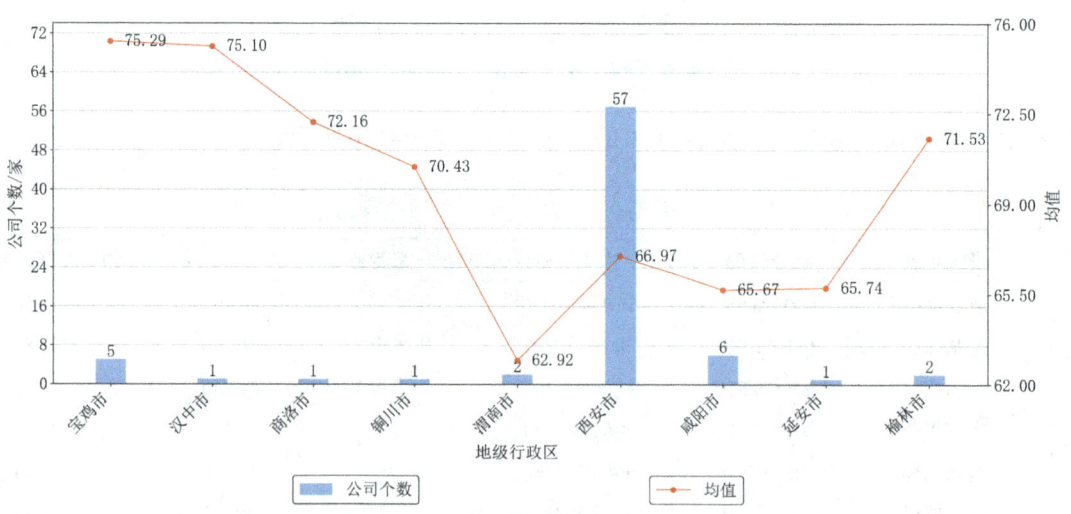

图9-234　2023年陕西省上市公司创新资源支持指数均值分布图

陕西省中，创新资源支持指数排名前10的上市公司如表9-117所示。

表 9-117 2023 年陕西省上市公司创新资源支持指数前 10 排名

排名	证券名称	证券代码	产权性质	一级行业	地级行政区	创新资源支持指数
1	秦川机床	000837.SZ	地方国有控股	机械设备	宝鸡市	90.04
2	航发动力	600893.SH	中央国有控股	国防军工	西安市	80.78
3	节能环境	300140.SZ	中央国有控股	环保	西安市	79.90
4	中国西电	601179.SH	中央国有控股	电力设备	西安市	79.79
5	西部超导	688122.SH	地方国有控股	国防军工	西安市	79.79
6	陕建股份	600248.SH	地方国有控股	建筑装饰	西安市	79.58
7	易点天下	301171.SZ	非国有控股	传媒	西安市	78.13
8	中航西飞	000768.SZ	中央国有控股	国防军工	西安市	77.71
9	彩虹股份	600707.SH	地方国有控股	电子	咸阳市	77.64
10	三角防务	300775.SZ	地方国有控股	国防军工	西安市	77.32

数据来源：同花顺（iFinD），首经贸资产评估研究院和浙工商中国智能管理研究院整理。

9.24.3 创新要素投入指数

2023年陕西省76家上市公司创新要素投入指数平均水平为65.47，低于全市场均值66.07。从指数分布来看，高于全市场均值的有41家，占省内上市公司总数的53.95%。其中，最高的是陕西煤业，创新要素投入指数为81.39。具体来看，创新要素投入指数处于［80，100］的有2家，占比2.63%；［70，80）的有23家，占比30.26%；［60，70）的有30家，占比39.47%；［0，60）的有21家，占比27.64%，如图9-235所示。

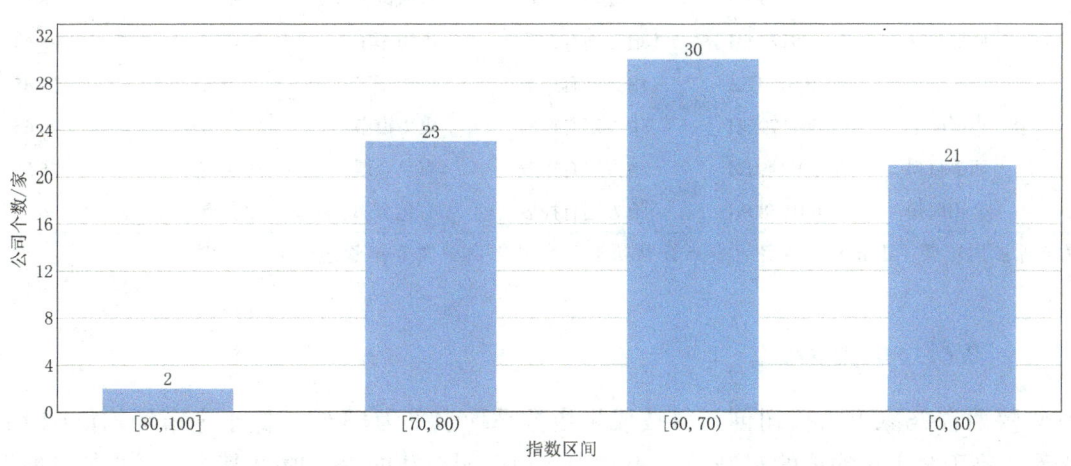

图9-235 2023年陕西省上市公司创新要素投入指数分布图

从省内城市分布来看，创新要素投入指数平均水平最高的是汉中市（77.85），最低的是渭南市（56.36），如图9-236所示。

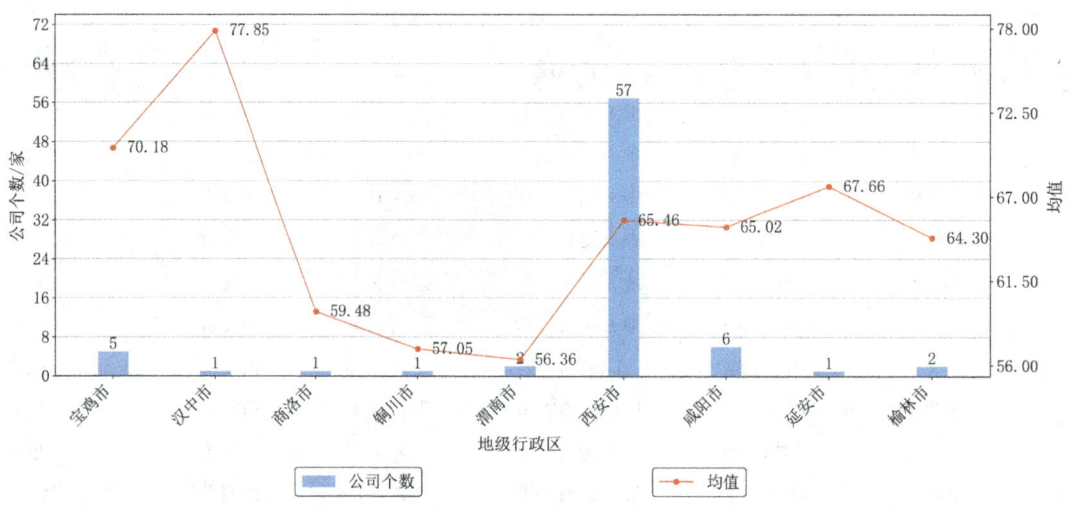

图 9-236 2023年陕西省上市公司创新要素投入指数均值分布图

陕西省中，创新要素投入指数排名前10的上市公司如表9-118所示。

表 9-118 2023年陕西省上市公司创新要素投入指数前10排名

排名	证券名称	证券代码	产权性质	一级行业	地级行政区	创新要素投入指数
1	陕西煤业	601225.SH	地方国有控股	煤炭	西安市	81.39
2	隆基绿能	601012.SH	非国有控股	电力设备	西安市	80.40
3	陕建股份	600248.SH	地方国有控股	建筑装饰	西安市	79.28
4	航发动力	600893.SH	中央国有控股	国防军工	西安市	79.06
5	铂力特	688333.SH	非国有控股	机械设备	西安市	78.89
6	西部超导	688122.SH	地方国有控股	国防军工	西安市	78.44
7	中航电测	300114.SZ	中央国有控股	国防军工	汉中市	77.85
8	中国西电	601179.SH	中央国有控股	电力设备	西安市	76.65
9	西部材料	002149.SZ	地方国有控股	有色金属	西安市	76.58
10	金钼股份	601958.SH	地方国有控股	有色金属	西安市	76.48

数据来源：同花顺（iFinD），首经贸资产评估研究院和浙工商中国智能管理研究院整理。

9.24.4 创新科技成果指数

2023年陕西省76家上市公司创新科技成果指数平均水平为63.54，低于全市场均值64.15。从指数分布来看，高于全市场均值的有28家，占省内上市公司总数的36.84%。其中，最高的是航发动力，创新科技成果指数为74.59。具体来看，创新科技成果指数处于[70，80）的有9家，占比11.84%；[60，70）的有50家，占比65.79%；[0，60）的有17家，占比22.37%，如图9-237所示。

从省内城市分布来看，创新科技成果指数平均水平最高的是汉中市（67.40），最低的是渭南市（61.26），如图9-238所示。

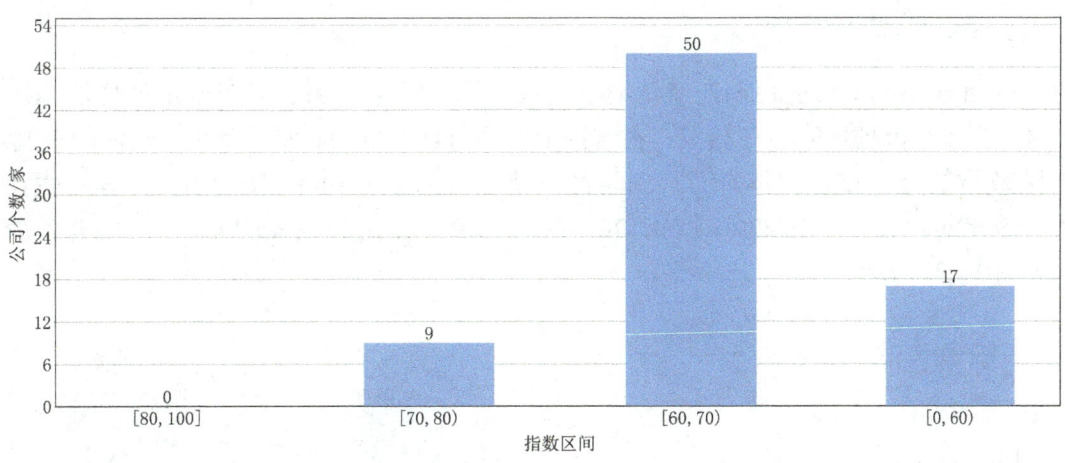

图9-237 2023年陕西省上市公司创新科技成果指数分布图

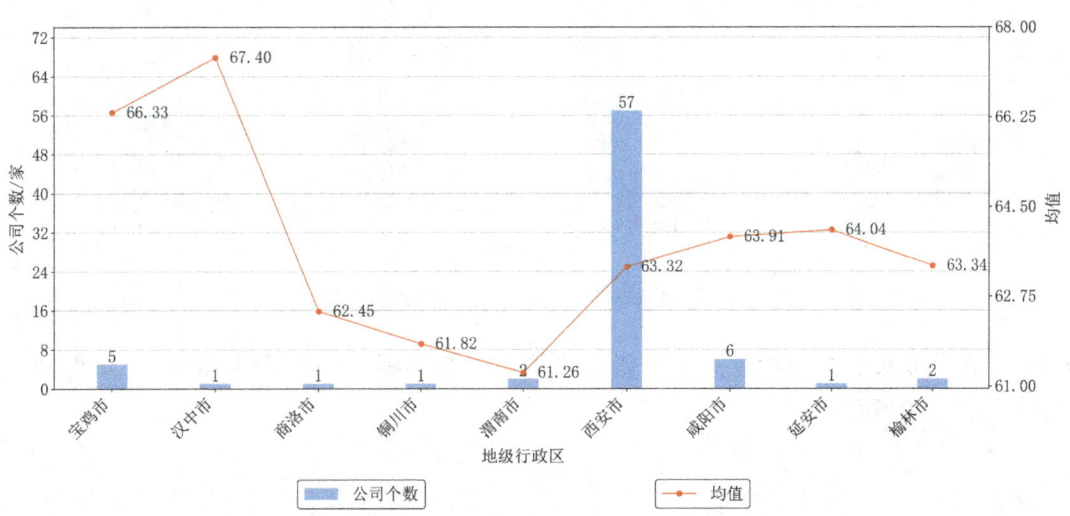

图9-238 2023年陕西省上市公司创新科技成果指数均值分布图

陕西省中，创新科技成果指数排名前10的上市公司如表9-119所示。

表9-119 2023年陕西省上市公司创新科技成果指数前10排名

排名	证券名称	证券代码	产权性质	一级行业	地级行政区	创新科技成果指数
1	航发动力	600893.SH	中央国有控股	国防军工	西安市	74.59
2	西部超导	688122.SH	地方国有控股	国防军工	西安市	74.09
3	彩虹股份	600707.SH	地方国有控股	电子	咸阳市	73.07
4	隆基绿能	601012.SH	非国有控股	电力设备	西安市	72.95
5	蓝晓科技	300487.SZ	非国有控股	基础化工	西安市	72.20
6	节能环境	300140.SZ	中央国有控股	环保	西安市	71.18
7	中国西电	601179.SH	中央国有控股	电力设备	西安市	70.72
8	烽火电子	000561.SZ	地方国有控股	国防军工	宝鸡市	70.45
9	陕鼓动力	601369.SH	地方国有控股	机械设备	西安市	70.06
10	西部材料	002149.SZ	地方国有控股	有色金属	西安市	69.46

数据来源：同花顺（iFinD），首经贸资产评估研究院和浙工商中国智能管理研究院整理。

9.24.5 创新经济绩效指数

2023年陕西省76家上市公司创新经济绩效指数平均水平为64.91，高于全市场均值64.49。从指数分布来看，高于全市场均值的有38家，占省内上市公司总数的50.00%。其中，最高的是航发动力，创新经济绩效指数为87.60。具体来看，创新经济绩效指数处于［80，100］的有5家，占比6.58%；［70，80）的有20家，占比26.32%；［60，70）的有25家，占比32.89%；［0，60）的有26家，占比34.21%，如图9-239所示。

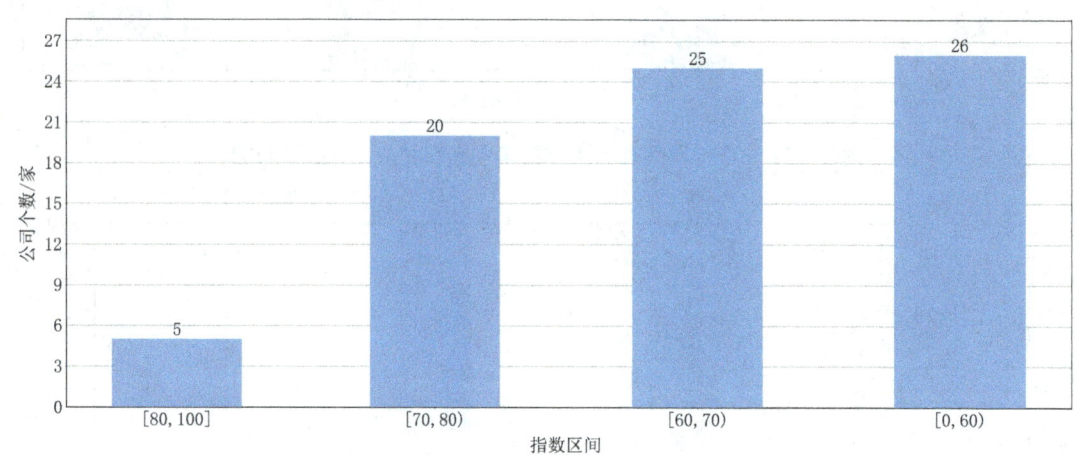

图9-239　2023年陕西省上市公司创新经济绩效指数分布图

从省内城市分布来看，创新经济绩效指数平均水平最高的是榆林市（75.63），最低的是渭南市（52.64），如图9-240所示。

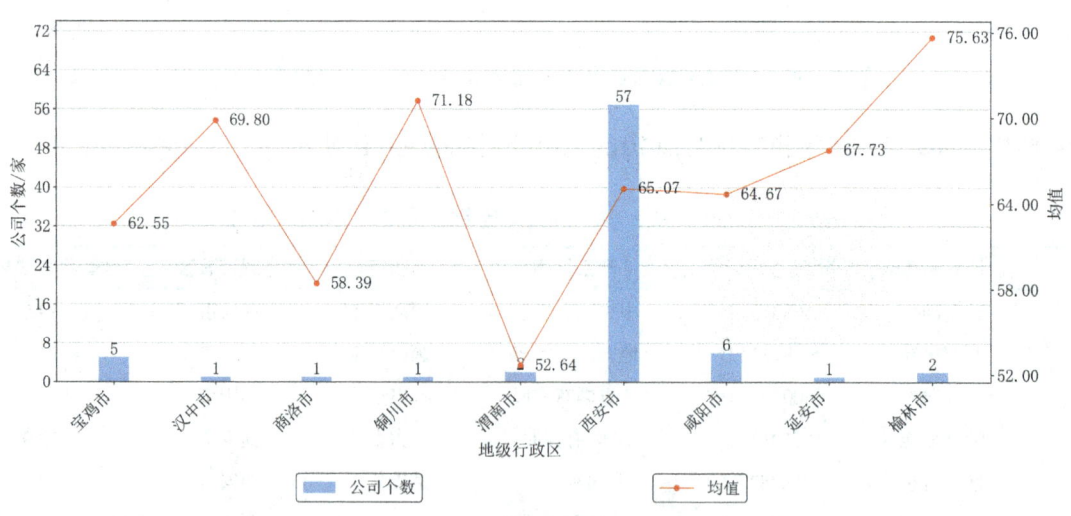

图9-240　2023年陕西省上市公司创新经济绩效指数均值分布图

陕西省中，创新经济绩效指数排名前10的上市公司如表9-120所示。

表 9-120　2023 年陕西省上市公司创新经济绩效指数前 10 排名

排名	证券名称	证券代码	产权性质	一级行业	地级行政区	创新经济绩效指数
1	航发动力	600893.SH	中央国有控股	国防军工	西安市	87.60
2	中国西电	601179.SH	中央国有控股	电力设备	西安市	82.59
3	陕西煤业	601225.SH	地方国有控股	煤炭	西安市	82.27
4	中航西飞	000768.SZ	中央国有控股	国防军工	西安市	81.22
5	隆基绿能	601012.SH	非国有控股	电力设备	西安市	80.23
6	金钼股份	601958.SH	地方国有控股	有色金属	西安市	78.47
7	陕鼓动力	601369.SH	地方国有控股	机械设备	西安市	77.49
8	陕天然气	002267.SZ	地方国有控股	公用事业	西安市	76.62
9	北元集团	601568.SH	地方国有控股	基础化工	榆林市	76.20
10	陕西能源	001286.SZ	地方国有控股	公用事业	榆林市	75.06

数据来源：同花顺（iFinD），首经贸资产评估研究院和浙工商中国智能管理研究院整理。

9.25　上海市上市公司创新发展指数评价

2023年，上海市全年实现地区生产总值47218.66亿元，人均地区生产总值为190321.00元，居民人均可支配收入84834.00元。截至2023年底，A股市场上海市共有上市公司400家，总市值共计52190.18亿元，营业收入共计46175.13亿元，平均市值130.48亿元/家，平均营业收入115.44亿元/家。市值最大的上市公司为金龙鱼（1809.73亿元），营业收入最高的上市公司为上汽集团（7261.99亿元）。2023年，上海市上市公司研发投入合计为1591.93亿元，占营业收入的3.45%；无形资产账面价值合计为2478.55亿元，占总资产的3.37%。根据本报告分析口径，本节共对上海市400家上市公司开展创新发展指数评价，具体情况如下：

9.25.1　创新发展综合指数

2023年上海市400家上市公司创新发展综合指数平均水平为65.73，高于全市场均值65.40。从指数分布来看，高于全市场均值的有200家，占市内上市公司总数的50.00%。其中，最高的是联影医疗，创新发展综合指数为84.26。具体来看，创新发展综合指数处于［80，100］的有1家，占比0.25%；［70，80）的有92家，占比23.00%；［60，70）的有248家，占比62.00%；［0，60）的有59家，占比14.75%，如图9-241所示。

从市内各区分布来看，上海市400家上市公司分布在16个区。创新发展综合指数平均水平最高的是虹口区（68.31），最低的是崇明区（61.68），如图9-242所示。

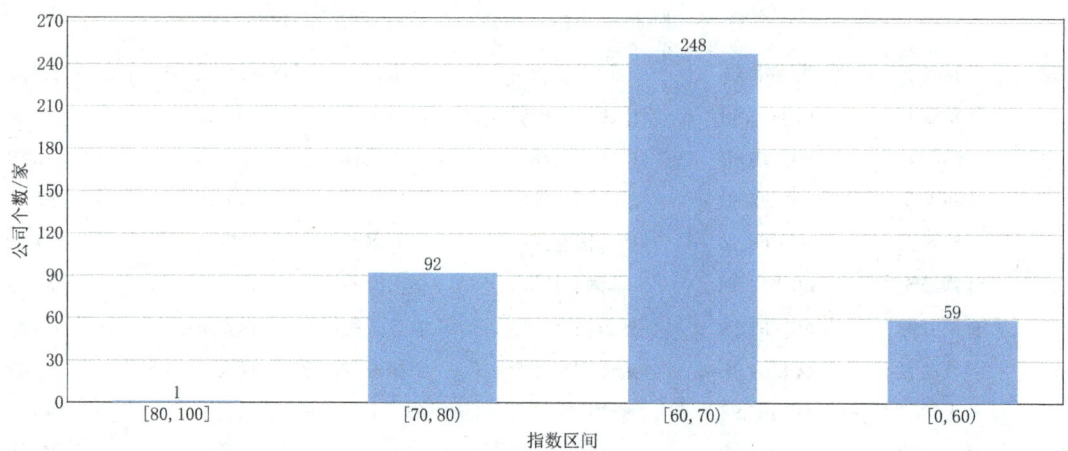

图9-241 2023年上海市上市公司创新发展综合指数分布图

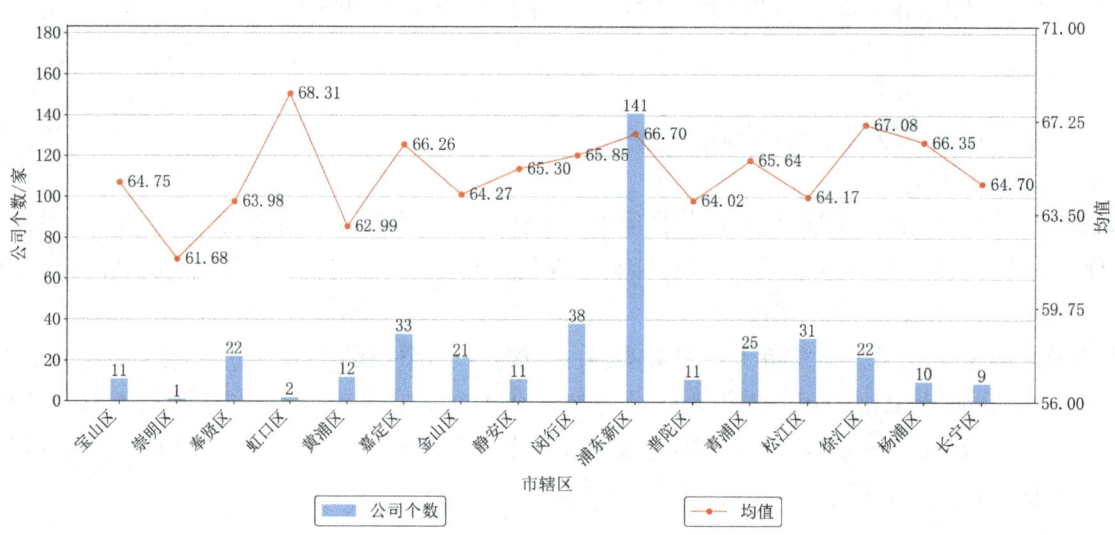

图9-242 2023年上海市上市公司创新发展综合指数均值分布图

上海市中,创新发展综合指数排名前10的上市公司如表9-121所示。

表9-121 2023年上海市上市公司创新发展综合指数前10排名

排名	证券名称	证券代码	产权性质	一级行业	市辖区	创新发展综合指数
1	联影医疗	688271.SH	非国有控股	医药生物	嘉定区	84.26
2	上汽集团	600104.SH	地方国有控股	汽车	浦东新区	79.47
3	中微公司	688012.SH	地方国有控股	电子	浦东新区	78.99
4	宝信软件	600845.SH	中央国有控股	计算机	浦东新区	78.74
5	思源电气	002028.SZ	非国有控股	电力设备	闵行区	78.57
6	复旦微电	688385.SH	地方国有控股	电子	杨浦区	78.08
7	韦尔股份	603501.SH	非国有控股	电子	浦东新区	77.87
8	华测导航	300627.SZ	非国有控股	通信	青浦区	77.85
9	复星医药	600196.SH	非国有控股	医药生物	普陀区	77.81
10	盛美上海	688082.SH	非国有控股	电子	浦东新区	77.73

数据来源:同花顺(iFinD),首经贸资产评估研究院和浙工商中国智能管理研究院整理。

9.25.2 创新资源支持指数

2023年上海市400家上市公司创新资源支持指数平均水平为67.57，高于全市场均值67.08。从指数分布来看，高于全市场均值的有209家，占市内上市公司总数的52.25%。其中，最高的是联影医疗，创新资源支持指数为94.53。具体来看，创新资源支持指数处于[80，100]的有17家，占比4.25%；[70，80)的有135家，占比33.75%；[60，70)的有178家，占比44.50%；[0，60)的有70家，占比17.50%，如图9-243所示。

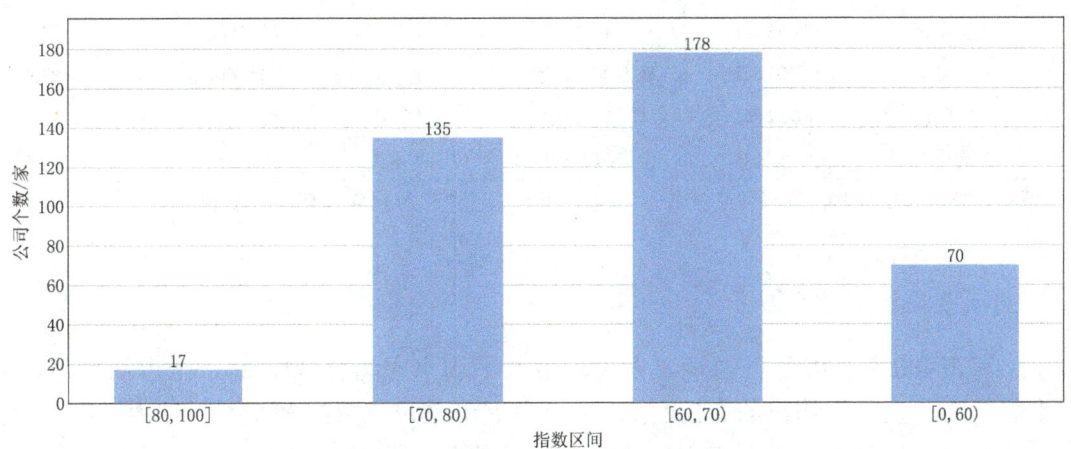

图9-243　2023年上海市上市公司创新资源支持指数分布图

从市内各区分布来看，创新资源支持指数平均水平最高的是嘉定区（69.84），最低的是虹口区（62.87），如图9-244所示。

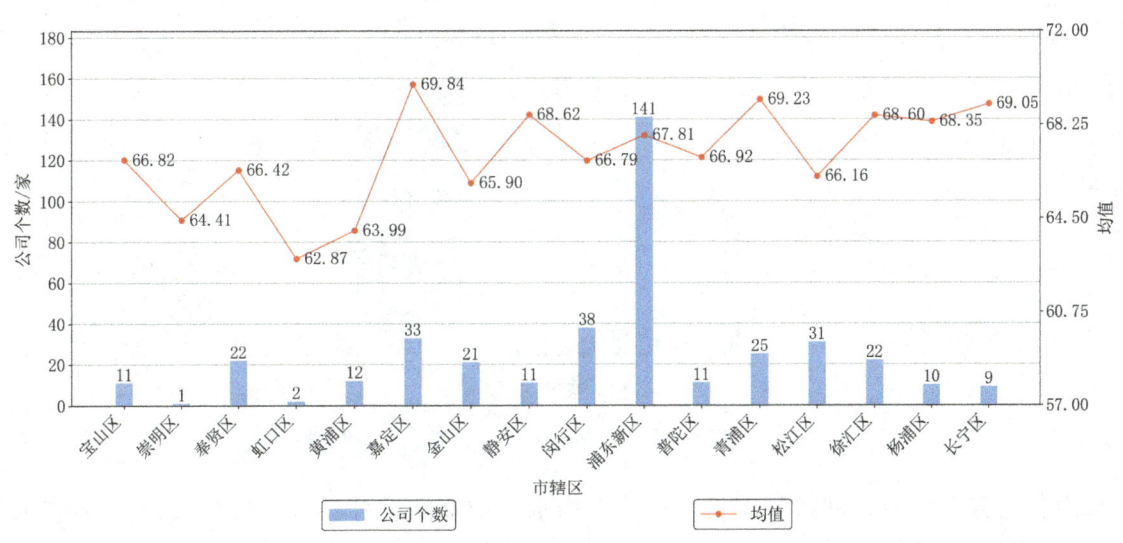

图9-244　2023年上海市上市公司创新资源支持指数均值分布图

上海市中，创新资源支持指数排名前10的上市公司如表9-122所示。

表 9-122　2023 年上海市上市公司创新资源支持指数前 10 排名

排名	证券名称	证券代码	产权性质	一级行业	市辖区	创新资源支持指数
1	联影医疗	688271.SH	非国有控股	医药生物	嘉定区	94.53
2	华测导航	300627.SZ	非国有控股	通信	青浦区	92.77
3	宝信软件	600845.SH	中央国有控股	计算机	浦东新区	88.80
4	卫宁健康	300253.SZ	非国有控股	计算机	浦东新区	88.74
5	沪硅产业	688126.SH	地方国有控股	电子	嘉定区	87.05
6	飞乐音响	600651.SH	地方国有控股	汽车	嘉定区	85.47
7	凯赛生物	688065.SH	非国有控股	基础化工	浦东新区	83.06
8	方正科技	600601.SH	地方国有控股	电子	静安区	82.91
9	爱旭股份	600732.SH	非国有控股	电力设备	浦东新区	82.73
10	中国船舶	600150.SH	中央国有控股	国防军工	浦东新区	81.42

数据来源：同花顺（iFinD），首经贸资产评估研究院和浙工商中国智能管理研究院整理。

9.25.3　创新要素投入指数

2023年上海市400家上市公司创新要素投入指数平均水平为66.39，高于全市场均值66.07。从指数分布来看，高于全市场均值的有211家，占市内上市公司总数的52.75%。其中，最高的是复旦微电，创新要素投入指数为87.36。具体来看，创新要素投入指数处于［80，100］的有21家，占比5.25%；［70，80）的有100家，占比25.00%；［60，70）的有199家，占比49.75%；［0，60）的有80家，占比20.00%，如图9-245所示。

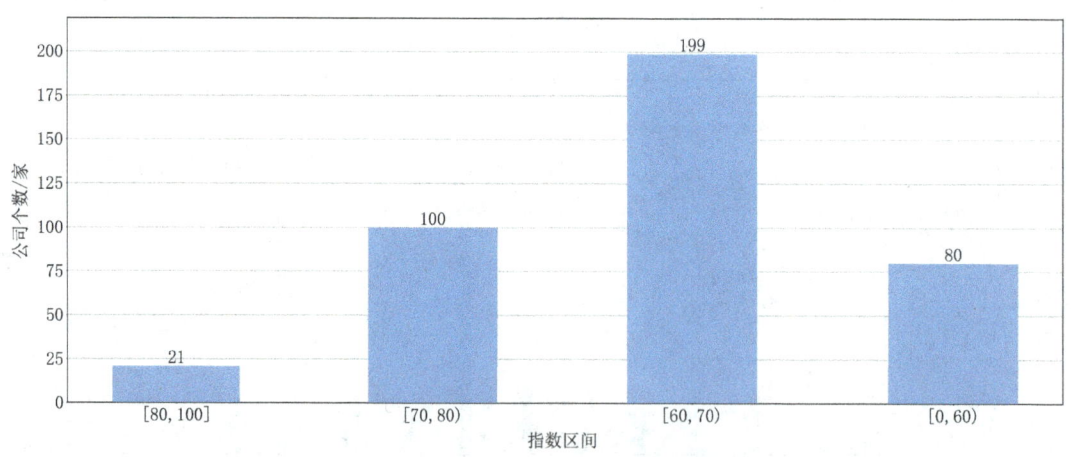

图9-245　2023年上海市上市公司创新要素投入指数分布图

从市内各区分布来看，创新要素投入指数平均水平最高的是虹口区（70.50），最低的是黄浦区（60.16），如图9-246所示。

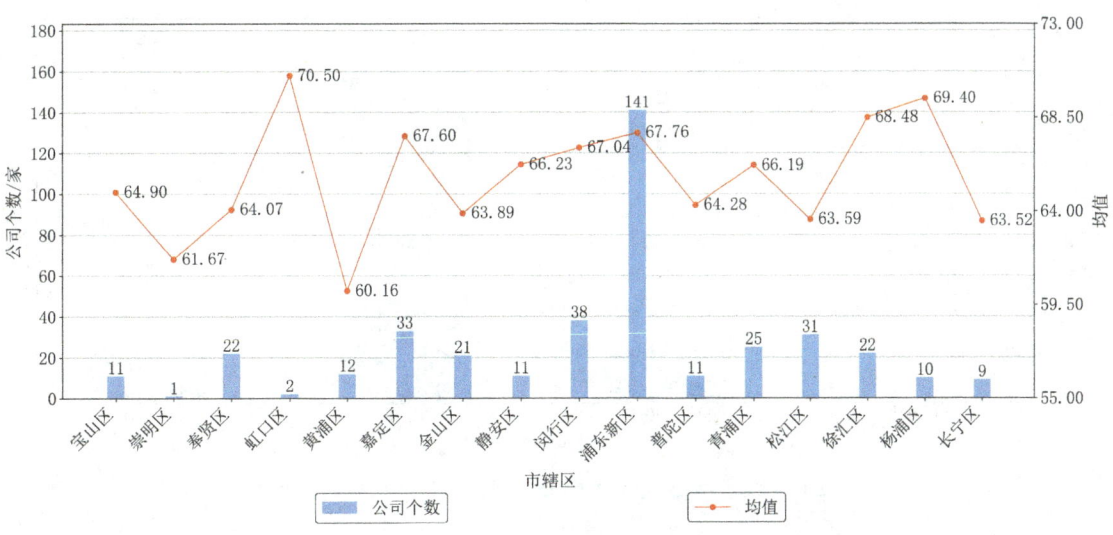

图9-246 2023年上海市上市公司创新要素投入指数均值分布图

上海市中，创新要素投入指数排名前10的上市公司如表9-123所示。

表9-123 2023年上海市上市公司创新要素投入指数前10排名

排名	证券名称	证券代码	产权性质	一级行业	市辖区	创新要素投入指数
1	复旦微电	688385.SH	地方国有控股	电子	杨浦区	87.36
2	中微公司	688012.SH	地方国有控股	电子	浦东新区	86.57
3	联影医疗	688271.SH	非国有控股	医药生物	嘉定区	85.50
4	中船科技	600072.SH	中央国有控股	电力设备	浦东新区	84.57
5	宝钢股份	600019.SH	中央国有控股	钢铁	宝山区	83.04
6	思源电气	002028.SZ	非国有控股	电力设备	闵行区	82.36
7	盛美上海	688082.SH	非国有控股	电子	浦东新区	82.31
8	韦尔股份	603501.SH	非国有控股	电子	浦东新区	82.28
9	华建集团	600629.SH	地方国有控股	建筑装饰	黄浦区	81.89
10	晶晨股份	688099.SH	非国有控股	电子	浦东新区	81.68

数据来源：同花顺（iFinD），首经贸资产评估研究院和浙工商中国智能管理研究院整理。

9.25.4 创新科技成果指数

2023年上海市400家上市公司创新科技成果指数平均水平为64.43，高于全市场均值64.15。从指数分布来看，高于全市场均值的有202家，占市内上市公司总数的50.50%。其中，最高的是华培动力，创新科技成果指数为80.53。具体来看，创新科技成果指数处于[80，100]的有1家，占比0.25%；[70，80)的有46家，占比11.50%；[60，70)的有300家，占比75.00%；[0，60)的有53家，占比13.25%，如图9-247所示。

从市内各区分布来看，创新科技成果指数平均水平最高的是虹口区（69.70），最低的是崇明区（60.75），如图9-248所示。

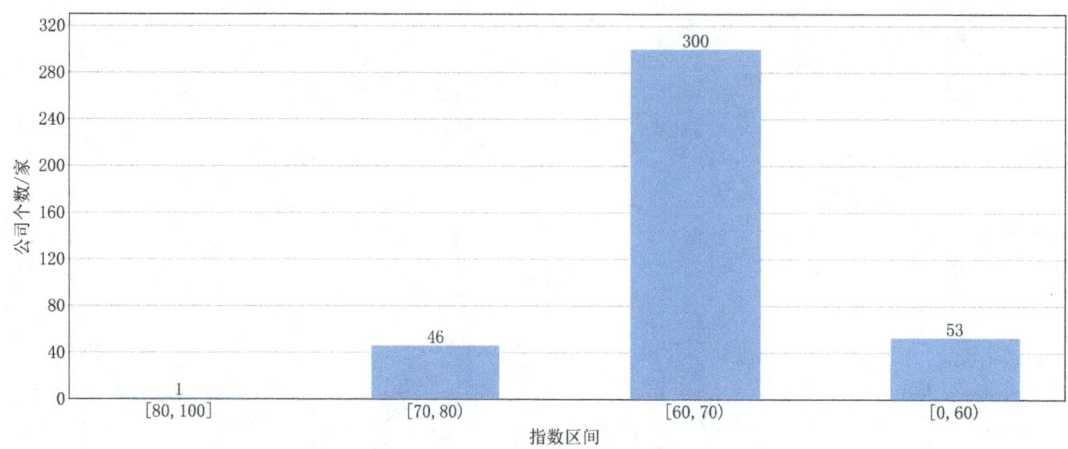

图9-247　2023年上海市上市公司创新科技成果指数分布图

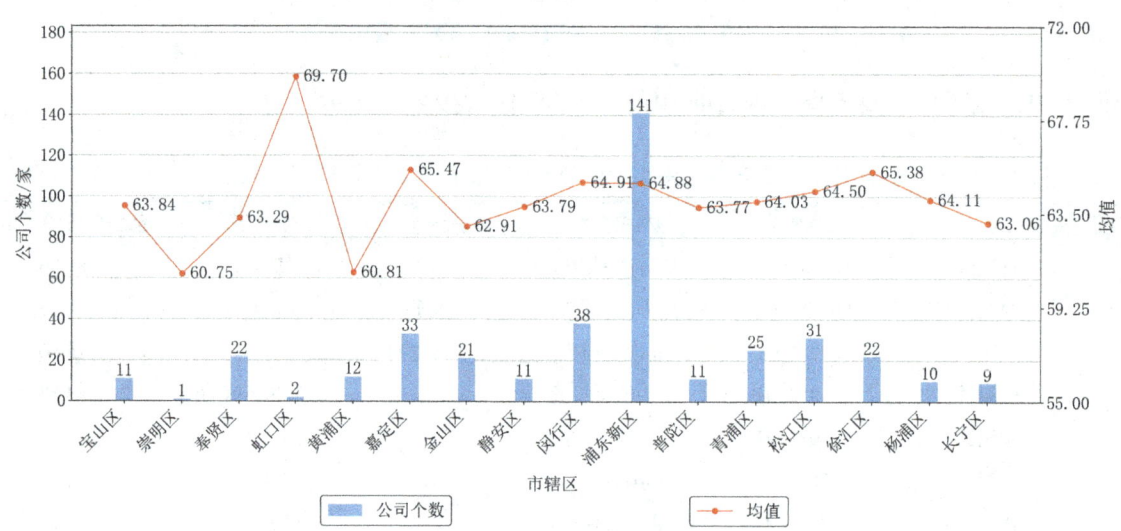

图9-248　2023年上海市上市公司创新科技成果指数均值分布图

上海市中，创新科技成果指数排名前10的上市公司如表9-124所示。

表9-124　2023年上海市上市公司创新科技成果指数前10排名

排名	证券名称	证券代码	产权性质	一级行业	市辖区	创新科技成果指数
1	华培动力	603121.SH	非国有控股	汽车	青浦区	80.53
2	芯原股份	688521.SH	非国有控股	电子	浦东新区	78.98
3	沪硅产业	688126.SH	地方国有控股	电子	嘉定区	78.57
4	上汽集团	600104.SH	地方国有控股	汽车	浦东新区	77.15
5	联影医疗	688271.SH	非国有控股	医药生物	嘉定区	75.99
6	光明乳业	600597.SH	地方国有控股	食品饮料	闵行区	75.37
7	韦尔股份	603501.SH	非国有控股	电子	浦东新区	75.34
8	上海建工	600170.SH	地方国有控股	建筑装饰	浦东新区	75.27
9	振华重工	600320.SH	中央国有控股	机械设备	浦东新区	75.09
10	鸣志电器	603728.SH	非国有控股	电力设备	闵行区	74.91

数据来源：同花顺（iFinD），首经贸资产评估研究院和浙工商中国智能管理研究院整理。

9.25.5 创新经济绩效指数

2023年上海市400家上市公司创新经济绩效指数平均水平为64.75，高于全市场均值64.49。从指数分布来看，高于全市场均值的有193家，占市内上市公司总数的48.25%。其中，最高的是外服控股，创新经济绩效指数为84.22。具体来看，创新经济绩效指数处于［80，100］的有13家，占比3.25%；［70，80）的有100家，占比25.00%；［60，70）的有163家，占比40.75%；［0，60）的有124家，占比31.00%，如图9-249所示。

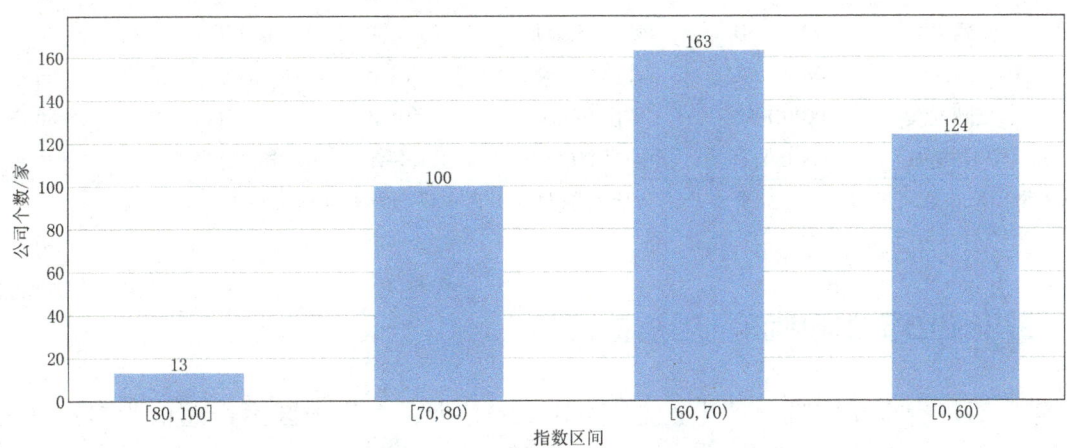

图9-249　2023年上海市上市公司创新经济绩效指数分布图

从市内各区分布来看，创新经济绩效指数平均水平最高的是虹口区（68.44），最低的是崇明区（60.53），如图9-250所示。

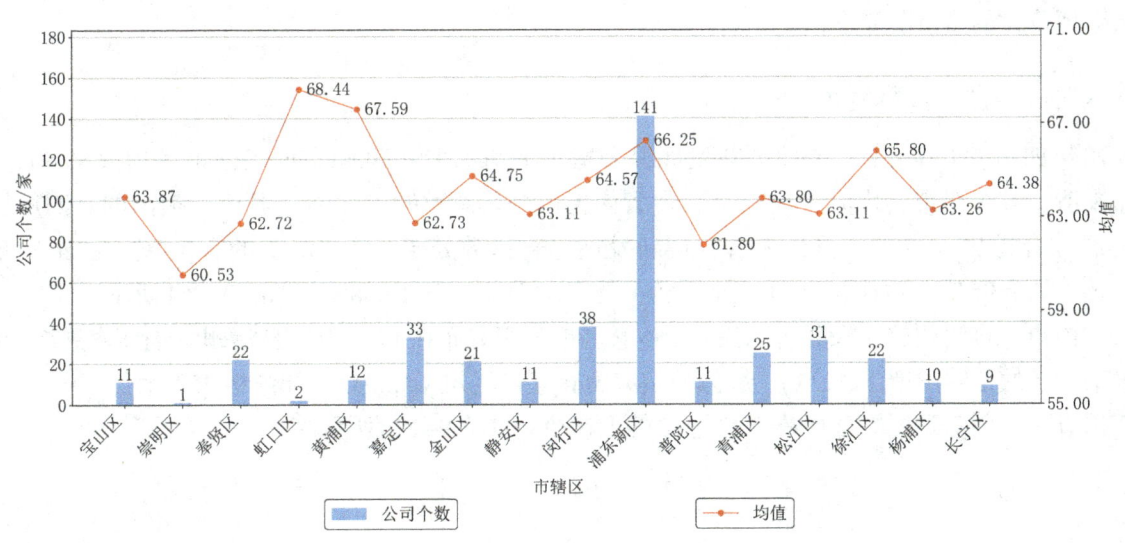

图9-250　2023年上海市上市公司创新经济绩效指数均值分布图

上海市中，创新经济绩效指数排名前10的上市公司如表9-125所示。

表 9-125 2023 年上海市上市公司创新经济绩效指数前 10 排名

排名	证券名称	证券代码	产权性质	一级行业	市辖区	创新经济绩效指数
1	外服控股	600662.SH	地方国有控股	社会服务	浦东新区	84.22
2	上汽集团	600104.SH	地方国有控股	汽车	浦东新区	83.24
3	联影医疗	688271.SH	非国有控股	医药生物	嘉定区	82.62
4	三生国健	688336.SH	非国有控股	医药生物	浦东新区	81.74
5	中微公司	688012.SH	地方国有控股	电子	浦东新区	81.73
6	晨光股份	603899.SH	非国有控股	轻工制造	奉贤区	81.15
7	上港集团	600018.SH	地方国有控股	交通运输	浦东新区	80.93
8	上海莱士	002252.SZ	非国有控股	医药生物	奉贤区	80.93
9	思源电气	002028.SZ	非国有控股	电力设备	闵行区	80.49
10	中国船舶	600150.SH	中央国有控股	国防军工	浦东新区	80.38

数据来源：同花顺（iFinD），首经贸资产评估研究院和浙工商中国智能管理研究院整理。

9.26 四川省上市公司创新发展指数评价

2023年，四川省全年实现地区生产总值60132.90亿元，人均地区生产总值为71835.00元，居民人均可支配收入32514.00元。截至2023年底，A股市场四川省共有上市公司166家，总市值共计25476.89亿元，营业收入共计11616.30亿元，平均市值153.48亿元/家，平均营业收入70.40亿元/家。市值最大的上市公司为五粮液（5446.28亿元），营业收入最高的上市公司为新希望（1417.03亿元）。2023年，四川省上市公司研发投入合计为328.73亿元，占营业收入的2.83%；无形资产账面价值合计为1690.45亿元，占总资产的8.26%。根据本报告分析口径，本节共对四川省166家上市公司开展创新发展指数评价，具体情况如下：

9.26.1 创新发展综合指数

2023年四川省166家上市公司创新发展综合指数平均水平为64.94，低于全市场均值65.40。从指数分布来看，高于全市场均值的有72家，占省内上市公司总数的43.37%。其中，最高的是四川长虹，创新发展综合指数为79.74。具体来看，创新发展综合指数处于［70，80）的有38家，占比22.89%；［60，70）的有95家，占比57.23%；［0，60）的有33家，占比19.88%，如图9-251所示。

从省内市、自治州分布来看，四川省166家上市公司分布在17个市、自治州。创新发展综合指数平均水平最高的是绵阳市（69.23），最低的是凉山彝族自治州（52.95），如图9-252所示。

四川省中，创新发展综合指数排名前10的上市公司如表9-126所示。

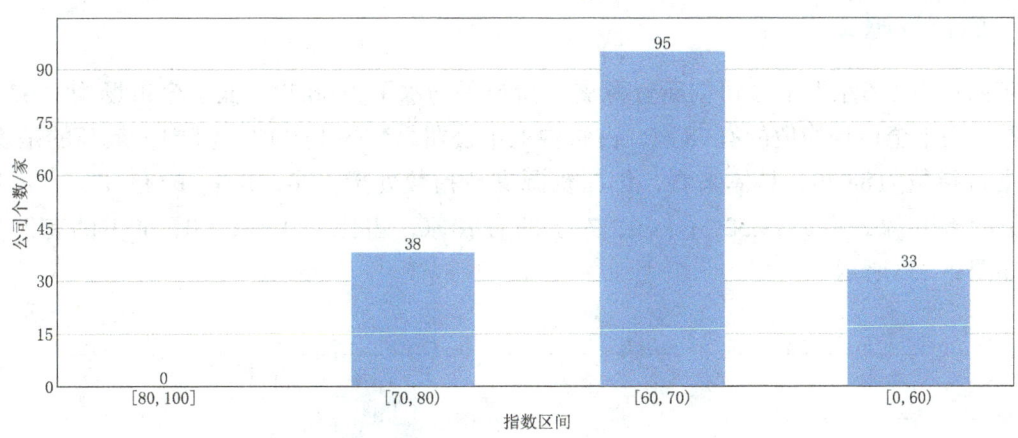

图9-251　2023年四川省上市公司创新发展综合指数分布图

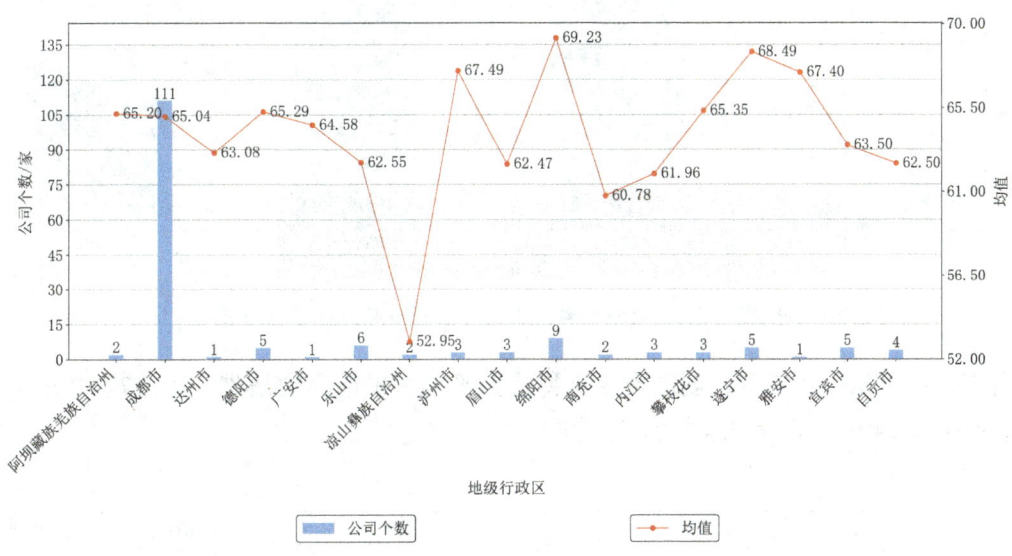

图9-252　2023年四川省上市公司创新发展综合指数均值分布图

表9-126　2023年四川省上市公司创新发展综合指数前10排名

排名	证券名称	证券代码	产权性质	一级行业	地级行政区	创新发展综合指数
1	四川长虹	600839.SH	地方国有控股	家用电器	绵阳市	79.74
2	东方电气	600875.SH	中央国有控股	电力设备	成都市	79.33
3	电科网安	002268.SZ	中央国有控股	计算机	成都市	77.86
4	科伦药业	002422.SZ	非国有控股	医药生物	成都市	76.80
5	四川路桥	600039.SH	地方国有控股	建筑装饰	成都市	76.49
6	久远银海	002777.SZ	中央国有控股	计算机	成都市	76.22
7	通威股份	600438.SH	非国有控股	电力设备	成都市	75.34
8	四川九洲	000801.SZ	地方国有控股	家用电器	绵阳市	75.19
9	钒钛股份	000629.SZ	中央国有控股	钢铁	攀枝花市	74.71
10	旭光电子	600353.SH	非国有控股	电子	成都市	74.66

数据来源：同花顺（iFinD），首经贸资产评估研究院和浙工商中国智能管理研究院整理。

9.26.2 创新资源支持指数

2023年四川省166家上市公司创新资源支持指数平均水平为66.77，低于全市场均值67.08。从指数分布来看，高于全市场均值的有78家，占省内上市公司总数的46.99%。其中，最高的是迈克生物，创新资源支持指数为88.70。具体来看，创新资源支持指数处于［80，100］的有10家，占比6.02%；［70，80）的有49家，占比29.52%；［60，70）的有70家，占比42.17%；［0，60）的有37家，占比22.29%，如图9-253所示。

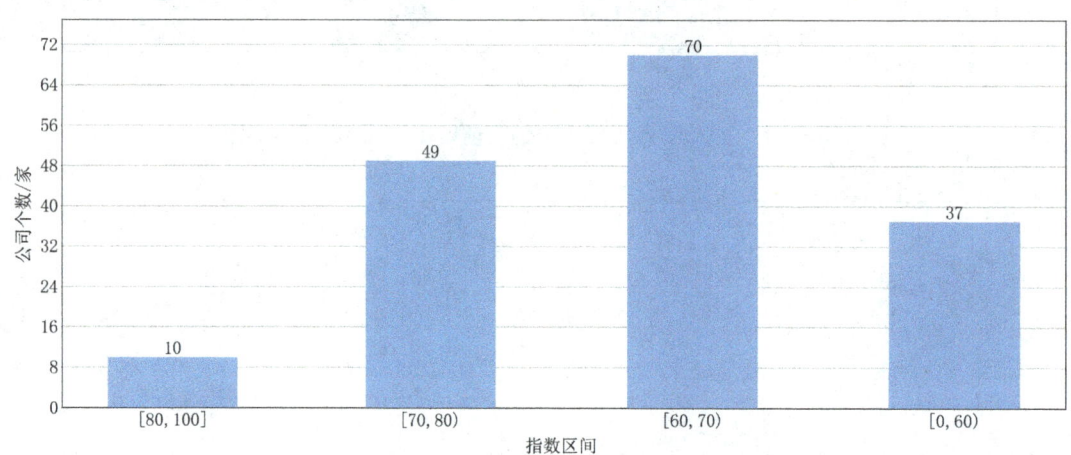

图9-253　2023年四川省上市公司创新资源支持指数分布图

从省内市、自治州分布来看，创新资源支持指数平均水平最高的是雅安市（77.62），最低的是凉山彝族自治州（54.24），如图9-254所示。

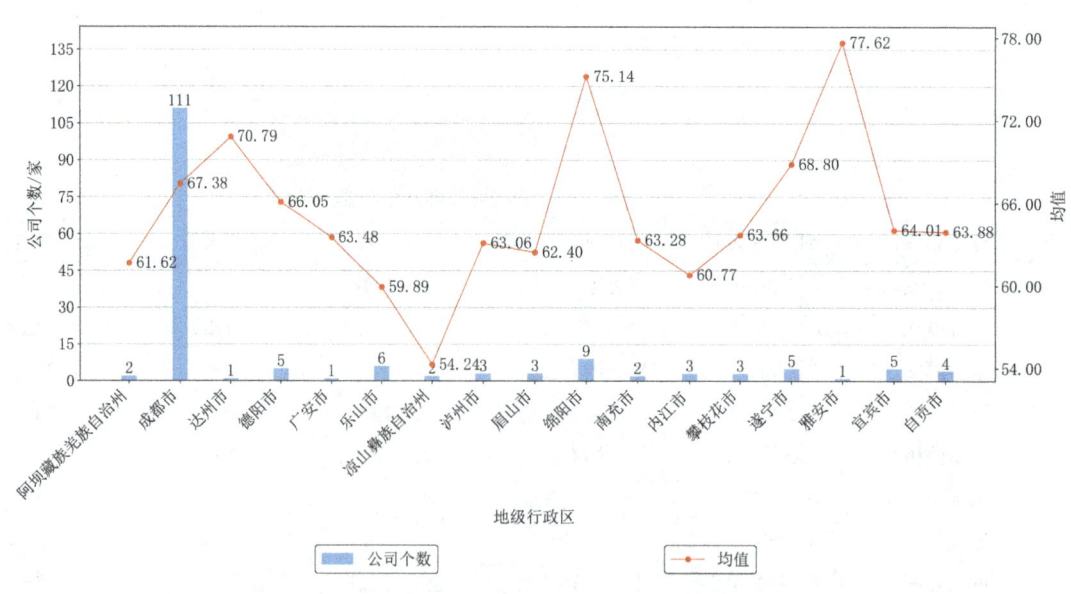

图9-254　2023年四川省上市公司创新资源支持指数均值分布图

四川省中，创新资源支持指数排名前10的上市公司如表9-127所示。

表 9-127 2023 年四川省上市公司创新资源支持指数前 10 排名

排名	证券名称	证券代码	产权性质	一级行业	地级行政区	创新资源支持指数
1	迈克生物	300463.SZ	非国有控股	医药生物	成都市	88.70
2	四川长虹	600839.SH	地方国有控股	家用电器	绵阳市	88.53
3	久远银海	002777.SZ	中央国有控股	计算机	成都市	87.59
4	四川九洲	000801.SZ	地方国有控股	家用电器	绵阳市	86.28
5	电科网安	002268.SZ	中央国有控股	计算机	成都市	85.90
6	四川路桥	600039.SH	地方国有控股	建筑装饰	成都市	83.66
7	中科信息	300678.SZ	中央国有控股	计算机	成都市	83.12
8	苑东生物	688513.SH	非国有控股	医药生物	成都市	81.03
9	中建环能	300425.SZ	中央国有控股	环保	成都市	80.28
10	旭光电子	600353.SH	非国有控股	电子	成都市	80.04

数据来源：同花顺（iFinD），首经贸资产评估研究院和浙工商中国智能管理研究院整理。

9.26.3 创新要素投入指数

2023年四川省166家上市公司创新要素投入指数平均水平为65.09，低于全市场均值66.07。从指数分布来看，高于全市场均值的有75家，占省内上市公司总数的45.18%。其中，最高的是东方电气，创新要素投入指数为84.31。具体来看，创新要素投入指数处于［80，100］的有6家，占比3.61%；［70，80）的有39家，占比23.49%；［60，70）的有87家，占比52.41%；［0，60）的有34家，占比20.49%，如图9-255所示。

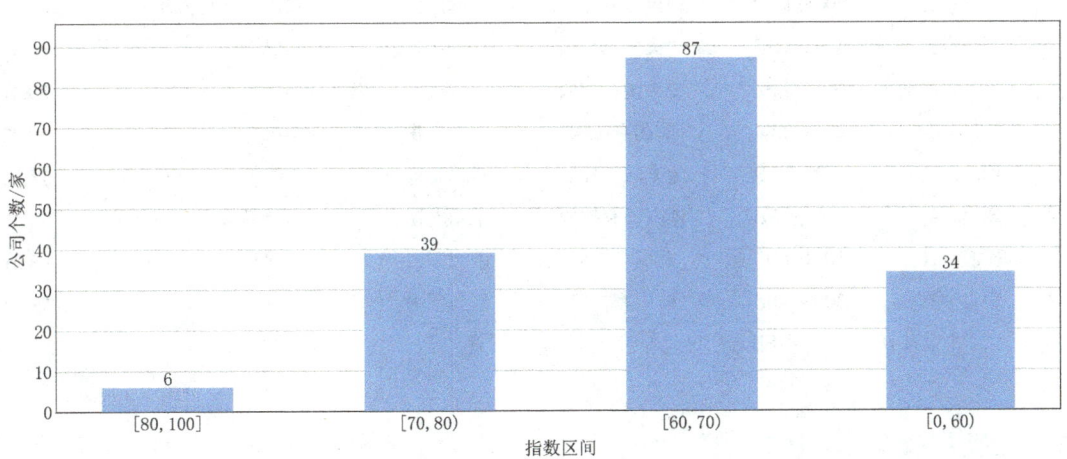

图 9-255 2023 年四川省上市公司创新要素投入指数分布图

从省内市、自治州分布来看，创新要素投入指数平均水平最高的是绵阳市（69.78），最低的是凉山彝族自治州（46.56），如图9-256所示。

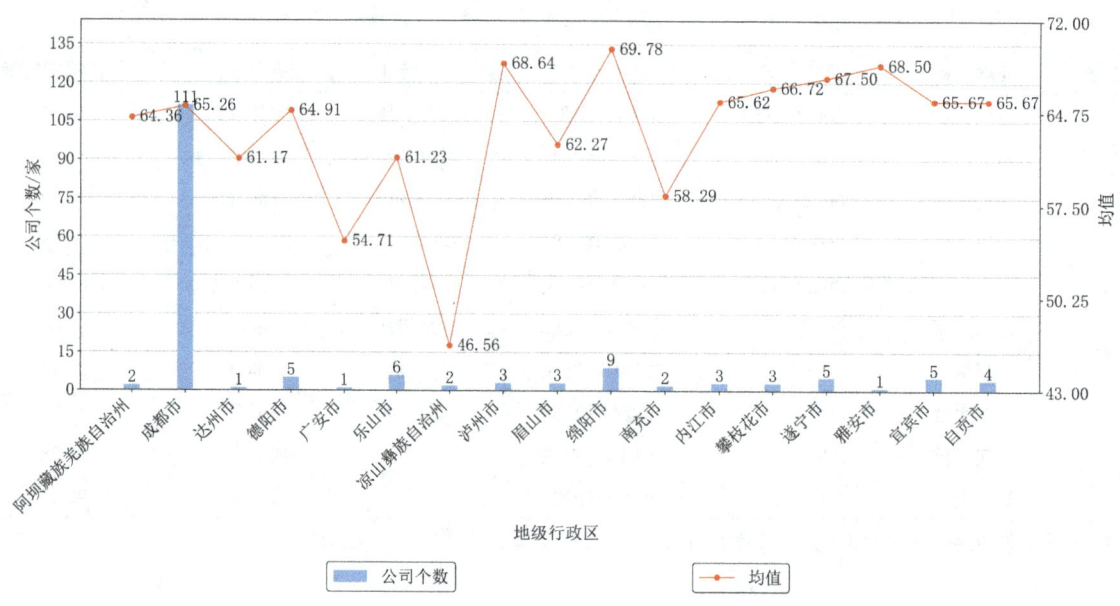

图 9-256　2023 年四川省上市公司创新要素投入指数均值分布图

四川省中，创新要素投入指数排名前 10 的上市公司如表 9-128 所示。

表 9-128　2023 年四川省上市公司创新要素投入指数前 10 排名

排名	证券名称	证券代码	产权性质	一级行业	地级行政区	创新要素投入指数
1	东方电气	600875.SH	中央国有控股	电力设备	成都市	84.31
2	电科网安	002268.SZ	中央国有控股	计算机	成都市	84.12
3	国网信通	600131.SH	中央国有控股	计算机	阿坝藏族羌族自治州	82.86
4	昊华科技	600378.SH	中央国有控股	基础化工	成都市	80.51
5	久远银海	002777.SZ	中央国有控股	计算机	成都市	80.39
6	科伦药业	002422.SZ	非国有控股	医药生物	成都市	80.22
7	四川路桥	600039.SH	地方国有控股	建筑装饰	成都市	78.58
8	四川长虹	600839.SH	地方国有控股	家用电器	绵阳市	78.55
9	振芯科技	300101.SZ	非国有控股	国防军工	成都市	78.21
10	迈克生物	300463.SZ	非国有控股	医药生物	成都市	78.13

数据来源：同花顺（iFinD），首经贸资产评估研究院和浙工商中国智能管理研究院整理。

9.26.4　创新科技成果指数

2023 年四川省 166 家上市公司创新科技成果指数平均水平为 63.90，低于全市场均值 64.15。从指数分布来看，高于全市场均值的有 83 家，占省内上市公司总数的 50.00%。其中，最高的是创维数字，创新科技成果指数为 78.55。具体来看，创新科技成果指数处于［70，80）的有 21 家，占比 12.65%；［60，70）的有 112 家，占比 67.47%；［0，60）的有 33 家，占比 19.88%，如图 9-257 所示。

从省内市、自治州分布来看，创新科技成果指数平均水平最高的是遂宁市（69.55），最低的是凉山彝族自治州（58.10），如图 9-258 所示。

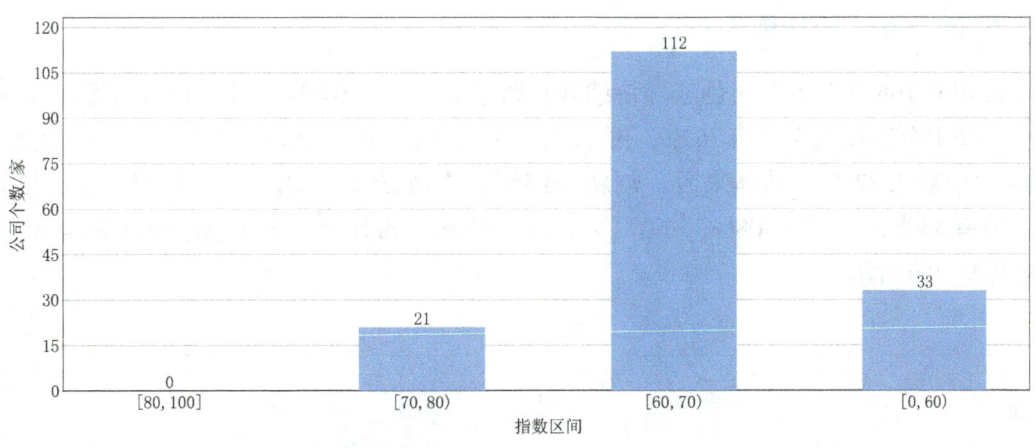

图9-257　2023年四川省上市公司创新科技成果指数分布图

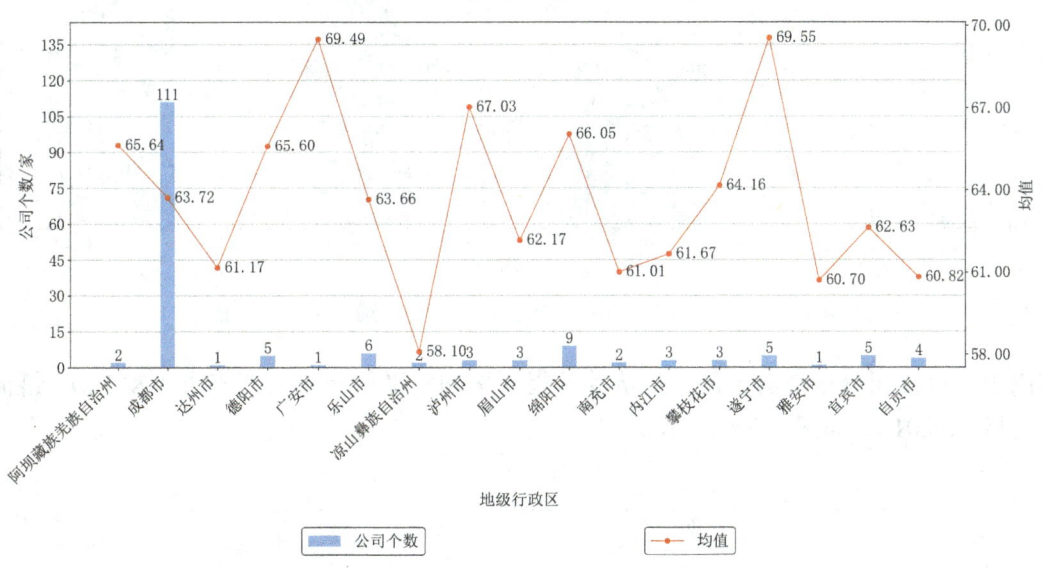

图9-258　2023年四川省上市公司创新科技成果指数均值分布图

四川省中，创新科技成果指数排名前10的上市公司如表9-129所示。

表9-129　2023年四川省上市公司创新科技成果指数前10排名

排名	证券名称	证券代码	产权性质	一级行业	地级行政区	创新科技成果指数
1	创维数字	000810.SZ	非国有控股	家用电器	遂宁市	78.55
2	钒钛股份	000629.SZ	中央国有控股	钢铁	攀枝花市	75.51
3	四川长虹	600839.SH	地方国有控股	家用电器	绵阳市	75.21
4	科伦药业	002422.SZ	非国有控股	医药生物	成都市	74.47
5	天齐锂业	002466.SZ	非国有控股	有色金属	遂宁市	73.98
6	通威股份	600438.SH	非国有控股	电力设备	成都市	73.56
7	华神科技	000790.SZ	非国有控股	医药生物	成都市	73.18
8	东方电气	600875.SH	中央国有控股	电力设备	成都市	73.13
9	国网信通	600131.SH	中央国有控股	计算机	阿坝藏族羌族自治州	73.01
10	千禾味业	603027.SH	非国有控股	食品饮料	眉山市	71.88

数据来源：同花顺（iFinD），首经贸资产评估研究院和浙工商中国智能管理研究院整理。

9.26.5 创新经济绩效指数

2023年四川省166家上市公司创新经济绩效指数平均水平为64.34，低于全市场均值64.49。从指数分布来看，高于全市场均值的有76家，占省内上市公司总数的45.78%。其中，最高的是东方电气，创新经济绩效指数为82.36。具体来看，创新经济绩效指数处于［80，100］的有3家，占比1.81%；［70，80）的有35家，占比21.08%；［60，70）的有75家，占比45.18%；［0，60）的有53家，占比31.93%，如图9-259所示。

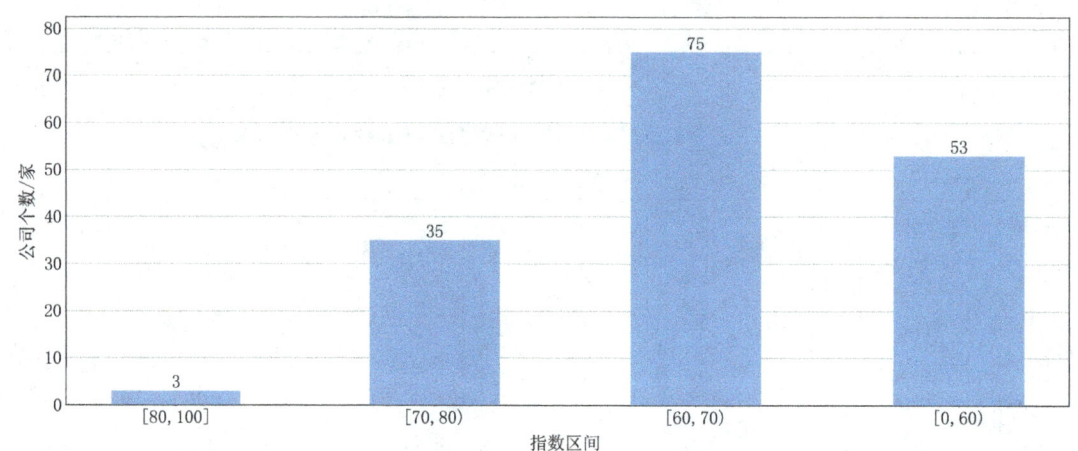

图9-259　2023年四川省上市公司创新经济绩效指数分布图

从省内市、自治州分布来看，创新经济绩效指数平均水平最高的是广安市（72.76），最低的是凉山彝族自治州（55.01），如图9-260所示。

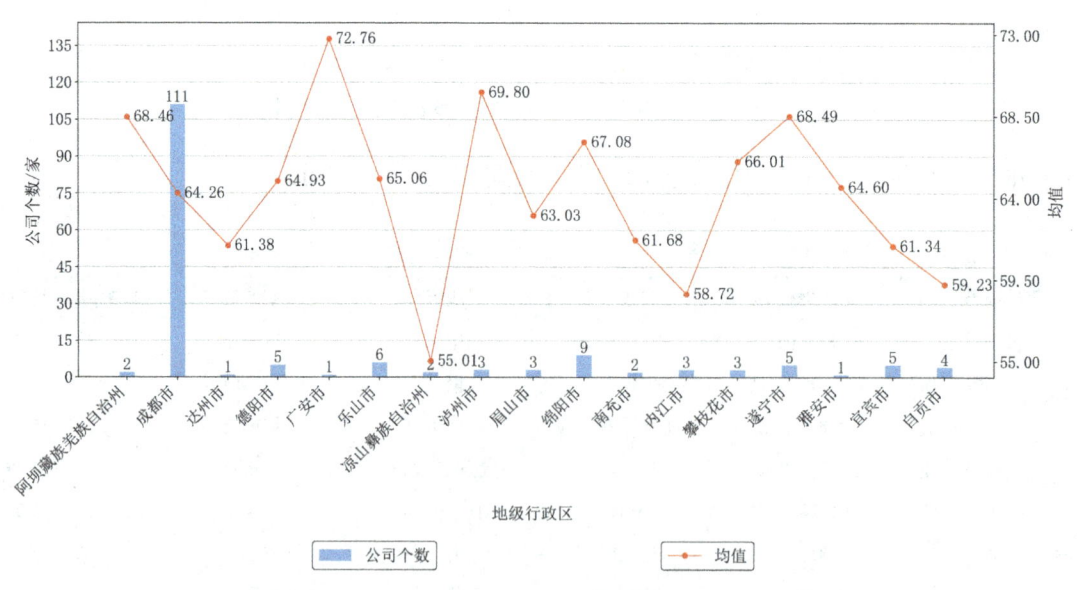

图9-260　2023年四川省上市公司创新经济绩效指数均值分布图

四川省中，创新经济绩效指数排名前10的上市公司如表9-130所示。

表 9-130 2023 年四川省上市公司创新经济绩效指数前 10 排名

排名	证券名称	证券代码	产权性质	一级行业	地级行政区	创新经济绩效指数
1	东方电气	600875.SH	中央国有控股	电力设备	成都市	82.36
2	泸州老窖	000568.SZ	地方国有控股	食品饮料	泸州市	81.83
3	高新发展	000628.SZ	地方国有控股	建筑装饰	成都市	80.75
4	天齐锂业	002466.SZ	非国有控股	有色金属	遂宁市	79.44
5	五粮液	000858.SZ	地方国有控股	食品饮料	宜宾市	79.17
6	四川长虹	600839.SH	地方国有控股	家用电器	绵阳市	78.76
7	水井坊	600779.SH	非国有控股	食品饮料	成都市	78.66
8	川投能源	600674.SH	地方国有控股	公用事业	成都市	78.57
9	新华文轩	601811.SH	地方国有控股	传媒	成都市	78.40
10	新易盛	300502.SZ	非国有控股	通信	成都市	78.30

数据来源：同花顺（iFinD），首经贸资产评估研究院和浙工商中国智能管理研究院整理。

9.27 天津市上市公司创新发展指数评价

2023年，天津市全年实现地区生产总值16737.30亿元，人均地区生产总值为122752.00元，居民人均可支配收入51271.00元。截至2023年底，A股市场天津市共有上市公司67家，总市值共计12081.01亿元，营业收入共计7330.68亿元，平均市值180.31亿元/家，平均营业收入109.41亿元/家。市值最大的上市公司为海光信息（1649.82亿元），营业收入最高的上市公司为中远海控（1754.48亿元）。2023年，天津市上市公司研发投入合计为252.79亿元，占营业收入的3.45%；无形资产账面价值合计为1507.62亿元，占总资产的9.74%。根据本报告分析口径，本节共对天津市67家上市公司开展创新发展指数评价，具体情况如下：

9.27.1 创新发展综合指数

2023年天津市67家上市公司创新发展综合指数平均水平为66.72，高于全市场均值65.40。从指数分布来看，高于全市场均值的有39家，占市内上市公司总数的58.21%。其中，最高的是中科曙光，创新发展综合指数为82.14。具体来看，创新发展综合指数处于［80，100］的有2家，占比2.99%；［70，80）的有17家，占比25.37%；［60，70）的有40家，占比59.70%；［0，60）的有8家，占比11.94%，如图9-261所示。

从市内各区分布来看，天津市67家上市公司分布在12个区。创新发展综合指数平均水平最高的是武清区（71.94），最低的是河西区（56.82），如图9-262所示。

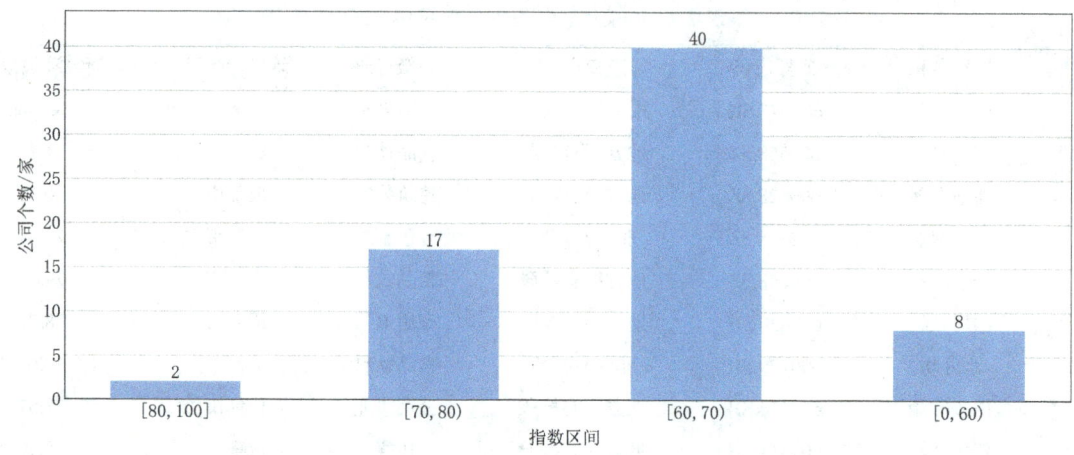

图9-261　2023年天津市上市公司创新发展综合指数分布图

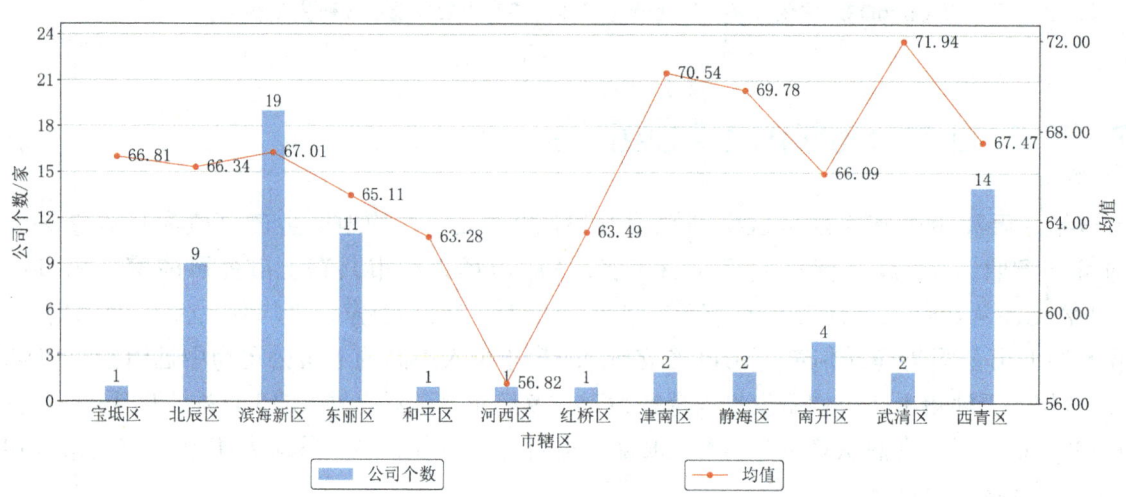

图9-262　2023年天津市上市公司创新发展综合指数均值分布图

天津市中，创新发展综合指数排名前10的上市公司如表9-131所示。

表9-131　2023年天津市上市公司创新发展综合指数前10排名

排名	证券名称	证券代码	产权性质	一级行业	市辖区	创新发展综合指数
1	中科曙光	603019.SH	中央国有控股	计算机	西青区	82.14
2	中海油服	601808.SH	中央国有控股	石油石化	滨海新区	81.19
3	海光信息	688041.SH	非国有控股	电子	滨海新区	79.83
4	华海清科	688120.SH	地方国有控股	电子	津南区	77.90
5	招商公路	001965.SZ	中央国有控股	交通运输	滨海新区	77.67
6	瑞普生物	300119.SZ	非国有控股	农林牧渔	东丽区	76.75
7	唯捷创芯	688153.SH	非国有控股	电子	滨海新区	75.40
8	红日药业	300026.SZ	地方国有控股	医药生物	武清区	75.30
9	TCL中环	002129.SZ	非国有控股	电力设备	西青区	74.94
10	七一二	603712.SH	地方国有控股	国防军工	滨海新区	74.45

数据来源：同花顺（iFinD），首经贸资产评估研究院和浙工商中国智能管理研究院整理。

9.27.2 创新资源支持指数

2023年天津市67家上市公司创新资源支持指数平均水平为68.79,高于全市场均值67.08。从指数分布来看,高于全市场均值的有37家,占市内上市公司总数的55.22%。其中,最高的是红日药业,创新资源支持指数为91.82。具体来看,创新资源支持指数处于[80,100]的有8家,占比11.94%;[70,80)的有20家,占比29.85%;[60,70)的有30家,占比44.78%;[0,60)的有9家,占比13.43%,如图9-263所示。

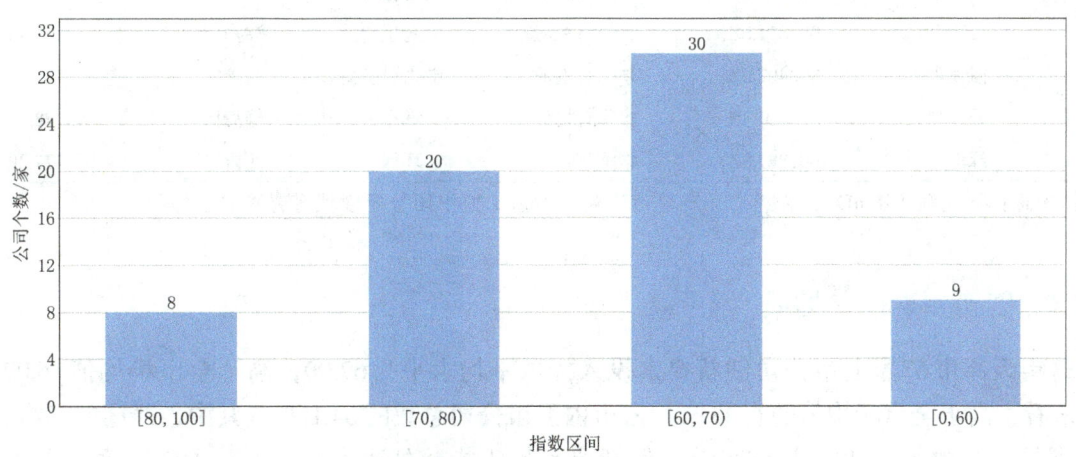

图9-263 2023年天津市上市公司创新资源支持指数分布图

从市内各区分布来看,创新资源支持指数平均水平最高的是武清区(79.59),最低的是河西区(60.73),如图9-264所示。

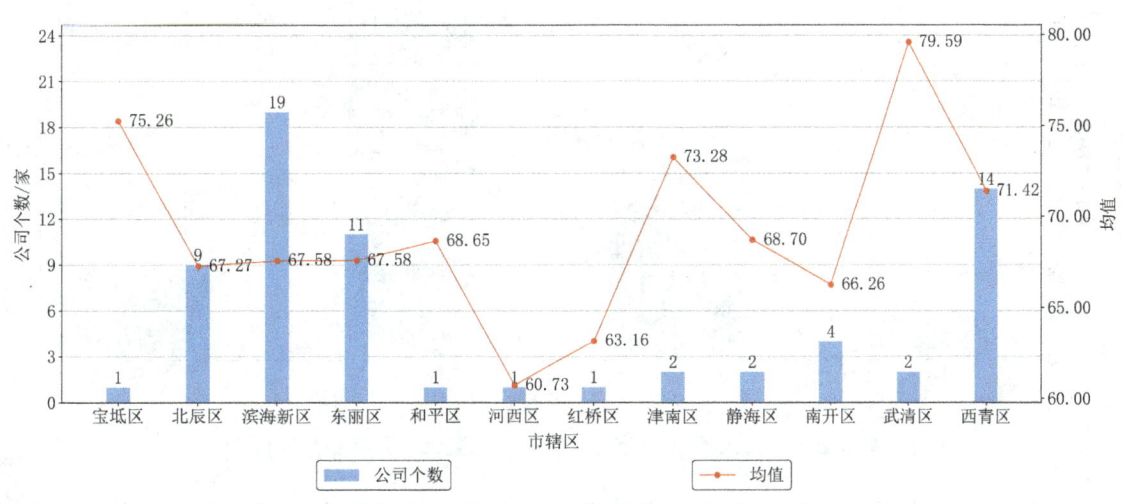

图9-264 2023年天津市上市公司创新资源支持指数均值分布图

天津市中,创新资源支持指数排名前10的上市公司如表9-132所示。

表 9-132　2023 年天津市上市公司创新资源支持指数前 10 排名

排名	证券名称	证券代码	产权性质	一级行业	市辖区	创新资源支持指数
1	红日药业	300026.SZ	地方国有控股	医药生物	武清区	91.82
2	中科曙光	603019.SH	中央国有控股	计算机	西青区	89.62
3	华海清科	688120.SH	地方国有控股	电子	津南区	86.46
4	瑞普生物	300119.SZ	非国有控股	农林牧渔	东丽区	83.43
5	唯捷创芯	688153.SH	非国有控股	电子	滨海新区	83.27
6	TCL中环	002129.SZ	非国有控股	电力设备	西青区	82.46
7	凯莱英	002821.SZ	非国有控股	医药生物	滨海新区	81.83
8	凯发电气	300407.SZ	非国有控股	电力设备	西青区	81.41
9	爱玛科技	603529.SH	非国有控股	汽车	静海区	78.33
10	绿茵生态	002887.SZ	非国有控股	环保	西青区	77.38

数据来源：同花顺（iFinD），首经贸资产评估研究院和浙工商中国智能管理研究院整理。

9.27.3　创新要素投入指数

2023年天津市67家上市公司创新要素投入指数平均水平为67.90，高于全市场均值66.07。从指数分布来看，高于全市场均值的有43家，占市内上市公司总数的64.18%。其中，最高的是海光信息，创新要素投入指数为87.49。具体来看，创新要素投入指数处于［80，100］的有4家，占比5.97%；［70，80）的有22家，占比32.84%；［60，70）的有33家，占比49.25%；［0，60）的有8家，占比11.94%，如图9-265所示。

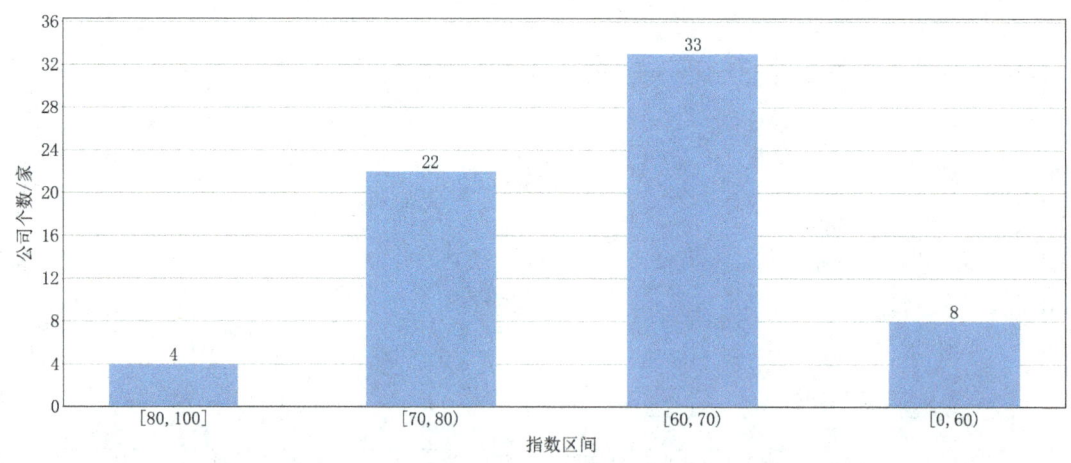

图9-265　2023年天津市上市公司创新要素投入指数分布图

从市内各区分布来看，创新要素投入指数平均水平最高的是津南区（72.35），最低的是河西区（52.06），如图9-266所示。

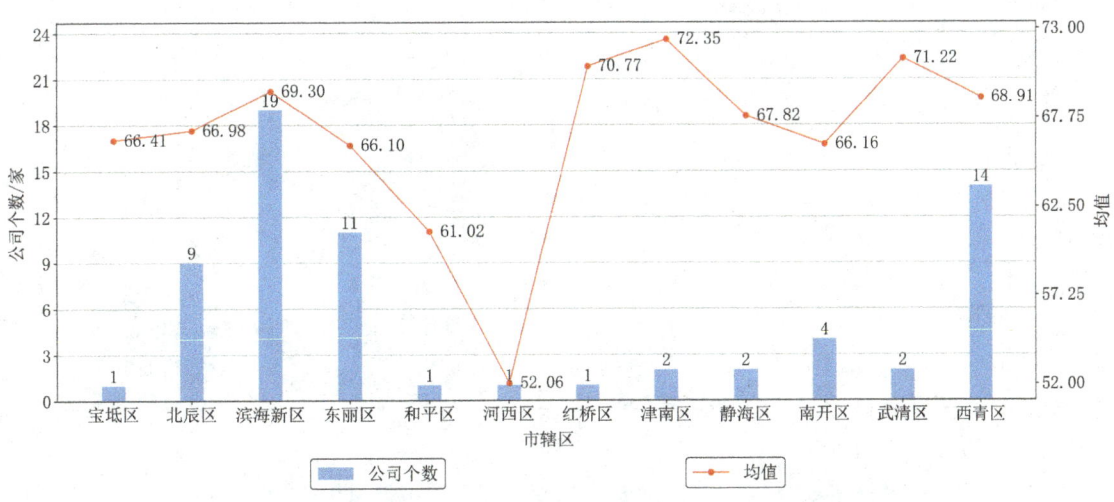

图 9-266 2023 年天津市上市公司创新要素投入指数均值分布图

天津市中，创新要素投入指数排名前 10 的上市公司如表 9-133 所示。

表 9-133 2023 年天津市上市公司创新要素投入指数前 10 排名

排名	证券名称	证券代码	产权性质	一级行业	市辖区	创新要素投入指数
1	海光信息	688041.SH	非国有控股	电子	滨海新区	87.49
2	中科曙光	603019.SH	中央国有控股	计算机	西青区	85.71
3	中海油服	601808.SH	中央国有控股	石油石化	滨海新区	83.45
4	海油工程	600583.SH	中央国有控股	石油石化	东丽区	80.70
5	华海清科	688120.SH	地方国有控股	电子	津南区	79.47
6	七一二	603712.SH	地方国有控股	国防军工	滨海新区	79.22
7	天士力	600535.SH	非国有控股	医药生物	北辰区	79.06
8	招商公路	001965.SZ	中央国有控股	交通运输	滨海新区	78.18
9	瑞普生物	300119.SZ	非国有控股	农林牧渔	东丽区	77.46
10	TCL中环	002129.SZ	非国有控股	电力设备	西青区	77.13

数据来源：同花顺（iFinD），首经贸资产评估研究院和浙工商中国智能管理研究院整理。

9.27.4 创新科技成果指数

2023年天津市67家上市公司创新科技成果指数平均水平为64.20，高于全市场均值64.15。从指数分布来看，高于全市场均值的有31家，占市内上市公司总数的46.27%。其中，最高的是中海油服，创新科技成果指数为79.36。具体来看，创新科技成果指数处于［70，80）的有8家，占比11.94%；［60，70）的有45家，占比67.16%；［0，60）的有14家，占比20.90%，如图9-267所示。

从市内各区分布来看，创新科技成果指数平均水平最高的是静海区（70.53），最低的是河西区（57.12），如图9-268所示。

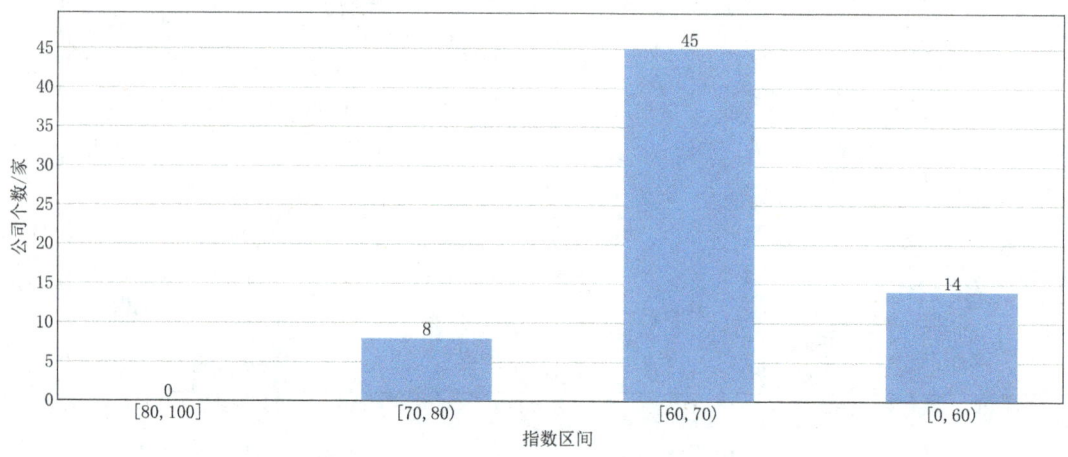

图9-267　2023年天津市上市公司创新科技成果指数分布图

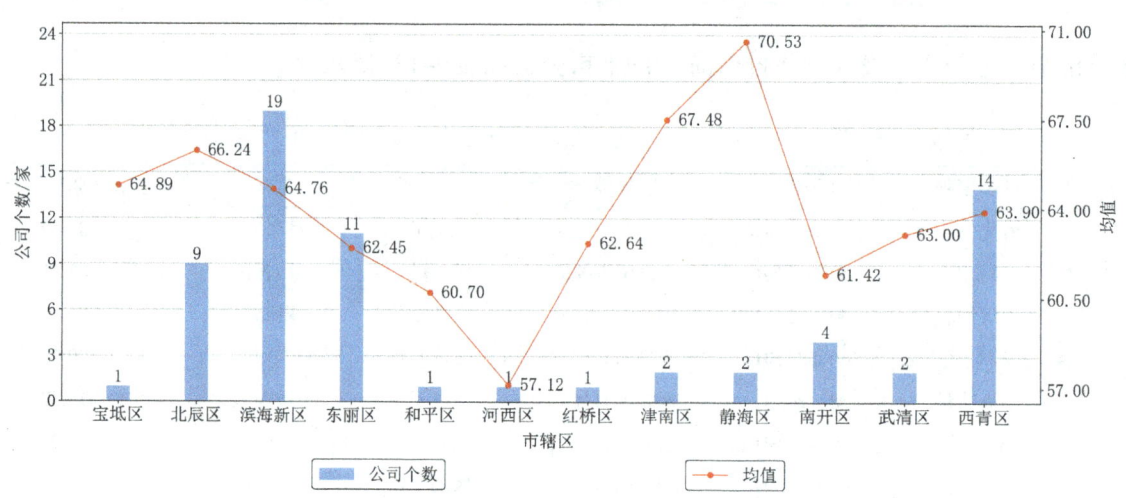

图9-268　2023年天津市上市公司创新科技成果指数均值分布图

天津市中，创新科技成果指数排名前10的上市公司如表9-134所示。

表9-134　2023年天津市上市公司创新科技成果指数前10排名

排名	证券名称	证券代码	产权性质	一级行业	市辖区	创新科技成果指数
1	中海油服	601808.SH	中央国有控股	石油石化	滨海新区	79.36
2	招商公路	001965.SZ	中央国有控股	交通运输	滨海新区	76.91
3	久日新材	688199.SH	非国有控股	基础化工	北辰区	73.80
4	七一二	603712.SH	地方国有控股	国防军工	滨海新区	73.21
5	海光信息	688041.SH	非国有控股	电子	滨海新区	72.69
6	百利电气	600468.SH	地方国有控股	电力设备	西青区	71.86
7	爱玛科技	603529.SH	非国有控股	汽车	静海区	71.19
8	唯捷创芯	688153.SH	非国有控股	电子	滨海新区	70.11
9	友发集团	601686.SH	非国有控股	钢铁	静海区	69.86
10	华海清科	688120.SH	地方国有控股	电子	津南区	69.84

数据来源：同花顺（iFinD），首经贸资产评估研究院和浙工商中国智能管理研究院整理。

9.27.5 创新经济绩效指数

2023年天津市67家上市公司创新经济绩效指数平均水平为66.06，高于全市场均值64.49。从指数分布来看，高于全市场均值的有35家，占市内上市公司总数的52.24%。其中，最高的是中海油服，创新经济绩效指数为85.24。具体来看，创新经济绩效指数处于[80，100]的有5家，占比7.46%；[70，80)的有17家，占比25.37%；[60，70)的有27家，占比40.30%；[0，60)的有18家，占比26.87%，如图9-269所示。

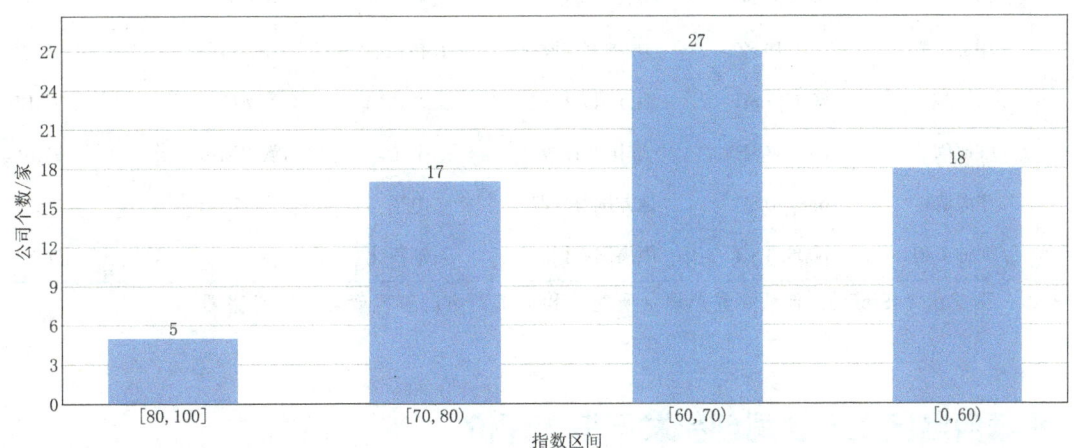

图9-269　2023年天津市上市公司创新经济绩效指数分布图

从市内各区分布来看，创新经济绩效指数平均水平最高的是武清区（75.16），最低的是红桥区（55.83），如图9-270所示。

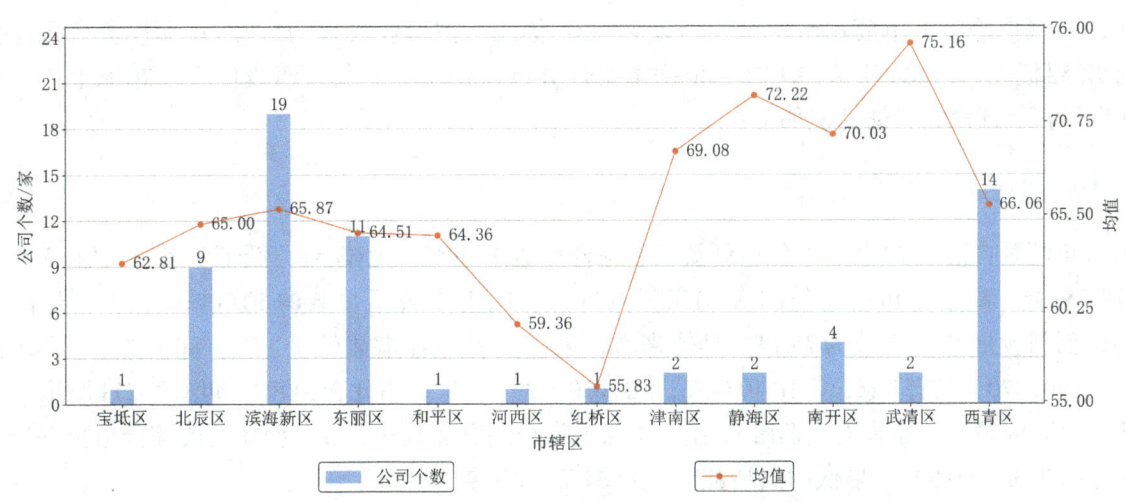

图9-270　2023年天津市上市公司创新经济绩效指数均值分布图

天津市中，创新经济绩效指数排名前10的上市公司如表9-135所示。

表 9-135　2023 年天津市上市公司创新经济绩效指数前 10 排名

排名	证券名称	证券代码	产权性质	一级行业	市辖区	创新经济绩效指数
1	中海油服	601808.SH	中央国有控股	石油石化	滨海新区	85.24
2	中科曙光	603019.SH	中央国有控股	计算机	西青区	84.76
3	海光信息	688041.SH	非国有控股	电子	滨海新区	83.79
4	TCL中环	002129.SZ	非国有控股	电力设备	西青区	80.61
5	招商公路	001965.SZ	中央国有控股	交通运输	滨海新区	80.33
6	瑞普生物	300119.SZ	非国有控股	农林牧渔	东丽区	78.12
7	天津港	600717.SH	地方国有控股	交通运输	滨海新区	77.12
8	唯捷创芯	688153.SH	非国有控股	电子	滨海新区	77.01
9	华海清科	688120.SH	地方国有控股	电子	津南区	76.96
10	海油工程	600583.SH	中央国有控股	石油石化	东丽区	76.37

数据来源：同花顺（iFinD），首经贸资产评估研究院和浙工商中国智能管理研究院整理。

9.28　西藏自治区上市公司创新发展指数评价

2023年，西藏自治区全年实现地区生产总值2392.67亿元，人均地区生产总值为65642.00元，居民人均可支配收入28983.00元。截至2023年底，A股市场西藏自治区共有上市公司20家，总市值共计1767.57亿元，营业收入共计545.18亿元，平均市值88.38亿元/家，平均营业收入27.26亿元/家。市值最大的上市公司为梅花生物（281.10亿元），营业收入最高的上市公司为梅花生物（277.61亿元）。2023年，西藏自治区上市公司研发投入合计为31.08亿元，占营业收入的5.70%；无形资产账面价值合计为92.32亿元，占总资产的9.13%。根据本报告分析口径，本节共对西藏自治区20家上市公司开展创新发展指数评价，具体情况如下：

9.28.1　创新发展综合指数

2023年西藏自治区20家上市公司创新发展综合指数平均水平为63.51，低于全市场均值65.40。从指数分布来看，高于全市场均值的有10家，占自治区内上市公司总数的50.00%。其中，最高的是海思科，创新发展综合指数为75.14。具体来看，创新发展综合指数处于［70，80）的有5家，占比25.00%；［60，70）的有8家，占比40.00%；［0，60）的有7家，占比35.00%，如图9-271所示。

从自治区内城市分布来看，西藏自治区20家上市公司分布在4个市。创新发展综合指数平均水平最高的是林芝市（69.37），最低的是昌都市（59.64），如图9-272所示。

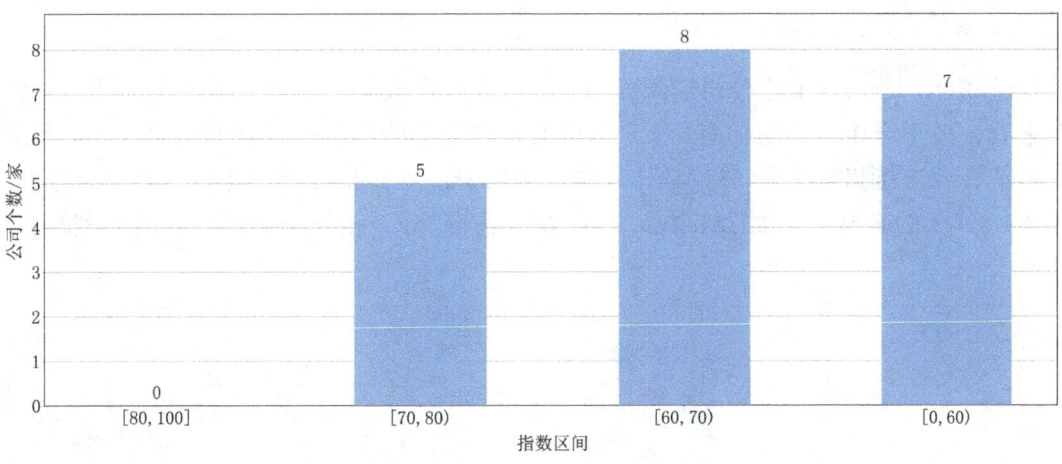

图9-271　2023年西藏自治区上市公司创新发展综合指数分布图

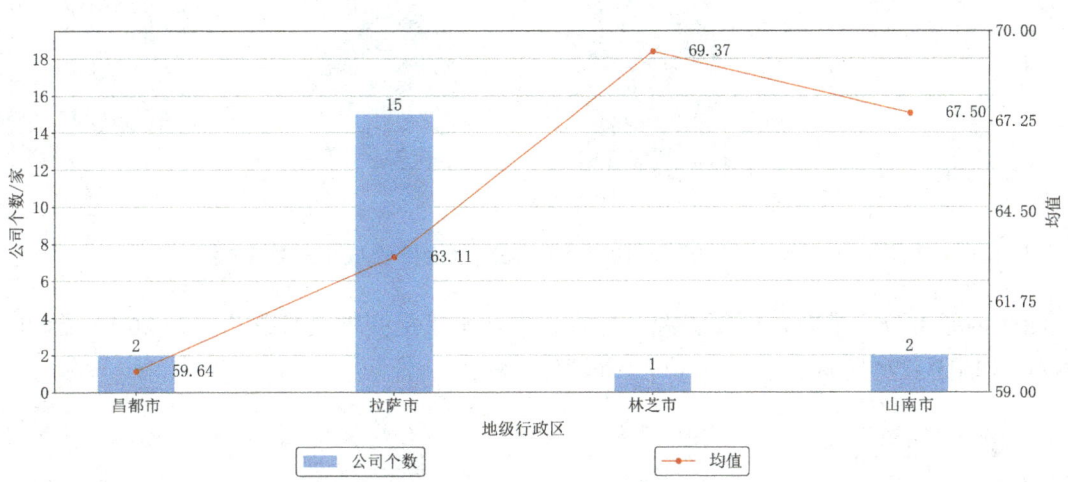

图9-272　2023年西藏自治区上市公司创新发展综合指数均值分布图

西藏自治区中，创新发展综合指数排名前10的上市公司如表9-136所示。

表9-136　2023年西藏自治区上市公司创新发展综合指数前10排名

排名	证券名称	证券代码	产权性质	一级行业	地级行政区	创新发展综合指数
1	海思科	002653.SZ	非国有控股	医药生物	山南市	75.14
2	梅花生物	600873.SH	非国有控股	基础化工	拉萨市	72.45
3	卫信康	603676.SH	非国有控股	医药生物	拉萨市	70.98
4	天阳科技	300872.SZ	非国有控股	计算机	拉萨市	70.85
5	万兴科技	300624.SZ	非国有控股	计算机	拉萨市	70.06
6	奇正藏药	002287.SZ	非国有控股	医药生物	林芝市	69.37
7	西藏药业	600211.SH	非国有控股	医药生物	拉萨市	68.52
8	华宝股份	300741.SZ	非国有控股	基础化工	拉萨市	68.35
9	西藏天路	600326.SH	地方国有控股	建筑材料	拉萨市	66.79
10	高争民爆	002827.SZ	地方国有控股	基础化工	拉萨市	66.55

数据来源：同花顺（iFinD），首经贸资产评估研究院和浙工商中国智能管理研究院整理。

9.28.2 创新资源支持指数

2023年西藏自治区20家上市公司创新资源支持指数平均水平为65.57，低于全市场均值67.08。从指数分布来看，高于全市场均值的有8家，占自治区内上市公司总数的40.00%。其中，最高的是梅花生物，创新资源支持指数为79.65。具体来看，创新资源支持指数处于[70，80)的有8家，占比40.00%；[60，70)的有5家，占比25.00%；[0，60)的有7家，占比35.00%，如图9-273所示。

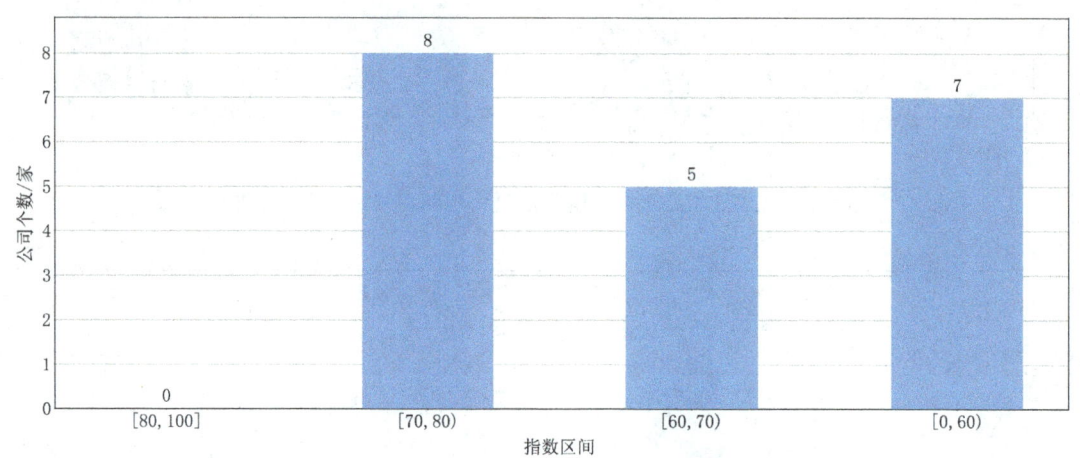

图9-273　2023年西藏自治区上市公司创新资源支持指数分布图

从自治区内城市分布来看，创新资源支持指数平均水平最高的是林芝市（75.26），最低的是昌都市（61.64），如图9-274所示。

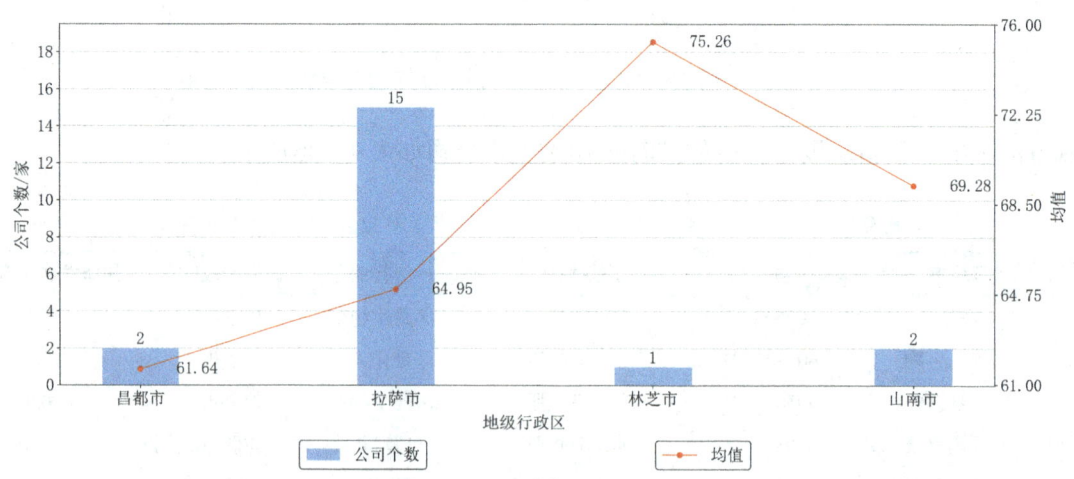

图9-274　2023年西藏自治区上市公司创新资源支持指数均值分布图

西藏自治区中，创新资源支持指数排名前10的上市公司如表9-137所示。

表9-137 2023年西藏自治区上市公司创新资源支持指数前10排名

排名	证券名称	证券代码	产权性质	一级行业	地级行政区	创新资源支持指数
1	梅花生物	600873.SH	非国有控股	基础化工	拉萨市	79.65
2	西藏药业	600211.SH	非国有控股	医药生物	拉萨市	79.06
3	海思科	002653.SZ	非国有控股	医药生物	山南市	77.16
4	卫信康	603676.SH	非国有控股	医药生物	拉萨市	75.80
5	奇正藏药	002287.SZ	非国有控股	医药生物	林芝市	75.26
6	华宝股份	300741.SZ	非国有控股	基础化工	拉萨市	74.03
7	高争民爆	002827.SZ	地方国有控股	基础化工	拉萨市	72.44
8	筑博设计	300564.SZ	非国有控股	建筑装饰	拉萨市	71.45
9	万兴科技	300624.SZ	非国有控股	计算机	拉萨市	64.70
10	恩威医药	301331.SZ	非国有控股	医药生物	昌都市	64.65

数据来源：同花顺（iFinD），首经贸资产评估研究院和浙工商中国智能管理研究院整理。

9.28.3 创新要素投入指数

2023年西藏自治区20家上市公司创新要素投入指数平均水平为62.49，低于全市场均值66.07。从指数分布来看，高于全市场均值的有7家，占自治区内上市公司总数的35.00%。其中，最高的是海思科，创新要素投入指数为78.15。具体来看，创新要素投入指数处于[70,80)的有5家，占比25.00%；[60,70)的有8家，占比40.00%；[0,60)的有7家，占比35.00%，如图9-275所示。

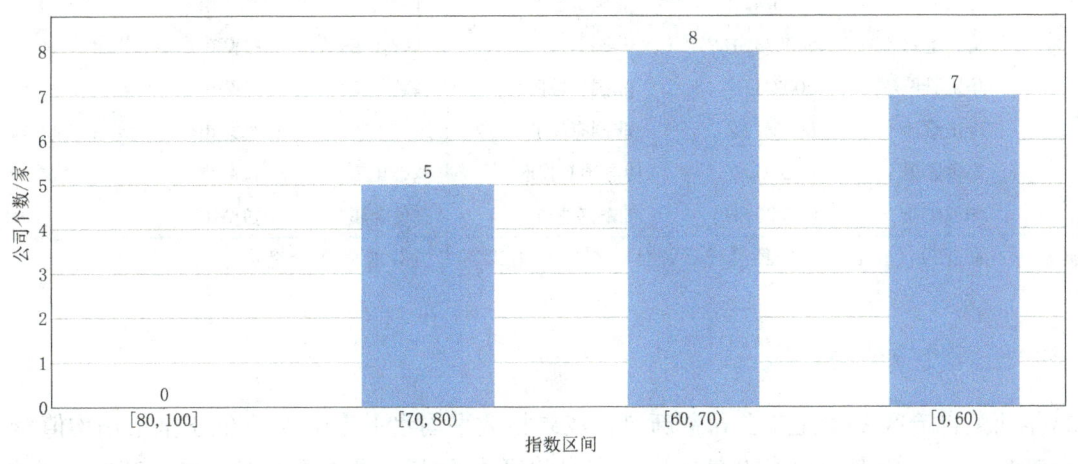

图9-275 2023年西藏自治区上市公司创新要素投入指数分布图

从自治区内城市分布来看，创新要素投入指数平均水平最高的是山南市（69.20），最低的是昌都市（57.86），如图9-276所示。

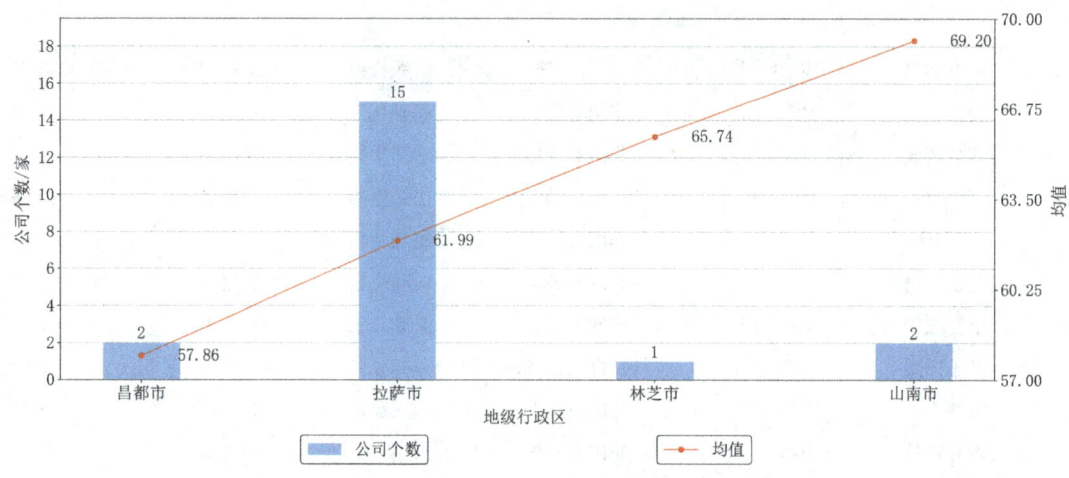

图 9-276 2023 年西藏自治区上市公司创新要素投入指数均值分布图

西藏自治区中，创新要素投入指数排名前 10 的上市公司如表 9-138 所示。

表 9-138 2023 年西藏自治区上市公司创新要素投入指数前 10 排名

排名	证券名称	证券代码	产权性质	一级行业	地级行政区	创新要素投入指数
1	海思科	002653.SZ	非国有控股	医药生物	山南市	78.15
2	天阳科技	300872.SZ	非国有控股	计算机	拉萨市	77.21
3	西藏天路	600326.SH	地方国有控股	建筑材料	拉萨市	75.40
4	卫信康	603676.SH	非国有控股	医药生物	拉萨市	72.39
5	万兴科技	300624.SZ	非国有控股	计算机	拉萨市	71.77
6	梅花生物	600873.SH	非国有控股	基础化工	拉萨市	69.99
7	华宝股份	300741.SZ	非国有控股	基础化工	拉萨市	67.06
8	奇正藏药	002287.SZ	非国有控股	医药生物	林芝市	65.74
9	高争民爆	002827.SZ	地方国有控股	基础化工	拉萨市	65.59
10	华钰矿业	601020.SH	非国有控股	有色金属	拉萨市	63.46

数据来源：同花顺（iFinD），首经贸资产评估研究院和浙工商中国智能管理研究院整理。

9.28.4 创新科技成果指数

2023 年西藏自治区 20 家上市公司创新科技成果指数平均水平为 62.51，低于全市场均值 64.15。从指数分布来看，高于全市场均值的有 10 家，占自治区内上市公司总数的 50.00%。其中，最高的是卫信康，创新科技成果指数为 68.92。具体来看，创新科技成果指数处于 [60，70) 的有 13 家，占比 65.00%；[0，60) 的有 7 家，占比 35.00%，如图 9-277 所示。

从自治区内城市分布来看，创新科技成果指数平均水平最高的是林芝市（66.25），最低的是昌都市（60.26），如图 9-278 所示。

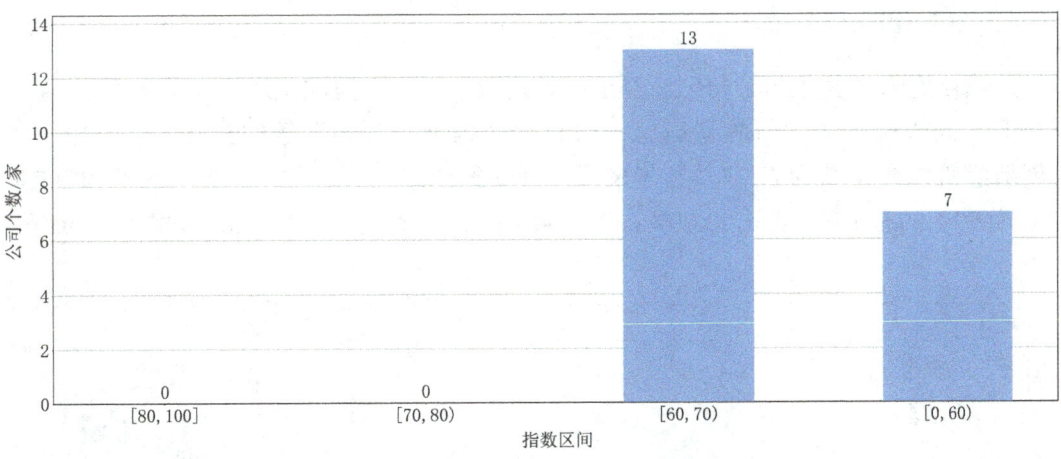

图9-277　2023年西藏自治区上市公司创新科技成果指数分布图

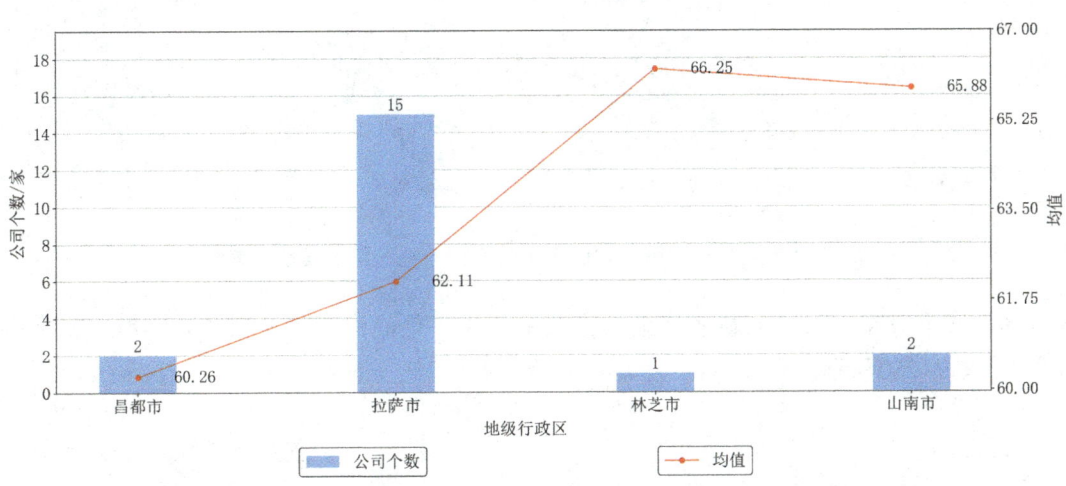

图9-278　2023年西藏自治区上市公司创新科技成果指数均值分布图

西藏自治区中，创新科技成果指数排名前10的上市公司如表9-139所示。

表9-139　2023年西藏自治区上市公司创新科技成果指数前10排名

排名	证券名称	证券代码	产权性质	一级行业	地级行政区	创新科技成果指数
1	卫信康	603676.SH	非国有控股	医药生物	拉萨市	68.92
2	海思科	002653.SZ	非国有控股	医药生物	山南市	67.14
3	梅花生物	600873.SH	非国有控股	基础化工	拉萨市	66.69
4	天阳科技	300872.SZ	非国有控股	计算机	拉萨市	66.57
5	西藏药业	600211.SH	非国有控股	医药生物	拉萨市	66.41
6	奇正藏药	002287.SZ	非国有控股	医药生物	林芝市	66.25
7	万兴科技	300624.SZ	非国有控股	计算机	拉萨市	65.84
8	西藏发展	000752.SZ	非国有控股	食品饮料	拉萨市	65.48
9	华宝股份	300741.SZ	非国有控股	基础化工	拉萨市	64.93
10	灵康药业	603669.SH	非国有控股	医药生物	山南市	64.61

数据来源：同花顺（iFinD），首经贸资产评估研究院和浙工商中国智能管理研究院整理。

9.28.5 创新经济绩效指数

2023年西藏自治区20家上市公司创新经济绩效指数平均水平为64.13，低于全市场均值64.49。从指数分布来看，高于全市场均值的有11家，占自治区内上市公司总数的55.00%。其中，最高的是海思科，创新经济绩效指数为77.23。具体来看，创新经济绩效指数处于[70，80)的有7家，占比35.00%；[60，70)的有4家，占比20.00%；[0，60)的有9家，占比45.00%，如图9-279所示。

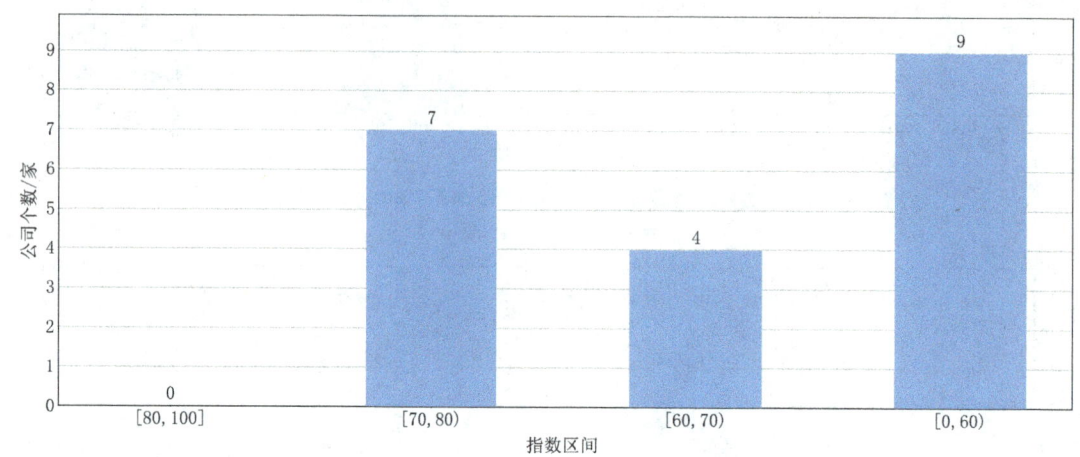

图9-279　2023年西藏自治区上市公司创新经济绩效指数分布图

从自治区内城市分布来看，创新经济绩效指数平均水平最高的是林芝市（72.16），最低的是昌都市（59.76），如图9-280所示。

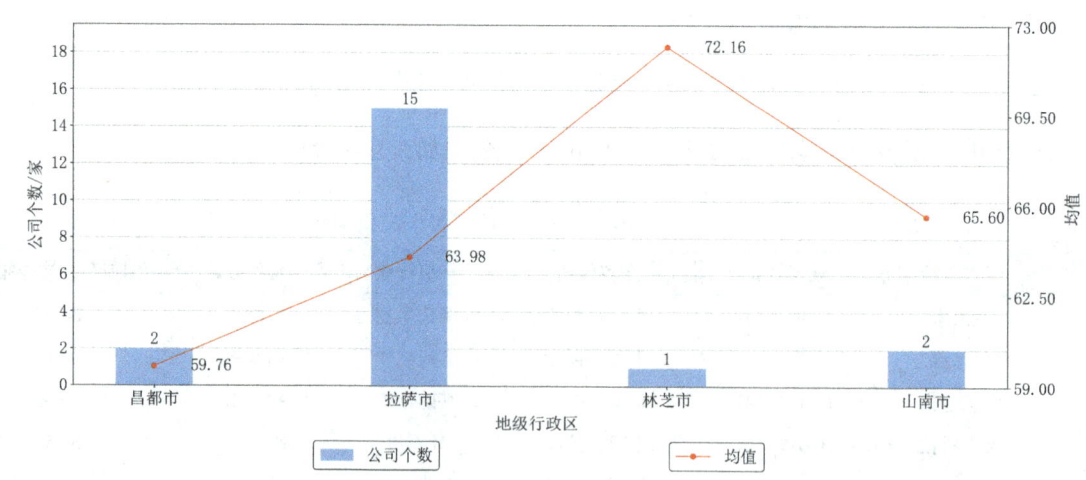

图9-280　2023年西藏自治区上市公司创新经济绩效指数均值分布图

西藏自治区中，创新经济绩效指数排名前10的上市公司如表9-140所示。

表 9-140　2023 年西藏自治区上市公司创新经济绩效指数前 10 排名

排名	证券名称	证券代码	产权性质	一级行业	地级行政区	创新经济绩效指数
1	海思科	002653.SZ	非国有控股	医药生物	山南市	77.23
2	万兴科技	300624.SZ	非国有控股	计算机	拉萨市	75.71
3	梅花生物	600873.SH	非国有控股	基础化工	拉萨市	75.25
4	天阳科技	300872.SZ	非国有控股	计算机	拉萨市	73.09
5	奇正藏药	002287.SZ	非国有控股	医药生物	林芝市	72.16
6	西藏药业	600211.SH	非国有控股	医药生物	拉萨市	71.31
7	高争民爆	002827.SZ	地方国有控股	基础化工	拉萨市	70.55
8	华宝股份	300741.SZ	非国有控股	基础化工	拉萨市	68.78
9	西藏天路	600326.SH	地方国有控股	建筑材料	拉萨市	68.19
10	卫信康	603676.SH	非国有控股	医药生物	拉萨市	67.60

数据来源：同花顺（iFinD），首经贸资产评估研究院和浙工商中国智能管理研究院整理。

9.29　新疆维吾尔自治区上市公司创新发展指数评价

2023年，新疆维吾尔自治区全年实现地区生产总值19125.91亿元，人均地区生产总值为73774.00元，居民人均可支配收入28947.00元。截至2023年底，A股市场新疆维吾尔自治区共有上市公司57家，总市值共计5877.99亿元，营业收入共计6659.27亿元，平均市值103.12亿元/家，平均营业收入116.83亿元/家。市值最大的上市公司为特变电工（697.27亿元），营业收入最高的上市公司为天山股份（1073.80亿元）。2023年，新疆维吾尔自治区上市公司研发投入合计为191.45亿元，占营业收入的2.87%；无形资产账面价值合计为1014.45亿元，占总资产的7.66%。根据本报告分析口径，本节共对新疆维吾尔自治区57家上市公司开展创新发展指数评价，具体情况如下：

9.29.1　创新发展综合指数

2023年新疆维吾尔自治区57家上市公司创新发展综合指数平均水平为62.16，低于全市场均值65.40。从指数分布来看，高于全市场均值的有22家，占自治区内上市公司总数的38.60%。其中，最高的是特变电工，创新发展综合指数为77.40。具体来看，创新发展综合指数处于[70，80）的有10家，占比17.54%；[60，70）的有23家，占比40.35%；[0，60）的有24家，占比42.11%，如图9-281所示。

从自治区内市、地区、自治州分布来看，新疆维吾尔自治区57家上市公司分布在8个市、地区、自治州和部分自治区直辖县级行政区。创新发展综合指数平均水平最高的是伊犁哈萨克自治州（69.99），最低的是阿克苏地区（48.47），如图9-282所示。

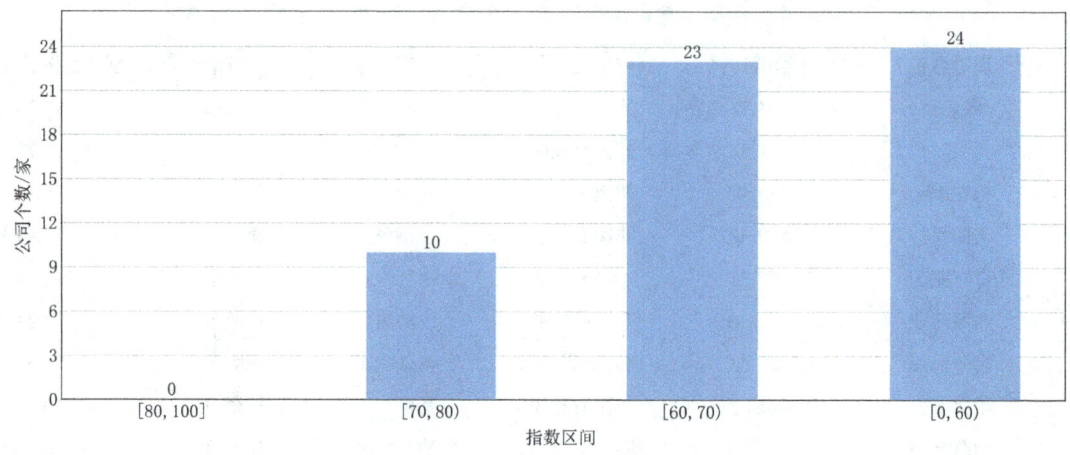

图9-281 2023年新疆维吾尔自治区上市公司创新发展综合指数分布图

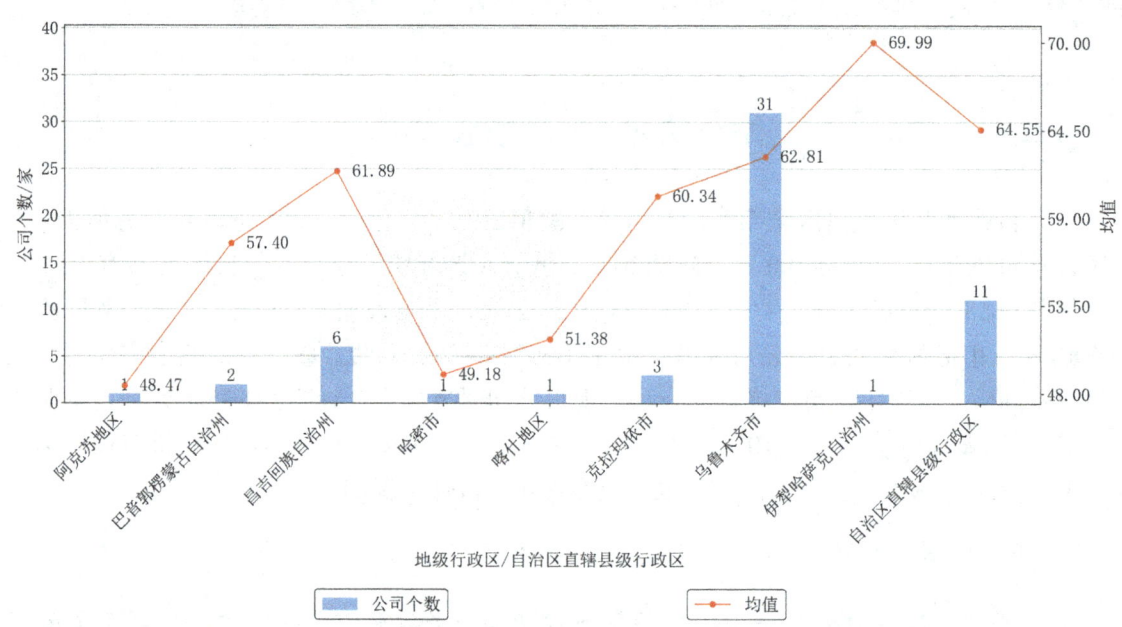

图9-282 2023年新疆维吾尔自治区上市公司创新发展综合指数均值分布图

新疆维吾尔自治区中，创新发展综合指数排名前10的上市公司如表9-141所示。

表9-141 2023年新疆维吾尔自治区上市公司创新发展综合指数前10排名

排名	证券名称	证券代码	产权性质	一级行业	地级行政区/自治区直辖县级行政区	创新发展综合指数
1	特变电工	600089.SH	非国有控股	电力设备	昌吉回族自治州	77.40
2	金风科技	002202.SZ	地方国有控股	电力设备	乌鲁木齐市	77.31
3	天山股份	000877.SZ	中央国有控股	建筑材料	乌鲁木齐市	73.72
4	新疆众和	600888.SH	非国有控股	有色金属	乌鲁木齐市	72.97
5	中油工程	600339.SH	中央国有控股	石油石化	克拉玛依市	72.26
6	冠农股份	600251.SH	地方国有控股	农林牧渔	自治区直辖县级行政区	71.60

续表

排名	证券名称	证券代码	产权性质	一级行业	地级行政区/自治区直辖县级行政区	创新发展综合指数
7	大全能源	688303.SH	非国有控股	电力设备	自治区直辖县级行政区	71.10
8	青松建化	600425.SH	地方国有控股	建筑材料	自治区直辖县级行政区	70.03
9	雪峰科技	603227.SH	地方国有控股	基础化工	乌鲁木齐市	70.00
10	西部建设	002302.SZ	中央国有控股	建筑材料	乌鲁木齐市	70.00

数据来源：同花顺（iFinD），首经贸资产评估研究院和浙工商中国智能管理研究院整理。

9.29.2 创新资源支持指数

2023年新疆维吾尔自治区57家上市公司创新资源支持指数平均水平为62.65，低于全市场均值67.08。从指数分布来看，高于全市场均值的有16家，占自治区内上市公司总数的28.07%。其中，最高的是金风科技，创新资源支持指数为77.45。具体来看，创新资源支持指数处于[70，80）的有11家，占比19.30%；[60，70）的有23家，占比40.35%；[0，60）的有23家，占比40.35%，如图9-283所示。

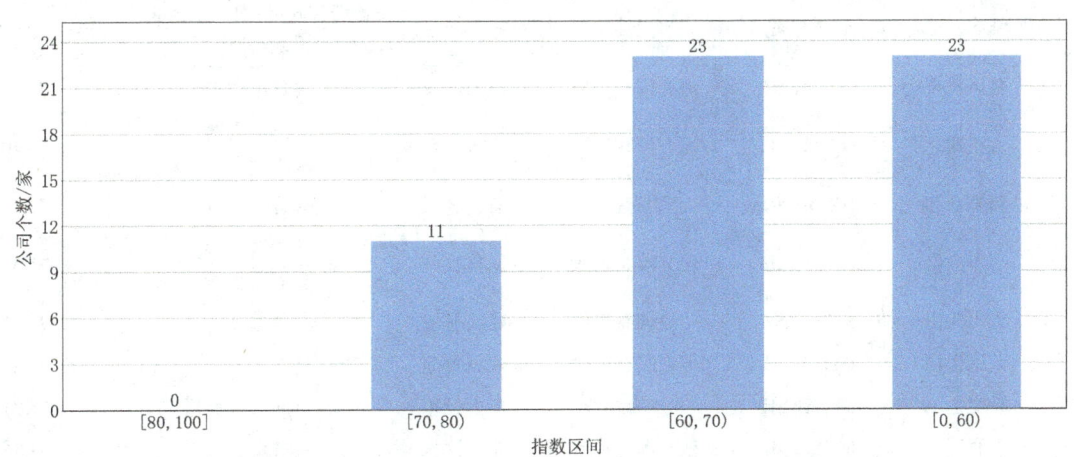

图9-283　2023年新疆维吾尔自治区上市公司创新资源支持指数分布图

从自治区内市、地区、自治州分布来看，创新资源支持指数平均水平最高的是伊犁哈萨克自治州（67.55），最低的是阿克苏地区（54.41），如图9-284所示。

新疆维吾尔自治区中，创新资源支持指数排名前10的上市公司如表9-142所示。

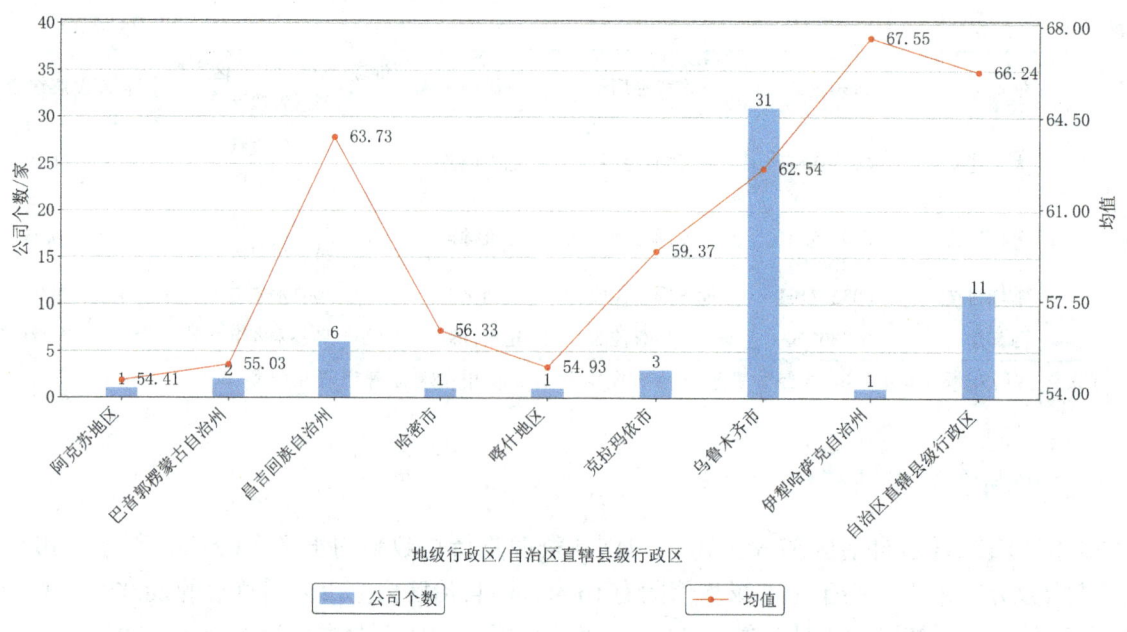

图9-284 2023年新疆维吾尔自治区上市公司创新资源支持指数均值分布图

表9-142 2023年新疆维吾尔自治区上市公司创新资源支持指数前10排名

排名	证券名称	证券代码	产权性质	一级行业	地级行政区/自治区直辖县级行政区	创新资源支持指数
1	金风科技	002202.SZ	地方国有控股	电力设备	乌鲁木齐市	77.45
2	青松建化	600425.SH	地方国有控股	建筑材料	自治区直辖县级行政区	76.70
3	新疆众和	600888.SH	非国有控股	有色金属	乌鲁木齐市	76.28
4	冠农股份	600251.SH	地方国有控股	农林牧渔	自治区直辖县级行政区	75.35
5	天山股份	000877.SZ	中央国有控股	建筑材料	乌鲁木齐市	74.77
6	天康生物	002100.SZ	地方国有控股	农林牧渔	乌鲁木齐市	74.23
7	特变电工	600089.SH	非国有控股	电力设备	昌吉回族自治州	74.21
8	天润乳业	600419.SH	地方国有控股	食品饮料	乌鲁木齐市	71.77
9	中信尼雅	600084.SH	中央国有控股	食品饮料	乌鲁木齐市	71.40
10	中粮糖业	600737.SH	中央国有控股	农林牧渔	昌吉回族自治州	70.50

数据来源：同花顺（iFinD），首经贸资产评估研究院和浙工商中国智能管理研究院整理。

9.29.3 创新要素投入指数

2023年新疆维吾尔自治区57家上市公司创新要素投入指数平均水平为61.01，低于全市场均值66.07。从指数分布来看，高于全市场均值的有17家，占自治区内上市公司总数的29.82%。其中，最高的是金风科技，创新要素投入指数为83.58。具体来看，创新要素投入指数处于［80，100］的有2家，占比3.51%；［70，80）的有11家，占比19.30%；［60，70）的有19家，占比33.33%；［0，60）的有25家，占比43.86%，如图9-285所示。

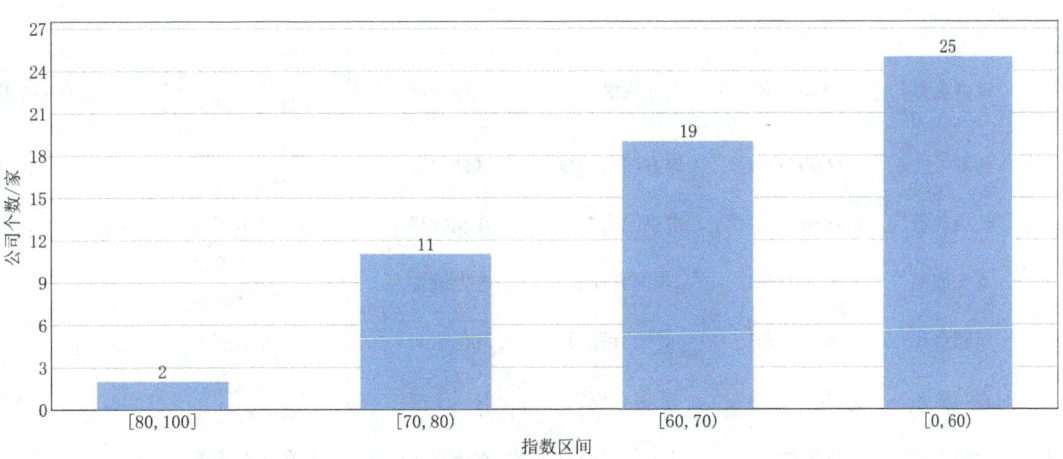

图9-285　2023年新疆维吾尔自治区上市公司创新要素投入指数分布图

从自治区内市、地区、自治州分布来看，创新要素投入指数平均水平最高的是伊犁哈萨克自治州（67.73），最低的是哈密市（43.09），如图9-286所示。

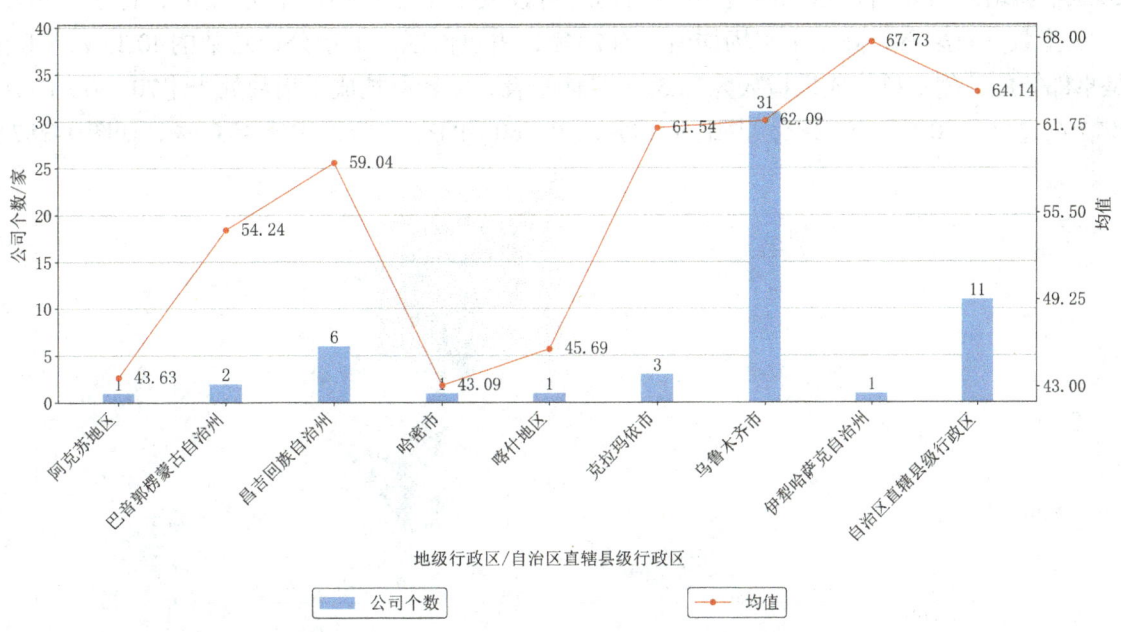

图9-286　2023年新疆维吾尔自治区上市公司创新要素投入指数均值分布图

新疆维吾尔自治区中，创新要素投入指数排名前10的上市公司如表9-143所示。

表9-143　2023年新疆维吾尔自治区上市公司创新要素投入指数前10排名

排名	证券名称	证券代码	产权性质	一级行业	地级行政区/自治区直辖县级行政区	创新要素投入指数
1	金风科技	002202.SZ	地方国有控股	电力设备	乌鲁木齐市	83.58
2	特变电工	600089.SH	非国有控股	电力设备	昌吉回族自治州	80.67
3	西部建设	002302.SZ	中央国有控股	建筑材料	乌鲁木齐市	78.90
4	中油工程	600339.SH	中央国有控股	石油石化	克拉玛依市	78.18

续表

排名	证券名称	证券代码	产权性质	一级行业	地级行政区/自治区直辖县级行政区	创新要素投入指数
5	新疆天业	600075.SH	地方国有控股	基础化工	自治区直辖县级行政区	77.07
6	天山股份	000877.SZ	中央国有控股	建筑材料	乌鲁木齐市	76.17
7	大全能源	688303.SH	非国有控股	电力设备	自治区直辖县级行政区	75.48
8	新疆众和	600888.SH	非国有控股	有色金属	乌鲁木齐市	74.11
9	百花医药	600721.SH	非国有控股	医药生物	自治区直辖县级行政区	73.50
10	天康生物	002100.SZ	地方国有控股	农林牧渔	乌鲁木齐市	71.69

数据来源：同花顺（iFinD），首经贸资产评估研究院和浙工商中国智能管理研究院整理。

9.29.4 创新科技成果指数

2023年新疆维吾尔自治区57家上市公司创新科技成果指数平均水平为62.08，低于全市场均值64.15。从指数分布来看，高于全市场均值的有23家，占自治区内上市公司总数的40.35%。其中，最高的是卓郎智能，创新科技成果指数为73.59。具体来看，创新科技成果指数处于[70，80)的有5家，占比8.77%；[60，70)的有32家，占比56.14%；[0，60)的有20家，占比35.09%，如图9-287所示。

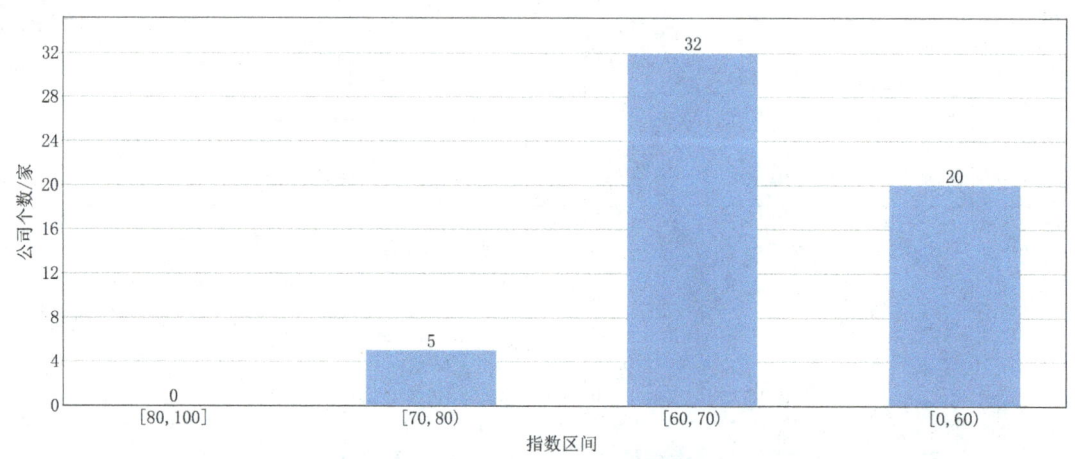

图9-287　2023年新疆维吾尔自治区上市公司创新科技成果指数分布图

从自治区内市、地区、自治州分布来看，创新科技成果指数平均水平最高的是伊犁哈萨克自治州（67.78），最低的是阿克苏地区（50.44），如图9-288所示。

新疆维吾尔自治区中，创新科技成果指数排名前10的上市公司如表9-144所示。

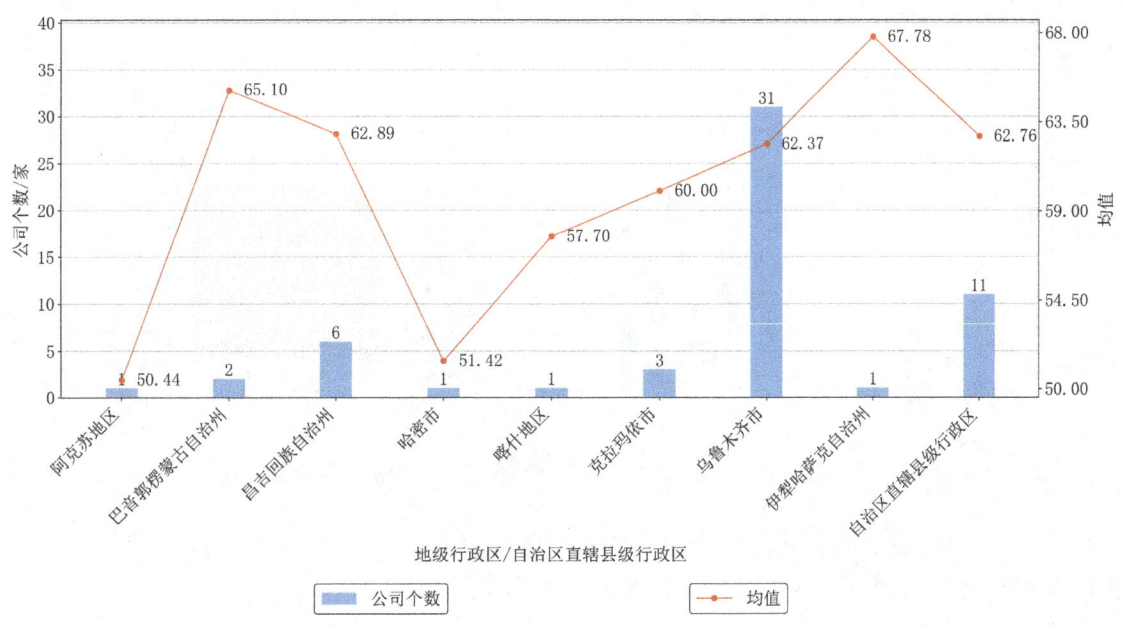

图9-288　2023年新疆维吾尔自治区上市公司创新科技成果指数均值分布图

表 9-144　2023年新疆维吾尔自治区上市公司创新科技成果指数前10排名

排名	证券名称	证券代码	产权性质	一级行业	地级行政区/自治区直辖县级行政区	创新科技成果指数
1	卓郎智能	600545.SH	非国有控股	机械设备	乌鲁木齐市	73.59
2	特变电工	600089.SH	非国有控股	电力设备	昌吉回族自治州	71.77
3	天山股份	000877.SZ	中央国有控股	建筑材料	乌鲁木齐市	71.25
4	八一钢铁	600581.SH	中央国有控股	钢铁	乌鲁木齐市	71.16
5	新疆众和	600888.SH	非国有控股	有色金属	乌鲁木齐市	70.31
6	中油工程	600339.SH	中央国有控股	石油石化	克拉玛依市	69.78
7	金风科技	002202.SZ	地方国有控股	电力设备	乌鲁木齐市	69.23
8	冠农股份	600251.SH	地方国有控股	农林牧渔	自治区直辖县级行政区	68.68
9	中泰化学	002092.SZ	地方国有控股	基础化工	乌鲁木齐市	68.23
10	雪峰科技	603227.SH	地方国有控股	基础化工	乌鲁木齐市	68.21

数据来源：同花顺（iFinD），首经贸资产评估研究院和浙工商中国智能管理研究院整理。

9.29.5　创新经济绩效指数

2023年新疆维吾尔自治区57家上市公司创新经济绩效指数平均水平为63.24，低于全市场均值64.49。从指数分布来看，高于全市场均值的有27家，占自治区内上市公司总数的47.37%。其中，最高的是特变电工，创新经济绩效指数为80.89。具体来看，创新经济绩效指数处于［80，100］的有1家，占比1.75%；［70，80）的有16家，占比28.07%；［60，70）的有15家，占比26.32%；［0，60）的有25家，占比43.86%，如图9-289所示。

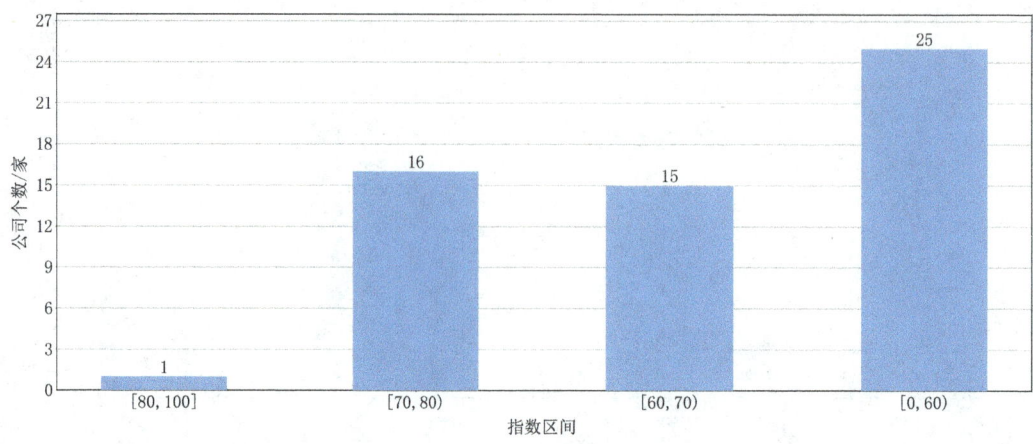

图9-289　2023年新疆维吾尔自治区上市公司创新经济绩效指数分布图

从自治区内市、地区、自治州分布来看，创新经济绩效指数平均水平最高的是伊犁哈萨克自治州（76.45），最低的是阿克苏地区（48.13），如图9-290所示。

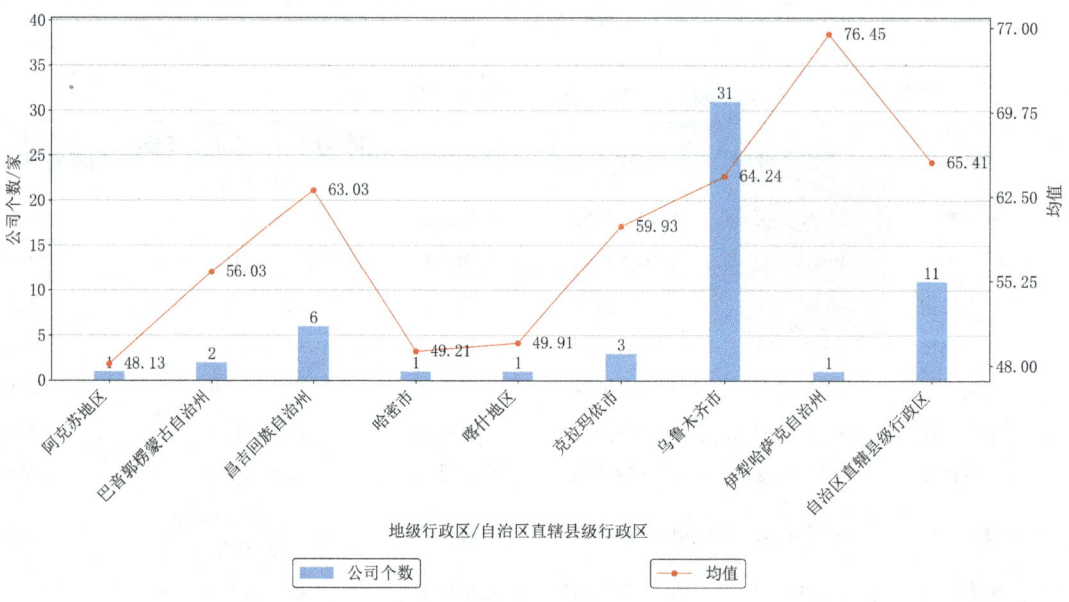

图9-290　2023年新疆维吾尔自治区上市公司创新经济绩效指数均值分布图

新疆维吾尔自治区中，创新经济绩效指数排名前10的上市公司如表9-145所示。

表9-145　2023年新疆维吾尔自治区上市公司创新经济绩效指数前10排名

排名	证券名称	证券代码	产权性质	一级行业	地级行政区/自治区直辖县级行政区	创新经济绩效指数
1	特变电工	600089.SH	非国有控股	电力设备	昌吉回族自治州	80.89
2	冠农股份	600251.SH	地方国有控股	农林牧渔	自治区直辖县级行政区	79.85
3	雪峰科技	603227.SH	地方国有控股	基础化工	乌鲁木齐市	78.63
4	青松建化	600425.SH	地方国有控股	建筑材料	自治区直辖县级行政区	78.36

续表

排名	证券名称	证券代码	产权性质	一级行业	地级行政区/自治区直辖县级行政区	创新经济绩效指数
5	金风科技	002202.SZ	地方国有控股	电力设备	乌鲁木齐市	76.97
6	川宁生物	301301.SZ	非国有控股	医药生物	伊犁哈萨克自治州	76.45
7	中粮糖业	600737.SH	中央国有控股	农林牧渔	昌吉回族自治州	76.29
8	伊力特	600197.SH	地方国有控股	食品饮料	自治区直辖县级行政区	74.75
9	广汇能源	600256.SH	非国有控股	石油石化	乌鲁木齐市	74.54
10	天富能源	600509.SH	地方国有控股	公用事业	自治区直辖县级行政区	72.59

数据来源：同花顺（iFinD），首经贸资产评估研究院和浙工商中国智能管理研究院整理。

9.30 云南省上市公司创新发展指数评价

2023年，云南省全年实现地区生产总值30021.12亿元，人均地区生产总值为64107.00元，居民人均可支配收入28421.00元。截至2023年底，A股市场云南省共有上市公司37家，总市值共计7028.75亿元，营业收入共计5478.59亿元，平均市值189.97亿元/家，平均营业收入148.07亿元/家。市值最大的上市公司为华能水电（1553.40亿元），营业收入最高的上市公司为云南铜业（1469.85亿元）。2023年，云南省上市公司研发投入合计为105.52亿元，占营业收入的1.93%；无形资产账面价值合计为411.12亿元，占总资产的5.79%。根据本报告分析口径，本节共对云南省37家上市公司开展创新发展指数评价，具体情况如下：

9.30.1 创新发展综合指数

2023年云南省37家上市公司创新发展综合指数平均水平为65.11，低于全市场均值65.40。从指数分布来看，高于全市场均值的有20家，占省内上市公司总数的54.05%。其中，最高的是华能水电，创新发展综合指数为76.52。具体来看，创新发展综合指数处于[70，80）的有13家，占比35.14%；[60，70）的有12家，占比32.43%；[0，60）的有12家，占比32.43%，如图9-291所示。

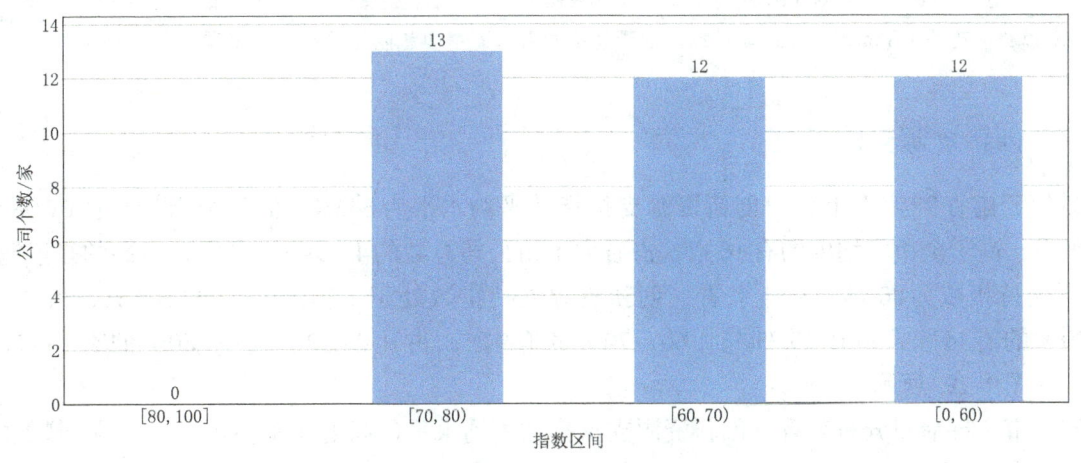

图9-291 2023年云南省上市公司创新发展综合指数分布图

从省内市、自治州分布来看，云南省37家上市公司分布在11个市、自治州。创新发展综合指数平均水平最高的是玉溪市（72.82），最低的是丽江市（51.72），如图9-292所示。

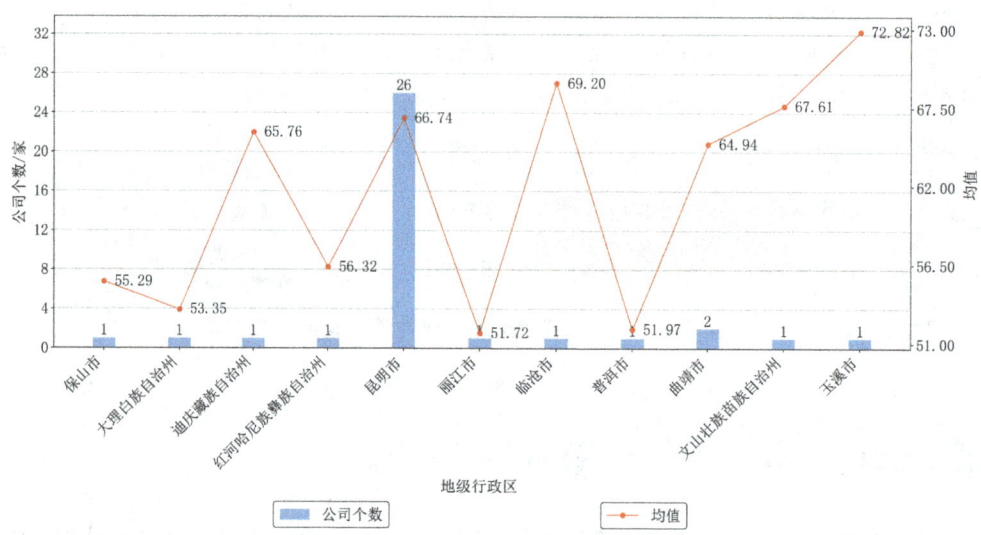

图9-292　2023年云南省上市公司创新发展综合指数均值分布图

云南省中，创新发展综合指数排名前10的上市公司如表9-146所示。

表9-146　2023年云南省上市公司创新发展综合指数前10排名

排名	证券名称	证券代码	产权性质	一级行业	地级行政区	创新发展综合指数
1	华能水电	600025.SH	中央国有控股	公用事业	昆明市	76.52
2	驰宏锌锗	600497.SH	中央国有控股	有色金属	曲靖市	75.92
3	云南白药	000538.SZ	地方国有控股	医药生物	昆明市	75.57
4	贝泰妮	300957.SZ	非国有控股	美容护理	昆明市	75.18
5	沃森生物	300142.SZ	非国有控股	医药生物	昆明市	74.95
6	云天化	600096.SH	地方国有控股	基础化工	昆明市	73.50
7	云铝股份	000807.SZ	中央国有控股	有色金属	昆明市	73.36
8	建设工业	002265.SZ	中央国有控股	汽车	昆明市	73.31
9	恩捷股份	002812.SZ	非国有控股	电力设备	玉溪市	72.82
10	贵研铂业	600459.SH	地方国有控股	有色金属	昆明市	72.69

数据来源：同花顺（iFinD），首经贸资产评估研究院和浙工商中国智能管理研究院整理。

9.30.2　创新资源支持指数

2023年云南省37家上市公司创新资源支持指数平均水平为64.04，低于全市场均值67.08。从指数分布来看，高于全市场均值的有16家，占省内上市公司总数的43.24%。其中，最高的是恩捷股份，创新资源支持指数为80.76。具体来看，创新资源支持指数处于［80，100］的有1家，占比2.70%；［70，80）的有11家，占比29.73%；［60，70）的有9家，占比24.32%；［0，60）的有16家，占比43.25%，如图9-293所示。

从省内市、自治州分布来看，创新资源支持指数平均水平最高的是玉溪市（80.76），最低的是保山市（49.92），如图9-294所示。

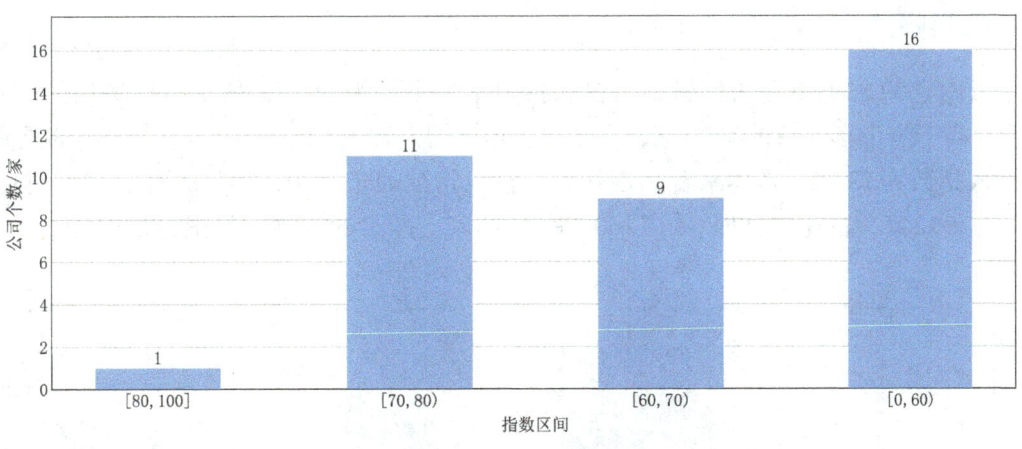

图9-293　2023年云南省上市公司创新资源支持指数分布图

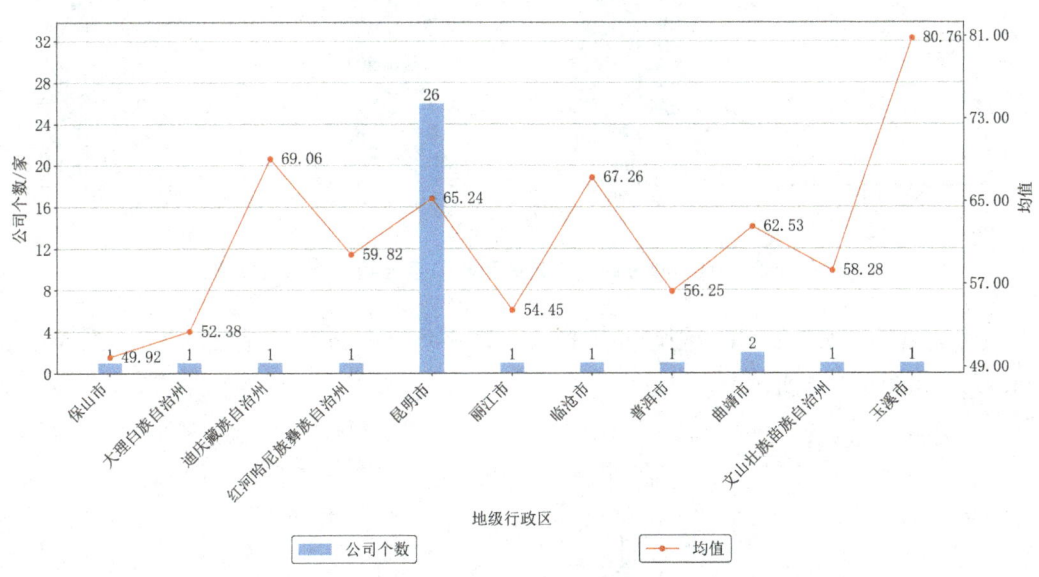

图9-294　2023年云南省上市公司创新资源支持指数均值分布图

云南省中，创新资源支持指数排名前10的上市公司如表9-147所示。

表9-147　2023年云南省上市公司创新资源支持指数前10排名

排名	证券名称	证券代码	产权性质	一级行业	地级行政区	创新资源支持指数
1	恩捷股份	002812.SZ	非国有控股	电力设备	玉溪市	80.76
2	建设工业	002265.SZ	中央国有控股	汽车	昆明市	79.90
3	云南白药	000538.SZ	地方国有控股	医药生物	昆明市	78.69
4	沃森生物	300142.SZ	非国有控股	医药生物	昆明市	77.15
5	云南能投	002053.SZ	地方国有控股	基础化工	昆明市	75.07
6	南天信息	000948.SZ	地方国有控股	计算机	昆明市	75.05
7	锡业股份	000960.SZ	地方国有控股	有色金属	昆明市	73.59
8	云南铜业	000878.SZ	中央国有控股	有色金属	昆明市	73.48
9	昆药集团	600422.SH	中央国有控股	医药生物	昆明市	73.17
10	驰宏锌锗	600497.SH	中央国有控股	有色金属	曲靖市	71.88

数据来源：同花顺（iFinD），首经贸资产评估研究院和浙工商中国智能管理研究院整理。

9.30.3 创新要素投入指数

2023年云南省37家上市公司创新要素投入指数平均水平为64.46，低于全市场均值66.07。从指数分布来看，高于全市场均值的有20家，占省内上市公司总数的54.05%。其中，最高的是南天信息，创新要素投入指数为78.87。具体来看，创新要素投入指数处于［70，80）的有14家，占比37.84%；［60，70）的有12家，占比32.43%；［0，60）的有11家，占比29.73%，如图9-295所示。

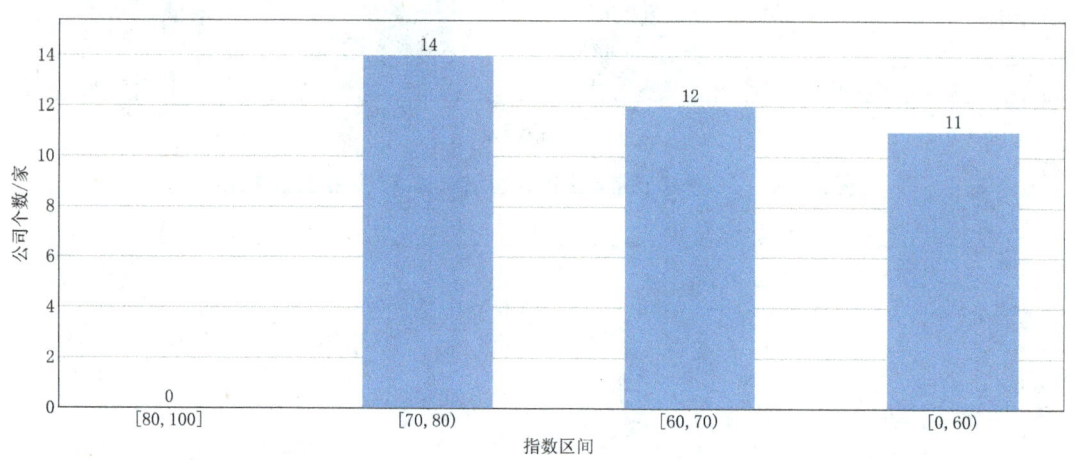

图9-295 2023年云南省上市公司创新要素投入指数分布图

从省内城市、自治州分布来看，创新要素投入指数平均水平最高的是临沧市（73.35），最低的是丽江市（44.06），如图9-296所示。

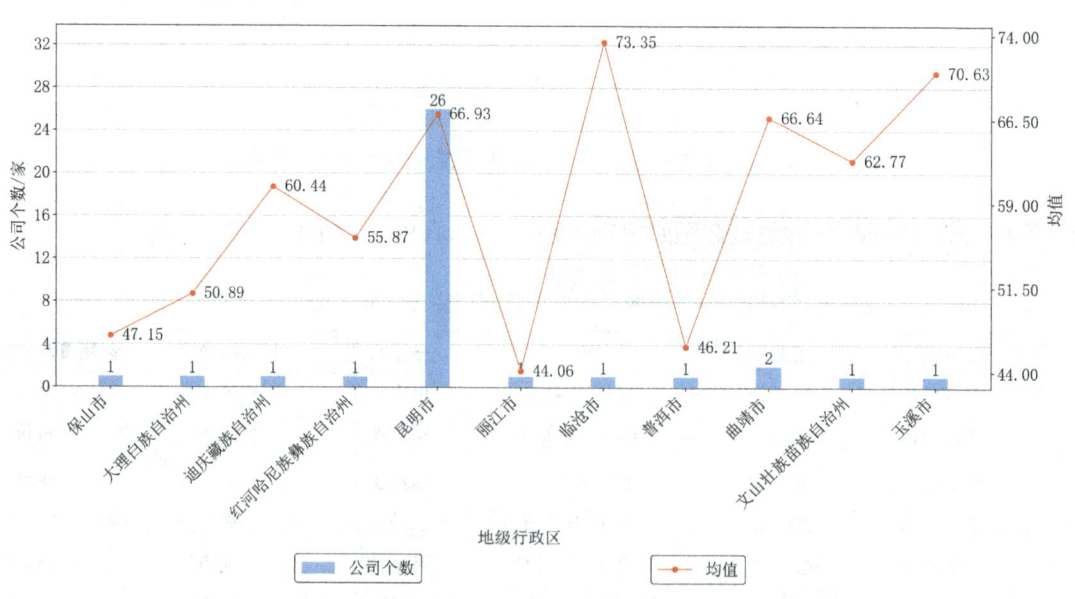

图9-296 2023年云南省上市公司创新要素投入指数均值分布图

云南省中，创新要素投入指数排名前10的上市公司如表9-148所示。

表 9-148 2023 年云南省上市公司创新要素投入指数前 10 排名

排名	证券名称	证券代码	产权性质	一级行业	地级行政区	创新要素投入指数
1	南天信息	000948.SZ	地方国有控股	计算机	昆明市	78.87
2	驰宏锌锗	600497.SH	中央国有控股	有色金属	曲靖市	78.77
3	云铝股份	000807.SZ	中央国有控股	有色金属	昆明市	77.89
4	云南铜业	000878.SZ	中央国有控股	有色金属	昆明市	75.19
5	贵研铂业	600459.SH	地方国有控股	有色金属	昆明市	74.93
6	云内动力	000903.SZ	地方国有控股	汽车	昆明市	74.60
7	沃森生物	300142.SZ	非国有控股	医药生物	昆明市	74.44
8	云天化	600096.SH	地方国有控股	基础化工	昆明市	73.55
9	云南锗业	002428.SZ	非国有控股	有色金属	临沧市	73.35
10	贝泰妮	300957.SZ	非国有控股	美容护理	昆明市	73.22

数据来源：同花顺（iFinD），首经贸资产评估研究院和浙工商中国智能管理研究院整理。

9.30.4 创新科技成果指数

2023年云南省37家上市公司创新科技成果指数平均水平为65.48，高于全市场均值64.15。从指数分布来看，高于全市场均值的有22家，占省内上市公司总数的59.46%。其中，最高的是贝泰妮，创新科技成果指数为77.50。具体来看，创新科技成果指数处于[70，80）的有8家，占比21.62%；[60，70）的有22家，占比59.46%；[0，60）的有7家，占比18.92%，如图9-297所示。

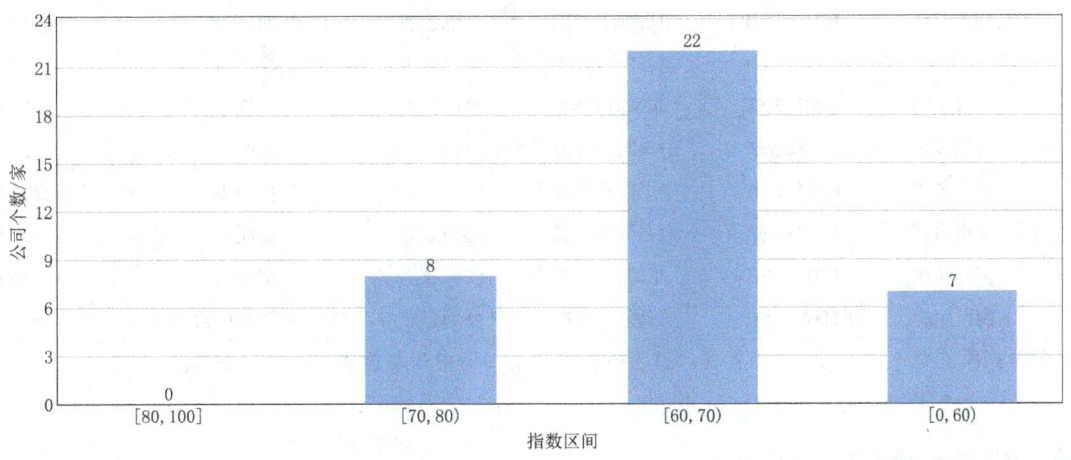

图9-297 2023年云南省上市公司创新科技成果指数分布图

从省内市、自治州分布来看，创新科技成果指数平均水平最高的是保山市（69.87），最低的是丽江市（50.44），如图9-298所示。

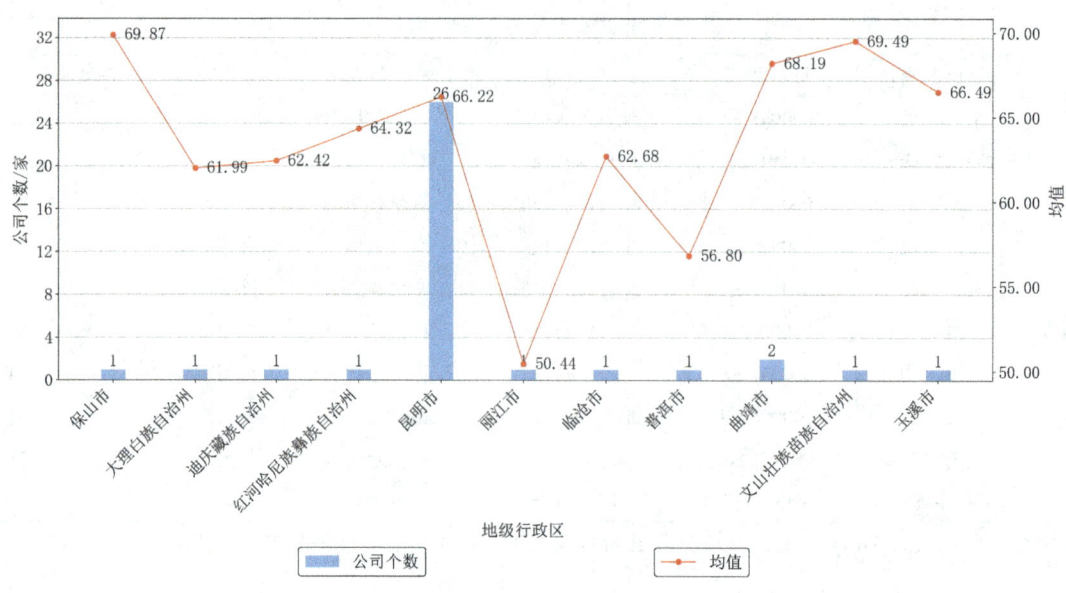

图9-298 2023年云南省上市公司创新科技成果指数均值分布图

云南省中，创新科技成果指数排名前10的上市公司如表9-149所示。

表 9-149 2023 年云南省上市公司创新科技成果指数前 10 排名

排名	证券名称	证券代码	产权性质	一级行业	地级行政区	创新科技成果指数
1	贝泰妮	300957.SZ	非国有控股	美容护理	昆明市	77.50
2	华能水电	600025.SH	中央国有控股	公用事业	昆明市	76.91
3	驰宏锌锗	600497.SH	中央国有控股	有色金属	曲靖市	75.22
4	云天化	600096.SH	地方国有控股	基础化工	昆明市	75.03
5	沃森生物	300142.SZ	非国有控股	医药生物	昆明市	73.98
6	云铝股份	000807.SZ	中央国有控股	有色金属	昆明市	71.60
7	昆药集团	600422.SH	中央国有控股	医药生物	昆明市	70.77
8	云南白药	000538.SZ	地方国有控股	医药生物	昆明市	70.73
9	博闻科技	600883.SH	非国有控股	农林牧渔	保山市	69.87
10	南网储能	600995.SH	中央国有控股	公用事业	文山壮族苗族自治州	69.49

数据来源：同花顺（iFinD），首经贸资产评估研究院和浙工商中国智能管理研究院整理。

9.30.5 创新经济绩效指数

2023年云南省37家上市公司创新经济绩效指数平均水平为66.36，高于全市场均值64.49。从指数分布来看，高于全市场均值的有23家，占省内上市公司总数的62.16%。其中，最高的是华能水电，创新经济绩效指数为87.92。具体来看，创新经济绩效指数处于［80，100］的有2家，占比5.41%；［70，80）的有18家，占比48.65%；［60，70）的有4家，占比10.81%；［0，60）的有13家，占比35.13%，如图9-299所示。

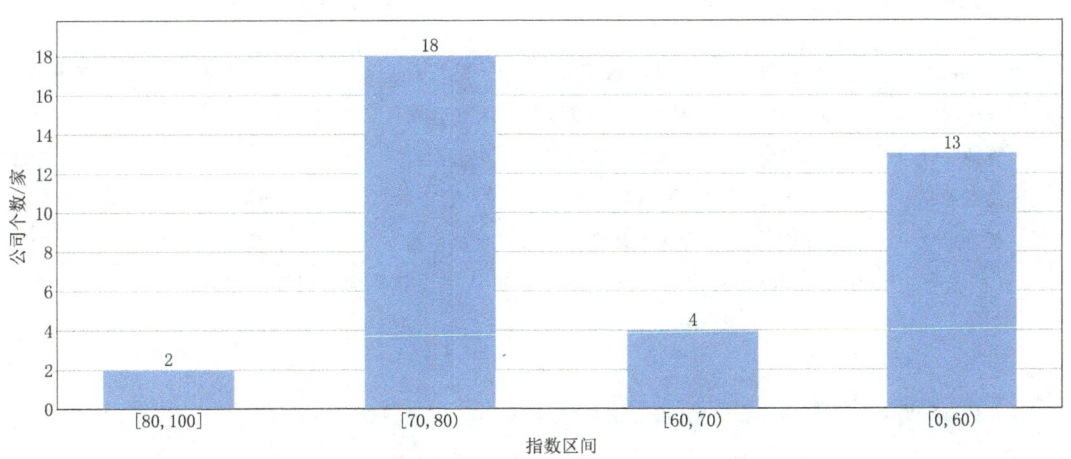

图 9-299　2023 年云南省上市公司创新经济绩效指数分布图

从省内市、自治州分布来看，创新经济绩效指数平均水平最高的是文山壮族苗族自治州（78.53），最低的是红河哈尼族彝族自治州（47.14），如图 9-300 所示。

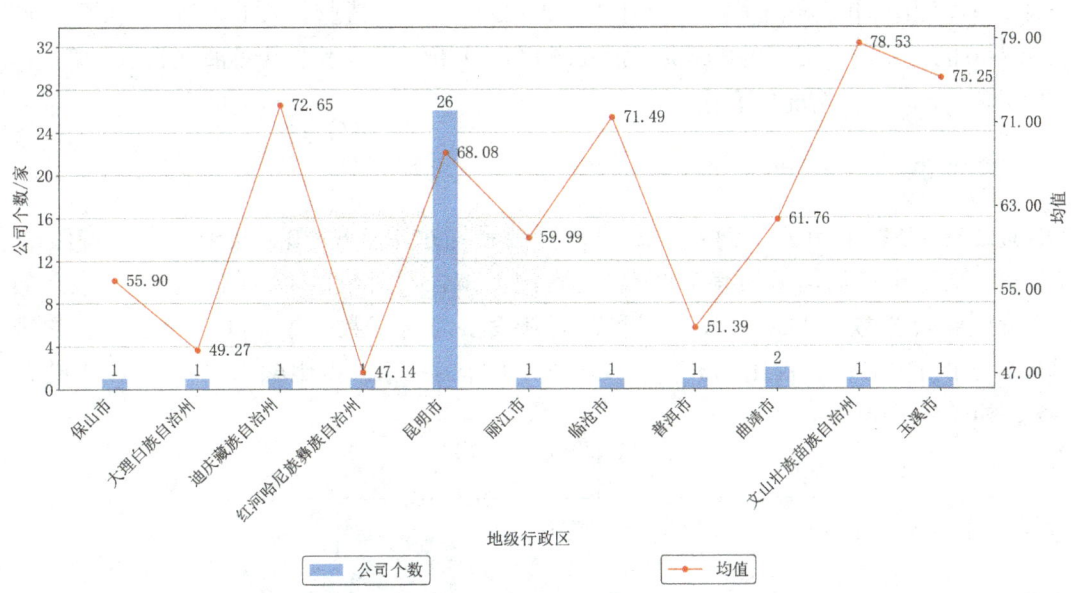

图 9-300　2023 年云南省上市公司创新经济绩效指数均值分布图

云南省中，创新经济绩效指数排名前 10 的上市公司如表 9-150 所示。

表 9-150　2023 年云南省上市公司创新经济绩效指数前 10 排名

排名	证券名称	证券代码	产权性质	一级行业	地级行政区	创新经济绩效指数
1	华能水电	600025.SH	中央国有控股	公用事业	昆明市	87.92
2	云南白药	000538.SZ	地方国有控股	医药生物	昆明市	85.71
3	南网储能	600995.SH	中央国有控股	公用事业	文山壮族苗族自治州	78.53
4	贝泰妮	300957.SZ	非国有控股	美容护理	昆明市	77.99
5	驰宏锌锗	600497.SH	中央国有控股	有色金属	曲靖市	76.09
6	贵研铂业	600459.SH	地方国有控股	有色金属	昆明市	75.71

续表

排名	证券名称	证券代码	产权性质	一级行业	地级行政区	创新经济绩效指数
7	锡业股份	000960.SZ	地方国有控股	有色金属	昆明市	75.34
8	恩捷股份	002812.SZ	非国有控股	电力设备	玉溪市	75.25
9	建设工业	002265.SZ	中央国有控股	汽车	昆明市	75.23
10	沃森生物	300142.SZ	非国有控股	医药生物	昆明市	74.83

数据来源：同花顺（iFinD），首经贸资产评估研究院和浙工商中国智能管理研究院整理。

9.31 浙江省上市公司创新发展指数评价

2023年，浙江省全年实现地区生产总值82553.20亿元，人均地区生产总值为125043.00元，居民人均可支配收入63830.00元。截至2023年底，A股市场浙江省共有上市公司676家，总市值共计62489.93亿元，营业收入共计46261.05亿元，平均市值92.44亿元/家，平均营业收入68.43亿元/家。市值最大的上市公司为海康威视（3239.58亿元），营业收入最高的上市公司为物产中大（5801.61亿元）。2023年，浙江省上市公司研发投入合计为1424.23亿元，占营业收入的3.08%；无形资产账面价值合计为2397.90亿元，占总资产的3.94%。根据本报告分析口径，本节共对浙江省676家上市公司开展创新发展指数评价，具体情况如下：

9.31.1 创新发展综合指数

2023年浙江省676家上市公司创新发展综合指数平均水平为65.30，低于全市场均值65.40。从指数分布来看，高于全市场均值的有318家，占省内上市公司总数的47.04%。其中，最高的是晶盛机电，创新发展综合指数为83.83。具体来看，创新发展综合指数处于［80，100］的有3家，占比0.44%；［70，80）的有133家，占比19.67%；［60，70）的有434家，占比64.20%；［0，60）的有106家，占比15.69%，如图9-301所示。

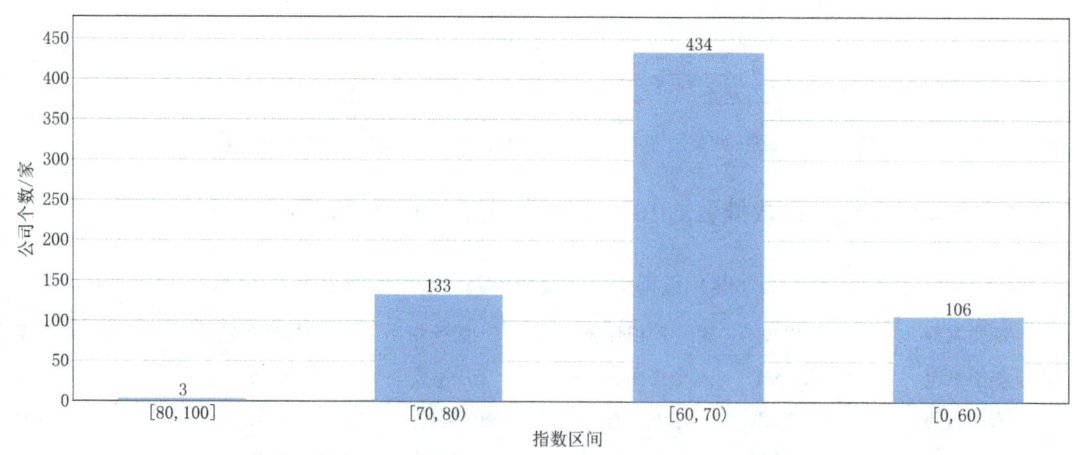

图9-301 2023年浙江省上市公司创新发展综合指数分布图

从省内城市分布来看，浙江省676家上市公司分布在11个市。创新发展综合指数平均水平最高的是衢州市（66.26），最低的是舟山市（60.78），如图9-302所示。

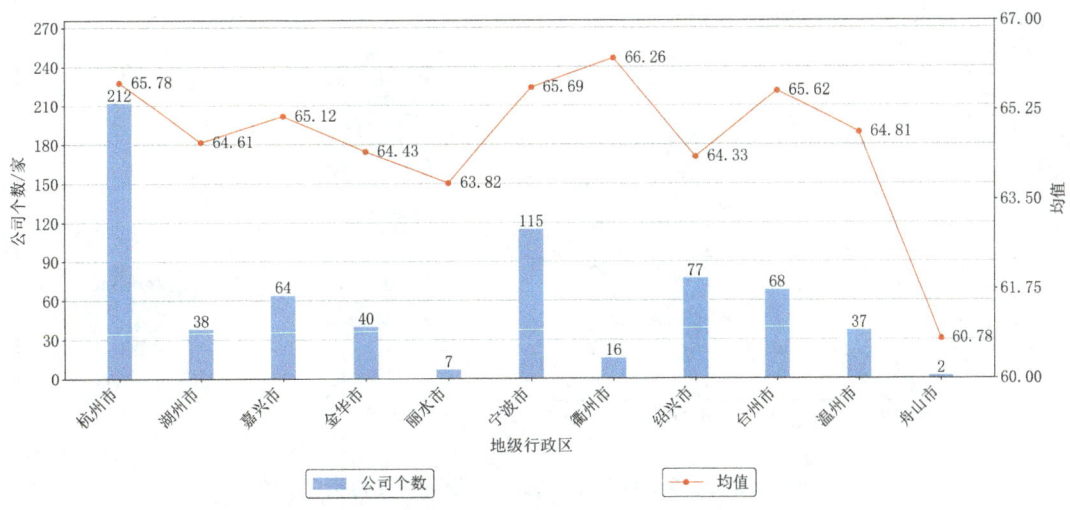

图 9-302　2023 年浙江省上市公司创新发展综合指数均值分布图

浙江省中，创新发展综合指数排名前 10 的上市公司如表 9-151 所示。

表 9-151　2023 年浙江省上市公司创新发展综合指数前 10 排名

排名	证券名称	证券代码	产权性质	一级行业	地级行政区	创新发展综合指数
1	晶盛机电	300316.SZ	非国有控股	电力设备	绍兴市	83.83
2	大华股份	002236.SZ	非国有控股	计算机	杭州市	80.19
3	海康威视	002415.SZ	中央国有控股	计算机	杭州市	80.06
4	恒生电子	600570.SH	非国有控股	计算机	杭州市	79.62
5	华东医药	000963.SZ	非国有控股	医药生物	杭州市	79.34
6	均胜电子	600699.SH	非国有控股	汽车	宁波市	78.41
7	三花智控	002050.SZ	非国有控股	家用电器	绍兴市	78.28
8	新和成	002001.SZ	非国有控股	基础化工	绍兴市	78.04
9	正泰电器	601877.SH	非国有控股	电力设备	温州市	77.91
10	卫星化学	002648.SZ	非国有控股	基础化工	嘉兴市	77.83

数据来源：同花顺（iFinD），首经贸资产评估研究院和浙工商中国智能管理研究院整理。

9.31.2　创新资源支持指数

2023 年浙江省 676 家上市公司创新资源支持指数平均水平为 68.07，高于全市场均值 67.08。从指数分布来看，高于全市场均值的有 375 家，占省内上市公司总数的 55.47%。其中，最高的是海康威视，创新资源支持指数为 88.25。具体来看，创新资源支持指数处于［80，100］的有 44 家，占比 6.51%；［70，80）的有 233 家，占比 34.47%；［60，70）的有 296 家，占比 43.79%；［0，60）的有 103 家，占比 15.23%，如图 9-303 所示。

从省内城市分布来看，创新资源支持指数平均水平最高的是丽水市（70.45），最低的是舟山市（63.88），如图 9-304 所示。

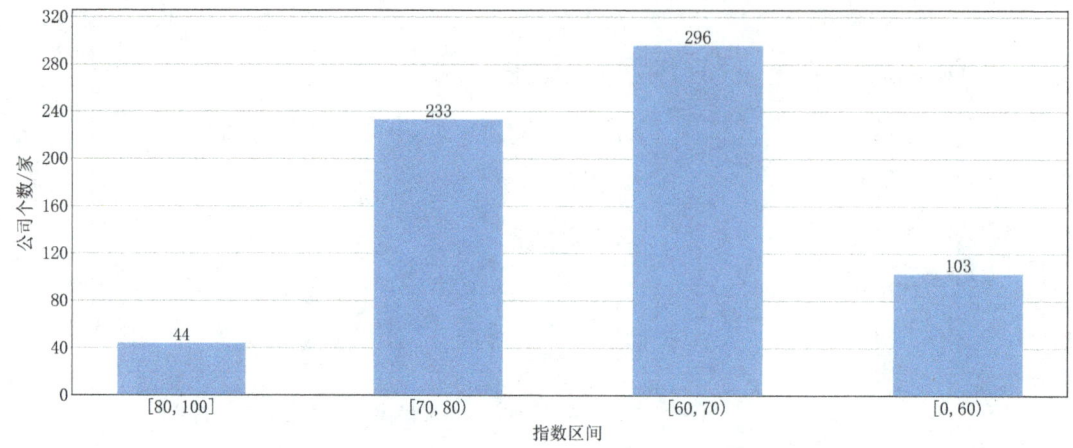

图 9-303　2023 年浙江省上市公司创新资源支持指数分布图

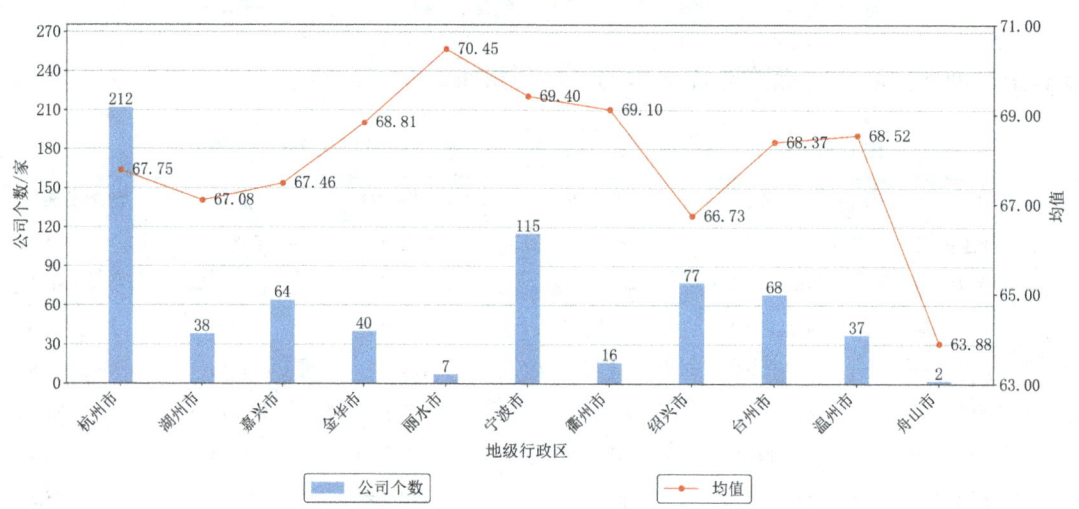

图 9-304　2023 年浙江省上市公司创新资源支持指数均值分布图

浙江省中,创新资源支持指数排名前10的上市公司如表9-152所示。

表 9-152　2023 年浙江省上市公司创新资源支持指数前 10 排名

排名	证券名称	证券代码	产权性质	一级行业	地级行政区	创新资源支持指数
1	海康威视	002415.SZ	中央国有控股	计算机	杭州市	88.25
2	大华股份	002236.SZ	非国有控股	计算机	杭州市	87.79
3	浙大网新	600797.SH	中央国有控股	计算机	杭州市	87.57
4	伟明环保	603568.SH	非国有控股	环保	温州市	86.27
5	大丰实业	603081.SH	非国有控股	机械设备	宁波市	85.31
6	杭萧钢构	600477.SH	非国有控股	建筑装饰	杭州市	84.95
7	众合科技	000925.SZ	非国有控股	机械设备	杭州市	84.72
8	晶盛机电	300316.SZ	非国有控股	电力设备	绍兴市	84.62
9	永和股份	605020.SH	非国有控股	基础化工	衢州市	84.50
10	台华新材	603055.SH	非国有控股	纺织服饰	嘉兴市	84.49

数据来源:同花顺(iFinD),首经贸资产评估研究院和浙工商中国智能管理研究院整理。

9.31.3 创新要素投入指数

2023年浙江省676家上市公司创新要素投入指数平均水平为65.78，低于全市场均值66.07。从指数分布来看，高于全市场均值的有314家，占省内上市公司总数的46.45%。其中，最高的是恒生电子，创新要素投入指数为84.68。具体来看，创新要素投入指数处于[80, 100]的有19家，占比2.81%；[70, 80)的有163家，占比24.11%；[60, 70)的有352家，占比52.07%；[0, 60)的有142家，占比21.01%，如图9-305所示。

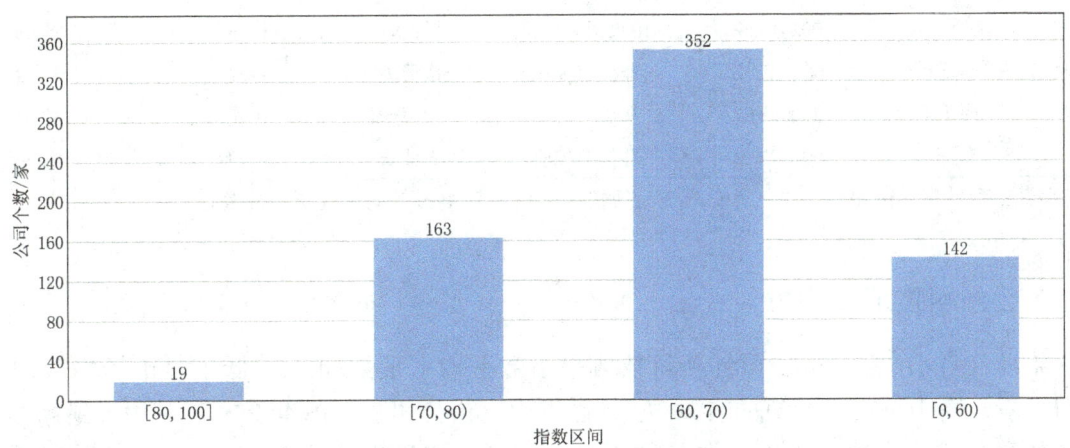

图9-305 2023年浙江省上市公司创新要素投入指数分布图

从省内城市分布来看，创新要素投入指数平均水平最高的是杭州市（67.11），最低的是舟山市（63.06），如图9-306所示。

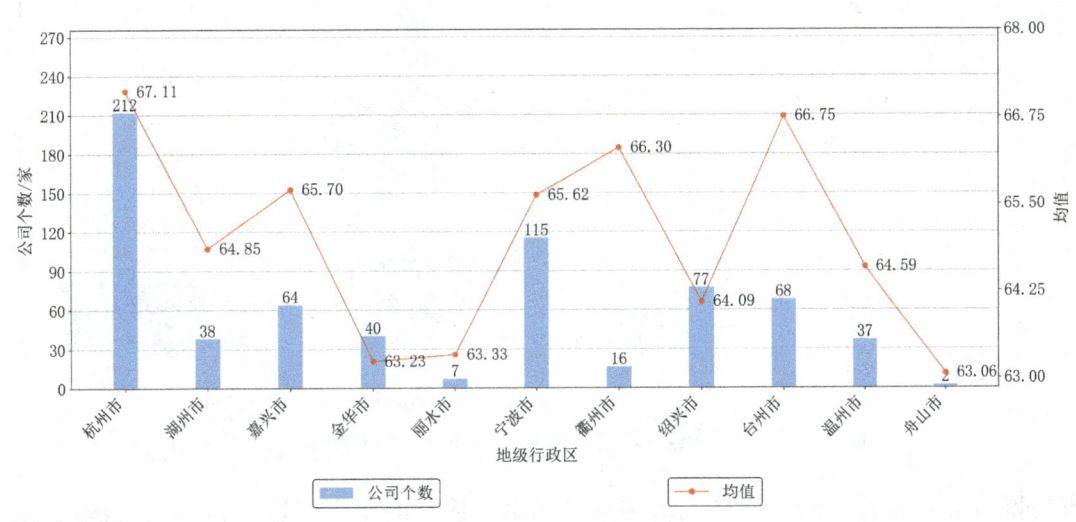

图9-306 2023年浙江省上市公司创新要素投入指数均值分布图

浙江省中，创新要素投入指数排名前10的上市公司如表9-153所示。

表 9-153 2023 年浙江省上市公司创新要素投入指数前 10 排名

排名	证券名称	证券代码	产权性质	一级行业	地级行政区	创新要素投入指数
1	恒生电子	600570.SH	非国有控股	计算机	杭州市	84.68
2	士兰微	600460.SH	非国有控股	电子	杭州市	84.50
3	华东医药	000963.SZ	非国有控股	医药生物	杭州市	84.22
4	长川科技	300604.SZ	非国有控股	电子	杭州市	83.97
5	均胜电子	600699.SH	非国有控股	汽车	宁波市	83.89
6	晶盛机电	300316.SZ	非国有控股	电力设备	绍兴市	83.60
7	海康威视	002415.SZ	中央国有控股	计算机	杭州市	83.19
8	华海药业	600521.SH	非国有控股	医药生物	台州市	82.39
9	同花顺	300033.SZ	非国有控股	计算机	杭州市	82.01
10	荣盛石化	002493.SZ	非国有控股	石油石化	杭州市	81.56

数据来源：同花顺（iFinD），首经贸资产评估研究院和浙工商中国智能管理研究院整理。

9.31.4 创新科技成果指数

2023年浙江省676家上市公司创新科技成果指数平均水平为64.03，低于全市场均值64.15。从指数分布来看，高于全市场均值的有299家，占省内上市公司总数的44.23%。其中，最高的是正泰电器，创新科技成果指数为80.19。具体来看，创新科技成果指数处于［80，100］的有2家，占比0.30%；［70，80）的有68家，占比10.06%；［60，70）的有500家，占比73.96%；［0，60）的有106家，占比15.68%，如图9-307所示。

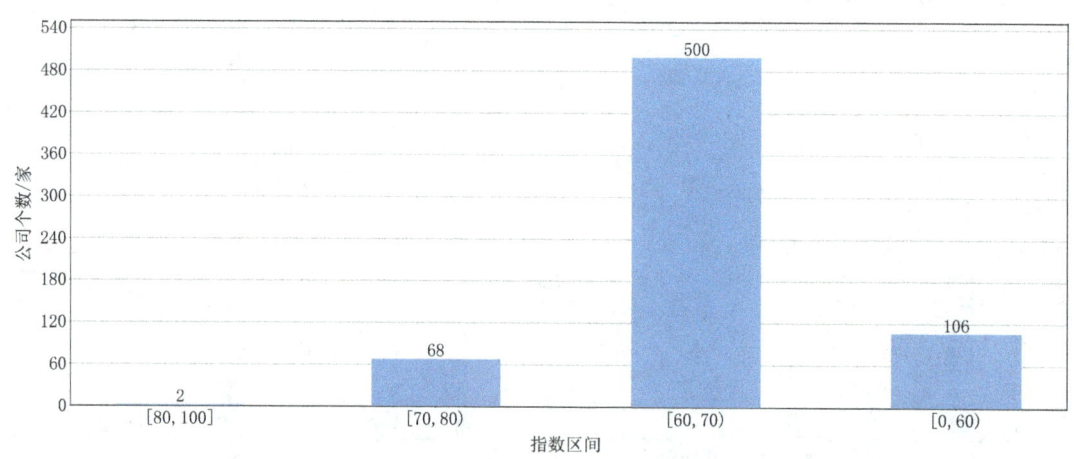

图 9-307 2023 年浙江省上市公司创新科技成果指数分布图

从省内城市分布来看，创新科技成果指数平均水平最高的是嘉兴市（64.54），最低的是舟山市（59.55），如图9-308所示。

第9章 中国上市公司创新发展指数评价——省份维度

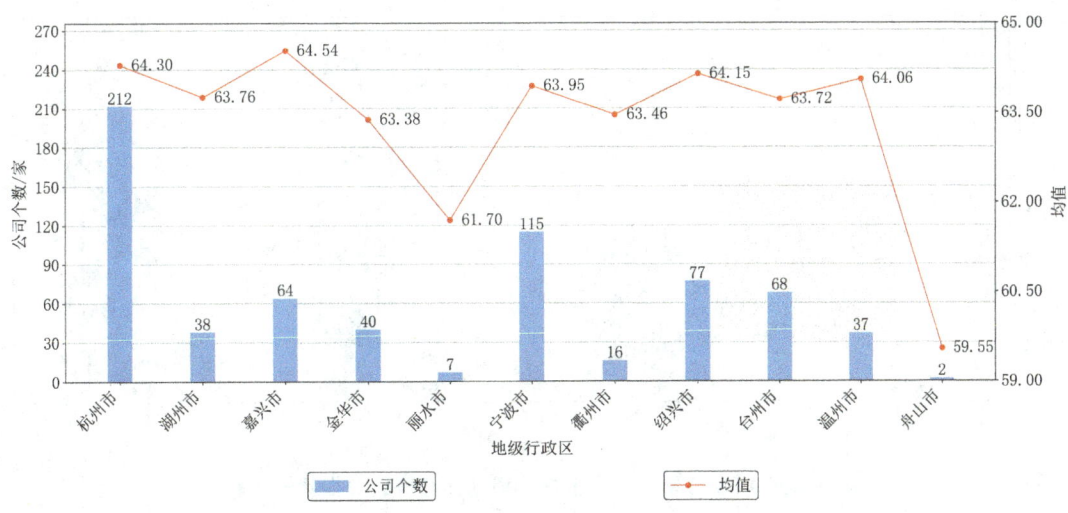

图9-308　2023年浙江省上市公司创新科技成果指数均值分布图

浙江省中，创新科技成果指数排名前10的上市公司如表9-154所示。

表9-154　2023年浙江省上市公司创新科技成果指数前10排名

排名	证券名称	证券代码	产权性质	一级行业	地级行政区	创新科技成果指数
1	正泰电器	601877.SH	非国有控股	电力设备	温州市	80.19
2	晶盛机电	300316.SZ	非国有控股	电力设备	绍兴市	80.03
3	五洲新春	603667.SH	非国有控股	机械设备	绍兴市	79.91
4	伟星新材	002372.SZ	非国有控股	建筑材料	台州市	79.24
5	杭钢股份	600126.SH	地方国有控股	钢铁	杭州市	78.13
6	万邦德	002082.SZ	非国有控股	医药生物	湖州市	77.67
7	航天彩虹	002389.SZ	中央国有控股	国防军工	台州市	75.78
8	均胜电子	600699.SH	非国有控股	汽车	宁波市	75.78
9	报喜鸟	002154.SZ	非国有控股	纺织服饰	温州市	75.02
10	诺力股份	603611.SH	非国有控股	机械设备	湖州市	75.00

数据来源：同花顺（iFinD），首经贸资产评估研究院和浙工商中国智能管理研究院整理。

9.31.5　创新经济绩效指数

2023年浙江省676家上市公司创新经济绩效指数平均水平为63.83，低于全市场均值64.49。从指数分布来看，高于全市场均值的有313家，占省内上市公司总数的46.30%。其中，最高的是晶盛机电，创新经济绩效指数为86.91。具体来看，创新经济绩效指数处于［80，100］的有13家，占比1.92%；［70，80）的有139家，占比20.56%；［60，70）的有297家，占比43.93%；［0，60）的有227家，占比33.59%，如图9-309所示。

从省内城市分布来看，创新经济绩效指数平均水平最高的是衢州市（66.64），最低的是舟山市（56.87），如图9-310所示。

711

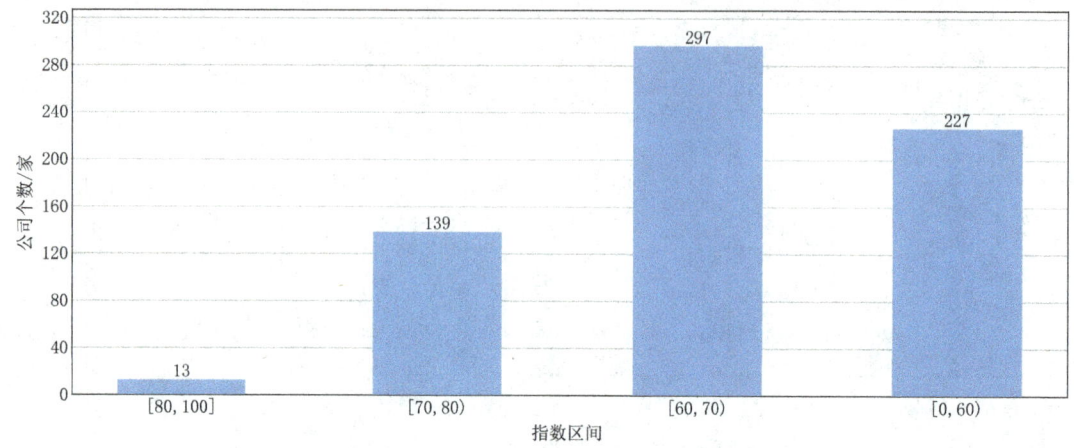

图9-309　2023年浙江省上市公司创新经济绩效指数分布图

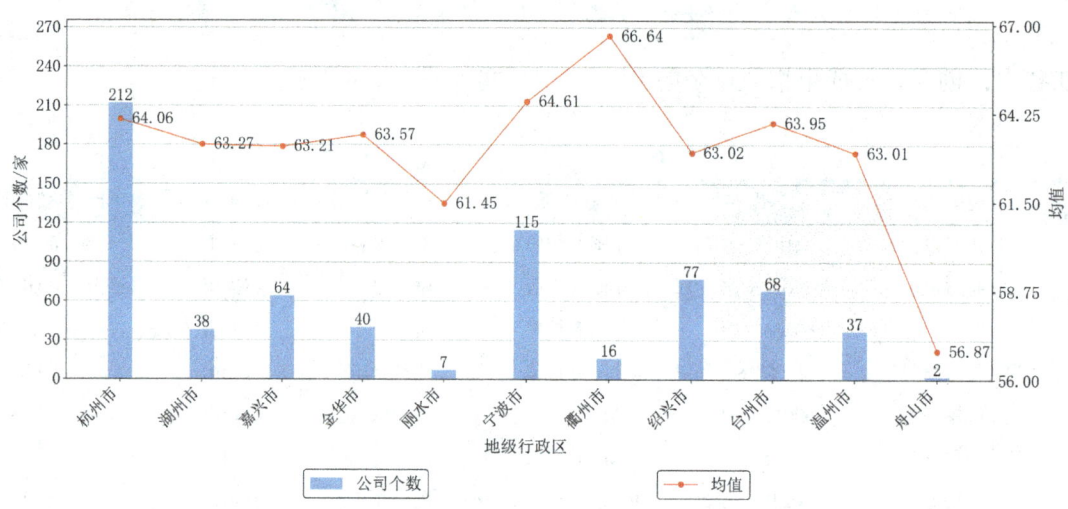

图9-310　2023年浙江省上市公司创新经济绩效指数均值分布图

浙江省中，创新经济绩效指数排名前10的上市公司如表9-155所示。

表9-155　2023年浙江省上市公司创新经济绩效指数前10排名

排名	证券名称	证券代码	产权性质	一级行业	地级行政区	创新经济绩效指数
1	晶盛机电	300316.SZ	非国有控股	电力设备	绍兴市	86.91
2	小商品城	600415.SH	地方国有控股	商贸零售	金华市	86.27
3	华东医药	000963.SZ	非国有控股	医药生物	杭州市	83.16
4	乐歌股份	300729.SZ	非国有控股	轻工制造	宁波市	82.86
5	杭叉集团	603298.SH	非国有控股	机械设备	杭州市	81.17
6	三花智控	002050.SZ	非国有控股	家用电器	绍兴市	81.15
7	博威合金	601137.SH	非国有控股	有色金属	宁波市	80.78
8	正泰电器	601877.SH	非国有控股	电力设备	温州市	80.65
9	拓普集团	601689.SH	非国有控股	汽车	宁波市	80.07
10	浙商中拓	000906.SZ	地方国有控股	交通运输	杭州市	80.05

数据来源：同花顺（iFinD），首经贸资产评估研究院和浙工商中国智能管理研究院整理。

第 10 章
中国上市公司创新发展指数评价——板块维度

我国上市公司分布于沪市主板、深市主板、创业板、科创板和北交所等板块，各具特色。主板突出大盘蓝筹特色，重点支持业务模式成熟、经营业绩稳定、规模较大、具有行业代表性的优质企业。科创板突出硬科技特色，面向世界科技前沿、经济主战场、国家重大需求，优先支持符合国家战略、拥有关键核心技术、科技创新能力突出、具有较强成长性的企业。创业板深入贯彻创新驱动发展战略，适应发展更多依靠创新、创造、创意的大趋势，主要服务成长型创新创业企业。北交所与全国股转系统致力打造服务创新型中小企业主阵地。板块定位差异导致不同板块的公司创新发展水平可能有所差异。从板块维度对中国上市公司创新发展指数进行评价，有助于我们深入理解各板块上市公司在创新驱动下的发展态势和特点，能够在一定程度上为政策制定者和投资者提供关键的决策信息，促进资本市场的健康发展和创新生态的构建。鉴于此，本章从板块维度，对沪市主板、深市主板、创业板、科创板和北交所上市公司的创新发展指数进行评价和分析。

10.1 沪市主板上市公司创新发展指数评价

截至2023年底，沪市主板上市公司共1535家，年成交额620391.44亿元，日均成交2638.36亿元，总市值共计341026.32亿元，营业收入合计402177.24亿元，平均市值222.17亿元/家，平均营业收入262.00亿元/家。市值最大的上市公司为贵州茅台（21681.97亿元），营业收入最高的上市公司为中国石化（32122.15亿元）。2023年，沪市主板上市公司研发投入合计为9054.98亿元，占营业收入的2.25%；无形资产账面价值合计为34786.00亿元，占总资产的6.06%。根据本报告分析口径，本节共对沪市主板1535家上市公司开展创新发展指数评价，具体情况如下：

10.1.1 创新发展综合指数

2023年沪市主板1535家上市公司创新发展综合指数平均水平为66.27，高于全市场均值65.40。从指数分布来看，高于全市场均值的有895家，占板块内上市公司总数的58.31%。其中，最高的是长城汽车，创新发展综合指数为84.34。具体来看，创新发展综合指数处于[80,100]的有11家，占比0.72%；[70,80)的有416家，占比27.10%；[60,70)的有842家，占比54.85%；[0,60)的有266家，占比17.33%，如图10-1所示。

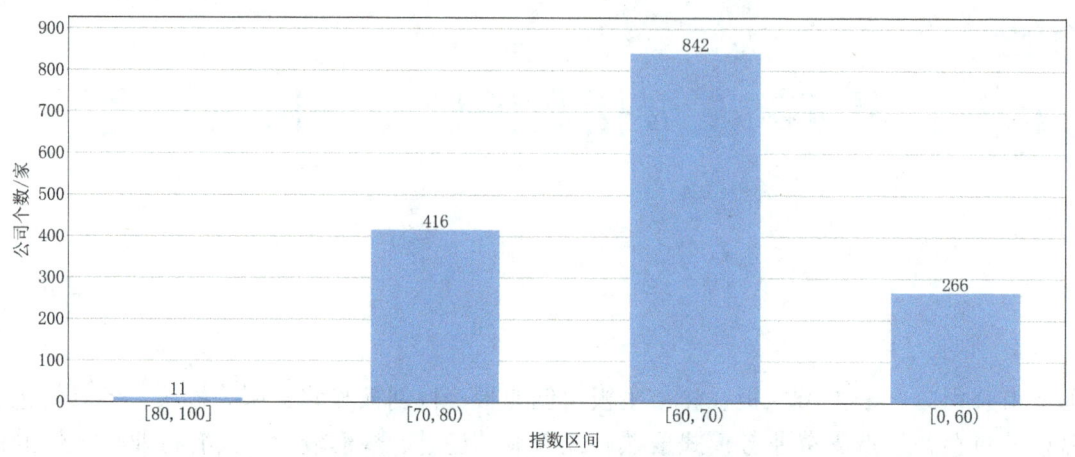

图10-1　2023年沪市主板上市公司创新发展综合指数分布图

1535家沪市主板上市公司中，中央国有控股上市公司有217家，地方国有控股上市公司有417家，非国有控股上市公司有901家。根据创新发展综合指数平均水平情况来看，中央国有控股上市公司的平均水平为70.77，地方国有控股上市公司为65.62，非国有控股上市公司为65.49，如图10-2所示。

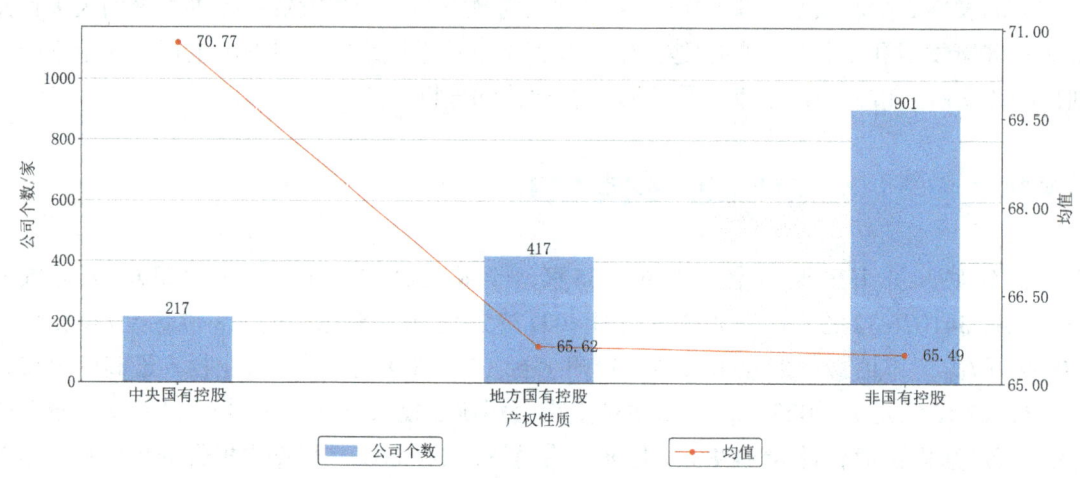

图10-2　2023年沪市主板不同产权上市公司创新发展综合指数均值分布图

从省份分布来看，浙江省（17.07%）、上海市（12.64%）、江苏省（12.57%）占据沪市主板主要地位。根据创新发展综合指数平均水平情况来看，平均水平较高的有北京市（70.64）、河南省（68.56）、河北省（68.23），如图10-3所示。

从行业分布来看，基础化工（8.47%）、机械设备（8.08%）、汽车（7.56%）占据沪市主板主要地位。根据创新发展综合指数平均水平情况来看，平均水平较高的有国防军工（71.79）、计算机（68.99）、家用电器（68.95），如图10-4所示。

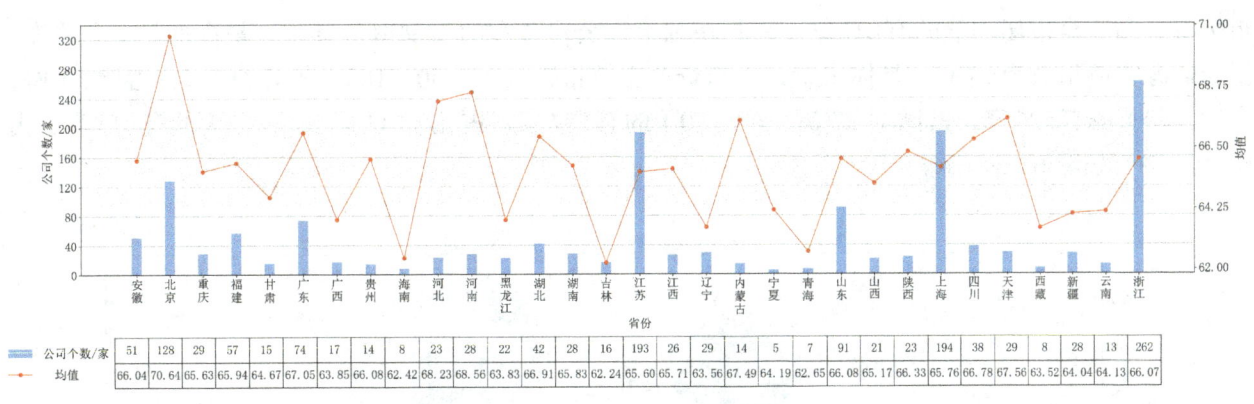

图 10-3 2023年沪市主板各省份上市公司创新发展综合指数均值分布图

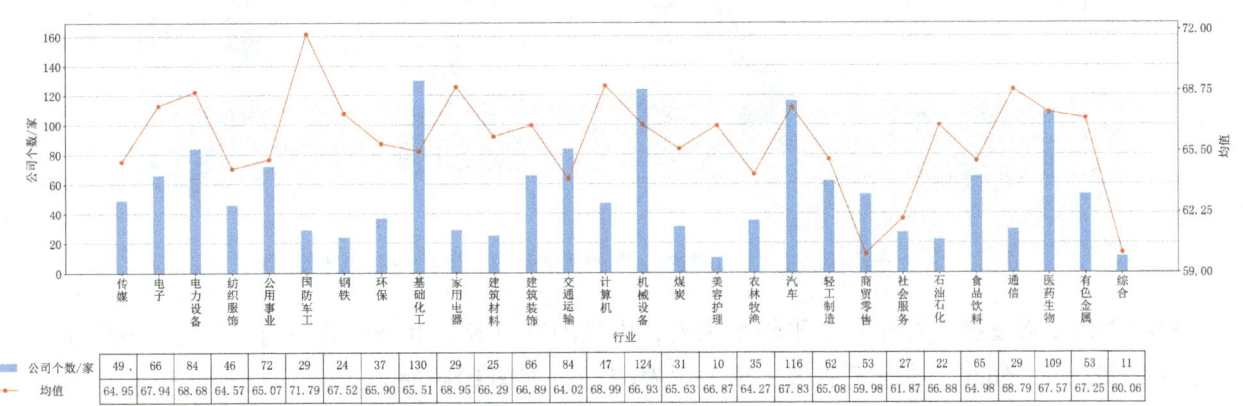

图 10-4 2023年沪市主板各行业上市公司创新发展综合指数均值分布图

沪市主板中，创新发展综合指数排名前10的上市公司如表10-1所示。

表 10-1 2023 年沪市主板上市公司创新发展综合指数前 10 排名

排名	证券名称	证券代码	一级行业	省份	产权性质	创新发展综合指数
1	长城汽车	601633.SH	汽车	河北	非国有控股	84.34
2	国电南瑞	600406.SH	电力设备	江苏	中央国有控股	83.34
3	海尔智家	600690.SH	家用电器	山东	非国有控股	82.58
4	三一重工	600031.SH	机械设备	北京	非国有控股	82.42
5	中科曙光	603019.SH	计算机	天津	中央国有控股	82.14
6	中国电信	601728.SH	通信	北京	中央国有控股	81.57
7	中国汽研	601965.SH	汽车	重庆	中央国有控股	81.53
8	恒瑞医药	600276.SH	医药生物	江苏	非国有控股	81.26
9	中海油服	601808.SH	石油石化	天津	中央国有控股	81.19
10	广汽集团	601238.SH	汽车	广东	地方国有控股	80.78

数据来源：同花顺（iFinD），首经贸资产评估研究院和浙工商中国智能管理研究院整理。

10.1.2 创新资源支持指数

2023年沪市主板上市公司创新资源支持指数平均水平为67.60，高于全市场均值67.08。从指数分布来看，高于全市场均值的有812家，占板块内上市公司总数的52.90%。其中，最高的是金龙汽车，创新资源支持指数为93.37。具体来看，创新资源支持指数处于［80，100］的有110家，占比7.10%；［70，80）的有526家，占比34.27%；［60，70）的有584家，占比38.11%；［0，60）的有315家，占比20.52%，如图10-5所示。

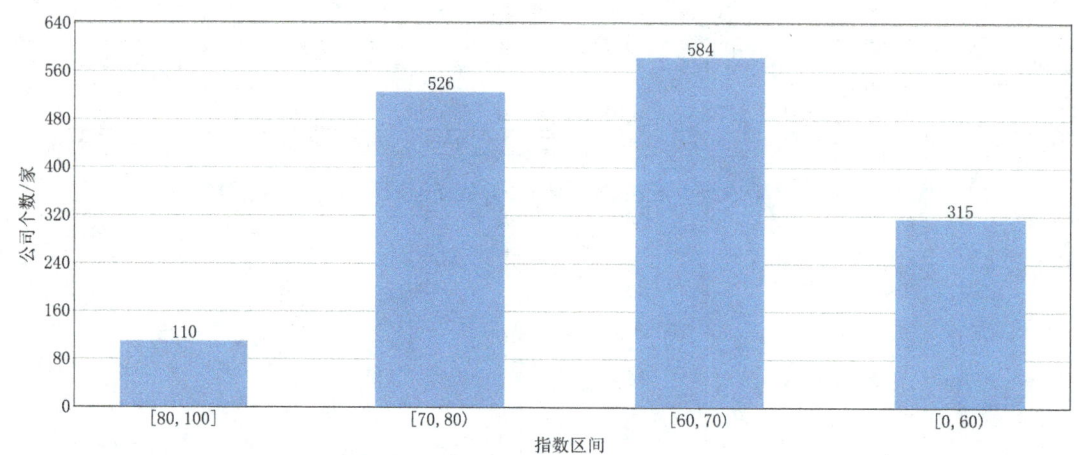

图10-5　2023年沪市主板上市公司创新资源支持指数分布图

根据创新资源支持指数平均水平情况来看，中央国有控股上市公司的平均水平为70.67，地方国有控股上市公司为66.65，非国有控股上市公司为67.31，如图10-6所示。

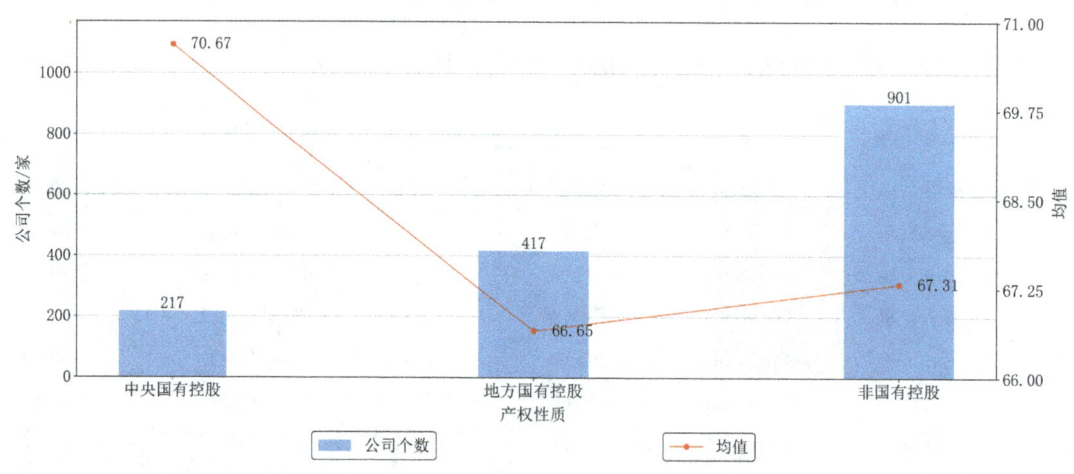

图10-6　2023年沪市主板不同产权上市公司创新资源支持指数均值分布图

根据创新资源支持指数平均水平情况来看，平均水平较高的有北京市（70.10）、河南省（69.71）、湖北省（69.33），如图10-7所示。

根据创新资源支持指数平均水平情况来看，平均水平较高的有家用电器（72.74）、国防军工（71.97）、电子（71.53），如图10-8所示。

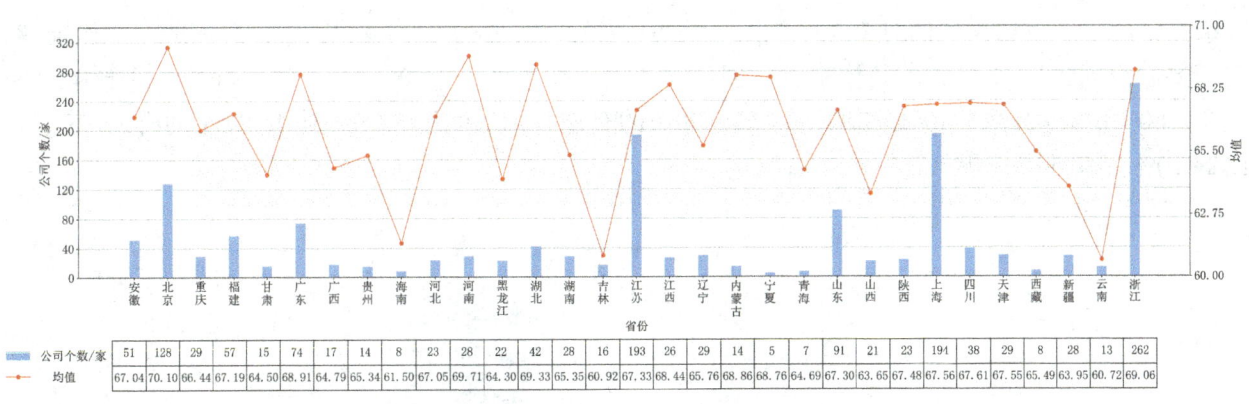

图 10-7 2023年沪市主板各省份上市公司创新资源支持指数均值分布图

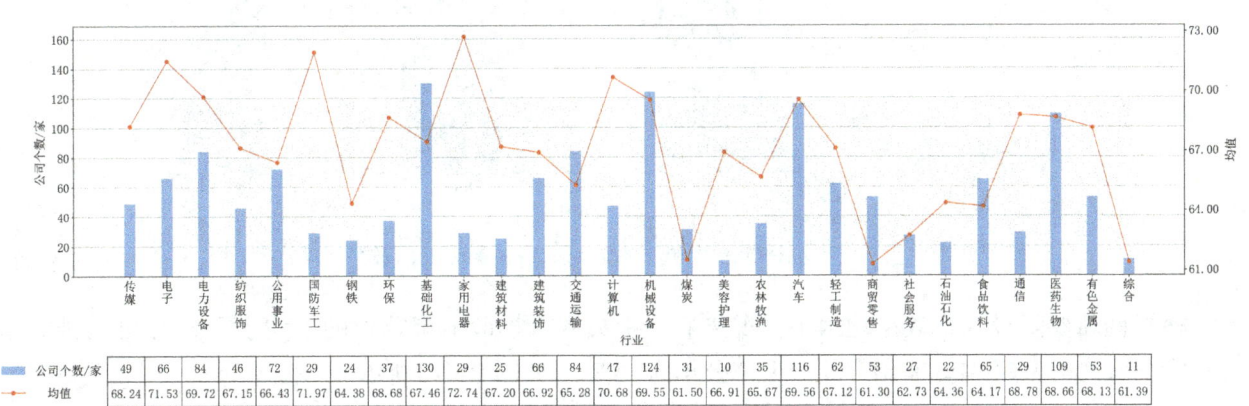

图 10-8 2023年沪市主板各行业上市公司创新资源支持指数均值分布图

沪市主板中,创新资源支持指数排名前10的上市公司如表10-2所示。

表 10-2 2023年沪市主板上市公司创新资源支持指数前10排名

排名	证券名称	证券代码	一级行业	省份	产权性质	创新资源支持指数
1	金龙汽车	600686.SH	汽车	福建	地方国有控股	93.37
2	宇通客车	600066.SH	汽车	河南	非国有控股	92.55
3	际华集团	601718.SH	纺织服饰	北京	中央国有控股	92.23
4	长城汽车	601633.SH	汽车	河北	非国有控股	91.08
5	建发股份	600153.SH	交通运输	福建	地方国有控股	90.66
6	中科曙光	603019.SH	计算机	天津	中央国有控股	89.62
7	三一重工	600031.SH	机械设备	北京	非国有控股	88.90
8	人福医药	600079.SH	医药生物	湖北	非国有控股	88.81
9	宝信软件	600845.SH	计算机	上海	中央国有控股	88.80
10	四川长虹	600839.SH	家用电器	四川	地方国有控股	88.53

数据来源:同花顺(iFinD),首经贸资产评估研究院和浙工商中国智能管理研究院整理。

10.1.3 创新要素投入指数

2023年沪市主板上市公司创新要素投入指数平均水平为65.76,低于全市场均值66.07。从指数分布来看，高于全市场均值的有764家，占板块内上市公司总数的49.77%。其中，最高的是中国能建，创新要素投入指数为87.98。具体来看，创新要素投入指数处于［80，100］的有66家，占比4.30%；［70，80）的有428家，占比27.82%；［60，70）的有671家，占比43.78%；［0，60）的有370家，占比24.10%，如图10-9所示。

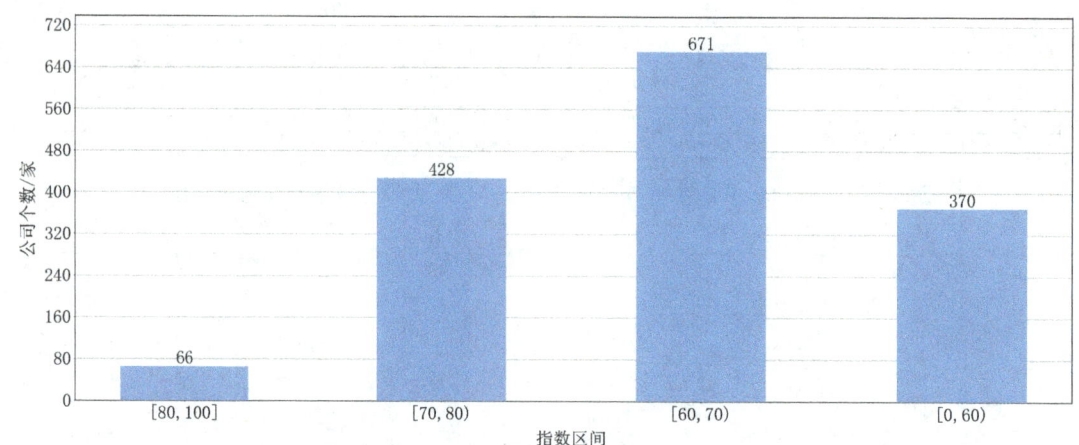

图10-9　2023年沪市主板上市公司创新要素投入指数分布图

根据创新要素投入指数平均水平情况来看，中央国有控股上市公司的平均水平为71.99，地方国有控股上市公司为64.41，非国有控股上市公司为64.89，如图10-10所示。

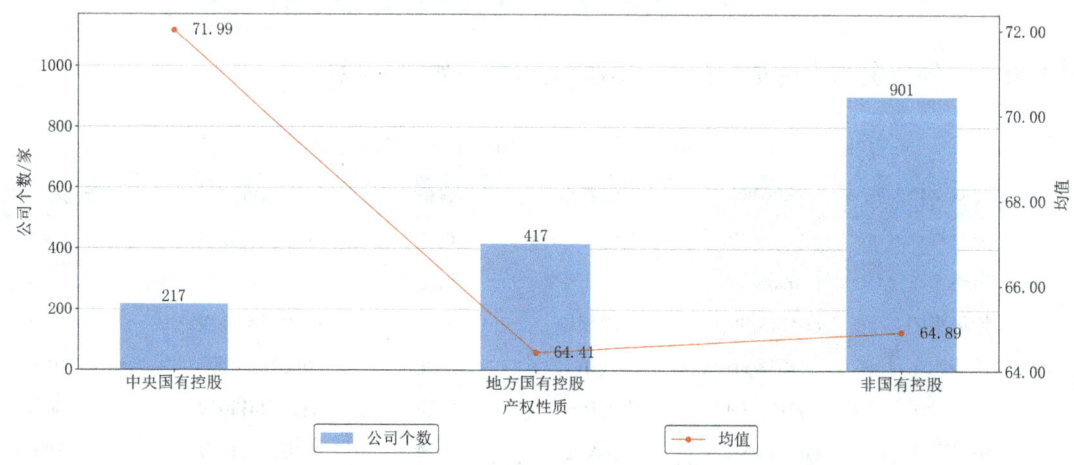

图10-10　2023年沪市主板不同产权上市公司创新要素投入指数均值分布图

根据创新要素投入指数平均水平情况来看，平均水平较高的有北京市（72.20）、河南省（69.28）、河北省（69.01），如图10-11所示。

根据创新要素投入指数平均水平情况来看，平均水平较高的有国防军工（75.47）、计算机（72.37）、通信（71.68），如图10-12所示。

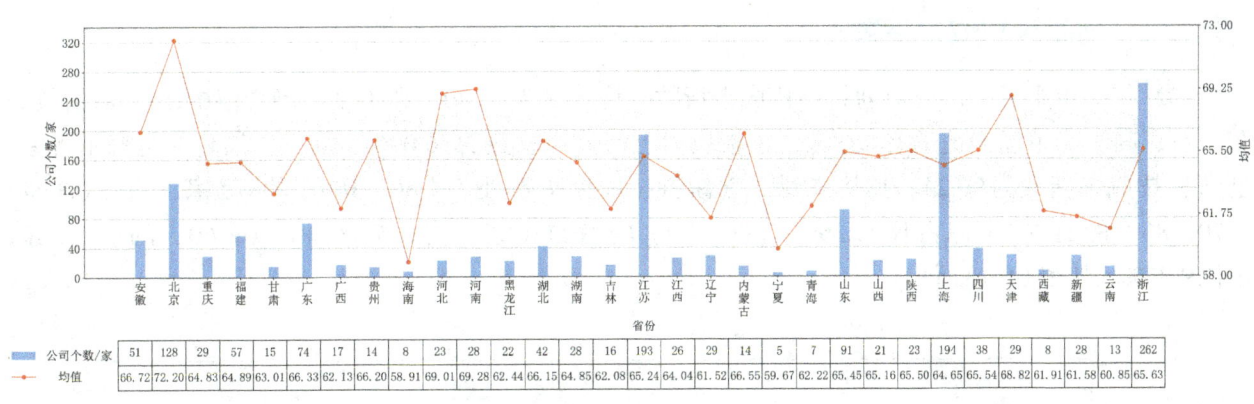

图10-11 2023年沪市主板各省份上市公司创新要素投入指数均值分布图

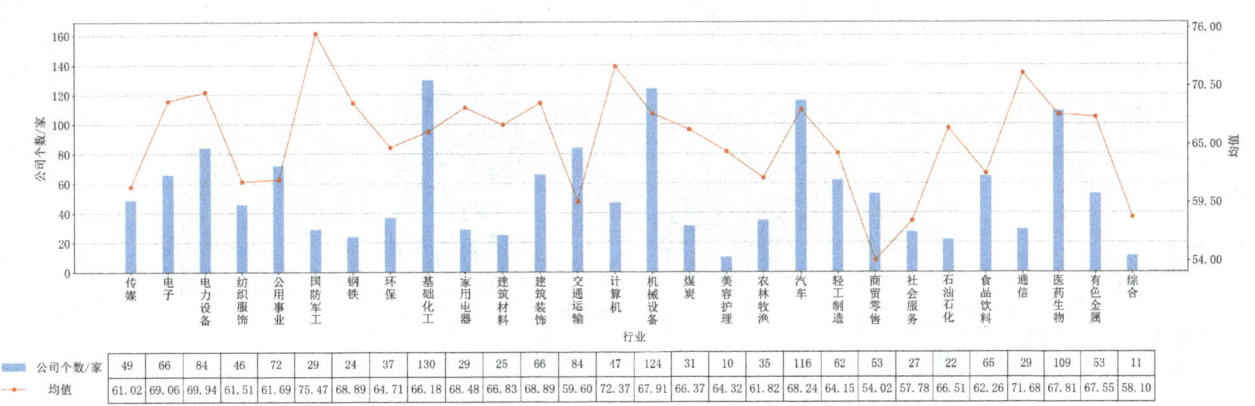

图10-12 2023年沪市主板各行业上市公司创新要素投入指数均值分布图

沪市主板中，创新要素投入指数排名前10的上市公司如表10-3所示。

表10-3 2023年沪市主板上市公司创新要素投入指数前10排名

排名	证券名称	证券代码	一级行业	省份	产权性质	创新要素投入指数
1	中国能建	601868.SH	建筑装饰	北京	中央国有控股	87.98
2	中国交建	601800.SH	建筑装饰	北京	中央国有控股	86.48
3	广汽集团	601238.SH	汽车	广东	地方国有控股	86.07
4	中科曙光	603019.SH	计算机	天津	中央国有控股	85.71
5	用友网络	600588.SH	计算机	北京	非国有控股	85.62
6	国电南瑞	600406.SH	电力设备	江苏	中央国有控股	85.31
7	中航机载	600372.SH	国防军工	北京	中央国有控股	85.24
8	恒瑞医药	600276.SH	医药生物	江苏	非国有控股	85.12
9	兆易创新	603986.SH	电子	北京	非国有控股	85.10
10	三一重工	600031.SH	机械设备	北京	非国有控股	84.90

数据来源：同花顺（iFinD），首经贸资产评估研究院和浙工商中国智能管理研究院整理。

10.1.4 创新科技成果指数

2023年沪市主板上市公司创新科技成果指数平均水平为65.40，高于全市场均值64.15。从指数分布来看，高于全市场均值的有861家，占板块内上市公司总数的56.09%。其中，最高的是海尔智家，创新科技成果指数为90.24。具体来看，创新科技成果指数处于[80，100]的有5家，占比0.33%；[70，80)的有267家，占比17.39%；[60，70)的有1110家，占比72.31%；[0，60)的有153家，占比9.97%，如图10-13所示。

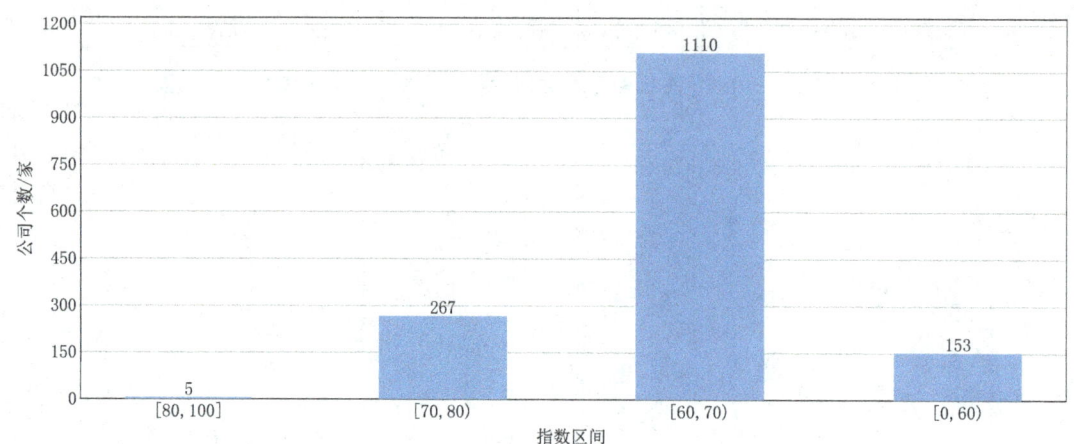

图10-13　2023年沪市主板上市公司创新科技成果指数分布图

根据创新科技成果指数平均水平情况来看，中央国有控股上市公司的平均水平为67.57，地方国有控股上市公司为64.93，非国有控股上市公司为65.10，如图10-14所示。

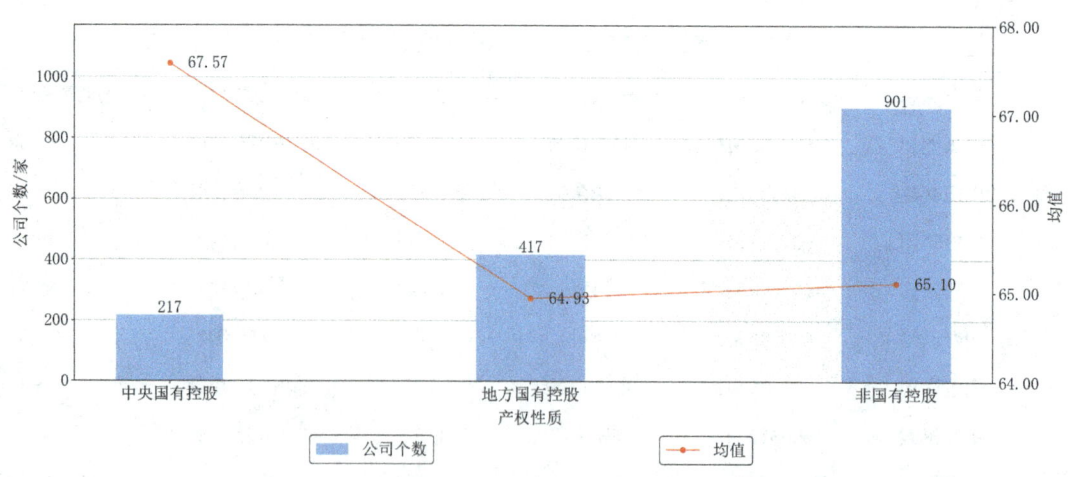

图10-14　2023年沪市主板不同产权上市公司创新科技成果指数均值分布图

根据创新科技成果指数平均水平情况来看，平均水平较高的有云南省（67.76）、北京市（67.41）、河北省（67.02），如图10-15所示。

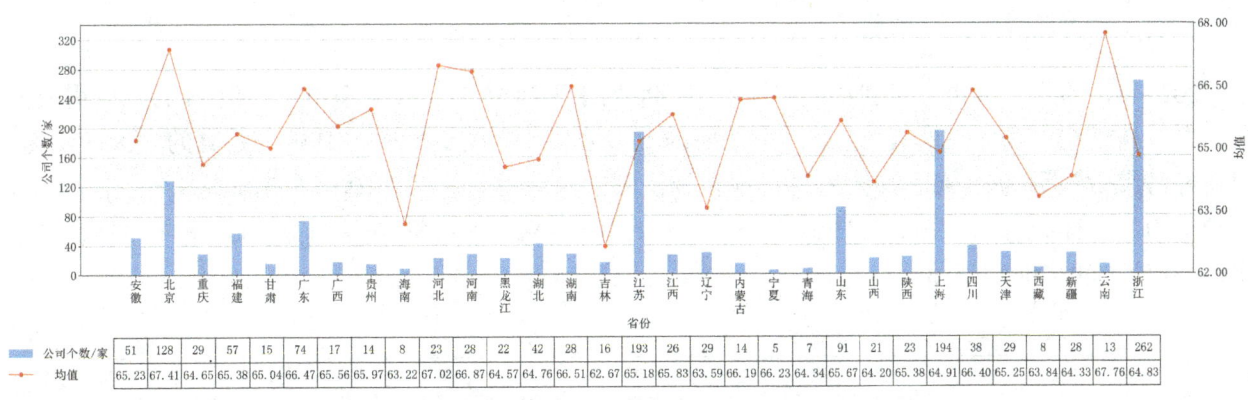

图10-15　2023年沪市主板各省份上市公司创新科技成果指数均值分布图

根据创新科技成果指数平均水平情况来看，平均水平较高的有钢铁（68.29）、国防军工（67.76）、家用电器（67.17），如图10-16所示。

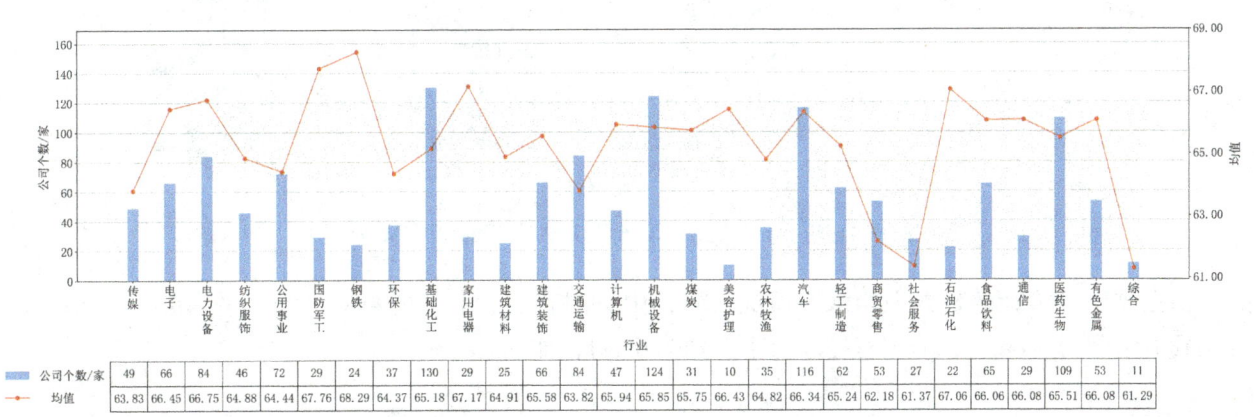

图10-16　2023年沪市主板各行业上市公司创新科技成果指数均值分布图

沪市主板中，创新科技成果指数排名前10的上市公司如表10-4所示。

表10-4　2023年沪市主板上市公司创新科技成果指数前10排名

排名	证券名称	证券代码	一级行业	省份	产权性质	创新科技成果指数
1	海尔智家	600690.SH	家用电器	山东	非国有控股	90.24
2	伊利股份	600887.SH	食品饮料	内蒙古	非国有控股	80.97
3	华培动力	603121.SH	汽车	上海	非国有控股	80.53
4	正泰电器	601877.SH	电力设备	浙江	非国有控股	80.19
5	国电南瑞	600406.SH	电力设备	江苏	中央国有控股	80.16
6	五洲新春	603667.SH	机械设备	浙江	非国有控股	79.91
7	天地科技	600582.SH	机械设备	北京	中央国有控股	79.77
8	广汽集团	601238.SH	汽车	广东	地方国有控股	79.69
9	中国电信	601728.SH	通信	北京	中央国有控股	79.37
10	中海油服	601808.SH	石油石化	天津	中央国有控股	79.36

数据来源：同花顺（iFinD），首经贸资产评估研究院和浙工商中国智能管理研究院整理。

10.1.5 创新经济绩效指数

2023年沪市主板上市公司创新经济绩效指数平均水平为66.67，高于全市场均值64.49。从指数分布来看，高于全市场均值的有918家，占板块内上市公司总数的59.80%。其中，最高的是天坛生物，创新经济绩效指数为88.86。具体来看，创新经济绩效指数处于［80，100］的有84家，占比5.47%；［70，80）的有489家，占比31.73%；［60，70）的有608家，占比39.74%；［0，60）的有354家，占比23.06%，如图10-17所示。

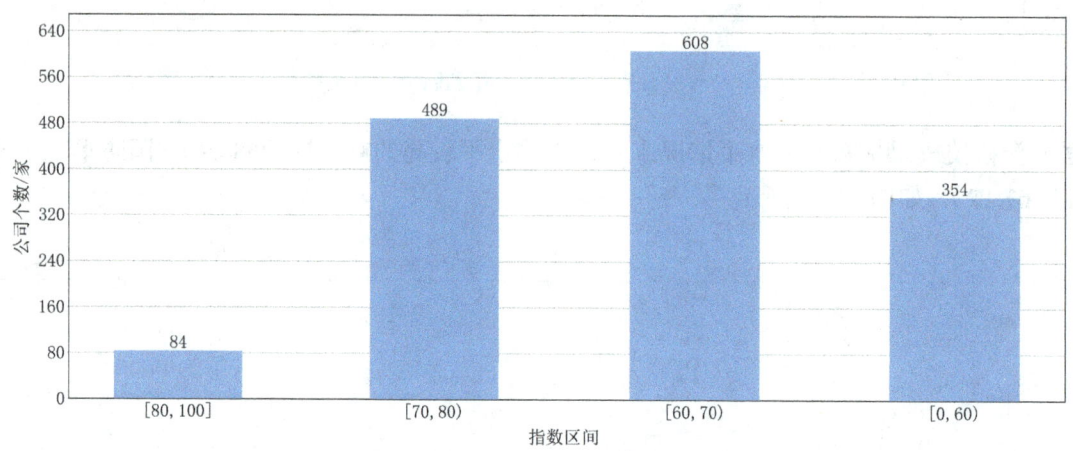

图10-17　2023年沪市主板上市公司创新经济绩效指数分布图

根据创新经济绩效指数平均水平情况来看，中央国有控股上市公司的平均水平为72.24，地方国有控股上市公司为66.92，非国有控股上市公司为65.21，如图10-18所示。

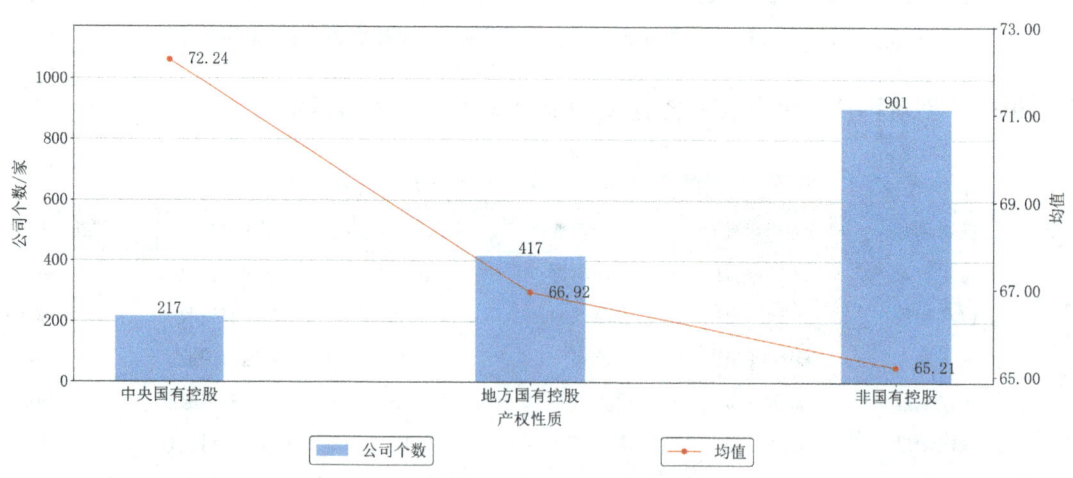

图10-18　2023年沪市主板不同产权上市公司创新经济绩效指数均值分布图

根据创新经济绩效指数平均水平情况来看，平均水平较高的有北京市（72.07）、河北省（69.27）、内蒙古自治区（68.78），如图10-19所示。

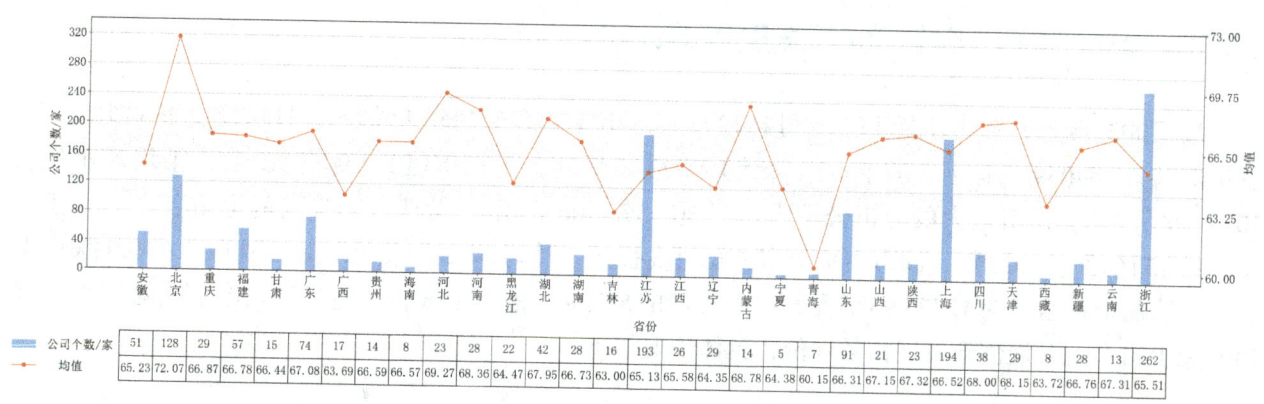

图 10-19　2023 年沪市主板各省份上市公司创新经济绩效指数均值分布图

根据创新经济绩效指数平均水平情况来看，平均水平较高的有国防军工（70.87）、美容护理（70.27）、石油石化（69.04），如图 10-20 所示。

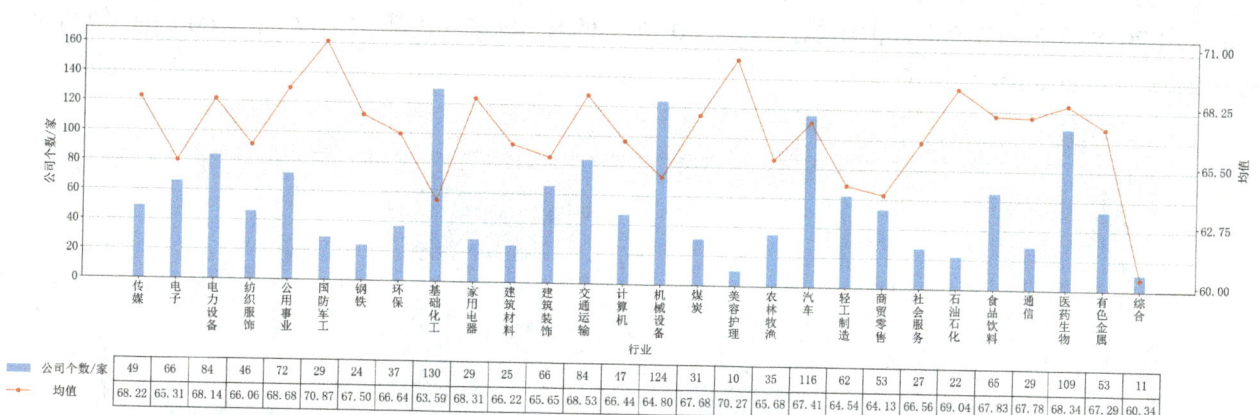

图 10-20　2023 年沪市主板各行业上市公司创新经济绩效指数均值分布图

沪市主板中，创新经济绩效指数排名前 10 的上市公司如表 10-5 所示。

表 10-5　2023 年沪市主板上市公司创新经济绩效指数前 10 排名

排名	证券名称	证券代码	一级行业	省份	产权性质	创新经济绩效指数
1	天坛生物	600161.SH	医药生物	北京	中央国有控股	88.86
2	长城汽车	601633.SH	汽车	河北	非国有控股	88.60
3	华能水电	600025.SH	公用事业	云南	中央国有控股	87.92
4	航发动力	600893.SH	国防军工	陕西	中央国有控股	87.60
5	国电南瑞	600406.SH	电力设备	江苏	中央国有控股	87.26
6	山东黄金	600547.SH	有色金属	山东	地方国有控股	86.85
7	贵州茅台	600519.SH	食品饮料	贵州	地方国有控股	86.30
8	小商品城	600415.SH	商贸零售	浙江	地方国有控股	86.27
9	中国核电	601985.SH	公用事业	北京	中央国有控股	85.46
10	中国电信	601728.SH	通信	北京	中央国有控股	85.35

数据来源：同花顺（iFinD），首经贸资产评估研究院和浙工商中国智能管理研究院整理。

10.2 深市主板上市公司创新发展指数评价

截至2023年底，深市主板上市公司共1395家，年成交额643968.11亿元，日均成交2690.78亿元，总市值共计184059.53亿元，营业收入合计150073.43亿元，平均市值131.94亿元/家，平均营业收入107.66亿元/家。市值最大的上市公司为比亚迪（5764.06亿元），营业收入最高的上市公司为比亚迪（6023.15亿元）。2023年，深市主板上市公司研发投入合计为5455.02亿元，占营业收入的3.63%；无形资产账面价值合计为12475.95亿元，占总资产的5.51%。根据本报告分析口径，本节共对深市主板1395家上市公司开展创新发展指数评价，具体情况如下：

10.2.1 创新发展综合指数

2023年深市主板1395家上市公司创新发展综合指数平均水平为65.51，高于全市场均值65.40。从指数分布来看，高于全市场均值的有725家，占板块内上市公司总数的51.97%。其中，最高的是北方华创，创新发展综合指数为87.50。具体来看，创新发展综合指数处于［80，100］的有19家，占比1.36%；［70，80）的有339家，占比24.30%；［60，70）的有744家，占比53.26%；［0，60）的有293家，占比21.08%，如图10-21所示。

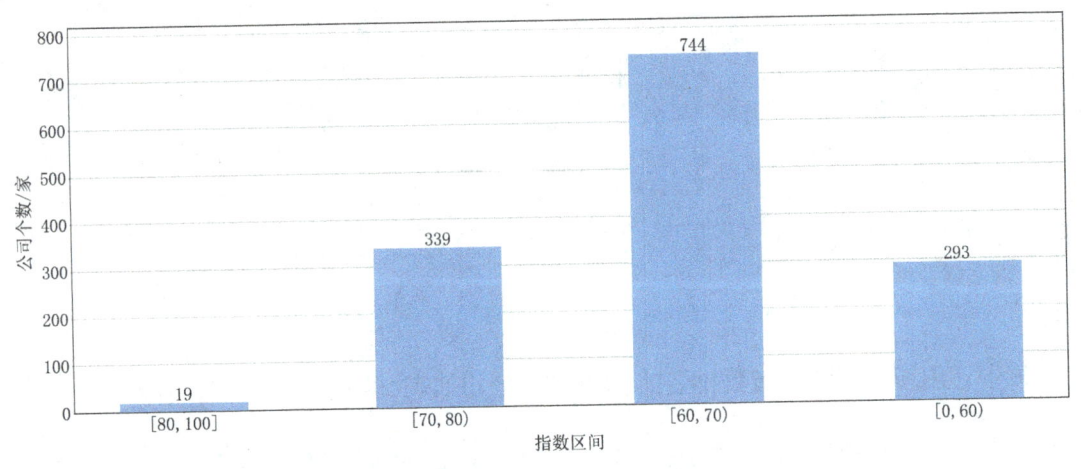

图10-21　2023年深市主板上市公司创新发展综合指数分布图

1395家深市主板上市公司中，中央国有控股上市公司有135家，地方国有控股上市公司有326家，非国有控股上市公司有934家。根据创新发展综合指数平均水平情况来看，中央国有控股上市公司的平均水平为69.48，地方国有控股上市公司为65.19，非国有控股上市公司为65.05，如图10-22所示。

从省份分布来看，广东省（23.80%）、浙江省（11.97%）、江苏省（8.75%）占据深市主板主要地位。根据创新发展综合指数平均水平情况来看，平均水平较高的有黑龙江省（67.74）、河南省（67.45）、安徽省（67.06），如图10-23所示。

从行业分布来看，基础化工（8.96%）、机械设备（8.46%）、医药生物（8.03%）占据深市主板主要地位。根据创新发展综合指数平均水平情况来看，平均水平较高的有计算机（69.88）、钢铁（69.28）、国防军工（69.05），如图10-24所示。

第10章 中国上市公司创新发展指数评价——板块维度

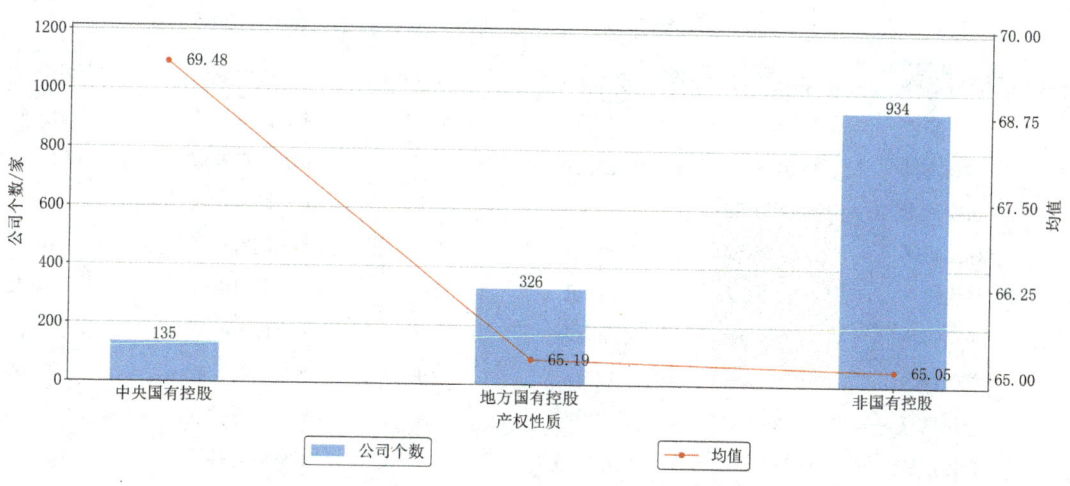

图10-22 2023年深市主板不同产权上市公司创新发展综合指数均值分布图

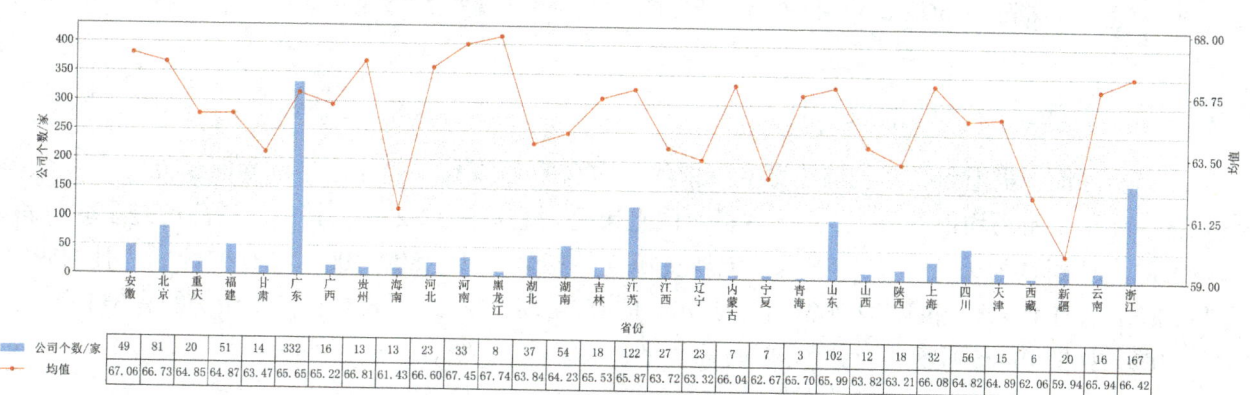

图10-23 2023年深市主板各省份上市公司创新发展综合指数均值分布图

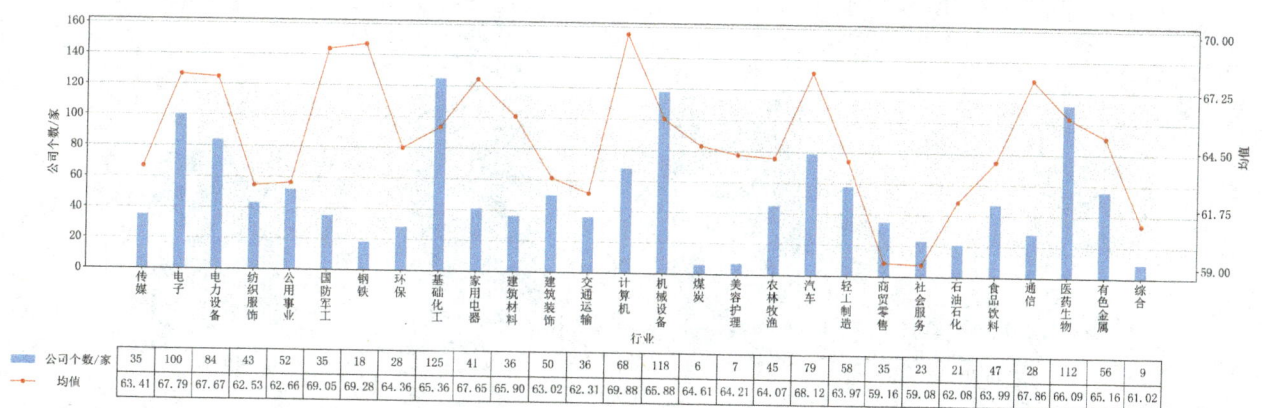

图10-24 2023年深市主板各行业上市公司创新发展综合指数均值分布图

深市主板中，创新发展综合指数排名前10的上市公司如表10-6所示。

725

表 10-6 2023 年深市主板上市公司创新发展综合指数前 10 排名

排名	证券名称	证券代码	一级行业	省份	产权性质	创新发展综合指数
1	北方华创	002371.SZ	电子	北京	地方国有控股	87.50
2	中联重科	000157.SZ	机械设备	湖南	地方国有控股	87.18
3	长安汽车	000625.SZ	汽车	重庆	中央国有控股	86.11
4	徐工机械	000425.SZ	机械设备	江苏	地方国有控股	84.92
5	科大讯飞	002230.SZ	计算机	安徽	非国有控股	84.72
6	中材科技	002080.SZ	建筑材料	江苏	中央国有控股	83.80
7	潍柴动力	000338.SZ	汽车	山东	地方国有控股	83.09
8	浪潮信息	000977.SZ	计算机	山东	地方国有控股	82.22
9	中国广核	003816.SZ	公用事业	广东	中央国有控股	81.84
10	京东方A	000725.SZ	电子	北京	地方国有控股	81.82

数据来源：同花顺（iFinD），首经贸资产评估研究院和浙工商中国智能管理研究院整理。

10.2.2 创新资源支持指数

2023年深市主板上市公司创新资源支持指数平均水平为67.18，高于全市场均值67.08。从指数分布来看，高于全市场均值的有715家，占板块内上市公司总数的51.25%。其中，最高的是中联重科，创新资源支持指数为95.21。具体来看，创新资源支持指数处于［80，100］的有92家，占比6.59%；［70，80）的有450家，占比32.26%；［60，70）的有542家，占比38.85%；［0，60）的有311家，占比22.30%，如图10-25所示。

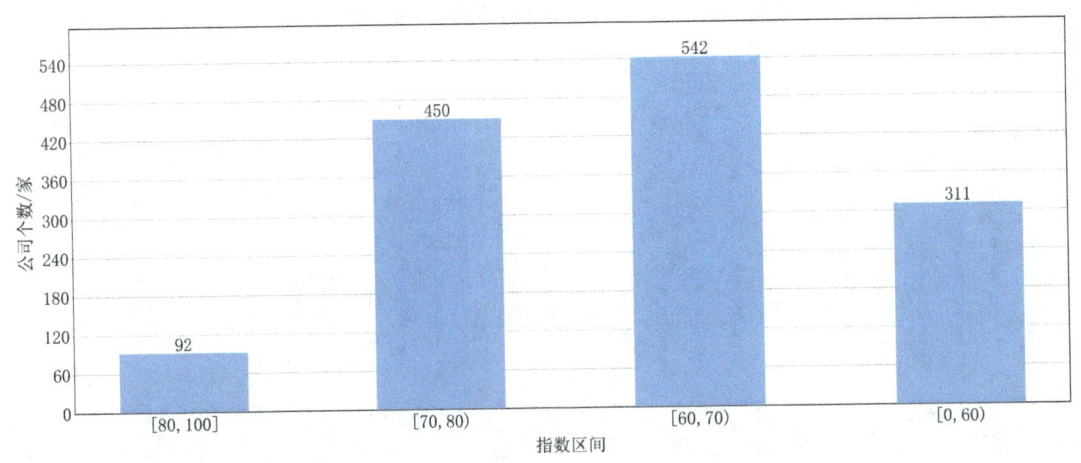

图 10-25 2023 年深市主板上市公司创新资源支持指数分布图

根据创新资源支持指数平均水平情况来看，中央国有控股上市公司的平均水平为70.27，地方国有控股上市公司为66.50，非国有控股上市公司为66.98，如图10-26所示。

根据创新资源支持指数平均水平情况来看，平均水平较高的有广西壮族自治区（69.42）、河南省（69.28）、黑龙江省（69.14），如图10-27所示。

根据创新资源支持指数平均水平情况来看，平均水平较高的有计算机（71.69）、家用电器（70.65）、环保（69.89），如图10-28所示。

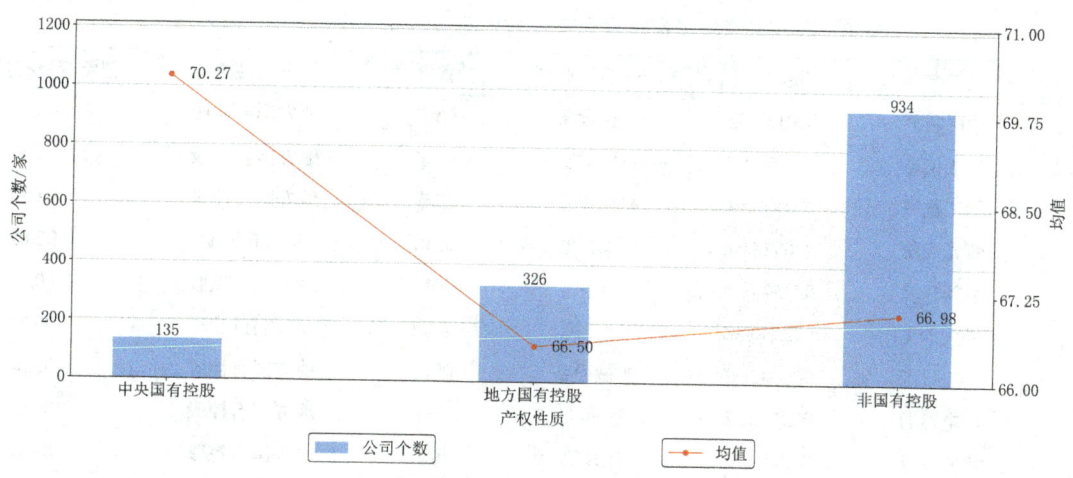

图10-26 2023年深市主板不同产权上市公司创新资源支持指数均值分布图

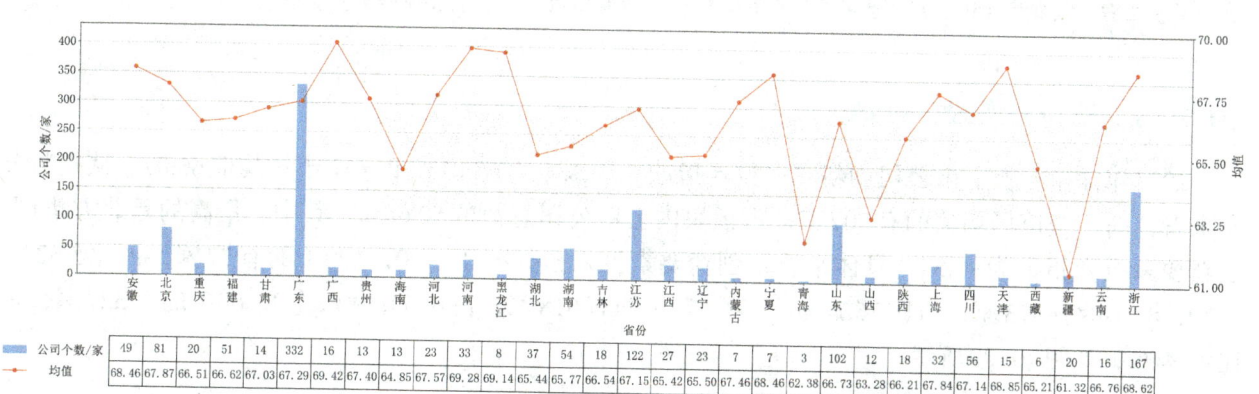

图10-27 2023年深市主板各省份上市公司创新资源支持指数均值分布图

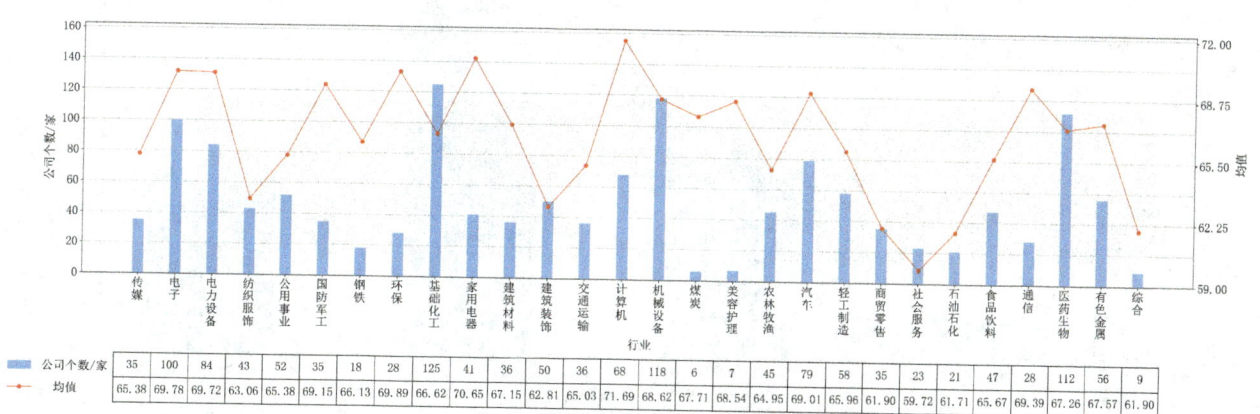

图10-28 2023年深市主板各行业上市公司创新资源支持指数均值分布图

深市主板中,创新资源支持指数排名前10的上市公司如表10-7所示。

表 10-7 2023 年深市主板上市公司创新资源支持指数前 10 排名

排名	证券名称	证券代码	一级行业	省份	产权性质	创新资源支持指数
1	中联重科	000157.SZ	机械设备	湖南	地方国有控股	95.21
2	浪潮信息	000977.SZ	计算机	山东	地方国有控股	94.32
3	徐工机械	000425.SZ	机械设备	江苏	地方国有控股	93.34
4	紫光股份	000938.SZ	计算机	北京	非国有控股	92.82
5	清新环境	002573.SZ	环保	北京	地方国有控股	90.74
6	科大讯飞	002230.SZ	计算机	安徽	非国有控股	90.71
7	秦川机床	000837.SZ	机械设备	陕西	地方国有控股	90.04
8	广电运通	002152.SZ	计算机	广东	地方国有控股	89.41
9	启明星辰	002439.SZ	计算机	北京	中央国有控股	89.10
10	海康威视	002415.SZ	计算机	浙江	中央国有控股	88.25

数据来源：同花顺（iFinD），首经贸资产评估研究院和浙工商中国智能管理研究院整理。

10.2.3 创新要素投入指数

2023 年深市主板上市公司创新要素投入指数平均水平为 65.81，低于全市场均值 66.07。从指数分布来看，高于全市场均值的有 707 家，占板块内上市公司总数的 50.68%。其中，最高的是北方华创，创新要素投入指数为 90.54。具体来看，创新要素投入指数处于［80，100］的有 77 家，占比 5.52%；［70，80）的有 373 家，占比 26.74%；［60，70）的有 618 家，占比 44.30%；［0，60）的有 327 家，占比 23.44%，如图 10-29 所示。

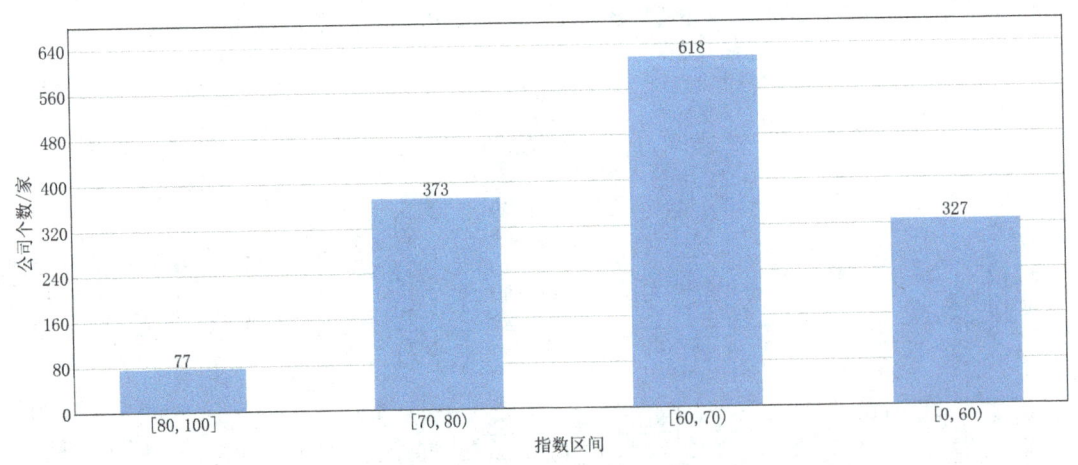

图 10-29 2023 年深市主板上市公司创新要素投入指数分布图

根据创新要素投入指数平均水平情况来看，中央国有控股上市公司的平均水平为 70.99，地方国有控股上市公司为 65.19，非国有控股上市公司为 65.28，如图 10-30 所示。

根据创新要素投入指数平均水平情况来看，平均水平较高的有河南省（68.61）、安徽省（68.30）、黑龙江省（68.02），如图 10-31 所示。

根据创新要素投入指数平均水平情况来看，平均水平较高的有计算机（73.02）、国防军工（72.57）、钢铁（71.66），如图 10-32 所示。

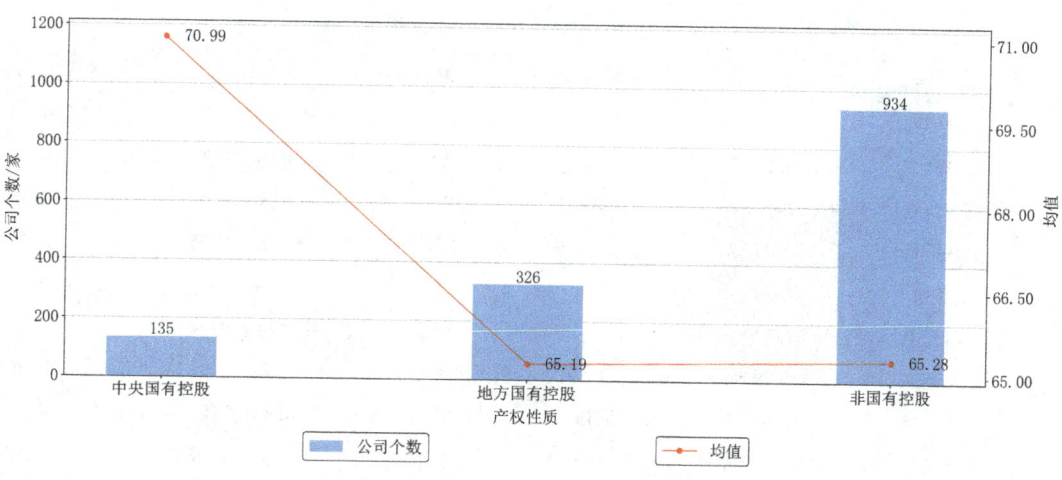

图 10-30 2023 年深市主板不同产权上市公司创新要素投入指数均值分布图

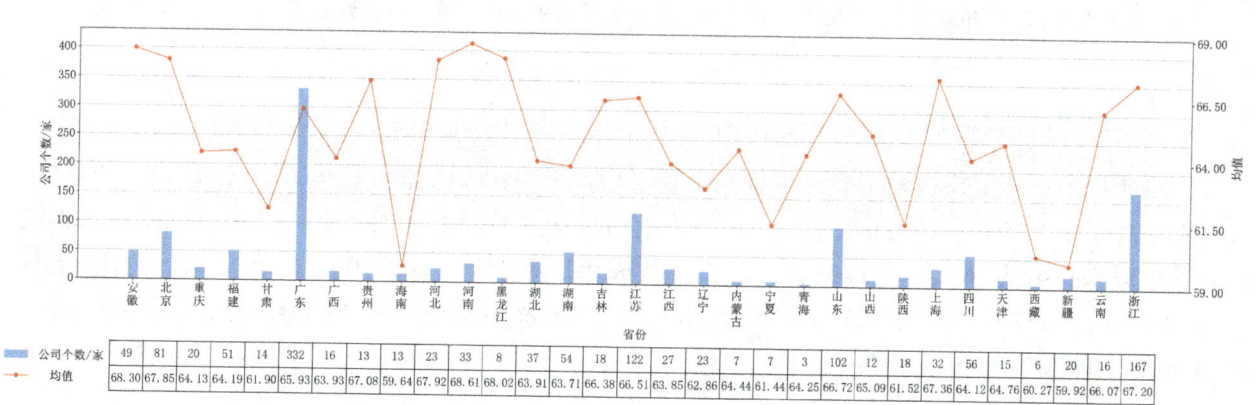

图 10-31 2023 年深市主板各省份上市公司创新要素投入指数均值分布图

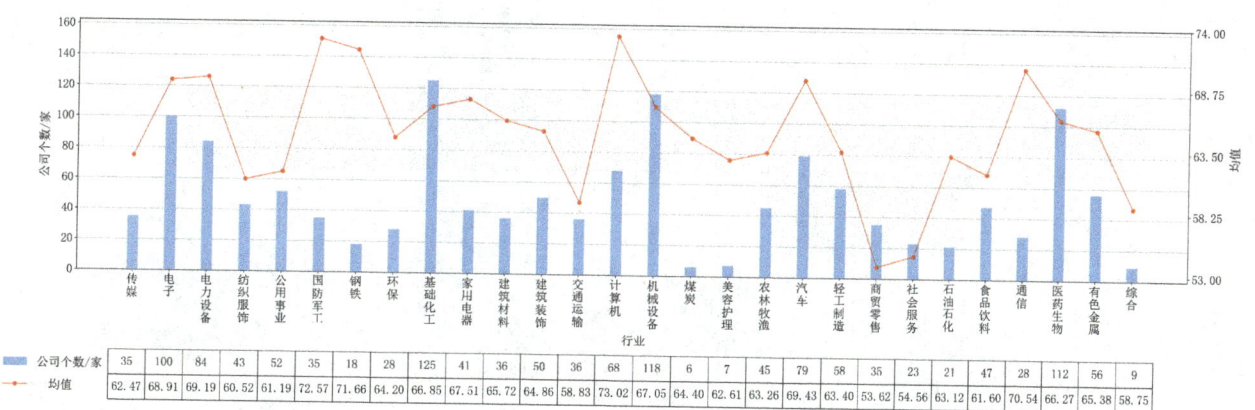

图 10-32 2023 年深市主板各行业上市公司创新要素投入指数均值分布图

深市主板中,创新要素投入指数排名前 10 的上市公司如表 10-8 所示。

表 10-8　2023 年深市主板上市公司创新要素投入指数前 10 排名

排名	证券名称	证券代码	一级行业	省份	产权性质	创新要素投入指数
1	北方华创	002371.SZ	电子	北京	地方国有控股	90.54
2	长安汽车	000625.SZ	汽车	重庆	中央国有控股	88.84
3	德赛西威	002920.SZ	计算机	广东	地方国有控股	88.39
4	中联重科	000157.SZ	机械设备	湖南	地方国有控股	88.27
5	比亚迪	002594.SZ	汽车	广东	非国有控股	88.10
6	中航光电	002179.SZ	国防军工	河南	中央国有控股	87.42
7	紫光国微	002049.SZ	电子	河北	非国有控股	87.40
8	中兴通讯	000063.SZ	通信	广东	非国有控股	86.52
9	京东方 A	000725.SZ	电子	北京	地方国有控股	86.18
10	中国长城	000066.SZ	计算机	广东	中央国有控股	85.75

数据来源：同花顺（iFinD），首经贸资产评估研究院和浙工商中国智能管理研究院整理。

10.2.4　创新科技成果指数

2023 年深市主板上市公司创新科技成果指数平均水平为 63.71，低于全市场均值 64.15。从指数分布来看，高于全市场均值的有 648 家，占板块内上市公司总数的 46.45%。其中，最高的是美的集团，创新科技成果指数为 86.62。具体来看，创新科技成果指数处于［80，100］的有 10 家，占比 0.72%；［70，80）的有 187 家，占比 13.33%；［60，70）的有 869 家，占比 62.37%；［0，60）的有 329 家，占比 23.58%，如图 10-33 所示。

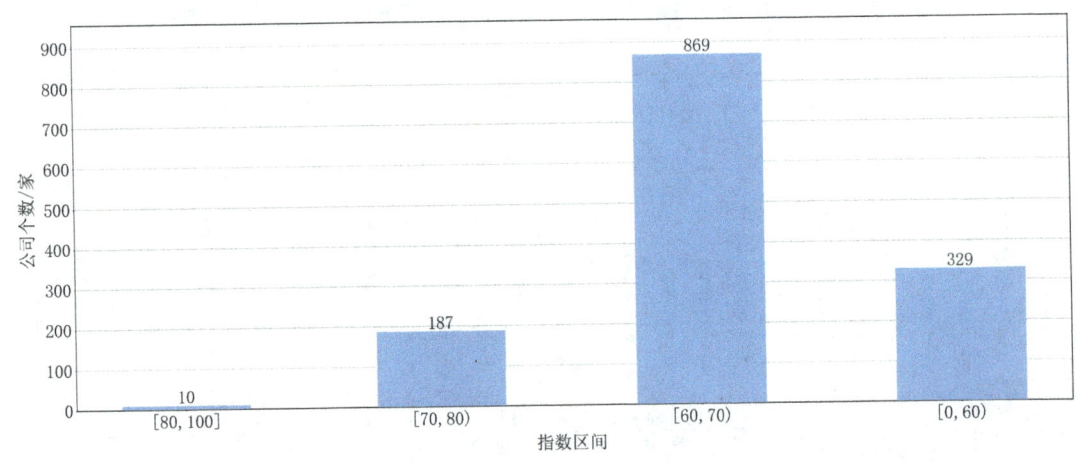

图 10-33　2023 年深市主板上市公司创新科技成果指数分布图

根据创新科技成果指数平均水平情况来看，中央国有控股上市公司的平均水平为 65.96，地方国有控股上市公司为 62.94，非国有控股上市公司为 63.66，如图 10-34 所示。

根据创新科技成果指数平均水平情况来看，平均水平较高的有山东省（64.97）、江苏省（64.79）、黑龙江省（64.71），如图 10-35 所示。

根据创新科技成果指数平均水平情况来看，平均水平较高的有钢铁（68.63）、计算机（66.86）、家用电器（66.43），如图 10-36 所示。

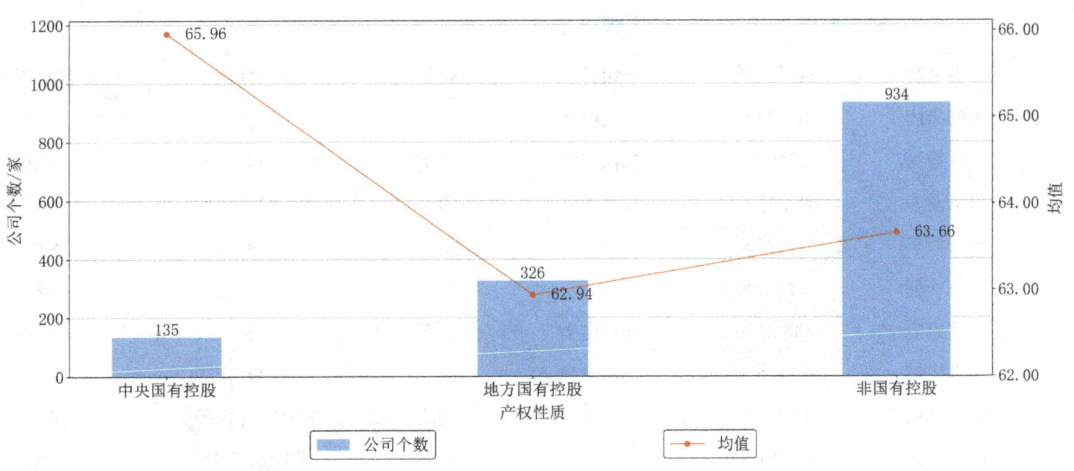

图10-34 2023年深市主板不同产权上市公司创新科技成果指数均值分布图

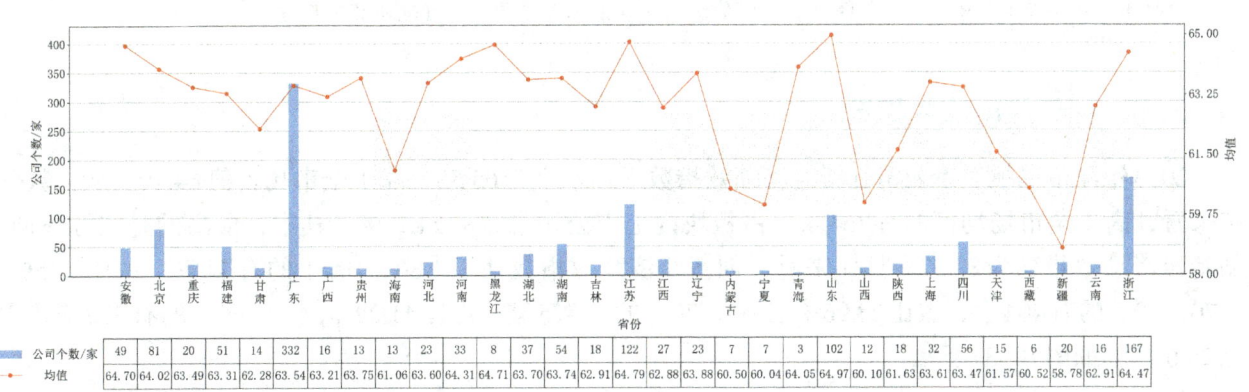

图10-35 2023年深市主板各省份上市公司创新科技成果指数均值分布图

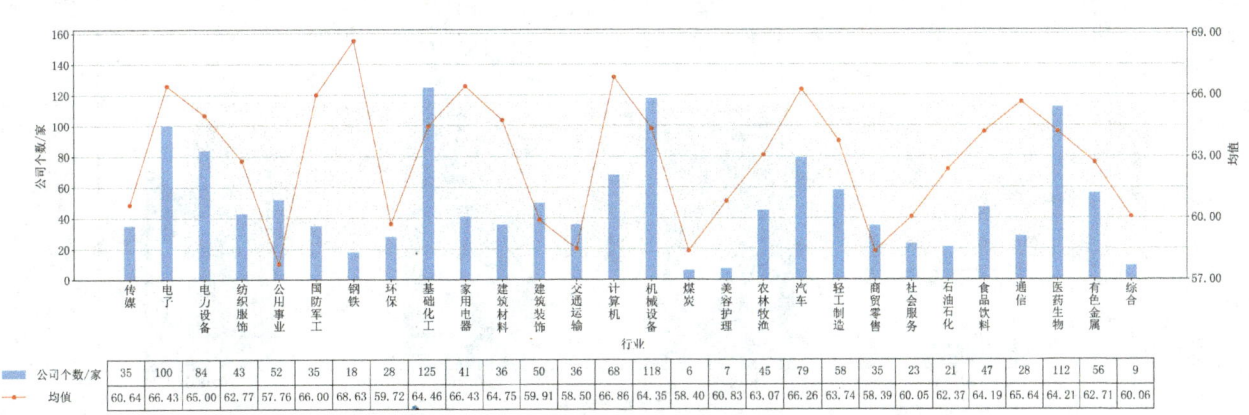

图10-36 2023年深市主板各行业上市公司创新科技成果指数均值分布图

深市主板中,创新科技成果指数排名前10的上市公司如表10-9所示。

表 10-9　2023 年深市主板上市公司创新科技成果指数前 10 排名

排名	证券名称	证券代码	一级行业	省份	产权性质	创新科技成果指数
1	美的集团	000333.SZ	家用电器	广东	非国有控股	86.62
2	中联重科	000157.SZ	机械设备	湖南	地方国有控股	85.94
3	潍柴动力	000338.SZ	汽车	山东	地方国有控股	84.77
4	长安汽车	000625.SZ	汽车	重庆	中央国有控股	84.15
5	北方华创	002371.SZ	电子	北京	地方国有控股	84.14
6	海信家电	000921.SZ	家用电器	广东	地方国有控股	83.40
7	徐工机械	000425.SZ	机械设备	江苏	地方国有控股	82.05
8	中信特钢	000708.SZ	钢铁	湖北	中央国有控股	81.52
9	山子高科	000981.SZ	汽车	甘肃	非国有控股	80.75
10	歌尔股份	002241.SZ	电子	山东	非国有控股	80.14

数据来源：同花顺（iFinD），首经贸资产评估研究院和浙工商中国智能管理研究院整理。

10.2.5　创新经济绩效指数

2023年深市主板上市公司创新经济绩效指数平均水平为65.53，高于全市场均值64.49。从指数分布来看，高于全市场均值的有764家，占板块内上市公司总数的54.77%。其中，最高的是北方华创，创新经济绩效指数为89.57。具体来看，创新经济绩效指数处于［80，100］的有44家，占比3.15%；［70，80）的有404家，占比28.96%；［60，70）的有575家，占比41.22%；［0，60）的有372家，占比26.67%，如图10-37所示。

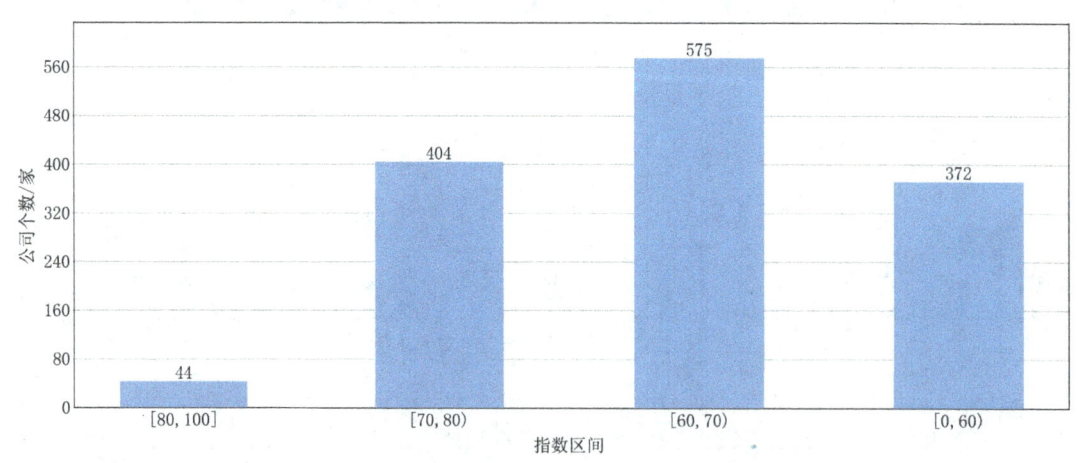

图 10-37　2023 年深市主板上市公司创新经济绩效指数分布图

根据创新经济绩效指数平均水平情况来看，中央国有控股上市公司的平均水平为70.25，地方国有控股上市公司为66.22，非国有控股上市公司为64.61，如图10-38所示。

根据创新经济绩效指数平均水平情况来看，平均水平较高的有内蒙古自治区（71.85）、青海省（71.34）、黑龙江省（69.09），如图10-39所示。

根据创新经济绩效指数平均水平情况来看，平均水平较高的有钢铁（69.35）、煤炭（68.12）、交通运输（67.84），如图10-40所示。

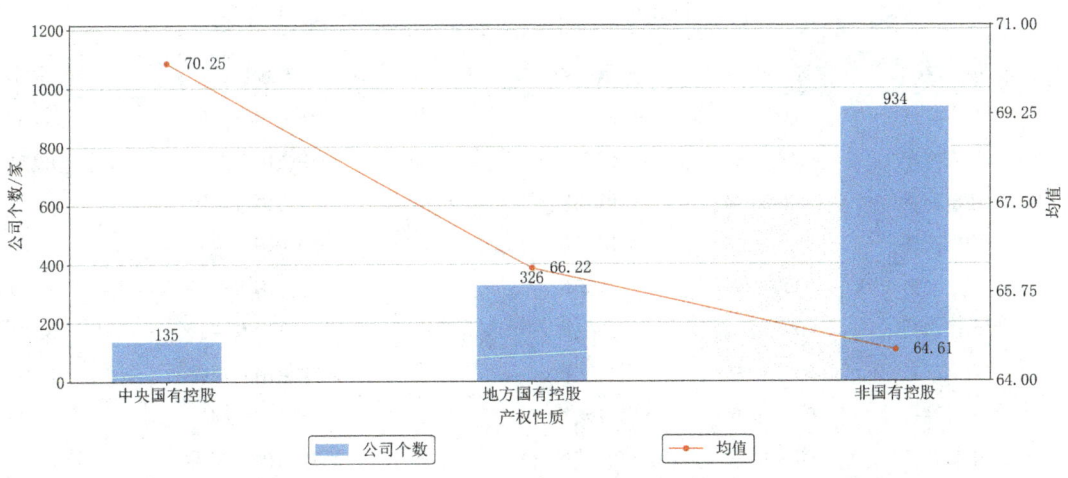

图10-38 2023年深市主板不同产权上市公司创新经济绩效指数均值分布图

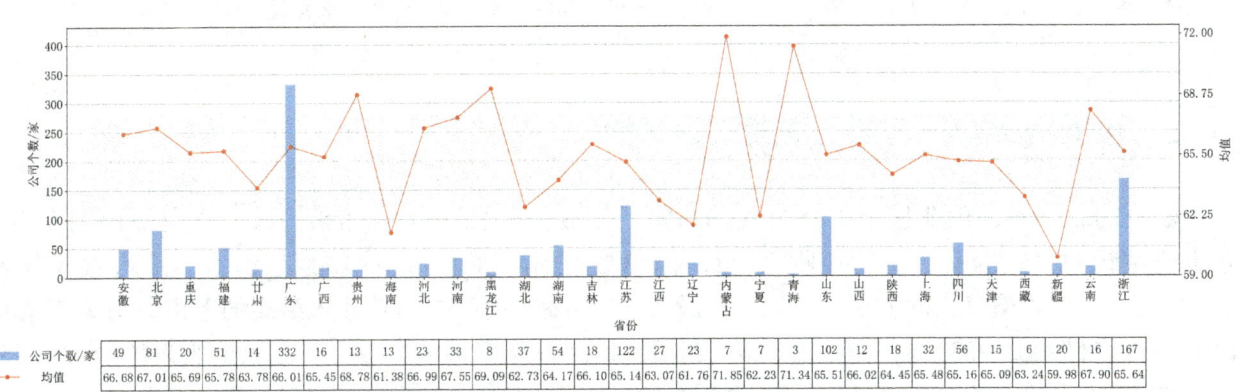

图10-39 2023年深市主板各省份上市公司创新经济绩效指数均值分布图

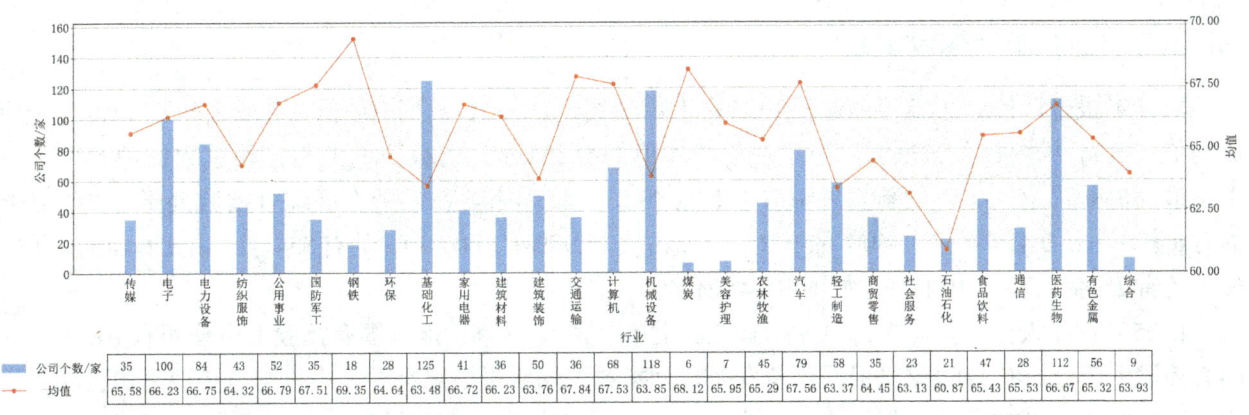

图10-40 2023年深市主板各行业上市公司创新经济绩效指数均值分布图

深市主板中，创新经济绩效指数排名前10的上市公司如表10-10所示。

表 10-10　2023 年深市主板上市公司创新经济绩效指数前 10 排名

排名	证券名称	证券代码	一级行业	省份	产权性质	创新经济绩效指数
1	北方华创	002371.SZ	电子	北京	地方国有控股	89.57
2	长安汽车	000625.SZ	汽车	重庆	中央国有控股	89.31
3	德赛西威	002920.SZ	计算机	广东	地方国有控股	86.81
4	中国广核	003816.SZ	公用事业	广东	中央国有控股	86.44
5	潍柴动力	000338.SZ	汽车	山东	地方国有控股	86.42
6	云南白药	000538.SZ	医药生物	云南	地方国有控股	85.71
7	华润三九	000999.SZ	医药生物	广东	中央国有控股	85.03
8	国轩高科	002074.SZ	电力设备	安徽	非国有控股	84.96
9	中材科技	002080.SZ	建筑材料	江苏	中央国有控股	84.32
10	科大讯飞	002230.SZ	计算机	安徽	非国有控股	84.18

数据来源：同花顺（iFinD），首经贸资产评估研究院和浙工商中国智能管理研究院整理。

10.3　创业板上市公司创新发展指数评价

截至2023年底，创业板上市公司共1325家，年成交额521994.81亿元，日均成交2310.71亿元，总市值共计111439.74亿元，营业收入合计38453.77亿元，平均市值84.11亿元/家，平均营业收入29.02亿元/家。市值最大的上市公司为宁德时代（7181.87亿元），营业收入最高的上市公司为宁德时代（4009.17亿元）。2023年，创业板上市公司研发投入合计为1916.74亿元，占营业收入的4.98%；无形资产账面价值合计为3024.39亿元，占总资产的4.42%。根据本报告分析口径，本节共对创业板1325家上市公司开展创新发展指数评价，具体情况如下：

10.3.1　创新发展综合指数

根据本报告评价，2023年创业板1325家上市公司创新发展综合指数平均水平为64.62，低于全市场均值65.40。从指数分布来看，高于全市场均值的有555家，占板块内上市公司总数的41.89%。其中，最高的是晶盛机电，创新发展综合指数为83.83。具体来看，创新发展综合指数处于［80，100］的有6家，占比0.45%；［70，80）的有211家，占比15.92%；［60，70）的有854家，占比64.45%；［0，60）的有254家，占比19.18%，如图10-41所示。

1325家创业板上市公司中，中央国有控股上市公司有43家，地方国有控股上市公司有102家，非国有控股上市公司有1180家。根据创新发展综合指数平均水平情况来看，中央国有控股上市公司的平均水平为68.61，地方国有控股上市公司为63.88，非国有控股上市公司为64.54，如图10-42所示。

从省份分布来看，广东省（22.87%）、江苏省（14.42%）、浙江省（13.13%）占据创业板主要地位。根据创新发展综合指数平均水平情况来看，平均水平较高的有内蒙古自治区（69.52）、重庆市（67.69）、云南省（67.57），如图10-43所示。

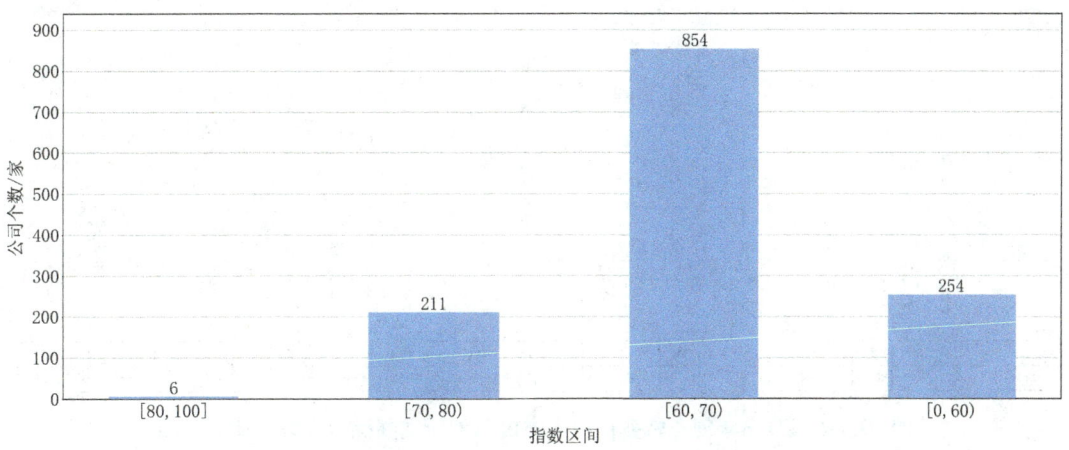

图 10-41 2023 年创业板上市公司创新发展综合指数分布图

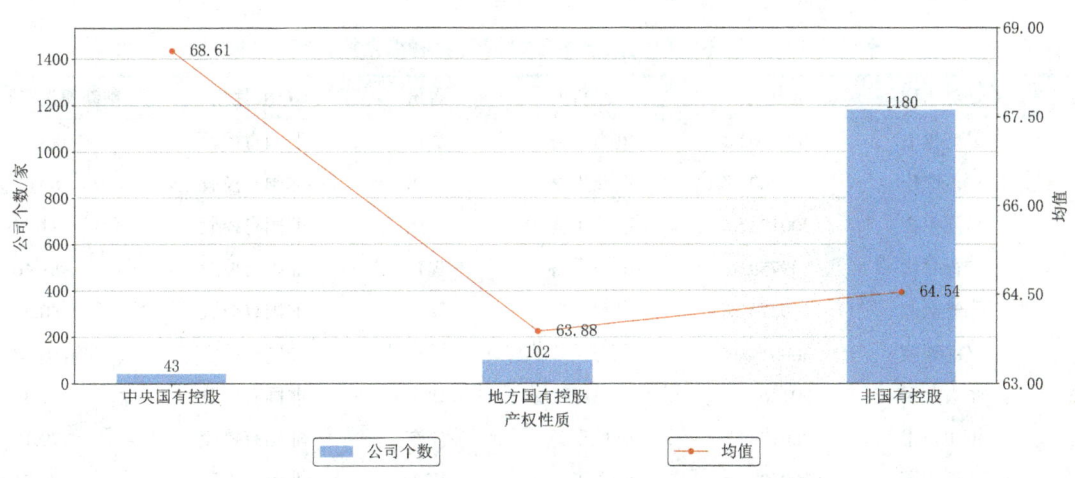

图 10-42 2023 年创业板不同产权上市公司创新发展综合指数均值分布图

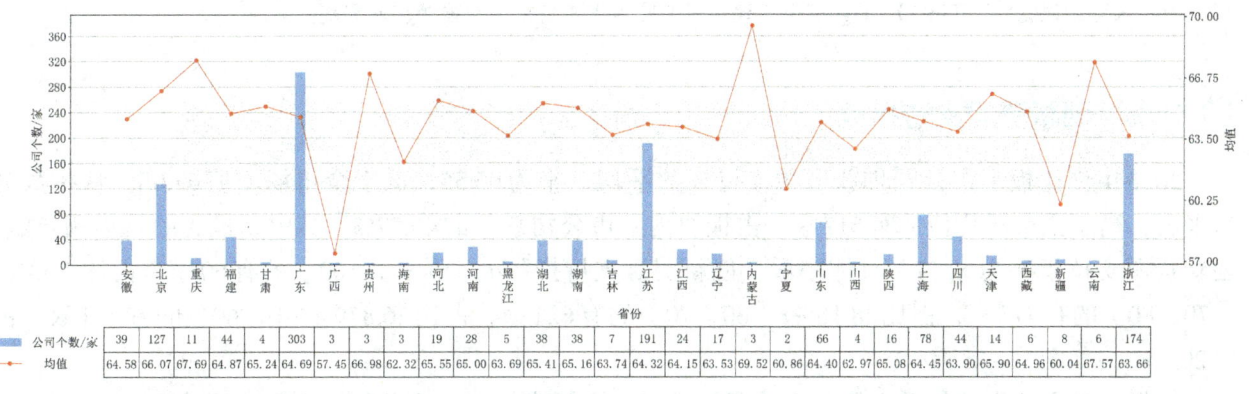

图 10-43 2023 年创业板各省份上市公司创新发展综合指数均值分布图

从行业分布来看，机械设备（13.89%）、计算机（11.40%）、医药生物（10.72%）占据创业板主要地位。根据创新发展综合指数平均水平情况来看，平均水平较高的有电力设备（66.53）、计算机（65.95）、钢铁（65.94），如图 10-44 所示。

735

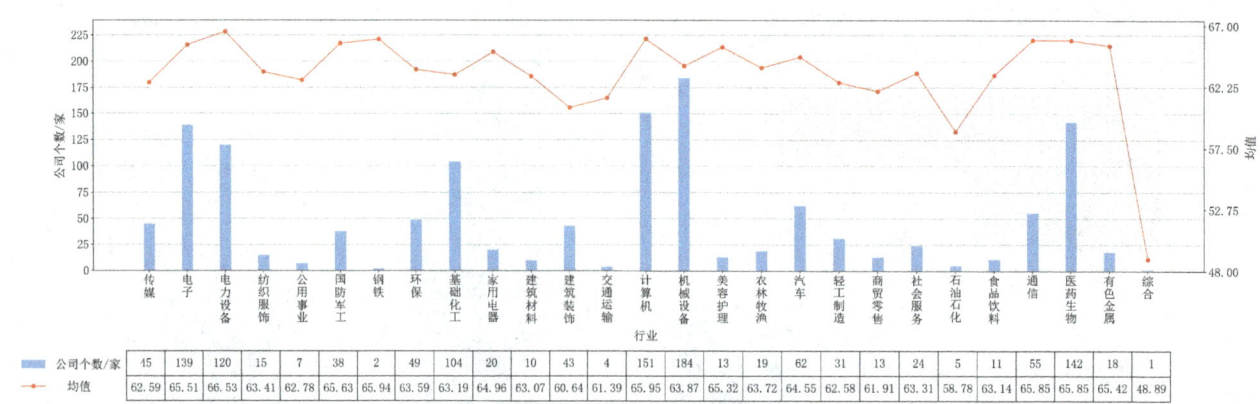

图 10-44　2023 年创业板各行业上市公司创新发展综合指数均值分布图

创业板中，创新发展综合指数排名前 10 的上市公司如表 10-11 所示。

表 10-11　2023 年创业板上市公司创新发展综合指数前 10 排名

排名	证券名称	证券代码	一级行业	省份	产权性质	创新发展综合指数
1	晶盛机电	300316.SZ	电力设备	浙江	非国有控股	83.83
2	迈瑞医疗	300760.SZ	医药生物	广东	非国有控股	83.67
3	智飞生物	300122.SZ	医药生物	重庆	非国有控股	81.77
4	宁德时代	300750.SZ	电力设备	福建	非国有控股	81.46
5	阳光电源	300274.SZ	电力设备	安徽	非国有控股	80.56
6	亿纬锂能	300014.SZ	电力设备	广东	非国有控股	80.08
7	华大九天	301269.SZ	计算机	北京	非国有控股	79.46
8	汇川技术	300124.SZ	机械设备	广东	非国有控股	79.18
9	三环集团	300408.SZ	电子	广东	非国有控股	78.71
10	精测电子	300567.SZ	机械设备	湖北	非国有控股	78.59

数据来源：同花顺（iFinD），首经贸资产评估研究院和浙工商中国智能管理研究院整理。

10.3.2　创新资源支持指数

2023年创业板上市公司创新资源支持指数平均水平为66.55，低于全市场均值67.08。从指数分布来看，高于全市场均值的有617家，占板块内上市公司总数的46.57%。其中，最高的是华测导航，创新资源支持指数为92.77。具体来看，创新资源支持指数处于［80，100］的有60家，占比4.53%；［70，80）的有373家，占比28.15%；［60，70）的有621家，占比46.87%；［0，60）的有271家，占比20.45%，如图10-45所示。

根据创新资源支持指数平均水平情况来看，中央国有控股上市公司的平均水平为70.22，地方国有控股上市公司为65.56，非国有控股上市公司为66.50，如图10-46所示。

根据创新资源支持指数平均水平情况来看，平均水平较高的有贵州省（72.69）、重庆市（71.39）、天津市（69.96），如图10-47所示。

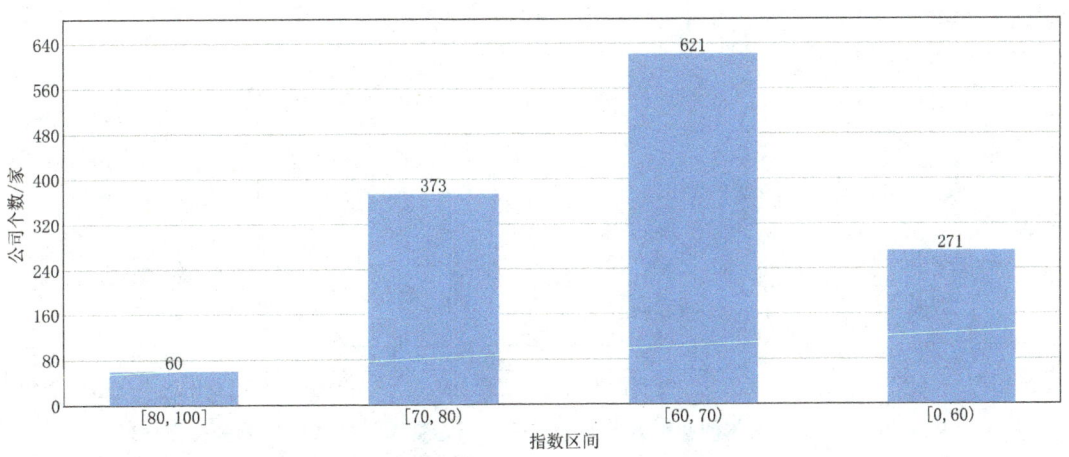

图10-45　2023年创业板上市公司创新资源支持指数分布图

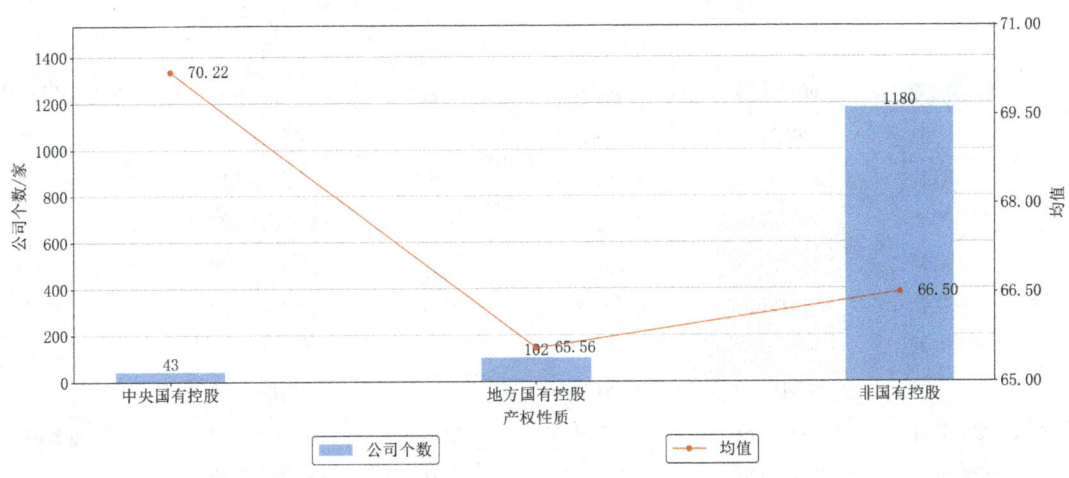

图10-46　2023年创业板不同产权上市公司创新资源支持指数均值分布图

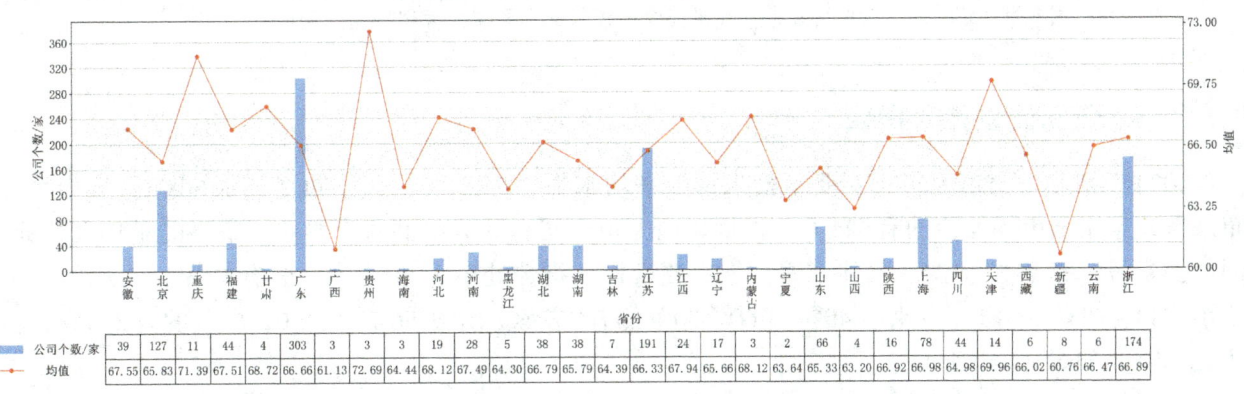

图10-47　2023年创业板各省份上市公司创新资源支持指数均值分布图

根据创新资源支持指数平均水平情况来看，平均水平较高的有交通运输（72.63）、电力设备（68.42）、电子（67.89），如图10-48所示。

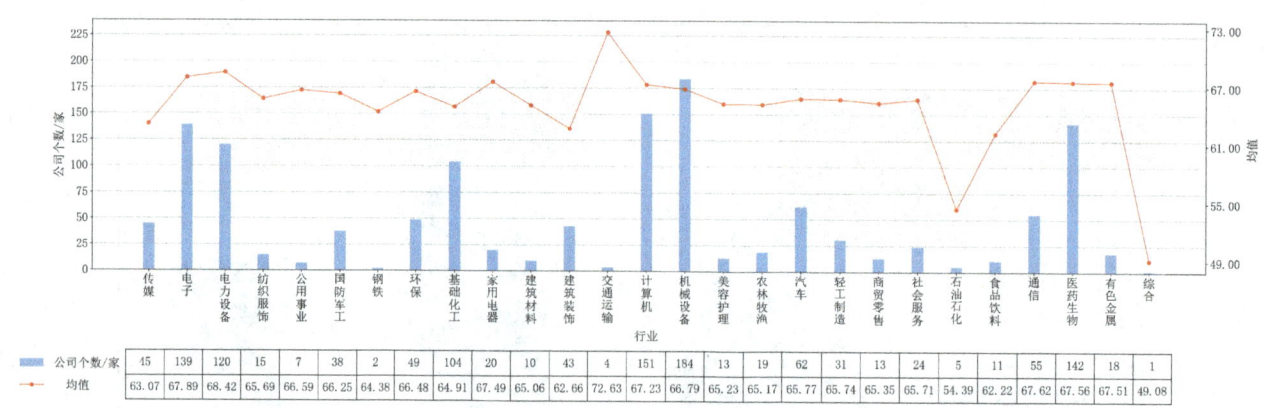

图 10-48　2023 年创业板各行业上市公司创新资源支持指数均值分布图

创业板中，创新资源支持指数排名前10的上市公司如表10-12所示。

表 10-12　2023 年创业板上市公司创新资源支持指数前 10 排名

排名	证券名称	证券代码	一级行业	省份	产权性质	创新资源支持指数
1	华测导航	300627.SZ	通信	上海	非国有控股	92.77
2	汉威科技	300007.SZ	机械设备	河南	非国有控股	91.93
3	红日药业	300026.SZ	医药生物	天津	地方国有控股	91.82
4	卫宁健康	300253.SZ	计算机	上海	非国有控股	88.74
5	迈克生物	300463.SZ	医药生物	四川	非国有控股	88.70
6	华大基因	300676.SZ	医药生物	广东	非国有控股	88.08
7	深信服	300454.SZ	计算机	广东	非国有控股	87.88
8	博思软件	300525.SZ	计算机	福建	非国有控股	87.01
9	华大九天	301269.SZ	计算机	北京	非国有控股	86.49
10	三环集团	300408.SZ	电子	广东	非国有控股	85.94

数据来源：同花顺（iFinD），首经贸资产评估研究院和浙工商中国智能管理研究院整理。

10.3.3　创新要素投入指数

2023年创业板上市公司创新要素投入指数平均水平为65.82，低于全市场均值66.07。从指数分布来看，高于全市场均值的有624家，占板块内上市公司总数的47.09%。其中，最高的是华大九天，创新要素投入指数为86.22。具体来看，创新要素投入指数处于［80，100］的有32家，占比2.42%；［70，80）的有298家，占比22.49%；［60，70）的有752家，占比56.75%；［0，60）的有243家，占比18.34%，如图10-49所示。

根据创新要素投入指数平均水平情况来看，中央国有控股上市公司的平均水平为70.15，地方国有控股上市公司为65.05，非国有控股上市公司为65.73，如图10-50所示。

根据创新要素投入指数平均水平情况来看，平均水平较高的有内蒙古自治区（71.03）、云南省（68.94）、湖北省（68.58），如图10-51所示。

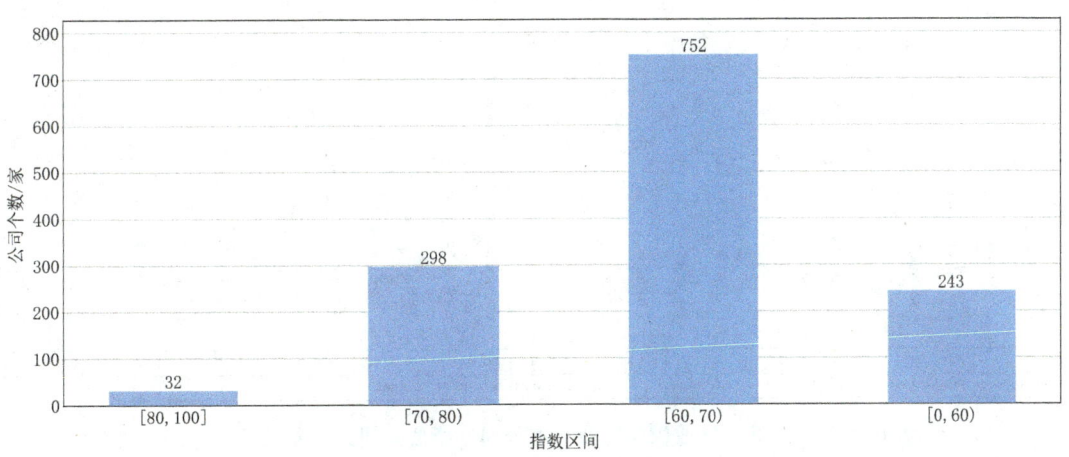

图 10-49　2023 年创业板上市公司创新要素投入指数分布图

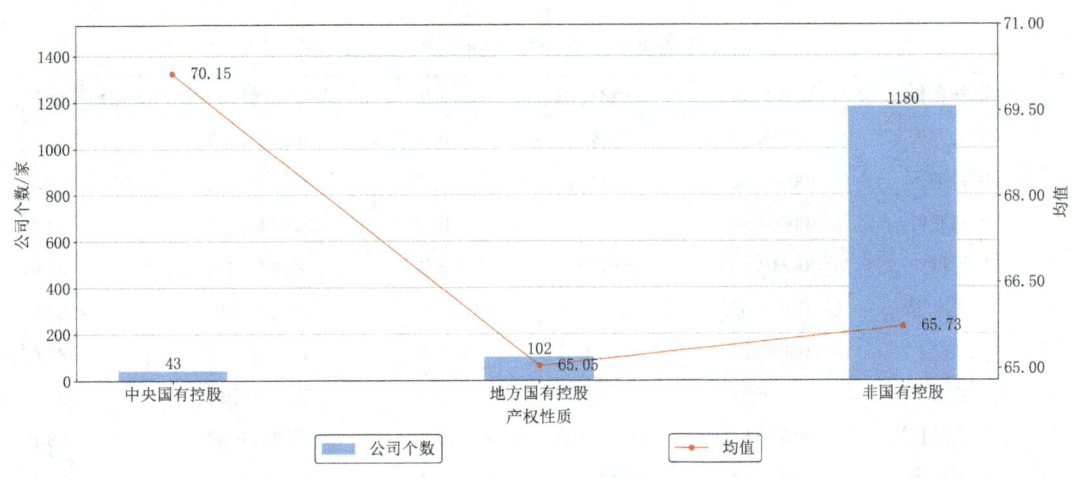

图 10-50　2023 年创业板不同产权上市公司创新要素投入指数均值分布图

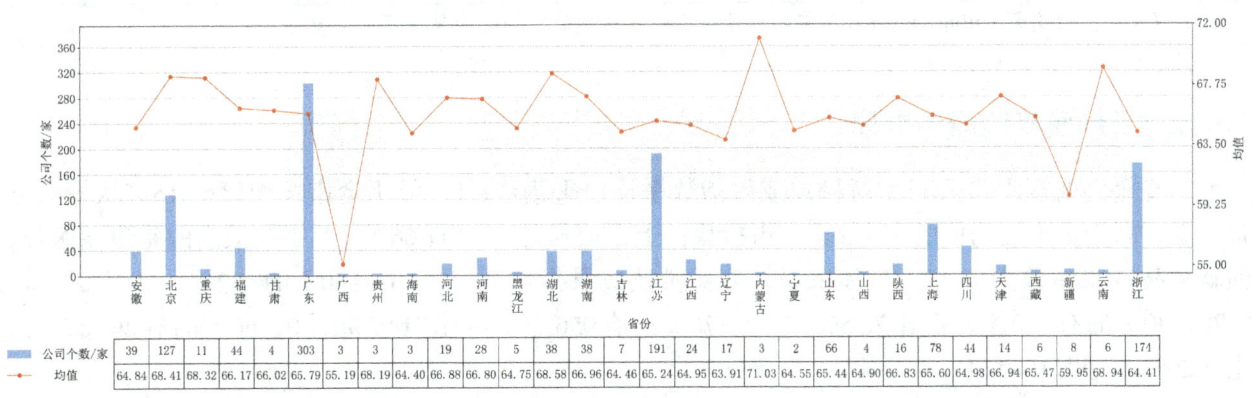

图 10-51　2023 年创业板各省份上市公司创新要素投入指数均值分布图

根据创新要素投入指数平均水平情况来看，平均水平较高的有国防军工（69.28）、计算机（68.88）、电力设备（68.75），如图 10-52 所示。

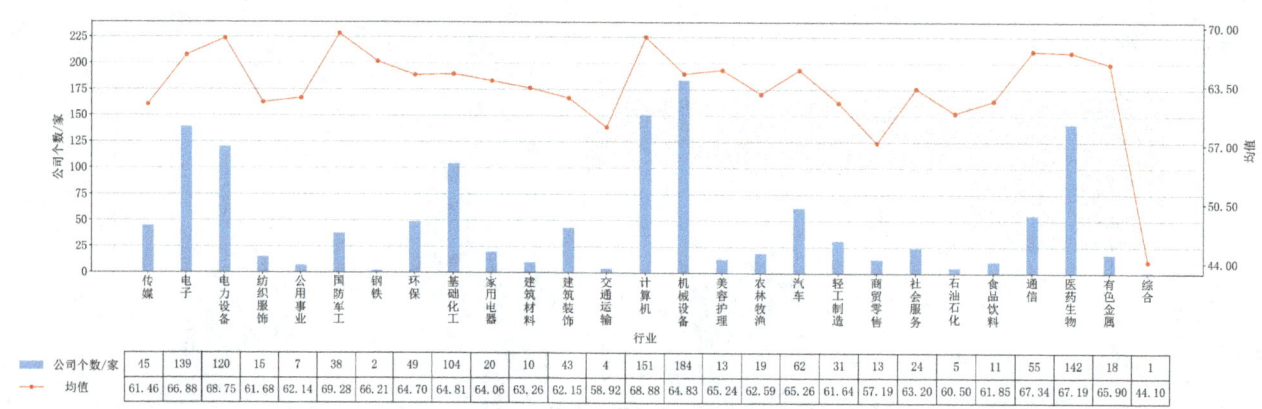

图 10-52　2023 年创业板各行业上市公司创新要素投入指数均值分布图

创业板中，创新要素投入指数排名前10的上市公司如表10-13所示。

表 10-13　2023 年创业板上市公司创新要素投入指数前 10 排名

排名	证券名称	证券代码	一级行业	省份	产权性质	创新要素投入指数
1	华大九天	301269.SZ	计算机	北京	非国有控股	86.22
2	中科创达	300496.SZ	计算机	北京	非国有控股	85.43
3	圣邦股份	300661.SZ	电子	北京	非国有控股	84.38
4	长川科技	300604.SZ	电子	浙江	非国有控股	83.97
5	阳光电源	300274.SZ	电力设备	安徽	非国有控股	83.97
6	卓胜微	300782.SZ	电子	江苏	非国有控股	83.67
7	晶盛机电	300316.SZ	电力设备	浙江	非国有控股	83.60
8	宁德时代	300750.SZ	电力设备	福建	非国有控股	83.19
9	汇川技术	300124.SZ	机械设备	广东	非国有控股	83.16
10	华中数控	300161.SZ	机械设备	湖北	非国有控股	82.86

数据来源：同花顺（iFinD），首经贸资产评估研究院和浙工商中国智能管理研究院整理。

10.3.4　创新科技成果指数

2023年创业板上市公司创新科技成果指数平均水平为63.41，低于全市场均值64.15。从指数分布来看，高于全市场均值的有552家，占板块内上市公司总数的41.66%。其中，最高的是迈瑞医疗，创新科技成果指数为83.11。具体来看，创新科技成果指数处于［80，100］的有2家，占比0.15%；［70，80）的有100家，占比7.55%；［60，70）的有956家，占比71.92%；［0，60）的有267家，占比20.38%，如图10-53所示。

根据创新科技成果指数平均水平情况来看，中央国有控股上市公司的平均水平为64.94，地方国有控股上市公司为63.02，非国有控股上市公司为63.39，如图10-54所示。

根据创新科技成果指数平均水平情况来看，平均水平较高的有云南省（67.88）、内蒙古自治区（67.67）、重庆市（65.75），如图10-55所示。

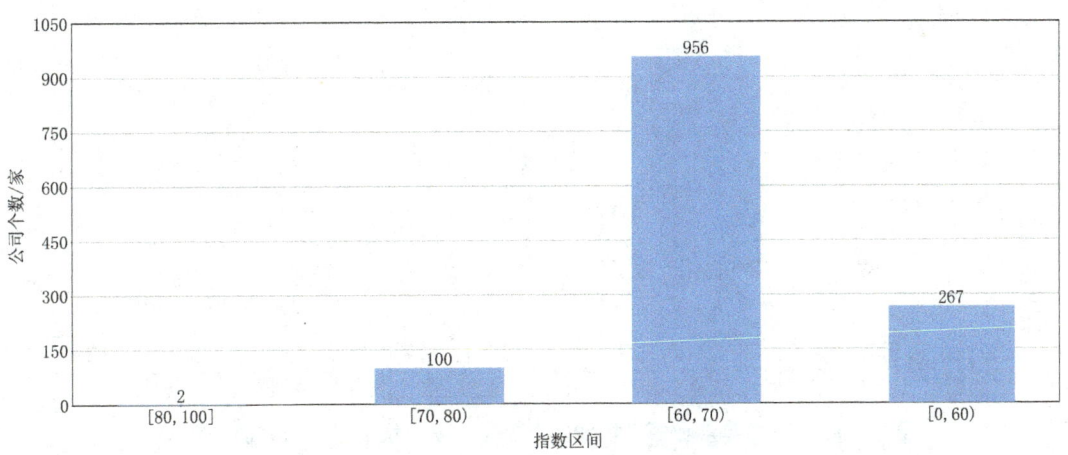

图 10-53　2023 年创业板上市公司创新科技成果指数分布图

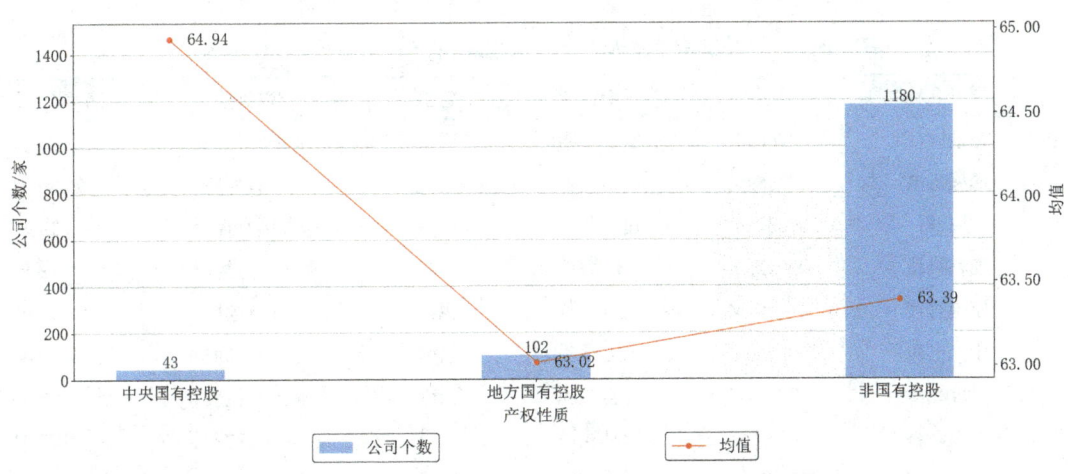

图 10-54　2023 年创业板不同产权上市公司创新科技成果指数均值分布图

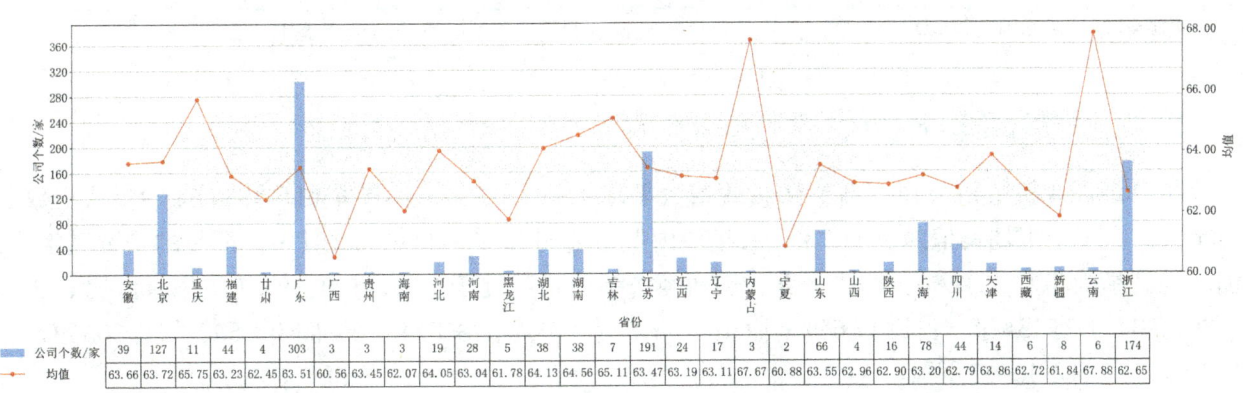

图 10-55　2023 年创业板各省份上市公司创新科技成果指数均值分布图

根据创新科技成果指数平均水平情况来看，平均水平较高的有美容护理（66.33）、电力设备（65.17）、农林牧渔（64.80），如图 10-56 所示。

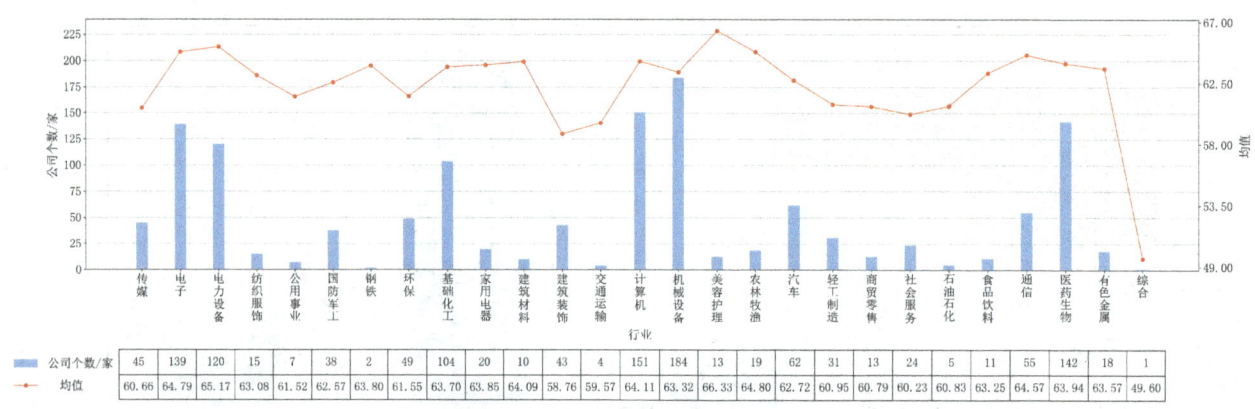

图 10-56　2023年创业板各行业上市公司创新科技成果指数均值分布图

创业板中，创新科技成果指数排名前10的上市公司如表10-14所示。

表 10-14　2023 年创业板上市公司创新科技成果指数前 10 排名

排名	证券名称	证券代码	一级行业	省份	产权性质	创新科技成果指数
1	迈瑞医疗	300760.SZ	医药生物	广东	非国有控股	83.11
2	晶盛机电	300316.SZ	电力设备	浙江	非国有控股	80.03
3	苏交科	300284.SZ	建筑装饰	江苏	地方国有控股	79.48
4	朗科科技	300042.SZ	计算机	广东	地方国有控股	78.58
5	宁德时代	300750.SZ	电力设备	福建	非国有控股	77.95
6	阳光电源	300274.SZ	电力设备	安徽	非国有控股	77.80
7	贝泰妮	300957.SZ	美容护理	云南	非国有控股	77.50
8	荃银高科	300087.SZ	农林牧渔	安徽	中央国有控股	77.01
9	智飞生物	300122.SZ	医药生物	重庆	非国有控股	76.78
10	卓胜微	300782.SZ	电子	江苏	非国有控股	76.62

数据来源：同花顺（iFinD），首经贸资产评估研究院和浙工商中国智能管理研究院整理。

10.3.5　创新经济绩效指数

2023年创业板上市公司创新经济绩效指数平均水平为62.84，低于全市场均值64.49。从指数分布来看，高于全市场均值的有517家，占板块内上市公司总数的39.02%。其中，最高的是智飞生物，创新经济绩效指数为88.86。具体来看，创新经济绩效指数处于［80，100］的有15家，占比1.13%；［70，80）的有234家，占比17.66%；［60，70）的有573家，占比43.25%；［0，60）的有503家，占比37.96%，如图10-57所示。

根据创新经济绩效指数平均水平情况来看，中央国有控股上市公司的平均水平为68.88，地方国有控股上市公司为62.00，非国有控股上市公司为62.69，如图10-58所示。

根据创新经济绩效指数平均水平情况来看，平均水平较高的有内蒙古自治区（70.40）、云南省（66.47）、重庆市（65.98），如图10-59所示。

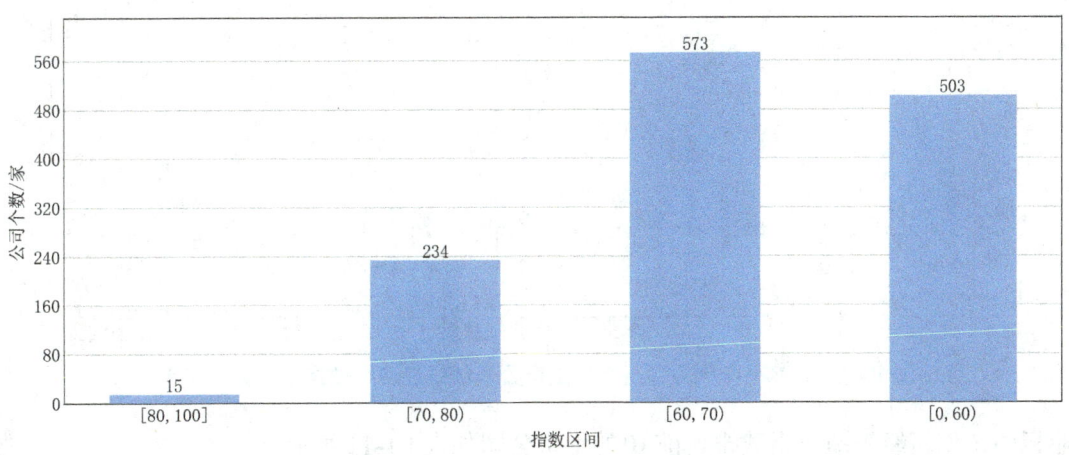

图 10-57　2023 年创业板上市公司创新经济绩效指数分布图

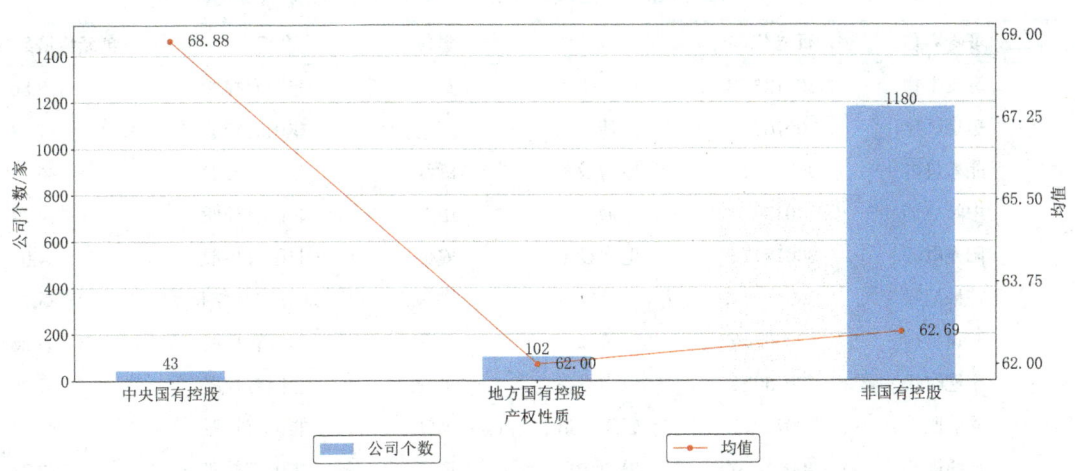

图 10-58　2023 年创业板不同产权上市公司创新经济绩效指数均值分布图

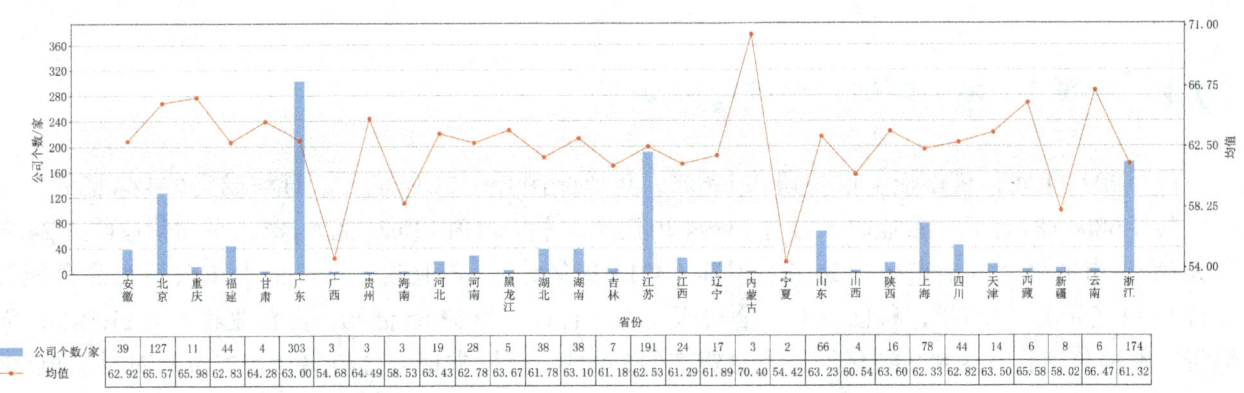

图 10-59　2023 年创业板各省份上市公司创新经济绩效指数均值分布图

根据创新经济绩效指数平均水平情况来看，平均水平较高的有钢铁（68.69）、商贸零售（65.98）、传媒（65.31），如图 10-60 所示。

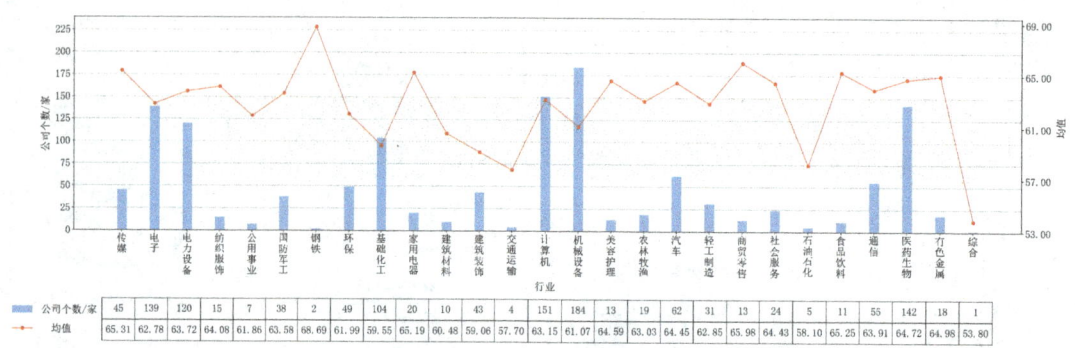

图10-60 2023年创业板各行业上市公司创新经济绩效指数均值分布图

创业板中，创新经济绩效指数排名前10的上市公司如表10-15所示。

表10-15 2023年创业板上市公司创新经济绩效指数前10排名

排名	证券名称	证券代码	一级行业	省份	产权性质	创新经济绩效指数
1	智飞生物	300122.SZ	医药生物	重庆	非国有控股	88.86
2	迈瑞医疗	300760.SZ	医药生物	广东	非国有控股	87.53
3	晶盛机电	300316.SZ	电力设备	浙江	非国有控股	86.91
4	中际旭创	300308.SZ	通信	山东	非国有控股	84.34
5	阳光电源	300274.SZ	电力设备	安徽	非国有控股	84.04
6	芒果超媒	300413.SZ	传媒	湖南	地方国有控股	83.77
7	神州泰岳	300002.SZ	传媒	北京	非国有控股	83.26
8	宁德时代	300750.SZ	电力设备	福建	非国有控股	82.86
9	乐歌股份	300729.SZ	轻工制造	浙江	非国有控股	82.86
10	亿纬锂能	300014.SZ	电力设备	广东	非国有控股	82.78

数据来源：同花顺（iFinD），首经贸资产评估研究院和浙工商中国智能管理研究院整理。

10.4 科创板上市公司创新发展指数评价

截至2023年底，科创板上市公司共566家，年成交额156318.14亿元，日均成交694.44亿元，总市值共计68040.87亿元，营业收入合计13894.30亿元，平均市值120.21亿元/家，平均营业收入24.59亿元/家。市值最大的上市公司为中芯国际（4213.26亿元），营业收入最高的上市公司为晶科能源（1186.82亿元）。2023年，科创板上市公司研发投入合计为1553.85亿元，占营业收入的11.18%；无形资产账面价值合计为829.85亿元，占总资产的2.46%。根据本报告分析口径，本节共对科创板566家上市公司开展创新发展指数评价，具体情况如下：

10.4.1 创新发展综合指数

2023年科创板566家上市公司创新发展综合指数平均水平为66.70，高于全市场均值65.40。从指数分布来看，高于全市场均值的有316家，占板块内上市公司总数的55.83%。其中，最高的是时代电气，创新发展综合指数为84.73。具体来看，创新发展综合指数处于[80，100]的有5家，占比0.88%；[70，80）的有129家，占比22.79%；[60，70）的有401家，占比70.85%；[0，60）的有31家，占比5.48%，如图10-61所示。

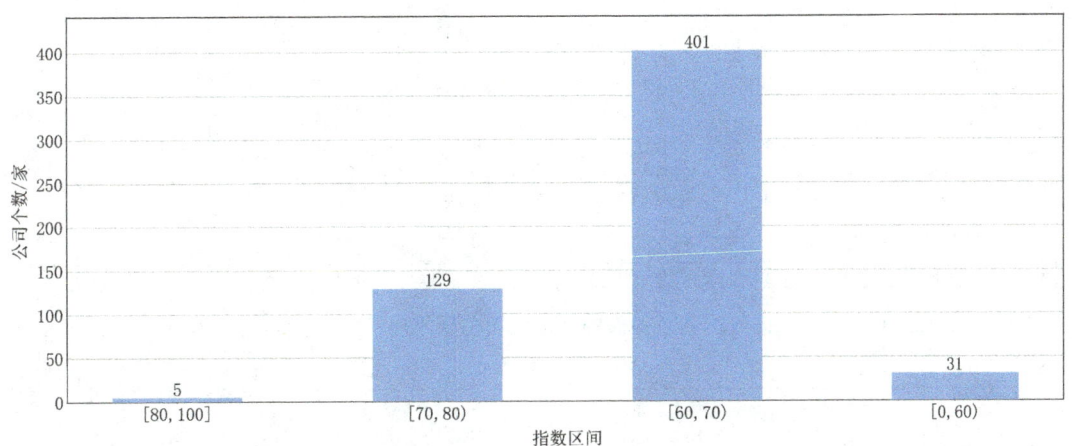

图10-61 2023年科创板上市公司创新发展综合指数分布图

566家科创板上市公司中，中央国有控股上市公司有36家，地方国有控股上市公司有30家，非国有控股上市公司有500家。根据创新发展综合指数平均水平情况来看，中央国有控股上市公司的平均水平为70.07，地方国有控股上市公司为69.32，非国有控股上市公司为66.30，如图10-62所示。

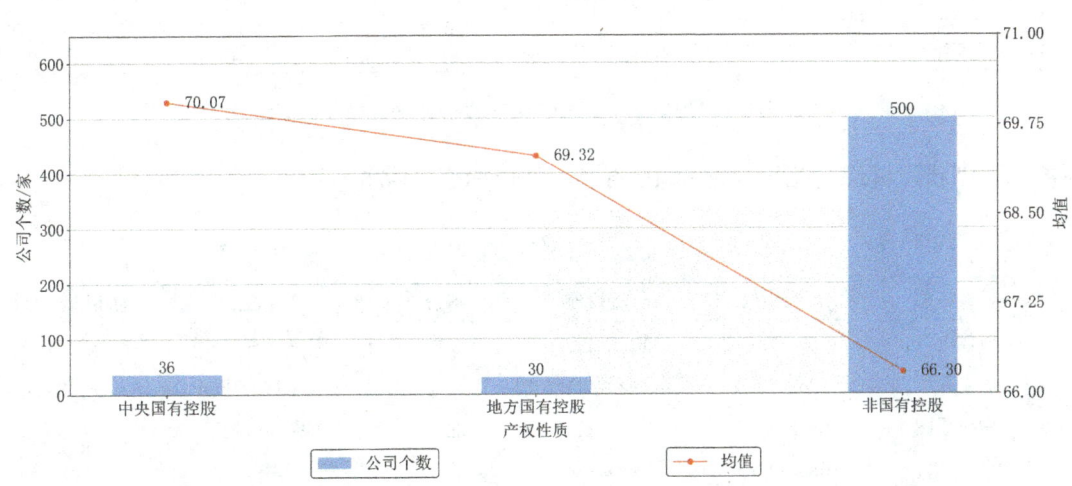

图10-62 2023年科创板不同产权上市公司创新发展综合指数均值分布图

从省份分布来看，江苏省（19.26%）、广东省（15.55%）、上海市（15.19%）占据科创板主要地位。根据创新发展综合指数平均水平情况来看，平均水平较高的有新疆维吾尔自治区（71.10）、天津市（70.86）、海南省（70.72），如图10-63所示。

从行业分布来看，电子（24.03%）、医药生物（18.90%）、机械设备（15.37%）占据科创板主要地位。根据创新发展综合指数平均水平情况来看，平均水平较高的有美容护理（75.29）、钢铁（71.03）、建筑材料（69.78），如图10-64所示。

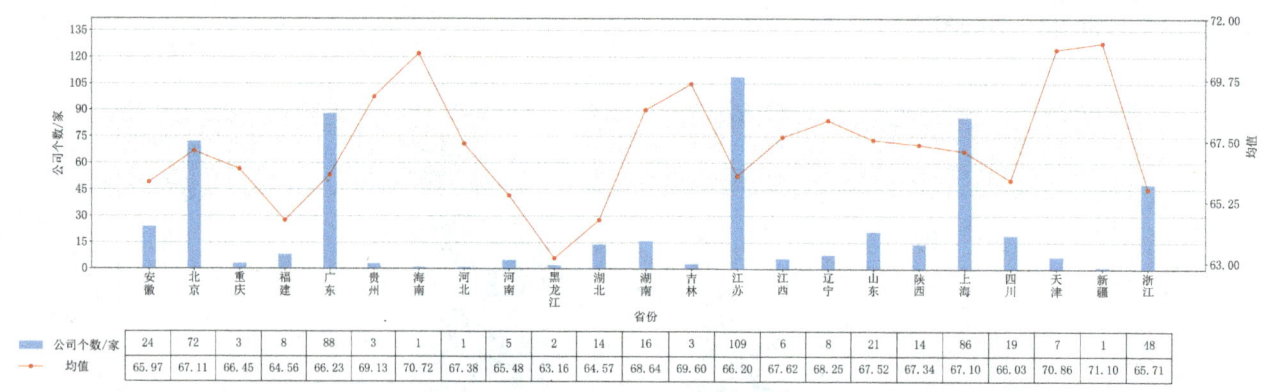

图 10-63　2023年科创板各省份上市公司创新发展综合指数均值分布图

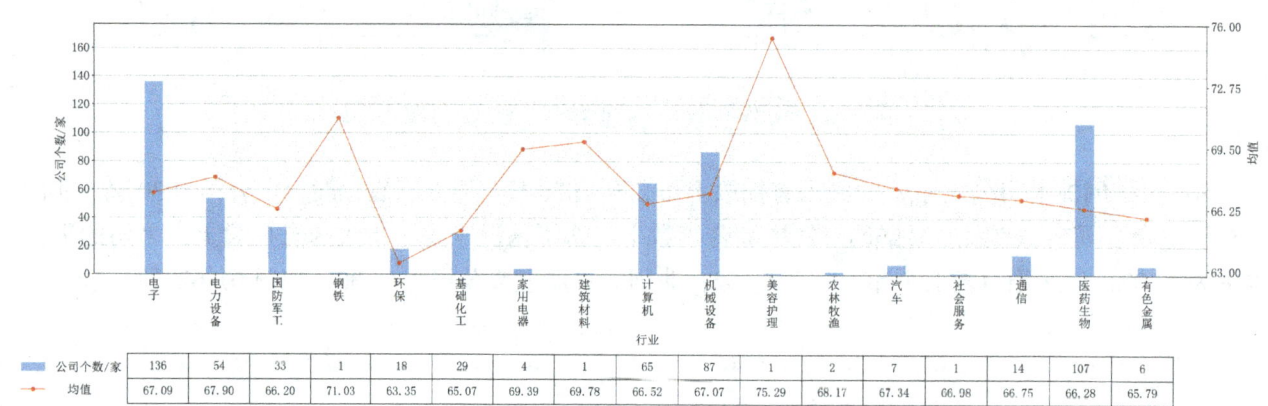

图 10-64　2023年科创板各行业上市公司创新发展综合指数均值分布图

科创板中，创新发展综合指数排名前10的上市公司如表10-16所示。

表 10-16　2023 年科创板上市公司创新发展综合指数前 10 排名

排名	证券名称	证券代码	一级行业	省份	产权性质	创新发展综合指数
1	时代电气	688187.SH	机械设备	湖南	中央国有控股	84.73
2	联影医疗	688271.SH	医药生物	上海	非国有控股	84.26
3	中科星图	688568.SH	计算机	北京	中央国有控股	80.93
4	金山办公	688111.SH	计算机	北京	非国有控股	80.20
5	晶科能源	688223.SH	电力设备	江西	非国有控股	80.18
6	海光信息	688041.SH	电子	天津	非国有控股	79.83
7	中国通号	688009.SH	机械设备	北京	中央国有控股	79.58
8	传音控股	688036.SH	电子	广东	非国有控股	79.41
9	天合光能	688599.SH	电力设备	江苏	非国有控股	79.19
10	中微公司	688012.SH	电子	上海	地方国有控股	78.99

数据来源：同花顺（iFinD），首经贸资产评估研究院和浙工商中国智能管理研究院整理。

10.4.2　创新资源支持指数

2023年科创板上市公司创新资源支持指数平均水平为68.08，高于全市场均值67.08。从指数分布来看，高于全市场均值的有312家，占板块内上市公司总数的55.12%。其中，最高的是联影医疗，创新资源支持指数为94.53。具体来看，创新资源支持指数处于［80，100］的有29家，占比5.12%；［70，80）的有179家，占比31.63%；［60，70）的有276家，占比48.59%；［0，60）的有82家，占比14.66%，如图10-65所示。

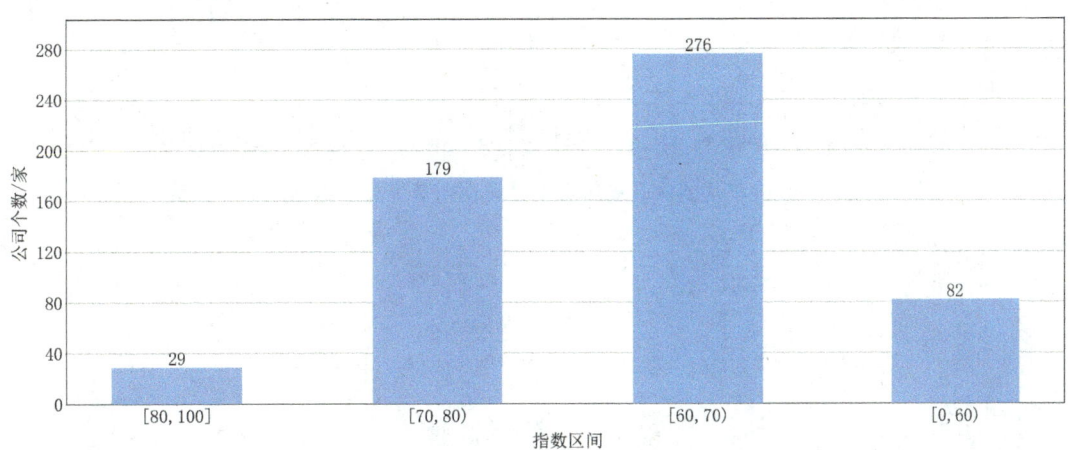

图10-65　2023年科创板上市公司创新资源支持指数分布图

根据创新资源支持指数平均水平情况来看，中央国有控股上市公司的平均水平为71.76，地方国有控股上市公司为70.91，非国有控股上市公司为67.64，如图10-66所示。

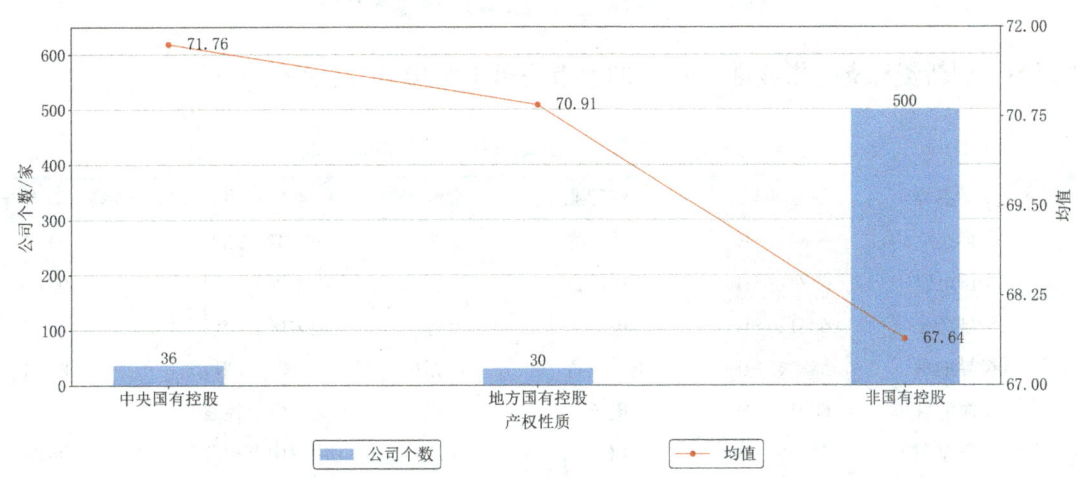

图10-66　2023年科创板不同产权上市公司创新资源支持指数均值分布图

根据创新资源支持指数平均水平情况来看，平均水平较高的有河北省（75.69）、海南省（75.40）、天津市（73.03），如图10-67所示。

根据创新资源支持指数平均水平情况来看，平均水平较高的有钢铁（81.85）、美容护理（74.63）、建筑材料（72.42），如图10-68所示。

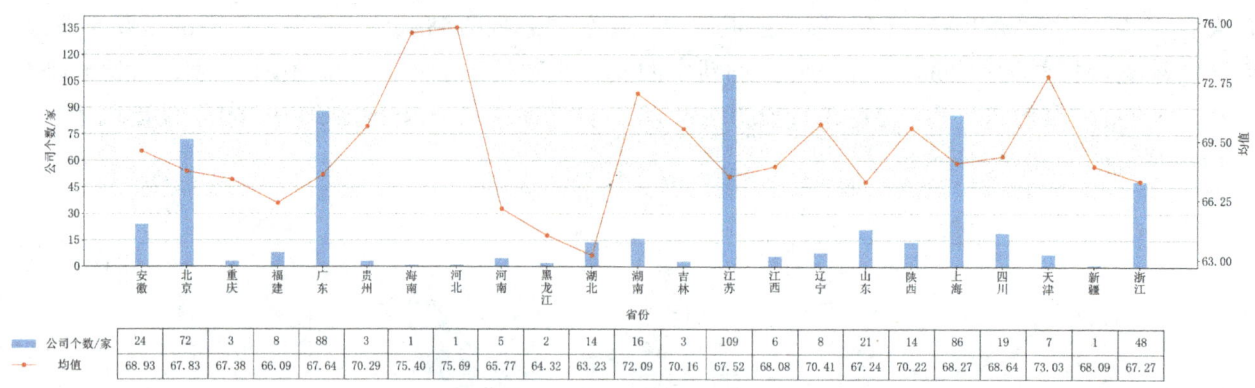

图 10-67　2023年科创板各省份上市公司创新资源支持指数均值分布图

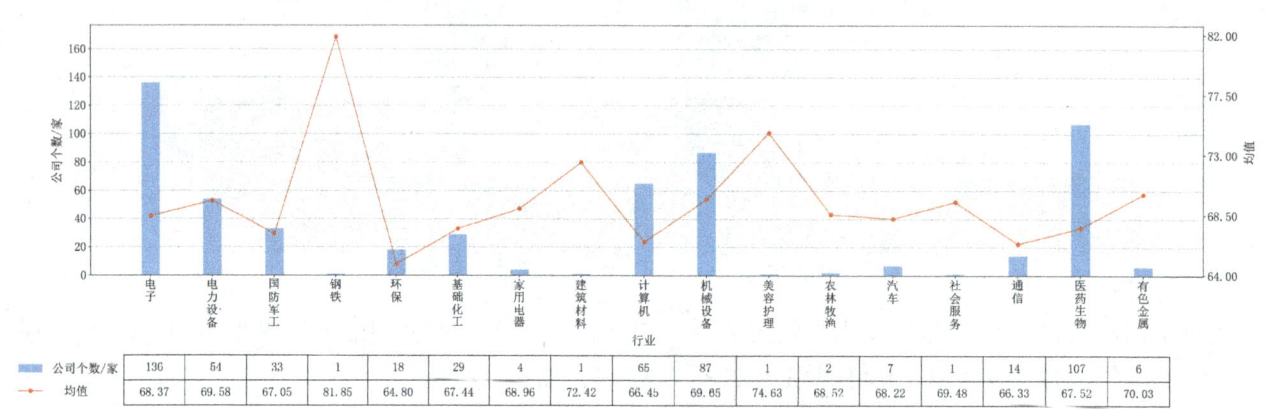

图 10-68　2023年科创板各行业上市公司创新资源支持指数均值分布图

科创板中，创新资源支持指数排名前10的上市公司如表10-17所示。

表 10-17　2023 年科创板上市公司创新资源支持指数前 10 排名

排名	证券名称	证券代码	一级行业	省份	产权性质	创新资源支持指数
1	联影医疗	688271.SH	医药生物	上海	非国有控股	94.53
2	中国电研	688128.SH	机械设备	广东	中央国有控股	92.06
3	沪硅产业	688126.SH	电子	上海	地方国有控股	87.05
4	微导纳米	688147.SH	电力设备	江苏	非国有控股	86.71
5	华海清科	688120.SH	电子	天津	地方国有控股	86.46
6	中科星图	688568.SH	计算机	北京	中央国有控股	85.68
7	时代电气	688187.SH	机械设备	湖南	中央国有控股	85.08
8	晶科能源	688223.SH	电力设备	江西	非国有控股	84.95
9	华润微	688396.SH	电子	—	中央国有控股	84.88
10	金山办公	688111.SH	计算机	北京	非国有控股	84.87

数据来源：同花顺（iFinD），首经贸资产评估研究院和浙工商中国智能管理研究院整理。

10.4.3　创新要素投入指数

2023年科创板上市公司创新要素投入指数平均水平为70.08，高于全市场均值66.07。从指数分布来看，高于全市场均值的有421家，占板块内上市公司总数的74.38%。其中，最高的是时代电气，创新要素投入指数为88.27。具体来看，创新要素投入指数处于［80，100］的有23家，占比4.06%；［70，80）的有252家，占比44.52%；［60，70）的有281家，占比49.65%；［0，60）的有10家，占比1.77%，如图10-69所示。

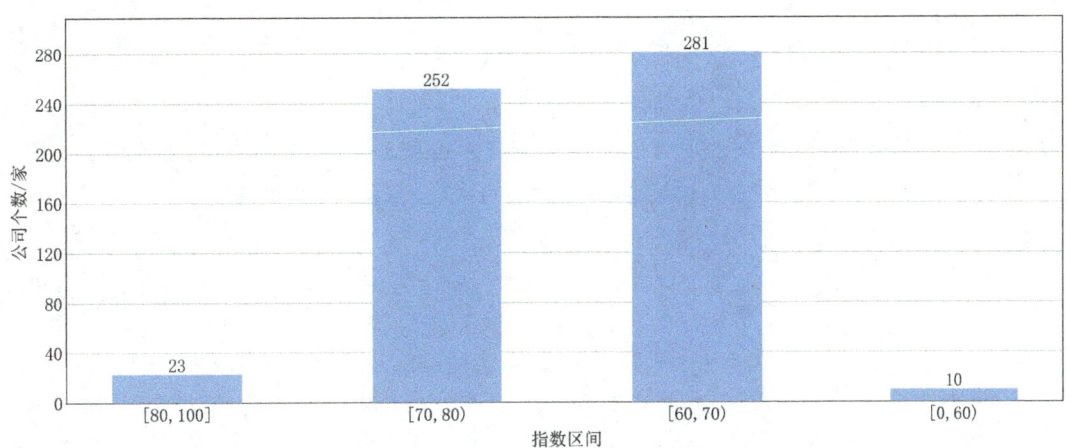

图10-69　2023年科创板上市公司创新要素投入指数分布图

根据创新要素投入指数平均水平情况来看，中央国有控股上市公司的平均水平为73.16，地方国有控股上市公司为71.99，非国有控股上市公司为69.75，如图10-70所示。

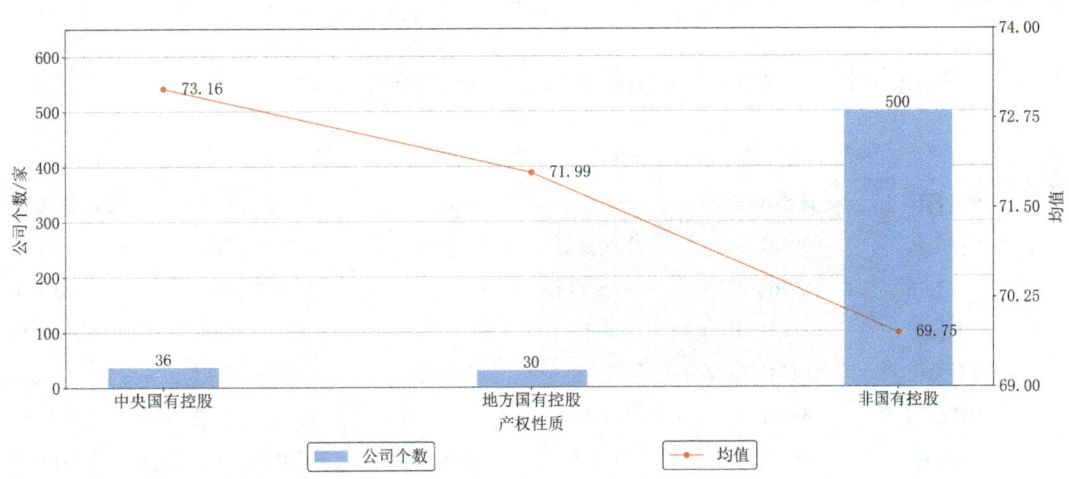

图10-70　2023年科创板不同产权上市公司创新要素投入指数均值分布图

根据创新要素投入指数平均水平情况来看，平均水平较高的有新疆维吾尔自治区（75.48）、天津市（74.43）、海南省（73.26），如图10-71所示。

根据创新要素投入指数平均水平情况来看，平均水平较高的有美容护理（75.93）、建筑材料（72.03）、通信（71.35），如图10-72所示。

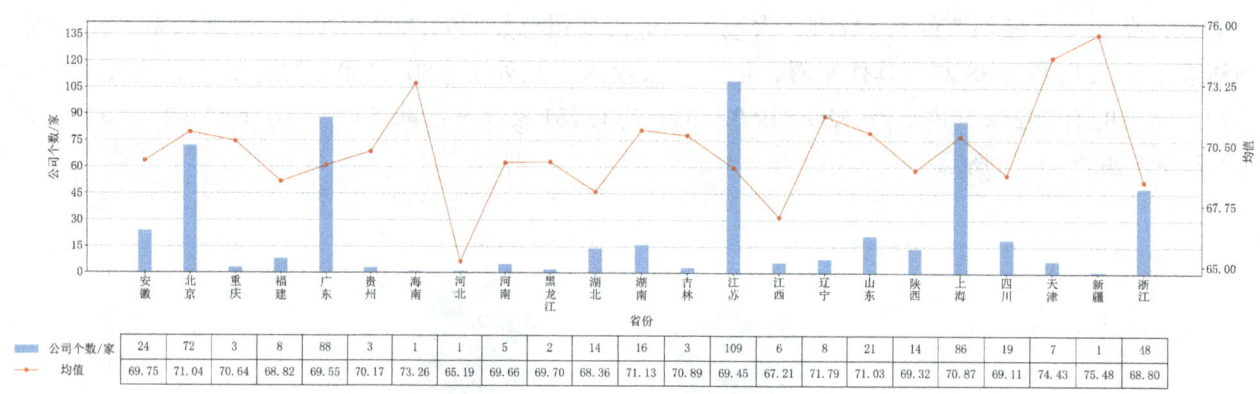

图 10-71　2023 年科创板各省份上市公司创新要素投入指数均值分布图

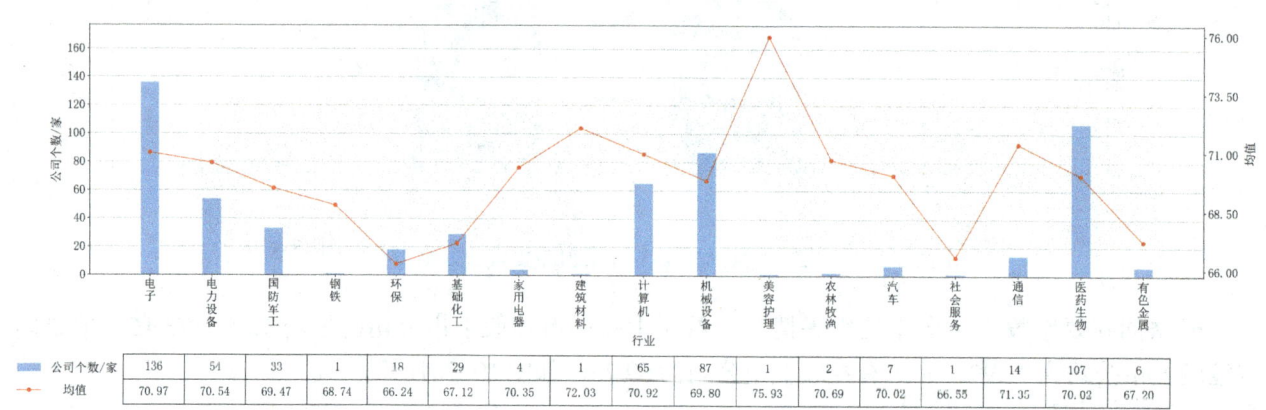

图 10-72　2023 年科创板各行业上市公司创新要素投入指数均值分布图

科创板中，创新要素投入指数排名前 10 的上市公司如表 10-18 所示。

表 10-18　2023 年科创板上市公司创新要素投入指数前 10 排名

排名	证券名称	证券代码	一级行业	省份	产权性质	创新要素投入指数
1	时代电气	688187.SH	机械设备	湖南	中央国有控股	88.27
2	中科星图	688568.SH	计算机	北京	中央国有控股	87.69
3	海光信息	688041.SH	电子	天津	非国有控股	87.49
4	复旦微电	688385.SH	电子	上海	地方国有控股	87.36
5	中微公司	688012.SH	电子	上海	地方国有控股	86.57
6	经纬恒润	688326.SH	计算机	北京	非国有控股	86.51
7	联影医疗	688271.SH	医药生物	上海	非国有控股	85.50
8	中国通号	688009.SH	机械设备	北京	中央国有控股	83.13
9	金山办公	688111.SH	计算机	北京	非国有控股	83.00
10	盛美上海	688082.SH	电子	上海	非国有控股	82.31

数据来源：同花顺（iFinD），首经贸资产评估研究院和浙工商中国智能管理研究院整理。

10.4.4　创新科技成果指数

2023 年科创板上市公司创新科技成果指数平均水平为 65.02，高于全市场均值 64.15。从指数分布来看，高于全市场均值的有294家，占板块内上市公司总数的51.94%。其中，最高的是海尔生物，创新科技成果指数为80.79。具体来看，创新科技成果指数处于[80，100]的有1家，占比0.18%；[70，80）的有57家，占比10.07%；[60，70）的有485家，占比85.51%；[0，60）的有23家，占比4.24%，如图10-73所示。

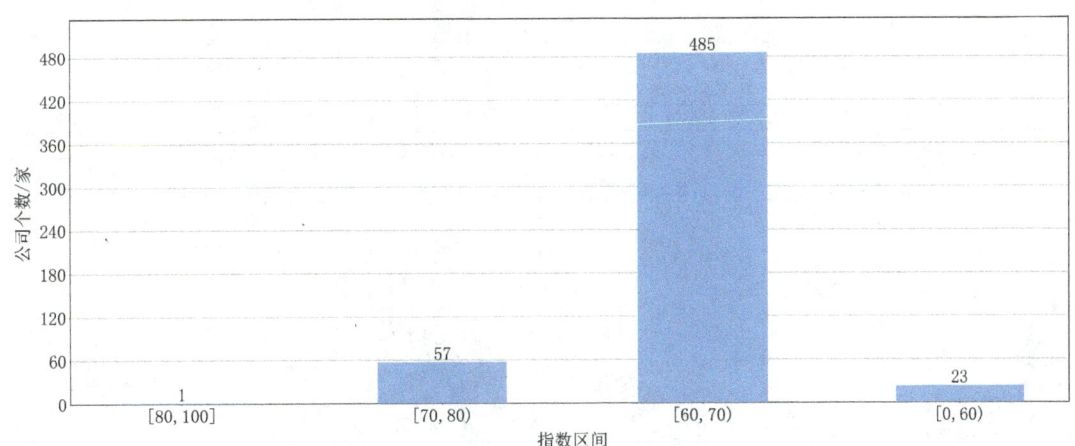

图10-73　2023年科创板上市公司创新科技成果指数分布图

根据创新科技成果指数平均水平情况来看，中央国有控股上市公司的平均水平为66.99，地方国有控股上市公司为66.83，非国有控股上市公司为64.77，如图10-74所示。

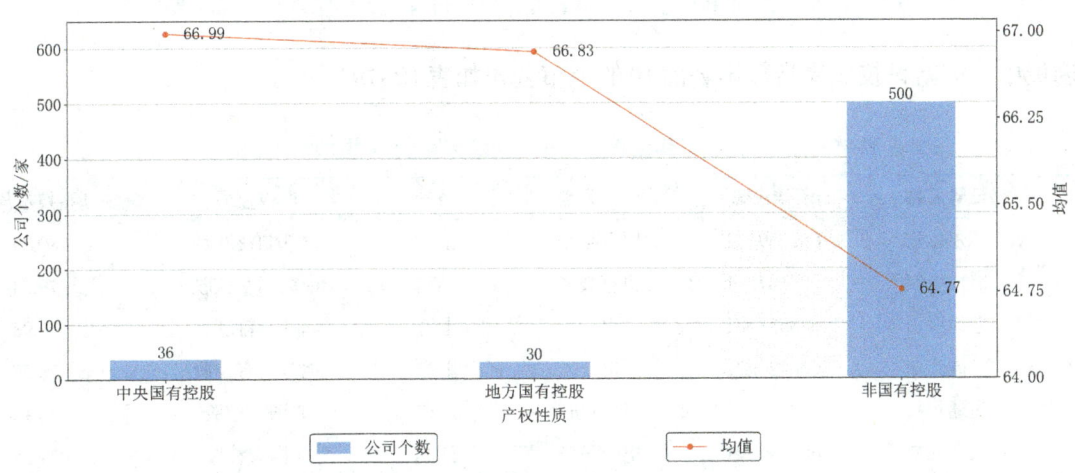

图10-74　2023年科创板不同产权上市公司创新科技成果指数均值分布图

根据创新科技成果指数平均水平情况来看，平均水平较高的有河北省（68.70）、天津市（68.26）、海南省（67.35），如图10-75所示。

根据创新科技成果指数平均水平情况来看，平均水平较高的有美容护理（75.87）、建筑材料（70.21）、家用电器（68.25），如图10-76所示。

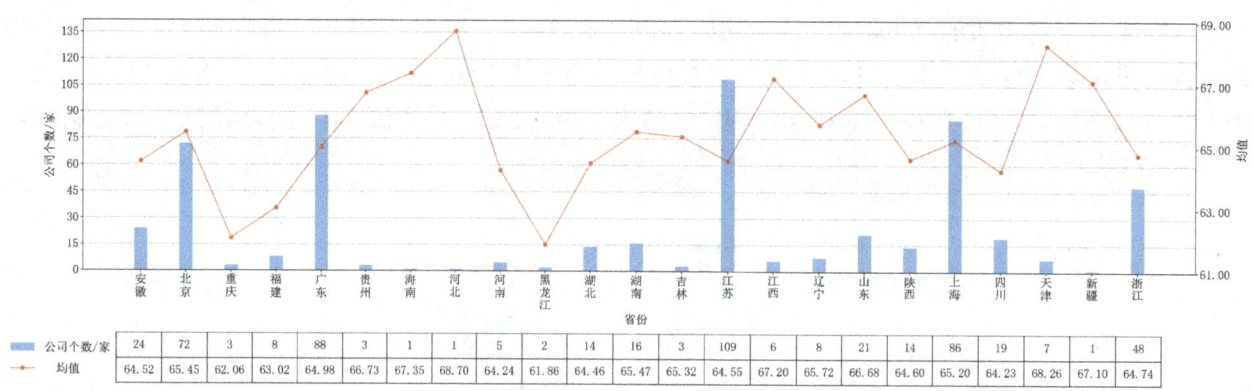

图 10-75　2023年科创板各省份上市公司创新科技成果指数均值分布图

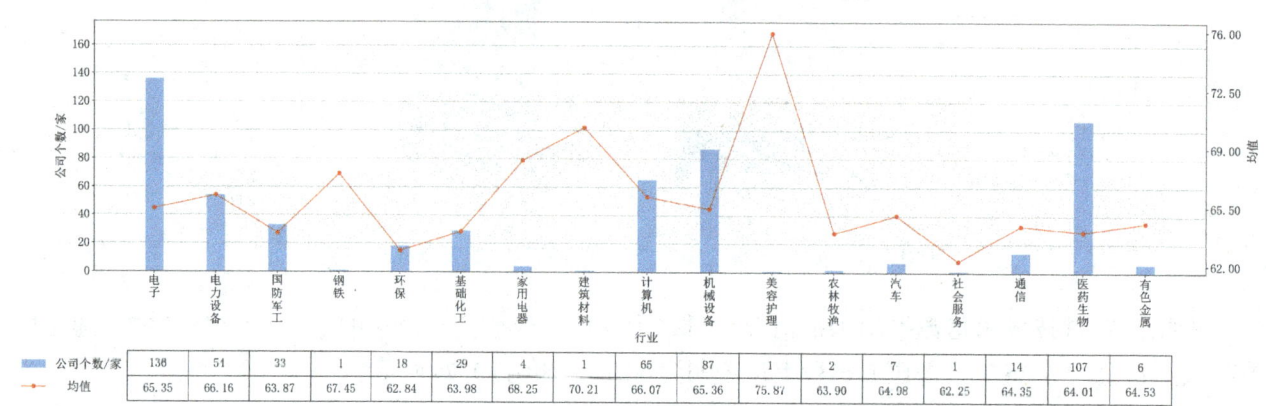

图 10-76　2023年科创板各行业上市公司创新科技成果指数均值分布图

科创板中，创新科技成果指数排名前10的上市公司如表10-19所示。

表10-19　2023年科创板上市公司创新科技成果指数前10排名

排名	证券名称	证券代码	一级行业	省份	产权性质	创新科技成果指数
1	海尔生物	688139.SH	医药生物	山东	非国有控股	80.79
2	时代电气	688187.SH	机械设备	湖南	中央国有控股	79.34
3	芯原股份	688521.SH	电子	上海	非国有控股	78.98
4	沪硅产业	688126.SH	电子	上海	地方国有控股	78.57
5	道通科技	688208.SH	计算机	广东	非国有控股	78.15
6	天合光能	688599.SH	电力设备	江苏	非国有控股	77.38
7	传音控股	688036.SH	电子	广东	非国有控股	76.37
8	晶科能源	688223.SH	电力设备	江西	非国有控股	76.12
9	联影医疗	688271.SH	医药生物	上海	非国有控股	75.99
10	华熙生物	688363.SH	美容护理	山东	非国有控股	75.87

数据来源：同花顺（iFinD），首经贸资产评估研究院和浙工商中国智能管理研究院整理。

10.4.5　创新经济绩效指数

2023年科创板上市公司创新经济绩效指数平均水平为63.15，低于全市场均值64.49。从指数分布来看，高于全市场均值的有240家，占板块内上市公司总数的42.40%。其中，最高的是传音控股，创新经济绩效指数为87.22。具体来看，创新经济绩效指数处于［80，100］的有16家，占比2.83%；［70，80）的有92家，占比16.25%；［60，70）的有243家，占比42.93%；［0，60）的有215家，占比37.99%，如图10-77所示。

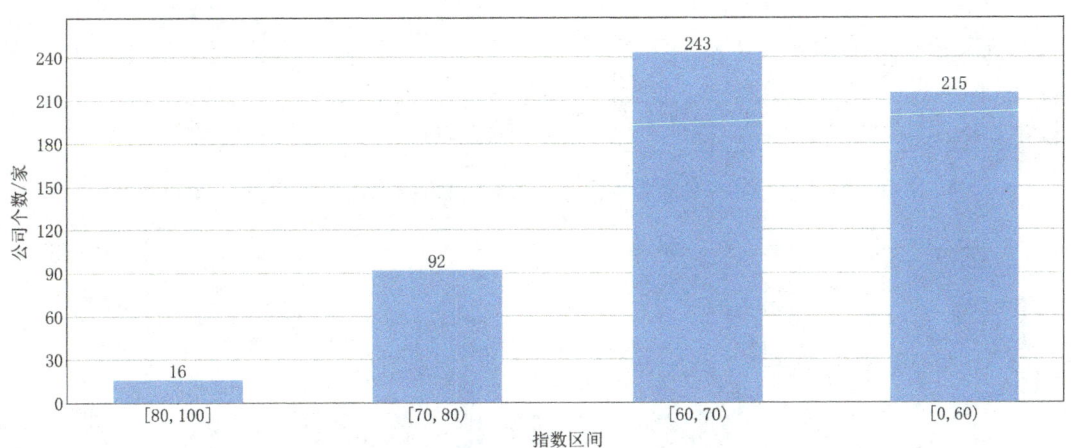

图10-77　2023年科创板上市公司创新经济绩效指数分布图

根据创新经济绩效指数平均水平情况来看，中央国有控股上市公司的平均水平为67.91，地方国有控股上市公司为67.22，非国有控股上市公司为62.57，如图10-78所示。

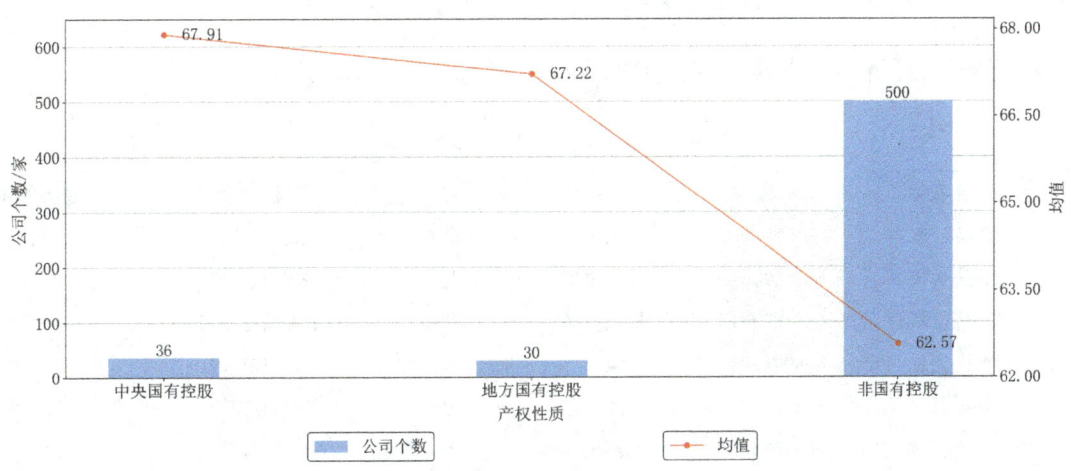

图10-78　2023年科创板不同产权上市公司创新经济绩效指数均值分布图

根据创新经济绩效指数平均水平情况来看，平均水平较高的有新疆维吾尔自治区（71.67）、吉林省（71.48）、贵州省（69.19），如图10-79所示。

根据创新经济绩效指数平均水平情况来看，平均水平较高的有美容护理（74.50）、社会服务（69.87）、家用电器（69.57），如图10-80所示。

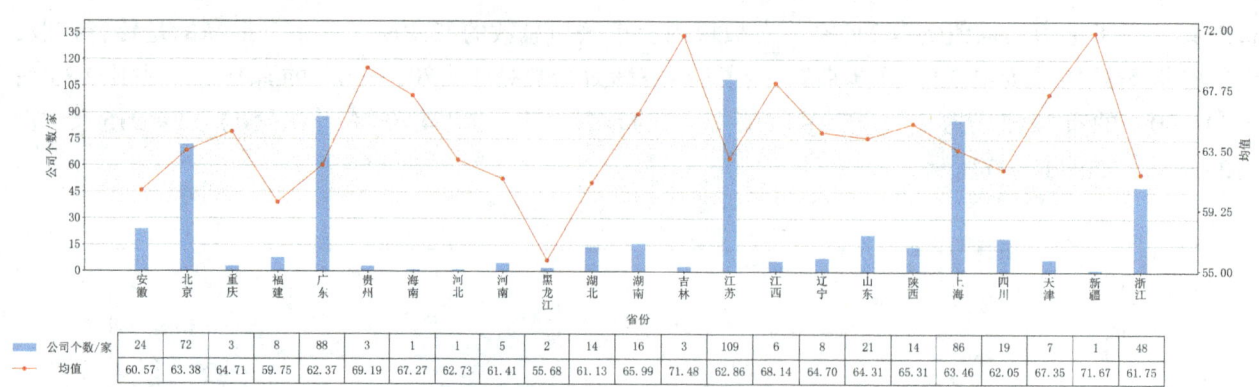

图 10-79　2023年科创板各省份上市公司创新经济绩效指数均值分布图

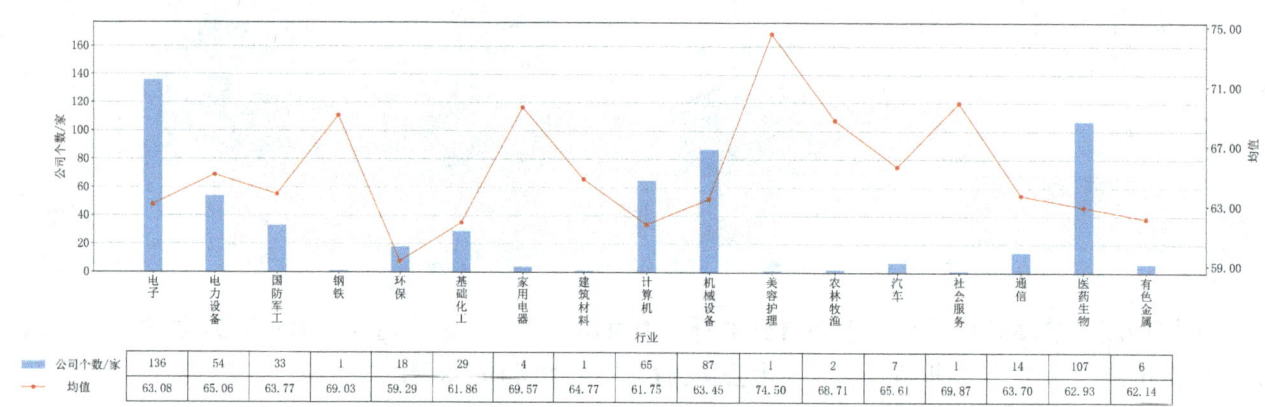

图 10-80　2023年科创板各行业上市公司创新经济绩效指数均值分布图

科创板中，创新经济绩效指数排名前10的上市公司如表10-20所示。

表 10-20　2023 年科创板上市公司创新经济绩效指数前 10 排名

排名	证券名称	证券代码	一级行业	省份	产权性质	创新经济绩效指数
1	传音控股	688036.SH	电子	广东	非国有控股	87.22
2	石头科技	688169.SH	家用电器	北京	非国有控股	85.23
3	时代电气	688187.SH	机械设备	湖南	中央国有控股	85.06
4	海光信息	688041.SH	电子	天津	非国有控股	83.79
5	联影医疗	688271.SH	医药生物	上海	非国有控股	82.62
6	三生国健	688336.SH	医药生物	上海	非国有控股	81.74
7	中微公司	688012.SH	电子	上海	地方国有控股	81.73
8	晶科能源	688223.SH	电力设备	江西	非国有控股	81.03
9	天合光能	688599.SH	电力设备	江苏	非国有控股	80.94
10	奥特维	688516.SH	电力设备	江苏	非国有控股	80.68

数据来源：同花顺（iFinD），首经贸资产评估研究院和浙工商中国智能管理研究院整理。

10.5　北交所上市公司创新发展指数评价

截至2023年底，北交所上市公司共239家，年成交额7247.35亿元，日均成交57.63亿元，总市值共计4497.34亿元，营业收入合计1682.95亿元，平均市值18.82亿元/家，平均营业收入7.04亿元/家。市值最大的上市公司为贝特瑞（253.12亿元），营业收入最高的上市公司为贝特瑞（251.19亿元）。2023年，北交所上市公司研发投入合计为84.51亿元，占营业收入的5.02%；无形资产账面价值合计为89.45亿元，占总资产的3.45%。根据本报告分析口径，本节共对北交所239家上市公司开展创新发展指数评价，具体情况如下：

10.5.1 创新发展综合指数

2023年北交所239家上市公司创新发展综合指数平均水平为60.50，低于全市场均值65.40。从指数分布来看，高于全市场均值的有8家，占板块内上市公司总数的3.35%。其中，最高的是连城数控，创新发展综合指数为74.57。具体来看，创新发展综合指数处于[70,80)的有3家，占比1.26%；[60,70)的有129家，占比53.97%；[0,60)的有107家，占比44.77%，如图10-81所示。

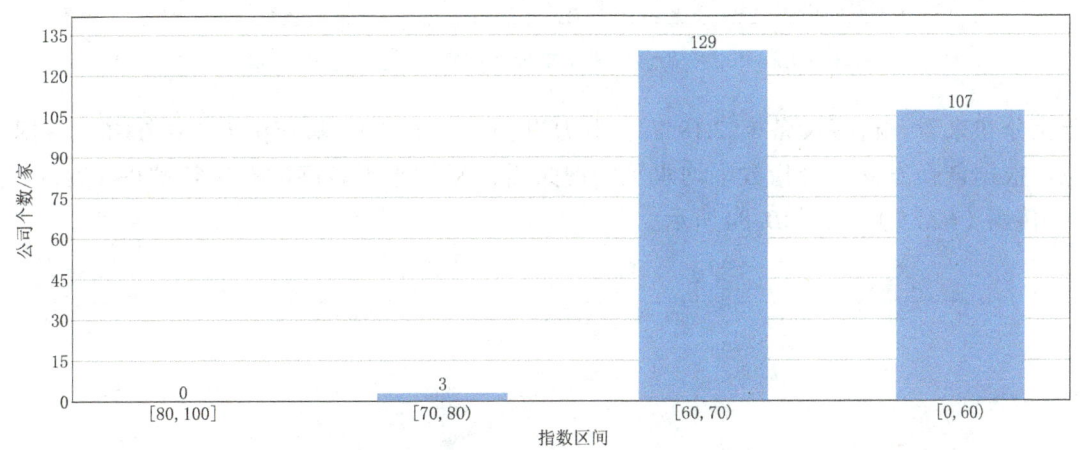

图10-81 2023年北交所上市公司创新发展综合指数分布图

239家北交所上市公司中，中央国有控股上市公司有4家，地方国有控股上市公司有18家，非国有控股上市公司有217家。根据创新发展综合指数平均水平情况看，中央国有控股上市公司的平均水平为63.76，地方国有控股上市公司为61.19，非国有控股上市公司为60.38，如图10-82所示。

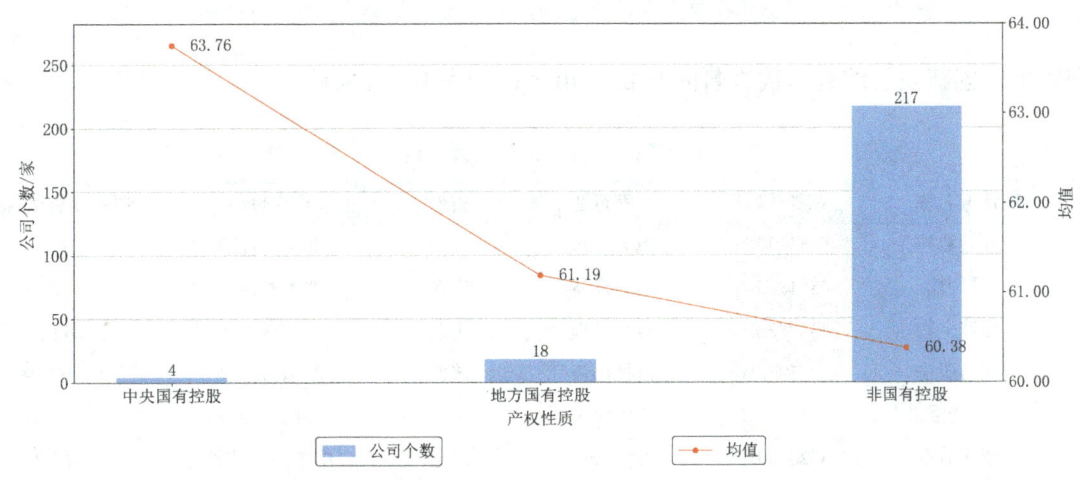

图10-82 2023年北交所不同产权上市公司创新发展综合指数均值分布图

从省份分布来看，江苏省（17.99%）、广东省（11.72%）、浙江省（10.46%）占据北交所主要地位。根据创新发展综合指数平均水平情况来看，平均水平较高的有山西省（64.19）、陕西省（62.86）、上海市（62.17），如图10-83所示。

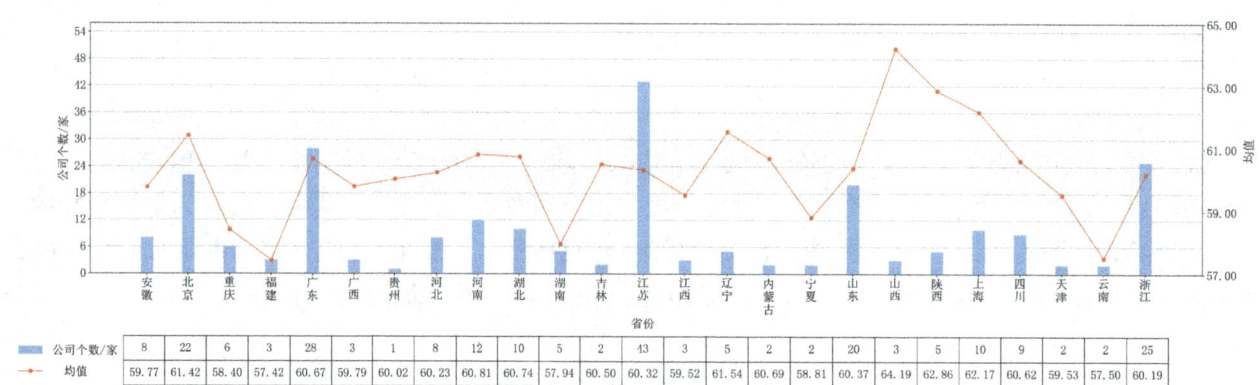

图10-83　2023年北交所各省份上市公司创新发展综合指数均值分布图

从行业分布来看，机械设备（22.18%）、电力设备（10.46%）、基础化工（10.04%）占据北交所主要地位。根据创新发展综合指数平均水平情况来看，平均水平较高的有美容护理（71.31）、通信（62.96）、传媒（62.85），如图10-84所示。

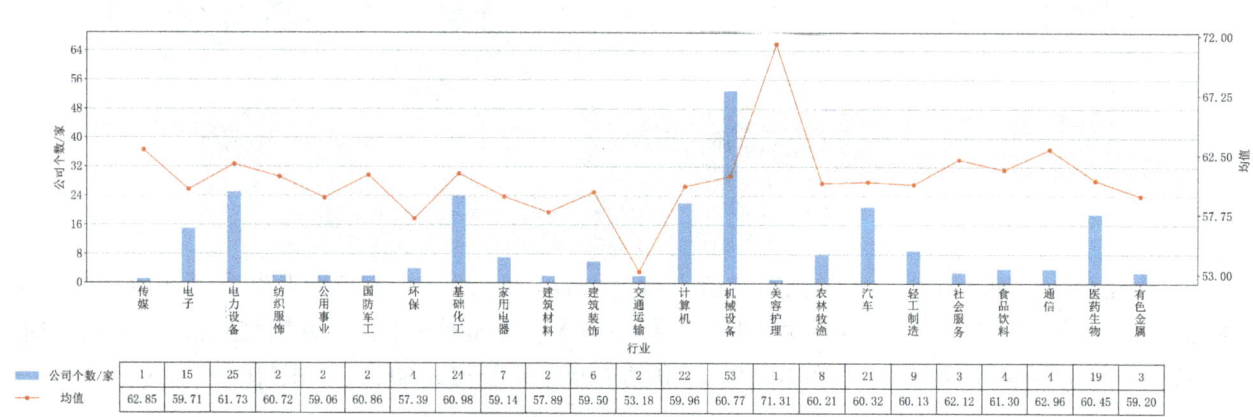

图10-84　2023年北交所各行业上市公司创新发展综合指数均值分布图

北交所中，创新发展综合指数排名前10的上市公司如表10-21所示。

表10-21　2023年北交所上市公司创新发展综合指数前10排名

排名	证券名称	证券代码	一级行业	省份	产权性质	创新发展综合指数
1	连城数控	835368.BJ	电力设备	辽宁	非国有控股	74.57
2	贝特瑞	835185.BJ	电力设备	广东	非国有控股	72.61
3	锦波生物	832982.BJ	美容护理	山西	非国有控股	71.31
4	同力股份	834599.BJ	机械设备	陕西	非国有控股	67.59
5	一诺威	834261.BJ	基础化工	山东	非国有控股	65.87
6	曙光数创	872808.BJ	计算机	北京	中央国有控股	65.73
7	康比特	833429.BJ	食品饮料	北京	非国有控股	65.72

续表

排名	证券名称	证券代码	一级行业	省份	产权性质	创新发展综合指数
8	颖泰生物	833819.BJ	基础化工	北京	非国有控股	65.64
9	吉林碳谷	836077.BJ	基础化工	吉林	地方国有控股	64.89
10	创远信科	831961.BJ	机械设备	上海	非国有控股	64.73

数据来源：同花顺（iFinD），首经贸资产评估研究院和浙工商中国智能管理研究院整理。

10.5.2 创新资源支持指数

2023年北交所上市公司创新资源支持指数平均水平为63.62，低于全市场均值67.08。从指数分布来看，高于全市场均值的有68家，占板块内上市公司总数的28.45%。其中，最高的是连城数控，创新资源支持指数为78.39。具体来看，创新资源支持指数处于［70,80）的有25家，占比10.46%；［60,70）的有156家，占比65.27%；［0,60）的有58家，占比24.27%，如图10-85所示。

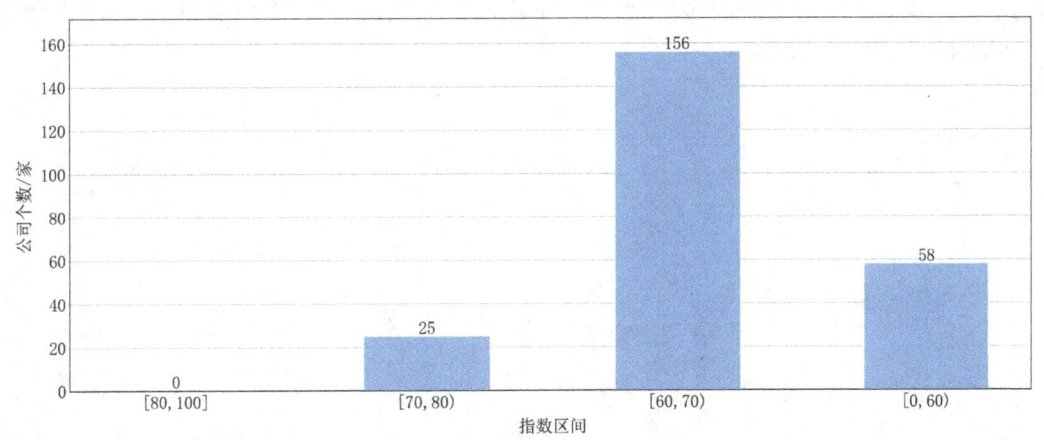

图10-85　2023年北交所上市公司创新资源支持指数分布图

根据创新资源支持指数平均水平情况来看，中央国有控股上市公司的平均水平为63.99，地方国有控股上市公司为62.99，非国有控股上市公司为63.66，如图10-86所示。

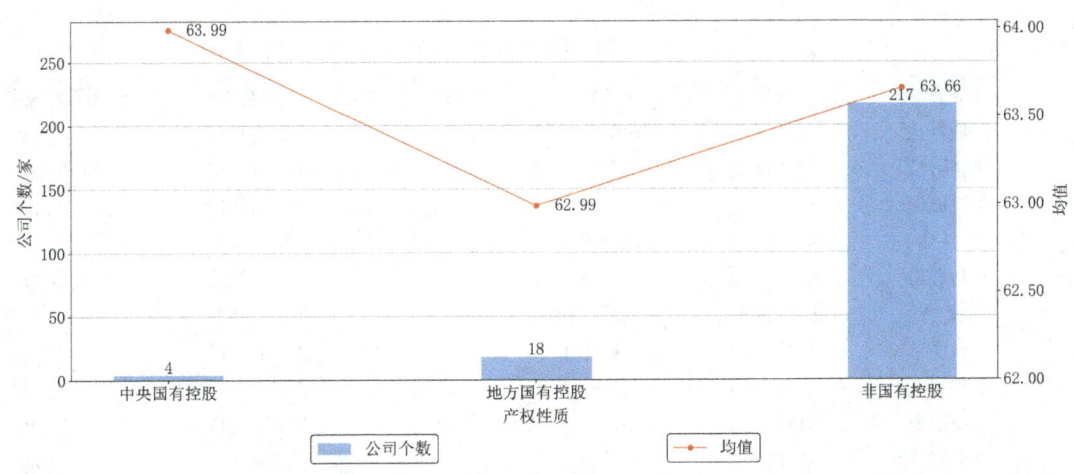

图10-86　2023年北交所不同产权上市公司创新资源支持指数均值分布图

根据创新资源支持指数平均水平情况来看，平均水平较高的有陕西省（68.50）、宁夏回族自治区（67.61）、内蒙古自治区（67.12），如图10-87所示。

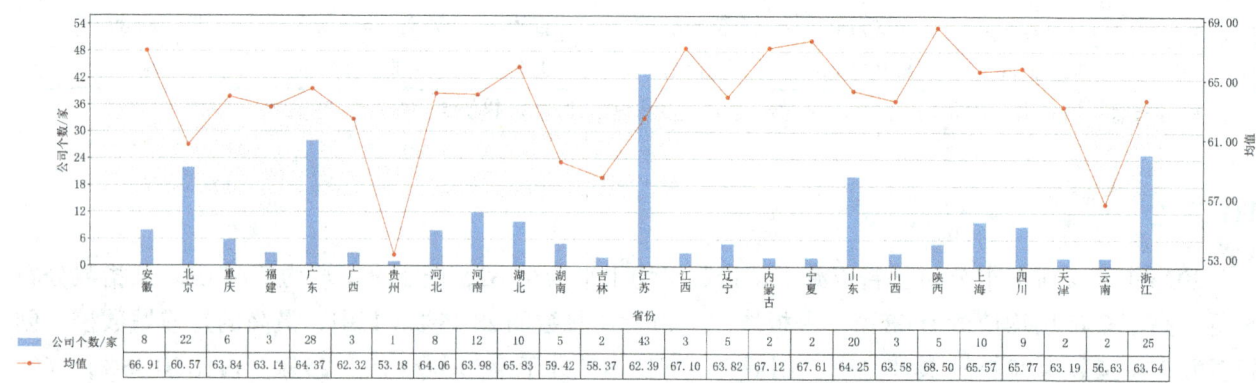

图10-87　2023年北交所各省份上市公司创新资源支持指数均值分布图

根据创新资源支持指数平均水平情况来看，平均水平较高的有传媒（68.23）、公用事业（66.42）、食品饮料（66.08），如图10-88所示。

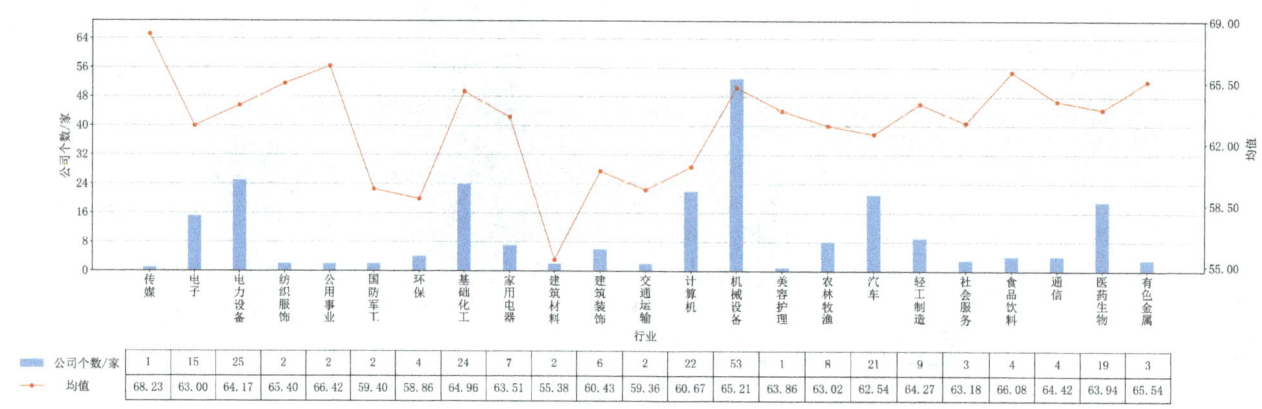

图10-88　2023年北交所各行业上市公司创新资源支持指数均值分布图

北交所中，创新资源支持指数排名前10的上市公司如表10-22所示。

表 10-22　2023 年北交所上市公司创新资源支持指数前 10 排名

排名	证券名称	证券代码	一级行业	省份	产权性质	创新资源支持指数
1	连城数控	835368.BJ	电力设备	辽宁	非国有控股	78.39
2	中裕科技	871694.BJ	基础化工	江苏	非国有控股	78.22
3	优机股份	833943.BJ	机械设备	四川	非国有控股	75.66
4	贝特瑞	835185.BJ	电力设备	广东	非国有控股	74.96
5	雅达股份	430556.BJ	电力设备	广东	非国有控股	74.76
6	康比特	833429.BJ	食品饮料	北京	非国有控股	74.18
7	一致魔芋	839273.BJ	基础化工	湖北	非国有控股	72.81
8	泰鹏智能	873132.BJ	轻工制造	山东	非国有控股	72.76
9	万德股份	836419.BJ	基础化工	陕西	非国有控股	72.26
10	瑞奇智造	833781.BJ	机械设备	四川	非国有控股	71.88

数据来源：同花顺（iFinD），首经贸资产评估研究院和浙工商中国智能管理研究院整理。

10.5.3 创新要素投入指数

2023年北交所上市公司创新要素投入指数平均水平为61.51，低于全市场均值66.07。从指数分布来看，高于全市场均值的有33家，占板块内上市公司总数的13.81%。其中，最高的是连城数控，创新要素投入指数为76.80。具体来看，创新要素投入指数处于[70，80)的有7家，占比2.51%；[60，70)的有139家，占比58.58%；[0，60)的有93家，占比38.91%，如图10-89所示。

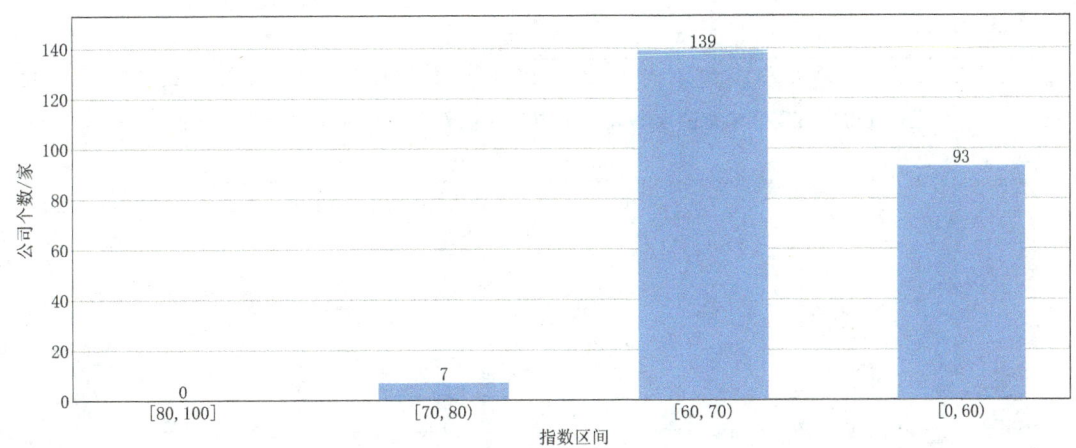

图10-89　2023年北交所上市公司创新要素投入指数分布图

根据创新要素投入指数平均水平情况来看，中央国有控股上市公司的平均水平为67.06，地方国有控股上市公司为62.82，非国有控股上市公司为61.30，如图10-90所示。

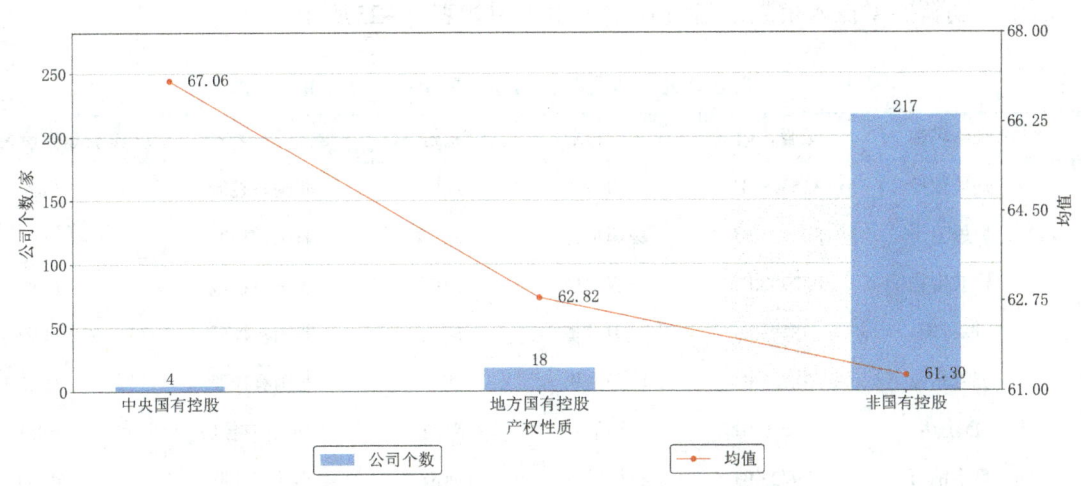

图10-90　2023年北交所不同产权上市公司创新要素投入指数均值分布图

根据创新要素投入指数平均水平情况来看，平均水平较高的有贵州省（68.57）、山西省（67.89）、上海市（64.57），如图10-91所示。

根据创新要素投入指数平均水平情况来看，平均水平较高的有美容护理（75.82）、通信（66.57）、传媒（64.90），如图10-92所示。

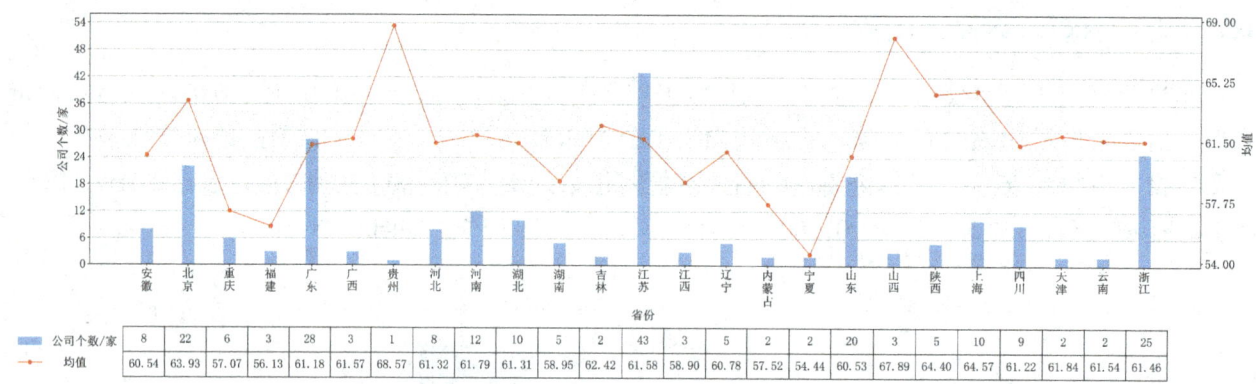

图10-91　2023年北交所各省份上市公司创新要素投入指数均值分布图

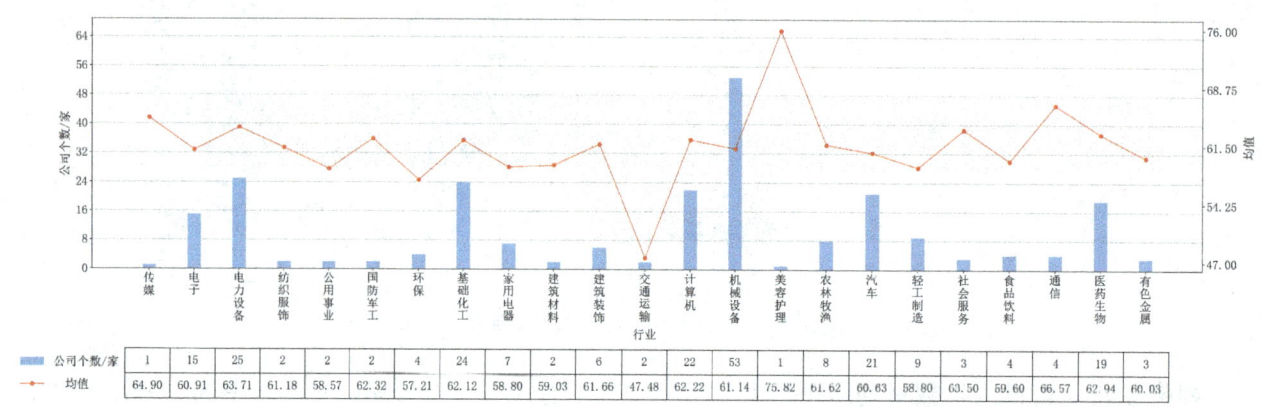

图10-92　2023年北交所各行业上市公司创新要素投入指数均值分布图

北交所中，创新要素投入指数排名前10的上市公司如表10-23所示。

表10-23　2023年北交所上市公司创新要素投入指数前10排名

排名	证券名称	证券代码	一级行业	省份	产权性质	创新要素投入指数
1	连城数控	835368.BJ	电力设备	辽宁	非国有控股	76.80
2	康乐卫士	833575.BJ	医药生物	北京	非国有控股	76.05
3	锦波生物	832982.BJ	美容护理	山西	非国有控股	75.82
4	贝特瑞	835185.BJ	电力设备	广东	非国有控股	74.97
5	德源药业	832735.BJ	医药生物	江苏	非国有控股	71.50
6	富士达	835640.BJ	通信	陕西	中央国有控股	70.11
7	惠丰钻石	839725.BJ	机械设备	河南	非国有控股	70.00
8	辰光医疗	430300.BJ	医药生物	上海	非国有控股	69.67
9	利尔达	832149.BJ	通信	浙江	非国有控股	69.28
10	创远信科	831961.BJ	机械设备	上海	非国有控股	69.21

数据来源：同花顺（iFinD），首经贸资产评估研究院和浙工商中国智能管理研究院整理。

10.5.4 创新科技成果指数

2023年北交所上市公司创新科技成果指数平均水平为60.71，低于全市场均值64.15。从指数分布来看，高于全市场均值的有17家，占板块内上市公司总数的7.11%。其中，最高的是连城数控，创新科技成果指数为69.39。具体来看，创新科技成果指数处于[60，70）的有158家，占比66.11%；[0，60）的有81家，占比33.89%，如图10-93所示。

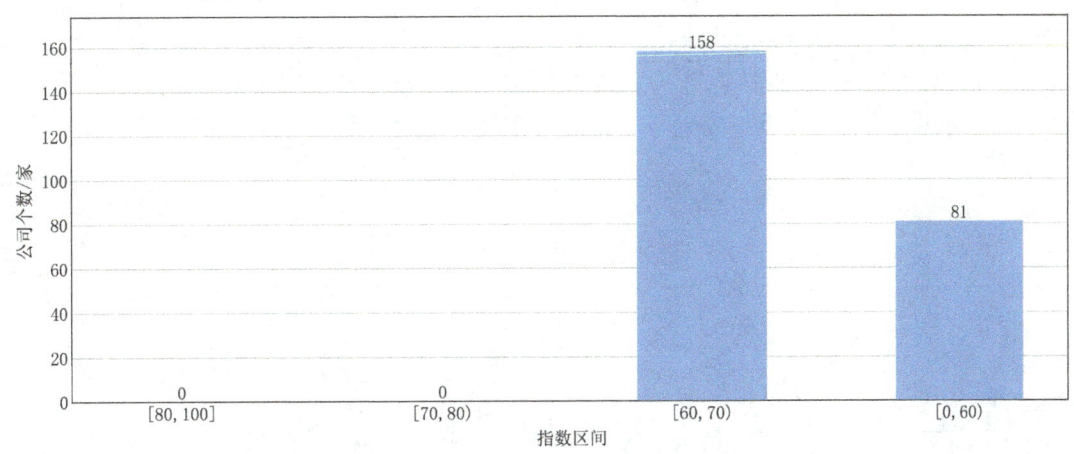

图10-93　2023年北交所上市公司创新科技成果指数分布图

根据创新科技成果指数平均水平情况来看，中央国有控股上市公司的平均水平为61.08，地方国有控股上市公司为60.89，非国有控股上市公司为60.69，如图10-94所示。

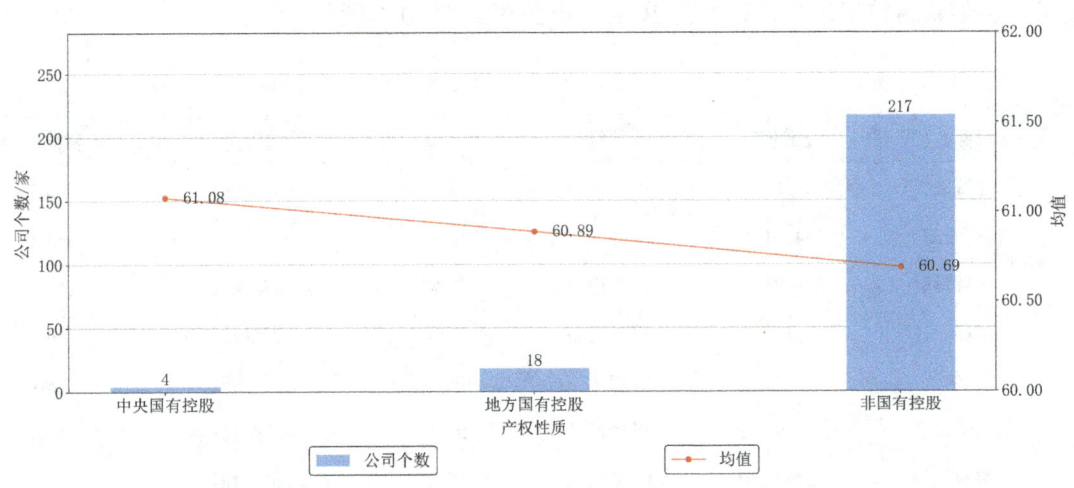

图10-94　2023年北交所不同产权上市公司创新科技成果指数均值分布图

根据创新科技成果指数平均水平情况来看，平均水平较高的有云南省（64.02）、吉林省（63.03）、辽宁省（62.95），如图10-95所示。

根据创新科技成果指数平均水平情况来看，平均水平较高的有美容护理（63.89）、食品饮料（62.44）、建筑材料（62.21），如图10-96所示。

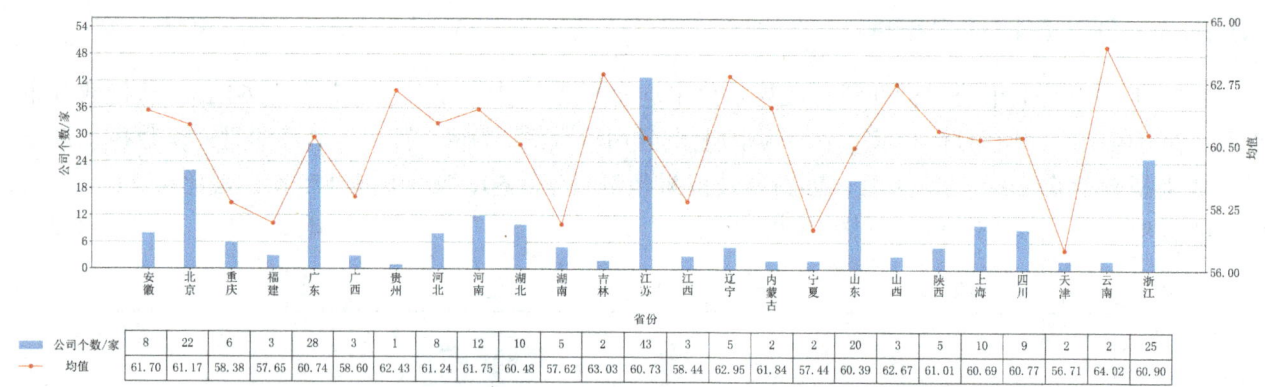

图 10-95　2023 年北交所各省份上市公司创新科技成果指数均值分布图

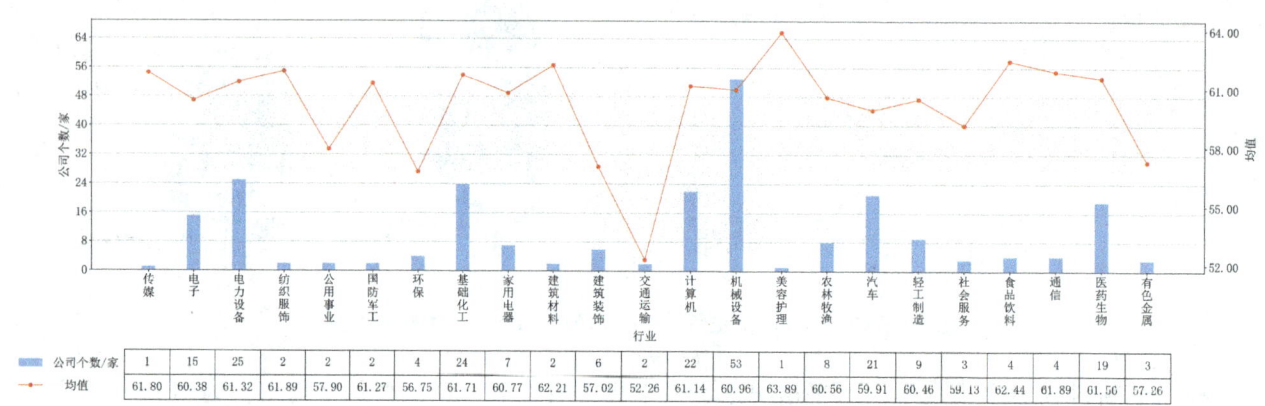

图 10-96　2023 年北交所各行业上市公司创新科技成果指数均值分布图

北交所中，创新科技成果指数排名前 10 的上市公司如表 10-24 所示。

表 10-24　2023 年北交所上市公司创新科技成果指数前 10 排名

排名	证券名称	证券代码	一级行业	省份	产权性质	创新科技成果指数
1	连城数控	835368.BJ	电力设备	辽宁	非国有控股	69.39
2	一诺威	834261.BJ	基础化工	山东	非国有控股	68.31
3	贝特瑞	835185.BJ	电力设备	广东	非国有控股	67.17
4	莱赛激光	871263.BJ	机械设备	江苏	非国有控股	66.27
5	利尔达	832149.BJ	通信	浙江	非国有控股	66.19
6	基康仪器	830879.BJ	机械设备	北京	非国有控股	66.05
7	常辅股份	871396.BJ	机械设备	江苏	非国有控股	66.02
8	天润科技	430564.BJ	计算机	陕西	非国有控股	65.83
9	中科美菱	835892.BJ	医药生物	安徽	地方国有控股	64.85
10	并行科技	839493.BJ	计算机	北京	非国有控股	64.63

数据来源：同花顺（iFinD），首经贸资产评估研究院和浙工商中国智能管理研究院整理。

10.5.5 创新经济绩效指数

2023年北交所上市公司创新经济绩效指数平均水平为56.82，低于全市场均值64.49。从指数分布来看，高于全市场均值的有21家，占板块内上市公司总数的8.79%。其中，最高的是锦波生物，创新经济绩效指数为78.03。具体来看，创新经济绩效指数处于［70，80）的有5家，占比2.09%；［60，70）的有55家，占比23.01%；［0，60）的有179家，占比74.90%，如图10-97所示。

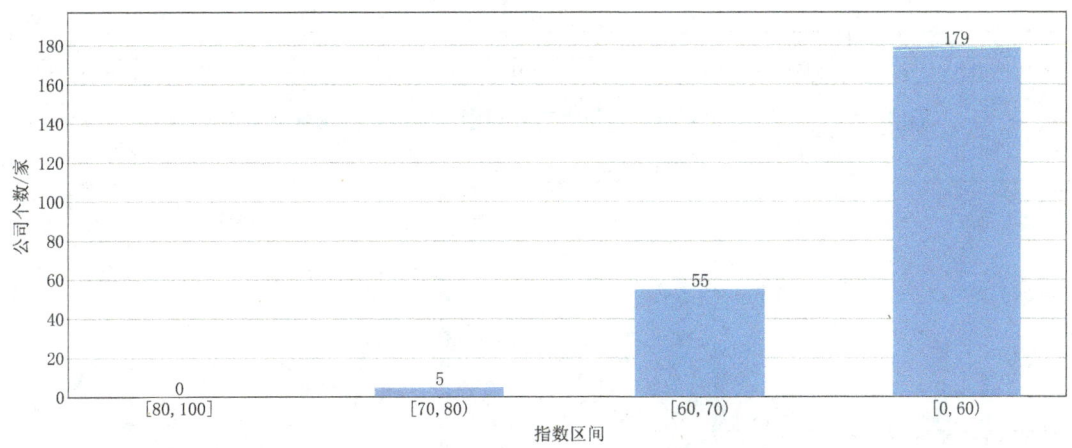

图10-97　2023年北交所上市公司创新经济绩效指数分布图

根据创新经济绩效指数平均水平情况来看，中央国有控股上市公司的平均水平为62.08，地方国有控股上市公司为58.20，非国有控股上市公司为56.61，如图10-98所示。

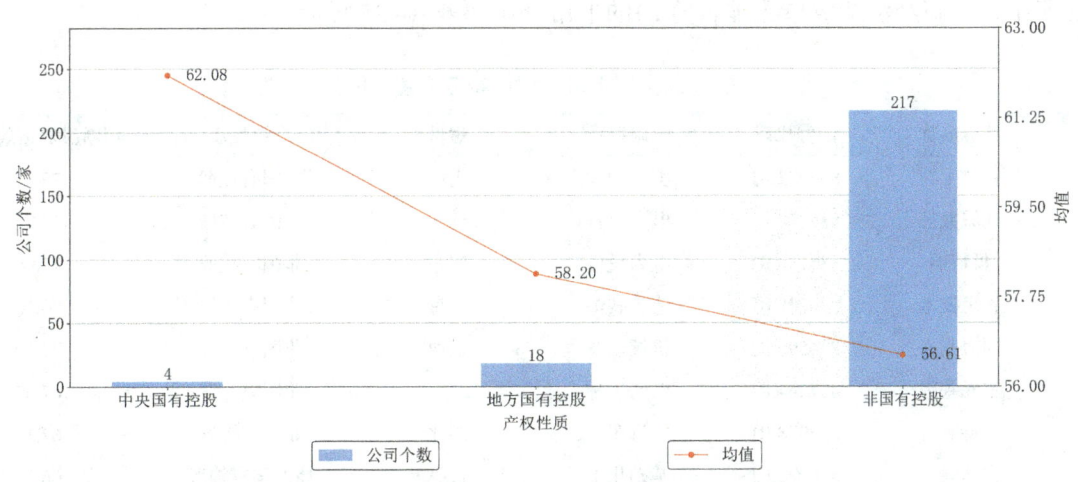

图10-98　2023年北交所不同产权上市公司创新经济绩效指数均值分布图

根据创新经济绩效指数平均水平情况来看，平均水平较高的有山西省（61.60）、辽宁省（59.53）、北京市（59.26），如图10-99所示。

根据创新经济绩效指数平均水平情况来看，平均水平较高的有美容护理（78.03）、社会服务（62.38）、国防军工（59.84），如图10-100所示。

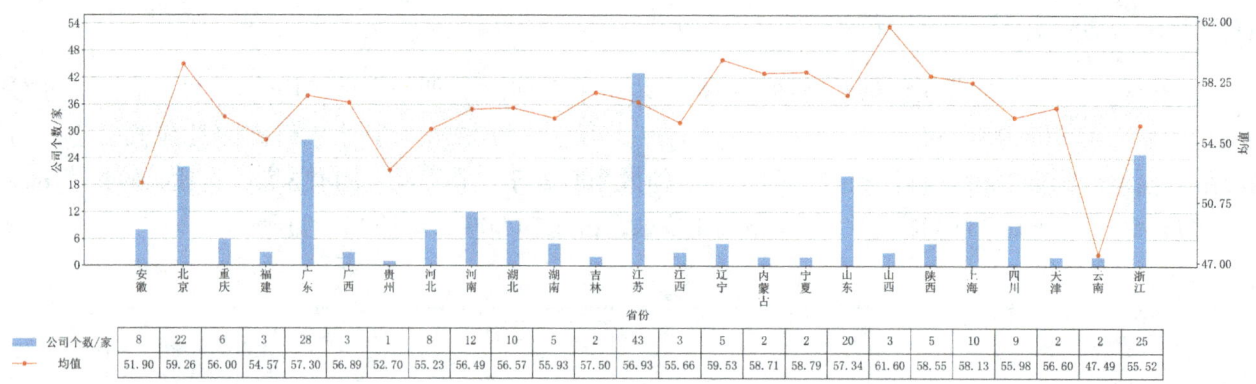

图10-99　2023年北交所各省份上市公司创新经济绩效指数均值分布图

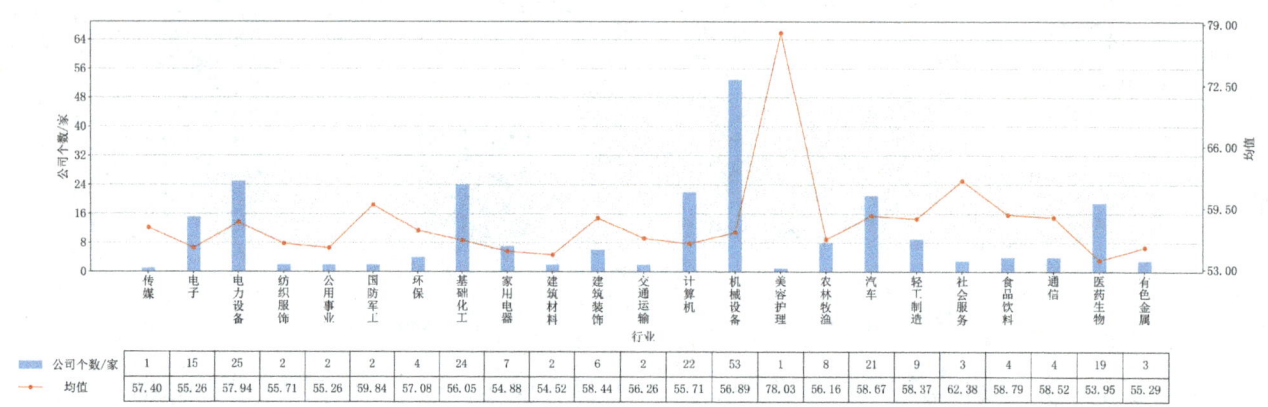

图10-100　2023年北交所各行业上市公司创新经济绩效指数均值分布图

北交所中，创新经济绩效指数排名前10的上市公司如表10-25所示。

表10-25　2023年北交所上市公司创新经济绩效指数前10排名

排名	证券名称	证券代码	一级行业	省份	产权性质	创新经济绩效指数
1	锦波生物	832982.BJ	美容护理	山西	非国有控股	78.03
2	连城数控	835368.BJ	电力设备	辽宁	非国有控股	73.72
3	贝特瑞	835185.BJ	电力设备	广东	非国有控股	72.96
4	青矩技术	836208.BJ	建筑装饰	北京	非国有控股	70.16
5	同力股份	834599.BJ	机械设备	陕西	非国有控股	70.10
6	三元基因	837344.BJ	医药生物	北京	非国有控股	67.65
7	开特股份	832978.BJ	汽车	湖北	非国有控股	67.12
8	吉林碳谷	836077.BJ	基础化工	吉林	地方国有控股	66.31
9	骑士乳业	832786.BJ	食品饮料	内蒙古	非国有控股	66.21
10	五新隧装	835174.BJ	机械设备	湖南	非国有控股	66.07

数据来源：同花顺（iFinD），首经贸资产评估研究院和浙工商中国智能管理研究院整理。

第11章
中国上市公司创新发展指数评价——产权维度

从产权性质看，我国上市公司可分为中央国有控股、地方国有控股和非国有控股上市公司。国有企业在创新方面发挥着较强的引领作用，民营企业是推进中国式现代化的生力军。不同产权性质的上市公司在创新资源获取、创新要素投入、风险管控和激励方面可能存在差异，进而导致不同产权性质的上市公司创新科技成果和创新经济绩效可能存在一定的差异性。从产权维度对中国上市公司创新发展指数进行评价，能够在一定程度上为理解不同产权性质上市公司的创新特性提供实证支持。鉴于此，本章从产权维度，对中央国有控股上市公司、地方国有控股上市公司和非国有控股上市公司的创新发展指数进行评价和分析。

11.1 中央国有控股上市公司创新发展指数评价

截至2023年底，A股市场中央国有控股上市公司共有435家，总市值共计176537.25亿元，营业收入合计251221.39亿元，平均市值405.83亿元/家，平均营业收入577.52亿元/家。市值最大的上市公司为中国移动（21277.97亿元），营业收入最高的上市公司为中国石化（32122.15亿元）。2023年，中央国有控股上市公司研发投入合计为5923.19亿元，占营业收入的2.36%；无形资产账面价值合计为21575.08亿元，占总资产的5.72%。根据本报告分析口径，本节共对中央国有控股435家上市公司开展创新发展指数评价，具体情况如下：

11.1.1 创新发展综合指数

2023年435家中央国有控股上市公司创新发展综合指数平均水平为70.03，高于全市场均值65.40。从指数分布来看，高于全市场均值的有345家，占中央国有控股上市公司总数的79.31%。其中，最高的是长安汽车，创新发展综合指数为86.11。具体来看，创新发展综合指数处于［80，100］的有13家，占比2.99%；［70，80）的有211家，占比48.51%；［60，70）的有191家，占比43.90%；［0，60）的有20家，占比4.60%，如图11-1所示。

从板块分布来看，435家中央国有控股上市公司中，沪市主板上市公司有217家，深市主板上市公司有135家，创业板上市公司有43家，科创板上市公司有36家，北交所上市公司有4家。根据创新发展综合指数平均水平情况来看，平均水平由高到低分别为：沪市主板（70.77）、科创板（70.07）、深市主板（69.48）、创业板（68.61）、北交所（63.76），如图11-2所示。

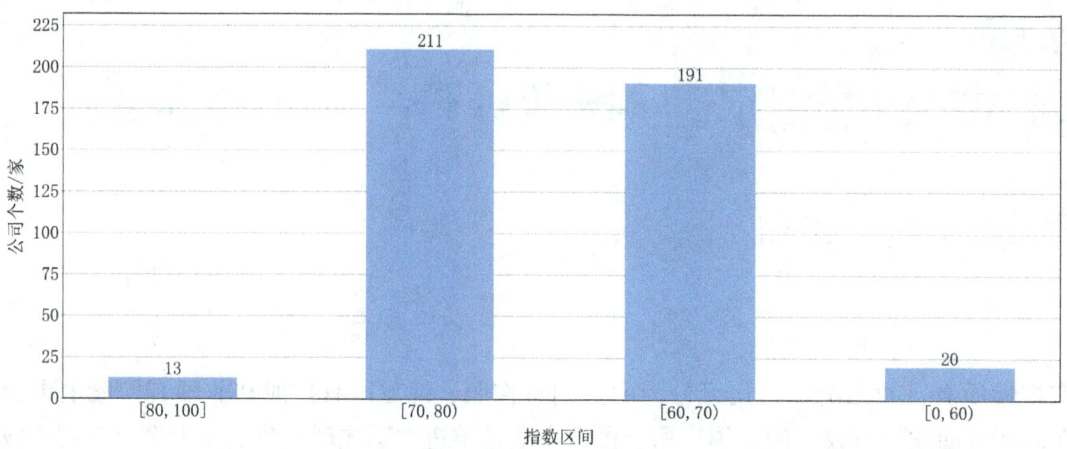

图 11-1　2023 年中央国有控股上市公司创新发展综合指数分布图

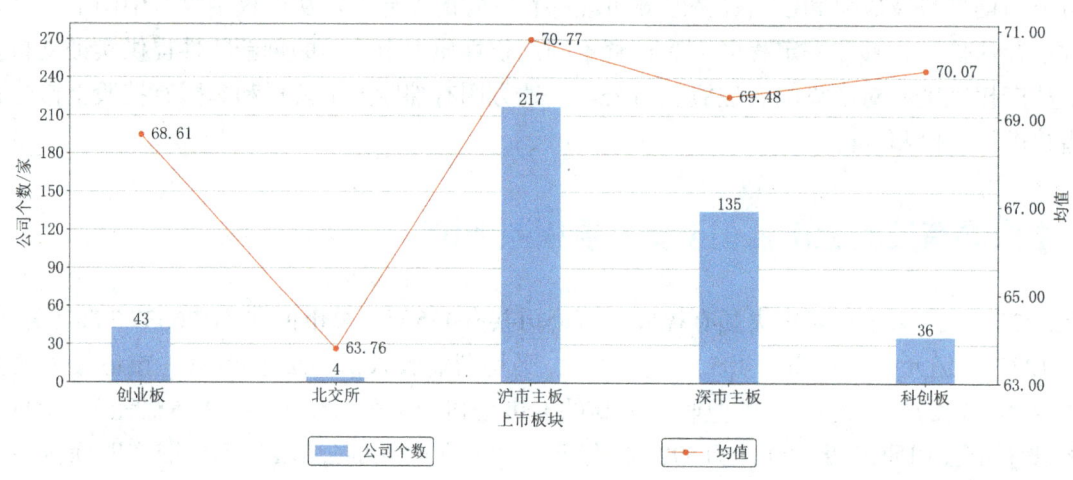

图 11-2　2023 年中央国有控股各板块上市公司创新发展综合指数均值分布图

从省份分布来看，北京市（25.75%）、广东省（7.59%）、江苏省（6.44%）占据中央国有控股上市公司主要地位。根据创新发展综合指数平均水平情况来看，平均水平较高的有河南省（73.54）、浙江省（71.71）、北京市（71.48），如图 11-3 所示。

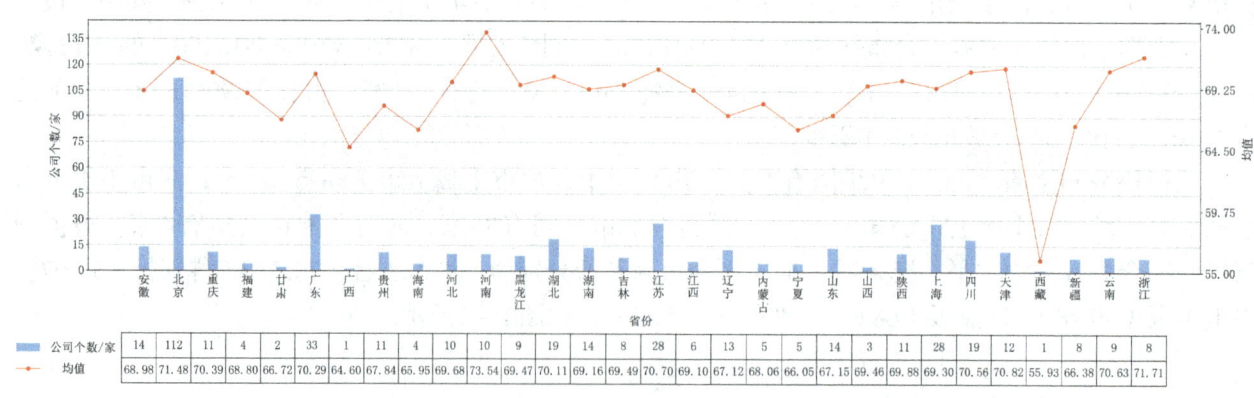

图 11-3　2023 年中央国有控股各省份上市公司创新发展综合指数均值分布图

从行业分布来看，机械设备（10.11%）、国防军工（9.89%）、计算机（8.28%）占据中央国有控股上市公司主要地位。根据创新发展综合指数平均水平情况来看，平均水平较高的有建筑装饰（73.32）、计算机（72.21）、国防军工（71.89），如图11-4所示。

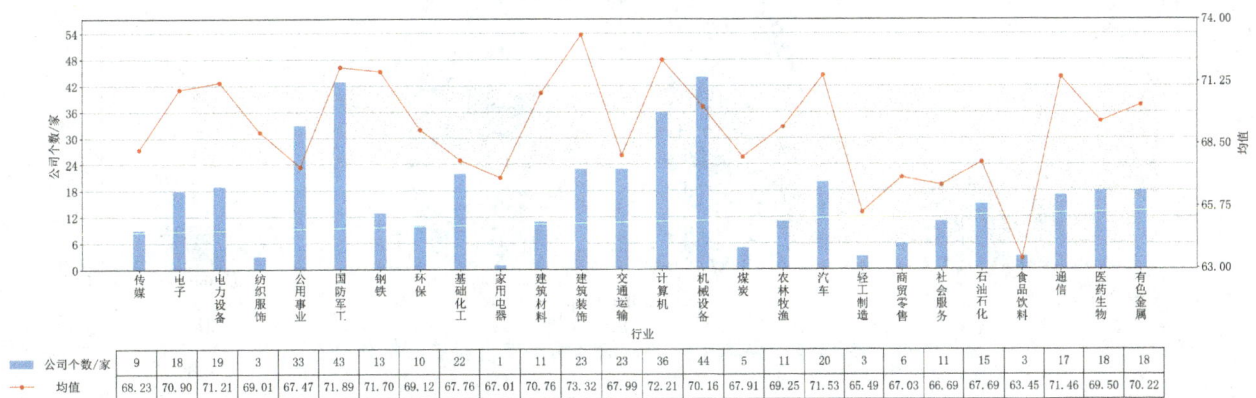

图11-4　2023年中央国有控股各行业上市公司创新发展综合指数均值分布图

中央国有控股上市公司中，创新发展综合指数排名前10的上市公司如表11-1所示。

表11-1　2023年中央国有控股上市公司创新发展综合指数前10排名

排名	证券名称	证券代码	一级行业	省份	上市板块	创新发展综合指数
1	长安汽车	000625.SZ	汽车	重庆	深市主板	86.11
2	时代电气	688187.SH	机械设备	湖南	科创板	84.73
3	中材科技	002080.SZ	建筑材料	江苏	深市主板	83.80
4	国电南瑞	600406.SH	电力设备	江苏	沪市主板	83.34
5	中科曙光	603019.SH	计算机	天津	沪市主板	82.14
6	中国广核	003816.SZ	公用事业	广东	深市主板	81.84
7	华润三九	000999.SZ	医药生物	广东	深市主板	81.65
8	中国电信	601728.SH	通信	北京	沪市主板	81.57
9	中国汽研	601965.SH	汽车	重庆	沪市主板	81.53
10	中海油服	601808.SH	石油石化	天津	沪市主板	81.19

数据来源：同花顺（iFinD），首经贸资产评估研究院和浙工商中国智能管理研究院整理。

11.1.2　创新资源支持指数

2023年中央国有控股上市公司创新资源支持指数平均水平为70.53，高于全市场均值67.08。从指数分布来看，高于全市场均值的有293家，占中央国有控股上市公司总数的67.36%。其中，最高的是际华集团，创新资源支持指数为92.23。具体来看，创新资源支持指数处于［80，100］的有54家，占比12.41%；［70，80）的有174家，占比40.00%；［60，70）的有158家，占比36.32%；［0，60）的有49家，占比11.27%，如图11-5所示。

从创新资源支持指数平均水平来看，平均水平由高到低分别为：科创板（71.76）、沪市主板（70.67）、深市主板（70.27）、创业板（70.22）、北交所（63.99），如图11-6所示。

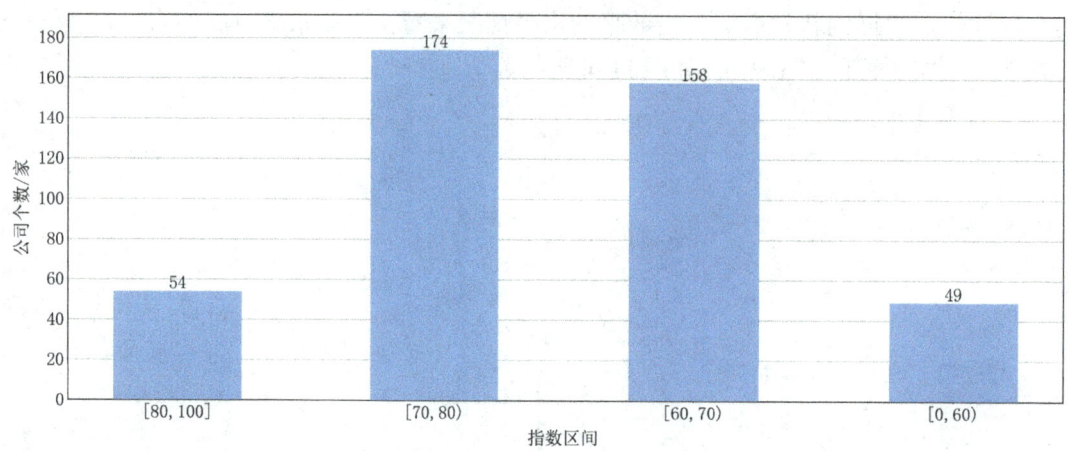

图11-5　2023年中央国有控股上市公司创新资源支持指数分布图

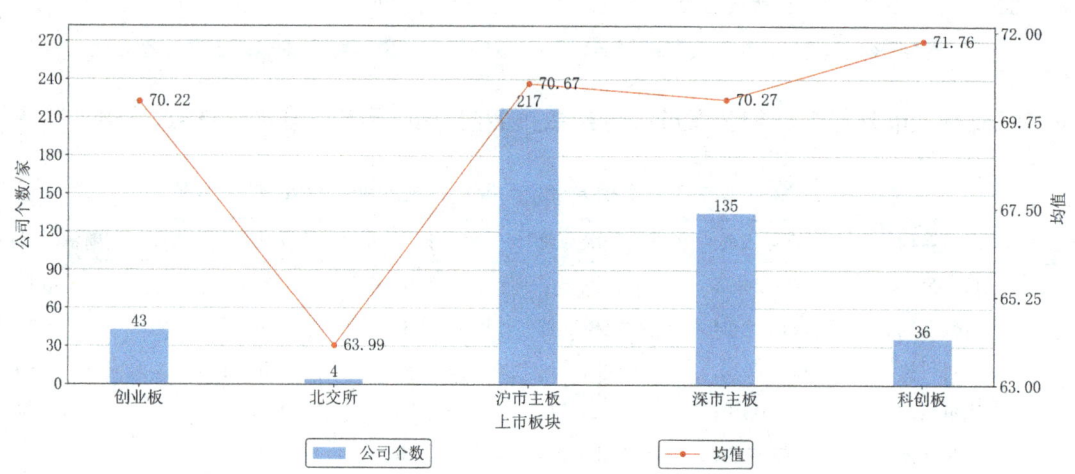

图11-6　2023年中央国有控股各板块上市公司创新资源支持指数均值分布图

从创新资源支持指数平均水平来看，平均水平较高的有浙江省（75.40）、河南省（75.04）、四川省（72.59），如图11-7所示。

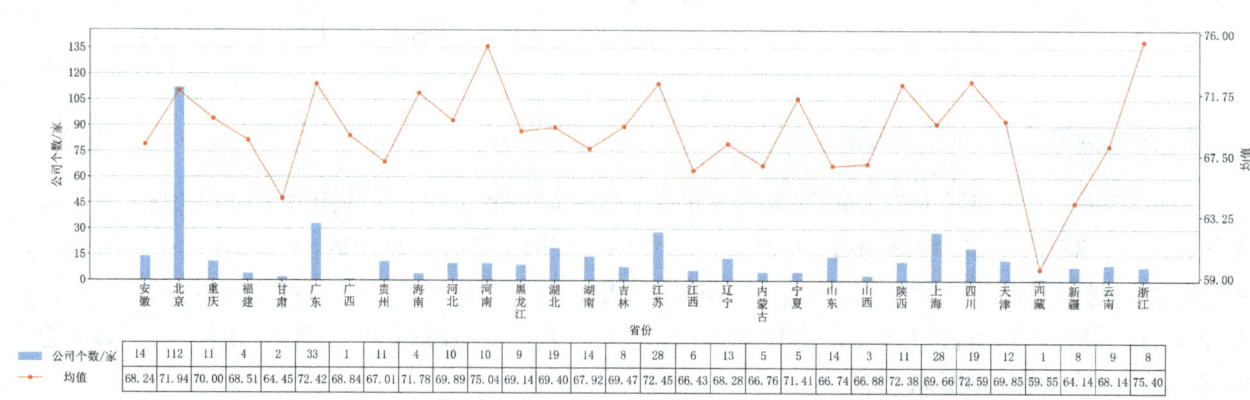

图11-7　2023年中央国有控股各省份上市公司创新资源支持指数均值分布图

从创新资源支持指数平均水平来看，平均水平较高的有建筑装饰（74.64）、计算机（74.38）、电子（73.37），如图11-8所示。

第 11 章 中国上市公司创新发展指数评价——产权维度

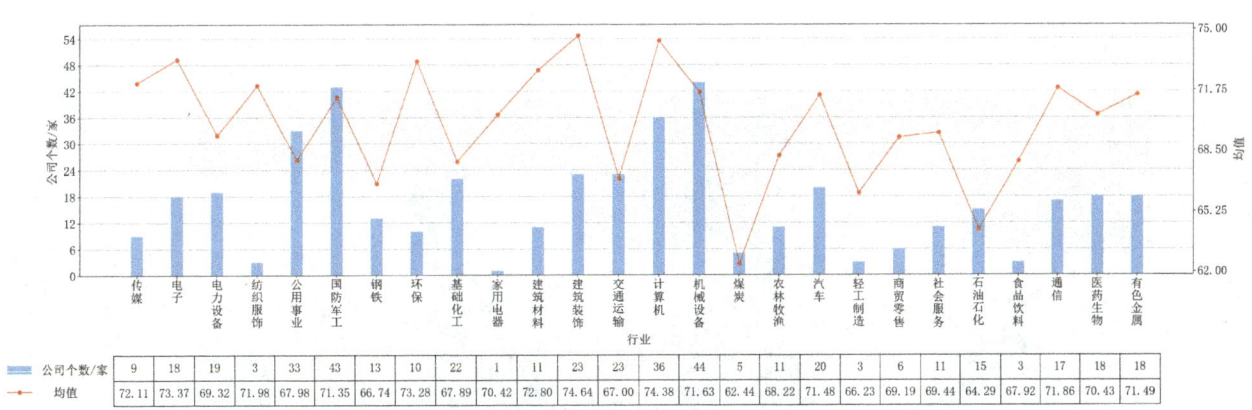

图 11-8　2023 年中央国有控股各行业上市公司创新资源支持指数均值分布图

中央国有控股上市公司中，创新资源支持指数排名前 10 的上市公司如表 11-2 所示。

表 11-2　2023 年中央国有控股上市公司创新资源支持指数前 10 排名

排名	证券名称	证券代码	一级行业	省份	上市板块	创新资源支持指数
1	际华集团	601718.SH	纺织服饰	北京	沪市主板	92.23
2	中国电研	688128.SH	机械设备	广东	科创板	92.06
3	中科曙光	603019.SH	计算机	天津	沪市主板	89.62
4	启明星辰	002439.SZ	计算机	北京	深市主板	89.10
5	宝信软件	600845.SH	计算机	上海	沪市主板	88.80
6	海康威视	002415.SZ	计算机	浙江	深市主板	88.25
7	航天信息	600271.SH	计算机	北京	沪市主板	87.82
8	久远银海	002777.SZ	计算机	四川	深市主板	87.59
9	浙大网新	600797.SH	计算机	浙江	沪市主板	87.57
10	中材科技	002080.SZ	建筑材料	江苏	深市主板	87.39

数据来源：同花顺（iFinD），首经贸资产评估研究院和浙工商中国智能管理研究院整理。

11.1.3　创新要素投入指数

2023 年中央国有控股上市公司创新要素投入指数平均水平为 71.55，高于全市场均值 66.07。从指数分布来看，高于全市场均值的有 337 家，占中央国有控股上市公司总数的 77.47%。其中，最高的是长安汽车，创新要素投入指数为 88.84。具体来看，创新要素投入指数处于［80，100］的有 68 家，占比 15.63%；［70，80）的有 200 家，占比 45.98%；［60，70）的有 129 家，占比 29.66%；［0，60）的有 38 家，占比 8.73%，如图 11-9 所示。

从创新要素投入指数平均水平来看，平均水平由高到低分别为：科创板（73.16）、沪市主板（71.99）、深市主板（70.99）、创业板（70.15）、北交所（67.06），如图 11-10 所示。

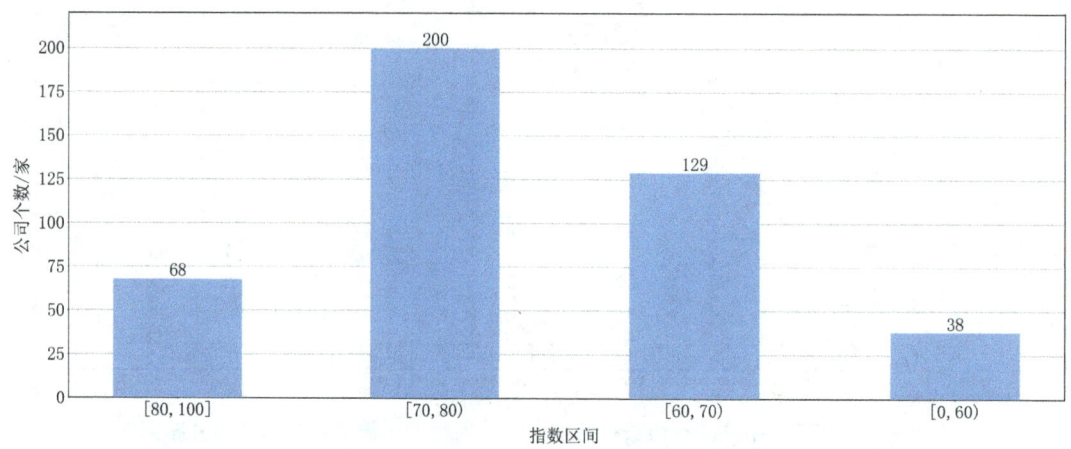

图 11-9　2023年中央国有控股上市公司创新要素投入指数分布图

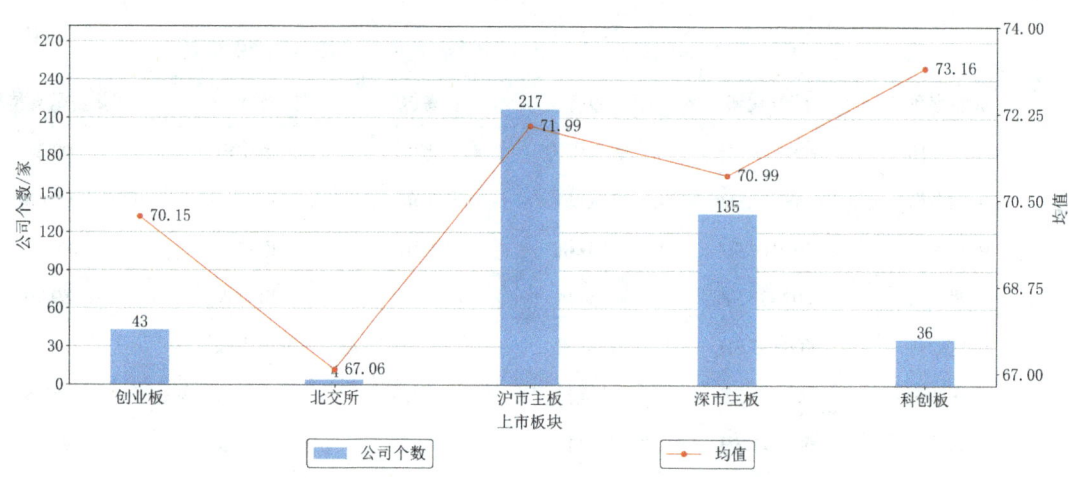

图 11-10　2023年中央国有控股各板块上市公司创新要素投入指数均值分布图

从创新要素投入指数平均水平来看，平均水平较高的有河南省（76.39）、湖北省（73.57）、浙江省（73.56），如图11-11所示。

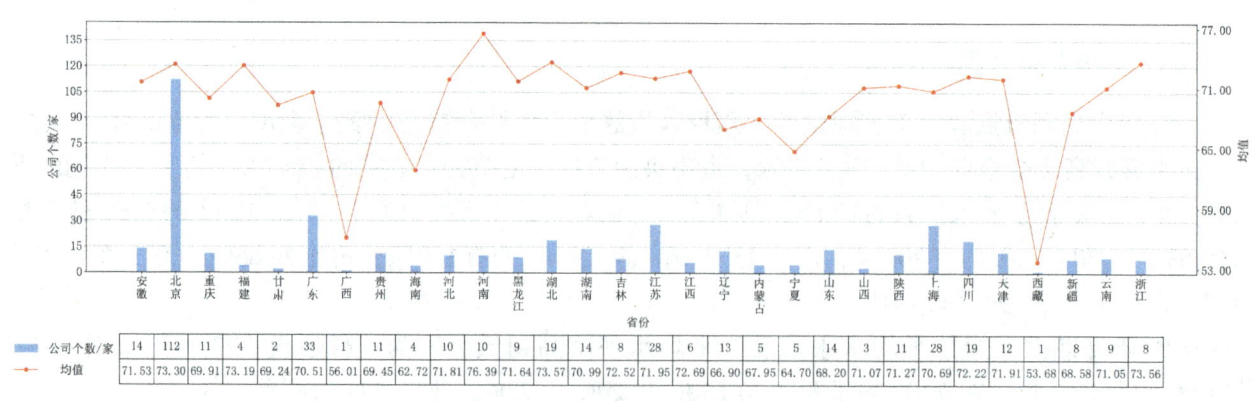

图 11-11　2023年中央国有控股各省份上市公司创新要素投入指数均值分布图

从创新要素投入指数平均水平来看，平均水平较高的有建筑装饰（77.57）、钢铁（76.37）、国防军工（76.05），如图11-12所示。

第11章 中国上市公司创新发展指数评价——产权维度

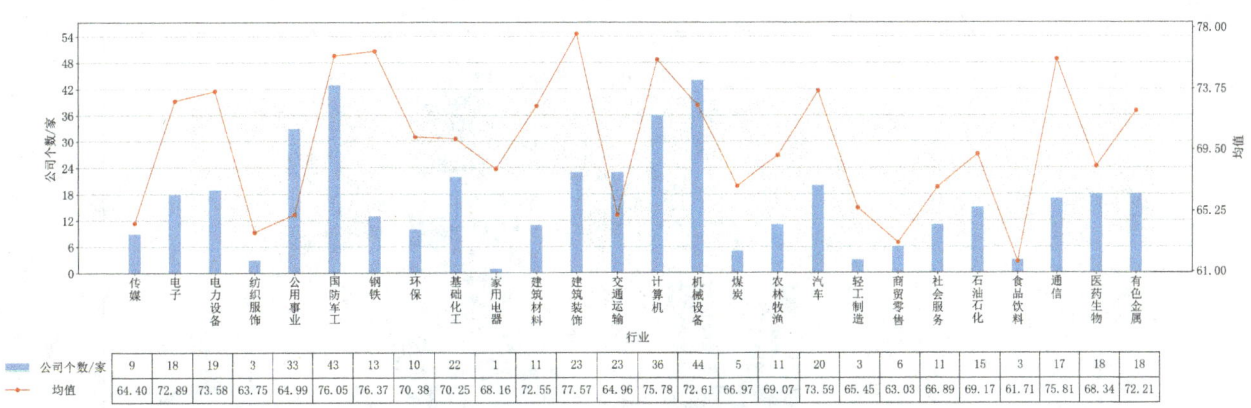

图11-12 2023年中央国有控股各行业上市公司创新要素投入指数均值分布图

中央国有控股上市公司中，创新要素投入指数排名前10的上市公司如表11-3所示。

表11-3 2023年中央国有控股上市公司创新要素投入指数前10排名

排名	证券名称	证券代码	一级行业	省份	上市板块	创新要素投入指数
1	长安汽车	000625.SZ	汽车	重庆	深市主板	88.84
2	时代电气	688187.SH	机械设备	湖南	科创板	88.27
3	中国能建	601868.SH	建筑装饰	北京	沪市主板	87.98
4	中科星图	688568.SH	计算机	北京	科创板	87.69
5	中航光电	002179.SZ	国防军工	河南	深市主板	87.42
6	中国交建	601800.SH	建筑装饰	北京	沪市主板	86.48
7	中国长城	000066.SZ	计算机	广东	深市主板	85.75
8	中科曙光	603019.SH	计算机	天津	沪市主板	85.71
9	国电南瑞	600406.SH	电力设备	江苏	沪市主板	85.31
10	中航机载	600372.SH	国防军工	北京	沪市主板	85.24

数据来源：同花顺（iFinD），首经贸资产评估研究院和浙工商中国智能管理研究院整理。

11.1.4 创新科技成果指数

2023年中央国有控股上市公司创新科技成果指数平均水平为66.70，高于全市场均值64.15。从指数分布来看，高于全市场均值的有297家，占中央国有控股上市公司总数的68.28%。其中，最高的是长安汽车，创新科技成果指数为84.15。具体来看，创新科技成果指数处于［80，100］的有3家，占比0.69%；［70，80）的有110家，占比25.06%；［60，70）的有291家，占比67.13%；［0，60）的有31家，占比7.12%，如图11-13所示。

从创新科技成果指数平均水平来看，平均水平由高到低分别为：沪市主板（67.57）、科创板（66.99）、深市主板（65.96）、创业板（64.94）、北交所（61.08），如图11-14所示。

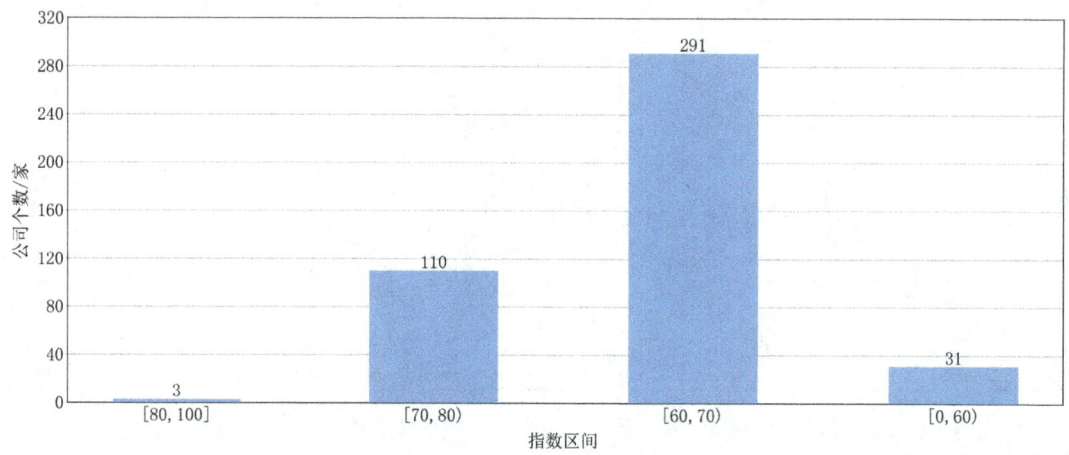

图 11-13　2023 年中央国有控股上市公司创新科技成果指数分布图

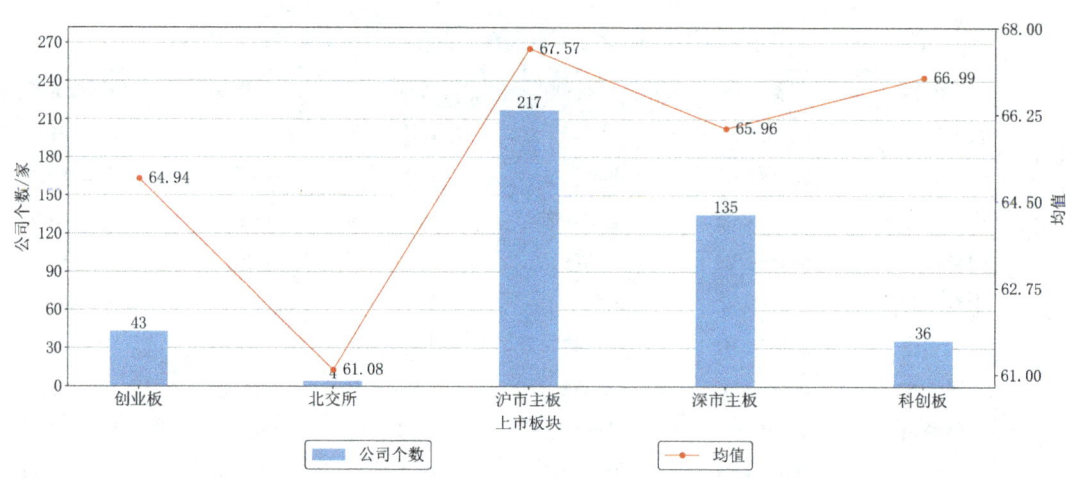

图 11-14　2023 年中央国有控股各板块上市公司创新科技成果指数均值分布图

从创新科技成果指数平均水平来看，平均水平较高的有河南省（69.69）、云南省（69.68）、浙江省（68.68），如图 11-15 所示。

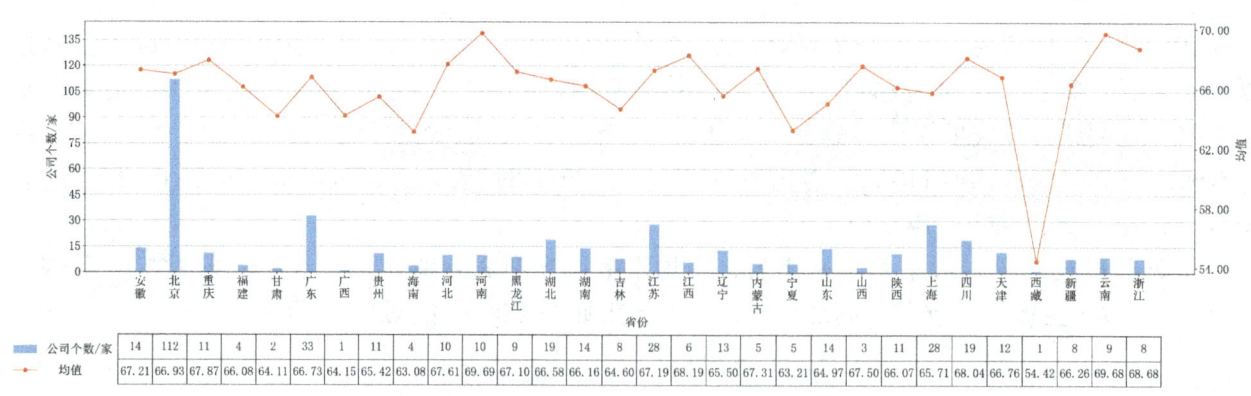

图 11-15　2023 年中央国有控股各省份上市公司创新科技成果指数均值分布图

从创新科技成果指数平均水平来看，平均水平较高的有家用电器（75.04）、钢铁（72.31）、建筑材料（68.56），如图 11-16 所示。

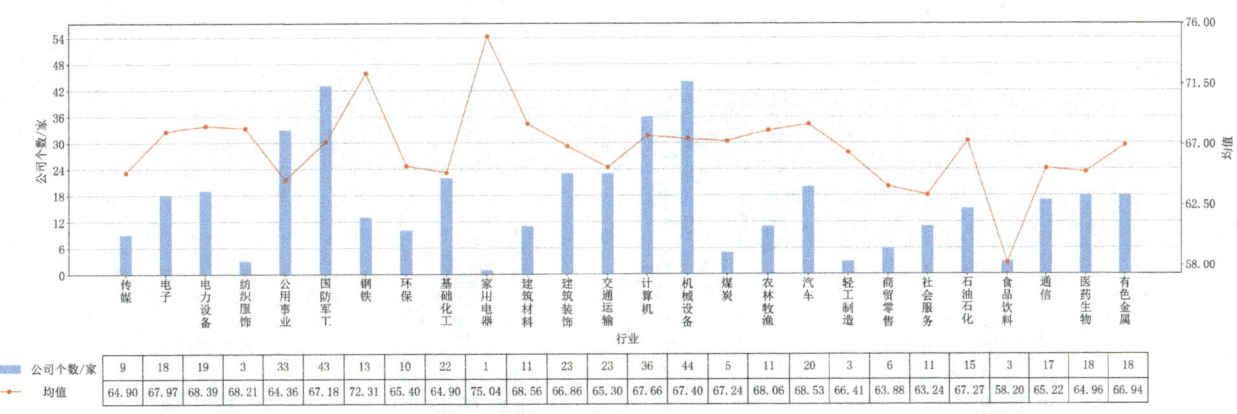

图 11-16　2023年中央国有控股各行业上市公司创新科技成果指数均值分布图

中央国有控股上市公司中，创新科技成果指数排名前10的上市公司如表11-4所示。

表 11-4　2023年中央国有控股上市公司创新科技成果指数前10排名

排名	证券名称	证券代码	一级行业	省份	上市板块	创新科技成果指数
1	长安汽车	000625.SZ	汽车	重庆	深市主板	84.15
2	中信特钢	000708.SZ	钢铁	湖北	深市主板	81.52
3	国电南瑞	600406.SH	电力设备	江苏	沪市主板	80.16
4	天地科技	600582.SH	机械设备	北京	沪市主板	79.77
5	中材科技	002080.SZ	建筑材料	江苏	深市主板	79.55
6	中国电信	601728.SH	通信	北京	沪市主板	79.37
7	中海油服	601808.SH	石油石化	天津	沪市主板	79.36
8	时代电气	688187.SH	机械设备	湖南	科创板	79.34
9	华润三九	000999.SZ	医药生物	广东	深市主板	77.74
10	振华科技	000733.SZ	国防军工	贵州	深市主板	77.36

数据来源：同花顺（iFinD），首经贸资产评估研究院和浙工商中国智能管理研究院整理。

11.1.5　创新经济绩效指数

2023年中央国有控股上市公司创新经济绩效指数平均水平为70.84，高于全市场均值64.49。从指数分布来看，高于全市场均值的有343家，占中央国有控股上市公司总数的78.85%。其中，最高的是长安汽车，创新经济绩效指数为89.31。具体来看，创新经济绩效指数处于［80，100］的有46家，占比10.57%；［70，80）的有202家，占比46.21%；［60，70）的有148家，占比34.25%；［0，60）的有39家，占比8.97%，如图11-17所示。

从创新经济绩效指数平均水平来看，平均水平由高到低分别为：沪市主板（72.24）、深市主板（70.25）、创业板（68.88）、科创板（67.91）、北交所（62.08），如图11-18所示。

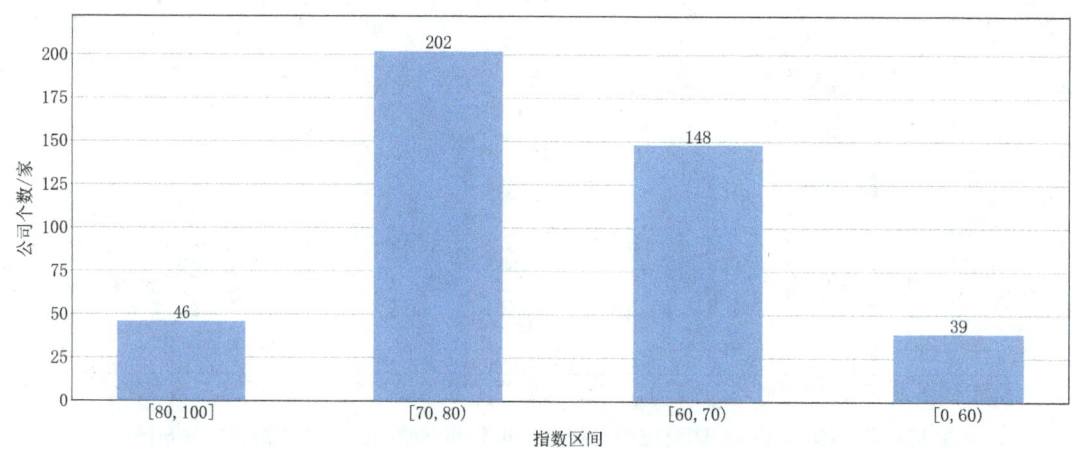

图 11-17　2023 年中央国有控股上市公司创新经济绩效指数分布图

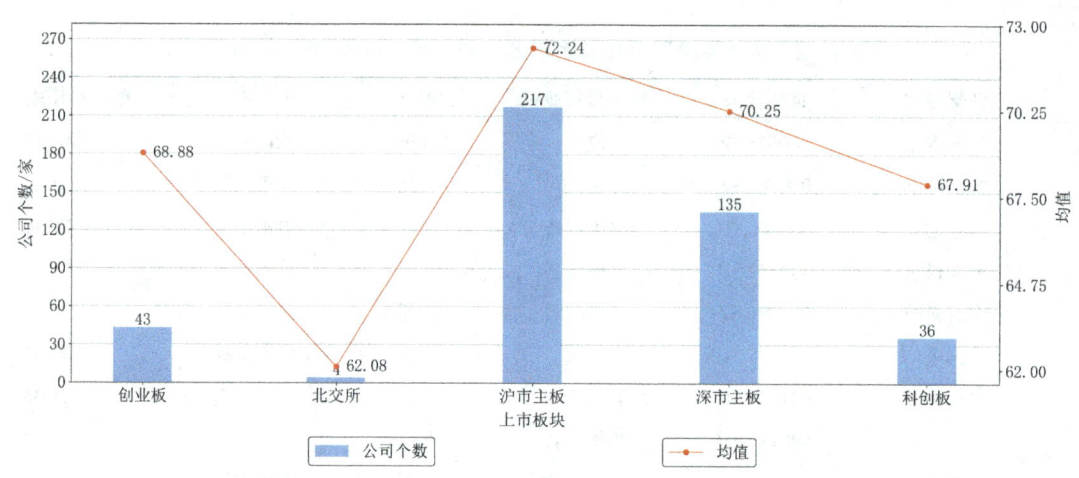

图 11-18　2023 年中央国有控股各板块上市公司创新经济绩效指数均值分布图

从创新经济绩效指数平均水平来看，平均水平较高的有天津市（73.88）、重庆市（73.51）、北京市（73.01），如图 11-19 所示。

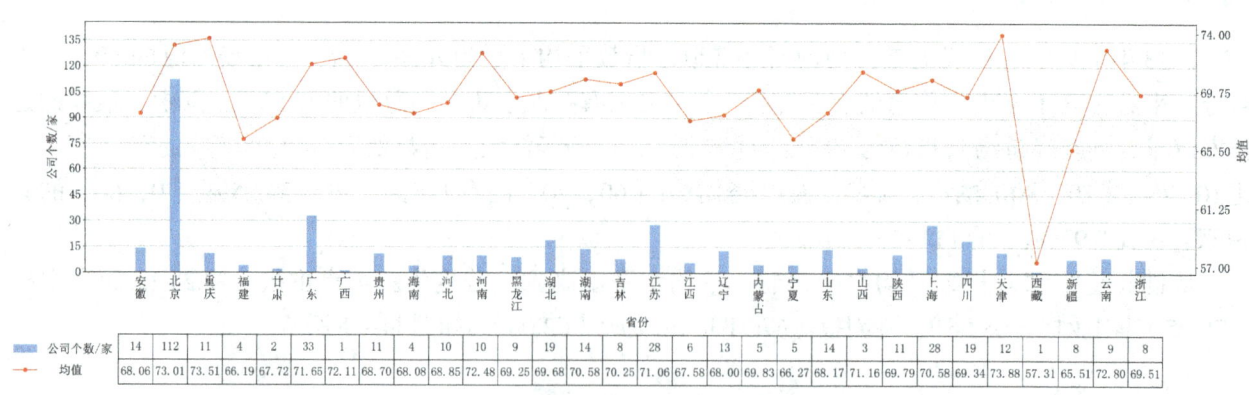

图 11-19　2023 年中央国有控股各省份上市公司创新经济绩效指数均值分布图

从创新经济绩效指数平均水平来看，平均水平较高的有交通运输（74.72）、医药生物（74.27）、纺织服饰（73.82），如图 11-20 所示。

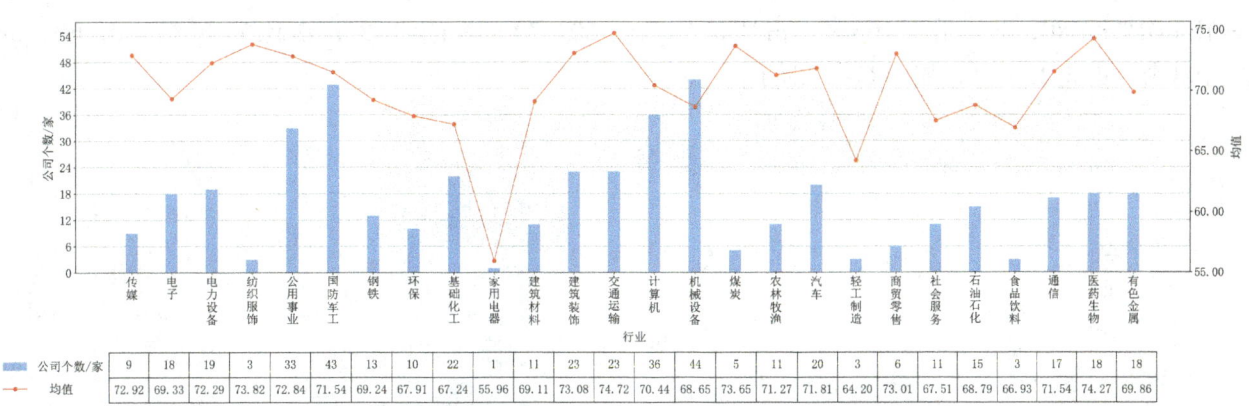

图 11-20　2023 年中央国有控股各行业上市公司创新经济绩效指数均值分布图

中央国有控股上市公司中，创新经济绩效指数排名前 10 的上市公司如表 11-5 所示。

表 11-5　2023 年中央国有控股上市公司创新经济绩效指数前 10 排名

排名	证券名称	证券代码	一级行业	省份	上市板块	创新经济绩效指数
1	长安汽车	000625.SZ	汽车	重庆	深市主板	89.31
2	天坛生物	600161.SH	医药生物	北京	沪市主板	88.86
3	华能水电	600025.SH	公用事业	云南	沪市主板	87.92
4	航发动力	600893.SH	国防军工	陕西	沪市主板	87.60
5	国电南瑞	600406.SH	电力设备	江苏	沪市主板	87.26
6	中国广核	003816.SZ	公用事业	广东	深市主板	86.44
7	中国核电	601985.SH	公用事业	北京	沪市主板	85.46
8	中国电信	601728.SH	通信	北京	沪市主板	85.35
9	中海油服	601808.SH	石油石化	天津	沪市主板	85.24
10	时代电气	688187.SH	机械设备	湖南	科创板	85.06

数据来源：同花顺（iFinD），首经贸资产评估研究院和浙工商中国智能管理研究院整理。

11.2　地方国有控股上市公司创新发展指数评价

截至2023年底，A股市场地方国有控股上市公司共有893家，总市值共计149514.9亿元，营业收入合计152751.38亿元，平均市值167.43亿元/家，平均营业收入171.05亿元/家。市值最大的上市公司为贵州茅台（21681.97亿元），营业收入最高的上市公司为建发股份（7636.78亿元）。2023年，地方国有控股上市公司研发投入合计为3260.78亿元，占营业收入的2.13%；无形资产账面价值合计为16130.25亿元，占总资产的7.27%。根据本报告分析口径，本节共对地方国有控股893家上市公司开展创新发展指数评价，具体情况如下：

11.2.1　创新发展综合指数

2023年893家地方国有控股上市公司创新发展综合指数平均水平为65.30，低于全市场均值65.40。从指数分布来看，高于全市场均值的有473家，占地方国有控股上市公司总数的52.97%。其中，最高的是北方华创，创新发展综合指数为87.50。具体来看，创新发展综合指数处于［80，100］的有9家，占比 1.01%；[70,80）的有 194 家，占比 21.72%；[60,70）的有 492 家，占比 55.10%；[0,60）的有 198 家，占比 22.17%，如图 11-21 所示。

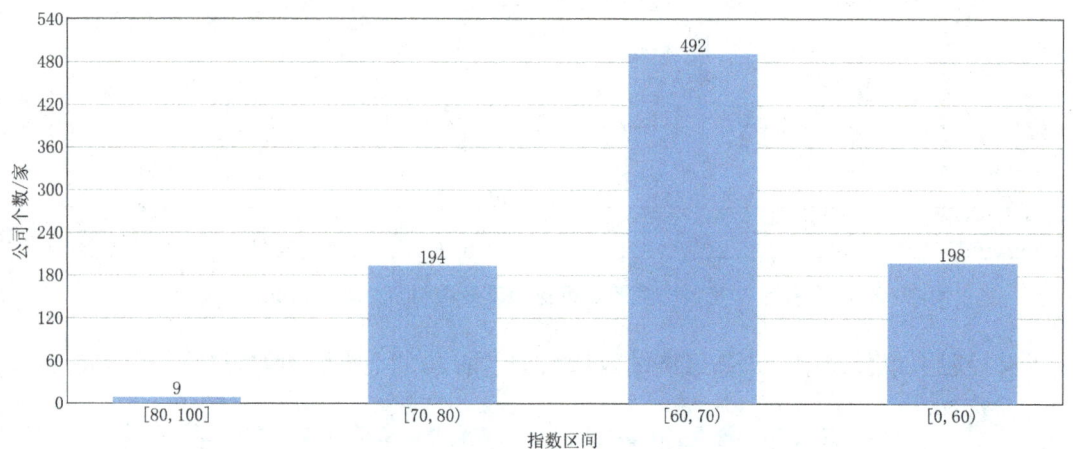

图 11-21 2023 年地方国有控股上市公司创新发展综合指数分布图

从板块分布来看，893 家地方国有控股上市公司中，沪市主板上市公司有 417 家，深市主板上市公司有 326 家，创业板上市公司有 102 家，科创板上市公司有 30 家，北交所上市公司有 18 家。根据创新发展综合指数平均水平情况看，平均水平由高到低分别为：科创板（69.32）、沪市主板（65.62）、深市主板（65.19）、创业板（63.88）、北交所（61.19），如图 11-22 所示。

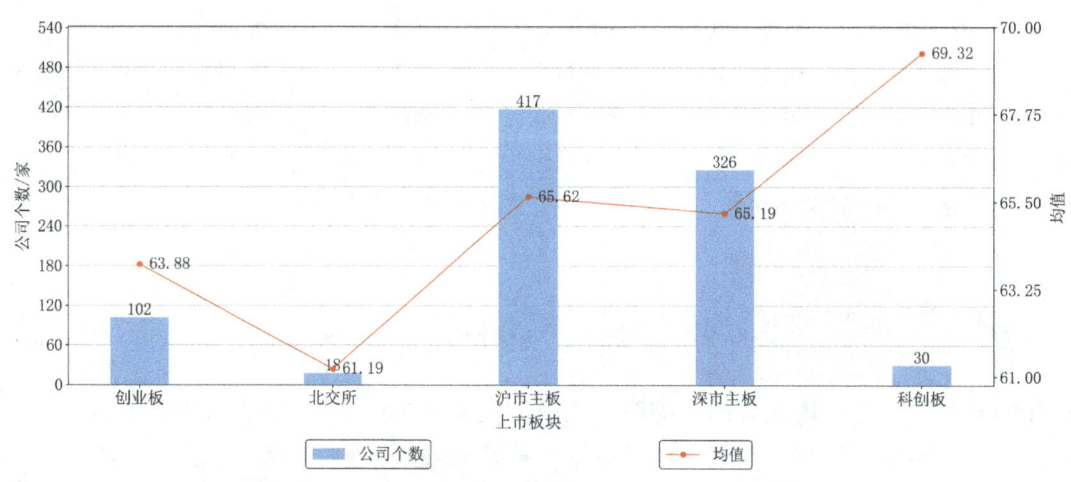

图 11-22 2023 年地方国有控股各板块上市公司创新发展综合指数均值分布图

从省份分布来看，广东省（12.88%）、江苏省（8.73%）、浙江省（8.40%）占据地方国有控股上市公司主要地位。根据创新发展综合指数平均水平情况来看，平均水平较高的有山东省（67.24）、天津市（66.87）、青海省（66.75），如图 11-23 所示。

从行业分布来看，基础化工（8.06%）、医药生物（6.94%）、交通运输（6.38%）占据地方国有控股上市公司主要地位。根据创新发展综合指数平均水平情况来看，平均水平较高的有家用电器（71.08）、通信（68.62）、电子（68.46），如图 11-24 所示。

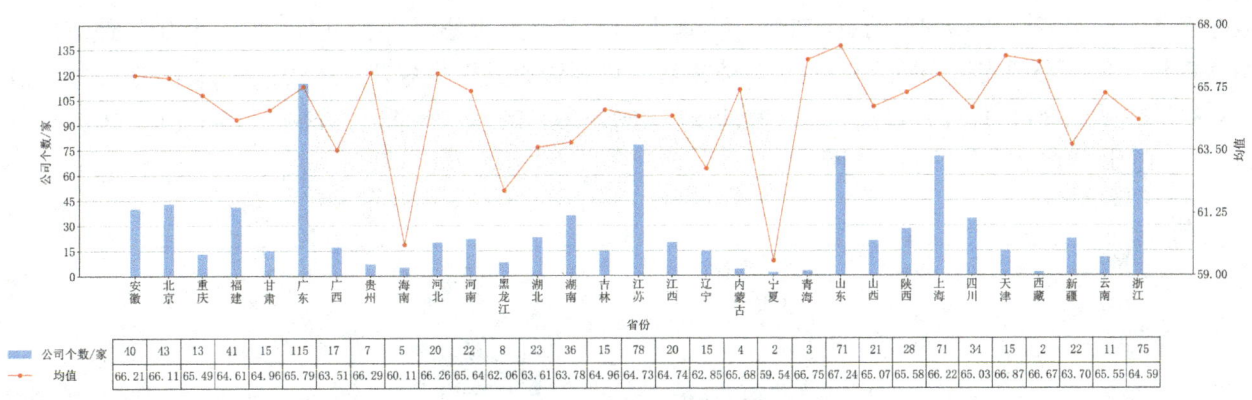

图 11-23 2023年地方国有控股各省份上市公司创新发展综合指数均值分布图

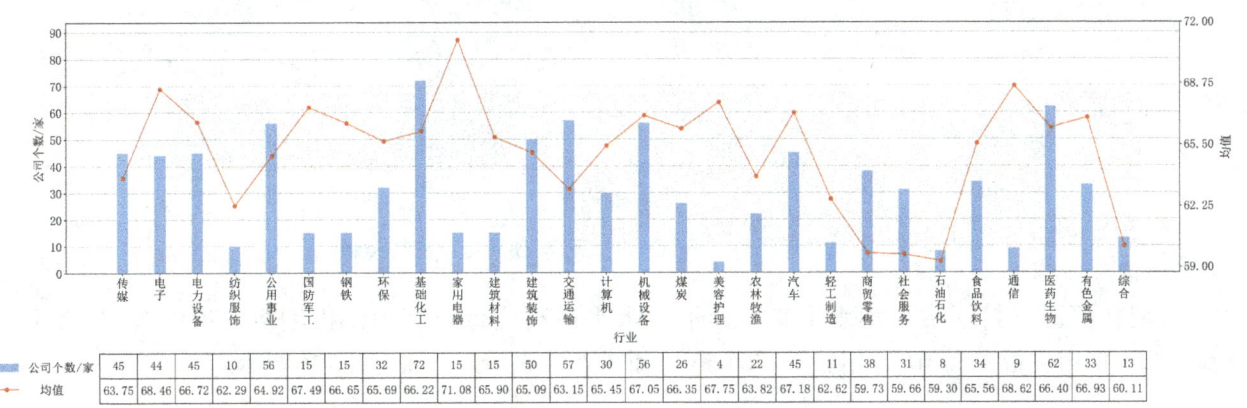

图 11-24 2023年地方国有控股各行业上市公司创新发展综合指数均值分布图

地方国有控股上市公司中，创新发展综合指数排名前10的上市公司如表11-6所示。

表 11-6 2023年地方国有控股上市公司创新发展综合指数前10排名

排名	证券名称	证券代码	一级行业	省份	上市板块	创新发展综合指数
1	北方华创	002371.SZ	电子	北京	深市主板	87.50
2	中联重科	000157.SZ	机械设备	湖南	深市主板	87.18
3	徐工机械	000425.SZ	机械设备	江苏	深市主板	84.92
4	潍柴动力	000338.SZ	汽车	山东	深市主板	83.09
5	浪潮信息	000977.SZ	计算机	山东	深市主板	82.22
6	京东方A	000725.SZ	电子	北京	深市主板	81.82
7	德赛西威	002920.SZ	计算机	广东	深市主板	81.40
8	海格通信	002465.SZ	国防军工	广东	深市主板	80.94
9	广汽集团	601238.SH	汽车	广东	沪市主板	80.78
10	海信家电	000921.SZ	家用电器	广东	深市主板	79.84

数据来源：同花顺（iFinD），首经贸资产评估研究院和浙工商中国智能管理研究院整理。

11.2.2 创新资源支持指数

2023年地方国有控股上市公司创新资源支持指数平均水平为66.54，低于全市场均值67.08。从指数分布来看，高于全市场均值的有422家，占地方国有控股上市公司总数的47.26%。其中，最高的是中联重科，创新资源支持指数为95.21。具体来看，创新资源支持指数处于[80，100]的有43家，占比4.82%；[70，80）的有264家，占比29.45%；[60，70）的有375家，占比42.11%；[0，60）的有211家，占比23.62%，如图11-25所示。

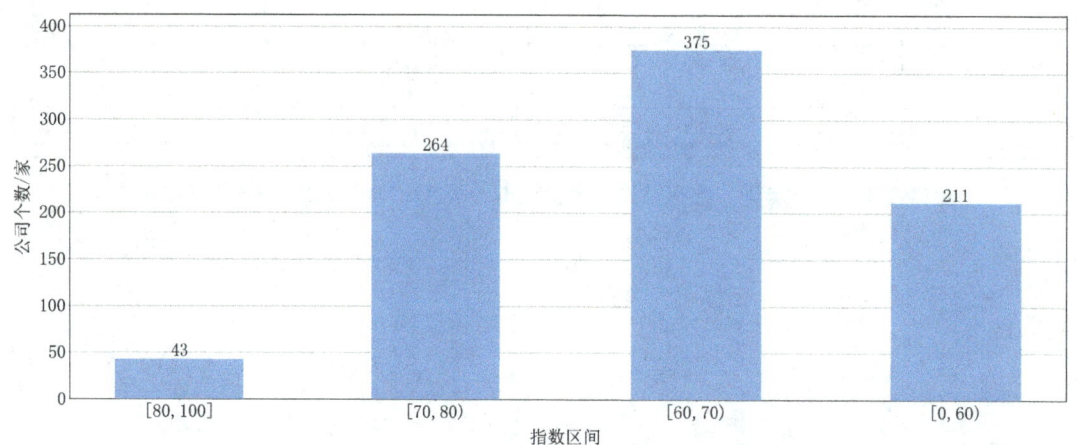

图11-25　2023年地方国有控股上市公司创新资源支持指数分布图

从创新资源支持指数平均水平来看，平均水平由高到低分别为：科创板（70.91）、沪市主板（66.65）、深市主板（66.50）、创业板（65.56）、北交所（62.99），如图11-26所示。

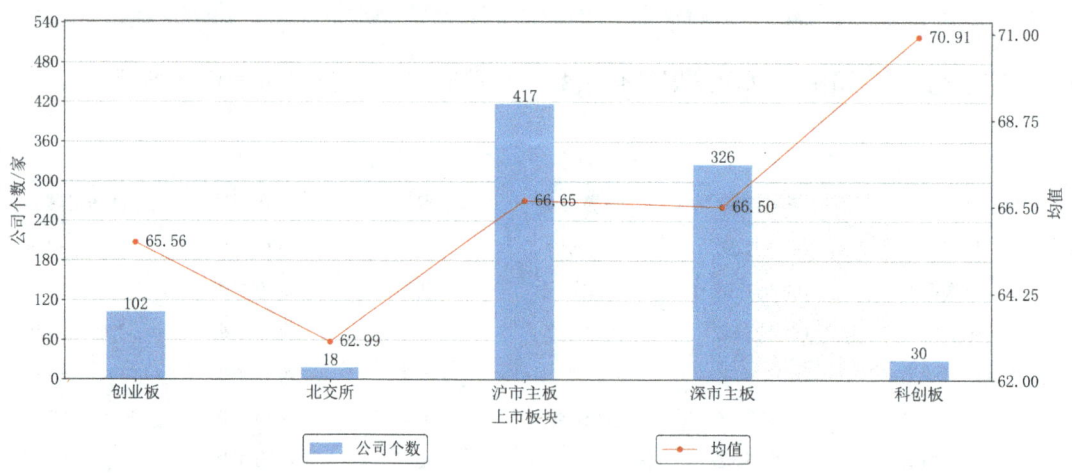

图11-26　2023年地方国有控股各板块上市公司创新资源支持指数均值分布图

从创新资源支持指数平均水平来看，平均水平较高的有天津市（70.09）、青海省（68.41）、广东省（68.32），如图11-27所示。

从创新资源支持指数平均水平来看，平均水平较高的有家用电器（73.30）、电子（72.31）、美容护理（71.95），如图11-28所示。

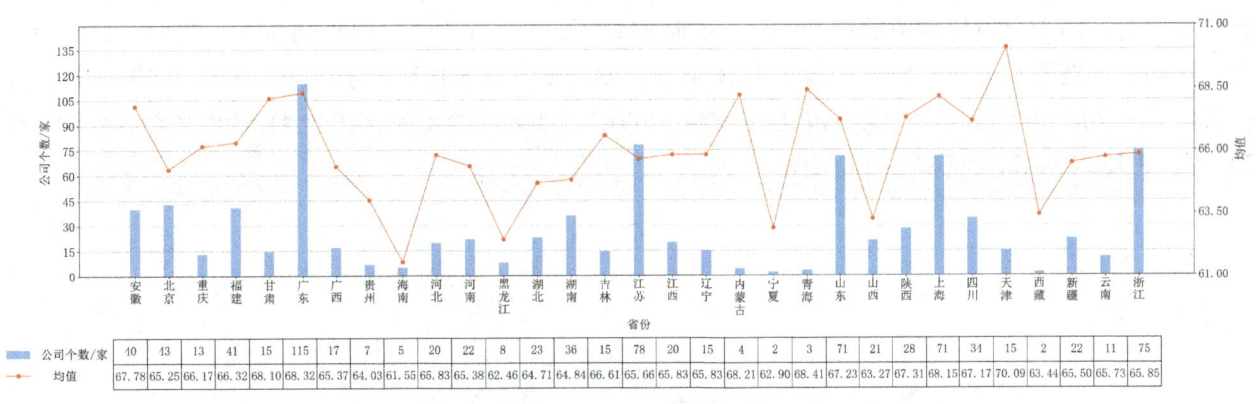

图 11-27　2023 年地方国有控股各省份上市公司创新资源支持指数均值分布图

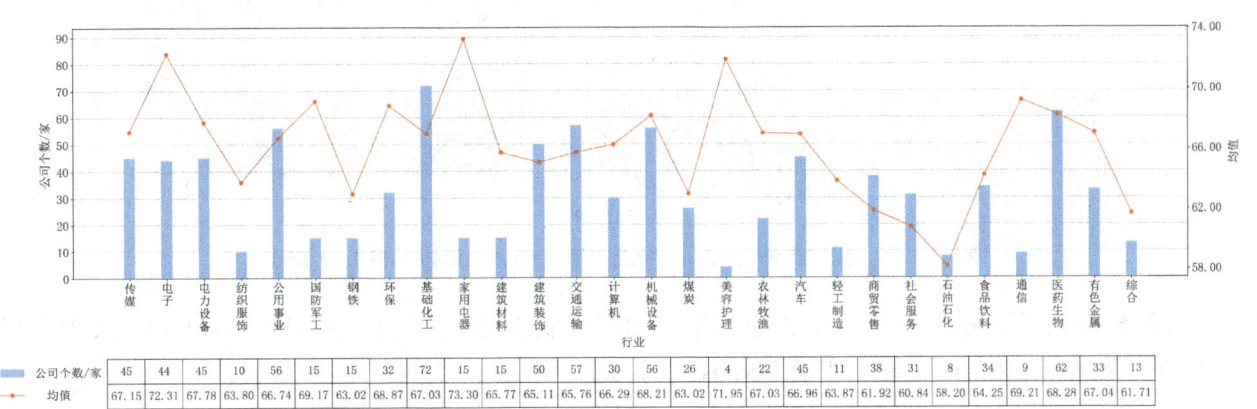

图 11-28　2023 年地方国有控股各行业上市公司创新资源支持指数均值分布图

地方国有控股上市公司中，创新资源支持指数排名前 10 的上市公司如表 11-7 所示。

表 11-7　2023 年地方国有控股上市公司创新资源支持指数前 10 排名

排名	证券名称	证券代码	一级行业	省份	上市板块	创新资源支持指数
1	中联重科	000157.SZ	机械设备	湖南	深市主板	95.21
2	浪潮信息	000977.SZ	计算机	山东	深市主板	94.32
3	金龙汽车	600686.SH	汽车	福建	沪市主板	93.37
4	徐工机械	000425.SZ	机械设备	江苏	深市主板	93.34
5	红日药业	300026.SZ	医药生物	天津	创业板	91.82
6	清新环境	002573.SZ	环保	北京	深市主板	90.74
7	建发股份	600153.SH	交通运输	福建	沪市主板	90.66
8	秦川机床	000837.SZ	机械设备	陕西	深市主板	90.04
9	广电运通	002152.SZ	计算机	广东	深市主板	89.41
10	四川长虹	600839.SH	家用电器	四川	沪市主板	88.53

数据来源：同花顺（iFinD），首经贸资产评估研究院和浙工商中国智能管理研究院整理。

11.2.3　创新要素投入指数

2023 年地方国有控股上市公司创新要素投入指数平均水平为 64.99，低于全市场均值 66.07。从指数分布来看，高于全市场均值的有429家，占地方国有控股上市公司总数的48.04%。其中，最高的是北方华创，创新要素投入指数为90.54。具体来看，创新要素投入指数处于［80，100］的有31家，占比3.47%；［70，80）的有251家，占比28.00%；［60，70）的有370家，占比41.55%；［0，60）的有241家，占比26.98%，如图11-29所示。

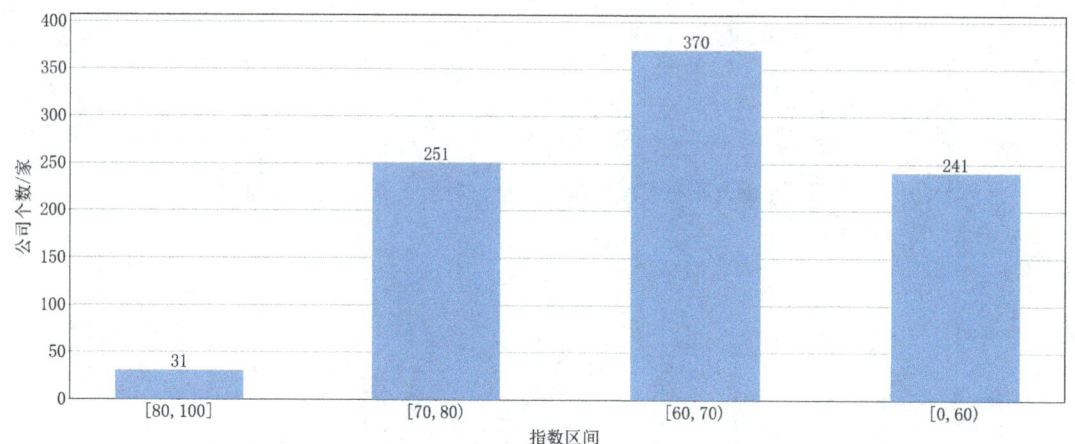

图11-29　2023年地方国有控股上市公司创新要素投入指数分布图

从创新要素投入指数平均水平来看，平均水平由高到低分别为：科创板（71.99）、深市主板（65.19）、创业板（65.05）、沪市主板（64.41）、北交所（62.82），如图11-30所示。

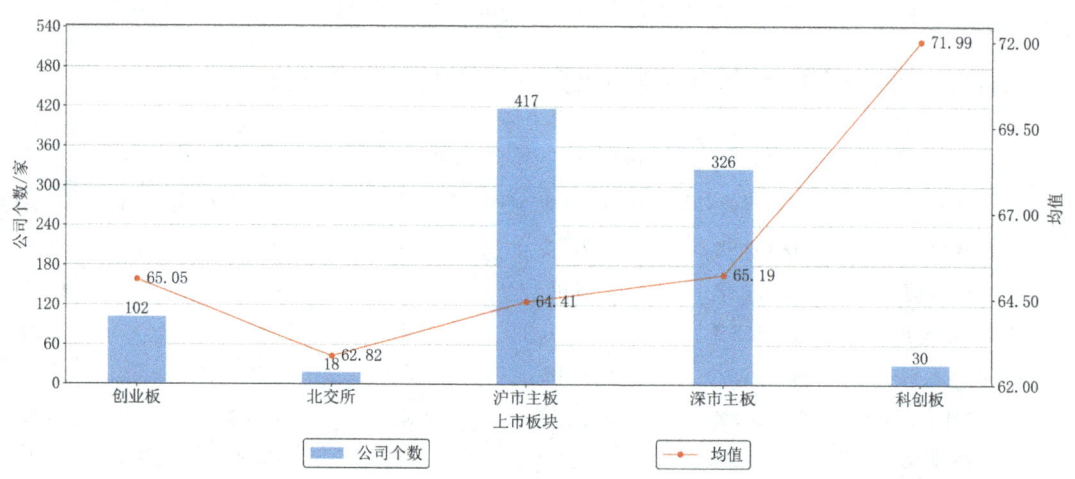

图11-30　2023年地方国有控股各板块上市公司创新要素投入指数均值分布图

从创新要素投入指数平均水平来看，平均水平较高的有西藏自治区（70.50）、山东省（68.17）、天津市（68.03），如图11-31所示。

从创新要素投入指数平均水平来看，平均水平较高的有通信（73.40）、家用电器（72.13）、电子（69.73），如图11-32所示。

第11章 中国上市公司创新发展指数评价——产权维度

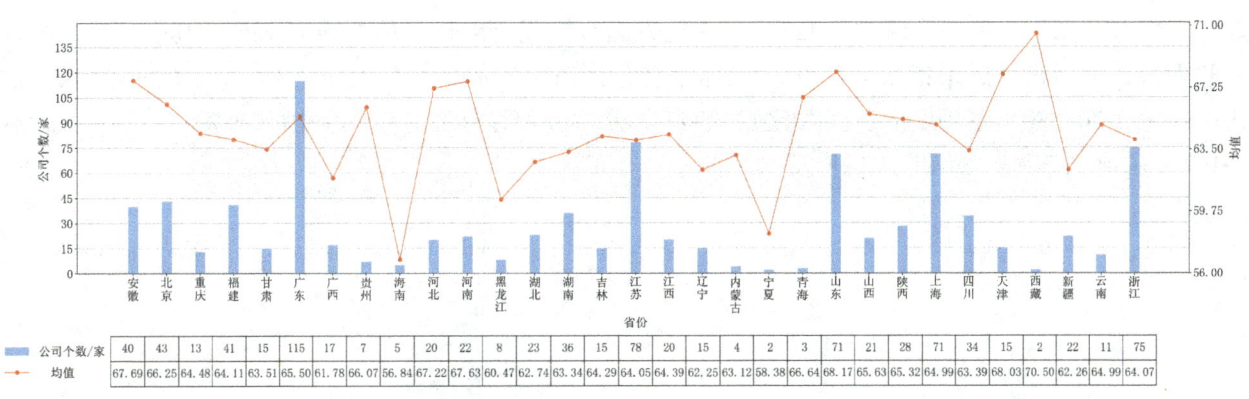

图 11-31　2023年地方国有控股各省份上市公司创新要素投入指数均值分布图

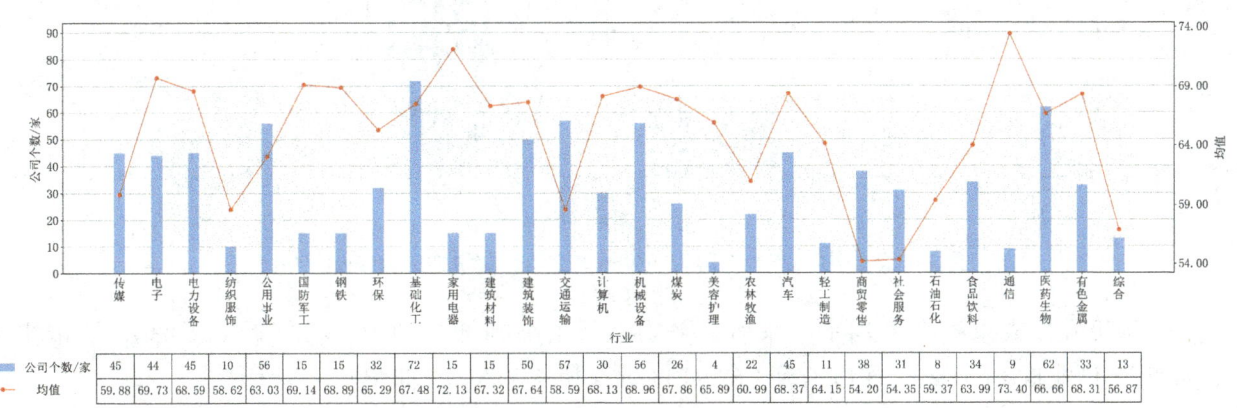

图 11-32　2023年地方国有控股各行业上市公司创新要素投入指数均值分布图

地方国有控股上市公司中，创新要素投入指数排名前10的上市公司如表11-8所示。

表 11-8　2023 年地方国有控股上市公司创新要素投入指数前 10 排名

排名	证券名称	证券代码	一级行业	省份	上市板块	创新要素投入指数
1	北方华创	002371.SZ	电子	北京	深市主板	90.54
2	德赛西威	002920.SZ	计算机	广东	深市主板	88.39
3	中联重科	000157.SZ	机械设备	湖南	深市主板	88.27
4	复旦微电	688385.SH	电子	上海	科创板	87.36
5	中微公司	688012.SH	电子	上海	科创板	86.57
6	京东方A	000725.SZ	电子	北京	深市主板	86.18
7	广汽集团	601238.SH	汽车	广东	沪市主板	86.07
8	徐工机械	000425.SZ	机械设备	江苏	深市主板	84.19
9	华工科技	000988.SZ	机械设备	湖北	深市主板	84.07
10	潍柴动力	000338.SZ	汽车	山东	深市主板	83.67

数据来源：同花顺（iFinD），首经贸资产评估研究院和浙工商中国智能管理研究院整理。

11.2.4　创新科技成果指数

2023年地方国有控股上市公司创新科技成果指数平均水平为63.97，低于全市场均值64.15。从指数分布来看，高于全市场均值的有428家，占地方国有控股上市公司总数的47.93%。其中，最高的是中联重科，创新科技成果指数为85.94。具体来看，创新科技成果指数处于［80，100］的有5家，占比0.56%；［70，80）的有113家，占比12.65%；［60，70）的有584家，占比65.29%；［0，60）的有191家，占比21.50%，如图11-33所示。

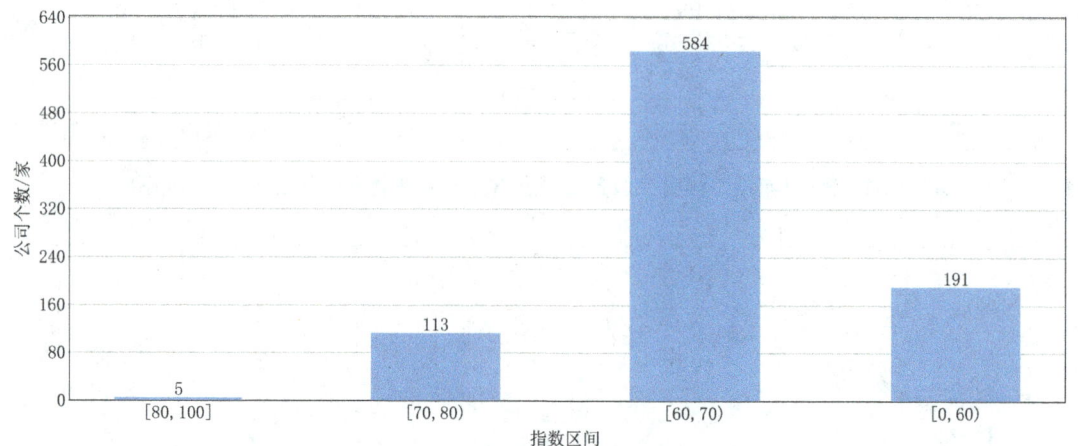

图11-33　2023年地方国有控股上市公司创新科技成果指数分布图

从创新科技成果指数平均水平来看，平均水平由高到低分别为：科创板（66.83）、沪市主板（64.93）、创业板（63.02）、深市主板（62.94）、北交所（60.89），如图11-34所示。

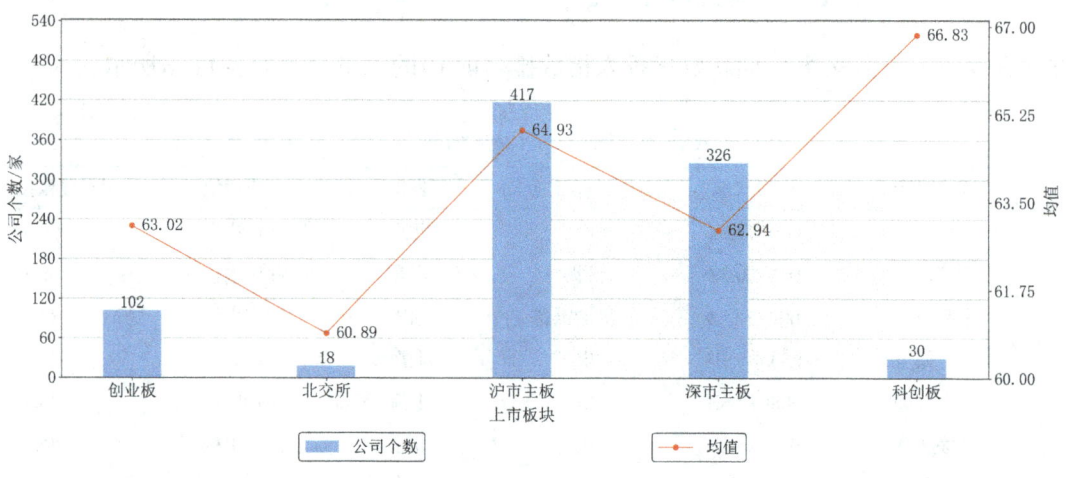

图11-34　2023年地方国有控股各板块上市公司创新科技成果指数均值分布图

从创新科技成果指数平均水平来看，平均水平较高的有山东省（66.05）、贵州省（65.52）、上海市（65.35），如图11-35所示。

从创新科技成果指数平均水平来看，平均水平较高的有家用电器（68.79）、钢铁（67.69）、电子（66.28），如图11-36所示。

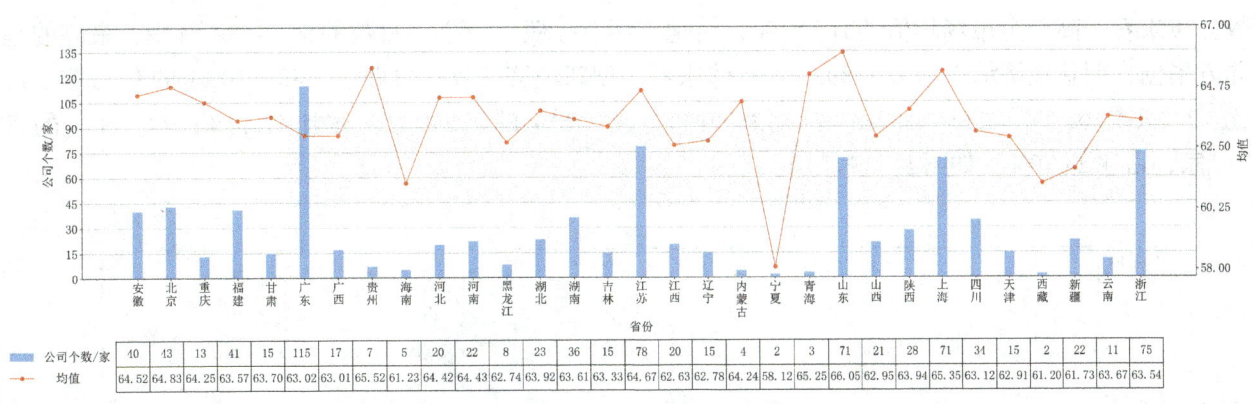

图11-35　2023年地方国有控股各省份上市公司创新科技成果指数均值分布图

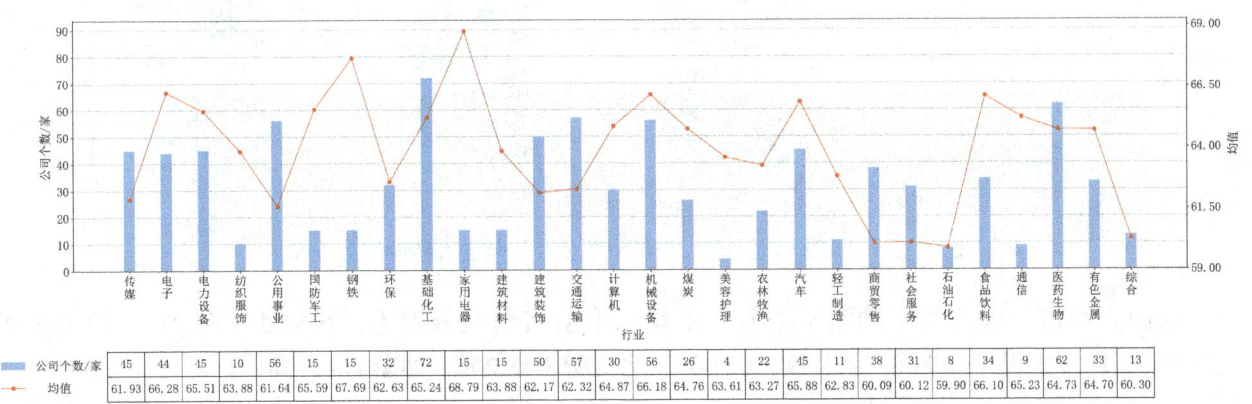

图11-36　2023年地方国有控股各行业上市公司创新科技成果指数均值分布图

地方国有控股上市公司中，创新科技成果指数排名前10的上市公司如表11-9所示。

表11-9　2023年地方国有控股上市公司创新科技成果指数前10排名

排名	证券名称	证券代码	一级行业	省份	上市板块	创新科技成果指数
1	中联重科	000157.SZ	机械设备	湖南	深市主板	85.94
2	潍柴动力	000338.SZ	汽车	山东	深市主板	84.77
3	北方华创	002371.SZ	电子	北京	深市主板	84.14
4	海信家电	000921.SZ	家用电器	广东	深市主板	83.40
5	徐工机械	000425.SZ	机械设备	江苏	深市主板	82.05
6	广汽集团	601238.SH	汽车	广东	沪市主板	79.69
7	苏交科	300284.SZ	建筑装饰	江苏	创业板	79.48
8	德赛西威	002920.SZ	计算机	广东	深市主板	79.20
9	泰和新材	002254.SZ	基础化工	山东	深市主板	79.17
10	江西铜业	600362.SH	有色金属	江西	沪市主板	79.07

数据来源：同花顺（iFinD），首经贸资产评估研究院和浙工商中国智能管理研究院整理。

11.2.5　创新经济绩效指数

2023年地方国有控股上市公司创新经济绩效指数平均水平为65.94，高于全市场均值64.49。从指数分布来看，高于全市场均值的有510家，占地方国有控股上市公司总数的57.11%。其中，最高的是北方华创，创新经济绩效指数为89.57。具体来看，创新经济绩效指数处于［80，100］的有39家，占比4.37%；［70，80）的有258家，占比28.89%；［60，70）的有379家，占比42.44%；［0，60）的有217家，占比24.30%，如图11-37所示。

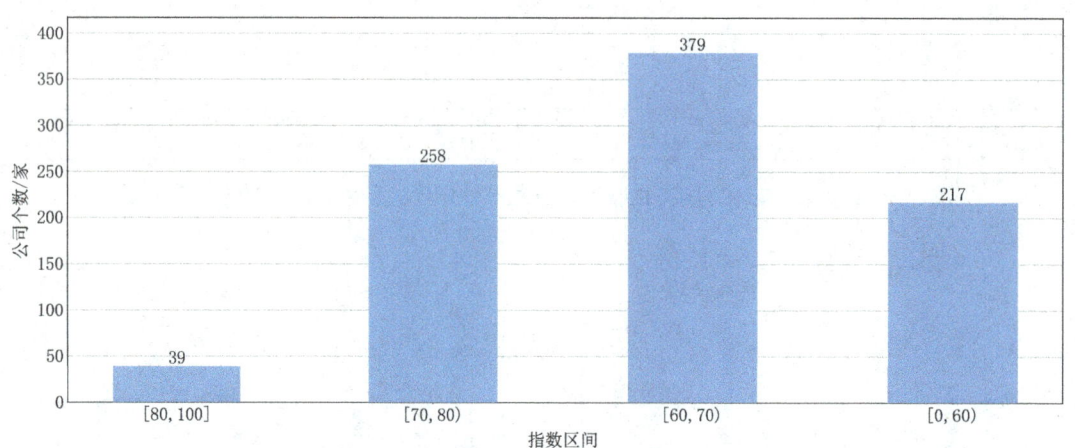

图11-37　2023年地方国有控股上市公司创新经济绩效指数分布图

从创新经济绩效指数平均水平来看，平均水平由高到低分别为：科创板（67.22）、沪市主板（66.92）、深市主板（66.22）、创业板（62.00）、北交所（58.20），如图11-38所示。

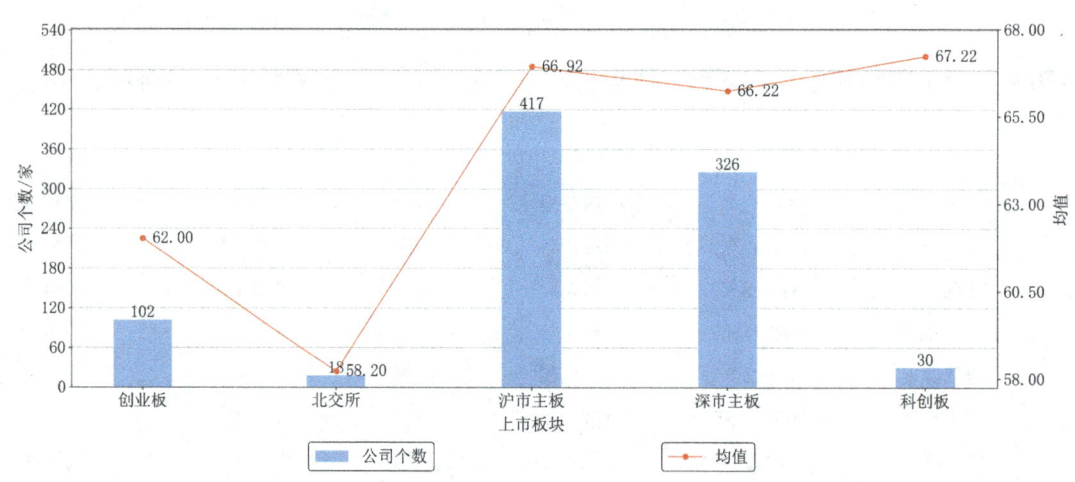

图11-38　2023年地方国有控股各板块上市公司创新经济绩效指数均值分布图

从创新经济绩效指数平均水平来看，平均水平较高的有西藏自治区（69.37）、贵州省（68.89）、内蒙古自治区（68.19），如图11-39所示。

从创新经济绩效指数平均水平来看，平均水平较高的有美容护理（70.57）、家用电器（70.26）、公用事业（68.76），如图11-40所示。

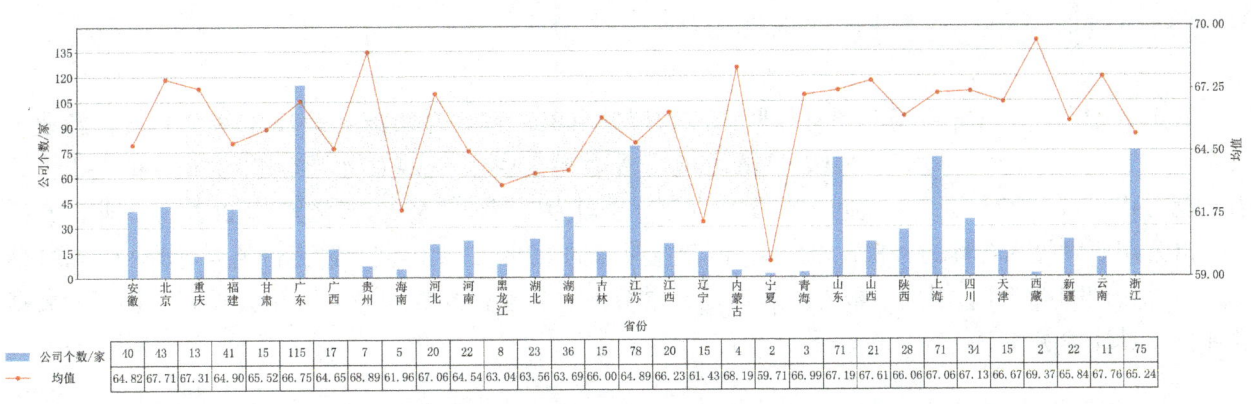

图 11-39　2023年地方国有控股各省份上市公司创新经济绩效指数均值分布图

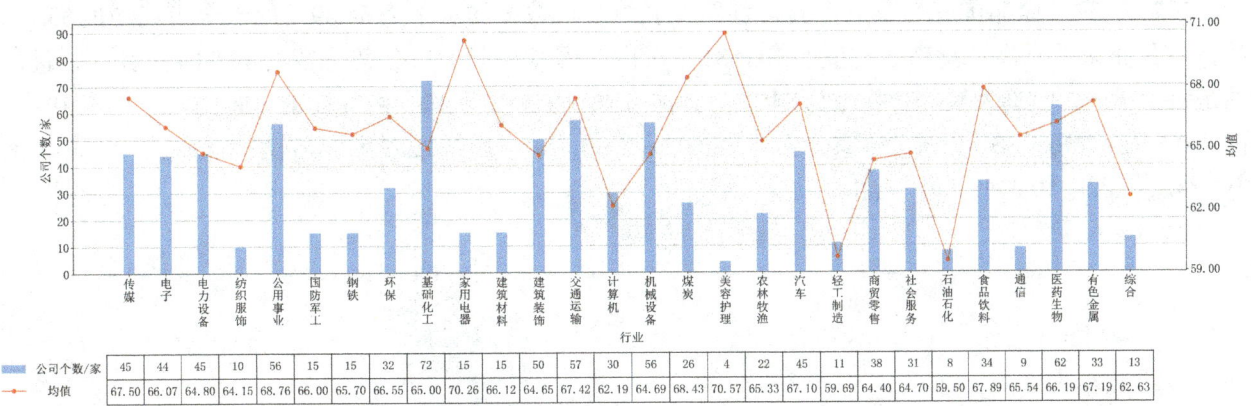

图 11-40　2023年地方国有控股各行业上市公司创新经济绩效指数均值分布图

地方国有控股上市公司中，创新经济绩效指数排名前10的上市公司如表11-10所示。

表 11-10　2023年地方国有控股上市公司创新经济绩效指数前10排名

排名	证券名称	证券代码	一级行业	省份	上市板块	创新经济绩效指数
1	北方华创	002371.SZ	电子	北京	深市主板	89.57
2	山东黄金	600547.SH	有色金属	山东	沪市主板	86.85
3	德赛西威	002920.SZ	计算机	广东	深市主板	86.81
4	潍柴动力	000338.SZ	汽车	山东	深市主板	86.42
5	贵州茅台	600519.SH	食品饮料	贵州	沪市主板	86.30
6	小商品城	600415.SH	商贸零售	浙江	沪市主板	86.27
7	云南白药	000538.SZ	医药生物	云南	深市主板	85.71
8	外服控股	600662.SH	社会服务	上海	沪市主板	84.22
9	芒果超媒	300413.SZ	传媒	湖南	创业板	83.77
10	山东出版	601019.SH	传媒	山东	沪市主板	83.31

数据来源：同花顺（iFinD），首经贸资产评估研究院和浙工商中国智能管理研究院整理。

11.3 非国有控股上市公司创新发展指数评价

截至2023年底，A股市场非国有控股上市公司共有3732家，总市值共计383011.65亿元，营业收入合计202308.93亿元，平均市值102.63亿元/家，平均营业收入54.24亿元/家。市值最大的上市公司为宁德时代（7181.87亿元），营业收入最高的上市公司为比亚迪（6023.15亿元）。2023年，非国有控股上市公司研发投入合计为8881.14亿元，占营业收入的4.39%；无形资产账面价值合计为13500.31亿元，占总资产的4.41%。根据本报告分析口径，本节共对非国有控股3732家上市公司开展创新发展指数评价，具体情况如下：

11.3.1 创新发展综合指数

2023年3732家非国有控股上市公司创新发展综合指数平均水平为64.89，低于全市场均值65.40。从指数分布来看，高于全市场均值的有1681家，占非国有控股上市公司总数的45.04%。其中，最高的是科大讯飞，创新发展综合指数为84.72。具体来看，创新发展综合指数处于［80，100］的有19家，占比0.51%；［70，80）的有693家，占比18.57%；［60，70）的有2287家，占比61.25%；［0，60）的有733家，占比19.67%，如图11-41所示。

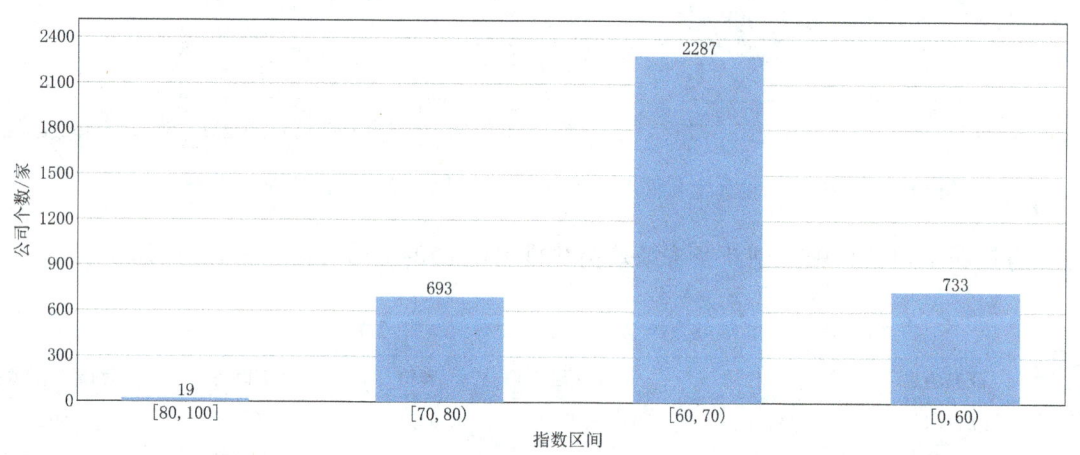

图11-41　2023年非国有控股上市公司创新发展综合指数分布图

从板块分布来看，3732家非国有控股上市公司中，沪市主板上市公司有901家，深市主板上市公司有934家，创业板上市公司有1180家，科创板上市公司有500家，北交所上市公司有217家。根据创新发展综合指数平均水平情况看，平均水平由高到低分别为：科创板（66.30）、沪市主板（65.49）、深市主板（65.05）、创业板（64.54）、北交所（60.38），如图11-42所示。

从省份分布来看，广东省（18.14%）、浙江省（15.89%）、江苏省（14.79%）占据非国有控股上市公司主要地位。根据创新发展综合指数平均水平情况来看，平均水平较高的有内蒙古自治区（66.71）、北京市（66.09）、贵州省（65.73），如图11-43所示。

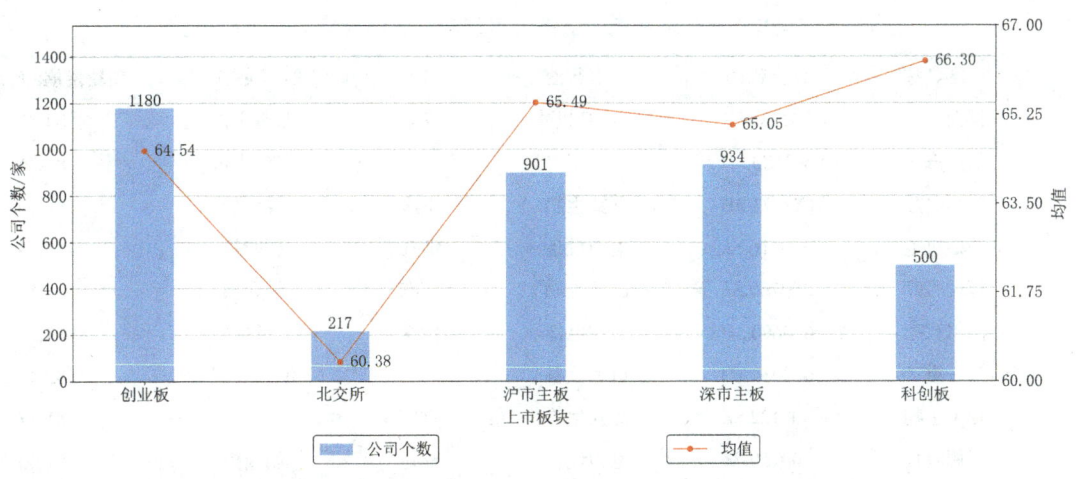

图 11-42 2023年非国有控股各板块上市公司创新发展综合指数均值分布图

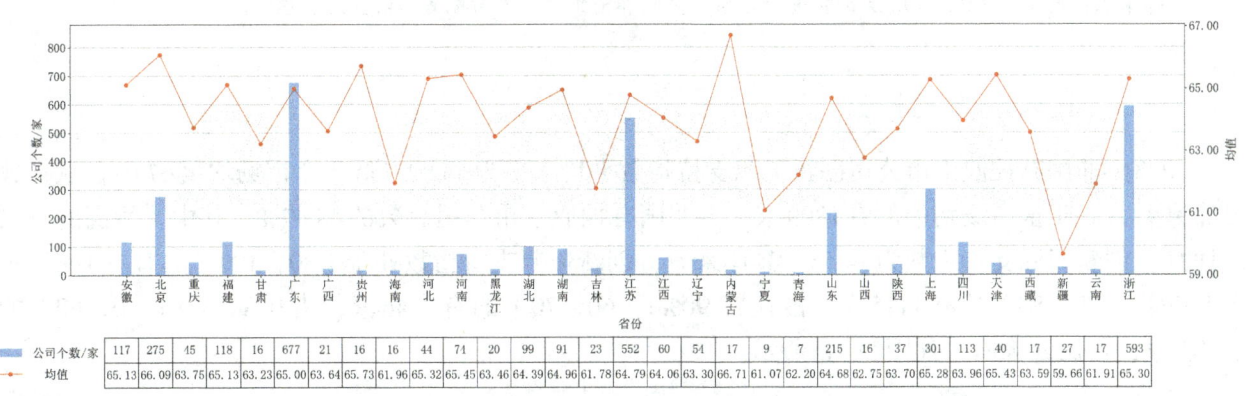

图 11-43 2023年非国有控股各省份上市公司创新发展综合指数均值分布图

从行业分布来看，机械设备（12.49%）、医药生物（10.96%）、电子（10.56%）占据非国有控股上市公司主要地位。根据创新发展综合指数平均水平情况来看，平均水平较高的有钢铁（66.98）、电力设备（66.97）、计算机（66.32），如图11-44所示。

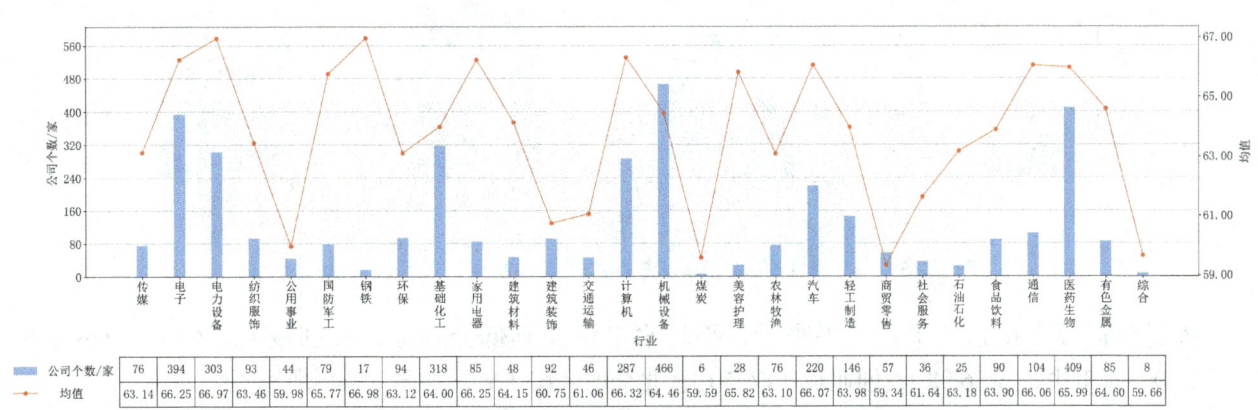

图 11-44 2023年非国有控股各行业上市公司创新发展综合指数均值分布图

非国有控股上市公司中，创新发展综合指数排名前10的上市公司如表11-11所示。

表 11-11　2023 年非国有控股上市公司创新发展综合指数前 10 排名

排名	证券名称	证券代码	一级行业	省份	上市板块	创新发展综合指数
1	科大讯飞	002230.SZ	计算机	安徽	深市主板	84.72
2	长城汽车	601633.SH	汽车	河北	沪市主板	84.34
3	联影医疗	688271.SH	医药生物	上海	科创板	84.26
4	晶盛机电	300316.SZ	电力设备	浙江	创业板	83.83
5	迈瑞医疗	300760.SZ	医药生物	广东	创业板	83.67
6	海尔智家	600690.SH	家用电器	山东	沪市主板	82.58
7	三一重工	600031.SH	机械设备	北京	沪市主板	82.42
8	智飞生物	300122.SZ	医药生物	重庆	创业板	81.77
9	宁德时代	300750.SZ	电力设备	福建	创业板	81.46
10	恒瑞医药	600276.SH	医药生物	江苏	沪市主板	81.26

数据来源：同花顺（iFinD），首经贸资产评估研究院和浙工商中国智能管理研究院整理。

11.3.2　创新资源支持指数

2023年非国有控股上市公司创新资源支持指数平均水平为66.80，低于全市场均值67.08。从指数分布来看，高于全市场均值的有1809家，占非国有控股上市公司总数的48.47%。其中，最高的是联影医疗，创新资源支持指数为94.53。具体来看，创新资源支持指数处于［80，100］的有194家，占比5.17%；［70，80）的有1115家，占比29.90%；［60，70）的有1646家，占比44.08%；［0，60）的有777家，占比20.85%，如图11-45所示。

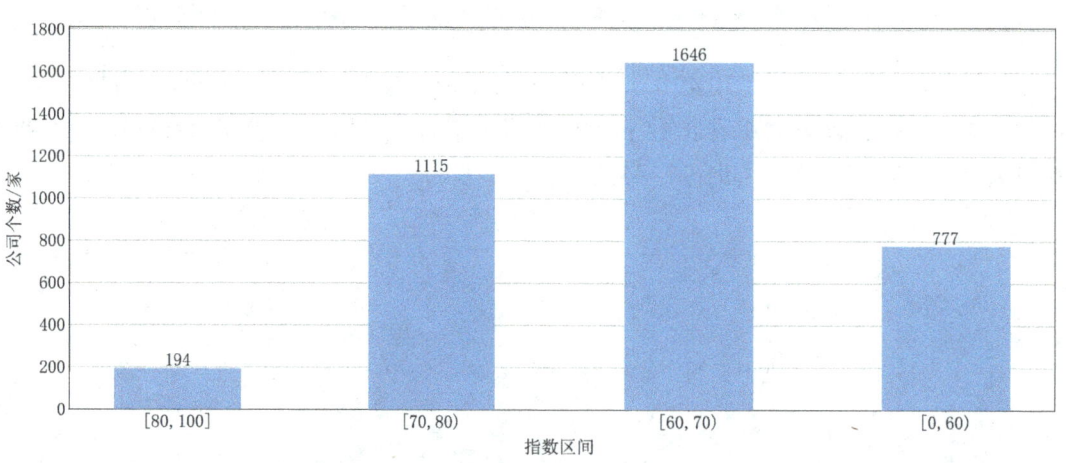

图 11-45　2023 年非国有控股上市公司创新资源支持指数分布图

从创新资源支持指数平均水平来看，平均水平由高到低分别为：科创板（67.64）、沪市主板（67.31）、深市主板（66.98）、创业板（66.50）、北交所（63.66），如图11-46所示。

从创新资源支持指数平均水平来看，平均水平较高的有内蒙古自治区（68.71）、浙江省（68.25）、河南省（68.05），如图11-47所示。

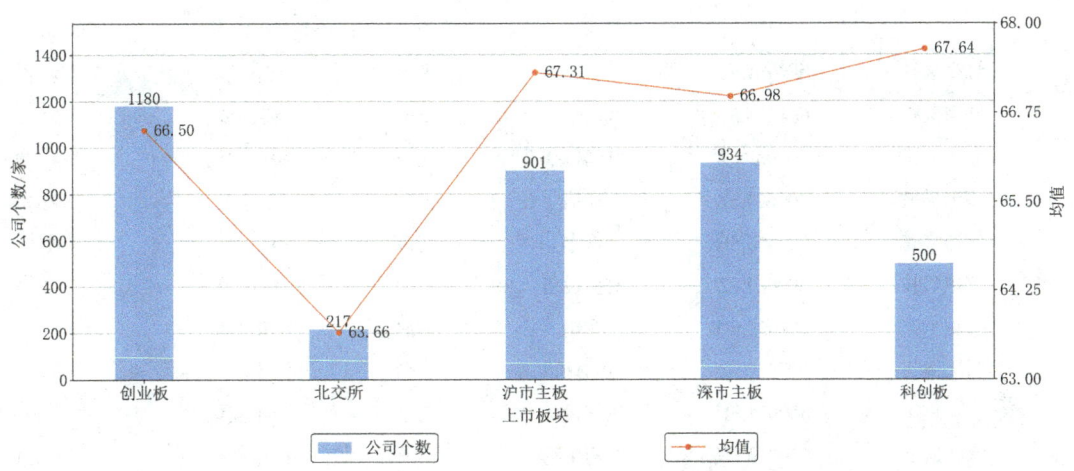

图11-46　2023年非国有控股各板块上市公司创新资源支持指数均值分布图

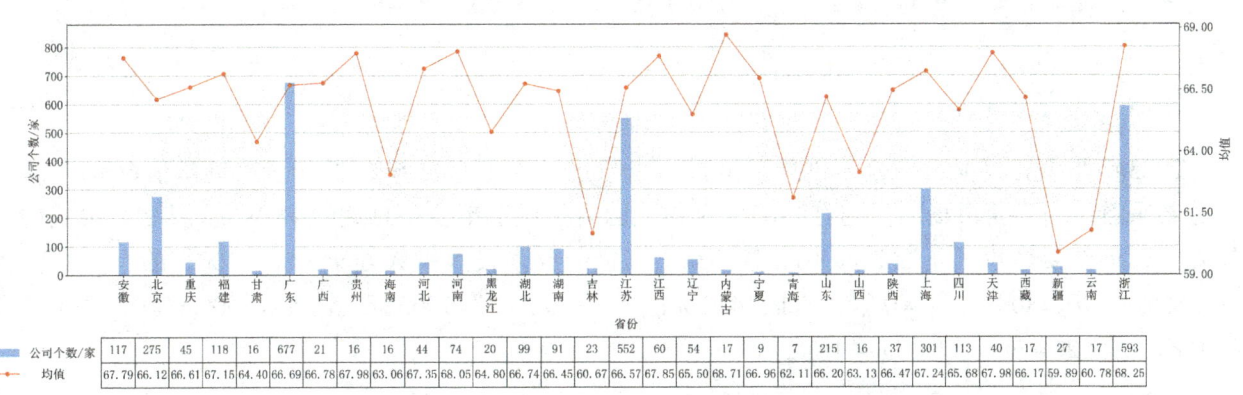

图11-47　2023年非国有控股各省份上市公司创新资源支持指数均值分布图

从创新资源支持指数平均水平来看，平均水平较高的有家用电器（69.49）、电力设备（69.04）、电子（68.22），如图11-48所示。

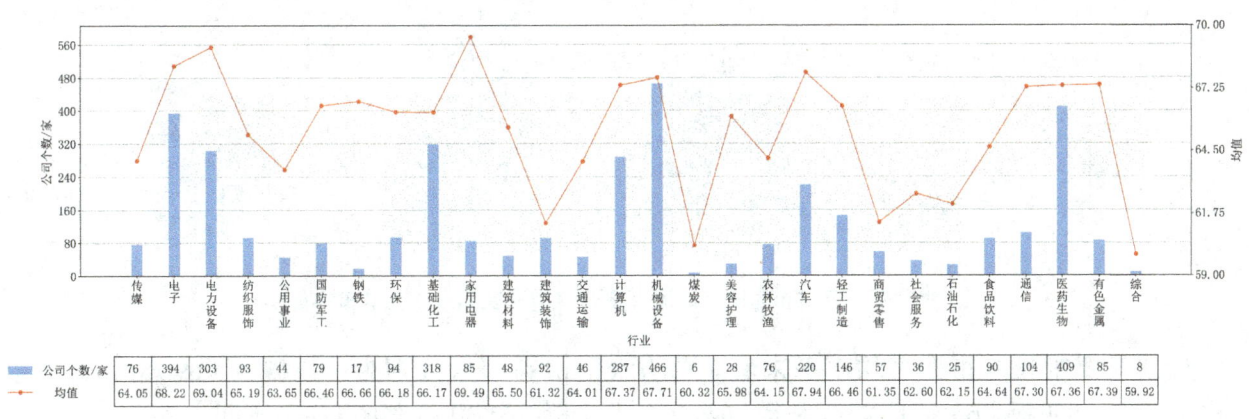

图11-48　2023年非国有控股各行业上市公司创新资源支持指数均值分布图

非国有控股上市公司中，创新资源支持指数排名前10的上市公司如表11-12所示。

表 11-12　2023 年非国有控股上市公司创新资源支持指数前 10 排名

排名	证券名称	证券代码	一级行业	省份	上市板块	创新资源支持指数
1	联影医疗	688271.SH	医药生物	上海	科创板	94.53
2	紫光股份	000938.SZ	计算机	北京	深市主板	92.82
3	华测导航	300627.SZ	通信	上海	创业板	92.77
4	宇通客车	600066.SH	汽车	河南	沪市主板	92.55
5	汉威科技	300007.SZ	机械设备	河南	创业板	91.93
6	长城汽车	601633.SH	汽车	河北	沪市主板	91.08
7	科大讯飞	002230.SZ	计算机	安徽	深市主板	90.71
8	三一重工	600031.SH	机械设备	北京	沪市主板	88.90
9	人福医药	600079.SH	医药生物	湖北	沪市主板	88.81
10	卫宁健康	300253.SZ	计算机	上海	创业板	88.74

数据来源：同花顺（iFinD），首经贸资产评估研究院和浙工商中国智能管理研究院整理。

11.3.3　创新要素投入指数

2023年非国有控股上市公司创新要素投入指数平均水平为65.69，低于全市场均值66.07。从指数分布来看，高于全市场均值的有1783家，占非国有控股上市公司总数的47.78%。其中，最高的是比亚迪，创新要素投入指数为88.10。具体来看，创新要素投入指数处于［80，100］的有99家，占比2.65%；［70，80）的有907家，占比24.28%；［60，70）的有1962家，占比52.60%；［0，60）的有764家，占比20.47%，如图11-49所示。

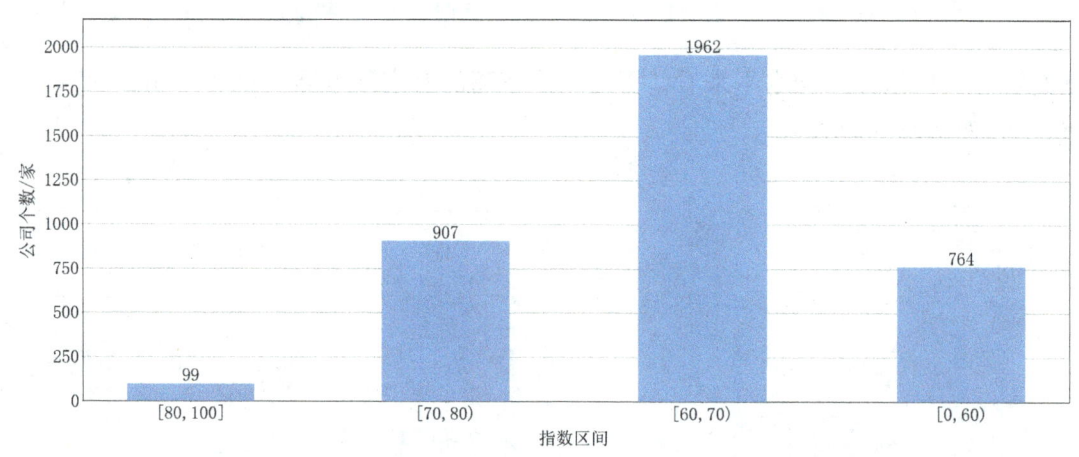

图 11-49　2023 年非国有控股上市公司创新要素投入指数分布图

从创新要素投入指数平均水平来看，平均水平由高到低分别为：科创板（69.75）、创业板（65.73）、深市主板（65.28）、沪市主板（64.89）、北交所（61.30），如图11-50所示。

从创新要素投入指数平均水平来看，平均水平较高的有北京市（68.68）、天津市（66.64）、河南省（66.38），如图11-51所示。

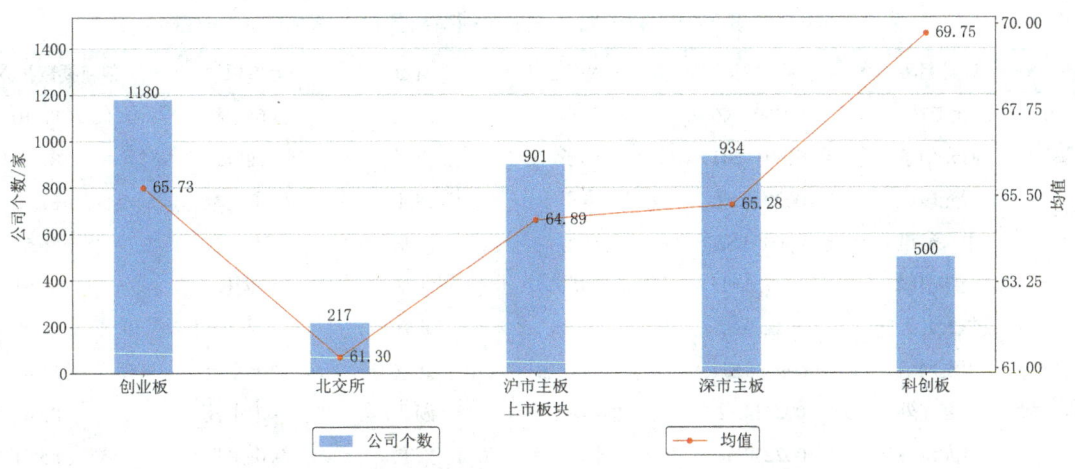

图 11-50 2023年非国有控股各板块上市公司创新要素投入指数均值分布图

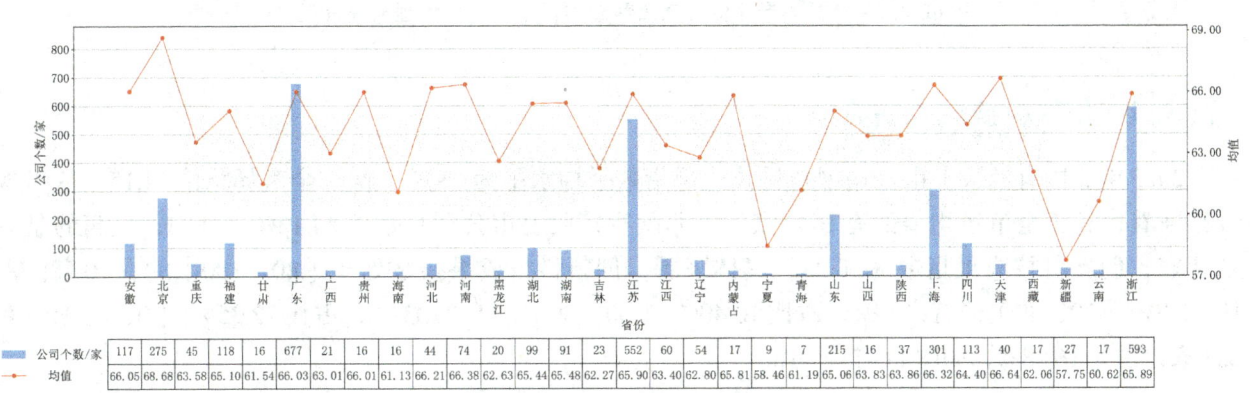

图 11-51 2023年非国有控股各省份上市公司创新要素投入指数均值分布图

从创新要素投入指数平均水平来看，平均水平较高的有计算机（69.60）、国防军工（69.25）、电力设备（68.83），如图11-52所示。

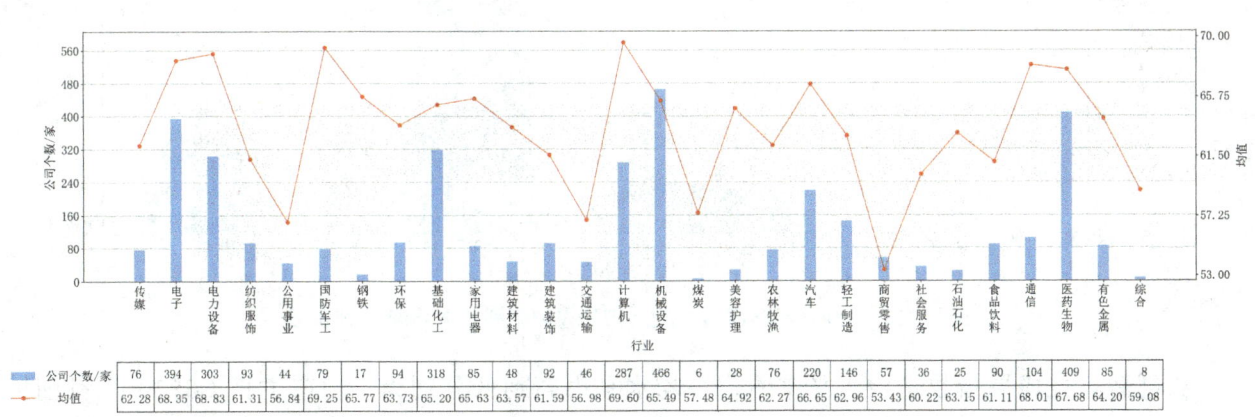

图 11-52 2023年非国有控股各行业上市公司创新要素投入指数均值分布图

非国有控股上市公司中，创新要素投入指数排名前10的上市公司如表11-13所示。

表 11-13　2023 年非国有控股上市公司创新要素投入指数前 10 排名

排名	证券名称	证券代码	一级行业	省份	上市板块	创新要素投入指数
1	比亚迪	002594.SZ	汽车	广东	深市主板	88.10
2	海光信息	688041.SH	电子	天津	科创板	87.49
3	紫光国微	002049.SZ	电子	河北	深市主板	87.40
4	中兴通讯	000063.SZ	通信	广东	深市主板	86.52
5	经纬恒润	688326.SH	计算机	北京	科创板	86.51
6	华大九天	301269.SZ	计算机	北京	创业板	86.22
7	用友网络	600588.SH	计算机	北京	沪市主板	85.62
8	高德红外	002414.SZ	国防军工	湖北	深市主板	85.61
9	科大讯飞	002230.SZ	计算机	安徽	深市主板	85.51
10	联影医疗	688271.SH	医药生物	上海	科创板	85.50

数据来源：同花顺（iFinD），首经贸资产评估研究院和浙工商中国智能管理研究院整理。

11.3.4　创新科技成果指数

2023 年非国有控股上市公司创新科技成果指数平均水平为 63.90，低于全市场均值 64.15。从指数分布来看，高于全市场均值的有 1647 家，占非国有控股上市公司总数的 44.13%。其中，最高的是海尔智家，创新科技成果指数为 90.24。具体来看，创新科技成果指数处于［80，100］的有 10 家，占比 0.27%；［70，80）的有 388 家，占比 10.40%；［60，70）的有 2703 家，占比 72.35%；［0，60）的有 631 家，占比 16.98%，如图 11-53 所示。

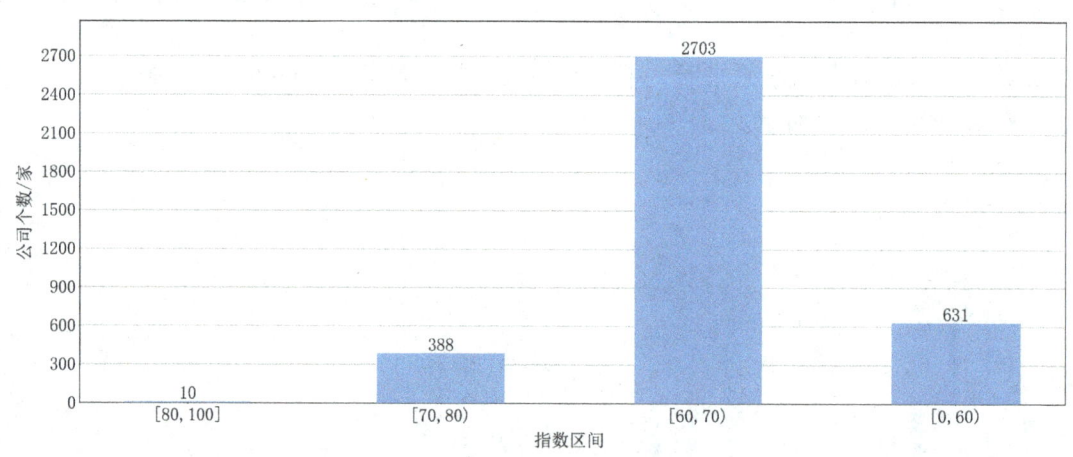

图 11-53　2023 年非国有控股上市公司创新科技成果指数分布图

从创新科技成果指数平均水平来看，平均水平由高到低分别为：沪市主板（65.10）、科创板（64.77）、深市主板（63.66）、创业板（63.39）、北交所（60.69），如图 11-54 所示。

从创新科技成果指数平均水平来看，平均水平较高的有湖南省（64.58）、云南省（64.43）、北京市（64.30），如图 11-55 所示。

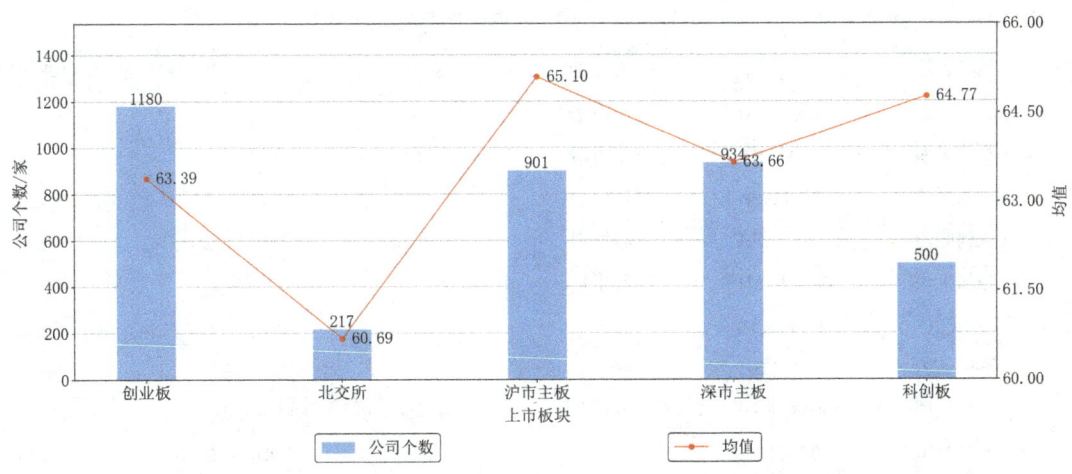

图 11-54　2023 年非国有控股各板块上市公司创新科技成果指数均值分布图

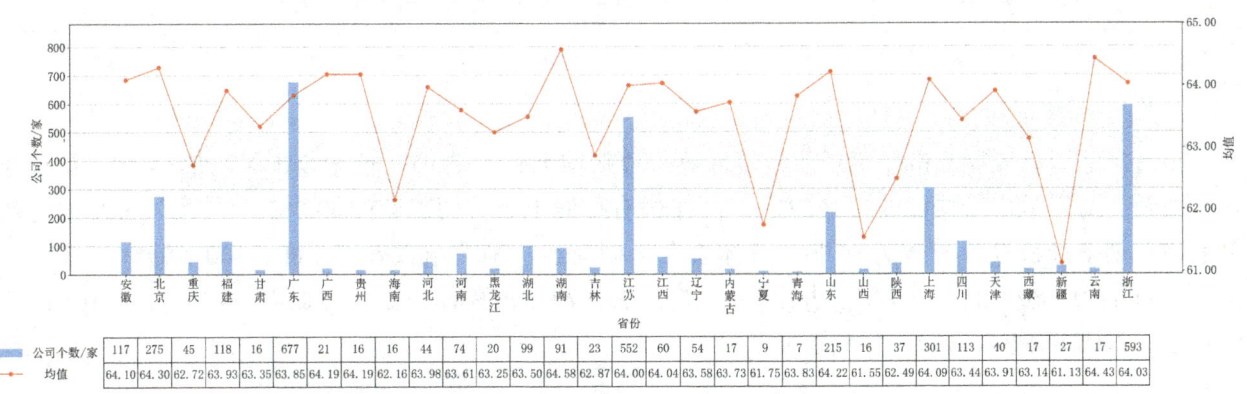

图 11-55　2023 年非国有控股各省份上市公司创新科技成果指数均值分布图

从创新科技成果指数平均水平来看，平均水平较高的有美容护理（65.63）、钢铁（65.53）、电子（65.19），如图 11-56 所示。

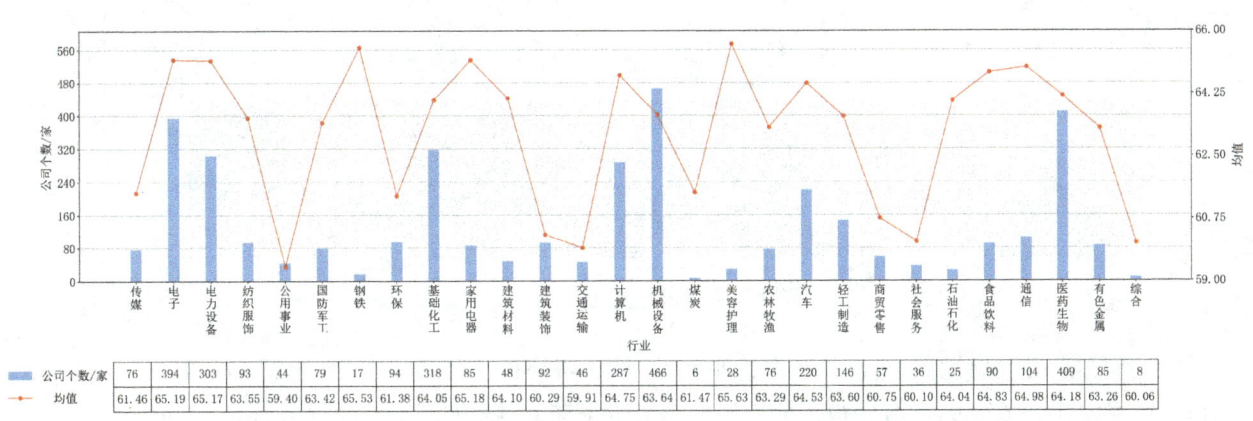

图 11-56　2023 年非国有控股各行业上市公司创新科技成果指数均值分布图

非国有控股上市公司中，创新科技成果指数排名前 10 的上市公司如表 11-14 所示。

表 11-14 2023 年非国有控股上市公司创新科技成果指数前 10 排名

排名	证券名称	证券代码	一级行业	省份	上市板块	创新科技成果指数
1	海尔智家	600690.SH	家用电器	山东	沪市主板	90.24
2	美的集团	000333.SZ	家用电器	广东	深市主板	86.62
3	迈瑞医疗	300760.SZ	医药生物	广东	创业板	83.11
4	伊利股份	600887.SH	食品饮料	内蒙古	沪市主板	80.97
5	海尔生物	688139.SH	医药生物	山东	科创板	80.79
6	山子高科	000981.SZ	汽车	甘肃	深市主板	80.75
7	华培动力	603121.SH	汽车	上海	沪市主板	80.53
8	正泰电器	601877.SH	电力设备	浙江	沪市主板	80.19
9	歌尔股份	002241.SZ	电子	山东	深市主板	80.14
10	晶盛机电	300316.SZ	电力设备	浙江	创业板	80.03

数据来源：同花顺（iFinD），首经贸资产评估研究院和浙工商中国智能管理研究院整理。

11.3.5 创新经济绩效指数

2023年非国有控股上市公司创新经济绩效指数平均水平为63.41，低于全市场均值64.49。从指数分布来看，高于全市场均值的有1607家，占非国有控股上市公司总数的43.06%。其中，最高的是智飞生物，创新经济绩效指数为88.86。具体来看，创新经济绩效指数处于［80，100］的有74家，占比1.98%；［70，80）的有764家，占比20.44%；［60，70）的有1527家，占比40.94%；［0，60）的有1367家，占比36.64%，如图11-57所示。

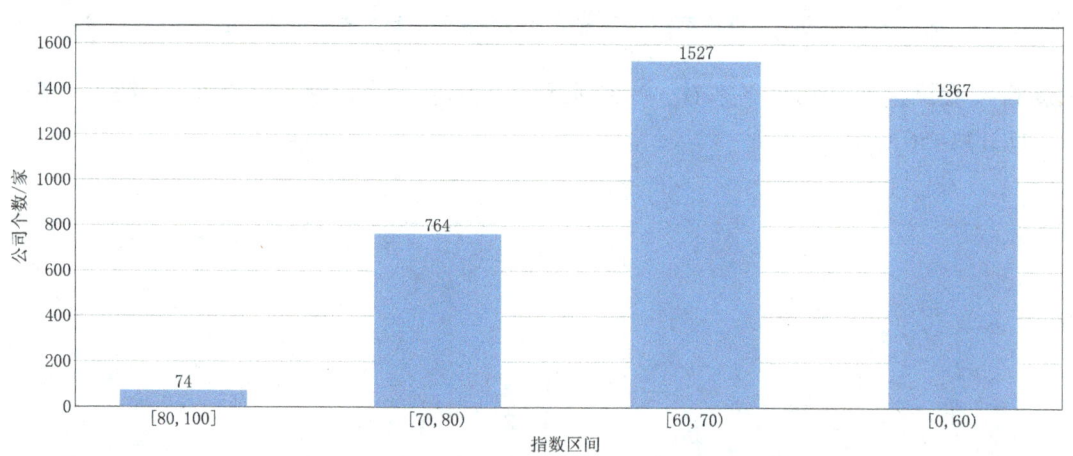

图 11-57 2023 年非国有控股上市公司创新经济绩效指数分布图

从创新经济绩效指数平均水平来看，平均水平由高到低分别为：沪市主板（65.21）、深市主板（64.61）、创业板（62.69）、科创板（62.57）、北交所（56.61），如图11-58所示。

从创新经济绩效指数平均水平来看，平均水平较高的有内蒙古自治区（68.98）、贵州省（65.14）、福建省（64.76），如图11-59所示。

第11章 中国上市公司创新发展指数评价——产权维度

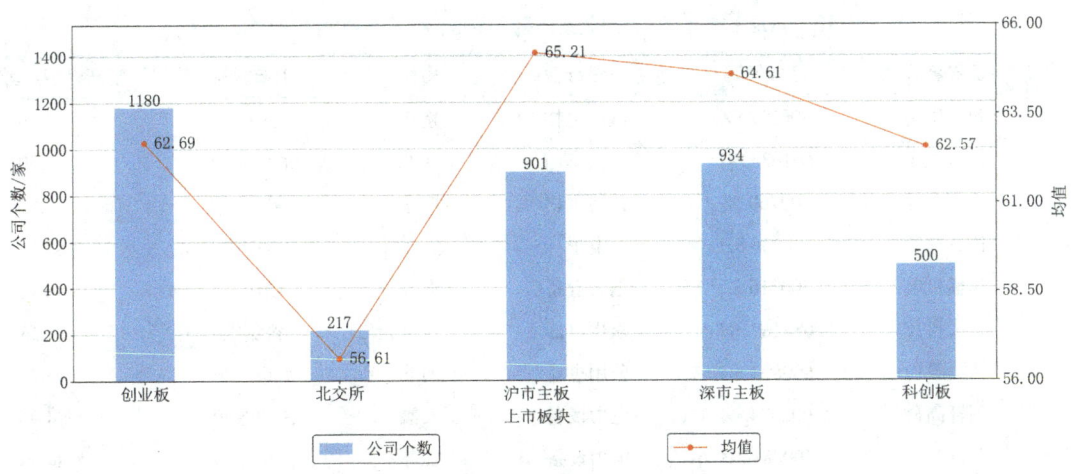

图11-58 2023年非国有控股各板块上市公司创新经济绩效指数均值分布图

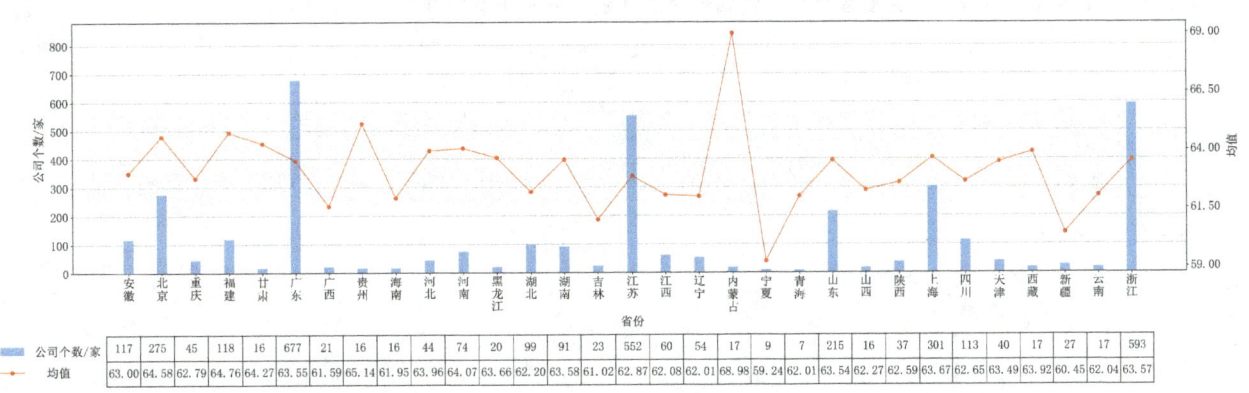

图11-59 2023年非国有控股各省份上市公司创新经济绩效指数均值分布图

从创新经济绩效指数平均水平来看，平均水平较高的有钢铁（69.95）、美容护理（66.94）、食品饮料（65.87），如图11-60所示。

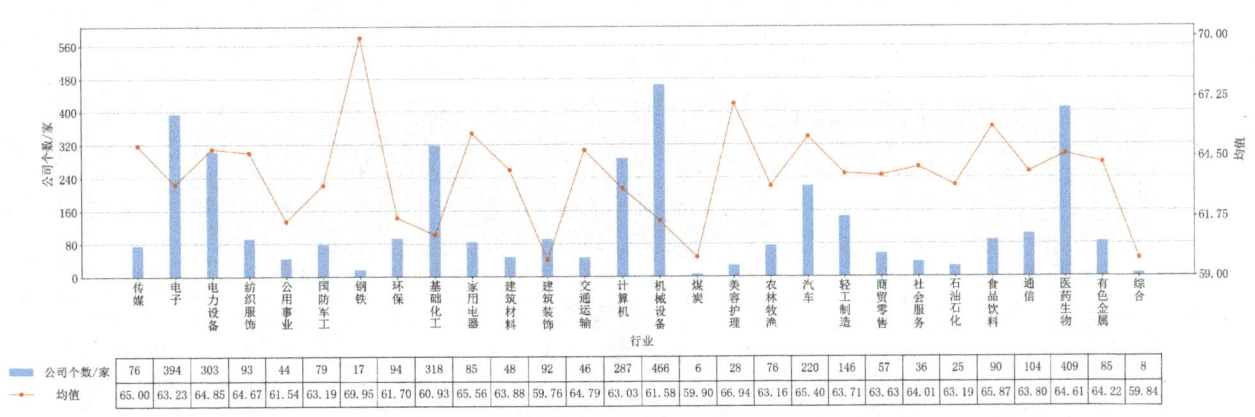

图11-60 2023年非国有控股各行业上市公司创新经济绩效指数均值分布图

非国有控股上市公司中，创新经济绩效指数排名前10的上市公司如表11-15所示。

795

表 11-15　2023 年非国有控股上市公司创新经济绩效指数前 10 排名

排名	证券名称	证券代码	一级行业	省份	上市板块	创新经济绩效指数
1	智飞生物	300122.SZ	医药生物	重庆	创业板	88.86
2	长城汽车	601633.SH	汽车	河北	沪市主板	88.60
3	迈瑞医疗	300760.SZ	医药生物	广东	创业板	87.53
4	传音控股	688036.SH	电子	广东	科创板	87.22
5	晶盛机电	300316.SZ	电力设备	浙江	创业板	86.91
6	石头科技	688169.SH	家用电器	北京	科创板	85.23
7	新奥股份	600803.SH	公用事业	河北	沪市主板	85.23
8	国轩高科	002074.SZ	电力设备	安徽	深市主板	84.96
9	双良节能	600481.SH	电力设备	江苏	沪市主板	84.59
10	中际旭创	300308.SZ	通信	山东	创业板	84.34

数据来源：同花顺（iFinD），首经贸资产评估研究院和浙工商中国智能管理研究院整理。

第12章
结论和政策建议

12.1 主要结论

《2024中国上市公司创新发展指数报告》基于"四位一体"的上市公司创新发展评价指标体系和"四维互补"的环境支持评价体系，对中国上市公司所处的创新发展环境和上市公司创新发展水平进行评价，得到了如下结论：

（1）全国整体、不同区域、各地方政府均高度重视运用政府补助、减税降费、政府采购、普惠金融、科研支持等多样化政策工具来推动企业创新发展，政策实施体现出明显的协同性及系统性特征。整体而言，区域视角上华东和华北地区的创新发展综合支持力度较强，省份视角上北京市和江苏省的创新发展综合支持力度更为突出，区域和省份间存在显著差异。细分维度中，区域视角上华东、华南和华北地区的创新政府补助和创新税收优惠支持力度较大，华东、华南和华中地区的创新金融支持力度较强，华北、华东和华南地区的创新政府采购支持力度较高，华东、华北和华中地区的创新科研支持力度更优；省份视角上广东省、北京市、浙江省、上海市和江苏省等省份的创新政府补助、创新税收优惠和创新金融支持力度较高，北京市、江苏省、广东省、上海市和山东省等省份的创新政府采购力度较大，上海市、北京市、天津市、浙江省和福建省等省份的创新科研支持更为有力。

（2）全国整体、不同区域、各地方政府均高度重视创新发展环境建设，但区域和省份间创新软环境和硬环境均存在较为明显的差异。从创新软环境来看，区域维度上创新发展软环境指数最高的是华东地区，紧随其后的是华中地区，最低的是西南和西北地区；省份维度上北京市、江苏省和上海市的创新发展软环境指数位列全国前三名，内蒙古自治区、青海省和西藏自治区位列全国后三名。从创新硬环境来看，区域维度上创新发展硬环境指数最高的是华东地区，紧随其后的是华北地区，最低的是东北和西北地区；省份维度上北京市、上海市和江苏省的创新发展硬环境指数位列全国前三名，青海省、新疆维吾尔自治区和西藏自治区位列全国后三名。

（3）各地政府均采取措施持续优化营商环境，为上市公司的创新发展赋能增效。从区域视角来看，华东和华北地区领先，东北和西北地区较为落后；从省份视角来看，上海市、北京市和浙江省位于前三，青海省、西藏自治区和贵州省排名较为落后，反映出我国营商环境发展"东强西弱"的不均衡特征。细分维度中，19个省份基础环境指数低于全国平均水平；12个省份政务环境指数低于全国平均水平；16个省份法律环境指数低于全国平均水平；17个省份人才环境指数低于全国平均水平；18个省份投资环境指数低于全国平均水平；17个省份金融环境指数低于全国平均水平，表明我国营商环境整体上有待进一步优化。

（4）从全市场来看，5060家上市公司创新发展综合指数平均水平为65.40，高于平均水平的上市公司有2494家，占总量的49.29%。从行业分布来看，创新发展综合指数平均水平最高的行业是钢铁行业，其次是国防军工、电力设备和家用电器行业。从区域分布来看，华北地区的上市公司创新发展综合指数平均水平最高，其次是华中和华东地区。从省份分布来看，北京市的上市公司创新发展综合指数平均水平最高，其次是内蒙古自治区和天津市。从板块分布来看，科创板上市公司创新发展综合指数平均水平最高，其次是沪市主板和深市主板上市公司，创业板和北交所上市公司的创新发展综合指数低于全市场平均水平。从产权分布来看，中央国有控股上市公司创新发展综合指数平均水平最高，地方国有控股和非国有控股上市公司的平均水平均低于全市场均值。

（5）从创新发展综合指数排名前500的上市公司所属区域来看，华东地区203家、华北地区113家、华南地区79家，合计占比79.00%，凸显出华东、华北和华南地区是创新发展的主力区域。从创新发展综合指数排名前500的上市公司所属省份来看，北京市86家、广东省76家、浙江省51家、江苏省49家、上海市42家，合计占比60.80%，凸显出北京市、广东省、浙江省、江苏省、上海市是创新发展的主力大省。从创新发展综合指数排名前500的上市公司所属行业来看，计算机行业65家、电子行业63家、电力设备行业56家、医药生物行业46家、机械设备行业43家、汽车行业35家，合计占比54.60%，是创新发展的主力行业。

12.2 主要政策建议

面对新质生产力培育和经济高质量发展所提出的转变发展方式、优化经济结构、转换增长动力要求，为进一步提升上市公司创新发展质量，建议如下：

（1）进一步巩固落实企业创新主体地位，提高企业自主创新发展意识。

一是准确把握强化企业科技创新主体地位的主要任务和目标方向。多措并举引导广大上市公司充分意识到发挥企业科技创新主体作用的重要意义，认识到提升企业创新能力、改善创新质量，是提高产业链、供应链现代化水平，畅通国内国际双循环的必然要求，对于增强工业体系和产业体系的活力和竞争力，加快构建新发展格局具有重要现实意义。

二是充分发挥科技型骨干上市公司的创新引领支撑作用。着力推动科技型骨干上市公司建立健全科技创新与战略发展管理职能，聚焦前沿领域及关键核心技术，持续深化全链贯通、全要素融合的系统性创新和集成性创新，深化知识创新与技术创新的融合水平，有效加大产业前沿技术和颠覆性技术相关的创新成果产出，实现体系性突破。

三是有效强化科技型中小微企业及"专精特新"企业的创新生力军角色。通过加大政策支持引导，有效激发科技型中小微企业及"专精特新"企业立足所在细分领域，持续加大研发创新投入，力争储备领先、不断促进具备自主知识产权的创新技术生成，不断实现新技术、新模式及新业态的变革式发展。

（2）进一步明确创新政策支持重点，强化创新政策支持效率。

一是切实加大创新性财政金融科技政策支持力度，有效提升上市公司创新投入强度。综合运用税收优惠、财政补贴等政策手段，通过优化财政支持资金投入结构、搭建多层次政策支持体系等方式，推动构建形成以财政投入为引导、企业投入为核心、金融机构为支撑、社会资本为补充的多元化科技创新投入支持体系，持续激发上市公司的创新投入动力及强度。

二是充分考虑以中小企业、"专精特新"企业、高新技术企业等为核心对象的创新发展支持需求，合理明确创新政策支持重点，确保财税金融科技政策资源配置与市场主体创新潜力、创新需求有效匹配，最大效率地发挥创新政策支持效果。

三是充分运用各类创新政策支持优势，通过强化减税降费政策支持的直观性及普惠性，政府补助政策支持的及时性及激励性，政府采购政策支持的竞争性与互动性等，进一步强化创新政策支持的持续性、系统性及协调性。同时，注重强化财政、金融及科技政策支持创新发展的协调关系，着力推动完善多层次资本市场，促进科技企业全生命周期融资链衔接，满足科技企业多样化融资需求。

（3）强化政企学研协同创新转化，全面提升创新链产业链融合发展水平。

一是促进产业链上中下游、大中小微企业间实现协同发展创新。通过大力推进服务型共性技术平台建设、培育大中小微企业融通创新平台和基地等方式，着力推动在产业链上中下游及大中小微企业间形成业务协作、资源共享及系统集成关系，加快产业链间创新性知识技术流动，有效提升企业研发创新成果的转化效率并巩固产业链供应链的协作创新发展质量。

二是立足科技创新体制改革顶层设计理念，加快推动构建以企业为主体、以市场为导向、以产学研深度融合为支撑的技术创新体系，有效缓解上市公司创新发展所面临的融资约束及经营波动风险，显著改善自主创新内在动力。同时，综合考虑上市公司及高校、科研院所创新能力的优势互补关系，针对当前产学研转化渠道不顺畅、内在动力不足、转化机制不完善等问题，引导建立有助于支持上市公司高质量创新的产学研深度融合的利益分配和风险控制机制，探索通过成果权益分享等方式合理分配创新成果，完善风险评估体系和风险共担机制，有效提高上市公司与高校、科研院所协同创新成果转化效率及质量。

（4）紧密结合区域资源条件及企业发展特性，因地制宜地给予创新政策支持。

一是充分考虑各区域经济发展现状、资源文化基础，因势利导运用各类创新政策带动地区实现优势产业的创新发展转型。同时，注重优化全国范围内科技创新的空间布局，聚焦北京、上海、粤港澳大湾区国际科技创新中心来打造具有世界创新竞争优势的人才中心及创新高地，建立特色化协同创新的产业链和产业集群。

二是针对不同生命发展周期企业的创新发展支持需求，有针对性地给予不同程度的创新政策支持，同时兼顾政策支持效果及企业创新动力水平，合理制定创新政策投入及退出安排。同时，着力破解制约企业创新发展的区域要素自由流动问题，加大力度破除行政制度壁垒和市场竞争垄断，着力推动构建区域创新合作与交流平台，加强各区域间交流合作，促进上市公司创新要素集聚水平的整体提升。

三是为企业增强创新竞争实力、打造国际竞争优势提供便利政策支持。积极引导支持企业深度融入全球科技创新网络，全面参与全球科技合作及多边治理活动，加大对全球科技成果、智力资源和高端人才的支持力度，积极参与产业创新领域的国际性科技组织，强化国际标准参与制定的话语权，多措并举推进开放型产业创新。

（5）着力打造市场化、法治化、国际化营商环境。

一是坚持市场化原则，正确处理好政府与市场间关系，充分发挥市场在资源配置中的决定性作用。加快推进土地、劳动、资本、技术、数据等要素的市场化改革，以统一的产权保护制度、市场准入制度、公平竞争制度、社会信用制度等加快建设全国统一大市场，使生产、分配、流通、消费循环更加畅通。同时，持续优化构建现代化的市场监管机制，通过加强知识产权保护和司法监管力度，着力破除地方保护现象制约，不断推动塑造公平公开、规则统一的市场竞争环境，实现全链条全周期监管。

二是坚持法治化原则，充分发挥法治建设在社会资源配置中的引导、规范、促进和保障作用。既要加强司法文明和知识产权保护力度，依法规范市场主体行为、保障市场主体的合法权益，对违法经营的市场主体予以惩治；也要做好对政府履职行为的监督约束，提高电子政务水平和政府透明度，做到制度公开透明、监管公平公正、机会权利平等，依法保护所有企业的合法权益，优化政务和法律环境。

　　三是坚持国际化原则，趋同国际制度标准，持续优化营商环境的制度建设水平及创新设计理念。注重结合国内营商环境评价的特色标准，加强营商环境评价的顶层设计，构建兼顾中国特色需求与国际主流标准的评价指标体系。进一步优化外商投资环境，依法保护外商投资权益，加大吸引外商投资力度。

12.3　报告的局限性和未来研究方向

　　报告以技术创新理论、制度理论、系统理论、组织行为理论和核心竞争力理论等为依据，以"创新影响因素—研发创新投入—创新成果绩效"的完整创新活动为分析主线，以行业、区域、省份、板块和产权为多维分析视角，对创新支持环境和上市公司创新发展表现进行了分析，取得了比较明确的研究成果。但报告仍存在如下局限：

　　（1）上市公司创新发展指标评价体系设计和框架构建的严谨性有待进一步完善。受数据来源限制，本报告所选定的部分上市公司创新发展评价指标未能获取准确数据来源，因此被迫剔除，使得本报告对上市公司创新发展水平刻画的全面性和深入性仍有待进一步提升。同时，本报告所构建评价指标体系涵盖维度丰富、指标选取多样，且包含了一些特色指标。虽然显著提高了对上市公司创新发展水平的衡量精确度，但不同维度指标可能在一定程度上存在内涵重叠问题。

　　（2）上市公司创新发展评价维度的深入性有待进一步增强。一方面，除了行业、区域、省份、板块和产权维度，报告仍可以综合考虑对国际创新竞争表现、企业发展生命周期等更多维度开展比较分析；另一方面，本报告当前仅进行了2023年度的数据分析，主要展示了当前全国整体上市公司的创新发展水平及结构分布差异，对年度间上市公司创新发展水平的变动趋势分析存在欠缺。

　　（3）上市公司创新发展和创新环境基础数据获取质量有待进一步提升。本报告中少数上市公司创新发展基础数据和创新资源支持基础数据有缺失或数据质量未达到预期，虽采取一定技术措施进行了处理，但仍有可能导致上市公司创新发展指数分值测算出现误差。

　　未来，报告将围绕以下3个方面展开重点研究：

　　（1）持续优化上市公司创新发展指标体系和评价框架的精炼性和严谨性。在现行评价框架构建基础上，继续打磨框架维度及代表性衡量指标之间的逻辑衔接关系，兼顾评价维度全面性、评价指标合理性、评价实施效率性原则，择优选取具有稳定性和代表性的核心指标，着力构建维度合理、指标健全、体系完备、逻辑自洽的上市公司创新发展评价体系。

　　（2）加强上市公司创新发展评价的趋势性和比较性分析。持续推动开展以后年度的上市公司创新发展评价工作，实现年度间上市公司创新发展评价工作的有序衔接，切实加强不同年度上市公司创新发展水平的比较分析，形成趋势性和预测性研究结论，拓展报告分析深度及应用前景。

　　（3）夯实上市公司创新发展评价指标数据来源范围及质量。充分运用大数据、人工智能等新兴技术手段，提升原有指标数据收集效率及整理质量，不断关注、拓展全新数据来源，紧密贴合最新创新发展趋势，旨在从更多维度、更高质量上全面反映上市公司创新发展水平。

主要参考文献

[1] 陈国青，曾大军，卫强，等.大数据环境下的决策范式转变与使能创新［J］.管理世界，2020，36（02）：95-105+220.

[2] 陈力田，赵晓庆，魏致善.企业创新能力的内涵及其演变：一个系统化的文献综述［J］.科技进步与对策，2012，29（14）：154-160.

[3] 国务院发展研究中心课题组，马建堂，袁东明，等.持续推进"放管服"改革，不断优化营商环境［J］.管理世界，2022，38（12）：1-9.

[4] 何琼，曲立.数字化发展水平对企业创新能力影响的实证［J］.统计与决策，2022，38（13）：174-178.

[5] 江诗松，何文龙，路江涌.创新作为一种政治战略：转型经济情境中的企业象征性创新［J］.南开管理评论，2019，22（02）：104-113.

[6] 刘海兵，杨磊.后发高新技术企业创新能力演化规律和提升机制［J］.科研管理，2022，43（11）：111-123.

[7] 刘诗源，林志帆，冷志鹏.税收激励提高企业创新水平了吗？——基于企业生命周期理论的检验［J］.经济研究，2020，55（06）：105-121.

[8] 马靓，沈小燕.经济政策不确定性、税收优惠政策与创新绩效［J］.南京财经大学学报，2023（01）：12-22.

[9] 谭洪涛，陈瑶.集团内部权力配置与企业创新——基于权力细分的对比研究［J］.中国工业经济，2019（12）：134-151.

[10] 万幼清，张妮.我国产业集群协同创新能力评价综述［J］.当代经济管理，2014，36（08）：73-78.

[11] 王永贵，李霞.促进还是抑制：政府研发补助对企业绿色创新绩效的影响［J］.中国工业经济，2023（02）：131-149.

[12] 王智新，辛文锦，安迪，等.研发国际化对创新绩效的影响：评述与展望［J］.科学管理研究，2020，38（04）：164-168.

[13] 温兴琦，孙凯新，李诗瑶.产学研合作、知识吸收能力与企业创新绩效——高管学术背景与政府创新补贴的调节作用[J].科技进步与对策，2024，41（15）：55-64.

[14] 文聪，叶阳平，陈修德，等.政策"组合拳"更有效吗？我国创新政策组合对企业高质量创新的影响效应及其作用机制[J].管理评论，2024，36（03）：60-72.

[15] 闫俊周，齐念念，童超.政府补贴与金融支持如何影响创新效率？——来自中国战略性新兴产业上市公司的经验证据[J].软科学，2020，34（12）：41-46.

[16] 詹新宇，于明哲.组合式财税政策何以有效推动中小企业科技成果转化？[J].管理世界，2024，40（08）：191-208.

[17] 赵彦飞，李雨晨，陈凯华.国家创新环境评价指标体系研究：创新系统视角[J].科研管理，2020，41（11）：66-74.

[18] "中国城市营商环境评价研究"课题组，李志军，张世国，等.中国城市营商环境评价的理论逻辑、比较分析及对策建议[J].管理世界，2021，37（05）：98-112+8.

[19] DiMaggio, P. J., Powell, W. W. The iron cage revisited: Institutional isomorphism and collective rationality in organizational fields[J]. American Sociological Review, 1983, 48（2）: 147-160.

[20] Greenwood, D.T., Holt, R. P. F. Institutional and ecological economics: The role of technology and institutions in economic development[J].Journal of Economic Issues, 2008, 42（2）: 445-452.

[21] Hillman, A.J., Withers, M.C., Collins, B.J. Resource dependence theory: A review[J].Journal of Management, 2009, 35（6）: 1404-1427.

[22] Hitt, M. A., Ireland, R. D., Sirmon, D. G., et al. Strategic entrepreneurship: Creating value for individuals, organizations, and society[J]. Academy of Management Perspectives, 2011, 25（2）: 57-75.

[23] Lin, Z., Peng, M. W., Yang, H., et al. How do networks and learning drive M&As? An institutional comparison between China and the United States[J]. Strategic Management Journal, 2009, 30（10）: 1113-1132.

[24] Maslow, A. H. A theory of human motivation[J]. Psychological Review, 1943（50）: 370-396.

[25] Mayo, E. The Human Problems of an Industrial Civilization[M].New York: Macmillan, 1933.

[26] Oliver, C. Strategic Responses to Institutional Processes[J]. Academy of Management Review, 1991, 16（1）: 145-179.

[27] Pfeffer, J., Salancik, G. R. The External Control of Organizations: A Resource Dependence Perspective[M].New York: Harper & Row, 1978.

[28] Porter, M. E. Competitive Advantage: Creating and Sustaining Superior Performance[M]. New York: Free Press, 1985.

[29] Prahalad, C. K. The role of core competencies in the corporation[J]. Research-Technology Management, 1993, 36（6）: 40-47.

[30] Prahalad, C. K., Hamel, G. The core competence of the corporation[J]. Harvard Business Review, 1990, 68（3）: 79-91.

[31] Roundy, P. T., Bayer, M. A. To bridge or buffer? A resource dependence theory of nascent entrepreneurial ecosystems [J]. Journal of Entrepreneurship in Emerging Economies, 2019, 11 (4): 550-575.

[32] Schendel, D., Hofer, C. W. Strategic Management: A New View of Business Policy and Planning [M]. Boston: Little, Brown, 1979.

[33] Von Bertalanffy, L. The history and status of general systems theory [J]. Academy of Management Journal, 1972, 15 (4): 407-426.